泰州历史文化丛书

主　编　李晏墅　郭宁生
名誉主编　卢佩民　潘百齐

[上卷]

泰州通史

凤凰出版社

图书在版编目（CIP）数据

泰州通史 / 李晏墅，郭宁生主编. -- 南京 : 凤凰出版社，2014.9
（泰州历史文化丛书）
ISBN 978-7-5506-1999-9

Ⅰ. ①泰… Ⅱ. ①李… ②郭… Ⅲ. ①泰州市一地方史 Ⅳ. ①K295.33

中国版本图书馆CIP数据核字(2014)第189512号

书　　名	泰州通史
主　　编	李晏墅　郭宁生
责任编辑	郭馨馨　王淳航
出版发行	凤凰出版传媒股份有限公司 凤凰出版社(原江苏古籍出版社) 发行部电话025-83223462
出版社地址	南京市中央路165号,邮编:210009
出版社网址	http://www.fhcbs.com
经　　销	凤凰出版传媒股份有限公司
照　　排	南京凯建图文制作有限公司
印　　刷	南通印刷总厂有限公司 南通市通州经济开发区朝霞路180号,邮编:226300
开　　本	880×1230毫米　1/32
印　　张	32.25
字　　数	833千字
版　　次	2014年9月第1版　2014年9月第1次印刷
标准书号	ISBN 978-7-5506-1999-9
定　　价	180.00元(全三册)

(本书凡印装错误可向承印厂调换,电话:0513-80237871)

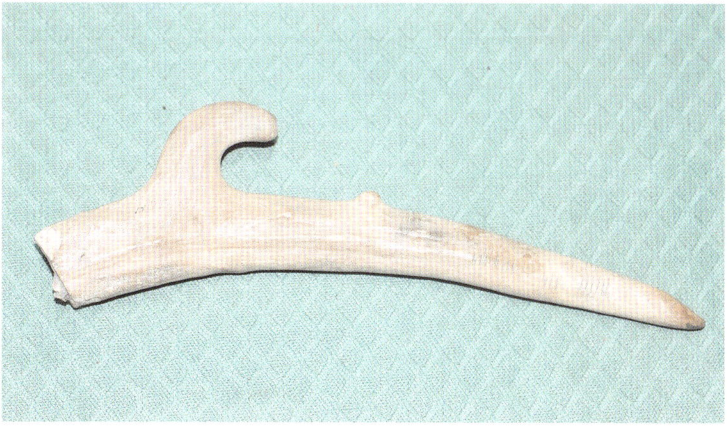

青墩遗址出土的刻纹鹿角

西周姜堰天目山的陶鬲

汉代江都县鎏金神兽纹铜镜

南朝青釉双龙柄鸡首壶

汉代古海陵仓遗址

南朝泰州青釉莲瓣纹盖罐

唐代雀绕花枝纹镜

上卷主编： 晋　文
撰写人员： 陈声波　来琳玲　吕　艳　霍云峰
张　喆　李　勉　汪　良　吕晓红
马莉雅　刘洪杰

中卷主编： 晋　文
撰写人员： 王淳航　张　喆　陆　帅　李　勉
汪　良　崔　苏　储宁炜　刘风华
胡勇军　阴春英　宗　刚　刘文衡

下卷主编： 吴小晴
撰写人员： 李金娥　吕　艳　许丽艳　宋代花
徐　敏　杨　程　张　杰　郑　巍

序　言

泰州地处江苏东部、三水(江水、海水、淮水)交汇之处,为长三角经济区16座中心城市之一。至今有2100多年的建城史,秦称海阳,汉称海陵,州建南唐,文昌北宋。区位优越,有“水陆要津,咽喉据郡”之称;作为中国历史文化名城,有“儒风之盛,夙冠淮南”之誉。2013年,泰州成为国务院批复的国家第120个历史文化名城。发掘历史文化遗产,彰显历史文化底蕴,让丰富的历史文化助推“文化名城”新泰州的建设,这是泰州人民的历史担当和文化境界。在泰州市委、市政府大力支持和帮助下,作为泰州“文化名城”建设新成果的《泰州历史文化丛书》出版在即,这是一件可喜可贺的文化盛事。编委会的同志邀我作序,我欣然为之。

泰州作为中国历史文化名城,文物古迹众多。境内有距今4000多年的龙山文化遗址,有新石器时代晚期至商周的古文化遗址,西汉初开凿的古运盐河遗址。战国时期的昭阳墓,《水浒传》作者施耐庵墓,扬州八怪之一郑板桥的墓,南京吏部左侍郎储山藿墓等亦在泰州。此外还有始建于东晋的江淮名刹光孝寺,唐建明修的南山寺大雄宝殿和城隍庙,明建清修的庆云寺、东岳庙、胡安定祠堂、岳飞生祠、崇儒祠、胡公书院、马洲书院、襟江书院和扬郡试院。古典园林有日涉园和李园,另有郑板桥、刘熙载、刘国钧等故居。700多年前,马可·波罗游历泰州,称赞“这城不很大,但各种尘世的幸福极多”,足以让听闻者心向往之。

俄国文学家果戈理说:“城市是一本石头的大书,每个时代都留下光辉的一页。”这一页一页地叠加起来就是一部丰富厚重的历史。泰州地区范围内的众多人文景观与名胜古迹,隐藏着历史的根。我们驻足泰州大地,漫步于泰州的山山水水,都隐约能够感受到有一条源远流长的历史文脉。这条根,这支文脉,起起伏伏、忽明忽暗,有待勾勒、有待发掘。建设“文化名城”新泰州,需要我们穿越岁月的丛林,重翻页页篇章,去寻找这座城市的历史之根、去接续文化之脉。这正是编撰《泰州历史文化丛书》的动因。

《泰州历史文化丛书》由南京师范大学泰州学院泰州历史文化研究院组织编写,分为两类:《泰州文化》(一卷)、《泰州通史》(三卷)。泰州历史文化研究院成立于2010年,旨在发挥学院学科专业和人力资源优势,着力挖掘、传承、丰富和弘扬泰州历史文化。它是南京师范大学泰州学院发挥“文化传承与创新”的功能、承载服务社会的使命的重要载体。本套丛书全方位地展现泰州历史发展沿革与文化风貌演变,是泰州历史文化研究院为泰州“文化名城”建设贡献的首批成果。丛书酝酿于2010年,历时四年,主创人员钩沉史料、深入研究、精心撰写,文稿深入浅出、图文并茂、鲜活生动。

历史是一面映照现实的明镜。丛书为我们展现了泰州人民创造历史、阔步前行的足迹。数千年的历史演进中,泰州行政建制的历史沿革、鱼米之乡的发达农桑、烽火岁月的风云变幻、先贤名人的文章气节、市井民俗的千姿百态,都在书中由点及面、铺陈开来,全书引经据典、论证严谨,但又绝非书斋里的高头讲章。

文化是一座城市的灵魂,是引导社会进步的灯塔。因时代变迁与区域差异,每座城市都形成独特的地域文化,也正因不同的文化滋养,各个城市千姿百态、各具特色。自“汉唐古郡”而来的悠久历史,孕育了独特的泰州文化——儒家文化、盐税文化、宗教文化、戏曲文化、水文化,这是千百年来泰州人民勤劳与智慧的结晶。文化浸润之下，风城泰州坚毅而灵动的品格日益显现。丛书多角度全方位把握了泰州文化的血脉和走向，传承给当代泰州人以文明、智慧和精神。当时序进入新的时代，历史的积淀与文化的积累无疑给新泰州注入无穷魅力。历史烟消云散，沧桑与荣耀远去，但泰州人民披荆斩棘、自强不息的精神却代代相传；历史的车轮滚滚，未来与梦想召唤，兼收并蓄的胸襟，会推动着泰州这座城市继往开来、再创辉煌。

《泰州历史文化丛书》策划、出版工作得到了泰州市各级领导和各界人士的关心和支持，特别是泰州市委宣传部和文化档案系统的相关人士给予的悉心指导和提供的无私的帮助。在此应向他们致以诚挚的敬意和衷心的感谢！

王羲之《兰亭序》中说："后之视今，亦犹今之视昔。"希望本套丛书为后人留下一些启示。

目　录

上　卷

中　卷

下 卷

前 言

泰州，古称“海阳”，又称“海陵”、“吴陵”，是一座地处江苏中部、长江北岸的历史文化名城。

一、自然地理

根据泰州市人民政府门户网站资料①，泰州位于北纬32°01′57″—33°10′59″、东经119°38′21″—120°32′20″。其南部濒临长江，北部与盐城毗邻，东临南通，西接扬州。全市除靖江有一独立山丘——孤山外，均为江淮两大水系冲积平原。地势呈中间高、南北低走向，南边沿江地区真高（海拔）一般为2米—5米，中部高沙地区真高一般为5米—7米，北边里下河地区真高为1.5米—5米。全市总面积5787平方千米，其中陆地面积占77.85%，水域面积占22.15%。市区面积639.6平方千米。

泰州境内河网密布，纵横交织。北部地区地势低洼，水网呈向心状，由四周向低处集中，其湖泊分布较多。

江淮分水岭由西向东从中部穿过泰州，其境内河流大致以通扬公路为界，路北属淮河水系，路南属长江水系。人们习惯上把属于长江水系的老通扬运河和与之相连接的河流称为“上河”，而把属于淮河水系的新通扬运河和与之相连的河流称为“下河”。在高水位时，上河水位高于下河水位1.2米左右，平均水位差为0.9米。

---

① 中国·泰州，http://www.taizhou.gov.cn。以下对泰州自然地理的描述，多引自该网。

泰州市处于北亚热带湿润气候区，受季风环流的影响，具有明显的季风性特征。这里四季分明，夏季高温多雨，冬季温和少雨，具有无霜期长，热量充裕，降水丰沛，雨热同期等特点。

泰州的气温最高在 7 月，最低在 1 月，冬夏季南北的温差不大，年平均气温在 14.4℃—15.1℃之间；年平均降水量 1037.7 毫米，降雨日为 113 天，但受季风的影响，降水变率较大，且南北地域之间亦存在着差异。泰州地区的温度带属亚热带，干湿区属湿润区。

泰州地区一般在 3 月底、4 月初进入春季，6 月上、中旬进入夏季，9 月中旬开始进入秋季，11 月中旬转入冬季。大致上每年冬季有 4 个多月，夏季有 3 个多月，春季、秋季各 2 个多月。

一般情况下，泰州市的四季气候特征比较明显。冬季冷空气活动频繁，易受到寒潮侵袭。当冷锋过境时（即北方冷空气南迁时），全市普遍降温，气压上升，有时还会出现大风、雨雪、霜冻等天气现象。冷锋过境后，天气转晴，形成“三日寒，四日暖”的寒暖交替的天气变化过程。如果遇到强冷空气爆发南下（即冬季风强烈作用），48 小时内气温骤降 10℃以上，就是寒潮天气。寒潮是该市冬季主要的气象灾害。寒潮入侵时，会造成剧烈降温，有时还会出现大风、大雪、冰冻等灾害性天气，这对农业生产、水陆交通、市政建设及人民的生活等都会造成严重的危害。

春季，泰州天气多变。春季冷暖气团互相争雄，旋进旋退，因此天气时寒时暖，乍晴乍雨。正如俗话所说的那样：“春天孩儿面，一天有三变。”“春雨贵如油”，春雨对三麦、油菜等越冬作物的返青、生长，以及春播作物的及时下种和萌发都是极为有利的。

当春天远去的时候，来自太平洋上的暖湿气流会给泰州带来一段高温多雨的天气。泰州夏季最典型的两种天气是梅雨和伏旱天气。正常年份的初夏（6 月中下旬至 7 月中上旬）多出现阴雨连绵的天气，这是由于冷暖气团在江淮地区势均力敌，形成准静止锋天气系统。这时正好是江南的梅子成熟的季节，所以称为“梅雨”(亦称“黄梅雨”、“霉雨”)。古诗“黄梅时节家家雨,青草池塘处处蛙”,就是梅雨季节的景象写照。梅雨天气一般持续 23 天左右。梅雨有利于水稻、玉米、棉花等农作物的生长发育。但由于夏季风强弱不一,雨期来临有早有晚,持续期有长有短,降水量也有多有少,往往出现“空黄梅”或“旱黄梅”、“涝黄梅”、“迟黄梅”等不正常现象。不正常的梅雨天气最易出现旱涝灾害,对农作物的生长发育有着严重的影响。梅雨过后的盛夏,受副热带高压的控制,出现炎热干燥的天气,由于正值三伏季节,人们称之为“伏旱”。伏旱天气多出现旱灾,尤其是对“三日不雨小旱,七日不雨大旱”的高沙土壤区威胁最大。盛夏,正值稻谷生长旺季,需水正多,其他秋熟作物玉米、大豆、花生等开始扬花结子,棉花开始吐絮,甘薯块根开始形成,也都需要一定的水分供应。而伏旱天气的出现则往往造成了严重灾害。

泰州的秋季天高气爽,冬季风逐渐南迁,冷空气慢慢占据该市,气压也逐渐升高,多出现晴朗天气,这时的风力也不大,有利于此季的农作物成熟和收割。另外,在每年的夏秋季节,泰州也常受到台风的侵害。台风出现时,多强风、特大暴雨等灾害性天气,这也会给工农业生产和人民生活等带来严重的灾害。

图 1　泰州市政区图①

泰州地处东亚季风气候区,属亚热带季风气候。常年主导风向以东南风居多,春、夏两季多东南风,秋季多东北风,冬季

① 泰州市官网截图,http://www.taizhou.gov.cn/col/col354/index.html。

以偏北风为主。

截止到2013年，泰州市下辖靖江、泰兴、兴化三个县级市，海陵、高港、姜堰三区和泰州医药高新区，总人口508万。泰州市人民政府驻海陵区。

二、历史沿革

泰州古称“海阳”。从现在的行政区划看，泰州市和濒海的海安县是分离的，海安县隶属于南通市，但在先秦时期，海安与泰州却是连为一体的。当时的古泰州东临黄海，海岸线大致自东台至海安一线，此线以东，皆为茫茫黄海，今天南通市的大部分土地尚未成陆。因此，先秦时期的泰州，包括海安，乃是古泰州的东海岸，也是古文化的发祥地。至夏、商时期，泰州属“九州”之一的扬州。西周属邗国。春秋时期，泰州先属邗，后属吴，越亡吴后属越国，楚灭越后属楚，始称“海阳”。《战国策·楚策一》、《史记·苏秦列传》记载，楚“东有夏州、海阳”。因为属于九夷中的“阳夷”，故又有“九夷海阳”之称。

秦统一后，海阳属东海郡(一说九江郡)。汉初，取“傍海而高，为海渚之陵”之意改海阳为“海陵”，属吴国统辖范围。随着海岸线向东南两面延伸，以及海陵的不断开发和人口的增加，汉武帝元狩六年(前117)始置海陵县，隶属于临淮郡。东晋时期大量北方移民南迁，促进了海陵的进一步发展，建置由县升格为郡。史载义熙七年(411)分广陵郡设海陵郡，治建陵县，下辖建陵、临江、如皋、宁海、蒲涛五县。其中，建陵县是由原海陵县东北一部新建而成，而海陵县仍属广陵郡。海陵建郡成为泰州地区郡级建制之始，时与金陵、广陵、兰陵齐名。到刘宋时海陵郡增加了临泽县，萧梁时又划进海陵县，并将郡治由建陵县移至海陵县。唐代是海陵县发展较快的时期。武德三年(620)海陵县改称吴陵县，并以县设吴州管辖。四年后吴州废，恢复海陵县故名。所以，历史上常用“汉唐古郡”来称呼泰州。

五代十国时期，泰州地区先属吴国，后归南唐。南唐昇元元年(937),海陵县升格为州,取水陆通泰之意,更名"泰州",下辖海陵、泰兴、盐城、兴化、如皋五县,州名沿袭至今。

北宋开宝九年(976),泰州所领盐城县还隶楚州(今江苏淮安),泰州辖海陵、泰兴、兴化、如皋四县。熙宁五年(1072),泰州属淮南东路。宣和四年(1122),泰兴县划隶扬州,泰州辖海陵、兴化、如皋三县。南宋基本不变。元初泰州领海陵、如皋两县,隶扬州路。明洪武初,省海陵县入泰州,领如皋县,属扬州府。清雍正三年(1725),如皋归属通州,泰州遂为散州。乾隆三十二年(1767),东台县又从泰州东北分治,更使泰州成为一个不再有出海口的内陆城市。

民国元年(1912)废州为县,泰州改称泰县。1949 年 1 月 21 日,泰州城区解放,次日划城区设置泰州市,乡村设置泰县。同年 4 月 21 日,苏北行政公署成立,行署驻泰州,下辖泰州、扬州、盐城、淮阴、南通 5 个行政区,41 个县(市)。同年 5 月 1 日,原华中第一行政区改称苏北泰州行政区。泰州行政区辖泰州市、泰兴县、靖江县、泰县、海安县、如皋县、东台县、台北县等县(市)。1950 年 1 月,泰州行政区与扬州行政区合并为泰州行政区,地区专署机关驻泰州,下辖泰州市、扬州市、泰县、泰兴县、靖江县、江都县、兴化县、高邮县、宝应县、仪征县、六合县(1953 年 1 月 1 日又从皖北滁县地区划进江浦县)等县(市),后扬州市直属苏北行政区。1953 年 2 月,苏北泰州专署改名为江苏省扬州行政公署(行署机关迁扬州)。1950 年 5 月至 10 月、1959 年 1 月至 1962 年 5 月,泰州市与泰县几度划并。1996 年 8 月,撤销县级泰州市,设立地级泰州市,辖海陵区、泰兴市、姜堰市、靖江市、兴化市。1997 年 4 月,泰州设高港区。2013 年 2 月,撤销县级姜堰市,设立泰州市姜堰区。

三、人杰地灵

泰州的历史可以追溯到史前时期。在这块富饶、美丽的热土上,勤劳、智慧的泰州人民用自己的双手创造出了令世人惊叹的物质和精神文明。

早在距今5600年前，今天泰州东边的海安青墩便成为早期居民的聚居之处。大量文物证明，人们在这片滨海平原上从事着农耕、渔猎、饲养和纺织。其中，陶斧、陶纺轮、鹿角刻纹与“干栏式”建筑的发现，以及与河姆渡遗址相提并论的稻作遗迹，震惊了学术界，将江淮东部地区的历史一下子推进到距今五六千年。特别是两件刻纹鹿角，乃是目前中国最早的易卦实物资料，在研究《易经》起源上更具有极其重要的学术价值。到距今4000年左右，在泰州及其附近地区又发现了兴化南荡遗址、姜堰单塘河遗址和高邮周邶墩遗址。而姜堰天目山西周古城的发现，则表明泰州的古文明已发展到一个新的高度。

战国以后，随着统一大帝国的建立，泰州的历史文化成就被越来越多地记录下来。令人赞叹的是，在中国的历史长河中，泰州的历史并不算悠久，泰州的面积并不算大，人口也并不算多，但却创造出了和任何一个历史文化名城相比都绝不逊色的辉煌成就。

就经济来说，泰州在汉唐时期是全国著名的粮食产地。至少从西汉武帝开始，泰州地区即开始种植小麦。在近年发掘的南华汉墓中，曾出土了两件石磨盘，分上下两片，均圆形，内侧为磨面，有凹槽，说明当时已能加工小麦和其它谷物面粉。东汉王充有“海陵麋耕”之说。西晋张华《博物志》也说：“海陵县扶江接海，多麋兽，千百为群，掘食草根，其处成泥，名曰麋畯。民人随此而略，种稻不耕而获其利，所收百倍。”还有“海陵红粟”，又称“泰州红”，当时也闻名遐迩，为历代文人所熟知。如左思《三都赋》：“海陵之仓，则红粟流衍。”骆宾王《为徐敬业讨武曌檄文》：“海陵红粟，仓储之积靡穷。”陆游《对食戏作》：“香粳炊熟泰州红，苣甲莼丝放箸空。”清末民初，泰州姜堰成为苏北最大的粮食集散地。在农产品加工上，泰州则有著名的面点食品——黄桥烧饼，2003年曾荣获“中华民族小吃”称号，2004年获“江苏食品博览会金奖”。

泰州的工商业更是发达。泰州是中国古代淮南盐的主要产地。据司马迁《史记》记载："夫吴自阖庐、春申、王濞三人招致天下之喜游子弟，东有海盐之饶，章山之铜，三江、五湖之利，亦江东一都会也。"至少在公元前六世纪的吴王阖闾时期，泰州就开始了海盐生产；历经楚国春申君、汉吴王刘濞时期的不断发展，到两汉时期已成为海盐的主要产区。六朝时期，泰州的海盐生产继续扩大，至唐朝中期以后更成为全国最大的海盐生产基地。当时全国共有十大盐监，海陵监被列为十监之首。根据《两淮盐法志》记载，唐朝全国的税收盐赋大致占到一半，而海陵的盐赋则占到全国盐赋的一半。南宋时期，泰州盐产每年达一百六十万石以上，冠于全国产盐诸州，其盐利收入，亦接近全国财政收入的五分之一。据《元史》记载，元朝的"国家经费，盐利居十之八，而两淮盐独当天下之半"。明清时期，两淮盐场的税赋最多时亦占到全国的一半以上。并由于盐运的发达，使泰州成为最重要的盐运和徽商活动中心之一。

泰州的六朝青瓷特别令人瞩目。在泰州市博物馆馆藏的60多件青瓷器中，绝大多数为近30年来泰州当地出土，有盘口壶、鸡头壶、罐、碗、水盂、钵、盘、盅、碟等十多种，既有日常使用的生活用品，也有用于陪葬的明器，价值极其珍贵。其中，1974年在泰州泰西出土的青釉莲瓣纹十系罐被定为国家一级文物，迄今为止，全国只发现3件，泰州就出土了2件。1994年11月在泰州西郊工地上曾一次出土了16件较完整的南朝青瓷器，尤以青釉莲瓣纹盖罐为罕见国宝，用无可辩驳的事实纠正了"长江北岸无六朝青瓷"的说法。

泰州地区的铜镜也闻名遐迩。特别是隋唐时期，扬州的铸镜业已处于全国的领先地位，而泰州当时归属于扬州，其中不少铜镜都产自泰州。从形式来看，泰州已出土的铜镜有圆形和为数较少的方形、莲花形、菱花形；有云龙纹镜，还有海兽葡萄镜、八棱镜、多菱花花鸟镜、海兽铜镜、葵边浮雕鸟兽纹铜镜、双鹤镜、四灵铜镜等。即使在地下被埋藏了一千多年，有些铜镜在出土时仍光黑如漆，可以照人，工艺水平很高。

泰州的纺织业素称发达。早在史前时期的青墩遗址的发掘中，就曾经出土了陶纺轮，说明古青墩人已经开始纺线织布。历经三代、秦汉、六朝、隋唐、宋元的发展，到明朝时期更达到了一个鼎盛阶段。从 1979 年起，在泰州地区的明墓中相继出土了 200 多件明代服饰，如乌纱帽、头巾、风帽、直裰、褶子、大褶、褙子、直摆、缝掖、衫子、襦、袄、袍、背心、主腰、裙、裳、中单、裤、膝袜、凤头鞋、革带以及少量的首饰与佩饰等。其服饰种类之全、数量之众，居全国之冠，并不乏国宝级的文物，令人赞叹不已。当然，这些精美的服饰并不一定都是泰州生产，但其中肯定会有一些是泰州的能工巧匠的佳作。

近代以来，以著名的"三泰"即泰来面粉厂、振泰电厂、华泰纱厂和泰州商会等工商企业的创办和发展，则标志着泰州近代工商业的崛起。新中国建立以后，特别是改革开发以来，泰州的经济快速发展。以春兰集团、扬子江药业集团等大型企业集团为龙头，以医药城、五金城、船舶城为平台，泰州陵光集团、梅兰集团、林海集团、新世纪造船、兴达钢帘线公司等一批大中型企业都不断壮大，已成为在全国或全省具有重大影响的行业巨头。

在物质文明高度发展的同时，泰州的精神文明更是璀璨夺目。历史上泰州涌现过许多杰出的政治家、军事家、理财家、思想家、宗教家、教育家、文学家和艺术家等。

在政治军事方面，秦末广陵人召平为陈胜部将，假称陈王命令，拜项梁为楚王上柱国，对推翻暴秦的统治做了很大贡献。三国时的大将吕岱，海陵人，文武双全，计诱交趾士徽反叛，然后奇兵突袭，一举荡平岭南地区。他七十多岁高龄时还多次平定了山越叛乱，八十岁时平定廖式叛乱，为东吴立下了赫赫战功，被孙权拜为上大将军。北宋名相范仲淹曾任泰州盐监，续修了著名的捍海堰，被后人称之为"范公堤"。南宋初年，抗金名将岳飞任通泰镇抚使，在泰州曾大败金军。南宋右丞相李庭芝在两淮地区坚持抗元，最后在泰州英勇战死。元末泰州人张士诚领导了著名的盐民起义，并在高邮建立了"大周"政权。而大将徐达也正是在扬泰地区击败了张士诚，才确保朱元璋最终消灭了张士诚。明朝福建巡抚朱一冯曾抵御过荷兰侵略，巡抚都御史李遂、右佥都御史唐顺之等也都是在扬泰地区抗倭的著名将领。明代泰州籍的知名官员有翟善、高谷、徐蕃、储巏、宗臣、李春芳、吴甡，在政治上都多有建树。清朝中后期，兴化知县魏源曾率民成功抗御水灾，靖江知县杨凤翩更率领靖江人民击退了英军来犯。民国时期，泰州有被誉为"江苏三杰"之一的辛亥革命元老朱履先。抗日战争期间，陈毅将军在泰州发起了黄桥决战，沉重打击了国民党顽军。解放战争期间，粟裕将军取得了令世人惊叹的苏中"七战七捷"的辉煌战绩。1949 年 4 月 23 日，由张爱萍任司令员兼政委的华东军区海军在泰州白马庙建立，更标志着中国人民解放军海军的诞生。新中国建立后，则有"特级战斗英雄"杨根思、"两弹一星"功勋张同星和毕业于泰州中学的前中共中央总书记、国家主席胡锦涛等。

经济方面，汉初吴王刘濞就在海陵煮海为盐，使泰州成为优越的海盐产地。东汉章帝时期，马棱任广陵太守，"兴复陂湖，溉田二万余顷，吏民刻石颂之"。唐大历二年(767)时，淮南西道黜陟使李承主持兴建了淮南捍海堰——常丰堰，北起盐城，南抵海陵，绵亘百里。常丰堰修筑后，李承又引堰水灌溉屯田，使原来滨海地带大面积的泻卤之地得以改造，成为良田。北宋名相吕夷简、晏殊、范仲淹都曾在泰州西溪担任盐官。被《宋史》称为"为吏强敏，尤能商财利"的许元，曾任泰州知州，乃是北宋知名的理财家。还有以兴修水利而知名的潘及甫。特别值得一提的是，北宋泰州巨商姜仁惠父子，不仅以善行济助乡里，而且捐资建立"姜堰"，保护人民不受水患的侵扰——今天泰州的姜堰即由此发展而来。南宋时，淮东提举茶盐司设于泰州，其历任提盐官均受到朝廷重视，出现了不少名臣，如王安石的曾孙王珏、著名诗人陆游等。明清时期，泰州成为各路商帮的重要聚集地。以徽商为例，泰州就建有新安会馆，比较著名的有胡氏、洪氏等。

民族英雄林则徐任江苏巡抚时，曾两度亲临泰州巡查税赋情况，并在泰州滕坝前立下了一块著名的税务告示碑。近代以来，泰州有中国近现代石油工业创始人严爽和中国近代科学治水和水利科学研究事业的奠基人郑肇经。

文化教育方面，西汉前期大儒董仲舒任江都相，大力传播儒学，为泰州地区的儒家文化开了先河。东晋时的觉禅大师是泰州光孝寺的“开山祖师”，对泰州地区佛教文化的传播功不可没。泰州也是中国道教的一个兴盛地区，历史上就有“海陵十仙”的传说。隋唐以后，泰州的儒家文化逐渐繁盛，成为全国瞩目的一个中心地区。唐初，张买臣任吴州刺史，武德三年(620)，他主持在海陵城东南创办州学，是唐初江淮地区少有的州学之一。五代时期，南唐老臣徐铉与泰州刺史陶敬宣开泰州宋初兴文的先声。北宋时期，“宋初三先生”之一的胡瑗是泰州籍的著名教育家和学者，所创立的“苏湖教法”培养了大批人才，在中国教育史上产生了深远影响。胡瑗还与范仲淹、滕子京、周孟阳、富弼被称为泰州“五贤”，也是泰州“文昌北宋”的一个主要标志。南宋时，为了纪念胡瑗，泰州知州陈垓在泰山左侧建安定书院，成为泰州书院教育之渊薮。元代有教育家孔元虔兄弟，创办了马洲书院。还有长期生活在扬泰地区以撰著《算学启蒙》和《四元玉鉴》而著称的数学家朱世杰。尽管其总体上儒学式微，但元朝泰州地区的佛教、道教、伊斯兰教、也里可温教(基督教)等都很兴盛。以“国教”——佛教为例，知名的教育家就有高僧普觉英辩和云岩志德。明清时期，有以《三垣笔记》和《南渡录》蜚声海内、载誉史坛的著名学者李清，以《韵史》而著称的何萱，还有著名思想家王艮创立的“泰州学派”，周穀创始的“太谷学派”，都把泰州的文化教育推上了一个更新的高度。晚清、民国以来，则有被誉为“东方黑格尔”的著名文艺理论家和语言学家刘载熙，著有《韵学讲义》的音韵学家王九声，藏书家钱桂森、刘汉臣、戈嘉德，文献学家夏荃，撰写《文心雕龙补注》、《论桐城派》等十八种学术著作的国学大师——国立东吴大学教授李祥，编订《海陵丛刻》并资助创办泰县端本女校的韩国钧。还有中国近代地质学科的创始人丁文江，著名学者高二适、朱东润、景昌极、吴贻芳、沙学浚、茅家琦等，著名科学家王德宝、支秉彝、叶培建、王振义、李德仁、盛金章等，新东方教育科技集团创始人徐小平等。

在文学艺术和体育方面，早在唐朝开元年间，海陵就出现了一位著名书法家和书法评论家——张怀瓘。他的三卷《书断》主要阐述了书法艺术的规律，对后世书法评论影响极大。张怀瓘的父亲和弟弟张怀瑰也都是知名的书法家。宋代泰州有著名学者兼诗人胡瑗，诗人、词人或作家周孟阳、周麟之、王觌、王观、王俊乂等，而以泰州为主题撰写作品的著名文人则有徐铉、范仲淹、吕夷简、王安石、苏轼、苏辙、秦观、陆游、文天祥等。元朝有定居泰州地区的双语文学家不花贴木儿（冒氏），曾任泰州尹的大书法家赵孟頫。而最著名的泰州籍作家，就是创作《高祖还乡》套曲的睢景臣和写作《东皋诗集》的马玉麟。明朝有著名文学家施耐庵，创作了《水浒传》，与《三国演义》、《西游记》、《红楼梦》被誉为中国古典小说的四大名著。还有被称为"嘉靖七子"（后七子）之一的文学家宗臣，以及知名诗人、书法家、作家或画家高谷、储巏、李春芳、吴甡、唐志契等。创作《牡丹亭》的大戏曲家汤显祖，也是泰州学派的传人。清朝大戏曲家孔尚任的《桃花扇传奇》，也同样是根据作者在泰州一带搜集的南明遗事创作。著名的泰州籍诗人和评论家则有邓汉仪，编撰了大型诗歌总集——《诗观》，是清初人选清初诗的杰出代表。还有创作《陋轩诗集》的吴嘉纪，被称为"江上两诗人"的宫国苞（也是泰州芸香诗社的发起人），著有《西河草堂诗剩》的叶兆兰，以《声玉山斋诗集》而知名的邹熊。著名音乐家和戏曲家仲振奎，一生共写了十五部传奇，其中尤以《红楼梦传奇》的影响最大。清代泰州的绘画艺术亦高度发达，被称为"扬州八怪"的著名画家就有三人即李鱓、高凤翰和郑燮（郑板桥）与泰州有关。而明末清初的柳敬亭则是一代评书宗师，所说《西汉》、《三国》、《隋唐》、《精忠传》、《水浒》深受民众喜爱。出生于姜堰的著名棋士黄龙士，被誉为

"常胜将军",是清代公认的"棋圣",并著有《弈括》,《黄龙士全图》、《自拟谱十局》、《四大盘弈谱》等。武举张兆璠状元和"一门五都督、三科两状元"的刘氏家族,一再掀起了泰州地区的尚武之风。泰州著名的梅氏,更是晚清、民国以来的京剧世家。特别是京剧大师梅兰芳,对京剧旦角的唱腔、念白、舞蹈、音乐、服装、化妆等方面都有所创新和发展,形成了自己的艺术风格,被世人称为"梅派"。著名学者丁西林,创作了《一只马蜂》、《压迫》和《三块钱国币》等,乃是"五四"以来有影响的剧作家之一。著名书法家高二适则缘物寄情,融章草、今草、狂草于一炉,将诗情书意融会贯通,点画遒劲,结体多变,创造出奇矫纵横笔随神驰的艺术风格。还有著名作家陆文夫、毕飞宇、顾保孜等。

四、编写体例

《泰州通史》为泰州文史研究院重点研究项目,也是泰州历史上第一部新编通史。本书上起远古,下讫泰州市建立,研究和记述泰州的主要历史。全书共分上中下三卷:其古代部分为上卷和中卷,由晋文主编;近现代部分为下卷,由吴小晴主编。

为了保持历史王朝的完整性,以及编写的便利,本书的古代部分不采用以鸦片战争(1840)为下限的传统做法,而是以1912年2月清帝溥仪退位为下限。在近现代部分,有的内容则下沿到泰州建立地级市以后。

由于历史上的泰州的辖区不断变更,并不断缩小,本书所述内容均采用历史上的泰州(海陵)地域和今天的泰州市辖区相结合的原则,而最小范围是今天的泰州市辖区。如南唐始建泰州,下辖海陵、泰兴、盐城、兴化、如皋五县,则直到北宋初年盐城被划归楚州以前,这一时期的泰州历史即均以这五县的地域为准。再如雍正三年以后,泰州已成为散州,但结合今天泰州市的辖区,仍必须记述清朝泰兴、兴化、靖江等地的历史。

除了先秦时期,本书各章均采用行政建制、经济状况、文化教育和社会生活的统一体例。行政建制将重点讨论各个历史时期泰州地区州、郡、县、市的设置和变更，以及相关的各项制度，当时的重大政治事件、战争和重要的政治家、军事家也都被列入其中。经济状况将综述和考证各个历史时期的经济发展状况，主要包括农业、手工业（工业）、商业和城市的发展水平与特点等。文化教育将主要分析各个历史时期的文化成就，评价有影响的文化名人，涉及哲学、宗教、科学、教育、文学、语言学、史学、艺术等等方面的内容。而社会生活则将努力挖掘各个历史时期的衣食住行、婚嫁、丧葬、方言、节日等等习俗的情况。这种编写体例可能在划分上显得粗疏，有些归类也不尽合理，我们衷心希望得到专家的批评和广大读者的指正，以便再版时修订。

本书为集体编撰的学术著作。除公认的史实和常识外，其所有史料均有比较可靠的来源，并在书中均予以明确标识。为达到图文并茂的效果，本书引用了许多图片资料，除拍摄照片外，绝大多数均来自泰州市博物馆无偿提供的文物照片。还有一些图片引自于互联网，因查不到图片来源，故无法注明出处，敬请其作者和读者原谅。如果涉及到版权问题，请与本书各卷主编和凤凰出版社联系，我们将根据国家有关规定支付相应的稿酬。

第一章　先秦时期的泰州

先秦时期的泰州与今天是大不一样的。今天的泰州市是江苏省省辖市，地处江苏中部，长江北岸，通江达海，为里下河地区门户。东邻南通，北接盐城，西连扬州，南临长江。泰州的行政区划在历史上曾屡次变迁，1996 年经国务院批准设立地级泰州市，下辖兴化、靖江、泰兴、姜堰四市和海陵、高港两区，行政中心设在海陵区。这是今天的泰州，而在先秦时期，由于海岸线与现在差别很大，古泰州的地域与今天相比真可谓沧海桑田。

泰州地处江淮平原东部，从历史的角度来看，其形成有一个缓慢的过程。第四纪最后一次海侵时，这里曾变为浅水海湾。后来受到西侧低山丘陵缓慢隆升的影响，逐渐露出海面而形成陆地，只有一些积水的洼地成湖。里下河平原在长江、淮河的合力冲积下，泥沙逐渐沉积，形成沙嘴形三角洲并逐渐向东延伸。同时其东面受到海流的回旋作用和海浪的横向冲击，逐渐形成南北向的沙堤。随着长江、淮河三角洲的不断向东推进和沙堤的成长，三者相连，里下河平原发育成泻湖地貌。而后继续的泥沙沉积，加之泻湖的逐渐淤积，使得里下河平原形成了河流密布的湖荡沼泽区，并最终发育成低洼的平原地貌。这是一个逐渐发展的过程。下面我们将具体探讨先秦时期泰州的地域。

虽然从现在的行政区划来看，海安县隶属于南通市，但是在先秦时期，海安与泰州则是一体的。当时的古泰州东临黄海，海岸线大致自东台至海安一线，此线以东，皆为茫茫大海，今天南通市的大部分土地尚未成陆。因此，先秦时期的泰州，包括海安，这里是古泰州的东海岸，也是古文化的发祥地。

从海安青墩遗址的情况来看，泰州的历史至少可以上溯到距今五千多年以前。但如果再往前追溯的话，则是一片空白，因为在更早的阶段，这里还没有成陆。因此，我们必须弄清楚先秦时期苏北地区海岸线的变迁。在距今7000至5000年这一时间段里，江淮东部新石器时代最有代表性的文化是龙虬庄文化。龙虬庄遗址位于江淮东部里下河碟形洼地的西缘，它的形成与江淮地区的环境演变有着不可分割的联系。首先，在距今7000年左右，龙虬庄遗址文化层堆积尚未形成，这一阶段正是全新世早中期海面快速上升的时期，海岸线变化比较快，最西可达今宝应湖、高邮湖以西，现在的江淮平原东部成为浅海湾。对龙虬庄这一时期地层中采集样品进行的孢粉分析也显示，此时龙虬庄遗址周围分布着以芦苇、香蒲、水蕨等组成的浅水水生植被。根据这些草本植物的含量，可以判明龙虬庄周围不仅有河流，还应有较大面积的湖荡和沼泽，由于水域面积过大而不利于人类的生存[①]。由此可见，在距今7000年前，古泰州大部分土地还都潜伏在浅海中。此后，随着海面的逐渐下降，遭受海侵袭击后的地方又重新露出水面。泰州所处的里下河地区，根据建湖庆丰全新世地层剖面第三层的化石、孢粉等鉴定材料，本区在海侵后成为泻湖环境。碳14的测定数据为距今6695±160年[②]。图1-1是距今6500年前苏北地区的海岸线。

从图中，我们可以清楚地看到，在距今6500年前后，苏北地区的海岸线大致北起今连云港东，经灌云—灌南—阜宁羊寨—盐城龙岗—大岗—东台西，南至海安沙冈，折向西经泰县、泰州、扬州一线。至此先秦时期泰州的地域已大体形成。与今天的泰州相比，古泰州东临黄海，海岸线大致自东台至海安一线，此线

① 龙虬庄遗址考古队《龙虬庄——江淮东部新石器时代遗址发掘报告》，科学出版社1999年版，第397—402页。

② 赵希涛等《江苏建湖庆丰剖面全新世地层及环境变迁与海面变化的初步研究》，《科学通报》1990年第4期。

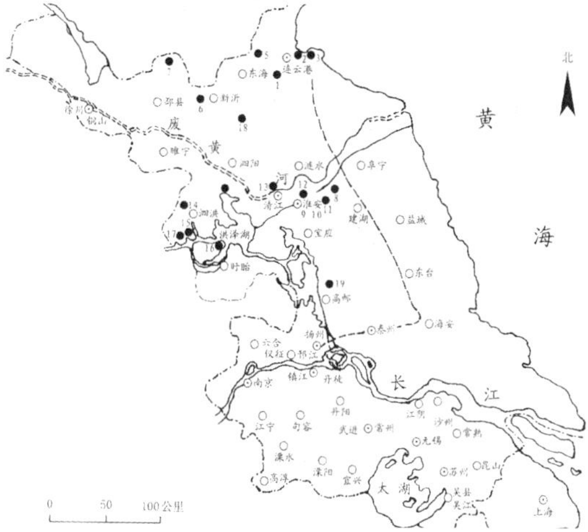

图1-1　距今6500年前苏北地区的海岸线
（邹厚本主编《江苏考古五十年》，南京出版社2000年版，第92页）

以东，皆为黄海。而自海安折而向西经泰州至扬州一线，为古泰州的南海岸线，此线以南，江海一体。古人以山南水北为阳，这也正是古泰州在先秦时期最早被称为海阳的主要原因。至于靖江，虽然现在是泰州重要的组成部分，但是在先秦时期，这里一直淹没在水下，其成陆的历史并不长。

上述海岸线形成之后，在先秦时期虽有反复，但总体变化并不大。我们再看图1-2，这是龙山文化时期的海岸线，大致自连云港—灌南—阜宁—盐城—东台至海安东，再折向泰县—泰州至扬州一线，这条海岸线大致形成于3800年前。如果将这条海岸线与6500年前的海岸线相比，我们发现变化其实并不大，只是稍稍向东向南推进了一些，陆地的面积虽然有所增加，但增幅不大。这种情况一直延续到商周时期。由此，先秦时期古泰州的地域也就大体清楚了。

泰州地域初成，古文化也随之产生。在新石器时代，古泰州地区的重要遗址主要有海安青墩遗址、兴化南荡遗址和姜堰单塘河遗址。其中青墩遗址的发掘意义尤为深远，发掘报告称，此

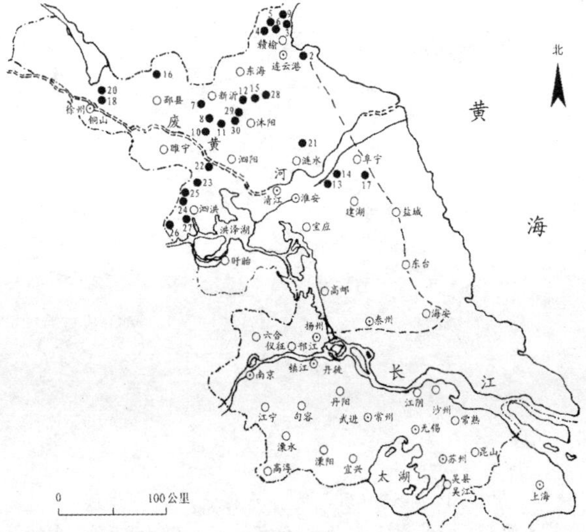

图 1-2 距今 3800 年前苏北地区的海岸线(《江苏考古五十年》,第 95 页)

为江淮东部面积最大、文化堆积层最厚且保存最为完好的新石器时代遗址,代表了中国江淮东部地区新的考古学文化类型,出土了许多重要的文化遗物,在考古学界引起了强烈反响①。2002 年,青墩遗址被公布为江苏省文物保护单位,2006 年被公布为国家级文物保护单位。到了新石器时代晚期,古泰州所处的江淮东部地区又出现了兴化南荡遗址和姜堰单塘河遗址,此外还有新发现的兴化蒋庄遗址,反映了南北文化对这里的影响。

夏商时期,能够反映江淮东部地区文化面貌的主要是高邮周邶墩遗址第二类文化遗存,当时这里受岳石文化的影响比较大,而地处中原的夏商文明对此处似乎鞭长莫及。到了西周时期,古泰州主要在淮夷的势力范围之内,当时的泰州先民在姜堰天目山建造了闪耀着文明和智慧之光的天目古城。这座古城现存城墙、河道、排水沟、房址、台基、墓葬等丰富的文化遗存,可能

① 南京博物院《江苏海安青墩遗址》,《考古学报》1983 年第 2 期。

与文献当中的古邗国有关[1]。姜堰天目山遗址作为历史时期不同朝代，不同类别、不同地域的保存基本完好的典型遗址，被列入第六批全国重点文物保护单位。

春秋时期，吴国灭邗，古泰州成为吴国的领土，为吴国西伐强楚、北进中原提供了坚强的后盾。进入战国以后，随着越灭吴，江淮东部地区又成为越国的领土。不过由于越国的退让，淮、泗一带被楚国占领，楚国的国界开始大幅向东推移。楚灭越后，终于将国土向东推进到大海。秦灭楚后，天下一统，古泰州终于融入到中华文明的洪流之中。

先秦时期的泰州，由于地理位置与生态环境的原因，造就了一个突出的特点，那就是古文化发展很难有延续性，容易受周边强势文化的影响，从而成为南北文化的走廊。

先秦时期的泰州地处江淮东部地区，属于南北过渡地带，向北和海岱文化区相接，往南和太湖文化区相接。江淮地区正应合了景观生态学中关于"走廊"的定义。走廊是与本底有所区别的一条带状土地。它既可能是一条孤立的带，也可能与属于某种植被类型的斑块相连[2]。走廊起着连通和分隔的双重作用。这正如江淮在历史上曾经发挥的作用一样。国家统一时，它是南北连通的动脉。国家分裂时，它则将南北政权分隔开来，这里便成为了边境地带。从地形上看，江淮东部地势低洼，俗称"锅底"，河流纵横，十足水乡风貌。江淮的西部、北部和南部在海拔上均高于它。处在中国南北中间位置的江淮，从地形上看，是最为顺畅的南来北往的走廊地带。

走廊地带的特点对于先秦时期的泰州影响深远。以具体的考古学资料来论，江淮东部的原始文化，包括青墩遗址在内的龙虬庄文化，在第二期后段出现太湖流域崧泽文化因素，崧泽文化

---

① 南京博物院、泰州市博物馆、姜堰市文物管理委员会《江苏姜堰天目山西周城址发掘报告》,《考古学报》2009 年第 1 期。

② 徐化成《景观生态学》,中国林业出版社 1996 年版,第 9、21 页。

借助江淮东部这一通道，向北传播，抵至苏北鲁南大汶口文化阵营。到了龙虬庄文化第三期，良渚文化继承了崧泽文化北上的传统，以更具规模之势渡江北上，青墩遗址此时已成为良渚文化分布区，并进一步北上，经阜宁东园，深入苏北。同样，北面的大汶口文化则往南传播。如此一南一北的文化汇流，突显了江淮东部地区的通道特性。

龙虬庄文化之后，江淮东部地区陷入了沉寂。而再次发现文化遗存，差不多相当于龙山文化晚期，其中最为典型的遗址当属泰州兴化南荡遗址。到了这个时期，江淮东部作为文化走廊地带的特点依然十分鲜明，只不过这一次北风压过了南风，来自北方的龙山文化直接影响到了江淮东部。南荡遗存因为在当地无渊源可寻，而与鲁豫皖区的王油坊类型龙山文化相似，故属于移民文化。王油坊类型龙山文化属于龙山文化晚期阶段，其与良渚文化在时间上有过交错，但总体要晚于良渚文化。在王油坊类型龙山文化来到江淮东部之前，这个小区受良渚文化的影响较重。到了龙山晚期，北方的龙山文化又占据了上风。至于姜堰单塘河遗址，由于没有经过正式发掘，其文化性质还有待于进一步确认。

夏商周时期，古泰州所处的江淮东部地区依然受到周边地区文化的强烈影响，先是受岳石文化影响较大，然后属于东夷文化中的淮夷，春秋时属吴，战国时先属越，后归楚，秦灭楚后，终归一统。

第一节 史前时期

关于泰州史前时期的文化遗存，目前主要有海安青墩遗址、兴化南荡遗址和姜堰单塘河遗址。新发现的兴化蒋庄遗址也非常重要，但因发掘资料尚未发表，故仅作简单介绍。

一、海安青墩遗址

如前所述，在先秦时期，海安与泰州是一体的，当时的古泰州，海安是其东海岸。从目前的考古发现来看，古泰州的历史始于海安青墩，距今已有 5000 多年的历史。

（一）青墩遗址的发现与发掘

青墩遗址位于江苏省海安县城西北约 28 公里的沙岗乡青墩村。这一带处于里下河地区的南部，地势低洼，平均海拔高度仅 3 米左右，遗址的面积估计约为 2 万平方米。

1973 年当地居民为建居民点，在墩西开挖一条青墩新河，开挖过程中，发现大量的陶、石、骨器和鹿角、兽骨等古代遗物。1976 年南通博物苑对青墩遗址进行了调查，次年又进行了小规模试探性发掘。为了弄清这一地区新石器时代遗存的文化性质，深入探索长江南北新石器时代诸文化之间的关系，以及根据遗址的地理位置、海拔高度和年代考察海岸线和长江口岸变迁的历史，1978 年和 1979 年南京博物院会同南通、连云港、无锡等数家博物馆的考古专家以及南京大学考古专业的师生连续两年对遗址进行了发掘，发掘的总面积为 490 平方米，出土文物 1000 余件[①]。其中，陶斧、陶纺轮、鹿角刻纹与“干栏式”建筑的发现以及与河姆渡遗址相提并论的稻作遗迹，震惊了学术界，将江淮东部地区的历史一下子推进到距今五六千年。

① 南京博物院《江苏海安青墩遗址》，《考古学报》1983 年第 2 期。

为了更好地了解青墩遗址的文化内涵，以下根据考古发掘先简单介绍一下遗址的地层关系。青墩遗址的地层共分六层，其中第一层为耕土层，第二层为扰土层，真正属于新石器时代的地层为三到六层，根据早晚关系，可划分为上、中、下三个文化层。

上文化层为第三层，黄绿色土，质地较硬，含有少量新石器时代陶片和兽骨等遗物。其中具有该层时代特征的有T字形和宽扁形的鼎足，有复道弦纹镂孔豆的圈足及短流等。此外，在该层中还发现了同时期的墓葬29座。

中文化层为遗址的第四层，又可细分为4A层与4B层，土色黑灰或夹有大量的贝壳。两个小层包含的文化遗物特征基本相同。其中4A层遗物较为丰富，有大量的新石器时代的陶片以及骨镞、骨锥、陶弹丸，还有少量的鹿角、兽骨等。此外，在该层中还发现了同时期的墓葬51座。

下文化层包括遗址的第五层与第六层。第五层为褐色胶结状沙质土，第六层为黑泥层。其中第六层出土的新石器时代的陶片、陶器和骨器等文化遗物较多，还发现大量的猪牙床、鹿角、兽骨以及鱼骨、龟甲、大蚌壳及果核等。在两次发掘的12个探方中，其中9个探方的下文化层都发现了数量不等的经过加工的木桩、圆木条、残木板等建筑构件和柱洞等。此外在该层中还清理了18座墓葬。

关于青墩遗址的绝对年代，根据中国社科院考古研究所进行的碳14测年，下文化层为距今5030±80年（树轮校正值5645±110年），中文化层为距今5015±85年（树轮校正值5625±110年）。考古发掘报告的编写者认为，“这两层文化面貌有较明显的差异，不可能早晚只相差20年”，“青墩下层测定的年代可能偏晚”。

（二）青墩遗址的文化性质与文化面貌

毫无疑问，青墩遗址是史前江淮东部非常重要的一个遗址。那么，这一遗址的文化性质究竟应该如何界定呢？

对于古泰州所处的江淮东部地区而言，以前考古界一直认为这里地势低下，气候潮湿，早期未必有居民，因而成为考古学上的一个“盲区”。1951 年淮安青莲岗遗址的发现首次改变了人们的传统看法[①]，继而提出了“青莲岗文化”的命名。青莲岗文化的范围一开始铺得很大。“以江苏为中心，北到与山东接壤处，南达太湖南岸，东到淀山湖以东，西到安徽南部。”[②]这么大的一个范围，即便它属于同一个考古学文化，也势必会因为地域的不同而在文化面貌上造成差异。因此，有学者开始对青莲岗文化进行类型划分和文化分期，将青莲岗文化分为江北和江南两个类型[③]。然而今天我们已经知道在江南太湖流域，马家浜—崧泽—良渚文化是一个文化系统；而在江北，海岱文化区则属于后李—北辛—大汶口—龙山文化系统。因此，有学者提出，青莲岗文化的分布范围以淮河为中轴，西到皖、豫、鲁三省交界处，北以泰沂山脉为界，东至大海，其南沿的东部为江苏的江淮地区，西部包括安徽的江淮地区和与其一衣带水的皖南及宁镇山脉。青莲岗文化分为三个类型，即侯家寨类型、双墩类型和青莲岗类型，年代定为距今 7000—6000 年[④]。

虽然青莲岗文化分布范围的南沿东部可以达到江苏的江淮地区，但就青墩遗址而言，其年代上限不超过 6000 年，而江淮东部地区当时在高海面的影响下，稳定成陆的时间并不长，因此对于探讨青墩遗址的文化性质，还是应该将目光集中在江淮东部本身为宜。况且，在青墩遗址发掘之后，江淮东部地区又先后发现了海安吉家墩、东台开庄、兴化南荡、姜堰单塘河、阜宁陆庄、

---

① 华东文物工作队《淮安县青莲岗新石器时代遗址调查报告》，《考古学报》第九册，1955 年。

② 曾昭燏、尹焕章《江苏古代历史上的两个问题》，《江海学刊》1961 年第 12 期。

③ 吴山菁《略论青莲岗文化》，《文物》1973 年第 6 期。

④ 邹厚本、谷建祥《青莲岗文化的再研究》，《东南文化》1992 年第 1 期。

高邮龙虬庄与周邶墩等十多处新石器时代遗址，其中尤以高邮龙虬庄遗址发掘规模最大，出土文物最为丰富。

1991年起，南京博物院考古工作人员在对江淮东部多次考古调查的基础上，选择高邮龙虬庄遗址作为重点发掘对象。龙虬庄遗址的发掘，为重新梳理和认识江淮东部史前文化谱系打开了一扇大门。1993—1995年，龙虬庄遗址共经四次发掘，发掘面积1335平方米，发现新石器时代居住遗迹、灰坑和墓葬，以墓葬最多，共402座。出土陶器、玉石器、骨角器等各类文化遗物2000余件，采集了大量的人骨和动植物标本。因此，龙虬庄遗址考古队认为，"江淮东部的原始文化，可命名为龙虬庄文化"①。

如果江淮东部地区的史前文化以龙虬庄文化来统一命名，那么海安青墩遗址便成为该文化中的一个重要组成部分。在对龙虬庄遗址分期的基础上，距今7000—5000年江淮东部的新石器时代文化可以分成三期。

第一期分前后两段，前段遗存在高邮唐王墩遗址发现，这个遗址发现了可能早于龙虬庄遗址第8层的遗存，绝对年代上限估计在距今7000年。后段相当于龙虬庄遗址的第8层和第7层，也就是龙虬庄遗址的第一期，距今约6600—6300年。

第二期为龙虬庄遗址的第6层、第5层和第4层，青墩遗址与之相对应的也是第6层、第5层和第4层，亦即上文所提到的青墩遗址的下文化层与中文化层，年代跨度距今约6300—5500年。

第三期，以龙虬庄遗址东部边缘晚于第四层的文化堆积为代表，青墩遗址与之相对应的为上文化层，即第3层为代表。距今年代约5500—5000年。

上述是以龙虬庄文化为参照标准的，在这个文化序列中，我

① 龙虬庄遗址考古队编著《龙虬庄——江淮东部新石器时代遗址发掘报告》，科学出版社1999年版，第530页。

们可以清楚地看到青墩与龙虬庄二者之间的对应关系，这对于把握江淮东部地区史前文化的整体面貌与文化序列无疑有着很大的帮助。但同时也应该看到，龙虬庄遗址位于江淮东部平原的西部，而海安青墩遗址则位于史前江淮东部平原的东部，滨临大海，二者还是有区别的。有学者认为，以青墩遗址为代表的文化可以单独命名为青墩文化，作为江淮东部地区史前文化的代表①。

青墩遗址的发掘报告将遗址分为早、中、晚三期，正好对应下、中、上三个文化层，而《江苏考古五十年》在概述青墩类型时也是将其文化面貌分为早、中、晚三期，这些都足以说明其文化面貌是自成体系的②。下面我们将按早、中、晚三期简单介绍一下青墩遗址出土遗物的文化面貌。

早期陶器可分为夹砂陶与泥质陶两类。泥质陶中泥质灰陶多于泥质红陶。器物以素面为主，纹饰中镂孔、弦纹、捺窝、链形纹较多。典型的器形有罐形鼎，鼎足多为宽扁形，颈部往往有一对錾状耳，有的口内有一对上下贯通的大环耳。豆圈足多为矮喇叭口形，也有细长柄的，多无镂孔，有的有小镂孔或较大的圆孔。另外有圆腹平底或折腹的钵，有柄鬶形器以及多见带管状流、长条形把手、扁环耳的罐等。石器主要有穿孔石斧、石凿等。

中期陶器分为夹砂陶和泥质陶两类。泥质陶中泥质红陶明显多于泥质灰陶。器物以素面为主，纹饰多锥刺纹、捺窝、镂孔、弧线三角形印纹、划纹、瓦棱状弦纹、篮纹等。主要器形有鼎、豆、罐、杯、钵、缸等。鼎有罐形和盆形两种，有的鼎腹常附有角状把手。豆多呈勾缘浅腹钵形，腹下多有一周垂棱，圈足高矮粗细均有，其上多施有圆形镂孔和弧线三角形印纹。罐为小口或

---

① 王其银《江淮东部原始文化的命名与青墩文化的内涵》，《东南文化》2005年第5期。

② 邹厚本主编《江苏考古五十年》，南京出版社2000年版，第73页。

敛口，多折肩、折腹。钵多为敛口圆腹或敞口或直口的。筒形杯大多口部微侈，作深腹筒形，平底或花瓣形足。壶的颈部则较高。石器有穿孔石斧、石锛、石凿等。并见少量玉环和玉璜。

晚期陶器分为泥质陶和夹砂陶两类。泥质陶中泥质红陶和泥质灰陶数量相当。除素面外，纹饰有划纹、捺窝、镂孔等。器形有鼎、豆、鬶、贯耳壶、筒形杯、钵、罐等。鼎多盆形，鼎足有 T 字形和宽扁形两种。豆为勾缘斜腹钵形或小型圆腹钵形或折缘盆形等，圆足多镂孔，镂孔周围常施复道弧线划纹。贯耳壶为长颈矮圈足。筒形杯多短圆筒形、平底。另有各种圈足杯、圈足钵、直口折肩深腹小罐、短流鬶等。石器有穿孔石斧、石锛、石凿、有段石锛。玉器多见玉坠、琮、璧、瑗、镯等（图 1-3）。

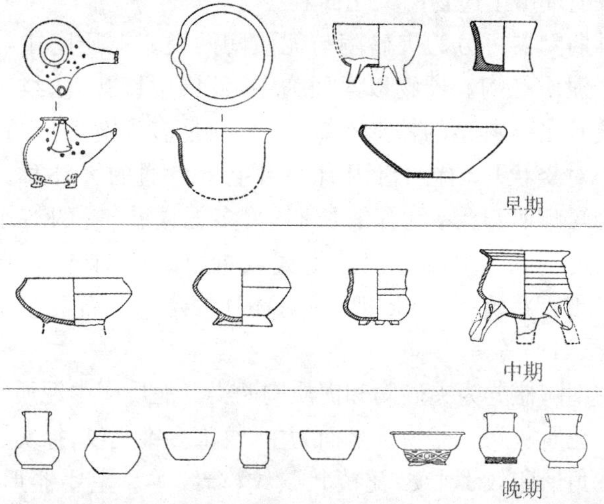

图 1-3　青墩遗址出土器物（《江苏考古五十年》，第 73 页）

（三）青墩遗址的重大考古发现

主要有五个方面：

1. 有柄穿孔陶斧

石斧是新石器时代常见的生产工具，而穿孔石斧则更进一步，与木柄相结合，成为效率更高的复合工具。穿孔石斧在中国东部与东南沿海地区发现得较多,然而经过数千年的沧桑,穿孔石斧虽然保存下来了,但柄一般都是木质的,早已朽腐无存。作为复合工具,如何与木柄结合在一起,一直是人类学家与考古学家共同关注的学术问题。在缺乏确凿材料的情况下,主要参考民族学的资料来推论古代石斧的穿柄及使用情况。1978 年在河南省汝州市(原临汝县)阎村出土了一件仰韶文化时期的鹳鱼石斧纹彩陶缸,上面彩绘有鹳鱼石斧的图案(图 1-4),从图中我们可以看到石斧紧紧地绑缚在竖立的木柄上端。然而图案毕竟是图案,至于具体的装柄方法,还是不如实物交待的清楚。青墩遗址出土的有柄穿孔陶斧的实物模型正好填补了这一空白(图 1-5)。

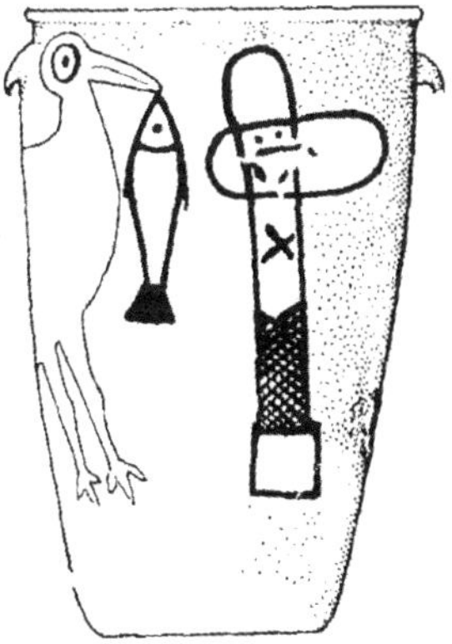

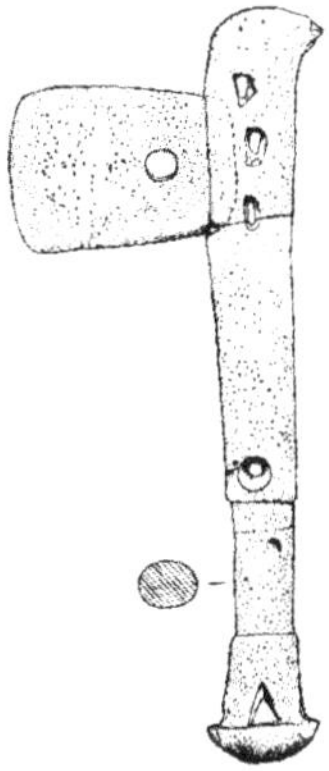

图 1-4、1-5 庙底沟类型彩陶缸与青墩陶斧模型

图 1-4 绘有鹳鱼石斧图的彩陶缸 图 1-5 青墩陶斧模型

根据青墩遗址的考古发掘报告:“出土有柄穿孔陶斧一件,是按照实物仿制的,只是体形较小,泥质红陶制成,分柄和穿孔斧两部分,柄为椭圆形棒状,前粗后细,前端翘起,有浅槽可嵌入穿孔斧。槽后有三孔,可穿绳缚住穿孔斧使其固定在槽内。柄后端作半月形,并有三角形穿孔。这件有柄陶斧虽非实用工具,

但为当时穿孔石斧的装柄方法提供了实物证据。”①

虽然这件带柄陶斧只是陶质模型而非实物，但弥足珍贵的是，陶斧完全是比照带柄穿孔石斧的原样，按照精确的比例精心捏塑的，为当时穿孔石斧的装柄方法及其柄部的具体形状，提供了令人信服的实物证据。也正因为它所具有的极高的科学价值，而被定为国家一级文物，珍藏在南京博物院。

2. 长江以北的干栏式建筑

干栏式建筑是为了适应低洼潮湿的环境而出现的一种建筑形式，在木柱底架上建筑高出地面的房屋，其目的是为了抬高居住面，使潮湿的地面和居住面相隔离。中国最早的干栏式建筑是在浙江余姚河姆渡 7000 多年前的新石器时代遗址中发现的，清理出来的木构件主要有木桩、地板、柱、梁、枋等，有些构件上带有榫头和卯口，说明当时已采用了先进的榫卯技术②。干栏式建筑主要见于长江以南地区，而在长江北岸的青墩遗址中发现距今五六千年前的干栏式建筑，在中国史前考古上尚属首见。

海安青墩遗址下层 9 个探方都发现了不少保存尚好的建筑木构件和柱洞遗迹。其中建筑木构件有木桩、圆木条和木板等。在第 15 号探方内，发现木桩和圆木条多达 32 根。木桩的下部多数从四面砍削成圆锥形，少数从一面砍成陡直的斜面。这些木桩一般都竖直地插入最下层的青沙生土内，最浅的 8 厘米，最深的达 55 厘米。圆木条和木板也是当时人们加工了的建筑构件，有些圆木条端部还有砍凿出来的榫卯③。从木桩、圆木条的形状、排列的分布范围等情况来看，应当是干栏式建筑形式。竖立的木桩可能是当时干栏式房屋的下部木架结构部分，圆木条和木板则可能是屋顶、墙壁和地板的残余。

---

① 南京博物院《江苏海安青墩遗址》，《考古学报》1983 年第 2 期。

② 浙江省文物管理委员会、浙江省博物馆《河姆渡遗址第一期发掘报告》，《考古学报》1978 年第 1 期。

③ 南京博物院《江苏海安青墩遗址》，《考古学报》1983 年第 2 期。

长江北岸青墩遗址的干栏式建筑遗存，对于研究中国远古时期民居的类型、分布和演变具有重要价值。而这种干栏式建筑的出现，是与青墩当时温暖、潮湿的自然环境是密不可分的。根据青墩遗址底部青砂土层孢粉鉴定的结果，“反映为森林草原植被类型，气候显得比较温暖、潮湿”，到了青墩遗址的第 6 层和第 5 层，孢粉鉴定结果反映的气候依然是温暖湿润，只是到了第 4 层，气候才逐渐转为温凉景况①。

3. 神秘的刻纹鹿角

史料记载，泰州所处的古海陵地区是麋鹿的故乡。范晔《后汉书·郡国志》中有“海陵麋鹿千万成群”的文字，西晋张华《博物志》叙述“海陵县扶江接海，多麋兽，千百为群，掘食草根，其处成泥”。现在的泰州溱湖地区就是麋鹿的故乡（图 1－6）。与此相印证的是，从这一地区出土的麋鹿化石最多，在全国也最为典型。

图 1－6　溱湖湿地及麋鹿

青墩遗址中出土了大量的骨角器，有的为生产工具，而有些则为装饰品。在这些骨角器中，得天独厚的麋鹿角成为青墩先民的厚爱，鹿角制品尤其是其中两件带有神秘刻纹的鹿角尤其引人注目。这两件带有刻纹的鹿角系用人工砍断的鹿角枝制

① 南京博物院《江苏海安青墩遗址》附录二，《江苏海安青墩遗址孢粉鉴定报告》，《考古学报》1983 年第 2 期。

成，一件表面上刻有十一组平行细画纹，每组三、五、六、九划不等。另一件刻有五组平行线纹，每组四至五划，每两组平行线纹之间刻有两组顶端相对的复道人字纹，每组也由四至五划组成①。此外南通博物苑也藏有采自青墩遗址的带刻划纹或锥点纹的鹿角枝，其中有一件带六组刻纹符号的鹿角，其性质也大抵相同②。这些材料发表后，迅速在学术界引起轰动。

张政烺先生于1980年在《考古学报》上发表了《试释周初青铜器铭文中的易卦》一文，指出："1979年江苏海安县青墩遗址发掘，出土骨角柶和鹿角枝上有易卦刻纹八个，例如三五三三六四（艮下、乾上、遁）、六二三五三一（兑下、震上、归妹）。其所使用的数目字有二、三、四，为前举三十二条考古材料所无，说明它的原始性，这是长江下游新石器时代文化，无论其绝对年代早晚如何，在易卦发展史上应属早期形式，可以据此探寻易卦起源地点问题。"

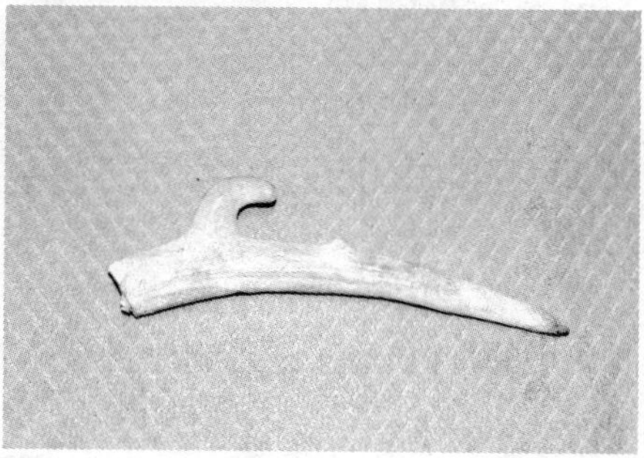

图1-7　刻纹鹿角，泰州市博物馆藏

继张政烺先生之后，陆续又有不少专家学者就易卦的产生、发展和演变等问题发表论文。1987年在山东济南召开的国际周易学术讨论会上，凡论述到有关《周易》起源问题的，无不对青墩遗址出土的这两件刻纹鹿角表现出极大的关注。可以说青墩鹿角刻纹是目前中国最早的《易》卦实物资料，具有极其重要的学术价值。

① 南京博物院《江苏海安青墩遗址》，《考古学报》1983年第2期。

② 徐冬昌《青墩麋鹿角刻纹的文化含义》，《青墩考古》，苏州大学出版社2010年版。

4. 带八角星纹的陶纺轮

青墩遗址中出土了 14 件陶纺轮，均为泥质灰陶。其中有两件刻划有八角星纹，均出自青墩上层的 17 号墓葬(M17)中①(图 1-8)。

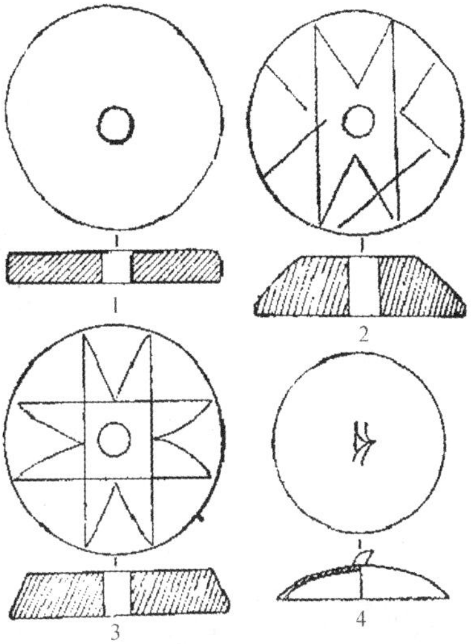

图 1-8 青墩陶纺轮上的八角星纹

八角星纹是中国新石器时代出现的一种纹饰，具有独特的文化内涵。这种纹饰分布区域广泛，延续时间较长，影响深远。从目前的考古发现来看，除青墩遗址外，在长江下游地区的马家浜文化、崧泽文化、良渚文化，长江中游地区的皂市下层文化、大溪文化，黄河下游地区的大汶口文化以及安徽含山凌家滩遗址中均有发现。此外还零星见于樊城堆文化、马家窑文化与小河沿文化(图 1-9)。

八角星纹的分布区域虽然广泛，但却集中发现于长江中下游与黄河下游的中国东部地区，而这一地区正是东海岸文化传统的核心区域，因此八角星纹与东海岸文化传统的关系至为密切②。

东海岸文化传统是中国新石器时代中晚期在中国东海岸地区逐渐形成的一个重要的文化传统。从时间上来看，这一文化传统的滥觞期至少可以追溯到公元前 5000 年左右；从地域上来说，这一文化传统的核心区域为中国东海岸黄河下游的海岱地

① 南京博物院《江苏海安青墩遗址》,《考古学报》1983 年第 2 期。

② 陈声波《八角星纹与东海岸文化传统》,《南京艺术学院学报》2008 年第 6 期。

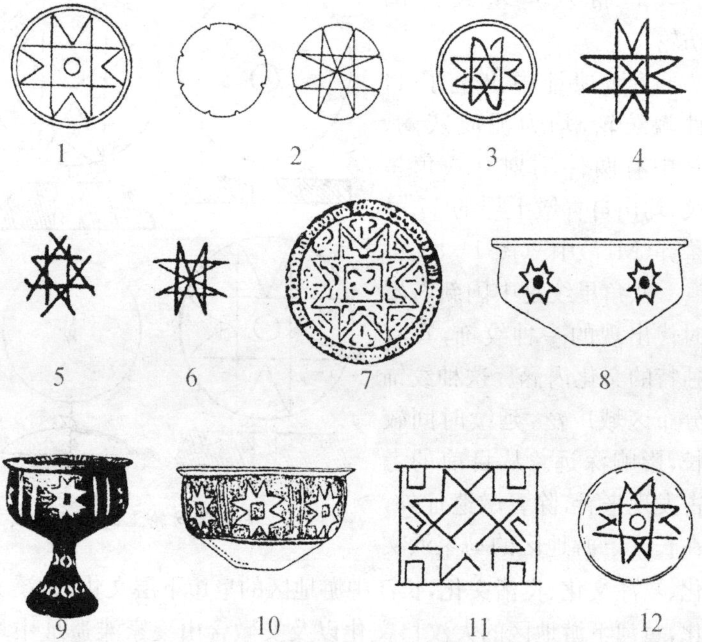

图 1-9　中国新石器时代的八角星纹

1. 马家浜文化（江苏武进潘家塘出土）2. 崧泽文化（浙江嘉兴大坟出土）3、4. 崧泽文化（上海青浦崧泽出土）5. 良渚文化（上海马桥出土）6. 良渚文化（江苏吴县澄湖出土）7. 大溪文化（湖南安乡汤家岗出土）8、9. 大汶口文化（山东泰安大汶口出土）10. 大汶口文化（江苏邳县大墩子出土）11. 小河沿文化（内蒙古敖汉旗小河沿出土）12. 樊城堆文化（江西靖安出土）

区与长江下游的太湖地区，其次还涉及东南沿海及长江中游地区。东海岸文化传统对于以后中华文明的形成影响深远，是中华文明源头中极其重要的一个环节。

八角星纹在中国新石器时代主要流行于东海岸文化传统所覆盖的区域内，尤其是长江下游的太湖地区与黄河下游的海岱地区。从八角星纹的起源来看，就现有的考古材料，应当源于长江流域。早在马家浜文化时期，太湖地区就已经出现了相当规整的八角星纹。此外长江中游地区八角星纹出现的时间也比较早。黄河下游的海岱地区是八角星纹比较流行的另一个区域，主要见于大汶口文化的彩陶上。以彩绘的方式出现并且更注重轮廓而非线条，这是大汶口文化八角星纹的特色，显示出与太湖地区的不同。

江淮地区介于海岱文化区与太湖文化区之间，必然受到南北两大强势文化的影响。既然八角星纹在中国新石器时代主要流行于东海岸文化传统最核心的长江下游的太湖文化区与黄河下游的海岱文化区，那么介于这两大文化区之间的江淮地区出现八角星纹符号也就不足为奇了。在江淮东部，八角星纹主要见于青墩遗址的陶纺轮上，而在江淮西部则主要见于凌家滩遗址出土的玉版与玉鹰上（图 1－10）。玉版正面为长方形，反面略内凹，中部雕刻有一个圆圈，圈内雕刻着八角星纹，圈外雕一大椭圆形，分为八等分，每等分雕刻一圭形纹，在椭圆外沿圈边对着长方形玉版的四角各雕刻一圭形纹饰。而玉鹰呈展翅飞翔状，鹰首侧视，眼睛以对钻孔眼表现，胸腹部的八角星纹为主体纹饰，双翼展翅，翅呈猪首形。

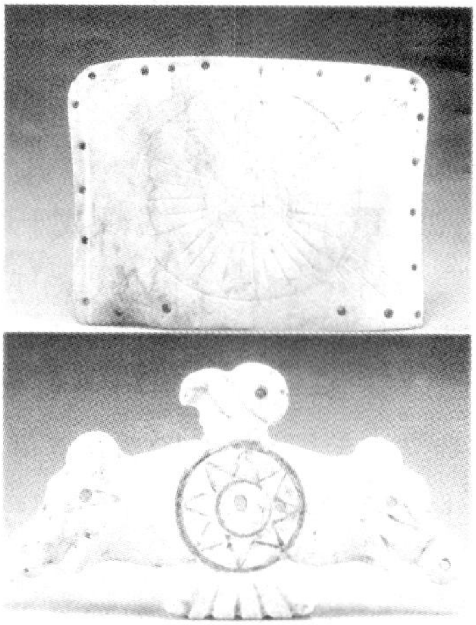

图 1－10　凌家滩遗址出土的玉版与玉鹰

对于八角星纹的含义，学术界可谓众说纷纭，真正体现出了百家争鸣。虽然各家所说都有一定的道理，但我们还是赞同将八角星纹视为宗教巫术的一种反映。八角星纹在东海岸文化传统内的广泛流行，实际上代表了宗教巫术的广泛流行。而以青墩遗址为代表的江淮东部地区的八角星纹，以及以凌家滩遗址为代表的江淮西部地区的八角星纹，则恰好构成了太湖文化区与海岱文化区相互沟通的桥梁。

5. 炭化稻谷

根据青墩遗址的考古发掘报告，在下文化层（第6层）中还发现少量炭化稻谷，在一些已经硬结了的人畜粪便中也发现有未被消化掉的稻壳。这是在当时没有采取浮选法的情况下就直接发现的炭化稻谷。根据这些炭化稻谷的特征，确定为偏粳性稻谷，而浙江余姚河姆渡遗址出土的炭化稻则是籼稻。就在大家对这一鉴定结果还持有些许疑惑时，西距青墩遗址直线距离不足100公里的龙虬庄遗址的发掘证实了这一结果。早在20世纪80年代，在龙虬庄遗址的一个探方内，考古人员通过浮选法发现数千粒稻米，经过科学检测，确定为类粳型稻谷，这从一个侧面印证了青墩遗址出土的偏粳性稻谷的可信性。

青墩遗址粳型炭化稻谷的发现对于研究粳型稻作农业东传意义重大，是东传路线上不可或缺的一环。据龙虬庄遗址发掘主持人张敏先生研究："在对粳型稻作农业的传播途径进行研究时，发现不同时间的含有粳型稻作农业遗存的遗址分布有着一定的规律性：在8000—7000aB.P.之间，有舞阳贾湖遗址；在7000—5000aB.P.之间，有高邮龙虬庄、海安青墩遗址；在5000—4000aB.P.之间，有赣榆盐仓城、日照尧王城、栖霞杨家圈遗址；4000—3000aB.P.之间，有韩国忠清南道的家瓦里、骊州欣岩里、扶余松菊里遗址；在3000aB.P.前后，有日本壹岐的原辻、九州北部的福冈板付、唐津菜畑、本州南端的下关绫罗木遗址。若将这些遗址按时间顺序连接起来，便可清晰地勾勒出粳型稻作农业东转的轨迹：即贾湖→龙虬庄、青墩→盐仓城→尧王城→杨家圈→家瓦里、欣岩里、松菊里→原辻→板付、菜畑→绫罗木……"①

以上择其要者简述了青墩遗址的重大考古发现，然而，令人称奇的是，上述种种，依然只是冰山一角，青墩遗址的文化成就

① 《龙虬庄——江淮东部新石器时代遗址发掘报告》，第524页。

远远不止这些。比如在一件陶豆的柄上，刻有两方连续的图案，共分五组，每组均为等距，张敏先生认为，这是我国首次发现的原始先民五等分圆的实例，代表我国原始社会数学或几何学研究的最高水平[①]。又如青墩遗址出土了六件三叉形投掷器，又名回旋镖，全都用麋鹿犄角制成。回旋镖是澳大利亚土著民族最常使用的一种奇异的狩猎工具和武器，青墩遗址发现的回旋镖在我国尚属首次，是目前亚太地区已知最古老的这类狩猎工具。再如可能作为酒器的灰陶高足杯，可能具备货币功能的新月型猪獠牙，此外还有精美的玉、石器等等。更为重要的是，青墩遗址的这些重大考古发现，只是在正式发掘的区区 490 平方米的范围内所获，而对于拥有 2 万多平方米的整个遗址而言，将上述发现视为冰山一角，决非虚言。

（四）青墩遗址与周边文化的关系

在引言中我们已经提到，青墩遗址所在的江淮东部地区处于南北文化的走廊地带，因此受周边地区文化的影响比较大。具体而言，江淮东部原始文化第二期后段出现太湖流域崧泽文化因素，崧泽文化借助江淮东部这一通道，向北传播，抵达苏北鲁南大汶口文化阵营。此外，西部宁镇地区的文化因素在青墩遗址的下文化层和中文化层中也较为常见。到了第三期，良渚文化继承了崧泽文化北上的传统，渡江北上，青墩遗址此时已成为良渚文化分布区，并进一步北上，深入苏北。同时，北面的大汶口文化则往南传播，突显出江淮东部的通道特性。

在青墩遗址的下、中文化层中，许多陶器与宁镇地区相一致，如三足折腹罐、口沿外侧涂红彩的碗、高柄杯、深腹筒形匜、钵形匜、高圈足壶等。除陶器外，两者的石器也非常一致，如舌状穿孔石斧、长方形或长条形石锛、石凿、方孔或椭圆形孔的

---

① 张敏《青墩陶器的文化特质》，《青墩考古》，苏州大学出版社 2010 年版。

"风"字形石锄、多孔石刀等。张敏先生认为,宁镇地区向江淮东部地区输入石器,而江淮东部地区则向宁镇地区输入某些特殊的陶器,两者之间呈相互交流状①。

从第二期的后段开始,江淮东部原始文化中出现了太湖地区崧泽文化因素,这在青墩遗址中表现得更为明显。有学者对青墩遗存分析后认为,青墩第二期遗存与龙虬庄遗址二期差异较大。陶器中的折腹釜形鼎、罐形鼎、盆形鼎、粗圈足豆;细柄、柄部外撇呈阶梯状豆、觚、圆角近方形钻孔石钺、长条形石锛、玉璧、环、璜等器在崧泽文化遗址中较为常见②。

江淮东部地区龙虬庄文化的二期后段相当于大汶口文化早期,绝对年代约为距今6000—5500年。在引言中,我们已经阐明,早在距今6500年前后,苏北地区的海岸线大致北起连云港东,经灌云—灌南—阜宁羊寨—盐城龙岗—大岗—东台西,南至海安,然后折向西经泰县—泰州—扬州一线。海安恰好是一个转折点,隔江与崧泽文化的母区相望。崧泽文化若越江北上,海安青墩毫无疑问是第一站,相比较而言,高邮龙虬庄偏西偏北,所以受到崧泽文化的影响不如青墩。从青墩继续往北,沿海而行,经盐城、阜宁一带,道路畅通,没有大的地形阻碍,越过淮河后,直抵苏北。大汶口文化早期,在刘林、大墩子、万北、新沂小徐庄、王因等苏北鲁南的大汶口文化遗址中,曾经发现过少量的崧泽文化因素;同样,在崧泽文化遗址中,也见有大汶口文化的因素③。

江淮东部地区文化进入到第三期,相当于大汶口文化的中

---

① 张敏《青墩陶器的文化特质》,《青墩考古》,苏州大学出版社2010年版。

② 燕生东《海安青墩遗存再分析——江淮东部地区考古学文化研究之一》,《东南文化》2004年第4期。

③ 栾丰实《论大汶口文化和崧泽、良渚文化的关系》,《中国考古学会第九次年会论文集》,文物出版社1993年版,第62—81页;郝明华《苏皖江北地区的崧泽文化因素》,《东南文化》2001年第5期。

期，青墩遗址中出现了较多良渚文化因素，如陶器中的黑皮陶贯耳壶（图 1－11）、敛口钵形豆、石器中的有肩扁平穿孔石斧、有段石锛，以及采集到的琮、璧、瑗、镯、坠等玉器。因此，到了这一时期青墩很可能已经成为良渚文化分布区[①]。

青墩遗址出土的陶贯耳壶
图 1－11　泰州市博物馆藏

此外，在差不多同一时期的阜宁东园遗址，同时存在良渚文化因素和大汶口文化因素，龙虬庄文化因素却不见。可见，良渚文化与之前的崧泽文化一样，越江北上，而北面的大汶口文化同样向南传，遂在淮北、江淮这一南北过渡带上，形成了东园这样的文化两合遗址。

之后，进入到大汶口文化晚期，目前江淮东部可见，且经过发掘的同时期遗址甚少，以阜宁陆庄较为典型[②]。陆庄遗址含有良渚和大汶口两种文化因素，以前者为主。陆庄遗存的发现，无疑为良渚文化北上传播这一链条上又增添了一个点，在此之前，我们知道在花厅遗址大汶口文化中晚期阶段也发现过良渚文化因素，尤其是大汶口文化晚期的前段，良渚文化因素尤为浓厚。因此，将大汶口文化中期发现良渚文化因素的青墩、晚期的陆庄以及花厅串联起来，可以清晰地看到一条良渚文化的北渐之路。

---

① 燕生东《海安青墩遗存再分析——江淮东部地区考古学文化研究之一》，《东南文化》2004 年第 4 期。

② 南京博物院考古研究所、盐城市文管会、盐城市博物馆《江苏阜宁陆庄遗址》，《东方文明之光——良渚文化发现 60 周年纪念文集》，海南国际新闻出版中心 1996 年版。

2012年，南京博物院考古研究所为配合泰东河水利工程建设，对泰州兴化蒋庄遗址进行了考古发掘，发现了230余座墓葬，揭开了当时居住在这个地区先民生活的神秘面纱。更为重要的是，这是首次在长江以北发现大型良渚文化遗址，出土的大型玉璧、玉琮具有良渚文化玉器的典型风格（图1－12），这对研究中华文明各源流的融合碰撞提供了新的视角[①]。

图1－12　蒋庄遗址出土的玉琮（左）与玉璧（右）

二、兴化南荡遗址

古泰州所处的江淮东部地区，无论是东边的青墩还是西边的龙虬庄文化，在此之后都缺乏后继者，在文化上又进入到一个空白期，而这个空白期很可能与当时恶劣的生态环境有关。

江淮东部由于滨海，对海面的变化特别敏感，这对于生产力还不发达的史前先民而言，更多时候只能对这种外部环境进行被动适应，而无能力进行改造。不仅是江淮东部的土著性文化，即便是来自太湖地区强势的良渚文化，也没能够适应下来，这一点也印证了史前江淮东部这片生态界面的极度脆弱性，活动于此间的文化，中断或者被代替的机率相当高。从现有考古学材料来看，江淮东部地区再次发现文化遗存，差不多已经相当于龙山文化晚期。位于泰州境内较为典型的遗址有兴化南荡[②]、姜

① 中国江苏网——《新华日报》，2012年6月29日。

② 南京博物院考古研究所、扬州博物馆、兴化博物馆《江苏兴化戴家舍南荡遗址》，《文物》1995年第4期。

堰单塘河[①]，此外还有高邮周邶墩遗址[②]。

南荡遗址位于兴化市林湖乡戴家舍村南约 2.5 公里。西北距兴化城约 10 公里。其东临渭水河，北有梓辛河，西北望得胜湖，南有小横子、大横子、九里港等岔河，海拔高度 0.4—0.6 米，冬春季露出水面，夏秋季没于水下，为终年生长芦苇的湖荡沼泽。这一带属里下河平原中部，里下河平原四周高中间低，平均海拔 1 米左右。兴化市博物馆、南京博物院、扬州市博物馆先后在南荡作过多次调查，并于 1992 年对南荡遗址进行了考古发掘，发现了灰坑、灰沟、房子等遗迹和陶器、石器、骨器等遗物。从陶器的面貌来看，陶器以夹砂陶为主，泥质陶次之。夹砂和泥质陶中，又均以灰陶为多，次为灰褐陶、黑陶，红砂陶或红陶甚少。陶片多为素面，有纹饰的以拍印绳纹为多，可分为粗、中粗和细绳纹；另有少量的弦纹、篮纹、方格纹，还有极少量的梯格纹、网状纹、羽状纹、刻纹等。器形有鼎、甗、鬶、罐、瓮、盆、壶、豆、杯、钵、碗等。经过陶器类型学比较，发掘人员发现南荡遗存在里下河地区无渊源可寻，而是与豫东王油坊类型龙山文化相似。主要体现在，器类基本一致，同样缺少斝、鬲一类的陶器。常见的陶器如罐形鼎、大袋足甗、直腹或弧腹盆、高柄浅盘豆、高领的瓮和罐、假圈足碗以及阔把杯、高流鬶、高流壶等（图 1 - 13）。当然两者之间也存在一定区别，如南荡文化遗存中，陶器纹饰以绳纹为主，而王油坊类型龙山文化则以方格纹为主，至于羽状纹、梯格纹等，不见于王油坊类型龙山文化；王油坊类型龙山文化中常见的大口深腹罐，南荡文化遗存中基本不见；南荡文化遗存中也基本不见蚌器和角器；居住遗迹方面，南荡发现有半地穴干栏式建筑，平面呈不规则椭圆形，而王油坊类型龙山文化的居

① 周煜、黄炳煜《天目山、单塘河古遗址调查简报》，《东南文化》1986 年第 2 期。

② 南京博物院考古研究所、扬州博物馆、高邮文管会《江苏高邮周邶墩遗址发掘报告》，《考古学报》1997 年第 4 期。

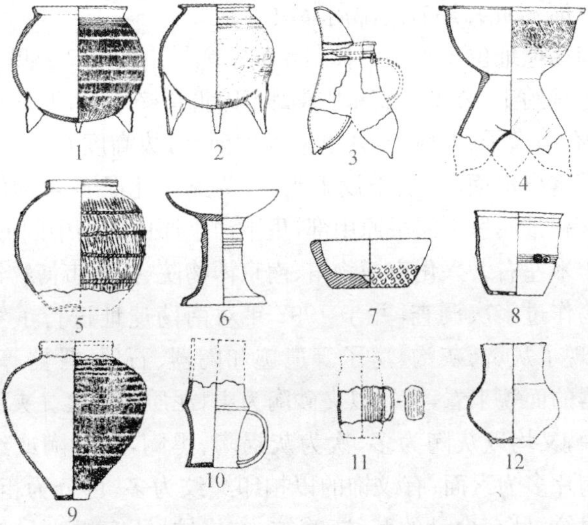

图1-13　江淮东部与王油坊类型龙山文化相类似的文化遗物（徐峰《先秦时期淮北与江淮地区社会进程的考古学研究》，博士学位论文，中国社会科学院研究生院，2010年）

1、2罐形鼎，3鬶，4袋足甗，5罐，6豆，7钵，8甑，9瓮，10、11筒形杯，12壶（1—8、10周邶墩；9、11、12南荡）

住遗迹为方形或圆形，多为地面建筑，两者差异较大。总的来说，南荡遗存与王油坊类型龙山文化有着密切的关系，这在考古学界几乎已是共识①。此外高邮周邶墩遗址第一类遗存在陶系、纹饰、器形上与南荡遗存基本一致，也属于王油坊类型龙山文化。与之相近的文化遗存还见于高邮龙虬庄、唐王墩等遗址，表明以南荡遗存为代表的该类文化遗存在江淮东部的分布不是孤立的，而有一定的分布范围与规律。

南荡文化遗存呈龙山时代晚期特征。至于绝对年代，发掘

① 南京博物院考古研究所等《江苏兴化戴家舍南荡遗址》，《文物》1995年第4期；张敏、韩明芳《虞舜南巡狩与勾吴的发端》，《南京大学学报》1999年第3期；张敏《南荡遗存的发现及其意义》，《中国社会科学院古代文明研究中心通讯》第4期，2002年；高蒙河《长江下游考古地理研究》，复旦大学出版社2005年版，第301页。

报告的编写者认为:“南荡文化遗存的年代,其上限不会超过公元前2200年,下限也不致晚于公元前2000年,由于其存在的时间不长,对其年代似应定为公元前2000年前后为宜。”

南荡遗存因为在当地无渊源可寻,而与鲁豫皖区的王油坊类型龙山文化相似,这一点与之前存在于江淮东部的青墩遗存、陆庄遗存中的良渚文化因素有相似之处,它们在江淮东部也都没有直接来源,因此有学者认为其属移民文化①。王油坊类型龙山文化在南方的发现并非始于江淮东部的南荡和周邶墩,而是首先发现于点将台文化。点将台文化中大致有三组文化遗存:甲组宁镇地区晚期新石器时代文化遗存、乙组王油坊类型龙山文化遗存、丙组岳石文化尹家城类型遗存。甲组遗存发源于本地,乙组与丙组则均属北来文化因素②。由于王油坊类型龙山文化的母区在鲁豫皖一带,因而当它在长江南岸宁镇地区被发现时,颇有些不可思议。从理论上讲,在鲁豫皖交界带和宁镇之间,应当还有此类文化遗存的中间点。而南荡、周邶墩遗址中王油坊类型龙山文化的发现,正好将这一中间环节补上了。

王油坊类型龙山文化属于龙山文化晚期阶段,它与良渚文化在时间上有过交错,但总体要晚于良渚文化。在王油坊类型龙山文化来到江淮东部之前,这个小区受良渚文化的影响较重。到了龙山晚期,北方的龙山文化又占据了上风。当王油坊类型龙山文化移居南荡,江淮东部迎来了新一轮的文化适应期。与它的前任一样,南荡遗存也不具有持续性。从南荡遗址的文化堆积来看,2万多平方米的范围内,浅薄的文化层呈小片零星分布,说明南荡文化遗存在形成过程中不断地挪移,且南荡遗址中

---

① 南京博物院考古研究所等《江苏兴化戴家舍南荡遗址》,《文物》1995年第4期;张敏《南荡遗存的发现及其意义》;谷建祥、申宪《王油坊类型龙山文化去向初探》,《南京大学历史系考古专业成立三十周年纪念文集》,天津人民出版社2002年版。

② 张敏《试论点将台文化》,《东南文化》1989年第3期。

所有层位皆为同一时期的文化遗存，其延续时间不会很长，因此南荡遗址是一处临时性居住遗址。

到了这一时期，江淮东部的自身特色已基本无存，而尽为外域文化风格。当然这些移民文化，离开了文化母区之后，也不可能百分之百与母区文化保持一致，因而如果硬要为江淮东部寻找本土特色的话，那么移民文化发生变异的那一部分或许能够算上。

通过近些年在江淮及其邻近地区的发掘，像南荡这样的类似于驿站性质的遗存还有不少，比如江阴花山遗址。花山遗址位于江苏省江阴市云亭镇花山村。遗址所在地是一片略高于四周的台地，台地呈北高南低趋势，其东南有一条小河围绕。经初步调查，遗址范围较大，东南可达佘城，西抵谢家冲，南界暂时不明，面积约 10 万平方米，是一处大型遗址①。花山主要遗迹现象是 12 个灰坑和 2 条灰沟。出土的文化遗物有石器、陶器和一块青铜炼渣。在陶器遗存中，主要有三类遗存，其中第一类遗存最值得注意，因为它们不是本地传统器形。陶器属夹砂陶系，器形主要有罐形鼎、绳纹和素面甗、鬲。这类器物的数量不多，约占陶片总数的 2.41%。通过类型学比较，发现它们也与王油坊类型龙山文化近似(图 1－14)，如罐形鼎和河南永城王油坊遗址以及高邮周邶墩遗址出土的罐形鼎形制十分相似。尽管这类遗存在当地所占比例甚少，但它的发现将王油坊类型龙山文化跨区域的传播路线添补得更为完整。

然而江阴花山也并非终点，自江阴继续东进，上海松江广富林或许才是最后一站。1999 年以来，上海市文物管理委员会考古研究部和复旦大学文博学院联合对上海松江广富林遗址进行了发掘，发掘中除发现良渚文化遗存之外，还发现了一类新的新石器时代晚期遗存，被称为“广富林遗存”，这类遗存有别于当地

---

① 江苏花山遗址联合考古队《江阴花山夏商文化遗址》，《东南文化》2001 年第 9 期。

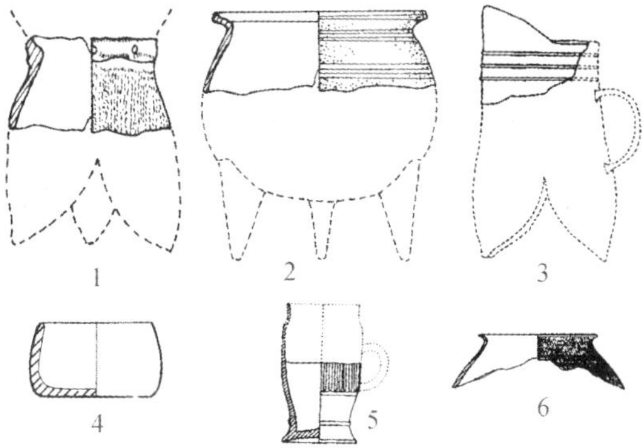

图 1-14 广福林、花山遗存中与王油坊类型龙山文化最相似的器物
1、甗，2、鼎，3、鬶，4、钵，5、筒形杯，6、鼎(1、2、4 花山;3、5、6 广福林)

的传统文化遗存，而与王油坊类型龙山文化遗存相似①。

广富林遗存的生活遗迹主要是灰坑，坑口形状有圆形、椭圆形、方形和不规则形等。陶器风格鲜明，分夹砂和泥质陶两大类，以夹砂陶为主。夹砂陶有灰、黑、红褐三色系，灰陶数量最多。泥质陶有红、灰和黑三色系，泥质灰陶和黑陶占多数，红陶很少。黑陶中有的经过打磨，但数量极少。这一陶系及陶色的比重与南荡、周邶墩所见也是相似的。陶器一般为素面，器表有纹饰的仅占总数的三分之一。制法上普遍轮制，弦纹是主要纹饰，还有刻划、压印和堆贴。主要器形有鼎、罐、瓮、鬶、豆、盆、盘、钵、杯等，器类与王油坊类型龙山文化相似。两个文化遗存所见的鬶和筒形杯几乎完全一样，而且王油坊类型有些陶器器形的细部特征都与广富林遗存相同，如陶鼎的三角形侧扁足、口沿面上的凹槽、直领瓮的领内壁呈凹弧状等。

显然，广富林遗存可谓王油坊类型龙山文化往东南方向跨区域迁徙链条上最东的一个环节。松江广富林属于环太湖地区，这个地区大约同时期的母体文化是良渚文化，并且正值良渚

① 上海博物馆考古研究部《上海松江区广富林遗址 1999—2000 年发掘简报》,《考古》2002 年第 10 期。

文化衰亡之时。而王油坊类型龙山文化无疑属于外来的干扰性文化斑块。如果说同时期的江淮东部，在南荡和周邶墩一带，外来的王油坊类型龙山文化并未在当地遇到本土性的文化遗存，那么，当这支外来文化南迁到环太湖地区时，则与当时本土的良渚文化应当有过直接的接触。在两者的关系上，有的学者认为，同王油坊类型关系紧密的广福林遗存的文化侵入和来自南方的几何印纹陶为特征的文化一起加速了已经处在衰败最后阶段的良渚文化的灭亡①。

将上述南荡、周邶墩、花山及广福林的王油坊类型龙山文化遗存串联起来，可以清晰地看到一条传播线路，这条线可以称为王油坊类型龙山文化向东南迁徙的东线。有学者研究认为，崧泽文化北上，也是从江阴渡江，至海安青墩，再继续北上②。江阴花山遗址王油坊类型龙山文化遗存的发现，也表明史前北来人群，渡江之后，江阴是第一站。在史前时期，这里似乎是沟通南北的一个中枢。

南荡遗存沿续的时间不长，在距今 4000 年前后，当又一次大的海侵来袭之时，江淮东部地区再次陷入文化上的沉寂，而醒来时已步入历史时期。

三、姜堰单塘河遗址

史前时期的泰州，除了海安青墩遗址、兴化南荡遗址及蒋庄遗址外，还有一处未经正式发掘的遗址，即姜堰单塘河遗址。因为没有正式发掘，所以对于这一处古遗址的文化性质还不能完全弄清楚。不过，上世纪八十年代泰州市博物馆及当时泰县图书馆的工作人员曾对单塘河遗址及其左近的天目山遗址进行了

---

① 宋建《中国东部地区在文明化进程中的地位》，《东方考古》2004 年第 1 集，第 319—328 页。

② 郝明华《苏皖江北地区的崧泽文化因素》，《东南文化》2001 年第 5 期。

考古调查，并发表了调查报告[①]。时至今日，当年同时调查的天目山遗址后来经过正式发掘，确认为西周时期的古城址，并列入第六批全国重点文物保护单位。我们相信，日后单塘河遗址在经过正式发掘之后，也必能彰显其重大的学术价值。以下我们将依据考古调查的资料，来了解一下单塘河遗址。

单塘河遗址在天目山遗址西侧一公里处，南部为单塘河，西边和北边为中干河和新通扬运河。遗址地势较平坦，农民挖土烧砖时，在距地表2—3米处发现部分遗物，据称遗物上部有1—2米厚的黄土层，采集到的遗物有石器、玉器、骨器、陶器等。

石器中有一把带柄石刀，形状为三角形，顶端收缩成一斜柄，页岩质，底边磨成斜刃，其余器身没有精磨。由柄端至刀头斜长30厘米，刀高21、厚1.8厘米，柄长8、宽6.5、厚2.1厘米。其器形类似耘田器，但两端没有后掠的翼，应属于一种大砍刀，与邱城中层良渚文化墓葬中所出的有柄石刀极为相似(图1－15)。石镞三件，页岩质，通体磨制光滑，体扁平，呈柳叶形，铤、体分离，菱形体，宽肩，两侧开斜刃至尖，铤断面扁圆形，制作工整美观，刃口锋利。

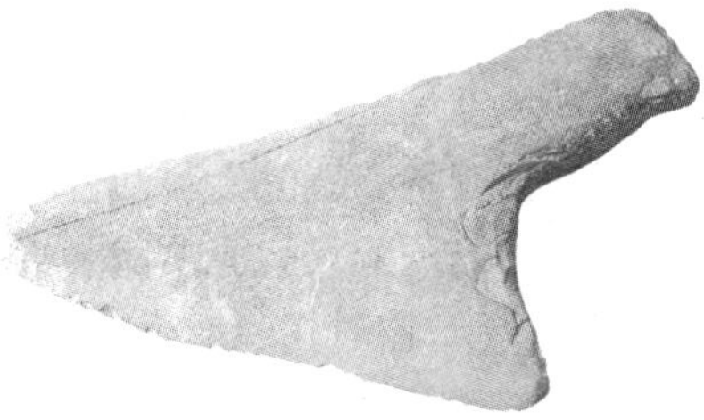

图1－15　姜堰单塘河遗址出土石刀，泰州市博物馆藏

骨器有骨镞一件，磨制精细，呈柳叶形，体扁圆，中有凹槽，两侧斜刃至尖，铤、体分离。骨针二件，一件为残头部。磨制粗陋，长条状，似不规则三角形，顶部磨尖，无孔。玉器有玉坠一件，长方柱体，尖端圆锥形，上端有小纽，纽上有残孔。

① 周煜、黄炳煜《天日山、单塘河古遗址调查简报》，《东南文化》1986年第2期。

单塘河遗址出土陶片二百余块，无完整器形，大致可分夹砂粗陶、泥质灰陶、泥质红陶、泥质黑陶、夹砂陶等。另有三件圆锥形器足陶片，胎色发白，低温，素面。

单塘河遗址未经正式发掘，其地层关系与文化内涵仅靠征集和采集到的上述少量遗物是很难阐明的，我们只能据此做一些分析和推断。

与单塘河遗址相距仅一公里的天目山古城经正式发掘后已经确认为西周古城，但单塘河遗址的性质显然与天目山古城不一样，年代上要早很多，应该能够达到史前末段，即与良渚文化末期相当。具体而言，当在距今 4000 年左右，这一年代当与兴化南荡遗存相近。

单塘河遗址的调查简报认为："单塘河遗址遗物中的有柄三角石刀和柳叶状石镞的形制，似青墩遗址的骨镞、玉坠以及陶器中无几何印纹硬陶只有泥质陶和夹砂陶，表明可能早于天目山遗址，约为新石器时代晚期至商代中后期。"对于这一推断，我们认为，将其年代定为新石器时代晚期是有道理的，但其下限未必能到商代中后期，至少不是从新石器时代晚期一直延续到商代中后期，即便有商代遗存，那么中间也应该有断层。因为在新石器时代末期，江淮东部在海侵与洪水的侵袭下，很难有文化遗存能够延续下来。前述高邮南荡遗存也是如此。至于单塘河遗存的文化性质，从其文化面貌上来看，主要应是受良渚文化的影响。

第二节 夏商周时期

按照传统说法，夏朝是中国第一个奴隶制王朝，商和西周是奴隶制的发展和繁荣时期，春秋是奴隶制的衰落时期，战国则进入到封建社会。但这主要指的是中原地区，当时的泰州地区和中原地区不完全一样。

一、夏商时期的泰州

夏代是中国历史上第一个王朝国家，从此中国的历史进入到一个崭新的时期。从考古学来看，能体现夏文化特色的主要是二里头文化。早在龙山文化中晚期，一个以中原为中心的历史趋势已日渐成形[①]。而二里头文化的分布中心在豫西与晋南，即中原的核心地区。与此同时，海岱、太湖、江汉等几大区域则相继衰落。多年来的考古发掘，揭示出二里头遗址是由宫殿区、贵族和平民墓、居住区以及手工业作坊组成的复杂空间布局。相形之下，周边区域的其它文化便与二里头文化形成了一种落差。从这一时期开始，已经蕴酿着日后华夏与边缘的两重状态。但是，尽管二里头文化霸权的兴起，打破了龙山时代各地考古学文化系统势均力敌的平衡状态，但就二里头文化与东方的关系而言，似仍保持着两强的局面。东方的岳石文化仍能独当一面，形成夷夏东西的格局。

如果单从地域上看，岳石文化似乎并不逊色于二里头文化。它以海岱为文化母区，向四周有不同幅度的延伸，东临大海，南达宁镇，西抵鲁西南、豫东，北至辽东，与二里头文化形成“夷夏东西”之势。结合各区域自然地理及考古学文化面貌，考古学界

① 赵辉《以中原为中心的历史趋势的形成》，《文物》2000 年第 1 期。

已对岳石文化做出若干类型的划分[①]。就淮河流域而言，淮北部分的岳石文化类型主要涉及尹家城类型、安邱堌堆类型和苏北类型。而古泰州所处的江淮东部地区，此时依然比较沉寂。遗址的发现相对较少，文化层的缺失也较为常见。二里头文化虽然强大，但由于空间距离非常遥远，因此对江淮东部地区几乎没有什么影响。在夏商时期，能够影响到江淮东部地区的只有岳石文化。而且，这里离岳石文化的母区也有相当的距离，因此准确地说，当时能够影响到江淮东部的也只是岳石文化的某个类型，即上文所提到的泗水尹家城类型。

江淮东部的岳石文化遗存，就目前材料来看，最丰富的一个地点是高邮周邶墩[②]。虽然从现在的行政区划来看，高邮属于扬州，但在先秦时期，高邮的周邶墩遗址也是处于里下河平原地区，泰州市兴化县南荡遗址在其东北，相距只有约45公里。因此，先秦时期的泰州，应将江淮东部的里下河平原视为一个整体，而不必过于拘泥现在的行政区划。

早在史前时期的末段，即龙山文化晚期阶段，南荡遗存与周邶墩遗存便有着密不可分的关系。前面已经提到，周邶墩遗址第一类遗存在陶系、纹饰、器形上与南荡遗存基本一致，也属于王油坊类型龙山文化。与之相同的文化遗存还见于高邮龙虬庄、唐王墩等遗址，表明以南荡遗存为代表的该类文化遗存在江淮东部的分布不是孤立的，而有一定的分布范围与规律。进入到夏商时期，作为移民文化的南荡遗存已经销声匿迹，然而周邶墩遗址在经过短暂的沉寂后又迎来了以第二类文化遗存为代表的新时期。

高邮周邶墩遗址位于江苏省高邮市东南的龙奔乡周邶墩村

---

① 栾丰实《岳石文化的分期和类型》，《海岱地区考古研究》，山东大学出版社1997年版。

② 南京博物院考古研究所、扬州博物馆、高邮文管会《江苏高邮周邶墩遗址发掘报告》，《考古学报》1997年第4期。

南，遗址近似正方形，四周环水，面积约1500平方米。在周邶墩遗址共发现了三类不同性质的文化遗存。第一类是与南荡遗存基本一致的王油坊类型龙山文化遗存，第二类是岳石文化遗存，第三类遗存与宁镇地区西周至春秋时期文化相一致。这里我们主要关注第二类文化遗存。

第二类文化遗存的遗迹现象主要是灰坑，有4个，坑口有近似圆形和椭圆形两种，与海岱岳石文化中心区的灰坑类型特征相似。因为发掘面积非常有限，有无居住遗迹还不清楚，但可以相信，这些灰坑应当不会孤立存在。

文化遗物主要来自4个灰坑，地层中也有一些，其中以H10包含物最多，分陶器、石器两种。陶器分夹砂陶和泥质陶两类。夹砂陶较粗糙，火候普遍较高。泥质陶中，灰陶和黑陶陶质细腻，器表多经磨光。这个特征也符合岳石文化的陶器特征。器类有鬲、罐、盆、尊、器盖、甗、盒、碗、鼎、豆、纺轮、网坠。石器有刀、镞、斧、凿。经过比较，B型陶鼎、A型甗、大口罐、中口罐、小口罐、高领罐、B型盆、碗、尊、盒、器盖、纺轮、网坠以及石斧、刀、锛、凿等，均与尹家城遗址岳石文化同类器相近（图1-16）。第二类文化遗存相对于里下河地区而言，无疑是一种外来文化，因为这类遗存在江淮东部无渊源可寻，包括之前已经论述过的年代稍早于第二类文化遗存的王油坊类型龙山文化遗存也是属于在当地无渊源可寻的一种外来文化，且第一类文化遗存与第二类文化遗存之间也无传承关系。同样，周邶墩发现的第三类遗存与第二类文化遗存之间也无传承关系。很明显这三类遗存虽同处一地，但是彼此之间呈现的是一种"异质性断裂"。对于江淮东部这一南北文化交流的走廊而言，无论是王油坊类型龙山文化，还是岳石文化，它们都可比作来自别的文化本底区的文化因素，在里下河地区集结，形成了镶嵌在里下河地区这样一个多水域分布、属泻湖沼泽本底景观之上的文化斑块。这样的文化斑块能否"存活"，取决于它们自身对于外在环境的适应能力。考古证据表明，因为环境的相对恶劣，第二类岳石文化遗存在里

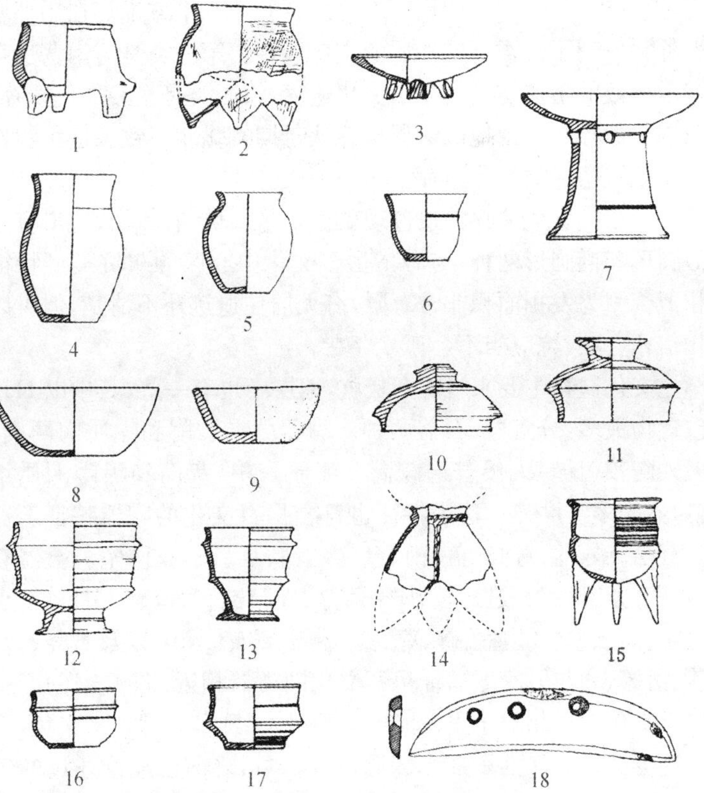

图 1－16　周邶墩遗址中与岳石文化相似的第二类文化遗存
1鼎，2鬲，3三足钵，4、5、6罐，7豆，8、9碗，10、11盖，12、13尊，14、15甗，16、17盒，18石刀(《考古学报》1997年第4期)

下河地区仍然只是一个暂居者。无论大汶口、龙山还是岳石文化时期，南北的文化都曾经通过江淮走廊向外传播，但不同时期南北的表现各有不同。前述大汶口、龙山文化时期，来自江南的崧泽、良渚文化的势力颇为强大，辐射较远。到岳石文化时期，除了中原的二里头文化之外，周边地区的文化都显得相当低迷，与岳石文化同期的江南考古学文化，在太湖流域是马桥文化，在宁镇地区是湖熟文化，不过它们对江淮东部地区的影响不大。而岳石文化的影响力，则自鲁中南山地尹家城类型出发，经苏北类型，沿着滨海通道自北向南，从赣榆下庙墩、青墩庙、灌云大伊山，到沭淮交汇地区的沭阳万北，再往南，抵达里下河地区的高邮周邶墩，接着渡江至镇江马迹山，连成了一条迁徙链条①。

岳石文化南传的这条线，位于江淮东部境内，它的分布模式，与前文分析的王油坊类型龙山文化有相近之处，均是通过一个个遗址点连缀成了一条传播廊道。

岳石文化的南传，反映了海岱地区内部的生存压力在进一步加大。其实自龙山晚期以来，海岱社会已见颓势，又适逢公元前2000年大范围的降温事件，龙山晚期、岳石时期海岱地区的遗址数量大规模缩减，最明显的是鲁东南沿海地区。可以估计，在海岱社会内部，当时可能凝聚着一股压力，来自环境的和来自社会内部的。为了求生存、求发展，求社会的整体稳定，这股压力必须得到排遣。岳石文化当时可能向不同地区发生过迁徙。周邶墩遗存就反映了一支，在当地无渊源，亦无同时期别的文化遗存，也没有后续。而且江淮东部里下河地区的环境也从侧面佐证了这类文化遗存的存在并非受能源扩张所趋使而留下，因为江淮东部无山，无可提供奢侈品消费的玉材，亦无矿源的存在。因此，往江淮东部的迁徙，很可能是地理切近之故。南迁的岳石文化在短暂打破了江淮东部的宁静之后，继续南迁。这一点，几乎与此前的王油坊类型龙山文化向江淮东部的迁徙如出一辙。不管怎样，从社会进程的角度说，岳石文化南迁仍然可谓江淮东部社会进程中有意义的一桩文化事件。它们与此前的王油坊类型龙山文化，一同组成了江淮东部社会进程中"断裂式"的连接。

到了商王朝时期，江淮东部的生态环境并无明显好转，极大地限制了聚落遗址的发展。根据江苏各地文物部门的遗址调查汇总，江淮东部地区，商时期遗址数量仅有10处，且绝大多数未

---

① 镇江博物馆《镇江马迹山遗址的发掘》，《文物》1983年第11期；田名利《试论宁镇地区的岳石文化因素》，《东南文化》1996年第1期。

经发掘。毫无疑问，对于江淮东部地区早期文化发展而言，环境的先天不利，是其最大的弊病。然而也必须承认，遗址的数量在一定程度上受制于后天的发现，而发现工作又有碍于后天环境对原生遗址环境的破坏。比如江淮东部部分地区也因黄河夺淮，地表普遍覆盖3—4米厚的黄沙层①。江淮东部的商文化，目前值得一提的仅有盐城龙冈清理的一座商代晚期墓葬②。但盐城龙冈已在江淮东部地区的北端，与泰州相距较远，此处不再赘述。

二、西周时期的泰州

到了西周时期，古泰州所处的江淮东部地区从族属上来看已经能够纳入东夷系统中的淮夷，或称南淮夷。因此，我们首先从大的历史背景出发，来看一看西周时期周人与淮夷之间的关系。

淮夷是东夷当中的一个分支，其族群的形成有一个历史过程。一般认为，东夷的大本营在东方的海岱地区，新石器时代的北辛、大汶口、龙山、岳石诸文化都被当作是东夷文化系统。东夷的范围很广，成份相对复杂，因此又有九夷之称。淮夷这一称谓，在不同的情境中有不同的含义。有的时候，淮夷可能是一个确定的族群，而不象后来由多个小国所组成的联合体。关于这一点，有古文献可资印证。如《周书·费誓》："徂兹淮夷、徐戎并兴。"《春秋·昭公四年》："夏，楚子、蔡侯、陈侯、郑伯、许男、徐子、滕子、顿子、胡子、沈子、小邾子、宋世子佐、淮夷会于申。……秋七月，楚子、蔡侯、陈侯、许男、顿子、胡子、沈子、淮夷伐吴。"在这几处语境中，不难看出，淮夷均是与其它具体的被列

① 南京博物院考古研究所、盐城市文管会、盐城市博物馆《江苏阜宁陆庄遗址》，载《东方文明之光——良渚文化发现60周年纪念文集》，海南国际新闻出版中心1996年版。

② 韩明芳《江苏盐城市龙冈商代墓葬》，《考古》2001年第9期。

举者并列出现的，因之这里的淮夷当是一支具体的族群。

顾颉刚先生曾借助于《周书·费誓》、《诗经·鲁颂·閟宫》等经典文献中的记载，论证了周初淮夷及徐地望之所在，认为淮夷偏北，在今诸城、日照一带，潍水流域是他们的根据地。徐国偏南，在今兰山、郯城一带。因为部分淮夷受到周人的压迫由山东南移到江苏、安徽，“潍水”之名被带了过去，便有了现今的“淮河”①。

作为泛称的淮夷之名是在具体的淮夷一支和徐人南迁之后才逐渐形成的。西周初年，周公东征，徐和淮夷因为抗周失败，向南逃遁。毕竟是新败，故西周早期的金文中，并未见到徐和淮夷的动静。

进入西周中期，徐和淮夷再次反叛。以徐为首的淮夷对周发动了强势攻击，他们突破边界，深入核心区域，威胁东都洛邑。《后汉书》卷八五《东夷列传》说：“后徐夷僭号，乃率九夷以伐宗周，西至河上。”有多篇金文涉及这场战事，如《录卣》、《录簋》等，时间是在周穆王时期。淮夷的这次入侵虽以失败告终，然而淮夷能够做出跨越边界深入的行动，实力不容小觑。针对这次攻击，周穆王展开了报复性行动。《班簋》铭文记载毛伯奉王之命以伐东国，并且获得了胜利。

徐夷战败后，据《左传·昭公四年》记载，穆王曾会诸侯于涂山（今安徽怀远县境内淮水南岸）。徐和淮夷终究是势力稍弱的一方，他们再次发生了迁移。顾颉刚认为徐人南迁江、汉流域②。在同期的金文中，我们也可以看到，由于迁徙，周人的文本中开始认同“南淮夷”，换言之，至少有部分人群迁到了淮河南面。

到了厉、宣时期，周与淮夷关系更加恶化，战争不断。《虢仲盨盖铭》：“虢仲以王南征，伐南淮夷。”《后汉书》卷 85《东夷列

①② 顾颉刚《徐和淮夷的迁留——周公东征史事考征四之五》，《文史》1990 年总 23 期。

传》:"厉王无道,淮夷入寇,王命虢仲征之,不克。"①《今本竹书纪年》:"厉王三年,淮夷侵洛,王命虢长公伐之,不克。"可见,厉王时期淮夷的叛乱较穆王时期有过之而无不及,多次突破边界进入中心地区。同时,周人也一再进入南淮夷的领地。

《翏生盨铭》载,王征南淮夷,伐角、津,伐桐、遹。翏生从,执讯折首,孚戎器,孚金。角在今宿迁县西南,津在宝应津湖,属江淮东部②。桐,古国,在安徽桐城西北。由此铭可知,厉王时期,江淮东部及皖中一带很可能已属南淮夷势力范围。大概就在《翏生盨铭》记载的厉王征南淮夷之后,西周王朝遭遇了一次凌厉的报复性攻击。厉王时器《禹鼎》记载:"鄂侯驭方率南淮夷、东夷广伐南国、东国,至于历内。"面对这场进攻,周王室最终借助了"武公"的私人武装才得以平定。

相较周厉王时期周人在与淮夷关系中的被动,有"中兴"之称的周宣王对淮夷又展开了大规模的征伐。《诗经·常武》记载,宣王派遣南仲与皇父大规模征讨徐方。联系《今本竹书纪年》,这场战争发生在宣王六年(公元前822年),并且应该是以胜利告终,重整了秩序。到宣王十八年(公元前810年),据《驹父盨盖》铭文显示,南仲命驹父和高父向南淮夷征取服贡。

西周时期徐和淮夷的迁入苏皖之淮北、江淮,以及周人对该区的觊觎、扩张是新石器时代以来海岱、中原地区向此间的人群迁徙、文化扩张的又一次重复和干扰,并且这一次堪称新石器时代以来我们看得最清晰的一次。因为借助金文、文献的记载,我们在观察区域间文化特征和互动交流的层次上,可以进一步上升到历史的层面。

---

① [南朝宋]范晔《后汉书》卷八五《东夷列传》,中华书局1965年版,第2808页。

② 马承源《关于翏生盨和者减钟的几点意见》,《考古》1979年第1期。

以上是从文献的角度概述了西周时期周人与淮夷之间的关系，下面我们将以具体的考古资料来看一看西周时期古泰州的历史。西周时期江淮东部的轮廓线，根据海岸线重建的研究，基本确定在东台—泰州—扬州一线，而这一条海岸线，与新石器时代相此，并没有太大的变化[①]。在这片面积不大的区域内，遗址数量十分有限，新石器时代以来便是如此，商周时期亦然。根据有关文物部门统计，江淮东部西周时期遗址不超过20处，主要发现于今仪征、江都、姜堰、宝应等县市，而且以调查居多，真正发掘的甚少[②]。20世纪50年代末，为了弄清湖熟文化的分布范围，以南京博物院为首的文物部门，将目光投向与宁镇山脉地区一江之隔的长江北岸，对今仪征、六合等丘陵地区展开了考古调查，发现了与宁镇地区相似的"台形遗址"，证实湖熟文化不以长江为限，而是延伸到江北地区[③]。此后，文物部门正式发掘了几处遗址，其中含有西周时期文化遗存的遗址主要有江浦蒋城子[④]、曹王塍子[⑤]、仪征甘草山[⑥]、神墩[⑦]等。当然，在江淮东部地区，西周时期最为重要的遗址当属泰州姜堰的天目山。

天目山遗址位于姜堰市城区北部，地处江淮之间的里下河

---

① 刘志岩、孙林、高蒙河《苏北海岸线变迁的考古地理研究》,《南方文物》2006年第3期。

② 国家文物局主编《中国文物地图集》(江苏分册上),中国地图出版社2008年版,第62页。

③ 南京博物院《江苏仪六地区湖熟文化遗址调查》,《考古》1962年第3期。

④ 南京市博物馆、南京大学历史系《江苏江浦蒋城子遗址》,《东南文化》1990年第1、2期。

⑤ 南京博物院《江浦县曹王塍子遗址试掘简报》,《东南文化》第二辑,1986年。

⑥ 江苏省驻仪征化纤公司文物工作队《仪征胥浦甘草山遗址的发掘》,《东南文化》第二辑,1986年。

⑦ 南京大学考古专业《仪征神墩遗址发掘有重要发现》,《中国文物报》1996年3月17日。

平原南缘的新通扬河南侧，西邻姜溱河。该城址西距泰州21公里，东北去海安青墩遗址约15公里。遗址所在的天目山地势较高，近四面环水，形似一座小岛。《万历泰州志》载："天目山，州治东四十五里，高二丈余，周二百三十步。昔王仙翁尝隐是山，有二井。"因二井形如天目，故称"天目山"。

早在1983年，泰州市博物馆及当时泰县图书馆的工作人员曾对天目山遗址及其附近的单塘河遗址进行了考古调查并发表了调查报告。2000年，姜堰市拟对天目山遗址所在地进行规划开发，同时考虑江淮地区西周春秋时期文化遗址发掘以往多在西部进行，故申请对天目山遗址进行了抢救性发掘。发掘的主要目的是掌握江淮东部地区的文化面貌和文化序列。从2000年8月到2002年10月，由南京博物院主持，泰州市博物馆、姜堰市文物管理委员会参加，对天目山遗址进行了两次考古发掘，先后开探沟、探方41个，发掘面积共1167平方米，并进行了钻探，发现了属于西周时期的城址。该城址分为内城和外城，外城受后代扰乱明显，同时在发掘中还清理了房址、灰坑、灰沟、墓葬等遗迹，出土了陶器、石器等遗物①。经过发掘，该遗址的价值得到重视，先后被列为江苏省文物保护单位和全国文物保护单位。

天目山城址保存有城墙和河道，包含古河道在内的范围东西长约220、南北宽约200米（图1－17）。通过钻探和部分解剖，确认天目山城址有内外城墙，外城城墙沿河内侧分布，城址平面略呈椭圆形，东西长170、南北宽160米，面积约25000平方米。城墙残缺严重，不连续地保留有北侧和西侧的部分城墙，东侧城墙与内城合一。内城城墙保留相对较完整，位于外城内的东北部，以西城墙、南城墙与外城相隔离，内城边长约70米，面积约4000平方米。城墙采用大小不等的小板块进行堆筑，未

---

① 南京博物院、泰州市博物馆、姜堰市文物管理委员会《江苏姜堰天目山西周城址发掘报告》，《考古学报》2009年第1期。

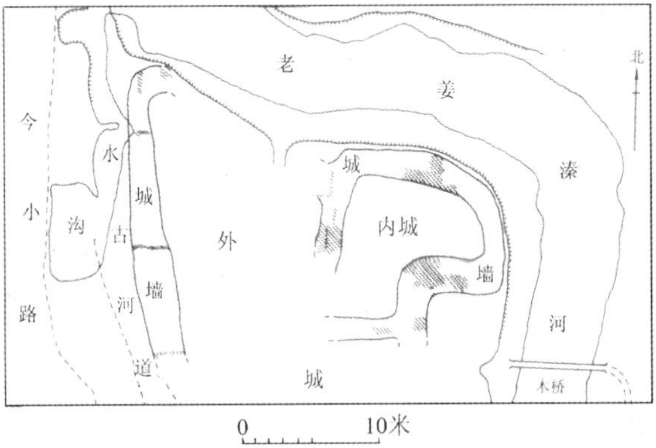

图 1-17 天目山遗址城墙平面图(《考古学报》2009 年第 1 期)

发现夯窝痕迹。城外环水的格局,明显具有南部水网地区古代城市的风格。

从城内出土遗物特征来看,该城的年代主要为西周。陶器是主要的出土物,其中夹砂陶占 56.6%,泥质陶占 40%,硬陶占 3.3%。陶片以素面为主,达 68.5%,这一点与同时期宁镇地区素面陶器多见有着极大的相似。器型有鬲、甗、罐、瓮、缸、盆、豆、簋、钵等。根据地层关系及器物特征,遗址分成三期:

第一期,含第⑧层及其下压层位,典型器物有 Aa 型Ⅰ式素面豆(图 1-18:7),高把,有西周早期周文化风格,与张家坡西周早期的豆十分相似。A 型Ⅰ、Ⅱ式素面鬲,微侈口,足尖较直,裆侧袋足较平(图 1-18:1、2、3),A 型Ⅰ、Ⅱ式素面鬲在宁镇地区湖熟文化序列中,相当于商晚期的二期中已可见到[①]。看来,这种素面鬲延滞到西周早期。类似的 A、B 型罐(图 1-18:4、5),报告认为有晚商遗风,但年代已进入西周范畴。Bb 型绳纹盆(图 1-18:6),斜腹,平底,这件盆与含山大城墩第五期

① 刘建国、张敏《论湖熟文化分期》,《东南文化》1989 年第 1 期。

T5④所出盆相似[1]，而后者年代为西周早期。此期年代基本属西周早期。此外，本期碳十四的测年数据也基本在西周早期，可相互印证。

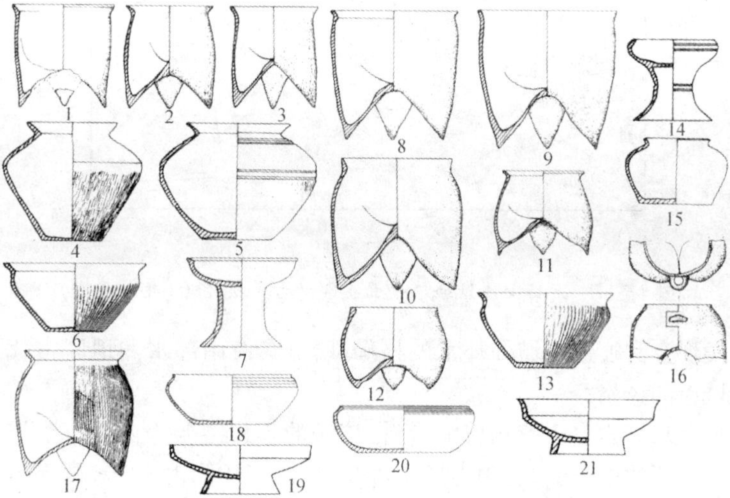

图 1－18　姜堰天目山遗址西周时期陶器举例
（徐峰《先秦时期淮北与江淮地区社会进程的考古学研究》，第 270 页）

第二期为第⑥、⑦层，典型器物有鬲、豆、盆。属于二期的鬲有 A 型Ⅲ式素面鬲（图 1－18：8、9）。如图所举第 8 件素面鬲，微侈口，弧腹，足尖较直，裆侧袋足略鼓，从整体上看，上部宽大，愈向下，愈窄。大约同期的还有图 1－18 中第 10、11 件。陶盆方面，第一期存在的 Bb 型绳纹盆仍有延续，比如图中第 13 件，黑皮陶，斜腹，平底。从地层上看，这件盆的相对年代要晚于第 6 件。Ab 型素面豆（图 1－18：14），敛口、弧腹，黑皮陶，腰有一道凸棱，与张家坡西周中期同类器相似。C 型罐（图 1－18：15）属西周中期，黑皮陶，扁弧腹，平底，有地域特色，在宁镇地区湖

① 安徽省文物考古研究所《安徽含山大城墩遗址发掘报告》，《考古学集刊》第 6 期，1989 年，图十：25。

熟文化第五期亦能见到[①]。

第三期为②A至第⑤层，B型绳纹鬲（图1－18：17）与大城墩遗址第五期所出同类器很相似[②]，折沿，矮颈，广肩，斜腹，深袋足，瘪裆，这种鬲当来自安徽江淮地区，流行于西周中、晚期。西周晚期，前两期多见的绳纹盆数量减少，素面盆则有增多之势（图1－18：18、20）。再如B型素面豆（图1－18：19、21），豆把变矮。在宁镇地区湖熟文化序列中，豆把也呈现初期高，往后则锐减的趋势，有些豆的年代已经进入春秋时期，故第三期还有年代细分的可能。

天目山遗址为西周时代的古城，城址规模虽小，但其内外城结构和水道环绕特点，明显具有南部水网地区古代城市的风格。江淮地区两周时期的文化特征一直存在争论，该地区周代考古学文化尤其是东部地区一直面貌不太清晰。天目山遗址作为一个城址，在当时应具有该地区的代表性，通过分析其文化性质可以把握江淮东部地区的文化特征。出土的器物组合显示，西周早中期该遗址具有江淮地区周代文化的一些共性，而与同时期宁镇地区除素面鬲这一共性外其余因素差别较大。至西周晚期，与宁镇地区开始有较多共性，如Ba型素面豆、印纹盆等均同于宁镇地区。在江淮地区内部，从器物组合看天目山遗址与仪征甘草山遗址具有相似性，甘草山遗址第4层、3B层和天目山遗址均以素面鬲为主要炊器，与仪六丘陵以西的曹王塍子遗址、蒋塍子遗址以绳纹鬲为主区别较大，在纹饰风格上，绳纹陶和素面陶的比例也与仪六丘陵以西地区差别很大，以仪六丘陵西部为界限应是江淮周代文化的两个类型。此外，江淮地区周代文化在巢湖西部也差别较大。这样江淮地区周代文化在具有共性基础上应可以分为东部（天目山、甘草山等遗址）、中部（大

---

① 刘建国、张敏《论湖熟文化分期》，《东南文化》1989年第1期。

② 安徽省文物考古研究所《安徽含山大城墩遗址第四次发掘报告》，《考古》1989年第2期，图十一：2、3。

城墩、蒋塍子等遗址)、西部(安徽枞阳汤家墩[1]等遗址)三个不同的类型。由于地理位置的原因,这三个类型受到中原、关中地区的周文化之影响,在程度上是不一样的。中、西部类型明显受到更多的来自中原文化的影响。而姜堰天目山在西周时期,据海岸线重建,几乎为海隅,周文化对此间的影响虽然有,但毋庸置疑,已属强弩之末。

文献记载当时在江淮东部地区活动的是古代干国,这一地区所发掘的以天目山和甘草山等遗址为代表的周代考古学文化应与干国有密切关系。因此对天目山遗址文化特征的研究,可以探索周代小国的文化特征。该城址西周晚期文化中宁镇因素的增加,应是相互交流日益频繁的结果。城址的文化堆积延续至两周之际,可能与文献所载吴灭干的史实有一定联系。

三、春秋战国时期的泰州

西周时期,古泰州所处的江淮东部地区逐渐成为淮夷集团的一部分,在考古学上能观察到的便是姜堰的天目古城,据考证可能为古邗国的城邑。西周时期,以徐国为首的淮夷集团是叛周最为激烈的一分子,到了春秋时期,随着西周亡于犬戎,平王东迁,王室衰微,中原地区强大的政治力量已不复存在,历史进入到诸侯争霸的时期。然而就淮夷集团而言,它所面临的压力、干扰和逼迫却并未得到任何缓解。因为淮夷集团是由若干小国所构成,作为领导者的徐国和晋齐秦楚那些大国相比,还是比较弱小的。当西周政权比较强大时,淮夷集团在徐国的领导下尚能团结一心,同仇敌忾。可当共同的敌人消失之后,淮夷集团也就分崩离析,散为小国。各诸侯国相互攻伐,弱肉强食,而处在大国间的小国,则“朝秦暮楚”,频受攻击,一步步走向灭亡之路。

---

① 安徽省文物考古研究所《安徽枞阳县汤家墩遗址发掘简报》,《中原文物》2004年第4期。

(一) 春秋时期吴国统治下的泰州

进入春秋以后,古泰州地区面临的就是这种状况。如以天目古城为代表的淮夷小国,可能就是邗国。在西周时期,它尚能生存发展,筑城以卫。这一方面得益于整个淮夷集团的同仇敌忾,另一方面也缘于这里距离周人的统治中心太远,即便周人伐淮夷,自西北而来,首当其冲的是徐国,而周人的锋芒到了这里已是强弩之末。再者,西周政权强大时,实行的是宗法等级制度,所谓"天下有道,礼乐征伐自天子出",这在客观上保护了那些小国不受大国的攻伐,从而能够延续下来。然而到了春秋时期,王室衰微,礼崩乐坏,大国开始开疆拓土,也就注定了那些小国逐步灭亡的命运。从天目古城的年代上看,从西周早期一直延续到西周晚期。该城址西周晚期文化中宁镇地区的文化因素增加,应是相互交流日益频繁的结果。而城址的文化堆积延续至两周之际,可能与文献所载吴灭干的史实有一定联系。干国即邗国,从此江淮东部地区开始纳入吴国的版图。而江淮以西的诸多淮夷小国,则多为楚灭。随着吴、楚的崛起,昭公三十年(前512),左右于吴楚之间多年的徐国,终于为吴所灭。徐是存在于海岱区、中原和江南之间的唯一大国。徐的灭亡,宣告了当日淮夷这一族群联合体核心力量的垮台。春秋时期,淮北、江淮间一众小国在吴、楚两支力量的夹攻下,一一都被蚕食,他们是"蛮、夷、戎、狄"中最早被同化的。

吴人北上灭邗,对于向江北以及中原地区的拓展意义极为深远。前面已反复提到,古泰州所处的江淮东部地区历来是南北文化交流的一条重要通道,北面的大汶口文化、龙山文化要向南发展需经过这一地区,而南面的崧泽文化与良渚文化要向北发展,此处也是必经之地。在新石器时代,海安青墩是南北文化交汇的一个重要地点,因为这里处于里下河平原的最东端,通江达海,自然成为南北交通的一个枢纽。而到了春秋时期,邗似乎更为重要,因为这里可以沟通江、淮,有利于吴国水师向北长驱直入。姜堰的天目古城为西周时期的城址,这座城址可能就是当时邗国的城邑，但究竟是不是都城还不好说。就邗国而言，统治中心似乎在今天的扬州一带，当然这里距离姜堰的天目古城也很近。

从地理位置上来说，邗国与吴国隔江相望，扼守了吴人北上的要道，因而一旦吴国强大起来，以徐国为首的淮夷集团又分崩离析的话，那么吴国必然要先灭邗，然后经营江北，并进一步北上中原争霸。

吴国灭邗的时间，至少当在春秋早期，姜堰天目古城的文化堆积延续至两周之际，就是很好的证明。此外在古文献中亦有例证。《管子》一书曾记载吴国灭古干国的情况。如《小问》篇记述管仲的婢女对他说："昔者吴、干战，未龀不得入军门，国子擿其齿，遂入，为干国多。"郭沫若先生认为："这事在齐桓公时已称为'昔者'，究竟是在什么时候已不得而知，大约就在这一役中干国便被吴国灭掉了。因此，吴国后来也就被称为干国。"①

吴国灭邗之后，古泰州所处的江淮东部地区遂成为吴国的地域，古泰州的历史也进入到春秋时期的吴国时代。虽然吴国以江南为立国之本，但是要想发展壮大，无论是西抗强楚还是北进中原，长江北岸原邗国所在的江淮东部地区都是至关重要的。尤其是邗城，北进中原以江淮地区为跳板，其重要性自不必说，即便是防御南下之敌，自古以来保江必先固淮也已是常识。因此吴国要想北上争霸，长江北岸原邗国所在的江淮地区是进可攻退可守的必争之地。至于西抗强楚，则邗城的战略地位同样重要。当吴国强大起来，能够与楚一争高下的时侯，实际上，其优势并不在水师，而在陆战。关于这一点，清人顾栋高在《春秋大事表》一书中分析得非常透彻：

夫长江之险，吴楚所共，而楚居上游，故长岸之战，司

① 郭沫若《吴王寿梦之戈》，载氏著《奴隶制时代》，人民出版社1954年版，第131页。

马子鱼曰:“我得上游,何故不吉!”卒得其乘舟余皇。故吴楚交兵数百战,从水则楚常胜,而从陆则吴常胜。楚以水师临吴,而吴常从东北以出楚之不意。当其始叛楚也,即伐巢、伐徐、伐州来,争斗于庐州、凤阳之间,盖欲自上而瞰下。子重之克鸠兹也,为今太平之芜湖,此用水也。而吴报之伐楚取驾,则在庐之无为矣。楚灵之克朱方也,为今镇江之丹徒,此用水也。而吴报之取棘、栎、麻,则出砀山与汝宁矣。至昭二十三年,州来入吴,州来为今之寿春,以淮为固,撤楚之藩篱而据其要害,而入郢之祸兆矣。当日舍舟于淮汭,自豫章与楚夹汉。淮汭即州来,豫章今南昌,舍舟为沉船破釜之举,陆路出南昌,为出奇捣险之谋,欲避所短而用所长。①

综观吴楚交战之地,楚伐吴,是自长江顺流而下向吴逼近;吴国却绕开长江,从淮水下游溯流而上,自东北方向楚进攻。正因为吴楚交战具有这样的特点,所以以邗城为中心的原邗国地域就显得格外重要。尽管水师与楚交战不利,但拥有邗城之后,与长江南岸的朱方夹江而峙,可以大大提高防御能力,成为吴国抵御楚国水师的一道屏障。而若要伐楚,则可以以邗为据点,溯淮而上,然后自东北而袭,即顾栋高所说的“盖欲自上而瞰下”。总之,无论是西抗强楚还是北进中原,邗都是至关重要的战略要地,因此吴国灭邗,是其日后走向强盛的基础。由此可见,在春秋战国时期,古泰州所处的江淮东部地区其实是一块极其重要的战略要地,此处的得失,直接关系到吴、越、楚三国的兴衰更替。

吴国灭邗之后,充分认识到这一地域尤其是邗城的重要性,于是重点经营。据童书业先生研究,吴王夫差为了北上争霸中

① [清]顾栋高《春秋大事表》第1册,中华书局1993年版,第544页。

原，曾迁都于邗。童氏说“盖干为吴所灭，吴迁都于此”，遂称为“邗王”，“犹韩哀侯灭郑徙都之称‘郑哀侯’，魏惠王徙都大梁后遂称‘梁惠王’也”[①]。邗对于吴国的重要性，还体现在吴与邗可以互称，吴即是邗，邗即是吴，这在青铜器铭文以及古文献中都有确证。如北京故宫博物院珍藏的春秋邗王是野戈，舌形短援，援末下垂成胡，胡后有扁圆形銎，上有一穿。内呈镂空的鸟兽状。援两面有8字铭文，铭文云：“邗王是野，作为元用。”（图1－19）据郭沫若先生在《吴王寿梦之戈》一文中考证，邗王即吴王，是野为吴王寿梦，因而此戈乃是吴王寿梦之戈[②]。将吴王称为邗王还有一件著名的青铜器禺邗王壶，此器于上世纪20年代出土于河南辉县，现藏大英博物馆，又称《赵孟庎壶》，器铭有“禺（遇）邗王于黄池”的记载。此铭所记即《春秋》哀公十三年“公会晋侯及吴子于黄池”之事，赵孟即赵鞅，邗王即吴王夫差。邗国之邗在战国秦汉时的文献中多作“干”，或“干越”连用，或“吴干”连用。如《墨子·兼爱中》：“南为江汉淮汝，东流之注五湖之处，以利荆楚干越。”古注疏言“干”即吴国。《荀子·劝学》云：“干越夷貉之子。”杨注云“干越犹言吴越。”《庄子·刻意》云：“夫有干越之剑者。”《释文》引司马氏言

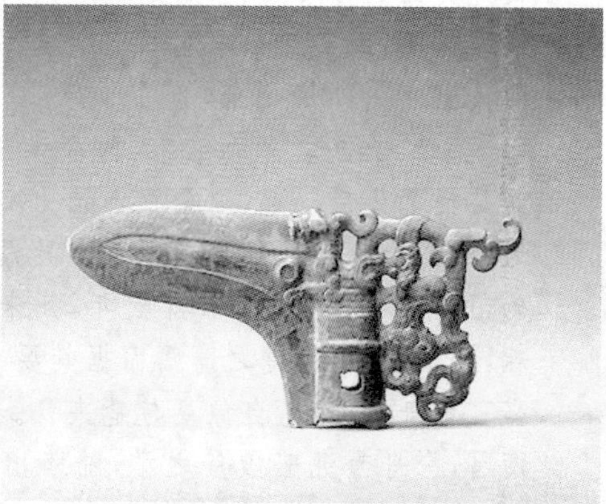

图1－19　邗王是野戈

---

① 童书业《中国古代地理考证论集》，中华书局1962年版，第108—112页；《春秋左传研究》，上海人民出版社1980年版，第239—241页。

② 郭沫若《吴王寿梦之戈》，《奴隶制时代》，第133页。

"干，吴也，吴越出善剑也"。《吕氏春秋·知分》云："荆有次非者，得宝剑于干遂。"高诱注谓"干遂，吴邑也"。由此可见，在春秋战国时期，邗已成为吴的代名词，邗城或为吴都，亦未可知。

吴国为什么又称"干"或"邗"呢？古时候往往有这样的办法，把某国灭了便袭用它的国名。例如战国时韩国把郑国灭了，韩国有时又被称为郑。然而事实并非这么简单，战国时韩国之所以被称为郑国，并不仅仅是因为韩国灭了郑国便被称为郑，而是因为韩国后来迁都于原郑国之都。就像战国时魏国迁都于梁而被称为梁国，魏惠王又被称为梁惠王一样。这一点《史记索隐》说得最为清楚。《史记》卷四五《韩世家》：韩哀侯二年，"灭郑，因徙都郑"。《史记索隐》云："《纪年》魏武侯二十一年，韩灭郑，哀侯入于郑。二十二年，晋桓公邑哀侯于郑。是韩既徙都，因假号曰郑，故《战国策》谓韩惠王曰郑惠王，犹魏徙大梁称梁王然也。"[①]同样，吴国之所以被称为邗国（即干国），可能也是吴国在春秋时期曾迁都于邗的原因。

吴国据有以原邗国为主的江淮东部地区以后，在春秋时期逐渐发展壮大起来，开始北上中原，在春秋时期的政治上崭露头角。据《吴越春秋》记载，吴王寿梦元年（公元前585年），寿梦即"朝周、适楚、观诸侯礼乐。鲁成公会于钟离，深问周公礼乐，成公悉为陈前王之礼乐，因为歌咏三代之风"。寿梦感到大开眼界，感慨地说："孤在夷蛮，徒以椎髻为俗，岂有期之服哉？"然而仅仅过了一年，即吴王寿梦二年，吴国军队即北上讨伐郯国，迫使郯国向吴国求和。鲁国朝野为之震惊，季文子对此大声疾呼："中国不振旅，蛮夷入伐……吾亡无日矣！"[②]

---

① [汉]司马迁《史记》卷四五《韩世家》，中华书局1959年版，第1868页。

② [晋]杜预《春秋经传集解》，上海古籍出版社1988年版，第687页。

为了压制南方日益强大的楚国，中原霸主晋国想联吴制楚，派原楚臣申公巫臣出使吴国，说服吴国由原来楚国的盟国变为晋国的盟国，并且为吴国带来了中原先进的军事装备与战术思想，进一步促进了吴国的崛起。吴王寿梦二年，吴国便开始攻打楚国，并在战争中越战越强。《左传·成公七年》称："蛮夷属于楚者，吴尽取之。是以始大，通吴于上国。"[①]下图为吴国疆域变迁图，从图中我们可以看出，吴国疆域的扩大，一是向西占领了大片原楚国的领地，二是向北开疆拓土，除了吞并了一些小国外，还侵占了鲁、宋的领土。而在这逐渐强大的过程中，以邗城为中心的江淮东部地区起着至关重要的作用。也就是说，在春秋时期，处于吴国统治下的古泰州地区，尽管在文献上记载的不多，但却是吴国崛起的重要保证。无论是向西还是向北发展，这

图 1-20　吴国疆域变迁图，引自王国平主编《苏州史纲》，古吴轩出版社 2009 年版，第 25 页

① 《春秋经传集解》，第 689 页。

里都是吴国最为重要的屏障。有了这块地域，则进可攻，退可守，一旦有失，则不用说争霸了，就连江东也岌岌可危。

面对吴国咄咄逼人的攻势，楚国予以还击，于是吴楚之间展开了多年的争战。吴王寿梦十六年，楚攻吴，“春，楚子重伐吴，为简之师，克鸠兹，至于衡山。使邓廖帅组甲三百、被练三千以侵吴。吴人要而击之，获邓廖……吴人伐楚，取驾”[①]。这一仗，楚在一开始的时候虽有所收获，但后来损失了邓廖，邓廖为楚之良臣，其后又失去了驾，而驾为楚之良邑，因此当时楚人认为此战所获不如所亡，并怪罪子重，子重竟为此忧恚成疾而卒。

寿梦卒后，子诸樊即位，将都城迁至吴，并继续与楚争战，互有胜负。诸樊十三年，吴伐楚，诸樊身先士卒，中箭而亡，王位传给余祭，余祭卒后传给余眛，这三人都是兄弟相传。余眛卒后，由于季札不愿为王，因此王位传给了余眛的儿子，即吴王僚。诸樊之子公子光不服，派专诸刺杀了吴王僚，登上了王位，这就是大名鼎鼎的吴王阖闾。

据《吴越春秋》记载，吴王阖闾即位后，“任贤使能，施恩行惠，以仁义闻于诸侯”。就连当时作为敌对一方楚国的子西也评价说：“吴光新得国，而亲其民，视民如子，辛苦同之，将用之也。”[②]在伍子胥和孙武等一帮贤臣的辅佐下，吴国变得更加强大，尤其是军事实力，已可称霸天下。此外，多年的战争使得吴楚之间的积怨越来越深。伍子胥的父兄死于楚平王之手，他逃到吴国后，一心想报仇。另一位从楚国逃往吴国的重要人物伯嚭也和伍子胥一样，满怀深仇大恨。而对吴王阖闾而言，他的父亲诸樊也是在当年率兵伐楚时战死的，同样也想报杀父之仇。多种仇怨累枳在一起，使得吴国对楚国的军事行动日渐升级，正如《左传·定公四年》所言：“楚自昭王即位，无岁不有吴师。”吴王阖闾九年（前506），吴国军队在孙武和伍子胥的指挥下，长途

① 《春秋经传集解》，第805页。

② 《春秋经传集解》，第1586页。

奔袭楚国，在柏举之役中五战五胜，最后攻入郢都，楚昭王被迫逃亡。

在吴国崛起的同时，越国也逐渐强大起来，与楚国结为盟友，共同对抗吴国。就在吴国军队大举攻入郢都之时，越国也乘机攻吴。据《史记》卷三一《吴太伯世家》载："十年春，越闻吴王之在郢，国空，乃伐吴。"①吴王阖闾被迫撤军。阖闾十九年，"吴伐越，越子勾践御之，陈于槜李"②。越以罪人用自杀式的奇特方式分散了吴国军队的注意力，并一举大败吴军，吴王阖闾也在这一仗中受伤而卒，子夫差即位。

夫差即位后，吴国的国力并没有削弱，首要任务就是报杀父之仇。吴王夫差二年，公元前 494 年，吴伐越，会稽之战，夫差大败越，一雪前耻，勾践称臣。虽然伍子胥极力劝说夫差灭越，但夫差一念之差，为日后亡国埋下了祸根。东南既定，夫差急切地想去中原称霸，于是修邗城，通邗沟，为大军北上打开通道。《左传》哀公九年载："秋，吴城邗，沟通江、淮。"此时为吴王夫差十年，即公元前 486 年。郦道元《水经·淮水注》也说："中渎水，首受江于广陵郡之江都县……旧江水道也。昔吴将伐齐，北霸中国，自广陵城东南筑邗城，城下掘深沟，谓之韩江，亦曰邗溟沟。"又过了三年，即鲁哀公十二年，据《春秋》与《左传》记载，吴国想与中原的鲁、卫、宋等国在郧地会盟，结果遇到了挫折。郧一般认为在今天海安的立发桥，后曾建发繇亭于其上。这是古文献中少有的直接纪载古泰州历史的一段文献，显得弥足珍贵。据民国《如皋县志》所载同治元年所立的立发桥碑文："立发桥，在如皋县北四十五里，春秋时为发繇口。鲁哀公十二年，公会卫侯于郧，建发繇亭于其上，即此地也。"关于这次会盟，碑文记载的不够详细，下面我们将以《春秋》与《左传》为主，来了解一下春秋时期发生在古泰州的这次盟会。

---

① 《史记》卷三一《吴太伯世家》，第 1467 页。

② 《春秋经传集解》，第 1696 页。

据《春秋》鲁哀公十二年记载："夏五月甲辰，孟子卒。公会吴于橐皋。秋，公会卫侯、宋皇瑗于郧。"杜预注云："郧，发阳也。广陵海陵县东南有发繇口。"对于这次盟会，《左传》的记载比较清楚。《春秋》经中所说的"公会吴于橐皋"，实际上是吴王夫差使太宰嚭请寻盟，但鲁哀公不愿意，就让子贡去婉言谢绝了，最后《左传》的记载是"乃不寻盟"。对于这件事，吴王夫差自然是耿耿于怀。于是又"征会于卫"。卫国当年曾杀过吴国的行人且姚，又畏惧吴国的强大，无奈之下只得于这一年的秋天与吴会盟于郧。其后，卫侯又与鲁哀公及宋皇瑗盟，并"卒辞吴盟"。对于卫侯的背叛，吴国自然大怒，包围了卫侯的住所，软禁了卫侯。最后还是能言善辩的子贡出马，说服了太宰嚭，卫侯才得以脱身。

如果说郧之会是吴国暂遇挫折的话，那么不久之后的黄池之盟则使吴王夫差志得意满。鲁哀公十三年，也就是说仅仅过了一年，《春秋》记载"公会晋侯及吴子于黄池"。黄池之会，《左传》记载得比较生动。当时是秋七月辛丑，吴国与晋国在盟会时争先。吴人说："于周室，我为长。"晋人反驳说："于姬姓，我为伯。"双方争执不下，直至天色已晚，也没有完成盟会。最后还是晋人退让了一步，才让吴人争先，达到了争霸的目的。然而就在此时，吴国已是盛极而衰，离亡国不远了。

勾践归国后卧薪尝胆，励精图治，以图报仇雪恨。正如当年伍子胥所言："越十年生聚，而十年教训，二十年之外，吴其为沼乎！"[①]就在吴王夫差赴黄池争霸之时，越王勾践亲率大军兵分两路攻吴，大败吴军，活捉了太子友及王孙弥庸、寿於姚等吴国将领。消息传到夫差那里，夫差为了不影响黄池争霸，亲手杀死了报讯的七个信使。黄池之会后，夫差回国，但吴军已是强弩之末，无力与越军对抗，只好奉上丰厚的礼物与越国讲和。此后，吴国一蹶不振，在与楚、越的交战中连战连败。到了公元前 473

① 《春秋经传集解》，第 1708 页。

年，越国终于灭了吴国，夫差自杀，从此吴国的疆域并入了越国的版图。而历史的车轮也很快进入到战国时期。

（二）战国时期越、楚统治下的泰州

勾践灭吴以后，古泰州所处的江淮东部地区也随之成为越国的国土。此时志得意满一心北上称霸的人由吴王夫差换成了越王勾践。据《史记》卷四一《越王勾践世家》记载："勾践已平吴，乃以兵北渡淮，与齐、晋诸侯会于徐州，致贡于周。周元王使人赐勾践胙，命为伯。"①另据《吴越春秋》记载："勾践乃使使号令齐、楚、秦、晋，皆辅周室，血盟而去。"②

勾践称霸之后，吸取了吴王夫差失败的教训，审时度势，主动与周边国家修复关系，放弃了江、淮以北的大片土地。故《越王勾践世家》云："勾践已去，渡淮南，以淮上地与楚，归吴所侵宋地于宋，与鲁泗东方百里。"③

勾践灭吴，最大的赢家当属楚国。长期以来，吴国一直是楚国的心腹大患，在楚昭王时，被吴军攻入郢都，差点亡国。此后吴国不断开疆拓土，不仅阻止了楚国向东发展，还蚕食了楚国东边的大片领土。现在吴国被灭了，而且越国还主动"以淮上地与楚"，使得楚国向东扩张的大门一下子打开了，这正是楚国梦寐以求的。正如《史记·楚世家》所言："是时越已灭吴而不能正江、淮北；楚东侵，广地至泗上。"④这里有一处是关键，即"淮上地"与"江、淮北"究竟是指哪一片区域，古泰州所处的江淮东部地区究竟属越还是属楚。

据前《越王勾践世家》记载："当是时，越兵横行于江、淮东，诸侯毕贺，号为霸王。"而越兵既然横行于江、淮东，那么古泰州

---

① 《史记》卷四一《越王勾践世家》，第1746页。

② ［汉］赵晔《吴越春秋》卷六《勾践伐吴外传》，《丛书集成》初编影印明吴琯本，商务印书馆1937年版，第233页。

③ 《史记》卷四一《越王勾践世家》，第1746页。

④ 《史记》卷四〇《楚世家》，第1719页。

所处的江淮东部地区当然是在越国的控制之下，属于越国的国土。

勾践灭吴之后，并没有放弃北上争霸的雄心，那么为何又将到手的战略要地淮上地拱手送给强敌楚国呢？而且又“归吴所侵宋地于宋，与鲁泗东方百里”。对于这一自相矛盾的怪诞做法，其实可以在《韩非子》一书中找到答案。据《韩非子·说林下》载：“越已胜吴，又索卒于荆而攻晋。左史倚相谓荆王曰：‘夫越破吴，豪士死，锐卒尽，大甲伤，今又索卒以攻晋，示我不病也。不如起师与分吴。’荆王曰：‘善。’因起师而从越。越王怒，将击之。大夫种曰：‘不可。吾豪士尽，大甲伤，我与战，必不克，不如赂之。’乃割露山之阴五百里以赂之。”[①]由此可知，勾践灭吴之后，已是强弩之末，为了避免重蹈夫差覆辙，不得已而委曲求全，实在是一种明智之举，无可厚非。“露山之阴五百里”已难详考，但《史记》中所说的“淮上地”确是勾践割让给楚国的。

失去“淮上地”，又不能正“江、淮北”，那么勾践又如何北上争霸呢？据唐人张守节《史记正义》：“江、淮北谓广陵县，徐、泗等州是也。”在这里张守节明确提到广陵县，这里就是当年的邗城所在地。吴国以邗城为据点，才得以西伐强楚，北进中原，越国丢失了这一处战略要地，损失是极其惨重的。如果越人再想率师北上，自长江入邗沟再入淮河的这一条西线要道就彻底被堵死了，只能从东线北上。为了解决这一难题，勾践大胆选择了迁都琅邪。

琅邪位于今山东半岛东南海岸，与会稽相隔甚远。勾践为了争霸中原，不惜将都城迁到此处，既是冒险，又是不得已而为之。迁都琅邪之后，古泰州所处的江淮东部地区就显得格外重要。关于勾践北迁的路线，学术界目前犹有争议。杨宽认为越国的疆域轮廓：“约自今山东省的琅邪台起，沿海而南，有今江苏

---

① 《韩非子·说林下》，陈奇猷《韩非子集释》卷八，上海人民出版社1974年版，第472页。

省苏北的运河以东地区和全部苏南地区……北境和齐、鲁及泗水上的各小国交错接界，西和楚接界，东边靠海，南和百越接界。”[①]照此疆域，则勾践北迁大可沿今苏北东部地区自陆路向琅邪推进。辛德勇《越王勾践徙都琅邪事析义》一文，旁征博引，考证谨严，最终认为勾践北迁，走的是海道。越王勾践放弃了淮河以北的领土，因此不可能渡淮北上，自陆路北迁琅邪，唯有浮海北上，并特别强调了越人的航海能力——“勾践正是恃此独门绝技，绕过楚国封锁，成功北上琅邪，称霸中原。同时，也正是依赖这条海上交通运输线，越人才得以将琅邪这一都城维持了二百余年之久；亦维赖此长技，越人才能够在‘楚考烈王并越于琅邪’之后，复‘去琅邪徙于吴’，沿着当年的进军路线，顺利实施战略撤退，真所谓进退自如，非并世内陆雄强如彼楚国者所能制约。”[②]（图 1-21）。

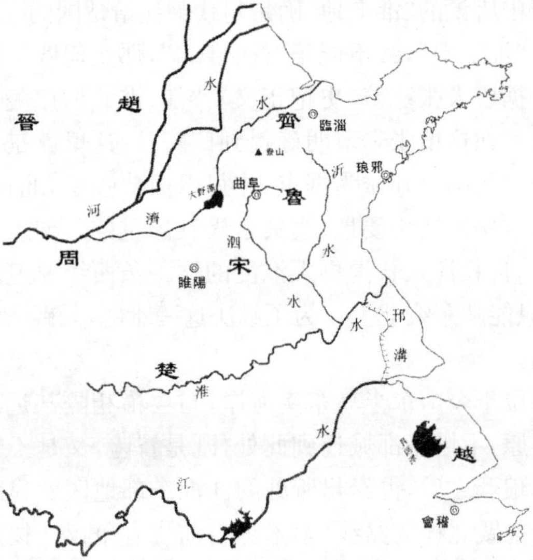

图 1-21　勾践徙都形势图（辛德勇《越王勾践徙都琅邪事析义》）

① 杨宽《战国史》，上海人民出版社 1980 年版，第 261—262 页。
② 辛德勇《越王勾践徙都琅邪事析义》，《文史》2010 年第 1 辑。

关于勾践北迁琅邪及当时越国的疆域，上述两种观点是最有代表性的。笔者认为第一种观点似乎更为合理，即越国北边的领土应自江淮东部一直北延，与琅邪连成一片，而不是为楚所隔。作为越国的都城，如果说一直被强楚所隔，孤悬北方两百多年而犹能进退自如，似乎夸大了越国的航海能力。设想淮河以北以至琅邪，距离遥远，如果这片领土为强楚所控制，就意味着漫长的海岸线全线失守，越国航海船队如遇突袭的狂风巨浪，又当如何处置？结合文献，《史记·越王勾践世家》云："勾践已去，渡淮南，以淮上地与楚，归吴所侵宋地于宋，与鲁泗东方百里。"[①]另据《史记·楚世家》所言："是时越已灭吴而不能正江、淮北；楚东侵，广地至泗上。"《史记》上说得很明白，勾践以淮上地与楚，后来楚东侵，广地至泗上，也就是说，楚国的兵锋并没有一直打到东部沿海，苏北沿海地区应仍在越国控制之下。另外即便是勾践"归吴所侵宋地于宋，与鲁泗东方百里"，也决不影响琅邪自北向南与苏北连成一片。勾践徙都琅邪，也许是浮海北上，也许是沿海陆行，亦或是水陆并进，我们今天已难考其详。但无论是哪种情形，古泰州所处的江淮东部地区，都是越国江南本土沟通北都琅邪的战略要地。

据《吴越春秋·勾践伐吴外传》记载，勾践临终前已意识到称霸是没有好下场的，所以告诫他的儿子说："夫霸者之后，难以久立，其慎之哉。"其后经过两代越王的沉寂，到了越王朱句时又重新活跃起来。唐司马贞《史记索隐》引《竹书纪年》记载："於粤子朱句三十四年灭滕，三十五年灭郯，三十七年朱句卒。"吴王朱句在位时间较长，而且灭掉了滕国与郯国，颇有建树。与古文献可以相互印证的是，吴王朱句的青铜剑出土数量不少，剑上的铭文为我们提供了当时越国的珍贵史料。

现在所见到的春秋战国时期的越王剑中，以越王州句剑的

① 《史记》卷四一《越王勾践世家》，第1746页。

数量最多，仅《东周鸟篆文字编》一书，就著录有十六件之多[①]。除去重复的字，铭文的内容大致相同："戉(越)王州句自乍(作)用佥(剑)。"唯该书著录的98号中国国家博物馆藏越王州句残剑格铭文，与众不同，可惜文字残缺，不能通读。值得庆幸的是，后来发现一件跟中国国家博物馆藏残剑格铭文相同的剑，文字完好无缺[②]。铭文释写于下："戉(越)王州句之用佥(剑)，唯余土囷邗。""唯余土囷邗"五字十分珍贵。不仅是因为这五个字不见于其它的越王州句剑铭文，更重要的是这五个字还反映了当时不见于文献记载的一段历史。"唯余土囷邗"的意思大致是说：只有我的疆土扩张到邗。

邗就是前文提到的邗城，西周时期为邗国的都城。春秋初期吴国灭邗后曾重点经营邗城，并可能将都城迁到了邗，以致于后来吴与邗可以互称。吴国以邗城为据点，后来又开凿了邗沟，沟通江、淮，既可西伐强楚，又能北上争霸，可谓游刃有余。越灭吴后，邗城淮、泗一带落入楚国之手，使得越国的国力大大削弱。邗城既失，西进之路为楚所阻，而北上的道路也只剩下海路及东方沿海一线。越国后来迁都琅邪，虽深入到山东腹地，但也只能沿海选址，其势力范围其实已被压缩到东方沿海一线。到了越王州句之时，经过两代越王的休养生息，越国的国力已有所恢复，争霸的野心再次涌现，而收复邗城这一战略要地便成了重中之重。朱句要实现他争霸中原的梦想，最佳的路线就是走吴王夫差当年的老路，攻占邗城，打通北上的通道。因此越王州句剑剑铭"唯余土卷邗"，就是这一史实的记录。攻占了邗城，西进与北上的道路已被打通，对于越王朱句来说当然是一件大事，所以特铸剑铭记此事，以示炫耀。至于朱句三十四年灭滕，三十五年

---

① 张光裕、曹锦炎主编《东周鸟篆文字编》80号、86号至100号，香港翰墨轩出版有限公司1994年版。

② 古剑《〈台湾古越阁藏青铜兵器精粹展〉巡礼》，《文物》1995年第8期。

灭郯，也许正是在打通北上通道之后所取得的战果。

越王朱句既然是走吴王夫差北上争霸中原的老路，他很可能跟夫差一样，也曾迁都于邗。关于这一点，似乎可以从越也曾被称为“干”得到证明。《战国策·越策三》：“夫吴干之剑，肉试则断牛马。”《吕氏春秋·疑似》：“相剑者之所患，患剑之似吴干者。”“吴干之剑”大概是《考工记》“吴粤（越）之剑”和《庄子》“干（吴）越之剑”的另一种说法。因此，“吴干”显然是指“吴越”。越被称为“干”，跟吴被称为“干”道理是一样的，越国很可能也曾迁都于干，才以“干”指代越的。

公元前 412 年朱句去世，由他的儿子翳继位。这时翳奋朱句之余烈，于公元前 404 年又灭掉了位于郯东北的缯。然而连年用兵，又劳师远征，势必削弱越国的国力。再加上齐、楚等大国的逼迫，越国在北方已很难再支持下去。据司马贞《史记索隐》引《竹书纪年》记载，越王翳三十三年（前 379），越国将都城自琅邪迁回吴。此后越国内乱，国势日衰，直到越王无彊时才重新强盛起来，“兴师北伐齐，西伐楚，与中国争强”。然而这仅仅是昙花一现，回光返照而已。不能量力而行，强求争霸，实际上是自取灭亡。

根据《史记》卷四一《越王勾践世家》，楚威王时，越又北伐齐，齐威王派人前往越国游说，于是越转而伐楚。“楚威王兴兵而伐之，大败越，杀王无彊，尽取故吴地至浙江，北破齐于徐州。而越以此散，诸族子争立，或为王，或为君，滨于江南海上，服朝于楚。”①

楚灭越后，疆域扩张到东方沿海。至此，古泰州所属的江淮东部地区开始纳入楚国的版图。战国后期，在秦国的步步紧逼下，楚国都城数度东迁，顷襄王时迁到陈邑（今河南淮阳），考烈王时又迁到寿春（今安徽寿县）。当年被楚所灭的东方国家成了楚国的避难所。古泰州所属的江淮东部地区在当时属于东楚。

---

① 《史记》卷四一《越王勾践世家》，第 1751 页。

如司马迁记载:“夫自淮北沛、陈、汝南、南郡,此西楚也。……彭城以东,东海、吴、广陵,此东楚也。”①

战国后期,楚在东楚的封君为春申君黄歇。黄歇与齐国的孟尝君田文、赵国的平原君赵胜、魏国的信陵君魏无忌并称为战国四公子。黄歇相楚期间,曾率兵救赵攻秦,又北伐灭掉了鲁国,使楚国一度中兴。楚考烈王死后,黄歇被刺身亡。楚幽王立,国势日衰,不久为秦所灭,天下遂为一统。古泰州的历史又翻开了新的篇章。

① 《史记》卷一二九《货殖列传》,第3267页。

第二章　秦汉时期的泰州

秦汉是我国历史上的大一统时期，前后 400 多年，在政治、经济、文化以及社会习俗上都呈现出全新面貌。大一统的中央集权制度建立，郡县制的确立以及官僚政治的发展，使得政府的行政效率有了很大提升；铁器、牛耕的推广与水利设施的兴修，促使农业经济迅速发展；汉武帝“罢黜百家，独尊儒术”，使儒家思想定为一尊，伴随着佛教传入与道教兴起，中国传统文化中的儒、释、道“三教”文化形成。

具体到这一时期的古泰州，行政建制上体现了秦朝的郡县制和西汉前期的郡国制。泰州地区的职官制度主要是县、乡、里以及盐官制度；由于郡国制缺少对诸侯王的有效约束机制，吴王刘濞凭借强大的经济力量与中央政府对抗，导致景帝时期爆发了吴楚七国之乱。

在经济上，古泰州凭借着独有的自然地理条件，成为了重要的产盐区和产粮区。星罗棋布的河流、沼泽、湖泊为农业生产提供了灌溉行洪之利，铁器、牛耕的推广促进了生产力的发展，天然的麋耕使得土地异常柔软，提升了土地肥力，在这片土地上泰州居民种出了“泰州红”以及众多的经济作物，因而泰州被誉为“天下粮仓”。在农业发展的同时，工商业也随之逐步发展，冶铁、纺织、瓷器、制盐、造船等行业迅速发展，吴王刘濞还开挖了长达 150 余华里的运盐河——吴王沟，以专门运盐。

伴随着经济的发展，泰州的文化也日益昌盛，大儒董仲舒在西汉前期的江都国生活过，儒家学说在古泰州的影响是深远的。在古泰州能找到佛教和道教的踪迹，这使得泰州文化成为秦汉历史文化的一个缩影。经济、文化的发展也深深影响着人们的生活，在衣、食、住、行等方面，泰州都呈现出鲜明的时代特色。

第一节 行政建制

泰州战国时属楚，称“九夷海阳”。《战国策》记载，楚地“东有夏州、海阳”[①]。海阳，就是海北，战国时泰州南面不是江，而是混茫的海，当长江流经泰州，海阳就不再是海阳，因其傍海而高，故称“海陵”。海阳基本属于自然地理范畴，海陵则是一个行政建制，国家权力也正式管辖到了这里。班固《汉书》记“海陵”，下注：“有江海会祠。”[②]江海会祠的出现，是泰州从大海走进长江、从海阳走进海陵的一个标志，具有划时代的意义。

一、政区沿革

泰州在秦汉 440 年中经历了秦朝、项楚、西汉前期、西汉中后期、新莽、东汉，它的建置沿革主要就体现在这几个时期的变化之中。

（一）秦朝时期

秦朝在古泰州地区未设县，但在隶属何郡的问题上，存在很大争议。《道光泰州志》记载：“始皇二十四年定楚地，以其地置楚郡，秦灭楚，广陵属九江郡，案秦三十六郡无楚，盖平楚时暂置，后为九江郡。”[③]这则史料来源于《通典》和《资治通鉴》，认为海阳属广陵属九江郡，但秦 36 郡中没有楚郡，故编者认为楚郡是平楚时暂时设置的，后来又改为九江郡。

---

① [汉]刘向集录《战国策》卷一四《楚一》，上海古籍出版社 1985 年版，第 500 页。

② [汉]班固《汉书》卷二八上《地理志上》，中华书局 1962 年版，第 1590 页。

③ 《道光泰州志》卷一《建置》，《中国地方志集成》，江苏古籍出版社 1991 年影印版，第 7 页。

由于《史记》卷五《秦本纪》和卷六《秦始皇本纪》未注明36郡的郡名，更未提及郡界，故古今学者各立其说，使得这个问题变得复杂。清人全祖望在《汉书地理志稽疑》中提出异议：

秦灭楚，置五郡：曰楚、曰九江、曰泗水、曰薛、曰东海，及定江南，又置一郡，曰会稽，而无郭也。楚郡盖自淮阳以至彭城，泗水则沛也，薛则鲁也，东海则郯以至江都（广陵）也，皆江北地，会稽则江南也，惟九江跨兼江介。[①]

认为秦朝时期的广陵县应当属于东海郡，今人谭其骧主编的《中国历史地图集》即从此说。秦有九江郡是公认的，班固的《汉书》卷二八《地理志》，裴骃的《史记集解》都列有秦郡郡名，但均无东海郡[②]，因之广陵属东海郡说存在很大的争议。吴子辉认为："秦广陵县系属九江郡，隶东海说似难成立。"[③]当然，这仅是一家之言。现在学界一般都在认定广陵隶属九江郡的同时，加括弧说明——"一说隶东海郡"。

（二）项楚时期

公元前206年二月，"羽分天下王诸将"，除阳尊楚怀王心为义帝外，"自立为西楚伯王，王梁楚九郡"[④]。九郡为会稽、鄣、东阳、泗水、郯、薛、砀、颍川、东郡[⑤]。东阳郡为秦九江郡析置，项羽封英布为九江王，但英布未能全得九江之地，西邻为衡山王吴芮，东部为项羽自领之地，故析置新郡。不仅如此，当时还新置

---

① [清]全祖望《全祖望集汇校集注》，上海古籍出版社2000年版，第2488页。

② 东海郡在秦末实际是存在的，时称"东晦"，但究竟于何时建置，众说纷纭。参见辛德勇《秦汉政区与边界地理研究》，中华书局2009年版，第8—9页。

③ 吴子辉《扬州建置笔谈》，江苏古籍出版社2002年版，第88页。

④ 《汉书》卷三一《项藉传》，第1810页。

⑤ 《扬州建置笔谈》，第88页。

了江都、富陵、海陵、高邮、射阳、高山、淮陵、建阳等县，成为领有15县的东阳郡。因此，古泰州在项楚时期应隶属于东阳郡。

更重要的是，项羽实际还曾经定都于江都，而且江都之名很可能即由此而来。按《史记》卷一六《秦楚之际月表》记项羽分封共分为21格，第2格记载项羽都彭城，而第3格则记载项羽都江都。彭城在汉元年（前206）四月之前是楚怀王的都城，汉元年四月时，项羽与十八王出关各就国，命人徙怀王于长沙郴县，项羽至少在汉元年四月才能都彭城。所以刘文淇认为，江都是项羽初都之地，项羽虽未到江都，但先议所都之地实在江都。《项羽本纪》中直言都彭城，不言都江都，是纪其实，而《月表》兼载都江都，是存其名①。

（三）西汉前期

西汉前期实行郡国制，古泰州在这一历史时期先后曾是荆国、吴国和江都国的封地。广陵归汉以后有近一年时间，其制仍沿项楚之旧，广陵仍隶属东阳郡。直到汉高祖六年（前201）正月才首立荆国——“春正月丙午，韩王信等奏请以故东阳郡、鄣郡、吴郡五十三县立刘贾为荆王。”②这里的故东阳郡当为项楚时期之东阳郡。

荆国立国六年左右，由于荆王被杀，汉高祖十二年（前195）十月，更荆为吴。十一年七月因淮南王英布起兵反汉，“（贾）为英布所杀”，其“国除为郡”③。刘邦平叛英布后下诏曰：“吴，古之建国也，日者荆王兼有其地，今死亡后，朕欲复立吴王，其议可者。”④经长沙王吴芮提议，立刘邦之侄刘濞为吴王，置吴国，境域仍为荆国3郡53县之地。

---

① 刘文淇《项羽都江都考》，陈恒和辑《扬州丛刻》（影印本）上册，广陵书社2010年版，第426—428页。

② 《汉书》卷一下《高帝纪下》，第60—61页。

③ 《史记》卷一七《汉兴以来诸侯王表》，第810页。

④ 《汉书》卷一下《高帝纪下》，第76页。

刘濞被封为吴王大致有三个原因：一是刘濞有军功，“濞年二十，以骑将从破布军”，曾协助刘邦战胜反叛的英布；二是吴、会稽地区民风彪悍，难以统治。“上患吴会稽轻悍，无壮王填之，诸子少，乃立濞于沛，为吴王”；三是刘濞是高帝兄仲之子，其父代王刘喜在“匈奴攻代”时，“不能坚守”，弃国逃亡，被刘邦废王贬侯，立兄子为王，也算是刘邦对骨肉至亲情感上的一种补偿。

吴国因有铜盐之利，恃其国富民强，对抗中央，被列为“削藩”之首，后即起兵带头反汉，史称吴楚七国之乱。经过三个月的较量，吴王刘濞兵败自杀，国立42年亡。西汉政府在吴国故地置江都国，景帝前元三年（公元前154）六月，“徙（汝南）王（刘非）江都，治故吴国”①。江都国维持原吴国的境域，仍为三郡之地。但西汉“削藩”政策没有改变，中元五年（公元前145）“五月以后，会稽属汉”，即削去会稽一郡，江都国只保留鄣、东阳两郡之地。此后，一直到武帝元狩二年（公元前121）夏，江都王“反，自杀，国除为广陵郡”②，江都国才被废。国除之后，其原辖之鄣、东阳两郡各自为政。翌年，东阳郡“更名广陵”，广陵郡仍领原东阳郡之各县。泰州此时应隶属于广陵郡。

（四）西汉中后期

元狩六年（公元前117年）四月，汉武帝对广陵郡政区作了较大调整，将广陵郡分为广陵国和临淮郡。广陵国不同于以前的封国，不再领郡，只领四县之地，即广陵、江都、高邮、平安。《汉书》卷二八上《地理志上》载，武帝元狩六年设置临淮郡，下辖29县，其中有海陵县，这是史籍记载泰州正式置县的时间。对海陵县命名的由来，史载“以其地傍海而高，故曰‘海陵’”③。西汉在海陵设县后，便一直被延续下去，海陵的叫法也一直沿用

---

① 《汉书》卷五三《景十三王传》，第2414页。

② 《史记》卷一七《汉兴以来诸侯王表》，第862页。

③ 《嘉庆重修一统志》卷九七《扬州府二》，商务印书馆1934年版，上海书店1984年重印本，第347页。

到王莽时期。

海陵县的设置时间通常被认为是元狩六年，但临淮郡元狩六年设置，不等于郡属各县也是该年设置，如临淮郡下属的盐渎县在元狩四年设置，射阳县在高祖五年设置，而盱眙、淮阴、下相等县都是秦时设置的。因之海陵县的设置实际是不晚于元狩六年，而完全可能在这之前就已设置。吴楚七国之乱时，枚乘上书吴王刘濞称，“转粟西向，陆行不绝，水行满河，不如海陵之仓”[①]。枚乘说的这个“仓”，指吴王建造的大仓，“海陵”，唐人颜师古注《汉书》时引用臣瓒说：“海陵，县名，有吴大仓。”可见唐以前的人认为汉景帝时海陵已经是县。景帝即位后随即着手削藩，不可能在吴王的封地中增设海陵县，故《道光泰州志》推测海陵县在景帝之前设置并非全无根据。

（五）新莽时期

王莽改制时，临淮郡改称为淮平郡。淮平郡亦领县如旧，但将海陵县改称亭间县。“《汉书·地理志》亭间，一本作亭门。”[②]古代称煮盐处为亭场，煮盐者为亭户，名为“亭间”或“亭门”，说明煮盐在海陵占有重要位置。

（六）东汉时期

新莽覆灭，光武帝建武十八年(42)复将亭间改称海陵，属淮平郡。大约在永平十三年(70)左右，东汉政府将原属临淮郡的海陵、舆、堂邑、东阳、射阳、盐渎 6 县划入广陵郡，后来又省去泗阳县，形成了领有 11 县之郡。据《后汉书》志二一《郡国三》，东汉广陵郡所领县中并未载有海陵，而后人则考证其中应是脱漏了海陵县。那么《后汉书·郡国志》是否脱漏了海陵县呢？答案是肯定的(一说海陵县虽废，而海陵之名未废)。清人惠栋便在《后汉书补注》“广陵郡”条下说：“沈约曰，海陵县，前汉属临淮，

---

① 《汉书》卷五一《枚乘传》，第 2363 页。

② 《道光泰州志》卷一《建置》，第 7 页。

后汉属广陵。今广陵十一城无海陵县,未详。”[①]检沈氏《宋书·州郡志》,确有“海陵令,前汉属临淮,后汉、晋属广陵”之记载。此外,据《三国志》记载,张辽“与曹休至海陵”,“吕岱字定公,广陵海陵人也”,也证明东汉后期确有海陵县的建置。海陵县在东汉属于广陵郡是肯定的,只是在广陵郡领县数上面,目前还有争议。吴子辉在《扬州建置笔谈》中认为,广陵郡应领县十一,而曹金华的《东汉广陵郡领县确数考》认为,东汉广陵郡领县数应为十二,但两位学者都坚持认为海陵县在东汉属于广陵郡[②]。

光武帝刘秀继位后,废 400 余县,海陵县并入东阳县,历时 12 年方复置海陵县。东汉末年,曹操经过官渡之战,统一了中原,随后又掉转马头,挥师南下,意欲鲸吞荆州与江东,进而统一全国。其时,刘备与孙权联兵,合力与曹军抗争,江淮沦为战争之地。建安十八年(213 年)。曹操恐滨江郡县为孙权抢夺,遂迫使居民内移,“江淮之地不居者数百里”,境内也成为一片空地。

汉末三国初,海陵县废。《三国志》卷四七《吴书·吴主传》:“初曹公恐滨江郡县为权所略,征令内移,民转相惊恐,有庐江、九江、蕲春、广陵户十余万皆东渡江,江西遂虚。”[③]《宋书》卷三五《州郡一》:“三国时废,是今日通扬州县,三国俱为隙地。”[④]

二、职官制度

秦汉时期,泰州地区的职官制度主要是县制、乡里制以及盐官制度。海陵县是在西汉前期设立的,此前属广陵县,则仅有乡

---

① 朱舜徽《二十五史三编》第四分册,岳麓书社 1994 年版,第 317 页。

② 详见曹金华《东汉广陵郡领县确数考》,《扬州大学学报》2005 年第 3 期。

③ 《三国志》卷四七《吴主传》,第 1118 页。

④ 《宋书》卷三五《州郡一》,第 1033 页。

里的设置。

（一）县制

由于史书记载不详，目前还无法找到当初的海陵县位于何处。但借助于文物与考古资料，我们仍能考证出海陵县的大致位置，基本上可以推断今海陵区与汉代海陵县一脉相承，古海陵县城可能就在今海陵区政府附近。

两汉的县，行政官署称廷或县廷。县廷有长官，有佐属，县的长官为县令或县长，佐官为县尉与县丞，属官则有很多。

1. 长官

大体说来，从秦开始，便普遍实行了以万户上下分别设置县令和县长的制度。《汉书》卷一九上《百官公卿表上》："县令、长，皆秦官，掌治其县。万户以上为令，秩千石至六百石；减万户为长，秩五百石至三百石。"①但是严耕望认为："据《汉旧仪》县户口满万置六百石令，多者千石；户不满万，置四百石、三百石长。"还说"两书小异，乃由成帝阳朔二年省五百石秩就四百石之故"②。又《后汉书》志二八《百官五》："每县、邑、道，大者置令一人，千石；其次置长，四百石；小者置长，三百石；……县万户以上为令，不满为长。侯国为相。皆秦制也。"③而严耕望据《通典》等书亦考证认为："千石"之下当夺"其次置令六百石"七字④，王莽时曾改县令、长名宰，但这只是一个短暂时间。

班固从比较复杂的情况中把秦汉县的长官概括成"万户以上为令，万户以下为长"，但两汉时期的海陵县的长官究竟是令还是长，史无所载。海陵县属临淮郡，统计西汉末年的临淮郡，有"户二十六万八千二百八十三，口百二十三万七千七百六十

---

① 《汉书》卷一九上《百官公卿表上》，第742页。

② 严耕望《中国地方行政制度史》上编，上海古籍出版社2007年版，第45、217页。

③ 《后汉书》卷一一八《百官五》，第3622、3623页。

④ 《中国地方行政制度史》上编，第151页。

四。县二十九”[1]，县均户数都不到一万。故根据班固的说法，海陵县似应设置县长。

然而，史籍又记载“令、长以水土为之及秩高下”[2]。所谓“水土”，指自然条件；“秩高下”，即被派去官员的秩位高下。如南方某些地区，虽户口众多，但长官地位并不高，故为长；或者有的地方重要，派去的长官秩位较高，则为令。汉代令长的区别以及其本身秩位的高低并不仅仅限于户口的多少，地区的大小，还包括治理的难易和治绩的好坏，而后者更为重要。

县令、长之职，“皆掌治民，显善劝义，禁奸罚恶，理讼平贼，恤民时务，秋冬集课，上计于所属郡国”[3]。实际上县内一切事务无所不管。除了一些具体事务，县令、长主要是从礼、法两个方面掌治其民（或掌治其县），在治县的方法、能力等方面，则有循吏、酷吏以及勤与惰、能与不能之分。

县令、长的铨选途径较多，有“察廉”、“治剧”、“茂材”、“孝廉”、“征辟”、“吏积功”等等，而主要途径则是由郎官出补，即《汉官仪》所说：“尚书郎出，亦与郎同，宰百里。”宰百里即为县令、长。历任海陵县的长官由何途径出任已不可考。

2. 佐官

县丞和县尉是县佐官，县令、长“掌治其县……皆有丞尉”[4]。

县丞的职掌，据《通典》记载，除佐令长之外，还“兼主刑狱囚徒”[5]。《史记集解·淮南王安列传》引如淳曰：“丞主刑狱囚徒。”《后汉书》志二八《百官五》本注：“丞署文书，典知仓狱。”[6]

---

① 《汉书》卷二八上《地理志上》，第1589页。

② 《后汉书》志二八《百官五》，第3623页注引应劭曰。

③ 《后汉书》志二八《百官五》，第3622页。

④ 《汉书》卷一九上《百官公卿表上》，第742页。

⑤ ［唐］杜佑《通典》卷三三《职官十五》，中华书局1984年版，第191页。

⑥ 《后汉书》志二八《百官五》，第3623页。

主和典的意思表明，丞对于令长不完全是辅佐，更不是从属身份，而能独立地处理仓狱等事。

一般说来，一个县只有一个丞，但都城所在地则不止一人。另外汉简中有狱丞，汉印中有徒丞，汉代各县还多有马丞印。关于狱丞和马丞，严耕望认为，诸县或得置狱丞或马丞——"盖汉世特重刑狱与马政，故特置之。"[①]陈直则说，马丞印"疑为武帝时郡国养马官吏所用"[②]，陈直不把马丞算作县佐官。从后世的情况看，有些单位不必有令、长或其他主官，丞即成为主官，如驿丞就是。至于狱丞和徒丞，大概是事多之后专设之官。

两汉时期的海陵县有几个县丞已不可考，按照陈直先生的观点，马丞不算县佐官，那么两汉海陵县的县丞可能有狱丞、徒丞。

关于县尉，安作璋和熊铁基先生认为："秦无县尉，只有郡尉，汉(最多是秦末)开始有县尉。"[③]《后汉书》志二八《百官五》："尉大县二人，小县一人。"[④]根据《汉书》卷二八上《地理志上》，汉代的海陵县可能设有两个县尉。不过，所谓大小并非以有令或长为准，在汉碑中就有一些设两尉的县，长官皆为长而非令，那么大县之所谓"大"，或者是指地区范围之大而言。汉代海陵县东濒黄海、南枕长江、西界江都、北接盐渎，幅员广阔，可能设县尉二人，是由于管辖得范围大。

县尉的职掌，《后汉书》志二八《百官五》本注曰："尉主盗贼。凡有贼发，主名不立，则推索行寻，案察奸宄，以起端绪。"[⑤]由于职主盗贼，就必须巡行境内，尉在境内交通要道上行使警备、捕

---

① 严耕望《中国地方行政制度史》上编，第220页。

② 陈直《汉书新证》，中华书局2008年版，第137页。

③ 安作璋、熊铁基《秦汉官制史稿》下册，齐鲁书社1984年版，第164页。

④ 《后汉书》志二八《百官五》，第3623页。

⑤ 《后汉书》志二八《百官五》，第3623页。

盗贼的职权。尉主盗贼,属于武事,因此更卒番上之类的事也由县尉主管。县尉有自己的官廨,也有自己的属吏,其主要属吏叫做尉史,尉史之职也是主盗贼。

3. 属吏

就其秩次而言,"百石以下有斗食、佐史之秩,是为少吏"①。一说即"各署诸曹掾史"②。但县和郡一样设诸曹掾恐怕是在西汉中叶以后。秦和汉初,县廷的主要属吏是令史、啬夫。令史之名一直沿用到武帝,武帝以后才逐渐改变,形成汉代自己的制度和名称,如分曹置掾之类,但令史、啬夫等名称仍有不少保留。在分曹置掾以后,有称为主吏或纲纪,如功曹、廷掾;有称为门下,如主簿及其下的记室、录事、书佐、循行之类的左右亲信;有分职诸曹,大体上与郡列曹对口;有散职,如祭酒、从掾位、从史位等。

分曹之后,各县情况也不尽相同,正如"其余众职,或此县有而彼县无,各有旧俗,无定制也"③。曹掾史是主要属吏,其下还有各种各样的小吏,有佐史、书佐、循行、幹、小史之类,两汉海陵县的县属吏具体设置不可考,只能参考两汉全国的情况。

(1) 主吏

主要有功曹和廷掾。功曹,职总内外,是县廷的主要属吏,县功曹对上可代表县令长,对下可指挥游徼、亭长。廷掾,碑传中其位次常排在丞之后、户曹史之前,而在祠祀方面更处于领先地位,甚至排在功曹之前,西汉中叶已有此官。

(2) 门下亲近吏

和郡属吏一样,除分职列曹之外,县属吏往往冠以门下称号,如功曹又称门下功曹;还有门下祭酒、门下掾、门下史等,皆为泛称。这里要说明的门下,是指县令长更为亲近的带有令秘

---

① 《汉书》卷一九上《百官公卿表上》,第742页。

② 《后汉书》志二八《百官五》,第3623页。

③ 《宋书》卷四〇《百官下》,第1258页。

书、侍从性质的属吏。

主簿，在县廷内地位仅次于功曹，但比功曹亲近；主记、录事，原为掌簿书之主簿成为门下之长以后，具体的记事、文书等职掌或由主记、录事之类的属吏来承担。小府，小府主县廷财政，在秦和西汉称少内。门下游徼、门下贼曹，主盗贼事。

(3) 列曹

主管民政方面的诸曹：户曹，职主户口名籍婚庆祠祀诸事；田曹，类似郡府的劝农掾，秦时称为田啬夫；时曹，主时节，但史籍及碑刻中均未考见；水曹，主水利之事；将作掾，主土木兴作的官吏。

主管财政方面的诸曹：仓曹，主收民租；金曹，主收市租。

主管交通方面的诸曹：集曹，“集曹供纳输”；法曹、邮书掾，主邮驿科程事；道桥掾，主持修阁道；厩啬夫，职掌养马；皂啬夫，职掌饲养人员。

主管军事方面的诸曹：兵曹，主兵事；库啬夫，负责保管器械以及管理生产；尉曹，与徭役事有关，主卒徒转运事。

主管司法、治安方面的诸曹：贼曹，主盗贼事，县廷中门下游徼代替了督盗贼之职；狱掾史、狱司空，主罪法之事；传舍、候舍吏，主监督行人；守津吏，主维持治安，监督行人；市掾，或称都市掾，职掌集市治安，亦有催缴租课之责；盟掾，在汉族与少数民族杂居之县设有盟掾。

(4) 散吏

和郡府一样，县廷也设有一些虚衔以尊老敬贤，是为散吏，如祭酒、议曹、从掾位、从史位之类。

两汉海陵县的县廷属吏不可考，以上只是作为海陵县职官制度的参考。

（二）乡里制

秦及汉初在泰州没有设县，这种局面持续数十年。在一定意义上，秦及西汉初的古泰州的行政建制即应该体现在县以下的基层组织——乡、亭、里等。

“县以下基层组织，是统治者统治机器的组成部分，但在历史上是不把它算成建置的。”①这一点决定了研究这一问题的难度，因此秦汉时期泰州地区县以下的基层组织，究竟是什么状况，难以考证，本书只能叙其大略。

据《汉书》记载，秦实行的是乡、亭、里制。秦置广陵县，县下究竟设有哪些乡，又有多少里，无考。古泰州地区很有可能就是隶属于广陵县以下的一个乡，据吴子辉《扬州建置笔谈》的说法，可能秦朝在广陵只有乡、里之设，没有隶属于乡的亭。两汉承秦制，地方基层组织普遍实行乡、亭、里制，乡有三老、有秩、啬夫、游徼；亭有亭长、亭佐、亭侯与求盗；里有里正、父老。

1. 乡官

乡的主要行政事务（听讼和赋役）由啬夫承担。安作璋、熊铁基认为“《汉书·百官公卿表》中的‘有秩啬夫’应当连读，是一个官吏”②。主张有秩是有官品、禄秩的意思，“有秩啬夫”是对无秩啬夫而言的。“有秩，郡所署，秩百石，掌一乡人；其乡小者，县置啬夫一人。”③秦朝的情形应当和汉朝类似，大乡置有秩啬夫，为郡所置，小乡置无秩啬夫，为县所置。此外小乡只置啬夫一人，不一定有三老和游徼，三老一般以父老充任，游徼则以啬夫、乡佐之类兼任，而分布各地的亭长，也可以兼管其附近的“徼巡”、“求捕盗贼”的任务。

三老不是行政职务，没有俸禄，在汉人心目中，三老“比于吏”，并非是真正之“吏”，三老之制为当时的一种社会教育制度，实质上是教导人民安分守己、服从统治者的剥削和压迫。

游徼，据《汉书》卷一九上《百官公卿表上》和《后汉书》志二八《百官五》记载，属乡，“徼循禁盗贼”或“徼循司奸盗”，但史传所见游徼，似乎均直属于县。但据《五行大义》卷五引翼奉云“游

---

① 《扬州建置笔谈》，第 227 页。

② 《秦汉官制史稿》下册，第 193 页。

③ 《后汉书》志二八《百官五》，第 3624 页。

徼、亭长、外部吏，皆属功曹”，则说明游徼为县职，是分部于各乡的。

《后汉书》在叙述乡官有秩、三老、游徼之后写道：“又有乡佐，属乡，主民收赋税。”[①]乡佐和啬夫一样，其主要职掌虽为赋税、徭役，其他行政、民事、兵事也似乎都管，其地位大致相当于郡、县的丞。

乡的大小如何区分，这是一个不十分清楚的问题。据安作璋和熊铁基考证，“所谓大乡，可能是指千户以上的乡”[②]。但不论大乡小乡，啬夫（包括有秩啬夫）是一乡之中的主要官吏，主管一乡的一切行政事务，乡里之中的一般老百姓“但闻啬夫，不知郡县”[③]。

2. 亭长和亭吏

秦代亭的数目已不可考，关于亭的性质，历来说法不一，据《百官公卿表上》所说，亭似乎是乡和里之间的一级地方行政组织，但早就有人明确提出，“十亭一乡”乃“十里一乡”之误。安作璋等先生考证后，断定《百官公卿表上》是误字。他们认为，既是“十里一亭”，又是“十里一乡”，都是讲的地方行政组织，亭和乡是同一级的单位，亭是城市中以下里以上的单位，在乡村的亭亦为县以下的乡镇，称为乡亭，但其作用有所不同，因而亭吏和乡官的职掌各有侧重。

乡村之亭就是乡村中的一个小集镇，而且这种乡亭就是市镇，如《说文解字》中记载，“郿，美阳亭即郿也，民俗以夜市”。乡亭虽为集镇，人户却不一定很多，百来户（不过一里的户数）的集镇在当时就不算很小了，几十户的小亭恐怕在西汉近三万个亭中要占绝大多数。

乡亭起客舍和邮传的作用，这是它的特殊情况。“汉家因

---

① 《后汉书》志二八《百官五》，第3624页。

② 《秦汉官制史稿》下册，第199页。

③ 《后汉书》卷四八《爰延传》，第1618页。

秦,大率十里一亭,亭,留也。今语有亭留亭待。”[①]亭又是中央与郡国文书传送的驿站和乡官治所。《汉书》卷八九《循吏传》:“邮亭,乡官。”师古注云:“邮行书舍,谓传送文书所止处,亦如今之驿馆矣。乡官者,乡所治处也。”[②]

亭的主要官吏是亭长,他不是隶属于乡,而是直属于县。亭长的主要职责是“禁盗贼”,即维持地方治安,这点与游徼的职务相同。“斗变杀伤捕伍邻,游徼亭长共杂诊。”[③]是共同维持治安。其不同之处则在于:游徼没有固定治所,系巡行流动逐捕;亭长则有固定治所——亭,以警察收捕奸盗。

在官员出行时,亭长要负责保卫工作,一般达官贵人经过,亭长都要“整顿洒扫以待”,或“扫除亭舍”,因此亭长实际是一种职役。乡间之亭有权检查过往行人,执行宵禁法。亭长有权捕系犯人,故有亭狱,官府公告,也往往布之于亭。此外乡村的亭也有一定的管理范围,称为亭部,部域之内有一定数量的居民,因此亭长也要兼理民事。

由于亭长主要职掌是逐捕盗贼,故多选少壮有勇力者或有军事经验者充任。退伍材官、楼船既有勇力又有军事经验,是亭长的上佳人选,所以亭长基本上是武人。亭这一级组织,除亭长之外还有亭部之吏卒,主要包括亭佐、亭侯(与爵位中的亭侯不同)和求盗。

3. 里正、典、老

里正、伍长职在维持治安。因为里和乡与人民关系至为密切,所以在人们心目中,乡里是十分重要的,后世人们往往把家乡称为乡里,故乡称为故里。

在里这个居民活动的基层单位中,政府置有里吏,这种里吏

---

① [汉]应劭《风俗通义》卷一《皇霸》,王利器校注,中华书局1981年版,第32页。

② 《汉书》卷八九《循吏传》,第3630页。

③ [汉]史游《急就篇》,岳麓书社1989年版,第24页。

具有官民双重身份，里吏有以下几种：

首先是里正，或称里魁，《后汉书》志二八《百官五》“里有里魁”①。不过里魁之名少见，一般均称为“里正”。

其次是父老。“里中社，平为宰，分肉食甚均。父老曰：‘善，陈孺子之为宰！’平曰：‘嗟乎！使平得宰天下，亦如是肉矣！’”②父老当是“耆老有高德者”。

又据此条记载，当时还有社宰，“里中社，平为宰”，或许是专管祭社神之事，也有可能当时的里宰就是里正之别名。

里祭酒，祭酒或是父老的别称。里监门，《汉书》卷三二《张耳陈余传》师古注曰：“监门，卒之贱者，故为卑职以自隐。”③是吏卒中最低下的一种，大约相当于后世之“保丁”，或者专司门房，为里吏（即里正或里魁）所役使。

以上说的是里吏卒，下面再说“民有什伍”。

“什主十家，伍主五家。”④什和伍都是数字的代表，或代表十人、五人，或代表十家五家。那么主十家和五家的人究竟称为什么呢？在秦代民间组织有自己的称呼，秦代主五家的曰伍老，主十家的曰什典，汉代也许均以“长”为名。

此外，秦汉时期，乡、亭以下还有聚、落之名。聚、落是两个古老的名称，《史记》卷一《五帝本纪》“一年而所居成聚”，《正义》“谓村落也”。秦国商鞅变法时，“集小（都）乡邑聚为县”⑤。西汉末地方普遍设立学校，“郡国曰学，县、道、邑、侯国曰校。校、学置经师一人。乡曰庠，聚曰序。”⑥聚像是乡以下的一个单位。或以为里制行于城市，聚落之制行于乡野，但又与“十里一乡”的

---

① 《后汉书》志二八《百官五》，第3625页。
② 《史记》卷五六《陈丞相世家》，第2052页。
③ 《汉书》卷三二《张耳陈余传》，第1830页。
④ 《后汉书》志二八《百官五》，第3625页。
⑤ 《史记》卷六八《商君列传》，第2232页。
⑥ 《汉书》卷一二《平帝纪》，第355页。

记载矛盾。《汉书》卷二八《地理志》和《后汉书·郡国志》有不少地名称聚者，也许是保留旧名，不一定作为地方的一级行政单位。

三、盐官制度

“如果把郡县乡里系统看成‘条条’的话，那么西汉还另外存在着呈现为‘块块’的系统。”[①]而所谓“块块”系统，就是指两汉政府设置的盐铁官等。盐铁官在西汉属于中央派出机构，属大司农，“尹湾出土东海郡簿籍之中，2 号木牍将盐铁官单列一处，很可能就是因为它们直属中央；不过又据 1、3、4、5 号木牍，盐铁官员的管理考课由郡负责，其编制也在郡吏之内”[②]。东汉时，由于统治者的财政政策退缩，盐铁官转属郡国。海陵是产盐大县，这种盐官制度在两汉时期始终存在，但盐铁官是汉武帝时期实行盐铁专卖时设立的，对于盐务，秦汉时期不同阶段的统治者有着不同的处理方式。

（一）秦朝时期

秦政府为管理盐政和铁政，设有专门的机构和官吏。秦的地方上的盐铁官归所在郡县的守、令统辖，收盐铁顾租与市税，汇之于少府，以供皇帝享用。秦在统一六国之后，盐铁业沿用秦国原有的政策，古泰州在秦朝是隶属于广陵县，它的海盐顾租与市税当归广陵县统辖，最后上缴于少府。

（二）西汉前期

西汉初年有关山林川泽的政策，和秦朝基本相同。各郡县山林川泽的税收归少府，而诸侯王国封域之内的山林川泽的税收归诸侯王享用。“山川园池市井租税之人，自天子以至于封君

---

① 吴宗国主编《中国古代官僚政治制度研究》，北京大学出版社 2004 年版，第 44 页。

② 卜宪群《西汉东海郡吏员设置考述》，《中国史研究》1998 年第 1 期。

汤沐邑，皆各为私奉养焉，不领于天下之经费。”[①]另外，《汉书》卷五一《枚乘传》记有海陵仓，应当归诸侯王所有。这一时期的泰州隶属于荆国、吴国和江都国，这些诸侯国的少府应当主管海陵仓的盐务。但“景帝中五年令诸侯王不得复治国，天子为置吏，改丞相曰相，省御史大夫、廷尉、少府、宗正、博士官”[②]。乃是吴楚七国之乱后削弱诸侯国势力的措施。景帝后期和武帝前期，泰州盐业很大程度上应统属于中央的少府。

西汉初年的民间盐铁商人仍是包商，但富商大贾不多。从资料来看，诸侯王中倒是有些在经营盐铁，并发家致富。例如吴王刘濞，王三郡五十三城，到国之后，“招致天下亡命者盗铸钱，煮海水为盐。以故无赋，国用富饶”。《盐铁论》记大夫说：“异时，盐铁未笼，布衣有朐邴，人君有吴王。”[③]刘濞后来发动叛乱，在送给各诸侯王的信中也自夸：“寡人金钱在天下者，往往而有，非必取于吴，诸王日夜用之弗能尽。有当赐者告寡人，寡人且往遗之。”[④]

（三）西汉中后期

这里所说的西汉中后期，是指从武帝元狩四年（公元前119年）至新莽地皇四年（23年），共约142年的时间。在这一时期，西汉政府为了解决封建国家的财政困难，改变了过去的包商制，实行盐铁国营政策。

首先倡议搞盐铁国营的就是东郭咸阳和孔仅。他们当时在大司农郑当时的推荐下，任大农丞，领盐铁事。关于盐的生产，东郭咸阳和孔仅建议“募民自给费，因官器作煮盐，官与牢

① 《史记》卷三〇《平准书》，第1418页。

② 《汉书》卷一九上《百官公卿表上》，第741页。

③ [汉]桓宽《盐铁论》卷二《禁耕》，上海古籍出版社1990年版，第19页。

④ 《史记》卷一〇六《吴王濞列传》，第2829页。

盆”①。

在各产盐基地设立管理煮盐的官府，即“作官府”，亦称“盐官”。《汉书》卷二八《地理志》载设置盐官的郡县有35个，据后人考证，西汉“盐官还有八处；朔方郡朔方县，越雟郡青岭县，巴郡临江县，陇西郡西县，朔方郡广牧县，犍为郡南广县，渔阳郡，广陵郡”②。这里的广陵郡很有可能指的是海陵县。严耕望在《中国地方行政制度史》增补的二处及杨远在《西汉盐、铁、工官的地理分布》中考补的六处与存疑二处，均大同小异而已。盐业资源与收入由少府改归大司农管理，增加了朝廷的财政收入。

汉中央设盐铁官营机构。汉中央财政分为国家财政与帝室财政，国家财政由大司农主管，帝室财政由少府主管。元狩六年（公元前117年）后，汉武帝将盐铁税利划归大司农所管。大司农下设大司农丞，管理盐铁官营事务。

在产盐的郡县设盐官一人。盐官又称“盐官长”，具体管理郡县盐官营事务。诸侯王境内所产之盐，也由盐官直接管理，诸侯王不得私煮。赵顷王刘昌私营盐铁，受到张汤的“常排”；博士徐偃“矫制”，“使胶东、鲁国鼓铸盐铁”，“法至死”③。这三国的盐务应由临近郡县盐官管理。如果盐少，赵国可由巨鹿郡供应，胶东可由北海、琅琊两郡供应，鲁国可由泰山、东海两郡供应，但必须通过这五郡的盐官出面调节。

不过，地方郡守对中央在该郡内的官府手工业可实行监督。西汉官府手工业采取三级负责制。地方监督权主要在郡守，因此，手工业制品上必须勒上“省”（即监督）人姓名及官阶。盐的官营也是如此。因为用“囊”装三斛盐为一“帣”时，须经盐官验收。

① 《史记》卷三〇《平准书》，第1429页。

② 罗庆康《汉代专卖制度研究》，中国文史出版社1991年版，第71页。

③ 《汉书》卷六四下《终军传》，第2817—2818页。

地方行政机构与地方盐官机构是并行的。郡守、县令是郡、县的最高长官，负责该郡县的行政、财政、军事等，对丞相负责。而盐官只负责所产盐郡县的盐务，向大司农的盐铁丞负责。郡守，秩二千石；县令，秩千石。而盐官秩似六百石，因“治粟内史”属官有秩市两长丞，“自太常至执金吾，秩皆中二千石，丞皆千石”①。又左右内史都有铁官，“丞六百石”②。“中央的盐铁丞为秩千石，属下的盐铁官也绝不会超过千石，似秩六百石为宜。”③从尹湾汉简《东海郡吏员簿》来看，东海郡辖区的盐铁官一般秩三百石或二百石④。

（四）东汉时期

从光武帝建武元年至灵帝中平六年（25—189），共约165年，东汉政府主要实行盐铁私营政策。盐铁从国营到私营这一政策的变化，有着多方面的原因。而西汉末年的农民大起义和东汉初年政权的一度衰弱，对这一政策的变化则带来了比较便利的条件，或者说起了促进作用。盐铁官转属郡国，均输之事被废罢，大司农下属仍有平准令，但职责仅仅是“掌知物价”，已不是商业经营了。

四、吴楚七国之乱

汉初推行无为而治，与民休息的政策，使各诸侯国大受其益，他们因地制宜发展生产，势力迅速膨胀，致使文帝时一度出现了枝强干弱、尾大不掉的政治局面。吴王刘濞凭借经济实力强大，在景帝三年（公元前154年）领头发动了公开反叛中央政府的“吴楚七国之乱”。这是当时最重要的政治事件，也是秦汉

---

① 《汉书》卷一九上《百官公卿表上》，第733页。

② 《汉书》卷一九上《百官公卿表上》，第737页。

③ 罗庆康、罗威《汉代盐制研究》，《盐业史研究》1995年第1期。

④ 连云港市博物馆、东海县博物馆、中国社会科学院简帛研究中心、中国文物研究所《尹湾汉墓简牍》，中华书局1997年版，第84页。

时期扬泰地区发生的为数不多的大事。多重因素导致吴王刘濞反叛。

首先,汉初实行的郡国并行制存在着明显弊端。诸侯王国与中央辖郡是平行的,都是地方最高一级的行政机构。但是,两个系统又有很大不同。中央辖郡的体制为郡—县两级制;诸侯王国的体制则为王国—郡—县三级制。前者,郡县听命于中央,地方权力集中于中央,是中央集权的体制;后者,郡县受王国的制约,王国拥有相对独立性,可以说,是一种半集权半分权的体制①。诸侯王掌治其国,拥有治民权。王国仿照朝廷,宫室百官,同制京师,致使诸侯王国拥有很大的政治权力。

其次,汉初,诸侯王国不仅在政治上拥有很大权力,而且在经济上也拥有很大的自主权。诸侯王国在封国内有自行征收赋税的权力。租税包括的项目很多,如盐铁税、鱼采税、市租等。这些租税收入,供诸侯王"私用",不入于王国国库,称作"私奉养"。同皇室一样,设"少府"管理。此外,诸侯王拥有征收田租、口赋的特权。以上租赋收入,一部分归王国"公用",作为王国官吏俸禄和其他财政开支;另一部分上交中央,称为"献费"。诸侯王还有权征调徭役。汉制,徭役有更卒、正卒、戍卒三种。在规定服役年龄期间,每人每年须从事一个月的劳役,称做"更卒";每人一生在地方服兵役一年,称做"正卒";每人一生在京师或边地服役一年,称做"戍卒"。王国所辖吏民,一般在封国内从事各项徭役和戍守,徭役相对要轻一些。诸侯王有权直接经营煮盐、冶铁和铸钱。铁冶、煮盐和铸钱是封建国家的三大利源。汉初,允许私人经营。诸侯王从三项手工业中,获得巨额财富。其中,吴王濞就是一个典型。根据史书记载,"吴有豫章郡铜山,濞则招致天下亡命者盗铸钱,煮海水为盐,以故无赋,国用富饶"②,

---

① 唐赞功《吴楚七国之乱与西汉诸侯王国》,《北京师范大学学报》1989 年第 1 期。

② 《史记》卷一〇六《吴王濞列传》,第 2822 页。

积攒财富，以成私威。对从郡国逃往吴国的罪犯，刘濞一律拒绝地方官吏搜捕。经过三十多年的苦心经营，刘濞“积金钱，修兵革，聚粮食，夜以继日”①，富埒天子。

再次，刘濞狂妄骄横，苦心经营，渐有称帝野心。吴王刘濞长期推行休养生息政策，收买人心。一是“薄赋”，“吴王擅山海之利”，“以故无赋，国用富饶”。《集解》引如淳曰：“铸钱煮盐，收其利以足国用，故无赋于民。”②史载吴的封地有53县，按平均计，则有50万户左右。仅减免这项税收就需要相当惊人的财力支撑。二是“卒践更，辄与平贾”③。《史记》卷一〇六《吴王濞列传》集解引《汉书音义》曰：“以当为更卒，出钱三百文，谓之‘过更’。自行为卒，谓之‘践更’。吴王欲得民心，为卒者顾其庸，随时月与平贾，如汉桓、灵时有所兴作，以少府钱借民比也。”《索隐》案：“汉律，卒更有三，践更、居更、过更也。此言践更辄与平贾者，谓为践更合自出钱，今王欲得人心，乃与平贾，官仇之也。”④吴王濞给受雇者费用时，按照“平贾”付钱，以示公平。刘濞还说：“敝国虽贫，寡人节衣食之用，积金钱，修兵革，聚谷食，夜以继日，三十余年矣。”⑤这为他的反叛提供了雄厚的经济基础。

最后，景帝“削藩”之举，终成叛乱的导火索。景帝即位后，重用晁错，提升他为御史大夫。晁错建议昭示诸侯罪过，削其支郡，并强调指出：“今削之亦反，不削亦反。削之，其反亟，祸小；不削之，其反迟，祸大。”⑥景帝采纳他的建议，开始推行削藩。景帝的削藩，引起诸侯王的“震恐”。当“汉廷臣方议削吴”时，

---

① 《汉书》卷三五《荆燕吴传》，第1904、1910页。

② 《史记》卷一〇六《吴王濞列传》，第2822页。

③ 《史记》卷一〇六《吴王濞列传》，第2823页。

④ 《史记》卷一〇六《吴王濞列传》，第2824页。

⑤ 《史记》卷一〇六《吴王濞列传》，第2828页。

⑥ 《汉书》卷三五《荆燕吴传》，第1906页。

"吴王恐削地无已,因欲发谋举事"①。

景帝三年(前154),吴王濞先后串通了楚、赵、胶西、胶东、淄川、济南六国的诸侯王秘密谋划。当年冬季,朝廷下诏削吴国之会稽、豫章郡,吴王刘濞公开举起叛旗,起兵广陵。开始,刘濞先将朝廷派到吴国之官吏诛杀,又派人联络南方的闽、东越等族共同举兵。同时,在领地内征发十四岁以上,六十岁以下的男子全部入伍,集结三十余万人。接着,胶西、胶东、淄川、济南、楚、赵等国也出兵响应吴军,赵王还派人与匈奴联络。与吴王联络的诸侯国大都依约发兵,只有齐王后悔曾应允吴国之约,守城不动,济北王则因被属下郎中令劫持不得发兵。其余几国同吴国彼此呼应,向西汉中央政府统治区域进攻。史称"吴楚七国之乱"②。

以吴王刘濞为首的叛军皆以"诛晁错"清君侧为名。在这种冠冕堂皇的口号下,叛军进展顺利。吴王刘濞率军涉淮与楚军合并,先攻梁,破棘壁(今河南永城西北),杀数万人,迫使梁王退守睢阳(今河南商丘南)。吴楚叛军乘胜进攻,一时显得锐不可挡。胶西、胶东、淄川、济南等叛军则将齐国的临淄包围,配合主力吴、楚军西进。

叛乱的消息传到首都后,景帝立即进行部署:派中尉周亚夫为太尉,率三十六将军迎击吴、楚叛军,派曲周侯郦寄击赵,将军栾布率兵解齐之围,并命窦婴为大将军,驻荥阳督战。正当军事行动万分紧急的关头,吴王相爰盎入见景帝。爰盎素与晁错不合,他建议景帝杀晁错,恢复王国故土,以换取七国罢兵。景帝在变起仓猝的情况下接受了这一建议,遂拜爰盎为太常,派宗正刘通使吴,欲说服吴王退兵。晁错不久即被腰斩。暂时居于优势的吴王濞认为自己已经取得了"东帝"的地位,拒不受诏,战事继续进行。此时景帝也恍然大悟,下决心以武力镇压叛乱。

---

① 《汉书》卷三五《荆燕吴传》,第1906页。

② 林剑鸣《秦汉史》(上册),上海人民出版社1989年版,第300页。

在吴楚军西向攻取洛阳的道路中，景帝弟刘武的封国梁国横亘其间。周亚夫率汉军屯于梁国以北的昌邑（今山东巨野东南），他不救梁国之急，而以轻兵南下，断绝了叛军的粮道，使其陷入困境。吴军多是步兵，利于险阻；汉军多是车骑，利于平地。战事在淮北平地进行，吴军居于不利地位。梁国又坚守睢阳，吴军无法越过。吴军北至下邑（今安徽砀山境内）周亚夫军营求战。周亚夫坚壁不战，使吴军粮尽援绝、士卒饥困，终于自行崩溃。三月，周亚夫率兵追击，大破吴、楚联军，吴王濞率数千人逃走，楚王戊自杀。将士纷纷投降，叛军主力瓦解。吴王濞弃军遁走，退保长江以南的丹徒（今江苏镇江），后逃到东越，企图以东越为据点，待站稳脚跟后再卷土重来。汉朝遣人策动东越人反吴，将刘濞诱杀。此后，其他诸侯王的叛军也相继被击败。“吴楚七国”叛乱起于正月，三月即告结束。

吴楚七国之乱被平定，大大打击了王国的嚣张气焰，诸侯王惟恐获罪，放弃了与中央对抗的念头。景帝又采取了一系列措施，多方削弱诸侯国的实力。如继续众建诸侯。梁国被分成梁、济川、济东、山阳、济阴五国。赵国被分成赵、河间、广川、中山、常山、清河六国。此外，削夺了诸侯王的诸多政治权力，削减王国的属官，降低诸侯国官员的地位，缩小官僚机构，取消诸侯王在封地内自行任免官吏和征收赋税的特权。王国的丞相改称为相，国相还负有监察王的使命，规定诸侯王不得治理民政，只能“衣食租税”，即按朝廷规定的数额收取该国的租税作为俸禄，使得诸侯国的经济实力大大削弱，无法再与中央相抗衡。通过这些措施，达到了加强中央集权的目的。诸侯王变成了“惟得衣食租税，不与政事”的封君，王国和汉朝直辖的郡已没有多少区别。西汉王朝的政令真正达于全国，统一的形势得到进一步巩固。

附录：“孙策攻破刘繇别将于海陵”考辨

关于孙策与刘繇的曲阿之战，《三国志》记载如下：

> 术表策为折冲校尉，行殄寇将军，兵财千余，骑数十匹，

> 宾客原从者数百人。比至历阳，众五六千。策母先自曲阿徙於历阳，策又徙母阜陵，渡江转斗，所向皆破，莫敢当其锋，而军令整肃，百姓怀之。①

因为记载得比较简单，故裴松之后来为这条史料加注说：

> 《江表传》曰：策渡江攻繇牛渚营，尽得邸阁粮谷、战具，是岁兴平二年也。时彭城相薛礼、下邳相笮融依繇为盟主，礼据秣陵城，融屯县南。策先攻融，融出兵交战，斩首五百馀级，融即闭门不敢动。因渡江攻礼，礼突走，而樊能、于麋等复合众袭夺牛渚屯。策闻之，还攻破能等，获男女万馀人。复下攻融，为流矢所中，伤股，不能乘马，因自舆还牛渚营。或叛告融曰："孙郎被箭已死。"融大喜，即遣将于兹乡策。策遣步骑数百挑战，设伏於后，贼出击之，锋刃未接而伪走，贼追入伏中，乃大破之，斩首千馀级。策因往到融营下，令左右大呼曰："孙郎竟云何！"贼於是惊怖夜遁。融闻策尚在，更深沟高垒，缮治守备。策以融所屯地势险固，乃舍去，攻破繇别将於海陵，转攻湖孰、江乘，皆下之。②

综合这两则史料，孙策与刘繇的战争大致过程为：扬州刺史刘繇（驻曲阿，今江苏丹阳）把孙策的舅父、江东丹阳太守吴景赶走，成为孙策的仇敌。兴平二年（195年），孙策被袁术授为折冲校尉，以攻打刘繇为名，带领部众千余人进至历阳（今安徽和县）。孙策的好友周瑜也带了兵马与之会合，因而队伍迅速扩大到五六千人。刘繇闻讯，速派其将樊能、张英等分屯横江（今安徽和县东南）和当利口（今安徽和县东），两地皆为今南京上游渡口。由于孙策"军令整肃，百姓怀之"，因而"所向皆破，莫敢当其

---

① 《三国志》卷四六《吴书·孙破虏讨逆传》，第1102页。

② 《三国志》卷四六《吴书·孙破虏讨逆传》，第1103—1104页。

锋者”，顺利地渡过长江，攻取了刘繇屯积粮秣军械的牛渚山（又名采石山，在今马鞍山江岸），缴获大批粮食和军器。继之挥师东进，斩首五百，后为流矢所中。刘繇以为“孙郎”已死，乘机遣军反攻。孙策将计就计，退兵牛渚，以主力设伏。另遣步骑数百挑战，引敌入伏，斩首千余级，大败刘繇军。孙策乘胜转攻海陵、湖熟（今南京江宁湖熟镇）、江乘（今南京栖霞区一带）、曲阿，皆克。刘繇兵败，辗转逃往豫章（今江西）。

由于提到了“孙策攻破刘繇别将于海陵”，故《道光泰州志》的编写者将其收入，称“献帝兴平二年，孙策攻破刘繇别将于海陵”。但是他们又觉得不太可靠，于是又加了一句——“案是时刘繇逐吴景，据曲阿，策乃说袁术乞助景等平定江东，见吴志，府志事略引孙策传云策渡江攻破海陵，本传正文无此语。”① 似乎也不太同意裴松之的说法。

那么，孙策攻破刘繇别将该作如何解释？

据《三国志集解·孙策传》：“海陵今江苏扬州府泰州治。详见《魏志张辽传》。《通鉴》：兴平二年孙策破刘繇别将于梅陵。胡注《唐书地理志》：宣州南陵县有梅根镇，今有梅根港。赵一清曰《方舆纪要》卷二十：雨花台在应天府城南一里，据冈阜高处俯瞰城阙，江山四极无不在目，即聚宝山之东岭也，山麓为梅岗或谓之梅陵，相传汉梅鋗屯兵处也。孙策破刘繇别将即此。然则海陵乃梅陵之误。或曰湖熟江乘属丹阳在江南，海陵在江北。《前志》：属临淮郡，远不相及，策方略定丹阳属县，无缘分兵转向江北，其误无疑。”

由此可知，海陵当为梅陵之误，梅陵在今江苏南京雨花台。“孙策攻破刘繇别将”的地点不在海陵，而在南京。

---

① 《道光泰州志》卷一七《事略》，第 177 页。

第二节　经济状况

一般来说，社会经济的发展总是在一定的生产力和生产关系中进行的，各种经济关系的交互作用所形成的合力，特别是客观经济的自发倾向和国家经济制度的影响，决定着社会经济发展的方向和面貌[①]。本节以秦汉时期泰州经济发展的进程为主线，研究每个阶段经济关系的相互作用，力求把握秦汉泰州经济发展的概貌。

一、盐业经济

秦代，海阳属东海郡（一说九江郡）。秦王朝在列国制度的基础上，实行统一货币、统一度量衡，修筑驰道、拆除关塞等一系列有利于经济发展的措施。但另一方面，秦始皇宣称"上农除末"[②]。一般皆认为，这是一种十分严厉，旨在重农抑商的政策。秦代的抑商政策是为保障其重农所采取的一种"由国家垄断的办法，把工商业严格控制在社会需要的最低限度"[③]。众所周知，秦自商鞅变法即推行"壹山泽"[④]的政策。而所谓"壹山泽"，主要就是要由国家来垄断山泽等自然资源，以独占的形式来经营盐铁等重要的工商业。如董仲舒说，秦"颛川泽之利，管山林之饶……盐铁之利二十倍于古"[⑤]。师古注曰："而官更夺盐铁之利。"昭帝时文学指出，商鞅"外禁山泽之原，内设百倍之利"。

---

① 冷鹏飞《中国秦汉经济史》，人民出版社 1995 年版，第 1 页。

② 《史记》卷六《秦始皇本纪》，第 245 页。

③ 晋文《从商鞅变法到西汉前期抑商政策的转变》，《光明日报》1985 年 2 月 13 日史学版。

④ 高亨《商君书注译·垦令》，中华书局 1974 年版，第 33 页。

⑤ 《汉书》卷二四上《食货志上》，第 1137 页。

因此，秦代一般是严厉禁止私营盐铁的[①]。地处江淮之间的泰州地区是海盐产区，自然也不例外。

西汉建立之初，经济凋敝，社会动荡。"自天子不能具钧驷，而将相或乘牛车，齐民无盖藏。"[②]与此同时，在西汉帝国的北方，正处于冒顿单于统治时期的匈奴却日益强盛，无时不刻不在觊觎着刚从战争废墟上建立，百废待兴的汉王朝。为了消除帝国隐忧，高祖刘邦决定御驾亲征，但国力孱弱的中原军队却无力与草原勇士抗衡。从此以后，终高祖、文、景之世，基于国家实力和安全的考虑，汉王朝对匈奴采取防御为主的国家战略，以和亲为方式，试图缓和双方的关系。面对内忧外患的严峻形势，刘邦采用黄老之术，与民休息、约法省禁、轻徭薄赋。文帝继位，继续推行无为而治的方针。经济上"劝趣农桑，减省租赋"，政治上约法省刑，"惩恶亡秦之政，论议务在宽厚，耻言人之过失。……是以刑罚大省，至于断狱四百，有刑错之风"[③]。景帝"令民半出田租，三十而税一"[④]，并曾多次下诏慎用刑罚。"汉兴，海内为一，开关梁，弛山泽之禁，是以富商大贾周流天下，交易之物莫不通，得其所欲。"[⑤]

汉初统治阶级贯彻道家执政理念的实践，对于恢复西汉经济秩序、维护社会稳定等方面起到了决定性的作用。史书记载：

> 孝惠皇帝、高后之时，黎民得离战国之苦，君臣俱欲休息乎无为，故惠帝垂拱，高后女主称制，政不出房户，天下晏然。刑罚罕用，罪人是希。民务稼穑，衣食滋殖。[⑥]

---

① 晋文《也谈秦代的工商业政策》，《江苏社会科学》1997年第6期。
② 《史记》卷三〇《平准书》，第1417页。
③ 《汉书》卷二三《刑法志》，第1097页。
④ 《汉书》卷二四上《食货志上》，第1135页。
⑤ 《史记》卷一二九《货殖列传》，第3261页。
⑥ 《史记》卷九《吕太后本纪》，第412页。

非遇水旱之灾，民则人给家足，都鄙廪庾皆满，而府库余货财。京师之钱累巨石，贯朽而不可校。太仓之粟陈陈相因，充溢露积于外至，腐败之不可食。[①]

汉兴，扫除烦苛，与民休息。至于孝文，加之以恭俭，孝景遵业，五六十载之间，至于移风易俗，黎民醇厚，周云成、康。汉言文、景，美矣！[②]

上述评论虽不乏溢美之辞，但在一定程度上也反映了客观真实情况。统治阶级执行放任、宽松的经济政策，“纵民得铸钱、冶铁、煮盐”，泰州盐业经济迅即兴盛起来[③]，并首次见诸于史书记载。

西汉初，改称海阳为海陵，属吴王刘濞封国。吴辖三郡，临东海、黄海之滨，盛产海盐。正如班固所云：“汉兴，高祖王兄子濞于吴……吴东有海盐章山之铜，三江五湖之利，亦江东之一都会也。”[④]产盐之地大致有以下三处：一是东阳郡的盐渎县（今江苏盐城）。盐渎生产海盐历史悠久，西汉初期即设县建制，为射阳侯项伯的封地，项伯死，为射阳县代管，后属临淮郡。“因汉初在这里已‘煮海（盐）利兴，穿渠通运’，故名‘盐渎’，东晋安帝义

① 《史记》卷三〇《平准书》，第1420页。

② 《汉书》卷五《景帝纪》，第153页。

③ 食盐是一种重要的生产、生活资料，是日常生活中重要的调味品，饭食、汤、菜中少了它，就会淡而无味。在饭食、汤、菜中加入适量食盐，不仅能使菜肴味美可口，增进食欲，更重要的是，人体要维持正常的生理机能，不能没有食盐。现代医学表明，人的血液中约含有0.6～0.9%的食盐，在这种情况下，心脏才能正常跳动，肌肉才能保持刺激感应性。在东汉自然经济结构中，一般的生活必需品大都由消费者自已生产，唯盐铁“非编户齐民所能家作，必卬（仰）于市”。社会对盐的需求量很大，对盐课税早已成为政府财政收入的重要来源。因此，盐业也自然被纳入到政府宏观调控的经济体系之中。

④ 《汉书》卷二八下《地理志下》，第1668页。

熙七年(411年)时,改盐渎为盐城。"[1]二是海盐县(今浙江海盐)。据《太平寰宇记》"吴郡县"载,海盐县"海滨广斥,盐田相望"。西汉时在此地设有"盐官"。三是盐官县(今浙江海宁西南),临近杭州湾。《水经注》卷二九《沔水注》曰:吴有盐官县……谷水之石有马皋城(今海盐县东南),故司盐都尉城,吴王濞煮海为盐于此县也。

自古煮海之利,重于东南,而两淮为最。泰州是一座有着两千一百多年历史的城市,是江苏省首批历史文化名城之一。秦汉以降,泰州一直是淮南盐的主要产地,是一个盐业生产历史悠久,盐税文化底蕴非常丰厚的城市。泰州盐业开发历史源远流长,其主要原因就是该地区具备海盐生产得天独厚的地理区位。古海陵县当时的地理环境处于长江尾闾,淮河下游,滨江临海,广袤数百公里的海滩遍布芦苇。据《江苏省志·盐业志》概述,全国海岸线有18000公里,江苏海岸线954公里,占总长度的5.3%。江苏境内的滩涂资源却占全国总面积的四分之一,其中大部分是在古泰州淮南大盐场辖区内[2]。这里有纵横交错的河道沟渠,形成了得天独厚的舟楫之利。先民们祖祖辈辈总结出成熟的海水煎盐工艺技术。司马迁在《史记》中记载:"夫吴自阖庐、春申、王濞三人招致天下之喜游子弟,东有海盐之饶,章山之铜,三江、五湖之利,亦江东一都会也。"[3]即从公元前514年开始,泰州历经吴王阖闾、春申、刘濞等连续不断地进行海盐生产和开发矿业资源,成为东南地区经济繁盛的都市。

惠帝、吕后时期(前194—前180),"天下初定,郡国诸侯各务自拊循其民"[4]。吴得地利,有铜山,滨东海,吴王濞乃"招致

---

① 盐城市地方志办公室编《盐城市县概览》,1988年,第5页。

② 相恒伯《江苏省志·盐业志》,江苏科技出版社1997年版,第6页。

③ 《史记》卷一二九《货殖列传》,第3267页。

④ 《史记》卷一〇六《吴王濞列传》,第2822页。

天下亡命者，盗铸钱，煮海水为盐”①。文帝时（前179—前157），吴国铸钱、煮盐业进一步发展，吴国积累了大量的财富，以致“无赋于民”而“国用富饶”。

经济实力的急剧膨胀导致诸侯王对政治权力的诉求无限升级。诸侯王羽翼渐丰，尾大不掉，引起汉廷的不安。从文帝起，就酝酿“削藩”，然文帝宽厚，不忍实行，导致吴王刘濞等诸侯王日益骄横。景帝即位，其时吴邓钱布天下，景帝意识到“纵民得铸钱、冶铁、煮盐”后患无穷，果断采取“铸钱之禁”等禁御之法，吴王刘濞乃分批转移劳动力至煮盐业。晁错为御史大夫，说上曰：“今吴王前有太子之隙，诈称病不朝，于古法当诛。文帝不忍，因赐几杖，德至厚也。不改过自新，乃益骄恣，公即山铸钱，煮海为盐，诱天下亡人谋作乱逆。今削之亦反，不削亦反。削之，其反亟，祸小；不削之，其反迟，祸大。”②

景帝三年下诏削藩，于是吴国串联楚、赵、胶东、胶西、淄川、济南等诸侯王，以“清君侧”为旗号，举兵反叛，史称“吴楚七国之乱”。

战争是经济实力的抗衡，吴国经过几十年积聚，富埒天子。吴王刘濞毫不吝惜财富，在战前动员明确开出奖赏等级。他说：

> 吴国虽贫，寡人节衣食用，积金钱，修兵革，聚谷食，夜以继日，三十余年矣。凡皆为此，愿诸王勉之。能斩捕大将者，赐金五千斤，封万户；列将，三千斤，封五千户；裨将，二千斤，封二千户；二千石，千斤，封千户：皆为列侯。其以军若城邑降者，卒万人，邑万户，如得大将；人户五千，如得列将；人户三千，如得裨将；人户千，如得二千石；其小吏皆以差次受爵金。它封赐皆倍军法。其有故爵邑者，更益勿因。愿诸王明以令士大夫，不敢欺也。寡人金钱在天下者往往

---

① 《史记》卷一〇六《吴王濞列传》，第2822页。

② 《史记》卷一〇六《吴王濞列传》，第2824—2825页。

而有，非必取于吴，诸王日夜用之不能尽。有当赐者告寡人，寡人且往遗之。敬以闻。[①]

由此可见，刘濞在其封地内广袤的沿海滩涂之地煮海为盐，积累了托天的财富，具备了与汉中央政府分庭抗礼的实力。

此次叛乱因不得人心，且战略失当，仅历时三个多月就被汉中央政府平定，刘濞等反叛诸侯王或被杀或自杀，下场悲惨。此后景帝乘势“抑损诸侯，减黜其官”[②]，并“令诸侯王不得复治国”，剥夺了他们的治民权。景帝子非、孙建等相继为江都王。武帝时，改江都为广陵，后设广陵郡，盐渎、海陵及海盐县均属郡管辖。据《汉书》记载：“吴东有海盐章山之铜”[③]整合有关部门的考证，应当泛指淮东地区的海陵蟠溪地盐产。今泰州海陵区东北不到10公里的叶甸乡仓场村，有一座经过修复的“太古庙”，庙中有一块“古海陵仓遗址”碑，横卧在庙内东南角，书法字体为六分半书，据传为清代郑板桥所写。碑的背面，由原泰县文管部门于1982年撰写的碑文：古临海，夏商属扬州，春秋属吴，战国属越、楚，称海阳。秦属东海郡。西汉置海陵县。古海陵仓作为泰州历史上的一处重要遗迹，从现在的外

图2-1　古海陵仓遗址

① 《史记》卷一〇六《吴王濞列传》，第2828—2829页。
② 《汉书》卷一四《诸侯王表》，第395页。
③ 《汉书》卷二八下《地理志下》，第1668页。

部情况看，并无高出周边环境的地势。从这里向北不到一里地，即是兴化周庄原坂仓乡(近年乡镇合并时撤销)，再向北到茅山镇，昭阳镇。古代这里曾是沿海产盐的集中地和连片广袤的芦苇滩[①]。

随着西汉社会经济的发展和国势的强大，武帝不再安于休养生息的政策，特别不愿再奉行对匈奴的具有屈辱性的和亲政策了。他纳王恢计，设"马邑之谋"，企图诱杀匈奴单于，后单于察觉，汉廷计谋落空，从此汉匈关系恶化。汉匈战争在武帝朝陆续进行了四十余年。支撑如此巨大的对匈作战，必然导致西汉军费开支急剧上升。为此武帝感叹"用度不足"与"天下马少"[②]。犒军支出也很惊人，据前揭《食货志》记载：

> 此后四年，卫青比岁十余万众击胡，斩捕首虏之士受赐黄金二十余万斤。
>
> 其明年，票骑仍再出击胡，大克获。……受赏，赐及有功之士。是岁费凡百余巨万。
>
> 其明年，大将军、票骑大出击胡，赏赐五十余万金，军马死者十余万匹，转漕车甲之费不与焉。是时财匮，战士颇不得禄矣。[③]

此外，接收匈奴归降将卒与保障汉军后勤进行移民实边的开销也很浩繁。"胡降者数万人皆得厚赏，衣食仰给县官，县官不给，天子乃损膳，解乘舆驷，出御府禁藏以澹之。"[④]为了抵御匈奴，"又兴十余万人筑朔方"，并徙民七十余万口充实朔方以南

---

① 吴克嘉《淮盐重要历史遗存——古海陵仓考》，《盐城工学院学报》(社会科学版)2006年第4期。

② 《汉书》卷六《武帝纪》，第155—173页。

③ 《汉书》卷二四下《食货志下》，第1161—1165页。

④ 《汉书》卷二四下《食货志下》，第1162页。

的新秦中,“衣食印给县官”。马匹用费也大,仅一次“汉军马死者十余万”。武帝为了征伐匈奴,“盛养马,马之往来食长安者数万匹,卒掌者关中不足,及调旁近郡”。因此,伐匈奴之用费简直无法统计,造成“大司农陈藏钱经用,赋税既竭,不足以奉战士”①。

元狩年间,为解决严重的财政危机,在武帝的授意下,由御史大夫张汤提出了盐铁官营的建议——“汤承上指,请造白金及五铢钱,笼天下盐铁,排富商大贾。”②《史记》卷三〇《平准书》载,大农上盐铁丞孔仅、咸阳言:

> 山海,天地之藏也,皆宜属少府,陛下不私,以属大农佐赋。愿募民自给费,因官器作煮盐,官与牢盆。浮食奇民欲擅管山海之货,以致富羡,役利细民。其沮事之议,不可胜听。敢私铸铁器煮盐者,钛左趾,没入其器物。郡不出铁者,置小铁官,便属在所县。③

由于措施得当,在最初几年盐铁官营特别是铁的铸造曾取得明显成效。这从汉军连年征战都征调盐铁收入助赋即可以得到证明。《汉书》卷二四下《食货志下》载:

> 汉连出兵三岁,诛羌,灭两粤,番禺以西至蜀南者置初郡十七,且以其故俗治,无赋税。南阳、汉中以往,各以地比给初郡吏卒奉食币物,传车马被具。而初郡又时时小反,杀

---

① 《汉书》卷二四下《食货志下》,第1159页。

② 《汉书》卷五九《张汤传》,第2641页。

③ 注:“钛左趾”,为汉代刑罚之名,是文帝以后刖(膑)刑的替代刑。《史记集解》注引韦昭曰:“钛,以铁为之,著左趾以代刖也。”又《史记索隐》注引张斐《汉晋律序》云:“状如跟衣,著左足下,重六斤,以代膑,至魏武改以代刖也。”

> 吏，汉发南方吏卒往诛之，间岁万余人，费皆仰大农。

后桑弘羊代理大农令，大力推行盐铁官营，并一再扩大盐铁官设置的地区，为朝廷增加了巨额的财政收入[①]。《史记》卷三〇《平准书》载，盐铁官营后，汉武帝巡行全国，“北至朔方，东到太山，巡海上，并北边以归。所过赏赐，用帛百余万匹，钱金以巨万计，皆取足大农”。盐铁收入在其中发挥了主要作用。一直到昭帝时盐铁会议，许多朝廷官员仍津津乐道桑弘羊所主持盐铁官营的经济效益[②]。又据今盐城地区出土的西汉末期盐铁官、大盐商及其眷属的墓葬可知，西汉后期这里已有盐官设置，业已出现大的盐商[③]。

王莽篡汉后，为体现王朝新气象，曾将海陵县更名为“亭间”——“海陵，有江海会祠，莽曰亭间。”[④]属淮平郡。“亭”即盐亭之意，以此体现古代泰州盐业繁盛的地域特点。《南兖州记》曰“南兖州地有盐亭百二十三所”[⑤]，亦可证汉代泰州地区盐业的发达。

东汉建立后，设置海陵县，属广陵郡，盐业经济更加发达。按历史顺序，大致可分为三个阶段：

(一) 东汉前期实行官营为主、民营为辅的盐业制度

东汉前期对盐铁业实行的是以官营为主，允许民间有限度开发的政策。光武帝建武年间(25—56)，桂阳郡“耒阳县出铁

---

① 按《资治通鉴》卷六三《汉纪五五》胡三省注云：“盐之为利厚矣……汉武之世，斡之以佐军兴，及唐安史之乱，第五琦榷盐以赡国用。自此遂为经赋，其利居天下税入之半。”其说可供参考。

② 晋文《桑弘羊与西汉盐铁官营》，《江苏大学学报》2010 年第 4 期。

③ 凌申《盐业与盐城的历史变迁》，《盐业史研究》1997 年第 2 期。

④ 《汉书》卷二八上《地理志上》，第 1590 页。

⑤ [宋]李昉等撰《太平御览》卷一六九《州郡部一五》，中华书局 1960 年影印本，第 822 页。

石，佗郡民庶常依因聚会，私为冶铸，遂招来亡命，多致奸盗”[①]。卫飒为桂阳太守，到任后，“乃上起铁官，罢斥私铸，岁所增入五百余万”[②]。卫飒在地方上“斥私铸起铁官”的举措是有政策根据的。《后汉书》载顺帝永建四年诏曰：“诏以民入山凿石，发泄藏气，敕有司检察所当禁绝，如建武、永平故事。”[③]可知光武、明帝时有禁止私人随便入山采矿的法令。其它反映东汉前期官营盐铁的文献资料亦有不少。如建武七年，杜诗迁为南阳太守，“善于计略，省爱民役，造作水排，铸为农器，用力少，见功多，百姓便之”[④]。关于管理盐铁的机构，据《后汉书》记载：

> 其郡有盐官、铁官、工官、都水官者，随事广狭置令、长及丞，秩次皆如县、道，无分士，均给本吏。本注曰：凡郡县出盐多者置盐官，主盐税。出铁多者置铁官，主鼓铸。有工多者置工官，主工税物。有水池及鱼利多者置水官，主平水收渔税。[⑤]

同书还记载：“郡国盐官、铁官本属司农，中兴皆属郡县。”[⑥]二十世纪后期考古发现，可与传世文献相互契证。《隶续》卷三载有汉巴官铁盆铭文，一件标明“巴官三百五十斤，永平七年，第二十七西”，另一件标明“二十五石”，陈直考证认为是煮盐之“牢盆”。“牢盆”二字，疑为坚实牢固的意思，皆由铁官铸造供给[⑦]。《史记》卷三〇《平准书》索隐引乐产曰：“牢乃盆名。”所谓“牢盆”，

① 《后汉书》卷七六《卫飒传》，第 2459 页。
② 《后汉书》卷七六《卫飒传》，第 2459 页。
③ 《后汉书》卷六《顺帝纪》，第 256 页。
④ 《后汉书》卷三一《杜诗传》，第 1094 页。
⑤ 《后汉书》志二八《百官五》，第 3625 页。
⑥ 《后汉书》志二六《百官三》，第 3590 页。
⑦ 陈直《两汉经济史料论丛》，陕西人民出版社 1980 年版，第 110 111 页。

"很可能就是一种自秦汉以来人们对于煮盐铁锅的固定称呼,也就是一个专用名词"[①]。可见牢盆既是煮盐作业的主要生产工具,也是官方许可的市场准入制度凭证,类似今天的营业执照。

东汉前期私营盐铁的记载同样不绝于书。《后汉书》载,光武时九真太守任延"乃令铸作田器,教之垦辟。"[②]另有记载光武帝时,"北州破散,而渔阳差完。有旧盐铁官,(彭)庞转以贸谷,积珍宝,益富强"[③]。上述资料,一则是天下动乱中事,另两则发生在"去郡远者,或且千里"的边郡山区,皆有一定特殊性。但《东观汉纪》记载,光武帝时宋弘为司空时,食盐是作为俸禄发放的,可肯定为官营产品。

总结上述史料,可以确知东汉初存在民间私自贩卖食盐的现象,东汉中央政府亦曾在盛产盐的郡国所属县道设置盐官,且始于光武"中兴"。综合主、客观原因,可以判断东汉前期实行官营为主、民营为辅的盐业制度。

(二)章帝全面推行盐业专卖,禁止私营

建初六年(81),章帝酝酿全面实行盐铁官营,但遭遇朝中重臣的强大阻力。《后汉书》载:"建初六年,(众)代邓彪为大司农。是时肃宗议复盐铁官,众谏以为不可。诏数切责,至被奏劾,众执之不移。"[④]

元和元年九月(84),尚书张林奏云:"盐,食之急者,虽贵,不得不须,官可自煮。"李贤等注引《前书》曰:"因官器作煮盐",即实行盐官营。章帝认为张林之议"于国诚便,帝然之,有诏施行"。大臣朱晖当即上奏反对这种专卖政策,他说:"王制,天子不言有无,诸侯不言多少,禄食之家不与百姓争利。今均输之法与贾贩无异,盐利归官,则下人穷怨,布帛为租,则吏多奸盗,诚

---

① 晋文《桑弘羊评传》,南京大学出版社2005年版,第114页。

② 《后汉书》卷七六《循吏传》,第2462页。

③ 《后汉书》卷一二《彭庞传》,第503页。

④ 《后汉书》卷三六《郑众传》,第1225—1226页。

非明主所当宜行。"章帝态度强硬，"得晖重议，因发怒，切责诸尚书。晖等皆自系狱"。三天后，章帝才"诏赦出之"[1]，但盐业专营依诏实施。章帝还曾于元和三年(86年)秋八月、九月两次到安邑"观盐池"[2]。安邑盐池即河东盐池，早在春秋战国时便已开发成熟，所产之盐称为"池盐"。章帝亲自巡视，充分说明了章帝对盐利归官的重视，也是自周穆王之后最高统治者又一次亲临盐池督察的记载[3]。由此可见，章帝复修盐铁的举措，就是效法汉武帝，再度实行官府独占的禁榷制度。"禁榷制度就是公营或官营工商业。禁榷，用现代话来说，就是某种或某些工商业禁止私人经营，完全由政府垄断。"[4]

(三) 和帝之后实行双轨并行的盐业制度

章帝虽然全面恢复了盐铁的专卖，但就其本意来说，也不过是解决财政困难的权宜之计。因为前代盐铁专卖为朝野所垢病，给当时的统治者留下极为深刻的印象。至章和二年(88年)和帝即位，便颁布诏书彻底废除盐铁专卖：

> 昔孝武皇帝致诛胡、越，故权收盐铁之利，以奉师旅之费。自中兴以来，匈奴未宾，永平末年，复修征伐。先帝即位，务休力役，然犹深思远虑，安不忘危，探观旧典，复收盐铁，欲以防备不虞，宁安边境。而吏多不良，动失其便，以违上意。先帝恨之，故遗戒郡国罢盐铁之禁，纵民煮铸，入税县官如故事。其申敕刺史、二千石，奉顺圣旨，勉弘德化，布告天下，使明知朕意。[5]

---

① 《后汉书》卷四三《朱晖传》，第1460页。

② 《后汉书》卷三《章帝纪》，第156页。

③ 罗庆康、罗威《汉代盐制研究(续)》，《盐业史研究》1996年第1期。

④ 傅筑夫《中国经济史论丛》，三联书店1980年版，第634页；王健《东汉盐铁业诸问题考辨》，《徐州师范学院学报》1988年第3期。

⑤ 《后汉书》卷四《和帝纪》，第167—168页。

但盐铁官并未废除，因为并无"罢官"记载，所以废除的只是政府专卖。而且史料表明，东汉此后一直存在盐铁官。如汉碑记载，桓帝时巴郡临江县吏中有"盐官有秩安汉任□字立中"；《华阳国志》载，桓帝时巴郡"属县十四，盐铁五官"。可见和帝之后均实行盐业官营与私营同时并存的双轨制。

毫无疑问，作为东部地区一个著名的产盐大县，泰州的盐业经济也必然要随着国家政策的变化而变化。《后汉书》记载："章和元年，（马棱）迁广陵太守。时谷贵民饥，奏罢盐官，以利百姓。"①证实扬泰地区设有盐官。马棱作为广陵太守，出于赈济灾民考虑，上书奏罢盐官，泰州地区的盐铁官营政策实际先于全国废除。

汉唐时期，泰州地区产盐一直史称"吴盐"。唐代诗人李白、杜甫和白居易都曾对"吴盐"产量之巨、行销之广、质量之优的盛名给予很多赞颂。李白在《梁园吟》中写道："玉盘杨梅为君设，吴盐如花皎白雪。"据考证，诗人白居易也曾到过泰州和扬州，写下《红粟香》和《盐商妇》两篇诗词。

二、农业经济

秦汉时期泰州经济的繁华，不仅表现为产盐胜地，还是著名的粮食产区。秦汉时期，以农业为基础的国民经济体系逐渐形成，"重农抑商"成为国家的基本国策，农业被称为"天下之大业"②。一个地区的农业生产水平的高低，决定着该地区其它经济行业的发展进程和发展水平。秦汉时期的泰州具备发展农业经济得天独厚的自然条件与社会条件。

首先，泰州所处的江淮流域气候要比现代温暖湿润。秦汉时期的气温高于现代年平均气温1℃—2℃③。竺可桢先生研究

① 《后汉书》卷二四《马棱传》，第862页。

② 《盐铁论》卷八《水旱》，第116页。

③ 马新《历史气候与两汉农业的发展》，《文史哲》2002年第5期。

认为，西汉至东汉初我国气候正处在五千年来第二个温暖期内[①]。邹逸麟先生认为："就春天的温度而言，西汉后期黄河中下游地区的气候比现代提前一个物候。……东汉后期晚春气温要比现在略高些，平均来看春季气候与现在相差不大，亦处于相对温暖时期。"[②]

环境是相对于某一个中心事物而言，对于人类来说，就是绕着人群的空间，以及直接、间接影响人类生存和发展的各种天然的和人工改造过的自然因素的总体，包括气候、土壤、生物、江河湖泊等各种要素。自然条件是区域经济发展的先天基础，对一个地区的经济发展特别对农业的影响尤为显著。农业开发必然会引起环境的变化，或改良，或破坏，或是某种复杂的状态。这是一个双向互动、动态的发展机制。秦汉时期泰州农业开发与自然环境的关系颇有区域特色和时代特征，呈现出复杂形态[③]。秦汉时期泰州所处地区的气候特征为：(1) 气温高。日平均气温大于 0℃的农耕期、大于 5℃的生长期、大于 10℃的植物活跃生长期和大于 15℃的喜温作物水稻的适宜生长期较长。(2) 降水丰富。江淮流域的年降水量在 800—1600 毫米之间，为各种作物提供了丰富的水源，且雨热同季。(3) 江淮地区的干旱、洪涝低温和霜冻方面的不利因素比北方少。

其次，水利是农业的命脉。秦汉时期泰州所处的江淮流域河道纵横，沼泽湖泊星罗棋布，具备良好的水利条件。据《汉书》卷二八《地理志》和《水经注》等有关文献记载，在江淮干流及其几大支流的周围，还分布着众多的小型支流和湖沼泽陂数十处。

① 竺可桢《中国近五千年来气候变迁的初步研究》，《考古学报》1972 年第 1 期。

② 邹逸麟《黄淮海平原历史地理》，安徽教育出版社 1993 年版，第 18 页。

③ 王福昌《秦汉时期江南的农业开发与自然环境》，《古今农业》1999 年第 4 期。

这些星罗棋布的河流、沼泽、湖泊不仅为该地区农业生产提供了灌溉行洪之利，诸多泽陂兼有水柜作用，平时积蓄灌溉用水，汛期又可蓄洪、滞洪，具有灌溉、防涝双重功能；而且大面积的水面和湿地为本地区提供了良好的生态环境，形成常年湿润的农业小气候[①]。秦汉统治者非常重视水利事业，江淮流域是当时水利工程较为集中的地区。前引《后汉书》记载，马棱升任广陵太守，“赈贫羸，薄赋税，兴复陂湖，溉田二万余顷，吏民刻石颂之”[②]。

再次，农业生产资料与耕种技术的革新为泰州农业经济的发展插上了腾飞的翅膀。随着冶铁业的不断进步，铁农具在泰州逐渐普及。铁器的种类和数量日益增多，逐渐成为农业的主要生产工具。铁农具的广泛使用，大大提高了泰州地区的劳动生产率，促进了当地农业生产的发展。

牛耕在秦汉时期也得以推广。春秋战国时期，牛耕得到了初步的推广，不过铁犁铧等农具数量既少，形制也比较原始。汉朝建立后，政府十分重视牛耕的推广。由于铁器的推广，推动了耕作技术的创新，牛耕方式也有改进。到了西汉中期，政府大力推广牛耕，时有“牛乃耕农之本，百姓所仰，为用最大，国家为之强弱也”[③]之语。赵过推广区种法后，先进的铁制农具和牛耕技术在泰州地区已得到较普遍的应用，大大促进了生产力的发展。

秦汉时期，中原地区以粟为主食，江南人民以“饭稻”、“食稻”[④]著称。地处江淮之间的泰州地区，兼有南北气候的某些特征，适宜多种农作物的生长。其地不仅宜稻，而且宜粟，并为提高复种指数开辟了道路。关于泰州的农业生产，具有代表性的当属东汉王充的海陵麋耕之说。王充是东汉时期著名的思想

---

① 刘磐修《汉代苏北农业探析》，《中国农史》2006年第1期。

② 《后汉书》卷二四《马棱传》，第862页。

③ 《艺文类聚》卷八五，《太平御览》卷八三七引《风俗通义》。

④ 《史记》卷一二九《货殖列传》，第3270页。

家，熟悉古越人“象耕鸟耘”的踏耕风习。他在《论衡》一书中谈到海陵一带生活着很多麋鹿，它们无意中把泥土踩踏得软糊，农民在这种软糊的土里播种水稻，与古越人的“象耕”类似。“海陵麋耕，若象耕状。”西晋张华《博物志》也记载了麋田之事：“千千为群，掘食草根，其处成泥，名曰麋畯。民人随此畯种稻，不耕而获，其收百倍。”[①]反映麋田的生产效率很高。溱潼一带将麋田称为“鹿陵田”，所产的稻米则称“禹余粮”，很有可能是王充在《论衡·书虚》所提及泰州盛产的一种颇具特色的红色稻米，人称“泰州红”，民间称为“桃花米”。

从考古发现来看，泰州地区不仅种植麦、粟、豆等粮食作物，还栽培桑、麻、板栗、桃、梅、柿、李、批把、生姜、花椒、葵、芥、藕、甜瓜等经济作物[②]。古代的海陵红粟闻名遐迩，历代诗人屡屡提及。如晋代左思在《三都赋》赞曰：“郦海陵之仓，则红粟流衍。”唐时骆宾王《为徐敬业讨武曌叫檄》称：“海陵红粟，仓储之积靡穷。”宋代陆游说：“香粳炊熟泰州红，苣甲莼丝放箸空。”总之，粟稻并作，兼植经济作物的发展模式成为泰州农业的一大特色，泰州这片滨江靠海之地，因而被誉为“天下粮仓”。

三、工商业发展

秦代实行抑商政策，工商业的发展受到限制。西汉初年工商业大大地发展了，不仅取决于有利于工商业发展的外部条件，如由政府的放任政策所获得的营业自由等，而且取得了商业本身的有利于发展的内部条件，如经济区域的扩大、国民经济体系

---

① 《后汉书》志二一《郡国三·广陵郡》注引《博物记》，第 3461 页。

② 湖南农学院等《长沙马王堆一号汉墓出土动植物标本的研究》，文物出版社 1978 年版；《江陵凤凰山 168 号汉墓》，《考古学报》1993 年第 4 期；安徽省文物考古研究所、霍山县文化馆《安徽霍山县西汉木撑墓》，《文物》1991 年第 9 期；扬州博物馆、邗江县文化馆《江苏邗江胡扬五号汉墓》，《文物》1981 年第 11 期。

的确立、商品经济的发展、商品构成的充实与贩运范围的扩大，等等。工商业从业人数的增多，使财累千金、万金、乃至数十万金的富商大贾——一个新兴的商人阶级，如雨后春笋般层出不穷[①]。这时期冶铁、纺织、造船、陶瓷、制漆等行业迅速发展，海陵工商业也紧随趋势迅即发展起来。

（一）冶铁

秦代所采取的政治经济措施，促进了冶铁业的发展。秦始皇陵出土的秦代大型铁铧长达三百毫米，重十余斤。近年来河北围场县等地也先后出土秦代铁权。汉代冶铁业较秦有更大发展。西汉中期，武帝刘彻和桑弘羊等实行盐铁官营，全国设立了四十九处铁官，人力物力相对集中，推广先进技术。如南阳瓦房庄遗址，在三千平方米的发掘区内发现熔铁炉七座，钢炉数座，在犁铧泥模上有“阳一”铭文，为南阳郡铁官的第一号作坊，是以铁料和废旧铁器为原料的大型铸、锻造的官营工场，使用时间贯穿整个东汉。发掘出土的两汉铁器有犁、锸、铲、锄、耙、镰等农具，斧、锛、锤、凿、锯、锥等工具，刀、剑、矛、戟、镞、铠甲等兵器，炉、釜、镊、火钳、剪、带钩、镜、尺、缝衣针等生活用具，说明了铁器的使用已普及到农业、手工业、军备和日常生活的各个方面。今泰州及周边设有铁官的有广陵、堂邑（今江苏六合）、盐渎等地。

（二）纺织

汉代纺织品有丝、麻、毛三大类。丝织品主要发现于长沙马王堆汉墓、江陵凤凰山汉墓、满城汉墓和新疆民丰尼雅汉墓等处。织品的种类，可分为平纹组织的绢、缣、纱，绞经组织的素罗和花罗，以斜纹显花的绮，多彩的锦和绒圈锦，编织的绦带等。除素地无纹的以外，花纹大体上有织成的、刺绣的、印染的和彩绘的，织锦和刺绣用染色的丝线。花纹的纹样有动物纹、植物

---

① 傅筑夫《中国封建社会经济史》第 2 卷，人民出版社 1982 年版，第 402 页。

纹、云气纹和几何纹等，有时还有“延年益寿”、“万世如意”等吉祥文字。麻织品可以马王堆汉墓出土的为代表，其原料为大麻和苎麻。毛织品主要是罗布泊和尼雅墓中出土的，品种有缂毛和斜褐等。缂毛是用染色的线缂成花纹，绚丽多彩；斜褐是斜纹织物，所用毛纱也染色，并有蜡缬的花纹。棉织品出土于尼雅墓，其品种有蓝白蜡染棉布、白布裤及手帕等，前者有各种花纹。由于年代久远，目前泰州尚未有秦汉纺织品出土文物，但当时泰州地区纺织业的发展应达到全国领先水平。

图 2-2 长沙马王堆汉墓出土素纱衣

（三）造船

秦汉船舶的实物，至今未有发现。1976 年在广州发现了一处秦至汉初的造船工场的遗址，发掘出三个造船台及其附近的木料加工场的遗迹。从造船台的规模估计，可以制造长约 20—30 米、宽约 6—8 米、载重量约 10 吨的大型木船。2000 多年前的泰州，处在长江、淮河和黄海三水汇聚之地，所以又称“三水”。唐代王维“浮于淮泗，浩然天波，海潮喷于乾坤，江城入于泱漭”的文句，正是这座水城的真实写照。除靖江孤山外，泰州均为江淮两大水系冲积平原。泰州境内河网密布，纵横交织，自古有“咽喉剧郡，水陆要津”之称，又有海陵仓等大型仓储体系需要沟通，吴王刘濞曾“上取江陵木以为船，一船之载当中国数十辆车”[①]。在内河行船，船体一般不大，底部平坦，船的首尾两端分别上翘，船头安放有桨，船尾则安放舵。一般小型的舟船需一桨

① 《史记》卷一一八《淮南衡山列传》，第 3087 页。

一舵，较大的船只则有四桨一舵，甚至更多。汉代还出现了单人或双人小艇，即后来的舢板。这种小艇的速度较快，也比较灵活。汉代的中小型船只中，还有一种被称作“艒”的船，是长江下游江苏一带的一种船型。这种船的外形看起来船身较短，但船体的横断面却较宽，载重量一般为30石。汉代规格最高的船是楼船，船体也较大，楼船高度可达十多丈。

(四) 漆器

秦汉是中国古代漆器制造业的全盛时代，所制漆器种类多，数量大，质量精美。特别是各种饮食器皿，由于具有更大的优越性，在一定程度上取代了青铜器。漆器的种类有鼎、壶、钫、樽、盂、卮、杯、盘等饮食器，奁、盒等化妆用具，几、案、屏风等家具。其胎质主要有木胎和夹胎两种，也有竹胎的，但很少。漆器上的纹饰可分漆绘、针刻、贴金银箔、嵌水晶和玻璃珠等几种。花纹有龙凤纹、云气纹、花草纹、动物纹和几何图案等。少数器物，也有画神话传说和人物故事图的。盘、盒、奁等器物在沿上镶镀银的铜箍，杯的双耳镶镀金的铜壳。

图2-3　江苏扬州凤凰河出土的汉代漆器

秦和西汉前期漆器上有“咸亭”、“许市”、“番禺”、“布山”、“莒市”、“成市”、“女阴”等烙印，说明它们是咸阳、许县、番禺、布山、莒县、成都、汝阴等地官营作坊的产品。西汉中期以后，中央政府直接管辖的最重要的作坊在成都、广汉和长安，其产品供御用或官用，但也广泛流传到全国各地。成都和广汉工官所产的漆器，有详细的铭文，记载着工场中的工人分素工、髹工、上工、黄涂工、画工、清工和造工等工种，监督和管理的官员除长、丞、掾、令史外，还有少府派来的护工卒史。长安的工官为少府所属的“考工”和“右工”，官吏有令、右丞、掾、令史和啬夫，但没有护工卒史。由于史料阙如，尚无法复原其时泰州漆器业的繁盛面貌。

（五）陶瓷

秦汉的陶器，除了实用的以外，还包括大量专为随葬而作的明器。铅釉陶器的盛行，是汉代陶业的特点之一。东汉后期逐渐成熟的青瓷，更是陶瓷史上的重要创新。

图2－4 东汉绿釉红陶鸭，高13.5CM，泰州新庄出土，泰州市博物馆藏

秦汉时期的灰陶，火候较高，陶质较坚实；西汉中期以后，绳纹基本上绝迹，一般器物大体上是素面的。在长江以南的广大地区，除灰陶外，还流行硬陶，烧制火候比灰陶高，器形和纹饰也与灰陶有异。专为随葬而作的明器，可分模型和偶像两大类。秦和汉初首先出现的是模型类的仓和灶。从西汉中期以降，迄于东汉后期，除仓、灶以外，井、磨盘、猪圈、楼阁、碓房、农田、陂塘等模型及猪、羊、狗、鸡、鸭等等明器相继出现，时代愈晚，种类和数量愈多。铅釉陶于西汉中期主要流行于黄河流域和北方地区。釉药中含氧化铅，呈色剂是氧化铜或氧化铁，烧成后呈棕黄色或绿色。器物的种类除容器以外，还包括各种明器。铅釉陶器的出现，可能是受西亚的影响。青瓷器用石灰釉，由于含有少量氧

图2－5 汉青釉弦纹刻花双耳陶瓿，腹径21.5CM，口径14CM，泰州畜牧场红光队开挖渔池出土，泰州市博物馆藏

化铁,釉呈淡青色。器形多为广口、平底的四系罐。原始青瓷技术历经发展日臻成熟,至东汉后期由浙江省绍兴、上虞一带向江淮各地普及传播。泰州地区出土了大量秦汉时期的陶、瓷器具。

(六)商业与货币

海陵历经秦末农民起义与楚汉战争的浩劫,人烟稀少,经济破坏严重。但在两汉大一统的背景之下,海陵人口不断增殖,商业得以重新发展。商品交易货物,主要是农产品和手工业品,如粮食、麻布、绢、马、牛、羊、农具、铁器、纸、瓷器、土特产品以及盐竹山木之类,其中粮食、盐、绢布又是最主要流通的商品,秦汉时期泰州的商贸业十分繁荣。

马克思说:"货币结晶是交换过程的必然产物","随着劳动产品转化为商品,商品就在同一程度上转化为货币"①。商品生产与商品交换的发展,必然产生对货币的大量需求,同时也为货币的流通创造了条件。秦汉时期的货币,在社会经济生活中占有重要地位。

秦始皇统一六国后,统一币制,废除了战国时期各国形制、轻重不同的货币。定货币为二等:以黄金为上币,以铜钱为下币。汉承秦制,继续以黄金为法定货币。秦汉时期铜钱的种类繁多。秦有"半两钱"。汉承秦制,由于经济凋敝,国家对铸钱采取了放任自流的政策。高祖时的铸钱重量仅有三铢,吕后二年(前186)铸的半两钱重八铢,文帝所铸的半两钱重四铢。尤其民间私铸的铜钱更为混乱,越铸越小,越铸越轻,有的半两钱甚至不足一铢,好像用四片榆荚所组成的薄薄铜片,所以称为"榆荚半两"或"荚钱"②。

汉武帝于元鼎四年(前113)接受了桑弘羊等人的建议,断然决定进行彻底的币制改革。他下令把铸币权完全收归中央,

---

① 《马克思恩格斯全集》第23卷,人民出版社1972年版,第105页。

② 参见孙机《汉代物质文化资料图说·图版21》,文物出版社1991年版,第81页。

禁止郡国和民间铸钱，“悉禁郡国无铸钱，专令上林三官铸”五铢钱，并规定只准五铢钱通行。五铢钱是方孔有外廓的圆钱，又由于它的重量和钱文都是五铢，故通称“五铢钱”。五铢钱是我国历史上数量最多、流通时间最久的货币。

王莽时期的货币更是五花八门，先后有过“大钱”、“契刀”、“错刀”、“五铢钱”、“大泉”、“小泉”，还有“宝货”，包括“五物”(金、银、铜、龟、贝)，“六名”(金货、银货、龟货、贝货、泉货、布货)，“二十八品”(金货一品、银货二品、龟货四品、贝货五品、泉货六品、布货十品)。种类复杂，其中很多不属于铜钱的范围。东汉时的铜币，先后有过“五铢钱”、“四出文钱”、“小钱”等。

秦汉时期各种货币在泰州地区均有出土文物相印证，如在泰州姜堰陈庄即出土了西汉时期的窖藏铜钱。古钱版式统一，品相较好，正面铸有“五铢”两个篆隶字[①]。

图 2-6　姜堰出土汉代窖藏五铢钱，引自华夏收藏网

① 《姜堰发现西汉时期五铢钱》，http://news.cang.com/infos/201012/136539.html。

第三节　文化教育

今泰州境内，战国中后期为楚文化浸润之地，随着楚都东迁，楚人在战国后期大量东迁，泰州地区成为楚人的一个聚集地。由于距离关中秦统治中心区域较远，秦朝对泰州所在江淮地区的统治，主要局限于地方行政组织的设置、皇帝的东巡等活动，对社会下层的统治尚未形成严密的控制局面[①]。伴随着经济的发展，泰州的文化也日益昌盛——儒学的发展，佛教的传播，道教的兴起，学校的设立，等等。显然，泰州文化已成为秦汉历史文化的一个缩影。

一、儒学的兴盛

泰州儒学的兴盛与经学大师董仲舒对江都的影响是分不开的。

董仲舒(前 179—前 104)，广川人(今河北景县河渠乡大董故庄村)[②]。汉代经学大师，也是中国历史上著名的哲学家、思想家、教育家。善治《公羊春秋》，汉景帝时为博士，以著书授徒为业。武帝时，"举贤良文学之士前后百数，而仲舒以贤良对策焉"[③]。他提出的"天人感应"、"大一统"学说和"罢黜百家，独尊儒术"的主张，为武帝所采纳，奠定了儒学的统治地位。西汉刘歆称："仲舒遭汉承秦灭学之后，六经离析，下帷发愤，潜心大业，令后学者有所统一，为群儒首。"[④]

---

① 虞友谦、汤其领主编《江苏通史》(秦汉卷)，凤凰出版社 2012 年版，第 43 页。

② 王永祥《董仲舒评传》，南京大学出版社 1995 年版，第 60 页。

③ 《汉书》卷五六《董仲舒传》，第 2495 页。

④ 《汉书》卷五六《董仲舒传》，第 2526 页。

武帝元光元年(前134),董仲舒任江都相,事易王刘非。刘非是武帝同父异母兄弟,景帝前元二年(公元前155)立为汝南王。四年,广陵更名为江都,建江都国。同年六月,景帝调汝南王刘非为江都王。汉武帝元光五年,江都王非上书,愿击匈奴,武帝不允,董仲舒也因此而被废为中大夫。汉武帝元朔二年(前127),江都王非薨。董仲舒复为江都相辅佐刘建,直至元朔五年改任胶西王相。

在担任江都相期间,"仲舒以礼义匡正,王敬重焉"①。易王刘非"素骄,好勇"②,"好气力,治宫馆,招四方豪桀,骄奢甚"③。他希望通过董仲舒的辅佐来成就霸业,提出:"孔子称殷有三仁,寡人亦以为越有三仁。"④董仲舒认为泄庸、文种、范蠡只是凭借诈力而胜。"《春秋》之义,贵信而贱诈。诈人而胜之,虽有功,君子弗为也。"⑤明确告诫易王不要以勇力自恃,应维护汉家王朝的统一而不要称霸。董仲舒的劝诫,让刘非的野心有所收敛。今有《春秋繁露》传世。

史载董仲舒"以春秋灾异之变推阴阳所以错行,故求雨闭诸阳,纵诸阴,其止雨反是。行之一国,未尝不得所欲"⑥。《春秋繁露》卷一六《止雨》记述:"二十一年八月甲申,朔。丙午,江都相仲舒告内史中尉:阴雨太久,恐伤五谷,趋止雨。"⑦董仲舒认为这是阴气太盛的缘故,必须要"起阳而闭阴"。要求所有千石以下官吏的夫人都回老家,女子不准再到集市,水井也要盖起来防止水气外泄。辛亥日,各级官员要亲自到场,击鼓向神社供奉牺牲,祷告三日。

---

① 《汉书》卷五六《董仲舒传》,第2523页。

② 《汉书》卷五六《董仲舒传》,第2523页。

③ 《汉书》卷五三《易王刘非传》,第2414页。

④ 《汉书》卷五六《董仲舒传》,第2523页。

⑤ 《汉书》卷五六《董仲舒传》,第2524页。

⑥ 《汉书》卷五六《董仲舒传》,第2524页。

⑦ [汉]董仲舒《春秋繁露》,上海古籍出版社1989年版,第90页。

图 2-7　董仲舒像，引自［明］王圻《三才图会》，上海古籍出版社 1988 年版，第 607 页

董仲舒任江都相期间，其“正身以率下，数上疏谏诤，教令国中，所居而治”①。他的治国思想、阴阳五行思想等对江都的影响都比较深远。董仲舒弟子众多，他在江都为相十年培养了大量当地学子。

二、佛教的传播

佛教约在西汉末年传入中国。江淮一带是中国较早接受佛教的地区之一。据现存资料，东汉楚王刘英是最早信奉佛教的

① 《汉书》卷五六《董仲舒传》，第 2525 页。

上层人物。刘英是东汉光武帝刘秀的儿子，建武十五年（39）被封为楚王，二十八年就国，他的封国就在徐州地区。徐州古称彭城，楚汉时，项羽建都于此。东汉设楚国，亦建都彭城。史载刘英"少时好游侠，交通宾客，晚节更喜黄老，学为浮屠斋戒祭祀"[1]。从这段史料可以推知，早在东汉初年，佛教就传入了徐州。彭城作为佛教传播中心，其影响波及整个东部沿海地区。明帝永平十三年（70），有司奏刘英"招聚奸猾，造作图谶，擅相官秩，置诸侯王公将军二千石，大逆不道"[2]，刘英被徙丹阳泾县，次年自杀。"楚狱遂至累年，其辞语相连，自京师亲戚诸侯州郡豪桀及考案吏，阿附相陷，坐死徙者以千数。"[3]佛教的传播受到影响。直至东汉桓帝时，陶谦为徐州牧，中平元年（184），任命笮融为下邳相。笮融笃信佛教，在徐州、广陵间大造佛寺。史书记载：

> 初，同郡人笮融，聚众数百，往依于谦，谦使督广陵、下邳、彭城运粮。遂断三郡委输，大起浮屠寺。上累金盘，下为重楼，又堂阁周回，可容三千许人，作黄金涂像，衣以锦彩。每浴佛，辄多设饮饭，布席於路，其有就食及观者且万余人。[4]

《三国志》也有大致相同的记载。

东汉时期，人们往往把佛徒斋戒，混同于传统的祠祀，将僧侣斋戒之所，也笼统地称为"祠"。此时的佛寺，多以佛塔为中心，形制也是简单模仿天竺。天竺称佛塔为 Stupa（梵文，窣堵波）。人们有时用"佛塔"的译音——"浮屠"、"浮图"或"佛图"称谓僧侣的斋所。东汉桓帝最早于宫中建浮奢祠，并在濯龙宫中

---

① 《后汉书》卷四二《光武十王传》，第 1428 页。

② 《后汉书》卷四二《光武十王传》，第 1429 页。

③ 《后汉书》卷四二《光武十王传》，第 1430 页。

④ 《后汉书》卷七三《陶谦传》，第 2368 页。

设华盖的座位，用郊天的音乐奉事。但中国民间佛塔的建造却是由笮融兴起的。结合上述两则史料，大致可以看出当时佛塔的形制。梁思成指出，所谓“上累金盘”，就是用金属做的刹；它本身就是印度窣堵波（塔）的缩影或模型。所谓“重楼”，就是汉朝那种多层的木构高楼。在原来中国的一种宗教用的高楼之上，根据当时从概念上对于印度窣堵波的理解，加上一个刹——最早的中国式的佛塔就这样诞生了①。佛像始于明帝永平十年（67 年）由印度传入中国。笮融所兴建的佛寺中已经有涂有黄金、衣以锦采的铜制佛像。而三千余人住于祠内重楼阁道之中，课颂佛经，当为信徒。

当时泰州一带已置为县，隶属广陵郡。佛教传入泰州后逐渐发展兴盛，直至后世出现了众多名刹高僧。

三、道教的兴起

道教是中国土生土长的宗教。道教产生与当时崇尚黄老的社会思潮，传统的鬼神崇拜、神仙思想、阴阳数术逐步合流以及谶纬神学的发展密切相关。

东汉末年，朝廷腐败，世家大族和地方豪强势力迅速膨胀，宦官和外戚的斗争也愈演愈烈，自然灾害连年不断，瘟疫流行，民不聊生。在这一特定的历史背景下，道教应运而生。它的创始人是张道陵。凡入道者须交五斗米，故称“五斗米道”。与五斗米道大约同时兴起的还有“太平道”。其创始人是张角。在中国东部，主要是太平道的发展区域。太平道是因《太平经》而得名，是民间巫术与黄老崇拜相结合的产物。据《后汉书》卷七一《皇甫嵩传》记载，张角自称“大贤良师”，奉事黄老，用跪拜首过，符水咒语治病争取群众，其众徒多达数十万，遍布青、徐、幽、冀、荆、扬、兖、豫八州，于是置三十方以统属之。

① 梁思成《中国佛教建筑》，中国佛教协会编《中国佛教》，中国社会科学出版社 2004 年版，第 98 页。

早在西汉时期，广陵就建有后土祠，江都有江水祠。[①] 清代王先谦《汉书补注》引应劭《地理风俗记》载：江水祠的祭祀规格参照祭祀五岳标准。刘向所著《列仙传》中记载了西汉初年广陵人朱璜修炼成仙之事，东汉关于广陵东陵圣母的传说，都与道教有关。[②]《汉书》卷二八上《地理志上》记载："海陵有江海会祠。"汉武帝元封五年(前106)诏曰："朕巡荆扬，辑江淮物，会大海气，以合泰山。"[③]"会大海气"，郑氏注曰："会合海神之气，并祭之。"[④]颜师古注曰："集江淮之神，会大海之气。"[⑤]江海会祠为神家、仙家、方士游息之所，当是泰州域内道徒最早的活动聚集地。

1957年在高邮县北邵家沟东汉村落遗址的考古发掘中，发现了三件与道教有直接关系的文物。一件是留有火烧痕迹的封泥，上面有篆书阳文"天帝使者"四个字；一件是长28厘米、宽3.8厘米的符箓木片，上面有用朱笔写画的符与咒；另一件是陶解注壶，上面也有咒文。这是东汉时期泰州地区已有道教活动的实物证据[⑥]。

图2-8 东汉高邮道教法印："天帝使者"

① 《汉书》卷二五下《郊祀志下》记载汉宣帝时置江水祠，《后汉书》志二一《郡国三》记载："江都，有江水祠。"

② 江苏省政协文史资料委员会等编《扬州宗教》，江苏文史资料编辑部1999年版，第23页。

③ 《汉书》卷六《武帝纪》，第196页。

④ 《汉书》卷六《武帝纪》，第197页。

⑤ 《汉书》卷六《武帝纪》，第197页。

⑥ 《扬州宗教》，第23页。

四、语言文字

春秋战国时期，政治上的分裂和混乱，导致各地“言语异声，文字异形”[①]。秦始皇统一全国后，为推行改革，巩固统治，推行了“书同文字”[②]的文化政策，在全国采用了统一的文字——小篆。为了在全国范围内推行规范化的文字，秦始皇还命李斯等人编写了《仓颉篇》、《爰历篇》、《博学篇》作为标准文字的范本和推广识字教育的课本[③]。这些课本代表秦政权统一文字的作品，有力地推动了统一文字的工作。此外，隶书在秦时也已经大量使用[④]。汉以后便成为社会上日常通用文字。

秦汉时期，文字实现了统一，但“言语异声”现象并没有得到根本改变，各地仍然保留着有极具地方特色的方言。泰州方言在学术上不仅仅指现今泰州一地的方言，而是指泰州方言圈。这个方言圈，在地理区域上包含了泰州、姜堰、泰兴、兴化、海安、如皋、如东(西北部)、东台、大丰、江都(东部)等县市，覆盖了泰州、南通、盐城三个地级市，通常被称为泰如(泰州—如皋)方言片或通泰(南通—泰州)方言片，是江淮官话的一个亚区(泰州与扬州虽然常被合称为扬泰地区，但实际上并不属于同一个方言区，扬州话是江淮官话的另一个亚区)。

泰州方言的起源与古代吴越方言有关。《吕氏春秋》引伍子胥的话：“夫齐之与吴也，习俗不同，言语不通，我得其地不能处，

---

① [汉]许慎《说文解字》，上海古籍出版社2007年版，第754页。

② 《史记》卷六《秦始皇本纪》：始皇二十六年，“书同文字”(第239页)。

③ 《汉书》卷三〇《艺文志》载：“《苍颉》七章者，秦丞相李斯所作也；《爰历》六章者，车府令赵高所作也；《博学》七章者，太史令胡母敬所作也。”第1720—1721页。

④ 《汉书》卷三〇《艺文志》：“是时始造隶书矣，起於官狱多事，苟趋省易，施之於徒隶者也。”(第1721页)但考古发现证明，实际隶书是使用更广泛的文字。

得其民不能使。夫吴之与越也，接土邻境壤，交通属，习俗同，言语通，我得其地能处之，得其民能使之，越与我亦然。”[①]这表明当时北方话的齐语跟南方话的吴语差别是很大的，不能言语相通；而吴语、越语之间差别很小，可以相通。春秋战国时期，现在的泰州曾经先后属于吴国、越国和楚国。可见当时泰州这边的语言和吴越方言是相通的。又有汉初东瓯王[②]举国迁徙到江淮一带的移民活动，几次移民都有一部分人散落到海陵一带，他们将吴越方言带到这里，并逐渐形成最初的海陵方言。

此外，从《方言》的记载也可以了解泰州的方言情况[③]。《方言》记载词汇的流行区域时，总是江淮并举，吴越并举，吴扬并举。吴包括江北，扬州地域广大，与江淮荆楚都有并举，可见当时在下江江东广大地区已经形成一种大致相近，沟通无碍的方言区，即后来的吴方言。由此可以推断，周到秦汉时期泰州的方言可以说是属于古代吴语方言区。

五、学校教育

秦代后期教育的发展，深受禁私学和“焚书坑儒”的摧残。西汉教育时期，建立了以博士制度为主体的太学教育，开私学之禁，形成官、私并举的教育制度。对此，儒学思想家就兴学校、广教化以及具体教学理论方面作了有益的探索，进一步推动了汉代教育的发展，为后世教育的发展奠定了基础。

（一）董仲舒的教育理论

董仲舒所倡导的“独尊儒术”不但成为汉代的治国思想，也直接表现为教育领域的指导思想。在此基础上，他提出了教育

① 《吕氏春秋》卷二三《贵直》，第 205 页。

② 东瓯王，越王勾践之后裔。

③ 《方言》为西汉蜀郡成都人扬雄（前 53—18）撰，是我国第一部方言专著。该书汇集古今各地同义词语，分别注明通行范围，为研究我国词汇的珍贵材料。

的具体实施建议：

> 立太学以教于国，设庠序以化于邑，渐民以仁，摩民以谊，节民以礼，故其刑罚甚轻而禁不犯者，教化行而习俗美也。[①]

即主张通过设置太学和庠序来推广教化。此外，他还主张地方官学成为化民的社会教育组织机构，要求地方学官以及地方行政长官必须抓教育，注意进行化民的社会教育工作。“今之郡守、县令，民之师帅，所以承流而宣化也。”[②]对此，班固指出：“仲舒对策，推明孔氏，抑黜百家，立学校之官，州郡举茂才孝廉，皆自仲舒发之。”[③]

在教学内容上，则主张以儒家六艺为基本教材，教授内容应严格限制在儒家“三纲无常”的伦理道德范围之内，排斥自然科学知识[④]。在他的教学实践中，采用“弟子传以久次相授业”[⑤]的教授方式，即由学习时间较久而学业程度较高的学生教授初学的学生或者学习时间不长而学业程度较浅的学生。在教学方法上，他指出教学时要注意因材施教，循序渐进。“齐时早晚，任多少，适疾徐，造而勿驱，稽而勿苦。省其所为，而成其所湛，故力不劳而身大成。”[⑥]在学习方法上，强调用心专一，“目不能二视，耳不能二听，手不能二事，一手画方，一手画圆，莫能成”[⑦]。重视平时积累，“积习渐靡，物之微者也，其入人不知，习忘乃为常

---

① 《汉书》卷五五《董仲舒传》，第 2503—2504 页。

② 《汉书》卷五五《董仲舒传》，第 2512 页。

③ 《汉书》卷五五《董仲舒传》，第 2525 页。

④ 《春秋繁露》卷五《重政》：“能说鸟兽之类者，非圣人所欲说也。圣人所欲说，在于说仁义而理之。”（第 33 页）

⑤ 《汉书》卷五五《董仲舒传》，第 2495 页。

⑥ 《春秋繁露》卷一《玉杯》，第 13 页。

⑦ 《春秋繁露》卷一二《天道无二》，第 72 页。

然若性，不可不察也”[1]等。

（二）学校制度

图 2-9 汉代石砚，泰州市博物馆藏

秦代学校教育，以“焚书坑儒”事件为界，分为前后两个时期。前期，战国以来所风行的私学制度，仍旧盛行不衰；以“学室”为主体的官办地方学校已普遍建立[2]。后期，私学被查禁，但在民间仍有不同形式的存在；而“以吏为师”，则成为后期教育的主要形式。

汉代学校有官学和私学之分。由于“独尊儒术”本身就是汉王朝的文教政策，故汉代以经治国对教育的影响更为直接和深刻。“从大量记载看，在以经治国的政策指导下，经学作为官方文化，不仅成为汉代教育的主要内容，而且推动了学校教育的迅速发展。”[3]中央官学主要是太学。地方官学即郡国学，主要负责为太学输送生员和为地方培养官吏。创建于武帝时，至平帝时形成一种体制。

> 郡国曰学，县、道、邑、侯国曰校。校、学置经师一人。乡曰庠，聚曰序。序、庠置孝经师一人。[4]

东汉时期，对地方官学尤其重视，明帝时，尊师重道，郡国学校设置愈来愈多，地方学校在社会上的地位也日益提高。地方学校与太学相比，尚无正规的课程设置，往往随兴办者的好尚有

---

① 《春秋繁露》卷一六《天道施》，第 100 页。

② 晋文《秦代学校浅说》，《山东师大学报》1985 年第 2 期。

③ 晋文《以经治国与汉代社会》，广州出版社 2001 年版，第 157 页。

④ 《汉书》卷一二《平帝纪》，第 355 页。

所侧重。其主要学习内容除儒家经典外，主要是宣传和推行儒家礼仪。汉代地方官学的普遍建立，课程的初步设置，为后代学校制度的发展奠定了初步的基础。

汉代私立学校可分为三个阶段：一曰蒙学，以识字写字为主，二曰学《孝经》、《论语》，三曰读经。据王国维考证：

> 刘向父子作《七略》，六艺一百三家。于《易》、《书》、《诗》、《乐》、《春秋》之后，附以《论语》、《孝经》、小学三目，六艺与此三者，皆汉时学校诵习之书。以后世之制明之。小学诸书者，汉小学之科目；《论语》、《孝经》者，汉中学之科目；而六艺则大学之科目也。武帝罢传记博士，专立五经，乃除中学科目于大学之中，非遂废中小学也。汉时教初学之所名曰"书馆"，其师名曰"书师"，其书用《仓颉》、《凡将》、《急就》、《元尚》诸篇，其旨在使学童识字、习字。《论衡·自纪篇》，充八岁出于书馆，书馆小僮百人以上，皆以过失袒谪，或以书丑得鞭，充书日进，又无过失。《后汉书·皇后纪》，邓皇后六岁能史书，十二通《诗》、《论语》。梁皇后少善女工，好史书，九岁能诵《论语》。是汉人就学，首学书法，其业成者得试为吏，此一级也；其进则授《尔雅》、《孝经》、《论语》，有以一师专授者，亦有由经师兼授者。①

董仲舒任江都相长达十年，江都王刘非对他尤为敬重，当时的江都国应设有国学，而董仲舒本人也"下帷讲颂"②。班固在《东都赋》中盛赞东汉"学校如林，庠序盈门"。出身于经学世家的马援族孙马棱，于章和元年(87)，迁广陵太守，任期三年有余。"时谷贵民饥，奏罢盐官，以利百姓，赈贫羸，薄赋税，兴复陂湖，

① 王国维《观堂集林》卷四《汉魏博士考》，中华书局1959年版，第178—179页。

② 《汉书》卷五六《董仲舒传》，第2495页。

溉田二万余顷，吏民刻石颂之。”[①]顺帝时期，广陵太守张纲“字文纪。少明经学。虽为公子，而厉布衣之节”。“纲在郡一年，年四十六卒。百姓老幼相携，诣府赴哀者不可胜数。”[②]张婴等五百余人为其制服行丧，送到犍为，负土成坟。张婴是被张纲以文德降服的“叛贼”，可见身为经学大师的张纲在广陵太守任上大力推行教化，成绩斐然。上述史实足证两汉时期扬泰地区的官学和私学都非常兴盛。

六、名宦才俊

秦汉时期，泰州地区涌现出许多名宦才俊，使泰州的文化更显生动、活泼。

（一）召平遣王将相

召平，广陵人。陈胜、吴广起兵大泽乡后，江北各地包括广陵地区的人民纷纷起来响应，召平就在此时投身到起义军行列。召平奉命回广陵，宣扬起义军声威，招降官兵，壮大起义队伍。期间，听闻陈胜与秦将章邯交战失利，而秦军又即将到来的消息。在这紧急关头，他当机立断，渡江来到吴（今江苏苏州），找到项梁、项羽叔侄。召平假托陈胜的命令，封项梁为楚王上柱国，并告诉他们：“江东已定，急引兵西击秦。”[③]于是项梁、项羽率领八千精兵由吴西进，迎击秦兵。公元前 208 年，陈胜被害。项羽和刘邦等组织的起义军继续进行顽强的反秦斗争。项羽对秦的巨鹿一战，基本上摧毁了秦军主力。司马迁在《史记》中说：“陈胜虽已死，共所置遣侯王将相竟亡秦，由涉首事也。”[④]这里所指的“遣王将相”当然包括项梁、项羽在内，而召平的贡献也恰

---

① 《后汉书》卷二四《马棱传》，第 862 页。

② 《后汉书》卷五六《张纲传》，第 1816、1819 页。

③ 《史记》卷七《项羽本纪》，第 298 页。

④ 《史记》卷四八《陈涉世家》，第 1961 页。

恰在此[1]。

（二）枚乘两谏吴王

枚乘，字叔，江苏淮安人。吴王刘濞招致四方游士，枚乘成为刘濞的郎中。刘濞欲起兵谋反，枚乘写成《谏吴王书》，但刘濞不予采纳。于是，他只能离开吴国，投奔了梁孝王刘武。吴楚七国之乱时，他再作《重谏吴王书》，借秦吞并六国劝吴王悬崖勒马，勿与中央对抗；否则，“汉知吴有吞天下之心也，赫然加怒，遣羽林黄头循江而下，袭大王之都……大王虽欲反都，亦不得已”[2]。但刘濞仍然一意孤行，结果仅仅三个月便被平定。枚乘由此而声名大震。景帝召拜他为弘农都尉，但他无意于地方官职，以病辞官，仍旧效力于梁孝王门下。景帝中元六年（公元前144年）六月，梁孝王薨，枚乘无所依傍，便由梁国返回故乡。汉武帝素闻其名，以安车蒲轮征召枚乘入京。枚乘因年老体弱，卒于赴京途中。枚乘一生作品很多，但大都散佚，今确认为枚乘所作的仅《七发》一篇，载于《汉书·艺文志》。此篇对后世文学的影响很大，后来赋发展为“七”体，成为著名的赋体之一。枚乘也被称为汉赋鼻祖。

（三）张纲洛阳埋轮

张纲，字文纪，东汉犍为郡武阳（今四川眉山彭山县）人，据说是留侯张良的后代[3]。

东汉顺帝时，外戚与宦官权势很大，大将军梁冀更是互相勾接，专横跋扈，陷害忠良，危邦乱国。当时专权，他的妹妹是顺帝的皇后，他仗着皇亲国戚的关系，骄奢横暴，飞扬跋扈，引起朝廷里一些正直的官吏的不满，张纲便是其中之一。顺帝永建、阳嘉年间，朝政更加混乱，民不聊生。顺帝一面向上天祈求保佑，改永和六年为汉安元年；一面派遣八名专使巡行各州郡，弹劾奸

---

① 朱福烓《扬州史述》，苏州大学出版社2001年版，第21页。

② 《汉书》卷五一《枚乘传》，第2364页。

③ 《后汉书》卷五六《张纲传》，第1816页。

佞，举荐人才。张纲离京出巡到达洛阳都亭时，毅然将自己所乘的车"埋轮"（把车轮陷进深坑里，填上泥土，使其不能转动），慷慨激言："豺狼当路，安问狐狸！"[①]随后即上书奏明梁冀等人的十五件不法之事，京城为之震动。梁冀由此而对张纲怀恨在心，于是便排挤张纲出京做广陵太守。

当时的广陵聚有张婴为首的农民起义军数万人，他们杀刺史、二千石等官员，在扬、徐间"寇乱"十余年之久，一直是东汉统治者的一块心病。

张纲到广陵后，亲自到张婴处，询问其疾苦难处，并劝说道：

> 前后二千石多肆贪暴，故致公等怀愤相聚。二千石信有罪矣，然为之者又非义也。今主上仁圣，欲以文德服叛，故遣太守，思以爵禄相荣，不愿以刑罚相加，今诚转祸为福之时也。若闻义不服，天子赫然震怒，荆、扬、兖、豫大兵云合，岂不危乎？若不料强弱，非明也；弃善取恶，非智也；去顺效逆，非忠也；身绝血嗣，非孝也；背正从邪，非直也；见义不为，非勇也；六者成败之几，利害所从，公其深计之。[②]

张婴担心归顺后会被朝廷问罪，张纲以日月为誓。张婴深受感动，第二天即率领部众及妻子儿女归降。张纲遣散了部众，并亲自为他们"卜居宅，相田畴；子弟欲为吏者，皆引召之"[③]。最终，"人情悦服"。这是因为卜筮与相术在民间极具影响，人们用其"定祸福，决嫌疑，幽赞于神明，遂知来物者也。"[④]"数术是一套广为流行且具有实际功效的技术和观念，其地位类似于今天的科学知识加迷信法术，并与宗教信仰密切相关。这种集科学、迷

---

① 《后汉书》卷五六《张纲传》，第1817页。

② 《后汉书》卷五六《张纲传》，第1818页。

③ 《后汉书》卷五六《张纲传》，第1819页。

④ 《后汉书》卷八二上《方术列传上》，第2703页。

信、宗教于一体的早期数术，对古代的思想文化和社会生活产生过较大影响。”①秦汉时期，人们的心理深处认为，生活中几乎所有负面因素都与住宅地点的确定或兴建的时间、方位等因素有关，而对不祥的规避即必须凭借占卜完成。根据已知资料，秦汉时期流行用五音和岁时确定住宅的兴建。前者是以“宅音”与建宅者的姓所对应的“五声”之间是否相合，来确定建宅地点以及屋门朝向的吉或凶②。房屋的结构、形制和周围环境也可能对居住者命运产生影响。除安抚百姓外，为发展当地农业，张纲发动民众在东陵村开渠，引大石湖水灌溉了大片农田。为纪念张纲，这条渠被命名为“张公渠”③。

张纲一心为民，赢得了百姓对他的爱戴。他患病时，当地百姓都为他祷祝祈福，皆言“千秋万岁，何时复见此君”④。张纲病逝后，百姓老幼相携，赶来哀悼的不可胜数。张婴等五百余人，更是为其披麻戴孝，并将其棺柩送回家乡安葬。

此外，见于史籍的还有三世不遇的颜驷，人称“商山四皓，不如淮南一老”的应曜等。

---

① 刘乐贤《简帛数术文献探论》，湖北教育出版社2003年版，第4—5页。

② 彭卫、杨振红《中国风俗通史》（秦汉卷），上海文艺出版社2002年版，第197页。

③ 《扬州史述》，第34页。

④ 《后汉书》卷五六《张纲传》，第1819页。

第四节　社会生活

大一统的秦汉王朝疆域辽阔，自然环境的差异以及人们攫取生活资料方式的不同，决定了不同地区社会生活与习俗呈现出多样化的特点。泰州地区的社会生活与习俗既有与秦汉的整体社会风貌的相一致的方面，也逐渐形成了自己的特色。

一、衣食住行

衣食住行是社会生活的主要方面，直接反映着人民生活水平的高低。在一定程度上，也可以反映出当时人们的精神风貌和风俗习惯。

（一）服饰

秦汉时期，纺织业在先秦官营纺织业的基础上，又有所突破，织品的质量达到了前所未有的水平。衣料较春秋战国时期更为丰富，服装样式逐渐多样化，花案和佩饰也愈趋华贵。

秦初曾"兼收六国车骑服舆"，所以服制大致本于战国。从秦兵马俑资料来看，秦时军服和劳动者衣装形制与战国时无大差别。男女服都是交领、右衽、衣袖窄小，衣缘及腰带多为彩织装饰，花纹精致。兵士衣长齐膝，左右两襟为对称直裾式，皆可掩至背侧，两襟下角如燕尾，保持深衣的基本形制，与《礼记》叙述深衣的通用性相吻合①。

汉代服饰，仍沿袭深衣形式。不论单、绵，多是上衣和下裳分裁合缝连为一体，上下依旧不通缝、不通幅；外衣里面都有中衣及内衣，其领袖缘一并显露在外，成为定型化套装。至于袍

① 沈从文等《中国服饰史》，陕西师范大学出版社 2004 年版，第 50 页。

服，西汉时穿用袍服不普遍，至东汉时才渐成风气，后来转入制度化①。在春夏季节，人们穿的袍服主要是禅衣。与深衣上下缝合不同，禅衣上下相通，不别衣裳。质料为布帛和薄丝绸。冬季则穿“複”或“袷”，有衬里，在许多情况下，袍里还填有绵絮，当时称之为有著。凡用新绵之细长者所填制的称为纩袍；而用旧絮和新绵之短粗者所填制的称为缊袍。显然，袍是冬季的服装。襜褕是一种类似禅衣但更为宽博的长袍。两汉之际，襜褕渐转成为女子的常服。质料有用厚丝绸的，有用毛织物的，还有用貂皮作袷的，多用来作外衣，以御春寒秋凉②。

图 2-10　汉代陶俑

短式外衣主要有襦和袭。襦是一种及于膝上的绵夹衣。汉高祖刘邦是楚人，好楚服，而楚服多短制。因此汉代宫廷中崇尚短衣，襦自然成为贵族子弟中最受欢迎的便服。由于襦短仅至膝，所以下面必着袴。显贵子弟多以纨做袴，故称纨袴。一般平民和官吏多用布帛为之。穷苦农民则服麻布短襦袴。汉代男子之袴有裆，女子之袴则无裆。但秦汉女子的通行服式是上长襦，下着裙，裙因膝以上为襦所遮掩，形成上长下短的样式。直到汉献帝时，才出现上短襦而下曳长裙的风气。没有著锦絮的短上衣，则称作袭，或作褶。短式内衣主要是衫和複。衫是单内衣，

---

① 沈从文等《中国服饰史》，第 55 页。

② 林剑鸣等《秦汉社会文明》，西北大学出版社 1998 年版，第 172—174 页。

褶为夹内衣[①]。

秦汉时期，春秋战国以来的佩饰得到发展，产生佩挂组绶的礼俗。凡有官爵的人，须将一条三米左右长的经编带状织物折叠起来挂在腰边，名之为“组绶”[②]。它以颜色、长短和头绪多少来区分等级，自东汉至明代因循相袭。

秦汉时称礼帽为“头衣”或“元服”。一般来说，贵族戴冠、冕、弁，庶民戴巾帻[③]。男子长到二十岁左右行冠礼，戴冠为成人的标志和贵族身份的常服。戴冠时主要是用冠圈套在发髻上，把头发束住。冠圈两旁有丝绳，称缨。缨在下巴下打结，把冠固定在头顶上。皮弁是用几块白鹿皮拼接而成，样式类似于近代的瓜皮帽。百姓不戴冠，用布包头称“巾”。秦人尚黑，常以三尺黑布包头，所以百姓称为“黔首”。汉末，以巾包头在名儒雅士和达官显贵中间也流行开来。帻也是束发之布，初为下层民众使用，因元帝和王莽使用而逐渐在上层中推广。

秦汉的履主要有革、丝、麻、草四种质地。用皮革制成的履称为鞜。其深而大者，又谓之裒。而薄革的小履，则被称作鞮。以柔皮做成的“头深而兑”的平底鞋，称为靸。用丝而制成的履称为锦履。既有素麻青丝之麻履，也有装饰华丽、做工精细的绣花丝履。用麻制成的履称为“不借”。《急救篇》颜师古注：“不借者，小履也。以麻为之，其贱易得，人各自有，不须假借，因为名也。”又曰：“不借者，卑贱之服，便易行事，宜以牧牛羊也。”不借也有用草或蒿的。草鞋还有“芒𫄨”(也叫蹝)和蹻等[④]。除单鞋外，还有复底鞋，即舄和屐。履下有木底则为舄。用于需久立的

① 林剑鸣等《秦汉社会文明》，第174—176页。

② 刘玉堂等《长江流域服饰文化》，湖北教育出版社2005年版，第199页。

③ 韩养民《秦汉文化史》，陕西人民教育出版社1986年版，第94—99页。

④ 朱和平《中国服饰史稿》，中州古籍出版社2001年版，第104页。

礼仪场合，或走泥湿地所用。屐一般以木为之，下有两木齿。也有以帛为面的，称为帛屐。屐较舄更加轻便，多用于走长路。袜有布、丝、皮等几种质地。长一尺余，上端有带，穿时用带束紧上口，其色多白，但祭祀时则穿红袜。南方湿热，所以一般既不穿鞋，也不穿袜，习惯赤足[1]。

（二）饮食

秦汉时期各个区域的饮食构成各具特色，但以谷物食物为主食，蔬菜类、肉类、水产类、果类食物为副食，是包括黄河流域、长江流域和岭南地区在内的内地各个区域所具有的共性[2]。主食主要有黍、粟、麦、菽、稻。由于各地自然条件和作物种植状况的不同，不同地区的主食也各具特色。这一时期江南比较普遍地种植了稻，因此，江南以食稻米为主。此外，枚乘的《七发》提到："楚苗之食，安胡之饭。抟之不解，一啜而散。"此处"安胡"是指菰米，为先秦两汉时期贵族所常食。它的米粒细长，呈深褐色，做成饭后甘甜滑软[3]。而海陵红粟更是为人们所称道。汉代泰州境内也种植小麦。南华汉墓位于泰州姜堰市官庄乡，是西汉武帝至王莽时期的墓葬。墓中出土了两件石磨盘，分上下两片，均圆形，内侧为磨面，有凹槽。这说明汉代

图 2-11　泰州姜堰南华汉墓出土石磨，泰州市博物馆藏

---

① 林剑鸣等《秦汉社会文明》，第 189—190 页。

② 彭卫、杨振红《中国风俗通史》（秦汉卷），第 26 页。

③ 王学泰《中国饮食文化史》，广西师范大学出版社 2006 年版，第 32 页。

泰州地区已能加工小麦面粉，面粉为面点制作提供了原料[①]。汉代豆的食用较为普遍，不仅作为主食，也兼做副食和调味品。民间一般食用的酱，就是用豆麦等谷物发酵制成的调味品。“豉”即用煮熟的大豆发酵制成的豆豉[②]。

除主食外，人们的饮食结构中副食也日渐丰富。泰州地处北温带，气候温和，水源充沛，蔬菜种类繁多，可谓得天独厚。枚乘《七发》记载有“刍牛之腴，菜以笋蒲；肥狗之和，冒以山肤。……秋黄之苏，白露之茹”。此处“笋蒲”指竹笋、蒲菜，“山肤”即石耳，“苏”即紫苏[③]。秦汉人食用猪肉、狗肉较多且十分讲究，通常是选幼不选壮，选壮不选老。《七发》说的美食中也明确提到“刍牛之腴”，“肥狗之和”。鸡是上自贵族下至平民都爱饲养和食用的家禽，鸡肉和鸡蛋在秦汉饮食生活中占有重要位置。在一般家庭中鸡肉是待客的常菜。而且杀鸡为黍也是汉代人敬老养老的菜食。家禽中还有鸭和鹅，只不过远不及鸡重要罢了。秦汉人还特别喜欢吃下水，舌、心、肺、胃、肠、肝、头、蹄，可以说是无所不好。一般平民吃不起肉，所以常买些下水调剂一下生活[④]。泰州濒临水域，居民食用水产品的数量和频率要高于其他地区。淮扬名菜中，多野禽佳肴。据枚乘《七发》记载，汉代贵族之家即有野鸡菜肴。淮扬自古就是鱼米之乡。夏禹时九州岛入贡，淮夷贡鱼。春秋时，六合人专诸，善治全鱼炙，吴王姬僚非专诸炙鱼不食，足见其烹制精美。江东鱼脍一直流传，两汉时期，仍为扬州地区名食，刀工之精细，受到枚乘的称赞[⑤]。秦汉时期的果类品种繁多，有梨、枣、杏、李、桃、梅、橙等，葡萄、

---

① 姜堰市文物管理委员会办公室《姜堰市官庄南华汉墓发掘报告》，《东南文化》2002年第5期。

② 王子今《秦汉社会史论考》，商务印书馆2006年版，第283—291页。

③ 章仪明编《淮扬饮食文化史》，青岛出版社2000年版，第85页。

④ 林剑鸣等《秦汉社会文明》，第204页。

⑤ 章仪明编《淮扬饮食文化史》，第109—110页。

安石榴、杨梅与离支(荔枝)等亚热带地区水果也陆续出现在江淮居民的食案上。

秦汉时期饮酒风气盛行,宴饮活动是在多种心态驱动下展开的,并负载了相应的社会功能。首先,宴饮活动是人们进行社交的媒介和手段。其次,宴饮活动是"面子"观念重要和直接的象征。再次,宴饮活动是享乐观念的实践[①]。这在淮扬地区也不例外。《七发》中记载:"兰英之酒,酌以涤口。"现在出土的属于两汉时期的漆制羽觞(即酒杯)之多、之精、之全,即便是在全国范围来说,也属于凤毛麟角[②]。

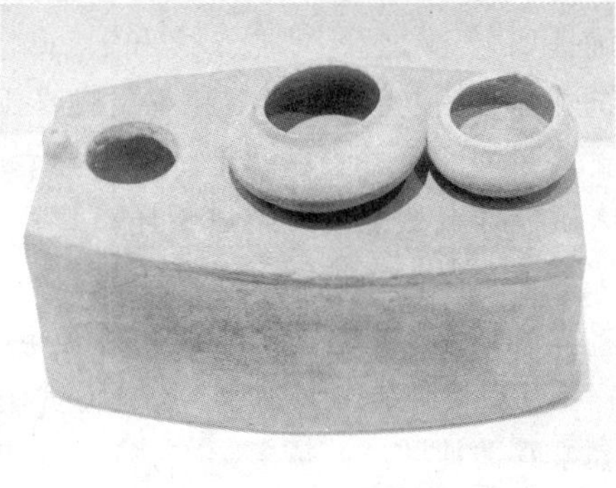

图 2-12　南华汉墓三眼陶灶,泰州市博物馆藏

汉代,列鼎而食的习俗逐渐消失,人们开始在地面上用砖砌制炉灶。当时炉灶的造型和种类可谓变化多样,但总体风格是长方形的居多。姜堰南华汉墓出土两件陶灶,平面近长方形,灶面上有三个火孔,分置铁釜、铁锅、陶盆,有一圆孔形灶门。两件铁制的釜,无盖、敛口,方唇,折腹弧收,圆底。泥质灰陶甑两件,敞口,卷沿、尖圆唇,弧收腹,平底,底有7圆孔[③]。

盛食物的器皿是碗、盘、耳罐等,一般为陶器,富有之家则用漆器。吃饭时用筯,即筷子,或用竹或用木制成。也用匙,或称

---

① 彭卫、杨振红《中国风俗通史》(秦汉卷),第101页。

② 章仪明编《淮扬饮食文化史》,第160页。

③ 姜堰市文物管理委员会办公室《姜堰市官庄南华汉墓发掘报告》,《东南文化》2002年第5期。

匕。放置碗、盘的是案。案有木案、石案之分，以木案为多。木案多为方形或长方形，质轻，有隔水边沿，案腿纤细，作栅栏状曲棍式、圆柱式、板式等式样。有的则作马腿或兽脚腿式。厨房中存放食物的地方叫庋。可能是一种壁橱，主要用来盛放吃剩的熟食。盛放熟食的器物还有寒具筥，古称竹篚。主要用来盛放未经热过的旱点。其形或圆或方，漆以黑色漆[1]。

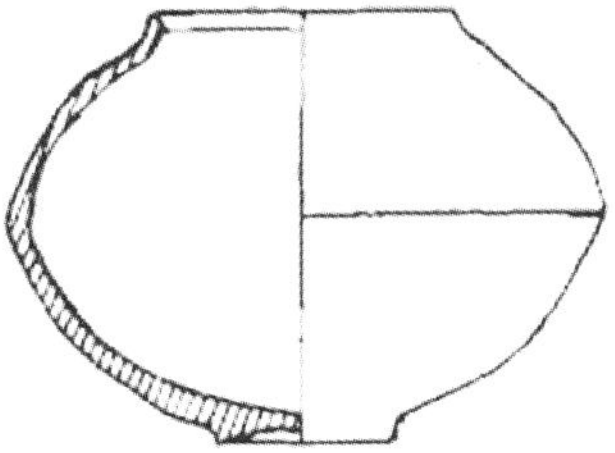

图 2-13　M2 出土铁釜（M2:15）

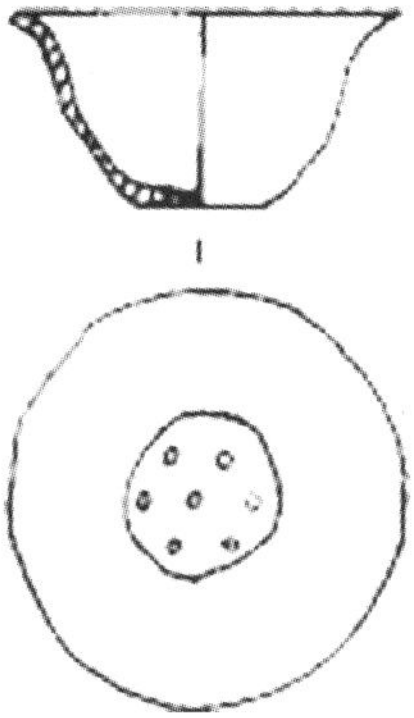

图 2-14　M1 出土陶甑[2]

秦汉时期的饮食较前代而言较为丰富，但整体上是比较节俭的。秦汉人每日二餐或三餐，因饮食者身份地位的不同而各异。汉代弘扬孝道，提倡给长者食肉吃粥。秦汉饮食生活中，还有不少禁忌。如日月薄食不饮，据说饮者将蚀口；雷

图 2-15　汉陶井圈，泰州市博物馆藏

① 林剑鸣等《秦汉社会文明》，第 211—212 页。

② 图片引自姜堰市文物管理委员会办公室《姜堰市官庄南华汉墓发掘报告》，《东南文化》2002 年第 5 期。

不作酱，俗说作酱后食之，令人腹内有雷声。此类迷信是甚不足取的。但"鼠涉饭中，捐而不食"，则是符合卫生要求的[1]。

（三）住宅

秦汉时期的民居建筑是中国建筑文化高度发展阶段的产物，呈现的是一种模式化、统一化的趋势。秦汉建筑主要是砖瓦木结构，所谓"秦砖汉瓦"就是对秦汉时期房屋建筑的一个总体概括。作为居住文化的发展阶段，汉代承接秦朝风格，建筑已经普遍使用砖瓦，解决了房屋的漏水问题，这在中国的建筑史和生活史上，都是一大进步。考古调查中，经常会发现秦汉两代各种各样美丽的瓦当，有圆形的，也有半圆形的。瓦不但是实用的建筑材料，而且作为装饰艺术使用到房屋建筑上。瓦当的纹饰图案很多，有葵纹、动物纹、植物纹、云纹，还有文字瓦当。动物纹的瓦当，艺术价值极高。众多富有各种图案的瓦当镶嵌在椽头，远远望去，显示出建筑的庄重、华贵。秦汉住宅建筑模式首先取决于秦汉家庭的构成形态[2]。秦国商鞅变法以后，家庭形态发生的最大变化就是取消了男女混杂同居的大家庭，变为一夫一妻制的小家庭。秦汉民宅的基本形式是有房三间，一间为堂，二间为室。除少数采用承重墙结构外，大多数采用木构架结构。在长江流域，用竹作屋十分普遍[3]。

图 2-16　出土汉代灰陶院落，河南省博物院藏

秦汉时期对住宅的经营包括两个系统。

① 林剑鸣等《秦汉社会文明》，第 214 页。

② 王兆祥《秦汉民居的建筑形态》，《中国房地产》2007 年第 8 期。

③ 林剑鸣等《秦汉社会文明》，第 225—226 页。

一个系统是人们对居住的生活需求，另一个系统是对生活中一系列不祥事物的规避。前者来源于实际生活经验，后者则混合了原始巫术和流行于当时的术数观念；前者主要与居住环境有关，后者则涉及住宅地点的确定、住宅的修建和迁徙；前者是对已知事物的准备，后者则是对未知灾祸的预防；前者满足了居民日常生活的基本需求，后者则对居民日常生活所需要的安全提供了心理慰藉①。

秦汉时期，室内家具已臻于完备，以木制为多。按照用途分，主要有供坐卧用席、床和榻；放置器物的家具几和案；用于储藏衣物箱、奁、箧、笥以及具有装饰功能的屏风、帐等。

日常用具则有金器、银器、铜器、漆器、玉器、陶器等。这些用具常见于富贵人家，如金银首饰、铜镜、玉佩等，而普通人家则只能使用陶器。

图 2-17　泰州出土汉代鎏金神兽铜镜，泰州市博物馆藏

（四）交通

泰州地处江、淮、海交汇之地，不但造就了其水城一体的独特风韵，也为古泰州地区的水运交通提供了天然的条件。而此时的人工运河在水运中也发挥着重要的作用。

早在春秋时期，邗沟的开凿，沟通了江、淮两大水系。秦始皇曾“从江乘渡，并海上”。汉初吴王刘濞据吴地，“东有海盐之饶，章山之铜，三江五湖之利”②。《汉书》卷五一《枚乘传》记载

① 彭卫、杨振红《中国风俗通史》（秦汉卷），第 201 页。

② 《史记》卷一二九《货殖列传》，第 3267 页。

吴王刘濞曾疏浚了邗沟,邗沟是当时广陵通向苏北和山东的便捷水道。东汉广陵太守陈登鉴于邗沟曲折迂回对其作了改道与疏通,减少了淤塞现象,缩短了航运距离,提高了江淮间的通航能力。

吴王刘濞为便利盐运,"开茱萸沟(今维扬区湾头镇),通运至海陵仓"①,这条西起扬州茱萸湾,东通海陵仓(在泰州)及如皋的茱萸沟,后人称其为"运盐河",是通扬盐运河的前身,大体为今老通扬运河西部河段。古运盐河遗址位于现今泰州南门外,东至泰东纪庙,西自泰西界沟,约12公里长,至今仍然通航。舟船是主要的水上交通工具。先秦时代的舟船还主要是依靠用楫,即后来所说的桨或橹划水前进。汉代的各种船只也基本上是沿袭着先秦的传统。水上交通工具还有竹筏等②。

秦汉时期主要的陆上交通运输工具是车乘。主要有牛车和马车。汉初马匹不足时,方以牛供骑乘。因此,牛车的地位并不高。自东汉中晚期起,士人乘坐牛车渐成风气,规格日渐增高,装饰也趋于华丽。

图 2-18　汉代画像石上的车马图

车乘工具还有安车、立车、轺车、衣车、辎车等。坐乘的车谓

① 《太平御览》卷七五《地部·沟渎》引阮昇之《南兖州记》。

② 王凯旋《秦汉生活掠影》,沈阳出版社2002年版,第76—77页。

之安车，立乘则为立车。多为低级官吏和普通百姓乘坐。轺车的车厢较小、敞露四面、速度较快，所以汉代也将它称为“轻车”，可以行远路。衣车则是车身被四面屏蔽遮掩起来。多为妇女所乘坐。官宦一般乘坐辎车，这种车形制和轺车比较相像，但在车轮顶部之处左右各装有长方形的挡泥板。车的挡泥板也叫做车耳，车耳的多与少、精与粗、大与小实际上也在相当程度上标志

图 2-19　汉代安车、立车、轺车、衣车、辎车图，引自孙机《汉代物质文化资料图说》，第 90 页

了官吏的等级划分[1]。此外，依靠人力手挽之或肩扛之的交通工具称为辇舆。它具有速度慢、方便灵活、安全可靠的特点，尤其适应于山川险峻、河网密布的江南地区使用。

秦汉时期，人们在陆路交通上也更多地采用骑乘的方式，这也是当时最为便捷也最为简易的交通方式。马不仅仅是与车乘相结合的交通工具，而且独立了出来，成为单骑[2]。

二、婚丧习俗

秦汉婚丧礼俗在继承前代的基础上也呈现出一些新的特点，如陪葬品中活人殉葬的现象基本消失了，体现了时代的进步性，但另一方面，婚娶奢靡，厚葬等不良风气却大行其道。

（一）婚姻

秦汉的婚制，大体包括"议婚"、"婚仪"及"婚年"等方面的具体规定。当时的议婚形式一般是由夫家先请于女家，也有女子之家发议的或者女子自主婚姻的。两家门第以相当为主。婚仪基本上遵循古之六礼，即"纳采"、"问名"、"纳吉"、"纳征"、"请期"、"亲迎"。《艺文类聚》卷四〇引郑众《婚礼谒文》："纳采，始相与言语采择可否之时；问名，谓问女名将归卜之也；纳言，谓归卜吉，往告之也"；纳征，用束帛，征成也；请期，谓吉日将亲迎，谓成礼也。"[3]大婚之日，夫家要宴请宾客，大家饮酒欢笑，言行无忌，近世之闹洞房之俗汉代已经出现。婚后三月，新妇要见于祖庙，祭祀先祖。汉代婚年以男女双方年龄相配为主，一般男性要稍长于女性。汉代男子的普遍初婚在十四岁至十八岁之间，女子的初婚年龄在十三四岁至十六七岁。秦汉时期，贵族或官僚

---

① 王凯旋《秦汉生活掠影》，第84页。

② 王凯旋《秦汉生活掠影》，第83页。

③ 转引自杨树达《汉代婚丧礼俗考》，上海古籍出版社2007年版，第10页。

在正妻之外，一般还有小妾、小妇、少妇、旁妻、妾、下妻、外妇等①。

（二）丧葬礼俗

秦汉丧葬之礼大体继承古制而又有所发展，从文献记载来看，其具体情况是：

人初死，沐浴饭含。“饭”指将米填塞到死者口中。“含”指殡殓时放在死者口中的珠、贝、玉②。衣衾方面，通常用币帛或纩绵缠尸。附身之物有衣、被，贵者用锦衣，天子用珠襦玉匣。

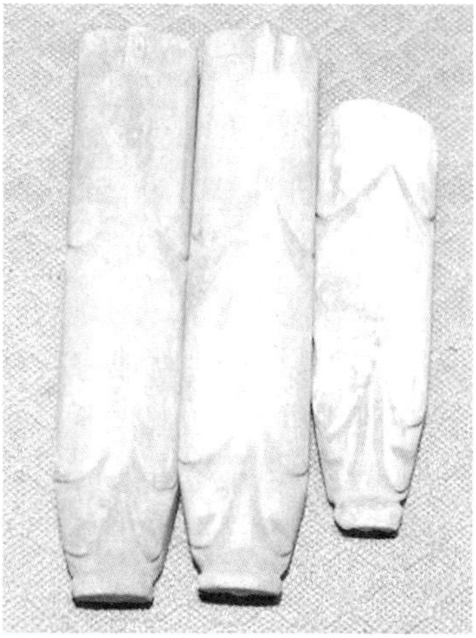

图 2-20　汉滑石猪，泰州市博物馆藏

入敛，将死者的尸体入棺。天子之棺特大，臣下次之，一般平民用小棺，至贫者则以席卷尸。棺通常为木制，就材质而论，存在明显的等级差别。诸侯王、公主、贵人、以及公、特进等皆用樟棺。普通人一般用桐、杉等，甚至是杂木。特别穷的则用瓦棺。棺饰极其复杂，有朱棺、画棺、黑漆棺等多种。不加饰者，谓之素棺。棺外加椁，亦分大小，或以木制，或以石制，或以砖瓦制。对于尤贵宠者，皇帝则赐以梓宫便房黄肠刚柏题凑——即“黄肠题凑”。“以柏木黄心致累棺外，故曰黄肠；木头皆向内，故曰题凑。”③

1979 年在高邮市天山乡神居山中发掘出西汉广陵王刘胥墓，刘胥为汉武帝第六子。广陵王刘胥的墓葬采用了汉代最高

---

① 杨树达《汉代婚丧礼俗考》，第 55—58 页。

② 李如森《汉代丧葬礼俗》，沈阳出版社 2003 年版，第 4 页。

③ 《汉书》卷六八《霍光传》注引苏林曰，第 2949 页。

规格的葬制——“黄肠题凑”。其规模宏大,结构严谨,是全国罕见的大型墓葬之一。

图 2-21　广陵王黄肠题凑[1]

整个木椁南北长 16.65 米,东西宽 14.28 米,通高 4.5 米,面积 237 平方米,使用楠木 540 立方米。由外藏椁、“黄肠题凑”、东西厢、中椁、内椁、便房、梓宫组成。“黄肠题凑”是就地取材,全部采用金丝楠木,共有 857 块。每块“题凑”的尺寸大小不一,四面企口抽槽高低错落不同,全凭榫卯相连。当年考古人员在现场发掘时,用最薄的剃须刀片都没能插入。这是古代“黄肠题凑”中最完善的一种结构。从出土实物看,“题凑”葬制主要流行于西汉,至东汉时,黄肠木为黄肠石代替[2]。

发丧。闻丧讯后,子女亲属都要来奔丧,道远不能亲赴者,则寄物以祠。丧家要举办酒席招待吊唁者。

出殡。已盛放有尸体的棺称为柩。柩上书写死者的官职姓名。用牛车载柩,即为薄葬,贵者多用辒辌车[3]。亲友随柩送

---

① 图片引自薛序《黄肠题凑古汉墓》,今日高邮网(www.gytoday.cn)2011 年 1 月 7 日。

② 曹永森编《扬州特色文化》,苏州大学出版社 2006 年版,第 61—63 页。

③ 《汉书》卷六八《霍光传》颜师古注曰:“辒辌本安车也,可以卧息。后因载丧,饰以柳翣,故遂为丧车耳。辒者密闭,辌者旁开窗牖,各别一乘,随事而名。后人既专以载丧,又去其一,总为藩饰,而合二名呼之耳。”第 2949 页。

葬，在灵柩经过的街路上都要设筵祭奠，也称路祭[1]。

丧期。先秦时期的五服制，汉代因循未改。但在丧期方面汉文帝曾提倡短丧。“出临三日，皆释服……服大红十五日，小红十四日，纤七日，释服。”[2]即葬后三十六日而除服。但除大功、小功有所遵循之外，并未得以真正实施，在西汉武帝至哀帝之世，逐渐形成三年丧制。

居丧。汉制，子遇父母之丧，未葬，居服舍；已葬，居庐墓。居丧期间，忌饮酒食肉、忌近妇人，忌作乐，忌聘妻，忌访友[3]。

秦汉时凡死于他乡者，大多要归葬故里。夫妇合葬以及子孙从父祖而葬的附葬之风盛行。汉人重坟墓，一般都不愿意远弃祖坟而远迁。广陵太守张纲死后，郡吏张婴等五百余人为其制服行丧，并将张纲灵柩送至其家乡犍为修建坟茔。顺帝专门颁诏，对张婴等人为上司付出“如丧考妣”的情感大加赞赏。这种在汉代普遍存在的情形是一个时代文化特质的反映[4]。

三、节日

秦汉时期，是我国节日习俗的草创和发展阶段，在社会经济、政治文化诸多因素的影响下，一些岁时节日开始定型，并因国家的统一而具有广泛的地域性，泰州地区也莫例外。这在一定程度上反映了当时人们的传统习惯和思想观念，透过这些活动，可以窥见当时绚丽多彩社会生活。

除夕是一年中的最后一天。当时并无贴春联的习俗，却将桃木梗削成神荼、郁垒两个人的模样，挂在门首以驱邪。据东汉应劭《风俗通义》卷八《祀典》云：

① 李如森《汉代丧葬礼俗》，第36页。

② 《汉书》卷四《文帝纪》，第132页。

③ 杨树达《汉代婚丧礼俗考》，第219—222页。

④ 彭卫、杨振红《中国风俗通史》(秦汉卷)，第443页。

上古之时，有荼与郁垒昆弟二人，性能执鬼，度朔山上立桃树下，简阅百鬼，无道理，妄为人祸害，荼与郁垒缚以苇索，执以食虎。于是县官常以腊除夕，饰桃人，垂苇茭，画虎于门。皆追效于前事，冀以卫凶也。桃梗，梗者，更也，岁终更始受介祉也。①

除夕日，汉代宫廷还举行规模盛大、仪式隆重的驱鬼除瘟疫祭仪。汉时守岁的习俗也已经出现。

正月初一又称“正旦”或“正日”。它的确立是历法修订的直接结果。秦“以十月为正”，汉王朝建立后沿袭秦制，“因以十月为年首”，故这一时期以十月初一为正旦。汉武帝太初元年（前104）开始，以夏历（农历）正月初一为“岁首”，并一直延续至今。汉代人对这个标志着新年伊始的节日极为重视，举国上下在这一天都要举行各种隆重仪式进行庆贺。其中，朝廷要举行大型朝会，皇帝接受百官臣僚的祝贺②。正旦也是民间举行各种活动的盛大节日。当时用火烧烤竹子使其爆裂发声，以此驱除山鬼，营造喜庆氛围。《四民月令》“正月”条描述了北方地区正旦的节日景象：作为一家之长的男主人在这一天要带领全家老小，祭祀祖先。为了迎接这一天，他们很早就开始准备工作。每年十月上辛日要为正旦的祭祀活动酿造冬酒。正旦到来，全家团聚，家长和执

图 2-22　汉代铜钟，泰州市博物馆藏

---

① 《风俗通义校注》卷八《祀典》，第367页。

② 彭卫、杨振红《中国风俗通史》（秦汉卷），第623页。

事要先献上好酒以享祖先，期待祖先神灵降临，保佑一家人一年平安，诸事顺利。祭祀仪式结束后，便开始举行丰盛的宴会①。全家围坐于家长之前，向家长敬椒酒（或称椒柏酒），举杯祝寿，尽情享受天伦之乐。

灯节即元宵节，起源于西汉。每年正月十五，全国各地到处张灯结彩，男女老少纷纷出游，热闹非凡。

社日，据《礼记·月令》和《四民月令》，每年二月和八月择元日举行祭社仪式。但两次祭祀的物品和目的却有差异。二月祭社是为了祈求丰收，八月祭社则是为了报答和感谢神祉。② 社日的主要活动是以地域和行政的社区组织乡、里为单位举行的，在汉代民间，与表现出强烈家族色彩的正旦相比，社日具有强烈的社会色彩。一个社的地域范围涉及一个乡或一个里，参加社祭的人数因此相当可观。社日是一个热闹熙攘和欢快的节日，不同家庭的男男女女聚会在一起，奏乐歌舞。宴饮活动也是社日不可缺少的内容，日常生活中单调的食品可以藉此得到调剂③。

上巳节，始于西周，指夏历三月上旬的第一个巳日。上巳节时，女巫在河边举行消灾除邪的仪式，人们到河边用浸泡了香草的水沐浴，洗去积秽，祓除疾病和不祥，又称“禊”或“祓禊”。到东汉时，人们不仅仅举行沐浴祓禊的仪式，也把它当作郊游的日子。一些富裕人家利用这一机会邀集众多宾客，举行别致的郊外宴会，使这个日子附着上交往功能。

农历五月初五，这是防病和祀迎神灵的日子。战国以来，人们一直把五月视为“恶月”，把五月五日视为“恶日”。端午节的习俗在汉代尚未形成，而是系青、赤、黄、白、黑五丝于臂以驱病瘟、除邪、止恶气，延年益寿。汉人也吃粽子，又称角黍，只是一

---

① 彭卫、杨振红《中国风俗通史》（秦汉卷），第628页。
② 彭卫、杨振红《中国风俗通史》（秦汉卷），第630页。
③ 彭卫、杨振红《中国风俗通史》（秦汉卷），第631页。

种时令食品，与屈原无关。后世五月初五，除纪念屈原之外，尚有纪念介子推、伍子胥、东汉的曹娥、陈临等说。

七夕，汉代以后，牛郎、织女由星名变成了男耕女织的神话人物，七夕节在汉代已初具节日的雏形。迄至汉末，已出现了织女七夕渡河，喜鹊为之搭桥的传说。

重阳节，旧历九月初九。重阳节有登高之俗，始于西汉。汉人重阳节已有佩茱萸、饮菊花酒的习俗。茱萸又名“越椒”或“艾子”。其味香烈，可入药，驱虫、除湿，逐风邪，治寒热，利五脏，延年益寿。所以古人将它附会成驱邪的神物。在重阳节登高之时，人人佩戴。因此，重阳节又称“茱萸节”。菊花酒就是用菊花酿制成的酒，饮菊花酒，同样有延年益寿的功效。

秦汉时期的节日结构在中国古代具有承前启后的历史地位。一方面，这一时期的多数节日在两晋南北朝、唐宋乃至近代仍然延续，尤其是正旦的出现对中国传统节日产生了深远的影响；另一方面，这些节日中的许多内容也程度不同地成为后代节日的组成部分。其中，正旦和社日的各种活动得到广泛继承。个中缘由除受民俗本身的流传规律制约外，也与中国古代政治、经济、文化的延续有着密切关联①。

---

① 彭卫、杨振红《中国风俗通史》(秦汉卷)，第644页。

第三章　魏晋南北朝时期的泰州

东汉灭亡后，中国进入了一个大动乱、大分裂时期。从公元三世纪初到六世纪末，前后300多年间，在中国内地农耕社会的地域范围内，建立过许多大大小小的政权，如曹魏、蜀汉、孙吴，西晋，东晋、五胡十六国，宋、齐、梁、陈，北魏，东魏、西魏，北齐、北周。这些政权，历史上总称为三国两晋南北朝；如果以曹魏代表三国，则又称为魏晋南北朝。

魏晋南北朝时期，只有西晋37年的短暂统一。这是一个人口大迁徙、民族大交融的时期，四周的边疆民族南下北上、东进西入，迁徙频繁，其间通过兼并战争、外交捭阖、南北交流来不断完成民族融合，最终走向隋唐的统一。这是一个英雄的时代，为强者提供了自由驰骋的天地。这是一个贵族的时代，门阀士族成为统治阶层，形成"上品无寒门，下品无士族"的士庶天隔的森严界限。这是一个思想解放、个性自觉、风采独具的重要时代，许多新的制度孕育产生，哲学、文学、艺术以及自然科学方面均取得了许多重大的发展。这一时期，江南经济得到重要的开发和发展，南北的经济文化和生产技术得到很好的交融，为唐宋时期经济重心南移奠定了坚实基础。

魏晋南北朝时期的地方行政制度可以说在中国古代地方行政制度中是最庞杂紊乱的，所以在这样的动荡时期，泰州的行政建制不断调整。三国时期，海陵县废；西晋复立海陵县，属广陵郡；东晋、宋、齐、梁、陈、北齐、北周皆设海陵郡，时与金陵（南京）、广陵（扬州）、兰陵（常州）齐名。

北来人口有一部分在海陵停下了脚步，并逐渐爱上了这片土地，在这里安居乐业，繁衍生息。他们带来了北方的先进生产技术，增加了海陵劳动力，海陵县逐渐繁荣起来。这时期海陵农业发展，泰州红闻名遐迩，成为江淮粮仓之地。与此同时，冶铁、纺织、瓷器、制盐、造船等工商业也迅速发展，尤其海陵的盐业更是两淮盐业的发源地和主要产地。

由于游牧民族的入侵，北方居民大量内迁，中原文化的影响与本土经济发展的结合，为文化的兴起提供了良好的条件，因而海陵经济迅速发展的同时，文化事业也逐渐繁荣。这时期儒道佛三教相拒相斥，相融相吸，在冲突中融合，在融合中发展，海陵也深受三教影响。在道家方面，“江海会祠”的建成为方士提供了游息之所，海陵也成为道教盛行地区；在佛教方面，东晋安帝义熙七年建起了辉煌华丽的光孝寺；然而占据主流地位的，还是儒家的思想文化。

第一节 行政建制

秦统一天下后，分全国为36郡，郡下设县，从此中央集权制下地方行政区划的郡县体制及县作为最低一级行政单位的模式基本确定下来。魏晋南北朝时期，地方行政区划在郡县制基础上逐渐产生了州制，州统郡，郡统县，州置刺史，郡置太守，县置令长，州—郡—县三级制度作为基本的地方政权体制大致形成。

一、概述

魏晋南北朝时期的行政建制十分紊乱复杂，主要有如下特点：

首先，州郡划小，设置过滥。由于这一时期国家分裂，战争频繁，因而地方行政区域变化无常，州郡县的数目日益增多，如西晋时全国设19个州、173个郡，南北分裂后，南朝梁有104个州、586个郡，北朝北周武帝建德二年(573)有135个州、261个郡，梁、北周疆域均不及西晋，而州郡数却激增，其领户必然减少。州的长官称为刺史，郡的长官称为太守。

其次，都督制的形成及州郡政权实行军民两政“双轨制”。这时期适应军事战争的需要，州郡政权出现军权干预政权，地方行政长官兼理军政，军民并治的重要特点。东晋南朝在州级之上有个更高更大的一级政区，即都督区，其统治机构则称都督府，都督都理诸州军事，且基本兼领刺史。北朝的州郡也实行军民两政的“双轨制”，军政两套班子，均由刺史加都督之号，或都督领刺史者统一综理；北周改都督为总管，总管权力更大。这一时期战祸纷起，地方割据，与地方制度中军人治政的“双轨制”有很大关联。严耕望先生认为，魏晋南北朝时期，地方行政应为四级建制，即都督、州、郡、县，不无道理。

再次，设有封国制度。与州郡平行的，还有封国制。曹魏时的封国，有其名无其实。西晋鉴于曹魏因孤立无援而亡的教训，遂大封宗王，他们具有相对独立的军权、政权与财权，然而最终"八王之乱"导致西晋灭亡。故东晋南北朝虽仍实行分封制，但王国的权力大为削弱。

再次，出现遥领与虚封。遥领是将别国领土当作己地，委任刺史、太守实行象征性统治，实际上既无领土又无领民。如三国曹魏设益州刺史、平州刺史，而益州属蜀国，平州为孙吴领地。虚封，即把别国土地当做自己领土进行虚封，有封号而无土地。如曹魏曾封吴王，蜀有鲁王、梁王等，这些王仅有封爵而无领地。

再次，侨置州郡盛行。西晋末年，中原地区连年混战，北方人民和世家大族为避战乱，大批渡江南迁，为管理流亡江南的北人，东晋南朝在其辖境之内沿用北方的地名设置的州郡县(通常加上一个"南"字)，即为侨州郡县。如在京口(今江苏镇江)侨立南徐州，在江乘(今江苏句容北)侨立南琅琊郡与临沂县。这样一来，南北地名混淆，加上侨州郡县废置无常，隶属关系又经常变动，出现"紊乱无纪，名实俱违"的局面。

最后，十六国及北朝实行胡、汉参合而用的制度。十六国时期，地方行政多行胡汉分治制度，即在汉人地区仍以州郡县进行管辖，对本族及其他少数民族则由部落酋长进行管理。北朝除继承魏晋州郡县三级制及都督制外，另设军镇、行台、总管、护军、部落酋长制度等，总之，行政制度更为复杂。

魏晋南北朝相对稳定的是基层地方行政单位——县，以户口多少为准设大县、小县，大县设令，小县设长；县为国(有公、侯、伯、子、男五种封国，因诸县之地而封建)者长官称相。令、长、相均为县级的行政长官。县的大小，汉朝规定万户以上为大县，万户以下为小县，魏晋南北朝时期标准降低，据《宋书》卷三五《州郡志》载，百余户乃至数十户之县很多。在县以下，国家通过地缘关系结合血缘关系组成乡里组织。由于战乱，加上地方政治把持在士家大族手中，因而此时乡里制度多遭破坏。

清人徐文范所撰《东晋南北朝舆地表》所列南北朝州、郡、县数

南朝四代州、郡、县数				
宋元嘉十七年	实州 17	侨州 3	实郡 172	侨郡 61
大明八年	州 20	郡 252	县 1250	
齐建武元年	州 24	郡 356	县 1738	
梁大同元年	州 104	郡 586		
陈(含后梁)太建五年	州 85	郡 250 以上		

北朝各代的州、郡数			
北　魏	道武天兴四年(401)	州 8	郡 36
	明元泰常二年(417)	州 7	郡 36
	太武太平真君四年(445)	实州 15 侨州 3	郡 80
	文成兴光元年(454)	州 20	郡 100
	孝文太和元年(479)	州 34	郡 160
	太和十八年(494)	州 57	郡 200
	孝明神龟二年(519)	州 68	郡镇总数 300 余
西　魏	文帝大统十二年(546)	州 57	郡 183
东　魏	孝静武定四年(546)	州 59	郡 230
北　周	武帝建德二年(573)	州 135	郡 261
北　齐	后主建平四年(573)	州 65	郡 162

以下即按历史发展顺序分别介绍魏晋南北朝时期泰州行政沿革：

二、三国时期

东汉末年，政治腐败，加上接二连三的天灾，出现了田野空、朝廷空、仓库空的“三空之厄”，于是以黄巾军为代表的各地农民

起义军，向东汉政府展开了一场波澜壮阔的反抗斗争。虽然起义最终失败，但沉重打击了东汉王朝，加快了东汉腐朽政权的崩溃。

在镇压黄巾起义的过程中，各地豪强纷纷扩大自己的势力，出现了军阀割据、混战的局面。经过激烈的兼并战争，曹操、孙权、刘备势力逐步兴起，到赤壁之战后，魏、蜀、吴三国鼎立局面形成，分别割据北方、东南和西南地区。

东汉时期，泰州为海陵县，属广陵郡。三国时期，由于中原魏、吴之间的战争主要发生在淮河以南、长江以北的地区，广陵介于南北之间，吴国水军北上攻魏，必须经过邗沟；魏国南下攻吴，东路必须经过广陵，此地遂成为魏吴交战之地，于是三国时废除了海陵、高邮、江都等汉时旧县①。

广陵海陵在三国时期由于是魏吴边境，究竟属魏还是属吴，有相关史料作为佐证：

> “黄初二年……孙权复叛，帝（魏文帝曹丕）遣辽（张辽）乘舟，与曹休至海陵，临江。”（《三国志·魏书·张辽传》）
>
> “黄初五年，天子（魏文帝曹丕）南巡，观兵吴疆。六年，天子复大兴舟师征吴……天子自广陵还洛阳。”（《晋书·宣帝纪》）
>
> “（孙）峻欲城广陵，朝臣知其不可城，而畏之莫敢言。唯滕胤谏止，不从，而功竟不就。”（《三国志·吴书·孙峻传》）

可见，广陵为魏吴间隙之地。虽属吴，但魏常用兵此地，所以孙峻想重置广陵，最终未成。总之，广陵之地是“吴得而有之，魏不得而有之”，或者说彼此皆不能有。海陵原属广陵，地处江北，处

---

① ［梁］沈约《宋书》卷三五《州郡一》，中华书局1974年版，第1054—1055页。

境自然也是如此。但就局部地区而言，还不能一概而论。马洲就是一例。马洲是靖江的一个古称。三国时期，因为这里水草茂盛，所以就成为东吴的牧马场所，马洲亦由此得名。马洲当在吴赤乌元年(238)前成陆，赤乌二年为吴帝孙权牧马之所，时属吴国毗陵典农校尉延陵县暨阳乡。晋太康二年(281)，属毗陵郡暨阳县(今江苏江阴)。

图 3-1　今日靖江

海陵身处战事频繁、局势不稳之地，这样的地理位置决定了当地人民的生活不可能安定，百姓自然不愿留居此地。所以《宋书》卷三五《州郡志》记载："三国时，江淮为战争之地，其间不居者各数百里。"①可见，当时海陵人口不多。

三、两晋时期

魏明帝时，曹魏政治日坏，世家大族的代表司马懿和他的儿子司马师、司马昭逐渐控制了军政大权。明帝死后，年幼的曹芳继位，司马懿和宗室大臣曹爽共同辅政，嘉平元年(249)，曹爽等陪同曹芳出洛阳城南拜谒魏明帝高平陵，司马懿乘机在洛阳发动"高平陵之变"，控制了曹魏政权。景元四年(263)，司马昭灭蜀后，没来得及做皇帝就死了。泰始元年(265)，司马昭的儿子司马炎逼魏元帝禅让帝位，自己称帝(晋武帝)，国号晋，定都洛阳，史称西晋。咸宁五年(279)，西晋大举伐吴，太康元年(280)3月灭吴。自东汉末年关东军讨董卓，经过 90 年的分裂混战，中

① 《宋书》卷三五《州郡一》，第 1033 页。

国得以重新统一。

由于国家统一，战事平息，海陵不再成为纷争之地。所以，晋武帝灭吴后，立即于太康元年复立海陵县。西晋全盛时期有19州、173郡、1232县，西晋末年又增至21个州，领170多个郡[①]。当时徐州下辖广陵郡等7个郡国、61个县，其中广陵郡管辖8个县，分别是淮阴、射阳、舆、海阳、广陵、盐渎、淮浦、江都。这里的"海阳"即是"海陵"。需要说明的是，并非西晋时期将海陵改称为海阳，从"海陵县界地名青蒲"[②]和泰州地方志来看，"海阳"应该是传写之讹。

晋武帝在位期间，励精图治，经济繁荣，西晋出现"太康之治"。文献虽无记载海陵县户口，但可以肯定，海陵县在良好的社会环境下，必定人口大幅增长，百姓安居乐业；据《晋书》卷一四《地理下》记载："广陵郡汉置。统县八，户八千八百。"[③]所以，估计当时海陵县有一千来户。

但是西晋很快被统治者的腐化、奢靡和内乱所摧毁。统一仅仅维持了21年时间，即爆发了诸王争夺皇位的"八王之乱"。兵祸连年，崛起于北方的匈奴刘氏王朝进逼中原。永嘉之乱，匈奴刘曜攻占洛阳，于是司马邺在长安即皇帝位，他勉强支撑了四年，建兴四年(316)刘曜又攻占了长安，司马邺被虏，西晋灭亡。太兴元年(318)，琅琊王司马睿在江南称帝(即晋元帝)，定都建康(今江苏南京)，建立了偏安政权，史称东晋。中国北方则长期陷入五胡十六国的动乱之中。

起初，海陵仍为县级，属广陵郡。至晋安帝义熙七年(411)，分广陵置海陵、山阳二郡[④]。需要说明的是，东晋海陵郡并非在

① [唐]房玄龄等《晋书》卷一四《地理上》，中华书局1974年版，第408页。

② 《晋书》卷八一《毛璩传》，第2126页。

③ 《晋书》卷一五《地理下》，第452页。

④ 《晋书》卷一五《地理下》，第453页。

海陵县的基础上升级，海陵郡是由建陵、临江、如皋、宁海（今南通海安之东）、蒲涛（今白蒲之东包括南通）五县组成，治所在建陵；海陵县依然存在，但仍属广陵郡。海陵郡时与金陵（南京）、广陵（扬州）、兰陵（常州）齐名华夏。

东晋海陵郡、广陵郡皆属徐州，《宋书》载："元熙元年正月，诏遣大使征公（刘裕）入辅。又申前命，进公（刘裕）爵为王。以徐州之海陵、北东海、北谯、北梁、豫州之新蔡、兖州之北陈留、司州之陈郡、汝南、颍川、荥阳十郡，增宋国。"①

四、南北朝时期

从永初元年（420）刘裕篡东晋建立刘宋开始，至祯明三年（589）隋灭南朝陈为止，中国南北分裂，长期对峙，南北各有朝代更迭，历史上称为南北朝。南朝（420—589）包含宋、齐、梁、陈四朝；北朝（439—581）则包含北魏、东魏、西魏、北齐和北周五朝。

南朝刘宋时期，海陵县仍属广陵郡，广陵太守管辖四个县，分别是广陵、海陵、高邮、江都，共有 7744 户、45613 人②。另从"广陵太守领海陵令"来看，海陵县应该算是大县。按以前制度，大县才设令，但是刘宋时期共 1300 余县，设"长"近 80，设"相"约为 160，其他皆为"令"，以户数标准区分大小已不明显。即便如此，从广陵郡的总户口来看，海陵县估计有 1500 户，在刘宋时期，这绝对是非常大的县了。同时，刘宋沿设东晋海陵郡，按《宋书》记载，海陵郡管辖建陵、临江（今泰兴境内）、如皋、宁海、蒲涛、临泽六县，治所建陵，共有 3626 户、21660 人③。宋武帝永初元年（420），徐州改置南徐州，则海陵郡属南徐州。宋文帝元嘉八年（431），南兖州由京口移治广陵，又改"南沛、广陵、海陵、山

---

① 《宋书》卷二《武帝纪中》，第 45 页。
② 《宋书》卷三五《州郡一》，第 1054 页。
③ 《宋书》卷三五《州郡一》，第 1055 页。

阳、盱眙、钟离割属南兖”①,所以此时海陵郡、广陵郡又均属南兖州。

刘宋后期,皇室内部大规模自相残杀,极大地削弱了刘宋的统治力量。建元元年(479),禁军将领萧道成逼宋顺帝“禅让”皇位,建立了齐朝,史称萧齐或南齐。它是南朝最短命的王朝,仅有 23 年。据《南齐书》记载,广陵郡管辖五个县,分别是:海陵、广陵、高邮、江都、齐宁②,海陵县成为广陵郡的治所,说明海陵县的地位有所提升。关于海陵郡,在永明时期其领县有所增加,统辖建陵、临江、如皋、宁海、蒲涛、临泽、齐昌、海安 8 县,治所在建陵③。南齐时期,海陵郡、广陵郡均属南兖州。

由于皇室内部骨肉相残,以及内政失误,南齐统治危机加剧。永元三年(501),萧道成的族弟萧衍以报兄仇为名,在襄阳起兵,攻进建康,天监元年(502)称帝(梁武帝),建立了梁朝。梁朝历 55 年(502—557)、4 帝,但梁武帝一人就做了 47 年的皇帝。梁朝州郡数量激增,设置泛滥,梁天监十年(511)有 23 个州、350 个郡国,至大同五年(539),增至 107 个州、586 个郡国。一方面是由于当时北方混乱,北魏爆发了六镇起义,梁武帝乘机北伐,收复了一些失地;之后,东魏侯景归梁,也带入不少州郡;另一方面梁朝将州郡划小,以削弱地方势力,使地方没有与中央抗衡的力量。于是“一郡分为四五,一县割成两三,或昨属荆、豫,今隶司、兖,朝为零、桂之士,夕为庐、九之民,去来纷扰,无暂止息,版籍为之浑淆,职方所不能记”④。所以梁朝政区异常混

---

① 《宋书》卷三五《州郡一》,第 1038 页。

② 齐宁县:南齐析江都县置,在今江苏江都市东北六十里。见史为乐主编《中国历史地名大辞典》,中国社会科学出版社 2005 年版,第 1057 页。

③ 《道光泰州志》卷一,第 8 页。

④ 《宋书》卷一一《志序》,第 205 页。

乱，有人说郡之滥置始于宋，州之混乱起于梁。梁朝时期，海陵县不再属于广陵郡，而是划归到海陵郡，并成为海陵郡的治所。这与前期相比有较大变化，但海陵郡领县范围具体不详，按文献记载："梁复以海陵县为海陵郡治，五县仍属之。"[①]这里的五县是指东晋初设海陵郡时的五县——建陵、临江、如皋、宁海、蒲涛[②]，还是另有所指，不得而知。可以肯定的是，海陵郡仍属南兖州。

梁武帝接受东魏叛将侯景降梁，又因决策失误，最终导致侯景乱梁，自毁皇朝。永定元年(557)，梁朝武将陈霸先废梁敬帝而自立(陈武帝)，建立了陈朝，共立国32年。陈朝是南朝的最后一个王朝。关于海陵郡的治所和辖境，陈朝沿袭梁朝，未有变动，海陵郡亦属南兖州。

北朝是与南朝同时代并存的北方王朝的总称。北魏末年，政治腐败，民不聊生，统治阶级内部矛盾激化，北魏分裂为东魏(534—550)和西魏(535—557)，分别由权臣高欢和宇文泰掌权。东、西魏没有维持多久，天保元年(550)高欢的儿子高洋废掉东魏，建立北齐(550—577)；孝闵帝元年(557)宇文泰的儿子宇文觉也废掉西魏，建立北周(557—581)，形成周、齐对立的局面。

南北朝大多时期，泰州都属于南朝领地，但在梁陈时期作为南北交战之地，曾一度被北方王朝夺取。548—552年，梁朝发生了侯景之乱，北齐、西魏乘机攻占梁朝领土，北齐夺取了广陵郡、海陵郡等南兖州领地，并改南兖州为东广州，所以北齐时期，海陵郡属东广州，治所、辖境不变。陈宣帝太建五年(573)，陈朝

---

① 《道光泰州志》卷一，第8页。

② 建陵县：北魏置，治所在今江苏新沂市南沭河西岸。临江县：西晋太康元年(280)置，治所在今江苏南京江宁区西南江宁镇。如皋县：东晋义熙中置，治所在今江苏如皋县南。宁海县：东晋安帝时置，治所在今江苏如皋县西南。蒲涛县：东晋义熙七年(411)置，治所在江苏如皋东南白浦。见《中国历史地名大辞典》，第1715页、第1855页、第1154页，第847页。

将领吴明彻率军北伐，收复了广陵郡等地，于是陈朝又将东广州改为原称南兖州，海陵郡复属南兖州，治所、辖境不变。太建十一年(579)，北周将领梁士彦攻入广陵，自此南兖州又归入北周。北周时期，南兖州改称吴州，海陵郡属吴州，治所、辖境不变。

五、名臣武将

魏晋南北朝时期，泰州的名臣武将并不多见，毕竟那时的泰州确实还小，从汉武帝元狩六年(前117)设置海陵县算起，历史也不算悠久，泰州显然还没有能力扮演重要角色。但从文献记载来看，在才俊辈出的三国时期，泰州却也出现了一位风云人物——东吴名将、元勋重臣吕岱，为泰州平添了一股英雄之气。根据《三国志》本传[①]，可以大致了解吕岱传奇的一生。

图3-2　吕岱(如皋博物馆像)

——出生乱世。吕岱字定公，广陵海陵县人，生于东汉桓帝延熹三年(160)。桓、灵两朝是汉朝最混乱、最黑暗的时期，外戚、宦官专权，官吏贪残，横征暴敛，天灾人祸，民不聊生，最终爆发了黄巾起义。虽然黄巾军被镇压，但东汉王朝已名存实亡，全国军阀割据混战，经过兼并战争，最终进入曹魏、刘蜀、孙吴的三国鼎立时代。吕岱正是成长在这样一个风雨飘摇、刀光剑影的时代，可以想见他的青少年生活是困苦、艰难的。但是从他以后

① [晋]陈寿《三国志》卷六〇《吴书·吕岱传》，中华书局1959年版，第1383—1387页。

的仕途来看，他应该是接受过一定的教育，推测其家庭条件好于最底层的百姓。

——渡江南下。吕岱担任一个郡县小吏的职务，大约到40岁时，他的仕途没有任何起色。三国是一个人才辈出、人才大流动的时代，文人武士择主而仕，建功立业，吕岱随时而动，做出了他人生的重要抉择，即渡江南下。他选择入仕东吴，应该有三方面原因：一是海陵是当时吴魏交战之地，生活极不安定；二是当时北方是中国的政治、经济、文化中心，人才济济、群星璀璨，吕岱北上，未必会被赏识；三是孙氏立国基础薄弱，正是求贤若渴、举贤任能之时，吕岱到此会有更多的机遇和更大的发展空间。吕岱来到江南的时候，正是孙权接替兄长执掌江东大政的时候，吕岱投奔孙权幕府时，既无显赫家世，又无郡望显名，起初自然没有得到重用，孙权让他试任吴县县丞。根据汉制，县级主要官员由中央任命，包括县丞、县尉。

——脱颖而出。吕岱已经有二十多年的基层工作经验，担任县丞职务，对他来说应该是驾轻就熟、得心应手。机遇总会降临给有准备的人，吕岱终于得到孙权的关注。有一次，孙权亲自审查各县仓库及在押囚犯，各县县长、县丞都来拜见，对于孙权的提问，吕岱根据法令应对自如、处置得当，很合孙权的心意，孙权就把他调回幕府担任录事，掌管文案，不久又调他补余姚县长缺担任实职。担任县长是吕岱仕途的重要转折点，因为县的管辖范围虽小，但中央政府及州郡的各项任务都要落实到县府执行，县长统管一县之事，甚至时人认为县政之好坏关系国政之成败，所以县长一职对吕岱将来的鸿图大展起到了重要的积淀作用。还有一个重要的原因，吕岱作为县长，可以拥有听命自己的私人部曲，所以他刚一上任就"招募精健"，组建了一千余人的部队，拥有了属于自己的武装力量，为他今后的发展迈出了关键的一步。

——小试牛刀。建安十六年(211)，会稽东冶五县有吕合、秦狼等人起兵作乱，孙权任命吕岱为督军校尉，与将军蒋钦等人率军讨伐。吕岱虽然第一次带兵上阵，但他靠多年的治政经验，文武张弛，取信于民，最终擒获吕合、秦狼，平定了五县叛乱，事后被孙权提拔为昭信中郎将。古代杂号将军名称一般均是根据本人功绩命名，吕岱必定是在这次平叛中采取了一些“信义”之举，所以被封为“昭信”，吕岱从此跻身东吴主要军事将领行列，开始了辉煌的戎马生涯。

——大器晚成。赤壁之战中，孙刘联合抗曹，刘备曾向孙权借得江陵和南郡作为抗曹据点，赤壁大战后，孙权向刘备索还“荆州诸郡”，刘备则答应取得凉州后再还荆州各郡。孙权恼火，立即任命了长沙、桂阳、零陵三郡的官吏，但全被镇守荆州的关羽驱逐出来。孙权大怒，于建安二十年(215)派大将吕蒙率军攻打长沙、江夏、桂阳三郡，吕岱督率孙茂等十将参与了这场战役。安成、攸、永新、茶陵四县的官吏聚集阴山县城内抗拒吕岱大军，吕岱率军围攻，迫敌投降，平定了三郡。孙权很看重吕岱的表现，命令吕岱镇守军事要地长沙。不久，安成县县长吴砀及中郎将袁龙等暗结关羽，再次反叛，吴砀、袁龙分别占据了攸县、醴陵。孙权派鲁肃进攻攸县，吴砀突围逃走。吕岱进攻醴陵，擒杀袁龙。吕岱因功升迁为庐陵太守，延康元年(220)又升为交州刺史，后在交州平定数次叛乱，升任安南将军，假节，封都乡侯。东吴时期州的制度不详，郡太守一般官阶第五品，秩二千石；魏晋南北朝时期，州长官往往加使持节、持节或假节的称号，使持节可以诛杀中级以下官吏，持节可以诛杀无官职的人，假节可以杀犯军令的人。吕岱此时已经约60岁了，可谓大器晚成。

——文韬武略。吕岱可以说是一位足智多谋、文武双全的将军，这在平定岭南和镇抚山越的功勋中充分体现出来。建安十六年(210)，东吴夺得岭南，但东汉以来，岭南最大的地方势力是士氏家族，所以孙权不得不封士燮为交阯太守，实际东吴始终缺乏对交州的控制力，因而一直想铲除士家。机会终于来临，士燮去世后，孙吴如果直接出兵铲除士家则缺乏道义，正在为难之时，吕岱立即建议孙权将岭南分为交、广两州，任命将军戴良为交州刺史，自己担任广州刺史，封士燮之子士徽为安远将军，调任九真太守，另派陈时接替士家任交阯太守。吕岱明明知道士徽根本不可能离开老巢交阯，所以此举是逼士徽造反，以使孙吴师出有名。果然，士徽拒绝调任，自任交阯太守，并驻兵海口阻止戴良等赴任。于是吕岱自请讨伐，当时很多人反对出兵，因为担心士家势力深厚，稍有差池，局面可能一发不可收拾。但吕岱坚持在士徽尚未决定正式起兵前，暗出奇兵，必能出其不意，一举击破。最终，吕岱一面派人安抚士徽，一面在他毫无准备的情况下，兵临城下，斩杀士家兄弟，彻底铲除了士家势力。吕岱又乘胜进军，一举荡平岭南地区，岭南终于真正受到东吴的直接控制。这件大功使吕岱进封为番禺侯，升为镇南将军。

值得一提的是，吕岱以七十多岁高龄还多次平定了山越叛乱，八十岁时平定廖式叛乱。他为东吴立下了赫赫战功，受到了孙权的嘉奖，升为上大将军。孙亮即位后，拜吕岱为大司马。

——世人表率。对于吕岱的评价，时人奋威将军张承写给吕岱信中的话可以窥见：

> (足下)忠勤相先，劳谦相让，功以权成，化与道合，君子叹其德，小人悦其美。加以文书鞅掌，宾客终日，罢不舍事，劳不言倦。又知上马辄自超乘，不由跨蹑，如此足下过廉颇也。何其事事决也。《周易》有之，礼言恭，德言盛，足下何有尽此美耶！

张承对吕岱的人品、官德评价极高，《三国志》的作者陈寿引来，说明了史家及当时人的认同和赞赏。

吕岱以九十六岁高龄辞世，弥留之际，嘱咐家人“素棺疏巾”安葬。他一生勤谨忠贞，清廉简朴，鞠躬尽瘁，死而后已，其为人及官品不仅受时人仰慕，在今日也堪称表率，值得我们瞻仰和学习。

除吕岱外，还有一位有史书记载的海陵人名叫秋当，深得宋太祖刘裕信任，在刘宋任中书舍人一职[1]。南朝时期中书舍人一般为八品官，虽然品级不高，但掌管起草诏令、参与机密，实权很大。

根据《道光泰州志》记载，魏晋南北朝时期，还有很多在海陵县、海陵郡任职的官员，作为曾经海陵的父母官，这里也列举如下：

刘宋时有海陵太守徐凭道、刘崇智、刘爽、陆子真、陆仲元、袁粲、刘善明、申元嗣、贺弼。

南齐时有海陵太守萧翼宗。

陈朝时有海陵县令来法敏。

另有杂曹三人：南齐海陵国侍郎周颙、海陵王国郎中令殷炎、海陵王休茂北中郎咨议参军[2]。不过，根据《宋书》记载："茂度同郡陆仲元者，晋太尉玩曾孙也。以事用见知，历清资，吏部郎，右卫将军，侍中，吴郡太守。自玩洎仲元，四世为侍中，时人方之金、张二族。弟子真，元嘉十年，为海陵太守。"[3]以及"演之兄融之子暢之，袭宁新县男。大明中，为海陵王休茂北中郎咨议参军，为休茂所杀，追赠黄门郎。"[4]所以，《道光泰州志》里的记载可能有误，刘宋海陵太守中应该没有陆仲元；杂曹中应该是沈畅之，而非沈演之。

徐凭道是梁朝文学家徐摛的祖父。《梁书》记载："徐摛，字士秀，东海郯人也。祖凭道，宋海陵太守。父超之，天监初仕至员外散骑常侍。"[5]

刘崇智初任海陵太守，后任冀州刺史，再加青州刺史，为刘

---

① 《宋书》卷五三《张茂度传》，第 1511 页。

② 《道光泰州志》卷一三，第 97 页。

③ 《宋书》卷五三《张茂度传》，第 1510—1511 页。

④ 《宋书》卷六三《沈演之传》，第 1687 页。

⑤ [唐]姚思廉《梁书》卷三〇《徐摛传》，中华书局 1973 年版，第 446 页。

宋时方镇大员。《宋书》记载:“(泰始五年八月)壬辰,以海陵太守刘崇智为冀州刺史。……(泰始七年八月)庚寅,以疾愈,大赦天下。冀州刺史刘崇智加青州刺史。”①

刘爽是南朝宋长沙景王刘道怜的第三子刘义融的第五子。《宋书》卷51《宗室列传》:“道怜六子:义欣、义庆、义融、义宗、义宾、义綦。……袭弟彪,秘书郎,弟寔,太子舍人,并蚤卒。寔弟爽,海陵太守。”②

陆仲元,字道玩,吴郡吴县(今江苏苏州)人。历官清资、吏部郎、右卫将军、侍中、吴郡太守等。其弟陆子真,元嘉十年任海陵太守。当时有位中书舍人秋当深受太祖信任,因家在海陵,所以告假回家葬父,期间陆子真仿若未闻,不与他相见。但是因为桥路毁坏,丧车不通,县令请求征发百姓修治桥路,结果陆子真以妨碍农耕而拒绝。司徒彭城王刘义康听说此事后,对陆子真大加赞赏③。

袁粲,陈郡阳夏人,原本名字叫愍孙,因他仰慕荀奉倩(即荀粲,三国时魏尚书令荀彧之子,字奉倩)的为人,所以改名为粲,字景倩。父亲袁濯,乃扬州秀才,早卒;母亲为琅邪王氏,是太尉长史王诞之女。袁粲少好学,有清才,一生侍奉五位帝王,德高望重,历任扬州从事、太子右卫率、侍中、广陵太守,左卫将军,吏部尚书、海陵太守、南东海太守、中书令,尚书仆射,尚书令,授中书监开府仪同三司,领司徒。后废帝刘昱继位后,他与齐王萧道成、褚渊、刘秉四人当政,“平决万机,时谓之‘四贵’”。宋顺帝即位后,袁粲出镇南京,谋攻欲代宋自立的萧道成,事情泄露后被杀。后世论者多给予袁粲“义重于生”、“近乎仁勇”的很高

① 《宋书》卷八《明帝纪》,第165页、168页。

② 《宋书》卷五一《宗室列传》,第1464页、1467页。

③ [梁]萧子显《南齐书》卷四六《陆慧晓传》,中华书局1972年版,第805页。

评价[①]。

刘善明，平原人，生于宋文帝元嘉九年(432)，卒于齐高帝建元二年(480)，享年四十九岁，泰始中任海陵太守。父亲刘怀民为刘宋齐、北海二郡太守。刘善明少年时喜好静心读书，即使刺史杜骥拜访他，他也不愿中断读书相见。到了四十岁的时候，在父亲的要求下开始步入仕途之路，辟为治中从事。后出任海陵太守，他见海陵郡边境海边没有树木，从而课民种植榆树、杂果，从而百姓得以获利，无不称赞他善政。刘善明十分孝顺父母。泰始五年，青州被北魏攻陷，他的母亲被俘，善明听闻噩耗，从此布衣蔬食，悲痛欲绝，幸而最终赎得母亲回家，被时人称颂。刘善明和睦乡邻，善行名闻州郡。刘宋元嘉末，青州一带闹饥荒，人自相食，百姓苦不堪言。刘善明家有积粮，开仓救济乡里百姓，在他的帮助下，乡里百姓渡过荒年，人们感念他的厚德，呼其家田为"续命田"。刘善明为官清廉，不好声色，死后遗言薄葬，并且未留财产，只有书八千卷[②]。

申元嗣，《宋书》记载："谟子元嗣，海陵、广陵太守。"[③]

贺弼，字仲辅，会稽山阴人。竟陵王刘诞在宋文帝北伐、宋孝武帝讨伐刘劭和平定刘义宣等战争中屡立功勋，受到宋孝武帝刘骏的猜忌，于是占据广陵造反，时任记室参军的贺弼再三劝谏，被刘诞怒而拔刀相向。贺弼认为不能跟从刘诞造反，但又感念刘诞曾经的厚恩，于是服药自杀，以死明心。最终刘诞被沈庆之率军击败并杀死，宋孝武帝认为广陵全城附逆，下令屠城，扬州遭到血洗，海陵必然也受到池鱼之灾[④]。

萧翼宗，《南齐书》记载："坦之从兄翼宗，为海陵郡。"[⑤]

---

① 《宋书》卷八九《袁粲传》，第 2229 页—2234 页。

② 《南齐书》卷二八《刘善明传》，第 522—527 页。

③ 《宋书》卷六五《申恬传》，第 1725 页。

④ 《宋书》卷七九《文五王传》，第 2034 页。

⑤ 《南齐书》卷四二《萧坦之传》，第 749 页。

来法敏的儿子是著名的隋朝大将、荣国公来护儿，《北史》记载："来护兒，字崇善，本南阳新野人，汉中郎将歙十八世孙也。曾祖成，魏新野县侯，后归梁，徙居广陵，因家焉。位终六合令。祖嶷，步兵校尉、秦郡太守、长宁县侯。父法敏，仕陈终于海陵令。"[①]可见，来氏本为南阳新野（今河南新野南）人，来护儿曾祖来成任北魏新野县侯，后降于梁，于是迁居广陵，所以《隋书》中称其为江都人[②]。后来，来护儿的儿子来恒、来济皆在唐初朝廷任职。

周颙，字彦伦，汝南安城人。曾任海陵国侍郎。他泛涉百家，善研《老》、《易》，长于佛理，著《三宗论》。他颇好言理，音辞辩丽，出口成章，使听者忘倦。他与文学家、书法家张融相遇，则辩谈玄理，终日不倦。他清贫寡欲，布衣蔬食，虽有妻子，独处山舍[③]。

---

① ［唐］李延寿《北史》卷七六《来护儿传》，中华书局 1974 年版，第 2589—2590 页。

② ［唐］魏徵等《隋书》卷六四《来护儿传》，中华书局 1973 年版，第 1515 页。

③ 《南齐书》卷四一《周颙传》，第 730—734 页。

第二节 经济状况

魏晋南北朝时期，政权林立，战争频繁，由于政治上大分裂，总给人感觉是经济上的大破坏，其实并不尽然。这一时期仍然出现了许多历史发展、前进的新趋势。泰州也是如此。

一、概述

魏晋南北朝时期经济发展的总体特征如下：

首先，中原经济区出现破坏、衰落现象，发展相对缓慢。春秋、战国乃至秦汉时期，中原经济区的发展水平远远高于国内其他地区，南北经济发展极不平衡。但是魏晋南北朝时期，中原经济区与此前相比，呈现衰落景象。因为这一时期八王之乱、永嘉之乱、十六国混战等大规模的战乱多发生在黄河流域，使中原经济区遭到严重破坏；而且少数民族大量内迁，带入了奴隶制的强制推行和部分耕地的牧场化等落后因素，破坏了中原的经济发展。尽管如此，由于中原依然有着牢固的根基、先进的生产技术和丰富的人才储备，因而中原经济在北方安定与内乱中经历着不断恢复、破坏、恢复的波浪式发展，中国的经济重心依然在北方，只是与往日独占鳌头的景象来看，显得相形见绌。

其次，江南经济得以大力开发，发展快速。在西汉时期，江南经济的发展还很落后，据《史记》记载："楚越之地，地广人希，饭稻羹鱼，或火耕而水耨，果隋蠃蛤，不待贾而足，地势饶食，无饥馑之患，以故呰窳偷生，无积聚而多贫。是故江、淮以南，无冻饿之人，亦无千金之家。"[①]东汉时期，江南经济有了进一步发展，但真正意义上的大规模开发还是在六朝时期（东吴、东晋、宋、齐、梁、陈这六个偏安中国南方的政权，统称"六朝"）。因为

---

① 《史记》卷一二九《货殖列传》，中华书局1959年版，第3270页。

当时南方相对安定，有利于发展生产。而且六朝立国江南，各自采取了诸多发展经济的措施，如劝课农桑，奖励耕织，安抚流民，兴修水利，开禁山泽等，对江南进行了持续开发。另一方面，从东汉末年开始，北方流民大批南下，尤其西晋永嘉之乱后，掀起北方士族、流民的最大高潮的迁徙，数量达百万人(还不包括被迫沦为南北士族地主的部曲、佃客而不在政府户籍上登记的人口数)之多。这些大量南迁的北方侨民，不仅给南方增加了许多劳动力，而且带来了中原地区比较先进的生产技术和文化。再则，六朝时期汉族政权征讨南方山越、蛮、獠、俚、傒等族，这一过程对少数民族是痛苦的，但他们与汉族的逐渐融合，促进了少数民族的经济文化发展，同时也增加了开发南方的劳动力，促进南方地区得到更大的开发。这些因素都使六朝时期秦岭淮河以南的广大地区，尤其在北方流民比较集中的长江中下游地区，社会经济得到了比以往任何时期快得多的开发和发展，以致到南朝宋时就获得"荆城跨南楚之富，扬部有全吴之沃，渔盐杞梓之利，充仞八方；丝绵布帛之饶，覆衣天下"[①]的美誉。魏晋南北朝时期，江南经济开发的范围不断扩大，深度不断加强，长江流域上、中、下游开始连成整体发展，不仅改变了当地的面貌，而且对全国经济发展格局产生了极大的影响，开启了全国经济重心向江南地区转移的步伐。

再次，自然经济比重增长，南北商品经济发展不平衡。自然经济的重要特征是以农为主、以畜牧为辅的农业与家庭手工业相结合的男耕女织的生产组织方式，是自给自足性的经济。由于小农必须依赖市场获得其它的生活资料，因而以自给自足为特征的自然经济并不完全排斥商品经济。自战国以来，至秦汉时期，商品货币经济的发展都比较兴盛。到魏晋南北朝时期，由于战争的破坏、因政治上与军事上需要而兴起的坞堡壁垒等军事组织形式出现的地主田庄的普遍化，少数民族落后因素的渗入等，都很大程度上阻碍了商品经济的发展。统治者经常颁布

① 《宋书》卷五四《传论》，第1540页。

废钱之令以及货币的实物化倾向，说明这时期自然经济比重上升、商品经济比重相对下降，尤以北方更为突出。南方自东吴时期，国内工商业和海外贸易持续发展，产生了突破固定市场体制（坊市制度）的草市、墟市制度，与北方相比，商品经济的发展相对较快、水平也相对发达。

最后，士族庄园经济和寺院经济占有重要地位。魏晋南北朝时期，门阀制度在西晋初步形成，东晋时达到顶峰，南朝时渐衰。士家大族享有特权，在政治上把持朝政，累世为官，如东晋一代，一直是琅琊王氏、颍川庾氏、谯国桓氏、陈郡谢氏等大族轮

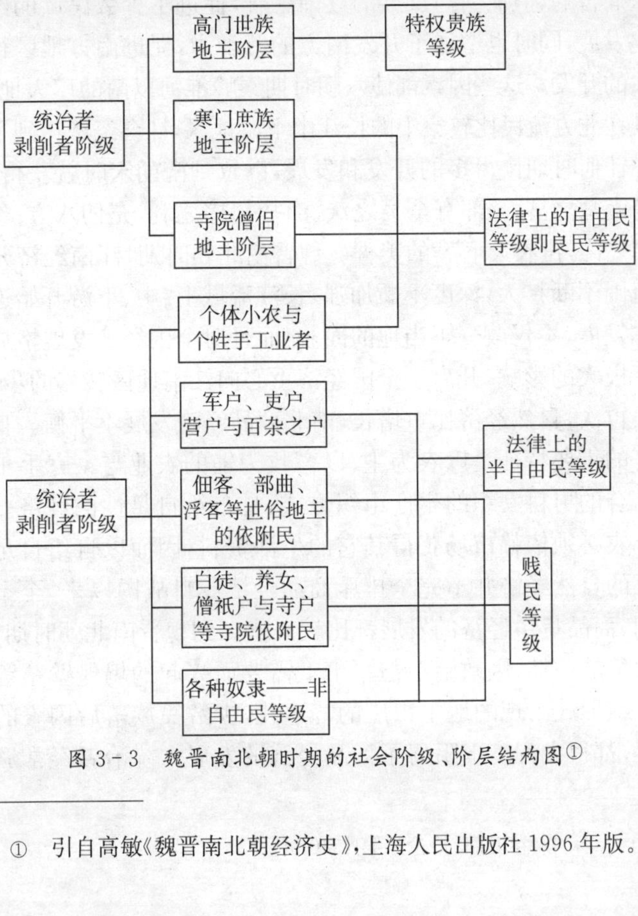

图 3-3　魏晋南北朝时期的社会阶级、阶层结构图①

① 引自高敏《魏晋南北朝经济史》，上海人民出版社 1996 年版。

流执政。经济上按官品占有大量土地和依附农民，士族地主采用庄园经济的模式配置其土地和劳动力，进行农林牧副渔多种经营，过着高度自给自足的自然经济生活。这一时期，由于战乱和统治者的推行，佛教盛行，佛寺也拥有大量田地、财产，如“都下(建康)佛寺五百余所，穷极宏丽。僧尼十余万，资产丰沃。所在郡县，不可胜言。道人(僧侣)又有白徒(未出家而为僧院服役的男丁)，尼则皆蓄养女(未出家而为尼寺服役的女子)，皆不贯人(民)籍，天下户口几亡其半”①。北方情形也同样如此，于是出现了重要的寺院经济，严重影响了国家的兵源和财源。正因为如此，北周武帝才有灭佛之举，强制大批僧尼还俗。

二、泰州经济的发展

魏晋南北朝时期，泰州大体上属于六朝的管辖地域。六朝区域又可划分为长江上游、中游、下游、珠江流域、闽江流域五大块，基本处于北纬 35 度至 19 度之间，为热带、亚热带湿润季风气候和暖温带半湿润季风气候区。这些地方土地肥沃，气候暖湿，雨量充沛，物产丰富。而泰州经济就在这样优越的自然条件下茁壮成长。

(一) 交通与水利

交通枢纽。明《万历泰州志》在形胜篇中写道：“泰州介乎维扬崇川之间，平原爽垲，众水萦回，东濒海，北距淮，大江映乎前，巨湖环于后，有鼓角门戟之雄实，江海门户之要至。”泰州地处长江三角洲冲击平原和里下河沉积平原交汇处的扬泰岗地，位于江淮水系之间，是江淮之间通江入海的交通枢纽和重要门户。自古以来，南北商品就在此集散，具有得天独厚的水陆交通和经济发展条件。自泰州入海，可通日本；入江西上至九江而南，可达南昌；沿赣江、北江转向交州、广州，可远航东南亚、东亚各国；

---

① [唐]李延寿《南史》卷七〇《郭祖深传》，中华书局 1975 年版，第 1721—1722 页。

自九江向西，经鄂州（今湖北武汉）西通巴蜀。

江淮水乡。水是生命之源，也是文化之源。历史上海陵就是一座水城，长江、淮河、大海在这里激荡、汇聚，清、浑、咸三味在这里交融。海陵河道纵横，水网密布，史载："虏以海陵多陂泽（大的湖泊），不敢往。"[①]可见海陵人临水而居，汲水而生。水带给海陵人丰富的盐和粮，养育了一代又一代海陵人，形成了深厚的文化底蕴，造就了泰州二千多年的辉煌。水是海陵的风韵，水是海陵的灵魂。

麋鹿故乡。古时海陵气候温暖湿润，水草丰茂，动植物繁盛，那时习性喜欢在湿地草滩生活的动物——麋鹿成群，因此古海陵有"麋鹿之乡"的美称。麋鹿是我国特有的哺乳纲动物珍兽，当今世界的十大珍奇动物中，中国就有两种，一是大熊猫，二是麋鹿。它的体形独特，其角似鹿非鹿，头似马非马，身似驴非驴，蹄似牛非牛，故名"四不像"。曾有专家共同论证认为，中国麋鹿出产最多最早的地方是江苏的海陵。另有考古依据，青墩遗址文化层内出土了大量的鹿骨、鹿牙、鹿角和鹿角制作的镞、匕首等武器，说明麋鹿是青墩人取之不尽、用之不竭的制作劳动工具和武器的材料来源[②]。2008年4月12日，泰州姜堰市溱潼镇兴大公司的施工队在该镇读书址村疏浚河道时，再次发现两块麋鹿角化石。至此，姜堰境内已发现麋鹿角化石和亚化石近90处，出土的麋鹿化石数量已占全国的一半左右。目前出土最为珍贵的是现陈列在泰州市博物馆内的一尊化石标本，出土于海陵城南边的田野里，骨架完整，被称为"全世界独一无二的最完整麋鹿化石"[③]。

---

① 《宋书》卷九五《索虏传》，第2352页。

② 纪仲庆《青墩遗址的重大考古发现》，《江苏地方志》2005年第1期。

③ 路叶《姜堰又发现两块麋鹿角化石》，《扬子晚报》，http://news.sina.com.cn/s/2008－05－03/104613824532s.shtml。

麋鹿研究学者曹克清先生于2006年在“中国麋鹿现状与可持续发展”的学术交流研讨会中就其研究成果“中国上古麋与东亚早期稻作渊源关系的解读”发言，认为原始稻作农业有一个今人已很陌生的“踏耕”阶段，就是经由麋鹿踩烂了的烂泥，然后农民在上面种植水稻。在古海陵，汉代以前农民就开始驱使麋踏耕，后来麋鹿渐渐消失，那么就开始用牛踏耕了。本来麋鹿是天然地踩，后来人拉着牛去踩，最早还是从泰州传出去的，这影响到我国的华南、东北，甚至朝鲜、日本以及东南亚一些国家，可以说是泰州对世界农业的影响①。

不过，麋鹿的生长随着社会经济的发展而减少，特别是魏晋南北朝时期，应该是麋鹿锐减的重要转折时期。因为当时北方混战，南方相对安定，经过孙吴、东晋、宋、齐、梁、陈这六朝的大力开发，人口逐渐稠密，荒地被大量开垦，适宜于麋鹿繁衍的环境遭到破坏。加之麋鹿本身具有珍贵的药用价值（这也是古海陵对医学的贡献），更加导致麋鹿迅速减少，濒临灭绝。到了清朝，海陵已无野生麋鹿，只有少数麋鹿被皇室圈养。1900年，八国联军攻占北京时，皇帝鹿苑里仅有的100多头麋鹿惨遭炮火袭击和杀戮，仅存的18头麋鹿散落在欧洲各国的动物园中，后被英国贝福特公爵全部买回豢养。1984年和1986年，先后有两批麋鹿从英国运回到北京南海子和盐城大丰（古海陵属地）。1996年，经江苏省林业部门批准，4头雄壮的麋鹿从大丰重归故乡泰州姜堰溱潼镇湖东村，现放养在溱湖风景区麋鹿苑，已繁衍80多只。

（二）农业生产的进步

农业是立国之本。魏晋南北朝300多年间，农业生产在两汉的基础上曲折前进发展，为隋唐农业生产的繁荣奠定了基础。

——有利形势。海陵在三国时期处于曹魏、孙吴交战之地，

① 曹克清《让麋鹿回归古海陵大地》，泰州市政府网站，http://www.taizhou.gov.cn/art/2010/7/30/art_407_996.html。

虽不利于农业生产,但此时两国都推行了发展农业的政策。曹魏一方面大力推行屯田制,使大量流民成为政府的依附民,耕种荒芜的土地;另一方面大力扶植自耕农经济,对复兴北方农业生产起了巨大作用。吴国为了解决军民粮食,于黄武五年(226年)在江南推行屯田制度,尤其分布在长江中下游沿江地带。海陵也受益其中,史载"淮南、淮北皆相连接,自寿春到京师,农官兵田,鸡犬之声,阡陌相属"[①]。

西晋统一全国后,在短期内,海陵摆脱战火纷扰,在"太康之治"中经济得以恢复和发展。西晋实行占田课田制度,许多脱籍农民和依附农民重新附籍,按法令占有土地,缴纳赋税。到太康三年(282),有户377万,是三国户数的2.5倍多,可见农业欣欣向荣。

西晋灭亡,北方陷入战乱,但南方相对安定,经济发展的步子自然较大。海陵在东晋南朝时期农业就得以快速发展。东晋王朝为了在南方站稳脚跟,对农业生产不敢懈怠,同时改革赋税制度,根据民户占有土地的多少来收取田租,出现"天下无事,时和年丰,百姓乐业,谷帛殷阜,几乎家给人足"[②]的景况。刘宋继续大力劝课农桑,"元嘉之治"中农业取得空前发展。史家评论:"自义熙十一年司马休之外奔,至于元嘉末,三十有九载,兵车勿用,民不外劳,役宽务简,氓庶繁息,至余粮栖亩,户不夜扃,盖东西之极盛也。"[③]齐、梁、陈三国亦重视农业,故"姑熟饶旷,……良畴美柘,畦畎相望,连宇高甍,阡陌如绣"[④]。

——优惠政策。东晋南朝都在一定程度上实行了"宽众息役,惠益百姓"的政策,史载:"咸和五年,成帝始度百姓田,取十

① 《晋书》卷二六《食货志》,第785页。

② 《晋书》卷二六《食货志》,第796页。

③ 《宋书》卷五四《传论》,第1540页。

④ [唐]姚思廉《陈书》卷五《宣帝纪》,中华书局1972年版,第82页。

分之一,率亩税米三升。……孝武太元二年,除度田收租之制,王公以下口税三斛,唯蠲在役之身。"①这些措施减轻了农民的一些负担。刘宋时期还实行了扶贫宽征省调的政策,如下令对鳏寡孤独等弱势群体减轻赋税,对受灾地区则放粮赈济;萧齐则除不违农时外,还限制诸王封占山泽,与民争利;萧梁也在招抚流民、省刑薄税方面采取了不少措施;陈朝则规定凡是新垦土地,不论多少,一律免税。这些政策对提高农民生产积极性发挥了重要作用。

——技术进步。农业的发展还表现在耕作技术的进步,这时期耕作农具、播种农具、灌溉农具、谷物加工农具等都有所改进。由于北方经济的发展底蕴,北方耕作技术远胜过南方,但是由于北方士民的多次、大量南迁,不仅为江南农业的开发增加了劳动大军,还带来了中原先进生产工具和生产技术。当时南迁北人大都汇集在长江中下游地区,尤以侨居江苏省为最多,达数十万人,所以江苏在农业技术进步方面的受益应该最大,其中广陵郡、海陵郡自然也沾光不少。

据《齐民要术》记载,当时的人们还非常重视生产技术,在水稻种植中创造了烤田技术,即在第二次耘田后,排水晒田,使稻根发达,稻谷穗大粒多。烤田技术盛行于江淮地区,海陵自然也应该运用了这项技术。史载:"(永明)十年六月,海陵齐昌县获嘉禾,一茎六穗。"②嘉禾是指生长奇异的禾,出现双穗禾,古人就认为是天降祉福、政通人和的吉祥之兆,南齐时海陵出现了六穗禾,自然是奇中之奇。虽然这只是偶然现象,但也可以推测当时海陵的水稻生产技术颇高。

——海陵红粟与泰州红。泰州北边的里下河大平原,河流纵横,土地肥沃,是重要的粮食产地,自西汉以来就有海陵粮仓之称。海陵红粟也因此与海陵仓联系在一起。特别是唐初四杰

---

① 《晋书》卷二六《食货志》,第792页。

② 《南齐书》卷一八《祥瑞志》,第362页。

之一的骆宾王的"海陵红粟，仓储之积靡穷"一句，以及与泰州颇有些渊源的南宋陆游《对食戏作》诗句"香粳炊熟泰州红"等名句，使得长期以来，人们认为海陵红粟是一种粮食作物，甚至是一种名贵的稻米，有学者进行了论述①。但是也有人提出了不同意见，认为"红粟"不是粮食作物，而是指仓储积粟之丰，以至因露积于外或储藏过久而变红发霉。如《本草纲目》即称红粟为"老米"、"陈仓米"，并把它视为一味消导积滞、保和胃气的妙药。这说明红粟的本义是指粮食久贮发腐，引申为粮食丰富。所以，枚乘、左思、骆宾王、陆游等人关于"红粟"的诗句，实际是要突出海陵的粮食储存充足②。甚至到了南北朝后期，海陵仓的地位依旧十分重要，如《梁书》记载："贼臣侯景，匈奴叛臣，鸣镝余噍。悬瓠空城，本非国宝，寿春畿要，赏不逾月。开海陵之仓，赈常平之米，檄九府之费，锡三官之钱，冒于货贿，不知纪极。"③

海陵粮食作物中盛产红籼，名曰"泰州红"。泰州红是在中国水稻栽培史上有一定地位的水稻品种，属赤米的一种。赤米是指一些米粒呈红色，带有较多野生稻性状，抗旱、涝、寒、咸卤、瘠、病虫害的能力较强，但米质较差的稻米。赤米品种可用于山地，或作为纸纬度地区的冬稻品种，或作为灾后的补种救荒作物，或用于圩田、湖田等多水之地的种植。泰州多水，泰州红品性晚植、早熟、耐涝，特别适合水灾后补种，历史上多作为灾后的补种救荒作物。泰州红盛产，但品质不如白米，《南齐书》记曾官至给事中的周颙，好佛通道，公务之闲暇则隐居修身："清贫寡欲，终日长蔬食，虽有妻子，独处山舍。卫将军王俭谓颙曰：'卿

---

① 参见樊小兰《"海陵红粟"辨误——中国古典文学旧话重新说系列之二》，《河南教育学院学报》2008年第2期。

② 参见储质卿《"海陵红粟"词义考辨》，《泰州日报》2010年3月5日—4月2日4次连载。

③ 《梁书》卷五《元帝纪》，第122—123页。

山中何所食?'颙曰:'赤米白盐,绿葵紫蓼。'"[①]说明赤米是寻常百姓或淡泊名利的官员的家常便饭。直到明清时期泰州红依然存在,还曾作为浙江桐乡的救灾粮食,但随着水稻育种水平的逐步提高,包括泰州红在内的赤米逐步退出了历史舞台[②]。

魏晋南北朝时期,北方的旱地麦类等粮食品种已逐步传入南方,每当饥旱时,南方政府都会大力督种麦类。旱粮的出现突破了南方单纯种植水稻的局面,提高了土地利用率,扩大了粮食的来源,稻麦兼营成为南方保证粮食生产的重要方式。所以,据此推断,海陵一带也应该多少引入了麦种。

除了泰州红、麦类外,海陵还盛产水生蔬菜,主要是菰葑。如《晋书》记载:"海陵县界地名青蒲,四面湖泽,皆是菰葑。"[③]菰菜是一种水生蔬菜,即茭白,秋天菰草所结之实称为菰米,曾是六谷之一。葑的栽培在南方具有悠久的历史,先秦时期十字花科的蔬菜往往笼统地称之为葑,后来逐步分化成为蔓菁、芥,在长期的人工栽培中,逐渐演变成栽培种菘,色微青的叫青菜,色白的叫白菜,淡黄的则叫黄芽菜。这些仍是我们今天常吃的蔬菜。

海陵多湖泽,江鱼、河鱼、虾、螃蟹等水产品的养殖与捕捞都很发达,泰州人也养成了吃鱼虾的习惯,当时海陵的渔业应该也有相当大的发展。

(三)工商业的发展

在农业发展的同时,工商业也随之逐步兴旺。这时期冶铁、纺织、瓷器、制盐、造船等行业迅速发展,海陵工商业也在这样的发展潮流中跟随渐进。手工业有官营也有私营,但主要是政府管理经营,一般政府与地方都设有管理手工业的机构,制造各种手工业品;官手工业的劳动者称为"百工",主要来自民间的手工

① 《南齐书》卷四一《周颙传》,第732页。
② 关于赤米,详见俞为洁《赤米考》,《农业考古》2005年第1期。
③ 《晋书》卷八一《毛璩传》,第2126页。

业者，还有许多籍没入官的奴婢和刑徒，他们地位低下，并世代相袭。

纺织业。纺织业历来是中国古代手工业最重要的行业。纺织业有丝织业和麻织业，主要是与农业结合的家庭副业。这一时期纺织业仍以麻织业较为发达，农民主要以织麻布为主，民间缴纳租调也主要是麻布，所以普通百姓仍以穿麻布衣为主。三国时期，江南没有织锦业，但丝织业在东晋南朝时期得到很大发展。一方面，因为许多地区掌握了很高的养蚕抽丝技术，如豫章郡（治今江西南昌）一年培育四五辈蚕，永嘉郡（治今浙江温州）一年培育八辈蚕，都能做茧抽丝。另一方面，东晋末年，刘裕灭后秦时，将关中的技工迁到南方，在建康设立“斗场锦署”，让他们生产锦，从此南方的织锦业快速发展起来。广陵郡、海陵郡作为两大郡所，纺织业的发展必然追随整个南方的发展大势。

冶铁业。铁制农具的发明和运用是推进农业生产水平的里程碑，铁制兵器也对国家的军事能力起到至关重要的作用，所以冶铁业的发展极为重要，成为中国古代传统的手工业发展行业。魏晋南北朝时期，由于战争频繁和经济开发加速，兵器、农具的需求大增，因而进一步推动了冶铁业的发展。两汉时期，长江中下游的铁官主要设于广陵、堂邑（今江苏六合）、盐渎、当阳（今湖北荆门南）等地，西晋时“冶皆在江北”[①]。东晋南朝时冶铁业继续得到发展，建康、扬州、武昌是冶铸业的重要基地。此时冶炼技术有较大进步，萧梁时期道教学者陶弘景发明了“灌钢”法，把生铁和熟铁掺合一起冶炼，再加锻打，可以成为优质钢，对冶铁业的发展有极大意义。值得注意的是，上述部分冶铁基地离海陵很近，而且陶弘景长期隐居在镇江句容茅山，与海陵仅仅相隔100多公里。这样近的距离应该可以使泰州地区快速吸收和运用到“灌钢”法技术，有利于发展冶铁业。

瓷器业。中国是世界上最早发明瓷器的国家，并以瓷器制

---

① 《宋书》卷三九《百官志上》，第1230页。

作精美而闻名遐迩。瓷器品种很多,其中青瓷一直受到人们的青睐,它在六朝时期蓬勃发展,已成为南方瓷器业的代表。六朝青瓷造型典雅别致,色泽青碧如玉,产地集中于长江以南地区,其中以浙江的越窑为中心,另外还有均山窑、瓯窑、婺州窑等著名的青瓷窑场。可喜可贺的是,泰州出土了一批六朝青瓷。泰州市博物馆馆藏的瓷器中,数量众多,种类齐全,精、奇是其主要特色。有盘口壶、鸡头壶、罐、碗、水盂、钵、盘、盅、碟等十多种,既有日常使用的生活用品,也有用于陪葬的明器,价值珍贵。60多件具有南朝典型风格的器物绝大部分为近20多年来泰州当地出土。其中,1974年在泰州泰西鲁庄出土的青釉莲瓣纹十系罐被定为国家一级文物(青釉莲瓣纹十系罐:罐口与腹之间的肩部,附有4个双条形竖系和6个桥形横系。4个双条形竖系等距离平均安装,6个桥形系则分为一单一双对称安插其间,制作精致规整。桥形系就像一座座中空的桥,条形系如同一个个环状的耳。组合自然贴切,既没有累赘的感觉,又没有杂乱的现象)。迄今为止,全国仅见3个,江西1个,泰州出土2个。1981年在日本展出时,引起观众颇多关注。1994年11月,在泰州西郊工地上一次就出土了较完整的南朝青瓷器16件[①]。其中尤以青釉莲瓣纹盖罐为罕见国宝,此罐1996年送北京参加了“全国出土文物精品展”;2002年,《中国文物报》以品味国宝的形式,介绍了这件青釉莲瓣纹

图3-4 青釉莲瓣纹十系罐,泰州市博物馆藏

① 《泰州市收藏三级以上文物达976件》,《泰州晚报》2010年6月7日。

盖罐。

青釉双龙柄鸡头壶鸡头壶：通高 34 厘米，内外满施青釉，肩部有二个桥形系，口部两只龙头轻轻含住口沿，好似在壶口饮水，神态安详，弯曲的龙身化而为柄，与之相对的肩部高耸着两只鸡头，鸡头下有颈，双目圆睁，鸡口圆张。

图 3－5　青釉双龙柄鸡头壶

蛙形水盂口径 3.5 厘米，圆口，口部四周堆塑青蛙的四肢和头、尾。蛙嘴紧闭，双眼圆睁，头微抬起，丰满有力的四肢作跳跃主前的弯曲状，全身青釉，形似一只盛夏里常于水中出没的青蛙，好像随时跃出捕猎。

青釉莲瓣碗高 4 厘米，口径不足 6 厘米，碗口微敛，全身施满青釉，釉面遍布细细的冰裂开片，底部以厚实的饼足保持着稳定，腹部印有八瓣莲纹，凝视时宛如一朵盛开的青莲，在人们的眼中静静地开放，小小莲瓣青瓷碗透着一种俊秀的味道，器型、釉色和花纹都融为了一体，其艺术魅力令人折服。

造船业。江南多水，自古以来重视造船业。内河有较小的船只往来运输，海上有巨型船只远航各地，或远达外洋，大船载重可达万斛。造船规模很大，梁时徐度在合肥“烧齐船三千艘”①。船的航行速度也很快，史载，南齐时祖冲之发明的千里船“日行百余里”②。海陵多水，具备造船的需求和条件，尽管今天尚未找寻到当时海陵的造船遗址，但可以肯定的是，长江、内

① 《梁书》卷六《敬帝纪》，第 148 页。

② 《南齐书》卷五二《文学传》，第 906 页。

河较小船只的制造应是普遍的。而且海陵盛产海盐，运盐河中运盐船只络绎不绝，推测海陵造船业也应该比较发达。值得一提的是，现今的泰州造船总量占全国的1/10，成为全国第二大造船基地，这应该有其历史的沉积和底蕴。

制盐业。食盐，一直是人类赖以生存、繁衍、须臾不可缺少和无可替代的重要物质，所以《晋书》载："盐者，国之大宝。"[1]自古海陵就是产盐重地，直到清光绪末年，淮南沿海陆续兴灶废垦，泰州盐业才随之衰微。魏晋南北朝时期，两淮、江南等地成为海盐生产的重心所在，古称"煮海之利，重于东南，两淮为最"。其中，海陵的盐业更是两淮盐业的发源地和主要产地。

魏晋南北朝时期盐业政策实行专卖、征税二制并行。盐税乃国家重要税源，历代封建王朝无不重视盐业的生产和营销。就政府的食盐政策来看，西汉前期行征税制，食盐的产、运、销听由私人经营，官府征收一定盐税；汉武帝时改行专卖，盐利归官，食盐的产、运、销均由官办，私人不得经营；东汉又恢复征税制。魏、蜀、吴三国鼎立，争夺天下，三国官府对盐业管理都仿效汉武帝旧法，实行政府专卖，设司盐校尉等官主管盐政，垄断盐利，供给军需国用。西晋统一中国后，仍然实行全部专卖制，设司盐官管理盐务。晋元帝迁都江南后，中国南北分裂，东晋南朝对盐业实行征税制；北朝则盐政制度兴废无常，有时实行征税制，有时实行专卖制，而主要以征税制为主。

泰州盐业发达较早，并且有"富有红粟，鱼盐之利，驰名远近"的美誉。加之地域辽阔，盐场众多，盐税资源十分丰富。自南朝宋文帝元嘉二年（425），即开始在泰州征收盐税。到了唐代，泰州成为当时全国十大盐税征集地之一。

在农业和手工业发展的同时，海陵的商业也有了较快发展。三国时期，海陵乃魏、吴交战之地，人烟稀少，经济破坏，但西晋统一后，海陵人口增多，商业得以重新发展。商品交易货物，主

---

① 《晋书》卷二六《食货志》，第784页。

要是农产品和手工业品，如粮食、麻布、绢、马、牛、羊、农具、铁器、纸、瓷器、土特产品以及盐竹山木、荻碳鱼薪之类，其中粮食、盐、绢布又是最主要流通的商品。鉴于海陵是苏北粮食集散地，也是产盐的主要地区，称为淮南的富庶之地，因此来泰经商者很多，商贸业自然比较繁荣。仅盐业一项就运输八达，获利丰厚。据学者说，泰州出土的成组青瓷大多是湖南湘阴窑的产品，说明泰州与上江有较多交流①。

---

① 张树俊《浅析上江文化对泰州的影响》，《合肥学院学报》2008 年第 6 期。

第三节　文化教育

西晋末年,由于游牧民族的入侵,北方居民大量内迁,其向东南方的多在广陵、海陵一带居留下来。中原文化的影响与本土经济发展的结合,为文化的兴起提供了良好的条件。在这样的背景下,儒、释、道三种不同的文化体系,都在泰州大地上发展起来。

一、道教文化

魏晋南北朝时期是道教发展的一个重要时期。魏晋之际,道教得到广泛的传播并产生了分化,这与当时的统治者的政策关系很大。例如曹操镇压民间道教,促使了五斗米道向北方传播。在传播过程中,为了自身的发展,五斗米道不断分化演变,最终演变为天师道,成为道教的正宗。东晋南北朝时期道教又经历了一次重要转折,经过门阀阶层的改造,道教由民间的道团组织晋升为官方承认的正统宗教,而这一变革主要发生在中国南方,即江南天师道。在江南天师道发展史上,有两位人物——陆静修、陶弘景——居功甚伟。陆静修,南朝宋著名道士,他整顿了江南天师道的组织,并与神仙道教融合,建立完善了道教斋醮仪式,创立道教典籍的分类方法,属南朝道教的一代宗师。陶弘景,历经南朝宋、齐、梁三朝,有“山中宰相”之称,精通医学、文学和哲学,开创了道教的茅山宗。

道教的兴盛对社会产生了极大的影响,上到国家人事,下到普通民众的生活。统治者向著名道士咨询国家大事并不稀奇,如陶弘景在句容隐居修道,“国家每有吉凶征讨大事,无不前以咨询。月中常有数信,时人谓为‘山中宰相’”[①]。而道教的一些

① 《南史》卷七六《隐逸传·陶弘景》,第1899页。

方术和仪式的传播更为普及，如在下层民众中流行符水治病，在上层社会中流行炼丹、修仙等。

泰州什么时候有道教，未见史料明确记载。不过，号称“海陵十仙”——真人（乐子长）、王仙翁（王冶）、王鹿女（王妙行）、徐神翁（徐守信）、周处士（周恪）、唐先生（唐甘弼）、陈毯皮、陈悟真、风尚书、戚端公[1]中就有乐子长、王冶和王妙行是东晋时人，可见1600年前泰州的道教已相当兴旺。

据史志记载，乐子长“合家得道升仙”，“并往方丈（海中仙山名）之室”。相传乐真桥[2]（今泰州市海陵南路小八字桥）为乐子长合家升仙遗址。

南朝梁大同元年（535），昭明太子萧统与邵陵王萧纶游海陵，特在乐子长故宅遗址（今江苏省泰州中学内）建乐真观，并去天目山致礼。

图3-6　姜堰天目山遗址

至于十仙中的王冶和王妙行的仙迹，《道光泰州志》所收录的胡昉《天目山记》中对此有比较完整的记录：

---

① 范观澜《泰州道教梗概》，泰州记忆，http://www.100tz.net/a/tzjy/tzzj/2010/1007/1575.html /，2010年10月7日。

② 乐真桥坐落在中市河上，东西向。其命名由于邻近乐真观的缘故。五带河和中市河相交成“十”字形，这两座桥也就构成了“八”字形。八字桥是两座桥的总称，《万历泰州志》记载：“嘉定桥与乐真桥共谓之八字桥。”嘉定桥被称为大八字桥，乐真桥体积稍小被称作小八字桥，为宋淳熙十三年（1186）知州方钟所建。两座桥都已经消失。

东晋道士王冶隐居于山，修灵宝法，炼丹存神，植性累行，历宋齐梁百余年。功成行满，丹就果圆，双童传召王冶，群仙导引，步虚清乐之音，四比皆闻。白日飞升，世人始知山名天目……公居山日，有五色鹿产一女于山左草莽中。闻啼声，往视之，见鹿乳焉。公挈养之庵，鹿日三至。女至七岁，造一鹿女台，公飞升后，女欲南渡，邑人饯之横浦，云："后百年复来。"履江水而去。景云二年十一月，山忽鸣，吼声闻远迩，乃敕遣天台山女道士王妙行，名山大川洞天福地，投金龙玉璧。王妙行即鹿女，计百年矣……[1]

泰州最早的道观，为建于南朝梁代的乐真观。乐真观是道士乐子长的故宅，《道光泰州志》记载："乐子长道成，白日飞升，当时号为乐真人，今乐真桥乃其遗迹。梁昭明太子与邵陵王伦游至海陵，即以子长故宅为观。"[2]

乐真观于宋太中祥符元年(1008)改为"天庆观"，崇宁年间徐守信[3]有所扩修，大观元年(1107)改名为"仙源万寿宫"，建炎年间(1127—1130)遭战乱而不复存在。宋理宗宝庆二年(1226)，陈垓[4]到泰州任职，在其旧址西庑复建，立徐神翁祠，并为祠堂题匾为"守雎"。有诗为证：

《守雎堂》

来种吴陵竹，便成须友情。
护全归鹤表，移绕起云亭。
才耸槐堂干，俄开药馆扃。
岂无虚静帚，数个付园丁。

① 《道光泰州志》卷三〇《艺文》，第357—358页。

② 《道光泰州志》卷二七《释道》，第299页。

③ 徐守信，北宋道士，海陵人。

④ 陈垓，号漫翁，闽人。南宋曾四任泰州知州。

乐真观今已不存。而我们能有幸得见的，是历经历史沧桑风貌残存的斗姥宫[①]。斗姥宫位于泰州城中斗姥宫巷17—20号，初为道士王冶的出生地，五代后周时建仙翁祠，奉祀王冶。但是不久仙翁祠就在战乱中被毁。

图3-7　斗姥宫旧址

直到北宋建隆年间(960—963)才得以重建，改名为吕祖祠，奉祀吕洞宾(唐末著名道士，道教北五祖之一，八仙之一)，兼祀王冶。南宋建炎三年(1129)，为金兵所毁。元泰定年间(1324—1328)再次重建，改名为斗姥宫，前殿奉祀吕祖，正殿奉祀玉皇大帝，后殿奉祀斗姥。因此观曾为徐神翁(徐守信)修真处，又附带奉祀徐神翁画像。清道光二十七年(1847)前后集资重修，除整修旧宇，增建文昌殿、斗主寝殿外，又修复玉丽泉古井，并在观东拓池叠石，广种花木，于道光二十九年竣工。至此，斗姥宫内，殿宇辉煌，面貌一新。东侧花竹纷呈，假山玲珑，碧水荷池，宛然如画，大有林泉之胜，取名“小有天园”，成为文人雅士会文游憩之所。

清咸丰、同治年间(1851—1874)，因太平军之乱两淮盐运使署匆匆迁往泰州，有好多官员是借住在斗姥宫内办公的。时任两淮盐运使的乔松年[②]，驻在泰州，拨专款大修和扩建斗姥宫。

① 斗姥，是道教信奉的一大女神，又称斗姆、斗母，意为北斗众星之母。

② 乔松年(1815—1875)，清政府极为倚重的重臣，曾任工部主事、苏州知府、常镇通海道、两淮盐运使、江苏布政使、安徽巡抚、河东河道总督等职。

当时议事厅回廊壁上嵌有乔松年撰写的海陵新八景①石刻，内悬“斗坛来鹤”匾额。其诗序云：“斗姥宫为徐神翁栖真之地，有斗坛来鹤，其境翛然绝尘。”此园景就是列为“海陵后八景”之首的“斗坛来鹤”。

图 3－8 泰州乔园

《斗坛来鹤》

瑶坛法席步虚声，恰有胎禽解送迎。
仙客往来云不散，丹光园满月常明。
灵氛向夜占珠纬，清唳凌秋和玉笙。
采笔未须干气象，芝田我欲赋归耕。

如今，斗姥宫三座大殿的主体建筑还在，乔松年亲笔所写的“小有天园”石刻仍嵌在墙壁之上。只是旧址已经破败不堪，岌岌可危。

此外，泰州在秦汉时期就建有“江海会祠”，为神仙家、方士游息之所。《汉书》卷二八《地理志》记载，汉武帝元狩六年，置临淮郡，辖 29 县，其一“海陵”，下注“有江海会祠”。东汉后期道教形成后，此处便又成为道教流行地区。

《晋书》亦记载：“广陵郡汉置。统县八，户八千八百。淮

---

① 早在明代，泰州就有游人墨客推崇的“海陵八景”：泰堂明月、驼岭清风、凤池笔颖、贡院奎光、西湖春雨、范堤烟柳、董井寒泉、天目晴岚。清代乔松年所题咏的“海陵新八景”即“海陵后八景”：斗坛来鹤、梵宫花雨、城楼眺海、古阜斜阳、长桥烟景、南濠渔唱、泮池桃李、草堂花竹。

阴、射阳舆海陵有江海会祠。广陵、盐渎、淮浦、江都有江水祠。"[①]

清人王先谦《汉书补注》:"江海会者,谓江入海处也。"江海会祠就建立在长江入海,江海汇流的地方[②]。江海相会,景象何其壮观,今人已无从考察,但是江海会祠的存在为我们提供了一个有力的想象线索——这座建筑当是人们怀着非凡的敬畏之心建立的,也必定举行过壮观神圣的祭祀仪式。而修道者们选择了江海会祠作为游息之所,也恐怕是在江海茫茫中体悟到了道的悠远与无尽吧。

附:道教的宗教活动

道教注重修炼与经典科仪。修炼方法有服饵、导引、内丹、外丹、符箓、房中、辟谷等,经典科仪有斋醮、祈祷、诵、礼忏等。宗教活动内容十分复杂,明、清以来,修炼方法在泰州道教中已大半失传。仅有符箓方法尚为道士所运用,经典科仪则一直留传到民国。当时泰州道教的宗教活动主要有如下六项:

(一)诵诗。泰州道士经常讽诵的经文有《太上老君开天经》、《高上玉皇本行集经》、《太上老君说五斗金章受生经》、《太上洞玄灵宝无量度人上品妙经》、《玉皇宥罪赐福宝忏》等。

(二)做早、晚功课。在清代,泰州各道观道士每天都做早、晚功课。唱诵经文,叩首三跪。

(三)摆设道场。道场是道教规模较大的讽经礼拜仪式。泰州道教每逢重要神的诞辰,都摆设道场讽经礼拜。每年农历二月十五日老子诞辰,全城道士集中摆设道场,讽诵老子《道德经》。农历正月初九日玉皇诞辰、农历四月十四日吕祖诞辰、九月初一斗姥诞辰,各奉祀道观都分别作斋醮礼拜。

(四)画符箓、念咒语与送灶书。每年端午节前,道士挨门逐户送符箓。称贴上符箓可以辟邪驱鬼。符箓用纸分黄、红、

---

① 《晋书》卷一五《地理下》,第452页。

② 一说,江海会祠的遗址位于今天泰州泓园旧址附近。

绿、三色。一般人家在堂前贴红色纸符箓,在房门贴黄色纸符箓,遭丧事人家则改贴绿色符箓。泰州道士有的能念咒语,称念咒语可以驱鬼降妖。念时以手仗剑(或代以桃木枝),边念边舞,咒语的末句一般是"吾奉太上老君之命,急急如律令"。有的道士还用咒语给人医治扁桃腺炎,边念边用好墨在患处画一个圈。每年农历腊月中旬左右,道士把所印"灶书"送居民家,居民家在"送灶"、"接灶"日敬灶神时焚烧。

(五) 应居民之请做经忏。经忏分斋醮、焰口两大类,斋醮有罗天大醮、灵宝大醮、百拜朝天、跪诵天经、坐诵天经、玉皇忏、东岳忏、阎王忏、太乙忏、五斗经忏(喜醮)等多种,其中罗天大醮规模最大,一般历时三天或九天,最隆重的历时四十九天。焰口按规模大小分为大士、两大士、三大士、五大士、七大士等种。泰州道士放焰口采用"蓬壶炼度"规格。讽经、礼拜时也有乐器伴奏。过去稍富裕的人家,都延请道士打斋醮、放焰口超度亡人。泰州一带地方曾流传过所谓"一醮抵三斋"的俗语。

(六)应居民之请讽诵《受生经》或《血河经》。这是为亡人所诵的经。

道教承袭"巫以歌舞降神"传统,在祈祷祭祀时使用音乐。泰州的道士,既重视继承宗教音乐的传统,又注意吸收苏北民间音乐的地方特色,不少人具有较高的音乐水平。

二、佛教文化

魏晋南北朝时期佛教兴盛有其深厚的社会文化土壤。佛教虽然不像道教那样是土生土长的,但是作为外来宗教却能够迅速在中国的传统文化土壤中扎根并蔓延开来,实在是与魏晋南北朝时期的特殊时代背景密切相关。宗教是一种信仰,即精神上的寄托和愿望投注。魏晋南北朝时期政治和经济社会都是极度的动荡不安,无论是何种阶层的人都对生命感到同样的无助和悲观。上层贵族往往无法避开政治斗争和权力争夺的漩涡,沦为牺牲品,如何晏、嵇康等人;下层民众更不待言，在战火中流离失所，命如朝露。人在痛苦无助的时候最容易寻求宗教信仰的安慰，佛教正是此刻最好的镇痛剂。再者，佛教传入中国以后，非常灵活善变地找到了与中国传统文化的相容点和契合点。这样，外来的佛教便以毫不逊于本土道教的势头传遍了中国大地。

佛教文化在泰州一带流布是源远流长的。据佛教史籍记载，泰州最初与佛教结缘是在东汉末年，距今一千八百多年。为佐证这一说法，即不能不提到徐州。据《后汉书》记载，建武十七年(41)，汉明帝异母兄弟刘英被封为楚王，二十八年(52)赴楚国就任。刘英“少时好游侠，交通宾客，晚节更喜黄老，学为浮屠斋戒祭祀”①。从这段史料可以推知，早在东汉初年，佛教就传入了徐州彭城。当时，今泰州一带隶属广陵郡，而广陵郡正是徐州刺史所辖的五郡政区之一，难免会受到佛教的影响。东汉中平元年(184)，笮融被任命为下邳(今江苏睢宁)相，并经管广陵、下邳、彭城三地的粮运。笮融本人便笃信佛教。《三国志》记载：

> 笮融者，丹阳人也。初聚众数百，往依徐州牧陶谦。谦使督广陵丹阳运漕。遂放纵擅杀，坐断三郡委输以自入。乃大起浮图祠，以铜为人，黄金涂身，衣以锦采。垂铜槃九重，下为重楼，阁道可容三千余人。悉读佛经，令界内及旁郡人有好佛者听受道，复以他役，以招致之。由此远近前后至者，五千余人户。每浴佛，多设酒饭，布席于路，经数十里。民人来观及就食且万人，费以巨亿计。②

这是典籍中最早的有关于造像、立寺和受道的记载。笮融在徐州、广陵间大造浮屠，这是我国民间有佛教塔寺的开端。泰州也

① 《后汉书》卷四二《光武十王传》，第1428页。
② 《三国志》卷四九《吴书·笮融传》，第1185页。

处于这个地区，因此可以推断佛教传入泰州地区正是东汉末至三国这段时间。佛教传入泰州以后，渐渐得到了推广并兴盛起来，在泰州出现了诸多名寺和高僧。

(一) 东晋名寺光孝律寺

东晋时期，长江流域相对安定。随着北方士族及百姓的纷纷南迁，一些佛教徒也来到了南方。据记载，大兴年间(318—321)，流播广陵一带的北方人中，有“将舍利者，建立小寺，立刹”①。东晋义熙七年(411)，泰州设郡，佛教也开始兴盛。据史书记载，东晋义熙年间(405—418)，僧觉禅云游至泰州城中，一位富商舍宅供其建寺，这就是光孝寺的前身。距今已有1600年的历史。北宋崇宁二年(1103)，宋徽宗赵佶赐名“崇宁万寿寺”。政和元年(1111)，改赐“天宁万寿寺”，并赐田五千亩。绍兴八年(1138)，宋高宗赵构为纪念其父皇赵佶，敕改寺名为“报恩光孝禅寺”②。清乾隆时改为“光孝律寺”。

图3-9 泰州光孝律寺

---

① 唐麟德元年终南山释道宣撰《集神州塔寺三宝感通录》。

② 参见范观澜《泰州佛教》，江苏文艺出版社2007年版，第11页。

图 3-10　光孝寺铜钟

光孝寺有泰州城区九大丛林[①]之首的称号，这座寺庙不仅表明了泰州佛教历史的辉煌，同时也见证了东晋时期海陵郡的非凡历史。虽屡有兴废，至今仍然香火兴盛，是目前尚存的佛教文化在泰州的早期例证。光孝寺内建筑呈中、左、右三路分布格局，中路为四进，从南至北依次为山门殿、南唐铜钟、天王殿、最吉祥殿、藏经楼；左路为观音殿；右路为僧房。寺院后面是碧云方丈室和传汝楼。寺内的“千华戒坛”为僧徒受戒之用，为现今江苏省仅存的两座戒坛之一。光孝寺文物众多，有铜钟、宋拓本《汝帖》、《大藏经》、明清书画珍品、珍稀法物等。

(二) 净业寺

净业寺原址在姜堰镇北大街，现重建于姜堰镇南郊东侧高地。旧名弥勒教院，东晋义熙年间改建为净业禅寺，占地二十余亩。常年香火旺盛，梵音嘹亮，八方信徒和文人雅士常来此参拜。净业寺坐北朝南，前后四进，分别为山门殿、天王殿、大雄宝殿和观音殿。

旧时，姜堰一带有迎会的习俗，每逢农历三月二十八日，信众会到庙上寄名，请东岳菩萨出坛，并抬着东岳菩萨的塑像满街游行。因为东岳庙远在天目山，距离姜堰城较远，信众不方便，

① 东晋义熙年间（405—418）报恩光孝律寺，唐太宗贞观六年（632）雨声寺，唐宝历元年（825）北山开化禅寺，唐乾符三年（876）南山教寺，唐大中年间（874—859）东山寺，后周显德年间（954—959）永宁寺、净因寺，南宋年间西山白云寺，明万历三十二年（1604）觉正寺。

同时又怕菩萨塑像蒙受雨淋，于是在乾隆四年(1739)，由僧人旭朝发起募捐，将东岳庙移建到净业寺的东侧，同时又作为净业寺的下院，两家为一家，净业寺负责传法，东岳庙则单单负责迎会。每年农历三月二十八日为迎会日，净业寺则提前一天为东岳帝添寿，从大江南北请来戏班子在戏楼里唱戏谢神。迎会日当天，菩萨塑像出坛，街头巷尾人海如潮，江湖艺人以及各种商贩抢先占领净业寺附近的有利位置，摆摊设点，各类商品琳琅满目，净业寺内外成了名副其实的商品交易会。迎会的习俗，一直沿袭至今。

图 3-11 姜堰净业寺

(三) 高僧

泰州佛教历史上高僧辈出，被誉为“名僧摇篮”。有这样的说法：名山方丈，多为泰人，各地高僧亦以泰人为伙。据杨仁山[①]所著《江苏名山方丈录》记载：“名山方丈，泰籍者十之七八，僧徒之发达，盖于斯为盛。”本邑名儒周志陶先生曾在《吴陵忆词注》中转述：“和尚泰州多。培植乡亲为法子，继承衣钵做贤徒。南无阿弥陀。”民间还流传“当家和尚泰州多”的谚语。魏晋南北朝时期，泰州的高僧以觉禅大师和名僧道标最为著名。

晋代觉禅大师，在泰州开山结茅，苦心修持，首创慧业，惠泽后人。“诛茅结屋开法席，殊胜因缘传千古。”觉禅大师是泰州光孝寺的“开山之祖”。同时在有记载的历史当中，他也是泰州佛教的“开山之祖”。

---

① 杨仁山(1837—1911)，中国近代著名的居士佛学家。

南北朝时期泰州名僧道标，海陵人氏。约南唐梁武帝天监(502—519)前后在世。与僧询、道遂从光宅寺法云和尚受业。经纶治闻，博综有序，为众僧所垂。著有释标集 2 卷，集部别集类①。

泰州的佛教发展自魏晋南北朝开了个好头，到后来的唐代、宋代，直至明清一直兴盛不衰，佛教文化成为泰州历史文化的显著特色。泰州佛教也因为悠久的历史，诸多的名刹古寺和高僧，而在全国佛教界享有重要的一席之地。

附：光孝寺高僧名录

觉禅大师：晋代，泰州光孝寺的“开山祖师”。

致远禅师：宋代名僧。

德范禅师：宋代，是光孝寺宋代中兴之祖，筹建大雄宝殿，并命名为“最吉祥殿”。

达本和尚：明代，与泰州才子储巏友善。

方志和尚：明代，泰州裴庄人，重建光孝寺。

性慧律师：清代，苏北里下河人；乾隆九年(1744)由南京金陵宝华山慧居寺(后改为隆昌寺)出任光孝寺住持而负复兴之责。来泰后，开示戒法，中兴光孝寺，为光孝律寺开山之祖。

德厚和尚：清代，为光孝律寺第十一世祖。

谷鸣和尚：光孝律寺第十二世祖，泰州东乡曲塘人，连任原泰县佛教会一二届会长。

玉成长老：本世纪初曾担任泰州佛教会主席，智光、南亭、成一等名僧都是他的弟子。

常惺法师：创办佛学研究社，组织原泰县佛教会，时任中国佛教协会秘书长。

南亭和尚：泰州东乡曲塘人，1949 年赴台湾，在台中创办佛学研究社和华严莲社，曾两度出任台湾“中国佛教会”秘书长。

肇源和尚：1984 年出任泰州市佛教协会会长兼任光孝寺住

---

① 参见范观澜《泰州佛教》，江苏文艺出版社 2007 年版，第 66 页。

持，1988年以九十高龄促成泰州光孝寺修复委员会成立，自任主任委员。

成一长老：泰州东乡人氏，在海外创建了三处道场，创办佛学院、研究所，任世界宗教徒协会副会长，是泰州光孝寺第十七代传人。

妙然法师：原江苏泰县人，1948年赴台湾，1988年后致力协助光孝寺的修复工作，多次奔波于海峡两岸。

了中法师：泰州海陵人，先后出任台湾太虚佛学院教务主任，创办法藏佛学院并出任院长，担任台北华严莲社住持等职务。

松林法师：原泰县苏陈镇官庄人，1983年底，出任泰州佛教协会副会长兼任光孝寺监院，1990年任光孝寺住持。

禅耕法师：姜堰大冯人，1994年任光孝寺方丈，担任泰州市佛教协会会长等职。

三、儒家文化

魏晋南北朝时期是儒学发展的特殊时期，对于传统儒学来讲，这一时期可以被称作衰落期，独尊儒术的思想衰微。但是儒学本身并没有完全停滞不前，在经学上仍然小有建树，而且因为受到佛教和道教兴盛的冲击和影响，儒学呈现出新的发展趋势，形成儒佛道并存的局面。

（一）儒学整体概况

一是经学仍有较大的发展。《十三经注疏》中，有五部是魏晋学者所作。《周易正义》十卷，王弼、韩康伯注；《春秋左传正义》六十卷，杜预注；《春秋谷梁传注疏》二十卷，范宁注；《论语注疏》二十卷，何晏集解；《尔雅注疏》十卷，郭璞注。

二是儒学呈现玄学化的倾向。这与魏晋南北朝时期的用人政策和名士思想有关。魏晋时期不再采取经术取士，而是采用九品中正制选拔人才，使儒学陷入一个很尴尬的境地。加之士人多任自然轻名教，对儒家的忠孝名节思想比较淡漠，导致了传统儒学的生存危机，故只能进行自我调整，以适应时代。魏晋时期的儒家将道教的思想成分引进到儒学中，典型的如王弼，提出了援道入儒，以道家简洁明白的概念改造儒学，绕过繁琐的经学解释，得其真意忘其言，秉承早期的儒家大义，把它变成一种有用的学说。

三是儒学失却独尊地位，与佛道并存。儒学、佛教和道教三足鼎立，也互相影响，互有交融。在佛教和道教中，很多僧人与道士都是有着深厚的儒学功底的。例如，南朝道教改革的关键人物陆修静出生于官宦世家；茅山上清派创立者陶弘景也是世家出身，博通经史；东晋著名道士炼丹家葛洪也强调修行必须以忠孝和顺仁信为本，可见儒学思想和精髓大义一直以文化的底色存在于佛道之中。

（二）世家大族与儒学教育

魏晋南北朝时期，政治大分裂和社会的大动荡严重影响了儒学和教育，从汉代以来兴盛的官学教育至此举步维艰。三国时期，曹魏举办官学教育，在时人看来，已是处于高等水准，但是“自黄初以来，崇立太学二十余年，而寡有成者”，“虽有其名而无其人，虽设其教而无其功”[①]，并没有太大的社会效果。西晋年间也曾设立太学，但是好景不长，“八王之乱”和“永嘉之乱”席卷而来。东晋偏安江南，政局不稳，官学教育也是兴废不定。由此也导致了官学教育的学风不正。博士的地位和尊严受到贬抑，名不副实。据《晋书》记载：“自魏晋以来，多使微人教授，号为博士，不复尊以为师。”[②]学生们也不是一心向学，所以学校或是办不下去，或是办了也收效甚微。

在这样的儒学教育大背景下，世家大族的家庭内部儒学教育却异军突起，盛极一时。魏晋时期门第观念极强，门阀士族大多是由汉代学门和儒族累世而建立，他们最为看重的就是自己

---

① 《三国志》卷一五《魏书·刘馥传》，第464页。

② 《晋书》卷九一《徐邈传》，第2358页。

的家族利益，竭力地向族内子孙灌输门第观念，驱动他们为家族利益和荣耀而积极进取，因而非常看重门第教育，一个世家大族往往连续好几代都是人才辈出。

徐凭道，出身郯城徐氏，魏晋时期郯城徐氏十分发达，子孙数辈位居高官，有一代重臣，还有文学巨匠。徐凭道曾经任海陵太守，他的儿子徐超之官至员外散骑常侍，他的孙子徐摛和重孙徐陵是南朝梁、陈年间鼎鼎有名的文学家。特别是徐陵，被称为“一代文宗”。徐凭道的四个玄孙也都是文武全才，他的家族纵横政坛文坛百余年，门第显赫。魏晋时期虽然以九品中正制选官用人，看重门第，但是由于社会思潮的影响，文化素养、文学水平和内在修养是非常受重视的。显然，只有富有才学，拥有文化优势，才便于保持和提高家族地位。

在这个儒学衰微的时期，士族家庭教育并没有淡化儒家的精髓，玄学引导着士人们的人性自由的追求方向，但是在其内心，又恪守儒学的礼教伦常，并力求在二者之间取得和谐与统一。这样我们就不难理解那些名门世族以佛治心，以道治身的同时还对政治和事功有着积极强烈的欲求，这正是以儒治世的体现。

陆子真，出身吴郡陆氏，也曾经任职海陵太守，他的家族对于投身治世极有兴趣。陆子真的儿子陆慧晓出仕南齐，官职一直做到辅国将军、南兖州刺史，陆子真的孙子陆闲也是青史留名。

袁粲，曾任海陵太守，忠于南朝宋而坚决不从萧道成，最终与儿子一起被杀，父子俩用生命践行了儒家的忠孝观。

总体而言，魏晋南北朝时期儒学及教育发展受阻，泰州地处分裂政权的边界地区，社会纷乱程度更甚，此时的儒学和教育并无突出之处，只有世家大族的尚文风气或可影响一二。但也正是因为这种影响，为日后泰州地区儒学的新发展和教育的勃兴打下了基础。

第四节　社会生活

魏晋南北朝时期作为一个多变的历史阶段，不仅仅体现在政治上，还反映于社会生活中。这是一个人口大流动的时代，战乱引发了人口迁移，带来了泰州方言的变化。魏晋南北朝时期瓷器工艺也有了新的发展，青瓷在人们的社会生活中占据了重要的地位。泰州地区的饮食起居和风俗礼仪既有融合的特点，也有自己的地方特色。

一、方言

方言是一个地区的重要文化特色。如前所述，在先秦秦汉时期，泰州的方言当属古代吴语方言区。至三国时期，曹操"恐江滨郡县为权所略，征令内移，民转相惊，自庐江、九江、蕲春、广陵十余万，皆东渡江。"[①]属于广陵郡的海陵居民亦随之内移，泰州方言有所变化。

西晋末，永嘉丧乱，引起了人口大迁徙，这也是我国历史上第一次人口大迁徙——永嘉南渡。这次人口大迁徙引发了泰州方言的重大变化。由此，泰州地区的方言逐步从古代吴语向江淮方言转变。

永嘉(307—313)是晋怀帝司马炽的年号。在永嘉之前，中原地区曾发生过长达十六年的八王之乱。这次变乱直接招致了永嘉时期的民族斗争。匈奴和羯族的首领刘曜、石勒等率领部众，残酷地迫害汉人。永嘉四年(310)，刘曜在今河南东部攻下汉人坞堡一百余处。同年，石勒在今湖北襄樊一带攻下坞堡三十余处。后又在苦县宁平城(今河南鹿邑)击败晋军主力，晋军死者十余万人。同年，刘曜攻陷洛阳，纵兵大肆屠杀焚掠，洛阳

① 《三国志》卷四七《吴书·吴主传》，第1118页。

化为灰烬。在这样的情况下，晋朝的汉族官员和民众实在无法忍受，于是大量南逃，史称“永嘉南渡”。

《资治通鉴》卷八七“晋怀帝永嘉五年”云：“时海内大乱，独江东差安，中国士民避乱者多南渡江。”当时江南比较稳定，在永嘉南渡时，北方的许多士族、大地主携眷南逃，随同南逃的还有他们的宗族、部曲、宾客等等，同乡同里的人也往往随着大户南逃。随从一户大地主南逃的往往有千余家，人口达到数万之多。这些移民大举南迁，到东晋、南朝三百年间陆续迁至今长江下游皖南、苏北、赣北、赣中一带的江南地区。《晋书》记载：“洛阳倾覆，中州士女避乱江左者十六、七。”①可见移民之多。当时安置移民，建立了许多侨州、侨郡、侨县，按移民来源地分别管理。按文献记载，当时海陵一带人口猛增几十倍。当地的居民与从北方流落到海陵一带的居民融合，本地的方言也渐渐被外来的语言所影响，从而逐渐向江淮方言过渡。但是南来避乱的人大多认为过了长江才算安全，所以大量集中在沿江南岸。而在沿江北岸的扬州、泰州、如皋一带，吴语并没有很快蜕变，直到隋炀帝游江都时，吴语使用仍然普遍。所以只能说，泰州的方言在魏晋南北朝时期处于由吴语向江淮方言过渡的阶段，是方言变化过程中的一个开端。一般认为，从东晋开始，泰州地区的方言初步显现出江淮方言的特点。

二、衣食住行

魏晋南北朝时期，人们的衣食住行有了长足进步。泰州地区也不例外，并显示出了比较鲜明的地域特点。

（一）饮食

魏晋南北朝时期的粮食作物种类已经相当齐全了。从《齐民要术》中可以看到谷子、粱、大麦、小麦、水稻、旱稻、豆子等多种粮食。从粮食作物的生产区域看，江淮一带及以南是以水稻

① 《晋书》卷六五《王导传》，第1746页。

和小麦为主要粮食，米饭和粥是人们的主食，小麦用以制作饼一类的食物。总而言之，农耕的生产方式决定了人们的饮食是以粮食和蔬菜为主的素食结构。可以推测魏晋南北朝时期的泰州在饮食结构方面和江淮一带大致相当，即以米饭为主食，兼以小麦制作的面食为副食，菜类则以蔬菜为主。当然泰州临江近水，水泽众多的地理条件给人们提供了鱼虾等水产品，此外还可以饲养鸭、鹅等水禽。

1. 泰州麋田

关于海陵麋田，西晋张华《博物志》有较详细的描述："海陵县扶江接海，多麋鹿，千百为群，掘食草根，其处成泥，名曰麋畯[①]，民人随此而略，种稻不耕而获其利，所收百倍。"早期的海陵南面为海，多沼泽，恰好满足了麋鹿喜欢泽地的要求，这也是种植水稻的适宜环境。当时的泰州大地上奔跑着成群的麋鹿，它们用宽大的蹄子践踏沼泽地，吃剩的草根和树叶也和在其中，水土一片粘糊，这就形成了麋田。溱潼一带将麋田称为"鹿陵田"，经过麋鹿"精耕细作"过的麋田生产效率很高，所产的稻米状如大麦，称为"禹余粮"。

图 3－12　麋鹿群

2. 海陵红粟

古代的海陵红粟闻名遐迩，屡屡见于文人笔下。西晋诗赋大家左思在《吴都赋》中这样写道："窥东山之府，则瓌宝溢目；海陵之仓，则红粟流衍。"唐代诗人骆宾王的《代徐敬业传檄天下文》："海陵红粟，仓储之积靡穷；江浦黄旗，匡复之功何远。"还有

① 指泥土经麋鹿踩踏后很松软。

宋代陆游《对食戏作》中的“香粳炊熟泰州红，苣甲莼丝放箸空”，同样脍炙人口。所以一般认为海陵红粟是一种泰州特产红色小米，即“泰州红”。但是还有一种影响很大的观点持不同意见，认为海陵红粟与泰州红并不是同一种事物。海陵红粟只不过是个典故而已，并非泰州特产的红色小米。左思和骆宾王笔下的海陵红粟，都是因为海陵仓储存的粮食太过丰富，堆积仓中时间太久而变腐发红。关于这一点，史书、诗词中有不少可以加以辅证，如《魏书》卷六五《高谦之传》：“昔之帝王，乘天地之饶，御海内之富，莫不腐红粟于太仓，藏朽贯于泉府。”“粟红贯朽”成了形容钱粮富足的成语。杜甫有诗句“日闻红粟腐，寒待翠华春”，元代诗人杨维桢则疾呼“我愿天仓红粟朽，农食冬春饮春酒”，近人黄炎培亦有“太仓红粟因旧积”之句。上述文字中红粟分别与陈、腐、朽、积、老、陈等字相联，充分说明红粟的本义是指粮食久贮发腐，引申为形容粮食丰富。海陵红粟只是历史上的一个典故，而与某一具体的水稻品种无关。因此，海陵红粟与泰州红是不相及的两种事物[①]。

不管两种观点孰是孰非，有两个基本事实是不可否定的。一是魏晋南北朝时期，泰州依然是全国著名的粮仓；二是泰州确实有自己的特产红色小米“泰州红”，至于红粟是因腐发红的米还是原本就是红色小米尚待考证。

在时局稳定的情下，正常的农业生产是可以得到保证的，但毕竟这是一个战乱频繁的时代，社会秩序遭到破坏，生产无法正常进行，大规模的饥荒经常出现。“大兵如市，人死如林，持金易粟，粟贵于金。”[②]在粮食缺乏的情况下，人们不得不寻找一切可能代替粮食的食物，如桑、萍、葛、艾，等等。

① 参见储质卿《“海陵红粟”词义考辨》，《泰州日报》2010年3月5日—4月2日4次连载。

② 《太平御览》卷八四〇引南朝梁任昉《述异记》。

（二）服饰

魏晋南北朝时期的服饰深具时代特点和鲜明的个性，南朝服饰的最大的特点便是峨冠博带，飘逸潇洒。“晋末皆冠小而衣裳博大，风流相放，舆台成俗。”①

先从“头”说起。有身份地位的阶层通常着冠或冕，这是在正式场合所穿礼服的必搭配件，重要程度不亚于现今正式场合男子的领带，况且冠冕还象征着严格的等级差别。在非正式场合，士大夫们则比较随便，不戴冠帽，而是戴上平民百姓也戴的巾，可以按照自已的意愿随意系束成喜欢的样式。无论是冠还是巾，都不是严格意义上的帽子，它们只是固定住拢束成髻的头发，帽子是另戴的。上至天子，下至庶人，都有戴帽子的，区别只在颜色不同。帝王戴白帽，士人和庶民戴黑帽。

魏晋南北朝时期的流行服饰主要有袍、衫、襦、裤、裙几类。袍子是有表有里的外穿长衣，有夹衣和单衣两种，当时的官员们主要穿绛色的袍子，而平民百姓是穿不起绫罗绸缎的袍子的，只能穿麻织造的衫、襦之类。襦是上身穿的短衣，下面要配穿裤子，穷人家有上衣无下裤也是正常现象。魏晋六朝士人们也穿衫、襦和裤，只不过必须得在裤子外罩上一条裙子，腰上系带，只穿裤不罩裙是非常不文明的行为。南朝时，服饰的流行趋势是越来越博大，广袖长裙与士人们追求自由奔放、飘逸洒脱的境界甚为契合，十足地体现了他们放达的风度。

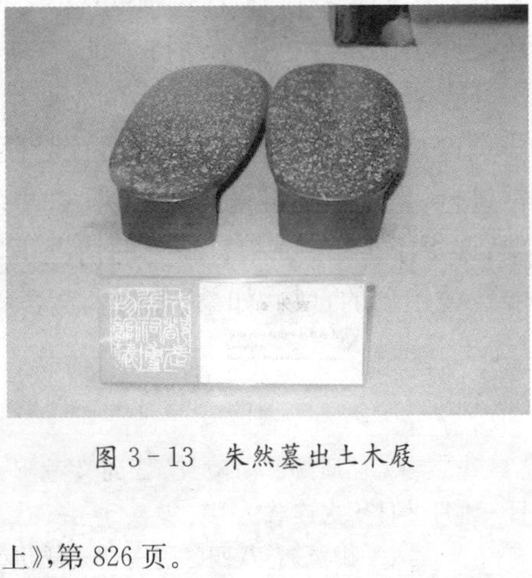

图 3-13　朱然墓出土木屐

与宽袍大袖相匹配的鞋子有履和屐。

① 《晋书》卷二七《五行上》，第 826 页。

履是魏晋南北朝时期比较正规的鞋子，花样繁多，男女皆宜，一般都做成高头大履的样子，虽然走起路来不太方便，却别有一番逍遥的姿态。南朝的士人们通常穿屐，屐，木制，前后两端各加上一块木齿，可以防止滑倒跌跤，晴天雨天通行，甚至可以当做登山鞋。南朝谢灵运就常常穿着木屐爬山，上山时去掉木屐的前齿，下山时去掉木屐的后齿，非常轻便。平头百姓们脚上穿的鞋子一般是用葛、麻和草编制的，称为屣。

魏晋南北朝时期的泰州人的衣着装扮也在这时代的洪流中随波逐流，伴随着社会的动荡和南北之间的交流不断上演着变化多端的服饰秀，东吴时衣服上长下短，西晋时上短下长，东晋时上衣更短，束带束得非常之高。

（三）居住

魏晋南北朝时期，民用建筑也有鲜明的南北差异。北朝民居与装饰雄浑粗犷，南朝民居则秀丽柔和，这种差别在都城宫殿和民居园林上都有体现。

六朝古都建康（今江苏南京）的宏伟规模自不待言，沿江的一些重要城市在规模上也有扩大，如广陵、晋陵、海陵。文献资料中关于唐代以前的古海陵城记载非常少，我们无从知道魏晋时期的古海陵城池的规模和大小；能知道的是古海陵城建造于江淮水系间，水系着城，城蕴着水，在苍茫江水的映衬下，古海陵城应是别样一种古朴和宏阔的风度吧。海陵的砖也非同一般，秦汉时，在现今溱潼地区就有大型的砖窑。以河泥为原料，经过踹泥、制坯、晾干、装窑、烧窑、闭火、窨水等过程，烧出的砖瓦颜色青绿可爱，人称“茨菇青”，敲起来镗锣响，当真是“瓦缶胜金玉”。青砖质地坚固细腻便于雕琢，在泰州人家的墙头、院落、照壁、门楣上，随处可见雕刻精细的砖雕图案。

魏晋南北朝时期，南方的民居以瓦屋居多，这可以从南方六朝墓中出土的明器得到验证。这些屋子大多是瓦顶，还配有谷仓、磨房等。而有钱的人家还可以住楼房，如“山中宰相”陶弘景。据《梁书》卷五一《处士传》记载，陶弘景的家是一座三层的楼房，在民间应是不多见的，只有世家大族的府邸才能胜之一筹。士族们的府舍雕梁画栋，华丽非常，甚至开始营造私人的园林，仿造自然，营造假山假水，以植被和亭台楼阁点缀之。

（四）交通

魏晋南北朝时期长达几百年的分裂割据，极大地破坏了区域之间的交通，因政治原因设置的边界和因战乱毁弃的道路一定程度上阻隔了人们的出行。但割据政权区域内的交通还算正常，加上此时士人们沉迷游山玩水，信徒们热衷宗教朝拜，出行反而有所增多。

古代的交通线路与与现今有很相似的地方，即以大城市为中心或节点，向四周辐射。魏晋南北朝时期，在南方地区建康城是最大的中心城市，道路通向四面八方，能够到达南方各地、中原地区甚至西北地区。从建康城向东，至京口（今江苏镇江）过长江便可以抵达海陵。同样，从海陵亦可至京口至建康。海陵位于江淮之间，水路交通非常便捷。

陆上的交通工具有车、舆、辇等，以车最为常见和重要。车的牵引力来源有马、羊、牛和人。魏晋南北朝时期，牛车得到广泛的应用。皇室、公卿大臣和普通百姓在日常生活中大多都是乘坐牛车。《世说新语》中还记载了西晋时的两大富豪——石崇和王恺经常举行牛车比赛的故事。水上的交通工具主要是舟楫，魏晋南北朝时期，江南地区的造船业有很大的发展，既有载重量大的大船，也有灵活轻便的小船。例如，三国东吴孙权就曾经制造了一艘大型游船，“名之曰长安，亦曰大舶，载坐直之士三千人，与群臣泛舟江津”[①]。不仅船的规模非常可观，船速也有很大提高，南朝的杰出科学工作者祖冲之曾经造了千里船，据载能“日行百余里”[②]。船是临江近水的人的性命，海陵人亦是如

---

① 《水经注》卷三五《江水》，陈桥驿校正，中华书局2007年版，第807页。

② 《南齐书》卷五二《文学·祖冲之传》，第906页。

此。虽历经千百年，现今的泰州造船业仍赫赫有名！

三、青瓷与社会生活

陶瓷器是古人们生活中不可或缺的用具。即使是在魏晋南北朝这样的动乱时代，陶瓷器的发展也没有受到影响，它的重要性促使着工匠们不断研发革新，使得这一时期的陶瓷器反而进入了一个新的发展时期。因此，六朝也成为青瓷制作的勃兴时期。考古界一直认为六朝青瓷是长江以南地区的专有物品，江北一带是没有六朝青瓷的。但是泰州地区陆续出土了多件精美的青瓷器具，令人刮目相看，彻底颠覆了“长江北岸无六朝青瓷”的说法。

青瓷与人们的社会生活密不可分，青瓷为我们打开了一扇观察古人们生活的窗户。透过泰州出土的青瓷之用途、青瓷之色泽与纹饰能够看出魏晋南北朝时期泰州人的生活与信仰追求。

青瓷在六朝时期是比较珍贵的高档日用品。泰州出土的这些青瓷用途涵盖了社会生活的诸多方面，有餐饮、装饰摆设、文房用具和丧葬明器。这些青瓷在其他地方并不多见，而在泰州却不断出土，在某种程度上可以说明泰州当时居住着为数不少的豪门家族和地主。他们生的时候享用着这些名贵、精致的青瓷器具，死后还将它们带入墓中。这些豪门的富庶生活正是当时海陵的富庶与辉煌的一个缩影。

青瓷得名于其色泽的青色，从工艺上讲，青色是因为釉在高温炼造中氧化而形成。但这种淡淡的青色的涵义却绝不仅仅限于此，它为人喜爱和推崇的原因更在于所象征的生活品味和蕴含的审美意义。瓷器并非简单的生活用具，外在形式为“器”，而内在就是“道”，即一种精神和品位。所以，在我们眼前的这些青瓷更多的是以其艺术内涵震撼了人们，它的色彩便是重要的一种寓意载体。青色是一种宁静和淡雅的色彩，赋予观者雅致、幽闲的感觉，时人对青色的尚好，实质上反映了当时人们的内心向往和精神的追求。在纷乱不已的时代背景下，整个社会的意识形态也经历了明显的转折，经学被玄学取代，那些士族子弟们穿着宽大飘逸的衣服，挥动着尘柄，追求着那种清虚、幽远和恬淡的意境，这与青色给人的感觉是不谋而合的。青色的釉质还有一种玉的质感，其含蓄和纯净的美又符合了当时人们向往宁静的精神追求。

纹饰是青瓷的另一重要艺术表现形式。汉代瓷器的纹饰比较简单，西晋时瓷器的纹饰丰富了许多，有弦纹、方格纹、菱形纹、网纹等，并组成条带状，装饰在器物的肩部、腹部。南北朝时期，刻划莲花瓣纹开始流行起来，这其实是佛教文化深入影响的一个表现。例如泰州市博物馆藏的青釉莲瓣纹盖罐，四周刻有八瓣重瓣形的莲纹，罐上腹部浅刻十三瓣覆莲纹，下腹部刻十五瓣仰莲纹，腹中部刻一周缠枝忍冬纹，此罐的精华所在正是这莲瓣纹饰。

图 3－14　青釉莲瓣纹盖罐，泰州市博物馆藏

莲花最早作为纹饰出现在器具上与佛教并无关联，但到了六朝时期，佛教在中国的兴盛使得传统的莲花纹饰更加盛行。因为它在佛教中被赋予特殊含义，被奉为“佛门圣花”，最典型的例子就是佛座均为莲花座。如《无量清净尘经》称：“无量清净佛，七宝地中生莲花上；夫莲花者，出尘离染，清净无暇。”也就是说，莲花是“净土”的象征。还有传说认为，佛祖释迦牟尼就生在七宝七茎莲花上。而且基于植物的特征，莲花本有圣洁、美好、吉祥、幸福、圆满的含义。南朝佛教盛行，到梁武帝时“都下佛寺，五百

余所,穷极宏丽,僧尼十余万,资产丰沃,所在郡县,不可胜言”①。泰州的佛教兴盛程度更不待言,基于佛教的盛行,人们崇尚的莲花就成为一种理想的装饰而出现在青瓷上了。

四、节日

节日风俗是最能够集中体现一个时代的文化和社会风尚的要素。魏晋南北朝时期的节日已经非常丰富,从农历正月初一到除夕岁暮,一年四季都有重要的节日,并一直流传到今天。在继承秦汉时代习俗的基础上,其内容又受到了魏晋南北朝时期特殊社会状况的影响,呈现出很多独特的面貌,乃是中国历史上节日风俗发展的重要时期,具有承上启下的作用。

(一) 宗教节日出现

魏晋南北朝时期,佛教发展兴盛,如日中天;道教经过一系列的改革也占据了广大的社会市场。两大宗教的盛行,对节日风俗产生了极大的影响,出现了一些新的宗教节日,并且被普及为全民节日。浴佛节就是人们对佛教故事进行演绎进而派生出来的宗教节日。据佛经经典记载,农历四月八日是释迦牟尼的诞生日,故而以四月八日作为浴佛节,纪念佛祖。人们以香汤为佛沐浴,表达敬意求佛庇佑,同时也寓意令求佛者自身得到身心净化,涤除厄运与尘垢。因此每逢浴佛节,参与者和参观者众多。如前引笮融督广陵、彭城运漕时,“每浴佛,多设酒饭,布席于路,经数十里。民人来观及就食且万人”。可见浴佛节已声势浩大,成为当地一个非常重要的节日。

另一个重要的宗教节日是农历七月十五,在道教中是中元节,在佛教中则是盂兰盆节。据清代学者赵翼考证,三元节的说法源自于北魏,由著名道士寇谦之编造而来——“然张衡等但有三官之称,而尚未谓之三元,其以正月、七月、十月之望为三元日,则自元魏始……三元之说盖即谦之等袭取张衡三官之说,而

---

① 《南史》卷七〇《郭祖深传》,第1721页。

配以三首月为之节候耳。”[1]道教中的天官、地官、水官为三元大帝，因分别出生于正月十五、七月十五和十月十五，因此将正月十五定为上元节，祭祀天官；七月十五定为中元节，祭祀地官；十月十五定为下元节，祭祀水官。而佛教在七月十五这天举办盂兰盆会，这也是对佛经故事的一种解读延伸，源于“目连救母”，以盂兰盆盛五味百果供养佛，救母亲脱离饿鬼之苦。盂兰盆一般用竹子编制，人们在盆中放入纸钱，用火焚烧，这个节日习俗虽然出自于宗教，但其中蕴含的孝子之心，非常贴合中国传统儒家的孝道观念，因而深得人心，大为盛行。

正月十五是元宵节，但吃元宵赏花灯都是唐宋以后的习俗了，魏晋南北朝时期的正月十五被道教视为上元节，是被作为一个重要的祭祀节日看待的。在农桑发达的江苏一带，上元节与祭祀蚕神关联很大。正月十五正值早春，桑树即将发芽，关系到蚕业的丰收，特别是在长江沿线地区和长江以南地区。古泰州因其适宜的地理环境，农耕和蚕桑都很发达，养蚕之风兴盛，人们对上元节的祭祀蚕神的内容极其看重。

（二）节日习俗的融合

魏晋南北朝时期是一个民族大融合的时期，这种融合不仅仅体现在政治和文化上，还影响到了普通民众共有的岁时习俗。端午节是一个全国性的节日，在魏晋南北朝时期，端午节的内容以纪念历史名人为主，但是不同的地区纪念的历史名人也是不同的。例如山西地区在端午节纪念介子推，吴地人民在端午节纪念伍子胥，荆楚之地在端午节纪念屈原，浙江一带在端午节纪念孝女曹娥。历经魏晋南北朝时期各地区人民频繁的迁徙流动之后，这些岁时习俗中的文化也经历了碰撞与融合，最终端午节纪念爱国的屈原的说法得到了普遍认同。很多风俗都与屈原有关，尤其是吃粽子的习俗。此外，还有插艾草，挂桃符，在小儿手

---

① ［清］赵翼《陔余丛考》卷三五“天地水三官”，商务印书馆 1957 年版，第 750 页。

臂上系五色彩丝等等，这些习俗在泰州地区直到今天还能见到。

魏晋南北朝时期泰州地区的节俗活动丰富多彩，既有庆祝团圆、尊老爱幼的节日习俗，也有宗教信仰和祭祀类型的节日习俗，还有其他有关个人的婚丧嫁娶等习俗，在此不一一列举。从总体上看，在魏晋南北朝这样的一个动荡时代，岁时习俗也经历了一个变化多端的过程，揉进了许多新的内容，形式也有了新的变化，为后续的历史阶段的岁时习俗奠定了一个新的基础。

第四章　隋唐五代时期的泰州

当历史的云烟穿过纷乱扰攘的魏晋时代，中华大地迎来了又一个发展的高峰，向世界展示出大一统的隋唐帝国的泱泱风采。隋朝虽然仅历二世，却不但完成了国家在疆域上的统一，而且在前朝探索的基础上确立了一整套超迈过去的制度，寻找到了属于统一王朝的崭新方向。后继的李唐王朝沿着这个方向不断前行，在人类社会的发展史上中华民族遂又增添了一个绚丽的篇章。

隋唐时代是一个大一统的时代。随着割据形势的结束和民族融合程度的加深，统一国家的政权建设随之展开，并在这个过程中洗去了早已迷失在金粉之中的六朝士族子弟残存的势力，对普通民众敞开了接受教育、参与政治的大门。国家的机体里充满了新鲜的、生机勃勃的血液，蓄积了良久的力量终于在这个安定和平的环境中勃发，使整个社会的面貌随之一变，无论是经济的进步，还是思想文化的发展，都远远超越了前朝。这一时期社会发展步伐之大，不但创造了古代中国辉煌的又一高峰，同时为后世社会的转型留下了充足的资源。经历过这个恢弘的时代以后，泰州也乘便迎来了自身发展具有里程碑意义的阶段。

隋初统一，面对纷乱了三百余年的疆土，进行了一次大规模的整顿。在这个过程中，海陵县的归属问题也几经变换；入唐以后，逐渐稳定下来。虽然唐代国家行政建制在隋的基础上屡有调整，但泰州作为比较基层的建制变化不大。经过唐末的混乱以后，泰州在南唐时期终于从扬州治下独立出来，建立了州治。这种政治地位的提升与隋唐时期泰州经济的发展息息相关。

泰州自然地理条件本来十分优越，随着中唐以后我国经济重心的南移，地处淮南一线的泰州地区也得到了更大程度的开发。海陵的红粟和制盐业历史悠久，素称发达，至隋唐仍为地方所倚重。而聪慧勤劳的海陵人民在同海洋争地的斗争中也终于取得了可喜成果——捍海堰的修筑不仅使滨海地带的民田免遭海潮倒灌之苦，而且也使该区盐卤之地得以改造成良田。可以说，淮南道的扬泰地区之所以成为唐代重要的稻作农业区，与这种改造是分不开的。

由于政治经济的高度发达，隋唐帝国产生出了丰富的思想文化。科举制极大地推动了教育的发展，儒家思想文化遂继续根深蒂固地沿着中华文明进程的轨迹演进，虽然隋唐时期佛教和道教都分别迎来了自身发展的辉煌期，仍然不能将其主流地位撼动分毫，三教合流的趋势在不断加深。智慧的中华民族在拥有先进的经济文化的同时发展出了高度的自信，敞开胸怀迎接来自四面八方的异质文化，容纳并吸收而为我所用，浇灌出了繁华的盛世文化之花。泰州从此时开始加快了文化发展的步伐，为后世的文化昌隆打下了坚实的基础。

文化上的吸收和融合在人们的日常生活中也有非常明显的表现。从语言上讲，新海陵话既保存了吴方言，也包含着北方官话；而海陵人民的衣食住行、节日习俗等则更加表现出博采众长又独具特色的风貌。

第一节　行政建制

在地方行政建制上，隋唐五代的最大变化就是废除了州、郡、县的三级制，逐渐改行道、州、县制，并开始出现府的设置。就泰州而言，即是在南唐时期泰州由县升格为州。

一、概述

中国古代的地方行政建制是不断变化和演进的。其中历时最为悠久当属郡县制，起始可以追溯到春秋战国。秦始皇统一六国，更在全国范围内推行。由于郡的设置逐渐增多，朝廷感到不易具体管理，汉武帝时就在郡上更设立州一级，这样就成为以州察郡，以郡辖县的三级制度。自此以后，州的长吏称号及其职权大小有时亦曾有所变化，三级的名称却长期未闻改易。随着时间的推移，州郡的设置不断增多，尤其到了南北朝时期，这种情况更为显著，一些郡县往往连职方记载也难于备述。沈约撰《宋书》作《州郡志》时，就曾经感慨："地理参差，其详难举，实由名号骤易，境土屡分，或一郡一县，割成四五，四五之中，亟有离合，千回百改，巧历不算，寻校推求，未易精悉。"①当西汉中叶初立州时，全国仅有十三个州和一个司隶校尉部，还有一百零二个郡国。后来到梁武帝天监十年(511)仅南朝境内就有州二十三，郡三百五十；梁武帝大同年间(535—545)，也已有州一百零七。陈国的疆土于南朝中最为狭小，实际上不出原来荆、扬两州的范围，却有州四十二，郡一百零九。北朝齐周两代都经过一番并省，可是到北齐亡时，竟有州九十七，郡一百六十。北周静帝大象二年(580)，北齐已经灭亡，南方仅有陈和后梁，疆土都已相当

① ［梁］沈约《宋书》卷三五《州郡志》，中华书局 1974 年版，第 1028 页。

狭小，此时的北周境内，通计有州二百一十一，郡五百八[1]。周齐二国每州平均所辖皆两郡稍多一点，也就是说，每一位刺史仅能领导两位太守，最多亦不能超过三位。据《隋书·地理志》记载：文帝即位时有州二百零一、郡五百零八、县一千一百二十四，度支尚书杨尚希即上书文帝指出：

> 窃见当今郡县，倍多于古，或地无百里，数县并置，或户不满千，二郡分领。具僚以众，资费日多；吏卒人倍，租调岁减。清干良才，百分无一，动须数万，如何可觅？所谓民少官多，十羊九牧。琴有更张之义，瑟无胶柱之理。今存要去闲，并小为大，国家则不亏粟帛，选举则易得贤才，敢陈管见，伏听裁处。[2]

面对这种情况，隋统一后对行政区划制度的改革势在必行。

开皇三年(583)，隋文帝废诸郡，直接以州统县，州设刺史，县置县令。炀帝时再经省并，又改州为郡，大业五年(609)，共有一百九十郡，县一千二百五十五。为了统辖这一百九十郡，乃置司隶、刺史，分部巡察。炀帝时定制，以谒者、司隶、御史为三台。三台与五省、五监并为朝廷要职。司隶台置大夫一人，掌诸巡察。别驾二人，分察畿内，一人案东都，一人案京师。刺史十四人，巡察畿外。诸郡从事四十人，副刺史巡察。每年二月，乘轺车巡郡县，十月入奏。

在隋文帝下令废置诸郡时，南梁时设置的海陵郡亦废，海陵县不再是海陵郡的治所，合并了原属海陵郡的建陵县，后又分出一部分置江浦县。开皇初年，曾“置吴州于广陵”并“以贺若弼为

---

① 南北朝州郡形势及数目参见顾祖禹撰，贺次君、施和金点校《读史方舆纪要》卷四《历代州域形势四》，中华书局2005年版，第152—181页。

② [唐]魏征等《隋书》卷四六《杨尚希传》，中华书局1973年版，第1253页。

吴州总管,镇广陵"[1],海陵以县属吴州。开皇九年,吴州改为扬州,海陵以县属扬州。大业初年,隋炀帝改州为郡,扬州更为江都郡,统领包括海陵县在内的十六县,户十一万五千五百二十四,江浦县也重新并入海陵县。但当时海陵县令为谁,户口多少,今已不可考。

隋灭唐兴,地方区划和有关的制度也相应地有些改动。隋唐之际,群雄并起,戎马倥偬,为了羁縻一些地方势力,酬庸若干有功的将士,因而权置了许多州郡。后来虽稍作调整,但太宗贞观十三年(639)定簿,犹有州府三百五十八。就是到了开元二十八年(740),户部计帐,也还有州府三百二十有八[2]。隋初调整南北朝时的旧制,曾省去郡的一级,仅存州制,炀帝大业时改州为郡。唐初高祖武德元年(618)又改郡为州,天宝元年(742)复改州为郡,肃宗乾元元年(758),再改郡为州。到了这一时期,为州为郡其实都是一样的,州郡名称互相改易,实际上并没有多大影响。

唐代最重要的设置是"道"的制度的创建和区域的划分。道的名称隋时已有。隋文帝时就曾置过河北道行台和河南道行台,隋炀帝为晋王时,就曾做过河北道行台和淮南道行台的尚书令。炀帝伐高丽曾经分兵二十四道出师,而炀帝亲祠北岳恒山时,曾招见河北道郡守。鱼俱罗曾为碣石道军将,而薛世雄为东北道大使行燕郡太守,镇怀远。由此可见,炀帝伐高丽的二十四道,应该是军事组织,但有一定的驻地。只是这时的"道"具体区划已难以考证。

唐太宗贞观元年(627)始因山河形便,分全国为十道,各有辖区。十道即关内道、河南道、河东道、河北道、山南道、陇右道、淮南道、江南道、剑南道、岭南道。玄宗开元二十一年(733),重

---

① 《读史方舆纪要》卷四《历代州域形势四》,第152—182页。

② [后晋]刘昫等《旧唐书》卷三八《地理一》,中华书局1975年版,第1393页。

新作了调整，在原来十道的基础上，另行划分为十五道，即：京畿道、都畿道、关内道、河南道、河东道、河北道、陇右道、山南东道、山南西道、剑南道、淮南道、江南东道、江南西道、黔中道、岭南道。贞观时为“道”创设之初，规模建置还不够完备，每道也没有固定的监察官吏，或为黜陟使，或为巡察史、按察史。直至开元划为十五道，每道设置采访使，这才有了固定的监察人员。但采访使的制度并未一直沿用，肃宗乾元元年(758)采访使改为观察处置使，后逐渐成了节度使的兼衔。

节度使的设置是唐代重要制度之一。睿宗景云二年(711)，为抵御外来的强敌，保卫边疆安全，于是在沿边各地设置了节度使。到玄宗开元年间，全国也只有安西(治所在今新疆维吾尔自治区库车)、北庭(治所在今新疆吉木萨尔破城子)、河西(治所在今甘肃武威)、朔方(治所在今宁夏回族自治区灵武)、河东(治所在今山西太原西南)、范阳(治所在今北京)、平卢(治所在今辽宁朝阳)、陇右(治所在今青海乐都)、剑南(治所在今四川成都)等节度使和岭南五府经略使(治所在今广东广州)。这时的节度使与行政区划显然没有关系。安史之乱爆发后，西北防边的军力皆相继内撤，参预平定乱事。因为平乱的需要，立有军功的将帅，也都授与节度使的称号。争战既在内地进行，征发调用也就和有关的地区多所牵连，涉及行政事务。正如《旧唐书·地理志》中所说：“至德以后，中原用兵，刺史皆治军戎，遂有防御、团练、制置之名。要冲大郡，皆有节度之类；寇盗稍息，则易观察之号。”①由此可见，节度使辖区虽是军事设置，但节度使兼领采访、观察等官衔，其所辖的区域也就和道相差无几。而且有些节度使辖区就沿用道的名称，驻地也和道的治所一致。在这种的局面之下，道的制度并未明令废除，两者很容易混为一谈。由于节度使的辖地大小不一，因而各道之中，节度使的数目也多少不等。也有一些节度使的辖地伸入邻近的另一道之中，参差不一。

① 《旧唐书》卷三八《地理一》，第1389页。

节度使的置废分合也多所变更，难以详述。节度使的辖区因其力量的强弱和作用的大小，经常发生变化。乾符以后，变化益加频繁，史家早已有“乾符之后，天下乱离。礼乐征伐，不自朝廷。禹迹九州，瓜分脔剖，或并或析，不可备书”[①]的叹息。

与隋代大为不同的应该是“府”的建立，这是唐代异于前代的制度。“府”的名称其实在周隋间已有，那时曾设置过一些总管府或都督府，不过这些大都是有关军事的设置，就像唐代也还设置的都督府和都护府。这里所说的“府”是设立于都城的府，属于地方行政的范围，和纯军事性质的“府”不同。唐代建都较多，故设府亦不少。唐初循隋之旧，以长安和洛阳为东西二都。其后又以太原为北都，河中为中都，凤翔为西京，江陵为南都，成都为南京。肃宗宝应元年(762)曾颁布五都之号，以京兆为上都，河南为东都，凤翔为西都，江陵为南都，太原为北都。这些都城除长安、洛阳外，时有省废，但先后分别设为京兆、河南、凤翔、江陵、太原、河中、成都七府。这七府以京兆府设置最早，是开元元年(713)设置的，可以说，开元元年是唐代府制最初形成的一年。唐代后期，国内多事，就是皇帝也往往不遑宁处，而行在之地就和都城一样，得到府的建制。其间以梁州改建为兴元府，以陕州改建为兴唐府，有唐一代先后共设置了九府。

唐代可以说是海陵县发展较快的时期。唐高祖武德四年(621)，海陵县改称吴陵县，吴陵之名始于此，并以县置吴州，张买臣任吴州刺史。武德七年，吴州废，恢复海陵县故名，属邗州。武德九年，邗州改称扬州，置大都督府，海陵县属扬州。梁时属海陵郡下的临江县、如皋县在隋初并入宁海县，至此皆并入海陵县。中宗景龙二年(708)，分海陵县东境设置海安县，玄宗开元十年，海安县又并入海陵县。

唐前期，扬州领江都、六合、海陵、高邮四县，户二万三千一百九十九，口九万四千三百四十七。天宝年间，扬州领江都、江宁、

---

① 《旧唐书》卷三八《地理一》，第1393页。

六合、海陵、高邮、扬子、天长七县，户七万七千一百五，口四十六万七千八百五十七。至于唐时海陵县长官，文献几乎没有记载。僖宗光启二年（886），高霸时任海陵镇遏使，当时有民五万户，兵三万人。但唐代海陵县归属扬州，扬州是淮南道的治所所在，海陵县亦归淮南道节度。扬州都督、淮南节度使对海陵亦有管理权，现仅将可以考证的唐代扬州历任长官附录于后（见第228页附表）。

后梁开平元年（907），在长时期的藩镇割据、朋党之争、宦官专权中，曾经盛极一时的唐朝终于为后梁政权所取代。从此至宋朝建立的53年间，中原地区先后出现了梁、唐、晋、汉、周五个政权，史称后梁、后唐、后晋、后汉、后周，亦称“五代”。与此同时，在全国各地还存在一些割据势力，与中原政权公开抗衡，前后共有十多个，其中统治时间较长的、较有代表性的有前蜀、后蜀、吴、南唐、吴越、闽、楚、南汉、南平、北汉，史称“十国”。

五代十国时期的行政建置基本上沿袭唐代旧制，中枢机构有三省六部，地方上分州、县两级，州有刺史，县设县令。州一般分为节度使州、防御使州、团练使州、刺史州，通常由前三使分别兼任州长官—刺史，单任刺史的较少。另外，都城、陪都称府，如开封府、河南府、京兆府、大名府等。于军事要地设大都督府，如后梁在宋州、福州均设大都督府。五代制度虽然基本上沿用唐制，但各朝变化很多，废置不常，其制甚为紊乱，不便详述。

五代十国时，海陵地处淮南，先后为杨吴、南唐、后周所统辖。杨吴时，海陵县属江都府。高祖武义二年，分海陵北境招远场设置兴化县。睿帝乾贞中，于海陵县设置海陵制置院。

南唐，烈祖昇元元年（937）升海陵县为泰州。又分海陵南境5个乡设置泰兴县，割楚州之盐城。泰州下辖海陵、泰兴、盐城、兴化四县。元宗保大十年（952）分海陵县如皋场设置如皋县，泰州增辖如皋县。同年又于海陵县东境设置静海都镇，置制置院[1]。海陵县为泰州州治所在地，第一任刺史为褚仁规，保大年间(943—957)刺史分别为吴廷绍、皇甫晖、郭载、方协[2]。但因所见资料不全，四人任职起止年限，期间是否还有其它人任职等问题，依然无法确认。

后周时，以泰州为团练州，属扬州，仍辖海陵、泰兴、兴化、盐城、如皋五县。显德五年(958)，世宗临幸泰州，分泰州之静海都镇，置静海军，后来升为通州。又以海陵之东州镇，置海门县，属通州。显德初年，荆罕儒为泰州刺史，五年，升为团练使。率汀为度支判官。

二、州建南唐

泰州城历史悠久，素有“汉唐古郡”之誉。具体筑城年代虽然没有文字明确记载，但从采集的碳 14 标本测定，筑城年代早在商周至春秋早期。

隋唐时期，地方行政分州县二级，在城市实行的是以严格管理为特征的“里坊制”，城市的居民区以坊为单位，设坊正。在农村实行乡里制，百户为里，设里正；五里为乡，设耆老；乡、里、坊是最基层的行政机构。唐代海陵仅仅是县

图 4-1　州城遗址

① 参见[清]吴任臣《十国春秋》卷一一一《地理表上》，中华书局1983年版，第1571—1573页。

② 《雍正泰州志》卷四《官师志》，泰州图书馆藏。

级行政机构，但海陵县已经修筑了城池。唐人诗词中屡见对海陵县城池的描述，如王维《送从弟惟祥宰海陵序》诗云："海潮喷于乾坤，江城入于泱漭。"①李嘉祐之《仲夏江阴官舍寄海陵裴明府》："万里边江次，孤城对海安。"②还有张祜的"古城连废地，规画自初心"③，等等。从唐人诗词中的"江城"、"孤城"、"古城"这些用词来看，唐代海陵县建有城池，一个"古"字说明很早的时候就有了海陵城，一个"孤"字则反衬了海陵城外的空旷。据此可以推测，海陵城在当时应该是一座邻江近海、城乡相连的县城。

文献中关于唐及唐以前海陵城池的记载非常少，我们只能从已出土的一些海陵墓志中一窥唐以前海陵县城的里坊设置情况。根据泰州市博物馆藏泰州出土的十方唐代墓志，可知唐代海陵城已有常乐坊、社父坊、大宁坊、元履坊、祯实坊、宜陵乡静肃里、宜陵乡白露里、桑田乡、永吉乡石羊村、永吉乡丰城里等地，真实地反映出唐代海陵县的里坊制度④。一般来说，有了城才会有坊，先有城后有坊。唐代的地方县城一般只有一个坊，而海陵县城当时已有常乐坊、大宁坊、祯实坊、社父坊、元履坊等至少五坊，说明当时的海陵县城不是一般的小县城，而是一座较大的县城。

唐五代时期的城池大多是包括罗城和子城两部分，其中罗城为大城，是居住区和商业、手工业区；子城为小城，是衙署集中地区。如唐代扬州城北为子城，又称"衙城"，是衙署集中地区，建在蜀岗之上；东南为罗城，也称"大城"，建在蜀岗之下，是居住区和商业、手工业区⑤。这种分区的布局是唐代有都督、节度使

---

① [唐]王维《王右丞集》，岳麓书社1990年版，第167页。

② [清]彭定求等编《全唐诗》卷二〇六，中华书局1960年版。

③ [唐]张祜撰，尹占华校注《张祜诗集·题海陵监李端公后亭十韵》，巴蜀书社2007年版。

④ 解立新《古碑刻——散落在泰州的"历史存根"》，《泰州日报》2010年5月21日，第A1版。

⑤ 南京博物院《扬州古城1978年调查发掘简报》，《文物》1979年第9期。

驻节的重要州城的通制。唐时海陵县隶属于扬州，五代时亦与扬州相临，在城池布局模式上也应与扬州相仿，分为子城与罗城。

南唐昇元二年泰州知州褚仁规所撰《泰州重展筑子城记》[①]，标题有“重”、“展”二字，文中有“中存旧址，便为隔城，上起新楼，以增壮贯”之语，表明在褚仁规扩建子城之前，海陵县就已存在子城，只不过规模较小而已。有学者认为，杨行密在受封吴王后，在泰州修建永宁宫作为行宫，子城应在当时初建[②]。也有学者认为：杨吴施行的是“休兵息民”国策，其间海陵县未见有特别的变故，所以海陵县在隶属杨吴时不大可能新筑子城，并结合泰州已出土的唐代墓志，认为南唐以前海陵县的子城，不当是吴时才有，而可能是比属吴国更早时的唐代。由于文献记载的缺失，泰州子城初建何时，已无法确证。

据《道光泰州志》记载，后周时子城西南有旧城，故相对于子城而言，西南旧城当为罗城。既为旧城，又说明该城早以有之，为唐代的海陵县城的可能性最大，因为唐到五代的杨吴是和平过渡的，杨行密是由淮南节度使直接被封为吴王的，其间没有大的战争，唐海陵县城受破坏的可能性不大，在此基础上遂形成后来的罗城。

南唐昇元元年，海陵县升为泰州，下辖海陵、泰兴、兴化、盐城、如皋五县，东边增设静海都镇，置制置院，作为南唐东都屏障。从褚仁规《重展筑子城记》的记载中，即可以一窥泰州升级的原因。从政治角度讲，泰州城“可谓水陆要津，咽喉剧郡，以兹升建，为属勋贤”，这里既可作国都金陵、东都扬州的屏障，又有长江、运河之便，是扬州的水陆交通枢纽，对南唐政权的安全有

---

① 褚仁规《泰州重展筑子城记》于 1955 年 6 月在泰州北城垣出土，现藏于泰州市博物馆内。泰州古代地方文献没有此记文的著录，详可参见潘耀《浅识南唐〈泰州重展筑子城记〉》，《江苏省地方志》2010 年第 6 期。

② 王为刚《州建南唐泰州城》，《新周刊》2011 年 11 月 11 日。

着重要的战略地位。从经济角度看，泰州有渔盐之碑铭利、稻麦之丰，“地利显分，富一千里之黔庶”、“咸醝赡溢，职赋殷繁”、“供亿公费，不知限极，烈主喜之，以海陵为泰州”[①]。基于这些原因，新任知州褚仁规“但缘王事疚心，鼎彝系抱，欲将整齐士旅，是宜固护严城”[②]，上任后不久即开始扩建泰州的罗城和子城。

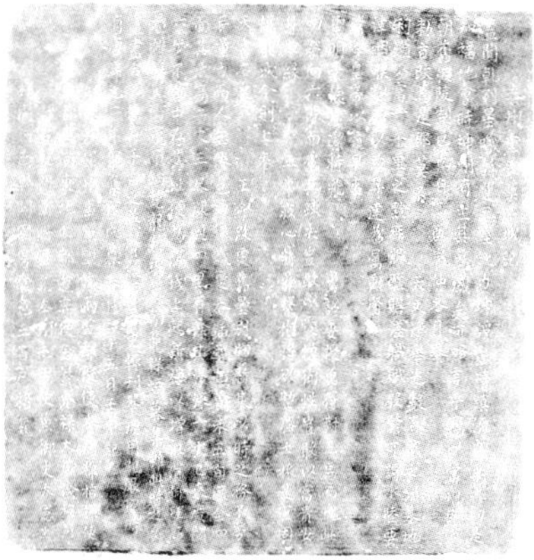

图 4-2　泰州重展筑子城记，泰州市博物馆藏

据《泰州重展筑子城记》载：南唐泰州的子城，“其城高二丈三尺，环回四里有余。其濠深一丈已来，广阔六步不啻。中存旧址，便为隔城，上起新楼，以增壮贯。仰望而叠排雉翼，俯窥而细甃龙鳞。瑞气朝笼，祥烟暮集，虽此时之良画，尽合玄机，在千古之英声，愿标青史”。上面关于子城的高度、长度，城外城濠的深度、宽度说得一清二楚。同时还涉及到与旧子城的关系，在重新扩建的子城里，保存有原来旧子城的城址，新旧子城之间形成一座隔城。为增加新建子城的气势，又在城墙上面建起了城楼。城建好后，褚仁规颇为得意，对城的形态大加赞美，从城下抬头望去像是展翅的鸟翼，而站在城上向下一看又像是砖砌的长龙，形象地告诉我们，重展筑的子城，在泥土夯筑城外包有城砖，城上建有城楼，高大雄伟，这当是泰州自汉代建县以来最为风光的城市建筑。

南唐泰州罗城在历代《泰州志》均有记载，“州城自南唐昇元

① [宋]马令《马氏南唐书》卷一《先主书》，上海涵芬楼影印明刊本。
② 《泰州重展筑子城记》。

元年升海陵县为泰州，以褚仁规为刺史，筑罗城二十五里"[1]、"南唐昪元元年升海陵县为泰州，以褚仁规为刺史，筑罗城二十五里，濠广一丈二尺"[2]。志书中关于罗城的记载大同小异，如果这些记载都是准确的，那么当时泰州罗城应该很大，规模与扬州城几乎相当。

由于南唐所建子城已毁于战火，后周显德五年时，世宗临辛泰州，下诏荆罕儒为团练使，并营建州治，在南唐子城基础上"增子城"。"营州治，增子城于东北隅，更筑城。自子城西北至西、东南至南，合西南旧城周十里一十六步，皆甓，高子城一尺，而厚如之，今城是也。""州城内东北隅，周二里二百步，表里皆围以甓，即荆罕儒所建，今当察院马厂之间，城尽圮，州治移故海陵县基，乃子城之西也。"[3]这段记载首先指明了子城在州城内的位置，即在州城内东北角，州治在子城西侧；其次指出子城周长为二里二百步。

后周罗城"自子城西北至西，东南至南合西南旧城周十里一十六步，皆甓，高子城一尺，而厚如之，今城是也"。如果简单认为后周泰州罗城是从子城的西北角向西延伸，东南角向南延伸，从而和西南旧城的南城墙和西城墙的延长线相交形成，这也值得商榷。如果明泰州城是从后周子城直接向南向西延伸，则势必要穿过子城的南城河和西城河，但泰州城向南并没有穿过任何河流，而一直是在城河和玉带河之间穿行，这就证明了东城墙不是简单地向南直接延伸。同时考古发掘也没有在后周子城向南延伸的部分发现五代的城墙遗迹，在望海楼公园发现的古代城墙遗址最早是宋代的。尽管北城墙向西穿过了中市河，但那也是因为中市河南北延伸很长的缘故，它是从子城外围延伸的，并没有穿过子城城河。由于子城的城河仍然被完整的保存下

① 《万历泰州志》，泰州市博物馆藏。

② 《道光泰州志》卷六《城池》，江苏古籍出版社 1991 年版，第 41 页。

③ 《道光泰州志》卷六《城池》，第 41—42 页。

来，而且宋明泰州城又完全位于后周子城的城河外，因而今天泰州城应该不是从子城的东南和西北两端向南向西延伸而成的，乃是在后周子城城河的外侧新修筑的。

同时“高子城一尺，而厚如之”也反证了新城不是旧城直接延伸而成。如果是直接延伸，那新城比子城高一尺不好理解，因为中国古代城墙采用的是“露龈造”的方法，从下到上逐层内收，高度不同，厚度不可能相同。这也佐证了新筑的大城在子城和旧城的外围。

荆罕儒修筑泰州城时，泰州还处于后周南唐交兵的前线。保大十四年二月，“周师陷泰州……夏四月复泰州”；十五年十二月“丁丑周师攻陷泰州”。保大十五年是957年，荆罕儒筑城是958年，短短两年，泰州三次易主，频繁的战争使得泰州城遭到极大的破坏，重建工程十分艰巨。南宋开禧丙寅（1206）修筑泰州城，“六七年间才甓二里余”。而从958年荆罕儒受命筑城到960年宋建立不到三年，要完成二里多的子城城墙包砖就很困难，更何况是同时营州治、增子城、更筑罗城、给二里子城和十里罗城包砖。所以，后周时新的罗城很可能并未建完。

泰州城墙从唐以前的单一结构的海陵县城，发展到五代时期的并列结构的罗城和子城，这一演变过程与其行政级别的变化是相符合的，是泰州由县到州的行政级别的变化在城市布局上的体现，也是古代城市发展过程中的一个缩影[①]。

三、隋末风云

隋炀帝杨广自即位开始，就大兴土木，对百姓劳役不息，征调不止。粗略统计，当时的工程每年都要役使一二百万人，少者也要征发二三十万人。如在营建东都洛阳时，“每月役丁二百万人”，“役使迫促，僵仆而毙者十四五焉”。单就建造皇宫所用的

① 参见王为刚《唐以来泰州城池考》，http://www.taizhou.gov.cn/art/2010/4/2/art_604_4229.html。

梁柱，皆从今江西运至洛阳，一根大柱要用2000人拉，一路需数十万民工，运输队伍“首尾相属，不绝者行里”[①]。大规模、长时间的征调，男丁不足，妇女也被拉来充役，形成了“举国就役”的局面。

在大兴土木的同时，隋炀帝还连年出巡，三下江都，六巡北塞。“每出游幸，羽仪填街溢路，亘二十余里。”[②]“所经州县，并令供顿，献食丰办者加官爵，阙乏者谴至死。”[③]地方官为了讨好朝廷，拼命搜刮百姓，争相供献，结果“征税百端，猾吏侵渔，人不堪命”[④]。

除此之外，隋炀帝还频繁发动对外战争，穷兵黩武。远征林邑，亲征吐谷浑，尤其是大业七年(611)至大业十年连续发动三次对高丽的大规模战争。为了出征高丽，造车造船，调集军队，征发物资，“往还在道，常数十万人，填咽于道，昼夜不绝，死者相枕，臭秽盈路”[⑤]。

上述这些都严重影响了百姓的正常生活秩序，社会经济受到摧残，农业生产也因缺少劳动力而遭到严重破坏。“老弱耕稼，不足以救饥馁；妇工纺绩，不足以赡资装。”[⑥]“黄河之北，则千里无烟；江淮之间，则鞠茂草。”[⑦]而人祸之上，又遇天灾。大业七年，河南、山东等地大水，淹没三十余郡；大业八年，全国大旱，又以山东为重。普通百姓为求生存，“剥树皮以食之，渐及于叶，皮叶皆尽，乃煮土或捣蒿为末而食之。其后，人乃相食”[⑧]。

---

① 《隋书》卷二四《食货志》，第686页。

② [宋]司马光《资治通鉴》卷一八〇《炀皇帝上》，中华书局1956年版，第5624页。

③ 《隋书》卷二四《食货志》，第686页。

④ 《隋书》卷二四《炀帝纪》，第95页。

⑤ 《资治通鉴》卷一八一《炀皇帝下》，第5654页。

⑥ 《隋书》卷二四《食货志》，第672页。

⑦ 《隋书》卷七〇《杨玄感传》，第1617页。

⑧ 《隋书》卷二四《食货志》，第689页。

走投无路的广大民众纷纷起来反抗，一浪高过一浪，形成了隋末声势浩大的全国规模的大起义。

起义首先在受役最重、灾难最深的山东地区爆发。大业七年，山东邹平人王薄据长白山（今山东章丘境内）起义，自称“知世郎”，作《无向辽东浪死歌》，揭露隋炀帝征讨高丽给人民造成的痛苦，号召民众起义反抗，各地逃避征役的百姓纷纷归附。星星之火，可以燎原。起义遍布黄河南北，并蔓延至淮水、长江等广大地区。大业十二年，隋炀帝逃离洛阳，逃至江都，妄想独保江南一隅，挽救危局。江都成为众起义军争相围攻的地方。而海陵距江都仅仅不到百里，亦成为战火连绵之地。

这一时期活跃在海陵之地的具体起义军已不可考，但规模最大的莫过于杜伏威和李子通，而这两人的功业和成就亦与海陵关系密切。

杜伏威，山东章丘人，“少落拓，不治产业，家贫无以自给”[①]，以偷盗为生，与辅公祏为刎颈之交。辅公祏常偷其姑家的羊来接济杜伏威，结果被其姑告发，遭到郡县追捕，于是二人便索性聚众造反。当时杜伏威16岁。但有谋有勇，“狡谲多算，每剽劫，众用其策皆效。尝营护诸盗，出为导，入为殿，故其党爱服，共推为主”[②]。这是杜伏威势力的开始。大业九年（613），在王薄起义的影响下，杜伏威与辅公祏率众入长白山，参加了左君行部起义军。但不被礼遇，于是又率众离开，转战淮南一带，自称将军。江淮一带隋朝的力量比较强大，杜伏威意识到自己的小部队实力太弱，必须尽快壮大力量，于是努力寻找机会去联合和吞并附近的其他起义军。比较典型的例子有两个，其一是下邳苗海潮，杜伏威派了辅公祏劝说苗海潮，“若公能为主，吾当敬

① 《旧唐书》卷五六《杜伏威传》，第2266页。

② [宋]欧阳修等《新唐书》卷九二《杜伏威传》，中华书局1975年版，第3799页。

从,自揆不堪,可来听命,不则一战,以决雄雌”[①]。苗海潮闻言,很是惧怕,于是率部众归降杜伏威。另一个例子是海陵赵破阵。赵破阵当时的实力比杜伏威要强,心存轻视,派人到杜处招降,杜伏威假意同意,自己率部将十人带着酒肉去赵处投诚,暗中却让辅公佑率领大队人马以待兵变。赵破阵以为杜伏威是真心来降,毫无防,招集所有将领“纵酒高会”,酒至高潮,杜伏威突然起身,一刀斩了赵破阵,趁其他人还没有反应过来时,又斩杀赵将数十人,而辅公祏也率兵前来接应,赵部群龙无首,全部归降杜伏威。杜伏威由此实力大增,兵力达到数万人。从现有史料看来,这是杜伏威第一次踏上泰州大地,就上演了一出“斩将夺权”。海陵虽然不是杜伏威的重要根据地,但可以说是杜伏威的一个重要转折地。杜伏威从此纵横江淮,名声渐大。

大业十一年,李子通率所部万余人渡过淮水,与占据淮南的杜伏威会合。李子通,东海丞县(今山东枣庄)人,以打鱼为生。为人乐善好施,如看到上了年纪的老人背负重物,必会上前帮忙。但也恩怨分明,“睚眦之怨必报”。大业十年曾和乡人一起投奔山东长白山义军的左才相,凭借武力与胆略得到左才相的重用。李子通重友情讲义气,同情弱小,“有乡人陷于贼者,必全护之。时诸贼皆残忍,唯子通独行仁恕”[②],因此很多人归附他,半年不到,就聚集了万人之众,引起了左才相的忌恨。李子通只得带领众人渡淮,与杜伏威兵合一家。不论是《旧唐书》、《新唐书》还是《资治通鉴》,在提到此事时,皆用“合”字,而非“归”,这就说明李子通与杜伏威是联盟关系,并不是归顺、投靠。但一山难容二虎,一军岂有二主。不久之后,李子通便策划除掉杜伏威,派兵偷袭,杜伏威被重创坠马,幸得义子相救,收拾散兵。隋将军来整也乘此机会,先是攻打杜伏威,杜大败。后又攻打李子通,李子通亦大败,率领余部逃到了海陵,遂以海陵为根据地,招

① 《旧唐书》卷五六《杜伏威传》,第2267页。
② 《旧唐书》卷五六《杜伏威传》,第2273页。

兵买马,聚集了二万余人,自称将军。

李子通占据海陵之后,专心经营,一边安民务业,一边训练兵马,三年没有对外用兵,海陵相对安稳。这期间,江淮一带聚有数支割据力量:左才相掠淮北,杜伏威屯历阳,陈棱据江都,沈法兴占毗陵(今江苏常州),“俱有窥江表之心”。不久,李子通发兵围攻江都,陈棱不敌,向南求救于沈法兴,向西求救于杜伏威。局势对李子通不利,于是他采用了毛文深的计策——“募江南人诈为法兴之兵,夜袭伏威。”杜伏威上当,“遣兵袭法兴”。而李子通乘此机会,尽其精锐,全力攻陷江都,陈棱出逃,投奔了杜伏威。李子通入据江都后,立时出兵猛攻沈军,沈军大败而走。杜伏威势单力孤,不得已撤军,没多久便投降了李渊。

这场混战,李子通成为最大的赢家。武德二年(619)九月,李氏自立为帝,国号“吴”,建元“明政”,设官职、定礼乐,“隋郡县及江南人士多归之”。显而易见,李子通最后能够入主江都,与他在海陵三年的苦心经营是分不开的。可以说,海陵是李子通建功立业的基石!

另外,据《资治通鉴·唐纪二》记载,武德元年,“海陵贼帅臧君相”,听闻綦公顺刚占领了北海(今山东昌乐),便率众五万人前往争夺,反被綦公顺及其部下刘兰成打败,“君相仅以身免”。但此时占据海陵的应该是李子通,并没有相关史料证明二人共同据有海陵,也没有相关史料证明二人为隶属关系。而翻阅《资治通鉴·唐纪五》时发现,其记载的是“海州贼帅臧君相”。《新唐书》卷一《高祖本纪》的记载亦为“臧君相据海州”。可见,臧君相当时占据的是海州,与海陵并无关系。《资治通鉴·唐纪二》中的“海陵”实为“海州”之误。

四、永宁宫遗事

永宁宫是南唐烈祖李昪迁杨行密的子孙到泰州居住而建的宫室,名义上是报答杨氏禅让的恩惠,希望其子孙永远安宁,实际上却是作为囚禁杨氏子孙的处所。

杨行密，庐州（今安徽合肥）人，家世业农，曾做过盗贼，后来从军，在唐末战乱中崛起。大顺元年（890），被唐任命为宁国军（宣州）节度使；景福元年（892），消灭孙儒重占扬州，被任命淮南（扬州）节度使；天复二年（902），在凤翔的唐昭宗封杨行密为吴王，都广陵。自此形成了一个以扬州为中心，北抵徐淮、南达金陵的地方割据政权，即五代十国之一的吴，也称杨吴。

杨吴时，泰州还没有升格为州，尚称海陵县。但地处江淮要地、咽喉之所，且有粮仓之誉、盐税之丰，是杨吴政权重要的经济来源。杨行密在受封吴王后没有多久，就在海陵修建行宫，时来游幸，劝耕务农，视察盐监。在杨吴政权的积极推动建设下，海陵的经济文化日益进步发达，城市地位进一步提升。天祐二年（905）十一月，杨行密病死于广陵，其长子杨渥继任，自称吴王，追尊杨行密为"太祖武皇帝"。杨渥性情猜忍，不能御下，军政大权皆委于大将张颢。天祐五年五月，杨渥被张颢缢杀，张颢又被其别将徐温杀死，拥立杨行密次子杨隆演为主，大权为左右都指挥使徐温掌握。后徐温出镇润州（今江苏镇江）、昇州（今江苏南京），留子徐知训在扬州执掌朝政。徐知训骄纵无礼，时常凌辱杨隆演，为副都统朱瑾所杀。天祐十六年（919），杨隆演被拥立为吴国王，建元武义，以江都（扬州）为首府，徐温为大丞相。武义二年（920）五月，杨隆演病死。六月，杨行密四子、丹阳王杨溥即位，号顺义。顺义七年（927）十一月，杨溥称帝，改元乾贞。其时徐温刚死，杨吴实权已把持在徐温养子、知内外左右事、开府仪同三司、守太尉、中书令、宣城公徐知诰的手中。

徐知诰，徐州人，原籍海州（今江苏东海）。本姓李，是唐宪宗第八子建王恪的玄孙（一说唐玄宗第十六子永王璘后裔）。六岁而孤，避乱淮泗，至濠州（今安徽凤阳），托迹开元寺。唐乾宁二年，杨行密攻濠州时，掠之以赐权臣徐温为义子，取名徐知诰。徐温因善事杨行密，深得庞爱，渐掌杨氏之大权。徐知诰又善事徐温，所以徐温死后，杨吴大权落入其手中。徐知诰辅政以后，夺位之心渐渐显露。太和元年(929)，徐知诰出镇金陵，被封为东海王。天祚元年(936)，徐知诰进位太师、天下兵马大元帅，封齐王。三年，徐知诰建齐国，立宗庙社稷，

图 4－3　南唐经幢，泰州市博物馆藏

追谥徐温为忠武王，庙号太祖。徐知诰任用徐玠为齐国右丞相，宋齐丘为左丞相，以为谋主。天祚三年，徐知诰称杨溥"欲入道"，逼其禅位。冬十月，杨溥被迫逊位于徐知诰，徐知诰改国号为唐，改元为昇元，建都于金陵，升海陵县为泰州。徐知诰册杨溥为"让皇"，其册文曰："受禅老臣臣知诰，谨上尊号曰高尚思元崇古让皇。"[①]并在润州筑丹阳宫，于昇元二年(938)五月，迁让皇杨溥至丹阳宫。"溥自是服羽衣，习辟谷之术。"[②]以表明自己的入道之心，希望安享天年，但年底仍被徐知诰派人杀死。昇元三年(939)，徐知诰复姓李，改名昪。随即他又封杨溥之子遥领平卢军节度使，将杨氏一族迁到了昔日杨行密在泰州修建的行宫，并冠名为"永宁宫"。

李昪命泰州刺史褚仁规对杨氏一族严加防卫，不准出宫门半步，不准与宫外互通婚姻，仅允许宫内杨氏子孙互为婚配。生女任其生长，生男至五岁时，李氏朝廷就派遣中使来宫，赐给杨氏嫡系小儿朝服、官爵，然后赐死，葬于州治之东，国人称之为"小儿冢"。关于此"小儿冢"(或称"小儿坟")还有另一种说法。

① 愈扬辑注《泰州旧事摭拾》卷三《史事》，江苏古籍出版社 1999 年版，第 38 页。

② [宋]薛居正《旧五代史》卷一三四《僭伪列传一·杨溥》，中华书局 1976 年版，第 1784 页。

据《十国春秋》记载，宋齐丘幽死毕命时，叹曰：吾昔献谋幽让皇族于泰州，宜其及此。江南初主，本徐温养子，及僭号，迁徐氏于海陵。中主继统，用齐丘谋，徐氏无男女少长皆杀之。其后，齐丘尝有一小儿病，闭阁谢客，中主置燕召之，亦不出。有老乐工，且双瞽，作一诗，书纸鸢上放入齐丘第，曰："化家为国实良图，总是先生画计谟。一个小儿抛不得，上皇当日合何如？"海陵州宅之东，至今有小儿坟数十，皆当时所杀徐氏之族也。《梦溪笔谈·讥谑》也有相似记载。此小儿坟是杨氏一族还是徐氏一族，抑或两族兼而有之，现已无从考证。

显德三年(956)，周世宗兵攻淮南，下诏安抚杨氏子孙，李璟(李昪子)闻之颇惧，立即派园苑使尹延范到泰州，迁杨氏子孙去润州，行至中途，尹延范担心有变，藉口道路已乱，将杨氏子孙六十余男杀之，只剩下妇女二十余人渡江。不知此主意是李璟授意，还是尹延范自作主张。总之李璟知道后大怒，腰斩了尹延范，并骂曰："小人，以不义之名累我！"

据《泰州旧事拾摭》所录"永宁宫"记载，永宁宫位于"州之门右"。南唐泰州州府大致在今海陵区政府附近，也就是说，永宁宫应在今学政试院一带。据《道光泰州志》记载，显德五年后周世宗临幸泰州之时，改州为团练州，升泰州刺史荆罕儒为泰州团练使，赐给鼓角和门戟，以彰显武德。荆罕儒受宠若惊，特在永宁宫阙门上建起鼓角楼，把鼓角和门戟安鼓在上面，改称宫阙门为戟门。戟门左有宣诏亭，右有颁春亭，北有御书手诏亭，多是在永宁宫旧址上或建或修。因为戟门上有鼓角楼，又统称鼓角楼。有关鼓角楼在北宋时的修建情况，史志无征，难以查考。南宋绍兴七年(1137)在鼓角楼旧址上予以重建，并直称之鼓楼，又称谯楼。淳熙十一年(1184)，楼又残坏，知州万钟兴工重建，并在楼的东西两边增建垛墙。当时韩元吉所撰写的《鼓楼记》碑文，说这座楼是"一郡杰特之观"。宋元之乱世，名胜又毁。明洪武三年(1370)知州张遇林仍在故址重建鼓楼。次年知州史遇因为鼓楼偏于州治东南，复在州治西南兴建钟楼。二楼分峙州治前，东西相望，巍峨壮观。钟楼之上悬有一青铜大钟，据说为永宁宫之遗物。此后，正统十一年(1446)同知王思旻及崇祯九年(1636)知州徐日昇又先后重建，还在楼前增建高大的坊表，上嵌"声闻四达"四字匾额，其雄伟的气势，可以想见。清代以来，对鼓楼从来没有修葺过，以致日趋颓废，仅存的两座残破垛墙，后来也被拆除干净。永宁宫故址也改为学政试院，又称杨郡试院。

如今，永宁宫早已湮灭在历史洪荒中，宫内建筑详情亦难知晓，遗址故迹多已难寻，小儿冢早就是斜阳芳草不知去处，钟楼、鼓楼也在城市建设改造的大潮之中失去本来面貌。只留下古老的铜钟，于1982年被列为江苏省重点保护文物，移到了光孝律寺天王殿前。大钟顶部为一环形龙钮，当为后世所称"蒲牢"(龙生九子之一)。该龙钮遍身装饰鳞纹，昂首瞪目，四爪直撑，颇具神态。铜钟肩部凸铸一周莲瓣花纹，下为八卦图案，中段铸方格纹。底足呈八个荷叶边形，并铸有莲子图案。钟身呈青绿色，遍体氤氲着一种古幽的光泽，散发着古老的气息，也见证着南唐永宁宫这段尘封的往事。

图4-4　永宁宫铜钟

唐代扬州长官表[①]

时　间	扬州大都督	大都督府长史	淮南道节度使、按察使、采访史
武德七年(624)	李孝恭	李靖	
武德九年	李神符		
贞观元年(627)		杨恭仁	
贞观二年	李泰		
贞观七年		李袭誉	
贞观十年	越王贞		
贞观二十一年	长孙无忌(遥领)		
永徽四年(635)		房仁裕	
龙朔二年(662)	沛王贤		
嗣圣元年(684)	扬州大都督府长史陈敬之,为徐敬业所杀,敬业自称扬州大都督		
延载元年(694)—圣历元年(698)		张潜	
圣历年间(698—699)		窦怀贞	
长安四年(704)		韦安石	
长安年间		苏瑰、李怀远	
武则天时		刘知柔	
神龙元年(705)		杨再思	
景龙三年(709)	韦温		
景云元年(710)	宋王成器	崔日用	
太极元年(712)		王志情	

① 本表制作主要参考李廷先《唐代扬州史考》,江苏古籍出版社2002年版,第26—347页。

续表

时　间	扬州大都督	大都督府长史	淮南道节度使、按察使、采访史
开元六年(718)		李杰	
开元七年		狱光嗣	
开元八年			王怡(按察使)
开元十一年		李朝隐	
开元二十三年			韦虚心(采访使)
天宝十五年(756)	盛王琦		
肃宗至德元年(756)		高适(自此之后,淮南节度使皆冠以“扬州大都督府长史”之号,其不冠者,乃省略也。)	
至德二年		邓景山	
上元二年(761)		崔圆	
大历二年(767)		韦元甫	
大历六年		张延赏	
大历八年		陈少游	
贞元五年(789)		窦觎	
贞元十九年		王锷	
元和三年(808)		李吉甫	
元和五年		李廊	
元和十二年		卫次公	
大和元年(827)		段立昌	
大和四年		崔从	
开成五年(840)		李绅	
会昌二年(842)		杜悰	
会昌四年		李绅	

续表

时　间	扬州大都督	大都督府长史	淮南道节度使、按察使、采访史
会昌六年		李让夷	
大中元年(847)		崔郸	
大中三年		李珏	
大中六年		杜悰	
大中九年		崔铉	
咸通十一年(870)		李蔚	
乾符元年(874)		刘邺	
乾符六年		高骈	

说明:唐武德九年,在扬州置大都督府,职掌军事。职官情况如下:都督一人,从二品;长史一人,从三品;司马二人,从四品下;录事参军事二人,正七品上;录事二人,从九品上;功曹参军事一人,正七品下;仓曹参军事二人,正七品下;户曹参军事二人,正七品下;法曹参军事二人,正七品下;士曹参军事一人,正七品下;参军事五人,正八品下;执刀十五人;典狱十六人;问事十人;白直二十二人;市令一人①。

① [唐]李林甫等撰,陈仲夫点校《唐六典》卷三〇,中华书局 1992 年版,第 742—743 页。

第二节 经济状况

隋唐时期是中国古代经济发展史上的一个重要时期。尤其唐代，自中唐始，我国古代经济重心便开始南移，江淮地区成为当时最发达的地区。时人第五琦指出："方今……赋之所出，江淮居多"，"兵食所资，独江南两道耳"[①]。安史之乱后，唐政府的赋税收入主要仰给江淮，所谓"国用之本，出于江淮"，"赋出于天下，江南居十九"，便是这种情况的写照。史称"淮南奥区，一方都会，兼水陆漕挽之利，有泽渔山伐之饶，俗具五方，地绵千里"[②]。泰州地处淮南，隶属扬州，西邻高宝诸湖，东滨黄海，土地肥沃，河网密布，里下海一带是产粮区，沿海一带则是产盐区。当时的泰州，粮仓、盐仓遍布各处，是当时经济发展最快、开发程度最高的地区之一。

社会经济的发展，是在一定的地理环境和社会条件下进行的，因之研究地区经济的发展，必然要涉及当时的地理环境及其产生的作用。以下即依据文献材料并结合当今历史地理学界的研究成果，从地形、气候、土壤等方面对隋唐五代时期泰州的地理环境作一概略介绍。

——地形。隋唐五代时期，泰州地区是河湖交错，水网纵横，介于今苏北灌溉总渠和通扬运河之间，属于里下河平原。而平原地区宜于种稻，发展粮食生产。所以隋唐时期的扬泰成了唐代最重要的稻作农业区之一，是唐代南粮北调的主要生产基地。

——气候。根据竺可桢先生的研究，隋唐时期处于我国气

① 《旧唐书》卷一二三《第五琦传》，中华书局1975年版。

② ［清］董诰等编《全唐文》卷六一五《请令程异出巡江淮奏》、卷四六二《杜亚淮南节度使制》，中华书局1983年版。

候史上的第三个温暖期，当时的气温比今日要高。在农业社会里，气候是决定经济状况好坏的重要因素之一。唐代气温较高，气候温暖，农作物生长期长，这对农作物的分布和产量的高低都有很大影响。比如，水稻是喜高温的作物，其产量受温度的影响尤其大。据相关研究，唐代年平均气温比现在高1—2摄氏度，当时长安的气候和现在苏州地区的南部相仿，而扬州的气候，则与今天浙江金华和江西南昌相似①。根据张家诚先生研究，气温每升高1摄氏度，我国便有增产六百亿斤粮食的潜力。根据他的调查，对农业生产有严重影响的冷期只不过比暖期平均低0.7摄氏度。如果平均温度升高1摄氏度，冷害威胁就会基本解除②。隋唐时期气温较高，这对当时水稻亩产量的提高无疑是有较大影响的。而这种暖湿气候状况对经济作物的种植也极为有利。

隋唐时期的淮南地区，雨热同季，降水丰沛。泰州地处平原，受地形影响，水灾相地较少，又有相应的水利设施——捍海堰，这对农业生产都是极为有利的。

——土壤。《尚书·禹贡》称“淮海惟扬州……厥土惟涂泥”，表明扬州地区在很早以前是一片沼泽洼地，属于“下田”。随着六朝隋唐时期对这一地区的开发，原来的土壤不断得到改造，土质逐渐得以优化成为耕作土壤。泰州所在的东部滨海地带，原来的盐渍土在唐代也因海塘的修筑，免遭海潮倒灌之患，原来“斥卤相望”的盐渍土壤得以改造为良田。

同时，这一地区也分布着丰富的森林资源，陆贽称扬泰地区有“泽渔山伐之饶”。《太平广记》卷四三一“王太”条引《广异记》载：“海陵人王太者，与其徒十五六人野行，忽逢一虎当路。……海陵多虎，行者悉持大棒。”当时的海陵还有大量老虎出没，也从

---

① 陈志一《江苏双季稻历史初探》，《中国农史》1983年第1期。

② 张家城《气候变化地中国农业生产的影响初探》，《地理研究》1982年第2期。

侧面证明这里的森林资源相当丰富。

这些优越的自然条件为隋唐时期泰州经济的发展创造了良好的环境。

一、农业

隋唐五代时期是中国古代农业发展进入成熟的时期。期间虽也有大的社会动荡，民不聊生的情况，如隋末农民起义、唐中期的安史之乱、藩镇割据及五代十国时的长期混战，不可避免地影响了社会经济的发展，但这一时期的农业依然快速发展：农业人口激增、垦田面积扩大、生产工具不断改进，尤其是稻作生产技术进步、产区扩大、品种增多，无疑都推进了这一时期的农业步入成熟。

据《通典》记载，隋初北方户口有 360 余万，灭陈以后又得 50 余万，总计全国户数 410 余万，口数 3000 余万。经过 20 多年的休养生息，到了大业五年(609)，全国户数猛增至 890 余万，口数达到 4600 余万。隋唐之际，由于战乱对社会经济的破坏，造成人口锐减，因而唐初全国户数只有 200 多万，贞观初也不满 300 万。至开元十四年(726)，户数达到 700 万。至天宝十四年(755)，户口增加至 890 余万，这是唐代户数的最高点。之后由于安史之乱的爆发，北方经济受到大破坏，户数也大大减少，宪宗元和二年(807)编户为 244 万，仅占天宝十三年民户的 25.4%。唐末农民大起义及五代十国的分裂，使民户有减无增，到后周世宗时，才有所加升。显德六年(959)全国编户达到 230 万，已是五代户数之最。

人口的增加，促进了土地的开垦，使垦田面积不断扩大。隋初至炀帝时，耕地面积从 1900 余万顷增加到 5500 余万顷。这些统计数字或非真实，但垦田面积较前代大为增加却是事实，在某种程度上也反映了农业生产的发展。

除了人口和垦地面积的增加，对农业生产还有直接作用的便是水利工程的建设。隋唐时期，水利工程得到了巨大发展。

仅就淮南一道而言，就有不少较大的水利工程，如大历末年淮道西道黜陟使李承所筑的常丰堰，还有长庆中兴时发动青、徐、扬三州之民开凿的白水塘，另外还开有徐州泾、青州泾、大府泾、永乐渠等等。淮南道首府扬州所属的各县水利，亦甚发达，如海陵有前揭常丰堰，江都有勾城塘、爱敬陂、雷陂、七里港渠，高邮有平津堰等。

水利资源的开发利用，直接促进了农业生产的发展，尤其是水稻的种植。隋唐时期，不管水稻种植面积、亩产量，还是水稻的种类，都有了空前的增加。淮南东部地区在历史上就是重要的水稻种植区，至唐代，水稻种植更加广泛。从唐人的一些诗句中约略可见当时农业生产的盛况，如楚州是“万顷水田连郭秀，四时烟月映淮清”①；“鱼网平铺荷叶，鹭鸶阔步稻苗”②。扬州是“萧寺通淮成，芜城枕楚田”③；“溪水堪垂钓，江田耐插秧”④。自唐代中叶起，便开始了大规模的南粮北调。刘晏《遗元载书》云：“三江五湖，贡输红粒，云帆挂楫，输纳帝乡。”⑤大历时，刘晏主持江淮漕运，“岁转粟百一十万石”。权德舆称：“江东诸州，业在田亩。每一岁善熟，则旁资数道。……赋取所资，漕挽所出，军国大计，仰于江淮。”⑥可见，南方地区成为唐王朝赖以生存的最主要的粮食基地。水稻品种较前代也有明显增多。南方地区有不少水稻品种，如香粳、黄稻、蝉鸣稻、桃花稻等是对魏晋南北朝时期的继承，除此之外也培育或改良出不少优质的水稻品种。比如属于粳稻类的优良品种——红稻，韦应物《送张侍御秘书江左觐省》诗就有“沃野收红稻，长江钓白鱼”之句。当时扬州出产

---

① [唐]刘禹锡《送李中赴楚州》，《全唐诗》卷三五九。

② [唐]李嘉祐《自西田忆楚州使君弟》，《全唐诗》卷二〇七。

③ [唐]温庭筠《送淮阴孙令之官》，《全唐诗》卷五八二。

④ [唐]高适《广陵别郑处士》，《全唐诗》卷二一四。

⑤ 《旧唐书》卷一二三《刘晏传》，第3513页。

⑥ [唐]权德舆《新刊权载之文集》卷四七《论江淮水灾上疏》，上海商务印书馆四部丛刊影印本。

的黄稑米、乌节米以及和州米，唐代时曾被列为贡品。文宗开成四年(839)一月，日僧圆仁在扬州看见士兵和寺里僧"咸皆拣米"，"好者进奉天子，以充御食；恶有留着，纳于官里"；"扬州择米，米色极黑"①。圆仁在扬州所见的"米色极黑"的米，当是入贡的"乌节米"。双季稻也得到推广，《文献通考·物异志》载，扬州"开元十九年(731)再熟田一千八百顷，其粒与常稻无异"②。早、晚稻连作，使水稻亩产量大幅度提高。

这一时期的泰州还盛产一种红色的稻米，人称"海陵红"，又名"泰州红"，民间也称为"桃花米"，是泰州古代水稻良种之一。唐骆宾王在《为徐敬业讨武瞾檄文》中称："海陵红粟，仓储之积靡穷。"据考海陵红之名从此始著称。《隋书》称海陵产"桃花米"，也指的是海陵红。到南唐则称"泰州红"。陆放翁即有诗云："香粳炊熟泰州红。"这应是南唐时语。

二、工商业

隋唐五代时泰州经济和农业的发展，为工商业创造了优越的条件，而地下的丰富蕴藏也为手工业的生产提供了资源。据《新唐书·地理志》载，当时泰州及其附近的扬州、楚州地皆产铜、铁、盐；江南东道的杭、苏、润等州及西道的宣、洪、江、岳等州不但有铜铁，还产金、银、良材；至于丝、麻，遍地皆产③。各地的手工业加工原料，除供当地自用外，还可以由水陆直运泰州，而各地出产的精美手工艺品亦可以直运泰州，可从泰州已出土的文物上略窥一斑。这些无疑促进了泰州手工业的发展及交流。

在泰州已出土的隋唐五代文物中，铜镜数量很多，形制各

① [日]圆仁《入唐求法巡礼行记》卷一，上海古籍出版社1986年版，第30—31页。

② [宋]马端临《文献通考》卷二九九《物异五》，中华书局1986年版，第2367页。

③ 《新唐书》卷四一《地理五》，第1051页。

异，非常具有代表性。铜镜是古代人们日常生活的重要用品，隋唐时期制镜中心转移，南方中心即为扬州，可以说扬州的铸镜业在当时已处于领先地位，而泰州归属于扬州，或可从扬州镜业一窥泰州情形。

隋时，江都郡丞王世充曾向炀帝献过铜镜屏风。唐代，扬州便能造方丈镜。张鷟《朝野佥载》说："中宗令扬州造方丈镜，铸铜为桂树，金花银叶，帝每骑马自照，人马并在镜中，专知官高邮令幼临也。"显示出很高超的铸造技术。所谓"金花银叶"，是在镜背上用胶漆贴以金、银薄片，裁成人物、花草、鸟兽之形状，再于上面髹凑数重之后，细加研磨，直至各种形状显露出来为止。这是工艺美术中制作程序繁多、难度极大的金银平脱法。在唐代之前，最大的镜子只有几尺，制作亦较简单。《西京杂记》说，汉高祖入秦咸阳宫，见有方镜，广四尺，高五尺九寸(秦尺较后世为小)。《初学记》卷二五引陆机《与弟云书》云："仁寿殿前有大方铜镜，高五尺余，广三尺二寸。暗著庭中，向人便写人形体。"此书是陆机人洛阳以后所写，所谓"仁寿殿"，当是西晋皇宫中的一所宫殿。隋朝铜镜屏风的制作，较之仁寿殿内的大方铜镜，已经是很大的进步，而唐代方丈镜的产生，则标志着造镜技术有了更大的发展。

图 4-5　唐海兽镜，泰州市博物馆藏

由于造镜的技术要求高，难度大，有关造镜的带有神话色彩的传说相继产生。李肇《国史补》说："扬州旧贡江心镜，五月五日扬子江中所造也。或言无有百炼者，或至六七十炼则已。易破难成,往往有自鸣者。"《太平广记》卷二三一引《异闻录》说:"唐天宝三载五月十五日,扬州进水心镜一面,纵横九寸,青莹耀口,背有盘龙,长三尺四寸五分。势如飞动,玄宗览而异之。"下叙进镜李守泰五月五日午时在扬子江心铸造经过,并说云盘龙乃一老人与小童所化。至天宝七年(748),天大旱,道士叶法善向镜龙祈雨,甘露果降。这是关于扬州铜镜最神奇的记载。《旧唐书·德宗纪》载,大历十四年(779)六月,"扬州每年贡端午日江心所铸镜,幽州贡麝香,皆罢之"。可知前此确有扬州贡江心镜之制。白居易《新乐府》之《百炼镜》说:"百炼镜,镕范非常规,日辰处所灵且祇。江心波上舟中铸,五月五日日午时。琼粉金膏磨莹已,化为一片秋潭水。镜成将献蓬莱宫,扬州长史手自封。人间臣妾不台照,背有九五飞天龙。"白居易此诗作于元和四年(809),而扬州仍然贡镜,说明德宗罢贡之后,又予恢复。诗中所说,可与《国史补》、《异闻录》所记相互参证。

扬州的铜镜,由于制作精美,除进贡外,还行销天下,受到人们的珍视。刘肃《大唐新语》载张怀道赠冯履谦一镜,谦集县吏遍示之,曰:"维扬之美者,甚嘉也。"一望而知为扬州所产,可见它的特色、风格早已为人们所熟知。最足以反映人们对扬州镜喜爱之情的,是《太平广记》卷三三四所载韦栗之女死后在扬州市购镜事。韦栗,天宝间被任命为江西新淦县丞。有少女十余岁,随往赴任。经过扬州时,女欲买一方漆背金花镜,栗以赴任急迫,不许。到任后,女死,栗任满,载女丧北归,至扬州,泊于河次。女忽偕一婢持钱往市买镜。"行人见其色甚艳,状如贵人家子,争欲求卖。有一少年,年二十余,白皙可喜。女以黄钱五千与之,少年与漆背金花镜,径尺余。别一人云:'有镜胜此,只取三千。'少年复减两千。"这个鬼故事反映出天宝年间(742—756)扬州镜市场的繁荣,且表明当时高级铜镜市价在三千到五千之间。天宝时期,米价、绢价很低,《新唐书·食货志》说,其"斗米之价钱十三,青齐间斗才三钱;绢一匹,钱二百”。[①] 按此比例,一面高级铜镜约当二十四绢价,三十石米价,可谓昂贵。但这个鬼故事的重要意义还反映出当时人们对扬州铜镜竟爱到死而不舍的程度。扬州的铜镜产量多,质量高,不仅畅销国内,并随着胡商在扬州的活动而远销海外。近几十年来,在中亚、西亚的哈萨克东北部和伊朗德黑兰的哈马丹以及约旦、叙利亚、日本等地均有中国铜镜的发现,其中有一些即为扬州所产。

泰州已出土的铜镜在形式上,除圆形外,还有为数较少的方形、葵花形、菱花形,这是对汉代单一圆形的突破,形式更加多样化。这些镜大多比较厚而沉重,给人以浑厚、富丽之感,和整个唐代文化艺术崇尚丰满华丽的风格,既有一致性,又显出地方的特色。值得一提的是,有一面云龙纹镜,比《异闻录》所说盘龙镜,虽尺寸较小,而形制略似。镜呈内圆外八瓣形,镜中心有圆纽如珠,有龙绕于四周,张牙舞爪,作欲吞珠状,四面云气飞动。龙足三爪,后一足高举,尾绕其上,形象极为生动。由此可再次证明《异闻录》所述基本可信。此外,还有海兽镜、八棱镜、多菱花鸟镜、双鹤镜、四灵铜镜等等,在地下埋藏了一千多年的铜镜,出土时仍光黑如漆,可以照人,工艺水平相当高。

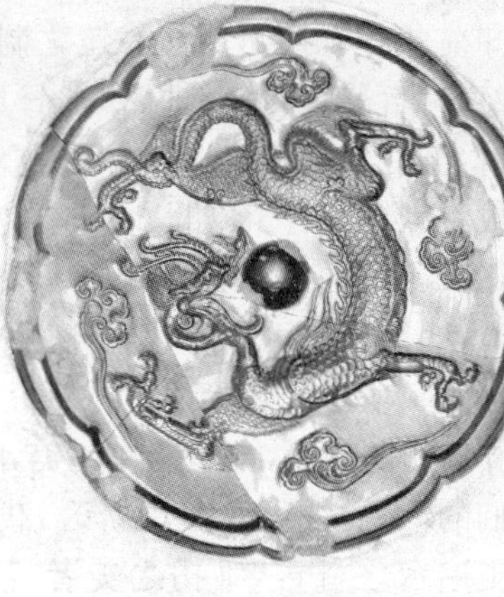

图 4-6　唐云龙镜,泰州市博物馆藏

在泰州已出土的隋唐文物中,陶瓷用品也占有一定的比例,如隋代的青釉四系罐、青釉五系罐、唐代的白釉碗等。这些陶器

① 《新唐书》卷五五《食货五》,第 1386 页。

虽然大多不是本地所产，但其中显然应有一些是在泰州生产的。

图 4-7 隋青釉四系罐，泰州市博物馆藏

三、捍海堰

隋唐五代时期的泰州，东滨黄海，常遭海潮冲击。每当台风季节，海水倒灌，卤水充斥，沿海一带的滩涂、盐灶、农田和房屋等皆遭淹没。“通、泰、海州皆滨海，旧日潮水皆至城下，土田斥卤，不可稼穑。”①自唐代安史之乱后，黄河流域的经济受到破坏，经济重心南移，“赋之所出，江淮居多”，江淮的地位越来越重要。而江淮地方官为了保护煮盐之利并保障里下河地区的粮食生产，“奠民居而使耕稼”，抵御海潮，修筑捍海堰就成为一项重要职责。

在泰州串场河以东沿海一线，筑有一条捍海堰，分别由海陵县向南向北延伸，北自今射阳经阜宁、建湖、大丰、东台、海安，南经如东、南通抵启东之吕泗。据考察，此堰长达六百五十里，高一丈五尺，顶宽一丈，底阔三丈。堰上广植苇柳，堰外叠石以固堤身。后又从今吕泗向西至南通的余西接堤七十里，从今如东向西北至桑子河以南接堤三十五里②。当然，此捍海堰并非一人一时之功，从唐到宋历时四百年之久。

唐大历二年(767)时，淮南西道黜陟使李承主持兴建了淮南捍海堰——常丰堰，北起盐城，南抵海陵，绵亘百里，“障蔽潮汐，

① [宋]司马光《涑水记闻》卷一〇《筑捍海堤》，中华书局 1989 年版，第 185 页。

② 参见周解冰《浅谈古泰州捍海堰》，《文博通讯》1984 年第 4、第 5 期。

以卫民田”。常丰堰修筑后，李承又引堰水溉屯田，原来滨海地带大面积的泻卤之地得以改造，复为良田。《旧唐书》记载：李承“奏于楚州置常丰堰，以御海潮，屯田瘠卤，岁收十倍，至今受其利”①。

继李承之后，北宋张纶、范仲淹、胡令仪以及南宋魏钦绪等人不断加筑或修复。据《嘉庆两淮盐考志》载，张纶在宋真宗天禧年间任江淮发运使时，因运盐河淤塞，课盐大亏，动员通、泰、楚、海四州民夫，从串场河疏浚河道并筑堤二百余里，由是课盐岁增数十万担。宋仁宗天圣二年(1024)，范仲淹任泰州西溪监盐官，见捍海堰久废不治，秋涛涨溢，每冒民田，谋于上司淮南转运使胡令仪、江淮发运使张纶请复修之。胡令仪在天圣年间，为淮南转运使，力主范议，与张纶再三请命。斡旋命张纶兼知泰州以总其役，胡令仪为海陵县令，范仲淹为兴化县令，动员沿海民工四万多参加修整捍海堰，并用大量石头以固堤身，首起海陵，尾接盐城，共一百余里。复业者三千六百户，民享其乐。除此之外，《雍正泰州志》还有“宋孝宗淳熙四年(1177)，泰州知州魏钦绪复修捍海堰”的记载。

捍海堰的修筑不仅使滨海地带的民田免遭海潮倒灌之苦，而且也使该区盐卤之地得以改造成良田。《太平寰宇记》亦载：“自堰筑成，潮不侵犯，兵商灶卒得其利。”可以毫不夸张说，淮南道的扬泰地区之所以成为唐代重要的稻作农业区，与该区海塘的修筑和盐碱土的改造是分不开的。

四、盐税

泰州东部濒临黄海，有丰饶的海盐资源。早在西汉前期吴王刘濞都广陵时，便在黄海之滨建立了海陵粮仓，又利用临海之便利，建立了沿海盐场，煮海水为盐，海陵之盛名也由此开始。至唐朝时，泰州盐业生产已经颇具规模。全国“有涟水、湖州、越

① 《旧唐书》卷一一五《李承传》，第3379页。

州、杭州四场，嘉兴、海陵、盐城、新亭、临平、兰亭、永嘉、大昌、候官、富都十监，岁得钱百余万缗，以当百余州之赋”①。海陵盐场作为全国最大的海盐生产基地被列为十监之首，“熬波之利，特盛于淮东，海陵复居其最”②。据《两淮盐法志》记载，当时全国的税收，盐赋占到50%，而泰州的盐赋又占到全国盐赋总量的50%，可见当时泰州盐税在国家经济中的地位。

唐初有盐池十八，盐井六百四十，并规定“负海州岁免租为盐二万斛以输司农”③。对产盐、销盐并不征税。开元初年，始征盐税，然税甚轻。肃宗乾元元年(758)，以国库军费不足，盐铁使第五琦始创榷盐法，由国家统购产盐，每年得利仅六十万缗，不敷军用。代宗宝应二年(763)，刘晏为盐铁使，为扩大税收来源，更改盐法，撤销非产盐区的盐官，统一收税，听商人贩运销售。大历末年，盐税收入达六百万缗，占国赋收入之半。盐税成为国家税收的主要来源。

自李承筑常丰堰以御海潮后，泰州产盐量激增。据《新唐书·食货志》载，吴、越、扬、楚盐廪至数千，积盐达二万余石，有涟水、湖州等四场，有海陵、盐城等十监。据《太平寰宇记》卷一〇三引《元和郡县图志》，盐城每年产盐量为四五十万石，而海陵的年产量则为六十万石，为十监中最高数额。《入唐求法巡礼行记》载，唐开成四年(839)，日本僧人圆仁等一行来中国求法取经，在海陵县白湖镇桑田乡东梁丰村登陆后，沿运盐河向西行，到延海乡延海村停宿，当半夜出行时，见到“盐官船积盐，或三四船，或四五船，双结续编，不绝数十里，相随而行。乍见难记，甚为大奇”④。所载之盐即为海陵所产，产量之多，运输之繁，可以概见。

---

① 《新唐书》卷五四《食货四》，第1378页。

② 《泰州旧事拾摭》卷一《舆地》，第4页。

③ 《新唐书》卷五四《食货四》，第1377页。

④ 《入唐求法巡礼行记》卷一，第7页。

海陵所产之盐初供本地销售外，大多先集中至扬州，然后运往各地。盐铁转动使常驻扬州，经办盐铁事务，并设有扬州巡院，严禁私产私销。“唐盐铁转运使在扬州，尽斡利权，判官多至十人，商贾如织，故谚称扬一益二，谓天下之盛，扬为一而蜀次之也。”①扬州的繁华得益于盐，但扬州并不产盐，是海陵海边的盐，造就了扬州的辉煌。

① [宋]洪迈《容斋随笔》卷九《唐扬州之盛》，上海古籍出版社 1978 年版，第 122 页。

第三节　文化教育

隋唐时期是我国古代的盛世，伴随着政治经济实力的强大，思想文化发展也特别昌隆。在这三百年间，泰州地区也相应取得了较快的发展，比前代有了很大进步。而这一时期的发展正是海陵作为扬州的一个属县，逐步显现出其重要性，并能够最终在南唐时期正式取得州级建制的重要砝码。表现在思想文化领域，隋唐五代时期泰州地区的道教、佛教和文化发展都取得了值得称道的成就。

一、道教的兴盛

道教是我国土生土长的一种宗教，起自古代巫术和方士活动。自魏晋以来，道教借鉴佛教的系统和教义形式，才开始渐成规模，并与佛教竞争。但历经整个魏晋南北朝时期，道教多流行于统治阶级和社会上层，比之佛教的普及程度仍有不及。直到隋唐以后，道教才进入了鼎盛时期。这与唐代统治者的倡导是息息相关的。

唐高祖李渊出身关陇贵族，其血统有一半出自鲜卑。唐朝建立后，李渊为巩固自身统治，显示自己的正统地位，乃托老子为始祖。据两《唐书》记载，武德三年(620)，在晋州立老子庙；七年，高祖幸终南山时，曾拜谒老子庙，并任道教教徒傅奕为太史令。太宗即位之后，曾于贞观七年(633)同时修缮亳州老君庙与兖州孔子庙。乾封元年(666)高宗封禅，于曲阜幸孔子庙，追赠孔子为太师；在亳州幸老君庙后则追号为“太上玄元皇帝”，从而使老子地位凌驾于孔子之上，声势煊赫，前所未有。武则天初预政事，承顺高宗意向，本崇道教；及至独掌政权以后，为打击李唐势力，贬抑道教，并对佛教大加倡导，道教势力暂衰。中宗、睿宗也曾崇奉道教，惟时日过短。直到玄宗即位时，道教方得以重振。在唐玄宗的主持下，开展了大规模的修经、写经、讲经的活动，甚至令两京及诸州各置玄元皇帝庙、崇老庄，置生徒，习《道德经》、《庄子》、《列子》、《文子》，每年准明经例考试。

玄宗在位的四十多年中，对道教的推崇达到了前所未有的程度。他以九五之尊的权力，将清虚养拙的老子抬到至尊至上的高度，使后世难以为继。但这事实上只是玄宗提高李唐皇室权威的一种手段。历经武周及随后一段时期的混乱，李唐皇室的"天命"形象确实受到了影响，因而玄宗十分积极地在各个方面重振权威。宗教当然是其中一个重要的部分。仔细考察玄宗时期的道教活动，多数都是致力于在全国范围内为道教造势；涉及玄宗本人，虽然也曾亲受法箓，和许多著名道士如叶法善、罗公远、张果等有很多接触，但所谈多是养生之道，偶而也学点魔术戏法，却从不及烧炼之事，更没有对于长生不老的执着追求。而且，玄宗对儒学和佛教也都优礼有加。综合看来，只要是有利于统治的，玄宗都会积极加以倡导，而其中并不掺杂多少私人好恶。唐玄宗以他的豁达态度，采取思想开放政策，创造出了开元、天宝时期文学、艺术及各种学术方面的繁荣昌盛局面，为后代所不及。

玄宗之后，佛教势力虽屡有消长，而道教始终未衰，以敬宗、武宗两朝尤盛。但其关注的重点渐由道教经义转向个人的修道服食求长生，也从一个侧面反映了从盛世趋向衰落。

有唐一代，玄风四被，江淮地区也受到熏染。泰州地区时属扬州，经济文化都有所发展，道教也乘势兴盛起来。

泰州地区早在东汉末年即有道教活动。《女仙传》载有"东陵圣母"，即"广陵海陵人"。

魏晋以来，泰州道教有了较大发展，道书、小说中记载的仙人、异闻多有涉及。如《洞仙传》记载董幼"鞭水而行"前去"受道"的事迹。这一时期，"海陵十仙"相继出现，其中不乏唐以前人，因为"修道"而得长寿，有的至唐时仍有所活动。如传说中的王鹿女，海陵十仙之一，自幼受王冶抚育习道，于王冶飞升后，往天台山(今浙江天台城北)继续修道,百年以后复来天目山,去时涉水如履平地。此时已是唐景云二年(711)。《会稽志》另有一则故事涉及王鹿女:

《真诰》曰:上虞吴昙拔得许承一瓢,赠褚伯玉。伯玉亡后,留付弟子朱僧标,历代宝之,可受一斛。唐先天二年(713),敕女真道士王妙行诣金亭观投龙,因持此瓢以进。[①]

道教一向宣传修道长寿,飞升成仙,类似的例子非常之多,而其人究竟如何,实不可考。即如在唐代轰动一时的得道"真人"张果,两唐书皆有传,记载了他不少事迹,也仍然是"不知何许人也"。

唐代道教在海陵地区继续流传,并在举国道教大张的形势下有了新的发展。当时在海陵举行的道教活动多已不明,但关于知名道士的事迹尚有留存。据《崇祯泰州志》和《民国泰县志稿》记载:"永徽年间(650—655),天目山道士杨文棱能预言逝期,王元真能辟除谷食,绝粒五十年,至八十四岁时方殁,入窆后只余空棺只履。高宗李治赐天目山道观'兴安观'额。开元年间(713—741),在小纪(今属江都)建克武庙。"[②]类似的神技,在小说中也有记载。如徐铉《稽神录》:

茅山道士陈某,壬子岁(昭宗景福元年,892)游海陵。寓于逆旅,雨雪方甚。有同宿者,身衣单葛,欲与同寝,道士嫌其垢弊,乃曰:"寒夜如此,何以过夜?"答曰:"君但卧,无以为忧。"既皆就寝。陈窃视之,见怀中出三角碎瓦数片,炼

① [宋]施宿等《嘉泰会稽志》卷一三《古器物·许承瓢》,《宋元方志丛刊》,中华书局1990年版,第6958页。

② 转引自李昌龄、段希鲁《泰州道教梗概》,《泰州文史资料》第3辑,第68页。

条贯之，烧于灯上，俄而火炽，一室皆暖。陈去衣被乃得寝。未明而行，竟不复见也。①

这是两位道士的故事。其一为避寒冷，需要与人同寝；另一位却能够以“碎瓦数片”，使“一室皆暖”，究其原因，自然是“道行”的差别。这也是道教的宣传手段之一。

唐代另有一位十分受推崇的“仙翁”，也与海陵有些渊源。《唐诗纪事》卷八一有《毛仙翁赠行诗》，记载了许多唐代名士送毛仙翁的诗词，除各人文集外，在《全唐诗》中也多有收录。诗文后附有唐五代时期著名道教学者杜光庭的总结：

杜光庭云：“毛仙翁者，名干，字鸿渐。得久视之道，不知其甲子，常如三十许人。……毛翁自海陵来，泊于道族，即张所止也。请谒之者，逡巡盈门。皆曰：尊师十年二十年一届，于市人仰其恵，犹夏之阴冬日之阳也。蒙其泽者多矣。……裴晋公度、牛公僧孺、令狐公楚、李公程、李公宗闵、李公绅、杨公嗣复、杨公于陵、王公起、元公征之，当代之贤相也；白公居易、崔公郾、郑都尉澣、李公益、张公仲方、沈公传师、崔公元略、刘公禹锡、柳公公绰、韩公愈、李公翱，当代之名士也。望蔼寰区，名动海岛。或师以奉之，或兄以事之，皆以师为上清品人也。或美其登仙出世，或纪其孺质婴姿，或异其藏徃知来者，或叙其液金水玉，霞绮交烂，组绣相宣，盖玄史之盛事也。自元和洎太中戊子五十余年，容色不改，信非常人矣。……众君子歌诗志之序，述赞之曷，足尽仙翁之道，暨仙翁之美哉！因以神仙之事迹，纪仙翁之功。”②

---

① ［宋］徐铉《稽神录》，中华书局1996年版，第116页。

② ［宋］计有功《唐诗纪事》卷八一《毛仙翁赠行诗》，上海古籍出版社1997年版，第1152页。

据杜光庭所言，唐代上层社会各界人士，如家喻户晓的牛僧孺、李绅、白居易、刘禹锡、韩愈等都写有《赠毛仙翁》、《送毛仙翁》诗，《全唐诗》中也多有收录。杜光庭本人作为道教学者和道士，盛赞毛仙翁，力证其事迹之可信，固然是为宣扬道教，但其所本确实是唐代名士大贤的文墨。这足以说明唐代道教之昌隆，尤其是社会上层不遗余力的倡导和推崇。

到五代时期，由于连年战乱社会动荡，宗教文化的发展都受到一定冲击，不复盛唐的昌盛，但也不是没有发展。以海陵地区而言，还是有一些关于道教的记载。《续纂泰州志》载：

后周显德五年(958)，海陵地区建仙翁祠(故址在今斗姥宫)祀王冶，旋在兵燹中被毁。[①]

道教的宫、观、祠之类，在海陵早有建设。晋时，与王冶、王鹿女同属海陵十仙的乐真人乐子长在乐真桥合家升仙，至南朝梁大同元年(535)，昭明太子萧统与邵陵王萧纶游海陵，特在乐子长故宅遗址建乐真观。这是海陵地区有记载的最为著名的道观。隋唐时期的建设已经无可稽考，这或者是由于资料的散逸，或者是由于海陵地区的宫、观规模相对较小，没能得到足够的关注，但绝不是说此时海陵就没有此类场所。历经隋唐几百年却仍然存在的乐真观，就是最好的说明。南唐有位僧人释若虚，曾赋《乐真观》[②]诗一首：

乐氏骑龙上碧天，东吴遗宅尚依然。
悟来大道无多事，真后丹元不值钱。
老树夜风虫咬叶，古垣春雨藓生砖。
松倾鹤死桑田变，华表归乡未有年。

---

① 转引自《泰州道教梗概》，第 75 页。

② 《全唐诗》卷八二五《乐真观》。

作为一名佛教徒，释若虚对于道教的"仙人"和宫观并不怀有善意的感情，而是作诗进行了嘲讽。尤其是"真后丹元不值钱"和"松倾鹤死桑田变"两句，分明是对于道教修道炼丹、追求长生的攻击。但从客观情况来看，当时道教发展式微，却也是不争的事实。

上文所引资料，多属诗文、小说之类，都带有不同程度的传奇和迷信色彩，并不可信。但是，宗教本身即是神学，不独道教如此。这些资料的内容或者荒诞，但作为史料来看，确实能够在一定程度上反映出唐代道教在泰州的发展情况。泰州在当时隶属扬州，地理位置优越，经济情况较好，在唐代尊崇道教的大背景下，当地的道教发展还是可圈可点的。

二、佛教的昌隆

泰州佛教的发展与隋唐佛教发展的总形势息息相关。佛教传入中土，历经汉末至南北朝，尤其是大力崇佛的南朝时期的发展，在江南地区已经十分兴盛。在此基础上，隋唐时期佛教更加繁荣，臻于全盛。

隋朝虽然运短祚薄，但在开启大一统王朝时代上功不可没。作为过渡时期，其佛教的发展也是上承南北朝，下启唐代。隋两代帝王皆笃好佛教。文帝杨坚在位期间，广建寺塔，大造佛像，并在长安建立传教系统，选聘各宗派的著名学者集中都邑传授教义。炀帝为晋王时，即请名僧智觊为授菩萨戒。后曾于洛阳设无遮大会，度一百二十人为僧尼，并令天下州郡行道千日，总度千僧，亲制《愿文》，自称"菩萨戒弟子"。还在洛阳上林苑内创设译经馆，罗致中外译师二十多人，供给四时所需，开展译经工作，译出经、论等九十多部，五百一十多卷。在统治者的大力倡导下，佛教日趋兴盛。尤其是开皇九年(589)中国统一后，南北的佛教思想有了交光互摄的机会，各种宗派、学说开始呈现汇合的趋势，并开始有了新的教派、宗派，逐渐形成了统一时期的特色。隋朝佛教的传布还远及于当时的高丽、百济、新罗及日本诸国，对于沟通亚洲诸国和中国间的文化交流起了一定作用。

唐朝建立后，李氏为张门第，奉老子为始祖，道教大兴。但统治者并未因此而贬抑佛教，相反，在三教并存的形势下，佛教也同样得到了大力的提倡，进入了全盛时期。

武德二年(619)，高祖在长安聚集高僧，立十大德，管理一般僧尼事务。太宗即位后，重兴译经事业，令波罗颇迦、罗蜜多罗主持，度僧三千人，并在旧战场所在地造寺院七所，促进了佛教的发展。高宗为太子时，即奉太宗之命为玄奘所译《菩萨藏经》作后序，又为其母文德皇后建大慈恩寺。即位之后，对玄奘更是支持有加，使其得以完成译经大业。历此三朝，全国有寺四千多所，僧、尼六万多人，译经一千五百余卷。

武则天掌政后，为稳固自身政治地位，更是大力崇佛佞佛。天授二年(691)，诏释教地位在道教之上，佛教一时风头大盛。此举虽致佛教一定程度的冗滥，但也在全国范围内更扩大了影响。至玄宗当政，对一批伪滥的僧徒加以淘汰，真正的佛教却在同时发展。佛教最重要的宗派——天台宗、慈恩宗、贤首宗、禅宗、律宗、密宗等，这时都已经形成，或接近形成。译经事业在开元、天宝时期也很繁盛。继玄奘之后的著名译师有智俨、善无畏、金刚智、达摩战什罗、阿质达霰等，都活动在这个时期，译出大量经典。

唐中叶以后，社会秩序日渐混乱，经济也遭战争破坏，但除武宗大肆灭佛外，各位帝王都对佛教优礼有加。宪宗、懿宗两度迎佛骨于凤翔，其奢靡之巨，前有韩愈《论佛骨表》极力反对，后有诸多史料如《资治通鉴·唐纪》详加采录，仪卫过于郊祀，金帛不可胜计。佛教之昌隆，可见一斑。

泰州在唐时为海陵县，隶属扬州。其佛教的发展情况，可由扬州之发展约略窥知大概。有了大力崇佛的历史背景，又兼扬州地处江淮经济区的地理优势，自隋炀帝在江都兴建道场，优礼高僧，扬州地区的佛教有了长足发展，并成为全国佛教中心之一。扬州佛教的兴盛，大体体现在以下几个方面：

首先，名僧辈出。隋唐时期扬州籍的名僧可考者甚多。隋朝扬州高僧有长乐寺释住力，其焚身保寺的事迹在《宋高僧传》、《法苑珠林》中都有记载。唐龙兴寺释法慎，江都籍，为怀素高足，东塔宗大师，声誉远播。事迹又见于李华《扬州龙兴寺经律院和尚碑》(《全唐文》卷三二〇)。法慎大师高足弟子灵一，是天宝、上元年间一位著名诗僧。据《宋高僧传》记载：

> 释灵一，姓吴氏，广陵人也。神清气和，方寸地虚……每禅诵之隙，辄赋诗歌事，思入无端，兴含飞动，潘、阮之遗韵，江、谢之阙文，必能缀之，无愧古人。……诗行于世，有选其尤者入《闻气集》焉。①

同时代的鉴真是南山宗大师，广陵江阳县人。他晚年六次东渡扶桑，对于日本佛教传布、中日文化交流作出了不朽贡献，至今为世人共仰。唐德宗贞元(785—805)中，扬州有狂僧号"广陵大师"，《宋高僧传》卷一九载其事迹②；贞元、元和之间，慧照寺有僧省躬，佛儒兼长，化行淮南；元和时期(806—820)，扬州有华林寺灵坦，乃武则天族孙，为六祖慧能之再传弟子，禅宗在扬州的代表人物；开成、会昌间慧照寺崇演，也属禅宗；会昌(841—846)毁佛前，扬州栖灵塔寺有僧怀信，送塔渡海。另据《景德传灯录》，唐代扬州禅宗名僧尚有奉先寺昙光、演禅师、大明寺严峻、栖灵寺智通等。

泰州本地高僧，见于史籍记载的有释法向。《续高僧传》卷二六：

> 释法向，姓李，扬州海陵葛岗人。……年十六辞亲出

① [宋]赞宁撰，范祥雍点校《宋高僧传》卷一五《唐余杭宜丰寺灵一传》，中华书局1987年版，第359页。

② 《宋高僧传》卷一九《唐扬州孝感寺广陵大师传》，第490页。

> 家,即事精苦与人卓异。尼妪参礼未尝与言,戒行清净颂法华通。……隋末海陵大宁僧智喜开房延入,于中静坐。……大虫伤害数十人,乃设禳灾大斋。忽有一虎入堂,搏一人将去。"何造次!今为柂越设斋,可放此人!"(虎)依言即放。诸虎大集,以杖扣头为说法,于是相随远去。……又还海陵盐亭,百姓留之,有小孤山出地百仞,四面无草木,于前立寺,名为"正见",处之。贞观四年冬初,……面西而终,年七十八。[①]

这种记载,颇有几分神话意味。但海陵当时濒海,树木茂盛,有野兽出入应为实情。所谓命虎放人的说法,应该是用来宣扬佛法的神力。

其次,经卷浩繁。隋唐时扬州成为写经藏经的重要地区。隋炀帝为晋王时镇江都,隋炀帝为晋王时镇江都,"先是江都旧邸立宝台经藏,五时妙典,大备于斯。及践位东朝,令旨允属掌知藏事"[②]。

扬州民间也有写经流传。《法苑珠林》卷二六载:

> 隋扬州严恭,本泉州人,家富于财。……共往扬州起精舍,专写《法华经》,遂徙家扬州。其家转富,大起房廊,为写经室,庄严清净,供给丰厚,书生常数十人。扬州道俗,共相崇敬,号为"严法华"。开皇末,恭死,子孙传其业。隋季盗贼至江都,皆相与约,勿入严法华里,里人赖之获全。[③]

① [唐]释道宣《续高僧传》卷二六《扬州海陵正见寺释法向传》,中华书局1997年版,《中华大藏经》第61册,第857页。

② 《续高僧传》卷一二《隋江都慧日道场释慧觉传》,《中华大藏经》第61册,第678页。

③ [唐]道世《法苑珠林》,上海古籍出版社1991年版,第199页。

天宝二年(743),鉴真准备东渡日本。据元开《唐大和尚东征传》,此行备置了金字《华严经》、《大品经》、《大集经》、《大涅槃经》各一部,杂经、章疏等共一百部。天宝十二年最后一次东渡,又携带经律论疏等佛教典籍四十八部约四五百卷。日僧圆仁在扬州广求佛典,共得佛经一百二十八部,计一百九十八卷,携带回国[①]。

扬州写经藏经的事迹,无论公私,多有所为;而种类浩繁、数量众多的写卷,都可以在扬州求得,由此可见扬州佛教之兴盛。在这种风气的带动下,泰州的经卷数目想必也相当可观。

再次,寺院众多。圆仁《入唐求法巡礼行记》载:"扬州共有四十余寺。"按,这一数字应为官寺,不包括兰若、昭提等私寺在内。扬州私寺的数目已不可确知,但据后人爬梳,仍然为数不少。

泰州境内隋唐五代时期所建寺庙,可考者如下:

北山寺。古名开化院,唐敬宗宝历元年(825),王屋禅师创建。位于城北招贤桥东。寺中有卓锡泉,始掘于唐,为泰州七星井之一。唐人喻凫作有《北山寺》诗:"烟冈影畔寺,游步此时孤。庭静众药在,鹤闲双桧枯。兰峰露秋院,灞水入春厨,便可栖心迹,如何返旧途。"

图4-8 今南山寺大雄宝殿

南山教寺。唐僖宗乾符三年(876),铁心坚禅师建,赐额护国寺,明朝改名南山寺。

---

① 《入唐求法巡礼行记》卷一,第14页。

位于市区东南隅。现存大雄宝殿具有明代中期建筑特色。但其屋西仍然继承了唐代星面格式的建筑手法,在我国古代建筑史上属最高等级。

东山寺。旧名东山长乐教寺,又名东明寺、东禅寺。始建于唐大中(847—859)年间。寺址在城东门外迎春侨东北土山庄徐家山。

雨声寺。唐太宗贞观六年(632)僧雷吼始建。寺址在城西西郊的商舍庄。

圣果院。在东台,贞观(627—649)时建。

永宁寺。俗呼为北天滋庙,寺址在城北赵公桥东北角。始建于后周世宗显德三年(956)。该寺大雄宝殿佛座后壁有海岛,海岛下面地上有一口水井,井的周围用砖砌成香案形,上以大石板覆盖,石板上有神龛供观音像。传说水怪就在井中。大雄宝殿里有水井,具有这种特殊的建造,在江陵所有寺庙中是独一无二的。

唐末大乱,杨行密于广陵建立吴国,分海陵县地置兴化县。据雍正《扬州府志》、嘉庆《扬州府志》、咸丰《兴化县志》,境内寺庙有:

定慈禅寺。在县西文林里,唐开元(713—741)间建。

广福寺。在县东北通利里,唐元和(806—820)间僧绍岩建。

罗汉寺。在县东八十里,元和间建。

木塔寺。在县东六十里,唐长庆(821—824)中僧德信建,年久塔废。

崇福寺。在县东七十里,唐大和(827—835)中僧德禋建。

唐五代泰州寺庙名称,可以考见的略述于此。鉴于年代久远,典籍散佚,寺庙之名被湮没者,不知凡几。即使在隋唐五代的三百年中,被战争和自然灾害破坏的寺庙,也不知有多少。兼之人为的破坏,如会昌灭佛中,天下大寺被毁四千六百余所,小寺四万余所,而海陵地属佛教兴盛、寺宇众多的扬州,被毁多少,亦无法统计。因而这是个很不完整的数字,只能从中约略窥见唐代泰州寺庙的分布情况。

另外，与佛教有关的故事也十分盛行。佛教典籍和相关书籍中记载有许多关于佛教的神异事件，其中不乏关于泰州的记载。如《广弘明集》载：

> 泰州于岱岳寺起塔舍利至州。其夜，岳庙内有鼓声。天将晓，三重门皆自辟。或见三十骑从庙而出，盖岳神也。舍利自州之寺，未至数里，云盖出于山顶，五色而三重，白气如虹，来覆舍利。散成大雾，沾湿人衣。其状如垂珠，其味如甘露。自旦至午，雾气乃敛而归山，分为三段。乍来乍往，如军行然。盖亦岳神之来迎也。于是瓶内有声，放光高丈余。食顷乃灭。人审视之，见琉璃内金瓶盖自开，瓶口有寸光如箸，炯然西指。虽急转，终不回。如此经八日，将入，函光遂散出，还入金瓶。云雾复起，有童子能诵法华经，来礼舍利。遂烧身于野，以供养焉。明年二月六日，泰山神鼓竟夜鸣，北听则声南，南听则声北。东西亦如之[1]。

类似的记载还有一些，《广弘明集》同卷中对泰州舍利的神异就有另外的描述。可见其佛教之兴盛。

总之，隋唐五代时期，佛教在全国范围内得到了广泛的传播和发展。扬州在隋唐时期以江淮为依托成长为全国性的大都市，其优越的地理、经济条件和深厚的文化底蕴为佛教的昌隆提供了肥沃的土壤，名僧辈出，寺院林立。在这样的环境下，泰州作为扬州的属县，佛教也十分兴盛。当时所建古刹，历经千年，虽屡有兴废，至今仍有一些保存下来。

---

① [唐]道宣《广弘明集》卷一七，上海古籍出版社 1991 年版，第 221 页。

三、儒学和其他文化

泰州儒家文化的广泛传播是在隋唐时期。高祖武德年间，张买臣来到海陵任吴州刺史。武德三年(620)，张买臣主持在城东南创办州学，开启了泰州地区办学兴教的风气。从此，办学崇教作为海陵特色，一以贯之，对海陵地区的发展产生了巨大影响。

> 海陵幽邃而地肥美，故民惟事耕渔.性多朴野，耻以浮，薄相夸，鲜出机巧。虽无富强而家亦自给，不务争夺，……茅茨陋巷，弦诵相闻，蔚然有文雅之风。①

这种风气为海陵地区后来的文化昌盛奠定了坚实的基础。

与后世的辉煌相比，隋唐时期海陵的文化可能略显薄弱，但这是海陵文化发达的起始期，其地位还是相当重要的。事实上，隋唐时期海陵地区的文化发展也是有所作为的。开元年间，海陵就曾出现了一位著名书法家和书法评论家——张怀瓘。

关于张怀瓘其人，唐窦臮《述书赋》下篇有所提及："滕子擁决，张氏旁求。""张氏"即指张怀瓘。其下窦蒙注云："怀瓘，海陵人，皇鄂州司马。利无推斥，道在专精。"这是有关张怀瓘籍贯的最早记载。至于其官职，《新唐书・艺文志》则载为"开元中翰林院供奉"。与《述书赋》注不同。但《述书赋》张怀瓘条下又有窦蒙注云："怀环，怀瓘弟。盛王府司马。兄弟并翰林待诏。"据此，张怀瓘又确曾官于翰林院。所以《四库全书》在张怀瓘著《书断》之提要中推测，怀瓘"盖尝为鄂州司马。终于翰林供奉。二书各举其一官尔"。相关记载也佐证了这一推测，宋王黼撰《重修宣和博古图》卷二二"蛟篆钟"条云："昔张怀瓘在翰林时，见古

① 《崇祯泰州志》卷一《职方志》，泰州市图书馆藏。

钟，纪夏禹之绩，皆紫金。钿以大篆，神彩惊人……”[①]说明张怀瓘确曾官于翰林院。但是否曾任鄂州司马，已难以查证。《宋高僧传》卷一〇《唐天台山佛窟岩遗则传》：“释遗则，俗氏长孙，京兆长安人也。祖冽鄂州司马。考利涉隐居金陵。则弱不杂俗，恬恬终日而无所营。始从张怀瓘学草书，独尽笔妙。雅耽经史，尤乐佛书……”但遗则究竟于何时何地跟从张怀瓘学书，其情况亦无从知晓。而既然其祖父曾经做过鄂州司马，与张怀瓘相识，张怀瓘曾在鄂州围观也就存在可能性，且窦蒙既然作注，自然也有所本，不会是信口开河。

张怀瓘既是书法家，又是书法评论家。关于其书法，《钦定佩文斋书画谱》引陶宗仪说：“瓘自谓‘真行可比虞、褚，草欲独步于数百年间’。又工小篆、八分。”但他的书法文字多已不存于世。因此，张怀瓘最主要的贡献在于对书法理论的发展，身后著述颇为后世称道。《新唐书·艺文志》载：“张怀瓘《书断》三卷，又《评书药石论》一卷。”《宋史·艺文志》载：“张怀瓘《书诂》一卷，又《评书药石论》一卷，《六体论》一卷，古文大篆《书祖》一卷，《书断》三卷。”此外，据记载，张怀瓘另有《用笔十法》，已轶。

其中最重要的著作当属《书断》。《四库总目提要》说：

> 所录皆古今书体及能书人名。上卷列古文、大篆、籀文、小篆、八分、隶书、章草、行书、飞白、草书十体，各述其源流，系之以赞末，为总论一篇。中卷、下卷分神、妙、能三品，每品各以体分。凡神品二十五人，除各体重复得十二人。妙品九十八人，除各体重复得三十九人。能品一百七人，除各体重复得三十五人。前列姓名，后为小传。传中附录又

---

① 《四库全书简明目录》卷一二收《宣和博古图》称：“其书所收古器，真赝杂糅，辨证尤多疏谬，为诸书所指摘者，不可缕陈。然音释舛而铭字尚存，论说误而器形犹在，故考古者或有取焉。”据此，《博古图》多有谬误，但此议论是针对器物而言，就本篇所关注的“张怀瓘在翰林”应无碍。

三十八人。其记述颇详。评论亦允。张彦远法书要录全载其文。盖当代以为精鉴矣。

张怀瓘“始立神妙能三品之目”，开创了书法评论的一种新标准，对后世书法评论影响极大。在以后历代的各种书法评论著作中，经常可以看到引用《书断》中文字的片段。不仅如此，《书断》中涉及的一些内容还可作史料考证之用。如《后汉书》卷八四《列女传·皇甫规妻》：

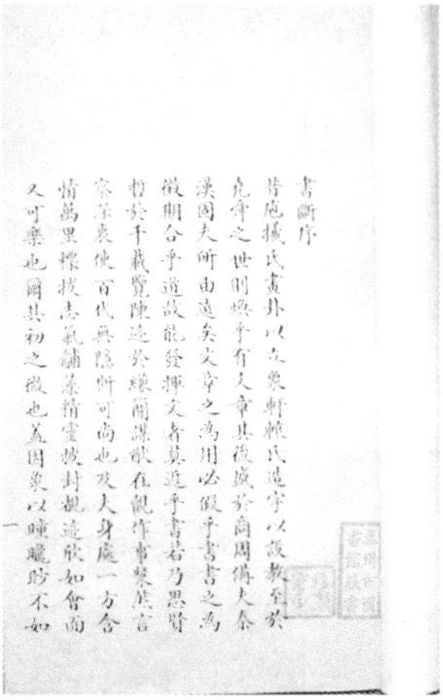
書斷序
昔庖犧氏畫卦以立象軒轅氏造字以設教至於
堯舜之世則煥乎有文章其後盛於商周備夫秦
漢固夫所由遠矣文章之為用必假乎書書之為
徵期合乎道故能發揮文者莫近乎書若乃思賢
哲於千載覽陳迹於縑簡謀猷在覿作事粲然言
察深衷使百代無隱斯可尚也及夫身處一方含
情萬里標拔志氣黼藻精靈披封覩迹欣如會面
又可樂也爾其初之微也蓋因象以曈矓眇不如
一

图 4-9 《书断》书影

安定皇甫规妻者，不知何氏女也。[①]

按，唐张怀瓘《书断》云：“扶风马夫人，大司农皇甫规之妻也。”又《三国志补注》载：

初，昭善史书，与钟繇、邯郸淳卫觊、韦诞并有名。尺牍之迹，动见模楷焉。张怀瓘《书断》曰：“昭少而博学，不慕荣利，有夷皓之节。甚能籀书，真行又妙……”

类似的史料补注尚有不少，十分珍贵，为历史研究考证提供了帮助。除张怀瓘本人以外，如前引文中涉及，怀瓘弟怀环也长于书法。《钦定佩文斋书画谱》引陶宗仪云：“怀环官至翰林、集两贤院侍书、侍读学士。瓘、环兄弟，在开元中皆工书……环有文学，工大小篆、八分，尤善草、隶，与兄瓘同时著名。”张氏一家是当时

---

① ［南朝宋］范晔《后汉书》卷八四《列女传·皇甫规妻传》，中华书局1965年版，第2798页。

的书香门第，是唐代海陵文化见于史书记载的一个实例。

海陵也多次出现于唐代名士、官员的诗文中。被提及最多者当属海陵"红粟"及仓廪。除此而外，有的诗是抒发情怀，更多的则是赠行往来。抒情者，如初唐时有骆宾王的《夕次旧吴》：

维舟背楚服，振策下吴畿。盛德弘三让，雄图枕九围。黄池通霸业，赤壁畅戎威。文物俄迁谢，英灵有盛衰。行叹鸱夷没，遽昔湛卢飞。地古烟尘暗，年深馆于稀。山川四望是，人事一朝非。悬剑空留信，亡珠尚识机。郑风遥可托，阚月眇难依。西北云逾滞，东南气转微。徒怀伯通隐，多谢买臣归。唯有荒台露，薄暮湿征衣。①

晚唐有李商隐的《西溪》：

近郭西溪好，谁堪共酒壶。苦吟防柳恽，多泪怯杨朱。野鹤随君子，寒松揖大夫。天涯常病意，岑寂胜欢娱。②

骆宾王胸怀天下，借吴陵旧地发宏图不展之感叹；李商隐则观乎本心，即西溪景色抒孤单寂寥之情怀。由此管窥，初唐之气象，晚唐之衰颓，均可见一斑。

送别诗为数更多。如王维《送从弟惟祥宰海陵序》：

天子若曰："咨尔三事百辟。寇贼奸宄，震惊朕师。其

① ［唐］骆宾王《骆宾王集》第四卷，中国书店1988年影印本。旧吴，唐高祖武德三年(620)，改海陵为吴陵县，并以县置吴州；七年初吴州仍复旧名。作者于撤吴五十多年后抵此，故称旧吴。

② ［唐］李商隐、［清］朱鹤龄注《李义山诗集》，上海古籍出版社1994年版。西溪，原泰州属镇，在市东北。清乾隆三十三年(1768)，析泰州东北境建东台县，归东台。

举吏二千石至墨绶，予将大命于朝，以抚方夏。"群从曰："惟祥。旧有令闻，克奉成宪。往践乃职，无恫于人。狱货非宝，农食滋硕。浮于淮泗，浩然天波。海潮喷于乾坤，江城入于泱漭。彼有美锦，尔尝操刀。学古入官，倚法为吏。上官奏课，国将大选尔劳。勉哉行乎！唱予和汝。①

读来豪气干云，令人为之胸怀大畅。在一腔豪情的驱使下，王维以海陵"狱货非宝，农食滋硕。浮于淮泗，浩然天波。海潮喷于乾坤，江城入于泱漭"，认为也是个不错的去所。但事实上，在唐代，海陵虽然有红粟名闻海内，又因产盐丰富颇受国家重视，但在身处长安的达官贵人心中，毕竟东临大海，路途遥远，较之京师之地的繁华，难免显出几分苍凉。这在许多赠别诗中都有所体现。王维的另一首诗《送高道弟耽归临淮作》中即不免有这样的口吻："少年客淮泗，落魄居下邳。……都门谢亲故，行路日逶迟。孤帆万里外，淼漫将何之。江天海陵郡，云日淮南祠。杳冥沧洲上，荡漭无人知。纬萧或卖药，出处安能期?"

唐代僧人释皎然曾作《五言送卢仲舒移家海陵》②，其诗曰：

世故多离散，东西不可嗟。小秦非本国，楚塞后移家。海岛无邻里，盐居少物华。山中吟夜月，相送在天涯。

"海岛无邻里，闲居少物华"即是时人对海陵的印象。《宣统泰州志》载唐人李嘉祐《仲夏江阴官舍寄海陵裴明府》诗，也有"万里边江次，孤城对海安"③之句。此外，还有鲍溶诗《寄海陵韩长

---

① ［唐］王维撰，［清］赵殿成笺注《王右丞集》卷一九，上海古籍出版社1984年版。

② ［唐］皎然撰，［明］毛晋编《杼山集》卷一，明末虞山毛氏汲古阁刊本。

③ 海安，唐时为海陵县地。

官》,收于《鲍溶诗集》;刘商《送豆卢郎赴海陵》,梁肃《送前长水(集作安)裴少府归海陵》等,皆收于《全唐诗》。在唐代众多诗人的往来送别中,海陵作为一个单独的地域屡被提及,从一个侧面说明,唐代海陵虽然仍隶属于扬州,但其重要性和独立性在逐渐增强。伴随着经济和文化的快速发展,海陵正在渐渐积累着独立州治的实力,为南唐建州做了渐趋于充分的准备。

到五代时期,泰州作为独立的行政建制开始出现,并建有一座名义上为皇室起居用的宫殿——永宁宫。吴让皇杨溥曾作《泰州永宁宫》诗:

> 江南江北旧家乡,三十年来梦一场。吴苑宫闱今冷落,广陵台殿已荒凉。云笼远岫愁千片,雨打归舟泪万行。兄弟四人三百口,不堪闲坐细思量。

这首愁云惨淡的诗,背后隐藏着一段南唐遗事——937 年,徐知诰以禅让的方式取得政权称帝,自称皇帝,国号唐,史称南唐,建都金陵。幸运的是,南唐代吴没有发生战乱,泰州社会保持安定,经济得以发展。徐知诰称帝后,封吴国皇帝杨溥为让皇,在第二年迁杨溥于润州丹阳宫,接着又在升元三年(939)将杨氏子孙迁来泰州永宁宫,命泰州知州褚仁规严加防守。杨溥就是在这种环境下,写下了这一令人慨叹的诗篇。

褚仁规为泰州知州时,因恶政而为人民所痛恨。清方坤撰《五代诗话》卷三"唐智民"条载:

> 伪唐赃臣褚仁规窃禄泰州刺史,恶政不可缕举。有智民请吻儒为二诗,为隐语,凡写数千幅,诣金陵粘贴。事乃上闻。诗曰:"多求囊白昧苍苍,兼取人间第一黄"云云。"白黄"隐"金银"字。

以诗文讽官吏,而以舆论造势,当时的泰州人民确乎很有智慧,堪称“智民”。关于五代时期海陵的诗话轶事，还有宋阮阅撰《诗话总龟》卷四六“俳优门”条：

李家明，江南李璟时为乐部头。善滑稽，为讽咏……李氏乃徐温养子。及僭递，迁杨氏于海陵。璟继统，用宋齐邱言，无男女少长，皆杀之。今海陵州宅之东，小坟十数，皆当时所杀杨氏之族也。宋齐邱只一子，辙卒。逾月，恸哭不止。家明曰：惟臣能止之。乃作大纸鸢，上大书曰：“欲兴唐祚革强吴，尽是先生作计谟。一个孩儿弃不得，上皇百口合何如？”乘风吹之，度至齐邱家，遂绝其缕。齐邱见之惭感。

虽为诗话，却也透露着战乱年代政治的残酷和血腥。李家明诗在《全唐诗》中也有收录，诗下注文所记与上引意思大致相同。此外，《全唐诗》还收录有五代包颖《和徐鼎臣（徐铉）泰州见寄》诗一首。

总之，泰州地区在隋唐时期起办州学，教育兴盛起来，文化也开始有了较快的发展。有唐一代，泰州地区有如张怀瓘一样的书法大家，并在诸多名士的诗文往来中屡受提及。隋唐时虽并不能看出泰州文化有多么昌隆，但实为后世文昌之起始铺垫。研究泰州文化发展，隋唐五代的作用不可小觑。

第四节　社会生活

伴随着经济文化的发展，在隋唐五代时期，泰州地区的社会生活也有了新的变化和内容。无论是语言，还是衣食住行，抑或其民俗和节日，都比以前更丰富多彩。

一、方言

语言是泰州人社会生活中很重要的部分，是他们的物质生活或日常生活的代名词。此时泰州人的语言主要是吴方言和北方官话并存的新海陵话，体现了南北民族和文化的融合。

汉语方言自古就有南北之分。对此，古人很早即有明确的认识。北朝颜之推《颜氏家训·音辞篇》："南方水土和柔，其音清举而切诣，失在浮浅，其辞多鄙俗。北方山川深厚，其音沉浊而铧钝，得其质直，其辞多古语。"隋人陆法言《切韵·序》曰："江东取韵与河北复殊。因论南北是非，古今通塞。"唐人陆德明《经典释文·叙录》："方言差异，固自不同，河北江南最为巨异。"到目前为止，我国汉语语言共包括七大方言，即官话方言、吴方言、赣方言、客家方言、湘方言、闽方言和粤方言。官话方言（北方话）分布的范围最广，今天的泰州话，即泰州方言圈所使用的地方话，就是下江官话（也称江淮官话）的一个亚区。泰州方言圈，学术上一般称之为泰如（泰州—如皋）方言片或通泰（南通—泰州）方言片。然而在隋唐五代时期，海陵的语言并非如此，经过一系列发展演变。

今通泰方言在历史上屡经变迁，位于江淮方言与吴语的交汇处，三个地区的渊源关系十分密切，方言的性质介于二者之间，语音现象颇为复杂。

首先，通泰方言属于江淮官话。据载长江以北至淮河两岸是江淮方言[1]，江淮方言区内又可划分为三小片，通泰片作为它的一个亚区。古全浊声母在本区全部清化，不论平仄，一律送气，这与吴语保留浊声母系统迥然不同。其次，通泰方言具有吴语底层，又因长期为邻，交互影响，音韵、词汇、语法等诸方面与吴语有颇多相似之处。但经过四世纪的永嘉之乱，北人南徙，安史之乱、黄巢起义、五代十国连年战争造成的分裂局面，使各方言间的差异进一步扩大，其吴语性质发生了根本性转变。第三，通泰、客、赣、晋西南方言同源。由于战乱，迫使北人一批批南移，有人继续南下，渡过长江，直至赣、粤、闽山区。东晋时迁往南方的移民大多来自并州上党、司州弘农、扬州淮南、豫州新蔡安丰等地[2]，古时的并州今属山西省。从单纯的地理分布来看，山西话和泰县话相隔很远，它们之间已被其它方言阻隔开来，似乎毫无联系，但从语言事实和移民的历史来看，它们之间在方言上的联系也就显露出来了。如果再联系到同样源自中原的客家话，则更能证明这一点。据考证，客家先民有一部分曾迁徙到长江下游[3]。有人暂留此处，北方汉语的成分越来越多，势力越来越强，将吴语逼至江南。由于僻处一隅，闭塞落后，变化较慢，保留了较多古代北方方言的特征，这与赣客方言的形成有许多相似之处。而且泰如片的江淮官话、赣语和客家话有一个共同的特点，即古浊塞音和塞擦音不分平仄声而多读送气清辅音，这些方言都是在西晋末南迁的北方人的方言的基础上形成的缘故。所以通泰方言与赣、客方言同出一源。

原始海陵话的具体面貌现已无法探求，但是从当时人口的来源中可以看出，原始海陵话和当时苏北的许多方言一样属于

---

① 参见张雪鸿《泰州方言的语音特色》，《海陵文史》第 9 辑，第 122 页。

② 罗香林《客家研究导论》，《社会科学研究》2007 年第 6 期。

③ 吴必虎、张建民《人口迁移对苏北平原历时语言景观的塑造》，《青年地理学家》1988 年第 1 期。

原始吴语[①]。原始海陵话在汉代处于稳定时期，到了三国时趋于泯灭。新海陵话形成于东晋，是由北方人口的大量迁入促成的。经历三国的战乱，西晋取得了短暂的统一，这时海陵地区却是人烟稀少。而东晋时由于“永嘉之乱”，中原一带的人口大量南迁，《晋书·王导传》载“中州士女避乱江左者十六七”。可见移民人数之多，仅江苏地区就接纳了260000人[②]。虽然人口的密度未见记载，但从隋代苏北人口密度的改变来看，海陵人口已猛增几十倍：东海郡由5.6人/km^2增加到13.3人/km^2，下邳国由6.2人/km^2增加为16.6人/km^2，江都郡（海陵县属之）变为32.0人/km^2[③]。东晋政府为了便于管理，曾不得不建立海陵郡，而这正是对上述情况的证明。从中原一带流落到海陵一带的人带来了北方官话，与当地的居民长期融合，最终产生了新的海陵方言，海陵话也就转属北方话系统了。

海陵话在人们运用过程中得到广泛的传播。西汉时，海陵县的东面是大海，南面是长江的入海口。由于长江口沉积物来量较多，沉积率较高，加上地理气候的变化，海陵县的东面和南面不断出现新的陆地[④]，历代先后设置了泰兴县、海安县、如皋县、南通县等。海陵县的人口也就不断往这两个方向迁移，海陵话也随之扩散，逐渐形成了今日的泰如片，从而使新海陵话演变成为泰如片的各地方言，并影响了别的方言的发展。

大约从六朝梁代前期（502—530）起，长江口上出现了一块较大的沙洲——壶豆洲（又作胡逗洲）。胡逗洲，隋属海陵。唐

---

① 周振鹤、游汝杰《方言与中国文化》，上海人民出版社1986年版，第17页。

② 吴必虎《苏北平原区域发展的历史地理研究》，华东师范大学硕士学位论文，1987年。

③ 谭其骧《晋永嘉丧乱之后民族迁徙》，《燕京学报》1934年第16期。

④ 秦子卿《略谈扬州的地域、初民和域池》，《扬州史志》1987年第1期。

初，胡逗洲为盐亭场，属扬州广陵郡。唐玄宗开元十年(722)设置盐官，属扬州海陵县，隶属淮南道。公元十世纪初，胡逗洲与另一个沙洲——南布洲连成一片，整个沙洲的范围向东扩展到了大致今海门市包场镇一带。根据文献记载，六朝梁元帝承圣元年(552)，壶豆洲上即有流人煮盐为业。《太平寰宇记》亦有胡逗洲“上多流人，以煮盐为业”的记载。所谓流人，大抵即指流放人犯。初期的流人可能多来自扬州属地，后属常州管辖，流人则大概多来自江南常州，即今常州、武进、宜兴、无锡、锡山、江阴一带。因此，唐时的胡逗洲方言当是古代常州一带的方言与早期流人的方言融合形成的一种古吴语。后来由于胡逗洲与大陆较早地涨接，方言受海陵话的影响，逐渐演变为古江淮方言。而东布洲(海门岛)，直至北宋庆历年间(1041—1048)始与通州东南境涨接，方言始终保持着吴语的特点。当古胡逗洲方言向江淮方言过渡时，其原有的一些吴语语言特征仍然被保留了下来。

南唐代吴后，立静海都镇制置院，姚彦洪成为东洲静海都镇遏使。后周显德三年(956)，周师克淮南，取南唐长江以北地。五年，升静海都镇为静海军，属扬州，旋改为通州，析其地为静海、海门二县。由于静海岛与大陆涨接并改属海陵郡管辖，静海人与江南人的交往日减，而与江北海陵，尤其是与其毗连的如皋等地的居民交往日渐频繁，同时也有大量的海陵人来往于两地之间，有的甚至定居这里。海陵，作为这一带的行政、经济和文化中心，其方言自然也成了这一带的优势方言，因而对静海方言产生了重大的影响，最终导致了静海方言由吴语向江淮话的转化。

综上所述，可以发现，隋唐五代时期泰州语言的变化，是特殊历史条件和地理位置的产物。这一时期，泰州语言由吴方言和北方官话并存，在某种程度上体现了南北民族的大融合，折射了泰州对其它文化的博大吸引力和包容性。

二、衣食住行

衣食住行是泰州人的物质生活或日常生活的代名词。隋唐五代时期，泰州人在衣食住行方面更是形成了自己的独特风采。

（一）饮食

中国疆域辽阔，南北方的自然条件与气候相差很大，物产也各有特色，因此形成了各地不同的饮食风俗。在这一时期，泰州的饮食也渐渐丰富。以各种稻米为主食，食物中有大量的鱼类，烹制方法多样，调味品也有很大的发展，同时北方盛行的胡化饮食业对泰州的饮食也产生了一定影响。

1. 主食

主食为米、面。当地盛产秔稻，秔去皮后就是粳米，是这一带的主食。晋代郭义恭的《广志》提到南方粳稻有乌粳、黑秔、青幽、白夏等名称，似乎是以稻米的颜色区分的，另外还有野稻，即红米。唐后期的《唐大和尚东征传》曾提到，鉴真和尚出发前办海粮，有"落脂红绿米一百石"[①]。日本僧人圆仁在扬州开元寺见到黑米。天宝年间，聚集于长安花萼楼下的各郡船只的土贡中，淮南和江南的船上多是稻米，当时的扬州、常州、苏州、湖州基本上都是大小香秔、黄秔米、乌节米、黄禾豈等。白居易在江陵，"水餐红粒稻"，王建在长江中上游一带"看炊红米煮白鱼，夜间鸡鸣店家宿"[②]。由此可见，秔米、红米应是扬泰百姓的主粮。

稻米以外，常见的主食还有菰米。这是一种草本植物的果实，在当时的江淮地区相当普遍，被时人称为"雕胡饭"。这种饭的做法是在稻米中加入菰米，还是只用菰米煮食，没有具体的记

---

① ［日］真人元开著，汪向荣校注《唐大和上东征传》，中华书局1979年版，第47页。

② ［唐］白居易《白居易集》卷一七《江州赴中州至江陵已来舟中示舍弟五十韵》，中华书局1979年版；王建《荆门行》，《全唐诗》卷二九八，中华书局1960年版。

载描述[1]。唐代人写的诗中经常将菰米和稻并述,如"秋菰成黑米,精谷传白粲"、"郧国稻苗秀,楚人菰米肥",显然菰米不是作为稻米的调剂。李白在旅途借宿中吃的"雕胡饭"[2]大多认为是菰米煮成的饭,即使加了稻米,也是极少量的。另外,由于他当时借宿的是田家,邻居深夜尚在工作,当时正是秋季,因此这大约是一种夏秋时节平民的食品。因此,菰米在唐代时的江淮地区,很可能是用来补充稻米的不足的。

除了米饭以外,隋唐时的粥也是很普及的食品,当时很多有关食疗的医书中都有列举各种粥。因泰州主要盛产粳米,所以把它制成粥非常普遍。另外,米可以碾成米粉供食用,扬州称"糆"。

图 4-10 唐邢窑白釉碗,泰州市博物馆藏

当时泰州人除了以米为主食外,还因产小麦而有面食。面食主要以饼为主,扬州有专门以卖饼为生的王老,饼有各种不同的制法。《唐大和尚东征传》中义净等人出海前准备的食粮中就有胡饼、干蒸饼、干薄饼等。还有"番捻头",捻头以糯米粉、面粉为原料,用油煎成,加糖食用。其中胡饼是唐代盛行的胡食中的一种相当大的饼。蒸饼也是相当大的饼,《酉阳杂俎》卷七《酒食篇》讲到唐代"蒸饼法,用大例面一升,炼猪膏三合"。是用猪油揉制普

---

① [唐]元稹《酬乐天东南行诗一百韵》,《全唐诗》卷四〇七。其中"和黍半蒸菰",则是和黄米一起煮食。

② [唐]李白《宿五松山下荀媪家》:"田家秋作苦,邻女夜舂寒。跪进雕胡饭,月光明素盘。"(《全唐诗》卷一八一)另外,晋张翰因秋风起而思念家乡的叶羹久为人知,秋天也当是菰结实的季节。

通的面粉蒸出来的饼。但薄饼似乎未见具体的做法，这几种面食都是古泰州人常吃的面食。面食中除了饼以外，也有馄饨和各种糕点[①]。

2. 副食

副食中荤食类有猪肉、牛肉、羊肉、狗肉、鸡、鸭、鹅、鱼等。其中，吃羊肉较今天更加普遍，高骈送给崔致远的寒食节礼物就有羊、酒等物[②]。大和四年(830)以前，扬州对羊曾按口征收算税[③]。可见羊的数量应该不在少数。隋唐时期，耕牛和水牛较普遍。

鱼更是普遍，市内有专门卖鱼的鱼肆。鱼在泰州人的饮食中占有很重要的地位。“饭稻食鱼”，在汉代以前就已经是他们的饮食方式了。稻米和鱼，是当地最容易获得的食物。淮南东濒大海，地跨江淮，湖泊河渠，相连成网，遂饶渔业之利。近海一带，海洋生物丰富，“乌贼、贝等随澜而流……大鱼随船而行”[④]。淡水鱼类，种类丰富。刘禹锡《历阳书事七十韵》：“游鱼将婢从，野雉见媒惊。”就是写的婢鱼。刘诗又说：“湖鱼香胜肉，官酒重于饧。”说明鱼味非常鲜美。扬州的贡品中就有鱼脐、鱼鲙啊、糖蟹，也说明泰州的水产是很丰富的。如《太平广记》卷二九五《陈悝》记载，晋代丹徒人于江边作鱼竹邑，等江水退去后就可以从中收鱼。捕鱼的方法也多种多样，圆仁《入唐求法巡礼行记》卷一写海陵县“水路之侧，有人养水鸟，追集一处，不令外散，一处所养，数二千有余”。这里的水鸟似非鹅鸭之类，疑指鸬鹚，鸬鹚人称鱼鹰，可以饲养用来帮助捕鱼。除上述外，《太平寰宇记·

---

① [唐]段成式《酉阳杂俎》(中华书局 1985 年版)卷七《酒食》：“今衣冠家名食，有萧家馄饨，漉去汤肥，可以沦茗。”韦巨源食账中也有花形馅料各异的“二十四气馄饨”。而糕是传统食品，不是只有唐才有。

② [新罗]崔致远《桂苑笔耕集》卷一八《谢寒食节料状》，中华书局 2007 年版，第 667 页。

③ 《旧唐书》卷一七七《崔慎由传》，第 4579 页。

④ 《入唐求法巡礼行记》卷一，第 1 页。

淮南道·泰州》引《南兖州记》，还记有另一种方法："(海陵县)孤山有神祠，侧悉生大竹，可以为涔田焉。"涔田即鱼池。《尔雅·释器》："槮谓之涔。"疏引李巡曰："今以木投水中，养鱼曰涔。"这说明泰州渔业既有捕，又有养殖，无疑会提高鱼的产量。可见鱼在泰州人民饮食中的重要性。

除鱼以外，泰州也有畜禽饲养，家禽以鹅鸭最普遍，圆仁亲眼见到"白鹅白鸭，往往多有"。姚合《扬州春词》："有地惟栽竹，无家不养鹅。"说明水乡人民饲养家禽之多。另外，从刘禹锡文"豢全六扰"来看，农家饲养牛羊鸡猪也是很普遍的。

除荤食外，泰州人民的饮食中还有蔬果类。随着人民生活的需要，扬泰地区出现了专门种植蔬菜的菜农。扬州六合县张老以灌园为业，《太平广记》卷一六《张老》载："负秽镬地，鬻蔬不辍。"除常见蔬菜外，和州产茭白，刘禹锡《历阳书事七十韵》："一种菰葑米，千里水葵羹。"菰葑即茭白。此外，还有菘菜，《吴郡志》中记载："唐人有云：阔叶吴菘，巨根蜀蒻。"菘菜是一种阔叶植物。据《新唐书·地理志》记载，唐后期的土贡中，当地就有蜜姜和藕，另外还有菱角、柑、橘、橙、樱桃、桃、枣等果品。《太平广记》卷一七《卢李二生》记有李生知橘子园事。李白《秋日登扬州西灵塔》诗有"霜催橘柚黄"，《赠徐安宜》诗有"青橙拂户牖"之句。《太平广记》卷一七《裴谌》记扬州青园桥东有樱桃园。《入唐求法巡礼行记》卷一记载：圆仁去扬州的途中，有开元寺僧元昱赠桃果等物。王建诗《维扬冬末寄幕中二从事》载"江上数株桑枣树，自从离乱更荒凉"。当时扬州也种有枣树。唐人李颀诗中所说"绿水饭香稻，青荷包紫菱"[①]，就是泰州人的饮食写照。

3. 饮茶

唐代是中华饮茶文化的兴盛时代。魏晋以前，我国茶叶主要限于荆楚地区或长江中游，茶叶产量低、价格昂贵，主要限于贵族或富豪之家饮用。据《三国志·吴志》载："皓每飨宴，无不

① 《全唐诗》卷一三二《渔父歌》。

竟日。坐席无能否，率以七升为限。……曜素饮酒不过二升，初见礼异时，常为裁减，或密赐茶荈以当酒。"①到了唐代，"茶道大行，王公朝士无不饮者"②，而且"不问道俗，投钱取饮"③。这一时期，饮茶习俗的普及化、大众化与唐朝政府的茶税、贡茶等政策有很大关系，很大程度上刺激和鼓励了茶叶经济的发展，提升了茶叶消费的文化内涵。

安史之乱后，唐政府面临着严重的财政负担和政治危机，"州县多为藩镇所据，贡赋不入，朝廷府库耗竭"④。为了解决迫切的军费问题，唐政府采取的办法之一就是征收茶税，充当国用，使茶税由最初的不稳定税收发展成为国家财政的稳定税收和主要来源。除政府对茶税态度和税额的变化外，唐政府还管理茶叶经济，掌握茶叶产销和经营，如榷茶制度、官工业制度、财政制度等相关的财政管理行为。这种政府行为体现了唐朝茶叶经济在整个国家经济中的重要性。

唐代，饮茶已进入泰州百姓的日常生活之中。《太平广记》卷七〇《茶姥》载，早在南朝的扬州，市场上有"茶姥"，每天清晨带"一器茶卖于市"。时人甚至把茶作为馈赠亲友的礼物。僧侣不但自己饮茶，而且以茶待客。贯休《题淮南惠照寺律师院》称："茗滑香黏齿，钟清雪滴楼。"淮南节度使李德裕等曾在开元寺啜茶，又为庆祝僧正入寺，特设官茶官饭招待各寺僧人，茶和饭并提，可见茶已经成为时人生活中不可缺少的东西。

茶的种类很多，如"开火茶"，开火指清明，开火茶在清明前采摘，叶嫩、气香、味醇，是茶中的名品。天柱茶，也颇负盛名，善于品茶辨水的李德裕就曾向舒州刺史求索过天柱茶，可见为时

---

① ［晋］陈寿《三国志》卷六五《吴书·韦曜传》，中华书局1975年版，第1462页。

② ［唐］封演《封氏闻见记》卷六，中华书局1985年版，第72页。

③ 《封氏闻见记》卷六，第71页。

④ 《资治通鉴》卷二二六《唐纪四二》，第7284页。

人所爱。天柱茶还是馈赠亲友的佳品。薛能《谢刘相公寄天柱茶》诗:“两串春团敌夜光,名题天柱印维扬。偷嫌曼倩桃无味,捣觉嫦娥药不香。”秦韬玉《采茶歌》:“天柱香芽露香发,烂研瑟瑟穿狄蔑。太守怜才寄野人,山童碾破团团月。”淮南地区,远山近岭,遍植茶树,一片郁郁葱葱。

这一时期泰州人饮茶采用烹煮法,与后世的冲泡法不同。崔志远《谢新茶状》:“烹绿乳于金鼎,泛香膏于玉瓯。”就是说的煎茶。而品茶必先品水,煎茶也讲究用水质量,陆羽《茶经》以为“山水上,江水中,井水下”。经过长期的饮尝对比以后,逐渐认识到山水为上,因此泉水渐为人们青睐。

4. 饮酒

酒在这一时期泰州人的生活中也是非常重要的饮品,对于诗人更是如此。扬泰城内遍布酒家,杜荀鹤诗“夹岸画楼难惜醉”①,写的是酒楼。淮南节度使使府和盐铁转运系统在节日之时,便会聚集宾客,歌舞畅饮。每年的中和节,淮南节度使的府衙宴集,与会者多达百余人。宴会上不仅有旨酒珍馐,而且有乐舞杂戏②。高骈在三月设看花宴,大集幕僚,饮酒、赏花、赋诗③。白居易诗中“春朝列妓筵”④,高骈诗中“一曲狂歌酒百分”⑤,都反映了当时泰州人的酒宴生活和情趣所在。士人更是以诗酒为雅好,陈羽诗“相看醉舞倡楼月”,杜牧诗“落魄江南载酒行”,罗隐诗“广陵大醉不解闷”⑥,都说明酒已达到与他们如影随行的

---

① [唐]杜荀鹤《送蜀客游维扬》,《全唐诗》卷六九二。

② [唐]梁肃《中和节奉陪杜尚书宴集序》,《全唐文》卷四五六。

③ [唐]罗隐著,雍文华校辑《罗隐集·广陵妖乱志》,中华书局1983年版,245页。

④ [唐]白居易《奉酬淮南牛相公黯见寄二十四韵》,《全唐诗》卷四五六。

⑤ [唐]高骈《广陵宴次戏简幕宾》,《全唐诗》卷五九八。

⑥ [唐]陈羽《广陵秋夜对月即事》,《全唐诗》卷三四八;[唐]杜牧《遣怀》,《全唐诗》卷五二四。

程度。

从当时泰州酒令的流行中,亦可看出泰州人对饮酒的热衷程度。官府宴会、士人雅集、商人聚饮、倡楼歌宴等多以此助兴。以货茗为生的吕璜,因通晓酒令,得以与广陵群商游处①。此时扬州的倡女尤善酒令,声闻朝廷,唐武宗就曾令淮南选送熟谙酒令的伎女十余人入京②。现知唐代扬州流行的酒令有骰子令和律令。骰子令以投掷骰子决定如何饮酒。唐代的皇甫松《醉乡日月》说:"大凡初筵,皆先用骰子,盖欲微酣,然后迤逦入酒令。"《容斋续笔》卷一六则记有《醉乡日月》的一段佚文:"聚十只骰子齐掷,自出手六人,依采饮焉。堂印,本采人劝合席;碧油,劝掷外三人;骰子聚于一处,谓之酒星,依采聚散。"唐印、碧油皆骰采名。堂印指重四,全骰皆红,为贵采。其法就是骰子令,以掷骰决定行酒。《太平广记》"张祜"条记有杜牧、张祜同时赴宴,有"妓人索骰子赌酒"事。《唐语林》卷七亦记载淮南节度使李蔚与卢澄掷骰争胜一事,澄掷得十一,蔚得堂印,可知此令曾在扬州流行。关于律令即按照约好的章程行酒。据《唐摭言》载:淮南节度使令狐绹与张祜共饮酒,绹出令曰:"上水船,风又急,帆下人,须好立。"祜对曰:"上水船,船底破,好看客,莫倚桅。"五代时期,李昪、宋齐丘、徐融雪天聚饮,"酒酣,出一令,须借雪取古人名,仍词理能贯"。昪曰:"雪下纷纷,便是白起。"齐丘曰:"着屐过街,必须雍齿。"融意欲挫昪,曰:"明朝日出,争奈萧何!"按三人所说皆合乎律令,首句均与雪有关,第二句皆是古人名,且两句之间词理连贯。从以上扬州酒令的盛行中,可见饮酒风尚的普遍。

(二)服饰

服饰是人类生活的重要形式和内容,隋唐五代时期的泰州形成了独具风采、丰富多样的服饰文化。

---

① 《罗隐集·广陵妖乱志》,第248页。

② 《资治通鉴》卷二四八《唐纪六四》,第8001页。

唐代扬州初领江都、六合、海陵、高邮四县。唐代泰州的服饰与中原所差无几。男子服装主要为衫袍。衫袍是受北朝服饰的影响而发展起来的常服，是这一时期海陵男子最常穿的衣服，都是圆领，长过膝。衫是短袖单衣，多在春夏穿着。《太平广记》“卢李二生”条谓卢生穿“草跻布衫”，即是适应温暖季节的衣着。崔志远的《谢衣段状》中有“轻縠衫材”句，可见衫的用料是极其单薄的。

袍是冬天穿的衣服，较长，下至足面，内实絮棉，可以御寒。罗隐《贺淮南节度卢员外赐緋》“袍展花心透縠纹”，是扬州男子着袍之证。寒冷的冬天也有穿裘衣的，裘衣内为皮毛，外层蒙覆面料。杜牧《扬州三首》“喧阗醉年少，半脱紫茸裘”，张祜《赠淮南将》“裘锦麒麟狞”，写的都是富有阶层穿的豪华的裘衣。《太平广记》“广陵大师”条记有“缌裘”，是以麻布为面的皮衣。

除衫袍外，还有襦袄。襦为短衣，有单、复之分。袄是有衬里的上衣，较袍短，较襦长，有绵的，有夹的。襦袄男女皆可服用，一般官员和百姓也穿。唐高宗时就曾下诏严格禁止“于袍衫之内，著朱紫青绿等色短小袄子”①。

褐为贫贱所服，古代用粗毛制成。《唐六典》卷三记有会州驼褐、洮州毛褐、常州兔褐，可见唐代的褐也多为毛织品。惟《广陵妖乱志》载，吕用之曾穿布褐，看来褐也有用麻布制成的。

男子冠帽有幞头、席帽、毡帽等。幞头亦称巾子，北周时创制，隋唐沿用。就是“用全幅皂而向后襆发，俗人谓之襆头”②。幞有四带，两带系脑后，或下垂，或上扬；两带系颔下，劳作时可使头巾不致脱落，平时则反系于头顶，故称“折上巾”。唐代扬州男子戴幞在出土陶俑中可以看到实例。1977 年，扬州郊区城东

① 《全唐文》卷一三《禁僭服色立私社诏》，第 159 页。
② 《隋书》卷一二《礼仪志》，第 272 页。

公社出土的彩绘俑中便有头戴幞帽的官吏①。《广陵妖乱志》记吕用之微贱时头戴縠巾，可知幞头贵庶皆可戴用，只不过质地不同而已。到了晚唐，由于每天要裹一次太费事，于是出现了木围裹头，即做一个幞头形的木帽子，刷上漆，外面蒙上纱。用时一戴即可，非常方便。相应地，幞头脚也变得硬起来，即在脚上加些铁丝之类，使其平伸出来。这时只是贵族阶层才用硬脚幞头。到五代，幞头的脚越来越长。男子也戴席帽、毡帽。帽子中记载较多，流行时间较长的是席帽。席帽本是西北少数民族的服饰，最初叫帏帽，有檐，四周下垂网以障尘土。后来不断传播至江南，女子戴者称帏帽，男子戴者将网去掉，称席帽。席帽用藤编成，取其轻便，后因质地太薄，冬不能御霜寒，夏不能障暑气，于是到唐宪宗前后改用细色罽代藤，此即毡帽又叫毡笠。唐代扬州不但用席帽护头，而且还有作为存取钱物凭证的。毡帽是扬州名产，驰誉神州大地，以致供不应求，成为紧缺的商品。

隋唐五代时期，等级制度森严，社会等级观念在服饰中亦体现出来。统治阶级建立了体现社会等级的服饰制度，并被纳入“礼俗”的范畴，成为了礼仪的一种表现形式。以服色定等级，紫、绯、绿、青四色定之尊卑。

唐代扬州服装颜色一遵朝廷制度。日僧圆仁在扬州开元寺见到李德裕着紫服，郎中及郎官三人穿绯服，判官四人身穿绿色官服，这与《新唐书·车服志》所说三品以上服紫，四品五品服绯，六七品着绿，八九品着青是吻合的。庶民服色则为黄、白。

女子的服饰则遵从古代上衣下裳之制，上衣有襦、袄、衫等，下衣则束裙。女子衫、襦有窄袖、宽袖之分，大体因时代而异，为这一时期妇女最常见的衣服。衫一般较薄，襦和袄则较厚，多是夹或绵的。在形制方面，隋及唐初衫、袄、和襦比较短小，窄袖，掖在裙腰内。颜色方面，大致有白、青、绯、绿、黄、红等，尤其以

---

① 李万才等《扬州出土一批唐代彩绘俑》，《南京博物院集刊》第3集。

图 4－11 唐代仕女俑，扬州博物馆藏

红衫为多。一般的衫多用布制成，好的则用罗，上面有金银线。唐代后期衫襦渐行宽袖，裙亦尚长。文宗大和六年(832)下令："妇人裙不过五幅，曳地不过三寸，襦袖不过一尺五寸。"[①]然而人多怨嗟，事遂不行。开成四年(839年)二月，淮南节度使李德裕奏："臣管内妇人，衣袖先阔四尺，今令阔一尺五寸。裙先曳地四五寸，今令减五寸从之。"[②]可知扬泰妇女也实行阔袖和长裙。梁肃《中和节奏陪杜尚书宴集序》提到"长袖嫋娜"，即指阔袖而言。与袖阔裙长相反，扬州的歌妓则以细腰为美。杜牧《扬州三首》"纤腰间长袖"，《遣怀》"楚腰纤细掌中轻"，一定程度上反映了当时的审美风尚。女子衣裙色彩艳丽，扬州出土彩绘佣的裙色便有绿色、红条、紫地白纹、紫地金纹等[③]。

穿于衫、襦外面的有披帛和半袖。披帛是披于肩臂的服饰，它的装饰意义大于实用意义。扬州出土的唐代女俑便有这种衣饰。《太平广记》"淳于棼"条提到的霞帔，则是贵族女子所穿织有云霞图案的披帛。半袖短衫，加于衫衣之上，多在春夏穿着。是隋及唐前期妇女常穿的服装，盛唐以后，男子穿半臂。女子所

---

① 《新唐书》卷二四《车服志》，第531页。

② [宋]王溥《唐会要》卷三一《杂录》，中华书局1955年版，第577页。

③ 李万才等《扬州出土一批唐代彩绘俑》，《南京博物院集刊》第3集。

穿半袖的样子与男子所穿的半臂相似而有所不同，半袖比半臂的领口更低，并多为对襟，套在窄袖衫的外面，后因衫袖变宽，半袖无法套进去，故穿的人变少。锦半臂是扬州贡品，蜚声海内，为时人所尚。

扬泰妇女也有行袒露装的，张祜《途次扬州赠崔荆二十韵》"粉胸斜露玉"，即其例证。但这里描写的应该是青楼女子，而并非是良家妇女的穿着。

隋唐五代妆饰中大部分继承了前代的传统，但又有所不同，表现较为明显的是面饰中的妆靥、花钿。不同的发饰、面饰互相搭配，形成了各种不同妆样，极具时代特色。

唐代扬州未婚女子多梳双髻，坐丫形，故称丫髻，丫环，丫头，这种发型在扬州出土的陶俑中都可见到。成年妇女多盘高髻，其中有刀形的"半翻髻"[①]，张祜诗云："檀脸慢回刀。"疑即刀形髻。

女子发饰有梳、栉、金钗、金钿等。崔涯《嘲李端端》"独把象牙梳插鬓"，可知梳不仅是使头发整齐的工具，而且也是一种妆饰用品。扬州曾出土一件金栉，也是作为首饰簪戴的[②]。白居易《盐商妇》诗"绿鬟富去金钗多"，《酬思黯戏赠》诗"金钗十二行"，以及扬州唐代手工业作坊遗址出土的骨钗，说明扬泰女子不论贫富皆有簪钗之俗。再从白诗诗意来看，似乎所簪之钗并非一二而已。在钗上饰以翡翠尾羽的称翠翘，裴虔余《柳枝词咏篙水溅妓衣》有"翠翘浮动玉钗垂"之句，正是扬州女子这一妆饰的反映。钿是以金、银、珠、玉制成的花形饰物，布插于发上。以唐代扬州社会为背景的《南柯太守传》记槐安国群女皆饰以"綵碧金钿"，张谓《扬州雨中张十七宅观妓》诗"艳舞落金钿"，都可说明。

扬州女子喜欢戴耳环、戒指、臂钏。扬州曾出土一批唐代金

---

① 李万才等《扬州出土一批唐代彩绘俑》。

② 徐良玉等《扬州发现一批唐代金首饰》，《文物》1986 年第 5 期。

首饰，其中一只宝石戒指，在镶嵌宝石处的外围有十个花托，嵌有以金丝串成的珍珠。一只耳坠主体为镂空金球，配以挂环、坠饰，嵌有宝石、琉璃，是十分精致华丽的饰品。白居易《盐商妇》诗"皓腕肥来银钏窄"，虽然说的是烟花女子，但从中亦可看出扬州妇女喜戴臂钏之俗。

在面部化妆上也很有讲究。粉黛是经常使用的化妆品，扬州有"鬻粉黛以贸衣食"①的商人。粉用以傅面，黛用以画眉。《玄怪录》卷三写元宵节之时，"士女争妍，粉黛相染，天下无逾于广陵"，可知扬泰妇女饰面风气之盛。高骈诗"蛾眉画出月争新"②，张谓诗"残妆添石黛"③，虽然写的是青楼中人，但均可说明其画眉之风。除粉黛妆面以外，在额际涂上黄色称额黄，前引裴虔余《柳枝词》便有"半额微黄金缕衣"的描写。在双眉间贴上花称"花钿"，在两颊贴上花或者丹青称"妆靥"。白居易《奉酬淮南牛相公思黯见寄二十四韵》"密宴簇花钿"，温庭筠《感旧陈情五十韵献淮南李仆射》"舞转回红袖，歌愁敛翠钿"，扬州出土的双髻女俑"额间和面颊绘有朱色花子"④，都是扬泰女子面部装饰的花钿、妆靥之证。

图 4-12　唐黑釉胭脂盒，泰州市博物馆藏

由此可知，当时海陵地区的男女服饰形式多样，色彩缤纷，

① 《太平广记》卷二八九《张守一》。
② [唐]高骈《广陵宴次戏简幕宾》，《全唐诗》卷一九七。
③ [唐]张谓《扬州雨中张十七宅观妓》，《全唐诗》卷一九七。
④ 李万才等《扬州出土一批唐代彩绘俑》。

既具有等级差异性，又具有独特性，轻巧华丽，不同于北方的服饰。

（三）居住

泰州现存的古民居、古街巷传承着历史建筑文化，留存着历史的烙印和沧桑。隋唐五代时期，泰州的民居建筑多以楼阁、竹屋为主，并依河而居，形成了清流夹宅的美丽景象。

隋唐时期，海陵民居、街巷总体布局受时代和地域的影响，具有自己的独特风貌。因泰州河网密布，气候宜人，所以房屋基本是畔河而建，楼阁建筑较多，竹屋也是当时住居的一大特色。

因泰州地处水乡，城内河网密布，百姓多临水而居，甚至以船为居室，这是泰州住居的一个特色。据姚合《扬州春词》诗"邻里漾船过"，可以想见河流交错，民居依水临立的风光。杜荀鹤《送蜀客游维扬》诗"夹岸画楼难惜醉"及李嗣《送韦太尉自坤维除广陵》诗"连河市响楼"，更展现了一幅店肆依河排列的景象。以船为家的不只是渔民，亦有商人和官吏。白居易《盐商妇》诗说，嫁给盐商的"扬州小家女"就是"风水为乡船作宅"。崔致远《桂苑笔耕集》载，他在扬州做高骈的幕僚时，高骈曾借给"舫子"，这是官吏在舟船休憩的一例。

唐代住宅中有楼者尚少，河间王孝恭之子李晦私第有楼，下临酒肆，店主谓曰："家有长幼，不欲外人窥之。家迫明公之楼，出入非便，请从此辞。"①李晦即日就拆掉了楼阁。楼居妨碍了邻里的生活，可见楼居之少，并不普遍。大和六年(832)，朝廷甚至下敕："士庶公私地宅，皆不得造楼阁，临视人家。"②但却并不能完全禁绝楼阁，特别是扬泰地区。

或因泰州位于江南，土地湿润，虫蛇为害，所以高居楼阁以避其害，长期以来，形成了民居楼阁建筑的传统。泰州楼阁众多，不只有官府楼阁，私宅楼阁和街市楼阁也处处可见。

---

① 《旧唐书》卷五九《河间王孝恭传》，第2350页。

② 《唐会要》卷三一《舆服上》，第573页。

就官府楼阁来说，岑参《送扬州王司马》曰："海树青官舍，江云黑郡楼。"《广陵妖乱志》称，高骈建延和阁，高八丈，故有"延河高阁上千云"的诗句。

《册府元龟》卷九二二《总录·妖妄二》载："起第千余间……又建楼百尺，目曰占星。"《广陵妖乱志》："有大贾周师儒者，其居处花木楼榭之奇，为广陵甲第。"《太平广记》卷一七《裴谌》："楼阁重复，花木鲜秀。"则是对私宅楼阁的描述。

王建《夜看扬州市》："街市千灯照碧云，高楼红袖客纷纷。"权德舆《广陵诗》："层台出重霄……青楼旭日映。"罗隐《江都》："九里楼台牵翡翠。"都是对街市楼阁的描述。

此外，扬泰地区的民居竹屋较多，这是住居的又一特色。竹屋之制可能与南方产竹有关，便于取材，长期以来形成传统，遍布于江淮岭南。史载苏州刺史王仲舒即"变屋瓦，绝火灾"[①]，江南西道"民不知为瓦屋，草茨竹椽"[②]，亦是其证。由于竹屋易引火灾，故"江淮州郡，火令最严，犯者无赦"。据《太平广记》卷二一九《高骈》可知，高骈在镇守淮南时，有术士之家起火，火烧数千户，即与竹屋遍布相连有关。

图 4-13　五代莲纹瓦当，泰州市博物馆藏

(四) 交通

出行是社会生活的重要内容，涉及到出行工具和道路。仅

① 《新唐书》卷一六一《王仲舒传》，第 4985 页。

② 《新唐书》卷一九七《韦仁寿传》，第 5617 页。

就泰州而言,时人的出行工具主要包括陆路的车马和水陆的舟船等。这些交通工具给人们出行带来了便利。

除徒步外,驴是这一时期最普通的交通工具。驴是比马低一等的出行工具,据《太平广记》卷一五记载,隋朝杜子春由富而贫,其出行工具相应地也变成了"去马而驴,去驴而徒",所以当时把驴称为"劣乘"。因为驴比较便宜,所以骑驴者多是下层民众。另据《新唐书·车服志》记载,唐制规定,僧、道不得乘马,故代步只能用骡驴。日僧圆仁从盱眙到扬州,便以驴驮载文书等物。

同驴一样,马是这时最重要的骑乘工具。唐睿宗景云二年(711),皇太子将前往国学,主管部门拟定仪式,"令从臣皆乘马著衣冠",刘知几认为,褒衣博带的冠服只适合于乘车,与骑马这种形式不相适宜——"专车凭轼,可擐朝衣;单马御鞍,宜从亵服。"他还在上书中提到"贵贱所行,通用鞍马而已"①。这充分表明骑马是唐朝各阶层出行的主要方式。章孝标《及第后寄李绅》诗"马头渐入扬州郭",窦巩《登玉钩亭奉献淮南李相公》诗"不劳骑马看扬州",亦可证明。李德裕入扬州开元寺礼佛时,随行文官也都骑马,以马代步。

陆路运输货物则大多使用牛车。《罗隐集·广陵妖乱志》载,吕用之运碑材至城内,用健牯五十头。罗隐《春日独游禅智寺》"吴牛蹄健满车风",亦可为证。

肩舆或称檐子。后唐庄宗即位后,以豆卢革、卢程为宰相,任命之日,"即乘肩舆",驱道喧沸。"庄宗闻诃道之声,询于左右,曰:'宰相檐子入门。'"②此资料中前言肩舆后称檐子,可见二者本是一物③。其乘坐者多为官宦,圆仁《入唐求法巡礼行

---

① 《旧唐书》卷一〇二《刘子玄传》,第3172页。

② [宋]薛正居等撰《旧五代史》卷六七《卢程传》,中华书局1976年版,第888页。

③ 孙机《中国古舆服论丛》,文物出版社2001年版,第269页。

记》,李德裕由开元寺回衙门,即"蹲踞大椅上,被担而去"。李绅《入扬州郭》诗"自缘多病喜肩舆",《册府元龟》卷九二二《总录·妖妄》,吕用之"出则肩舆小驷",亦是当地使用肩舆之例。

扬州地处水乡,河网密布,隋炀帝在前代基础上修浚和开凿的大运河,沟通了海河、黄河、淮河、长江和钱塘江等五大水系,使繁华的大都市彼此连缀起来,形成了一个跨越东西、通贯南北的水路交通网络。所以时人更多地使用舟船,以致出现了"车马少于船"①的现象。岑参《扬州送王司马》诗:"君家旧淮水,水上到扬州。"罗隐《炀帝陵》诗:"入郭登桥出郭船。"都说明当时扬州人进出要依靠舟楫。至于水运货物,更离不开舟船。所谓"蜀船红锦重,越橐水沉堆"②,就是运货的商舶。圆仁见到运盐船不绝数十里,芦苇船不可胜计,更可以想见舟船在扬州货物运输中的重要。

三、节日

隋唐五代时期,泰州传统的节日逐渐成熟,内容丰富多彩,出现了很多娱乐活动。节日已成为人们挥洒丰收的希望,对神灵的祈求和回报,对消灾盼福的渴望,因而具有群众性和广泛性的特征。主要有除夕、元旦、立春、元宵、寒食、清明、端午、冬至等。

(一) 大年

百节年为首。在中华民族的众多岁时民俗中,最隆重、最富有民族特色的节日,莫过于春节。春节是除旧布新的日子,此时泰州人为迎接新年,有一些代表性的活动,如除夕、元旦、元宵节等。

1. 除夕与元旦

除夕是一年的最后一天,亦称岁除。在春节中,除夕是去旧

---

① [唐]姚合《扬州春词三首》,《全唐诗》卷四九八。

② [唐]杜牧《扬州三首》,《全唐诗》卷五二二。

迎新之时，人们惧怕疫疠和恶鬼，在年终到来时，一面欢度佳节，欢庆丰年，一面驱疫疠和恶鬼，是除夕最热闹、最具群众性的活动。于是约定成俗，把这一夜称为“除夕”。

除夕之夜，人们整夜不眠，有辞旧迎新之意，称为守岁。除夕夜，人们或在庭院里燃起燎火，或在居室内点上灯烛，唱歌跳舞，饮酒守岁。李商隐《隋宫守岁》诗的描写，就是证明——“沈香甲煎为庭燎，玉液琼浆作寿杯。遥望露盘疑是月，远闻鼍鼓惊欲雷。”①

在除夕夜里，泰州人还盛行燃放爆竹的风俗。圆仁在《入唐求法巡礼行记》中就记述了唐文宗开成三年(838)扬州城除夕的风俗，他说：“二十九日暮际，道俗共烧纸钱，俗家后夜烧竹与爆，声道万岁。街店之内，百种饭食异常弥满。”②元旦烧竹，发出响声，以驱恶鬼，后演变为燃放用火药制造的爆竹。泰州在除夕后夜烧竹，子夜是“一宵犹几刻，两岁欲平分”③的时刻，在此时烧竹最能表达辞旧迎新的愿望。同时除夕人们准备了丰富的食品，表现了人们对神灵的虔诚，以及向神灵祈求吉祥幸福的心愿。扬州街店百种饭食异常弥满，反映了人们对神灵寄予的期望，同时也体现了人们享受丰收成果时的欢乐。

元旦是每年的正月初一，又称元旦、元正、岁日等，是一年的开端，也是泰州人一年中最重要的节日。官方规定有三天假期④。在元旦期间，人们合家团聚，设家宴庆祝。早晨起来设糕果祀天地、宅神，在祖先的画像前，行跪拜礼，男女一起敬拜长者，以次交拜，行家人礼。然后亲友间相互拜贺，至四日止，各设美酒佳肴相互邀请，曰“年酒”。然而，“有孝服者不会客，亦不预

---

① [唐]李商隐《隋宫守岁》，《全唐诗》卷五四〇。

② 《入唐求法巡礼行记》卷一，第22页。

③ [唐]曹松《除夜》，《全唐诗》卷七一六

④ 《入唐求法巡礼行记》卷一，第25页。在开元四年元日下记载“官俗三日假”。

宴。是日不炊”,家众聚吃隔岁饭即“除夕”的饭食,时人谓之“陈饭”①。

隋唐五代时期民间对鬼神的祭祀颇为盛行。《隋书》卷三一《地理志下》云,扬州“俗信鬼神,好淫祀”。杜佑《通典》卷一八二《古扬州·风俗》亦言:“扬州人性轻扬而尚鬼好祀。”为了驱鬼,在元旦这天,新的门神就被布置在门扉上。最初的门神是能够驱除鬼怪的神荼、郁垒,还有一种植物门神——桃人,唐代演变为钟馗,是捉鬼的小神。贞元年间(785—805),唐德宗在岁暮赐淮南节度使钟馗图一幅,就是供驱邪镇宅之用的。

2. 立春

每岁立春前一日,有司遵照会典朝服具鼓乐仪仗出迎春于东郊,行二跪六叩首礼,士女聚观。立春日早辰乐工鼓吹,设香烛、酒、果,按时行礼献爵读祝,二跪六叩首,礼举春牛到仪门外,中道各官送绅士土牛、芒神;农民捡起碎土步于田,以祝愿今年是丰收年。各家作春饼延请客人。扬泰地区也是如此。

《荆楚岁时记》说,立春这天人们剪彩为燕戴在头上,亲朋会宴帖上写“宜春”二字,又制作幡胜,叫做“春幡”。燕子春天回归,戴燕等习俗表明人们迎接春天的到来,希望有个丰收年的愿望。《入唐求法巡礼行记》曰:“十四日,立春。市人做莺卖之。人买玩之。”以莺代指燕,用意相同,都表明了人们迎接春天到来的喜悦心情。

3. 元宵节

又名灯节。元宵节以扬州最为热闹,张灯结彩,丝竹并陈,呈现出浓厚的节日气氛。灯节的前两日试灯,铙鼓笙管,火树星桥,杂聚道路。儿童们拿着手灯,成群结队嬉戏玩耍,户内皆挂包灯②,烟火花爆,整夜不休。

---

① 丁世良、赵放《中国地方志民俗资料汇编·华东卷》,书目文献出版社1995年版,第517页。

② 因通州包进士稚修所制作的灯绝佳,人争市之,谓之“包灯”。

开元十八年(730)元宵,玄宗问叶天师天下何处彩灯最盛,叶答:“灯烛华丽,百戏陈设,士女争妍,粉黛相染,天下无逾于广陵矣!”[①]说明唐代扬州各地包括海陵元宵的繁华已冠于全国。据圆仁亲眼看到的场景,正月十五日,扬州东西街上,除家家悬灯结彩外,寺院则不仅在庭院和走廊台阶等处点油灯,而且竞相建造楼灯,吸引信徒看灯布施。如无量义寺燃灯千盏,还结扎了一座塔形的匙竹灯,高七八尺,“结络之样,极是妙极”。城内男女,纷纷外出看灯,直至深夜,不少百姓还到寺院观赏灯景,随分舍钱,求取功德。元宵节燃灯三日,没有街禁,任百姓夜行游乐[②]。

各家制米丸相互招待,名“圆宵子”。妇则炙米糕给老人,谓之“接腰”,据说可以免除腰疼。农民家里把柴捆绑作火炬,焚烧田地里的宿草,曰“照麻虫”,以火色的红淡来占卜水旱。好事者悬挂彩灯出灯谜,并以此为乐。十八夜灯会后,学校依次开学。在礼教法规统治森严的时代,人们可以尽情地享受三天的解放与欢乐,得到暂时的满足。

(二) 寒食与清明

寒食一般是在每年冬至后的第 105 天或 106 天左右,寒食之后一二天就是清明,所以泰州人一般将两个节日合在一起过。如唐代的“假宁令”明确规定“寒食通清明给假四日”[③],就是寒食与清明合过的显例。

自古相传,为了纪念春秋晋国的介子推,寒食节照例禁火,人们吃麦粥、冷饧过节,所以又称寒食为“熟食日”[④]。到清明节

---

① [唐]牛僧孺《玄怪录》卷三《开元明皇幸广陵》,上海古籍出版社 1985 年版。

② 《入唐求法巡礼行记》卷一,第 27 页。

③ [唐]李林甫等撰,陈仲夫点校《唐六典》卷二,中华书局 1992 年版,第 35 页。

④ [唐]杜甫《熟食日示宗文宗武》:“几年逢熟食,万里逼清明。”《九家集注杜诗》卷二七“近体诗”注云:“秦人呼寒食为熟食日。言其不动烟火,预办食物过节也。亦云禁烟节。”

或由朝廷赐新火，或在自己家中钻木取新火，燃火炊煮。新火带有除旧布新的含义。一般人家需要自己取火。杜甫的清明诗中就有“旅雁上云归紫塞，家人钻火用青枫”的描写①。

寒食与清明，可以说是隋唐五代节日中民俗活动最丰富的节日。寒食节人们只吃事先准备好的熟食，不再生火做饭，清明再生新火。寒食、清明有踏青、扫墓的习俗，唐代时风渐变，游乐重于怀祖，扫墓逐渐成为形式，以致高宗下诏谴责：“或寒食上墓，复为欢乐，坐对松槚，曾无戚容。”②扬泰地区是巨商豪富聚集的地方，往往沉醉于歌舞丝竹之中，到了节日，享乐的气氛更加浓厚。姚合《扬州春词》描绘说，广陵的寒食正逢无雾无烟的晴好天气，城内柳树摇曳，花香袭人，伴随春风飘荡而来的是一片管弦之声。李中《广陵寒食夜》诗：“广陵寒食夜，豪贵足佳期。紫陌人归后，红楼月上时。绮罗香未歇，丝竹韵犹迟。明日踏青兴，输他轻薄儿。”诗中今夜红楼，明日踏青，大体反映了当地寒食清明节的生活风尚。

（三）端午节

五月五日端午节是扬泰地区颇受重视的节日之一，又称端五、端阳，节日的来源及内容已深入人心。

南方多栽培水稻，由求雨祈求得到丰收而崇拜水神，逐渐形成节日。同时端午后夏日来临，疾疫多发，以驱邪逐疫为目的的采艾、饮菖蒲酒等也成为节日的重要内容。但在南方人的心目中，古代纪念屈原的故事在社会上影响很深。在高宗询问许敬宗端五来历时，他就回答说，屈原在五月五日投汨罗江而死，楚人为纪念他，每到这一天就以竹筒贮米投入水中祭祀屈原。又说：“今俗人五月五日作粽，并带五彩丝及楝叶，皆汨罗遗风。”③

---

① ［宋］郭知达集注《九家集注杜诗》卷二六《清明二首》，影印文渊阁《四库全书》本。

② 《唐会要》卷二三《寒食拜扫》，第439页。

③ 《唐会要》卷二九《节日》，第542页。

在端午节这天，泰州人和南方很多地方一样，比较喜爱龙舟竞渡，每年都要举行端五竞舟活动。杜亚在淮南时(784—789)，为增加船的速度，所造竞渡船皆以漆涂船底。而舟子穿绮罗之服，用锦缆绣帆，费金数千万，极为奢侈。“端午日盛为竞渡之戏，诸州征伎乐，两县争胜负。彩楼看棚，照耀江水，数十年未之有也。凡扬州之客，无贤不肖尽得欲焉。”除了官设的看棚外，有权势的人家也在岸边自搭看棚饮酒，欣赏各种文艺演出①。

据胡三省描述，唐代竞渡船“前建龙头，后竖龙尾，船之两旁，刻为龙鳞而彩绘之，谓之龙舟”，制作极为华丽。比赛时，各船争先恐后，追夺锦标，虽船破浆断，人溺水中，仍无怨无悔，呈现出一片繁华热闹的景象。

(四) 重阳节

重阳，又名重九。九为阳数，故令狐楚《九日言怀》说：“二九即重阳。”重阳这天，市中做糖糕，剪五色的小旗卖之，并有登高赋诗的习俗。满城贴菊花招纸，邀人看赏。佩茱萸，饮菊花酒，为的是除恶气，御初寒，防疾病。如欧阳詹《九日广陵同陈十五先辈登高怀林十二先辈》诗：“客路重阳日，登高寄上楼。风烟今令节，台阁古雄州。泛菊聊斟酒，持萸懒插头。”

(五) 冬至

从冬至起，日渐长，所以《复》卦正义说：“冬至一阳生。”冬至前一日，谓之“小至”。民间以酒祭祀先祖，亲邻间相互馈赠物品拜贺如元旦或除夕，很受重视。所以《初学记》说：“冬至如正。”扬州称此日为“大冬”。嘉庆《扬州府志》卷六十《风俗》说：“冬至俗称大冬，人家设牲醴祀先。”至今仍有“大冬大似年”的说法，与《旧唐书·礼仪志》所引俗谚“冬至长于岁”说法是一致的。

冬至这天，亲戚邻里之间互相致礼，庆贺节日。拜贺时有不成文的套语，如淮南节度使曾说“运推移日南长至，伏惟相公尊体万福”。俗人入寺祭祀及僧侣之间也互相拜贺，口称“今日冬

---

① 《太平广记》卷二七八《王播》。

至节，和尚万福”等。冬至依官方法规，官员休假三日，寺院也供斋三天。百姓僧侣共同庆贺持续三日，百姓准备各种佳肴美食过节，正如圆仁《行记》所写，“俗家各储希膳，百味总集”①。

（六）赌博

隋唐时期，泰州的赌博应比较兴盛。这从泰州出土的一组唐代骰子可以得到证明。这组骰子1981年在泰州市大冯乡红光村一座唐墓里出土，共有三只。其中两只是六面体，尺寸为2.1×2.3厘米，六个面分别刻有一二三四五六个圆点，圆点下凹较深，形制与现在常见的相似，圆点中并没有文献中记载的黑色和红色。据记载，唐代的骰子一、四涂以红色，其余涂黑色。据赵翼《陔余丛考》考证，在唐代初期，骰子只有幺点是红色的，其余的五个点数都是黑色的。有一次唐明皇与杨贵妃彩战（彩战是骰子戏的一种，因为骰子上有红黑双色所以称为彩战），当时明皇处于劣势，眼看就要输了，只有掷出四点才能够翻盘，而这时正有一个骰子一直旋转不定，唐明皇就在旁边大声地呼喝，等到那粒骰子定下来时果然就是四点。唐明皇大喜，回头叫太监高力士，让他“赐绯”，就是把那个四点改成红色，后来这种做法就被延续了下来。唐温庭筠《新添声杨柳枝词》之一云：“玲珑骰子安红豆，入骨相思知不知。”

还有一只骰子，形制比较特殊，虽然已经残破，但是仍然可以了解其大体情况。它是十八面圆形骰子，每个面都刻有文字，其中六个面为正方形，分别刻“一分”、“二分”、“三分”、“四分”、“放”和“□（模糊不清）”，其余十二个面为六边形，分别刻十分到廿分以及“计分”字样。这种十八面圆形骰子应该是时代较早的形制。在1974年长沙马王堆三号汉墓中曾出土了一套博具，在特制的漆盒内放置有1件方形髹黑漆木博局，用象牙条嵌出方框和曲道。12根象牙箸状长筹码，30根象牙箸状短筹码，12枚象牙大棋子，18枚小棋子，1件小木铲，1个象牙削刀和1件环

① 《入唐求法巡礼行记》卷一，第22页。

首角质刻刀。盒内没有发现骰子，后来清理时，在一件双层六子漆奁中见到了骰子。骰为球形十八面体，木质、髹深褐色漆，径4.5厘米，正适合放在博具空出的小格里。骰子十八面体，除十六面分别刻出一至十六数字，其中相对的两面，一面刻篆文“骄”字，另一面刻“妻畏”字。可见，这只十八面圆形骰子与马王堆汉墓出土的骰子是一致的，虽然文字有所不同，都属于时代较早的形制[①]。

图4-14　唐骰子，泰州市博物馆藏

① 解立新《难得一见的唐代赌具》，《中国文物报》2009年12月30日。

主要参考文献(上)

本书目按引用书名首字汉字排序

A

《安徽枞阳县汤家墩遗址发掘简报》,安徽省文物考古研究所,《中原文物》2004 年第 4 期

《安徽含山大城墩遗址发掘报告》,安徽省文物考古研究所,《考古学集刊》1989 年第 6 期

《安徽霍山县西汉木撑墓》,安徽省文物考古研究所、霍山县文化馆,《文物》1991 年第 9 期

B

《八角星纹与东海岸文化传统》,陈声波,《南京艺术学院学报》2008 年第 6 期

《白居易集》,[唐]白居易撰,顾学颉校点,中华书局 1979 年版

《北史》,[唐]李延寿撰,中华书局 1974 年版

C

《陈书》,[唐]姚思廉撰,中华书局 1972 年版

《赤米考》,俞为洁,《农业考古》2005 年第 1 期

《崇祯泰州志》,泰州市图书馆藏

《春秋大事表》,[清]顾栋高撰,吴树平、李解民点校,中华书局 1993 年版

《春秋繁露》,[汉]董仲舒著,上海古籍出版社 1989 年版

《春秋经传集解》,[晋]杜预集解,上海古籍出版社 1988 年版

《春秋左传研究》,童书业著,上海人民出版社 1980 年版

《从商鞅变法到西汉前期抑商政策的转变》,晋文,《光明日报》1985 年 2 月 13 日《史学》

D

《道光泰州志》,中国地方志集成·江苏府县志辑(50),江苏古籍出版社 1991 年版

《东汉广陵郡领县确数考》,曹金华,《扬州大学学报》2005 年第 3 期

《东汉盐铁业诸问题考辨》,王健,《徐州师范学院学报》1988 年第 3 期

《东周鸟篆文字编》,张光裕、曹锦炎主编,香港翰墨轩出版有限公司 1994 年版

《董仲舒评传》,王永祥著,南京大学出版社 1995 年版

《读史方舆纪要》,[清]顾祖禹撰,贺次君、施和金点校,中华书局 2005 年版

E

《二十五史三编》第四分册,朱舜徽著,岳麓书社 1994 年版

F

《法苑珠林》,[唐]道世撰,上海古籍出版社 1991 年版

《方言与中国文化》,周振鹤、游汝杰著,上海人民出版社 1986 年版

《风俗通义》,[汉]应劭撰,王利器校注,中华书局 1981 年版

《封氏闻见记》,[唐]封演撰,中华书局 1985 年版

G

《陔余丛考》,[清]赵翼著,商务印书馆1957年版

《古碑刻——散落在泰州的“历史存根”》,解立新,《泰州日报》2010年5月21日,第A1版

《关于翏生盨和者减钟的几点意见》,马承源,《考古》1979年第1期

《观堂集林》,王国维著,中华书局1959年版

《广弘明集》,[唐]道宣撰,上海古籍出版社1991年版

《桂苑笔耕集校注》,[新罗]崔致远撰,党银平校注,中华书局2007年版

H

《海安青墩遗存再分析——江淮东部地区考古学文化研究之一》,燕生东,《东南文化》2004年第4期

《“海陵红粟”辨误——中国古典文学旧话重新说系列之二》,樊小兰,《河南教育学院学报》2008年第2期

《“海陵红粟”词义考辨》,储质卿,《泰州日报》2010年3月5日—4月2日4次连载

《韩非子集释》,[战国]韩非撰,陈奇猷校注,上海人民出版社1974年版

《汉代婚丧礼俗考》,杨树达著,上海古籍出版社2007年版

《汉代丧葬礼俗》,李如森著,沈阳出版社2003年版

《汉代苏北农业探析》,刘磐修,《中国农史》2006年第1期

《汉代物质文化资料图说》,孙机著,文物出版社1991年版

《汉代盐制研究(续)》,罗庆康、罗威,《盐业史研究》1996年第1期

《汉代盐制研究》,罗庆康、罗威,《盐业史研究》1995年第1期

《汉代专卖制度研究》,罗庆康著,中国文史出版社1991

年版

《汉书》,[汉]班固撰,中华书局 1962 年版

《汉书新证》,陈直著,中华书局 2008 年版

《河姆渡遗址第一期发掘报告》,浙江省文物管理委员会、浙江省博物馆,《考古学报》1978 年第 1 期

《后汉书》,[宋]范晔撰,[唐]李贤等注,中华书局 1965 年版

《淮安县青莲岗新石器时代遗址调查报告》,华东文物工作队,《考古学报》第九册,1955 年

《淮盐重要历史遗存——古海陵仓考》,吴克嘉,《盐城工学院学报》(社会科学版)2006 年第 4 期

《淮扬饮食文化史》,章仪明编,青岛出版社 2000 年版

《黄淮海平原历史地理》,邹逸麟著,安徽教育出版社 1993 年版

J

《稽神录·括异志》,[宋]徐铉撰,白化文点校;[宋]张师正撰,白化文、许德楠点校,中华书局 1996 年版

《急就篇》,[汉]史游撰,岳麓书社 1989 年版

《嘉庆重修一统志》,商务印书馆 1934 年版,上海书店 1984 年重印本

《嘉泰会稽志》,[宋]施宿等撰,《宋元方志丛刊》,中华书局 1990 年版

《简帛数术文献探论》,刘乐贤著,湖北教育出版社 2003 年版

《江淮东部原始文化的命名与青墩文化的内涵》,王其银,《东南文化》2005 年第 5 期

《江陵凤凰山 168 号汉墓》,陈振裕,《考古学报》1993 年第 4 期

《江浦县曹王塍子遗址试掘简报》,南京博物院,《东南文化》第二辑,1986 年

《江苏阜宁陆庄遗址》,南京博物院考古研究所、盐城市文管会、盐城市博物馆,见《东方文明之光——良渚文化发现60周年纪念文集》,海南国际新闻出版中心1996年版

《江苏高邮周邶墩遗址发掘报告》,南京博物院考古研究所、扬州博物馆、高邮文管会,《考古学报》1997年第4期

《江苏古代历史上的两个问题》,曾昭燏、尹焕章,《江海学刊》1961年第12期

《江苏海安青墩遗址》,南京博物院,《考古学报》1983年第2期

《江苏海安青墩遗址孢粉鉴定报告》,南京博物院,《考古学报》1983年第2期

《江苏邗江胡扬五号汉墓》,扬州博物馆、邗江县文化馆,《文物》1981年第11期

《江苏建湖庆丰剖面全新世地层及环境变迁与海面变化的初步研究》,赵希涛等,《科学通报》1990年第4期

《江苏江浦蒋城子遗址》,南京市博物馆、南京大学历史系,《东南文化》1990年第1、2期

《江苏姜堰天目山西周城址发掘报告》,南京博物院、泰州市博物馆、姜堰市文物管理委员会,《考古学报》2009年第1期

《江苏考古五十年》,邹厚本主编,南京出版社2000年版

《江苏历史政区地理研究——从战国到清初》,姚乐,南京大学博士学位论文,2012年

《江苏省志·盐业志》,江苏地方志编纂委员会编,江苏科学技术出版社1997年版

《江苏双季稻历史初探》,陈志一,《中国农史》1983年第1期

《江苏通史》(秦汉卷),虞友谦、汤其领主编,凤凰出版社2012年版

《江苏兴化戴家舍南荡遗址》,南京博物院考古研究所、扬州博物馆、兴化博物馆,《文物》1995年第4期

《江苏兴化戴家舍南荡遗址》,南京博物院考古研究所等,《文物》1995 年第 4 期

《江苏盐城市龙冈商代墓葬》,韩明芳,《考古》2001 年第 9 期

《江苏仪六地区湖熟文化遗址调查》,南京博物院,《考古》1962 年第 3 期

《江阴花山夏商文化遗址》,江苏花山遗址联合考古队,《东南文化》2001 年第 9 期

《姜堰发现西汉时期五铢钱》,http://news.cang.com/infos/201012/136539.html

《姜堰市官庄南华汉墓发掘报告》,姜堰市文物管理委员会办公室,《东南文化》2002 年第 5 期

《姜堰又发现两块麋鹿角化石》,路叶,《扬子晚报》2008 年 5 月 30 日

《金明馆丛稿二编》,陈寅恪著,上海古籍出版社 1980—1982 年版

《晋书》,[唐]房玄龄等撰,中华书局 1974 年版

《晋永嘉丧乱之后民族迁徙》,谭其骧,《燕京学报》1934 年第 16 期

《九家集注杜诗》,[宋]郭知达集注,台湾大同书局民国 63 年

《旧唐书》,[后晋]刘昫等撰,中华书局 1975 年版

《旧五代史》,[宋]薛正居等撰,中华书局 1976 年版

K

《客家研究导论》,罗香林,《社会科学研究》2007 年第 6 期

L

《李义山诗集注/李义山文集笺注》,[唐]李商隐撰,[清]朱鹤龄注/[唐]李商隐撰,[清]徐树谷笺,[清]徐炯注,上海古籍出

版社 1994 年版

《历史气候与两汉农业的发展》,马新,《文史哲》2002 年第 5 期

《梁书》,[唐]姚思廉撰,中华书局 1973 年版

《两汉经济史料论丛》,陈直著,陕西人民出版社 1980 年版

《龙虬庄——江淮东部新石器时代遗址发掘报告》,龙虬庄遗址考古队,科学出版社 1999 年版

《论大汶口文化和崧泽、良渚文化的关系》,栾丰实,《中国考古学会第九次年会论文集》,文物出版社,1993 年

《论湖熟文化分期》,刘建国、张敏,《东南文化》1989 年第 1 期

《罗隐集》,[唐]罗隐著,雍文华校辑,中华书局 1983 年版

《骆宾王集》,[唐]骆宾王著,中国书店 1988 年影印本

《吕氏春秋集释》,许维遹集释,梁运华整理,中华书局 2009 年版

《略论青莲岗文化》,吴山菁,《文物》1973 年第 6 期

《略谈扬州的地域、初民和域池》,秦子卿,《扬州史志》1987 年第 1 期

M

《马克思恩格斯全集》,马克思、恩格斯著,人民出版社 1972 年版

《马氏南唐书》,[宋]马令撰,上海涵芬楼影印明刊本

N

《南荡遗存的发现及其意义》,张敏,《中国社会科学院古代文明研究中心通讯》第 4 期,2002 年

《南齐书》,[梁]萧子显撰,中华书局 1972 年版

《南史》,[唐]李延寿撰,中华书局 1975 年版

《难得一见的唐代赌具》,解立新,《中国文物报》2009 年 12

月 30 日
《奴隶制时代》,郭沫若著,人民出版社 1954 年版

Q

《气候变化地中国农业生产的影响初探》,张家城,《地理研究》1982 年第 2 期
《浅识南唐〈泰州重展筑子城记〉》,潘耀,《江苏省地方志》2010 年第 6 期
《浅谈古泰州捍海堰》,周解冰,《文博通讯》1984 年第 4、第 5 期
《浅析上江文化对泰州的影响》,张树俊,《合肥学院学报》2008 年第 6 期
《秦代学校浅说》,晋文,《山东师大学报》1985 年第 2 期
《秦汉官制史稿》,安作璋、熊铁基著,齐鲁书社 1984 年版
《秦汉民居的建筑形态》,王兆祥,《中国房地产》2007 年第 8 期
《秦汉社会史论考》,王子今著,商务印书馆 2006 年版
《秦汉社会文明》,林剑鸣等著,西北大学出版社 1998 年版
《秦汉生活掠影》,王凯旋著,沈阳出版社 2002 年版
《秦汉时期江南的农业开发与自然环境》,王福昌,《古今农业》1999 年第 4 期
《秦汉史》,林剑鸣著,上海人民出版社 1989 年版
《秦汉文化史》,韩养民著,陕西人民教育出版社 1986 年版
《秦汉政区与边界地理研究》,辛德勇著,中华书局 2009 年版
《青墩麋鹿角刻纹的文化含义》,徐冬昌,《青墩考古》,苏州大学出版社 2010 年版
《青墩陶器的文化特质》,张敏,《青墩考古》,苏州大学出版社 2010 年版
《青墩遗址的重大考古发现》,纪仲庆,《江苏地方志》2005

年第 1 期

《青莲岗文化的再研究》,邹厚本、谷建祥,《东南文化》1992 年第 1 期

《全唐诗》,中华书局 1960 年版

《全唐文》,[清]董浩等编,中华书局 1983 年版

《全祖望集汇校集注》,[清]全祖望撰,上海古籍出版社 2000 年版

R

《让麋鹿回归古海陵大地》,曹克清,泰州市政府网站:http://www.taizhou.gov.cn/art/2010/7/30/art_407_996.html

《人口迁移对苏北平原历时语言景观的塑造》,吴必虎、张建民,《青年地理学家》1988 年第 1 期

《容斋随笔》,[宋]洪迈撰,上海古籍出版社 1978 年版

《入唐求法巡礼行记》,[日]圆仁撰,顾承甫、何泉达点校,上海古籍出版社 1986 年版

S

《三国志》,[晋]陈寿撰,[南朝宋]裴松之注,中华书局 1959 年版

《桑弘羊评传》,晋文著,南京大学出版社 2005 年版

《桑弘羊与西汉盐铁官营》,晋文,《江苏大学学报》2010 年第 4 期

《商君书注译》,高亨注译,中华书局 1974 年版

《上海松江区广富林遗址 1999—2000 年发掘简报》,上海博物馆考古研究部,《考古》2002 年第 10 期

《十国春秋》,[清]吴任臣撰,中华书局 1983 年版

《史记》,[汉]司马迁撰,中华书局 1959 年版

《试论点将台文化》,张敏,《东南文化》1989 年第 3 期

《试论宁镇地区的岳石文化因素》,田名利,《东南文化》1996

年第1期

《水经注》，[北魏]郦道元著，陈桥驿校证，中华书局2007年版

《说文解字》，[汉]许慎撰，上海古籍出版社2007年版

《四库全书简明目录》，上海古籍出版社1985年版

《宋高僧传》，[宋]赞宁撰，范祥雍点校，中华书局1987年版

《宋书》，[梁]沈约撰，中华书局1974年版

《苏北海岸线变迁的考古地理研究》，刘志岩、孙林、高蒙河，《南方文物》2006年第3期

《苏北平原区域发展的历史地理研究》，吴必虎，华东师范大学硕士学位论文，1987年

《苏皖江北地区的崧泽文化因素》，郝明华，《东南文化》2001年第5期

《涑水记闻》，[宋]司马光撰，邓广铭、张希清点校，中华书局1989年版

《隋书》，[唐]魏征等撰，中华书局1973年版

T

《太平寰宇记》，[宋]乐史撰，上海古籍出版社1987年版

《太平御览》，[宋]李昉等撰，中华书局1960年影印本

《泰州道教梗概》，李昌龄、段希鲁著，《泰州文史资料》第3辑

《泰州方言的语音特色》，张雪鸿，《海陵文史》第9辑

《泰州佛教》，范观澜著，江苏文艺出版社2007年版

《泰州旧事摭拾》，俞扬辑注，江苏古籍出版社1999年版

《泰州市收藏三级以上文物达976件》，《泰州晚报》2010年6月7日

《泰州重展筑子城记》，褚仁规，泰州市博物馆藏

《唐大和上东征传》，[日]真人元开著，汪向荣校注，中华书局1979年版

《唐代扬州史考》，李廷先著，江苏古籍出版社 2002 年版

《唐会要》，[宋]王溥撰，中华书局 1955 年版

《唐六典》，[唐]李林甫等撰，陈仲夫点校，中华书局 1992 年版

《唐诗纪事》，[宋]计有功著，上海古籍出版社 1997 年版

《唐以来泰州城池考》，王为刚，泰州市政府网站：http://www.taizhou.gov.cn/art/2010/4/2/art_604_4229.html

《〈台湾古越阁藏青铜兵器精粹展〉巡礼》，古剑，《文物》1995 年第 8 期

《天目山、单塘河古遗址调查简报》，周煜、黄炳煜，《东南文化》1986 年第 2 期

《通典》，[唐]杜佑撰，王文锦、王永兴、刘俊文、徐庭云、谢方点校，中华书局 1988 年版

W

《万历泰州志》，泰州市博物馆藏

《王油坊类型龙山文化去向初探》，谷建祥、申宪，《南京大学历史系考古专业成立三十周年纪念文集》，天津人民出版社 2002 年版

《王右丞集》，[唐]王维撰，[清]赵殿成笺注，上海古籍出版社 1984 年版

《文献通考》，[宋]马端临撰，中华书局 1986 年版

《吴楚七国之乱与西汉诸侯王国》，唐赞功，《北京师范大学学报》1989 年第 1 期

《吴越春秋》，[汉]赵晔撰，《丛书集成》初编本，商务印书馆 1937 年版

X

《西汉东海郡吏员设置考述》，卜宪群，《中国史研究》1998 年第 1 期

《项羽都江都考》，刘文淇，陈恒和辑《扬州丛刻》（影印本）上册，广陵书社 2010 年版

《权载之文集》，[唐]权德舆撰，四部丛刊初编本

《新唐书》，[宋]欧阳修等撰，中华书局 1975 年版

《徐和淮夷的迁留——周公东征史事考征四之五》，顾颉刚，《文史》1990 年总 23 期

《续高僧传》，[唐]释道宣撰，中华书局 1997 年版

《玄怪录·续玄怪录》，[唐]牛僧孺、[唐]李复言撰，姜云、宋平校注，上海古籍出版社 1985 年版

Y

《盐城市县概览》，盐城市地方志办公室编，1988 年版

《盐铁论》，[汉]桓宽著，上海古籍出版社 1990 年版

《盐业与盐城的历史变迁》，凌申，《盐业史研究》1997 年第 2 期

《扬州出土一批唐代彩绘俑》，李万才等，《南京博物院集刊》第 3 集

《扬州发现一批唐代金首饰》，徐良玉等，《文物》1986 年第 5 期

《扬州古城 1978 年调查发掘简报》，南京博物院，《文物》1979 年第 9 期

《扬州建置笔谈》，吴子辉著，江苏古籍出版社 2002 年版

《扬州史述》，朱福烓著，苏州大学出版社 2001 年版

《扬州特色文化》，曹永森编，苏州大学出版社 2006 年版

《扬州宗教》，江苏省政协文史资料委员会等编，江苏文史资料编辑部 1999 年版

《也谈秦代的工商业政策》，晋文，《江苏社会科学》1997 年第 6 期

《仪征神墩遗址发掘有重要发现》，南京大学考古专业，《中国文物报》1996 年 3 月 17 日

《仪征胥浦甘草山遗址的发掘》,江苏省驻仪征化纤公司文物工作队,《东南文化》第二辑,1986 年

《以经治国与汉代社会》,晋文著,广州出版社 2001 年版

《以中原为中心的历史趋势的形成》,赵辉,《文物》2000 年第 1 期

《尹湾汉墓简牍》,连云港市博物馆、东海县博物馆、中国社会科学院简帛研究中心、中国文物研究所著,中华书局 1997 年版

《雍正泰州志》,泰州图书馆藏

《酉阳雜俎》,[唐]段成式著,中华书局 1985 年版

《虞舜南巡狩与勾吴的发端》,张敏、韩明芳,《南京大学学报》1999 年第 3 期

《岳石文化的分期和类型》,栾丰实著,《海岱地区考古研究》,山东大学出版社,1997 年版

《越王勾践徙都琅邪事析义》,辛德勇,《文史》2010 年第 1 辑

Z

《战国策》,[汉]刘向集录,上海古籍出版社 1985 年版

《战国史》,杨宽著,上海人民出版社 1980 年版

《张祜诗集》,[唐]张祜撰,尹占华校注,巴蜀书社 2007 年版

《长江流域服饰文化》,刘玉堂等著,湖北教育出版社 2005 年版

《长江下游考古地理研究》,高蒙河著,复旦大学出版社 2005 年版

《长沙马王堆一号汉墓出土动植物标本的研究》,湖南农学院等,文物出版社 1978 年版

《镇江马迹山遗址的发掘》,镇江博物馆,《文物》1983 年第 11 期

《中国地方行政制度史》上编,严耕望著,上海古籍出版社

2007 年版

《中国地方志民俗资料汇编·华东卷》，丁世良、赵放著，书目文献出版社 1995 年版

《中国东部地区在文明化进程中的地位》，宋建，《东方考古》2004 年第 1 集，第 319—328 页

《中国风俗通史》(秦汉卷)，彭卫、杨振红著，上海文艺出版社 2002 年版

《中国封建社会经济史》第 2 卷，傅筑夫著，人民出版社 1982 年版

《中国佛教建筑》，梁思成著，中国佛教协会编《中国佛教》，中国社会科学出版社 2004 年版

《中国服饰史》，沈从文等著，陕西师范大学出版社 2004 年版

《中国服饰史稿》，朱和平著，中州古籍出版社 2001 年版

《中国古代地理考证论集》，童书业著，中华书局 1962 年版

《中国古代官僚政治制度研究》，吴宗国主编，北京大学出版社 2004 年版

《中国古代书院发展史记》，白新良著，天津大学出版社 1995 年版

《中国古舆服论丛》，孙机著，文物出版社 2001 年版

《中国近五千年来气候变迁的初步研究》，竺可桢，《考古学报》1972 年第 1 期

《中国经济史论丛》，傅筑夫著，三联书店 1980 年版

《中国历史地名辞典》，江西教育出版社 1986 年版

《中国历史地图集》，谭其骧主编，中国地图出版社 1982 年版

《中国秦汉经济史》，冷鹏飞著，人民出版社 1995 年版

《中国通史》，白寿彝总主编，上海人民出版社 1997 年版

《中国通史纲要》，白寿彝主编，上海人民出版社 1980 年版

《中国文物地图集》(江苏分册上)，国家文物局主编，中国地

图出版社 2008 年版
《中国盐业史》(古代编),郭正忠主编,人民出版社 1997 年版
《中国饮食文化史》,王学泰著,广西师范大学出版社 2006 年版
《州建南唐泰州城》,王为刚,《新周刊》2011 年 11 月 11 日
《杼山集》,[唐]皎然撰,[明]毛晋编,明末虞山毛氏汲古阁刊本
《资治通鉴》,[宋]司马光撰,[元]胡三省音注,中华书局 1956 年版

泰州历史文化丛书

主 编 李晏墅 郭宁生

名誉主编 卢佩民 潘百齐

[中卷]

泰州通史

凤凰出版社

北宋影青莲瓣纹香薰

宋代“嵇康学琴”人物纹铜镜

元代白地黑花牡丹纹罐

明代泰州青花莲池飞鹤纹六方罐

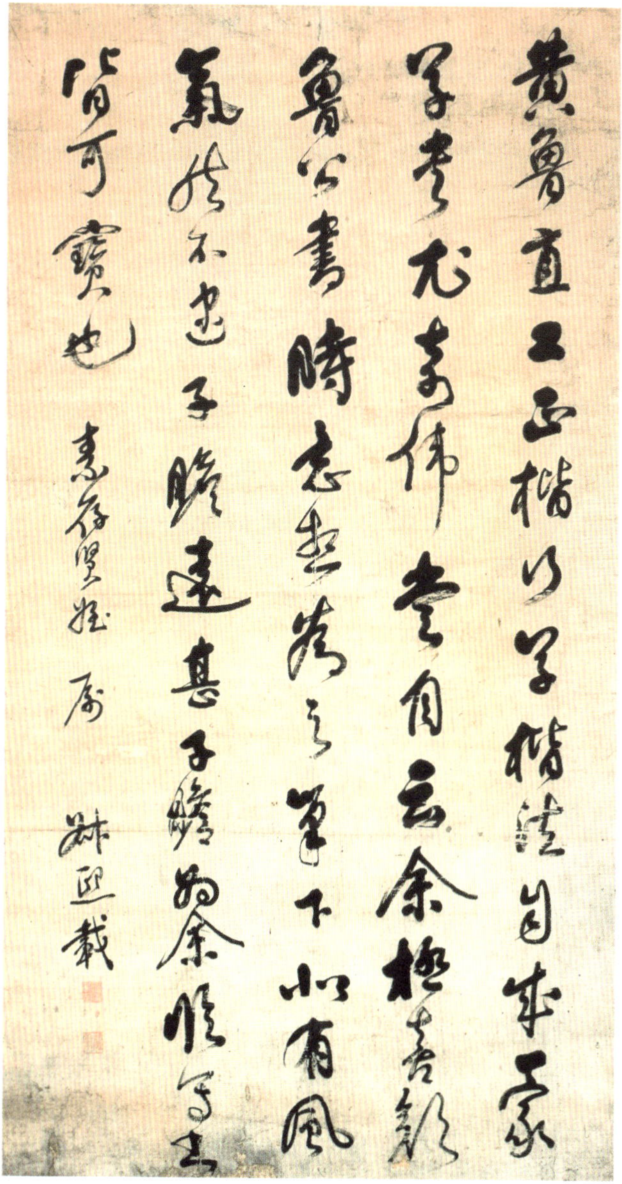

刘熙载《行书轴》

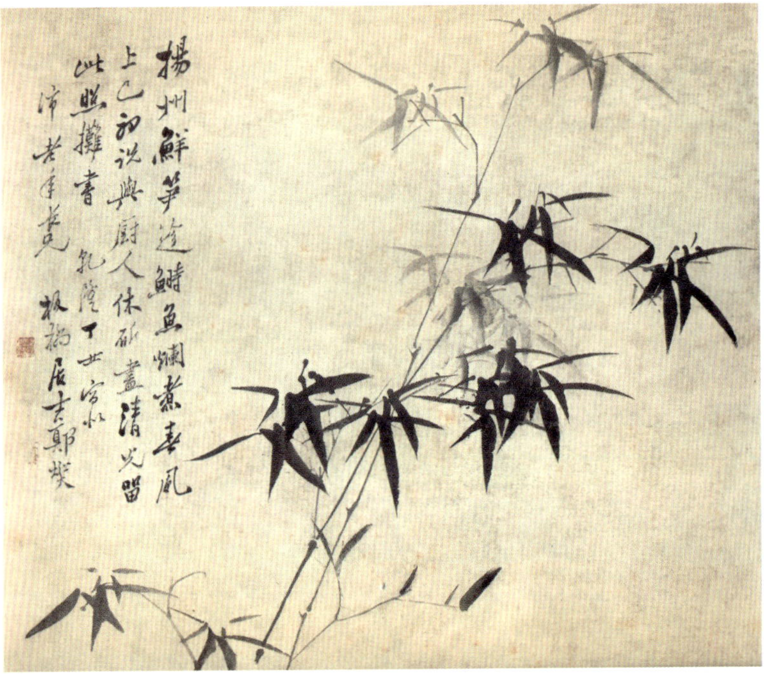

郑燮《墨竹图轴》

第五章　宋朝时期的泰州

宋代上承五代十国，下启元代，共历三百余年(960—1279)。北宋结束了五代十国的分裂局面，实现了局部统一。虽然仍有局部战乱和分裂，也存在着积贫积弱等弊病，但宋代经济和文化的发展大大超越了前代。这一时期，统治者为改变唐末以来地方割据势力尾大不掉的弊端，着手分割地方军事、行政、财政等权力，进一步加强了中央集权。经济上，工商业发展繁荣，都市兴起，市民文化发展。文化上，由于“右文”政策的推行和雕版印刷术的发展，儒学复兴，并与佛、道思想结合，诞生了新的儒学思想——理学，而书院的兴盛和书籍的大量刊行更是推动了宋代文化的繁盛。

宋代，地方实行路、州、县三级行政建制。泰州一直作为州一级的行政建制而存在，辖制地区略有变化，但主要是辖海陵、兴化、泰兴、如皋四县，州治所在地在海陵县。南宋时期宋金南北对峙，由于泰州处于南北边防之第，军事位置极其重要，因此暂设镇抚使一职。

泰州自西汉之初开始成为煮海获盐之地后，经千余年的发展，至宋代已成为国家财政版图中至为重要的一区，也成就了宋代泰州经济的繁荣和辉煌。北宋中期的泰州，盐产量每年已达六七十万石，仅次于山西解州盐产量。宋徽宗时，随着蔡京等变更钞法，东南各路亦开始实行钞盐之制，盐利开始全部归宋中央财政所有，泰州对国家财政的巨大贡献日益彰显。但不可否认的是，宋代泰州盐业经济的辉煌，是以对生产海盐的亭户和转卖海盐的商人的残酷盘剥为基础的。

经济的发展带动了文化的繁盛。泰州建州于南唐，但其文昌于北宋。名臣名宦聚集于此，以胡瑗、范仲淹为代表的名人为泰州文化的繁盛做出了重要贡献。泰州科举世家的涌现和学校教育的发达均见证了泰州文化的昌盛。在儒、道、佛三教合一的大趋势下，宋代泰州的佛教和道教也与儒家文化一样，发展到了极盛时期，佛、道、儒交相辉映，使宋代泰州在历史上大放光彩。

政治、经济、文化各方面的繁荣也使得泰州人的生活表现出世俗化和市民化的倾向，社会生活精彩纷呈，衣食住行等方面各具其时代特色，娱乐活动丰富多彩，民风民俗更是别具一格。

第一节 行政建制

后周显德七年(960)正月,赵匡胤通过陈桥兵变取代后周政权,建国号宋,建元建隆,仍都开封,史称北宋。宋朝立国,一方面继承唐末、五代以来的地方行政、监察、统兵体制,另一方面为改变唐末以来地方割据势力过大的弊端,着手分割地方军事、行政、财政权力,加强中央集权,由此形成了宋代地方管理体制的基本框架。

一、概述

宋代地方实行路、州、县的虚三级制,作为高层地方行政区的路总领全国三百余府、州、军、监。所谓虚三级制,是指朝廷分割路一级的军事、行政、财政权力,以加强中央集权,在路一级设置转运司、提点刑狱司、提举常平司、安抚使司四大常设机构。以"婚田、税赋属之转运,狱讼、经总属之提刑,常平、茶盐属之提举,兵将盗贼属之安抚"[①]。在四大机构中,转运司是地方行政体制的主体,"一路之事,无所不总",俨然成为地方高层政区的首当其冲。

在路之下,宋代设府、州、军、监直属朝廷,由朝廷委派中央官员管理地方州事,统领该区的军民之政。府、州、军、监,实以州为主,统治县级行政区域。州的等级划分有两套标准:一套是沿袭唐朝前半期之制,将州分为辅、雄、望、紧、上、中、中下、下数等;另一套是根据唐代政局演变的结果,将州分为六等,"凡州之别有六,曰都督、曰节度、曰观察、曰防御、曰团练、曰军事"[②]。

① [宋]谢深甫《庆元条法事类》卷四,黑龙江人民出版社2002年版,第32页。

② [清]徐松《宋会要辑稿》职官四七之一,中华书局1957年影印版,第3418页。

在有特殊地位的州，如京城、皇帝潜邸、行幸之地设府；在军事要塞、矿冶、铸钱、煮盐之所设置州级行政区军、监。宋代实行“地要不成州，而当津会者则为军”的原则，军隶属于路，其“同下州”的地位终宋一代。“同下州”的军，其行政长官是知军事，简称知军。由于同下州的军一般为边要之地，或户口繁多，因而往往也和州一样设置通判。宋代的监分为同下州之监、隶州之监与隶县之监三等。同下州之监的特点是有户口、属县；隶州之监地位与县相似，无属邑；隶县之监则一般是些规模较小的工矿场所，不是一级行政机构和行政区。监的规模一般都较小，最多的也仅有一两个属县，通判也大多不设。在州、府、军、监四者之中，州是统县政区的主体。

宋代地方行政机构中，低级政区的主体是县。县的等第，基本上沿用唐制，又稍加改动：第一，在赤、畿、望、紧、上、中、下七等的基础上，增中下一等，共为八等；第二，较后周时划分的标准有所提高，每等递增千户，除赤、畿外，以“四千户为望，三千户以上为紧，二千户以上为上，千户以上为中，不满千户为中下，五百户以下为下”①。此划分标准一直沿用到北宋灭亡，虽中间有政和五年的新制，但并未付诸实行。宋代县的地望升降相对平稳，变动不大，与宋代特殊的人事、刑事、征税、地方行政管理方法有关，此不赘言。

为加强中央对地方的控制，防止藩镇割据的重新上演，宋廷极力限制、削弱州县长官势力，集中表现为在州一级设置相互牵制的“知州”和“通判”，且州县长官由文臣担任，严防武人专权跋扈。

（一）知州

宋太祖为了削弱地方节度使的权利，规定诸州刺史必须直接向朝廷奏报和接受诏令，节度使不得干预除所驻州之外的政

---

① ［元］马端临《文献通考》卷六三《职官考一七》，中华书局 1986 年版，第 573 页。

务。后来，逐步派遣在京朝官接替刺史管理州务。州的行政长官称“权知军州事”，以后又称“知州军事”，简称为“知州”。“权知”意为暂时管理，军指该地厢军，州指民政。知州可直接向朝廷奏事，且多用文臣担任，三年一替，经常调换，防止长期任职形成割据势力。

（二）通判

通判是兼行政与监察于一体的中央官吏。北宋平定湖南后，陆续在各州设立“通判某州军事”一职，分割知州的权利。以后推广至全国，成为宋代一项特殊的地方官制。通判“既非副贰，又非属官，故多与长史忿争”[①]，与知州共领州事，凡一州兵民、钱谷、户口、赋役、狱讼听断之事，必须经通判连署方能生效。知州“事无大小，宜与通判或判官、录事同裁处之”[②]，大大限制了知州的权利。到了南宋，通判可以直接向皇帝奏报州郡官、县官在内的一切官员的情况，以此监督和牵制知州，故又称“监州”。为了防止通判滥用职权，朝廷规定“诸道州通判无得怙权徇私，须与长史连署，文移方许行下”[③]，使知州和通判相互牵制。通判的差选，起初多以在京官员出任，后改由转运使、制置使及提举司等奏辟，其级别多数为从八品，与知州相差甚远，亦有大小相制之意。

州下为县，宋代的县根据户数多少分为赤县（京城内）、畿县（京城外）、望县（四千户以上）、紧县（三千户以上）、上县（二千户以上）、中县（千户以上）、中下县（不足千户）、下县（五百户以下）八级。县一般设县令、县丞、主簿、县尉进行管理。关于县令、主簿、县尉的设置，开宝三年（970）朝廷明令规定：一千户以上的县，令、主簿、尉必须齐全，一千户以下的县，有令

---

① ［宋］李焘《续资治通鉴长编》卷七“乾德四年十一月癸巳条”，中华书局 1979 年版，第 181 页。

② 《续资治通鉴长编》卷七“乾德四年十一月戊戌条”，第 182 页。

③ 《续资治通鉴长编》卷七“乾德四年十一月癸巳条”，第 181 页。

兼主簿和尉，四百户以下的县，有主簿兼令和尉，二百户以下的县，只有主簿。

（三）县令

县的行政长官，设“判县事”为一县之长，后改为“知县”或“县令”，也由中央直接派遣。知县或县令的职责广泛，凡一县户口、赋税、差役、水利、农桑、兵政、学校、狱讼等，都是其职责所在。知县在协调中央与地方关系、稳定地方统治秩序方面，发挥了重要作用。同时，知县受到知州、通判、监司的严密监督，职责繁重、位卑权轻，不易形成地方割据。

（四）县丞

北宋建国初，太祖为“省官”不设县丞。天圣四年（1026）七月，朝廷在县府官署始置县丞，为知县之下的副长官，协助县令处理县事。熙宁四年（1071）为推行常平、免疫等新法，开始大量设置县丞，“州军繁剧，县分主户二万户以上，增置县丞一员，以幕职官或县令人充”[①]。北宋县丞的设置与废省是围绕是否行熙丰之法而展开的。南宋时，县丞的设置成为定制。

（五）主簿

县丞之下设主簿，辅助县令整顿县政。“县之属有主簿，秩从九品，县一人，掌县之簿书，凡户租之版，出内之会、符檄之委、狱讼之成，皆总而治之，勾检其事之稽违，与其财用之亡失，以赞令治，盖主簿之为职如此。”[②]主簿是县丞控制户口、催征赋税的重要帮手，同时还受监司、郡守差遣，外出办理一些事情，如行视水力工程、检视灾伤等[③]。

---

① 《宋会要辑稿》职官四八之五三，第3481页。

② ［宋］朱熹《晦庵先生朱文公文集》卷七七《建宁府建阳县主簿厅记》，卷一八《按唐仲友第二状》，《四部丛刊初编》本。

③ 关于主簿的具体职能，详见李立《宋代县主簿初探》，载《城市研究》，1995年第4期。

(六) 县尉

主簿之下置县尉，负责镇压盗贼和诉讼等事项，维护地方社会治安。宋太祖建国之初，为解决州县政令不通、治安混乱的局面，令“每县复置县尉一员，在主簿之下，俸禄与主簿同，凡盗贼、斗讼先委镇将者，诏县令及尉复领其事”①，分化镇将的部分职权，划归县尉。县尉平时缉捕盗贼、侦查案件，维持治安，战时抵御外敌入侵，保卫边界安全。

(七) 乡书手

县下有乡，设乡书手一人。乡下有坊(城厢)、里(乡村)，设坊正或里正一人。里下是户，设户长一人。王安石变法时，乡村农户以十户为一保，置保长一人，五保为一大保，置大保长一人，十大保为一都保，置正、副都保各一人。

了解宋代路、州、县三级地方行政体制的基本框架，有利于更清晰地把握宋代泰州行政建制的沿革。

二、政区沿革

宋代泰州的政区沿革大致可分为两个历史时期。

(一) 北宋时期

这一时期的主要变化是由后周的团练州降为军事州。

周世宗征讨淮南时，克泰州，设泰州为团练州。北宋建国初期，沿袭后周旧制，江淮间仍为扬、通、泰、雄、楚五个州，泰州仍辖海陵、泰兴、盐城、兴化、如皋五个县，海陵县为泰州州治所在地。建隆元年，宋受周禅，泰州归宋，泰州在行政区划上在北宋时期隶属下辖经过几次调整，主要有：

——太祖乾德五年(967)，泰州由团练州降为军事州②，属

---

① 《续资治通鉴长编》卷三“建隆三年十二月癸巳”条，第76页。

② 《大明一统志》、《嘉靖维扬志》、《大清一统志》、《嘉庆重修扬州府志》等称泰州为“泰州军”，误。乾德五年泰州由团练州降为军事州，并非降为军。

淮南道，辖五县。《宋史·地理四》泰州条谓："本团练，乾德五年，降为军事。"

——太祖开宝九年(976)，泰州所领盐城县还隶楚州[①]，泰州辖海陵、泰兴、兴化、如皋四个县。

——太宗太平兴国二年(977)，又以盐城监隶属楚州[②]。泰州辖仍海陵、泰兴、兴化、如皋四个县。

——太宗至道三年(997)，将全国分为十五路[③]，泰州属淮南路，辖海陵、泰兴、兴化、如皋四个县。

——神宗熙宁五年(1072)，淮南路分为东西两路，泰州属淮南东路。仍辖海陵、兴化、泰兴、如皋四个县。

——徽宗宣和四年(1122)，泰兴县划隶扬州，至此，泰州辖海陵、兴化、如皋三个县。

北宋泰州大部分时间辖海陵、兴化、泰兴、如皋四县。据《太平寰宇记》卷一三〇记载太平兴国年间时，泰州"东西一百七十里，南北二百五十里。东至通州三百里，西至扬州广陵界二十里，南至大江七十五里，北至楚州界四百里。东南至如皋赤岸乡界一百三十里，西北至高邮县城村界一百里，东北至盐城县丁溪界二百里"。《元丰九域志》卷五更加详实地记录了元丰年间泰

---

① 关于盐城属楚州之时间，《舆地纪胜》卷三九载："开宝九年，自泰州来隶。"《元丰九域志》同《舆地纪胜》，而《太平寰宇记》卷一二四"楚州盐城"条则记为太平兴国三年(978)。李昌宪《中国行政区划通史·宋西夏卷》(复旦大学出版社 2007 年版)采用前者，即开宝九年，本书亦采用这一观点。

② [元]脱脱等撰《宋史》卷八八《地理志四》，中华书局 1977 年版，第 2179 页。

③ 据李昌宪先生分析，淮南路的分合，北宋时有三次。"据《元丰九域志》言，太平兴国元年(976)，淮南路分为东、西两路，后并一路。其东、西路所辖不明，且未言并在何年，是否就是至道三年，不清楚。是年，淮南路为十五路之一。"见氏著《中国行政区划通史·宋西夏卷》，复旦大学出版社 2007 年版，第 67 页。

州的地理位置和边界范围：

> 东京一千六百五十里。东至海一百七里。西至本州界一十五里，自界首至扬州一百里，南至本州界五十七里，自界首至润州八十里。北至本州界一百六十七里，自界首至楚州三百二十里。东南至本州界一百九十五里，自界首至通州六十里。西南至本州界一十八里，自界首至扬州九十八里。东北至本州界二百四十四里，自界首至楚州三百二十里。西北至本州界二百三里，自界首至楚州一百九十里。

据《宋史》记载："泰州，上，海陵郡。"在州的八个等第中位列第五等上，且终宋一朝未变。北宋期间，随着社会经济的恢复和发展，泰州地区的户口数不断增加，前期、中期和后期变化很大。端拱年间(988—989)，泰州所辖海陵、兴化、泰兴、如皋四县共有主客户数三万二千四百七十一。元丰年间"主三万七千三百三十九，客七千一百二"[①]。到了北宋后期的崇宁元年(1102)，户数已增至五万六千九百七十二，人口数达到一十一万七千二百七十四[②]。

综上，北宋期间，泰州地区的行政区划变化不大，宋初沿袭后周旧制以泰州为团练州，太祖乾德五年，泰州由团练州改为军事州。其辖区由宋初辖海陵、泰兴、兴化、盐城、如皋五个县，到太平兴国二年盐城属楚州后，辖海陵、泰兴、兴化、如皋四个县，宣和四年，由于泰兴县划属扬州，泰州仅辖海陵、兴化、如皋三个县，直到南宋初。

(二) 南宋时期

由于南北对峙，南宋泰州始设镇抚使。

靖康二年(1127)宋徽宗、钦宗被金人北虏而去，北宋灭亡。

---

① [宋]王存《元丰九域志》卷五，中华书局1984年版，第102页。

② 《宋史》卷八八《地理四》，第2180页。

当年五月，宋徽宗第九子康王赵构在南京应天府（今河南商丘）即位称帝，重建宋王朝，史称南宋，改元建炎。为了躲避金人的追击，十月，宋高宗带着他的宠臣们，从应天府沿运河逃至扬州，企图偏安江左一隅。经过韩世忠、岳飞等诸将十几年的鏖战，抗金斗争取得不少胜利，使南宋统治稳定下来。绍兴八年（1138）宋高宗定临安府（今浙江杭州）为行在。绍兴和议后，南宋与金东以淮河中流为界，西以大散关（今陕西宝鸡西南）为界，以南属宋，以北属金，南北对峙。

南宋一朝，泰州仍为军事州，隶属淮南东路，仍沿用路、州、县三级体制，基本未变。宋金南北对峙，泰州处于南北边防，军事位置极其重要，所以前期随着与金关系的变化在行政建制上也做了相应的调整。

——高宗建炎三年（1129），泰州一度被金人占领，不久后又归附南宋①。此时泰州辖海陵、兴化、如皋三个县。

——建炎四年，朝廷置通、泰镇抚使。同时以兴化县改属承州，泰州辖海陵、如皋两个县。

——绍兴元年（1131），泰兴县还隶泰州，泰州辖海陵、如皋、泰兴三个县。

——绍兴五年，兴化县废为镇并附入海陵县，泰兴县划入广陵郡，隶属扬州，泰州辖海陵、如皋两个县。

——绍兴十年，泰兴县改属泰州，泰州治所一度移至泰兴沙上。泰州辖海陵、如皋、泰兴三个县。

——绍兴十二年，泰兴县再次改属扬州，同时以柴墟镇延冷村隶属海陵。泰州辖海陵、如皋两个县。

——绍兴十九年，重新设立兴化县，仍属泰州。泰州辖海陵、如皋、兴化三个县。

---

① 《宋史》卷八八《地理四》，第2180页。按："泰州"条言："建炎三年，入于金，寻复。"

——绍兴二十九年，泰兴县还隶于泰州[①]，泰州辖海陵、如皋、兴化、泰兴四个县。

——孝宗乾道二年(1166)，兴化县改属高邮军[②]，不久又隶属于泰州。

——淳熙四年(1177)，兴化县再次改属高邮军。自此，泰州辖海陵、如皋、泰兴三县，此后直到南宋灭亡的100多年间基本未见变动。

值得一提的是，在绍兴十二年(1142)之前，淮南路的提举常平司治所从未设在泰州，是年，泰州成为淮南东路提举常平司所在地，一直到南宋末年未变。端平元年(1234)，淮南东路的提点刑狱司治所也由之前的扬州移至泰州。可见，至南宋后期，泰州在淮南东路的政治、经济地位有所提高。

综上，南宋时期，泰州州制无变化。在南宋前期的行政建制中，泰州最多时辖海陵、兴化、泰兴、如皋四县，最少时仅辖海陵、如皋两个县。在诸次调整中，割还最多的是泰兴县和兴化县，均有五次，而且兴化县一度废县为镇，后又得以立县。泰州治所一度在绍兴年间由海陵县移至泰兴县，后又得以恢复，何时还治海陵不明，但至迟是绍兴十二年泰兴县复隶扬州时还治的。

现据《元丰九域志》将海陵、泰兴、兴化、如皋四县地理位置、边界范围、所辖乡镇等情况概述如下。

海陵，望县。除绍兴十年(1140)泰州治所一度移至泰兴沙上外，一直为泰州州治所。下辖七个乡。有海安、西溪二镇。

泰兴，中县。州东南七十三里。下辖四个乡，柴墟、永丰二镇。乾德二年(964)，因济川镇圮于江，县治所由济川镇迁至柴墟镇(今口岸镇西)。南宋绍兴初年，相度县境延冷村(今泰兴

① 《宋史》卷八八《地理四》，“扬州”条言：绍兴“十二年，又来隶，以柴墟镇延冷村隶海陵，二十九年，尽仍旧”。“旧”字说明绍兴二十九年，泰兴县又划入泰州，第2178页。《文献通考》亦云属泰州。

② 一作绍兴三十一年(1161)。

镇)因有龙开河环抱,利于防守,县治遂南迁至延冷村。初围筑土城,城外环以濠河,河上有四座桥,东为朝阳桥(今胜利桥),西为阜成桥(今民主桥),南为文明桥(今仍其名),北为通济桥(今北小桥)。绍兴三十一年(1161),为防御金人,知县尤袤增筑外城。县令为从八品,田六顷,俸二十千,禄粟四石。其佐有丞,户二万以上置不则簿,兼之主簿,从九品,田三顷,禄粟三石,掌出纳官物,销注簿书,有尉品田粟,同簿掌阅习弓兵,辑奸禁暴,有巡检征钦时寘。两宋时期,泰兴县县令可考者共七十五人,主簿二人。

兴化,紧县。州北一百二十里。下辖二乡,陵亭一镇。

如皋,中下县。州东南一百五十里。二乡,白蒲一镇。

宋代海陵、兴化、泰兴三县乡镇设置有较全面记载,列表如下①:

	《太平寰宇记》(987)		《元丰九域志》(1085)	
	旧(乡)	今(乡)		镇
海陵县	18	8	7	海安、西溪
兴化县		13	2	陵亭(今老阁)
泰兴县		5	4	柴墟、永丰(今口岸、黄桥)

(注:表中公元年,系资料取材截止时间)

三、岳飞与通泰镇抚使

有宋南渡,江北沦陷于金人之手,宋金对峙长达近百年,双方在东部以淮水为界,泰州属南宋的北部边防重地。高宗建炎三年(1129),泰州被金人占领,不久又归附南宋。南宋王朝为了抵御金兵,收复失地,朝廷命岳飞守备通泰地区。

---

① 本表截取于吴子辉《扬州建置笔谈》,江苏古籍出版社 2001 年版,第 229 页。

镇抚使,南宋始置。史载:“旧所无有,中兴,假权宜以收群盗。”①高宗建炎四年,参知政事范宗尹建议,以武装集团首领李成、桑仲、郭仲威、许庆为镇抚使。在镇抚使所据地区,除茶盐由朝廷置官提举外,其余均归镇抚使便宜行事。同年,抗金名将岳飞被任命为通泰镇抚使。《宋史·高宗三》记载:“庚申,以岳飞为通、泰镇抚使。”②《宋史·岳飞传》亦有记载:“诏飞还守通、泰,有旨可守即守,如不可,但于沙洲保护百姓,伺便掩击。飞以泰无险可恃,退保柴墟,战于南霸桥,金大败。渡百姓于沙上,飞以精骑二百殿,金兵不敢近。”③但此职不久即罢。“及赵鼎为相,召潜主管马军,遂罢弗置焉。”④可见,镇抚使只是南宋为对抗金人、巩固北部边界的一时之策,并非常置。

四、盐监范仲淹

泰州是宋代重要盐产区,在煮盐之所设监是宋朝沿袭前代的制度。宋代在泰州设隶州之监,以管理煮盐之务。《太平寰宇记》卷一三〇说:“海陵监,煮盐之务也。唐开元元年(713)置海陵为监于海陵县,置泰州以辖其监。皇朝开宝七年(974),移监于如皋县置,从盐场之近便也。”又《宋会要辑稿·方域》六之二〇言:“海陵监,伪唐于泰州海陵县置鬻盐监。开宝七年,移治于如皋,后废。”《道光泰州志》卷一载:“开宝七年,以海陵监移至如皋置西溪监仓。孝宗乾道七年,罢盐监置官盐场。”⑤作为隶州之监,海陵监和如皋监都无属县。

宋廷为了加强对泰州盐业的控制,设立盐官一职,主管盐政。天禧五年(1021),范仲淹被派往泰州任职,所出任的就是盐

① 《宋史》卷一六七《职官七》,第3966页。

② 《宋史》卷二六《高宗三》,第480页。

③ 《宋史》卷三六五《岳飞传》,第11379页。

④ 《宋史》卷一六七《职官七》,第3967页。

⑤ 《道光泰州志》卷一《建置》,江苏古籍出版社1991年版,第9页。

监一职，管理盐场，征收盐税。因为盐税是国家财政收入的三大支柱之一，所以盐官就非常重要。范仲淹到任不久即视察民情，常深入盐场。当海潮入侵，漫过唐大历元年(766)修筑的捍海堰时，造成了人畜伤亡，屋舍漂流，盐灶冲毁，灾情十分严重。范仲淹面对此情此景，忧心如焚，争取到时任江淮发运使张纶的支持，奏请宋仁宗任命范仲淹兼任兴化县令，主持重修捍海埝事务。仁宗天圣二年(1024)，范仲淹集中了泰州以及通、楚、海四州的四万民夫，开始修筑捍海埝。由于工程进展不顺，有人提出反对，宋仁宗派淮南转运使胡令仪前来察看。胡令仪赞同范仲淹的修堤主张，上书仁宗皇帝，建议继续施工。范因母丧离任后，胡令仪与张伦继续经过三年多的艰难施工，一条首起海陵尾接盐城的捍海大堤终于建成。该大堤底宽 3 丈、面 1 丈、高 1.5 丈，长 143 里零 136 丈。大堤修好后，百姓少受海潮侵扰，农业、盐业均获其利。范仲淹为泰州修筑捍海堤，在民间广为传颂。人民群众为了怀念为民请命、指挥筑堤的范仲淹，称捍海堤为“范公堤”。一千年过去了，虽然范公堤已失去了捍海功能，但是范公堤和范仲淹的“先天下之忧而忧，后天下之乐而乐”精神已永载史册。

图 5－1　范仲淹像，引自《三才图会》

五、李庭芝转战泰州

南宋后期，蒙古兴起，军事实力大大强于南宋，宋蒙(元)对峙期间的四十余年间，蒙古不断骚扰宋蒙边界，南宋军民奋起抵抗。李庭芝就是宋末反抗蒙元的突出一例。

李庭芝(1219—1276),字祥甫,祖籍汴州(今河南开封)。南宋开庆元年(1259),主管两淮军务,率军击败蒙古军进攻,又在扬州加强城防,继续抗元。咸淳九年(1273)七月,任两淮制置安抚使。德祐元年(1275)春,率军民坚守扬州,元大将阿窓久攻不克。次年初,宋廷降元,两次下诏促其投降,均遭拒绝。三月,忽必烈遣使招降,李庭芝斩其使臣,激励军民誓死抵抗。

德祐二年(1276)五月,赵昰即位于福州,是为宋端宗,遥授李庭芝为右丞相,召他共图抗元之事,李庭芝与姜才率兵七千赶往福州。行至泰州,被金兵包围。降将朱焕驱使李庭芝的妻儿到泰州城下逼降,当时姜才重病无法出战,偏将孙贵、胡惟孝开门出降。李庭芝知道事已不可为,遂投莲池自杀,但由于水浅被元军俘获,不屈而死。

附:北宋、南宋泰州知州统计表

《宋史·地理四》:"泰州,上,海陵郡。本团练,乾德五年,降为军事。建炎三年,入于金,寻复。四年,置通泰镇抚使。绍兴十年,移治泰兴沙上,时泰兴隶海陵,复旧治。元领四县,绍兴十二年,割泰兴隶扬州。建炎四年,又以兴化隶高邮军。县二:海陵,望。如皋,中下。开宝七年,以海陵监移治。"[①]《元丰九域志》卷五:"治海陵县。"[②]泰州自建隆元年至德祐二年(960—1276)有守臣在焉。据《道光泰州志》卷一三《秩官表》记载罗列,两宋泰州知州如下:

北宋

潘　美　建隆二年

赵　玭　乾德二年

郑　元　乾德四年

王文祐　开宝五年

李　雄　开宝七年

潘士元　开宝八年

冯　正　太平兴国二年
王延范　太平兴国五年(?)
陆昭度　太平兴国七年
安德裕　太平兴国八年
周敬述
赵希赞　雍熙三年
李　锐　雍熙三年
朱允文　端拱九年
董　俨　淳化元年
罗日新　淳化三年
李　勤　淳化三年
李　延　至道元年
田　锡　咸平元年
崔惟翰　咸平间
赵光嗣　咸平间
曾致尧　咸平六年
徐继宗　咸平六年
张守恩　柳宏　咸平间(据《宋史》卷二五〇《张令铎》补)
蔡　陟　景德四年
陈　英　六年(景德只有四年,疑误)
宋为善　大中祥符二年
徐善钧　大中祥符间
谢　涛　大中祥符二年
钱　绛　大中祥符五年
钱　昆　大中祥符七年
陈延赏　天禧元年
马　庄　天禧三年
张　仿　天禧四年
边　肃　天禧五年
钱　滉　天圣元年

祁　革　天圣三年
张　纶　天圣中
王　皋　天圣七年
朱　頔　天圣九年
胡　淳　明道二年
韩　琦　景祐元年
孔道辅
倪道宁　景祐元年
齐　廓　景祐三年
楚　经　宝元元年
孙　昌　康定元年
王　质　康定间
赵良规　庆历二年
刘　式　庆历四年
谭嘉言　庆历六年
刘　圮　庆历八年
王　冲　皇祐间
张可道　皇祐五年
王纯臣　至和二年
王拱辰　至和中(许元,嘉祐二年,未视事即卒)
皇甫佖　嘉祐二年
陈徽卿　嘉祐五年
朱　越　嘉祐七年
孔宗闵　治平元年
林　杞　治平三年
蔡　说　熙宁元年
曹元举　熙宁二年
胡从言　熙宁四年
李良辅　熙宁五年
范子明　熙宁间

苏　棁　熙宁七年
张次山　熙宁中
李之纪　元丰二年
张日用　(据《古今图书集成》卷二四三)
楚　潜　元丰间
王子京　元丰八年
王　谔　元祐元年
陈　瀚　元祐三年
熊　皋　元祐五年
周　邠　元祐七年
陈　瓘　元祐中
张开卿　绍圣元年
陆　佃　绍圣二年
曾　肇　绍圣四年
蔡　渊　元符二年
钟正甫　元符三年
彭汝霖　崇宁元年
张　巨　崇宁二年
章　甫　崇宁三年
王　璘　崇宁四年
曾孝广　崇宁四年
虞　谟　崇宁五年
石　憾　大观元年
何康直　大观元年
李　询　政和元年
王能甫　政和元年
胡师文　政和二年
刘南夫　政和三年
沈　锡　政和四年
张　宏　政和六年

洪　中　政和七年
张叔夜　政和八年
蔡居厚　政和八年
叶　邵　宣和元年
蔡　佃　宣和二年
韦寿隆　宣和二年
方孟卿　宣和三年
赵子游　宣和三年
管因可　宣和四年
何处厚　宣和五年
张卿材　宣和间
何　㮚
黄唐俊　靖康元年

南宋

钱端己　建炎元年
曾　班　建炎二年
王浚明　建炎三年
岳　飞　建炎四年
马　尚　绍兴元年
张　荣　绍兴元年
赵康直　绍兴三年
邵彪文　绍兴五年
李仲儒　绍兴八年
刘景真　绍兴九年
王　焕　绍兴十年
纪　交　绍兴十一年
邱　励　绍兴十一年
钱唐休　绍兴十四年
许　任　绍兴十五年

蒋延寿　绍兴十九年
张　楠　绍兴十九年
黄积厚　绍兴二十年
赵善继　绍兴二十一年
王扬英　绍兴二十二年
孙　蒖　绍兴二十五年
周　石　绍兴二十七年
刘　岑　绍兴二十九年
郑　絪　绍兴二十九年
孙　镇　绍兴三十年
范　瑜　绍兴间
刘祖礼　绍兴三十一年
王　佐　乾道元年
辅　逵　乾道二年
朱彦宗　乾道三年
张子颜　乾道三年
吴　儆　乾道四年(据《江西通志》卷一三二)
徐子寅　乾道间(据考为乾道六年)
李　东　乾道七年
赵善佐　乾道八年
张子正　淳熙元年
魏钦绪　淳熙三年
李　异　淳熙五年
秦　埙　淳熙六年
蔡　玭　淳熙七年
陈文中　淳熙八年
朱宋卿　淳熙十三年
陈文弼　淳熙十四年
史　卓　绍熙二年
万　钟　绍熙三年

莫　漳　绍熙五年
沈　坦　庆元二年
张　涣　庆元四年
韩杲卿　庆元六年
陈茂英　嘉泰元年
张孙厚　嘉泰四年
富嘉漠　开禧二年
赵　逢　开禧二年
洪　汲　开禧三年
何　剡　嘉定元年
翁　潾　嘉定六年
李　淇　嘉定六年
陈伯震　嘉定七年
李　骏　嘉定十年
徐正卿　嘉定十一年
史弥宁　嘉定间
宋　济　嘉定十六年
陈　垓　宝庆二年
赵善瀚　绍定四年
赵汝擢　端平元年
许　堪　端平二年
史全之　嘉熙元年
楼　扶　淳祐元年
赵玙夫　淳祐二年
何舜臣　淳祐三年
张　定　淳祐间
王博文　淳祐间
熊伯明　淳祐间
龚　准　咸淳间
孙虎臣　咸淳间

第二节 经济状况

泰州自西汉之初开始成为煮海获盐之地后，经千余年的发展，至宋代已成为国家财政版图中至为重要的一区，也成就了宋代泰州经济的繁荣和辉煌。尤其到宋徽宗时，随着蔡京等变更钞法，东南各路亦开始实行钞盐之制，盐利开始全部归宋中央财政所有，泰州对国家财政的巨大贡献日益彰显。同时，宋时的泰州，农业、手工业和商业也达到了新的高度。

一、盐税经济

泰州自西汉之初开始成为煮海获盐之地后，经千余年的发展，到唐代已成为全国盐税的重要来源之地。及至两宋，泰州因其无与伦比的盐产量和巨额盐利，既成为国家财政的重要支柱，也成就了宋代泰州经济的繁荣和辉煌。

南宋王象之在《舆地纪胜》中称，“以海陵有屯田煮海之饶因建为泰州”①，充分反映了宋人对当时泰州为富饶之地的印象。北宋中期的泰州，盐产量每年已达六七十万石，仅次于山西解州之产量。宋徽宗时，随着蔡京变更钞法，东南各路亦开始实行钞盐之制，盐利始悉归宋中央财政所有，泰州对国家财政的巨大贡献日益彰显。

靖康之变后，宋室南渡，北方解池、京东、河北之盐产地皆被兵灾，又为金国占领，不复为宋廷所有。于是，东南各路盐税之重要就更甚于北宋时。南宋政府财政收入中，盐利收入每占其半。其中，淮南东路贡献尤多，每年所产之盐，约占全国盐产四成。而泰州之盐产，又占淮南东路全路泰半，每年达一百六十万

---

① [宋]王象之《舆地纪胜》卷四〇，台湾文海出版社 1971 年版，第 300 页。

石以上，冠于全国产盐诸州。故而泰州以一州之地，几乎贡献了南宋政府四分之一的盐产，而其所带来的巨额盐利收入，亦接近全国财政收入的五分之一。因此，泰州在南宋之地位，更胜于北宋。南宋祝穆在其《方舆胜览》中对泰州就不惜赞美之辞："眷惟海陵，实冠淮甸。眷此海陵，号称名郡。有煮海摘山之大利，当航川梯峤之要津。钞盐转饷，岁益于商缗；薪粲论输，日交于吏案。"①

然而，宋代泰州在经济上所成就的辉煌，是以宋廷对生产海盐的亭户和转卖海盐的商人的残酷盘剥为基础的。两宋政府为最大限度攫取盐利，对亭户实行了极为严格的人身控制，并通过严苛的税法进行超经济的剥削。加之地方盐政管理弊端百出，腐败盛行，更导致亭户生计艰难，甚至无法维持简单再生产，致使亭户不得不煎制私盐，甚而有逃亡、起义之事。而宋廷所推行的钞盐制，又使转卖海盐的商人受到极重之盘剥。加之宋廷钞法屡屡更迭，附加费用甚多，以期最大限度自贩盐商人身上攫取经济利益，于是又使贩盐商人耗费繁巨，在朝腰缠万贯，在野不名一文的情况并不鲜见。

两宋泰州巨大的盐产，并未如后世明清之际催生出富甲天下的扬州盐商集团，而是导致大批商人破产的因素。此外，除煮盐之亭户和贩盐之商人，受宋廷盘剥之苦的还有一般的平民。由于宋廷以钞盐制从商人身上攫取盐利，商人又将付出成本转嫁到一般食盐者身上，于是导致盐价上涨，以致沿海产盐之区人民也无力购盐。另外，由于钞盐制将地方盐利悉归中央，地方失去重要财源，不得不另开捐赋，反而加重了盘剥，增加了民众的负担。

可见，巨大的盐业生产带给宋代泰州两面性的效果。一方面是对国家财政的巨大贡献，以及因盐而带来的深厚的文化积淀和历史的辉煌地位；另一方面则是巨大的财富并未给盐的生

① [宋]祝穆《方舆胜览》卷四五，中华书局 2003 年版，第 817 页。

产者、销售者和消费者带来福祉，相反却是重重苦难。

现从宋代泰州的盐的生产场地、生产状况、盐政管理、亭户生活境况及钞盐制之影响等几个方面来叙述宋代泰州的盐税经济。

(一) 生产场地

宋代的盐业生产主要有四种类型："一者末盐，海盐也，河北、京、东、淮南、两浙、江南东西、荆湖南北、福建、广南东西十一路食之。其次颗盐，解州盐泽及晋、绛、潞、泽所出，京畿、南京、京西、陕西、河东、褒、剑等处食之。又次井盐，凿井取之，盖、梓、利、夔四路食之。又次崖盐，生于土崖之间，阶、成、凤等州食之。"①

所谓颗盐，乃产于盐池之盐，因其盐形如颗粒，故称颗盐。其产盐之法谓之"种盐"。《宋史》对于"种盐"之解释为："引池为盐，曰解州解县安邑两池，垦地为畦，引池水沃之，谓之'种盐'，水耗则盐成。"②而所谓末盐，则是指产于海中之盐，因其盐形如粉末，故称末盐。系由煎煮海水或含盐的卤土而得盐的生产方法，古人称为"熬波"或"煮海"。

制海盐即需要盐场，而这些盐场必然要靠海而设。从行政区划来看，淮南东路产盐州军共有五个，即楚州(今江苏淮安)、通州(今江苏南通)、泰州、海州(今江苏连云港)和涟水军(今江苏涟水)，皆为沿海州军。其煮盐场区就《宋史》所载，楚州有盐城监，通州有丰利监，泰州有海陵监、如皋仓小海场，海州有板浦、惠泽、洛要三场，涟水军有海口一场。至于楚、通、泰三州之盐监各有场数——"天圣中，通楚州场各七、泰州场八。"③而《太

---

① [宋]沈括《梦溪笔谈》卷一一《官政一》，收入《全宋笔记》第2编，大象出版社2006年版，第94页。

② 《宋史》卷一八一《食货下三》，第4413页。

③ 《宋史》卷一八二《食货下四》，第4438页。

平寰宇记》亦称："海陵监，……管场八：南四场，北四场。"[①]《舆地纪胜》在"海陵监"一条下沿用了这个说法，称："管盐场八。"[②]由此看来，北宋泰州海陵监所辖盐场当在八处。至于《宋史》所载的"小海场"，一般认为其旧址应在今盐城大丰市草堰镇境内。又据谭其骧《中国历史地图集》，北宋时泰州境内有小海寨，其位置在今东台市区北，就其地理位置而言，大体与今日之草堰镇相合[③]。而今之大丰境内，亦有小海镇之地名，但查此"小海"，在北宋之范公堤以东数十公里，宋时当在海中，形成镇则在明代，并非北宋海陵监之小海场。

从宋人的记载看，泰州海陵监的地理范围相当大。《太平寰宇记》中记载了北宋初年海陵监的地理位置："监境：东西一百九十里，南北三百一十里。四至：东至通州静海县界海岸，西至泰州兴化县界，南至泰兴县界并江岸，北至楚州盐城界。"[④]从书中记载的范围看，北宋海陵监覆盖的区域大体上包括了今天东台市、海安县、如皋市。海陵监所辖的几大盐场，就约略分布在北起盐城南兴(化)盐(城)界河口、南到今拼茶运河口之间的百余公里的海岸线上。南宋泰州行政区划有大幅缩小，但海岸线南北起讫点仍与北宋基本相同[⑤]。而泰州之所以能成为淮东盐业生产的中心，除了滨海地域广阔这一条件外，还与泰州极为便利的水运条件有关。泰州治所海陵，位于海滨盐场和淮东重镇扬州之间，按《元丰九域志》所载，泰州西距扬州不过一百四十五里，东距产盐重地如皋县一百五十里[⑥]。加之南距长江亦只有几十里，因此地理位置正处要津。从滨海盐场生产出的盐，首先

① 《太平寰宇记》卷一三〇，上海古籍出版社1987年版，第275页。

② 《舆地纪胜》卷四〇，第298页。

③ 谭其骧主编《中国历史地图集》第6册，中国地图出版社1982年版，第23页。

④ 《太平寰宇记》卷一三〇，第275页。

⑤ 《中国历史地图集》第6册，第23页、第62页。

⑥ 《元丰九域志》卷五，第213页。

从如皋县、海安镇等地经运盐漕河运到泰州城，再分经三条运河入江。第一条是自宜陵镇至扬州的湾头镇、扬子镇，再经瓜州（今扬州邗江）入江；第二条是由扬子镇西去真州（今江苏仪征）入江；第三条是自海陵河南至泰兴而入江。[①] 这样，滨海盐场生产的盐就得以顺利地经长江水路转运到长江中下游各地。而这些往往穿泰州城而过的运盐漕河，又让泰州具有了水城的特色。泰州当时的四座城门，有三座跨河而建，正所谓"河流贯城中，舟行若夷路"[②]。

至于两宋时泰州的盐场分布与名称，各种记载则互有出入。仅据《宋会要辑稿》所载，可归纳北宋泰州海陵监下辖盐场有八，其中七个场场名分别为：角斜场[③]、拼茶场[④]、虎墩场[⑤]、掘港场、丰利东西场、丁溪场、梁家垛场，另有一场已不可考[⑥]。但上述七场的名称语焉不详之处颇多：首先，丰利场本属通州丰利监，而丁溪场本属楚州盐城监，究竟何时改属泰州，《宋会要辑稿》并未提及。不过，《太平寰宇记》成书于宋太宗太平兴国年间（976—983），其时尚称盐城监有盐场九，而《宋史》谓"天圣中，通楚州场各七"，可推测至宋仁宗天圣年间（1023—1032），丁溪场

---

① 郭正忠《宋代盐业经济史》，人民出版社 1990 年版，第 302 页。

② ［宋］韩元吉《南涧甲乙稿》卷一六《泰州水门鼓角楼记》，中华书局 1985 年版，第 308 页。

③ 《宋会要辑稿》作"角科"。戴裔煊据嘉庆《两淮盐法志》考为"角斜"，而"角科"应为字形相近所误。详见戴裔煊《宋代钞盐制度研究》，第 14 页。

④ 《宋会要辑稿》作"拼桑"。戴裔煊据嘉庆《两淮盐法志》考为"拼茶"，而"拼桑"应为字形相近所误。详见戴裔煊《宋代钞盐制度研究》，第 14 页。

⑤ 《宋会要辑稿》作"虎塾"。戴裔煊据嘉庆《两淮盐法志》考为"虎墩"，而"虎塾"应为字形相近所误。详见戴裔煊《宋代钞盐制度研究》，第 14 页。

⑥ 《宋会要辑稿》食货二六之四〇，第 5253 页。

应已归属泰州海陵监。因此，丁溪场改属泰州当在太平兴国至天圣(976—1032)之间。其次，据清雍正年间小海场大使林正青所纂《小海场新志》记载，丁溪在南唐时期便已修筑捍海堰，煮海煎盐，当时名曰“丁渚”，亦名“虎墩”。此“虎墩”与泰州所辖之“虎墩场”究竟是否一地？另外，《宋史》所载之“如皋仓小海场”并不见于上述七场之名，是编纂者遗漏，还是小海场合并于其它盐场，不得而知。

至靖康之变、宋室南迁后，淮南各州皆被兵灾，各盐场大多荒废。建炎二年(1128)，黄河夺泗水入淮，由此导致海岸向东淤涨，泰州管辖境域随之东扩，使新增盐场成为可能，亦使泰州盐场的地理状况发生了变化。绍兴二十八年(1158)，淮南东路提盐吴巘具文曰：“契勘……泰州管辖盐场，创添到何家垛、小淘、古窑、刘庄、马塘五场。”[①]可知泰州在南宋初年，于北宋八处盐场基础之上又新添了五处盐场，总数为十三处盐场，但吴巘之文仅列十二场名，余一场名已不可考，或者此场已不复存在。宋廷根据吴巘的建议，出于管理的方便，对泰州的十二处盐场按照位置远近进行归并。归并之后，泰州盐场的管理体系划分为三个买纳场[②]、八个催煎场，即海安买纳场(下有角斜催煎场、拼茶催煎场、虎墩古窑催煎场)、如皋买纳场(下有掘港催煎场、丰利催煎场、马塘催煎场)、西溪买纳场(下有丁溪刘庄催煎场、梁家垛何家垛小淘催煎场)[③]。而这时海州与涟水军已归金国所有，通州仅余五场，楚州仅余二场，泰州当之无愧地成为淮南东路最大的产盐州，从而为泰州成为天下产盐最多、盐利最厚的地区奠定了基础。

① 《宋会要辑稿》食货二六之四〇，第 5253 页。

② “买纳场”、“催煎场”均为宋代淮东盐政的管理单位名称，下文另有详细介绍。

③ 《宋会要辑稿》食货二六之四一、四二，第 5254 页。

(二) 生产状况

在北宋之初，山西解州解池曾是全国盐产中居首要地位的盐产区。解盐产量在宋初约占全国盐产的20.6%，而在宋仁宗年间这一比例更升至34%，[①]一度在北宋的盐业生产中居于显要地位。但其产量比例始终没有超过沿海六路所产的末盐。[②]而在沿海六路中，尤以淮南与两浙的盐产为最。两路所产海盐，在宋初约占全国盐产的65%，仁宗时降至43.5%[③]，但仍超过解盐的比例。其中，泰州所处的淮南东路所占比重又尤为突出。宋初，淮南产盐数量约占全国盐产51.5%，已过半数，仁宗时有所下降，但仍占全国盐产32.2%，几近三分之一。[④]至南宋，随着解池陷于金国之手，淮南盐产更显重要。南宋前期，淮南盐产占全国盐产39.7%，几近四成。[⑤] 正如郭正忠先生所说："如果对当时全国盐产情况加以考察，便可以发现，即使包括北宋解盐在内——两宋时期的淮盐产量，也是首屈一指的。……主要淮盐产区，实为泰、通、楚三州；尤以泰州产量为最。"[⑥]可以这么说，泰州在两宋之际，特别是南宋时代，其盐业生产规模是冠绝天下的。那么，规模庞大的泰州盐业生产如何进行？宋代泰州盐的产量又有多少？

应当说，中国古代的海盐生产技术发展到宋代，无论是在取卤、试卤环节，还是在煎煮、收集等环节，都已经有了很大进步。宋代泰州的盐民们在前人千余年积累的经验的基础上，发展出了一套适合泰州水土环境的制盐方法。

和一般人所想象的不同，宋代泰州的盐民们的生产并不是

---

① 据《宋史》卷一八一、一八二《食货下三》、《食货下四》所载数字。

② 即京东、河北、两浙、淮南、福建、广南六路。

③④ 据《宋史》卷一八一、一八二《食货下三》《食货下四》所载数字统计。

⑤ 食货二三之一三引《中兴会要》，第5181页。

⑥ 《宋代盐业经济史》，第632页。

直接用海水作为制盐原料，而是用海边含盐分的盐碱性土壤——也就是所谓卤土来作为原料的，这样比直接煮晒海水生产效率要高。《太平寰宇记》记有“海陵监”，详细地记录了泰州盐民们生产海盐的全部技术流程。按其记载，北宋泰州盐民生产海盐的全过程分为四大步骤：

第一是获取卤土并将其集中，“凡取卤煮盐，以雨晴为度，亭地干爽，先用人牛牵挟（当是一种专用的犁）刺刀取土，经宿，铺草籍地，复牵爬车聚所刺土于草上成溜，大者高二尺，方一丈以上，锹作卤井于溜侧”。

第二是利用所取卤土制成盐卤，其制作方法是：“多以妇人小丁执芦箕，名之为‘黄头’，舀水灌浇，盖从其轻便，食顷，则卤流入井。”

在制好盐卤之后，并不能直接用于煮盐，还要对所得盐卤进行试验，测试其浓度，只有合格者才能用于制盐，因此第三大步骤即为验卤。验卤的方法也颇为独特——“取石莲十枚，尝其厚薄，全浮者全收盐，半浮者半收盐，三莲以下浮者，则卤未堪，须却刺开而别聚溜。”[①]这种以莲子作为盐卤质量检验工具的做法，因其简单有效，直到南宋仍在使用。《宋会要辑稿》中就提到：“近淳熙初，闻亭户得试卤水之法：以石莲一十枚，掷之卤水中。如五枚浮起，为五分卤；如七枚浮起，为七分之卤。或不及七分，再用牛刺爬盐土，复将淡卤再淋。必待卤浓可用，然后煎之。”[②]值得一提的是，按宋人江休复记载，这种试盐方式还为宋朝官府用以查验私盐。十枚莲子俱浮的盐卤所制的盐，因其质量较好，一般都充为由官府收购的官盐，而浮五莲以下的盐卤所制的盐，因其质量稍次，往往被充作盐民私自贩卖的私盐。因此“捕到盐，令铺户验之”，“患为铺户所欺……支煮盐用莲子为候，十莲者，官盐也；五莲以下，卤水漓，为私碱（私盐）也。私盐色红

---

① 《太平寰宇记》卷一三〇，第275—276页。

② 《宋会要辑稿》食货二八之二〇，第5288页。

白，烧稻灰灰染其色，以效官盐，于是嗅以辨之，自是不用铺户，自能辨矣”①。

盐卤试完之后，即进入最后也是最重要的一个步骤——煮卤成盐。乐史云：“卤可用者，始贮于卤槽，载入灶室……旋以石灰封盘角，散皂角于盘内，起火煮卤。一溜之卤，分三盘至五盘，每盘成盐三石至五石。……收讫，接续添卤，一昼夜可成五盘，住火，而别户继之。”②这里所说的“盘”，是指当时盐民用于煮卤的大铁盘，“以铁为之，广袤数丈”，工艺质量较为精良。徐度在南宋初年就曾指出：“今盐场所用(盘)，皆元丰间所为，制作甚精，非官不能办。”③从这些记载中可以看出，这些大铁盘并非盐民每家每户所私有，而是各家各户公有的生产工具，在生产时采取“人歇盘不歇”的方法，以保证盐的生产不间断。需要特别说明的是，这里所用的计量单位“石”，并非一般所指的一百斤之重量，而是专用于计量盐重的单位。乐史在“海陵监”一条中对此有明确说明：“每平盐一石，秤重五十斤”④。因而可知，每盘所得的盐大概在一百五十斤到二百五十斤，每一户盐民用一昼夜的时间即可煮盐七百五十斤到一千二百五十斤之多，其劳动生产率相当可观。

宋代泰州盐业生产既称产量冠于天下，其数量自然也相当惊人。关于泰州盐业生产的具体产量，史载不详。《宋史·食货志下》仅有“泰州海陵监如皋仓小海场六十五万六千余石”一条记载。其它史料对宋代泰州盐产具体产量也有各种零星记载，加以综合整理后，亦能得出一些有参考价值的数字。《太平寰宇记》中记载了北宋初年泰州海陵监所辖盐场的产量——“盐课：

---

① [宋]江休复《江邻几杂志》卷下，中华书局 1985 年版，第 26－27 页。

② 《太平寰宇记》卷一三〇，第 276 页。

③ [宋]徐度《却扫编》卷中，中华书局 1985 年版，第 94 页。

④ 《太平寰宇记》卷一三〇，第 276 页。

亭户每丁元额，一年煎正盐三十五石。……所管亭户一千二百二十丁，丁岁煎正盐四万二千七百石，展收平盐一十二万八千一百石，而额外煎炼纳官牛船价并盐食支装，别收出剩每年恒及二十万以上石。”[①]可知，宋太宗时泰州盐的产量大约在每年二十万石（一千万斤）以上。而到了真宗时，泰州盐产量可以引用前揭《食货志》的记载，约为六十五万六千余石，亦即三千二百七十五万余斤，已超越通州、楚州，成为淮东盐产区第一大产盐州。此后到徽宗政和年间，又有主持宋廷榷货务（即负责国家专卖商品销售的机构）的魏伯刍说："自政和立法之后，顿绝弊源，公私兼利。异时一日所收不过二万缗，则已诧其太多，今日之纳乃常及四五万贯。以岁计之，有一郡而客钞钱及五十余万贯者，处州是也；有一州仓而客人请盐及四十万袋者，泰州是也。”[②]按宋制，盐之度量一"袋"应为六石，合三百斤[③]。由此换算，可以得出，蔡京变更盐钞之后，泰州曾在一年之内销售出盐二百四十万石，亦即一亿二千万斤之巨，堪称空前。后世亦有人将这一数字作为宋代泰州盐业年产量的最高纪录，但却仍然存疑。因为魏伯刍所言为"州仓支盐"，亦即从泰州盐仓中支出的盐，而非泰州各盐场所产的盐。实际上，由于宋代盐法在流通、销售环节中的众多弊病，作为产盐大区的淮东地区，时常出现食盐的大量积压。据《续资治通鉴长编》记载，仅在仁宗庆历三年（1043），泰州所辖海安、如皋两县"滞盐"就达到了"三百万（石）"[④]以上。就是说，泰州州仓中积压食盐超过了一亿五千万斤，超过了魏伯刍所言的一亿二千万斤的数字。诚然，庆历距魏伯刍所在的政和

① 《太平寰宇记》卷一三〇，第 276 页。按："正盐"是指官府作为盐课征收的盐，详见下文；"平盐"是指一般用于计量的盐，以五十斤为一石，平盐三石等于正盐一石。

② 《宋史》卷一八二《食货下四》，第 4452—4453 页。

③ 《宋史》卷一八二《食货下四》有"诸州置仓，令商人买钞，五十斤为石，六石为袋"语。

④ 《长编》卷一四一"庆历三年六月甲辰"条，第 3388 页。

年间已有七十年之久，但管中窥豹，仍可见一斑。因此，魏伯刍所言的“支盐四十万袋”，大约应包括泰州盐仓中往年积压之盐，而真实的年产数字，当在此数字之下。即便如此，也依然可以想见北宋末年泰州盐业生产的规模之大。

宋室南迁后，两淮一带成为宋金两军来回拉锯之地，兵灾连绵，州县残破，盐民多逃亡星散，盐业生产亦大受影响。高宗绍兴二年(1132)，泰州州守上疏云：“本州县产盐管下盐场，去年煎卖过盐一十三万一千六十三石七斗，今年煎卖过二十五万七千一百八十石四一升，比去年计增一十二万六千一百一十六石一升。”①可见，到绍兴元年时，泰州的年盐产量已经锐减到了十三万石(亦即六百五十万斤)左右，到了第二年才恢复到二十五万多石(亦即一千二百八十六万斤)左右，较之北宋时期的产量已是天壤之别了。但即便如此，也已让宋廷深感欣慰了。《宋会要辑稿》称：“尚书省勘会淮南盐场自兴复之后，累降旨催督本路措置，今来泰州率先措画就绪，比较去年之数大段增羡，理当劝赏。”②于是泰州州守及催煎、买纳、支盐等盐官均获得“转一官”即晋升一级官阶的奖励。此后随着宋金议和，淮东恢复和平，泰州盐业生产得以迅速恢复和发展。根据绍兴二十八年淮南东路提盐吴巘的奏报，当时泰州角科等场“额盐三十三万七千九百二十石”，拼桑场“额盐二十六万六千四百八十五石五斗八升四合”，虎墪场“额盐三千五百八十九石”，古窑场“额盐六万二千三百七十四石三斗”，掘港、东陈场“额盐二十一万四百五十八石三斗四升”，丰利东、西场“额盐一十三万二千石”，马塘场“额盐六万二千一百一十八石六斗”，丁溪场“以绍兴二十七年煎到盐三十三万八百五十六石为额”，梁家垛场“额盐一十一万三千六百一十四石九斗二升”，何家垛场“额盐一十二万七千二百一十一石”，小淘场“额盐六万九百五十四石四斗”，刘庄场“额盐五万三

①② 《宋会要辑稿》食货二六之一四，第5240页。

百四十六石一斗"[1]。所有上述诸场相加,其产量已在一百七十五万石(亦即八千七百五十万斤)以上。从绍兴元年(1131)的六百五十万斤到绍兴二十七年的八千七百五十万斤以上,泰州只用了短短二十六年时间,就将盐产量提高了近十四倍,诚可谓突飞猛进。然而,由于前揭宋廷在盐业流通、销售环节上的诸多弊病,泰州巨大的盐业生产能力并未能成为财富的来源,反而成了一种负担。就在同年,吴巘对宋廷即奏云:"今照应诸场今年三月上旬终,共有见在散盐三百七十四万石,较之支卖一年,未得尽绝。"[2]淮东各盐场积盐如山,令宋廷大伤脑筋,宋高宗不得不降旨,各州减并场灶,压缩生产。经过一番调整后,到绍兴三十二年(1162 年),泰州的盐产量被压缩到了一百六十一万六千八百八十石(亦即八千零八十四万四千斤)[3],较绍兴二十七年的标准比,降低了百分之八以上,此后直到宋孝宗乾道年间再未有大的变化。尽管生产能力被人为限制,泰州的盐产量仍约占淮南东路总产量的六成,占全国总产量的近四分之一[4],成为南宋最重要的盐产地和盐利来源地区。

(三) 盐政管理

宋代泰州作为全国食盐的重要产地和盐利的重要来源,自然深受宋廷重视。北宋时,泰州先有海陵监,后废监改仓。至宋室南渡之后,泰州以其在全国首屈一指的盐产,终成淮东盐政管理中心,为淮南东路提举茶盐司所在,成为全国最为重要的盐业生产和流通中心。北宋真宗至仁宗年间,晏殊、吕夷简、范仲淹三位后来官至宰相的名臣均曾先后在泰州西溪盐仓任仓官。其品级虽微,然而三人此后远大的仕途却从此起步,并各自在泰州任上留下了流传后世的轶闻逸事。其中范仲淹筑捍海堰之壮

---

①② 《宋会要辑稿》食货二六之四〇、三九,第 5253 页。

③ 《宋会要辑稿》食货二三之一五,第 5182 页。

④ 据汪圣铎《两宋财政史》,中华书局 1995 年版,第 695—696 页。

举，更是成为千年不朽的佳话。南宋时，著名诗人陆游亦曾因掌管淮南东路提举茶盐司，与泰州结下不解之缘，并有“海陵奥区名圜中，长淮大江为提封”等赞美泰州的名句流传于世。[①] 除了这些耳熟能详的宋代名人外，还有很多官员在泰州盐政的管理职位上履行着职责。

泰州在北宋之初时的盐政管理体制，是沿袭自唐和五代的旧体制，即所谓盐监制。盐监是唐五代之际控制食盐产销的专设行政管理机构，其主要业务和职能众说不一，但归纳来看，宋初的盐监的主要业务和职能范围应是三项，即负责食盐的生产管理、产品收购及支发销售[②]。其办公地点一般都设在州县治所，如泰州海陵监，《太平寰宇记》记载：“海陵监，煮盐之务也。唐开元元年置海陵县，为监与海陵县。置泰州以辖其监。皇朝开宝七年，移监于如皋县，置于盐场之近便也。”[③]由此可知，泰州盐监在太祖开宝七年（974）之前是在泰州州治所在海陵县（今泰州市区），在此之后，管理中心转移到了距离煮盐场更近的如皋县城。不过在真宗大中祥符二年（1009）之后，泰州的海陵监、通州的利丰监和楚州的盐城监一起被撤销。其生产职能改由各基层盐场承担，而收购和支发销售职能责改由各盐仓承担。盐仓原本是隶属于盐监的收纳机构，史载“凡盐之入，置仓以受之，通、楚州各一，泰州三，以受三仓盐”[④]，指的就是这种盐仓。海陵监被撤销之后，泰州的盐政管理职能主要由原先的如皋、西溪等三仓来行使。

从总体上看，宋廷的这次盐政改革，是将监、仓（场）的管理体制加以简化，减少了监这一级的管理机构，因而减省了办事程

---

① [宋]陆游《泰州报恩光孝禅寺最吉祥殿碑记》，《陆游集》，中华书局1976年版，第2125页。

② 郭正忠《宋代盐业经济史》，第178页。

③ 《太平寰宇记》卷一三〇，第275页。

④ 《宋史》卷一八二《食货下四》，第4438页。

序，也为原先管理盐仓的卑微小吏们提供了广阔的仕途。仁宗天圣元年(1023)，三司盐铁判官俞献卿上疏说："盐仓今后年满班行，乞举侍禁已上文臣，泰州如皋、楚州盐城各知县事，即举京朝官，通州、泰州、西溪盐仓文臣，即依淮南山场监官例举。"[①]可见盐政改革以后，职级卑微的盐仓仓官受到了宋廷的特别重视，拥有了更多升迁的机会。后人所熟知的仁宗朝名相范仲淹，正是在任泰州西溪盐仓仓官的时候，洞察盐民疾苦，发现"惟兹海陵古有潮堰，旧功弗葺，惊波裴至，醢其稼穑，偃其桑梓，此邦之人，极乎其否"[②]。于是大胆越职言事，力主重修已颓坏的捍海堰，受到时任淮南发运副使张纶的赞赏与肯定，并被举荐为兴化县令。重修捍海堰的工程几经周折，终于天圣六年(1028)在时任泰州知州的张纶的主持下宣告完工。泰州乡民感念范仲淹首主修堤之功，因此称重修后的捍海堰为"范公堤"，并为张纶立生祠[③]。而范仲淹也从一名小小的盐仓仓官成为天下闻名的贤吏。泰州盐仓仓官之作为，可见一斑。

北宋中期以后，泰州盐政管理又从盐仓制度转向了买纳场制度。关于盐仓制度转向买纳场制度的原因，高宗建炎元年(1127)户部尚书吕颐浩的奏报很能说明问题。吕云："诸路产盐场自来买纳支发，并未一处，昨于政和年间，因人建议关防搭带欺弊，将买纳支发分而为二，遂创置州仓，及添差监官并押袋官，乃打造舟船，招置兵稍，费用不资。自买纳般运入州仓，然后支于客人。"[④]可以看出，买纳场制度实际上是将原来盐仓承担的收购和销售两项职能加以分割的产物，以防仓官舞弊。买纳场

---

① 《宋会要辑稿》食货二三之三二，第5190页。

② [清]周右、蔡复午《嘉庆东台县志》卷三六《艺文》，范仲淹《张侯祠堂记》，台湾成文出版社1970年版，第1376页。

③ 范仲淹、张纶等筑捍海堰事见《续资治通鉴》卷三六《宋纪》三十七，仁宗天圣四年之"八月，丁亥"条，第837—838页。

④ 《宋会要辑稿》食货二五之三二，第5230页。

只负责对基层盐场生产的食盐进行收购，而负责对食盐支发销售的有专门的支盐官。这样，泰州的盐政管理体系就分成了互相独立的三大块，即所谓“有催煎官，专管诸场煎盐；有买纳官，专管买亭户盐；有支盐官，专支客人盐”[①]的局面。

一般来说，若干个催煎场生产的盐，总是固定地交纳于某一个买纳场，以地理上的近便为原则，这样形成了若干个催煎场和买纳场之间的固定的业务关系。不过，作为基层生产单位的催煎场与买纳场之间的关系，似乎也不完全是相互独立和平等的。就泰州而言，各催煎场与买纳场的关系应当就是上下级的隶属关系。如绍兴二十八年(1158)，淮东提盐吴巘在上奏中即称：“(泰州)虎墩场与古窑场地里相连，并属海安买纳场。小淘场近古窑场，系属西溪买纳场。”[②]从其中的“属”字可看出泰州各催煎场与买纳场是隶属关系。再加上买纳官都在州县城中建署办公，而催煎官只能在远离州县治所的滨海各盐场就地办公，双方办公条件和接触上级管理机构的机会都相差甚远，因此买纳官地位显然要高于催煎官。

在北宋的大部分时间里，泰州及淮东各州的盐政都是由淮南发运司兼领的。随着泰州及淮浙一带盐业生产的重要性日益提升，同时也为了配合钞盐之法在淮南盐区的推行，设置一个专门的盐业管理机构就显得非常必要。从宋徽宗崇宁元年(1102年)开始，宋廷开始在淮南东路设置专门的盐业管理机构——提举茶盐司，治所设在邻近泰州的扬州城中[③]。提举茶盐司设立之后，宋廷对于管理茶盐司的官员的升降赏罚亦做了明确的规定[④]。及至靖康之变，两淮一带多被兵灾，地方经济残破不堪，

---

① 《宋会要辑稿》食货二六之三五，第5251页。

② 《宋会要辑稿》食货二六之四一、四二，第5254页。

③ [宋]王象之《舆地纪胜》卷四〇云：“自崇宁元年置提举措置淮南盐事，置司扬州。”台湾文海出版社1971年版，第297页。

④ 详见戴裔煊《宋代钞盐制度研究》，第169—173页。

淮东提举茶盐司不复存在。为尽快恢复淮东的盐业生产,宋廷于高宗建炎三年恢复了对淮东提举茶盐司的设置,治所也由扬州改到了泰州(今泰州市税务桥东街)。后因金军南下,治所曾一度转移到了通州,但在绍兴五年(1135)又移回了泰州。到绍兴十五年,淮南东路原常平茶盐司(国家专卖商品管理机构,主仓储、平抑物价,并兼有赈济职能)也并入提举茶盐司,合为淮南东路提举常平茶盐司,其主官称淮南东路提举常平茶盐公事(简称淮东提盐)。由此,泰州成为淮东盐政管理的当之无愧的中心,直至南宋灭亡。

实际上,到绍兴年间,泰州的淮东提盐司之重要性已经不仅限于盐政管理了,更上升到了直接影响国家财政状况的高度。在此种情况下,宋廷也十分重视淮东提盐一职的人选。南宋戴溪说:"当绍兴六年,殿中侍御史周秘言:'提举官秩轻,愿择资深望著之人。'自是权稍重,且彬彬多名臣矣。"这些"名臣"就包括在孝宗淳熙年间任淮东提盐的著名诗人陆游,还有光宗绍熙五年(1194)以尚书郎身份出任淮东提盐的汪茂楚。戴溪称赞他们"明敏详练,孜孜爱民,盖有志于是矣"[①]。又如在高宗绍兴三十年任淮东提盐的王珏,本为神宗朝名相王安石曾孙。翌年,金之海陵王南侵,两淮一带又陷战火。王珏在敌兵压境之际坚守岗位,待金军退去后,又迅速召集盐民,恢复生产,因而得到了宋廷的褒奖[②]。

当然,历任淮东提盐中也并非全是勤政爱民之人,贪墨不法、为害地方者亦有不少。如绍兴二十四年(1154)任淮东提盐的齐旦,"奴事权臣,减尅盐本钱以资妄用"[③],终被御史弹劾去

① [宋]戴溪《提举壁记》,《道光泰州志》卷三一,江苏古籍出版社1991年版,第353页。

② [宋]李心传《建炎以来系年要录》卷一九六"绍兴三十二年正月甲午"条,中华书局1985年版,第3315页。

③ 《建炎以来系年要录》卷一六六,绍兴二十四年"五月庚申"条,第2716页。

职。又如本为泰州通判的朱冠卿，继齐旦为提盐，亦“贪贿凶戾”，甚至“以私意怙没人家积下盐本钱八千万，不散还亭户”[①]，最终也被罢黜。尽管如此，在总体上看，南宋历任淮东提盐还是称职的。正如戴溪所云：“自建炎三年以后，居是官者凡四十有五人，刻石置诸壁。惟淮东盐课为他路最，日增月羡，今视绍兴初几数倍矣。”[②]为南宋泰州历史更增添了更多光彩。

（四）亭户生活境况

宋代泰州辉煌的盐业经济，固然有尽心职守的盐政官员们的作为，然而最根本的原因，还是应归功于在滨海盐场终年辛苦劳作的盐民。正是这些被称作“亭户”的盐业生产者，用辛勤的汗水为官府奉献了大量的盐和盐利。但终年的辛劳给劳动者换来的，并不是富足幸福，而是普遍的贫困和愁苦，以致宋廷官员都不得不承认“淮南亭户例贫瘠”[③]。除了沉重的盐税负担，亭户们还被迫以很低的价格向官府出售盐税之外的剩余产品，甚至就连用于维持简单再生产的所谓“盐本钱”，也经常被各级官员私自挪用或贪墨，造成亭户生活无以为继，不得不私自煎卖私盐以求生计，然而又为宋廷重刑捕剿。在此情况下，亭户逃亡者日众，甚至有起而反抗者。

所谓“亭户”，是指宋代经官府正式登记的在海滨地区专门生产海盐的盐民。亭户与国家的关系，在于他们不是像“畦户”或“井户”那样的劳役制，而是相对较先进的盐税制[④]。前者所产之盐均被官府无偿占有，官府仅付给有限的固定报酬；后者所产之盐除缴纳盐税外，其余均由官府按价收购。值得注意的是，亭户与畦户、井户同样没有人身自由，同样属于人身受束缚的劳动者。一般盐民一旦在官府正式登记为亭户，就必须终身以煮

---

① 《宋会要辑稿》职官七〇之四八，第3968页。

② 《道光泰州志》卷三一，戴溪《提举壁记》，第353页。

③ 《宋会要辑稿》食货二四之三一，第5210页。

④ 漆侠《宋代经济史》，上海人民出版社1987年版，第819页。

盐为业，既不准迁徙和改行，甚至必须世代做盐民，“父祖曾充亭户之人，子孙改业日久，亦合依旧盐场充应”[①]。所产之盐也必须全部按官方定价卖给官府，不得另有他售。由此可见，亭户与官府绝非一般意义上的雇佣劳动关系，而是一种类似于国有农奴制度的关系。当然，官府为使亭户能集中时间和精力进行盐业生产，也会给予一些诸如免除劳役、提供生产工具、发放赈济贷款、贷给用于运输的车辆及用于取卤土的牛犁等优惠措施，这样就会有一些苦于贫困赋役的居民自愿成为亭户。而且亭户中也有一些原本是类似于自耕农性质的自煎盐民，在官府的暴力逼迫下不得不成为受官府管辖的亭户。

宋廷对亭户采取的管理制度是严厉的灶甲制（保甲制的一种），其管理方式是：“将亭户结甲，递相委保觉察，如复敢私买卖，许诸色人陈告，依条给赏，同甲坐罪。如甲内有首者免罪，亦与支赏。”[②]这样就将每个盐场的亭户绑在了一起，互相监视。而在盐场边沿，又有所谓“场围”、“亭围”之类的障碍物将盐场中的盐民与外界隔绝开来。仁宗天圣元年（1023），宋廷甚至下令，盐场附近的酒店“自今并令离亭围十里以外开张，如不愿出外者，即依例停闭”。理由是：“致亭户多饮酒，怠堕农桑，兼聚集不逞之人兴贩盐货。”[③]这样，亭户们就连在劳动之余喝酒休闲的自由也被剥夺了。除了生活上的不自由，亭户们的劳动也是不自由的。宋廷将泰州各盐场设置为催煎场，每场任命一名催煎官，其职责就是专门监督亭户们的生产。为了最大限度防止亭户们瞒产私卖，催煎官们制定了所谓“起止火伏之法”。在这种制度下，亭户们每次煎盐“起火、伏火，皆有定时”，而催煎官们对“一伏火煎盐若干”都了如指掌[④]。又有“簿历之法”，亭户生产

① 《宋会要辑稿》食货二七之二二，第 5266 页。
② 《宋会要辑稿》食货二七之二三，第 5267 页。
③ 《宋会要辑稿》食货二三之三二，第 5190 页。
④ 《宋会要辑稿》食货二七之一一，第 5261 页。

的每一道工序之数字、时间等都被严格记录在案。这样，亭户就连何时开始煎盐、何时停止生产、一盘加多少盐卤、每户一次煎多少盘盐之类的生产细节也都受到官府牢牢掌控，丝毫不得自由。这些做法固然提高了官府管理的能力，使盐业生产有案可查，但同时又极大束缚了亭户的自由，从而损害了亭户的生产积极性。

亭户们还承受着封建官府在经济上的沉重盘剥。宋廷丰厚的盐利，首先来自于官府对制盐者、运盐者和消费者的侵夺，特别是压低制盐工本和高价销售[①]。也就是说，宋廷利用压低食盐收购价和抬高食盐销售价之间的“剪刀差”，在实际上无偿占有了亭户们大量的劳动成果。那么，这种“剪刀差”究竟有多大呢？仁宗天圣元年三司盐铁判官俞献卿的一段话可见一斑。他说：“奉诏与制置茶盐司同规画淮南通、泰、楚州盐场利害。……盐场亭户卖纳盐货，每三石支钱五百文。准大中祥符二年敕，每正盐一石纳耗一斗，所买盐只于本州出卖，每石收钱一千三百足，展计一千六百九十文省，官有九倍净利。”[②]需要说明的是，文中所谓“正盐”，即是指亭户们需负担的盐税，按“丁”为单位，每丁每年有定额数量，必须缴纳。北宋泰州亭户们每丁每年所负担的正盐数是三十五石[③]，在淮南东路各产盐州中是最高的。如前所述，正盐一石等于用于一般计量的平盐三石，三十五石正盐折合成平盐就等于一百零五石，以每三石收购价五百文计算，一百零五石盐官府支付给亭户的当是一万七千五百文，而官府出售所得却是十七万七千四百五十文，的确是“官有九倍净利”。

① 郭正忠主编《中国盐业史》(古代编)，人民出版社 1997 年版，第 299 页。

② 《宋会要辑稿》食货二三之三一，第 5190 页。按：结合上下文计算结果看，此处钱数应是按省陌钱计算的。本段中所说的“一千六百九十文省”即指省陌钱，“一千三百文足”即指足陌钱。宋制省陌钱一百文相当于七十七文足陌钱。为方便起见，下文所用的“文”均按省陌钱计算。

③ 《太平寰宇记》卷一三〇，第 276 页。

这样，仅仅从一个亭丁身上，宋廷每年就可通过盐税的方式获得近十六万文（即一百六十贯）的固定利润。但这还不是宋廷盘剥获取的全部。因为每石正盐额外还要交纳所谓"耗盐"一斗（五斤），这样宋廷每年又从每个亭丁身上无偿多占有了一百零五斤（合二石一斗）盐，等于又多获得了三千五百五十文的盐利。但这仍然不是宋廷盘剥获取的全部。因为在正盐之外，亭户超产的部分，亦即"浮盐"，按规定也必须全部由官府收购，其收购价格较正盐收购价高，但也只在每斤十文（即每石五百文）[①]，宋廷每石仍能获取一千一百九十文的利润。按《太平寰宇记》的记载，当时泰州亭户们所生产的盐"每年恒及二十万以上石"，其中正盐为四万二千七百石，折合成平盐是一十二万八千一百石，再加"耗盐"是四千二百七十石；浮盐数字不详，但照"二十万以上石"来推算，数量应不低于八万石。这样换算下来，宋廷每年就能从泰州各盐场获得约两亿九千七百五十万文（即二十九万七千五百贯）的利润。而当时泰州各盐场共有亭户七百一十八户[②]，这就相当于宋廷每年从每户亭户身上盘剥去了四百一十四贯——平均每天超过一贯的财富。这个数字意味着什么呢？即便在当时物价水平最高的京城开封，如果能"日得一缗"，即每天收入一贯，那么也可以使"数口之家，寒衣绵，暑衣葛，丽日食膏鲜"，一户人过上衣食无忧的小康生活了[③]。宋廷盘剥之重，由此可以概见。

为了了解亭户的实际情况，前述张纶就询访了"通、泰、楚三郡亭人"，感觉到官府的食盐收购价委实过低，导致"盐民告困，海利云剥"[④]，于是决定"加买直"，提高食盐收购价格。自仁宗天圣元年（1023）六月之后，淮东各盐场普遍"依海州、涟水军为

---

① 《宋代盐业经济史》，第 223 页。

② 《太平寰宇记》卷一三〇，第 275 页。

③ 详见程民生《宋代物价研究》，人民出版社 2008 年版，第 571 页。

④ 《嘉庆东台县志》卷三六，范仲淹《张侯祠堂记》，第 1375 页。

例，添钱一百文省”[①]，即把收购价在原来每三石盐五百文的基础上，再提高 100 文，变成 600 文。尽管这次提价幅度有限，每斤盐的收购价只提高了不足一文钱，但还是让泰州等地的亭户生产积极性大为提高，“岁增课数十万石”[②]，一举扭转了此前十年淮东盐业连续亏损的局面。从史书记载看，天圣元年的这次官方提价后，直到北宋晚期，淮东盐场的收购价基本未再有大的调整。哲宗绍圣三年(1096)时，发运司奏称，淮南亭户“官赋本钱，岁六十四万缗(贯)”[③]，而其时发运司所掌握的“通、泰、楚、海四州煮盐海之盐以供六路者，三百二十余万石”[④]。两下换算，可知每三石盐的收购价依然在 600 文左右，与 70 多年前的天圣元年的价格基本相当，然而，这时官府出售的盐已经不是，70 多年前的价格了。哲宗元祐七年(1092)，在与泰州紧邻的扬州江都县，“元价买盐每斤二十八文足”[⑤]，折合成省陌钱就是每斤盐售价三十六文左右，即每石一千八百文，较之天圣年间的每石一千六百九十文的售价有了明显的上涨，而扬州的盐价还属于较便宜的，别处的情况可想而知。到宋徽宗统治时期，物价飞涨，米价自以前的每石六七百文猛涨到每石二三千文，而官府的正盐收购价却依然原地不动，只是将浮盐收购价每十斤增加了三文而已[⑥]。亭户们的生活水平不升反降，生活越发窘迫。

靖康之变后，淮东各盐场皆遭兵火，亭户大多逃亡，食盐生产大幅下降。为了尽快恢复淮东盐业生产，宋廷采取了诸多优惠措施以吸引亭户归业。其中一个重要措施，就是大幅度提高食盐收购价格。绍兴三年(1133)，淮东提盐郭楫(一作郭揖)上

---

① 《宋会要辑稿》食货二三之三二，第 5190 页。

② 《嘉庆东台县志》卷三六，范仲淹《张侯祠堂记》，第 1376 页。

③ 《宋会要辑稿》食货二四之三一，第 5210 页。

④ 郭正忠《宋代东南诸路盐产考析》，《中华文史论丛》1983 年第 2 辑。

⑤ 详见程民生《宋代物价研究》，第 220 页。

⑥ 漆侠《宋代经济史》，第 847 页。

奏宋廷说:"本路累经兵火,亭户未肯归业,今具本路盐价及支散钱、牛接济等下项:盐每筹支钱一贯六百文足(合省陌钱二千零七十八文),额外每一筹一贯九百文足(合省陌钱二千四百六十八文)。"[①]按淮东盐场计量标准,一筹为一百斤,即正盐的收购价格从北宋的每三石六百文提高到了每三石三千一百一十七文,一下提价五倍有余。而浮盐的收购价格亦从每石五百文提高到了每石一千二百三十四文,也提高了两倍半左右。南宋初年的这次大幅度提价的确起到了吸引亭户归业的作用,泰州盐场迅速得以恢复,产量迅速上升。但对于亭户而言,尽管官府收购价大幅提升,其经济上的困窘局面却依然没有得到根本性改观。其中原因主要有三条:其一是折扣甚多。宋制以食盐运输过程中会有损耗,因此规定须在支付给亭户的盐值中扣除诸如"船脚钱"之类的附加费用。孝宗淳熙年间,淮东正盐收购价是"每筹一贯八百三十文",然而在"除诸般縻费外",亭户"净得钱一贯四百文"[②]而已,折扣率达到了近七五折。

其二是物价上涨。宋室南迁以后,物价较北宋时期有大幅上涨。仅就盐本身价格而言,宋孝宗乾道五年(1169 年),淮东"两务场卖淮盐六十七万二千三百余袋,收钱二千一百九十六万三千余贯"[③]。如此可换算出当时仅官府售盐给商人的批发价格就已经达到了每石五千四百余文,已较北宋时期上涨数倍。以米价而论,宋仁宗天圣年间,淮南地区每斗仅七十至一百文足[④],而到了乾道年间,跟泰州紧邻的扬州米价已是约每石三贯了[⑤]。其三是积欠盐本,这也是三者中最重要的一个原因。所谓"盐本",是指官府收购食盐后支付给亭户的钱。此钱是亭户

① 《宋会要辑稿》食货二六之九,第 5238 页。

② 《宋会要辑稿》食货二八之二一,第 5289 页。

③ 《宋史》卷一八二《食货下四》,第 4454 页。

④ 见《宋代物价研究》,第 136 页。

⑤ 见《宋代物价研究》,第 139 页。

们的劳动所得，亦是他们维持再生产的基本保障。然而，由于南宋政府财政甚为紧张，故时常挪用盐本。孝宗隆兴二年(1164年)，宋廷根据户部侍郎钱端礼的建议，令淮东提举司“每岁拘收盐本宽剩钱六十万贯”[①]。这里的所谓“宽剩钱”，本是指额外收入或收支结余，但根据宋廷的命令，淮东提举司却把本该支付给亭户的盐本直接“拘收”了。按当时淮东盐产量与盐价计算，宋廷每年用于收购正盐所支付的盐本大约在三百六十万贯左右，而每年截留的盐本就达六十万贯，占六分之一，亭户自不可能不受影响。对于这种情况，连宋廷官员也颇感过分。宋宁宗时有臣僚云：“向来亭户先请本钱而后纳盐，其后则先拿盐而后请钱，今买纳到盐出卖获利，称息数倍，乃犹占吝，不肯给还元价，纵或支偿，十未一二，几于白纳而后已。”[②]

在这种情况下，亭户不得不偷偷煎制私盐，卖给商人，获取一点养家糊口的盐值。但是，宋廷为了最大限度控制盐利，对贩卖私盐的活动进行了重刑捕剿。宋孝宗至宋宁宗之间，亭户只要有数次瞒产行为就要被判二年徒刑，以盐折还私债的也要按贩卖私盐处理[③]，轻则受杖脊的处罚，重则要流放，甚至因贩卖私盐而被判死刑的也不罕见。

然而，严刑峻法并不能解决问题。时人就曾告诫宋廷说：“盐丁窘困如此，不思救其本，而欲禁私贩，祗生事以激变耳！”[④]果不其然，宁宗嘉定二年(1209)，楚州盐城县就爆发了以卞整和胡海为首的盐民起义。他们“逾射阳，攻海陵，越入天长”[⑤]，矛头直指淮东的盐业生产中心和淮东提盐司所在地——泰州。这

---

① 《宋会要辑稿》食货二七之一五，第5263页。

② 《宋会要辑稿》食货二八之五七，第5307页。

③ 见《中国盐业史》(古代编)，第346页。

④ 见《宋代盐业经济史》，第897页。

⑤ [宋]叶适《水心集》卷二〇，《故礼部尚书龙图阁学士黄公墓志铭》，《叶适集》，中华书局1961年版，第396页。

次起义后虽被宋廷镇压下去，但却对淮东各盐场造成了极大的破坏。据淮东提盐齐砺后来给宋廷的报告说："管下盐场凡四百有一灶，而焚荡毁坏者一百六十余座。亭民逃窜死亡，不知其几。"[①]后来宋廷对残破的淮东各州县进行抚恤时，曾收埋尸骸二万余具，可见此次兵祸之惨烈。此后随着宋廷政治日益腐败、财政日益困窘，淮东盐场渐次破败，泰州盐业生产亦再不复南宋前期之盛了。纵观前后史事，泰州盐业经济可谓兴也亭户，败也亭户。兴自亭户之辛勤劳作，败由亭户之揭竿起事。然而亭户起事归根结底是由于宋廷的种种弊政，积而不改导致的。

（五）钞盐制对宋代泰州的影响

钞盐制是两宋极为重要的一种经济制度。究其本质，就是由原先的国家对食盐的统购统销改为国家收购、行商销售。这样做的目的，是宋廷为了减省自身的行政环节，加快现金周转，以充实国库，支撑起军国用计。同时，也是为了进一步将地方财权收归中央。这一制度的实行，对一直实行食盐官府统购统销的泰州及淮东地区各产盐州产生了巨大影响。一方面，钞盐制使得泰州及淮东所产之盐的流通速度加快，宋朝中央政府所得的盐利极大增加，进一步确立了"东南盐利，视天下为最厚"[②]的局面；另一方面，钞盐制的实行又使原本归于地方的盐利悉归于中央，致使地方财政甚为困难，不得不新开捐税，给人民加重了负担。此外，由于钞盐制实行中的种种弊端，又使分销盐货的商人和购买食盐的消费者利益受到很大影响，造成大量商人破产、贫民不得不淡食的局面。因此，了解钞盐制对泰州之影响，可以更全面地认识宋代泰州经济发展的两面性。

宋代的盐业管理体系，大体可分为四个环节，即生产、收购、运输和销售。除了生产环节基本都是由盐民负责外，其余三个环节则随各地区的具体情况而不同。正如《宋史》所云："宋自削

---

① 《宋会要辑稿》食货二八之五二，第5304页。

② 《宋史》卷一八二《食货下四》，第4438页。

平诸国，天下盐利皆归县官，官鬻通商，随州郡所宜，然亦变革不常。"①从这里可知，宋初各地的盐利大体上是归地方支配的。而所谓"官鬻"，即是指由官府收购、运输和销售，"通商"，即是指由官府收购、商人运输和销售②。就泰州地区的食盐流通而言，大体上呈现的是先官鬻、后通商的轨迹。北宋初期，泰州地区的食盐流通采取的是"官般官卖"制度。所谓"官般官卖"，就是指食盐生产完成后，由官府收购、官府运输、官府销售的体制。在这种体制下，沿海各盐场生产的盐均由各地的地方政府出价收购，并负责包装、运输、销售，而所得之利润，亦基本归地方所有，充作地方经费。正如沈括所言："唯末盐岁自抄三百万(缗)供河北边籴，其他皆给本处经费而已。"③《文献通考》也说："国初盐筴，只听州县给卖，岁以所入课利申省，而转运司操其赢，以佐一路之费。"④在这种制度下，各产盐区所产的盐都有严格的销售区域限制，以免侵害各地方政府的利益。北宋时，泰州及淮东各产盐州所产之盐，按规定"各给本州及淮南之庐和舒蕲黄州、无为军，江南之江宁府、宣、洪、袁、吉、筠、江、池、太、平、饶、信、歙、抚州、广德临江军，两浙之常、润、湖、睦州，荆湖之江陵府、安、复、潭、鼎、岳、鄂、衡、永州、汉阳军"⑤。行销范围遍及今之江苏、浙江一部，江西全部，湖北、湖南及安徽大部。可以说，几乎整个长江中下游地区都是泰州盐的销售市场。

但是，官般官卖制度有着许多难以克服的弊病。首先是盐利皆归地方所有，中央财政因此损失较大；其次是官府负责运

---

① 《宋史》卷一八一《食货下三》，第4413页。

② 戴裔煊又将它细分为四种形式：一为官收、官运、官销，二为官收、商运、商销，三为官收、官运、商销，四为商收、商运、商销。详见戴裔煊《宋代钞盐制度研究》，中华书局1957年版，第56—57页。此处因只讨论泰州地区的盐业问题，故从简归为两种形式。

③ 《梦溪笔谈》卷一一《官政一》，《全宋笔记》第二编(三)，第94页。

④ [元]马端临《文献通考》卷一五《征榷考二》，第155页。

⑤ 《宋史》卷一八二《食货下四》，第4438页。

输，费钜事烦，且有风险；再次厉行官卖，实际上是违背了市场规律，因此带来了许多弊端。如江南虔州（今江西赣州）本来距离广南东路较近，由广南运盐销售比较合适，然而按照宋廷划定的销售区域，虔州只能销售淮东之盐，舍近求远，致使盐价腾贵，于是私盐走私十分盛行，屡禁不绝，反而影响了官府的盐利收入[①]。欧阳修在一首诗中就总结了这种制度的不合理性所导致的后果："穴灶如蜂房，熬波销海水。岂知戴白民，食淡有至死。物艰利愈厚，令出奸随起。良民陷盗贼，峻法难禁止。"[②]官般官卖制度的弊端如此之多，宋廷自然要它进行改革了。早在太宗雍熙元年（984），宋廷就曾因有司之请，开放盐禁，准许通商，由商人来代行销售之职。但在次年，因各州反对，宋廷就不得不取消了这次改革。仁宗明道二年（1033），范仲淹又向宋廷建议对淮东诸州之盐实行有限的通商制度，即"在通、楚、泰、海、真、扬、涟水、高邮贸易者毋得出城，余州听诣县镇，毋至乡村"。宋廷一度按范仲淹建议进行改革，但在景祐二年（1035），又因"诸路博易无利，遂罢"[③]，重新走回了官般官卖的老路。

到仁宗庆历年间，伴随着宋与西夏战争的爆发和持续，宋廷在西北方向的战略态势愈发吃紧。一方面是"并边入中刍粟者寡。县官急于兵食，调发不足"[④]；另一方面是西夏产的青白盐利用宋西北地区食盐流通中的弊端，通过走私手段大举入境，严重侵害了宋廷食盐专卖的利益。因此，太常博士范祥在庆历八年（1048）提出改革盐法，实施钞盐制度。主要就是改官收官卖为官府收购、商人分销。商人用现钱购买所谓盐钞，再到盐产地凭盐钞换取相应数量的盐，所得之盐由商人自行销售。这样一来，官府可以将盐迅速转化为现金，提高了周转速度，因而也就

① 《宋代经济史》，第 827 页。

② ［宋］欧阳修《欧阳修全集》，中华书局 2001 年版，第 113 页。

③ 《宋史》卷一八二《食货下四》，第 4440 页。

④ 《宋史》卷一八一《食货下三》，第 4416 页。

提高了盐业的利润率，同时还避免了过去长途运输的麻烦与风险。而商人也可通过贩卖食盐获取较为可观的利润。由于通商的便利，某些地方的缺盐现象也得到了缓解，可谓一举多得。因此《宋史》称赞范祥的这次改革“行之数年，黠商贪贾，无所侥幸，关中之民，得安其业，公私便之”①。不过，这次盐法改革主要针对的是西北地区通行的解盐，淮东等海盐产区依然实行传统的官般官卖制度。然而至哲宗元符元年(1098)，一场秋雨冲决了解池，直到徽宗崇宁四年(1105)解池才被基本修复，其间七八年，宋廷无法再依靠解盐发行盐钞。无奈之下，宋廷只得将钞盐制推广扩大到了淮东等海盐产区。于是，从崇宁元年开始，一场由蔡京主持的、涉及全国各个海盐产区的重大盐法改革拉开了序幕。

蔡京所主持的这次盐法改革，大体可分为四个步骤：一是扩大海盐的生产和收购，优待商盐流通，为钞盐法的实施做准备；二是采取各种措施，吸引商人到开封的商兑处购买盐钞；三是正式取消海盐的官般官卖制度，改行钞盐制，从而将原归地方的盐利逐步收归中央所有；四是不断发行新钞，并强迫旧钞折扣，从而变相掠夺商人的财富②。

由此可见，蔡京的这次改革，根本目的与范祥的改革有很大差别。后者是为了解决官卖制度的弊端，使官府、商人、消费者皆能得到好处，而前者则基本是为皇帝敛财，以达邀宠目的。正如马端临所云：“蔡京始变盐法，俾商人先输钱请钞，赴产盐郡授盐，欲囊括四方之钱尽入中都，以进羡要宠。”③在这种情况下，地方利益和商人利益自然要大受影响。

首先，就地方财政收入而言，过去地方上官卖食盐，“收到钱除有应副淮浙买盐支用钱外，并系赴军资库则其应副沿边籴买

---

① 《宋史》卷一八一《食货下三》，第4418页。

② 见《宋代盐业经济史》，第817页。

③ 《文献通考》卷一六《征榷考三》，第161页。

者,不过总数三分之一有奇”,[1]即地方上可得到近三分之二的盐利。而蔡京改革后,地方上的盐利几乎被剥夺殆尽,造成“东南官卖与西北折博之利,尽归京师,而州县之横敛起矣”[2]。各产盐州县不得不将地方财政上的缺口转嫁到人民头上,加重了人民的负担。就商人而言,一旦用现钱购买了宋廷售出的盐钞之后,很快就会发现宋廷又发行了新版的盐钞,自己原来所买的盐钞成了不能用的“旧钞”,不得不按宋廷规定的折扣重新购买新钞,等于白白被宋廷剥去一部分财富,这就是所谓“循环之法”。在这种恶法之下,宋廷“已卖钞,未授盐,复更钞;已更钞,盐未给,复贴输钱,凡三输钱,始获一直之货。民无赀更钞,已输钱悉乾没,数十万券一夕废弃,朝为豪商,夕侪流丐,有赴水投缳而死者”[3]。而商贾破产自杀的悲剧,在产盐重地的淮东地区尤为众多。据当时的淮东盐官称,崇宁中他接到“哭诉者所持旧钞,为钱以千计者”,总数已在三十万贯以上[4]。为了多得盐利,宣和四年(1122),蔡京又以“古有斗米斤盐之说,熙、丰以前,米石不过六七百,时盐价斤为钱六七十;今米价石两千五百至三千,而盐仍旧六十……亏公稍多”[5]为由,大幅提高盐价,将淮浙盐钞价从原来的一袋(六石)六千二百文猛抬到一袋一万三千文,涨价超过一倍。由此推算,“客人请盐及四十万袋者”的泰州一年之内当售出了价值五百二十万贯的盐钞。按“新法于今才二年,而所收已及四千万贯”[6]的数额看,泰州一州所贡献给宋廷的盐利,实占全国盐利四分之一以上,堪称骄人。然而,在耀眼的数字之后,却是“钞法遂废,商贾不通,边储失备”[7]的惨痛

---

① 《宋会要辑稿》食货二三之一〇,第5179页。

② 《文献通考》卷一五《征榷考二》,第156页。

③ 《宋史》卷一八二《食货下四》,第4452页。

④ 见《宋代盐业经济史》,第824页。

⑤ 《宋史》卷一八二《食货下四》,第4451页。

⑥ 《宋史》卷一八二《食货下四》,第4453页。

⑦ 《文献通考》卷一五《征榷考二》,第156页。

代价。

靖康之后，由于淮河以北各州县尽归金国所有，南宋政府管辖的人口、土地较北宋大为减少，但开支较北宋却有增无减。为了弥补财政上的缺口，南宋政府也特别着眼于盐利，并在南方进一步推行钞盐之法，以最大限度搜括财富。高宗建炎初年，宋廷又一次上调盐钞价格到每袋一万八千钱。绍兴二年(1132)，宋廷又"诏淮、浙盐令商人袋贴输通货钱三千"。这样一来，盐钞价格就涨到了每袋二万一千钱，较北宋末年上涨了六成。孝宗乾道五年(1169)，淮东"两务场卖淮盐六十七万二千三百余袋，收钱二千一百九十六万三千余贯"①，盐钞价实际已涨到每袋三万二千钱左右。随着南宋政府出售的盐钞价格不断上涨，出售盐钞的所得占南宋政府财政收入的比重也越来越大。北宋仁宗时，政府岁入三千九百万贯，其中盐利所得七百一十五万贯，还只占财政总收入的18.3%；到宋高宗绍兴末年，政府岁入三千五百四十余万贯，其中盐利所得已经达到了一千九百三十余万贯，占到了财政总收入的54.2%；到宋孝宗淳熙末年，政府岁入达到四千五百三十余万贯，其中盐利所得达到了二千一百九十六万贯，仍占财政总收入的48.4%②。南宋能仅以约略北宋三分之二的疆域，取得相当甚至超过北宋的财政收入，盐利实起了决定性作用。这也就难怪宋人感叹："今日财赋之源，煮海之利实居其半。"③而在南宋倚为财政支柱的盐利中，淮东产盐各州地位又尤其显著，所谓"国家煮海之利，以三分为率，淮东盐利居其二"④。

由此可以大体推算，在南宋政府的财政收入中，约有三分之一是由泰州、通州、楚州三州贡献的。而在三州中，泰州产盐占

---

① 《宋史》卷一八二《食货下四》，第4454页。

② 《宋代经济史》，第855页。

③ 《宋会要辑稿》食货二七之三三，第5272页。

④ 《宋会要辑稿》食货二八之二〇，第5288页。

淮东盐产约六成，泰州的贡献最大。因而宋人周辉云："熬波之利，特盛于淮东，海陵复居其最。绍兴间，岁支盐三十余万席，为钱六七百万缗。于以佐国用，其利博矣。"[①]《宋史》还以泰州为标杆，将唐宋盐利比较说："唐乾元初，第五琦为盐铁使，变盐法，刘晏代之；当时举天下盐利，岁才四十万缗。至大历，增至六百余万缗。天下之赋，盐利居半。元祐间，淮盐与解池等岁四百万缗。比唐举天下之赋已三分之二。绍兴末年以来，泰州海陵一监，支监三十余万席，为钱六七百万缗，则是一州之数，过唐举天下之数矣。"[②]泰州一州的盐利，超过唐代全国盐利总数，的确是泰州历史上空前的盛况。

不过，对于泰州"一州之数，过唐举天下之数"的说法，仍需做深入分析。如前所述，宋初泰州各盐场每年产盐大约在二十万石以上，亭户七百一十八户，平均每户每年产盐在二百八十石以上。而到了绍兴二十八年，根据淮东提盐吴巘的奏报，泰州各盐场额盐一百六十一万六千八百余石，总计约有二百五十九灶[③]，"一灶之下，无虑二十家"[④]。以此换算，每户每年产盐大约三百一十余石，较宋初生产效率只增长约百分之十一。尽管产盐总量是宋初八倍左右，亭户户数亦增长了约七倍。可见，泰州盐产的大幅增加主要还是依靠劳动力数量的大幅增加，效率性增长幅度不大，经济增长的技术含量有限。同时，泰州盐利数字之暴增，很大程度上也是由于南宋政府不断抬高盐钞价格所致，是物价上涨、通货膨胀的结果。正如马端临所言："绍兴末一州盐利过唐时举天下之数，其说固然矣。然考之唐史，则至德间盐每斗十钱而已，至第五琦变盐法而十倍其榷，然不过每斗为钱一

---

① [宋]周辉《清波杂志》卷一〇，中华书局1994年版，第431页。

② 《宋史》卷一八二《食货下四》，第4456页。

③ 《宋会要辑稿》食货二六之四〇，第5253页。

④ [宋]李心传《建炎以来朝野杂记》甲集卷一四，中华书局2000年版，第296页。

百一十。而建炎初商人贾钞，计盐六石为一袋，至输钱十八千，继而每袋又增贴纳钱三千，则其时盐价比之第五琦所榷已是三倍有馀，而至德之价则又悬绝矣。盖盐直比唐则愈贵，缗钱比唐则愈轻，所以其数之多如此。”[①]可以说，南宋泰州盐利数字的巨大增长，乃是劳动力增长和盐价上涨共同作用的结果，并非南宋制盐技术较唐代有革命性突破。这种情况造成的后果就是，盐业生产利润率无实质性提高，要增加盐利收入只能依靠不断增加盐产量和抬高盐价。然而，南宋食盐消费总量是有限度的，一味提高盐产量只会造成产品积压，而不断抬高盐价又造成民间私盐泛滥，官盐销售大受影响。盐利无法增加，南宋政府的各种开支却与日俱增，尤其在理宗端平元年(1234)之后，由于南宋与蒙古开战，军费激增，而四川又大部落入蒙军之手，“境土日缩，食盐者少”[②]，财政即出现巨大缺口。宋廷于是又效尤蔡京当年变更盐法之事，以屡次变更盐钞来攫取商人财富。但这种杀鸡取卵式的财政增长显然是无法持久的。当时就有宋臣指出，“十数年来，钞法屡更，公私俱困”[③]。“自盐筴屡变，而藏钞之久者遽贫。”[④]长此以往，宋廷发行的盐钞就失去了信用，盐利收入自然下降。宋廷以竭泽而渔的手段在宝祐年间获得约略一亿二千万贯的盐利收入，却仍然无法填满高达二亿五千万贯的财政支出黑洞[⑤]。在盐钞失去信用之后，其财政状况自然就更趋恶化。尽管宋廷不断滥发纸币，并以严刑峻法打击私盐贩卖，但宋朝的财政危机却无法从根本上化解。端宗景炎元年(1276)，随着伯颜指挥的元军攻占泰州及淮东各州，宋廷就彻底失去了淮东盐利来源，更加走向了灭亡。

---

① 《文献通考》卷一六《征榷考三》，考164页。

② 见汪圣铎《两宋财政史》，第169页。

③ 见汪圣铎《两宋财政史》，第169页。

④ 见汪圣铎《两宋财政史》，第172页。

⑤ 见汪圣铎《两宋财政史》，第686页。

二、农业

大致可分为两个方面：

(一) 农业经济的恢复与发展

宋代是泰州农业经济发展的重要时期。两宋地区的泰州农业，主要是在政府的扶持下的背景下开展的。同时，本地区主要是盐业为主，农业发展主要体现在两方面，其一为政府鼓励下土地开垦力度增大；其二为稻麦技术得到一定程度的推广。

泰州农业的发展是在政府的扶持下开展的，但在具体表现上，两宋发展的原因各有不同。

唐宋时期，未开垦的荒地是归国家所有的。北宋统一江南南唐后，继承了唐后期和五代十国以来的做法，允许百姓自由开垦土地，使得农民的积极性有所提高。随着江淮地区农田耕种面积的扩大，加上经济重心的南移，包括泰州在内的农业经济有了较大发展。在统一后初期，民众大多流亡，宋廷及时意识到了这一点，对于新平定的江南诸国，专门颁布法令，加以鼓励和推进，如宋太宗对此专门发布条令，淳化元年(990)九月，宋太宗发布诏书说："江浙等路李煜、钱俶日，民多流亡弃其地，遂为旷土。宜令诸州籍其陇亩之数，均其租，每岁十分减其三，以为定制，仍给复五年，召游民劝其耕种。"[①]这是北宋泰州地区农业经济发展的政策上的主要体现。

南宋时期，由于宋金战争，江淮地区因大规模且长期进行的战争，使民户抛弃土地逃亡，出现大量的荒地，因而招抚流亡农民复业及开垦荒地，成为宋政府恢复与发展农业生产的重要任务。几次战争，如两宋之际金军的南下、建炎、绍兴初年以及末年等几次宋金战争，金军的南侵及随后的南宋北伐战争，都使得淮南地区农业生产多次造成严重破坏。宋代统治者尚无暇顾及

---

① 《宋大诏令集》卷一八二《劝栽植井垦诏》，中华书局 1962 年版，第658 页。

包括泰州地区在内的江淮地区的农业发展。

但战争的间歇，尤其是绍兴和以后宋金对峙局面逐渐形成。尽快恢复本地区农业，发展本地区的农业，成为宋代政府的一项重要议事日程被提了上来。这既是本地区地处宋金政权交界地的考虑，同时也是由于本地区产盐带来的丰厚税金所致。南宋初立，税收不丰，盐税收入是南宋朝廷财政收入的重要组成部分。正是基于考虑到本地区战略地位非常重要，宋代统治者对于恢复本地区农业的发展还是重视的。

绍兴三年(1133)九月，高宗发布诏书："百姓弃产，已诏二年外许人请射，十年内虽已请射及充职田者并听归业。孤幼及亲属应得财产者，守令验实给还。"[1]这项政策，对于鼓励战争中被掳民户归业，对于其他人户更多垦荒，显然是有积极意义的。但具体施行方面，由于当时还是宋金交战时期，其收效并不一定有多大。至绍兴十一年(1141)宋金议和以后，地处南北对峙区的泰州的农业发展情况有所好转，但是受战争影响最重的京西、淮南地区，仍有不少良田荒废，南宋采取各项鼓励政策，扶助因"蜀地狭人稠"自愿前往上述地区开垦的人户："愿往之人，给据津发"，而且"官贷种、牛，八年乃偿"；同时减免赋税，"并边悉免十年租课，次边半之"，所开垦的荒地，若"满三年，与充已业，许行典卖"[2]。同事《宋会要辑稿》记载：泰州邵彪言，"淮南人户逃窜，良田沃土，悉为茂草。今欲将营田司应有人请射荒田，并许实时给付，每亩依元降指挥纳课子五升，田土瘠薄者量与裁减。耕种五年，仍不欠官司课子，许认为己业；限外元主识认，或照验明白，即许自踏逐荒田指射，以为己业。如是五年内归业，即许佃人画时交还，不得执占；已种者，候收成了给还，已施行者谓耕垦熟成垦、起屋、种桑之类量出工力钱还佃人。今未措置如可施行，即乞明(坐)[降]指挥，镂板暝示，庶得民间通知，着业者众"，

---

① 《宋大诏令集》卷一八二《募民耕旷土诏》，第660页。

② 《建炎以来系年要录》卷一七二，绍兴二十六年三月己巳。

史料记载较《建炎以来系年要录》记载更详[1]。隆兴二年(1164)十二月宋金议和以后,宋政府又采取了一系列措施来恢复两淮的农业生产。乾道元年(1165)正月,即"诏两淮民户并已复业,宜先劝课农桑,若不稍优其赏,窃虑无缘就绪"。田地"许民户租佃,五年后量立租课,不得科扰"。

此项政策的目的,就是要使回归的农户安心从事农业生产,五年内免税,满五年后轻税,从而使因战争破坏的包括泰州在内的淮南东路地区的农业经济尽快恢复起来。

宋代泰州地区农业另外一项值得注意的是,稻麦复种技术的推广。

随着大量土地的开垦,农业生产开始向深度发展,复种的技术得到了推广,麦稻两熟制逐渐普及。据《吴郡图经续记》和《吴郡志》引述赵霖奏折反映,北宋神宗时吴郡已有江南稻麦复种的情况。[2] 这些最早的记载表明,苏南稻麦复种在宋代已出现,但它的实行仍受人力、土壤适宜等条件的制约,因而还不能说已经达到全面普及的地步。其实类似的情况也出现在淮南东路的泰州。由于两宋之际习惯面食的北方人大批流寓江南,麦价陡涨,加上当时租佃农民如实行稻麦复种,可以只纳秋课,不交麦租,在这样情况下,人们自然"竞种春稼,极目不减淮北",这些春稼,显然包括与水稻复种的冬麦。南宋有关稻麦复种的记载明显多了起来。

江南北地区适宜种植水稻,在耕作技术提高的基础上,劳动人民在实践经验的基础上还培育了许多水稻优良品种,籼稻、粳稻优良品种达几十种之多,其中的籼稻与粳稻是水稻的两种类型,宋代人习惯上称之为小禾、大禾,或者小米、大米。大禾谷就是粳稻,粒大而有芒;小禾谷也即是籼稻,也称之为"籼为小米,

---

① 《宋会要辑稿》食货二《营田杂录》之一四,第4832页。

② 详可参看范成大《吴郡志》卷一九《水利》下载赵霖奏文,江苏古籍出版社1999年版,第287—290页。

粳为大米”。籼稻与粳稻除了在米粒大小、品味优劣上有差别外，产量以及对于土壤的适应性也有所不同。粳稻产量很低，得米少，在许多生产条件差的地方，除了输官纳税以外，“非上户不得而食”。籼稻出米数量较多，为大多数中产以下日常所食。粳稻对于土壤的要求很高，“非膏腴之田不可种”，因此丘陵山区以及土壤贫瘠得地区都不可以种植粳稻。籼稻则“不问肥瘠皆可种”。因此，籼稻虽然品味较差，但是其产量比较高，适应环境的能力比较强，因此成为了宋代普遍种植得稻种。

小麦则是仅次于水稻的江南重要的粮食作物，小麦的品种也有短麦、晚麦、淮麦等品种。粟的品种则几乎包括了现在被称之为穈、谷粟的所有作物，其他如豆、荞麦等的品种也在泰州地区大量增加。同时值得注意的是，与稻麦复种并行的是油菜的种植。

日本学者周藤吉之先生依据《务本新书》认为油菜是稻子的复种作物[①]，这在南宋时期的江南就得到了集中体现。稻麦（豆、油菜）复种成为油菜与稻、麦复种的重要补充，也成为适应江南不同地形的重要蔬菜品种。

与白菜同属的油菜，是世界四大植物性油料作物（大豆、花生、向日葵、油菜）之一，在宋代也得到了极大的发展。油菜既有实用的油用价值，而根据记载又有食用价值。宋人项安世的诗——《自过汉水菜花弥望不绝土人以其子为油》和内容“油灯夜读书千卷，齏臼晨供饮十年”，并明确指出油菜具有两种重要用途[②]。在这首诗中，我们看到种植油菜，以菜子榨油已成为主要的家庭副业。复种指数较高，既有早晚禾双季稻连作的时间及概括，也有油菜、小麦与晚稻的稻麦菜连作的描述，而即使在

① ［日］周藤吉之《南宋稻作の地域性》，载氏著《宋代经济史研究》，东京大学出版社1964年版，第81页。

② 项安世《平安悔稿》卷三《自过汉水菜花弥望不绝土人以其子为油》，《宛委别藏》本，江苏古籍出版社1988年，第128—129页。

同一家的不同地块也因地制宜提高复种指数，正是南宋利用油菜、小麦、晚稻实现轮作的典型例证。而油菜的种植在泰州也有诗为证：毛珝的诗《吾竹小稿·海陵》中有“绕城无数菜花黄”，及紧随其后的《海陵之堡城（三首之三）》“边声藉藉早秋风，稻未黄时枣又红”，就描绘了这一点①。诗人毛珝，字元白，号吾竹，三衢（今浙江衢州）人，寓居泰州。有诗名于端平年间（1234—1236），著有《吾竹小稿》一卷，李龚为之作序，序中称毛珝“诗人之秀者”，说明了南宋中期泰州海陵地区的稻与油菜等作物复种的景象。

（二）水利设施的兴建

宋代政府注意发展水利建设，兴修水利等成为宋代州县长吏的重要职责，固然主观上由于水利工作在宋代是直接与考课相联系，但任职于泰州的官员们对所属地的水利事业确实是很重视。

为了更好地利用近海的土地，阻止海潮的袭击，宋代在江苏沿海地区修筑了大量的捍海堰，其中以苏北地区的捍海堰最为著名。苏北沿海地区沙岸地势低洼，地面高度在2—5米之间，最低仅1米左右，而沿海高的海潮位一般为2.5至5.5米，最高时达3.2至7.3米。由于潮位大大高于陆地，每当大的潮水到来时，田舍淹没，人民流离失所。因此，修筑抵御海潮的堤坝在所难免。唐代李承曾组织民夫，修筑了苏北的防海潮大堤“常丰堰”。常丰堰到了宋初虽然经过了泰州知州王天祐等人的修修补补，但是作用并不是太大。天圣年间，范仲淹来到泰州任西溪镇盐仓推官，正值秋潮为患肆虐，范仲淹满怀“有益天下之心”，上书泰州知州张纶，建议急速修复捍海堰，以救万民之灾。经朝廷批准，并命范仲淹为兴化县的县令负责修筑泰州捍海堰。天圣二年（1024），范仲淹征调民夫4万多人修堤，前后历时四载，

---

① 毛珝《吾竹小稿·海陵》，收入《江湖小集》卷一二，文渊阁《四库全书》，第1357册，第92页。

终将捍海堰修成。堰长 25696.6 丈(合 71 公里),堰基宽 3 丈(合 10 米),高 1 丈 5 尺(合 5 米),顶宽 1 丈(合 3.3 米)。海堤建成后,随即产生了效益,当年秋收丰盛,三千户流民定居下来,渔盐各业复苏兴旺,后人为表彰范仲淹修堤的功勋,这就是"范公堤"。

北宋至和年间(1054—1055),海门知县沈起调集民夫灶丁,筑堤 70 里,连接范堤,并延伸至吕四场,称"沈公堤"。进入南宋,政府官员又有扩充。绍兴二十七年(1157)冬十月,《宋史.高宗本纪》记载:"诏筑通、泰、楚三州捍海堰",南北捍海堰连成了一线。其后经过了海潮的冲刷,中间的部分屡遭破坏。到孝宗乾道七年(1171),泰州知州徐子寅又加以修补,并建议各盐场设立使职负责堰堤的修筑。这样苏北的防止海潮侵袭的大堤基本修筑完毕。

海堤等水利设施的修建,保障了民众能够安定的生活,同时保证了航运的便利。为宋代乃至后世泰州人民能够进行生产生活提供了保障。

三、手工业

泰州盐业是手工业的重要一环,这一点在前目中已经有了较多的论述,在此不赘。这里介绍一下泰州其他的手工业部门。

宋代泰州的手工业也得到了一定程度的发展,尤其是造船业及漆器、瓷器等手工业发展很快。

江淮地区历来是鱼米之乡,这里从地理上说又是河湖交错,水网纵横。因此,这一地区的造船业历来都十分发达。造船业同其他行业一样,也有官营、民营的区别。官府造船业由造船务负责,在一些既有山林可代、又有水路交通的地方,设置船场,专门打造。苏南的苏州及镇江以及苏北的楚、泗、真、扬州等地方都是两宋造船场的所在地,也是造船的中心,官府造船的规模较大,在这些造船场附近,宋政府还往往设有买木场,专门供应造船所需木料。官府所造船只可分为漕船、战舰和远航海船等种类。泰州境内也是河流众多，虽然比不上上述几个地方造船业发达，但小型船舟也是民众出行的代步工具。这从宋代诗人贺铸的诗里就可以得知一二，如《海陵喜雨》:“须晴径买一渔艇，想见横塘深半篙。”[①]《海陵书事》:“老乌啄屋巫呼鬼，野艇横门米换鱼。”[②]都反映了泰州运用渔艇进行水上运输的情形。

具体到泰州地区实际情况，由于需要盐业运输需要大量的外运，因此对造船业也是十分看重。泰州地区重视的船只主要体现在渔艇的运用上，这些有用于远洋的大型货船、用于短途运输的商船和民众使用的小型船只。盐、粮食等大宗货物通常采用海运或经由大运河北上直达京都，往来客商多有专门的商船运输盐、茶叶、丝麻制品。大量的泰州产盐往往通过舟艇运往买纳场，成为泰州盐业的重要组成部分。

宋代泰州的手工业除了造船业，还包括漆器瓷器的生产。宋代的漆器生产，不仅包括官方设有漆器生产的专门管理机构，民间作坊也很普遍制作漆器，反映出漆器工业民用化的特点。宋代漆器一类为采用雕漆、戗金、螺钿镶嵌等工艺装饰的豪华高档的漆品，另一类就是质朴无华的光素漆器。这类漆器的产品最多，使用也最广泛，代表了宋代漆器的主流，形成了独特的风格和时代特征。宋代漆器具有强烈的时代风格，一反唐代装饰纹样的丰满富丽，而以清新淡雅的面貌出现，更以式样翻新、色泽朴素大方见长，宋代一色漆器非常流行，一色漆器制作精巧考究，造型美观，胎体轻薄，比例匀称规矩，除以往的方、圆形的盘、碗外，起瓣分棱成为这类漆器的明显特征，与宋代的瓷器造型很相似，有着浓郁的时代气息。髹涂漆色以黑色居多，紫色次之，也有朱漆的，均不施点缀，以器物造型的曲线之美，达到其艺术效果。

---

① [宋]贺铸著，王梦隐、张家顺校注《庆湖遗老诗集校注·拾遗》，河南大学出版社2008年版，第468页。

② 《庆湖遗老诗集校注·拾遗》，第465页。

新中国成立以来，在泰州地区发现了一批北宋墓葬，尤其是从近几年的泰州考古发掘来看，宋代泰州墓葬中出土有以下一些手工业品，其中有1999年在泰州市东郊鲍家坝泰州市第一职业中学发现了3座北宋墓葬、2006年在泰州市海陵区东进西路南侧发现15座北宋墓葬。整理这几座墓葬的情况，1999年发现的姜仁惠家族墓中出土文物以漆木器为主，另有少量铜器及玉石器；2006年发现的15座墓则是出土器物以陶瓷为主，有少量的漆木器和文房用品。反映了不同家族和丧葬习俗。但这些器物均可看出泰州在北宋时期的手工业发展水平。

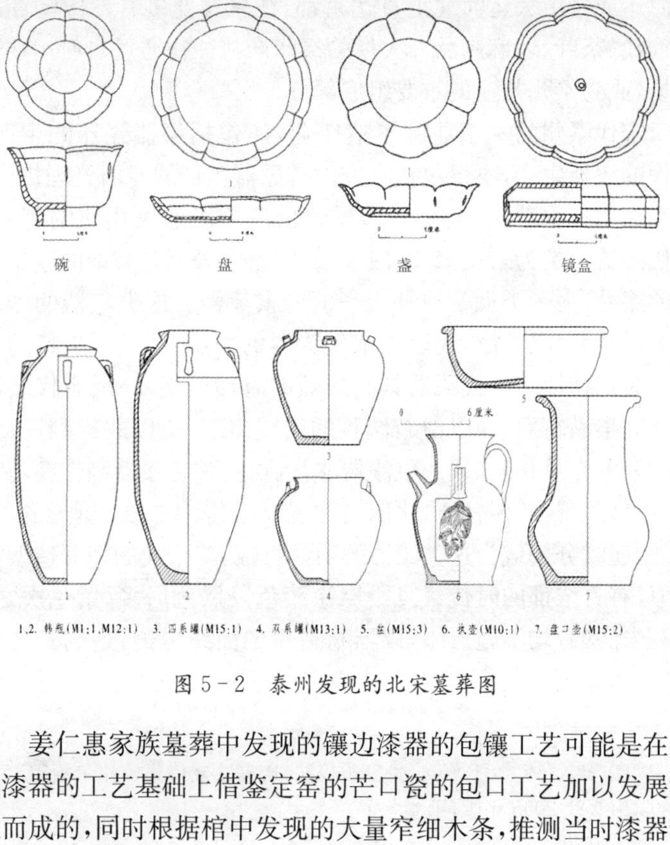

图5-2　泰州发现的北宋墓葬图

姜仁惠家族墓葬中发现的镶边漆器的包镶工艺可能是在一色漆器的工艺基础上借鉴定窑的芒口瓷的包口工艺加以发展演化而成的，同时根据棺中发现的大量窄细木条，推测当时漆器制作工艺采取的是木条圈叠做胎的技术，它的优点在于把各圈接口错开，分散了木材的应力，使器物不易变形，在漆工艺上是一大进步。反映了泰州地区手工业者技艺的精湛。而镶边漆碗底部朱书“泰州囗李家”五字，宋代漆器的铭文多为朱书，这也是宋代漆器的一个特点；带有文字的竹片，根据其所刻铭文及其上面小孔推测，可能起商标和价格牌的双重作用。这和湖州镜上的铭文一样，说明宋代工匠已有了强烈的品牌意识，同时也说明了汤十二的漆器制作工艺在泰州地区也是比较有名的。以往发现的漆器制作地有江宁、常州、苏州、杭州、湖州、温州、四明、歙州等地，此次发现使得漆器的制作地又增加了泰州，说明了泰州地区在宋代也应有一席之地。而且从漆器制作工艺水平来看，泰州制作的漆器质量不逊其它地方，这为研究宋代的漆器制作工艺及产地分布提供了新的实物资料①。

四、商业和城市

宋代江淮地区的商品经济，得到了一定程度的提高。总的来看，有比较快的发展，虽然该地区的自然经济仍占主体地位。但江淮地区的农业经济，在量的方面有较大增长的同时，与商品经济相关的商品性农业更有突出发展，呈现出日益繁荣的景象。主要有以下几种表现：

图5-3 长条形银铤，泰州市博物馆藏，引自《泰州馆藏珍宝》

进入流通市场的商品数量不断增多，商品的品种类别日益多样

① 详见泰州市博物馆《泰州市北宋墓群清理》，《东南文化》2006年第5期；《江苏泰州宋代墓葬群清理简报》，《东南文化》2008年第4期。

化，其中有很大部分是农产品。当然也有一定数量的手工业用品。如丝织品，而泰州商品经济的发展也有一定程度的体现。《夷坚志》甲志卷五中记述：

林敭明甫言，绍兴六年，寓居江阴。时淮上桑叶价翔踊，有村民居江之洲中，去泰州如皋县绝近，育蚕数十箔。①

在泰州如皋县附近，“育蚕数十箔”，可见，南宋初年以蚕丝为主要载体的丝织业在泰州附近已有出现，并有一定程度的发展。

其次，泰州城内尚有城隍庙。这也在《夷坚志》中得以体现：

天台士人仇铎者……浮游江淮……乾道元年秋……因出游泰州市。径与入城隍神祠，焚香代诉，始入庙。②

可见，城隍本义就是城墙和护城河。东汉班固《两都赋序》中就有：“京师修宫室，浚城隍。”修浚城隍可视为修建城池之标志。祭祀城隍神的例规形成于魏晋南北朝时。唐宋时城隍神信仰滋盛。宋代列为国家祀典。宋代赵与时记载芜湖城隍祠时说到：“建于吴赤乌二年，高齐慕容俨、梁武陵王祀城隍神，皆书于史，则又不独唐而已。”③可见，宋时城隍的修建已超越前代。循此视角，亦可发现宋代泰州的发展。

泰州城市的商品经济还可以从另外一个侧面来展现，就是泰州城的规模可以管窥。关于宋代泰州城范围在史书中缺少记载，但爬梳文献和依据北宋墓葬地点的分部，得到了一些线索。五代北宋时期，明确记载泰州城规模的主要是五代南唐泰州城

---

① ［宋］洪迈《夷坚志》甲志卷五《江阴民》，中华书局 1981 年版，第 42 页。

② 《夷坚志》乙志第一七《女鬼惑仇铎》，第 328 页。

③ ［宋］赵与时《宾退录》卷八，上海古籍出版社 1983 年，第 103 页。

的记载,南唐升元元年(937)"以褚仁规为刺史,筑罗城二十五里,濠广一丈二尺"①。罗城周长 25 里,这大体就是五代南唐时期泰州城的规模。

进入北宋,北宋上承五代,从褚仁规为泰州刺史到北宋灭亡(1127),泰州社会安定,但其政治、经济、文化、军事上的地位项较于杨吴、南唐这种地方政权明显下降,再加上工程巨大,地理环境的制约,重修扩建的可能性不大存在。不然的话宋高宗也不会在建炎四年(1130)对岳飞"有诏:泰州可战即战,可守即守,如其不可,且于近便沙洲保护百姓,伺便掩击。(岳)飞顾敌势盛泰无可恃之险。初三日,全军退保柴墟"②。可见泰州地区无险可守,旁证在北宋时期,泰州当没有什么大规模的修城活动,再加上上世纪 50 年代初在泰州市北郊森森庄发现姜仁惠家族墓,时间从 1056 年到 1086 年;蒋师益家族墓时间从 1094 年到 1123 年,时间大体相当于北宋中后期,而且将其与明《万历泰州志》中所绘制的泰州城规模相比照,发现正位于泰州城的北郊和东郊,现残存明泰州的护城河(即今之东城河)其周长就在 25 里左右,据此可以大体推知从五代南唐以来,泰州城一直维持着周长 25 里的规模,其位置基本上也保持不变,即今环城河以内地区。

2009 年,江苏泰州凤城国际工地施工人员,挖到了一段"古城墙"。与"古城墙"比邻的是一奇怪的拱形建筑。经专家初步认定,拱形建筑是建于宋代的古泰州南城墙下的"水关"。古城墙呈南北方向。紧挨着这段"古城墙"的是一个拱形建筑,由青砖砌成。经过测量宽约 1.2 米、高约 1.5 米,初步勘察确定,此地是古泰州城南城墙,拱形建筑是南城墙下的"水关",或称"水门"。当时,从南门出入泰州城的船只,都要经过"水关"。"水

① 《崇祯泰州志》卷二。

② [宋]岳珂《鄂国金佗稡编续编》卷一七《百氏昭忠录卷一》,中华书局 1989 年版,第 1404 页。

关”西侧的古城墙，实际上是保护“水关”的防护墙。

根据古代城市的基本常识来看，“水关”的发现就可以基本确定古泰州南城墙的具体位置。“水关”往北是泰州城，向南即到了城外。从“水关”的建筑特点、青砖的结构等分析，大约为宋代。古泰州城墙，分东南西北四个方向，每个方向至少有一个“水关”。这将为进一步揭示宋代泰州城增添十分重要的实物资料。

五、泰州的货币盐价史料

综上可见，盐业在宋代泰州社会经济发展中起着至关重要的作用。而要充分认识宋代泰州，绕开盐业是不可能的。有鉴于此，笔者搜集了有关淮南泰州盐价的相关史料，对两宋有记载的泰州盐价史料按年代先后顺序进行排列，以期通过盐价这个晴雨表，来揭示宋代泰州盐价和社会经济生活的一些侧面。

太宗太平兴国二年二月十八日，三司言：“……淮南诸旧禁法卖盐处，斤为钱四十，内庐、舒、蕲、黄、和州、汉阳军去建安军水路稍远，斤为钱五十。”①

仁宗天圣元年六月十四日，三司盐铁判官俞献卿言：“奉诏与制置茶盐司同规画淮南通、泰、楚州盐场利害……[亭户所纳牛价盐]……只于本州岛出卖，每石收钱一千三百足，展计一千六百九十文省，官有九倍净利。……”②

[明道二年]于是，参知政事王随建言：“淮南盐……愿得权通商三五年，使商人入钱京师，又置折博务于扬州，使输钱及粟帛，计直予盐。一石约售钱二千，则一千五百万石

① 《宋会要辑稿》食货二三之二〇，第5184页。

② 《宋会要辑稿》食货二三之三一，第5190页。

可得缗钱三千万,以资国用。”①

嘉祐以来,职方员外郎黄炳秉传会所属监司及知州、通判议,谓虔州食淮南盐已久,不可改第损近岁所增官估斤为钱四十……诏用炳等策……②

[绍兴二年]二月五日,户部侍郎兼提领榷货务都茶场柳约言:“大江久缘盗贼阻隔,客贩不通,江南、荆湖、淮南、京西州军盐价,每斤有卖及两贯已上去处。……”③

[绍兴]四年正月五日,诏:“榷货务见卖淮浙盐钞,每袋于钞面前上添钱三贯文省,通计二十一贯文……是岁九月,以入纳迟细,减所添钱三贯,依旧作一十八贯文。”④

[乾道七年六月]十七日,户部侍郎、提领榷货务都茶场叶衡言:“……以淮东、二浙盐货出入之数论之,然后知其私贩之多也。淮东岁额盐二百六十八万三千余石,去年两务场卖淮盐六十七万二千三百余袋,总收钱二千一百九十六万三千余贯。然淮东盐灶止四百一十一所。二浙额盐共一百九十七万余石,去年两务场卖浙盐二十万二千余袋,总收钱五百一万二千余贯,而二浙盐灶乃计二千四百余所。……”

最后两则史料值得特别注意,绍兴四年(1134)的史料反映了官卖盐的批发价,因为关于南宋淮浙盐市场价格的记载较少,故收录少量官卖盐批发价,这个价钱可以看做是零售价的底价,每袋盐重三百斤,则一斤盐六十文省。可以此为基准,分析南宋的盐价发展走向。而乾道七年(1171)的史料可以推算淮盐批发价每斤约一百〇八文,浙盐约八十二文。

① 《续资治通鉴长编》卷一一三,仁宗明道二年“是岁”,第2654—2655页。

② 《宋史》卷一八二《食货志·盐》,第4442页。

③ 《宋会要辑稿》食货二六之三,第5235页。

④ 《宋会要辑稿》食货二六之二一,第5244页。

第三节 文化教育

结束了五代十国割据的宋代，进入了一个相对和平统一的时期，这是中国历史上经济与文化教育最为繁荣的时代之一。陈寅恪曾说："华夏民族之文化，历数千载之演进，造极于赵宋之世。"①有宋一代，不但经济获得了长足的发展，而且由于统治者对文教方面的重视，思想文化领域也逐渐活跃起来。这一时期儒、佛、道思想相互渗透，汉儒的章句训诂之学被学者们抛弃，取而代之的是对儒学经典义理的探索，宋学逐渐形成，可以说宋代是一个思想文化各方面创新发展的时代。而作为国家重要的盐业重地的泰州，其文化也达到了极其昌盛时期，崇文兴教成为其社会发展的重要方面。

一、"名城名宦交相重"

宋代泰州是一个经济文化高度繁荣时期。这时泰州的州治区域扩大，并且拥有着对海盐的管理权，因此许多的文人名士在此做官。他们不但关心民间疾苦，造福了一方百姓，也为泰州留下了宝贵的精神财富。

开宋代泰州兴文先声的乃是南唐老臣徐铉与泰州刺史陶敬宣。在此之后，有许多的文人墨士都在泰州留下了他们的足迹。北宋朝廷在泰州东台的西溪设置了盐官，"北宋三相"吕夷简、晏殊、范仲淹都曾在泰州西溪担任过盐官，滕子京、晏殊、刘攽等也都在泰州担任过官职。在他们任职泰州期间，给泰州文化留下了宝贵的财富，尤其是一代文臣范仲淹，不仅为泰州带来了保一方平安的范公堤，更为人们树立了"先天下之忧而忧"的儒生风

---

① 陈寅恪《金明馆丛稿二编》，上海古籍出版社 1980 年版，第 245 页。

范。当然，这一时期的泰州也是名人辈出，比如著名的理学家、教育家，宋初的三先生之一的胡瑗，还有周孟阳、王俊乂等著名人物。这些在泰州做官的文人雅士与当地的贤人一起，共同谱就了宋代泰州文化的辉煌。正因为此，才有了赵朴初先生“州建南唐，文昌北宋，名城名宦交相重”[①]之说。

(一) 泰州“五贤”与文会堂

北宋祥符八年(1015 年)，范仲淹和滕子京同登进士第。天圣元年(1023 年)二人同到泰州，范仲淹任西溪盐监，滕子京任泰州军事推官。之后，他们又结识了泰州人胡瑗、周孟阳和随父来泰州的洛阳人富弼，五人意气相投，经常在一起谈文论道，遂成莫逆之交，被乡人称为“五贤”。

在五贤当中最为值得大书特书的两位人物当属“先天下之忧而忧，后天下之乐而乐”的范仲淹和安定先生——胡瑗。

范仲淹(989—1052)，苏州吴县人，字希文。天圣元年(1023)到泰州任西溪盐官，在泰州任官期间，他不但关心人民疾苦，而且与许多当地的文人贤士多有交往。范仲淹在泰州任职期间，关心民间疾苦，在江淮发生蝗灾时，极力向朝廷请求开仓赈恤灾民；他看到海潮肆虐，民不聊生，就上书朝廷，建议重修捍海堰。据史书记载，捍海堰修复后，“复业者三千六百户，民享其乐”[②]，为了纪念范仲淹的功绩，人们把这条捍海堰称作“范公堤”。在如皋城里，还建了三座祠堂纪念他，一座在东水关内，叫范文正公祠；一座在北门外，叫报功祠，合祀范仲淹与郑端简；还

---

① 赵朴初(1907—2000)，卓越的佛教领袖、杰出的书法家、著名的社会活动家，伟大的爱国主义者。1993 年，赵朴初先生为光孝寺的修复，亲临泰州。在泰州，赵朴初先生写了一首《踏莎行》：“州建南唐，文昌北宋，名城名宦交相重。月华如练旧亭台，清词范晏人争诵。朗润明珠，翩仙彩凤，梅郎合受千秋供。重光殿宇古招提，放翁大笔今堪用。”寥寥几笔，勾画出了人杰地灵的泰州的人文风貌。如今在泰州名迹梅兰芳公园和光孝寺都能见到这首词的碑刻。

② 《道光泰州志》卷二〇《名宦》，第 213 页。

有一座在南门内，叫二贤祠，合祀范仲淹和胡瑗。不仅如此，范仲淹还与当地文人贤士多有交往，并向朝廷举荐了许多人才。胡瑗就是范仲淹向朝廷举荐的，史书记载："范仲淹荐瑗，白衣对崇政殿。"①许元因善理财，也由范仲淹推荐任江浙荆淮制置发运使。随父来泰州的富弼也受到范仲淹的美誉，后来成为范仲淹实行庆历新政的主要帮手。滕子京更与范仲淹是莫逆之交。可以说，在当时的泰州，以范仲淹为中心，形成了一个文化圈。这成为北宋泰州文化的高度繁荣的关键。

胡瑗（986—1059），泰州如皋人，字翼之，世称安定先生，是宋初著名的大儒，也是杰出的教育家。胡瑗与孙复、石介并称宋初三先生，是宋代理学酝酿时期的重要人物。胡瑗精通儒家经术，讲"明体达用之学"。他认为儒家的纲常名教是万世不变的"体"，而儒家的诗书典籍是垂法后世的"文"，把体、文付诸实际，可以"润泽斯民，归于皇极"，达到民安国治、维护封建统治的目的，这就是"用"。他的"明体达用之学"，对宋代理学有较大影响。他也是著名的教育家。在其理学思想指导下的"苏湖教学法"，影响了整个北宋。

图 5-4　胡瑗像

文会堂是当时任泰州军事推官的滕子京为方便五人聚会而建造的以文会友的场所。文会堂建成后，范仲淹应滕子京之邀作了《书海陵滕从事文会堂》：

① 《宋史》卷四三二《胡瑗传》，第 12837 页。

东南沧海郡，幕府清风堂。
诗书对周孔，琴瑟亲羲皇。
君子不独乐，我朋来远方。
一学许查周，三迁徐陈唐。
芝兰一相接，岂徒十步香。
德星相聚会，千载有余光。
道味清可挹，文思高若翔。
笙磬相同声，精色俱激扬。
栽培尽桃李，栖止俱鸾凰。
琢玉作镇圭，铸金为干将。
猗哉滕子京，此意久而芳。①

后来滕子京谪守巴陵郡时建造岳阳楼，也是请范仲淹作文，就是著名的《岳阳楼记》，其中名句“先天下之忧而忧，后天下之乐而乐”，与此诗中“君子不独乐”可谓如出一辙。范仲淹摄兴化县知事时，建文庙，筑学宫，亦设有文会堂，曾请滕子京讲学。景祐二年(1035)，范仲淹为苏州郡守，建郡学，庆历元年(1041)，滕子京任湖州知州，建州学，都曾请胡瑗执教，从而创立了“苏湖教法”。这一切都与泰州文会堂息息相关。现在，在泰州东城河畔，新开辟了一座“文会堂”的景观，有范仲淹和滕宗谅、胡瑗等人的塑像，以此纪念这段历史。

(二)“一学许查周”

宋代泰州人才辈出。前揭范仲淹诗中称：“一学许查周，三迁徐陈唐。”其中“许查周”，就是指当时泰州著名的三大文化名人许元、查道和周孟阳。

许元，宣州宣城人，字子春。曾在海陵做官，居海陵南郊。

① 《道光泰州志》卷二〇《名宦》，第204页。《道光泰州志》和《范文正公集》都引有此诗，但“一学许查周，三迁徐陈唐”二句在《范文正公集》已脱，今依《道光泰州志》。

图 5-5　泰州文会堂前范仲淹、滕子京、胡瑗塑像

许元善于理财,《宋史》称其“为吏强敏,尤能商财利”[①]。因之被范仲淹推荐任江浙荆淮制置发运使,不久擢天阁待制。许元还以孝道闻名。当时许元在泰州建了一座小花园,文学家欧阳修在庆历八年为他写了《海陵许氏南园记》,极力称颂许元的孝悌和家人之间其乐融融的现象:“衣虽敝,兄未易衣不敢易;食虽具,兄未食不敢先食。”“予见许氏孝悌著于三世矣。凡海陵之人过其园者,望其竹树,登其台榭,思其宗族少长相从愉愉而乐于此也。”[②]王安石为其弟许平作《泰州海陵县主簿许君墓志铭》,亦谓许平“与兄元相友爱,称天下”[③]。从两位名家的极力称赞

① 《宋史》卷二九九《许元传》,第 944 页。

② [宋]欧阳修《欧阳修全集》卷四〇,《海陵许氏南园记》,中华书局 2001 年,第 580 页。

③ [宋]王安石《临川先生文集》卷九五,中华书局 1959 年版,第 985 页。

中，足见许家兄慈弟孝之情景。

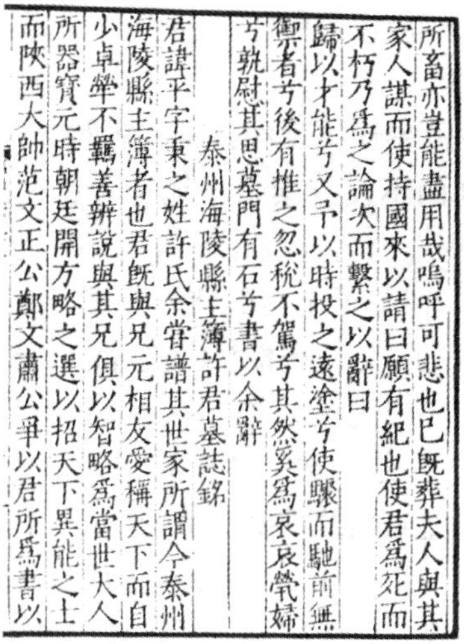
所畜亦豈能盡用哉嗚呼可悲也巳既葬夫人與其家人謀而使持國來以請曰願有紀也使君爲死而不朽乃爲之論次而繫之以辭曰

歸以才能兮又予以時投之遠塗兮使驟而馳前無禦者兮後有推之忽稅不駕兮其然奚爲哀哀煢嫠兮孰慰其思墓門有石兮書以余辭

泰州海陵縣主簿許君墓誌銘

君諱平字秉之姓許氏余甞譜其世家所謂今泰州海陵縣主簿者也君既與兄元相友愛稱天下而自少卓犖不羈善辯說與其兄俱以智略爲當世大人所器寶元時朝廷開方略之選以招天下異能之士而陜西大帥范文正公鄭文肅公爭以君所爲書以

图 5-6　四部丛刊《临川先生文集》书影

查道，字湛然，泰州人。33 岁时考中进士，从此踏入仕途，官至龙图阁待制。查道为官清廉，办事干练，很受皇帝的赏识。据《宋史》记载："真宗退朝之暇，召冯元讲《易》便坐，惟道与李虚己、李行简预焉。"[①]泰州城北的紫藤街如今还有查道故居，据说紫藤街上那棵紫藤也是查道手植。查道最为著名的也是他的孝行。据史书记载，他因为母亲生病想吃鳜鱼汤，时值隆冬，无处购买，即不顾天寒地冻，到河中凿冰钓鱼为母亲做鳜鱼汤。其母有病，查道还划破手臂用血来抄写佛经，祈盼母病早日康复。

周孟阳(1006—1074)，字春卿，泰州人。举进士，为潭王宫教授、诸王府记室。宋英宗"以其质厚"[②]，对其极为倚重，即位伊始，即加直秘阁、同知太常礼院，迁集贤殿修撰、同判太常寺兼侍读。神宗初立，拜天章阁待制。他与胡瑗、范仲淹、富弼、滕子

① 《宋史》卷二九六《查道传》，第 9878 页。

② 《宋史》卷三二二《周孟阳传》，第 10447 页。

京被乡人称为“五贤”。如今，泰州鼓楼路上的周桥与旧南山寺中的宝塔都是当年周孟阳所建。

（三）诗词泰州

宋代文化的昌盛还体现在诗词和各种著作的涌现。当时，在泰州留下诗词的不仅有泰州本地贤人和在此为官的文人雅士，还有许多历史上的名人也在此留下了墨迹。通过这些诗词文章，他们给泰州留下了丰富的精神财富。南唐老臣徐铉在贬谪泰州期间，留下了《海陵登楼》、《暮春桥下》、《陶使君敬宣挽歌声》等诗词，开泰州宋代兴文之先风。作为一代大文豪的范仲淹当然就更不必说了，他为文会堂作的《书海陵滕从事文会堂》是纪念泰州文化昌盛时期的重要诗作，他写的《西溪牡丹》，与吕夷简的《西溪牡丹》一诗交相唱和，歌颂了西溪牡丹的艳丽。一代忠臣文天祥奉命至元营谈判，被元丞相伯颜拘留，在北解途经京口（今江苏镇江）时潜逃。他夜渡瓜洲，经真州（今江苏仪征）、扬州、高邮抵达泰州。在滞留泰州之日，曾赋诗《泰州》、《发海陵》、《旅怀》等几首诗词，表达了自己的感触。另外，苏轼、苏辙、秦观、王安石、陆游等也留下了关于泰州的诗词。陆游为泰州光孝

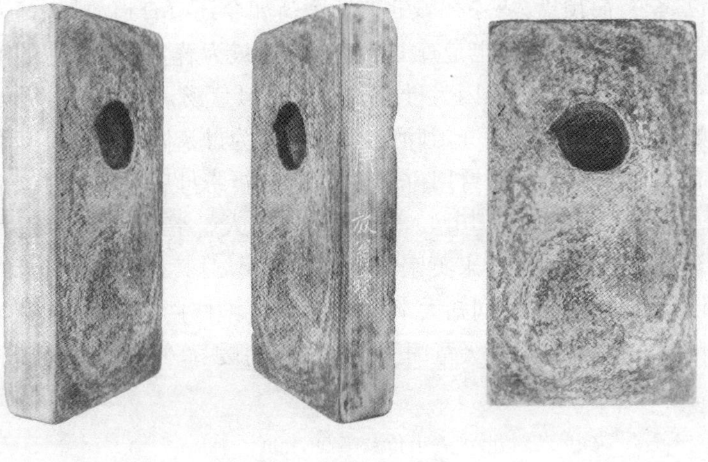

图 5－7　据记载陆游用过的松皮纹砚，泰州市博物馆藏，引自《泰州馆藏珍宝》

寺写的《报恩光孝禅寺最吉祥殿碑》，被赵朴初先生称为“放翁大笔今堪用”。泰州有一处亭曰浮香亭，在旧州署藕花洲后，是绍兴十年(1140)州守王映初建，额有“浮香”二字，为宋宁宗赵扩所书，秦观在此作《浮香亭梅花》诗，后苏轼、苏辙等争相唱和。在理宗绍定元年(1228)，州守陈垓重建此亭，扩刻宁宗御书为匾，将秦观、参寥、苏轼、苏辙四人《和梅花原韵》诗都勒石于壁，称“四贤诗”。

除此之外，值得一提的还有在嘉熙、淳祐年间四次在泰州任官的陈垓。他不但在泰州迁贡院、兴学院和楼台亭馆，使州人大享其利，也留下了不少关于泰州的诗词文章，使人们依旧能窥见当日文化的繁盛。如今，在泰州的望海楼景点之一的碑苑中，有20块形状大小材质各异的石碑，展示了20首古往今来文人歌咏泰州的诗词，从中依稀可以看到当时泰州的文人骚客们留下的痕迹。

(四) 仁义富豪——姜仁惠

除了这些大文豪、理学家，还不得不提的是泰州巨商姜仁惠。他是泰州本地的一名富豪，对当地的文化曾做出了很大贡献。在史书上，过去并没有他的任何记载，但在建国初期泰州出土的一个墓葬中，人们却发现了这位富豪的事迹。当时出土的石质墓志铭——《宋故将士郎守泰州司马姜仁惠墓志铭》，记载了这位富商的资料。

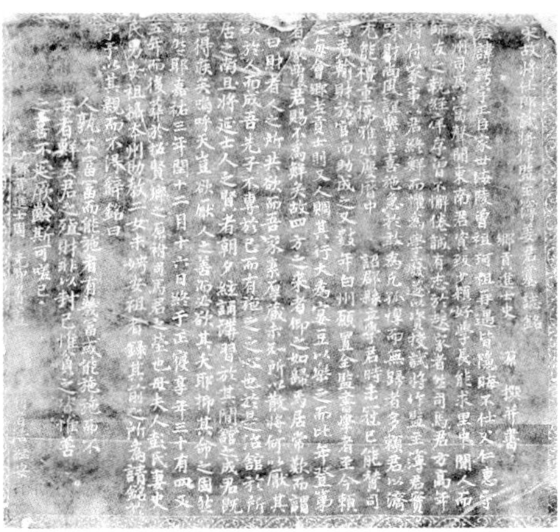

图5-8 姜仁惠墓志铭，泰州市博物馆藏

姜仁惠，字公济，泰州海陵人。靠

经商发家,“因贷亲友间缗钱,贸迁道途,垂二十年,委粟藏镪,卒数十万,豪夸闾里”。在致富之后,他也不忘乡亲,做了很多有益于地方的好事。他经常救济灾民,明道年间(1032—1033),泰州发生严重灾荒和瘟疫,他开仓赈灾,为数百个死者买棺安葬,冬天给灾民送去数千件寒衣。对于泰州文化,他也做出了自己的贡献。他非常关心地方教育,经常鼓励当地学子,为他们送书送文具,鼓励他们积极向学——“尝游乡校,顾谓学者曰,吾乡文物之盛,殆不与往日类,每贡得第者差,众闾乡之童,悉有向学志,然经籍之数尚或未具,予请于州,又出钱数百缗,得全监书,以备览阅。”而且,他还捐资修建水坝,以保一方安宁。姜堰地区经常发生水灾,姜仁惠、姜锷父子就两度出钱出力率领民众筑堰抗洪,最后将堰(坝)迁至靠近运河口的罗塘港,解除了里下河地区的水患之忧。为纪念姜氏父子,人们将堰命名为“姜堰”。随着堰址的迁徙,姜堰地名内涵逐渐扩大而成为镇名。今天,人们将姜氏父子率众筑堰的雕塑矗立在姜堰坝口广场上,以纪念这对仁义父子,已成为姜堰镇的重要标志。

随着传统儒学的日益僵化,早在唐代韩愈就力排佛、道,倡导儒学的复兴。而经过唐末、五代的沉寂,宋朝儒学开始融合佛道二家学说,成为探索义理的新儒学——宋学。“宋学”的产生是宋代文化学术史上最重大的事情,而在宋学发展中起重要作用的宋初三先生、范仲淹等都可以说是“宋学”的先驱。他们的共同追求就是“救时行道”,他们在泰州期间都可谓践行了这一追求。范仲淹的“君子不独乐”,胡瑗的“明体达用之学”,以及在泰州的名宦们济世救民的行动,无疑都阐述着这一点。而作为儒家文化重要组成部分的孝文化,也在泰州得到了重要的体现,这既有许元兄友弟恭的家庭和乐,也有查道的孝母行为,更有姜氏父子的乐善好施的善行,这些都为泰州文化增添了光彩的一笔。

二、教育与科举

宋代是一个文化非常繁盛的时代。其文化的繁盛不仅仅是由于经济的发展，还要归因于宋代发达的教育与科举制度。宋代的学校和科举制度非常完善，当时教育机构不仅有中央的国子学和太学，还有地方州学和郡学，书院也非常鼎盛；而肇始于隋的科举制度到宋代则已经完善。完善的教育和科举推动了宋代文化的发展，而历代贤才辈出的泰州在宋代时文化与教育的发展更是达到了鼎盛时期。这一时期，泰州进士及第者众多，也为宋代教育的发展作出了重要的贡献。

(一) 胡瑗与宋代教育

宋代统治者非常重视教育的发展，其中不能不提的就是胡瑗和他的"苏湖教法"。

作为"宋初三先生"，胡瑗有《周易口义》、《洪范口义》、《春秋口义》、《易传》、《论语说》、《尚书会解》、《武学规矩》等百余卷著作传世；从学弟子数千，名臣学者多出其门。他先后执教于苏州郡学、湖州州学两地，晚年曾任国子监直讲并主持太学，为北宋培养了众多的优秀人才。尤其是他创办的苏湖教法，后来被推广到全国，对北宋教育的发展影响至深。

苏湖教法的主要特点就是分科教学，因此又被称为"分斋教学法"。它主要设置"经义"和"治事"两个专业，"经义"斋重在学习六经义理，而"治事"斋注重研习经世致用之术，同时"治事"又包括农田水利、军事、算数等科，学生们专攻一门主课的同时也兼学别科。《宋元学案》记载："其教人之法，科条纤悉具备。立'经义''治事'二斋：经义则选择其心性疏通，有器局、可任大事者，使之讲明六经。治事则一人各治一事，又兼摄一事，如治民以安其生，讲武以御其寇，堰水以利田，算历以明数是也。"[①]苏

① [清]黄宗羲、全祖望《宋元学案》卷一《安定学案》，中华书局1986年版，第11页。

湖教法中贯彻了胡瑗许多先进的教育思想，主要体现在以下几点：

1. “明体达用”

所谓“体”是指“君臣父子，仁义礼乐”，是封建社会的基本道德标准；“用”是指掌握运用这个基本道德标准去治理国家。故胡瑗主张，教育不能只是为了通过科举考试而谋取功名，而应培养出既精通儒学经典，又能将其学问应用于实践的人才。他将“明体达用”的思想，渗透到教育实践之中，把它作为教育改革和实践的理论基础。这一思想对于当时学术界弥漫的脱离现实、僵化死板的学风开了破冰作用。

2. 首创分科教学，因材施教

胡瑗为了贯彻“明体达用”的教育思想，在中国教育史上首先创立了分斋教学的制度，这种分科教学的方式，既能够使学生领悟到圣人经典义理，又能学到实际应用的本领，以胜任行政、军事、水利等专门性工作。这种教育内容和教学方法取得非常大的成就，培养了一批学有专长的人才。如长于经义之学的孙觉、朱临、倪天隐等，长于政事的范纯仁（范仲淹之子）、钱公辅等，长于文艺的钱藻、腾元发等，长于军事的苗授、卢秉等，还有长于水利的刘彝等。胡缓主持太学后，他的教学方法再次引起轰动，吸引了大批学者前来求学，以致出现了“学者自远而至，太学不能容，取旁官署以为学舍”[①]的盛况。

3. 注意体、美、音乐教育，全面提高学生素质

胡瑗十分强调学生要有一个好的身体。他经常教导学生：“食饱未可据案或欠坐，皆于气血有伤。”[②]因此，他要求学生要适当参加体育锻炼，平时也组织学生进行“射箭”、“投壶”和其它游乐活动。在重视德育、智育的前提下，他也注重音乐教育，注

① ［宋］欧阳修《欧阳修全集》卷二五《胡先生墓表》，第389页。

② ［清］许正绶辑《安定言行录》，《丛书集成续编》本，上海书店出版社1994版，第753页。

意用音乐来陶冶学生的精神情操。如在各种考试之后，他常与学生们会于“肯善堂”歌诗奏乐，至夜始散。在平时，诸斋亦常有弦歌声达于户外，致使路人也驻足倾听。胡瑗的这些教育思想和实践，在中国古代教育史上算是一大开拓创新。

4. 重视社会实践，开展游历考察活动

胡瑗在教学中除重视书本教育外，还组织学生到野外、到各地游历，并列入教程之中。他明确提出：“学者只守一乡，则滞于一曲，隘吝卑陋。必游四方，尽见人情物态，南北风俗，山川气象，以广其闻见，则有益于学者矣。”①不仅如此，他还亲率诸弟子外出游历，让学生们开阔眼界，不只是闭门读书。

此外，他还主张推广普及教育，主张州县办学。他不仅在苏湖地区兴办学校培养了大批人才，还因此推动了全国州县学校和太学的建立，并将苏湖教法推广到全国。庆历四年(1044)，宋仁宗诏令在全国的州县都成立学校，在京都也设立太学，还派人到苏、湖专门学习胡瑗的教学法，并把它作为“太学法”颁布全国。胡缓主持太学后，他的教学方法再次引起轰动，吸引了大批学者前来求学。胡瑗的学术思想由此便广泛传播，这无疑有助于启动新的学术思潮。

胡瑗毕生从事教育，先后在泰州、苏州、湖州和京师太学执教三十年左右，受教育者不下数千人，宋代著名的理学家程颐等都是他的学生，对教育事业作出了很大贡献。胡瑗的教育思想和教学方法，经受了千年历史的检验，今天依旧适用依然熠熠生辉。

嘉祐四年(1059)，胡瑗在杭州逝世，仁宗皇帝追谥“文昭”。如今，为了纪念这位著名的教育家，在泰州迎春路西江苏省泰州中学内还保留着胡瑗讲学旧址——安定书院，这是江苏省最古老的书院之一。

---

① 《安定言行录》，第 755 页。

图 5-9 胡公祠

(二) 科举世家涌现

泰州教育的发达带动了泰州文化的昌盛。宋代泰州人才辈出,从北宋雍熙元年(984)到南宋淳祐年间(1241—1252)的 250 多年中,登上进士黄榜者有百余人,成为全国的楷模。而有几大家族则是著名的文化世家。

在文化世家中最引人瞩目的是泰州的周氏家族。从端拱二年(989)周归贞中进士开始,前后 9 代共有 20 人考中进士,史称海内少见,成为全国少有的文化世家。《道光泰州志》载:"(周敬述)子孙自孟阳而下,登科第仕卿监郎曹者甚。"[1]周家祖籍成都,其祖周敬述时迁徙到海陵。在周家子孙中,最为著名是周孟阳。周孟阳之后有周麟之(1118—1164),字茂振,高宗绍兴十五年(1145)进士,是宋绍兴中博学宏词第一,擢中书舍人,授礼部侍郎、翰林学士,出使金邦,拜同知枢密院,著有《海陵集》。

除周家外,另一个王氏家族也是著名的文化世家。从北宋景祐元年(1034)至清同治元年(1862),共出了 1 名状元和 17 名进士。王氏一门,自王觌之父王惟熙开始,五代共有一名状元、

① 《道光泰州志》卷二〇《名宦》,第 204 页。

六名进士。其中,龙图阁学士王觌、大词人王观和他们的侄子王俊乂是王家家族中最富盛名的三人。

王觌(1036—1103),字明叟,仁宗皇祐三年(1051)与堂兄王观赴开封太学拜胡瑗为师,专心研读仁义礼乐经典。嘉祐四年(1059),年仅23岁的王觌考中进士。王觌其人,性格耿直正义,敢于直谏。历任润州推官、御史中丞、刑、户二部侍郎、龙图阁学士等。他在任润州推官时正值江浙大旱,王觌不惜反抗上官,为民请命免赋。在成都时,主持疏治城渠,百姓感恩戴德,将该渠称为"王公渠"。为权相蔡京等所不容,屡次遭到贬谪,直至安置临江军,郁愤而殁。宋室南渡后,追赠为龙图阁学士。《宋史》记载:"清修简淡,人莫见其喜愠,持正论始终,再罹谴逐不少变。"[①]著有《内制》、《奏议》各三十卷、《王龙图文集》五十卷。

王观(1035—1100)字通叟,著名词人。嘉祐二年(1057)中进士,历任山东单州推官、秘书省校书郎、大理寺丞。王观词赋极富文采,与高邮秦观齐名,后因赋《清平乐》词,为皇太后厌恶,贬为江都知县,自号"逐客"。因事除名永州编管,郁闷而卒。著有《维扬芍药谱》一卷、《诗文集》五十卷、《天鬻子》一卷、《冠柳集》一卷。他的词《卜算子·送鲍浩然之浙东》尤为脍炙人口,其中"水是眼波横,山是眉峰聚",构思极为新巧,极具表现力。王俊乂,字尧明,王观和王觌的堂侄。宣和元年(1119),王俊乂在考选上舍学生时,宋徽宗把他的文章选为第一,成为未经进士科考试而由皇帝钦点的状元。王俊乂一身正气,持才居节,拒不往谒权相蔡京。《宋史》记载:"俊乂与李祈友善,首建正论于宣和间,当是时诸公卿稍知分善恶邪正者,二人力也。"[②]历任吏部员外郎、右司员外郎,后以直秘阁知岳州,47岁时卒于任所,归葬于如皋城内薛家池。著有《易说》十卷,《王俊乂文集》十卷。如今泰州仍有王学士宅和王俊乂的状元坊(八字桥附近牌坊遗

---

① 《宋史》卷三四四《王觌》,第10944页。

② 《宋史》卷三四四《王俊乂传》,第10946页。

址)。王学士宅位于如皋冒家巷(集贤里)南端西侧,系北宋王俊义家族世代居住的地方,也因为王家五代相继及第,乡人称此地为"集贤里"。

三、兴旺的宗教

泰州的佛教和道教都在宋代时达到鼎盛。在这一时期,佛、道、儒之间相互渗透,佛、道迎合儒家的某些观点,倡导仁孝,受到宋代统治者的欢迎,于是统治者利用佛、道来巩固自己的统治。宋代的佛教和道教也开始变得大众化和世俗化,慢慢走向迎合下层老百姓的道路,因此佛、道在下层百姓中也非常盛行。

(一)佛教盛行

泰州曾经是中国最具代表性的佛教名城。宋代是泰州佛教文化的兴盛时期,众多僧寺、尼庵不在少数。如北宋咸平二年(999)建造的庆云寺、天圣四年(1026)建造的福慧寺、南宋咸淳年间建造的寿圣寺等。泰州不仅佛寺众多,而且高僧辈出,被誉为"名僧摇篮"。据民国《泰州志》记述:"名山方丈多为泰人。各县高僧传,亦以泰人为多。"池州杨仁山居士《江苏名山方文录》也说:"江苏名山方文,占泰籍者十之七、八,僧徒之发达,盖于斯为盛。"[①]民间还流传"当家和尚泰州多"的谚语。

现在泰州境内仍然有许多的寺庙存留下来,境内规模较大的寺庵多数为唐宋时兴建,有500座以上。其中最为著名的是九大丛林之首的光孝寺。它建于东晋义熙年间,在北宋时期发展壮大,宋徽宗赵佶曾赐名为"崇宁万寿寺",并赐田5000亩。绍兴年间,高宗为纪念其父赵佶改寺名为"报恩光孝寺",用国家年号敕封寺名,足见泰州光孝寺声誉之高。光孝寺后虽毁于战祸,但又经过几代僧人的努力,复建了大殿及一大批建筑。陆游就曾撰写《泰州报恩光孝禅寺最吉祥殿碑记》。今天,光孝寺以

---

① 转引自范观澜《江淮名刹泰州光孝寺》,江苏古籍出版社2001年版,第3页。

其文物众多而蜚声江淮。

宋代泰州名僧众多，其中最著名的高僧当属始建于北宋咸平二年的泰兴庆云寺第八代住持硕奎禅师。他是宋代著名的禅宗大师，为佛教界所敬仰。他对学僧讲经开示的语录有十余卷，收录在《大藏经》高僧语录内，至今仍在佛教界流传。庆云寺曾名圆悟堂，即因硕奎禅师在此参悟禅机而命名，故《历代高僧传》又称硕奎禅师为圆悟禅师。德范禅师，为泰州首刹光孝寺宋代中兴之祖。绍兴三十一年(1161)，光孝寺因遭战战祸，殿宇相继被毁。绍熙年间(1190—1195)，德范肩负中兴之责住持光孝寺。当时他见光孝寺楼焚钟堕，扁而不坏，就激励众人曰："钟不坏，寺将兴之符兆也。吾举事，将自钟始。"[①]因此"先建百尺钟楼始"，继而筹建大雄宝殿，并将大雄宝殿命名为"最吉祥殿"。建阁六楹，供奉天子赐给前任住持觉深法师的"碧云"两个大字。后又相继建成方丈寝室、厨库、水陆堂、两庑等建筑。庆元六年(1200)六月，又派其徒僧祖兴求著名诗人陆游为寺作了《泰州报恩光孝禅寺最吉祥殿碑记》。德范禅师为光孝寺的复兴做出了重要贡献。

当时人们把出资建庙视为一种善行。泰州巨商姜仁惠就曾出资建造了多座寺庙。据《宋故将士郎守泰州司马姜仁惠墓志铭》："建佛殿一十座，廊庑数百楹，又印置佛书两大藏，一置润州金山龙游寺(为惊涛骇浪中行船的人祈祷)，一置本州新开禅院。"

(二) 道教繁盛

泰州道教宋时达到鼎盛。宋代除信奉佛教外，还信奉道教，虽然宋代整体来说是佛道兼信，但宋代封建统治者大多重道轻佛，因此泰州道教最为兴盛。当时泰州的道观非常多，除了前代建造之外，宋代泰州还新建了不少道观，如上真观、天庆观(后称仙源万寿宫)、玉皇宫、三官殿、大隐观等。其中仙源万寿宫规模

---

① [宋]陆游《泰州报恩光孝禅寺最吉祥殿碑记》，载《陆放翁全集》(上)，《渭南文集》，中国书店 1986 年版，第 93 页。

极大，殿宇屋舍超过500间。它是在大中祥符二年(1009)，由宋真宗赵恒降诏，以乐真观为基础扩建而成的，改名天庆观，以贺天书。元丰二年(1078)，发运使蒋之奇等重建天目山兴安观，宋神宗赵顼赐“集真观”额。大观元年(1107)赐“仙源万寿宫”名。当时此观规模颇大，包括今泰州城东初级中学至泰州市第二中学间大片土地，“骑马关山门”的泰州谚语便由此产生。大观年间，徽宗赵佶复下诏建祐圣观于赵公桥东北。建炎年间(1127—1130)，高先生(“先生”为北宋政和四年始置的一种道阶)舍自己的私宅建道观，到淳祐六年(1246)定名大隐观。此外，县署东南的城隍庙、伏龙桥东北侧的三官殿、经武桥东南的顺真观、北门城濠北岸的上真殿等，也都是在此期间新建或修建的。

泰州著名的道士道姑，有所谓“海陵十仙”。其中徐神翁(名守信)、周处士(名恪，“处士”也是政和四年始置的一种道阶)、唐先生(名甘弼)、陈悟真、高存风、戚端公等，都是宋代泰州的著名道士。在范仲淹的《书海陵滕从事文会堂》中，有“三迁徐陈唐”之句，就是指当时活跃在北宋时期的徐神翁、陈悟真和唐甘弼。最为著名的是徐守信，海陵人，字神公，后改名神翁。19岁入天庆观做打扫杂役的苦差，后因悉心照料身患恶疾的天台道长余元吉而获其真传，以能准确为人预测祸福而声名大振。《道光泰州志》称其颇受宋哲宗赏识，甚至连立嗣大事都向他征询。崇宁二年(1103)被宋徽宗赐名虚静冲和先生。徐守信为人也非常正直，敢于蔑视权威，曾面讽当时的权臣蔡京。徐守信于大观二年(1108)仙逝，年七十六，徽宗赐其为大中大夫，弟子苗希颐为其辑印《虚静冲和先生徐神翁语录》两卷。

总之，在泰州的名人名宦和当地的文人雅士践行着儒家的救世观念，不仅做出了骄人的政绩，也为泰州文化的繁盛做出了重要贡献。他们发展学校教育，使宋代泰州的科举士子成绩斐然，也由此诞生了一些著名的文化世家。在儒、道、佛三教合一的大趋势下，宋代泰州的佛教和道教也与儒家文化一样，发展到了极盛时期。佛、道、儒交相辉映，使宋代泰州在历史上大放异彩。

第四节 社会生活

宋代泰州已经发展为一个以盐、粮集散为主的内河港口城市。政治、经济、文化各方面的发展与繁荣深刻影响到当地居民的日常生活，整个社会体现出世俗化和市民化的倾向，各种活动精彩纷呈，居民的衣食住行等在前代的基础上有所发展，更具有自身的时代特色，娱乐活动丰富多彩，民风民俗别具一格。

一、衣食住行

作为日常生活的主要内容，衣、食、住、行通常是考察普通民众生活水平和社会发展的基本标准。以下即从这四个方面逐一叙述宋代泰州各阶层民众的生活风貌。

(一) 服饰

宋代泰州纺织业发达，民众多养蚕缫丝，种麻植桑，所织造的丝麻制品除缴纳赋税外，剩余产品可以到市场上出售，贴补家用。《宋史》卷八八《地理志》记载："泰州，上，海陵郡。供隔织。"[①]隔织是一种用特殊方法制成的布帛，为皇家供品，体现出宋代泰州人民的高超技艺[②]。一般民众的衣服材质主要以丝麻为主，虽然这时棉纺织品已经传入长江流域，但仅为尊贵者服用，广大的劳苦大众仍多服麻布。

宋代在开国之初就订立了严格的服饰等级制度。在色彩方面，皇帝主要服黄色；官员根据官级大小，有紫、绯、绿、青等色；普通百姓服白色或皂色，妇女、小孩衣服的颜色不受限制，甚至可以穿着皇帝专用的红色和黄色。在形制方面，皇帝有大衮冕、

---

① 《宋史》卷八八《地理志》，第2180页。

② 《泰州旧事摭拾》卷五《物产》，江苏古籍出版社1999年版，第96页。

衮冕、通天冠和绛纱袍等礼服，用于重大的祭祀、典礼及大朝会等活动。各级官员有相应的朝服，士大夫文人多穿皂罗衫或襕衫①。

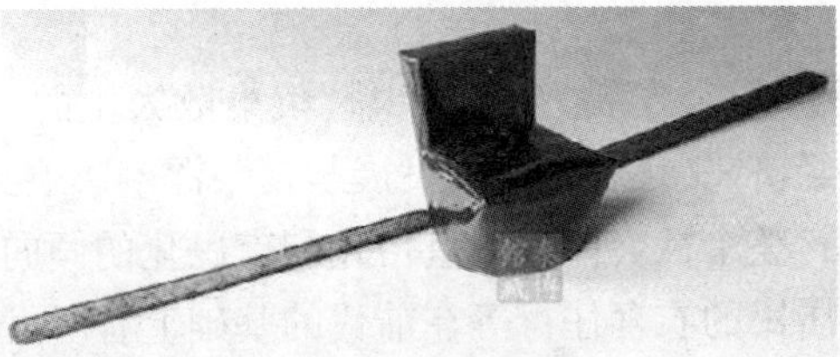

图 5-10　出土宋展脚幞头，泰州市博物馆藏

"幞头"是皇帝和官员在正式场合常戴的帽子，宋代的百姓也可戴"幞头"，但限以高度不得超过二寸五分，而民间通常都是戴帽、抹额（以头巾束在额上）或裹巾。1999 年在泰州东郊蒋师益墓曾出土一件宋时的展脚幞头。

这件宋代展脚幞头，以罗纱为表，外髹以黑漆，展脚用粗铜丝制作骨架，上缠网状细铜丝。幞头长 120 厘米，帽身高 21 厘米，左右宽 16.5—18 厘米，前后宽 22 厘米，帽体直径为 18 厘米，单翅长 53.5 厘米，通长 116 厘米。

除幞头外，还有一种围帽叫作"席帽"，因四周用垂丝网之如盖网，所以戴席帽叫作"张盖"，多为未第者或野夫所戴。"重戴"本是野夫岩叟之服，是一种幞头连着帽，一般以皂罗做成，方形，垂檐，两紫丝组为缨，垂结与颌下，后来成为某些官员的帽式。此外，泰州地区的居民常服之物还有背子、袍即长褥、貉袖等，衣裳的附件有绦、勒帛、腹围、笏、鱼袋和各种革带②。

宋代宫廷中有专门为皇室服务的丝鞋局，制作精细靴鞋，官员朝会多穿靴子或履，普通百姓多穿鞋，鞋是平帮，履则统长，靴

① 《宋史》卷一四九《舆服一》，第 2325 页。

② 朱瑞熙等《辽宋西夏金社会生活史》，中国社会科学出版社 1998 年版，第 38—41 页。

子是长统的。履的种类有草履,云头履鞋、青履、钉履等。[①]

(二)饮食

"民以食为天。"位于长江中下游平原的泰州,宋时已成为江南地区的粮食集散地。宋代泰州最为有名的稻米品种还是"泰州红"。泰州红为赤米的一种,品性晚植、早熟、耐涝,特别适合水灾后补种,历史上多作为灾后的补种救荒作物。宋代大诗人陆游曾为此做诗曰:"香粳炊熟泰州红。"[②]

由于泰州地处淮河与长江的中间地带,在饮食方面兼有南方和北方双重特点,稻米为泰州地区民众的主食,亦有大麦、小麦、荞麦等面食。黄桥曾是江淮一带的粮食集散地,黄桥烧饼成为挑夫们的快餐,时至今日成为泰州特产之一。宋代开始出现用稻、粟、豆类熬制成的粥,腊八食粥成为一种习俗。

宋代泰州饮酒之风盛行,泰州雪醅最为著名。据史料记载,泰州雪醅是用泰州城北的客次井里的蟹黄水酿成,酒味醇厚、清劲,为世人所称道[③]。此外亦有"枯沉酒"、"原泡酒"、用精良糯米制成的米酒、中秋节饮的菊花酒,等等[④]。

自唐代开始,茶叶成为广大民众的必备饮品,在泰州饮茶之风亦盛,宋代便有来自安徽的茶商集聚泰州,茶叶贸易十分繁荣。泰州姜堰自宋代起便有种植山茶花的历史,目前姜堰市溱潼古镇有一株饱经风霜的古山茶花树,据专家确定为宋代晚期所植,名为"松塔",至今已有800多年历史。它在中国人工栽培的山茶花树中享有树干最高、树冠最广、树径最粗、花期最长和花开最多5个之最,是名副其实的中国茶花王[⑤]。

---

① 《辽宋西夏金社会生活史》,第45—46页。

② [宋]陆游,钱仲联校注《剑南诗稿校注》卷五一《对食戏作》,上海古籍出版社1985年版,第3031页。

③ [宋]周辉撰,刘永翔校注《清波杂志校注》卷一〇,中华书局1994年版,第439页。

④ 《泰州旧事摭拾》卷五《物产》,第97—99页。

⑤ 《中国茶花》,2004年第1期,第23页。

此外，泰州物产丰饶，蔬菜类有白菜、青菜、荠菜、蓬蒿，苦蕈等[①]，瓜类有北瓜、丝瓜、冬瓜、西瓜、甜瓜等，果类有银杏、樱桃、石榴、桃梅、橙、柿等种类，豆类有紫豆、豇豆、刀豆、龙爪豆等。[②]

图 5-11　宋定窑白釉碗，泰州市博物馆藏

泰州由于沿江临海的地理优势，海鲜水产比较丰富，如刀鱼、鲥鱼、河豚、螃蟹、甲鱼、银鱼[③]、青虾、螺贝、青鱼、白鱼、鲤鱼[④]、鳜鱼、鲹鱼等，既丰富了民众的日常饮食，又具有较高的营养价值。

目前泰州出土的饮食器具有箧筷、黄釉酒壶、白釉碗、黑碗、陶灶、汤匙等种类。

（三）居住

宋代城市数量不断增加，社会经济的发展和市民生活的丰富促进了民居建筑的多样化。唐代盛行的里坊制度逐渐废弛，代之以管理较为松动的街巷民居。大城市中房屋栉比鳞次，人口稠密。北宋名画《清明上河图》中就绘有大量房屋建筑，城内房屋为各种形式的瓦房，合围成院子，房为梁架结构，房顶上加

① 《辽宋西夏金社会生活史》，第 5 页。

② 《辽宋西夏金社会生活史》，第 9 页。

③ 《泰州旧事摭拾》卷五《物产》，第 107 页。

④ 《泰州旧事摭拾》卷五《物产》，第 108 页。

建天窗等。有些官僚的宅第相当宏丽，前堂后寝，以穿廊相连，两侧有耳房或偏院。

泰州冬冷夏热，所有民居的主体建筑一律朝南而建，以便其冬暖夏凉。房屋通常三间一进，少则三进，多则五进、六进，最多的达七进，从前往后建在一条中轴线上，有的二条轴线，最多的还有三条轴线。在前后两进之间，用两道围墙相连成小天井，构成一个又一个小院落，自成一体。天井小，占地少，但能够满足采光、通风、排水的各方需要。每进之间可分可合，前后相连而又各自独立，封闭中更显得分外宁静。泰州目前仍存的宋代宅院有王学士宅。王学士宅位于如皋市冒家巷南端西侧，占地面积约 4160 平方米，内有一进四堂的居室两所，及庭院、园亭等构建，东门首犹存楹联一副，书曰："经学传家，里有名贤。"

农村住宅以简单的草房为主，茅檐竹屋相映成趣，构成了村居的主要特色。其窗格以直楞为多，楞子截面呈三角形，外尖里平，糊经纱或纸。

宋代，泰州地区民众的居室用具在前代的基础上又有所增加，其中高脚桌、椅、凳的广泛使用具有重要的历史意义。铜镜的样式也日渐丰富，从目前现有的出土铜镜来看，其形制有四方形、葵形、心形和六棱行等。

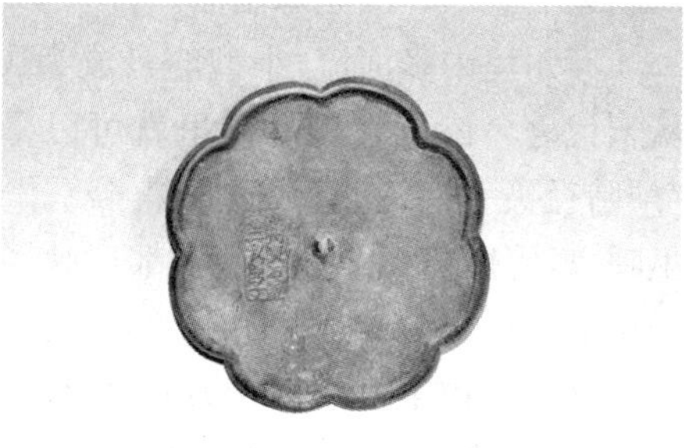

图 5－12　宋湖州铜镜，泰州市博物馆藏

泰州人富于枕趣，隋唐时瓷枕便十分流行，到了宋代更有陶枕，由于泰州夏季炎热，瓷枕具有消暑的功效，故为人们所喜爱。出土的枕头体现了宋代泰州人高超的制作工艺和别致的情趣。

图 5－13　南宋绿釉如意形枕，泰州市博物馆藏

(四) 交通

北宋时期，泰州沿海临江的有利地理位置，促其成为南方重要的物产集散地。泰州与外界联系主要依靠水路、海路和陆路三种运输形式。

宋代泰州造船业较为发达，有用于远洋的大型货船、用于短途运输的商船和民众使用的小型船只。盐、粮食等大宗货物通常采用海运或经由大运河北上直达京都，往来客商多有专门的商船运输盐、茶叶、丝麻制品。

泰州境内多河流，小型船舟成为民众出行的代步工具。这从宋代著名诗人贺铸的诗里就可以得知一二，如《海陵喜雨》："须晴径买一渔艇，想见横塘深半篙。"①《海陵书事》："老乌啄屋巫呼鬼，野艇横门米换鱼。"②都反映了泰州运用渔艇进行水上运输的情形。

陆路运输主要依靠人力和畜力。普通民众通常使用"两肩挑"来担运物品，走街串户的货郎有专门的货郎担，用于装载各种杂物。手推车成为重要的运输工具，有单轮和双轮之分。畜力主要使用驴子，既可驮运货物，亦可用于载人，非常方便。外

---

① ［宋］贺铸，王梦隐、张家顺校注《庆湖遗老诗集校注·拾遗》，河南大学出版社 2008 年版，第 468 页。

② 《庆湖遗老诗集校注·拾遗》，第 465 页。

地客商有时会用骆驼来运输长途货物。

宋代州、郡、县之间建有官道，泰州设有驿站，用来传递官府之间的公文，并有专人负责。递铺的种类有急脚递、马递、步递等形式。

二、婚丧嫁娶

个体是社会群体的一员，个人与社会发生联系，除了衣食住行等基本需求外，婚丧嫁娶等相关礼仪是一代社会风貌的深层体现。泰州作为一代理学之宗胡瑗的故乡，重文兴教成为时代风尚，表现在风俗方面就是更加注重仪礼和制度。

（一）出生礼

一个人的生命历程是从出生开始的，出生礼是人生礼仪的开端。宋代泰州流行产后三天为婴儿举行“落脐炙囟”的仪式，称为“洗三”，其含义是表示新生儿完全脱离了胎儿期，从此正式踏上了人生的旅途。

“洗三”的具体做法是用艾草熬成水，给小孩洗澡，前来祝贺的亲友要拿银钱、喜果之类的东西，往洗澡盆里搁，叫作“添盆”。洗婆根据亲友所投物品不同，口念不同的吉祥话。如搁枣子、栗子，就说“早立子儿”；如搁莲子，就说“连生贵子”，等等。洗完后，有的还用葱在孩子身上拍打三下，取聪（葱）明伶俐之意。洗三时，亲朋好友纷纷以红包贺礼，主人则以糕点等款待，并留亲友吃“洗三面”[①]。洗完后，还有一项重要仪式，称为“落脐炙囟”[②]，即去掉新生儿的脐带残余，并敷以明矾，熏炙婴儿的囟顶，表示新生儿就此脱离了孕期，剪断跟母体的最后联系，成为独立的个体。

---

① 胡朴安《中华全国风俗志》下编卷三《江苏》，上海科学技术文献出版社 2011 年版，第 874 页。

② ［宋］孟元老撰，邓之诚注《东京梦华录注》卷五《育子》，中华书局 1982 年版，第 508 页。

小孩出生满一个月之后，要举行满月礼，又称“弥月礼”。到了满月的日子，亲朋好友会带着礼物去添丁的人家里道贺，主人则设宴款待，称为喝满月酒。通常满月时，要为新生婴儿剪头发，因为是出生后第一次剪发，称为剃胎发，一般是请理发匠上门，理完后给赏钱。此外，还有移窠习俗，又叫移巢、满月游走等。泰州民间风俗，婴儿初生是不能随便走动的，到了满月时就可以了。此时，母亲要抱着婴儿到别的房间中多走动走动。

小孩出生满一年时，要行周岁礼，其中最有特色的便是“抓周”。抓周，又称“试儿”，古代称“拈周试晬”，是一种预卜小儿前途和职业的礼仪，南北朝时期在江南一带盛行。《东京梦华录》中就有记载：“生子百日放会，谓之‘百’。晬至明韶生日，谓之‘周’，晬罗列盘盏于地，盛果木、饮食、官诰、笔砚、筹秤、经卷、针线使用之物，不雅其所先拈者以为征兆，谓之‘试’谓之‘拈周试晬’。”[①]在《梦粱录·育子》中也有类似记载：“至来岁得周，名曰周晬。其家罗列锦席于中堂，烧香炳烛，顿果儿饮食及父祖诰敕、金银七宝玩具、文房书籍、道释经卷、秤尺刀剪、升斗等子、彩缎花朵、官楮钱陌、女工针线，应用物件并儿戏物，却置得周，小儿于中座，观其先拈者何物，以为佳谶。谓之‘拈周试晬’。”[②]

（二）成年礼

古代男女成年之时要举行一定的仪式，男子称为冠礼，女子称笄礼。到了宋代，一些士大夫痛感传统儒家文化的流失，主张要在全社会推行冠、婚、丧、祭等礼仪。

司马光将《仪礼》的《士冠礼》加以简化，并根据当时的生活习俗，将三加之冠作了变通：初加巾，次加帽，三加幞头。《朱子家礼》沿用了司马光《书仪》的主要仪节，但将冠年规定为男子年十五至二十，并从学识方面提出了相应要求——“若敦厚好古之

---

① 《东京梦华录注》卷五《育子》，第509页。

② ［宋］吴自牧撰《梦粱录》卷二〇《育子》，中国商业出版社1982年版，第176页。

君子，俟其子年十五以上，能通《孝经》、《论语》，粗知礼义之方，然后冠之，斯其美矣。"[①]

女子许嫁，即可行笄礼，民间俗称"上头"。如果年已十五，即使没有许嫁，也可以行笄礼，笄礼的礼节跟冠礼类似，宋代女子行笄礼多安排在清明前两日举行。宋人吴自牧《梦粱录》记："清明交三日，节前两日谓之寒食……凡官民不论小大家，子女未冠笄者，以此日上头。"[②]

一般文人雅士家庭的成年男女会按照《仪礼》中规定举行冠礼和笄礼，普通百姓大多不会那么正规。成年礼是人生中的一个重要礼仪，男子在举行冠礼之后会获得表字，表示成为一个独立的成年人，女子及笄之后，就预示着可以出嫁了，达到了古代的法定结婚年龄。

（三）婚礼

婚礼在人生重大礼仪中占有很重的分量。古时有六礼"纳采、问名、纳吉、纳征、请期、亲迎"，到了宋代简化为三礼"纳采、纳币、亲迎"[③]。泰州婚俗，经媒人介绍后，双方若同意，女方先以"草帖子"（通常是生辰八字）通报男方，男方占卜凶吉后回定帖，然后备彩礼去女方家里或者其它地方相亲，如果中意，则男方以金钗插在女方的发髻中，称为"插钗"；如果不中意，则送彩绸一二匹，称为"压惊"。亲事确定下来后，每到岁时节日，男方要拿着花币脯果到女家去，称为"缀节"。到了恰当的时候，男方向女家送去钱财聘礼，称之为"过礼"，意思就是打算迎娶女方过门，女家答礼，双方商定日子，举行婚礼仪式。

泰州古俗亲迎的时候，男方是不亲自去女家的，而是请人拿着丝帛，奏着鼓乐前去，持请柬催三次，称为"催妆"，意即催促女方穿上新娘装束准备出嫁了。女家一般找亲戚女眷为女子带上

---

① ［宋］朱熹《家礼》，上海古籍出版社 2002 年版，第 889 页。

② 《梦粱录》卷二《清明节》，第 10 页。

③ 陈振《宋史》，上海人民出版社 2003 年版，第 682—684 页。

凤冠霞帔，穿上新娘装扮，初更后乘坐男方迎亲花轿离家。

拜过天地后，女方坐于床的左边，男方坐在右边，称为“坐富贵”，礼官抛撒同心花果及特制钱币，钱币上刻有“长命富贵”等字样，称“撒帐”。礼官在撒帐前通常会念诗或说些富吉祥话，祝愿新郎新娘多子多孙，长命富贵。撒帐之后，还有合髻与交卺等仪式。合髻又称“结发”，以新郎新娘各自一缕头发，与男女两家提供的绸缎、钗子、木梳、发带等物，合梳为髻。表示夫妻从此白头到老，百年好合，结发夫妻的含义就由此礼演化而来。交卺又称喝交杯酒，来源于古礼中的合卺，新郎新娘喝过酒后，把酒杯投于床下，如果一仰一合，那便是大吉。之后还有闹新妇的习俗，一般是亲戚规劝新妇，说些贤惠恭顺的话。

第二天清晨，新郎要去岳父家里，送还柬帖，称为“谢亲”。三天之后，新妇要拜见男方的父母亲眷，男方则要设宴请新妇，并找未出阁的女眷陪宴。有些地方新娘过门后，还要拜见家庙。七天后，新郎新娘一起到女方家里拜见父母亲戚，称为“回门”，并选择日子宴请女方亲戚，称为“会亲”。一个月后，还要庆贺新婚满月。至此，整个婚礼才算结束。

图 5-14　宋代“嵇康学琴”人物纹铜镜，泰州市博物馆藏，引自《泰州馆藏珍宝》

（四）丧礼

古人讲究入土为安，丧礼是生人为死者举行的告别仪式。宋代泰州的丧葬礼俗主要有停灵、报丧、吊唁、入殓、出殡、下葬等环节①。

当死者停止呼吸，咽气之后，将死者抬至堂屋停放，为之停灵，俗称停尸，停尸的方向是头朝北，脚朝南，然后尽快为死者换上寿衣，再在死者的头、脚两处各点上一盏油灯，供一碗倒头饭，意思是让死者吃完最后一顿饭，手持明灯，踏上另外一个世界。

报丧是指将死者去世的消息传达到相关的亲人、亲戚、朋友、同事那里。丧报上一般写有死者的官爵、姓名、生卒年月，以及丧主孝子的姓名。在报丧的同时，死者家里要设灵堂，搭丧棚，扎素材，挂孝球等。

死者去世后次日，孝子亲眷要去拜谒土地庙，第三天去拜城隍庙，因为古人认为人死之后，要向当方土地报道，阳间的户籍消除后，要在阴间登记在册。

到了出丧日期，亲朋好友要前往丧主家里吊唁，哀悼死者，并安慰死者亲属。入殓时，将死者放入事先预备好的棺材内，行封棺礼，孝子用头顶一只筛箩，内有一缕孝子头发，一段松柏，一把红布裹柄的斧头和若干棺材钉。由死者的兄弟执钉，工匠挽钉，最后将孝子的头发一起钉进棺材，算是孝子尽孝道，报答父母养育之恩的一种方式。

出殡之时，泰州风俗有"回煞"的说法。江浙一带流传甚广，认为人死之后，其魂魄会在固定的某个日子内回家，到时候会有凶煞出现，危及家人，因此一定要举家躲避，称为"避眚"②。

最后是下葬，宋代实行土葬，不管死者生前多么荣耀，入土为安方才算最好的归宿。至于墓地的选择，民间多请风水先生择地，墓地的方位、大小、深度都有讲究，埋葬死者的同时也祈求

---

① 《扬州风俗》，第134—143页。

② 《扬州风俗》，第141页。

死者化为神灵后可以保佑全家长命富贵，这是古人迷信思想的体现。

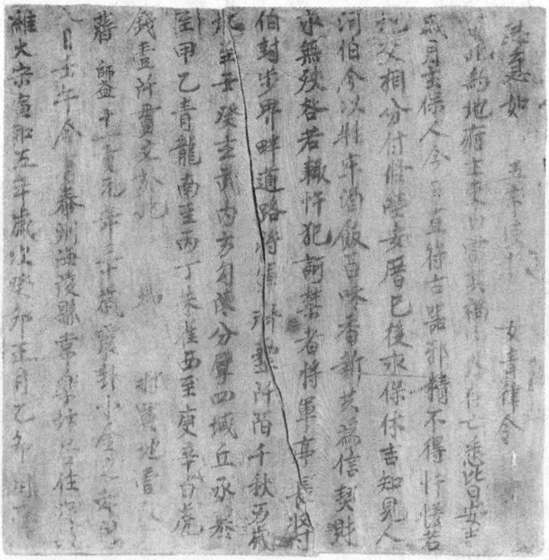

图 5-15　蒋师益墓木地券，藏于泰州市博物馆，引自《泰州馆藏珍宝》

三、节日

随着社会物质生活和精神生活的愈加丰富，节日风情也变得多姿多彩，欢乐愉快。尤其宋代泰州社会经济的繁荣，人民生活水平的提高，给节日注入了新的内容，带来了轻松愉快甚至奢靡的风气，反映了当时人们丰富的生活情趣和社会心态。

（一）元旦

元旦即农历的正月初一，俗称“新年”，是一年中最重要的节日。在这一天，皇帝举行大朝会与百官同庆，百姓穿新衣，摆宴饮，互相庆贺。泰州风俗元旦要吃索饼（汤饼），称为“年馎饦”；写桃符，上画神像，或写春词、祝祷诗词；饮屠苏酒，燃放鞭炮烟花，就像宋人王安石《元日》诗里写的那样：“爆竹声中一岁除，春风送暖入屠苏。千门万户曈曈日，总把新桃换旧符。”①

（二）元宵节

农历正月十五，也称上元、元夕、元夜，在宋代认为是上元天官赐福的日子，通常是连续放灯三夜，十四日放灯，十六日收灯，后又扩大为六天，十三上灯，十八落灯。泰州元宵节赏灯具有悠久的历史，通常会在城隍庙、关帝庙、财神庙等宗教场所举办灯会，悬挂制作精美的格式灯笼。元宵节赏灯时，全城开放，不实行宵禁，大街上人挤人，就连平时不出门的妇女，也结伴上街观灯。据泰州学者周志陶《吴陵忆词注》，泰州历史上曾出产一种非常有名的无影灯笼，灯笼壳是用极细的竹篾与蚕丝编成，然后将琼脂溶化（琼脂旧时叫洋菜，产于日本）涂于壳上凝成薄膜，可以避风②。据说此灯每年须进贡皇宫使用，具体起源今已失传，但可以看出泰州元宵节有赏灯的习俗。

元宵节在泰州还是祈子催生的节日，来源已经失考。一般来讲，女儿出嫁后，娘家要送裂开嘴的石榴灯，上面站个小人儿，或者麒麟送子灯，直到她生儿育女。还有偷桥砖、送船桩的习俗，叫“送生”，是用红绸子裹着偷来的船桩或桥砖，敲锣打鼓送到没有生养的亲戚家。因怕有人用红丝线阻拦，故前面有灯笼照路。

元宵节泰州也吃汤圆的风俗，象征圆圆满满。泰州正月十三上灯吃汤圆，十八日落灯吃汤面。

（三）端午节

农历五月初五称为端午节，也称重午节。古人认为五月靠近盛夏，多蚊虫蚁蝇，是一个有毒的月份，即恶月，因此要在五月初五这一天，喝菖蒲酒辟五毒，取井水沐浴以避邪气。宋代，泰州人把菖蒲、艾草、桃枝、柳条等悬挂在大门上，或者点燃在屋里

---

① ［宋］王安石著，［宋］李壁注《王荆公诗注补笺》，巴蜀书社2002年版，第766页。

② 《泰州旧事摭拾》卷五《物产》，第101页。

熏烟，用来驱赶蚊虫侵扰，消灾辟邪，也有在门口悬挂张天师画像用来辟邪的。

图 5-16　姜堰出土的北宋影青莲瓣纹香薰，现藏于泰州市博物馆，引自《泰州馆藏珍宝》

人们常说的“五毒”是指蜈蚣、壁虎、蝎子、蜘蛛和蛇。盛夏到来，地底湿热，很多蛰伏的动物纷纷苏醒，其中五毒虫因为有毒，对人体会造成伤害，尤其是对幼儿，所以民间流行在小孩头上滴几滴雄黄酒避毒。有的还要带虎头帽，穿虎头鞋，用五色线缠做“百索”[①]，或者缝制香囊，内放晒干的艾草等，祈求平安。

节日食品有粽子、五色水团、枣糕、艾叶酒和菖蒲酒等，通常还有赛龙舟等娱乐活动。

（四）中秋节

八月十五中秋节，是一个团圆的节日，很多泰州百姓在这一天要吃团圆饭，把酒言欢，晚上一起赏月，吃月饼。泰州有些地方还有祭拜月神的习俗[②]，仪式由妇女主持。夜幕降临，月上柳

① 《扬州风俗》，第 175 页。

② 《扬州风俗》，第 189—190 页。

梢时，在自家小院里摆放一个小案台，上面放有酒水，月饼，菱角、莲藕、石榴等应时瓜果，全家由一家的妇女尊者主持，向着圆月跪拜，祈求风调雨顺，保佑全家老小平安。

（五）重阳节

农历九月初九称为“重九”，古人以九为阳数之极，两阳相聚，故称重阳。重阳节要外出登高，泰州境内无高山，因此人们多登楼远眺，或者攀登寺庙的高塔，外出登高多是因为重阳时天气渐凉，外出游玩以吐暑气，有益于身体健康。

重阳节正是一年的金秋时节，菊花盛开。据传赏菊及饮菊花酒，起源于晋朝大诗人陶渊明，北宋重阳赏菊之风盛行，菊花又被人称为“延寿客”，人们赏菊，喝菊花酒更多的是为了延年益寿，祈求身体健康。

重阳节插茱萸的风俗，在唐代就已经很普遍。茱萸是一种药用植物，可治霍乱，根可杀虫，古人称其为“辟邪翁”，传说有辟邪神功。古人认为在重阳节这一天插茱萸可以避难消灾；或佩带于臂，或作香袋把茱萸放在里面佩带，还有插在头上的。大多是妇女、儿童佩带，有些地方男子也佩带。

此外，重阳要吃重阳糕，又称花糕、菊糕、五色糕，做成九层，像座宝塔，上面还做成两只小羊，以符合重阳（羊）之意[①]。有的还在重阳糕上插一小红纸旗，并点蜡烛灯。

（六）其它节日

宋代官方确定的节日有元旦、上元节、中和节、天庆节等[②]。上元节即元宵节，中和节是指农历二月初一，皇帝开始换单袍，官员换单罗公裳，民间用青囊盛百谷、瓜果种子，互相赠送，百官进献农书，显示重农务本。天庆节是北宋真宗为掩饰澶渊之盟的城下之辱，编造神人颁布天书的谎言而设置的节日，以正月初三为天庆节，下令各地修建天庆观，百官僧侣进香，朝廷赐宴等。

---

① 《辽宋西夏金社会生活史》，第 446 页。

② 《辽宋西夏金社会生活史》，第 438—441 页。

四、传说与古迹

宋代泰州还有一些传说与古迹，它们也同样构成了泰州社会活动和习俗的一个不可缺少的内容。

（一）传说

凤凰城。传说宋代有一位州官在城东南贡院前的池泮中筑起一座高台，被称为“凤凰台”。在开挖城壕时，由于大量泥土被堆积成如山的高墩，人们称之为“凤凰墩”[①]。加上泰州南门外的高桥，高高的桥身和弯弯的桥洞，就像一只高高昂起的头，而赵公桥畔的宝塔，则如同一只凤凰的尾巴。于是，泰州凤凰城的美名传颂开来。

锅巴山。南宋初年，岳飞退守泰州，金兵包围泰州城，企图饿死岳飞和城中的百姓。当时泰州严重缺粮。为蒙蔽敌人，岳飞从百姓那里收集锅巴，撒在土墩上，引来许多小鸟前来吃食。金兵射下小鸟，发现肚子里都是锅巴，以为城市粮食丰富，只得撤兵。“锅巴山”由此得名，这座土墩则被称为“岳墩”[②]。

羊打鼓。泰州西北隅的一个村落，村名缘于岳飞击败金兵的一段史话。南宋建炎四年（1130）八月，通泰镇抚使岳飞率部从宜兴渡江北上，在泰县里华与金兵遭遇。岳飞在芦苇丛中布疑兵，命部下把羊的后腿捆在树上，前腿踏住鼓面，顿时鼓声不绝，好似千军万马奔驰，岳飞率部迂回到敌后，乘金兵疑惑之际，俘阿里勃堇等70多人。当地人民为了纪念这一事件，遂将村庄取名为“羊打鼓”，并建宝塔[③]，以示永久纪念。

巴掌桥。泰州城三官殿前有一条小河，河上原来有座小桥，叫巴掌桥，又叫隐龙桥。巴掌桥的桥身只有两三步长，桥面跟两岸的路面差不多相平。相传这座桥在南唐就有了，当时宋太祖

---

① 《泰州文史资料》第6辑，第55页。

② 《泰州旧事摭拾》卷一《舆地》，第8页。

③ 《泰州旧事摭拾》卷一《舆地》，第7页。

赵匡胤还是后周大将，一次奉命攻打南唐，兵败被追至此处，面对来势汹汹的追兵，赵匡胤急中生智，藏身在桥下躲过一劫。因小桥年久失修，被大队人马踩得摇摇晃晃，险些要塌掉，为保护自己，赵匡胤只好用双手撑着桥顶。事后有人无意中发现，桥面背后有两个深深的大巴掌印，巴掌桥的名声便传开了①。再以后，赵匡胤登基做了宋代的开国皇帝，人们又把巴掌桥改叫隐龙桥。

靖江生祠岳庙。南宋建炎四年(1130)，金人犯泰州，岳飞认为泰州已不可守，遂率众屯江阴军沙上，并派兵垫护。百姓感其恩德，在此立祠建庙以示瞻仰。因所立祠庙于岳飞生前，故名“生祠堂”，又称“岳王庙”②，生祠镇亦因此得名。

(二) 古迹

鼓楼。又称“谯楼”，始建于南宋高宗绍兴七年(1137)。后周泰州刺史荆罕儒为炫耀世宗柴荣赐予的鼓角和门戟，曾将南唐永宁宫宫阙门旧址改建成鼓角楼。至南宋孝宗淳熙十一年(1184)，鼓楼已残坏，知州万钟不忍其废，兴工重建，并在楼的东西两边增建了垛墙。明太祖洪武三年(1370)，知州张遇林重修州治时，一并重修鼓楼③。20 世纪中期，鼓楼遗迹尚在，后废。泰州城中有一条老街，北起邑庙街，南至税务桥东街，因街西鼓楼遗迹得名鼓楼街。

浮香亭。南宋绍兴十年(1140)泰州州守王映初建，址在旧州署藕花洲后，为小亭。额“浮香”二字，为宋宁宗赵扩所书，壁刻秦观《咏梅》诗。理宗绍定元年(1228)，州守陈垓重建，扩刻宁宗御书为匾，将秦观、参寥、苏轼、苏辙四人《和梅花原韵》诗刻于壁，称《四贤诗》④。

① 《道光泰州志》卷四《河渠》，第 30 页。
② 《泰州旧事摭拾》卷七《文物》，137—138 页。
③ 《泰州文史资料》第 6 辑，第 27 页。
④ 《泰州文史资料》第 6 辑，第 64 页。

望海楼。泰州望海楼初建于南宋绍定二年，为贡院青龙建，初名海阳楼。明嘉靖二十八年(1549)，州守鲍龙重建毁于大火的望海楼，称“望阳楼”。万历三十一年(1603)，望海楼复又倒塌，惟存遗址。清康熙年间再次重建，称“靖海楼”、“鸣凤楼”，当地老百姓都喜欢把其称做“望海楼”[①]，被誉为“江淮第一楼”。

城隍庙。位于泰州市区邑庙街。传说建于唐代，历经多次修建，是江苏省内保存最完好的城隍庙。殿宇巍峨，气势宏伟，建筑风格与旧官衙相似，整个建筑以子午线为中轴，分山门殿、审事厅、大殿、前后三进。现存建筑72间，其中山门殿、审事厅、二十四司为明代建筑，大殿为清初建筑[②]。

西溪牡丹。北宋名相吕夷简曾在海陵西溪盐场任官，亲手种植了一株上品牡丹，并赋诗一首——《西溪看牡丹》：

> 异香浓艳压群葩，何时栽培近海涯。
> 开向东风应有恨，凭谁移入五侯家。[③]

后来范仲淹也曾到西溪任职，同样栽种牡丹，留诗曰：“阳和不择地，海角亦逢春。移得上林色，相看如故人。”[④]后人敬仰两位政治家，用铁栅栏围护起他们亲手种植的牡丹，年岁日久，牡丹花枝繁茂，开花百朵，成为海陵奇观。

泰山。又名“岳墩”，位于泰州城内西方，是泰州著名古迹。泰山为宋绍兴年间开东西市河垒土而成，高五丈，周围一百二十丈。登山四望，百里风景尽收眼底，为海陵后八景之一，称“泰岱

---

① 《泰州文史资料》第6辑，第35页。

② 《泰州文史资料》第6辑，第98页。

③ [宋]王象之《舆地纪胜》卷四〇《吕夷简·西溪看牡丹》，广陵古籍刻印社1991年版，第1623页。

④ [宋]范仲淹撰《范文正公集》卷三《西溪见牡丹》，四部丛刊初编本，上海书店1989年版。

烟岚”，又称“岳阜晴云”[1]。宋宝庆二年，州守陈垓浚深山下小西湖，并于山巅建“起云楼”，楼高四丈，登高瞩目，心旷神怡，后废于兵燹。

芦洲。南宋宝庆年间泰州知州陈垓始建，位于州城北坡下，浚池一方，广数亩，筑陆州一道，伸入池中，沿岸与陆州上遍植芦苇，芦苇外种植树木，北岸树丛中又建厅事。每值凉秋，天高气爽，水波荡漾，芦苇摇曳，风景如画，成为海陵一景[2]。

① 《泰州文史资料》第 6 辑，第 37 页。

② 《泰州文史资料》第 6 辑，第 72 页。

第六章　元朝时期的泰州

1279年南宋灭亡后，忽必烈继续清除南宋的残余势力，建立了统一全国的元王朝。元的全国性统治机构，有中书省、枢密院和御史台三大系统。各行政区的行政机构，称行中书省，是中书省的派出机关，一般由朝廷大臣担任长官。元的制度在加强皇帝个人权威的同时，也让地方统治机构能发挥更大的作用。

从元朝统治全国的历史来看，它结束了五代以来长期割裂的局面，并显示出大一统的建国规模，在经济和文化上都有所成就。但它的统治始终是处在阶级矛盾、统治阶级内部矛盾和民族矛盾的极为紧张的状态中。元制，人分四等。蒙古人是最高的一等。其次是色目人，即来自天山南北及葱岭以西的人。再其次是“汉人”，指的是在黄河流域的汉人和女真人等。最下等的是“南人”，指的是南宋灭亡后才归附的长江流域及其以南的人。

元代的农业生产，既重视时宜的掌握，又能因地制宜，开辟农田。对整地、播种、育种、田间管理、施肥和收获的各个环节的顺序和交叉关系，都作出适当的安排。元代手工业的发展明显地表现在矿冶、造船、陶瓷、纺织、制纸等方面。金、银、铜、铁的产量大大超过前代。造船业有很大进步。有一种远航用的海船，长十多丈，载重二千石，船上可以装五六百人以至千人。

元代瓷器是中国陶瓷史上的珍品。著名的产地有开封的官窑，禹州（今河南禹州）的钧窑，汝州（今河南临汝）的汝窑，定州（今河北定县）的定窑，越州的越窑，哥窑（在今浙江省龙泉县境）、景德镇窑等。纺织业仍以丝织和麻织为主。棉花的纺织生产技术也逐步有所提高，织出了大量的棉布。造纸业有了普遍的发展。造纸所用的原料有竹、藤、麻、稻杆、麦杆等。在今四川、江苏、安徽、浙江、福建等地都出产质量较好各有特点的纸张。元代的商业也比前代兴盛。以前被称为圩市、草市或墟的定期集市，有些已发展为固定的市镇。

宗教方面，元代统治者采取开放的态度。喇嘛教、道教、基督教和伊斯兰教同时并存。元代的科学技术、史学和文学艺术都是有所发展的。在元代文学艺术中，曲占重要位置。曲，有散曲，有杂剧。国内民族联系的加强，中外文化关系的增进，使少数民族的成员、外来侨民及其后裔也都有机会做出贡献，从而丰富了中国的文化。

元代的中外交通，是秦汉以来最鼎盛的时期，在中国封建社会历史时代有它重要的地位。元廷在对外关系方面采取开放的态度。中国社会经济和文化事业的发展促进了中外关系的发展，而后者反转来，对中国的经济文化又有所影响[①]。

元朝开始在泰州地区的统治时间是 1276 年。从世祖至元十四年(1277)到至元二十一年的短短七年内，泰州路总管府的行政建制不断调整。至元十四年普遍置“路”，扬州大都督府“改为扬州路总管府”，而泰州则“立泰州路总管府”，隶属于设置在扬州的江淮行中书省。不久，泰州路总管府改隶淮东道宣慰司和江淮行省，后稍直隶于江淮行省。1284 年，泰州隶属于扬州路总管府和淮东道宣慰司。从 1352 年起至元末，泰州隶属于扬州路和淮南江北行中书省。

泰州所处的江淮地区蒙受战祸较少，在农业、手工业和商业等方面均有长足发展。元代江浙行省的北方移民所占比例虽然不是很高，但是移民数量仍是相当可观的。这些移民不仅是新耕地的开拓者，同时也带来了新的生产技术。海外移民虽多为

---

① 白寿彝主编《中国通史纲要》，上海人民出版社 1980 年版，第 267—280 页。

商人，但对于促进商品性农业经济的发展也起了不容忽视的作用。

元代泰州经济迅速发展的同时，文化事业也逐渐繁荣。元朝统治者实施“兼容”的文化与宗教政策，使得各种宗教在冲突中融合，在融合中发展。元代泰州佛教继续向民间发展。元代泰州道士大部分属正一教清微派。部分道士，如城隍庙、南斗宫、北斗宫、三官殿、斗姥宫、和合财神庙、火星庙的道士属全真道龙门派。道教全真派人数很少，修炼的方法也大都失传。元代泰州有很多道观，城隍庙的规模很大，香火极旺，香客极多，清明、七月半、十月朝的三巡会期，迎神赛会队伍延绵二三里，观众上万人。基督教在元代统称“也里可温”，在扬州地区建立房屋和教堂，作为宗教活动的场所。基督教思想波及泰州一带，但未成气候，只有零星教徒，没有教会、基督徒聚会处等。元代散曲作家人才辈出，泰州亦有著名的散曲家睢景臣。

第一节 行政建制

元代的地方行政制度具有实三级制的特点。实三级制指的是以省统辖路、府、州，路、府、州统辖县，这是相对于汉、唐、宋各代的虚三级制而言的。元代的省和汉代的州、唐代的道、宋代的路相比，性质是不同的。按照元代的法制来说，省不是中央监察地方的区域，而是正式的一级地方政府，因为"凡钱粮、兵甲、屯种、漕运、军国重事，无不领之"①。这一特点决定了元代地方行政制度的复杂性，因而在探讨元代泰州的行政建制之前，有必要先简述元代的地方行政制度。

一、概述

据《元史》卷五八《地理志一》记载，元代地方上大体上存在着省、路、府、州、县以及道(宣慰司与廉访司)等行政机构。

省包括中书省和行中书省，中书省既是中央政府，又是京都附近地区最高一级的地方政府。中书省所直接管辖的地方行政区域叫做"腹里"。腹里以外的广大地域，由各个行中书省分别管辖。

元代的道是比较特殊的一级地方机构，它是在中书省、行中书省和路府之间设置的地方区划。道有两种，一是肃政廉访司道，为监察区划，属御史台与行御史台，廉访司除监察地方行政外，还兼理农事；二是宣慰司道，为中书省、行省的派出机构，与分省相类似，是为了弥补省区过大，政令行使不便的一种措施，设置在离省会较远的地方。省会附近的路、府、州、县，则直隶于省，不设宣慰司道。宣慰司道虽不是一级政权，但作为省派出机

① [明]宋濂《元史》卷九一《百官七・行中书省》，中华书局1976年版，第2305页。

构在地方行政管理上有极其重要的地位，它的职能为“分道以总郡(路)县，行省有政令则布于下，郡(路)县有请则为达于省”[1]，遇有战事则兼元帅府。

元代的路，辖境比宋、金时的路要小些，数目比宋、金时要多些。据《元史》记载，元代各省之下共有一百八十五路。元代的路，分为上、下两等，十万户以上的为上路，十万户以下的为下路。但地当要冲虽不足十万户的路，也列为上路。

宋朝府不隶属于路。元代在路之上添了省一级，便将一些府改属于省，与路居于同等地位，称为“直隶府”。另一些不升格而仍属于路的府，则称为“散府”。

元代的州分为上、中、下三等。世祖至元三年(1266年)规定，一万五千户以上的州为上州，六千至一万五千户的州为中州，六千户以下的州为下州。取得中国南方地区以后，因南方人口较密，且北方人口也有所增加，故至元二十年重新规定为：五万户以上的州为上州，三万户至五万户的州为中州，三万户以下的州为下州。元代的州在隶属关系上，也分为直隶州和散州两种。直隶州直接隶属于省，散州隶属于路。不论直隶州或者散州，都按上述户口数的标准，区分其等级。

元代的县亦分为上、中、下三等。世祖至元三年规定：六千户以上的县为上县，二千至六千户的县为中县，二千户以下的县为下县。南宋被灭后，至元二十年再规定长江、淮河以南地区划分县等的标准：三万户以上的县为上县，一万至三万户的县为中县，不到一万户的县为下县。

《元史》卷五八《地理一》：“凡路，低于省一字。府与州直隶省者，亦低于省一字。其有宣慰司、廉访司，亦止低于省一字。各路录事司与路所亲领之县与府、州之隶路者，低于路一字。府与州所领之县，低于府与州一字。府领州、州又领县者，又低于

① 《元史》卷九一《百官七·宣慰司》，第2308页。

县一字。”[①]这表明在机构从属关系上，大抵是以省统辖路、府、州，省直接统辖直隶府与直隶州，宣慰司与廉访司也是省的下属单位。

二、政区沿革

元朝政府在泰州地区的统治是在1276年，因此泰州地区在元代的行政建制应从1276年开始。

至元十三年(1276)冬十月戊子，“参知政事陈岩行中书省事于淮东”[②]。这里的淮东当为南宋时的淮南东路，淮南东路的首府为扬州，参知政事陈岩应当在扬州行中书省事。《元史》卷九一《百官七》也记载：“至元十三年，初置江淮行省，治扬州。二十一年，以地理民事非便，迁于杭州。”[③]从这里可知行省为江淮行省，治所在扬州八年。泰州在南宋时属于淮南东路，此时泰州则隶属于扬州大都督府和江淮行中书省。它的领县数维持南宋之旧，仍为海陵和如皋。

至元十四年普遍置“路”，扬州大都督府“改为扬州路总管府。”而泰州则“立泰州路总管府”。泰州为路的状况维持到至元二十一年(1284)，“二十一年，复为州，隶扬州路”[④]。泰州从至元二十一年后都为州，领县数为二，隶属于扬州路，但是在隶属行省上又有文章。

至元二十一年(一说二十二年)七月，行省又从杭州迁回扬州，淮东道宣慰司废。次年将江浙行省复称为江淮行省，这种局面维持了三年。期间，泰州隶属于扬州路总管府以及江淮行省。

至元二十六年二月，因江淮行省又徙杭州，复立淮东道宣慰司，泰州隶属于它。但仅仅两年之后，江北州郡就割隶河南江北

① 《元史》卷五八《地理一》，第1346页。

② 《元史》卷九《世祖六》，第186页。

③ 《元史》卷九一《百官七》，第2306页。

④ 《元史》卷五九《地理二・泰州》，第1415页。

行中书省,同时又改江淮行省为江浙行省,仍治杭州,并且置淮东道宣慰司于扬州。这一设置长达63年之久。因为淮东道宣慰司不统辖扬州路及其属下州县,"后改立河南江北等处行中书省,移治汴梁路,复立淮东道宣慰司,割出高邮府为散府,直隶宣慰司"①,所以从此之后,泰州隶属于河南江北行中书省。这种局面一直维持到顺帝至正十二年(1352)。

至正十二年闰三月乙酉,为了镇压农民起义军,"置淮南江北等处行中书省于扬州,以淮西宣慰司、两淮盐运司、扬州、淮安、徐州、唐州、安丰、蕲、黄皆隶焉"②。因此,从至正十二年至元末,泰州均隶属于扬州路和淮南江北行中书省。

至正十二年五月,如皋县为张士诚所据,历时十三年。

三、职官制度

元朝职官制度的基本形态应当包括中央和地方行政体系,以及由枢密院——都元帅府(或都万户府)——各地万户构成的军事指挥系统,和由御史台、西台、南台及其所辖总共二十二道肃政廉访司构成的监察系统。本节亦主要探讨元代泰州的地方行政、军事指挥、监察系统的职官制度。

(一) 行政机构

元廷在泰州设过路、州建制,然无论路、州,它的领县都是海陵和如皋,不过领县的级别随着泰州级别的变化而变化。因此,元代泰州的职官结构应该分为三个部分:路的职官、州的职官、县的职官。

1. 路

从至元十三年开始,元政府在南方大规模设置路总管府,至元十七年(1280年)基本完成,几乎达到"每州皆为路"③的程度。

---

① 《元史》卷五九《地理二·扬州路》,第1414页。

② 《元史》卷九二《百官八》,第2332页。

③ [明]叶子奇《草木子》卷三《杂制》,中华书局1959年版,第63页。

路总管府的改置与元军占领的进程大体一致。一般先在占领州、军设置安抚司安抚新民，局势稳定后，改设总管府，置录事司以治城内之事。

由于原南宋境内，几乎“每州皆为路”，路的数量大增，因而路府设立后，随之而来的便是路府的省并。至元十五年七月，“改江南诸路为散府者七，为州者一，散府为州者二”[①]。泰州路总管府在至元二十一年降为府州。

至元十五年，“各路总管府依验户数多寡，以上、中、下三等级设官”[②]。但当年中书省在给江西行省咨文批复中，对于江西省内总管府司吏的名额规定：“上路三十名，中路二十名，下路一十五名。”可见在江南地区上、中、下三等路制依然不废。这种情况大约在至元二十三年后不复存在。泰州于至元二十一年即降为府州，而且有关户口方面的史料已遗失，我们只能大致推测泰州路应当是下路。正因户口不足，才将它降为府州。

《元史》记载：“上路秩正三品，达鲁花赤一员，总管一员，并正三品，兼管劝农事，江北则兼诸军奥鲁，同知、治中、判官各一员。下路秩从三品，不置治中员，而同知如治中之秩，余悉同上。至元二十三年，置推官二员，专治刑狱，下路一员。经历一员，知事一员或二员，照磨兼承发架阁一员，司吏无定制，随事繁简以为多寡之额；译史、通事各一人。”[③]泰州府志缺少元代泰州路总管府的相关史料，故只能大致推测它的职官构成，大致有达鲁花赤一员，总管一员，并从三品，同知、判官各一员，其中达鲁花赤由蒙古人担任。

2. 州

元代根据户口多少，把州分为上、中、下三等，分等设官，各州设正官四员，州的等级不同，官员品秩亦有区别，另有首领官

---

① 《元史》卷一〇《世祖纪七》，第203页。

② 《元史》卷一〇《世祖纪七》，第201页。

③ 《元史》卷九一《百官七·诸路总管府》，第2316页。

二员，统率吏员，具体承办州衙案牍，分理庶务。

上州：达鲁花赤、州尹秩从四品，同知秩正六品，判官秩正七品。中州：达鲁花赤、知州并正五品，同知从六品，判官从七品。下州：达鲁花赤、知州并从五品，同知正七品，判官正八品，兼捕盗之事。参佐官：上州，知事、提控案牍各一员；中州，吏目、提控案牍各一员；下州，吏目一员或二员。[①]

泰州府志有关于州的相关史料——"二十一年，改为州，隶扬州路，有达鲁花赤，上州，有州尹，有同知判官教授等官。"[②]

《道光泰州志》卷一三《秩官表上》记有元代泰州的职官，有州尹、同知、判官、教授、知事、提控案牍。秩官表将同知、判官置于州尹下，可见此二者为州的下级属官，而知事、提控案牍在最低端，此二者应当为州的吏员。

州尹。史载赵孟頫"至元二十九年迁泰州尹，未赴"，李德贞为"皇庆中泰州尹"[③]，赵俨"至正间任(州尹)"[④]。

同知、判官。州志云"无考"，但有一人名叫衡中顺，延祐年任，见《旧志·列女传》中，但标州卒，未详何职。这位衡中顺的具体职务也是无考的。

教授一栏，州志云"无考"，"儒学教授一员，秩九品。诸路各设一员，及学正一员、学录一员。其散府、上中州，亦设教授一员，下州设学正一员"[⑤]。教授在上中州只设一员，教官在元代属于流外杂职的一种，儒生"入仕格例，无不阶县学官而升"。由教官补选吏职，对于那些想借是途"出而致用"的人，有很大的吸

① 《元史》卷九一《百官七·诸州》，第 2317—2318 页。

② 《道光泰州志》卷一三《秩官表上》，第 111 页。

③ 《道光泰州志》卷一三《秩官表上》，第 114 页。

④ 《道光泰州志》卷一三《秩官表上》，第 115 页。

⑤ 《元史》卷九一《百官七·诸路总管府》，第 2316 页。

引力。按元制,府州教授许补各部令吏。

知事、提控案牍。州志记载知事为一员,提控案牍亦为一员,并记载有张缉一人,是滕州人,泰州幕职官。案《元史·百官志》无幕职官名目,是即知事、提控案牍之类。

3. 县

泰州无论作为路总管府还是州,它的领县始终为如皋和海陵。杨维桢在《送旌德县监亦邻真公秩满序》中描述了县的设官情况:"国朝监官郡邑,达鲁花赤于官属为最长。其次有令,有丞,有簿、尉。"[①]监、令、丞、簿主一县之事,尉及巡检主捕盗,维持地方治安。典史为首领官,统领吏员。吏员有司吏、贴书、承发、书状、祗侯、禁子等,分理众务,具体负责各项事务。这是县的职官一般情况。

然而,"1277 年(至元十四年),设泰州路总管府,1284 年改为州,如皋由中下县升为上等县,仍隶属于泰州。1352 年(至正十二年)农历五月,如皋县为农民军张士诚所据,历时 13 年"[②]。海陵的具体情况应当与如皋类似,它们的职官设置都应当依前揭《百官志》的记载:

> 诸县。至元三年,合并江北州县。六千户之上者为上县,二千户之上者为中县,不及二千户者为下县。二十年,又定江淮以南,三万户之上者为上县,一万户之上者为中县,一万户之下者为下县。上县,秩从六品,达鲁花赤一员,尹一员,丞一员,簿一员,尉一员,典史二员。中县,秩正七品,不置丞,余悉如上县之制。下县,秩从七品,置官如中县,民少事简之地,则以簿兼尉。后又别置尉,尉主捕盗之事,别有印。典史一员。巡检司,秩九品。

① [元]杨维桢《东维子集》卷 4《送旌德县监亦邻真公秩满序》,四库全书第 1221 册,上海古籍出版社 1987 年影印版,第 413 页。

② 《如皋县志》,香港新亚洲出版社有限公司 1995 年版,第 56 页。

巡检一员。[①]

县是元代基本的地方行政单位和最低品秩的理民官府。路治所所在的附郭县，由于“置录事司以治城内”，不参与城内的行政事务。在县之下，城外为乡、都组织，城内则分坊、隅，其主管人员一般以乡官称之，元代十分重视县令之选，用“五事”来对地方官的考课最先是从县令开始的。

4. 盐官

泰州在元代相当繁荣，是一座商贾云集的都市。扬泰地区“介江南北，而以其南隶浙西，其北隶河南，壤地千里，鱼盐稻米之利擅于东南，为天下府库益将百年矣”[②]。马可·波罗在其行纪中记叙：“从高邮城发足，向东南骑行一日，沿途在在皆见有村庄农舍，与夫垦治之田亩，最后抵泰州，城不甚大，然百物皆丰。居民是偶像教徒，使用纸币，臣属大汗，恃工商为活，盖其地贸易繁盛，来自上述大河之船舶甚众，皆辐辏于此。应知其地左延向东方日出处，距海洋有三日程。自海至于此城，在在制盐甚多。盖其地有最良之盐池也。”[③]

元朝十分重视两淮盐的生产和流通。至元十三年(1276年)，元廷初置江淮行省于扬州，次年即设置两淮都转运盐使司(又称江淮都转运盐使司)，全面接收南宋的淮南盐场，管理扬泰地区的海盐生产和流通等盐政事务。元代实行“引法”，始于职官类创设盐官专门序列。两淮运司置运盐使 2 员，秩正三品，与中书省下辖的六部、地方上的路总管府(上路)相等；盐运使下设同知 1 员，正四品；副使 1 员，正五品；运判 2

---

① 《元史》卷九一《百官七·诸县》，第 2318 页。

② 谢永平《元代两淮盐业与扬州城市的繁荣》，《扬州大学学报》2002 年第 1 期。

③ 马可·波罗《马可·波罗行纪》，沙海昂注，冯承钧译，中华书局 1954 年版，第 540 页。

员，正六品；经历1员，从七品；知事1员，从八品；照磨1员，从九品。至元三十年（1293年），悉罢所辖盐司，以其属置场官。据《元史》卷九一《百官七》载，两淮都转运盐使司所辖盐场有29个，分别为：吕四场、余东场、余中场、余西场、西亭场、金沙场、石港场、掘港场、丰利场、马塘场、栟茶场、角斜场、富安场、安丰场、梁垛场、东台场、河[何]垛场、丁奚[溪]场、小海场、草堰场、白驹场、刘庄场、伍祐场、新兴场、庙湾场、莞渎场、板浦场、临洪场、徐渎浦场。

又据《元典章》卷九《吏部三》载两淮盐运司下辖各场盐司三十一处：马塘、掘港、西亭、余东、余中、余西、金沙、石港、江口西、丰利、白驹、东台、梁垛、小海、草堰、刘庄、小陶[淘]、角斜、富安、河垛、栟茶、丁溪、板浦、天赐、临洪、五祐、新兴、筦[莞]渎、徐渎浦、白砚、庙湾。并且在"庙湾"二字后面注曰："今并"。其中，江口西、白砚、天赐、庙湾四场为《百官志》所无，缺吕四、安丰二场，场数比《百官志》所载多出2个。从"今并"一语可以看出，《元典章》成书时庙湾场已经并入其它盐场。每场设司令1员，秩从七品；司丞1员，从八品；管勾1员，从九品。

两淮盐运司的下属机构除盐场外还有批验所和盐仓。成宗大德四年（1300），复于真州（今江苏仪征）、采石（今属安徽马鞍山）等处置批验盐引所。每所设提领1员，秩正七品；大使1员，正八品；副使1员，正九品。负责批验盐引，只有经过批验的盐才能运输发卖。两淮各盐场所产盐，原来在场中贮存，弊端甚多，至大德四年，淮东扬州、淮安地面，以远就近，分立六仓，集中贮存，每一盐仓收贮若干盐场的额盐。元政府还组织了专门的运盐纲船负责将各盐场生产的盐运到指定的盐仓。两淮盐场"通立四十纲，每纲设官一员"①。两淮盐务官制至此始称完备，而各级盐官品衔也较后代为高。

① 王瑜、朱正海主编《盐商与扬州》，江苏古籍出版社2001年版，第29页。

元代实行民族歧视，汉人一般不得担任正职长官。至元二十八年(1291)诏：除达鲁噶齐(一作达鲁花赤，蒙古语为掌印官、总辖官)外，长官并宜选用汉人素有声望及勋臣、故家并儒吏出身、资品相应者，佐贰官遴选色目、汉人参用。同年规定，随朝官以 30 月为任满，在外官以三周岁为任满，钱谷官(含盐官)以得代为任满。任满始议迁叙，吏部于九十两月办理职官迁转出职。凡官员须历一定任期始得考课迁秩。条例规定：从九品历三任升从八品，正九品历两任升从八品，正八品历三任升从七品，从七品历三任呈省部定拟升迁。①

(二) 军事系统

元世祖至元七年(1270)，确定以管领军队多少区分军官等级。二十一年，又规定了军官的品级、各军府设军官的人数以及军官所持的符牌标准。

元代万户府分为上、中、下三等。上万户府统兵七千人，中万户府五千人，下万户府三千人。侍卫亲军各卫，与上万户府等级相同。万户府置达鲁花赤、万户、副万户各一员。侍卫亲军各卫置都指挥使、副都指挥使，有的卫设达鲁花赤。

千户所也分为上、中、下三等。上千户所统兵七百人，中千户所五百人，下千户所三百人。千户所置达鲁花赤、千户、副千户各一员。

百户所只分上、下两等。上百户所统兵七十人，下百户所五十人，各置百户一至二员。

百户之下，设牌子头，有时设“五十户”之职。

此外，万户之下，还有总管、镇抚等军职；千户之下有总把，百户之下有弹压等职。

据《道光泰州志》：“二十二年二月乙巳，改江淮元帅招讨司为上中下万户府，高邮为上万户，真州为中万户，扬州、泰州、弩

---

① 张荣生《古代淮南盐区的盐官制度》，《盐业史研究》，2001 年第 3 期。

手、保甲为下万户。”①

州志还记载说：“案《元史》，改江淮江西招讨司为上中下三万户府，蒙古汉人新附，诸军相参作三十七翼，上万户，宿州以下为七翼，中万户，枣阳以下为八翼，

图 6-1　元铜铳，泰州市博物馆藏

下万户，常州以下为二十二翼，弩手、保甲在二十二翼之内，每翼设达鲁花赤、万户、副万户各一人，隶所在行院，见《兵志镇戍》。”又：“弩手、保甲是万户府名目，别为两翼，如弩军千户所、砲手千户所、屯田万户府、义兵万户府之类，不与扬州、泰州连文也，恐阅者未尽明晰，故详述焉。”②由此可知元廷在泰州地区设过下万户的军事机构。

（三）官员铨选

在江南地区政府官员任用方面，元代采取蒙古人、汉人、色目人并用的政策，如至元十八年正月，“敕江南州郡兼用蒙古、回回人”③。至元二十八年，又规定“路、府、州、县，除达鲁花赤外，长官并宜选用汉人素有声望、及勋臣故家，并儒吏出身，资品相应者，佐贰官遴选色目、汉人参用”④。同样，还选用一批南人官吏在地方行政机构中任职，《道光泰州志》中记载的官员名单是至元二十九年以后的，记载的只有“南人”，没有达鲁花赤⑤。

元代从未入士人员中选除职官的途径，主要有宿卫出职、吏员入仕、承袭或承荫、科举取士等项。仁宗朝开始设立科举取士

① 《道光泰州志》卷一七《事略》，第 188 页。
② 《道光泰州志》卷一七《事略》，第 188 页。
③ 《元史》卷一一《世祖纪八》，第 229 页。
④ 《元史》卷八二《选举二·铨选上》，第 2038 页。
⑤ 参见《道光泰州志》卷一三《秩官表上》，第 111、112 页。

制度，但元代铨补官员的途径并不以科举为主。元代中期的文人姚燧曾有过一段十分著名的叙述：

> 大凡今仕惟三途：一由宿卫，一由儒，一由吏。由宿卫者言出中禁，中书奉行制敕而已，十之一；由儒者则校官及品者，提举、教授出中书，未及者则正，录以下出行省宣尉，十分之一半；由吏者省台院、中外庶司、郡县，十九有半焉。①

元末人们论及入官途径，仍然说："首以宿卫近侍，次以吏业循资。……自此，或以科举，或以保荐。"②

元代中、下级官员中的绝大部分，乃至少数高级官员，多由吏员出职，甚至由官复吏，再出职升任品级较高的官位，故当时即有人断言："我元有天下，所与共治，出刀笔吏十九。"③

元代吏员的名目多达数十种。在路府州县行政机关中广泛设置的吏员，通称"司吏"。关于吏员升迁途径的体例十分繁复。总的来说，他们需要熬过十年左右甚至更长一段时间，逐级地从低级衙门属吏升到各种高级衙门中的吏职，而后就可以由是出职，担任品从不等的流官。一部分路府州司吏，也可能在考满后出职，担任没有品从的低级首领官如典史、吏目、都目等，升任提控案牍，再由提控案牍入流品。

另外的入仕途径就是承荫与荐举。至元四年以前，元朝管民官与武职一样由子孙承袭，元政府在实行迁转制不久，取消民

---

① 转引自白寿彝总主编《中国通史》第8卷《元时期(上)》，上海人民出版社1997年版，第920页。

② 转引自白寿彝总主编《中国通史》第8卷《元时期(上)》，第921页。

③ [元]揭傒斯《揭傒斯集》卷六《善余堂记》，上海古籍出版社1985年版，第346—347页。

官承袭，改为荫子制度。元代文官荫子，止于七品。八品、九品官无荫子资格。《道光泰州志》卷二五《笃行》所记顾仲庸的事迹可作参考——

> 顾仲庸，倜傥好义，与保定张文友交契，张为嵊县尹，秩满，侨居江阴，一日暴卒，仲庸在京闻之，即走告当路者，曰："张文友未病，愿致仕。"因代入状中书，遂获以嘉定知州，致仕。即领玄命，又代文友之子告荫，乃得注晋陵尉，其家实不知也。仲庸南归致奠，赙奉宣敕授其子，人始惊叹。①

嘉定知州为从四品，为其子告荫当在法律允许范围之内。

《道光泰州志·选举表上》记载有关于元代职官信息，其选举仅限于辟荐、进士两项。如吴谏"举文武材，为兵部都辖"，吴显卿"官提举司"，屠申驯"至正年间进士，不详何科，府州志俱失载"②。辟荐为在任的官员推荐上的人选，这有点类似于征召，征召是皇帝根据左右大臣的举荐，将那些尚在野的文人达士召入廷对，授职录用，这种特旨征用的范围是很广的。采用征召授官的方式，有时是为了解决某些专门化的职务人选问题；更多的时候，则是出于朝廷为标榜自己"求贤若渴"、"野无遗才"的政治需要。

进士是由科举进入仕途，元政权的最后五六十年，科举制度才获得真正实施，元代科举始成于元英宗延祐年间，屠申驯为至正年间进士，时间上符合。

（四）官吏俸禄

元代的俸禄制度是在官制和财政税收制度建立和完善的过程中逐步创立的，官俸主要由俸钞和职田构成，府州县供职的官

---

① 《道光泰州志》卷二五《笃行》，第271页。

② 《道光泰州志》卷一五《选举表上》，第144页。

吏领取的是俸钱及职田的租入。南宋灭亡后，至元十五年(1278)，定江南官吏俸禄、职田。至元二十年，元政府给随朝吏员增俸百分之五十，二十一年，又按这个比例增发俸钱。在此基础上，至元二十二年，重定百官俸禄，始于各品分上、中、下三等。视职事为差，事大者依上例，事小者依中例。至元二十三年，定江南诸路站官俸禄，至元二十九年，定各处儒学教授俸。

九品职官俸额制表(俸额单位为中统钞两)：[1]

资品	俸钱		
	上	中	下
从一	300	250	
正二	225	215	
从二	200	185	175
正三	175	165	150
从三	150	135	125
正四	125	115	100
从四	100	95	90
正五	90	80	
从五	80	70	
正六	70	65	
从六	65	60	
正七	60	55	
从七	55	50	
正八	50	45	

① 转引自白寿彝总主编《中国通史》第8卷《元时期(上)》，第947页。

续表

资品	俸钱		
	上	中	下
从八	45	40	
正九	40	35	
从九	35		

至元二十四年，江浙行省确定了各级教官的俸禄，数额如下表：[①]

职　务	学粮（石\月）	中统钞
路府州教授	5	5
书院山长、副教官、学正	3	3
学　录	2	2
县学教谕	1.5	1.5
直　学	1	1
儒学教谕	2	10

至元二十九年，正式定各地儒学教授俸，其中“除江淮等处有学粮去处，不须支俸外”，“各路每员月支一十二两，散府每员支一十一两，上州每员支一十一两，中州每员支一十两”[②]。

由于物价上涨降低了官吏的生活水平，从大德三年（1299）开始给小吏添给俸米。其中“散府诸州司吏、县典史，月俸中统钞七两、米七斗。诸县录事司、巡检司司员，月俸中统钞六两、米

① 转引自白寿彝总主编《中国通史》第 8 卷《元时期（上）》，第 947 页。

② [元]佚名撰《庙学典礼》卷四《教授俸例》，浙江古籍出版社 1992 年版，第 76 页。

六斗。仰各处官吏,自大德三年正月为始,按月依例支给。各路司、县司、狱典俸米,与亲民司县司吏同”①。大德七年闰五月二十二日,元廷增加官吏的俸禄,规定:“其余内外官吏俸一十两以下人员,依大德三年添支小吏俸米例,一两给米一斗;十两以上至二十五两,每员支米一石;余上之数,每俸一两为米一升,扣算给付……”②

军官亦有俸禄。成宗时,由于在各地的文官都有职田,乃规定在京官员增发禄米。以后侍卫亲军军官大多有禄米,各地军官则只有俸禄。

地方上的正三品的上万户达鲁花赤、万户,俸禄为八十贯,从三品的上万户副万户,中下万户府达鲁花赤、万户俸禄为七十贯,正四品的中万户府副万户为六十贯,从四品的下万户府副万户,上千户所达鲁花赤、千户为五十贯,正五品的上万户府镇抚、上千户所副千户,中千户所达鲁花赤、千户为四十贯,从五品的中万户府镇抚,中千户所副千户,下千户所达鲁花赤、千户为三十贯,正六品的下万户府镇抚,下千户所副千户为二十贯,从六品的上百户所百户为十七贯,正七品的屯田、弩军、海道运粮、炮手军匠百户,从七品的下百户所百户为十二贯。

(五) 考课与监察

地方上的监察系统职官主要体现在对地方官员的考课与监察上。中统三年(1262)李璮之乱以后,元廷采取果断措施,撤罢汉地世侯,分军民治之,置牧守,行迁转。元代仿效金代制度,建立考课标准,对郡县官吏的治绩定期进行评估,定出殿最等级,作为升迁和降黜的依据。主要有以下几种:

第一,吏部根据“五事”,评定地方官员殿最等级,大司农司“专掌农桑水利”,考察地方官员劝农实效;廉访监察地方政务,以保证朝廷政令的推行。考课和监察对于整顿吏治,惩奸肃贪,

① 《元典章》卷一五《户部·禄廪》,中国书店1990年版,第250页。

② 《秘书监志》卷二《禄秩》,浙江古籍出版社1992年版,第37页。

矫正越制行为都起到了一定的作用。元成宗以后，还派出奉使宣抚，“分行诸道，按问官吏不法，询民疾苦，审理冤滞，凡可以兴利除害，从宜举行”①，前后计十一次。这些举措对于整肃地方吏治都起到了积极作用。但到元代后期，整个统治机构腐朽不堪，其考课和监察制度也随之瘫痪，地方吏治更加腐败。

元代考课最初以县尹为对象，大抵以所谓“五事”为主要内容。中统五年(1264)八月制定的条画云：

> 诸县尹品秩虽下，所任至重，民之休戚依焉。往往任用非人，致使恩泽不能下及，民情不能上通，掊克侵凌，为害不一。今拟于省并到州县内，选差循良廉干之人以充县尹，给奉公田，专一抚字吾民，布宣新政，仍拟以五事考课为升殿，户口增、田野辟、词讼简、盗贼息、赋役平、五事备者为上选，内三事成者为中选，五事俱不举者罢。②

最初考课年限较长，至元十四年八月颁布《循行选法体例》规定，“随朝诸衙门行省宣慰司官，三十个月为一考，一考升一等；外任官员三周年为一考”③。即地方官员三年一考。至元二十二年，朝廷以“五事”考课，竟无实效，每年一考，并以封赠父母来嘉奖治绩卓著者。此后，元廷多次重申“五事”考课标准，并把“五事”考课的范围扩大到各级官吏。至元二十八年(1291年)，“诏路、府、州、县……佐贰官，遴选色目、汉人参用，庶期于政平讼理，民安盗息，而五事备也”④。顺帝至正四年(1344)，在五事之外，另加“兴学校”一项考核内容，构成“六事”。

元代路府州县，总领地方政务，“掌管钱粮词讼民间一切事

① 《元史》卷二九《泰定帝纪一》，第659页。

② 《元典章》卷二《圣政·饬官吏》，第44页。

③ 《元典章》卷八《吏部·选格》，第117页。

④ 《元史》卷八二《选举二·铨选上》，第2038页。

务”，职任繁重，责任明确。但地方权力却极其有限，与其所担负的职任远远不能相称。元代地方权力的削弱，不利于地方职能的正常发挥和官吏理政的积极性，对元代吏治产生了不良影响。由于郡县“遇事必咨”，导致官府互相推诿，而权力不专又造成互相牵制，甚至官吏视郡县为“传舍”，等候三考满后的迁调。

外任中的蒙古、色目官员，其升迁并不受上述制度的限制。真正受到压抑的，乃是接受各种外任职务的汉人和南人，他们的升迁速度，只有蒙古、色目贵族和少数被视为亲信的汉族官僚的一半，甚至三分之一。在职官迁转体例以及整个铨选制度的各个方面，最受歧视的是所谓“南人”。

四、抗元三英雄

物华天宝之地，人杰地灵，英雄辈出的泰州地区从来也没有缺少过英雄，国仇家难之时更是如此。七百多年前，在泰州城东南五里许的莲花池一带，就出现了李庭芝、姜才及孙虎臣三位英雄。在宋末元初的抗元斗争中，他们曾经演绎过一幕为挽救民族危亡，浴血抗元，投池尽节，名留青史的正剧，为泰州历史书写了闪光的一页，为子孙后代所称颂。

李庭芝(1219—1276)，宋末元初的抗元名将。字祥甫，号北山，祖籍汴州，后迁居应山(今湖北广水)，又迁居湖北随州。南宋淳祐元年(1241)中进士，咸淳初年受任两淮制置使。就任后，他勤政安民，受到人民的拥戴。

在两淮制置使兼知扬州任上，李庭芝多次响应号召，组织抗元。德祐元年(1275)，元军围攻扬州，李庭芝带领将士坚决抵抗，元军又多次派人进入扬州城内劝降，李庭芝每次都将元劝降使杀死，烧毁招降榜文，鼓励将士奋勇杀敌。这时，南宋又升李庭芝为参知政事(副相)仍兼任原职，后又升为知枢密院事兼参知政事，要他到临安参与主持全国的抗元战争，但是因为局势已很危急，未能成行。

德祐二年二月，南宋朝廷降元。但李庭芝、姜才等人仍然死守扬州等地，成为元军的心腹大患。元军命令已经投降的南宋谢太皇太后和恭帝，仍然以颁降诏书的方式要李庭芝投降，李庭芝拒不奉诏，还登上城墙对招降使者说："奉诏守城，未闻有诏谕降也。"①不久，元军押送南宋全太后、恭帝等北上，途经瓜洲（今江苏扬州南），元军又命全太后、恭帝再颁诏劝降，李庭芝不予理会，以弩箭射退持诏招降的使者。

图 6-2　李庭芝塑像

在福州即位的宋端宗，七月"遣使以少保、左丞相召庭芝"。李庭芝就将扬州的防守任务移交给淮东制置副使朱焕，自己与部将姜才率兵前往福州。他们刚离扬州，守将朱焕就开城门向元军投降，使苦守几年的扬州失陷。李庭芝率军进入泰州，元军合围，在元军强大的军事压力下，百姓纷纷逃离，泰州守将孙贵、胡惟孝无心交战，导致城防空虚，危难之际，李庭芝不忍泰州百姓血流成河尸骨成山，决心以自己的生命保卫父老乡亲。面对左右同生共死的将士，他坚定地说："吾惟一死而已。"表明了誓死守城的决心，重振军威，带兵在元军重重围困中死守 22 天。无奈叛将孙贵、胡惟孝等偷开城门，元兵蜂拥而入。"庭芝闻变，赴莲池，水浅不得死。被执至扬州"②，于八月遇害。

姜才是李庭芝最得力的战将，濠州人，曾任通州副都统。他通晓兵法，善骑射。在李庭芝保卫淮东一路血战扬州、泰州的日子里，姜才数次率兵出城与元兵交战，战功最大。福州宋王赵昰召李庭芝南下的同时以龙神四厢都指挥使、保康军承

①② 《宋史》卷四二一《李庭芝传》，第 12602 页。

宣使的职衔召姜才,二人率军东走被围困泰州城内。可惜姜才这时背疽发作,动弹不得,不能作战。裨将孙贵、胡淮孝叛变投敌,迎元军入城,将李庭芝、姜才献给元军。阿术爱其忠勇,不忍杀他,以高官厚禄诱劝姜才归顺元朝,姜严词拒绝:“姜某生来只为宋臣,宁为玉折兰摧,不为瓦砾长存,绝不对元称臣!”阿术喝问李庭芝为何不投降?姜才回答:“不降者才也。”[①]继而怒骂不止。阿术遂押姜才至扬州处死。姜才从容就义,表现出了高尚的民族气节。

孙虎臣,具体资料不详。曾经因鄂州保卫战有功,受到朝廷“赐金帛”的封赏。宋度宗咸淳六年(1270),他率一军赴邱州与元军交战,全胜而还后,又参加了芜湖丁家洲大战和焦山大战,《元史》称“步帅孙虎臣”。

德祐元年二月,元军破九江,下安庆,江浙一带岌岌可危。因奸相当权,孙虎臣被贬任泰州知州。同年七月,由于丁家洲之败,宋军元气大伤,元军直指临安。宋军又组织了焦山大战,以求最后一搏。孙虎臣一片忠心,怀着复仇血恨的壮志以泰州知州参战,陈兵于焦山南北。已经处于强弩之末的宋军与敌力战,以惨败结束。两次大败,令时任泰州知州的孙虎臣痛心不已。同年九月,元兵至泰州,孙虎臣壮志难酬忧愤而死。

虽然三位抗元英雄都不是泰州人,但是他们都曾经在泰州、扬州这片土地上抛洒了自己的热血,扬泰地区留下了他们为民浴血抗争的足迹。三位英雄并没有被他们所庇护过的泰州人民所忘记,后人为纪念他们的英雄事迹,彰显他们崇高的民族气节,在泰州城莲花池附近建立了一座“三忠祠”,并勒石记事,以激励后人。

---

① 《宋史》卷四五一《姜才传》,第13269页。

五、张士诚起义

图 6－3　张士诚画像

元代末期，政治腐败，民不聊生，各族人民受到民族和阶级的双重压迫，不断起来反抗，泰州是反抗斗争最为激烈的地区之一。蒙元政权实行民族压迫和民族歧视政策，广大的汉族人民和其他各族人民过着十分悲惨的生活。到了元朝后期，皇帝昏庸，纲纪不振，官吏腐败，天灾不断，黄河决口改道，社会经济凋敝，人民流离失所，阶级对立矛盾严重激化。为了维护腐朽统治，元朝政府拼命提高盐价，大量增发盐引，使盐利居国家经费的“十之有八”。至元十三年（1276）至仁宗延佑二年（1315），短短四十年间，盐价就上涨了十六倍之多。盐价之贵，真是旷古未闻。人民生活在极端贫困的苦海之中，再也无法忍受下去，终于爆发了元末农民大起义。当时，在江浙沿海一带活跃着一支声势浩大的由盐民组成的起义队伍，其领袖就是泰州的盐民张士诚。

（一）十八条扁担起义

张士诚（1321—1367），字确卿，小名九四，泰州白驹场戚家团人（今江苏大丰大隆乡万民村）。生于盐民之家，长大后与弟士信、士德“以操舟运盐为生”，兼贩私盐。当时，白驹场有个灶长名丘义，经常对张士诚兄弟及贫苦盐民们敲榨勒索和辱骂。至正十年（1350）的一天，张士诚兄弟又遭丘义羞辱，于是联合盐民李行素、李伯升父子，潘愚、潘元明、潘元绍父子，张天琪、吕珍、徐义、蒋辉、徐子坚、史文炳、大眼张、张辰保（张士诚侄子）、周国俊、张士义等十八人，手执刀杖、扁担等，杀死丘义及平日欺负盐民百姓的盐商、官吏十余人，火烧白驹盐场官署等，然后跑到邻近的草堰场，招集盐丁数百人，公开举起了反元大旗。“盐丁方苦重役，遂共推为主”[①]。此后不断有农民和盐民参加起义军，很快发展到万余人，这就是后来史载的“盐民十八条扁担起义”。

（二）“诈降”杀赵琏

张士诚先在农村扩展势力，不久就以攻夺城池为目标。泰州为淮南江北重镇，是张士诚首选目标。至正十三年，张士诚第一次攻破泰州，当时元廷立淮南江北行省于扬州，赵琏为行省参知政事，河南行省派高邮知府李齐招降张士诚，张士诚诈降归附，不久赵琏亲自镇守泰州，赵令张士诚划船从征濠泗。张士诚明白这是赵琏的借刀杀人阴谋，侦知赵琏在泰州城无防备，遂于凌晨纵火登城，又一次攻取泰州。如《元史》记载：“后又复叛变，杀参知政事赵琏，并掠官库民财，走入得胜湖。”[②]

《元史》有赵琏传记，其概要为：

> 会张士诚为乱，突起海滨，陷泰州、兴化，行省遣兵讨之，不克。乃命高邮知府李齐往招谕之。士诚因请降，行省授以民职，且乞从征讨以自效。遂移琏镇泰州，琏乃趣士诚治戈船，趋濠、泗。士诚疑惮不肯发，又觇知琏无备，遂复反。夜四鼓，纵火登城。琏力疾扪佩刀上马，与贼斗市衢。贼围琏，邀至其船，琏诘之曰：“汝辈罪在不赦，今既宥尔诛戮，又锡以名爵，朝廷何负于汝，乃既降复反邪！汝弃信逆天，灭不旋踵。我执政大臣，岂为汝贼辈屈乎！”即驰骑奋击贼，贼以槊撞琏坠地，欲舁登其舟，琏瞋目大骂，遂死之。[③]

---

① 《明史》卷一二三《张士诚传》，第 3692 页。

② 《元史》卷一九四《忠义二・李齐传》，第 4394 页。

③ 《元史》卷一九四《忠义二・赵琏传》，第 4403 页。

《赵琏传》说:"士诚因请降,行省授以民职,且乞从征讨以自效。"元廷授予张士诚的应是武职,《南村辍耕录》则直指张士诚被授为"千夫长"[①]。

(三) 克兴化,据高邮,计杀李齐

张士诚随即挥戈北上,夺取兴化城,结寨于得胜湖(即缩头湖,在兴化县东十里)。至正十三年四月,元廷以官禄招士诚归顺,张士诚不理会。五月,张士诚率义军西向攻破高邮城,占据了高邮。元廷命高邮知府李齐赴高邮招降,为士诚所杀。夏天,元廷又命淮南行省平章政事福寿率兵进攻起义军,为士诚所败。至此,士诚已初步在泰州、高邮、兴化、通州一带站稳脚跟,建立了根据地。

李齐,高邮府知府,《元史》也有传记。其概要为:

> 至正十三年,泰州白驹场亭民张士诚为乱,破泰州。河南行省遣齐往招降,被拘。久之,贼酋自相杀,始纵齐来归。泰州平,贼徒尚蜂聚,士诚复鼓变,杀参知政事赵琏,掠官库民财,走入得胜湖,俄陷兴化县。行省以左丞偰哲笃偕宗王镇高邮,使齐出守甓社湖。夏五月乙未,数贼入城,一噪呼而省宪官皆遁。齐急还救城,贼已闭门拒我,遂连兴化接得胜湖,舟舰四塞,蔓延入宝应县。已而有诏:凡叛逆者赦之。诏至高邮,不得入,贼绐曰:"请李知府来,乃受命。"行省强齐往,至则下齐狱中,齐益辩说,士诚本无降意,特迁延为缮饬计耳。官军谍知之,乃进攻城,士诚呼齐使跪,齐叱曰:"吾膝如铁,岂肯为贼屈!"士诚怒,扼之跪,齐立而诟之,乃曳倒,捶碎其膝而冎之。[②]

---

① [元]陶宗仪《南村辍耕录》卷二九《纪隆平》,中华书局1959年版,第356页。

② 《元史》卷一九四《忠义二·李齐传》,第4394—4395页。

(四) 杀泰州李二

李二,和张士诚一起起义的首领。《元史》卷一九四《忠义二·纳速剌丁传》记载:

> 泰州李二起,行省移之捍高邮得胜湖。贼船七十余柁,乘风而来,即前击之,焚其二十余船,贼溃去。李二失援,遂降。其党张士诚杀李二,复为乱,戕参政赵琏,入据兴化,而水陆袭高邮,屯兵东门。纳速剌丁以舟师会诸军讨之。距三垛镇,贼众猝至,纳速剌丁麾兵挫其锋。后贼鼓噪而前,乃发火筒火镞射之,死者蔽流而下。贼缭船于背,尽力来攻,而阿速卫军及真、滁万户府等官,见贼势炽,皆遁走。[①]

可见,泰州李二曾与张士诚一起起义,并排名于张之前,后来又一起投降。其后,张士诚杀李二,再次造反。很可能是李二死心蹋地跟定官府不愿造反,于是张士诚带领多数义军杀了李二再举义旗。

(五) 张士诚称王

至正十四年正月,张士诚自称"诚王",国号"大周",建元"天佑"。六月,张士诚率兵进攻扬州,击败了达识帖睦迩的元军。张士诚占领高邮后,"遂连兴化,接得胜湖,舟舰四塞,蔓延入宝应县"[②]。航运在元代运输体系中发挥重要作用,元代海运南粮北运,江淮人与北方人常年往来于南北之间,促进了文化的交流和商业往来。今江苏一带的港口拥有大量熟练的水手和船工,他们具有实际经验,能够根据具体情况,或用指南针定向航行,或观察天象以指导航向[③]。张士诚率众反元,占据江苏内河、海运要道,

---

① 《元史》卷一九四《忠义二·纳速剌丁传》,第 4407 页。

② 《元史》卷一九四《忠义二·李齐传》,第 4394—4395 页。

③ 李天石、潘清主编《江苏通史(宋元卷)》,凤凰出版社 2012 年版,第 330 页。

致使南北运道梗塞，这使仰赖江南财赋供应的元政府十分恐慌。

（六）高邮战役

张士诚起兵江淮，在高邮称王，元廷深感事态严重。至正十四年（1354）九月，元朝政府派遣中书右丞相脱脱总制各路军马前来镇压，甚至连“西域、西番皆发兵来助。旌旗累千里，金鼓震野，出师之盛，未有过之者”①。同时，南方的不少地主武装也积极地参加了这次围剿。如浙东地主戴国彬当脱脱攻高邮时，就率领子弟参加围剿，浙西的地主武装也日夜聚集出动，高邮被围一个多月，城中粮食缺乏，士兵日夜守城疲乏，几乎无力支持，又无法突围，有人计议向元军投降。在这千钧一发的时刻，脱脱“部将董抟霄每对脱脱言：‘天兵南下，势如破竹，今老师费财，何面目归报天子，不若先攻其易。’脱脱从其言，分兵破天长，六合”②。元军攻陷天长、六合，但高邮仍岿然不动。另外，脱脱的政敌哈麻与顺帝的母舅老的沙、顺帝之弟巴郎太子以及哈麻的妹婿秃鲁帖木儿等勾结，在顺帝面前不断攻击脱脱。十二月，顺帝以脱脱劳师费财，战事持久为由，削夺了他的官爵和兵权。哈麻怕脱脱不奉诏旨，在发出诏旨之前，即要朝中诸大臣领军从征者之家，遣人先来军中说：“诏书且至，不即散者当族诛。”所以诏书一到军中，“大军百万，一时四散”，“其散而无所附者，多从红军”③。脱脱匹马北归，将士大乱。城中义军闻知此信，勇气百倍，冲出城外，百万元军一时溃尽。高邮解围，张士诚兵势复振。此后，元廷又几次派人招降张士诚，都被严词拒绝。

高邮战役在元末农民战争史中是一次重要的战役。从此以后，“元兵不复振矣”，而农民起义军则推向一个新的高潮。

（七）进取江南

张士诚在高邮称王一年多，原先并未有渡江进取江南的意

---

① 《元史》卷一三八《脱脱传》，第 3346—3347 页。

② 《南村辍耕录》卷二九《纪隆平》，第 357 页。

③ ［明］权衡《庚申外史》，中华书局 1985 年版，第 18 页。

图。当时江阴朱英也是聚众的豪强，为元军所迫，携家逃至江北求救于张士诚，并借兵复仇。张士诚心怀疑虑，“英盛陈江南土地之广，钱粮之多，子女玉帛之富，以动其中”①。

于是张士诚命张士德率兵由通州渡江，以朱英为向导，入福山港。周天祐三年(1356)正月，张士德攻取常熟州，并继续向南进军。二月，前锋抵达江(今江苏苏州)。这时张士德不过三四千人，却长驱而入，势如破竹，攻下平江。守城的元官员将领或死或逃，张士德即以苏州承天寺为府署，推倒佛像，踞坐于大殿之上，连射三枝箭于殿栋，以示武功②。接着昆山、太仓、嘉定、崇明诸州相继来降，张士德又派兵攻取常州、湖州。常州因有人为内应，不战而得，元将王与敬亦由松江叛元前来归附。江北，张士诚则派兵攻取淮安。这是张士诚军事发展上非常顺利的时期。三月，士诚由高邮来到平江，改平江为隆平府，即以此为国都，仍称诚王，国号纪元如旧。士诚以承天寺为王宫，立省院六部百司——“改至正十六年为天佑三年，国号大周，历曰明时。设学士员，开弘文馆。以阴阳术人李行素为丞相。弟士德为平章，提调各郡兵马。蒋辉为右丞，居内省，理庶务。潘元明为左丞，镇吴兴。史文炳为枢密院同知，镇松江。郡州县正官，郡称太守，州称通守，县仍曰尹，郡同知称府丞，知事曰从事，馀则损益而已。”③

(八) 二次降元

至正十六年(1356)七月，在张士诚和朱元璋的常州战役中，张士德被擒。这对张士诚是极其严重的打击，因为张士德智勇双全，独挡一面，重大决策，多出士德之手。张士诚无异被砍去臂膀。而且，张士诚兄弟友爱甚笃，岂能不耿耿于怀而日求报

---

① 《南村辍耕录》卷二九《纪隆平》，第357页。

② 据《明史》卷一二三《张士诚传》(第3693页)，射三矢于栋的是一个月后由高邮来平江的张士诚，未知孰是。

③ 《南村辍耕录》卷二九《纪隆平》，第358页。

复。可是此后和朱元璋交锋时，却连连失利，处境极其困难。另外，此时全国的战争形势已起了重要变化，不是农民起义队伍的矛头集中指向元朝政府，而是各起义领袖封建割据，互相兼并。威胁张士诚的力量，非元朝政府，而是朱元璋。张士诚名为降元，实则是找一避风港湾，以图东山再起。

因此，在至正十七年"士德在金陵不食死"[①]后，张士诚第二次降元，受封为"太尉"，后为元朝运粮大都，并攻杀刘福通等。"自后长兴陷，常州又陷，士德战败被擒，缚致集庆。俾其作书劝士诚归附，士德以身徇之，终无降意。士诚势穷力迫，愿就丞相招安，使者往返，讫莫成就。仁亲诣江浙省堂，具陈自愿休兵息民之意，议始定，时十八年秋八月也。朝廷诏赦其罪。后授士诚太尉，开府平江。士诚以下，授爵有差，立江淮分省江浙分枢密院于平江。以设其官属。"[②]

因为张士诚嫌元廷给予的太尉太小，无法与"自海道输粮十一万石于大都，岁以为常"[③]的条件匹配，所以在至正二十四年八月便自称吴王[④]。

在张士诚第二次降元期间，泰州人俞思齐因反对张士诚降元不朝贡，被称为骨鲠臣。州志记载说："俞思齐，字中孚，泰州人，从张士诚。士诚称王，听谀臣之言，不漕贡。思齐独言，曰：'向为贼，不贡犹可；今为臣，可乎?'士诚怒，抵案仆地而入。思齐知不可事，即弃官称疾而隐。会稽杨维桢尝为思齐作《骨鲠臣传》，评曰：'张之僚属多伯嚭，直而不阿，独思齐颜有之，千人诺诺，不如一人谔谔，信哉!'"[⑤]

---

① 《道光泰州志》卷一七《事略》，第190页。

② 《南村辍耕录》卷二九《纪隆平》，第359页。

③ 《道光泰州志》卷一七《事略》，第190页。

④ 关于张士诚自称吴王的时间，参见刘孔伏《张士诚自称吴王时间考》，《学术论坛》1983年第6期。

⑤ 《道光泰州志》卷一七《事略》，第190页。

（九）淮东之战

从至正十六年起，朱元璋便与张士诚接境，双方互相攻伐，大小冲突不断，僵持了近十年之久。由于朱元璋以全力对付陈友谅，因而对张士诚基本上取守御之态。张士诚的地盘以长江为界，分为两部分。江南的浙西地区防守比较坚固，而江北的淮东地区防守则相对薄弱。朱元璋东征张士诚，采取先北后南的策略。“太祖既平武昌，师还，即命徐达等规取淮东，克泰州、通州，拔高邮，取淮安，悉定淮北地。”①

至正二十五年(1365)十月十七日，朱元璋命徐达、常遇春率马步舟师，水陆并进，渡过长江，进攻淮东。二十一日疏浚河道，并击溃张士诚军一部，进抵海安。二十三日，进围泰州新城，又击败张士诚从淮北派出的援军，擒其元帅王成。张士诚以舟师400艘，停泊在长江北岸范蔡港(今江苏沙洲西)，另以小舟在孤山(今江苏靖江北)附近水域来往巡弋，企图诱徐达调部队回守长江水寨，以分散其进攻淮东的兵力，然后乘虚反攻，击败围泰的徐达军。朱元璋及时识破了张士诚的企图，仅以少数兵力增防长江水寨，而把淮东进攻部队集结于泰州、海安一带，待机打击张士诚北上之军。张士诚见无隙可乘，遂放弃了反攻打算。徐达见张士诚未派援兵，便发起攻势。闰十月二十六日，徐达攻克泰州，擒其守将严再兴，“使孙兴祖守海陵”，并乘胜进逼兴化、高邮。这时，朱元璋因占领区扩大，兵力分散，怕被各个击破，将徐达调回泰州坐镇，控制精锐部队，准备随时支援各部军队的行动，并乘机夺取淮安、濠、泗诸州。

张士诚为了调动朱元璋军，减轻江北的压力，又在江南分别向宜兴、安吉、江阴等处进攻。朱元璋除调徐达军到宜兴进行截击外，并亲到江阴指挥。十二月，徐达击败张士诚军的进攻后，又回师江北。在翌年三四月间，徐达相继攻占了高邮、淮安、兴化、通州、濠州、徐州等地，从而占领了全部淮东。

---

① 《明史》卷一二三《张士诚传》，第3695页。

（十）失败

淮东大捷后，明军乘胜追击，最后攻占平江，张士诚被擒。“二十七年九月明师克平江，士诚至金陵，自缢死，年四十七，自起至亡，凡十四年。”[①]至正二十七年七月朱元璋率军攻占平江，张士诚被俘，解至金陵（今南京）后自缢身亡。张士诚墓位于江苏省苏州市平江区斜塘镇盛墩村。

图 6－4　张士诚墓

张士诚率领的江苏盐民大起义，是中国历史上唯一的一次由盐民自发组织、并建立了政权的农民起义，在元末农民起义中起着关系全局的作用。这场起义一度吸引了元政府的主力军队，如著名的高邮之战，牵制了元军百万兵力，对全国各地纷起的农民起义起了相当大的掩护作用，从而推动了元末农民起义最大规模的发展。这场起义爆发于两淮盐区的中心，波及整个东南沿海地区，义军“把截要冲，南北梗塞”，切断了南北交通大动脉京杭大运河，占据了江淮南北中转地带和江浙大部分财富集中之地，控制了大片粮食产地和海上漕运的入海口，使“东南盐利居天下之半”的淮浙盐区的生产和运销停滞，阻隔了元中央政府同东南财富地区的联系，扼断了元政府赖以生存的财源和粮源，在政治上和经济上对元政府造成了致命的打击，加速了元朝的覆灭。明亡后，人们在泰州东山寺立张王殿，供奉他的塑像。

---

① 《道光泰州志》卷一七《事略》，第 191 页。

第二节　经济状况

在中国这个多民族国家悠久的历史发展过程中，元朝是一个十分重要的朝代。元朝取代宋朝并不是"历史的倒退"，更不是"中国经济濒于毁灭"，而是历史的一种进步。元朝经济有重大发展和卓越贡献，不少方面都超过前朝，并为后世所遵循。元代泰州经济的发展就是一个缩影。

一、人口与民族

人口不是社会经济发展的决定性要素，但它却能对社会经济的发展起到加速或延缓的作用。

元代和前代一样，非常重视对户口的掌握。从蒙古国到元朝，曾进行过多次"括户"、"籍户"、"验户"，对人口进行普查。据元朝官方的非精确统计（在特定历史环境下，户口统计采取累加法，即在每次"籍户"后，将所得数额加上未统计地区原有的户口数额，就得出了所谓的"天下户数"），元朝的人口数字达到 6000 余万。人口呈现南密北疏的格局。江淮地区人口密集，城市人口相对集中。自宋廷南迁后，江淮地区已经成为全国人口最稠密的地区。泰州所属的扬州路人口突破了 147 万①。

元朝时期，中国是一个统一的多民族的大帝国。元朝统治者能把全国各地区各民族统一在一个中央政权统领下，这让很多西方旅行家感到惊讶，14 世纪到中国旅游的外国人鄂多立克说："我很奇怪，那么多的人怎么能安排在一个地方？"②但蒙古贵族的统治推行野蛮的民族压迫和民族歧视政策。元朝统治者

---

① 《江苏通史(宋元卷)》，凤凰出版社 2012 年版，第 35 页。

② ［亚美尼亚］刚扎克塞撰《鄂多立克东游录》，何高济译，商务印书馆 1982 版，第 68 页。

把各民族按照族别和地区划分成四个等级：第一等是蒙古人，包括原来蒙古地区的所有人；第二等是色目人，包括西夏、回回西域以及留居中国的部分欧洲人；第三等是汉人，包括契丹、女真和原来金统治下的汉人；第四等是南人，指南宋统治下的汉人和西南各族人民。这四个等级在政治待遇和法律上都有严格的区别，蒙古人的地位最高，南人的地位最低。

根据钱大昕《十驾斋养新录》卷九记载："汉人、南人之分，以宋金疆域为断，江浙、湖广、江西三行省为南人，河南省唯江北淮南诸路为南人。"[①]而按照《元史》记载，元代的"河南省江北淮南诸路"为淮西江北道、江北淮东道、山南江北道三道。淮西江北道包括庐州路（含和州、无为州、六安州）、安丰路（含濠州）、安庆路。江北淮东道包括扬州路（含真州、滁州、泰州、通州、崇明州）、淮安路（含海州、泗州、安东州）、高邮府。山南江北道包括中兴路、峡州路、安陆府、沔阳府、荆门州、德安府（含随州）。也就是说，今天的江苏省除徐州市和宿迁市区之外、安徽省淮河以南地区、上海市、江西省、浙江省、福建省、广东省、广西自治区、海南省、湖北省、湖南省均为"南人"区。据此推断，元朝泰州地区的人口绝大多数都应是"南人"。

二、农业

宋元时期是我国历史上南北人口大迁移的一个重要阶段。在南宋与金、蒙（元）对峙期间、由于战乱的影响，北方人民流离失所，纷纷南下，迁往江南之地。随着蒙古向南征服过程的进行，也有大量的蒙古、色目人迁徙、定居到江南地区。由于江浙一带是南宋京畿所在，经济、文化发达，且较迟为蒙古所征服，因而成为北方流民最为集中的地区。

元代江浙行省的北方移民所占比例虽然不是很高，但是移

---

① ［清］钱大昕《十驾斋养新录》卷九《赵世延杨朵儿只皆色目》，陈文和、孙显军校点，江苏古籍出版社2000年版，第188页。

民数量仍是相当可观的。这些移民不仅是新耕地的开拓者，同时也带来了新的生产技术。海外移民虽多为商人，但对于促进商品性农业经济的发展也起了不容忽视的作用。

(一) 重农措施

金元之际，战祸频仍，两淮地区的农业生产遭到严重破坏。元朝建立后，对农业开始重视，把恢复和发展农业生产作为巩固新政权的首要任务。

元朝重农政策的实施，使得农业生产获得很大发展，同时也促进了农业生产工具的改革和农业生产技术的提高。元世祖忽必烈即位之时，就颁布了“国以民为本，民以衣食为本，衣食以农桑为本”的诏令。

元初的重农措施主要有设置管理农业的机构、禁止毁农田为牧地、奖励垦荒、健全农村村社基层组织、建置仓储制度等。这些政策的实施，使得元代的农业生产得到迅速恢复和发展。

(二) 粮食作物

元代的粮食作物有稻、麦、粟、荞麦、黍等，江淮以南，以稻为主，麦次之，粟又次之。

稻米是我国南方人民的主要的粮食作物。《周礼·职方》记载：东南曰扬州，其谷宜稻。当时的扬州地域宽广，包括淮河以南及浙江、江西等地，现在的扬州、苏州两地区在周代均属扬州之范围。说明江苏远在三千年前就已形成了一个范围较大的稻作区。

水稻品种繁多，有大稻、小稻，小稻即秈、粳、糯(又作秫)。粳性疏可以炊，秫性粘而可以酿酒，然非水则不可种[①]。南方以米为主食。“大抵稻、谷之美种，江淮以南，直彻海外，皆宜此稼。春而

---

① ［明］周履靖《夷门广牍》卷八〇《稻经》，书目文献出版社1991年版，第857—859页。

为米，洁白可爱，炊为饭食，尤为香美。”[①]米除了做饭粥外，还可以磨粉制糕饼之类。水稻大致可以分三种，“早熟而紧细者曰秈，晚熟而香润者曰粳，早晚适中，米白而粘者曰糯”[②]。

图 6－5　王祯《农书》

麦是大麦、小麦的总称。“北方所种极广。大麦可作粥饭，甚为出息；小麦磨面，可作饼饵，饱而有力；若用厨工造之，尤为珍味。充食所用甚多。”[③]江淮的粮食作物以稻米为主，但大、小麦亦占有相当比重。据考古发现，扬州在东汉一代就开始种植小麦，距今已经有两千年的历史。由于实行稻、麦轮作，因此大、小麦分布很广。还有荞麦，“中土南方，农家亦种。但晚收磨食，溲作饼饵，以补面食。饱而有力，实农家居冬之日馔也”[④]。它的生长期短，只有两个月，适合在无霜期短的地方种植。荞麦在隋代以后传入中原，北方可以在收获麦子后种植，南方则可以在早稻后种一茬。只要时间搭配合理，把荞麦加入轮作制度，还是可以提高粮食产量，增加食用价值的。《道光泰州志》记载麦子的种类有大麦、小麦、淮麦、荞麦。诗人马臻作《瓜洲渡书怀》：“船到瓜洲麦正黄。”即其一例。

黍，一种黄米，又作秫子。其中黏者为黍，不黏者为穄或糜子。“今有赤黍米，黄而粘 ，可蒸食；白黍酿酒，亚于糯秫。”[⑤]黍

① ［元］王祯《农书》卷七《百谷谱一・水稻》，中华书局 1991 年版，第 56 页。

② 《农书》卷二《农桑通诀二・播种篇》，第 18 页。

③ 《农书》卷七《百谷谱一・大小麦》，第 58 页。

④ 《农书》卷七《百谷谱二・荞麦》，第 62 页。

⑤ 《农书》卷七《百谷谱二・黍》，第 59 页。

州种植过赤芦穄、白芦穄。

菽是豆类的古称，是元代重要的粮食作物之一。大豆有黑、白、黄三种。小豆有绿豆、赤豆、白豆、豇豆等，皆小豆类也。“人俱作豆粥、豆饭，或作饵为炙，或磨而为粉，或作曲材。其味甘而不热，颇解药毒，乃济世之良谷也。南方亦间种之。”①豌豆又谓蚕豆，“以其蚕时熟也，百谷之中，实为先登。蒸煮皆可便食，是用接新，代饭充饱。”②《道光泰州志》记载，泰州曾种植过紫豆、豇豆、蚕豆、刀豆、龙爪豆、扁豆等。

（三）蔬菜与果品

蔬菜是人类日常生活所不可缺少的食物。“夫养生必以谷食，配谷必以蔬茹，此日用之常理，而贫富不可阙者。”③

芥菜，古人说的“菜重芥姜”，就是指其在做菜中的重要性。芥可以分为三种：青芥“叶似菘而有毛”，“味极辣”；紫芥“茎叶俱紫”；白芥子“粗大于他芥，色白如粱米，味极辛美，宜入药”④。

茼蒿，也称蓬蒿，“叶绿而细，茎稍白，味甘脆。春二月种，可为常食。秋社前十日种，可为秋菜。如欲出种，春菜食不尽者，可为子，俱是畦种。”⑤

莴苣，有苦苣、白苣和紫苣数种。“叶有白毛为白苣，紫色为紫苣，苦味为苦苣”，“去皮蔬食，又可糟藏，谓之莴笋，生食又谓之生菜。”⑥

还有萝卜、葱、韭、蒜、白菜、青菜、荇菜、生菜、芹菜、苋、菠菜、甜菜、香蒿、豆芽、胡萝卜、茭白、香芋、甘露子、山药等。

果品则有桃、李、梨、栗子、樱桃、石榴、梅、杏、橙、柿等。

---

① 《农书》卷七《百谷谱二·小豆》，第 61 页。

② 《农书》卷七《百谷谱二·豌豆》，第 61 页。

③ 《农书》卷二《农桑通诀二·播种篇》，第 19 页。

④ 《农书》卷八《百谷谱四·芥》，第 75 页。

⑤ 《农书》卷八《百谷谱五·茼蒿》，第 82 页。

⑥ 《农书》卷八《百谷谱五·莴苣》，第 81 页。

（四）耕作制度与农具

元代在以农桑为主的农业结构形成的同时，种植业内部的结构也围绕着农（稻）桑这样两个主题发生了一些变化。宋元时期，随着人口的增加，人均占有土地的相对减少，人们在积极扩大耕地面积的同时，也着眼于对现有土地的利用，这就是实行多熟制，来提高单位面积产量，以满足日益增长的人口的需要。宋元时期是水田中耕农具的完善时期，出现了不少与水田中耕有关的不和农具，如耘爪、耘荡（耥）、薅鼓、田漏等。宋元时期还出现了掼稻簟、笐和乔扦等晾晒工具。与此同时，一些原有的农具也由于水稻生产的需要，得到了进一步的推广运用。传统南方水田稻作农具至此已基本出现，并配套定型。

1. 耕作制度

古代农业生产，一方面是通过筑塘浚浦，建造好田，围海造田等措施来扩大耕地面积；另一方面不断改进耕作技术，提高复种指数，挖掘土地生产潜力，从而增加农作物产量。

唐代江南耕作制就出现了稻、麦轮作和水旱轮作的新形式。五代十国及南宋时期，江南经过兴修大量水利工程，增辟了大量水田，在这里形成了以水稻为主的一年一熟稻产区。同时，受北方发展“宿麦”的影响，在一些地势高亢的地方，冬季还种上一熟小麦。这是江淮以南稻麦两熟制的开端，从此出现了多种轮作复种制。南宋扬州著名农学家陈旉《农书》记载，早田获刈才毕，随即耕治晒曝，加粪塞培，而种豆麦，蔬茹。元朝时，这种一年两熟制得到进一步完善、扩大，并出现了双季稻的种植。江苏淮南稻麦两熟地区，排水是一个关键问题。元代已从深耕晒土，多施基肥的基础上，注意排水耕作法。泰州的农业耕作也大体如此。

2. 农具革新

江淮以南地区在唐代创造江东犁。晚唐陆龟蒙《耒耜经》记载，江东犁较以往的耕犁有很大进步。到宋代又创造了耖，这是一种高可三尺许，广可四尺，上有横柄，下有列齿，其齿与耙齿倍长密的水田农具，可“疏通田泥”，于是组成了稻田耕、耙、耖田间联合作业。

元代时又发明了一种工具叫耥。耥有田荡和耘荡之分。王祯在《农书》中记载：田荡，均泥田器也，用叉木作柄，长六尺，前贯横木五尺许。田方耕耙，尚未匀熟，须用此器平置其上荡之，使水土相和，凹凸各平，则易为莳秧。凡水田渥漉精熟，然后踏粪入泥，荡平旧面，乃可撒种。同书还记载了耘荡：形如木屐，而实长尺余，阔约三寸，底列短钉二十余枚，箕其上，以贯作柄，柄长五尺余。耘田之际，农人执之，推荡禾垅间草泥，使之涵溺，则田可精熟；既胜耙锄，又代手足。况所耘田数，日复兼倍。尝见江东等处农家，皆以两手耘田，匍匐禾间，膝行而前，日曝于上，泥没于下，诚可嗟悯。

提水灌溉农具也在不断改进。春秋战国时期创造了桔槔，汉代发明了辘轳水车。自后汉至三国时，创造了龙骨车，用人力踏动拐木，使龙骨板循环的转动，把水刮上岸来入田。王祯《农书》记载：若岸高三丈有余，可用三车，中间小池，倒水上之，足救三丈以上高旱之田。凡临水地段，皆可置用。但田高则多费人力，如数家相助，计日趋工，俱可济旱。水具中机构巧捷，惟此为最。后来人力被牛转和水转所代替，这是一个很大的改进。筒车大抵始于唐或唐以前。筒车用竹筒或木简代替龙骨板，省工费，又便利。戽斗则是由两个人用双鞭控制盛水斗，兜水上岸。元代一直沿用前代的灌溉工具。

三、手工业

继承前代，元代泰州的制盐业和纺织业都非常发达。

（一）制盐业

历史上的泰州是全国的重要产盐区。元代“国家经费，盐利居十之八，而两淮盐独当天下之半”①。元代全国大约有 173 个海盐盐场，与宋、金相比，江浙沿海地区海盐生产得到一定的发

① 《元史》卷一七〇《郝彬传》，第 4001 页。

展。它吸收了金代的管理方式，并在国家统一后，将这一制度推行全国，成为后代效仿的模板。元朝对盐业生产的管理越来越规范，管理机构也日趋完善。

元朝政府在江浙行省设有两淮都转运盐使司（治所在今江苏扬州）、两浙都转运盐使司（治所在今浙江杭州）和福建盐运司（治所在今福建福州），管理这个地区的海盐生产。

两淮都转运盐使司所辖盐场有 29 个：吕四场，余东场，余中场，余西场，西亭场，金沙场，石港场，掘港场，丰利场，马塘场，栟茶场，角斜场，富安场，安丰场，梁垛场，东台场，河[何]垛场，丁奚[溪]场，小海场，草堰场，白驹场，刘庄场，五祐场，新兴场，庙湾场，莞渎场，板浦场，临洪场，徐渎浦场。

仅从场名来看，以上所列盐场有下列未见于宋代和金代：余东场、余中场、余西场、富安场、安丰场、草堰场、白驹场、庙湾场、莞渎场、徐渎浦场、白砚场。南宋时期的余庆场、虎墩场、古窑场、狼山场等未见于元代。不过，富安场很可能就是宋代的虎墩场，因为二者都在今江苏东台市富安镇。余西场很可能就是宋代的余庆场，因为二者都在今江苏通州市余西乡。草堰场（今江苏大丰草堰镇）、白驹场（今江苏大丰白驹镇）可能是由宋代南、北八游二场演变而来的。余东场（今江苏海门余东镇）、余中场（今江苏海门余东镇西）、安丰场（今江苏东台安丰镇）、莞渎场（今江苏灌云莞渎）、徐渎浦场（今江苏连云港东北）、白砚场（今地不详）可能是新建盐场。从盐场总数来看，元代两淮地区盐场比南宋和金代有所增加。① 每一盐场一般有数百盐户，他们按照团、灶分立，组织生产。《熬波图》记载：归并灶座，建团立盘，或三灶合一团，或两灶为一团。盐场的修造和盐业的生产都要由盐户完成。

盐由灶户生产，所产之盐由国家来收纳。有元一代，成盐存

---

① 吉成名《元代食盐产地研究》，《四川理工学院学报（社会科学报）》2008 年第 3 期。

储在盐场中，盐商和官府都要来盐场支盐。大德四年（1300年），两淮改立盐仓，规定成盐存储于盐仓，要到盐仓支盐，这种盐仓实际上兼有供销和收纳两种功能。两淮的盐仓主要设置在扬州、泰州、淮安一带。

元初，两淮盐产相比前代又增加了很多，参看“元代两淮盐司课额统计表”。

元代两淮盐司课额统计表

年份	盐产（斤）	材料来源
至元十六年（1279）	235 049 200	《元史》94/2390
至元十八年（1281）	320 000 000	《元史》94/2390
至元二十六年（1289）	260 000 000	《元史》94/2390
至元三十年（1293）	263 280 000	《元史》94/2390
大德八年（1304）	243 280 000	《元史》94/2391
至大间（1308—1311）	380 030 000	《元史》94/2394
天历二年（1329）	380 030 000	《元史》94/2391
至顺四年（1333）	380 030 000	《元史》94/2394
至正二十六年（1366）	141 036 000	《明太祖实录》19/2

两淮盐产在元代远远超过了两浙、福建盐司的年产量，巩固了自身的地位。但两淮盐产虽多，其灶户数量却相对较少，由此可见两淮盐民所有压迫之重。这就为元代末期盐民张士诚领导起义埋下了伏笔。

附：元朝的盐务管理

——生产设施管理。煮海之利资于草荡。灶丁煎盐首重草薪。历代政府皆视草荡为煎盐生产根本，明文规定草荡为官地，分派灶户管业，只许蓄草供煎，禁止私垦及典卖，违者问罪。而运司、分司、场官亦将草荡管理列为“正本澄源”的要务之一。元代至元年间规定：煎盐草地诸人不得侵占斫伐、牧放头匹及引火烧燃，令所在官司常切用心关防禁治。大德年间规定：凡灶户多占及开耕的荡地，依例分拨无柴灶户管业，使贫富灶户皆得有柴煎盐。唐、宋、元、明四代，盐民煮盐所用盘铁由官铸造，经费动用运库官帑。据《熬波图》，宋元时各盐场亦可铸造，大抵由场官筹办经理。盘铁庞大厚重，所有权属于场司。保管时由众灶户各执一角，使用时由众灶户拼凑团煎。各盐场盘铁数量设有定额。因使用年久朽坏锈蚀不堪煎煮时，则由运司奏准，措置铁碳，委官监督重铸。

——产量管理。元朝初期，各地盐场遭受战争的破坏，但由于元朝政府抓得及时，所以生产均未中断，都能继续进行，而且很快便恢复甚至超过了原来的数额。两淮盐区在至元十六年(1279)产 587623 引，折合 23504 万斤。南宋淮盐最盛时为 2 亿斤左右，可见此时已恢复甚至可能超过原有水平。元代中期起，两淮运司产盐数量设有定额，任务分配至运司下辖各盐场。盐额有正盐、余盐之分。正盐就是原来确定的年产量，一般是世祖至元末年确定的，也有一些是元代中期确定的。余盐则是在确定年产量以后再追加的。正盐也都是不断增添的结果，普遍偏高，但尚能完成，余盐则完全是不顾生产能力强行摊派的。一年盐额，自二月头开始晒灰煎盐，至十月份为止，限此九个月内煎办足额。即使连阴数月，亦不许申报阴雨希图减额。以致产多销少，形成积滞。即以天历年间的 250 余万引来说，其中余盐已占有相当大的比例，如两淮的 95 万引中，余盐占 35 万引。

——运销管理。一是划区行销制度。宋代具体规定了各产盐区所产盐斤的行销区域(后代称引岸)。大抵区域的大小决定于盐区的产量；区域的界址，依照运输便利及陆路有山隘、水路有关津的原则确定，以便稽察遮拦。又定官盐阑入法，商人越界兴贩罪至处死。元代规定，商人犯界销盐，判决后发盐场充盐夫，带镣居役，役满放还。元代两淮盐的销售区域，根据《元史》、《元典章》等史籍记载，大致相当于今天的河南、湖北、湖南、江西、安徽和江苏的全部或部分地区。二是商运商销制度。元代运务管理渐密。运销方式主要是商运商销(只有在盐场附近采用官运官销法,防止私盐)。在两淮地区主要是行盐法。这种方法就是商人必须先到盐运司交钱购买盐引,然后凭盐引支盐、运输和销售。盐引是商人支盐、运盐和售盐的凭证,一张盐引可以支盐400斤。具体流程是:商人买引行盐,起运前由运司发给运单。沿途关津依例查验,验引截角。每引一张,限运一次。盐已卖尽,限五日内赴所在地方官缴引,违限不缴者同私盐罪,以防重复兴贩。为维护正常行运秩序,中统二年(1261年)规定:客商到场支盐,盐场官不得留难,不得不依次第、先给后受,不得称盘不平,违者治罪。纲运盐斤舟车经由河道关津、渡口、桥梁,不得妄称事故邀阻,违者杖一百。凡运盐河道,随处官民不得开决河水灌溉稻田,以致水浅涩滞盐船,违者治罪;若河道之中旧立桩橛,令该沿河官司委官将带深知河道之水手、夫役人等,检踏尽行拔出,否则损坏盐船,一切损失由当地官司赔偿,并将该处管民正官、回回通事诸色人等酌情处罚。凡客商贩盐所用车船头匹,巡盐弓手不得夺取走递,因而停滞客旅、亏兑盐课,违者由所在官司开具姓名陈告,申省奏治。三是销售管理制度。元代规定:诸人兴贩盐货务要两平发卖,不得中间插和灰土,违者严行断罪。诸人卖过盐引,限五日赴所在官司缴纳,随路管民官每月用心拘刷,每季缴申行省照勘。附场百里之内村庄镇店、城郭人户,食用盐货由官置局发卖,有司查验各家户口,按食盐月日计口配售;如已过期,却有富余盐货,同私盐法科断。[①] 两淮盐商大多在泰州运盐河两岸广购土地,起造仓房,支运盐袋到场,籍定资次,贮置仓内,以俟通放。临期用船,载往真州发卖。

(二) 纺织业

元代泰州的纺织业可分为丝织业、棉织业、麻织业等。

---

① 张荣生《古代淮南盐区的盐务管理》,《盐业史研究》2002年第1期。

1. 丝织业

丝织业在中国起源很早，在传统纺织业中占有尤为重要的地位。有元一代，江淮南北的多数地区，种桑养蚕相当发达，这就为丝织业的兴旺提供了有力的条件。丝织业是民间最广泛的手工业，也是农村家庭手工业的主要项目。元代的丝织业，以江南的苏、湖、杭、常、松为中心。马可·波罗曾谈到：南京“织极美金锦及种种绸绢”，镇江“织数种金锦丝绢”，苏州“产丝甚饶，以织金锦及其他织物”。可见当时南方城市织造工艺的出名程度。

元代泰州的丝织业以如皋为代表。乡民们“种桑养蚕而丝”，不仅可以满足全家人的生活之需，还可以把产品当作赋税交给朝廷，有力促进了丝织业的发展。王祯《农书》曾描述丝织业的繁忙：非丝非管声咿轧，村南村北响相答。虽然不是说的泰州，但也可以借作泰州丝织业的记载。

2. 棉织业

棉纺织业是元代的新兴手工业，是手工业中的一个主要部门。元代之前主要是以丝、麻为原料纺织，到了元代，随着棉花种植在各地的普及，棉纺织成为纺织业中的主要内容，逐步代替丝、麻织品。

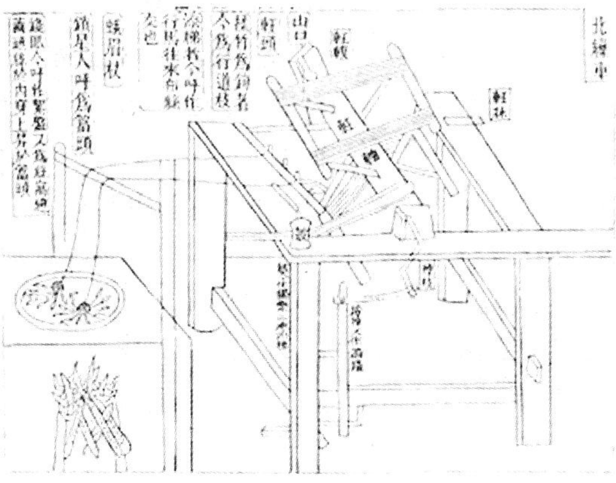

图 6-6 元代缫丝图

江浙行省是盛产棉花和棉布的地区，自宋代棉花逐渐传播，至元代迅速发展。棉织生产工具也有很大的改进，加之黄道婆"教以做造捍弹纺织之具"[①]和纺织工艺，棉纺织业如火如荼地发展起来。就泰州而言，如皋的棉纺织业即具有悠久的历史，享有盛誉。海陵的棉织业也应该有所发展。

3. 麻织业

麻织业也是一种古老的纺织行业。元代的麻可以分为大麻、苎麻两种，两种麻均可织布。苎麻制布具有柔韧洁白的优点，但价格要比平常布料高出一二倍左右。用苎麻织成的布叫做苎布，用大麻织成的布叫做大布、麻布等。苎布一般是富裕人家的衣着材料，而大布则是普通和贫困老百姓家的衣服。

由于南北种植麻的技术不同，苎布、麻布的分布也不同。元代农学家王祯说："麻、苎之有用具，南北不无异同，民俗岂能通变？如南人不解刈麻，北人不知治苎。"[②]后来由于棉织业的兴起，麻织业的重要性日渐降低。

(三) 青花瓷

元代的青花瓷是中国陶瓷史上的一朵奇葩，开辟了由素瓷向彩瓷过渡的新时代。它富丽雄浑，画风豪迈，绘画层次繁多，以景德镇为代表。

20 世纪 90 年代末，在泰州一带出土元枢府瓷"宪台公用"瓷碗。器心印花十字宝杵，环以缠枝莲花；外壁以青花环圈足外沿楷书。用十字排列"宪台公用"四字铭。所谓枢府瓷，是元代景德镇在青白釉基础上生产的一种乳浊状卵白釉新品种。这种卵白瓷中曾发现"枢府"字样，被人们习称为"枢府瓷"或"枢府釉瓷"。枢府瓷多见盘、碗类圆器，以印花为多，也有五彩堆花装饰。釉面多肥厚失透，呈如浊状。目前所发现的款式，多印于器内壁口沿下的缠枝花卉之中，除"福禄"、"福寿"和"寿"、"福"、

---

① 《南村辍耕录》卷二四《黄道婆》，第 297 页。

② 《农书》卷二二《农器图谱二十 · 麻苎门》，第 517 页。

"良"等吉祥字眼,还有"枢府"、"太禧"、"东卫"等政府机构铭。以"枢府"二字最常见。

由此可见,泰州出土的元枢府瓷"宪台公用"瓷碗是枢府瓷的机构款识,大多为元朝重要的中央行政官署,属于朝廷严格控制的官窑。而这件"宪台公用"铭碗的发现,既填补了元瓷重要铭文的空白,而且以它的青花署款,改变了人们以往认为枢府瓷仅有单一卵白釉装饰,绝无青花的观念。它首次以实物证明了枢府瓷中不仅有印款,还有青花署款或装饰的别种形式。

图 6-7　元代青釉美酒清香大罐,泰州市博物馆藏

四、货币

元朝在总结宋金纸币发行经验教训的基础上,首先实行了纸币在全国范围内流通的货币政策。忽必烈于中统初年印造丝钞,以丝为单位,一千两准白银五十两,即白银一两折丝 20 斤。这种实物券易于衡量币值,保留了以物易物的特点,但来回折算很不方便,于是又造"中统元宝交钞",改成以铜钱为单位的纸币。一贯为丝钞一两,白银半两,共分九等,最小单位是十文。后来币值下跌,于至元二十四年(1287)颁行了"至元通行宝钞",与中统宝钞并行,一贯为"中统"钞五贯。武宗至大二年(1309)颁行了"至大银钞",一两为至元钞五贯,白银一两,黄金一钱。后改为钱钞并行,铸造"至大通宝"。仁宗即位,又废钱行钞。到了顺帝至正十年(1350)又颁行了一种新钞,但仍沿用"中统元宝交钞",只是背面印有"至正印造元宝交钞"之戳记,也就是"至正交钞",一贯为旧钞五贯。

元代坚持使用纸币,说明已经发现了货币在执行流通手段时只起瞬间作用,甩掉了金银铜铁等铸毕的缺陷,而不受兑现纸币要有保证金的约束。但纸币只是一种工具,关键在于如何运用。元政府的货币政策(钞法)主要包括发行和管理两个方面的内容。它的实施促进了社会经济的发展,但由于生产萎缩、财政开支浩大,在元朝中后期即出现了通货膨胀。元朝末年曾流行一首民谣:

> 堂堂大元,奸佞专权。
> 开河变钞祸根源,惹红巾万千。
> 官法滥,刑法重,黎民怨。
> 人吃人,钞买钞,何曾见?
> 贼做官,官做贼,混贤愚。
> 哀哉可怜![1]

除了元朝官方发行的货币外,还有很多货币在元末反元斗争中产生,是反抗元统治秩序的手段之一。元末社会动乱,纸币支持的经济体系严重破坏,元境内各地先后恢复了铜钱的流通。各个反元军事集团先后发行了自己的铜币。

图 6-8　天佑通宝铜钱

(一) 天佑通宝

张士诚起义,占领高邮,踞承天寺为宫,国号大周,自称"诚王",改元天祐(佑)。"天佑通宝"钱是张士诚所铸。他毁铜佛像铸"天佑通宝"钱,有小平、折二、折三、折五四种。正面为楷书,背面为篆书,皆纪值。

---

① 《辍耕录》卷二二《醉太平·堂堂大元》。

（二）大中通宝

泰州市博物馆藏"大中通宝"钱，是明太祖朱元璋建国前称"吴王"(1361—1367)时铸于应天府(今江苏南京)的钱币。此钱为小平大型钱，背穿上有一"济"字，世所珍罕，是中国名珍之一。

图 6-9　大中通宝铜钱

（三）天定通宝

元末起义军徐寿辉迁都江州，改元天定期间(1359—1360)铸造。徐寿辉在湖北蕲水称帝后，于至正十九年(1359)改"天启"年号为"天定"，并铸行天定通宝钱。分小平、折二、折三三等，铸量远较天启钱丰富。"天定通宝"四字楷书，直读，光背无文。书法俊秀，文字同徐天启如出一手，风格绝似，制作精整。钱径分别为 2.4、2.8、3.2 厘米，形制规范，是起义军钱中流传较多的一种美泉。

（四）大义通宝

元末陈友谅于至正二十年(1360)杀其头目徐寿辉，于湖北武昌称帝；国号"大汉"，改元"大义"，并铸"大义通宝"。依天启、天定钱制，分小平、折二、折三三等，铜色红褐，制作稍逊。"大义通宝"四字楷书，直读，光背无文。径分别为 2.3、2.7、3.1 厘米，规格工整，然略小于天启、天定钱。

五、度量衡

元代秤锤的大量流传是元代商品经济发展的见证。元代农业、手工业很少有重大发展，其强盛和富庶主要表现在军事掠夺和商业往来上。在幅员广阔、交通发达的条件下，元代商业，特别是海外贸易得到了较大的发展。北方的大都、南方的杭州是元代的两大商业城市。由于元朝疆域广阔和交通发达，海外贸易也得到较大的发展。当时海上交通有广州、泉州、扬州、杭州、温州等重要通商口岸，与日本、朝鲜、印度以及波斯湾沿岸等地都有贸易往来。陆路方面，古老的“丝绸之路”在此时又重新成为通往西方的重要通道。中国的三大发明——罗盘、火药、印刷术都在此时经阿拉伯传入西欧，阿拉伯人的天文、医学、算学知识也陆续传到了中国。元代秤锤上铸刻的铭文，除用汉字外，还有回纥蒙文、八思巴文和波斯文。回鹘蒙文是蒙古族的古字，八思巴文则是忽必烈所封“国师”八思巴根据藏文字母创造的蒙古新字，后改称蒙古国字，在元代作为法定的官方文字通用，凡是皇帝的诏令和一切国家颁发的文告、法令、印章、钞币等一律使用八思巴文。八思巴文还用来翻译汉文经史等文献，加强了蒙汉藏等民族的语言文化交流。波斯文则是为了适应当时大量波斯人到中原汉地经商的需要。元代秤锤上铸刻四种文字，正是疆域广阔、经济开放的一种表现。

图6－10　元代羊形铁秤锤

第三节 文化教育

元代泰州地区的文化社会生活与北方有比较突出的异质性。当时的泰州地区，宗教、文学、艺术、教育等有着不同程度的发展，多种文化习俗也在元代得到了一定程度的继承和发展。

一、儒学与宗教

元代是中国历史上少有的由少数民族建立的统一全国的封建政权。尽管元代时间不长，仅不到百年，但蒙古统治者历经半个多世纪的征服战争，先后消灭西夏、金、大理、吐蕃、南宋等政权，完成了多民族国家的空前统一，形成了有利于各民族文化交流发展的有利环境。与大多数古代王朝相比，蒙元时期的思想文化观念有两个特点是十分显著的：其一是兼容，其二是“不尚虚文”。元代泰州地区，虽为江南一域，身在元朝统治之下，也深受教化，包含着元代社会思想文化发展的必然规律。

（一）儒学衰微

儒学是中国古代社会发展的正统思想，在中国封建社会的历朝历代莫不备受其宠，能够继承先世之精华，而开启当世儒学发展新气象。泰州地区作为长江流域的一片拥有丰厚历史文化底蕴的沃土，有元一代，却在兼容并蓄的总体世风之下，出现了儒学的衰败。宋明理学在元代出现了明显的断层。

作为一种明显区别于汉族政权的元朝，受其本身生活方式和社会文化习俗的制约，刚一立国，便沉重打击儒学。南宋遗民谢枋得曾云：

> 滑稽之雄，以儒为戏者曰：“我大元典制，人有十等，一官二吏，先之者，贵之也；贵之者，谓有益于国也。七匠八娼，九儒十丐，后之者，贱之也；贱之者，无益于国也。”呜呼！

悲哉！介乎娼之下，丐之上者，今之儒者也。①

儒学竟然沦丧至此，莫不使人倍感哀痛。而蒙古南侵之时，更是让儒生备尝艰辛，一直以来作为上品人物的儒生为谋生计竟“混于杂役，堕于屠沽”，甚或沦为驱口。元代儒生入仕，主要以吏为本。姚燧《李茂卿序》中提到：

大凡今仕惟三途，一由宿卫，一由儒，一由吏……由儒者，则校官及品者，提举、教授，出中书；未及者则正录以下，出行者宣慰，则十分之一半。②

自古以来，儒生莫不以做官为正途，而元代开国之初，竟到了如此不堪地步。尽管以后统治者又重开科举，孔子被封为“大成至圣文宣王”，孟子等历代名儒也获得了崇高封号，元朝在中国历史上还首次专门设立了“儒户”阶层，且民众普及教育超过了前代，书院达到 400 余所，州县学校的数量最高时达到 24400 余所，但与元代整体儒学的繁荣昌盛相较，泰州地区的儒学发展却呈现停滞发展的态势。见诸于史籍的元代历史文化名人乏善可陈，这与宋代儒学大师胡瑗及其安定书院的名噪一时和明代王艮泰州学派的名垂青史可以说大相径庭。

（二）佛教之都——泰州

元朝是中国古代历史上唯一明确提出宗教信仰自由的王朝，元太祖成吉思汗就曾明令其后裔给各种宗教以平等待遇。作为蒙元文化的结合体，佛教为其“国教”。元世祖忽必烈在即位前，即邀请西藏地区的名僧帕思巴东来，即位后，更奉为帝师，命掌理全国佛教，兼统领藏族地区的政教。为了显示对国教的

---

① ［宋］谢枋得《叠山集》卷六《送方伯载归三山序》，商务印书馆 1966 年版，第 3 页。

② 苟人民《金元俗趣》，北京师范大学出版社 2009 年版，第 50 页。

重视，他专门设置宗教管理机构。元代管理佛教的机构，最初设总制院，即以国师为领导。后又设功德使司（简称功德司）。至元二十五年（1288年）总制院改称宣政院，扩大管理职权，且在各路设行宣政院，代替了功德司的事务。僧官如僧录、僧正、僧纲等，也都由宣政院管辖①。

在政府的大力支持之下，元代寺院和僧尼的人数急剧攀升，并且朝廷将大量田地赐予寺院，使元代寺院经济得到大力发展。

泰州素有“中国佛都”的美誉。在这一大的历史背景之下，佛教更得到了很大发展。扬泰地区的佛教建筑大都自东晋始，而到元代则进入了佛教建筑发展的高峰期。与前代著名的光孝寺相比较，扬泰地区的名寺宝刹虽然较少，但各种建于前代的寺庙在战乱之后都能够顺利保存下来，可见扬泰地区深厚的佛教基础。扬泰地区较为著名的佛寺主要有始建于隋重建于元的法海寺和号称泰州佛教八大丛林之一的北山寺。北山寺始建于唐代，寺宇建筑宏伟，佛殿高大，并建有百尺高塔和百只水井，卓锡泉即是其中之一。南宋建炎、绍兴间，金兵南侵，毁于战火，淳熙后复建，元朝陆续重修扩建，楼殿巍峨，规模仅次于泰州的光孝寺。元代泰州还有始建于唐的南山寺，始建于南宋并以“楠木塔”、“大殿”、“古钟”三宝闻名两淮的西南山寺，以及规模宏大、气势非凡的泰兴庆云寺等。

元朝扬泰地区的佛教发展并不局限于各种寺庙规模的大小，而是在于异族政权统治下的民心安定问题。宗教作为一种历史文化发展中的必然产物，在麻痹人们意识的同时，也安抚了人心，稳定了元代扬泰地区社会发展的秩序。在这一方面，一些弘扬佛法的名僧都扮演了重要角色。如弘扬慈恩宗的普觉英辩（1247—1314），在泰州景福寺讲学传法；云岩志德（1235—1322），从真定龙兴寺法照学慈慰教法，至元二十五年（1288）朝停命江淮诸路立御讲所三十六所。他被选为讲主，宣讲《法华》、

---

① 《中国通史》第8卷《元时期（上）》，第608页。

《唯识》等疏。还有一些佛教法师也为元代扬泰地区的佛教发展做出了贡献。

(三)兼容并蓄的宗教文化

元代是中国历史上最为自信的时代,虽然是不同于中原传统文化,但兼容并蓄的宗教开放政策确实是历史罕见的。元代以前,我国曾不止一次出现过专制君主以暴力打击、取缔外来宗教的活动。北魏太武帝、北周武帝、唐武宗、后周世宗等都曾经以国家机器毁寺杀僧,或严厉镇压佛教、景教、摩尼教、袄教等外来宗教。但是在元代的中国,统治者以大气包容的历史气魄对待各民族的宗教信仰与传统。除了作为国教的佛教外,几乎当时世界上所有的主要宗教在中国也都有活动场所和信徒,这在当时的整个欧亚大陆恐怕是绝无仅有的文化现象。

元代统治者重佛崇道。道教在北方主要是全真教,而在南方泰州地区则多为正一教。元代泰州道士多属正一道清微派。部分道士,如城隍庙、南斗宫、北斗宫、三官殿、斗姥宫、和合财神庙、火星庙的道士属全真道龙门派。道教全真派人数很少,修炼的方法也大都失传。元代泰州曾有很多道观,城隍庙的规模很大,香火极旺,香客极多,清明、七月半、十月朝的三巡会期,迎神赛会队伍延绵二三里,观众上万人。还有泰定期间修葺前代道观改为的斗姥宫,殿宇辉煌,面貌新奇,其景花竹纷陈,假山玲珑,碧水荷池,宛然如画,大有林泉之胜,取名"小有天园",广有声誉。但泰州道教的总趋势是日渐衰败。

元代扬泰地区的其它宗教也得到了很大发展。基督教在元代统称"也里可温",在扬州地区建立房屋和教堂,作为宗教活动的场所。特别是景教,在全国各地兴建了许多教堂,如大都、甘州、宁夏、天德、西安、泉州、温州、昆明、镇江等地,其中就有扬州。基督教曾波及泰州一带,但未成气候,只有零星几个教徒,没有教会、基督徒聚会处等。伊斯兰教也很兴旺,如扬州地区近年发现了不少刻有阿拉伯文的元代墓碑,其中一个墓主为死于1275年的回回人普哈丁,葬在那里的还有撒敢达、古都白丁等回回人。另一个墓主为阿拉伯妇女，死于教历 724 年(1324 年)，碑文云："其父是伊斯兰教中享有声望的长官勒尊丁。"①"徽州路达鲁花赤捏古伯通议之墓"也座落在扬州南门外的穆斯林墓地中。可见伊斯兰教在扬泰地区的分布与发展。还有白莲教在扬泰地区的传播，也充分说明了元代泰州地区的丰富宗教文化。

二、文学艺术

元代泰州的文学艺术相当繁荣，涌现出了不少著名的文学家和艺术家，为泰州文化增添了新的光彩。

(一) 双语文学

所谓双语文学，特指文学家使用母语以外的语言进行的文学创作。元代文学有一批在中国历史上代表性最广泛的作家队伍。这些作家有的不是汉族，但却定居在汉地，用汉语写作。定居在泰州一带的蒙古族不花贴木儿家族(冒氏)，就是一个突出事例。不花贴木儿经常出入吴中文人会集之地，参与咏词与创作，其传世之作有《宫词》和一首题画诗。元代佚名画家(一说宋人马和之)的《瑶池醉归图》曾是清宫秘藏的名画，画的后幅有 11 篇元人题跋，第三篇就是不花帖木儿的题诗——"神鹿行如雨，仙姬醉似泥。归来浑忘却，月转碧梧西。"②不花贴木儿常以诗书自娱，并以题跋名画、唱和赠答参与文人交游。他的双重身份(贵胄、文人)使他成为当时江浙一带的名人。

(二) 小说

最著名的作家就是元末泰州人施耐庵。

施耐庵(1296—1370)，原名施彦端，又名肇端，号子安(一说

---

① 苏鲁格、宋长红《中国元代宗教史》，人民出版社 1994 年版，第 88 页。

② 杨镰《元代江浙双语文学家族研究》，《江苏大学学报》2009 年第 3 期。

图 6-11 施耐庵塑像

名耳),别号耐庵,原籍泰州海陵,出生于泰州兴化。博古通今,才气横溢,举凡群经诸子,词章诗歌,天文、地理、医卜、星象等,无不精通。仁宗延祐元年(1314)考中秀才,泰定元年(1324)考中举人,文宗至顺二年(1331)考中进士。不久任钱塘县尹,因替穷人辩冤纠枉遭县官训诉,遂弃官归里。元末战乱,盐民张士诚起兵反元,在苏州称吴王,聘施耐庵为军师。后张士诚降元,施耐庵屡谏不从,因而弃官去江阴祝塘东林庵坐馆。他闭门著述,与拜他为师的罗贯中一起研究《三国演义》、《三遂平妖传》的创作,并搜集、整理北宋末年以宋江为首的一百零八人在水泊梁山起义的故事,为撰写《江湖豪客传》准备素材。后避战乱隐居于兴化,最终写成中国文学史上第一部长篇章回体白话小说——《江湖豪客传》,亦即"四大名著"之一的《水浒传》。

后世,关于施耐庵的故事和文化遗迹仍流传于泰州、兴化等地。自 20 世纪 20 年代以来,在今江苏兴化、大丰、盐都等地陆续发现了一些有关施耐庵的材料,有《施氏族谱》、《施氏长门谱》等,另有《兴化县续志》卷一三补遗《施耐庵传》1 篇,卷一四补遗明初王道生撰《施耐庵墓志》1 篇。而且,他的十二世孙施奠邦将其在白驹镇上的故居改建为施氏宗祠。1992 年,国家文物局和当地政府专门拨款,在大丰白驹镇建造了施耐庵纪念馆,来纪念这位伟大的文学家。

(三)杂剧

杂剧产生于北方,元统一以后,逐渐向江南发展,江淮一带逐渐成为杂剧创作的一个中心。杂剧和南剧互相影响，戏文中出现南北曲联用、合套。江南文士也参加戏文的编写，既吸收杂剧的思想内容，又学习北曲的文辞格律，南戏的创作更加完美。

明人徐渭的《南词叙录》中指出："元初，北方杂剧流入南徽，一时靡然向风。"[①]泰州地区亦出现不少知名的杂剧作品和剧作家。

伴随着城市经济的发展和战后社会的相对安定，泰州出现了繁荣的新气象，逐渐形成了"以商业和手工业维生"的平民大众迫切需要适合自己审美情趣的市民艺术。如《望夫歌》唱商人妇的痛苦。再如《东堂老》（全名《东堂老劝破家子弟》），描写扬州的李实，人称东堂老子，受好友赵国器临终嘱托，照管其子扬州奴。扬州奴被坏人引诱，嫖妓败家。李实在其挥霍家财时，暗中买下，待其醒悟后，尽行归还，使之恢复家业。剧本刻画了东堂老受人之托，忠人之事的善良诚实品德，对不肖子、帮闲的描绘也较真实生动。排场工致，结构严谨，在元代后期杂剧作品中是较出色的一部。

（四）散曲

与杂剧同称为"元曲"的散曲，在元朝后期逐渐南移，出现了一批专门从事散曲创作的作家。元朝初期，散曲的题材多为写景、怀古、艳情、吟咏性情，到了后期也出现揭露社会黑暗的作品。在艺术表现方面，主要特点为清丽典雅。泰州最著名的散曲家是睢景臣。

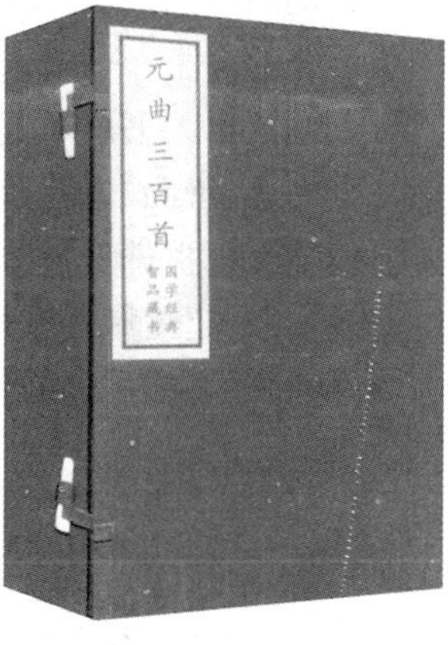

图 6－12 《元曲三百首》

睢景臣（约 1275—约 1320），名舜臣，字嘉贤，后字景贤，又字嘉宾。

① 徐渭《南词叙录注释》，李复波、熊澄宇注释，中国戏剧出版社 1989 年版，第 5 页。

传世作品很少，其中脍炙人口的是《般涉调·哨遍·高祖还乡》套曲，讲述的是汉高祖刘邦称帝后回乡的是历史故事。该故事流传很广，元代杂剧中多有以此为题材的作品，散曲作家也曾群体以此为题进行创作。而睢景臣则与众不同，他不是正面描述高祖还乡的热闹场面，而是通过一个被迫迎驾的农民所见所闻，描绘了刘邦趾高气昂的得意情景，并通过农民的回忆，揭示了刘邦年青时的卑劣行径。作者用生动的言语，无情地剥去了笼罩在最高统治者身上的神圣光环。无论就思想性或是艺术性而言，《高祖还乡》都是一篇杰出的作品，在当时便有“制作新奇”、写作同一题材的其他作者“皆出其下”的美誉。

怀古是元代散曲的一个重要题材，感叹世事无常，繁华易逝。元代散曲作家大多同情王朝兴亡给百姓带来的深重苦难，对所谓的圣君贤相、太平盛世持批判的态度。他们的历史观也使得这些散曲成为元代文化艺术中的绝唱。

（五）书画

元朝的书画艺术，在中国艺术史上占有重要地位。涌出了一批著名的画家和书法家，如高克恭、钱选、赵孟頫。

元代杰出大书画家赵孟頫(1254—1322)，曾任泰州尹。赵孟頫工书法、善画、晓音乐、长于文学创作，是博学多才的艺术大师。曾被元世祖誉为“神仙中人”。有关赵孟頫与泰州的关系，《元史》记载：赵孟頫迁泰州尹，未能上任。然而赵孟頫是否就任泰州尹，在他亲笔手书的《湖州妙岩寺记》中有自述：中顺大夫扬

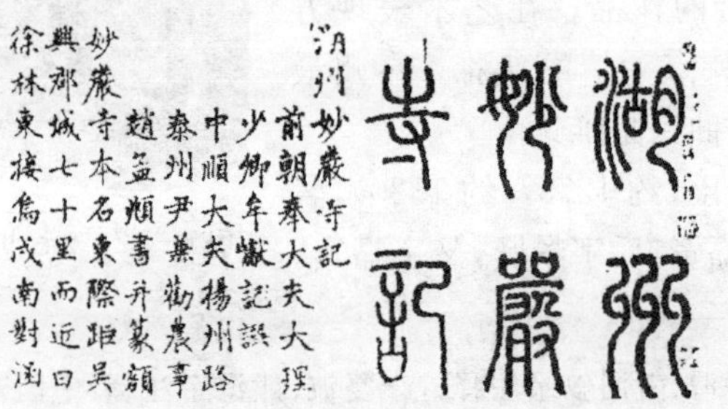

图 6－13　赵孟頫书《湖州妙岩寺记》

州路泰州尹兼劝农事赵孟頫短书并篆额。这是确认赵孟頫与泰州关系的重要史料，同时也是留给泰州人民珍贵的书法作品。

（六）诗文

元朝的统一，使南北文坛经过相当长时间的磨合后渐趋一致。南宋灭亡不久，"遗民"情结的抒发是诗文创作的主题。同时，还有退隐山林、不求闻达的思想。这是对元朝歧视汉人、南人政策的不满却又无可奈何心态的流露。仁宗皇帝延祐后，"遗民"情结在诗文中日益淡出，取而代之的是为元朝歌功颂德的作品。元末，随着社会矛盾逐渐尖锐化，诗文内容多为指斥政治黑暗、同情百姓困苦。全国农民战争爆发后，"忠君爱国"是诗文的普遍基调，更多揭露了民生凋敝、统治腐败的社会局面。如张士诚太尉府军事陈基所作《泰州诗》：

吴陵古名邦，利尽扬州域。旧城虽丘墟，新城如铁石。昔为鱼盐聚，今为用武国。地经百战余，士耻一夫敌。征人还旧乡，下马问亲戚。踯躅慨蒿藜，徘徊认阡陌。桓桓霍将军，出入光百辟。位生言益卑，功高志弥抑。誓欲报仇雠，不肯怀第宅。人羡过家荣，惊喜争太息。白日照旌旗，闾里有颜色。皓首太玄经，虽勤亦何益！[①]

该诗歌颂当时作为张士诚军事重地的泰州坚如磐石的防护，同时亦表现战乱给民众带来的痛苦，属于现实主义诗歌。

书法家赵孟頫也有诗文述及泰州。流传于世的《二月二日尊经阁望郊外山水》，就是一例。诗云：

朝登西北楼，遐景舒我怀。熹微晨光动，窈窕春增华。草本罕悴色，山川一何佳。悠然斜川意，千载与我谐。及兹

① ［元］陈基《陈基集》，吉林文史出版社2009年版，第25页。

春服成，言咏乐无涯。此理将不泯，弃之良可嗟。日出群动作，鸡犬亦复喧。渺渺孤舟发，翩翩栖鸟迁。先师有明训，政在善利间。结发事诗书，于今益可怜。况兹去古远，淳风未易还。吾行亦聊尔，一览可忘言。①

其发古幽思之情跃然纸上，给人无限遐思。

号为东皋先生的泰州人马玉麟，在其著作《东皋诗集》中也有《幽居元》一诗。诗云：

唐侯不受官，移家水云乡。养鹤置湖田，种鱼买陂塘；蒲荷乱书帙，薜荔牵衣裳；黄鸟下窥人，白云飞近床。拏舟时一过，为我开高堂；金石杂鼎彝，烟霞烂文章；行厨荐嘉鲤，涧毛惬新尝；清歌窈窕出，紫酒葡萄香；万事付春梦，百榼送流光。余发昔如漆，把镜今已霜；负郭二顷田，绕墙百株桑；早晚落吾手，愿与歌沧浪。②

总的来说，元朝的诗文创作呈现的是繁荣景象，题材丰富。既有以草原风光和蒙古习俗为主题的诗歌，又时江南诗句活泼清新的笔调，在中国文学史上是前所未有的独特现象。

三、学校教育

蒙古统治者进入中原后，已经认识到了本民族文化的落后与薄弱。本着开放宽容、兼收并蓄的原则，蒙古统治者不断完善和加强官办教育，同时恢复和发展民间教育，动员利用中外各民族的智慧和力量，在全国大力发展教育事业。全国各地书院有

---

① [元]赵孟頫《松雪斋集》卷二《五言古诗》，中国书店 1991 年版，第 31—32 页。

② [宋]马玉麟《东皋先生诗集》，江苏古籍出版社 1988 年影印版，第 7—8 页。

400余所，还有庙学、私学、宗教教育等。

（一）书院

安定书院。兴建于南宋的泰州安定书院，在宋末战乱中几近废毁。据陆文圭至顺三年（1332）《泰州重建安定书院记略》载：海陵被边，日寻干戈，遗定之余，吏以柱后，惠文为急，先生（胡瑗）之道，晦而弗杉，既一星终鞠为茂草。天历庚午（1330），泰兴陈敬叔由汁省贡士来长书院，顾跪栋宇，有锡干怀。在此情况下，他才捐资修缮，自堂及雷，新构六楹长廊，继修遗像，改饰祭器、什物，皆复前规。为安抚知识分子，安定书院继承宋代讲学、祭祀的旧规。讲学内容以朱熹《小学》为主，祭祀的对象是孔孟以及本学派的创始人胡瑗。作为从南宋遗留下来的书院，元代的安定书院还具有藏书功能。教育手段沿用胡瑗的“分斋教学法”。元代的安定书院在对泰州文化传承上起到了重要作用。

图6－14　安定书院

马洲书院。由泰兴县邑人孔元虔，兴建于宋咸淳年间（1265）的马洲书院，在至元后废毁。元人主逢看到书院仅存“破屋、蔓草、遗像、瓦炉而已”。马洲书院建于泰兴乡里，元虔兄弟一向在此讲学，属于私学，主要是祭祀孔子，宣扬儒教。马洲书院存在29年，元虔兄弟在此授业，坚守祖业，不变初衷。元朝对地方教育比较重视，在乡里鼓励人们兴办一些宋代作风的书院。马洲书院在至元（1295）后的衰微以致废毁，与元代政策无甚关系，而是由于元虔弟兄无后，后继无人所致。

四、“数学名家”朱世杰

在中国数学史上，宋元是学术研究非常活跃的时期。这期间在河北、山西出现了以研究天元术(解方程为主的中国古代的代数学)为代表的学者群体，而在南方，数学的成就在于实际应用研究。元与南宋对峙阶段，南北之间的学术交流几乎是隔绝的，南方的数学家对北方的天元术毫无所知，而北方的数学家也很少受到南方的影响。元统一中国以后，南北之间的文化交流顺畅了，在扬泰地区便出现了一位代表中国宋元时期数学最高水平、集南北学术成就于一体的大数学家——朱世杰。

朱世杰，字汉卿，号松庭，燕山(今北京)人。朱世杰的生平，流传下来的资料很少，只能从赵城、莫若、祖颐等人为他的著作《算学启蒙》和《四元玉鉴》写的序言中找到一些线索。这些序言均称他为“燕山松庭朱君”、“燕山朱汉卿先生”，在《四元玉鉴》每卷之首也均署名“寓燕松庭朱世杰汉卿编述”。莫若的序中评述:燕山松庭朱先生以数学名家周游湖海二十余年矣。四方之来学者日众，先生遂发明《九章》之妙，以淑后学，为书三卷，……名曰《四元玉鉴》。祖颐的后序中亦称:汉卿，名世杰，松庭其自号也。周流四方，复游广陵，踵门而学者云集。

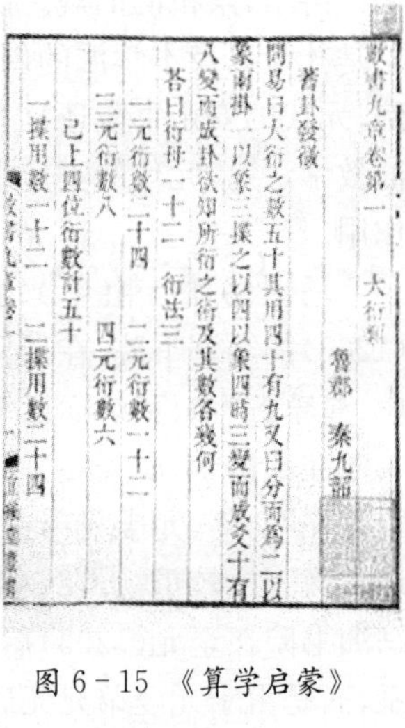
數書九章卷第一　大衍類
魯郡　秦九韶
蓍卦發微
問易曰大衍之數五十其用四十有九又曰分而爲二以象兩掛一以象三揲之以四以象四時三變而成爻十有八變而成卦欲知所衍之術及其數各幾何
答曰衍母一十二　衍法三
一元衍數二十四　二元衍數一十二
三元衍數八　四元衍數六
已上四位衍數計五十
一揲用數一十二　二揲用數二十四

图 6-15 《算学启蒙》

虽然朱世杰出生在北京地区，但元朝建立后，他周流大江南北 20 余年，最后寓居扬州，从事数学的研究和讲学。处于南北交汇之地的扬泰地区，各种学术思想在这里融会贯通，发达的刻印出版业和全国的书籍出版中心的位置，也有利促进了朱世杰数学研究成果的推广。体现朱世杰数学成就的两部著作——

《算学启蒙》和《四元玉鉴》，就是元大德三年(1299)和大德七年在扬泰地区刻印出版的。而借助于朱世杰，扬泰地区在中国数学史上也占有了一席之地。

《算学启蒙》共三卷，分为20门，收入了259个数学问题。全书之首，朱世杰给出了18条常用的数学歌诀和各种常用的数学常数，正文则包括了乘除法运算及其捷算法、增乘开方法、天元术、线性方程组解法、高阶等差级数求和等。全书由浅入深，几乎包括了当时数学学科各方面的内容，形成了一个较完整的体系，可以说是一部很好的数学教科书，深受后世好评。

《四元玉鉴》是朱世杰阐述多年研究成果的一部力著。全书共分3卷，24门，288问，书中所有问题都与求解方程或求解方程组有关。卷首列出了贾宪三角等四种五幅图，给出了天元术、二元术、三元术、四元术的解法范例；后三者分别是二元、三元、四元高次方程组的列法及解法。创造四元消法，解决多元高次方程组问题，是该书的最大贡献。书中另一个重大成就，是系统解决高阶等差级数求和问题和高次招差法问题。《四元玉鉴》是一部成就辉煌的数学名著，是宋元数学的集大成者，也是我国古代水平最高的一部数学著作。现代数学史研究者对《四元玉鉴》给予了高度评价。著名科学史专家乔治·萨顿认为:《四元玉鉴》是中国数学著作中最重要的一部，同时也是中世纪最杰出的数学著作之一。编著《中国科学技术史》的李约瑟更高度评价朱世杰和《四元玉鉴》:以前的数学家都未能达到这部精深的著作中所包含的奥妙的道理。

朱世杰在中国古代数学史上的突出成就，体现在不仅继承沿用了前代数学家的科技成就——天元术，而且将它推上新的高度，实现了方程组解法由二元、三元推广至四元等高次联立方程组的求解。在欧洲，解联立一次方程始于十六世纪，关于多元高次联立方程的研究则是十八、十九世纪的事了。朱世杰的“天元术”比欧洲早了400多年。

五、盐文化及其阴暗面

煮盐之法，由来已久。元代煮盐的技术和宋代基本上一样。但元代出现了一本关于煮盐技术的专著《熬波图》。该书作者陈椿，曾在松江华亭县下砂场任职，熟悉当地盐业生产的情况。他得到当地人所作《熬波图》，加以修订，略者详之，阙者补之，在至顺元年(1330)付印问世。全书共有图52幅(现存47幅)，每图附有文字说明和诗歌题詠，表现了煮盐生产的全过程。《熬波图》是宋元煮盐生产技术的全面、系统总结，也是我国现存的第一部关于海盐生产的专门著作。根据《熬波图》的叙述，结合其他记载，可以将当时海盐生产归结为下列步骤，即：建造房屋，开辟摊场，引纳海潮，浇淋取卤，煎炼成盐。

——修建房屋。盐户集中居住，一则便于生产，二则可以防止私盐贩运。因此，必须以“团”为单位修筑生产点。团有围墒，“仿佛城池”。团内筑凿油井，盛贮卤水，盖造盐仓、栟屋。卤池、卤井，都是贮存卤水的设置。将海水进行加工取得卤水后才能煮盐。卤井、卤池上也要“造房屋以覆之”，以防雨水稀释卤水。

——开辟摊场。卤水的取得，靠晒灰；晒灰的场所称为摊场，也就是盐田。取卤摊场，最为急务。摊场选择旁海附团卤地，经过牛犁翻耕，敲泥拾草，削土取平等反复加工，其场地宛如镜面光净，四下坦平，方可摊灰晒之。摊场周围及中间修小渠，供引海水用。摊场边修灰淋(灰墶)，为四方形的土窟；灰淋旁掘卤井，都用土块筑垒，二者相通，供取卤用。

——引纳海潮。上面所说的都是海盐生产中的基本设施。完备以后，即可开始生产。生产的流程是以引进海潮开始的——每团各灶须开通海河道，港口作坝，令开月河、候取远汛，以接海潮。每年六七月是制盐的旺季，用水浩大，沟潮虽遇大汛，亦不入港，必须雇夫将带工具，就海开河，引潮入港，用车戽接。“车”即水车，逐级接高，戽咸潮入港。而引海水的河沟每为沙泥雍涨淤塞，每年都要频频捞洗以深之。海潮的顺利引进与否是海盐生产的前提，而港口堤坝和月河的修建则是海盐生产不可缺少的基本建设。两淮盐司下辖的富安场，“场距海远，潮不时至，盐丁负水取卤，力疲而赋不充”。盐司书史“相其地形，凿渠以通海潮，公私咸称便之”①。

——浇淋取卤。在摊场均匀铺上草木灰（或土灰），引入海水，再晒干。如此反复淋晒，使灰中盐分增加。然后再“扫聚成堆”，挑入灰淋中，“用脚踏踏坚实”。再往其上浇咸水，灰淋下面便有卤水通过管道流往旁边的卤井。另一种为行削土取卤之法。削土就是把海水浸漫的海滩地上经过日晒以后含盐分较多的表层咸土，刮聚在一起，成为土墩，然后用咸水浇淋，取得浓度很大的卤水。有趣的是，西方旅行家马可·波罗关于中国 Cinglu（长芦）制盐方法的描述：取一种极咸之土，聚之为丘，泼水于上，俾浸于底。然后取此出土之水，置于大铁锅中煮之，俾可成盐。马可波罗所说就是削土取卤水之法，他的描述是相当确切的②。

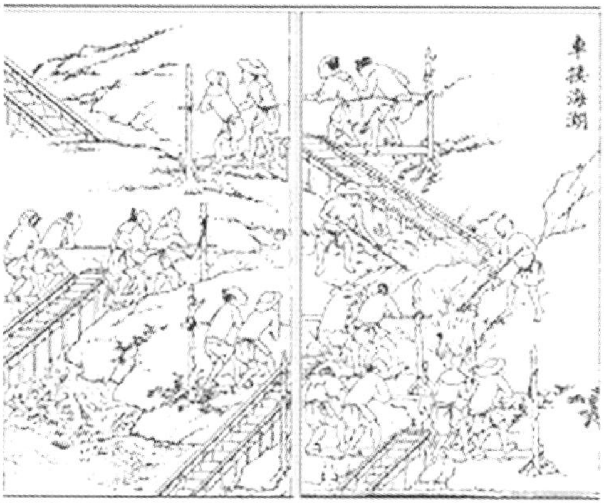

图 6-16　引纳海潮场景

——煎炼成盐。盐卤制成以后，就要开锅煎炼。而具体做法则是把卤水装入铁锅等器具，然后把铁锅置于盐灶上煎煮，使之成盐。“直接煎炼海水结晶为盐使用的煎具叫盘铁。盘铁下

① 郭正忠主编《中国盐业史（古代编）》，人民出版社 1997 年版，第 435 页。

② 《中国盐业史（古代编）》，第 436 页。

为用土垡砌成的圆灶(即盐灶),四周设灶门七八眼用以烧草。一灶配盘铁一副,有盐民数家,轮流共煎,亦称团煎、团煮,灶民之称亦始此。盐灶周围竖起芦笆障用以挡风,露天操作,遇雨即停煎。一般在暑天或旱季举火,燃热盘铁,盐民们往灼热的盘铁上泼海水取盐。烧一昼夜谓之一伏火,可煎六盘,每盘200公斤左右。"①

综上所述,海水提取食盐过程,大体分为纳潮、制卤、结晶三个阶段。第一阶段"纳潮"。是经过动力或自然流入的方式将海水引入滩田,保证海盐生产有充足的原料。"潮汐"是海水受月球和太阳引力作用,而产生周期性上升、下降的运动。人们利用潮汐差给滩田蓄水。第二阶段"制卤"。是利用自然条件将海水浓缩成饱和卤水的过程。制卤工作要充分利用有利的气象条件,赶制浓度高、数量多、质量好的卤水。第三阶段"结晶"。海盐是含有杂质的氯化纳结晶体,纯质的氯化钠晶体是无色、透明、坚实的正六面体。饱和卤水不断蒸发浓缩,使结晶体析出,这一过程就是氯化钠晶体的形成过程。②

元代在盐场劳动的人户称为盐户和灶户,成年劳动力即称为盐丁和灶丁。以"灶"为名是因为煮盐过程中必须用灶。此外还有卤丁、火丁等名称,大概是指煮盐过程中的不同分工。

盐户都有专门的户籍,与民户分开,归各盐运司管理。每家盐户都隶属于一定的盐场,不能随意移动。他们"不统于有司"(不归地方政府管理),除了"犯强窃盗贼、伪造宝钞、略卖人口、发冢、放火、犯奸及诸死罪"等重大刑事案件仍由"有司归问"之外,其余"斗讼、婚、田、良贱、钱债、财产、宗从继绝及科差不公、自相告百者",都由本管盐司"理问"。盐户必须世代在盐场上劳动,不得改业。盐户子女众多"析居"(分家)时,分出去的也还要

---

① 张兆领、张勇峰《晒一晒盐城的馆藏之宝(中国海盐博物馆篇)》,《东方生活报》2010年12月6日。

② 刘伯午《古往今来话食盐》,《盐业史研究》1996年第2期。

“充灶户”。盐政系统官吏对盐户的压迫和剥削是十分残酷的。王冕描写盐户遭遇的诗中写道：

> 课额日以增，官吏日以酷。不为公所干，惟务私所欲。田园供给足，鹾数屡不足。前夜总催骂，昨日场胥辱；今朝分运来，鞭笞更残毒。①

运输是盐的流通中一个重要环节，而盐的运输主要通过水道，所以元朝政府十分重视运盐河道的浚治和整顿，以及运盐纲船的顺利运行。② 运盐纲船的船户均“召募”而来。照依随场日煎月办课额，官给水脚钱，就场支装所煎盐袋，每引元额四百斤，又加折耗等盐十斤，装为两袋，纲官押运前赴所拨之仓而交纳焉。但实际上，水脚钱并非“官给”，而是盐商买盐引时附带交纳的。船户一旦应召编入纲船之后，就在盐运司的严格管理之下，不仅在运输季节必须完成任务，而且在“每岁住运之后”，仍要在官吏“督责”之下修理船只，不许擅自离纲，私离纲者决杖五十七下。可见，元朝政府的“召募”即“和雇”，是带有强迫性的，并非两相情愿的雇佣关系，“名为和雇，实乃强夺”。船户和盐户一样是政府指派的，他们都受到政府和盐务官员的欺压和剥削。

元代泰州的丰厚盐利养肥了不知多少贪官污吏。成宗大德七年（1303），郑介夫就向皇帝上书指出：“夫畜猫防鼠，不知馋猫窃食之害愈甚；养犬御盗，不知恶犬伤人之害尤急；今盐司官吏犹馋猫恶犬之为害也。”③统治者在榷盐方面的嗜利政策使得许多扬泰盐商大发横财，腰缠万贯，活跃于元代的社会舞台上。元末诗人杨维桢在《盐商行》中感慨：

---

① [元]王冕，寿勤泽点校《王冕集》，浙江古籍出版社1999年版，第131页。

② 《中国盐业史（古代编）》，第447页。

③ 《中国盐业史（古代编）》，第449页。

> 人生不愿万户侯，但愿盐利淮西头；人生不愿万金宅，人生盐商千料舶。大农课盐析秋毫，凡民不敢争锥刀；盐商本是贱家子，独与王家埒富豪。亭丁焦头烧海榷，盐商洗手筹运幄；大席一囊三百斤，漕津牛马千蹄角。司纲改法开新河，盐商添力莫谁何；大艘钲鼓顺流下，检制孰敢悬官铊。吁嗟海王不爱宝，夷吾策之成伯道。如何后世严立法，只与盐商成富媪。鲁中绮，蜀中罗，以盐起家数不多。只令谁补货殖传，绮罗往往甲州县。[①]

元代的大盐商把持盐政，富比王侯，这首《盐商行》写出了元代富有盐商优越的社会地位与巨大的社会能量[②]。食盐贩运给他们带来了惊人的商业利润，元人余阙《青阳集》记载，盐商大富者“舆马之华，宫庐之侈，封君莫之过也”[③]。给世人展示了活跃于大江南北的泰州盐商的存在。

---

① ［元］杨维桢《杨维桢诗集》，《铁崖古乐府》卷五《盐商行》，浙江古籍出版社 1994 年版，第 66 页。

② 李治安主编《元史论丛》（第 10 辑），中国广播电视出版社 2005 年版，第 181 页。

③ ［元］余阙《青阳集》卷四《两伍张氏阡表》，文渊阁《四库全书》第 1214 册，上海古籍出版社 1987 年影印版，第 408 页。

第四节　社会生活

元朝是中国历史上占重要地位的朝代，就其社会生活与习俗而言富有独特风采。元朝地域广袤，民族众多，各民族经济文化传统各异，民族关系繁杂多变，所有这些决定了元代各民族习俗带有浓厚的民族特色；元朝又是北方蒙古民族、色目人和汉族等各民族统治集团联合统治的朝代，故阶级关系复杂，阶层差异和区别十分明显，因此，元代社会生活习俗中深深打上了各阶级和阶层的烙印。元朝虽然统治时间短，但由于社会变革迅速，民族交往频繁，各种矛盾斗争激烈，促使习俗在形成发展时间上，显示出特定时代标志的特征。但习俗是世代相传的文化现象，在发展过程中具有相对的稳定性，因此，元代社会生活与习俗又显示出传承性特征。中原文化强大的凝聚力和向心力使深处江淮一隅的泰州地区保持了丰富的社会生活与习俗，各种习俗在元代继承和发展。一些特殊的民俗活动，各色地域风味饮食，带有浓郁民族文化传统的民间传说也影响深远。各种根源于泰州地区的社会文化活动也孕育了泰州地区的众多英雄儿女，在民族危亡之际绽放出耀眼的光芒。

一、衣食住行

衣食住行是人们日常生活中的重要内容，较为全面地反映了元代泰州地区人们的精神风貌与地方特色。

（一）服饰

元代泰州地区的士庶与平民服饰基本承宋之遗风，变化不大。他们一般用暗花纻丝、丝绸绫罗、毛毳制作服装，不得用赭黄色，多用深暗色。款式一般为上盖、布袍、团衫、唐裙、裙腰、背子、汗搭、裹肚等。上盖是比较体面的男子外衣。上盖既可以是袄子一类的上衣，也可以是袍子。“俗谓男子布衫曰布袍，凡上盖之服或可概曰袍”。[1] 妇女的礼服为团衫和大衣。女子出嫁时一般必备团衫。唐裙是汉族地区传统女服。裙腰又称腰裙，是一般劳动妇女穿的短裙。褙褡是民间流行的无袖短衣，又称搭背、搭膊等。汗塌，汗替或汗衫，是内衣的称呼，男女皆穿，并且多与汗衫同穿裹肚、抹胸一类的胸衣。

民间男子多带头巾（幞头），有唐巾、抹额（又称摸头、包头等）、磕脑等流行样式。女子亦带头巾，时称包髻。妇女首饰有钗、钿、耳环、梳等，头面则主要是钏、镯，因质地不同分为金头面、银头面、玉头面等。

妇女缠足，始于五代。元朝时江南地区妇女缠足已蔚然成风。民间流行的鞋主要有：靴子、布鞋、麻鞋、木履、草鞋等。

元朝的大一统促使各民族服饰相互影响，除蒙古人与汉人之间的服饰习俗影响之外，其他民族的服饰习俗也对蒙古人、汉人有不小影响。如元朝末年，“宫衣新尚高丽样，方领过腰半臂裁”[2]，高丽服饰风靡一时，在江南地区也流行开来，据陶宗仪记载，“杜清碧先生本应召次钱唐，诸儒争趋其门。燕孟初作诗嘲之，有‘紫藤帽子高丽靴，处士门前当怯薛’之句。用紫色蕿藤缚帽而制靴作高丽国样，皆一时时尚。”[3]

（二）饮食

饮食在人们日常生活中占有十分重要的位置，它既是生存的需要，又是一种精神的需求。元朝是个统一的多民族国家，各民族均有自己的饮食习惯；同一民族中因居住地区不同又显示出差异。各民族饮食相互影响，以及域外饮食的传入，使元代饮食更加丰富多彩[4]。

---

① 陶宗仪《南村辍耕录》卷一一《贤孝》。

② 张昱《宫中词》，《辽金元宫词》第17—19页。

③ 陶宗仪《南村辍耕录》卷二八《处士门前当怯薛》。

④ 陈高华、史卫民《中国风俗通史》（元代卷），上海文艺出版社2001年版，第11页。

1. 主食

元代泰州地区主食以稻为主，其次有麦、黍、豆等。水稻品种较多，“晚熟而香润者曰粳”，粳米主要用来煮饭，“舂而为米，洁白可爱，炊为饭食，尤为香美”①。富足人家还会在粥中加入肉、蔬菜、果实、药物等。米除了做饭粥外，还可以磨粉制糕饼之类。“米白而粘者曰糯”，即糯米，有粘性，可以熬粥，也可以煮饭，还可以制作粽子、团子等食品。当时，江淮地区流行一种以糯米制成的“欢喜团儿”，即用白糯米洗净，在数九寒天蒸熟、冻散，并炒之使膨胀。春节期间用饴糖掇炒米，使成团状，以示吉祥之意。

元代泰州地区麦的种类主要有小麦、大麦、荞麦等。小麦磨成面粉，可以加工成面条、馒头、蒸饼、烧饼、馄饨、扁食（饺子）等。小麦脱壳后也可以熬粥饭食用。大麦产量不及小麦。大麦亦可磨成面粉，加工食用，但不如小麦的用途广。大麦仁常用来熬粥饭。荞麦在南方的主要是“磨食，溲作饼饵，以补面食，饱而有力，实农家居冬之日馔也”②。

黍，粘滑而甘，可以酿酒，也可以熬粥，或者蒸食。

豆类亦是粮食。可单独食用，亦可与其他粮食掺和熬粥煮饭，或磨制称粉作为一些食品的配料。

2. 副食

元代农业地区居民的副食，可以分为肉食、蔬菜和果品三大门类。家畜类肉食主要有羊肉、猪肉、马肉、牛肉，其中马肉和牛肉较少，特别是马肉，因而常用于宴会。“内外官员士庶之家，凡是婚姻庆贺一切宴会，往往宰杀马牛食用”③。牛、马对于当时的生产和军事活动具有重要作用，因此，政府对于屠宰牛、马严加限制。饲养供食用的家禽主要有鸡、鸭、鹅等。野生动物肉在

---

① 《农书》卷七《百谷谱集之一·水稻》，第56页。

② 《农书》卷八《百谷谱集之二·谷属》，第90页。

③ 《元典章新集·刑部·头疋》。

当时称为“野味”，包括野兽肉和野禽肉两类。农业区常见的野兽有鹿、獐、狸、兔、狐等，常见的野禽有山鸡、雁、天鹅、鹌鹑、水札、斑鸠、野鸭等。这些野生动物肉都可供食用，其中有些还被视为美味。在江南地区，水产品是肉食的大宗，有淡水和海洋两类。水产品以鱼为主，其次有蟹虾和贝壳类水产等。海鱼主要有石首鱼(黄鱼)、鳓鱼、比目鱼、鲻鱼、鲳鱼、海鳗、河豚、鲥鱼、带鱼等。淡水鱼有鲤鱼、鲫鱼、鲟鱼、鲢鱼、鳙鱼、鲭鱼等。蟹、虾和贝壳类水产品在海洋和江河湖泊中均有出产。淡水鱼的人工养殖，在南方十分普遍。元代蔬菜品种很多，见于记载的有70余种。南北通行比较常见的约20种。水果的品种也较为丰富。

元代菜肴的加工方式主要有烤、蒸、煮、炖、炒等。用这些方法加工的肉类菜肴称“热菜”。此外，还有时称“肉下酒”、“肉灌肠红丝品”的凉菜，如灌肠、灌肺、肉丝、水晶脍等熟食肉制品，以及“肚丝生”、“生肺”、“酥油肺”、“琉璃肺”、“照脍”等生食的肉制品。当时，素菜除烹饪蔬菜外，还有各种豆制品，如豆腐、豆芽菜等。此外还有麦麸作的面筋。水果一般直接食用，也可作为各种菜肴的辅助食材。

为了使这些食品能保存较长时间，元代沿袭前代的办法，或腌制、或晒干。腌、干副食品可以储藏，可以长途贩运，因而在当时很普遍。果品为了贮存和丰富口味，亦有多种加工方法。一是用日光曝晒，制成果脯。一种是用蜜或糖渍。另有将果品晒干后用火焙。干果品和鲜果品一样，都是辅助食品，常用于招待客人。

3. 饮料

元代最重要的饮料是酒和茶。当时，农业地区饮用的酒主要是粮食酒，是由糯米(“秫性粘而可以酿酒”)和黍(“白黍酿酒，亚于糯秫”)发酵而成。将发酵酿好的酒用蒸馏的方法再加工，可以得到酒精含量很高的酒液，这就是蒸馏酒。明代医学家李时珍指出："烧酒非古法也，自元始创其法。"[①]

在元代饮茶已成为全国各族、各阶层一种共同的嗜好。"夫茶，灵草也。种之则利博，饮之则神清，上而王公贵人之所尚，下而小夫贱隶之所不可阙，诚生民日用之所资，国家课利之一助也。"[②]

泰州饮茶的风俗，唐代文献已有记载。民俗中有"早上皮包水，晚上水包皮"之说。皮即肚皮，皮包水，即吃茶。到了元代，制茶技术不断改进。泰州人吃的"茶"也逐渐出现绿茶、白茶、乌龙茶、红茶等。元代泰州人吃茶讲究的是实惠、随意，因而茶俗十分淳朴。早茶讲究浓香，可以润喉醒目。以茶会友是泰州茶俗中最普遍的形式。泰州亲友酬酢，最多的是相邀到茶馆吃茶，清茶一杯，辅以泰州的地方小吃，清雅不俗。泰州亲朋间，平素发请贴，酒楼中，脱筹交错。若遇多时未见之亲友，则必定相邀进茶馆吃茶，称之为"聚聚"。这是在扬泰地区一种极普通的酬酢方式，从费用论，很俭省。

元朝时，茶在泰州人的日常生活中很富有生活情趣。男女订婚，要送茶礼。泰州古语云："一女不吃两家茶。"另外，长辈做寿，晚辈必送茶叶，称为"寿茶"。砌房上梁，在房梁上悬挂茶叶一袋，谓之"发茶"。新娘子婚嫁进门，先后需吃"莲子茶"、"木子茶"、"桂元茶"，统而谓之"三道茶"。儿童入学，喝杯清茶，谓之"状元茶"，在泰州几乎已达到了"无茶不成事"的地步。

4. 饮食方式

中国古代，汉族一天两餐比较普遍，称为朝、晡两食，朝是早晨，晡是申时，即下午三点至五点。唐宋时期，一日三餐逐渐普及。到了元代，生活在农业区的汉族普遍实行一日三餐[③]。三

① 李时珍《本草纲目》卷二五《谷部・烧酒》，人民卫生出版社 1982 年版。

② 《农书》卷一六《百谷谱集之十・杂类》，第 164 页。

③ 《中国风俗通史》(元代卷)，第 55 页。

餐分别称为早饭、午饭(晌午饭)和晚饭。

元代汉族的餐具主要有匕(匙)、箸(筷子)、碗、碟、盆、锅等。一般,匙有木制的、有陶制的,箸是木制或竹制的。比较讲究的箸、匙是银制的,也有象牙制的。碗、盆、碟用瓷制的居多,也有木制或金、银制造的。此外有陶制的盆、碟等,较为简陋。锅为铁制。元代饮酒器具主要有酒瓶、酒壶和酒杯。常见的是瓷壶和瓷杯,亦有金、银、铜、银杯和铜壶。酒瓶大多是瓷制的。茶具则有茶盏、茶碗、茶壶等。

5. 宴饮

元代宴会之风甚盛。宴会名目繁多,或为祝贺喜庆或节日,或为请托酬谢。比较正式的宴会都有一定的仪式。"凡大宴席茶饭则用出桌,每桌上以小果盆列果子数般于前列,菜楪数品于后,长箸一双。厅前用大香炉、花瓶居于中央,祗应乐人分列左右。若众官毕集,主人进前把盏,客有居小者,亦随意出席把盏。凡数十回,方可献食。初巡用粉羹,各位一大满碗,主人以两手捧至面前,安在桌上,再又把盏。次巡或鱼羹或鸡鹅羊等羹(随主人意),复如前仪。三巡大茶饭用牛、马,常茶饭用羊、豕、鸡、鹅等。并完煮熟,以大桌盛之,两人抬于厅中,有梯己人则出剜肉,凡头牲各分面前,头、尾、胸、肤献于长者,腿、翼净肉献于中者,以剩者并散与祗应等人。厅上再行劝酒,令熟醉。结席且用解粥讫,客辞退,主人送出门外。"[①]这里详细记述了宴会程序、仪式以及相关的注意事项。

(三) 居住

元代城市居民的住房,因居住者所在地区和贵贱贫富的不同,有着很大的差别。城市之中官员、贵族、巨商的住房往往连在一起,构成城市中的特殊居住区。这些住房房间多,院落大。城市中一般市民的住房则比较简陋。由于建筑材料的缺乏,乡

---

① 《事林广记》(至顺本)前集卷一—《仪礼类·大茶饭仪》,中华书局1963年影印本。

间住房的质量一般低于城市住房。在乡间居住的富户和读书人，很讲究房址的选择。在确定房址前，先要“卜居”、“卜宅”或“卜筑”。按照当时的风俗，房址选择不当，不但影响家运，还可能招来病、死等灾难。比较讲究的乡村住宅，往往注意用树木等来美化环境。

元代农村以土葬为主，并且大多保持着祠堂、家庙的建筑。宗族祠堂或家庙，一般建在村落中心或家族居住地的中心；各家的祠堂，一般设于“正寝之东”。乡间房屋皆用篱笆或院墙围绕。“乡中之俗，中户之家皆用篱笆围屋；上户用土筑墙，覆以上草。至元纪年（后至元纪年，即1335年）之后，有力之家患盗所侵，皆易以碎石，远近多效之。”①篱笆或院墙的门通常称为“柴门”。

城市居民家中，往往要摆设一些家具。在北方常用的家具有大小衣柜、橱、矮桌、镫檠（灯架）、椛架（花架）等。南方家具亦大致相同。在江南富家的正厅内，经常摆置匡床、胡椅、圆炉、台桌、瓷器、盆景等用具。

图6-17　白地黑花牡丹纹罐，泰州市博物馆藏

① ［元］孔齐《至正直记》卷二《乡中风俗》。

元人亦继承了前代“暖屋”之礼，迁居前要举行宴饮。“今之入宅与迁居者，邻里醵金治具，过主人饮，谓曰暖屋，或曰暖房。”①

（四）交通

在江南地区，船是主要交通工具，并有专门的客船往来行驶。为方便旅客，在河流的渡口，都有摆渡船。此外，牛、马、驴也是当时人们日常出行的重要工具②。

外出旅行，无论公事与私事，都有一定的风俗。包括择吉日、准备行李盘缠、辞行、旅途住宿、接风等内容。

凡外出旅行，都要选择吉日启程，并了解路途情况。“出陆须择吉日，凡欲抵外处，去路宁无迂直，若径趋其直以省其劳也，须先问直路一带平坦有店无寇劫之患方可。”③吉日一般通过卜卦确定。按照传统说法，出行需避开初四、初七、十六、十九、二十八“五不祥日”，吉日则有初一、初九、十七、二十五等，并有“建宜行，成宜离，寅宜往，卯宜归”的“四顺”择日标准。

准备行李盘缠，选定交通工具及同行人、从人，是出行前必须要做的事情。“束装以齐整牢固为佳，雇夫以少壮熟事为尚。若官员行李，须示占牌，及到站则挂之厅外，自然可以御辱。如刀剑之类又当随身，庶可以待暴。其他如油、烛、盐、醋、料物，亦须带些，以待不时之需可也。”当时驿站一般不提供铺盖，所以出行者除了要带够供旅途花费的银两钱钞外，还须自备衣被等日常用品。

辞行，一般是晚辈向家长辞行。文人中盛行送友出行的风俗，不但设宴为出行者饯行，互赠诗句，有时还要送出一程，以表示朋友情谊。出行者登程时还有一定的仪式，如告祖、祭神等。尤其是选择水路的人，发船前必须祭祀河伯等神，“登舟亦祭河

① 《南村辍耕录》卷一一《暖屋》。

② 以下内容多依据《中国风俗通史》（元代卷），第181—191页。

③ 《新编群书类要事林广记》庚集《旅行杂记》。

伯，或止以纸钱投之水中，亦可保无惊恐”。

外出旅行，食宿至关重要。公出之人可以在驿站解决食宿问题，民间行旅则需要依靠客店。

驿站是元代官办的交通设施，主要为行人提供交通工具、休息场所和饮食服务。元代政府要求各城市县镇皆设客栈馆舍，为商旅提供住宿和饮食。按照政府规定，乡村和渡口也要设置村店、店舍等，并要专门差人充当弓手，保证过往商旅的人身和财物安全。客店除提供住处外，一般都能提供饮食，但亦有客店只提供灶火及锅、碗等，由住店者自己做饭。

旅途结束，一般会安排亲戚、朋友的“接风”酒席。如回到家中，同样有祭神、告祖等仪式。

二、婚丧嫁娶

元代泰州的婚丧嫁娶虽有其个性，但更多的还是共性。

（一）婚姻

元代汉族家庭多为一夫一妻制，以纳妾为补充婚姻形式，汉人婚姻继承宋代风俗。到了至元八年（1271），礼部依据汉人惯例，并参照朱熹的《家礼・婚礼》，将相关礼制基本确定下来，内容包括议婚、纳采、纳币、亲迎、妇见姑舅、庙见、婿见妇之父母等凡七条。

> 一曰议婚。身及主婚者，无期以上丧者乃可成婚。必先使媒氏往来通言，俟女氏许之，然后纳采。
>
> 二曰纳采。主人具书，夙兴，奉以告于祠堂。乃使子弟为使者如女氏，女氏主人出见使者，遂奉书以告于祠堂，出以复书授使者，遂礼之。使者复命，婿氏主人复以告于祠堂。或婚主人亲往纳采者听。
>
> 三曰纳币。拟合酌古准今，照依已定筵会，以男家为主，会请女氏诸亲为客，先入坐。男家至门外，陈列币物等，令媒氏通报，女氏主人出门迎接。相揖，俟女氏先入，男家

以次随币而入。举酒，请纳币，饮酒，纳币讫。女氏主人回礼，婿家饮酒毕，主人待宾如常礼，许婿氏女子各各出见，并去世俗出羞之币。

四曰亲迎。前期一日，女氏使人张陈其婿之室，厥明，婿家设位于室中，女家设次于外。初婚，婿盛服，主人告于祠堂，遂醮其子而命之迎。婿出，乘马至女家。俟于次女家，主人告于祠堂，遂醮其女而命之。主人出迎，婿入奠。燕母奉女出登车，婿乘马先行，妇车至其家，导妇以入。婿妇交拜，就坐饮食。毕，婿出。复入，脱服。烛出，主人礼宾。

五曰妇见舅姑。明日夙兴，妇见于舅姑，舅姑礼之。次见于诸尊长。若家妇，则馈于舅姑，舅姑飨之。

六曰庙见。三日，主人以妇见于祠堂(若无祠堂，或悬形及写位牌亦是)。

七曰婿见妇之父母。明日，婿往见妇之父母，次见妇党诸亲，妇家礼婿如常仪。

登车、乘马、设次等礼节，如果迎亲之家贫困，无力举办，“从其所欲”。男方家庭给女方家庭所下的定礼，一般是表里、头面和羊酒。

举行婚礼的日期，要选所谓“十全节日”即壬子、丙子、乙丑、丁丑、癸丑、丁卯、癸卯、己卯、乙卯、乙巳[①]。

当时，“聘财无法，奢靡日增”，婚礼花费巨大，甚至于“破家坏产，负债终身，不复故业，不偿称贷”。

元朝政府严令禁止女子“悔亲别嫁”。定立婚约后男方身死或有“谋反”等行为，则允许宣布婚约无效。男子不娶“五逆之家、淫乱之家、犯死罪之家、嗅疠之家、亡父母之家”之女为妻的做法，在当时也很流行。

---

① 《居家必用事类全集》丙集，“嫁娶十全吉日”条。

婚姻还受到战争的影响。如元顺帝至元三年(1337),“民间谣言朝廷将采童男女以授鞑靼为奴婢,且俾父母护送,抵直北交割。故自中原至于江之南,府县村落,凡品官庶人家,但有男女年十二三以上,便为婚嫁,六礼既无,片言即合。至于巨室,有不待车舆亲迎,辄徒步以往者,盖惴惴焉唯恐使命戾止,不可逃也。虽守士官吏与夫鞑靼、色目之人亦如之,竟莫能晓,经十余日才息”。

(二) 丧葬

元代,汉族主要实现土葬,坟地称为坟院、坟园、坟所、墓所等。从元朝初年已有明确规定,贫民无地葬者可以在系官荒地中埋瘗;无人收葬者,由各地官府负责埋瘗。所以在各地都有公共墓地。坟地一般选在高地,并要讲究风水。对于官员和一般百姓墓地的大小,元朝政府规定:庶民墓地九步,“庶人墓田,四面去心各九步,即是四周相去一十八步”。“按式度地,五尺为步,则是官尺每一向合得四丈五尺,以今俗营造尺论之,即五丈四小尺是也。”①当时也有火葬的习俗。

元代办理丧事的程序基本沿袭前代。人死后,一般在头或脚放油灯一盏,称为“随身灯”,备死者前往阴曹地府时照路用。将钱放在死者口中、身下,称为“口含钱”和“垫背钱”。以衣服、布帛装殓尸体,称为“装裹”或“妆裹”。死者入棺后,灵柩停放待葬,称为“停柩”。

汉族传统的五服和守丧仪制,按照朝廷丧葬各依本俗的原则,仍然得到认可,后又正式定为法令。英宗至治三年(1323),颁行《大元通制》。斩衰、齐衰、大功、小功、缌麻五服,根据与死者的亲疏关系,都有具体的规定,对正服、义服、加服、降服、报服的“服制”也有具体说明。“江淮之间,习俗丧服有戴布幞头、布袍为礼者。”②

---

① 《元典章》卷三〇《礼部三·葬礼》。

② 《元典章》卷三〇《礼部一·丧礼》。

汉族地区重视丧葬，出殡仪式尤为隆重。不但要烧抛纸钱（俗称买路钱），还有路祭等仪式。“至于送殡，管弦歌舞导引，循柩焚葬之际，张筵排宴，不醉不已”。死者出殡后，每隔七日做一次佛事，先后七次，至四十九日止，称为“累七”（“垒七”）或“累七修斋”、“垒七追斋”。佛事完毕，称作“断七”。

居丧期间，主家要宴饮前来奔丧宾客。江南行御史台官员称：“近年以来，江南尤甚。父母之丧，小殓未毕，茹荤饮酒，略无顾忌。至于送殡，管弦歌舞导引，循柩焚葬之际，张筵排宴，不醉不已。”①

三、岁时节庆

元代泰州的岁时节庆活动，基本遵循汉地的习俗。

元旦（元正），在农历正月初一。江南地区承袭宋代以来的风俗，元旦合家饮“屠苏”（自年纪小者饮起）、写桃符、绘门神、诸生入学会拜。

上元灯节，在农历正月十五。上至宫廷，下至城乡，处处张灯结彩。江南地区，流行做圆子、炒糯花、迎紫姑等习俗②。

寒食节、清明节，冬至后第一百零五天。元代两个节日基本合一。在这一天要祭祖扫墓。当时江淮等地，盛行在家门插柳枝，并有打秋千、戏蹴鞠等娱乐活动，这些活动在二月开始，至寒食节前后达到高潮。

端午节，在农历五月初五。江淮地区沿袭前代风俗，“家家艾虎悬朱户，处处菖蒲泛绿醑，浴兰汤缠彩索佩灵符”，“彩丝缠，角粽新”③。端午节又称蕤宾节，既有挂艾虎、吃角黍、饮蒲酒、系百索、带钗头符和悬朱符、画天师像等一系列驱邪和饮食活动，也有斗百草、角力等娱乐活动。江南地区传统的端午娱乐活

---

① 《元典章》卷三〇《礼部一·丧礼》。

② 《至顺镇江志》卷二《风俗·岁时》。

③ 《析津志辑佚·风俗》。

动主要是赛龙舟。

中元节，在农历七月十五。又称鬼节，是祭祀祖先、追念亡灵的日子。

中秋节，在农历八月十五。元曲中就有“中秋夜，饮玉卮，满酌不须辞”的说法。元末，吃月饼的习俗也已广泛流行。

腊八节，在农历腊月初八。原为佛教节日，“禅家谓之腊八日，煮红糟粥，以供佛饭僧”。至元代，已成为民间的一个欢庆节日。

除夕，即大年三十，有馈岁、守岁、放爆竹、图钟馗（贴门神）等一系列活动。

四、民间艺术和传说

在元代泰州的社会生活中，民间艺术和传说也占有重要的一席之地。

（一）民间艺术

元代泰州的民间艺术主要有靖江讲经和广陵清曲。

1. 靖江讲经

靖江民间流传的一种说唱曲艺形式即讲经，讲经的“经”是唐代的佛教变文，以靖江方言为讲经媒介，是一种说唱文学，是至今唯一仍在在民间“做会讲经”的“活化石”。

靖江讲经的“经”为《宝卷》，《宝卷》传入靖江时已至元末。《宝卷》分为“圣卷”、“草卷”和“科仪卷”三类。“圣卷”讲菩萨凡间身世及修行成佛的故事，“草卷”是根据旧小说或其他讲唱文学改编的世俗故事，“科仪卷”是用于民间做会仪式的讲唱。

靖江讲经的《宝卷》是一代代口头传承的，后人在前人的基础上发展，增加内容。《宝卷》里不同时代的词汇习语是历史的痕迹。诞生于元末的靖江讲经，随处可见元代蒙古文化留下的烙印。如《香山观世音宝卷》里，称监斩官名为“忽必烈”。元世祖忽必烈的名字，已成为汉人对蒙古人普通的称谓，是蒙古文化对汉文化的渗透。

靖江讲经主要用于红白大事,讲经时用两张或三张桌子拼成"经台"。主讲经文的人称为"佛头",在"经台"一面坐着;其余三面坐着和经人(伴唱),称为"和佛"。"佛头"全凭记忆,每讲完一段,在尾句由"和佛"发起和声,以造成强烈的气氛。讲经的道具有佛尺、木鱼、铜铃,讲经的曲调有"挂金锁"、"平调"和"十字调"几种。

靖江讲经有浓厚的地域色彩,是民间文化传承的养料,具有极高的艺术价值、民俗价值、教化价值。2005年评为"国家级非物质文化遗产"。

2. 广陵清曲

广陵清曲又称扬州清曲、维扬清曲。肇始于元代,发展于明中叶,盛行于康乾年间,在泰州里下河一带有着广泛的流行。元代的"小唱"是其起源。广陵清曲在元代散曲的基础上,吸收江淮一带风行的俗曲民歌,加以改造和利用。腔调细腻,曲调平软,有骊调、楠调、满江红、芦江怨、耍孩儿、杨柳青共116支。这些曲牌除扬州本地小调外,还吸收昆曲、徽剧、淮黄、道情及外地的民间歌曲,是极富地方气息的一个剧种。

(二) 民间传说

中国自古以来各种传说流传民间,成为百姓生活的一种精神享受。泰州地区也不例外。但泰州的传说除了大量关于百姓生活的故事外,还有一个与众不同的特征,绝大多数都与元末的农民起义领袖张士诚有关。

1. 青蒲角上出皇娘

泰州溱湖一带,至今仍流传着元末义军领袖张士诚和当年渔家女的一段美好姻缘——"青蒲角上出皇娘。"

青蒲是溱湖边上的古村。张士诚在密谋造反时,被盐场兵丁识破,一路逃到青蒲庄后,饿昏在曹姓渔家女子家旁,曹姑娘好心救了他。张士诚得救后,借住在曹姑娘的渔棚里,日子一长,二人产生了爱情。后来在曹姑娘的帮助下,张士诚回到了泰州白驹场,率"十八条扁担"起义,干出了一番惊天动地的大事业。

图 6－18　泰州溱湖风光

张士诚渡江定都苏州后，对曹姑娘念念不忘，遂派人去溱湖边上迎娶。迎亲使者带去了凤冠霞帔，但曹姑娘就是不肯摘下头上的竹笠。使者只能强行取下她的竹笠，却没想到这位漂亮的姑娘竟然是个秃头。曹姑娘羞愧难当，但也只能沐浴更衣。不料在她洗头的时候，“当啷”一声，竟然有一只银碗掉在头上，如瀑的青丝便出现了。因为匆忙，曹姑娘来不及梳妆打扮，只得在途中借了一大户小姐的闺房梳妆。古时少女出嫁前的梳妆叫做“开脸”，此地遂被命名为开家庄。而附近的另一个村子的百姓听说曹姑娘出嫁路过，纷纷敲锣打鼓欢送，所以该村被称为“锣鼓庄”。

2. 晏王庙——许败不许修

元末义军领袖张士诚的故乡在泰州兴化。至今在兴化的西城外仓巷内仍世代居住着张士诚及堂弟士骏的后裔，并建有张氏宗祠供奉张士诚、张士骏的牌位。

“晏王庙”为元末义军驻地兵营，在东城外“大码头”的西侧。都天会“都天大帝”出巡，兴化百姓用心良苦，特意让都天大帝经过“大码头”，希望张士诚的魂魄归于故土，回家看看。由于晏王庙内驻过张十诚义军，明朝开国军事统帅徐达曾下令拆除，但因兴化百姓反对而末果。双方商议后达成协议，晏王庙今后即便败落，也不得修复或重建。故至今兴化仍流传着“晏王庙——许败不许修”的歇后语。

3. 月饼的由来

中秋节美食首推月饼，其起源说法多种。一说元代末年，泰州的起义领袖张士诚利用中秋民众互赠圆饼之际，在饼中夹带“八月十五夜杀鞑子”的字条，大家见了饼中字条，一传十，十传百，如约于这天夜里一起手刃无恶不作的“鞑子”。过后家家都吃饼庆祝起义胜利，并正式称中秋节的圆饼为月饼。在后来很长历史时期，甚至在上世纪末，许多月饼上还贴有一方小纸片！只可惜，近年所产月饼已不见小纸片踪影。

4. 祖师殿

在今天泰州姜堰叶甸仓场西北的高地上，有一处由三间平房构成的“祖师殿”。从平面、结构、用材和做法等方面看，具有明代建筑的诸多特征，不少地方还留有元末时期的建筑风格，堪称文物精华。祖师殿建筑梁架用减柱法，金柱落地有侧脚，脊桁下安叉手，节点用斗拱和驼峰等风格，都是沿用宋、元时代的做法。而开间前阔后窄，用斗拱，但无柱间铺作，拱口较小，桁下制作成椭圆形等特点又具有较多的地方特色，与当地所流行的建筑格局大相径庭，实为罕见。有学者认为，祖师殿建筑的年代应在元末张士诚时期，很可能与张部砻粮有关。古镇仓场南靠泰州城，从泰州沿卤汀河北行十余公里，就能很快到达仓场。张士诚起义后，先取泰州，继攻高邮，后据苏州称吴王。这一时期仓场被称为“仓厂”。张士诚军中所需之粮，都在仓厂设砻去壳，供给军中，这里成为一座粮食加工的大工厂①。

---

① 程起瑞、黄炳煜等《也谈海陵的更名——与常永明先生商榷》，《江苏地方志》2002 年第 5 期。

第七章　明朝时期的泰州

明朝(1368—1644),是中国历史上又一个大一统的朝代,也是社会经济、艺术文化大发展的时代,在明代中后期,某些地区还出现了资本主义萌芽。

有明一代,泰州的行政建制也发生了一些变化。海陵区境自此开始直属于泰州。此外,洪武元年,设西溪镇巡检司。正德十五年,改置泰州分司驻东台场。之后泰州地区的行政结构大体趋于稳定,至明末崇祯十七年(1644),泰州基本维持了这样的行政区划。

明代泰州是江淮一带重要的文化中心,教育事业发达,人才辈出,不少士子通过科举仕途纷纷走上政治道路。在明代中后期的抗倭运动中,泰州地区也发生了许多可歌可泣的故事,涌现出了一大批抗倭志士。他们与当地百姓齐心一致,最终将倭寇赶出了泰州,保护了一方的平安。

在经济上,伴随着政区稳定泰州地区的农业、商业、手工业以及传统的盐业都在进一步发展,商品经济颇为发达。

在文化上,最令人瞩目的就是泰州学派的出现。泰州学派是中国历史中第一个真正意义上的思想启蒙学派,它发扬了王守仁的心学思想,反对束缚人性,引领了明朝后期的思想解放潮流。创始人王艮,明代哲学家,字汝止,号心斋,泰州安丰场(今江苏东台安丰)人,人称王泰州。泰州学派的超影响过了王守仁后学的各个学派,门人上自师保公卿,下逮士庶樵陶农吏,成为晚明显学。

明代泰州的社会生活更加丰富多彩。伴随着元末明初的移民活动，泰州地区的方言也发生了某些变化。而通过对明代泰州地区的岁时节庆、以折子戏为中心的民俗艺术的了解，也能够让人感受到明代泰州地区一片祥和的发展景象与浓浓的人文气息。

第一节 行政建制

元末农民起义军蜂起,笑到最后的人是朱元璋。1368年朱元璋于南京建都称帝,随后北伐中原,元帝弃大都奔往漠北。之后,朱元璋又四出征讨,最终统一全国,泰州自然也位于明朝版图中。因此,在了解其具体情况之前,有必要先对明代的地方行政制度加以了解。

一、概述

明初,地方行政制度基本沿袭元朝,中书省及行中书省分别管辖府、州、县。洪武九年(1376),朱元璋改行中书省为承宣布政使司,当时共有直隶一,布政使司十二:浙江、江西、福建、湖广、山东、山西、北平、河南、陕西、广东、广西、四川。

洪武十五年,增置云南布政使司。永乐元年(1403),罢北平布政使司,所辖府州县直隶北京,由此开始,明朝有南北二直隶。五年,置交阯布政使司;十一年,置贵州布政使司。至是共有直隶二,布政使司十四。宣德二年(1427),罢交阯布司。此后终明一代,明朝的行政建制一直为直隶二,布政使司十三。二直隶又称京师与南京两京,十三布政司仍俗称十三省。两京十三司总称十五省。

严格说来,明代的地方高层行政组织是由都指挥使司、布政使司与按察使司联合组成。三司之长官分别为都指挥使,正二品;布政使,从二品;提刑按察使,正三品。都指挥使主要掌管军事权,下辖卫所;布政使掌民政、财政等权;按察使掌刑法和监察权。可以说,明代高层政区的三司分立是综合宋、元制度的结果。

三司在地方上三权分立,互不统属,同时又分属中央三个不同的机构。都司归兵部和五军都督府掌管,布司则与六部与都察院有关联，按司受命于刑部和都察院。都、布、按三使，皆是以中央官员的身份被派到地方。因此，明人朱健就对这种行政制度评论说：

> 内设六部九卿以统治天下，而外又设十三布政以分治郡邑。内设都察院以整肃朝廷，而外又设十三按察以分寄考劾。兵部、帅府以相维于内，而布、按、都司以相制于外，则名实当而防检为加密矣。①

可见明代对地方的控制是大大加强了。

明朝在省之下有府、州、县三级政区。宣德年间由各省分统的府、州有一百多个，县则一千一百有余。需要说明的是，府、州、县只管理民户，军户则设置卫所另行管辖。卫所分隶于两京都督府与十六都指挥使司、四行都指挥使司、一留守司。十三省各有一都司，京师又有万全都司，治宣府卫；大宁都司，治保定府。山东还有一个辽东都司，治定辽卫。山西行都司治，大同府。陕西行都司，治甘州卫。福建行都司，治建宁府。四川行都司，治建昌卫。中都留守司，治中都凤阳府。到了成化年间，又增设了湖广行都司，治郧阳府。嘉靖年间，又增设兴都留守司，治所在承天府。

明代的州分为两种，一种属于布政使司，一种属于府，但名义上相同，皆可领县，是与府相当的统县政区。不过，也有少数州也有不领县的。属州所领县为第四级政区，而府和直属布司的州所领县是第三级政区，因此明代是三级与四级混合的复式层级关系。

在一般的府、州、县、卫所外，西南地区还有土府、土州、土县，它们隶于布政司，而宣慰司、宣抚司、安抚司、长官司等土司

---

① ［明］朱健《古今治平略》卷一五《官制・国朝官制》，日本早稻田大学藏本。

则隶属于都司。

综上所述，明代的直辖版图实由两种类型的地域所组成，一是以布司、府、州、县为代表的民政系统，一是以都司、卫所为代表的军政系统。在边疆地区，明代政府并不设置正式郡县，而设卫所作为行政单位，俗称实土卫所。这些卫所不仅是军事组织，也是地理区划的一部分。而内地卫所则与府州县相错杂，虽俗称非实土卫所，但在各州县之中，仍散布着属于它们的军屯田地。换言之，在州县地域内其实分布着不受其管辖的星星点点的卫所、屯田、飞地。可以说，这种政区形态在中国历史上是头一回。

二、政区沿革

有明一代，泰州的行政建制也发生了一些变化。《道光泰州志》记载："明洪武初，省海陵县入州，领如皋一县，属扬州府。"[①]由该条资料可知，海陵区境自此开始就直属于泰州。

此外，县以下的行政建制也有所改变。洪武元年，设西溪镇巡检司。正德十五年，改置泰州分司驻东台场。此后，泰州地区的行政结构大体趋于稳定，根据研究，至明末的崇祯十七年(1644)，泰州基本维持了这样的行政区划[②]。

需要说明的是，现属泰州的靖江在明代有了独立的行政建制。据传，在东汉末年，靠近泰州的长江北岸还没有陆地，江水中突现出一座独峙的山，因此名叫孤山。后来由于江潮的冲刷，在孤山脚下渐渐隆起一块块沙洲。沙洲又连成片，成了陆地，人们称之为"马驮沙"。据《大清一统志》记载："三国吴赤乌中，有白马负土入江，壅积而成，遂有东西二洲，因呼为马驮沙，一名骥

① 《道光泰州志》卷一，江苏古籍出版社1991年版，第10页。

② 详见姚乐《江苏历史政区地理研究—— 从战国到清初》，南京大学博士学位论文，2012年，第156—161页。

沙。"[1]因为地处江阴之北的缘故,"马驮沙"又称"阴沙"。唐五代时,这一区域为为海陵(吴陵)县地;宋代则为泰兴县地;元代属于江阴州地。明宪宗成化三年(1467)设县丞于此。七年置靖江县,因具有"扼江海门户"的作用,故名"靖江"。

三、官员设置

明代州县官吏既有规定的员额,又有明确的职责,还有严格的奖惩和监督制度。所谓"朝廷设官分职,所以治民,守令临民尤近,我明兴特慎焉。是故邑有尹、承、簿、尉.学有教谕、训导,属职莫不咸备。非徒禄爵之已也,欲其明道以尽分,宣力以敬共也。殉货以赎者贪,残刑以逞者暴,询情以媚上者谄,便其身而厉民者悖。皆政教之盆也"[2]。

依据《明史》卷七五《职官四》的记载,明代州县官吏有主官、同知、吏目等[3]。此外,一般还设有教职、杂职、吏典、胥役等职位。自然,明代泰州的州官设置也应当作如是观。现简述如下:

知州一名,官阶从五品。明代知州是一州之主官,皆由朝廷任命,持有吏部的委任和勘合,是一州首长。

同知一名,官阶从六品。判官一名,官阶从九品。同知和判官都是作为佐贰官而设置,即副职和辅助官。他们同样都是朝廷命官,主要职责是协助知州处理州务,在本州也设有专门衙署。

吏目一名,官阶从九品。作为首领官(属官)州的直属官,在州称为吏目。地位不如佐贰,但是他们也有自己的衙署,手下有几名胥吏及衙役和捕手。

学正一名,训导三名。学正、训导是州的教职,没有官阶,属

---

① 《大清一统志》卷九《常州府》,丛书集成续编本。

② 《嘉靖瑞金县志》,转引自柏烨《明代州县官吏设置与州县政治体制》,《史学集刊》2002年第3期。

③ [清]张廷玉《明史》卷七五,中华书局1974年版,第1850页。

流外官，处于整个官阶体系的最下层。不过，他们毕竟属于知识阶层，因而还是会受到州民的普遍尊重。

巡检司三名，官阶从九品。河伯所官一名，税课局大使一名，仓大使一名，同样属于流外官。明代根据州县的地理、交通、治安、物产等情况，一些州县设有一些杂职，诸如巡检司、骤、税课局、仓、织染杂造局、河泊所、批验所、递运所、闸、坝等。分别设巡检、释垂、大使、副使等官进行管理。其官高者为从九品，大多数则为流外官。杂职虽然各有所专掌，但是要接受所在地州县主官的领导。

阴阳学典术一名，医学典科一名，僧正一名，道正一名，均不入流。这些吏职由在官籍的专门技术人员担任，国家不给俸禄，全靠他们自己的业务专长谋生。尽管如此，他们也都要接受考核，根据考核评价的不同，会有升迁降调的变化。

泰州下辖的如皋县的官吏设置，参照州官吏的设置状况也可做如下推测：设主官知县一名，官阶正七品。佐贰官主簿一名，官阶正九品。巡检三名，官阶从九品。其他官员有典史一名，教育一名，训导二名，均为流外官。阴阳学训术一名，医学训科一名，僧会一名，道会一名，亦为流外官。

四、公署、城池、区划及下辖乡（庄）镇

泰州的州治，根据《道光泰州志》记载，“在城中近东北”的位置。明洪武三年，知州张遇林在海陵县的基础上，进行扩建。之后，在宣德五年，知州萧旭，正统十年，同知王思旻，景泰五年，知州刘纶，成化十五年，知州陈志先，先后都有修缮。

至于具体建筑，其公署前是照墙，而后是东牌坊、西牌坊。进入公署大门后，左为土地祠，右为监狱。而后有仪门三间，中为甬道，左右为吏舍。而后是大堂三间，此外还有库房、厢舍、正厅、幕舍、厨房等等设施。

根据《道光泰州志》卷六《城池》记载，泰州城池最早修建于南唐升元元年。此后，泰州的城池在后周显德五年继续增筑扩

建，其规制一直沿用至清末。

特别值得一提的是，明嘉靖年间，倭寇屡次侵犯泰州城。都御史唐顺之和时任海防副使的刘景韶为了更好的抵御倭寇，合力重新建了泰州四周的土城，加固城防，并增筑了三座水关，分别是镇宁关、泰宁关和永安关。在二位抗倭名将的合力修筑下，泰州城四周环绕着宽广的护城河，城墙既险峻又坚固，城防相当完备，可以说固若金汤。

如皋县城是用土墙修筑的，虽然防御能力有限，但是它扼守要津之处，尤其是与泰州成犄角之势，因而也具有重要的战略价值。

泰州城在扬州府东一百二十里，东抵通州，西界江都，南暨泰兴，北距兴化。向东至栟茶场二百一十里，距东海二百四十里。向西到江都县的斗门三十里，到江都一百二十里。往南三十里可以到泰兴的庙湾，到泰兴则有九十里的路程。向北到兴化县的凌亭有八十里的路程，到兴化有一百二十里。往东南方向行二百九十五里能到达通州。东北到大海有一百九十五里。泰州西南到江都县的高韩庄有三十里。西南距江宁府有四百里，向北到顺天府水路要三千二百里，陆路则需二千三百里。

正因为泰州如此重要的地理位置，明《万历泰州志》曾这样写道："泰州介乎维扬崇川之间，平原爽垲，众水萦回，东濒海，北距淮，大江映乎前，巨湖环于后，有鼓角门戟之雄实，江海门户之要至。"

此外，由于泰州位于沿海地带，其地理环境颇具特色，尤其是堤坝的修建。泰州全境东边与海交界，南边不到长江。长江的潮汐涨潮时，潮水越过泰兴被阻挡在滕坝一线。海水涨潮时，则有赖于范公堤的阻隔，不至于使百姓受灾。所以泰州一地的发展、繁荣，与堤坝的修建密不可分。

明代的泰州城区则分为东西乡、招贤乡、永吉乡、蒲津乡和宁海乡，共5个乡，下辖26都，12场，189里。

据《万历泰州志》的记载，东西乡共由7都、7场、63里构成[①]。各都、场下辖里数不一，简述如下：

一都10里，二都7里，三都9里，四都9里，三十三都9里，三十五都9里。

何场1里，东台场2里，丁溪场2里，草堰场1里，小海场1里，白驹场1里，刘庄场2里。

招贤乡下辖4都，41里。分别为：五都10里，九都8里，上十都10里，下十都13里。

永吉乡下辖4都，26里。分别为：十三都8里，十四都3里，十六都8里，三十四都8里。

蒲津乡下辖5都，15里。分别为：十七都3里，十九都1里，二十都1里，二十二都5里，二十三都5里。

宁海乡下辖7都，5场，28里。八都1里，二十九都2里，三十二都7里，一都2里。梁场2里，安丰场2里，栟茶场4里，富安场1里，角斜场1里。

在城内，实在5里，船户4里。河伯所，6里。

非泰州城区的乡镇共有10个，分别是：宁乡镇、海安镇、西溪镇、斗门镇、港口镇、秦潼镇、姜堰镇、白米镇和曲塘镇。

泰州下辖的如皋县，县区辖有4个乡。分别是：江宁乡、安令乡、赤岸乡和沿海乡。

非如皋县区的乡镇共有5个，分别是：丁埝镇、白蒲镇、石庄镇、西场镇和掘港场。

五、杰出官宦

明代泰州是江淮一带重要的文化中心，教育事业发达，人才辈出，不少士子在“学而优则仕”的时代背景下通过科举仕途纷纷走上政治道路。明朝大臣中，泰州出身者颇为多见：明初有翟

---

① ［明］黄佶纂修，章文斗编次《万历泰州志》卷一《乡都》，泰州市博物馆藏。

善,明末有吴甡,高谷、徐藩、储巏、宗臣、李春芳等人则穿插其间,可以说贯穿于整个明代。其中,翟善、高谷、李春芳、吴甡四人身居高位,储巏和宗臣虽然在官职上稍逊一筹,却也各有建树。

(一) 翟善

翟善约生于明洪武初年前后。洪武二十一年(1388)被选入国子监,顺利通过科考进入吏部,并很快升至吏部尚书,主要负责官吏的管理、考核、升迁等。据《明史》记载:

> 翟善,字敬夫,以贡举历官吏部文选司主事。二十六年,尚书詹徽、侍郎傅友文诛,命善署部事,再迁至尚书。明于经术,奏对合帝意。帝曰:"善虽年少,气宇恢廓,他人莫及也。"欲为营第于乡,善辞。又欲除其家戍籍,善曰:"戍卒宜增,岂可以臣破例。"帝益以为贤。[①]

可见翟善颇得朱元璋的欣赏。但众所周知,明初政治严苛,因而即便颇得皇帝的信任,翟善最终还是于洪武二十八年被降为宣化知县,并死于任上。

(二) 高谷

高谷(1391—1460),出生于兴化。永乐十三年(1415)登进士榜,开始了四十余年的仕途生涯。永乐年间任中书舍人,洪熙时升至太子宫春坊司直郎,正统时任翰林侍讲、翰林侍读,英宗正统十年官至工部右侍郎,并入阁参与机务,官至工部尚书、少保、东阁大学士。

高谷入内阁后,大权在握,但从不滥用职权,并且敢于秉持公正,不避权要。他曾为解救一个名叫林聪的无辜官员而冒死直言,也曾在科考中面对吏部尚书大学士陈循的无理攻讦,为考官们争回清白,维持公道。在生活上高谷不嗜奢华,简单朴素,

① 《明史》卷一三八《翟善传》,第3965页。

曾因用布头剪成花样补缀在破锦袍上，而被人戏为“高学士锦上添花”。虽然身为工部尚书，掌管建筑、后勤、水利、制造的大权，家中却仅有“敝庐瘠田”，至今故居犹在，低檐小室，与民居无异。

由于官历永乐、洪熙、宣德、正统、景泰五朝，因而高谷被尊为“五朝元老”。土木堡之役后，景宗继位。景泰八年(1457)英宗复辟之后，作为景帝朝的内阁重臣，高谷主动称病请辞，告老还乡。三年后卒于兴化，终年七十岁。

（三）储巏

储巏(1457—1513)，字静夫，号柴墟。本是海陵一介平民，凭优异的成绩进身仕途，先后任南京户部右侍郎、吏部左侍郎。储巏为官清廉，作风正派。据《庭闻州世说》记载，时刘瑾专权，朝中不少官员都拜服于刘瑾脚下，而他却不为所动：

> 相传公官少司农时，逆瑾用事。偶公谯，瑾奉卮酒致殷勤，公卒爵，有顷中风仆地，遗溺舁归。归数年，起南吏部侍郎。府志称逆瑾专权，公卿奔走瑾前，巏愧愤引疾求去。①

他从不徇私枉法，在任期间，荐贤任能，秉公而行，纠冤革贪，不仅让共事的官员又敬又畏，就是当朝的权贵也都惧他三分。武宗正德八年，储巏卒于任上。临终写下“国恩未报，亲养未终”八字，泣下数行而终。储巏死后，被谥为“文懿”。

值得一提的是，储巏善作诗，其诗被誉为“恬淡平雅，洒脱清远”，有陶潜、韦应物的风致。《泰州储氏支谱》三修版收编了储巏遗墨4幅，分别是五言律诗《柴墟闲行》、七言绝句《自柴墟归海陵》和七言律诗《送若水陈文学》、《晴朝漫兴》。在此摘录两首：

① 宫伟镠《庭闻州世说》卷一一，齐鲁书社1995年版。

《自柴墟归海陵》

北望江乡水国中，帆悬十里满湖风。
白苹无数依红蓼，唯有逍遥一钓翁。

《柴墟闲行》

临流寄奇傲，信步到花村。
蜡屐惊眠犬，田家多闭门。
款茶谈稼穑，按笰数寒温。
不觉垂杨外，烟尘日已昏。

(四) 宗臣

宗臣(1525—1560)，字子相，出生在兴化官宦之家。嘉靖二十九年(1550)登进士，任刑部主事，后又到吏部任职。宗臣不畏强暴，疾恶如仇。他哭祭杨继盛的事迹，最为人们传唱。

图7-1　宗臣行书对联，引自《泰州馆藏珍宝》

嘉靖年间，奸臣严嵩当道，政治污浊，风气败坏。时任兵部员外郎的杨继盛上疏弹劾严嵩，严嵩却在明世宗面前反咬一口。世宗大怒，把杨继盛重打一百廷杖，关进大牢。杨继盛坚贞不屈，最终被严嵩酷刑迫害至死。朝中群臣慑于严嵩的淫威，没人敢出来主持正义，宗臣义愤填膺，率同王世贞、徐中行等人解下官袍，覆盖在杨继盛的尸体上，出钱为杨家办丧事。宗臣还亲撰祭文，哭祭杨继盛。

宗臣由此也得罪了严嵩一党。嘉靖三十六年，宗臣被排挤出京，调任福建提学参议。嘉靖三十八年，宗臣被提升为按察副使，提督福建学政。在福建任职期间，他因办事清正、重用贤能、以身作则而受到福建人民的敬重。嘉靖三十九年，宗臣病逝于任上，年仅三十六岁。数年后安葬于兴化的百花洲。

（五）李春芳

李春芳(1510—1584)，嘉靖二十六年(1547)擢进士第一，以鼎甲第一成丁未科状元，授翰林学士。因善写青词而得到世宗重用，累官至礼部尚书，进吏部尚书、内阁大学士。

隆庆初，李春芳升至首辅，成为为数不多的状元宰相。李春芳性格平和，不喜争利，在复杂激烈的高层权力之争中保持中立。担任首辅后，考虑到内阁中矛盾错综复杂，多次上疏请求致仕，终于得到批准，回到故乡，安享晚年。万历十二年卒，享年七十五岁，谥“文定”。

归乡后的十几年中，李春芳为家乡的发展做出了不少贡献。这从他为为兴化以及周边州县写的不少文章中就可看出，如《重修范文正公祠堂记》、《重修烟雨楼记》、《重修泰兴县儒学记》等。

不仅如此，他对地方的风俗教化也很重视。明代中叶开始，社会风气转向奢靡，纵情自侈，不尊礼法的士人大有人在。为此，李春芳亲订了《乡约事宜》，从婚嫁、丧礼、序齿、称呼、寿诞、相见、分资、柬帖等方面，制定了一些合情合理，又易于执行的礼节，方便乡亲们参考。此外，《兴化县志》还记载李春芳曾赠送《杜氏通典》、《十三经注疏》、《性理》等书籍给县学，这也从另一方面说明了他对家乡文化发展的积极努力。

（六）吴甡

吴甡(1589—1670)，字鹿友，晚号柴庵。出生在兴化一个官宦之家，万历四十一年进士。先后任福建邵武、晋江及山东潍县知县。天启二年升为御史。后因反对阉党魏忠贤被削籍革职，罢官归里。崇祯皇帝即位后，吴甡官复原职。后出任河南、陕西巡按。崇祯七年，任山西巡抚，当时战乱连年，吴甡一心奉公，存活了不少百姓。据《明史》记载：

先是，定襄县地震者再，甡曰："此必有东师也。"饬有司缮守具，已而果入。定襄以有备，独不被兵。山西大盗贺宗汉、刘浩然、高加计皆前巡抚戴君恩所抚，拥众自恣。甡阳为抚慰，而密令参将虎大威、刘光祚等图之，以次皆被歼。甡行军树二白旗，胁从及老弱妇女跪其下，即免死，全活甚众。在晋四年，军民戴若慈母。谢病归。[1]

崇祯十五年，任东阁大学士，为内阁次辅。崇祯十七年，吴甡晋升为太子少保、户部尚书兼兵部尚书、文渊阁大学士，出征南下，吴甡因手中无兵，一再找借口拖延，崇祯怪吴甡出师迁延，被谴戍云南。明亡后，福王下旨赦还。南明亡后，吴甡回到家乡兴化，隐居著书，于康熙九年去世。

六、泰州与抗倭运动

14 世纪开始，由于日本正处于南北纷争时期，是日本封建诸侯割据的所谓"战国时代"。一些在战争中因失败而掉职失业的武士逐渐沦落为"浪人"，开始靠抢劫、杀人等非法手段来谋生。在日本沿海地带，这些"浪人"又和当地专门从事走私活动的奸商结合起来，在亚洲大陆沿海地区进行烧杀抢掠的罪恶活动，这就形成了广为时人所患的"倭寇"。

明初，这些倭寇与盘踞在海岛的张士诚、方国珍余党勾结起来，出没于我国沿海一带，犯下了诸多烧杀抢掠的恶行。至嘉靖以后又与中国境内的海寇相勾结，合伙劫掠，从而给我国沿海居民的生命财产安全带来更为严重的危害。

1368 年，朱元璋建都于南京之后，东南沿海成为了明政府的主要财源之地。明代泰州，统辖今泰州四市两区及现海安、如皋、东台、大丰等地。泰州经济繁荣，人民殷富，且因通江达海，成为倭寇侵掠的地区之一。所以自明初就偶有倭寇侵犯的记

---

① 《明史》卷二五二《吴甡传》，第 6322 页。

录，到了嘉靖年间(1522—1566)，倭寇侵扰泰州则更加频繁。当时奸臣严嵩当权，政治极其腐败，海防松弛。倭寇亦勾结中国的土豪、奸商、流氓、海盗，合伍攻掠东南沿海，大江南北沿海数千里同时告警，此后连年被侵扰不绝，给泰州人民带来巨大的灾难。《庭闻州世说》卷二就记载了一些悲惨的故事：

> 先时余家北门外大中桥。倭寇薄城，有媪行且避之，次桥下。寇四集，媪不知也，亟询倭至何处，遂被杀。又对门方姓，送眷属入城中，复来家舁土石塞门，亦被杀。

此时，泰州涌现出了一大批抗倭志士。他们与当地百姓齐心一致，最终将倭寇赶出了泰州，保护了一方的平安。其中，既有豪气干云的大胜，也有不少可歌可泣的故事。

(一) 淮扬大捷

嘉靖三十八年，驻扎在崇明三沙的倭寇一共三万多人，意欲进犯扬州。他们趾高气扬，首先攻打如皋，史称“淮扬大捷”的战役也就此拉开序幕。

嘉靖三十八年(1559)三月，右佥都御史唐顺之督舟师与倭寇在海上激战，歼灭倭寇120余人，击沉敌船13艘，并率所部紧追不舍，给倭寇以沉重的打击。

嘉靖三十八年四月，倭寇舰船数百艘犯海门。时任巡抚都御史李遂将其击退。倭寇转攻泰州，他又驰兵泰州，连战丁堰、海安、通州，皆获大胜。他预料倭寇会窜入淮安，事先派兵星夜驰入淮安城，大败姚家荡和庙湾的倭寇，继而又全歼进犯扬州的倭寇。

嘉靖三十八年四月，淮扬海防兵备道副使刘景韶奉命率部抵抗进犯如皋之敌，先后在丁埝、如皋对倭作战，连战连捷。随后又与李遂将倭寇合围于庙湾，并挥军追至虾子港，大获全胜。

嘉靖三十八年四月初七日，倭寇由通州北犯，邱升奋力斩贼首二十九级。十四日又与倭一部战于海安镇西之曹家庄，斩首一百二十七级。

嘉靖三十八年夏，倭船数千艘入侵，从通州登陆北上直通如皋并西窥淮、扬两地，势如风火。在此紧急时刻，浙江海道副使刘白川驰援泰州，率明军与倭寇作战，一捷于如皋丁堰镇，再捷于如皋城东门。在海安西场，刘白川围战倭寇三昼夜，先后斩杀其酋长以下1800多人。

不久，重新集结的倭寇向海安、泰兴窜犯，镇守如皋的邱陛率部追往海安，与倭寇大战于曹家庄，苦战7天，未分胜负。邱陛亲披铠甲，身先士卒，力斩倭寇90余人。残敌溃奔泰兴，邱陛立誓“翦尽乃食”，穷追三昼夜。当他单骑追至新沙时，天时已晚，因马失前蹄，不幸遭倭寇杀害。

嘉靖年间，由时任巡抚都御史李遂，右佥都御史唐顺之等人率军先后与倭寇战于丁堰、淮安马逻间、曹堡、曹庄、推城、姚庄、扬州、张庄、新洲、小麦港、庙湾、旧场、仲庄、锅团、刘庄、白驹场、七灶、茅花域等处，历大小二十余战，其中八次大战役，杀倭寇4149人(在火攻水战中被烧得不可辨认及溺死的倭寇不计在内)，夺回被掳的中国男女78人，缴获被掠夺的器物无算。这就是著名的淮扬大捷。

(二) 民间的抗倭斗争

除了朝廷官军奋力抗倭以外，泰州百姓也自发地保卫自己的家园，与倭寇殊死战斗，产生了不少可歌可泣的故事。

嘉靖三十四年(1555)大股倭寇乘战船数十艘，趁风急潮涨，突然窜犯靖江。倭寇在东沙沿江登陆后，大肆烧杀抢掠，毁坏房屋，杀死居民2000多人，将财物洗劫一空。而后又气势汹汹地进犯县城。当时知县应昂不在城中，县丞贪生怕死，关闭城门不敢应战，百姓惊慌失措，情况十分危急。

这时，秀才席上珍召集义勇壮士百余人，计划与贼寇拼死一战，以以保卫乡土平安。勇士们各执大刀、长矛、木棍、钉耙、铁钩为武器，来到东门外倭寇正在杀人放火的秦家桥，以迅雷不及掩耳之势冲入敌群，向倭寇猛砍猛杀。骄横的倭寇见义勇壮士来势凶猛，不禁有些慌张，但很快就镇定下来拼死顽抗。一名骑马的倭寇头目挥舞大刀，猛然向席上珍颈部砍去。席上珍急忙举刀抵挡，倭寇头目只觉身体一晃，差点儿从马背上倒栽上来，席上珍乘机一刀刺中倭寇头目的心脏。看见首领落败，倭寇胆颤心惊，落荒而逃。战斗中，席上珍身负重伤，众弟兄却坚持在第一线。他料定倭寇不会善罢甘休，退至一座桥边，坚持要守卫到天黑再走。

果不其然，溃败的倭寇又整队杀回。躺在草地上的席上珍一跃而起，横刀挺立，扼守在桥头。贼寇自恃人多势众，将席上珍团团围住。席上珍镇定自若，左刺右砍，一步一斗，以一当十。但他毕竟势单力薄，且又身负重伤，不多时便支持不住，被敌人刺中要害，倒在桥边。倭寇以为席上珍已死，重新围拢了过来，正在得意之时，席上珍陡然站起，手持大刀，用尽全身力气，又砍了几名倭寇，最终壮烈牺牲。

葛天民，号田纯，字无怀，东台台城人。曾任福建福清县丞、山东经历等职。面对侯寇入侵挺身而出，葛天民发动并组织盐贩、农民和城市居民数千人，抗击倭寇。倭寇一般都经过专门的刀术训练，凶狠难斗，其使用的“倭刀”能“曲为腰带，挺为利刃”，适宜近战。葛天民决定以智取胜。他征集到一批竹篙，并征集到一批黄豆、豌豆，撒满在倭寇必经的道口，同时派兵民埋伏在附近。又组织城里居民听倭以鸣锣为号，呐喊助威。疯狂的倭寇经海安向东台蜂拥而来，有的穿着皮靴，有的穿着木履。当他们走到东台城南三灶时，进入豆子阵，脚踏豆子，一走一滑，纷纷跌倒。这时，城内外锣声四起，喊声震天，埋伏在路旁的兵民一跃而起，持长竹刺枪、大刀冲出迎战。倭寇在惊慌中用倭刀乱砍，刀短伤不到人，竹篙却被越砍越尖，锋利如同梭标，直刺得敌人死伤过半，剩下少数残寇狼狈逃窜，从此再也不敢来此侵犯了。至今东台城内永盛席西北角还有埋葬倭寇的“倭子坟”。葛天民逝世后，乡亲们为他建墓立碑，上镌“明儒葛田纯先生之墓”，以纪念他的抗倭功绩。

另据《姜堰乡土志》记载，明代嘉靖年间，姜堰抗倭义士王天锡，一次围歼倭寇上百名，倭尸葬于一处，俗名"倭子坟"，其遗冢位于姜堰与白米之间的杭家铺。南通等地亦有之。

还有姜堰西郊陈家庄东场的"五女坟"，铭记着当年五位巾帼女杰与倭寇作殊死斗争，保持贞操，与之同归于尽的抗倭事迹。

泰州人民凭其大智大勇，顽强杀敌，终于荡平倭寇。泰州人民取得的胜利不仅是在保卫海疆与乡土方面，而且在为内陆和北方建立坚固的屏障方面，都功不可没。

(三) 抗倭名将传略

在抗倭的过程中，泰州还涌现出一批著名的民族英雄、抗倭名将，他们的丰功伟业，值得我们永远铭记。

(1) 唐顺之

唐顺之，江苏武进人，《明史》本传记载了他的一些基本信息[①]：

> 唐顺之，字应德，武进人。祖贵，户科给事中。父宝，永州知府。顺之生有异禀。稍长，洽贯群籍。年三十二，举嘉靖八年会试第一，改庶吉士。

按理说会试第一，官途可谓独步青云，但唐顺之不畏权贵，时任主考官，亦是朝廷重臣的张璁想要拉拢他，"独欲留顺之"，但他却"固辞"，最后被派入兵部。不过也正因如此，机缘巧合地使他成了抗倭名将。

根据《明史》记载，唐顺之在任职兵部主事后又经历了如下官职：

> 久之，除吏部。十二年秋，诏选朝官为翰林，乃改顺之

① 《明史》卷二〇五，第5422—5425页。

编修，校累朝实录。事将竣，复以疾告，璁持其疏不下。有言顺之欲远璁者，璁发怒，拟旨以吏部主事罢归，永不复叙。

至十八年选宫僚，乃起故官兼春坊右司谏。与罗洪先、赵时春请朝太子，复削籍归。卜筑阳羡山中，读书十余年。中外论荐，并报寝。

倭躏江南北。赵文华出视师，疏荐顺之。起南京兵部主事。父忧未终，不果出。免丧，召为职方员外郎，进郎中。出核蓟镇兵籍，还奏缺伍三万有奇，见兵亦不任战，因条上便宜九事。总督王忬以下俱贬秩。

随后，唐顺之被命往“南畿、浙江视师”，与胡宗宪密切合作，开始参与到抗倭的事业中来。

当时危害东南沿海一带各大城市的倭寇，并非是三五成群的贼寇，而是成批次、成集团的组织，足以攻城略地，苏州、松江、宁波、台州均曾遭其蹂躏。

为了有效地对付倭寇，唐顺之与总督胡宗宪商议了一些讨贼御寇的策略。他主张在海上截击倭寇的兵船，不让倭寇登陆，因为倭寇登上了陆地，百姓的田园庐舍、生命财产势必要蒙受巨大损失。但那时的将校兵卒惧怕海战，甚至见了水就害怕，常常找各种借口躲藏在内河的港湾内不敢出战，因而每次倭寇从海上而来，官军都无法有效地阻挡，任由其登陆、掠夺，满载而归。为了提升战力，唐顺之经常巡航，把躲藏在港湾内不尽职守的将官们捉住法办。严惩之下，无论是将官还是士兵们，都开始兢兢业业地训练，以至于有时看见风帆就以为唐顺之的船来了，连忙整顿军容，不敢稍有懈怠。因此，其水战能力大大提升，为平定倭患打下了基础。

军队训练成型以后，唐顺之率领船队前往倭寇停泊在孤悬大洋中的三片沙，在海上较量了一仗，大获全胜，消灭倭寇 120 人，击沉其兵船 13 艘，缴获无数战利品，这是当年在海上御寇少有的一次大捷。其后倭寇又侵犯江北，唐顺之率副总兵刘显驰大破倭寇。

唐顺之因多年在海船上奔波抗倭，不幸染病，至通州时病逝于海船之上，年仅54岁。夏荃在《退庵笔记》中曾引述记载了唐顺之去世前的状况，读之令人动容：

> 冯时可撰《中丞荆川唐先生传》，亦称："淮扬大捷，春泛且至，先生力疾走海濡，筹兵事，策荒政，捐俸设粥，活民数十万，而疾益作。强起至泰州，疾大渐，犹操笔散赈粟七千石，语诸将'努力嗣吾志'，无一语及家事，端坐而瞑。"
>
> 而先生子鹤征撰《陈渡阡表》称："先生…… 强出行部，至泰州姜堰镇，自度不能起，勉谕诸将吏，与之诀，薨于舟。"①

(2) 刘景韶

刘景韶，字子戎，号白川，湖广武昌府崇阳县人。嘉靖甲辰进士。刘善诗文，有《燕台集》《秋蛩集》等著作问世。为人沉毅，有智虑，爱护百姓，治军严明，百姓、士兵对他无不交口称赞。所以他还在世的时候，在扬州、泰州、宝应、海安都建有他的生祠，足见人民对他的爱戴之深。嘉靖三十一年(1552)，倭寇又侵掠我东南沿海地区，时任浙江海防兵备副使的刘景韶，奉朝廷之命到泰州主管如皋、海安一带布防。

刘景韶抓紧训练士卒，构筑海安土城，筹谋歼敌。嘉靖三十八年四月，倭寇的兵船从海门杨树港驶出，停泊在狼山沿江一线。由于狼山镇副总兵邓城未能作有效的抵抗，致使数千倭寇围攻通州，并直逼如皋、海安。刘景韶与边将邱升亲率官兵御敌。七月，从江南溃逃而至的倭寇由南通再犯海安，刘景韶挑选战车数百，扼守岔河，以截阻敌人。自己率兵同边将邱升布下口

① [清]夏荃《退庵笔记》卷一〇《唐荆州》，泰州市图书馆藏。

袋阵，埋伏于西场。

不久，倭寇果然向西场进犯，刘景韶命骑兵分两路从左右包围，又用大炮从中间猛轰，倭寇大乱，成群地奔入仲家园。刘景韶率兵围困，经三昼夜激战，斩"大酋"以下 1527 人，活捉 15 人。在这次战役前后，刘景韶驰骋于通、如、扬、淮，衣不解带长达 3 个多月，歼灭倭寇总共达 3000 余人。西场仲家园大捷后，当地民众聚埋了倭寇尸骨，封土其上，称之为"平倭冢"。

此次战役对击败倭寇具有重要的作用，因此也被清人记入了《明史》："丙寅，副使刘景韶大破倭于印庄。……甲午，刘景韶破倭于庙湾，江北倭平。"[①]第二年春，如皋知县童蒙吉作《刘公平倭冢记》，刻石立碑树于冢前，这就是保存至今的平倭冢记碑。它是中国人民不畏强暴，爱国抗敌，捍卫民族尊严的历史见证。

图 7-2　江苏省文物保护单位——平倭冢记碑，引自《南通市各级文物保护单位》

值得一提的是，平倭战役大获全胜后，刘景韶曾作《平倭曲》云：

> 团练从今须土著，莫凭征调作长城。
> 满地流亡须抚字，眼中谁复是阳城。

刘景韶还是一位品行高尚之人，倭患以来，百姓损失惨重，刘景韶为了减轻百姓负担，无论是军务还是民事，都留心人民的疾苦，减免税粮。晚年荣归故里以后，又自己出钱修桥，以方便乡亲父老。

---

① 《明史》卷一八《世宗纪》，第 246 页。

(3) 李遂

李遂，字邦良，号克斋，又号罗山，江西丰城县人。嘉靖五年(1526)进士，授行人，历刑部郎中，调礼部，因忤尚书夏言，下诏狱，谪湖州同知。三迁衢州知府，升苏松兵备副使，改广东按察使，释狱囚八百余人，进山东右布政使。因江洋多盗，迁右佥都御史提督操江。嘉靖二十九年，俺答寇京师，召李遂督苏州军饷，未谢恩，请关防符验用新衔。世宗大怒，于是将其削职，后复官。

图 7-3　江苏省文物保护单位——抚台李公平倭碑，引自《南通市各级文物保护单位》

嘉靖三十六年，倭寇江北。时任凤阳巡抚李遂受命负责抵御入侵江淮的倭寇。嘉靖三十八年(1559 年)四月，倭寇舰船数百艘犯海门。李遂将其逼至庙湾歼之。倭寇转攻泰州，他又驰兵泰州，连战丁堰、海安、通州，皆获大胜。《明史·李遂传》详细记载了他抗倭的事迹：

三十六年，倭扰江北。廷议以督漕都御史兼理巡抚不暇办寇，请特设巡抚，乃命遂以故官抚凤阳四府。时淮、扬三中倭，岁复大水，且日役民輓大木输京师。遂请饷增兵，恤民节用，次第画战守计。

三十八年四月，倭数百艘寇海门。遂语诸将曰："贼趋如皋，其众必合。合则侵犯之路有三：由泰州逼天长、凤、泗，陵寝惊矣；由黄桥逼瓜、仪，以摇南都，运道梗矣；若从富安沿海东至庙湾，则绝地也。"乃命副使刘景韶、游击丘升扼如皋，而身驰泰州当其冲。时贼势甚盛，副将邓城之败绩，

> 指挥张谷死焉。贼知如皋有备，将犯泰州，遂急檄景韶、升遏贼。连战丁堰、海安、通州，皆捷。贼沿海东掠，遂喜曰："贼无能为矣。"令景韶、升尾之，而致贼于庙湾。复虑贼突淮安，乃夜半驰入城。贼寻至，遂督参将曹克新等御之姚家荡。通政唐顺之、副总兵刘显来援，贼大败走，以余众保庙湾。景韶亦败贼印庄，追奔至新河口，焚斩甚众。庙湾贼据险不出，攻之月余不克。遂令景韶塞堑、夷木压垒陈，火焚其舟，贼乘夜雨潜遁。官军据其巢，追奔至虾子港，江北倭悉平。帝大喜，玺书奖励。贼驻崇明三沙者，将犯扬州。景韶战连胜，围之刘庄。会刘显来援，遂檄诸军尽属显。攻破其巢，追奔白驹场，贼尽殄。时遂已迁南京兵部侍郎。论功，予一子官，赉银币。御史陈志勘上遂平倭功，前后二十余战，斩获三千八百有奇。再予一子世千户，增俸二级。

不久，李遂又被任为南京兵部尚书。嘉靖四十四年十二月，以老致仕。

李遂博学多才，长于用兵，然亦善知逢迎。嘉靖四十五年十月十六日卒，年六十三，赠太子太保，谥"襄敏"。著有《督抚经略疏》等书。

(4) 邱升

邱升，字嵩山，号跻堂，河南封邱人，明嘉靖武举，后任山西平阳游击将军。嘉靖年间，倭寇犯境，从几十人的小股到几百人、数千人的大股，危害范围包括泰州的海门、通州、如皋、泰兴、东台、海安东乡各州县，而以如皋、海安东乡为最。倭寇野蛮凶残，劫掠烧杀，无恶不作，为增强防御能力，嘉靖三十七年，巡抚都御史调山西游击将军邱升率边兵两千驻防，又设中军官指挥一员，管哨官千户四员。如皋丁堰、海安东乡丁所等设哨所。海防副使刘景韶驻如皋指挥。

嘉靖三十八年四月初七日，倭寇由通州北犯，一股先至如皋丁堰镇河西。巡抚都御史李遂命王良、吕雄等率毛兵七百人与战，斩首七级。倭寇增兵力战，王良、吕雄战死，毛兵死四百余人。倭乘胜冲击驻河东的邱升营，邱奋兵斩贼首二十九级，击退倭寇，倭寇向西北转移。

十四日，邱升又与倭寇一部战于海安镇西之曹家庄，斩首一百二十七级，倭寇拼死突围。六月，从江南败退的倭寇再次进犯泰州的通州、如皋，邱升与刘景韶陈兵西场待倭。倭寇气焰极其骄狂，徜徉而来。邱与刘以骑兵张两翼冲其腋，以大炮手摧其中锐。交战不久，即俘斩三百多，倭大乱，群奔入仲家园，邱、刘合力追围越三昼夜，斩大酋长以下一千五百二十七级，并于古运盐河北埆堆巨坟纳倭尸，即前文所说的"倭子坟"。二十九日，邱升不顾连日征战鞍马劳顿，穷追余寇，途中捐躯，士民痛惜不已。刘景韶统率全军，尽歼倭于刘庄场等处。斯役历三月，杀倭三千余人。倭受此大创，直至清季三百余年间再不敢犯境。邱升驻扎如皋、海安东乡二年，为扫灭倭患，功高死烈。邱升杀倭成仁于西场，百姓追念，改称其地为邱场，筑邱升路，修平倭冢以纪之。

第二节　经济状况

明代，泰州地区的经济进一步发展。人口方面，尽管元末明初的动乱造成了一定人口减少，但随着社会的稳定发展以及明王朝的移民政策很快得到了恢复。农业方面，土地不断被开垦、利用，亩产量也得到一定程度的提高。商业方面，伴随着明代中后期资本主义萌芽的出现，泰州地区也呈现出一片欣欣向荣之象。而盐业则进一步发展，是当时主要的产盐区之一。

一、人口

元末明初社会经过连年的灾荒和战祸，从北方中原地区到南方各郡县，人烟稀少，土地荒芜，经济凋敝。苏北作为张士诚的根据地，也遭受破坏，到了明初已经残破不堪。据《元史·地理志》记载，扬州路人口记录为“户二十四万九千四百六十六，口一百四十七万一千一百九十四”[①]。元代扬州路包括江都、泰兴两个县和真、滁、通、泰、崇明五个州以及高邮一个府，总人口约147万人。明代基本上承元之旧，置扬州府，除将州治所在县如海陵、高邮等省并入州外，府境没有变化。根据洪武二十六年(1393)的记载，扬州府有“户一十二万三千九十七，口七十三万六千一百六十五”[②]。经过元末的自然灾害和社会动乱，扬州府的人口减少了一半之多。

地处长江北岸的泰州，同样也遭受了战争的重创。元末，张士诚以泰州城为据点与朱元璋对抗。至正二十五年(1365)，朱元璋命大将徐达、常遇春率军攻取泰州，久攻不下后，便用水路夹攻的方法攻取泰州，进城之后大肆焚烧屠杀。恰在此前，朱元

---

① 《元史》卷五九《地理志》中华书局1976年，第414页。

② 《明会典》卷一九《户部》续修四库全书本第789册，第323页。

璋命令从高家堰放水淹没淮扬，一时间泰州遭受水灾和兵灾，百姓非死即逃，以至城空地荒，故有"城中三尺水，坡子七人家"这样的谚语流传下来。关于当时泰州残破的景象，明代的记载未曾见到，后来清人张符骧在《吴王张士诚传》中说："予海陵人，为王起兵旧地，至今三百余年，城南隅一带烟火稀少。长老为予言，此常平章(常遇春)血刃处也。"[①]由此可见，泰州在元末遭到了战争的重创，到明初已成为人烟稀少的"宽乡"。

明初，为了稳定社会秩序，政府施行了修生养息政策。苏北地区人稀地荒，为此朝廷从苏南迁移了大量的人口到苏北垦荒。民国人夏兆麐在《泰县氏族略》中记载："吾邑氏族由苏迁泰者十之八九。"[②]虽然关于将苏州百姓迁移至淮扬两郡的记录，在明、清两代的史书方志中都未曾见到，但"苏人迁泰"之说，却并非空穴来风。本邑一些家谱旧序中，多有泰州始祖为明初由苏州迁来的情况，如民国《续修盐城县志》卷一四引凌兰孙《凌氏谱》云："元末张士诚据有吴门，明主百计不能下，及士诚兵败身虏，明主积怒，遂驱逐苏民实淮扬两郡。"[③]今人俞扬在查阅大量族谱资料后指出，"明洪武时或统称明初迁入泰州氏族有15支，其中来自苏州8支，湖州1支，宜兴1支"[④]。据他估计，当时来自得江南移民占到移民总数的三分之二，换成人数，约3.5万人。

明朝建立后，朱元璋为了恢复统治秩序，遂于洪武三年(1370)十一月二十六日下旨，建立户籍制度，在全国范围内推行户帖制度，要求农民全家人口登记入册，以备"有司以时清核"。洪武十四年正月，令全国各地编制赋役黄册，规定以户为单位，登载乡贯、姓名、年龄、丁口、田宅、资产，根据职业规定农户的籍

---

① [清]张符骧《依归草》卷一《四库禁毁书丛刊补编》本。

② 夏兆麐《泰县氏族略》。

③ 民国《续修盐城县志》卷一四，中国地方志集成·江苏县志辑59，江苏古籍出版社1991年，第467页。

④ 俞扬《"洪武赶散"与泰州方言》，《泰州日报》2006年1月6日。

属(军、民、匠、灶等),并规定十年造一册。这种户籍登记册的封面为黄色,所以叫"黄册"。黄册不仅成为征调徭役的依据,又成为人口数字的可靠来源。关于明朝泰州地区人口的记载,现在可以参考的主要是万历和崇祯两个时期的《泰州志》,两者除了成化年间的数据有差异之外,其余基本相似。

明代泰州户数和人口数①

时间	户数	人口数
洪武九年(1376)	24178	122380
永乐二十年(1422)	22510	119820
宣德七年(1432)	23622	127555
正统七年(1442)	22131	147596
景泰三年(1452)	22279	154493
天顺六年(1462)	21591	154119
成化八年(1472)	23110	151210
	23550	152130②
弘治五年(1492)	24535	156539
弘治十五年(1502)	25887	157932
正德七年(1512)	26510	143948
嘉靖元年—四十五年(1522—1566)	29420	146540
隆庆元年—万历三十二年(1567—1604)	29420	146620
天启元年(1621)	29738	146620

① 《崇祯泰州志》卷三《户口》。

② [明]李自滋、刘万春《万历泰州志》卷三《户口》,泰州市图书馆藏本。

从上表可以大致看到，从洪武到弘治年间的一百多年里，泰州的人口总体趋势是不断增长，到了正德以后人口数出现了下降趋势，这与当时的政治环境有关。明初，政府施行修生养息的政策，社会稳定、政治清明，百姓安居乐业，人口繁衍较快。到了正统年间，国势开始出现衰退的迹象，至明武宗年间，朝纲荒废，吏治败坏，社会矛盾激化，百姓大受其害，人口减少。明中期，由于社会经济的发展和赋税日益沉重，人口频繁流动和大户隐匿户口的现象屡屡发生，加上官方没有对户口进行严格的统计，因而方志所记录的数据，并不能完全反映当时泰州人口的实际情况，但是我们还是可以大体上了解当时人口的整个变化过程。

二、农业

在上一章中，本书较为详细地介绍了泰州地区的粮食作物、蔬菜果品、农耕用具等信息。元明代换，泰州地区的基本作物与生产方式一直延续下来，而土地与税赋政策却有一些变化，因此本目主要从这两个方面关注明代泰州的农业。

（一）土地状况

自元中叶以降，土地兼并和隐瞒日趋严重，加上土地文书在元末战争中散失，致使地籍混乱，田赋无准。明朝建立后，为了加强对土地的管理，朱元璋下令对全国土地进行丈量，于洪武二十年（1387）编制图册，记载每乡土地的亩数、土质、方圆四至，因所绘田亩形状如鱼鳞，故定名为“鱼鳞册”。这是明朝政府对全国土地第一次大规模地进行丈量，所得的数据也较为详实。据洪武二十六年统计，全国经过登记田地为 880.4623 万顷零 68 亩，这就超过了元代的田地数。根据现存方志的记载，有明一代泰州田地的数量变化不大，据嘉靖旧志记载，当时官民田地总计 9280 顷 79 亩 2 分，万历九年（1581）清丈之后，总计田地 9290 顷 40 亩 4 分[1]，到了天启三年（1623）总计官民田地 9280 顷 91

① 《万历泰州志》卷三《贡赋》。

亩3分[①]。这一方面是由于明朝中后期吏治腐败,地方官员对田地的丈量并没有认真执行,大都抄袭之前的数据;另一方面由于泰州地处江淮平原,地势平坦,可供开垦的荒地不多,因而田地并没有多大的增加。

泰州地处江淮平原,属于传统的农业耕作区,自古就以"海陵粮仓"而著称。泰州地势南高北低,运盐河以南地势高,称为上乡,而东北地区多为低洼地形,称为下乡。上乡田地无几,高田仅5307顷,下乡低田有34126顷,因此田赋十分之七出在下乡。因地势较低,"每霖潦暴集下乡辄受渰漫"。上乡高田以沿运河一带最称沃壤。泰州南界泰兴、东界如皋、西界斗门,这三面都是高阜之地,而运河两岸的田地由于灌溉便利,因此土壤最为肥沃,故陈应芳在《论田赋分数》中说到:"其中惟盐河一带引水而田,足称腴壤。"[②]下乡低田中西北地区的田地也较为肥美,据《崇祯泰州志》记载:"自新城殿折而西北者田近膏腴,多富人之稼,不可以里数计也"[③]。

(二)赋税政策

明朝初年的赋役制度,基本上沿袭了唐宋以来的两税制。农民每年分夏、秋两次向官府交纳赋税,称为"夏税"和"秋粮",征收的税率是固定的,交粮食的叫"本色",折合成银钱交纳的叫"折色"。除了交纳赋税外,农民还要按丁口服徭役。明初的徭役有里甲、均徭和杂泛三种形式。里甲之役以户计,每年由里长一人和甲首一人应役,十年之中里长、甲首皆轮流一次。均瑶之役以丁为主,根据丁粮的多少、产业的厚薄以均其力,主要是供官府役使得差役,亲身服役的称为力差,以货币代输的称为银差。后一体折银交纳,由官府雇役。各级官府临时签派,无一定名目的徭役,叫"杂泛"。而黄册和鱼鳞册就是明朝政府向人民

① 《崇祯泰州志》卷三《赋役志》。

② [明]陈应芳《论田赋分数》,载丁清夏荃《海陵文征》卷一〇。

③ 《崇祯泰州志》卷三《河渠》。

征收赋税和派服徭役的依据。

泰州由于地势的原因，兼有上、下两乡，而两乡的差异很多。上乡田地不多，每年纳米三千九百石，麦六千石，豆八千石；而下乡田地占有十分之七之多，每年纳米五万二千石。明人凌儒也说，泰州额粮，岁输六万七千石，上河粮唯七千余石，下乡粮乃六万余石，国计民生，下乡是赖[①]。据嘉靖旧志记载，泰州地区夏税小麦为6504石8斗3升4合6，秋粮米为56480石5斗2升，黄豆8767石3斗3合2勺，马草95053包3斤5两4钱[②]。

明代泰州虽号称“东南沃壤奥区”，但田地大都集中在下河地区，而下乡地势低洼，一旦遭遇洪水，田赋尤其是秋粮就无着落。鉴于这种情景，泰州士人陈应芳曾感慨说：“上下二河截然两地之民也，夏秋两税判然二时之赋也。”[③]明中叶以后，水旱频繁，特别是隆庆年间(1567—1572)黄河夹淮冲决高家堰、黄浦口，下乡遭受严重水灾，大片田地便沉于水中，无法耕种。到万历时期，泰州已经是“州疲赋重，飞粮并累”、“贫穷彻骨，逃亡接踵”。

除了朝廷规定的正税之外，泰州还要额外担负灶粮、飞派的凤米以及兴化正兑漕粮。崇祯四年(1631)，建义等口决堤，兴化尽沉水底，高邮、宝应、泰兴田土一望巨浸。一直到崇祯十年，水灾、旱灾并发，连年饥馑，饿殍遍野。曾任粮长的缪嵚，徒步三千里至京师，上奏朝廷，请求停加凤米。输往凤阳米仓的米并非正税，因此征收具有随意性。嘉靖二十七年(1548)，“苏州府偶值凶歉，突将彼地应解凤米二万八千余石，飞派高泰兴宝四州县”[④]。万历年间，曾追征凤米，泰州于原额外溢征7600余石，而高兴宝三州县仍照旧原额。飞派泰州的凤米原额本为2284

---

① 马锡纯《泰州乡土志》，清光绪三十四年(1908)。

② 《万历泰州志》卷三《贡赋》。

③ [明]陈应芳《论田赋分数》，载于清夏荃《海陵文征》卷一〇。

④ [明]缪嵚《请停加凤米疏》，载于《道光泰州志》卷三二《艺文》。

石，到明末竟高达19896石之多，增加了8倍。仅凤米一项就足以让泰州的百姓苦不堪言，此外还要承担灶粮7152石、兴化正兑漕粮14600石等等杂税。可想而知，当时人民身陷水深火热之中，民不聊生。随着明王朝统治的日趋腐败，泰州同全国一样，广大农民所遭受的赋税和徭役愈来愈重。

三、繁华的商业

伴随着经济发展，以及社会的稳定，明代的商业相当兴旺。传统史学观点认为，明代晚期在江南地区还出现了资本主义萌芽。泰州尽管不属于江南地区，但在这一时期，商业仍呈现出欣欣向荣的景象。

值得注意的是，伴随着商品经济的发展，泰州地区的税关也开始发达起来。在泰州黄龙坝、滕家坝、鲍家坝、坡子街等地方，商业都呈现出一派繁荣的景象，成为这一时期泰州商业最具特色的要素。因此，本目即选取税关与税务桥、坝上经济、坡子街这三个角度来管窥明代泰州地区的商业。

（一）税关和税务桥

随着商品经济的不断发展，明代的关榷制度逐渐严密。明于宣德四年（1429）开始设钞关征税。所谓钞关税，即在沿江和沿运河要地设征税关卡，对舟船受雇装载者，计所载料多寡，路近远纳钞。钞关税初行时，只对受雇装货的过往船只征税，税额按船的梁头座数和船身长度计算，这种税称船料或船钞，船钞税一般以船为单位收税。

泰州本属内陆城市，自古无税关，算不上沿江或者沿运河要地，只征收落地税。但明代之后，泰州的税务日趋繁忙，是扬州关主要税源之一。这是因为明代之后运河的开通和盐业的发展改变了泰州的税收格局。一方面，自明初朱元璋开通济川河后，泰州便改由城南三十里外的口岸镇出江，这大大减少了泰州与出江口的距离。泰州一下子成为上、下河地区的门户，当时江北里下河地区的豆饼、杂粮运往江南，江南苏杭的布匹、杂货运销江北各州县，有水陆两路可通，商民因水路方便价廉而多以船运，自然要经过泰州。另一方面，泰州境内的西、南和北三条运河自古就是淮南二十盐场食盐运出的主要通道，随着明朝初年施行开中制后，大量的盐商集聚两淮地区，运盐的船只来来往往，日行万艘。东西南北往来的船只进出泰州，必须进关纳税，因而成就了泰州独特的税务经济。

税务的发展不仅成为泰州经济繁荣的动力，而且还造就了一种当地独特的文化——税文化。提及税文化，我们不能不提及泰州城内一座名桥——税务桥。泰州的税务桥是全国到目前为止发现的唯一以"税务"二字命名的桥梁，位于城内的中市河上。关于它的记载，最早始见于《万历泰州志》，例如："太平桥，南水门入第四桥，俗呼税务桥。"①这里关于税务桥的记载并不详细，我们仅仅知道它是从泰州城南门经过城内的中市河至北水门所建的第四座桥。从后来的《崇祯泰州志》记载"太平桥，淳熙十一年守万钟建，嘉定十一年李骏重建，又圮。洪武三年守张遇林建，南水门入第四桥也，以近税务俗谓之税务桥。"可知这座桥历史悠久，最早可以追溯到南宋淳熙年间。

根据诸方志的记载，税务桥因靠近课税局而被命名。当时泰州城南城北各设一座水门关卡，而中市河是连接城南城北的主要通道之一。当时的课税局和泰州盐运司署设于太平桥东街北

图 7-4　古税务桥原貌图

① 《万历泰州志》卷二《桥渡》。

侧，泰州及里下河地区的盐商和营销南北货的商人往往要通过中市河进入城内，将船停泊于桥下，有的上岸步行几分钟到课税局交税，并经过课税人员验讫税票后才能够放行，未完税的补税后放能出关。有时候课税人员直接用浇斗(竹竿上绑一只用藤制作的斗子)伸到船上验讫、补税。时间一长，太平桥便被当地人俗称为税务桥了。税务桥下便是当年繁华一时的中市河，河上舟船南来北往，络绎不绝，桥上行人熙熙攘攘，是泰州城中最为繁华的地区之一。明朝御史凌儒有《吟税务桥》诗一首，描述了当年中市河上税务桥下繁华一时的盐运胜景。

《吟税务桥》

岁课垂名旧，中城路不赊，总戎司马第，簪笔夕郎家，
东海迎朝日，西山送晚霞。从来冠盖里，时过七香车。

税务桥东西街被称为古税务街。在这条古老的税务街上，宋代就已经设有淮东路盐运司署，到了明代改为两淮盐运使司。明代有蒋科进士第，还有与蒋科进士第隔街相望的苏北最古老的园林——日涉园。明末清初还有宫氏住宅，据宫氏后人介绍，位于税西街的宫氏家族曾有过“两朝三御史，五代七进士”的辉煌历史。明朝参政刘万春晚年主修《泰州志》，当时他的家就在税务桥大街，宅后有“秋实园”，迎门是“司马司德坊”。他有一首《税务桥次韵》，也证实了当时税务大街一带的繁华景象。

《税务桥次韵》

中市虹飞处，当炉酒易赊。棠郊邻此地，杏馆属吾家。
小割西湖水，遥分东岳霞。一从蠲税后，不复榷舟车。

二十世纪四、五十年代以来，随着泰州城地面不断抬高，中市河被渐渐填没，税务桥随之被埋地下。直到 1996 年，这座见证泰州繁荣历史的古桥才被后人发现。

(二) 独特的坝上经济

坝,是指建筑在河流中,用来拦截江河渠道水流以抬高水位或调节流量的挡水建筑物,一般称为拦河坝。在泰州历史上一共存有七座河坝,即滕家坝、鲍家坝、老虎坝、东坝、西坝、黄龙坝和鱼行坝。泰州建坝开始于明代,当时就有"泰坝"之称,泰坝并非特指某一座坝,而是泰州河坝的总称。清代,泰州设有泰坝监掣署(俗称泰坝衙门),因此当时一度有人将泰坝作为泰州代称。由此可见,明清时期河坝在泰州人们的日常经济生活中起到了极为重要的作用。

泰州河坝的产生与泰州的运河系统的形成有紧密的联系。泰州处于长江水系和淮河水系之间,两者的水位落差约为 0.8 米。明代之前,长江水从瓜洲经古运河到扬州茱萸湾,流经八十公里弯曲的水路,到达泰州城。这样流进城河的长江水水位就与淮河水位相差不多,尽管仍存在一定的落差,但并不影响水上的交通。元至正二十五年(1365),朱元璋部将徐达攻泰州时,自长江口开通济川河。之后,长江水沿济川河直奔泰州南门护城河,经护城河到达里下河地区。这样虽然缩短了泰州的入江距离,但长江水和淮河水由此形成了很大的水位差。由于泰州及里下河地区呈南高北低地貌,因而每年若遇到大水,长江水经泰州直达里下河,造成下河地区涝灾严重。水位的落差同时还对水上交通带来了极大不便。

为了防止长江水直达里下河,避免水灾给里下河人民带来损失,泰州在城南城北建立了几处大坝。洪武二十五年(1392)在泰州护城河北岸的中间河、草河上筑起了西坝和东坝,据地方志记载,西坝位于"州治北西一里许,洪武二十五年建,正德十年判官简辅开拓二坝,商民称便旧名新河坝"。东坝位于"州治北东一里许",两坝分别位于城北西、东两个方向,都距离城区只有一里远。鱼行坝位于城北七里的地方,黄龙坝也在城北。由里下河往南入江的主要航道上,泰州也筑有两座大坝:一在南门外高桥东侧,因在济川河上故名济川坝,当地人称滕家坝。史志记载济川坝有五所，“延袤十里，自西关口至三汊河岸，今惟中坝存焉”。另一在城河东岸的老东河上，故名东河坝，俗称鲍家坝。随着河坝的建成，人们也开始了独特的坝上生计。

河坝的筑成，南来北往的船只经过泰州城，必须“过坝”，也叫“翻坝”。在没有筑坝之前，往来的客货船只及运盐船直接从运盐河进入泰州城河，然后驶往扬州方向或各盐场区。一旦河坝筑成，各种船只必须在泰州翻坝后换船续行。当时从东部盐场来的盐船不能直接从泰州城河驶往扬州方向，需要在西坝外将船上的盐包卸下，再通过人力将盐包运至坝内护城河上装运，然后沿运盐河西行。这一变化改变了河坝原本冷清的局面，为了讨生计的人们在坝上做脚力搬运货物，商贩也蜂拥而至，城中的商铺也逐渐搬迁于此。一时间，盐官、差役、脚力、商贩，吆喝喧哗，好不热闹，这就形成了泰州独特的坝上经济。随着东、西坝的筑成，泰州的商贸中心逐渐移至北门外两坝附近，形成了颇具特色的坝街商业。社会的安定也吸引了大量外乡人，各地客商与资金的不断涌入，刺激了泰州商业的发展。

挑坝码头是指从明初到清初存在的一个“上河”与“下河”的分界码头。因为当时码头两边水位落差较大，“上河”来的瓷器

图 7-5 素三彩芦雁纹罐，泰州市博物馆藏

运载船只能停靠在坝头一侧,“下河”来的运盐船则停靠于另一侧。挑夫就在挑坝上,将两边船只的货物“互倒”。而在运载过程中,一些损坏的瓷器就被人随手丢弃。这些瓷片就是这样产生的,它们不仅反映了泰州的盐文化、税文化,还见证了码头经济的繁华。

(三)坡子街的生活

说起泰州城北的商坝,那就不得不提到著名的坡子街。坡子街又名“二元坡子”。明朝泰州才子储巏于成化十九年(1483)中癸卯科乡试解元,翌年中甲辰科会试会元,州人为之建两座牌坊,南为“解元坊”、北为“会元坊”,因其路上有段百十来米长的坡道,故将这段街称作“二元坡子”。至清朝道光、咸丰年间,上述二牌坊相继不慎被大火吞噬,人们干脆把“二元坡子”中的“二元”去掉,在后面加上个“街”字,称“坡子街”。此后,这“坡子街”的街名便越叫越响,并一直流传至今。

坡子街的形成也与泰州运河系统的发展有很大的关系。至正二十五年(1365)开挖直通长江的济川河道,此河的开挖大大缩短了泰州离出江口的距离,也将长江水系和淮河水系相连接,使泰州成为这一交通线上的重要枢纽,泰州城北地区也成了里下河地区农产品的集中之地。但当时泰州的经济中心还是在城内。元末明初,明军攻入泰州城内,纵火焚毁了商业集中的东西门大街。洪武二十五年(1392)在城北门外修筑河坝,随着盐业的兴起,东西两坝坝口及沿北城河地段往来的盐船、旅客日渐增多,货物必须在此翻坝通过,于是北门外客商云集,居民日渐增多,这里就成了泰州的盐务转运中心。粮行、油坊、栈房等沿河岸开设,城中的商铺也蜂拥而至,一时间热闹非凡,而坡子街就处于城北商业区的中心地带。坡子街街面狭窄,街长大约几百米,但是店铺林立,南货店、绸布店、中药店、茶叶店、银楼钱庄等应有尽有,当时城内一些著名的商铺纷纷在此设店,市况极盛。当时诗人们面对坡子街一派盐船如梭、商贾云集,徽调楚腔杂陈的景象,曾发出“繁华应号小扬州”的感叹。

四、运河与盐业

泰州在历史上以产盐闻名,早在汉代之前泰州就有“东海煮盐”之说,明代亦是如此。而盐业的发达,又带动了运河这一运输渠道的发达。

(一)运河系统

泰州地处江淮平原,西临宝应诸湖,东濒黄海,南接长江水系,北连淮河水系,境内河网密布,纵横交织,号为泽国。泰州地势呈现东南高而西北低的趋势,故“通扬之间(泰州),如皋属上河,兴化属下河”。其北部地区为里下河平原,水“自高邮邵伯灌入”,水网呈向心状,由四周向低处集中。这里的水网分布密集,“河腹甚浅,易盈易涸”,故有下河之称。而南部地势较高,因而称为上河。据《崇祯泰州志》记载:“上下河俱为运盐故道,盖不独民田藉其灌溉,而盐场万艘往来如织实为。”[①]由此可见,泰州运河系统的形成与盐业的发展有着紧密的联系。

泰州的运河始于汉初吴王刘濞。为了运盐通商,刘濞动员人力,开凿了茱萸沟。这条运河最初起自扬州茱萸湾(湾头镇),经泰州、海安镇,东达距如皋县城10余里德汤家湾附近(蟠溪),长约200余里。此河为运盐而开,故亦称运盐河。由于运盐河东西横亘于长江北岸的高沙地带,泥沙淤塞的情况比较严重,历代政府都不惜花费大量财力和人力进行疏通,就是为了保持东部沿海盐场食盐的运输畅通。

到了明代,两淮盐场由南向北分为上、中、下各10个场,其中泰州的淮中十盐场和通州的淮南十盐场的盐均需经过泰州验掣后,才能销往各地。盐业的发展促使了泰州运河运输系统的不断完善。根据《万历泰州志》的记载,当时泰州境内有8条重要的河流,分别为东河、新河、南运河、西运河、北运河、济川河、浦汀河和角斜河。其中南运河、西运河以及北运河是运盐的重要河道。

① 《崇祯泰州志》卷三《河渠》。

明代,古运盐河以泰州为分界,一分为二。由泰州向西,经州西二十五里斗门镇,至江都湾头镇,此段为联系扬州和泰州的重要渠道,同时也是盐船进入东部盐场的必经之道,故“商船多由此入”,为西运河。由泰州向东,经如皋县,抵通州及各盐场,最后流入于大海,则为南运河。泰州除了有西、南两条重要的运盐河外,还有一条运盐河,此河位于泰州东北,又称为北运河。它自泰州出,经溱潼镇、西溪镇,抵东台,是沟通泰州北十二个盐场的重要通道。明政府规定,盐船从各盐场运出,均须送批验所签掣后再转运各行盐区域。当时两淮运司辖泰州和淮安两个盐引批验所。因此淮南二十盐场装盐的船只都必须经过南运河和北运河经过泰州,再由西运河驶入扬州,出湾头闸,入漕盐运河,到仪征批验所,远销到江西、湖光等地。

济川河和浦汀河分别位于城南、城北,两河沟通了长江水系和淮河水系,是里下河地区重要的入江通道。至正二十五年(1365),朱元璋部将徐达攻打泰州时,自长江口开通一河,直抵泰州南门,此河就是济川河。它位于泰州城南,“至运河坝至口岸镇,入扬子江,为上河水利,故两岸田畴,素称沃壤”。泰州原本属于内陆城市,出江口在80公里外的地方江都,自济川河开通之后,原先80公里的行程缩减为13.5公里,更为重要的是泰州因此而南接长江水系,北连淮河水系,成了上、下河的门户,成为里下河地区主要的商粮集结地和盐运枢纽。

济川河为泰州南接长江水系的通道,则北连淮河水系的主要通道是浦汀河。浦汀河,又称海陵溪,自泰州北门外的鱼行坝,经港口镇入兴化、高邮、宝应。而以兴化为中心的里下河地区,捕渔业发达,同时还是粮食的重要产区。前引明人凌儒说:“泰州额粮,岁输六万七千石,上河粮唯七千余石,下乡粮乃五万余石,国计民生,下乡是赖。”这里的“下乡”就主要分布在里下河平原地区,浦汀河就成了里下河地区鱼、粮等农副产品输往泰州城的主要运道。

由此可见,泰州境内的主要运河的形成无不与盐业有关,形成了以泰州为中心，南北纵向、东西横向的水运网。

（二）盐业的发展

自唐、宋之后，盐利在国家财政收入中的比例逐渐增加，政府对盐业的管理也日趋严格。明承元制，对盐业施行严厉的统制。洪武元年（1368），两淮都转运盐使司设于泰州，司署设于州治东，与税课局毗邻，后改设扬州。都转运盐使司掌理盐区具体盐务事宜，设有运使一人（从三品），另有同知、副使、判官、首领官、经历、知事、库大使等官员。除了以上的常设官员，明代还一再派遣御史巡视盐课，称为巡盐御史，都转运盐使司都要听从巡盐御史的政令。明代，两淮运司辖泰州、通州、淮安三个分司和泰州、淮安两个盐引批验所。元代两淮盐场共二十九个，明代增设兴庄场，由南向北分为上、中、下各10个场，当时两淮盐业的产量主要集中在泰州分司所辖的淮中十场。

两淮的盐业在宋、元时期都有新的发展。南宋时淮盐最盛时为2亿斤左右，元至元十六年（1279年）产587,623引，折合23,504万斤，超过了南宋时的最高水平。元朝末年，爆发了全国性的农民战争，由于战争的破坏，许多盐场的生产都受到了影响，产量下降。例如两浙的34个盐场，“军兴以来，其隶转运司者仁和、许村、西路而已。复经寇掠，人多流亡”[①]。两淮盐场同样也受到了很大的影响，产量有所下降。明初，政府施行一系列鼓励盐业发展的政策，两淮的盐产量迅速恢复，并突破了宋元时期的生产水平。从当时记载的盐区亭灶、锅盘、卤池的统计数据来看，就知道其大体发展规模。据清人吉庆纂修的乾隆《两淮盐法志》卷一四所引弘治《运司志》、嘉靖《两淮盐法志》，关于两淮30场亭灶、卤池和灶房的统计，洪武时两淮盐场亭灶共有12639面，嘉靖时为21368面，增加8729面；卤池，洪武时为5815口，嘉靖时为17137口，增加11322口；灶房，洪武时为2537座，嘉靖时为3886座，增加1349座。如果按分司统计，亭灶，泰州分

① 贝琼《送两浙转运司副使分司西路归武林序》，《清江集》卷一。

司明初为 5314 面,嘉靖时 7483 面,增加 2169 面;卤池数,洪武时为 3262 口,嘉靖时为 6522 口,增置 3260 口[①]。由此可见,从明初到明中叶后,泰州盐场的产盐量有了大幅度的提高。据《万历泰州志》记载,当时淮中十场共有灶房 717 座,卤池 4279 口,亭场 5316 面,盐产量分别为:

富安场,岁额盐 23,716 引,灶民 251 户,计 1041 丁,总催(税官)3 名。

安丰场,岁额盐 35,492 引,灶民 526 户,计 1527 丁,总催 5 名。

梁垛场,岁额盐 23,913 引,灶民 701 户,计 1542 丁,总催 6 名。

何垛场,岁额盐 17,502 引,灶民 383 户,计 845 丁,总催 3 名。

东台场,岁额盐 3,948 引,灶民 731 户,计 1486 丁,总催 6 名。

栟茶场,岁额盐 21,862 引,灶民 532 户,计 1603 丁,总催 4 名。

角斜场,岁额盐 5,461 引,灶民 172 户,计 265 丁,总催 1 名。

丁溪场,岁额盐 24,588 引,灶民 662 户,计 1153 丁,总催 5 名。

草堰场,岁额盐 18,468 引,灶民 467 户,计 887 丁,总催 4 名。

小海场,岁额盐 8,346 引,灶民 116 户,计 415 丁,总催 1 名。[②]

以上十场,共产盐 183,296 引,明朝规定大引每引为 400 斤,共计 73,318,400 斤,而当时两淮盐为 352,000 引,由此可以

---

① 《两淮盐法志》卷一四。

② 《万历泰州志》卷三《盐课》。

泰州盐场的产盐量超过两淮产盐量的一半。又据《明史·食货志》记载，洪武时期，全国产盐最多的两淮、两浙两个盐区，每年办大盐引为 572，400 余引[①]，约占全国盐引数的一半。这样可以推断，泰州产盐量约占全国总量的 17%左右。

国家收入的来源，除了向民间征收赋税外，还有一个重要的渠道，就是向商人征税，其中尤以盐税为重。明代，盐商运销食盐，必须向盐运使衙门交纳盐课银，领取盐引(运销食盐的凭证)，然后才可以到指定的产盐地区向灶户买盐，贩往指定的行盐地区销售。明朝盐课银收入在国家财政货币收入中占有相当的比例。《春明梦余录》卷三五说："国家财赋，所称盐法居半者，盖岁计所入止四百万，半属民赋，其半则取给于盐策。"[②]两淮盐课额占明朝全国盐课总额，洪武时期为 30.69%，弘治时期为28.16%，万历六年为 38.67%。明人何孟春说两淮"实得三分之一有奇"。两淮盐课银在明朝的盐课银中所占比例更大。《皇明世法录》卷 35 载，明万历时两淮盐课银为 675829.9 两，占全国盐课银的 46.36%，接近一半的水平。这就无怪《郑端简公文集》一道奏疏中也说："江南苏、松、杭、嘉等府，田赋甲于天下，江北扬、通、泰等处，盐课甲于天下。"[③]明代，江南地区种植经济作物，商品经济发达，出现了大大小小的市镇，市镇促使了商品的流通，经济领先于全国。嘉靖六年(1527)，两淮巡盐御史戴金在奏疏中说："今两淮运司额课，甲于天下，财富半于江南。"沈德符在《万历野获编》又说："国家盐利，惟两淮为最。然岁入不过六十万缗，已当天下之半。"[④]明代官员和文人在文章中说明两淮盐业重要性的词句比比皆是。

---

① 《明史》卷八〇《食货四·盐法》，第 1931—1932 页。

② [清]孙承泽《春明梦余录》卷三五《户部一·盐法》，文渊阁《四库全书》本，第 868 册，第 503 页。

③ [明]陈子龙编《明经世文编》卷二一七《郑端简公文集》，中华书局 1962 年版。

④ [明]沈德符《万历野获编》卷一四《解池神祠加号》，中华书局 1989 年版。

第三节　文化教育

明代泰州地区思想文化成就颇大，涌现出一大批文人雅士，他们或长于思辨，如以王艮为首的泰州学派等人；或富有文学，如高谷、黄好信、季春芳、陆颙之辈。他们都是泰州思想文化史上的重要人物。同时，泰州的教育事业亦大力发展，出现了不少杰出的举子士人，他们金榜题名、入朝为官，成为国家的栋梁人才。

一、思想文化

明代泰州地区教育发达，思想文化有较大发展，涌现出一批在思想史上十分重要的人物，其中以王艮的泰州学派最为突出，此外还涌现出一批杰出的诗人，如高谷等人。他们都在明代泰州思想文化史上留下了自己的印迹。

（一）王艮及其泰州学派

明代中叶以后，王阳明所开创的“心学”风靡一时，弟子遍及全国，有所谓浙中、南中、楚中、北方、粤闽等六大系，除此以外，还有泰州人王艮所创立的一派，在思想史上被称为“泰州学派”。

明代是商品经济繁庶、市民文化活跃的时代，新的观念也随之滋生。不少学者开始思考民生、民本等诸问题，而王艮就是其中的代表。作为平民出身的泰州学者，他特别重视民生的问题，提出“百姓日用即道”、学道求乐等观点，试图改变宋元以来过分强调的儒家的“道”。他坚持“出位之思”，提出“出必为帝者师，处必为天下万世师”的观点，实际是要在现行体制之外开创新的政治局面。王艮学说最核心的思想被表述为“百姓日用即道”，这一思想代表了平民社会的精神利益，以强烈的启蒙色彩，对十六世纪的晚明社会形成了强大的冲击，为日益增长的平民社会的个人主义、自由主义，提供了有力的思想基础和道德庇护①。

1. 创始人王艮

图 7-6 王艮像

王艮(1483—1541)，字汝止，号心斋，明南直隶泰州安丰场(今东台安丰镇)人。少时家贫，当过灶丁，又曾商游四方。后家道日裕，乃发奋读书，自成一家，创立泰州学派。在38岁时，他开始拜王守仁为师，接受了王守仁的主观唯心主义思想。以后长期在小生产者阶层中讲学，学生中有农民、樵夫、陶匠等。他的著作，被后人辑为《王心斋先生遗集》。

王艮的思想除受到王阳阳心学的深刻影响外，又汇集四方之学，熔铸新说，形成了自己的学术特点和风格。泰州学派就其思想内容来说，包括“百姓日用之道”、“安身立本”、“人人君子”三个方面，其最大特点就是在各种思想中都贯彻了平民意识。泰州学派给我们留下的是追求真理的精神，批判进取、开拓创新的精神，自尊无畏、追求个性解放的精神，以及关心民众疾苦、解决现实问题的实干精神，等等。

2. 王艮“安身立本”说

自从《礼记·大学》篇提出“致知在格物”的说法以后，中国历代的哲学家们对这一句话有过多种解释。主张客观唯心主义的朱熹认为“格物”的意思就是“穷理”，即认识那个存在于万物之先的创造万物的客观精神。主张主观唯心主义的王阳明则认为“格物”是“以正训格”，强调“正念头”，即端正指导人们行为的思想动机。王艮的解释和朱熹、王阳明有所不同，他认为“格

① 详见缪再强《王艮百姓日用即道思想之研究》，贵州大学硕士学位论文，2009年。

物”的意思是认识个人与世界的本末关系。他说：

> 身与天下国家一物也，惟一物而有本末之谓。格，絜度也，絜度于本末之间，而知“本乱而末治者否矣”，此格物也。物格，知本也。知本，知之至也。故曰“自天子以至于庶人，壹是皆以修身为本”也。修身，立本也。立本，安身也。[①]

因为泰州地处淮南，所以王艮的这种解释被称为“淮南格物”。根据学者的研究，“此便是《大学》‘格物’说之本义。再就‘吾身’来看，相对于上下，前后，左右之物而言，身是本，物是末，‘本乱’则不可实现‘末治’”[②]。王艮的观点，在当时颇有认同者。明末的哲学家刘宗周就认为：“后儒格物之说，当以淮南为正。”此外心斋还进一步指出了“修身”、“安身”之于“格物”的意义：

> 修身立本也，安身立命也。安身以安家而家齐，安身以安国而国治，安身以安天下而天下平也。故曰“修己以安人”，“修己以安百姓”，“修其身而天下平”。不知安身，便去干天下国家事，是之谓失本也。就此失脚，将或烹身割股、饿死结缨，且执以为是矣。不知身不能保，又何以保天下国家哉！

从上述引文的脉络来看，修身与安身属于一种整合关系——修身即是“立本”，“立本”即是安身。就《大学》文本而言，“修身立本”无非是“壹是皆以修身为本”的再次确认而已，而“安身”说却是王艮根据《大学》文本之义理加以归纳而提炼出来的独特观点。可以说，对于“安身”这一观念的强调实是淮南格物最为显著之特征，它是“淮南格物说”的核心概念。在王艮看来，

---

① 《心斋遗集》卷一《答问补遗》，下引该文均不再注明。

② 吴震《泰州学派研究》，中国人民大学出版社 2009 年版。

"修身立本"也就意味着"立本安身"。修身与安身彼此关联,但又有层次不同。修身作为一种具体的功夫手段,其目的是为了达到安身。所以说:"其身正而天下归之,此正己而物正也,然后身安也。"实现了安身,也就意味着实现了齐家治国平天下的最终目标。

王艮又说:"我命虽在天,造命却由我。"表明他不仅关心人的物质生活,而且关心人的人生价值,最大限度地高扬了人的主体性。因为他认为,个体是第一位的,没有个体,就没有天下国家;个体之身不能修,天下国家也就不治,再次阐明了尊身立本的思想。他主张通过爱人、敬人、不恶人、不慢人的途径,保全自己,在此基础上去齐家、治国、平天下。

3. 王艮"日用即道"说

王艮"百姓日用即道"的思想是他最富有创造性的思想理论之一,这一表述虽然较为朴素平实,但其内涵却非常丰富。"百姓日用即道"思想的提出,根源于他的"万物一体"和"体用一原"的一元论世界观,是他回应、研究王阳明所提出的"致良知"学说所自然产生的结果。

王艮认为良知自然现成,不仅是一种存在,更是一种活动,即劳动人民的生产生活等活动。它有体有用,其体即性、道、中,其用是思、是觉。良知本体在内容上是天理,在表现形式上是自然、自在,良知是这两个方面的统一。王艮与其弟子有这样一段问答明确表明了这个意思:

> 或问:"天理良知之学同乎?"曰:"同"。"有异乎?",曰:"无异也。天理者良知自有之理也,良知者,不虑而知,不学而能者也。惟其不虑而知,不学而能,所以为天然自有之理。惟其为天然自有之理,所以不虑而知,不学而能也。"①

① 《心斋遗集》卷一《语录》。

圣贤与百姓的区别，就在于圣人自觉此良知，百姓则“日用而不知”，待先觉教化，然后才知之。王艮提出“百姓日用即道”是他对于良知以上看法的一个自然结果。

宋明理学提出“存天理灭人欲”。王艮则认为“天理者，天然自有之理也，才欲安排如何，便是人欲”。“天理”就是“天然自有之理”，人的物质欲望和生理需求都是“天理”的一部分。当这种学说落实到实践中，便形成了在中国思想史上颇具独创性的“百姓日用之道”。它不分贵贱贤愚，而以“百姓”为本位，把是否合乎“百姓日用”作为判别是非的标准，甚至作为检验“圣人之道”的尺度。王艮的老师王阳明则以“心外无物”、“心外无理”、一切都是从“心”派生出来的世界观为出发点，提出“道”即“心”，要求“道”须“不假外求”、“向内用力”。他这样说过：“心即道，道即天，知心则知道、知天。”“诸君要实现此道，须从自己心上体认，不假外求，始得。”①而王艮一反古代经典的传统，并且也否定了其师的主张，认为“道”不是先天存在，也不是深不可测、高不可攀的神秘的东西，它就存在于老百姓的衣食住行的日常生活中，也是人们从日常生活中能感悟到的。这样就把“道”由抽象的变为具体的，把“道”从天上拉回人间，并赋予“道”以“百姓日用”的新内容。

王艮曾有一个非常著名的比喻，来强调他的“日用即道”的观念，此即以“僮仆往来”为喻，来论述“百姓日用即道”这一命题：

> 先生（心斋）言“百姓日用是道”。除闻多不信。先生指僮仆之往来、视听、持行、泛应动作处，不假安排，俱是顺帝之则，至无而有，至近而神。②

---

① 王阳明《传习录上》。

② 《心斋遗集》卷三《年谱》。

他以“僮仆往来动作处”为例，指出他们的一举一动何尝有所“安排”，他们的动作都是顺其自然的，而且从他们的动作中所体现的服侍主人的“心”也是顺其自然的，这就叫做“顺帝之则”(意谓合乎理的原则)。虽然任何比喻对于义理的呈现总是有局限的，因为比喻所援用的事例都是经验现象，它与事物本身之间存在着一定的“间隙”，两者之间只能接近而不可能达到完全一致，但这也并不妨碍“百姓日用之学”在社会中广泛的传播与弘扬。

王艮的学说在一定程度上代表了被压迫被剥削阶级的利益，并且有利于维护和实现人民的生存等权利。王艮有一首诗专门歌颂“下”，说一切都从下层来，诗云：“世人不肯居斯‘下’，谁知‘下’里乾坤大，万派俱从海‘下’来，天大还包在地‘下’。”① 在王艮看来，“百姓日用”，亦即包括穿衣吃饭等在内的人民日常生活需要，是人的起码的生存权利，而在当时，那些处于被剥削被压迫地位的穷苦百姓最起码的权利都难以得到满足，因此他才在“百姓日用即道”思想中明确提出，只有让人民吃饱穿暖、摆脱贫困的思想学说才是真正的学问和圣人之道。他说：

> 即事是学，即事是道，人有困于贫而冻馁其身者，则亦失其本而非学也。夫子曰：吾岂匏瓜也哉，焉能系而不食？”②

由此可见，王艮非常同情那些遭受压迫和剥削的劳动人民，争取维护人民的生存权利。除此之外，王艮还极力宣扬劳动人民的本然“利欲”，修正其师王守仁的良知说，将“致良知”变成“良知致”，将“良知”看成是百姓的“日用现在”，使王守仁的良知说从封建的教条变成了人们追求幸福、追求更好生活的动力。

---

① 《心斋遗集》卷一《天下江山一览诗》。
② 《心斋遗集》卷一《语录》。

4. 王艮的讲学活动

王艮开创的泰州学派，在明代文化思想界的一个显著特色与极大成就，就是受众比较广泛并取得成就的平民启蒙思想。

泰州学派以讲学为乐，以讲学为人生一大要事。根据袁承业所收集的《王心斋先生弟子师承表》，王艮的一传弟子有157人，其中来自外省的占三分之一以上。这些弟子学成后，大都回原籍开门授徒。二传弟子达到224人，三传弟子57人，四传弟子25人，五传24人。王艮二传弟子达到鼎盛，三传开始式微。泰州学派的讲会活动与王学的其他学派相比，其时间最长，影响也最大。在泰州学派活动的地区，乡有乡会，县有县会，省有省会，王艮的三传弟子罗汝芳就曾计划邀集"缙绅士大夫及高尚隐逸"在江西永平召开全省大会，俨然是一个松散的社会团体。泰州学派是一个平民学派，这在历史上并不多见，据《王心斋先生弟子师承表》记录，其学者中除少数官员士人外，大部分都来自下层百姓，如樵夫、佣工、吏卒、膳夫等。总而言之，泰州学派中三教九流都兼收并蓄。泰州学子讲学内容已经全然不同于传统的章句注疏或宋代书院式的思辨分析，而是用通俗易懂的语言讲述孝悌之道和民生日用。

嘉靖元年(1522)，为了广泛传布王阳明的学说，王艮自己设计并制造了一辆蒲轮车，上书"天下一个，万物一体"，"入山林求会隐逸，过市井启发愚蒙"等语，北行入京。

到北京后，由于王艮的衣、帽、车子都过于招摇，他讲的一套又和朱熹的客观唯心主义哲学不相合辙，因而王艮的讲学活动受到了统治集团的注意[①]。"事迹显著，惊动庙廊。"[②]

嘉靖四年，王阳明的弟子邹守益在安徽广德建立复初书院，王艮应邀参与讲学，作《复初说》，鼓吹"学至圣人，只复其不善之动而已矣"。同年，再次应邀至浙江孝丰讲学。次年，王阳明的

---

① 杨天石《泰州学派》，中华书局1980年版。

② 《心斋集》卷四《黄直奠文》。

另一个弟子王臣任泰州知州，聘王艮至安定书院主讲。这时，王艮已颇有名气，林春、王栋等数十人前来求学。为了鼓励弟子们热心向学，说明自己的讲学特点，王艮将《系辞上传》和《论语》首章抄录在墙上。不久，写作了著名的《乐学歌》。

王阳明死后，王艮的讲学活动更趋活跃。嘉靖九年，与邹守益、欧阳德聚讲于南京鸡鸣寺。嘉靖十三年，与林大钦聚讲于泰州。其间，四方向王艮求学的人也日渐增多，“相与发挥百姓日用之学甚悉”[①]。王艮的“百姓日用”实际表达的是形而下的“人欲”，是以维护百姓的利益为目的而不是作为维护封建统治的手段。由此，王艮的“道”就具有了非同寻常的意义。他把形而上的“道”与形而下的“百姓日用”紧密结合，说“愚夫愚妇与之能行，便是道”[②]。这就既把道从高不可攀的神圣位置下放到“愚夫愚妇”的日常生活之中，为“道”寻找到现实的、可靠的生活基础，又空前地突出了“百姓日用”在社会系统中的地位和价值，明确肯定了百姓日用作为一种本体存在的现实合理性与不可剥夺性。如此，“道”不再具有神秘性，有了与百姓生活息息相关的物质内容，而圣凡之间也就是平等的，没有本质的差别了。所以王艮认为，圣凡之间的平等，不仅是理学家们所说人在天赋道德“良知”上的平等，更重要的是在“日用之道”上的平等。他说：“百姓日用条理处，即是圣人条理处。”“圣人经世，只是家常事。”因此，“愚夫愚妇”也就是圣人[③]。

除讲学外，王艮也把思想落实到具体的民生之中。据《年谱》记载，他不仅多次赈济百姓，还实质性地推动了当地盐场的土地解决，在晚年还解决了家乡“几十年不决”的“灶产问题”。“时安丰场灶产不均，贫者多失业，奏请摊平，几十年不决，会运

① 《心斋遗集》卷三《年谱》。

② 《心斋遗集》卷一《语录》。

③ 蔡梓如《泰州学派王艮民本思想述论》，《湖北社会科学》2009年第12期。

佐王公,州守陈公共理其事,乃造先生谋。先生竭心经划,二公喜得策,一均之而事定,民至今乐业。”①

王艮死后,不少官僚为王艮设祭,写墓志,作传记,立祭田,定祀典。本来,明制,谥不及小臣,尤不及于布衣,但不少人仍为他请谥,认为王艮的学说是“觉世之金声”,“民生日用之饮食”,王艮是可以“扶天纲地维于不坠”的人;在“世衰道微”、“风会日下,忠孝节义之念坏于士林”的时候,提倡王艮的学说甚有必要。天启三年,竟有扬州籍京官李茂英等 23 人联名写了揭帖,为王艮请谥。崇祯三年,明朝统治者终于将王艮的从祀问题交给国子监等衙门“斟议”②。

5. 崇儒祠及其《崇儒祠碑记》

崇儒祠在五一路西段,古光孝词西侧,是泰州学派创始人王艮之专祠。嘉靖十九年王艮逝世以后,在杭州府、宁国府(今安徽宣城)、应天府(今南京)、扬州府以及泰州、姜堰、海安等地,先后建起了崇祀他的祠堂。

据史志记载,在嘉靖四十三年(1564),督学耿定向开始把王艮崇祀于泰州安定胡先生祠,取胡王二先生道统相承之意。万历四年(1576),在耿定向倡议下,兵备道程学博主持兴建了专祀王艮的崇儒祠。此后,万历十四年盐台陈遇文、万历十八年盐运泰州分司周汝登、万历三十四年南京操江都督院右副都御使耿定力、万历四十三年盐台谢正蒙、清嘉庆十二年以后王艮的后裔王开极和扬关监督殷特布,先后扩建和修葺崇儒祠,使之颇具规模。

嘉靖十年(1531)李春芳中举后,拜湛若水为师。湛若水为王阳明论敌。嘉靖十五年,欧阳德聚徒宣讲王阳明的“致良知”,湛若水与之展开辩论。王艮在分析了双方论点后,作《天理良知说》,巧妙平息了这场理论争辩。李春芳读了王艮的论著,十分

① 《心斋遗集》卷三《年谱》。

② 《心斋集》卷五《疏传合编》。

心服，摒弃门户之见，向王艮求学，较全面系统地接受了泰州学派的理论。万历四年（1576 年）泰州建崇儒祠，李春芳撰写《崇儒祠碑记》。碑记成后，勒石立于泰州崇儒祠，文入李春芳《贻安堂集》。

6. 其他人物

主要有王栋、王襞、颜钧、罗汝芳、何心隐、韩贞、徐樾等人。

王栋（1502—1581），字隆吉，号一庵，泰州姜堰人，王艮族弟。师从王艮，得家学之传。56 岁由岁贡授江西建昌南城县导台使，聘主白鹿洞会，又主南昌正学书院。64 岁补山东泰安州学，江西南丰教谕，69 岁调任深州学正，70 岁致仕回乡，创“归裁草堂”，曾主讲泰州安定书院。去世后，供奉在姜堰王氏祠堂，以昭后人。

王栋的作品基本保存在《一庵王先生遗集》中。从《遗集》中可以看出，他的思想是经历了对心斋格物说的长期思索后得出的结论，即所谓“从格物认取良知”。晚年，他又提出了“意是心之主宰”的崭新命题，进而得出了“诚意工夫在慎独”的结论，完成了他的诚意哲学的建构。严格来说，一庵的思想对于心斋的泰州学来说已经发生了种种不相协调的因素，也对泰州学的义理走向做出了许多重大的修正。从学术史的角度看，王栋可以说是泰州学的继承者，但若从哲学史的角度看，他的思想无疑对泰州学的传统有重大突破，可谓别具一格。

王襞（1511—1587），字东顺，号东厓，王艮次子。9 岁随父在王阳明处，师从王阳明学习。王阳明去世后，归里从父学，开门收徒，声望日盛，在南京讲学时，时任南京刑部员外郎的李贽也投身于其门下。王襞恪守父训，终生不仕，坚持民间讲学传道。

王襞的思想谨守心斋开创的泰州“家学”传统，同时也受到龙溪思想的影响，在有关阳明良知之教的一些基本原理等问题上，其立场无疑是坚定的，因而其思想仍属于阳明心学的范围之内。但其思想的特色之一表现在：思想与实践、学术与生活的结合和互动，故他特别注重在日常生活中“实致其良知”、体验良知心体所带来的“自在快乐”。作为民间的布衣儒者，通过在下层社会的讲学实践，加速了心学思想在社会中的渗透和扩展，同时也加强了泰州“家学”的传统。另外值得注意的是，由于有一批进士出身的同志朋友，其思想在官僚士大夫的上层社会也产生了一定的影响。这从一个侧面说明，晚明时代的儒学思想已出现了“民间化”、“大众化”的发展趋向。

颜钧(1504—1596)，字山农，江西吉安人，是徐樾的门生，曾提出“平时只是率性所行，纯任自然，便谓之道”。颜钧为人颇为侠义，赵大洲被贬，他则与赵同行；徐樾战死，他则寻其骸骨归葬。为人“颇欲有为于世，从寄民胞物与之志”，希望实现达到“君仁臣义民安堵”的政治理想。可惜的是他的行为不仅不为统治者所认同，还受到牢狱之灾。

颜钧的代表作主要有《七日闭关法》和《急救溺世方》。前者主要涉及私人领域的问题，体现了他的生命体验；后者涉及社会领域的问题，体现的是他的人文关怀。从山农身上，可以看到，注重言说与行动、观念与实践之间的互为贯通，注重社会参与和宗教性的生命体验，乃是泰州后学的一大特色。可见他不仅是一位讲学活动家，还是一位宗教运动的实践者。

罗汝芳(1515—1588)，字惟德，号近溪，江西南城人。26岁时拜颜钧为师。28岁中举人，39岁考中进士后开始涉足仕途。罗汝芳谦虚好学，毕生致力于学术研究与学术传播。他事师如父，颜钧被囚后，他变卖家产营救，并为他养老送终。辞官后与门人弟子在江浙闽粤一带讲学，传播泰州学派的学说。

罗汝芳的思想在重视孝悌，乐学等思想方面体现出泰州学派的风格，在思想上对泰州学和阳明学又有进一步的推演和发展，贯穿他一生的略带神秘色彩的悟道体验，以及积极从事讲学化俗的社会实践，也处处体现出泰州学派下的心学家的行事乖张之风。从其思想的总体格局以及基本性格来看，仍然未脱心学的义理范围，其思想在明代思想发展史上占有重要的历史地位。

何心隐(1517—1579),原名梁汝元,字柱乾,号夫山,江西吉安府永丰县人。因不满明王朝的腐败,同时仰羡王艮的学说,遂放弃科举仕途,师事颜钧。他将王艮以身为本的士大夫主体意识再提高一个层次,形成了泰州学派的又一个高峰。他幻想要建立一个人人平等、彼此相亲相爱的"理想社会"。嘉靖四十年(1561),何心隐因反对严嵩,遭受迫害,从此更姓易名,周游逃避,到处讲学。万历七年(1579),何心隐又因反对张居正,屈死于狱中。

韩贞(1509—1585),号乐吾,兴化戴窑人,世代以烧砖瓦为业。25岁时成为王艮的弟子。他苦志清修、品行高尚,深得王艮赏识。韩贞"以明道化人为己任",被尊为"淮海高士"、"东海真儒"、"东海贤人"。如今"东海贤人"的匾额仍悬挂在兴化城中的四牌楼上。

徐樾(?—1552)字子直,号波石,江西贵溪人。初时随王守仁学习心学,嘉靖七年,复受业于王艮,成为其高足弟子。他将心之本体良知作为圣愚平等的根据,是泰州学派之集大成者。嘉靖十一年考中进士,历官云南左布政使。后战死沙场。

7. 历史地位

泰州学派是王阳明学派的一个分支。它和王阳明学派既有共同点,又有着自己学派的特色。

人的道德观念是在社会生活实践中形成的,人的道德品质的锻炼是有过程的,泰州学派反对宋明理学一系列的修身方法,把宋明道学的唯心主义认识路线空前简单化了,这也就产生了取消伦理道德修养的倾向。因为泰州学派把人的视、听、持、行等一切日常生活动作都说成是"道",什么都是"道"了,也就等于没有"道"。

圣人是儒家理想中的人性典范。泰州学派则主张"满街人都是圣人",人人都是圣人,事实上也就等于取消了圣人。《六经》、《论语》、《孟子》等书是儒家的经典。泰州学派虚构了一个先天自足的精神本原—"心之本体",认为《六经》等书都是"吾心之注脚","心即道,道明则经不必用,经明则传复何益"[1],这就把《六经》的位置放到了"吾心"之下。泰州学派中的某些人更进一步认为"六经未了性中玄","道"不可以语言文字求,主张"经"也不必读。自然,这对统治阶级用"圣经贤传"来控制人们的思想也是不利的。

从这些方面看,泰州学派可以说是对宋明理学的一种反动。但是,当它把有些命题强调到了过分的、绝对化的地步时,它也就为自己的消亡准备了条件。

两个唯心主义学派的争吵常常有利于进步学派的产生。明代中叶,王阳明学派对程朱学派的批判,动摇了元明以来官方正统哲学的地位,泰州学派的传播又在一定程度上破坏着宋明理学。这样,李贽的道学反对派的思想就应运而生了。李贽思想的产生,标志着宋明理学开始走向衰落。在李贽之后,明清之际,唯物主义思潮就空前地高涨起来。而泰州学派无疑在其中发挥了巨大作用。

(二) 文学艺术

泰州是两淮盐运的重要市镇,在富有盐商的带动下,市镇不断发展,促进了城市化的进程,市民的生活空间也随之拓展,文化艺术也如百花争鸣,令人目不暇接。在元代部分,我们主要就泰州地区的小说、戏曲做了介绍,而明代部分则重点关注泰州地区的文人,尤其是诗人[2]。

明代泰州人文荟萃,在《列朝诗集》、《明诗综》、《明诗纪事》这三部文献中都能够看到泰州籍贯的诗人,兹列表如下:

---

① 《心斋遗集》卷三《年谱》。

② 本目撰写主要参考了郁步生《明代扬州府作家研究》,上海师范大学硕士学位论文,2009年。

明代泰州籍诗人

诗人	出处
高谷、黄好信、李春芳、陆颙、禹龙、袁应骰、宗臣	《列朝诗集》
储巏、李沂、王襞、宗臣	《明诗综》
何南金、茅大方、张瑊、张羽、储巏、宫伟镠、季良眉、马玉麟、高谷、李春芳、李翰、李景福、李潜、李沂、陆闾、陆颙、陆中、王襞、王贵一、魏应星、吴嘉纪、吴甡、宗臣	《明诗纪事》

上述文人中为官者不少，在本章第一节中已有过介绍，如储巏、宗臣等。这里仅选取其他一些重要的文人及其代表作，借以表现明代泰州的文学艺术特点。

1. 茅大方

茅大方(1348—1402)，又作大芳，名浦，泰州泰兴人。他出生官宦家庭，颖敏好学，博览群书，能诗善文。正因如此，在少年时就获得颇多赞誉，嘉兴陈尧道曾写诗加以表扬："计尔生年二十余，每怀聪慧旧无如。陆机此日能为赋，贾谊何时复著书。"①

家教良好，加之天赋聪颖，年少的茅大方已在乡里小有名气。洪武三年(1370)，朱元璋广召天下英才，茅大方以儒士应辟，被授为淮南学官。洪武七年入朝，受到朱元璋的召见。朱元璋与他谈论，其言语得体，朱元璋非常满意，遂擢为秦府右长史，辅导秦王，并勉励他要以董仲舒辅佐江都王为楷模。茅大方也益自发奋，恪尽职守，不遗余力地劝诫秦王励精图治。为了彰显圣训和表明志向，茅大方特制大幅匾额，改其正堂为"希董堂"，方孝孺为之作记，褒扬大方"敦大和雅，不亢不谄"②。

---

① [明]蒋一葵《尧山堂外纪》卷七八，《四库全书存目丛书》影印明万历间刻本。

② [明]方孝孺《希董堂记》，见[明]茅大方《希董堂集》卷首，《四库未收辑刊》影印道光十五年泰兴尊经阁刻本。

建文帝即位，宣布太祖遗诏，明令各藩王属下官吏直接听命朝廷，且许多官员奏请裁抑宗藩。诸王闻后，频相煽动，建文帝不得不召见黄子澄和齐泰，商议削藩大事。建文帝深知茅大方对太祖忠心耿耿，加之在秦王府供职多年，比较熟悉藩王情况，于是建文帝提拔大方为右副都御史，兼任吏部左侍郎。同年五月，建文帝正式开始削藩，废岷王、查湘王，关齐王、软禁代王，数月之间，针对诸藩王的行动接连不断。而燕王朱棣在逃过建文帝几次意在置其于死地的劫难后，以“清君侧”为名，举兵反叛。此时的茅大方认为朱棣此举，不合伦理纲常，曾写《寄淮安守将梅都尉》一诗，想以此来试探梅殷的态度。诗云：

> 幽燕消息近如何，闻道将军志不磨。纵有火龙翻地轴，莫教铁骑过天河。关中事业萧丞相，塞上功勋马伏波。老我不才无补报，西风一度一悲歌。①

梅殷是宁国公主驸马，燕王朱棣的姐夫，时为总兵镇守淮安。燕兵初起，山东布政使铁铉竭力抵挡，燕兵不能渡淮。茅大方寄诗给他，希望梅殷能像汉代萧何那样建功立业，凭淮河之险阻遏燕兵南下，因是探试，所以此诗写得委婉，但辞意激烈，闻者壮之。然而随着时势骤变，梅殷却归顺了燕王。建文四年(1402)，燕王朱棣兵破南京，登上大位，逮茅大方入狱，并责问赠诗之事，大方慷慨陈词，断然拒绝招降，宁死不屈。同年八月，茅大方与其子茅顺童、茅道寿一并论死，二孙添生、归生也死于狱中，其妻张氏“发教坊，病死，命弃其尸”，幼子茅文生亦被诛。

其实，茅大方只要向明成祖低头认错便可免去一死，但他不愿奴颜婢膝，苟且偷生，宁可以身殉道，取义成仁，成全气节。究其原因，茅大方是为了自己的政治理想和忠义名声，不惜以死介

① ［明］蒋一葵《尧山堂外纪》卷七八，《四库全书存目丛书》，影印明万历间刻本。

入皇权的纠纷，用自己的文化良知和价值认同来诠释了气节的内涵，为他短暂的生命增添了浓墨重彩的一笔。

2. 陆颙

陆颙，字伯瞻，泰州兴化人，祖上是宋元时期兴化繁盛显贵的“四大家族”(顾、陆、时、陈)之一。陆氏在当地人丁兴旺，英才辈出，为里人所仰望，先祖曾做过江淮盐运使。父亲陆谦曾在元末做过杭州路治中，洪武初年则做到户部主事。陆颙就出生元末这样一个“世以明经仕”的官宦世家，自幼聪颖勤学，童年临帖，所临之字与帖中之字相差无几。稍长学画，兼工人物，尤擅肖像，所绘人物，骨秀神清，严正生动。陆颙入国学前，已饱受家学熏陶，尽览家中藏书，遍交里中雅士，所写诗文斐然可观。

关于他的作品，《明史·艺文志》记载所著《新编颐光先生集》二十卷，但据郁步生考证，所谓《新编颐光先生集》二十卷目前已无存，只在北京图书馆古籍珍本丛刊中，查获《新编颐光先生集》，是景泰元年刻本，并非二十卷，只有诗六卷，拾遗一卷，外集二卷。除此之外，现存还有《新编颐光先生集》七卷外集二卷，是明景泰元年大冶县刻本，现藏国家图书馆。《新编颐光先生诗集》六卷拾遗一卷文集一卷，是明景泰元年陆瑄刻本，北京与上海的图书馆都有收藏。

从现存的《新编颐光先生集》看，陆颙的诗歌总量并不多，但不乏佳作，以绝句见长。陆颙与官宦、士子交往频繁，同方孝孺、王坤、裴日英等关系甚好。

两次出使朝鲜的经历，给陆颙诗歌创作提供了大量的素材，特别是与朝鲜国王李芳远，大臣河崙、才女委生的交往应酬之作，历来被人津津乐道。

陆颙非进士出生，但被委以外交重任，这似乎与其“明经辟举”的低微出身不相协调。但值得注意的是，在作为使臣出使朝鲜的过程中，他充分发挥其诗文书画方面的特殊才能，与朝鲜君臣诗酒交往，博得了朝鲜上下的亲近之感，获得了“儒家使臣风范”的美誉，还以温雅尔雅和文辞优美赢得了朝鲜才女委生的芳心。《李朝实录》中记载了陆颙与委生的交往以及别离之事，陆颙曾写了许多感人肺腑的诗歌，诉尽了对这位异国佳丽的相思之情。二次出使朝鲜，购马任务完成后，他请求朝鲜李太宗让他与委生如约欢聚，后因朝廷催其速归，未能亲自到清川江畔委生家中与她告别，终以赠诗的方式与这位“异国佳丽”话别。《明诗纪事》收录《送别》两首，兹录之：

长河堤岸柳青青，饮声沙头白玉瓶。醉里不知人去远，半山明月酒初醒。

芳草如烟驿路遥，东风催别鸟声娇。离人一去来何日，不及春江有定潮。[①]

国事紧，皇命急，归途远，知音唤，佳会无定期，所有这一切都令他感慨万端。诗中既有“一去来何日”的婉叹，也有“春江定有潮”的期盼，但这一切都随清川江水，滚滚而去。此诗一出，即被文人雅士广为传诵，誉为“咏春感怀之名篇，言情赠友之佳作”。此诗虽写离情，但不露情态，体现诗歌空灵的风格，后人把这种风格的诗歌，称为“空灵体”。

除此之外，陆颙还兼长书法、绘画，书法得“专对之体，为时人所称”，绘画“擅长画人物，神采奕奕”。正因为他深谙书法和绘画技巧，所以在他的诗歌中，大量充斥着题字诗和题画诗，这也是其诗歌的一大显著特色。

细究陆颙题字诗，有题名胜古迹和题友人诗集之分，前者有《题卧雪轩》、《题西翠轩》《题长兴吴山寺》、《题清辉堂》等，后者有《题谭太守松溪卷》、《题云泉沈先生卷》、《题云庵卷》等。题画诗又有题图、题景、题物之别，题图的有《题羲之观鹅图》、《题渔樵图》、《题赤壁泛舟图》以及《题挟弹图》等，题景的有《题小景》、《题春夏秋冬四景山水斗方》、《题大理施寺丞扇小景》等，题物的

① 《新编颐光先生集》卷六《送别》。

有《题墨竹》、《题荔枝》、《题折枝花》、《题枯木竹石》等。从数量上看题图的诗最多，试举《题渔樵图》略加分析。

业次鸥波万顷，生涯云树千林。偶尔相逢谈笑，应知异迹同心。①

渔樵形象是中国传统思想中隐逸文化的集中反映，成为文人寄情山水和精神净化的象征性符号，是他们人格精神和审美品位的外化。文人墨客《题渔樵图》的诗有很多，但陆颙这首与众不同，运用了极少的六言绝句的形式，诗中没有具体的渔樵形象，而是通过“鸥波”和“云树”来代指渔樵，主旨上又摆脱传统文人对“隐士”及隐逸之风的赞颂，相反只是营造了一个隐士淡泊相交，却“异迹同心”的意境。

总之，陆颙作为明代前期泰州地区的著名文人，在文学、绘画等方面都为后人留下了宝贵的遗产。

3. 王襞

王襞，字宗顺，号东厓先生，晚年别号天南逸叟，为王艮次子。王襞九岁随父王艮赴浙江从学王守仁。居浙十年，王襞收获良多，旁通音律，曾辞谢王守仁所赠玉琴。

王襞的主要作品由林讷、王元鼎搜集、整理、辑成《明儒王东厓先生遗集》二卷，由焦竑作序。现存版本系清末东台袁承业重新编排，与《四库全书存目丛书》收录的《新镌东厓先生遗集》内容相同，应同属一版本，只是重新刊刻而已。《新镌东厓先生遗集》只有二卷，上卷为像赞、年谱、语录以及赠答杂文，下卷为所作诗赋、附载行状、铭志、祭文以及世系门人等。

相比王艮而言，王襞的诗歌成就要强于其父，《新镌东厓先生遗集》卷二收录王襞诗歌共一百九十六首，其中七律最多，次为七绝，另有少量五律、五绝、排律以及杂言，由此可以看出，王

① 《新编颐光先生集》卷五《题渔樵图》。

襞不仅擅长律诗，而且兼用各体。袁枚《小仓山房文集》中说："诗者，各人之性情耳。"意即诗歌都是个体生命情感的体验。可以说，王襞的诗作既有个人情感的流露，又是明朝社会生活的烙印。

王襞存诗，多为酬答应和而作，如《赠南都后台陈表弟》、《赠东台曹南风畴》、《赠南梁门人殷乐川》、《次韵答北洋崔子见枉》，风格虽近杨万里，然不能沁入心灵，多为'即景'写作，缺乏性情。如《问答以中别居之作》：

> 瘦骨先生耸两肩，不将寒相着人怜。虽于尘俗全无气，恐与神仙夙有缘。每对宾朋林下坐，岂曾酒盏手中寒。消磨世界如流水，还我青山不改迁。①

诗中"消磨世界如流水，还我青山不改迁"两句，只是体现诗人生命的无意识和本性的原始状态，少有真性情。当然也有参透功名利禄的《再咏寄韩以中二首》，认为"名高未必都归己"，功名利禄都是身外之物，且告诫弟子韩贞"莫恃入山寻路易，须知举棹出溪难"。

除赠答、和韵之外，王襞的记游诗数量也不少，且写法多变，直接或间接地表达对生命的感悟，如《过钱家店望北洋庄居前韵》：

> 欲傍寒芦一系舟，嘈嘈声里雁鸣秋。高人近僻北溪水，野客每怀南郭楼。今夕懵腾风雨过，几时欢合夜灯留。相期共展平生处，莫负年华空白头。②

---

① ［明］王襞《新镌东厓先生遗集》卷二，《四库全书存目丛书》影印崇祯至嘉庆递修本。

② 《新镌东厓先生遗集》卷二。

此为即景抒情诗。寒秋时节，诗人乘小舟经过钱家店，由眼前的"寒芦"秋景、"雁鸣"秋声，情不自禁地联想起僻居北溪水的高人和隐居南郭楼的野客，再由秋景的萧杀、风雨的消长、灯火的明灭生发感慨，勉励人们莫要浪费时光。

王襞另有少量悼挽诗作，如《挽周南泉九十一翁仙逝》、《挽南梁仲翁》、《悼老友季东洲仙逝》四首等，下笔均先回忆死者生前的音容笑貌，再抒发自己对逝者的深切怀念和无限惋惜之情，抒写诗人达观与超脱的人生态度，用词朴实无华，自有款款真情。

总之，王襞的诗既有爱的主题，又有死亡主题，但无论那种主题都是诗人生命情感的真实反映，希借助对日常生活的玩味来品涵生命情趣，用至真的情感体验去化解生命的烦恼，从而提高生命的质量。他的诗文与思想，在泰州文学的殿堂中有其独特的地位。

此外，在地方志的修编上，泰州也多有成果，如万历年间严锜等纂修《兴化新志》，李存信纂修《泰州志》、陆继畴等纂修《泰兴县志》四卷、张先甲等纂修《续修泰兴县志》八卷，崇祯年间的李自滋等纂修《泰州志》十卷、图一卷，这些地方志的编修都对保存泰州地区的区域文化具有重要作用。

二、教育与科举

明代泰州地区教育发达，主要表现在书院数量众多，教育质量颇高。而扬州试院设置在泰州，这也从另一侧面说明了泰州文化教育在当时的地位。

（一）书院

为了笼络人心，储备人才，明初就设科取士，而且还发生了著名的"南北榜之争"。由于科举的刺激，全国的书院迅速发展，官学和私学都蓬勃兴旺。书院的恢复和发展不仅为广大士子提供了良好的学习场所，也使士子的自身价值得到了认可。扬州的书院在这一时期也有长足的进步，现根据白新良《中国古代书院发展史记》①一书将明代扬州府的书院列表如下：

明代泰州的书院

时　间	新设的书院
景泰朝	江都资政书院
正德朝	通州至圣书院
嘉靖朝	江都惟扬书院，通州崇川书院，甘泉书院，甘泉安石书院，如皋修篁书院，通州文会书院，泰州泰山书院，泰州富郑公书院，泰州贵溪书院，海安凤山书院（修建年代不详）
万历朝	东台泰东书院，通州五山书院
天启朝	泰州凝秀书院

上表充分说明，明代扬州府所领辖的三州六县，基本上都有书院，既推动了当时扬州的文化教育事业，提高了扬州的科举水平，也为清代的康乾年间扬州文化的勃兴打下了坚实的基础。从上表还可以看出，明代泰州地区新设的书院有泰州泰山书院、泰州富郑公书院、泰州贵溪书院、泰州凝秀书院，占总数的26.7%。而从进士数量上来说，根据方志远的统计，明代扬州府共出进士226人，其中泰兴、兴化、泰州三地共82人，三分之一强，这些数据从侧面反映了明代泰州地区教育事业的发达。

在这些进士中，很多人都走上了仕途，有的还位高权重，兴化就曾出现三相国，亦即上文提及的高谷、李春芳、吴甡。这些进士无疑对推动泰州地区的发展和繁荣文学艺术有着重大贡献。

（二）泰州试院

科举，是中国封建王朝选拔官员的一种制度，自隋代开始，直到晚清才被废止，有一千三百年的历史。明代的科举制度，分为乡试、会试、殿试三级。当时，负责科举事务的官员称为学政，全省秀才的考录、惩处、评等等事务，都由学政负责。此外，还有

① 白新良《中国古代书院发展史记》，天津大学出版社1995年版。

选拔参加上一级的科举乡试、选拔秀才进入国子监学习等，受理科举方面的案件等职责，故全称叫做提督江苏学政。由于乡试是科举考试的最为基础的环节，也是选拔官员的第一步，因而学政非常受到重视，其人选基本由朝廷直接委派，其地位与一省的巡抚平级，重要性不言而喻。

学政的任期一届为三年，为了避免长期在一地任职因而形成各种关系网，所以一般是不连任的。江苏学政的官署设在江阴，不过在三年任期当中，学政要到全省各个府进行两轮巡考，一轮叫做岁考，一轮叫做科考。每轮考试少则七八天，十来天，多则二十来天，加上往返路程所花的时间，甚至要一个月。此外，春节期间有大致一个月的休假，全省各府转下来，刚好需要一年。各府一般都设有考场，学政即在此巡考，没有设考场的府，其应试的童生和秀才们就只能去江阴参加考试。

泰州民风素来重教兴文，读书的氛围浓厚；加之地处扬州府辖区的中心位置，水陆交通相当便利，宋、明以来，盐业生产又推动了经济的发达，因而从明代起，泰州一地应试举子众多，成绩优异，为国家输送了不少人才。

每到科举开始之前，各地考生和送考人就有数千名涌入泰州城。商人纷纷从南京、上海等地赶来，在“考棚街”(两辕门至大林桥)两侧摆摊设点，出售纸墨笔砚和各种印本书、古玩珍品，还有日用杂货、果品糕点等，日夜供应。附近的旅馆、饭店也是生意兴隆。汉唐古都，淮海名区，文风鼎盛，于此可见。

这一点，清初泰州获得过会试第一名的科举名人宫梦仁曾有一番记述：

> 公盖不时为今日士计，且为士之子若孙计，并为九属士之子若孙计，而更为吾州亿万户计。何则？吾州迭罹水患，凋敝已久，公谓三年两试，僦居有邸阁之资，列肆有奇赢之获，泰之人利，可百千焉。以三十年之通计，则百万可致也。

按照宫梦仁的测算，只要有三十年，与科举相关的商业活动带来的经济利益就可达到百万两白银之多，这无疑是推动泰州经济发展的催化剂，大大有利于市民生活的改善。据《泰州入学全案》等有关资料记载，从明万历四十年起，扬州府的学政考试就在泰州进行，到清末科举结束为止，扬州府的院试一共只有三次院试是在外地进行的——两次是在仪征，一次是在江阴。在仪征的两次分别是在康熙二十五年和二十八年，原因大约是建筑年久失修，急待维修，无法使用；在江阴的一次是雍正元年，原因已经无法考证。

值得一提的是，位于海陵区政府东侧，鼓楼路西、府前路北的扬郡试院，曾于2005年进行大规模的修缮。重修后的学政试院，结构和谐，充满历史气息，受到了社会各界的好评。据说，复建工程设计图参考了《续纂泰州志》上的扬郡试院图，修缮、恢复了吹鼓亭、仪门、考号、大堂、上房、东西楼等建筑。修复后的扬郡试院，通过集中展示中国科举制度的历史资料图片和实物等方式，再现了当年千余学子赶考秀才的场景，让广大参观者真真切切地感受到当年的盛况。“扬郡试院”作为中国最大院试试院之一，既是中国科举制度的实物见证，也是泰州曾是江淮地区重要文化中心之一的历史见证。

第四节 社会生活

明代是中国历史上持续时间较长的王朝，因此本时期的文化在发展过程中具有相对稳定性和传承性。明朝的社会生活在继承前代多元文化的同时，在很多方面又有回归到了汉族文化的传统上，地处江南的泰州也概莫能外，留下了社会生活丰富的印迹。

一、衣食住行

明代泰州地区的衣食住行很有特色，其中的很多传统仍具有着深厚的影响。

（一）服饰

明代，泰州民众的服饰大多为传统服饰，士大夫阶层穿戴冠冕衣裳，百姓则较为朴素。满清入关后，推行剃发易服的政策，按满族习俗统一服饰。顺治九年（1652），《钦定服色肩舆条例》颁行，标志着中华服饰文化进入了一个新阶段。

总的来说，相较于清时薙发留辫，辫垂脑后，穿瘦削的马蹄袖箭衣、紧袜、深统靴等服饰，明代男子一律蓄发挽髻，着宽松衣，穿长统袜、浅面鞋，官民服饰也根据法律规定呈现出不同的特色。

当时，劳动群众一般身着土布短褂、短袄，款式多为对襟。妇女则穿大襟褂袄。士绅则穿长衫、长袍、礼服外加马褂，腰间系有调布带。清代女装，汉、满族发展情况不一。汉族妇女在康熙、雍正时期（1662—1735）还保留明代款式，时兴小袖衣和长裙。乾隆以后，衣服渐肥渐短，袖口日宽或达1尺多，再加云肩，花样不断翻新。到晚清时，都市妇女已去裙着裤，衣上镶花边、滚牙子，多至十几道，有“七姐妹”、“十三太保”、“十八镶绲”诸名，一衣之贵大都花在这上面。满族妇女着“旗装”，梳旗髻（俗称两把头），穿“花盆底”旗鞋。至于后世流传的所谓旗袍，长期主要用于宫廷和王室。清代后期，旗袍也为汉族中的贵妇所仿用。

在泰州，群众于夏季穿布底单鞋、草鞋、戴草帽、斗笠；冬季穿布棉鞋，亦有穿羊毛毡鞋，草制茅窝，戴棉布帽、毡帽，幼儿戴狗头帽。

在发型方面，明代男子一律蓄发挽髻。清代，则男女均留辫子。幼女留辫子，额前留“刘海”，出嫁后即在脑后盘髻（俗称窝簒子）。

最后是首饰方面，劳动妇女一般少有戴线穿耳环、银质或金属手镯者。富家女子则多佩戴金质或银质耳环、耳坠、戒指、项链等，留髻者用簪子，多银质或玉质，也有男孩戴耳坠或鼻圈的情况。

上世纪以来，伴随着考古发掘，在泰州地方出土了许多明代的衣冠服饰。其中，既有官服又有民服，既有礼服又有常服，质地也非常优良。品种上有长袍、长衫、半臂、短襦、背心、裤、裙、靴、鞋、袜，还有枕套、手套、汗巾、福寿巾等都有大量的出土。这些服饰的大量出土得益于墓葬保存完好。

在 1979 年到 2011 年期间，泰州市博物馆先后在泰州西郊九龙桥、东郊鲍坝、城河南岸的高土坡、西北郊森森村、市区春兰路工地等发现 6 处明代墓葬，出土大量保存完好的明代服饰。南京云锦研究所专家认为，这些丝织品已达到了很高的纺织技艺。如此丰富集中、质地优良的明代服饰，基本上代表了明代后期中上层社会人士服装的式样，某种程度上还反映了当时人们为追求尊荣豪华而违制穿用服饰的现象。

泰州地区出土了大量的明代服饰，从质地、制作工艺等方面来看具有代表性的有 1980 年明嘉靖徐蕃夫妇墓出土服饰，以及

1988 年明嘉靖刘湘夫妇墓出土的服饰①。

图 7－7　徐蕃孔雀纹补服

徐蕃所穿补服为驼黄色暗花缎底绣孔雀纹补服，盘领、右衽、宽袖，衣长 141.5 厘米，两袖通长 242 厘米，袖宽 48.5 厘米。衣服里料为驼黄色折枝菊主纹饰直径纱的花绸，面料为驼黄色八宝四合云纹暗花缎，五枚二飞经缎纹地，上织四合如意云主纹饰。前胸和后背各缀一块边长 39 厘米见方的孔雀补子。补子是用平纹绢作底，补子上绣两只上下对飞的孔雀，间饰如意云纹饰。刺绣运用了苏绣的齐针、接针、套针、铺针、缠针、正戗针、反戗针和刻鳞针等多种针法，更为可贵的是利用了三种不同的绣线，分别绣出了花纹的不同部位，呈现出不同的效果。再以劈绒线绣出深浅不同的云纹，以衣线（双股合捻）绣出孔雀的翅膀，以铁梗线（以细铁丝为芯，外缠丝线）绣出孔雀各个部位的轮廓。突出了孔雀和云朵的立体感，使图案栩栩如生，孔雀有如展翅于祥云之上。

如果说徐蕃夫妇墓出土的服饰体现了明代服饰的规范和礼

① 本目撰写参考了潘耀《从泰州出土服饰管窥明代冠服制》，《东方收藏》2011 年第 9 期。

仪制度，那么1988年刘湘夫妇墓出土的服饰则表现出了明代后期服饰由早期的朴素守制到华丽奢侈，明代后期的僭越现象得到充分的证明。

图 7-8　刘湘妻子狮子补服

刘湘夫人入殓时所穿为酱褐色织狮纹素缎补服，圆领，右衽，宽袖。土黄色素绸里，前胸和后背各织高38厘米、宽40厘米的狮子纹补子，补子中间为一只卧狮，转颈竖尾，四周有云纹和海水纹。狮子补服是明代一、二品武官所用，而据史料记载，刘湘为泰州处士，无官职。由刘湘夫妇的身份和其穿戴的衣服来看，这种现象明显的是一种僭越现象。嘉靖年间民间服饰有了很大的变化，尤其是平民女子，其着装服饰已然有模仿皇后王妃的总体趋势。此件补服可谓当时风尚的体现。刘湘夫妇墓出土的衣服不仅体现了当时的一种僭越现象，同时有一些衣服也体现了当时的时代特征。浅驼黄色暗花缎夹袄，交领、右衽、宽袖，于领口、袖口、大襟和下摆处用素色缎做边，花缎上织有主题图案为折枝莲花、梅花、牡丹和菊花，其间有蝴蝶和蜻蜓纹样。此件夹袄纹样是明代服饰中常见的传统纹样，样式也反映了当时的时代特征。

图 7－9　徐蕃妻头衣、上衣、下衣、足衣等

明代服饰作为封建社会服饰的典范，为众多今人研究者所乐研。泰州地区出土的明代服饰对于研究明代服饰具有重要的价值，对于明代服饰的特点和发展演变体现得比较充分。

（二）饮食

明朝是中国历史上最后一个由汉族建立的统一王朝。

明朝创造了灿烂辉煌的文化，其中一个突出的特点就是市民经济和市民文化繁荣。这种文化注重享乐，表现在美食上就是宫廷菜（官宦菜）和江湖菜的双峰并峙。

官宦菜的代表自然是宫廷菜，以明朝皇帝的饮食为主要代表，特别是万历皇帝朱翊钧为代表；江湖菜的代表则是《金瓶梅》的记载，也可以视为当时流行的商务菜代表。

先说官宦菜。因为朱元璋出身安徽，开国将领中也多淮扬一带的人，所以官场上流行的菜还是以淮扬风味为主，比如太祖烧香菇、长寿菜、徽州毛豆腐都带有浓郁的淮扬特色。明代中期以后，随着经济的繁荣，烹饪的技术和原料都有提高，菜式更加丰富，味道也在淮扬风味为主的基础上加以本地化。

泰州也属淮扬地区，其菜式风格与当时的宫廷菜有共通之处，不过作为百姓人家，其吃食毕竟与宫廷有别。明代百姓饮食的一大特点就是很多外来食材的出现，大大丰富了原本的菜系、菜式。番茄、辣椒、南瓜、地瓜（甘薯）、玉米、大蒜等大多在明代传入中国，特别是辣椒的传入，对于中国饮食来说是革命性的。没有辣椒，今天的川菜、湘菜都无法形成，而如今几乎家家户户都做的番茄鸡蛋汤在明代已经出现。

在烹饪技术上，明代与两宋相比也有了很大的进步，更加规范，有烧、蒸、煮、煎、烤、卤、摊、炸、爆、炒、炙等。查阅明代的史料，可以发现至少有 28 道菜都是用独立的烹饪方法做成的，比如火燎羊头、水晶鹅、酿螃蟹、蒸龙肝、炮凤肚、烧芦花猪、糟鹅掌、烩通印子鱼、煎鸡、熬鸡、酥鸡、卤烤鸭、摊鸡蛋、火熏肉、腌螃蟹、王瓜拌金虾、肉鲊炖雏鸡、腊鹅、羊灌肠、馄饨鸡、油炸烧骨、鸡煎汤、蒸羊肉、榛松糖粥、鸾羹。

糟制菜是明代饮食的一大贡献，糟即指原料酒糟，又是一种烹饪手法。糟是热制冷吃菜的典型，在北朝贾思勰的《齐民要术》中就有记载，这种做法一年四季都可以做。糟菜的具体做法是先用佐料来腌，然后卤制，文火慢炖至酥烂，再放入糟缸中焖一日。用这种方法做出来的糟肉，肉质软烂，味道鲜美。

图 7－10　青釉刻划花卉纹盖罐，泰州市博物馆藏

相比官宦菜，明朝民间的美食更加丰富多彩，这在明代著名白话小说《金瓶梅》中有集中的体现，并且深刻影响了另一部小说巨著《红楼梦》。而时至今日扬泰地区所流行的不少菜式风格，都是在明朝正式形成的。

（三）居住

泰州的民居，成长、形成于特定的自然和文化环境之中，既集聚了江南水乡的灵秀之气，又带有江淮文化区的独特风韵。

而其中最具特点、最具代表性的是泰州溱潼镇的民居建筑群，反映了许多明代泰州地区建筑的特点。

溱潼是一座与水为邻的岛镇，四周环水，水包围着镇，镇依靠着水，无数的码头和粮行就建在镇周围的水边上。夹河北岸是一条名为作口街的沿河小街，街南为傍河而居的店铺和民居。位于溱潼大街上的住宅，为前后多进的连家店。前面是迎街的店面，后面就是店主人的住家，两进房屋紧靠一起，旁边不设天井，用天沟排水，为的是节约空间。而在数以百计小巷内的民居，则更是一户挨着一户，严密相连。各家各户多以院落为单位，单门独院。院落形式多样，就地取材。

院落一般分为3间正屋，1间厨房和1简易门楼；稍好院落内在其中再加1间厢房；也有的院落为1间门楼1间厢房和3间厅屋及3间照厅；最好的大户人家则由照厅、厅屋、穿堂、堂屋前后多进，外加厨房、厢房、书房等多个院落组成的大型建筑群。镇上人习惯把在正屋两侧建厢房造成的院落叫四关厢；一侧建厢房，另一侧砌围墙的叫外关厢；而在天井内建厢房连着正屋的则叫做内关厢。

无论是哪种院落，都有一个特点，就是自我关闭、自成一体、互不烦扰，但同时又家家相通，户户相联，往往前面一家的后墙就是后面一家天井前的围墙，左侧人家的西山墙，就是右侧街坊的东山墙。房屋建筑的彼此关系，互相依存，长年累月之后，便构成了邻里间和睦相处，相互关心的良好风气。

溱潼民居没有雕梁画栋，也没有翘角飞檐，梁架俭朴，装潢无多，崇尚朴素，不事豪华。这可能与当地的生活习惯与建房理念有关。溱潼当地生产的砖瓦，土质细腻，色泽雷同，规格一致，经久耐用，是建造屋宇的好资料，砌成的砖墙青灰勾缝，看上去颜色和谐。此外，这种砖是砖雕的最佳材料。镇上各家门楼都用磨砖一层一层向外挑出，精工细作，雅致大方。多数门上有砖雕“福”字和“喜鹊登梅”、“桂树蝙蝠”的图案。少数院内还有砖雕仪门和正对大厅的砖雕照壁，内容有《三国》、《水浒》故事，“渔樵耕读”,吉利如意的福、禄、寿等等。铺在室内的地面,则是特制的大方砖。有的人家在方砖四角下置陶盆,不但防潮,而且人走在上面能发出空响,因此名叫“响厅”。房屋基本是木制榫卯结构,抬梁式或穿斗式,无雕刻和彩绘,也不必油漆,只少数梁头刻着花纹,厅屋小心间格扇的裙板上则往往有粗制滥造的“八神仙物”、“四时花卉”、“松竹梅兰”等图案。

图 7 - 11　青花莲池飞鹤纹六方罐,泰州市博物馆藏

为了增长房屋的美感,溱潼民居在细砖砌筑的屋脊上,别具匠心地做了不少装饰工作,在脊的正中及起翘的两头,用青灰堆塑出立体的荷花、莲、藕、螃蟹、松鼠、葡萄,福禄寿三星等图案,活泼活跃,惟妙惟肖。仰头望去,屋脊上的一堆一堆的灰塑,成了一道水乡特色颇浓的景致线。

溱潼镇内古建筑房屋开间普遍偏小,多数人家的房间仅能安下一张木床,屋脊大多不高,屋檐尤其低矮,个别在 2.3 米左右,这样的体量和高度,为他处民居所少见。不过这种建筑样式使建筑密度大大增加,能够在有限的空间内能建造更多的房子,风格紧凑。民居间的屋子前后左右连在一起,左邻右舍间互为一体。一家修理房屋时的施工脚手架,往往要搭建在另一家之中,邻里间和气相处,相互关怀支撑。在这当中,没有人想把建好的房屋扩展一点,增得高一点,由于会影响别人。寓居在这里的居民,他们彼此约束,关联极为融洽。正因如此,当一个街巷的房子建成后,也就会从此固定下来,这就使得溱潼民居能在一个较长阶段绝对稳固,也是我们所说古镇定格在历史时空的重要客观原因。

溱潼民居是泰州历史文化代表之一,从这些保留着的民居中,走出了许许多多的历史名人,也迎来过不少的文人墨客。溱潼的大街小巷里,至今仍保存着昔日诸多的回忆,传播着不少酸甜苦辣的故事。保护好这些古街巷和古民居,无疑对保护泰州地区辉煌的历史和文明遗产大有裨益。

(四) 交通

明朝国内交通路线有水路(包括内河和海运)和陆路之分。朱元璋深知发展交通事业的重要,早在全国统一之前,他就很关注道路的修复和驿站的设置。定都南京以后,他立即下令修复道路,整顿驿传。洪武元年(1368)正月,下令改南京公馆为会同馆,“置各处水马驿站、递运所、急递铺”①,九月甲寅,又下令“改各站为驿”②。但当时兵戈未息,许多地区还在元朝和各割据势力控制之下,明军的统一战争仍在进行,全国的道路系统和驿传网络尚未建成。

修复道路和设置驿站是随着统一战争的胜利而逐步扩展的。明军每攻克一地,往往就地修路置驿,以强化行政管理和军事控制。洪武二年六月,常遇春攻克开平;次年正月,徐达又统率大军,取得对蒙古用兵的胜利。三年,遂“设开平卫(治今内蒙古正蓝旗东),置八驿:东则凉亭、沈阿、赛峰、黄厓四驿接大宁

---

①② [清]龙文彬《明会要》卷七五引《大政记》,中华书局1956年版,第1469页。

(即大宁都司,治今内蒙古宁城西),西则桓川、威虏、明安、隰宁四驿接独石”。洪武十五年(1382),傅友德、蓝玉、沐英平定云南,随即“令东川、乌撒、芒部诸部置邮传通云南,开筑道路,各广十丈,凡六十里置一驿”。经过几十年努力,明王朝逐一平定了山西、陕西、蒙古、四川、云南和东北边疆广大地区,对元代站赤加以改造和整顿,才真正使驿路延伸到全国各地。

明朝内地的交通路线,以北京和南京为中心,驿路为干线,其中与泰州息息相关的是以南京为中心的驿站路线。南京至南直各府,主要驿路有六条:(1) 经镇江、丹阳、无锡、苏州、吴江、南接浙江驿路;(2) 经江宁县、太平府、芜湖县、繁昌县、铜陵县、池州府(治今安徽贵池县)、安庆府、望江,接江西驿路;(3) 经仪真、扬州、高邮、宝应、淮安、清江浦、桃源、宿迁、邳州、徐州、沛县,接山东驿路;(4) 经江宁镇、采石驿、和州、含山、巢县、庐州府、舒城、桐城、潜山、太湖、宿松,接湖广驿路;(5) 经江宁镇、采石驿、和州、全椒、滁州、凤阳府、宿州、徐州、沛县、接山东驿路;(6) 经采石驿、太平府、南 陵县、泾县、旌德县,至徽州府(治今安徽歙县)。

由以上叙述能够看出,泰州位于(3)干线上,是连接南京与淮安、清江浦、桃源、宿迁、邳州、徐州等地的必经之路。不仅是官府,平民、商人的出行、运输等等,也基本是利用此驿道。

二、方言

明初,为医治战争创伤、稳定社会秩序,同时也出于打击北元和群雄残存势力、抑制江南豪强地主、填实京师、开发边疆等考虑,朱元璋立国不久就实行了大规模的强制性移民,范围波及全国,苏州等江南地区是移民的重点地区之一。如洪武三年(1370)移苏州等五府无田产者四千余户往耕临濠,洪武七年徙江南民十四万于凤阳,洪武二十二年迁苏州等府无田者赴滁州、和州等处就耕,洪武二十四年移江南各地富民五千三百余户填实京师。然而关于将苏州百姓移徙至淮扬二郡,无论《明史》、

《明实录》还是明清地方志以及笔记等等，却没有记载。根据曹树基先生的研究，驱逐苏民实淮扬二郡的说法“是根据苏北民间广泛流传的故事编造的，也是根据朱元璋在攻下平江后有迁豪强屯种凤阳记载而穿凿成的”①。

不过，明洪武时政府没有强制移徙江南百姓来苏北，不等于苏北没有江南移民。为了加快经济的恢复，朱元璋在强制移民的同时还“给政策”。基于经济利益的考虑而自发的移民，是明初人口流动的一个重要的组成部分。曹树基在研究苏北地区部分现存族谱后推测，扬州、淮安两府至少接收移民 57 万人，其中扬州的江都、宝应、泰兴、泰州、高邮、兴化六县，外来移民至少在 32 万以上。元末群雄之一的张士诚是泰州人，苏北作为他的根据地，受多年战争的蹂躏，到了明初早已残破不堪。泰州的情况，明代的记载未曾见到，清康熙时张符骧在《吴王张士诚传》中曰：“予海陵人，为王起兵旧地，至今三百余年，城南隅一带烟火稀少。长老为予言，此常平章血刃处也。”从泰州城内很多街市旧址，直至民国时期仍然荒废为园圃来看，泰州在元末肯定遭到了战争的巨创，到明初已成为适宜移民的“宽乡”了。可惜由于缺乏记载，迁入泰州的移民的详情现在无法考索。姑且取扬州六县移民 32 万的平均数，估算明初迁至泰州的移民为 5.3 万人，其中苏州等江南来的移民有多少呢？根据《道光泰州志》、民国《续纂泰州志稿》、民国《泰县志稿》、夏兆麐《泰县氏族略》、陆铨《泰县著述考》，以及现在能见到的公私所藏谱谍，可知明洪武时或统称明初迁入泰州的氏族有 15 支。其中来自苏州 8 支，湖州 1 支，宜兴 1 支，福建 2 支，静海、泗州、蒙古各 1 支。以此作为抽样，估计明初来自江南的移民占到移民总数的三分之二，换算成人数，就是 3.5 万人。其实在洪武之前，泰州已有不少江南来的移民了。现在已知元代尤其是元末，迁入泰州的氏族有 9

① 曹树基《明代初年长江流域的人口迁移》，《中华文史论丛》第 47 辑，上海古籍出版社，1991 年。

支，其中来自苏州3支，嘉兴1支，金坛1支。广德、太原、池州、吉水各1支，江南来的移民超过半数，他们对于明代泰州方言的变化起了重要作用①。

在今天的方言地图上，泰州话属官话系统的江淮方言，苏州说吴语，二者差别很大。明代苏州人杨循吉（1458－1546）所著《吴中故语》“太傅收城”条，称张士诚母亲讲话操“淮音”，可见元末泰州话与苏州话也明显不同。明初泰州人口约15万，说吴语的移民只占总人口的四分之一，又分散在如此广大的地域中。而且，无论在经济上或政治上或文化上都是不占优势的，他们带来的吴语，与当地土著说的江淮方言相比，显然是弱势方言。这种情况下，吴语不可能对泰州话原有的语音结构等产生强烈的冲击。民国《泰县志稿》对“我”、“火”押韵的解释并不正确。南距今泰州市区仅仅20华里的刁铺等地，“我”、“火”等音并非“官音”，说“杨家庄上失了火，大的小的跟了我”十分押韵，很可能宋元时期泰州话的情况也是如此，后来才失落韵母，即所谓“读成鼻音若‘引’”。现在江淮方言泰如片的海安、泰兴、如皋、南通这些保存韵母的方言，“我”与“火”固然押韵，兴化方言没有韵母，“我”、“火”也仍然押韵，只有大丰、东台、姜堰与泰州一样，“我”失落了韵母才不押韵。这韵母失落的时间确有可能在明清时期，但与苏州等江南移民不相干，苏州方言的“我”并非没有韵母，与“火”也是押韵的。认为江淮方言语音系统中与吴语相同或相似的特点是苏州移民吴语的影响，同样不正确。顾黔《通泰方言音韵研究》构拟的早期通泰方言（即包括泰州话在内的江淮方言泰如片）的韵母系统，特点之一就是单元音丰富。泰州话乃至江淮方言现在的语音特点是由来已久的。看到与吴语有若干相同相似，就归结为明初的移民的影响，未免简单化了。

江南移民的吴语没有使泰州等地的江淮方言发生根本改

① 本目的撰写参考了俞扬《“洪武赶散”与泰州方言》，《泰州日报》2006年1月6日，第A02版。

变，并非没有造成影响。人数较少的说吴语的移民和人数较多的说江淮方言的土著在一起生活，随着时间的推移，作为文化的载体也是文化的重要组成部分的方言，肯定会因接触而相互交融。在强势的江淮方言包围之中，移民的后裔放弃了吴语，同时江淮方言也吸纳吴语的若干成分。语音结构和语法结构比较严密，没有特别的缘故不大容易接受外来的干扰，词汇是开放性的，吸收新成分不会使原先的体系造成大的变动，江淮方言对吴语的吸纳主要当在词汇方面。吴语的一些词语，以及因词语带来的个别语音特点和词语用法上的特殊之处，慢慢融人原先的江淮方言中，增加了它本来就有的吴语的色彩。但要说清楚现在泰州等地的江淮方言词汇中哪些是明初江南移民带来的，还很困难。总之，元末明初，泰州地区接纳了大量的外来人口，并形成了特具特色的泰州方言。它的具体特征及表现，本卷下一章加以总结。

三、社会风俗

明代泰州地区的社会风俗主要分为岁时节庆与民间艺术两个方面。岁时节庆与元代相比，既有传承又有变化，与扬州地区基本一致，而民间艺术中则犹以折子戏最为著名。

（一）岁时节庆

明代的岁时节庆与元代相比，总体来说既有继承，也有变化。

首先是元旦。元旦作为一年之始，节庆非常隆重，持续数日之久。其实，过年的习俗是从年前算起的，除夕或前三、五日，亲戚、乡邻、朋友之间互送年礼食物，即馈岁。明代元旦的正式活动，首要是祀神、祭祖，女性参与其活动。祀神有接神仪式，然後主要祭拜天地之神。如万历《会稽县志》记载："正旦男女夙兴，家至设酒果以奠,曰接神,绕室庐震以爆竹,黎明始启,户焚香拜天。”①实际上,在明代的泰州地区也是如此。

正月十五元宵节,又称上元节,有张灯之俗。明朝政府规定上元节长达十天。这一规定始于永乐七年,当时上元节从正月十一日至二十日官员放假,民间放灯,官府弛禁,纵百姓饮酒作乐,永为定例。宣德二年此令得到再次重申。此后“每至年终,礼部上疏引前例请旨,许来年新正,民间放灯凡十昼夜”。明朝是中国历史上灯节节期最长的朝代。从现存明代中后期方志看,各地灯节持续时间长短不一。短者三天以内,中等是四天至七天,长者为八天至十二天左右。明代平常有夜禁,灯节期间弛禁。明代的灯节,张灯、观灯、猜灯谜更加普遍。《宛署杂记》记京师:“元宵游灯市。每年正月初十起十六日止,结灯者,各持所有,货於东安门外迤北大街,名曰灯市。灯之名不一,价有至千金者,是时四方商贾辐辏,技艺毕陈,珠石奇巧,罗绮毕具,一切夷夏古今异物毕至,观者冠盖相属,男妇交错,近市楼屋赁价一时腾踊,非有力者率不可得。十四日试灯,十五日正灯,十六日罢灯。”②泰州的上元节尽管不及京师繁华,但也张灯结彩,颇为热闹。

立春既是节气也是节日,特点是国家规定立春仪式,同时民间也有其节俗。迎春在立春前一天,由各级官员率下属在城外东郊进行,各地的迎春队伍壮观而有趣味,主要有戏剧、杂技、社伙、舞狮等娱乐形式,表演人员之后殿以春牛,女性前往观看。

寒食与清明是三月的两个节日,一般来说清明节在寒食节後两天。寒食墓祭。人们在那天带上酒食拜扫祖坟,饮於坟侧。此外,春天往往还有祓禊活动,天启《海盐县图经》引仇霦《海晊

① 《万历会稽县志》卷三《风俗》,收入《天一阁藏明代方志选刊续编》,上海书店 1990 年版。

② [明]沈榜《宛署杂记》卷一七《民风一·土俗》,北京古籍出版社 1982 年版。

上巳述》:“今北京三月三日多出正阳门、天坛或御河边修禊,南京在聚宝门外雨花台,由长干通道,冠盖相属,壶榼沓陈。都中士女倾城而出,华饰异香,歌管剧戏,杂逞所长。”可见明代的祓禊具有春游的娱乐性质。万历《扬州府志》说:“清明前後之五日,郡人士女靓容冶服,游集胜地,陆行踏青,舟行游湖。”非常形象地表现了扬泰地区祓禊活动。

四月八日是浴佛节,传为释迦佛生日,各地寺庙僧尼多建道场设会,为“浴佛会”,遍以熟豆施人,谓之“结缘”。还有“首插槐芽,以祛眼疾”之俗,在当时的泰州地区,人们借助民间节日和宗教祭祀时机到户外游玩,寄托情志,广泛参与热情很高。此外,清明、端午、重阳等节庆也有旅游内容,已成为了一种大众化习俗,且颇具地方特色。

中秋节,八月十五日。泰州地区家人同吃月饼、瓜果,是团聚之节。此外,当日还有祭月的活动。祭品是圆形的果饼,雕刻上莲花纹,向月供而拜。而后焚月光纸,撤所供,散发给家人,亲戚之间相互赠送。饼的大小有二尺左右。还有以赏月为名的看月会,体现出节庆活动加强感情联络的作用。

图 7-12 “百岁团圆”铜镜,泰州市博物馆藏

此外，冬天有寒衣节、冬至节、腊八节等等。形式、内容丰富多彩，篇幅所限，不再一一详介。这些节庆活动涉及政治、文娱、商业等多方面，从政府提倡的礼仪活动到民间大众化的娱乐活动互相融会，构成一幅仪态万千的节庆图景，体现了明代泰州祥和稳定，欣欣向荣之像。

（二）民间艺术

泰州地区有许多富有传统、流传已久的民间艺术，如泰州讲经、敬惜字纸等等，这些内容在本书的前后章节皆已提及。在明代泰州地区，除了这些传统的民俗之外，最有特点，也是最值得介绍的，就是通泰地区的折子戏。

明代，通泰地区折子戏颇为流行，其主要表演人员是众多家班，主要包括陈完家班、马继祖家班、季寓庸家班、袁天游家班、冒襄家班、黄振家班、季振宜家班、王孙骖家班、俞锦泉家班、陈端家班和朱青岩家班①。

明代通泰地区家班的主人几乎都是文士缙绅，并且都算得上家道豪富。例如马继祖，南京云南道监察御史；陈完，嘉靖二十五年（1546 年）举人，官都察院都事；季寓庸，明天启二年进士，知余姚，调临海、祥符，迁吏部主事。

他们中间有的是怀才不遇或仕途受挫的官僚士大夫，壮年归田，寄情声色，如马继祖，因忤刘瑾致仕，归家后蓄养家乐寄托情怀；有的是晚年致仕，蓄乐娱老，如陈端等；还有风流文士，以蓄乐显示其风雅文采，如冒襄。无论生活经历如何，有一点是共通的，就是这些家班主人都十分热爱戏曲。王孙骖在《蕊亭随笔》称袁天游"一日不闻斧斤与管弦声，便头岑岑矣"②，可见他对戏曲痴迷的程度。家班主人们不仅自身富有戏曲才能，并且

① 详见赵小石《明清时期通泰地区的家班研究》，苏州大学硕士学位论文，2007 年。

② 《江苏戏曲志》编辑委员会《江苏戏曲志·扬州卷》，江苏文艺出版社 1997 年版，第 240 页。

都积极投身于家班的建设中。有的甚至祖辈和父辈就蓄有家班,从小耳濡目染,潜移默化地培养了对戏曲的热爱。这使家班往往具有家族传承性,如冒襄、季振宜等,都是几代经营家班。

正是由于这些家班主人自身具有较高的文学素养、音乐素养,并且有着狂热艺术爱好,因而他们培养的家班都精妙异常,具有相当高的艺术水平。如冒襄家班的伶童技艺高超,名气颇盛,以至有诗赞云"不遇冒家诸子弟,梨园空自说娉婷"①。

明清家班有三种类型:家班女乐、家班优童和家班梨园。通泰地区的家班囊括了这三种类别,其中又以家班女乐为最盛。

早在万历年间,昆曲就从苏州传入扬州,有了专业的昆班演出。据潘之恒《鸾啸小品》卷三《广陵散》记载,潘氏在万历三十九年(1611 年)到扬州,就看到汪季玄"招曲师,教吴儿十余辈。竭其心力,自为按拍协调。举步发音,一钗横,一带扬,无不曲尽其致"②。昆曲自此在扬州迅速传播,形成了"千金一唱在扬州"的盛况。所以,万历后出现的文人家班,几乎是清一色的昆曲家班。而稍早的马继祖家班和陈完家班,则需要做一下甄别。马继祖为正德初人,曾任南京云南道监察御史,他在南京任职,应该受到了当时南京流行的戏曲样式的影响。

明代泰州地区的家班有以下四个特点:

首先,崇尚典雅的审美趣味。由于明清时期通泰地区的家班,几乎都是文士缙绅蓄养的昆曲家班,这些家班的主人往往具有狂热艺术爱好和较高的艺术修养,其中一些人本身就是戏剧作家或戏剧音乐家。这对家班艺术特色的形成影响很大,家班所体现出来的艺术趣味往往是士大夫化的、文人化的,其审美趣味以高雅典丽为主。

---

① [明]冒襄辑《同人集》卷一〇,《四库全书存目丛书》集部第 385 册,第 448 页。

② [明]潘之恒《潘之恒曲话》,中国戏剧出版社 1988 年版,第 211 页。

其次，以演出生旦戏为主。一方面，通泰地区的家班类别主要是家班女乐和家班优童，从家班演员的性别和年龄来说，女乐和优童更适宜于出演生角和旦角；另一方面，以生旦戏为主的演出，正好符合了由于家班主人对高雅艺术的追求。事实上，从梁辰鱼的《浣纱记》开始，明代以生旦戏为主体的昆曲，就经常是由家庭戏班，特别是家班女乐演出。昆曲生旦戏的完整表演艺术体系和独特的艺术风格，在相当程度上是在家庭戏班，特别是在家班女乐发展过程中形成的。故此，该地区的家班以演出生旦戏为主。

再次，艺术水准较高。由于家班的演出是在私人场合进行的，观众是其主人及亲朋好友，而且家班主人往往财力雄厚，家班不必为生存而担忧，更不必为此而屈从迎合于大众的审美趣味。家班的唯一目的，就是服务于身为士大夫的主人，满足他们的声色之需，迎合他们的情趣口味。与此相关，家班主人对于自己的家班的艺术水准也是非常关切的，在演员培养上不遗余力。在家班主人的教导下，演员的文化艺术修养通常较高。这对保证泰州家班的艺术质量起到了至关重要的作用。

最后，以演出折子戏为主。一方面，家班演出的昆曲主要是南戏和传奇，全本的南戏和传奇一般都有几十出。排演一本数十出的全本大戏，需要非常大的财力投入；排成后演出也需要几昼夜的时间，根本不适合在家庭曲宴和聚会时表演。另一方面，一般的南戏、传奇结构松散，演出不能出出精彩，满足不了家班主人的欣赏要求，所以家班主人都是精选在剧情和唱演等方面具有鲜明艺术特色的折子戏进行演出。从财力、人力和家班主人观戏的精力和兴趣方面考虑，从自娱和宴客的目的方面考虑，家庭戏班演出折子戏都是最适宜的，而戏曲的发展也为折子戏的演出创造了良好的条件。

总之，明代乃至于清代泰州地区以家班为形式所表演的折子戏，是当地宝贵的艺术财富，值得后人对它进行继承、保护与研究。

第八章　清朝时期的泰州

清朝，是中国历史上又一个大一统的朝代。

清代泰州的行政建制也发生了一些变化，其中影响最大的是泰州被降为散州，不再领县。从明朝初年到清朝前期，泰州都一直下辖如皋县，上属扬州府。但从雍正三年(1725)开始，如皋被划归通州，泰州遂成为散州。另一个比较大的变化，是东台县从泰州的分治。

清代泰州仍然是江淮一带重要的文化中心，教育事业发达，人才辈出，不少士子在“学而优则仕”的时代背景下通过科举进入仕途。值得注意的是，泰州地区不仅出了许多“文状元”，通过武举的“武状元”也不在少数。

在经济上，伴随着政区的稳定，泰州地区的农业、商业、手工业以及传统的盐业都在进一步发展，商品经济发达。

在文化上，清代泰州涌现出如郑板桥、黄龙士等杰出人物。此外，还有一批遗民诗人寓居泰州，他们的作品显示出了极高的艺术价值和民族气节。

在社会风俗上，清代泰州继承了明代以来的传统。泰州地区的方言进一步变化、定型，对今天的泰州方言产生了深刻影响。而衣食住行的变化和民俗艺术的发展，也更加令人感受到泰州地区的繁荣景像。

第一节　行政建制

明万历十一年(1583),建州女真首领、明建州左卫指挥使爱新觉罗·努尔哈赤起兵,至万历四十四年(1616),努尔哈赤即汗位,国号金。努尔哈赤死后,其子皇太极嗣位,崇德九年(1635)改女真族名为满洲,翌年即皇帝位,改国号为清。

顺治元年(1644)清兵入关,顺治帝入主北京。之后,经过二十年的战争,大陆的南明势力被完全消灭。康熙二十二年(1683),在台湾奉南明永历正朔的郑氏政权降清,至此明祚告终。在努尔哈赤父子时代,满洲已经统一东北诸部族,并兼并漠南蒙古。明灭以后,清廷又陆续将厄鲁特蒙古、喀尔喀蒙古、套西、青海蒙古与西藏、回部等地全部收入版图,至乾隆二十四年(1759),终于建成了中国历史上最大版图的一统帝国。其中,泰州作为新设江南省的一部分,继续发挥着她应有的作用。因此,在了解清代泰州的具体情况之前,有必要先对清代的地方行政制度略作介绍。

一、概述

总的来说,对于这个幅员极其辽阔的大帝国,清廷大致采用了两种不同的方式予以治理。一是沿袭明朝之旧的"内地十八省"的正式郡县制,一是边疆地区军事型或监护型的特殊政区制度。这一治理方式比元代不顾地域差异,一律分置行中书省的办法是一个重要的改进。

据《嘉庆重修一统志》,嘉庆二十五年(1820)时,除了首都顺天府与十八省外,东北满洲故土为"盛京三将军"辖区,西北新疆有伊犁将军辖区,外蒙古有乌里雅苏台将军辖区,漠南蒙古分内蒙古与套西蒙古二区,青海与西藏分别有西宁办事大臣和驻藏办事大臣辖区。内地边疆合共 28 个地方行政单位。

清代省以下有府、州、县，又恢复单式的三级制，散州和散厅与县同为第三级政区，直隶厅虽与府和直隶州同为一级，但基本上不领辖第三级政区。清代将明的一些直隶州升为府，又将若干散州或县升为直隶州，厅则是清代新设的政区，多置于各省之边远或海疆地区。另外，在府州厅之上又有省的派出机构——道，也有一定的辖区和治所，实际上成为一级准政区。省一级地方长官或为总督或为巡抚，其驻所即为该省省会。

清初，泰州位于的政区是江南省。江南省是由明朝的南直隶改设而来，康熙六年(1667)分江南省东半为江苏省。两江总督驻江宁府，江苏巡抚驻苏州府，分为盐法(江宁)、苏松太(上海)、淮扬(清河)、淮徐海(徐州)、淮海(安东)、常镇通海(镇江)6道，领江宁、苏州、松江、常州、镇江、淮安、扬州、徐州8府，太仓、海州、通州3直隶州，海门1直隶厅。泰州即其中海州。

二、政区沿革

清代建立后，较为引人注目的是江苏省的建立。《清国史》记载：

> 国初，改为江南省，置两江总督，设江苏布政使司，领府十四：江宁、苏州、松江、常州、镇江、淮安、扬州、安庆、徽州、宁国、池州、太平、庐州、凤阳；直隶州四：徐、滁、和、广德。顺治十八年，分安庆、徽州、宁国、池州、太平、庐州、凤阳、淮安、扬州九府及徐、滁、和、广、德四直隶州属安徽。以江宁、苏州、松江、常州、镇江五府为江苏省。康熙五年，改扬州、淮安二府及直隶徐州来隶。
>
> 国初，沿明旧属江南省。顺治十八年，设江南左右布政使，分安庆、徽州、宁国、池州、太平、庐州、凤阳、淮安、扬州九府，徐、滁、和、广德四直隶州统于左布政，仍驻江宁。康熙元年，设安徽巡抚，驻安庆。五年，以扬州、淮安二府，徐州直隶州属右布政。六年，左布政使改为安徽布政使司，领

七府三州如故。[①]

由此可见。直到康熙六年，整个江苏省的行政区域才开始稳定。当时江苏的布政使辖江宁、苏州、松江、常州、镇江、淮安、扬州七府和徐州一州。这与近代江苏省的行政区划完全一致，也就是说，在康熙六年江苏、安徽形成了今天的地域范围。

就泰州而言，影响最大的是泰州被降为散州，不再领县。从明朝初年，到清朝前期，泰州都一直下辖如皋县，上属扬州府。但从雍正三年(1725)开始，如皋被划归通州，泰州遂成为散州。

另一个比较大的影响，是东台县从泰州的分治。史料记载，乾隆三十二年(1767)，两江总督高晋上奏清廷，认为“扬州府属之泰州襟江滨海，环列东台等十盐场，东西广二百九十余里，南北茂一百二十余里周围绵亘八百里，统计村庄一千九百余处，幅员辽阔，烟户繁多，一切刑钱事件甲于他邑，知州一官实有鞭长莫及之势。查州之东台镇地方离州一百二十里，毗连何垛，地广人稠，为州东第一大镇，向设同知一员驻扎其地，宜增设官员统之”。阜宁和东台都是处于海岸线的边缘，又是盐业比较发达的地区，早在清初就设有同知来进行管理，但随着发展，其重心逐步向海边迁移，而必须设立县治来进行管理。

这样一来，泰州的辖区就越来越小，并最终成为一个不再有出海口的散州。一个长久耸立在黄海之畔的滨海州县，既不通江也不达海，成为一个内陆地区。昔日泰州人熟稔的潮声，渐行渐远。

三、职官制度

从行政区划看，清代是省、府、县三级，而从官员设置看，却有督抚、布按、道员、知府、知县五级。州、县的文书须先申府，府申道，道转布按，布按再呈督抚。官僚机构如此层次重叠，行政

---

① 《清国史》卷二四《地理志》，中华书局1993年版。

效率自然很低，但中央政府却收集权之效。

（一）省级长官

清承明制，以总督、巡抚为最高一级地方行政组织的长官，并将督抚辖区逐渐调整到与明代之省界相一致。

清代的总督一般是每二三省设一员，只有直隶与四川是一省一都督。故清代定制共设8督，即直隶、两江（江南、江西，后江南分江苏、安徽）、闽浙（福建、浙江）、陕甘（陕西、甘肃）、湖广（湖北、湖南）、两广（广东、广西）、四川、云贵（云南、贵州）。8总督并不涵盖18省，山东、山西、河南三省只设巡抚，而不受总督节制。巡抚一般每省一员，也有例外，甘肃则不设巡抚，而由陕甘总督兼管。直隶、四川只设总督而不另设巡抚，故定制15抚，为江苏、安徽、江西、山东、山西、河南、陕西、浙江、福建、湖北、湖南、广东、广西、云南、贵州。光绪十年（1884）、十一年相继增设新疆、台湾两巡抚，分隶于陕甘和闽浙总督。光绪三十二年再增奉天、吉林与黑龙江三巡抚，并受同时设置的东三省总督节制。

（二）泰州的官员建置

根据清代政区设置，泰州的上级政区是扬州府。《清史稿》卷一一六《职官三》记载，府设有知府一人。最初为正四品，乾隆十八年改从四品。此外，还设置有同知，正五品。通判，正六品。无定员。

知府的属官有经历司经历，正八品。知事，正九品。照磨所照磨，从九品。司狱司司狱，从九品。一般来说，以上属官各设一人。不过江苏省检校的员额为两人。

知府的职责是“掌总领属县，宣布条教，兴利除害，决讼检奸。三岁察属吏贤否，职事修废，刺举上达，地方要政白督、抚，允乃行。同知、通判，分掌粮盐督捕，江海防务，河工水利，清军理事，抚绥民夷诸要职”。

府下为州，泰州即为州一级政区。州有知州一人。一开始的官阶为从五品。乾隆年间，改直隶州知州正五品。知州的职责是掌握一州治理。其下又属官州同、州判等，他们分掌粮务、水利、防海、管河诸职。吏目等属官则负责“司奸盗、察狱囚、典簿录”等工作。

州下有如皋县。县设知县一人，正七品；县丞一人，正八品；主簿则没有定额，正九品。此外还有典史一人，未入流。知县的职责是掌管一县治理，“决讼断辟，劝农赈贫，讨猾除奸，兴养立教。凡贡士、读法、养老、祀神，靡所不综”，可谓公务繁忙。县丞、主簿，则分掌粮马、征税、户籍、缉捕等职责。典史负责稽检狱囚。如果县中没有县丞、主簿，那么他们的工作都有典史来兼领。

除知府、知州、知县及其属官以外，还设有其他一些官府，专门负责教育、邮驿、课税、医药、阴阳等事，现据《清史稿》的记载条列如下：

教育：儒学府教授、训导、州学正、州训导、县教谕等负责。俱各一人。教授、学正、教谕，负责教育学校的生徒——“课艺业勤惰，评品行优劣，以听于学政。训导佐之。”

巡检：巡检司巡检，从九品。掌捕盗贼，诘奸宄。凡州县关津险要则置。隶州者，专司河防。

邮驿：驿丞，未入流。掌邮传迎送。凡舟车夫马，廪糗庖馔，视使客品秩为差，支直于府、州、县，籍其出入。

仓储：库大使一人。仓大使一人。

课税：税课司大使一人。掌主税事。凡商贾、侩屠、杂市，都有一些固定税收，大使按时征收，输送到道、府若县。

此外，还有负责河湖的徬官、河泊所大使；负责医学的医学府正科、州典科、县训科；负责阴阳的阴阳学府正术、州典术、县训术；负责管理僧人的府僧纲司都纲、副都纲、州僧正司僧正、县僧会司僧会；负责管理道士的府道纪司都纪、副都纪、州道正司道正、县道会司道会；等等。

军事机构——泰州营。顺治二年(1645)设，属海防兵备道统辖。康熙元年(1661)，裁道标，改为泰州营，属狼山镇标。八年，改本营为水师。乾隆二十四年(1759)，仍改为陆路。

总之，清代泰州地区，各行政区都设置了较为完备的官员与行政机构,他们对于本地区社会的稳定、经济的发展、文化教育事业的积累都起到了非常重要的作用。

(三) 公署、城池、范围及下辖乡(庄)镇

清代泰州的公署大致承袭了明代的设施,至鸦片战争以后,稍有变化。如同治二年(1863)在泰州设立江北厘金总局,光绪二十三年(1897)设泰州电报局,光绪三十四年(1908)建立泰州巡警局等。

在城池方面,根据《道光泰州志》的记载,在康熙年间进行过一次大规模的修整,但是到了乾隆年间,又有了一些坍圮的地方。于是知州王镐详、总督高晋等人一同上奏朝廷,希望能够再次重修,朝廷表示同意,命淮扬道巴灵阿、扬州府知府杨魁监督修理。

根据这次修理的丈量,泰州城通长二千一百四十一丈四尺九寸(6600 米),高二丈六尺六寸(7.8 米),底宽三尺五寸,顶宽二尺五寸,月城则高二丈六尺六寸,底宽三尺,顶宽二尺。四面里外城门,台八座,南北水关二座,城楼四座,每座三间。城上修筑有排墙、垛口、铺海漫砖、城台、城楼。南北设水关,四门建月城,这一时期泰州城的周长 6600 米,和现在泰州城周长约为

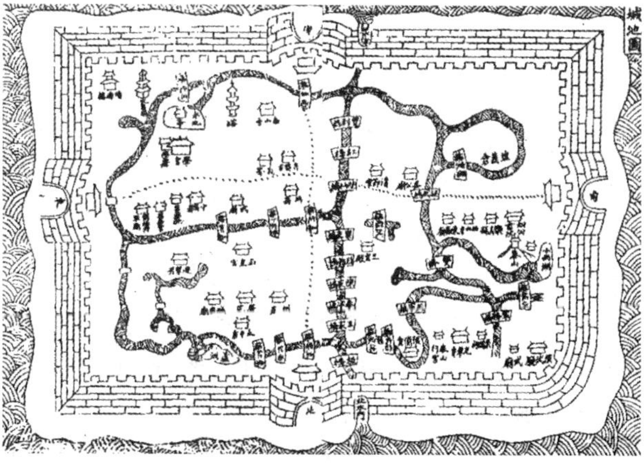

图 8-1 《道光泰州志》所载泰州城池图

6750 米相当，说明至迟从这次修筑泰州开始，之后到今天泰州城墙的规模都没有发生大规模的变化。

泰州城在扬州府东一百二十里，东抵通州，西界江都，南暨泰兴，北距兴化。向东至栟茶场二百一十里，距东海二百四十里。向西到江都县的斗门三十里，到江都一百二十里。往南三十里可以到泰兴的庙湾，到泰兴则有九十里的路程。向北到兴化县的凌亭有八十里的路程，到兴化有一百二十里。往东南方向行二百九十五里能到达通州。东北到大海有一百九十五里。泰州西南到江都县的高韩庄有三十里。西南距江宁府有四百里，向北到顺天府水路要三千二百里，陆路则需二千三百里。

根据《道光泰州志》的记载，泰州下辖有永吉乡、蒲津乡、招贤乡等乡都。各个乡都之下还辖有里，如永吉乡下辖都四：十三都、十四都、十六都、三十四都，各都又下辖里共二十六；蒲津乡下辖都五：十七都、十九都、二十都、二十二都、二十三都，各都下辖里十五；招贤乡下辖都四：五都、九都、上十都、下十都，各都下辖里四十一。

此外值得一提的是，在《道光泰州志》中，还记载了清代泰州地区 1174 个庄镇名称，数量繁多、内容丰富，让人目不暇接。根据研究，在这 1174 个庄镇地名中，包括了全国性通名，也有地域性通名。除了常见的聚落通名之外，还有大量借用自然地理实体或人工建筑物通名的聚落地名。在地名通名中庄占多数，村极少，北方色彩较浓。而“河、沟、溪、湾、港、池、湖、潭、桥、圩”等通名的借用却是南方常见的通名，充分反映出里下河门户水网密布、河汊交织的水乡风貌。这种看似矛盾的格局恰恰反映了泰州地处江淮之间，南北过渡地带的地理总特征。此外，还有“里、伙、埭”等方言通名以及通名叠用、通名作专名等地名现象。通过分区统计，进一步分析各区域的地名密度，可以从一个侧面折射出泰州区域开发的曲折进程。

从命名方式上来说，庄镇地名的命名方式多样，有姓氏地名、派生地名、实物地名、宗教地名、交通地名、史迹地名、纪念地名、生产地名和祈愿地名等，涉及家族宗法、人口迁移、宗教信仰、方言方物等多个方面。

总而言之，这些泰州村镇聚落的历史地名，富有文化气息、历史色彩。保护、研究这些历史地名，对我们探寻泰州历史的发展轨迹和地名命名、演变的特点及规律，对做好地名规范化、标准化工作颇有益处。并且，能够促使我们从更深层面上挖掘泰州地名及其或显或隐的内涵和文化，可以为现行行政区划改革尤其是乡镇合并、新设政区命名等提供参考，对地名文化遗产保护和地方历史文化传承也有着多重意义。

附1:清代泰州知州、知县一览表

姓　名	籍　贯	出　身	任职时间及其它
刘孔中	山东	官生①	顺治二年任
钱履吉	浙江	贡生②	顺治四年任。九年正月初十奉旨革提，见《秦公疏稿》

---

① 官生:明清荫监之一。指科举制度中，以官荫而得入国子监读书者。明初因袭前人任子之制，文官一品至七品皆得荫一子以世其禄。成化三年(1467)定制，在京三品以上方得请荫，或即与职事，或送监读书。云南、四川有土官生。日本、琉球、暹罗诸国亦有官学生。清顺治二年(1645)规定，文官在说四品及翰、詹、科道，外官三品以上，武官二品以上俱送一子入监，宗室、觉罗及包衣佐领下官子弟并为官荫入监。琉球、俄罗斯官学生不时入监。清科举制度，京官四品以上及翰、詹、科、道，外官文职三品、武职二品以上之子、孙、曾孙，及胞兄弟侄应乡试者为官生。其试卷名为官卷。官卷另编字号，不占民额，并不能取中解元与经魁。

② 贡生:科举时代，挑选府、州、县生员(秀才)中成绩或资格优异者，升入京师的国子监读书，称为贡生。意谓以人才贡献给皇帝。明代有岁贡、选贡、恩贡和细贡;清代有恩贡、拔贡、副贡、岁贡、优贡和例贡。清代贡生，别称“明经”。会试考中的考生被称做“贡士”，第一名为“会元”。贡生相当于举人副榜。贡生有几种:每一年或两三年由地方选送年资长久的廪生入国子监读书的，称为岁贡，由于大都挨次升贡，故有“挨贡”的俗语;逢国家庆典进贡的生员，称为恩贡;每三年各省学政就本省生员择优报送国子监的，称为优贡，每十二年各省学政考选本省生员择优报送中央参加朝考合格的，称为拔贡;乡试取人副榜直接送往国子监的，称为副贡。

续表

姓名	籍贯	出身	任职时间及其它
赵　汲	奉天锦州	贡生	顺治八年任
钟人镜	奉天锦州	贡生	顺治十三年任
田作泽	河南商邱	贡生	顺治十四年任
王基鸿	奉天杏山	贡生	顺治十六年任
刘　佑	曲周	贡生	康熙元年任
邵汝贤	余姚	贡生	康熙二年任
方树程	於潜	贡生	康熙八年任
傅奇桧	奉天	荫生	康熙九年任
严　愈	沔县	荫生	康熙十年任
段振蛟	济源	拔贡	康熙二十一年任
郭　杰	满洲	监生①	康熙二十三年任
施世纶	镶黄旗		康熙二十四年任
王光培	陕西		康熙二十八年任
高士郎	正蓝旗		康熙三十一年任
白光辉	正黄旗		康熙三十八年任
柯荣庚	太原		康熙四十年任
武柱国	镶黄旗		康熙四十六年任
高泽寰	河间		康熙五十一年任

① 监生：明清在国子监肄业的，统称监生。初由学政考取，或由皇帝特许。乾隆以前，并加以严格考课。后仅存虚名，不被重视。监生有举监、贡监、恩监、阴监、优监等名目。至一般所称监生指由捐纳而取得的。如未入府、州、县学而欲应乡试，或未得科名而欲入仕的，都必须先捐监生，作为出身，但不一定在监读书。

续表

姓　名	籍　贯	出　身	任职时间及其它
武柱国			康熙五十二年再任
魏锡祚	莱芜		康熙五十三年任
褚世暄	宣化		雍正五年任
石　杰	桐乡		雍正七年任
江日容	旌德		雍正九年任
李必成	来阳	举人	雍正十一年署任
迟之铁	正白旗	监生	雍正十二年署任
李从坦	汲县	监生	雍正十三年署任
刘　瑍	咸宁	监生	雍正十三年署任，乾隆元年再任
唐如柏	桐乡	举人	乾隆元年任
张如论			乾隆二年任
段元文	济源		乾隆三年任
张日横			乾隆六年任
张坦聪	安徽桐城		乾隆六年任
袁国霖	孝感		乾隆七年任
赵锡礼	浙江兰溪		乾隆七年任
赵师质	广东	监生	乾隆八年任
王永谦	直隶深泽	拔贡	乾隆九年四月调
范楷英	浙江钱塘	举人	乾隆十三年任
张玉	镶白旗	笔帖式①	乾隆十四年任

① 笔贴式：满语，也作“笔帖黑色”，意为办理文件、文书的人。清入关前称有学问的人为“巴克什”，皇太极天聪五年（1631）改为“笔帖式”，意为办理文件、文书的人。清各部院、内行衙署均有设置，主要掌管（转下页）

续表

姓　名	籍　贯	出　身	任职时间及其它
李友善	河南济源	岁贡	乾隆十四年四月授
赵天爵	镶黄旗	副贡	乾隆十八年任
王尚湄	济宁	贡生	乾隆十九年任
李世杰	贵州黔西	议叙①	乾隆二十二年七月题
王继祖			乾隆二十七年任
李世徵			乾隆二十八年任
僧保住	满洲正红旗		乾隆二十九任正月升
姚礼金			乾隆三十一年任
卫晞骏			乾隆三十一年任
王　镐	浙江山阴	监生	乾隆三十一年四月选
杨迎鹤	凤翔	拔贡	乾隆三十七年任
秦　熫			乾隆三十七年十月升
王鸣珂			乾隆四十年任
林光照			乾隆四十一年二月升

(接上页)翻译满汉奏章文书、记录档案文书等事宜。约在天聪末崇德初，刑部笔帖式已从事汇集整理、登记存档已审结案件的工作，以备随时查考利用；国史院笔帖式要定期将重要的刑部档案记入国史档册。清入关后，国家制度日臻完善，政务活动急剧增加，文书档案工作也日渐繁杂，清政府遂在各衙门广置笔帖式。笔帖式为国家正式官员，有品级。早年有五、六品者。雍正以后除极少数主事衔笔帖式为六品外，一般为七、八、九品。笔帖式升迁较为容易，速度较快，被称为“八旗出身之路”。

① 清制对考绩优异的官员，交部核议，奏请给予加级、记录等奖励，谓之“议叙”。[清]朱珪《吏部稽勋司郎中张君墓志铭》：“乾隆庚子科举人，议叙八品京官。”[清]谭嗣同《先仲兄行述》：“以国子监生充实録馆誊録，议敘通判。”

续表

姓　名	籍　贯	出　身	任职时间及其它
宋觐光			乾隆四十二年任
陈　模	浙江海宁	监生	乾隆四十三年任
李程莲			乾隆四十七年任
李华封	贵州黔西	举人	乾隆四十八年任
田文龙			乾隆五十年任
袁秉义	直隶宣化	进士	乾隆五十年三月升
孔继榦	山东曲阜	廪贡①	乾隆五十二年任
李　英	浙江仁和	举人	乾隆五十三年任
魏右曾	江西广昌	监生	乾隆五十八年十一月升
任可举	河南信阳	举人	嘉庆元年任
杨　玺	四川广元	举人	嘉庆四年任
王应中	山东莱阳	举人	嘉庆六年任
陈廷栋	浙江钱塘	监生	嘉庆五年四月升，六年仍见
徐崇炯	陕西西安	举人	嘉庆八年任
王　劝	湖北麻城	进士	嘉庆八年六月调，十一年仍见
宋　浤	安徽芜湖	举人	嘉庆十一年十二月升，十三年再任
孙源潮	安徽宣城	进士	嘉庆十二年任
霍来宗	湖南巴县	进士	嘉庆十六年任

①　廪贡：指府、州、县的廪生被选拔为贡生。亦用以称以廪生的资格而被选拔为贡生者。《二十年目睹之怪现状》第九八回："莫某人他是个廪生，他捐功名，又不从廪贡上报捐，另外弄个监生。"李劼人《大波》第一部第四章："象志哥这盛年就读到中学，毕了业，不是廪贡，也是秀才。"

续表

姓　名	籍　贯	出　身	任职时间及其它
冯　潮	浙江山阴		嘉庆十七年任
陆在元	浙江仁和县		嘉庆十七年任
方承恩	汉军镶黄旗	监生	嘉庆十八年五月升,二十二年仍见
徐乃来	浙江仁和县	举人	嘉庆十八年任
王　眺	浙江归安县	副贡	嘉庆二十三年任
赵　钺	浙江仁和	进士	道光元年任
克实泰	正红旗		道光二年任
蔡　泉	浙江德清		道光四年任
王有庆	直隶天津	举人	道光四年任,六年再任
李国瑞	河南郑州	举人	道光五年任
陈道坦	陕西南郑	进士	道光六年任
伍家榕	广西全州	举人	道光七年任
刘　铃	安徽怀宁	举人	道光七年任
李宗颖	直隶沧州		道光八年任
王锡蒲	山东文水	进士	道光十年任
刘文澈	安徽怀远		道光十二年任
冯应渭	海丰	举人	道光十三年任
陈玉成	广东东莞		道光十四年任,二十一年再任
龚思善	安徽合肥	进士	道光十九年任
朱荣桂	江西彭泽	举人	道光二十二年任
福禄堪	满洲正白旗		道光二十二年任
李彭龄	汉军旗	举人	道光二十三年任

续表

姓　名	籍　贯	出　身	任职时间及其它
张之杲	浙江钱塘	副贡	道光二十三年任，咸丰四年解
胡海平	顺德	举人	咸丰三年任
唐守道	灵川	进士	咸丰四年任
白联元	山西平定	庚子进士	咸丰五年任
许道身	浙江山阴		咸丰十年四月补
张肄孟	四川巴县		同治二年任
松　亭			同治三年任
马鸿翔			同治四年任
朱培深	浙江余姚		同治四年任
长　康			
桂迓衡	安徽贵池	进士	同治五年十一月补，《搢绅》七年十二年仍见，光绪三年七月告病
李绍棠	湖南		同治十二年
程遵道	安徽贵池	附生①	光绪四年九月补
陆元鼎			光绪十三年署
黄承暄			光绪十五年自东台调署十六年回任
张兆鹿			光绪十九任二月革
王瑞启			光绪二十二年五月调省，十月初九卒
赵受璋	直隶祁州		光绪二十一年自江宁署

① 附生：明清时附学生的简称。［清］俞樾《茶香室续钞·儒士观场》："明时寄学，亦经提学考取岁试后，准作附生。"王闿运《陈景雍传》："通山附生张铭者，负奇志，喜诗酒。"

续表

姓　名	籍贯	出　身	任职时间及其它
陆　铣	浙江	监生	光绪二十二年五月请补，二十五年八月卒
孔祥霖			光绪二十五年自邳州署
罗允猷	江西	监生	光绪二十六年三月补，二十八年十月十五另补
张　浍	湖北武昌	举人	光绪二十九人闰月请补
候绍瀛			
黄仁黼			光绪三十二年署，十一月以办赈不力革
胡维藩			光绪三十三年署，三十四年正月劾疏防，二月参革
赵兴霙			宣统元年署，二年正月明保

资料来源：江苏省地方志编纂委员会办公室编，《江苏省通志稿》之《职官志》，江苏古籍出版社，第293、315、316、327、388、389、430、472、496、514、554页。

附2：泰州分司运判一览表

姓　名	籍　贯	出　身	任职时间
王雉鼎	孟津县	举人	顺治二年任
朱之瑞	义州人	贡生	顺治五年任
刘光汉	奉天定辽左卫	贡生	顺治十年任
汪汝松	汉军镶红旗	贡生	顺治十年任
杨应昌	汉军正红旗	贡生	顺治十二年任
高　勃	房山县	拔贡生	顺治十四年任
李景麟	韩城县	拔贡生	顺治十六年任
郭凤羽	饶阳县	拔贡生	康熙二年任
汪兆璋	钱塘县	贡生	康熙六年任

续表

姓　名	籍　贯	出　身	任职时间
张文灿	山阴县	吏员①	康熙十四年任
陈宏业	汉军正红旗	荫生②	康熙二十一年任
张起龙	陕州	贡生	康熙二十五年任
徐兆宣	大兴县	教习③	康熙二十八年任
张令甲	汾阳县	拔贡生	康熙三十年任
刘日辉	山阴县	贡生	康熙三十四年任
戴　纶	江夏县	监生	康熙四十六年任
丁世隆	山阴县	监生	康熙五十二年任
王兆麟	汉军正黄旗	监生	雍正五年任
林华封	东莞县	监生	雍正十二年任
刘　琠	咸宁县	监生	雍正十二年任
顾　茹	仁和县	监生	乾隆二年任

① 吏员：指地方官府中的小官。《后汉书·光武帝纪下》："今百姓遭难，户口耗少，而县官吏职所置尚繁，其令司隶、州牧各实所部，省减吏员。"［清］昭梿《啸亭杂录·恶章攀桂》："淮扬道章攀桂，以吏员起家。"

② 荫生：凭借上代余荫取得的监生资格。由汉的"任子"制度继承而来。有各种不同名目。明凡按上代品级取得的称官生，不按品级而由皇帝特赐的称恩生。清凡因上代系现任大官或遇庆典给予的称恩荫，因上代殉难而给予的称"难荫"。通称荫生。荫生名义上是入监读书，实际只须经一次考试，即可给予一定官职。

③ 教习：学官名。明代选进士入翰林院学习，称庶吉士，训课庶吉士者曰教习。自明宣德五年始，命学士充任。万历后，专以礼、吏二部侍郎掌教习。清代沿用此制，翰林院设庶常馆，由满、汉大臣各一人任教习，选侍讲、侍读以下官任小教习。官学中亦有设教习者。清末兴办学堂，其教师也沿称为教习。参阅《明史·职官志二》、《清通志·职官略一》。

续表

姓　名	籍　贯	出　身	任职时间
陈　柱	大兴县	监生	乾隆六年任
孟贞骥	东平州	贡生	乾隆十年任
陈克宏	海盐县	附监生	乾隆十四年任
王又朴	天津县	进士	乾隆十六年任
张永贵	汉军正白旗	举人	乾隆二十二年任
詹兆选	常山县	贡生	乾隆二十六年任
张景宗	汉军镶黄旗	监生	乾隆三十五年任
杨廷俊	永丰县		乾隆三十七年任
陈宏绪	奉天承德县	监生	乾隆四十年任
陈　炯	顺昌县	贡生	乾隆四十三年任
姚思康	钱塘县	贡生	乾隆四十八年任
郝敏安	汉军正黄旗	监生	乾隆五十四年任
何廷琳	大兴县	举人	乾隆五十六年任
邓　谐	乐城县	举人	乾隆五十七年任
巴彦岱	满洲镶白旗	中书①	乾隆五十八年任
色克精额	满洲镶黄旗	中书	嘉庆二年任,五年再任
方　浦	射洪县		嘉庆四年任

① 中书:为中国古代文官官职名,清代沿明制,于内阁置中书若干人。在清朝之位阶约为从七品。中书职能通常为辅佐主官,为基层官员编制之一。设置在如六部之中央机构官署,负责典章法令编修撰拟、记载、翻译、缮写等工作。或由举人考授,或由特赐。若进士经朝考后以内阁中书任用者,并可充乡试主考官。而依工作性质不同亦有"办事中书"或"掌印中书"等细分区别。清朝灭亡后,该官职废除。

续表

姓　名	籍　贯	出　身	任职时间
单　潼	萧山县	监生	嘉庆十四年任
黄祖香	广东		嘉庆十五年任
马　恒	山西	监生	嘉庆十八年任
柴兆炳	山阴县	监生	嘉庆十八年任
汪贤登	钱塘县	监生	嘉庆十九年任
单壮图	萧山县	监生	嘉庆二十年任
何道范	灵石县	监生	嘉庆二十四年任
陈在文	大兴县	监生	道光六年任
朱　沅	大兴	监生	道光十年任
陈　照	大兴	监生	道光二十年任，二十五年再任
侯　铸	无为州	监生	道光二十年任
朱　沅			道光二十一年再任
许敦诗	钱塘	增贡生	道光二十一年任，二十八年再任
周鸿庆	乌程	监生	道光二十二年任
郑士彦	慈溪	监生	道光二十三年任，咸丰六年再任
陈以敬	萧山	监生	道光二十六年任
范维浚	会稽	监生	道光二十七年任
洪国柱	歙县	监生	咸丰元年任，七年再任
杜文澜		舶水人	咸丰七年任
萧凤孙	太兴	监生	同治元年任，四年再任
武祖德	钱塘	监生	同治二年任

续表

姓　名	籍　贯	出　身	任职时间
萧彦甫	崇义	监生	同治四年任,二年再任
张元恺	仁和	监生	光绪元年任
项晋蕃	钱塘	附贡	光绪三年任,六年再任
许宝书	宛平	监生	光绪五年任
金兆磐	嘉善	监生	光绪六年任
沈　桂	大兴	监生	光绪八年任
沈曾启	嘉兴	监生	光绪二十一年任
李以牧	钱塘	监生	光绪二十三年任
凌树模	定远	监生	光绪二十五年任
宣兆熊	会稽	监生	光绪二十七年任
胡光国	涿州	文童	光绪二十七年任
毛　华	大兴	监生	光绪三十年任
陈方铭	海宁州	附贡生	光绪三十二年任
任文澜	旌德	文童	光绪三十二年任
陈　康	钱塘	附监生	光绪三十三年任
黎　昆	湘潭	监生	光绪三十四年任

注释:①分司运判:是明清时期盐税官职,负责盐课征收。元中期以后,全国设盐运使司的盐区有六处,即大都河间,河东陕西、山东、两淮、福建,明清基本承袭前制。盐运司全称为都转运盐使司,秩正三品,每运司设有盐运使二员(正三品)下设同知、副使,运判等官,两淮盐区下辖泰、通州、淮安三个分司,分司运判官从六品。在搜集整理过程中,仅查到始于顺治二年至光绪三十四年间任过泰州分司运判的75人,在这之前或之后任过泰州分司运判的记载目前尚难以查找。

附 3:泰坝监掣官职一览表

姓　名	籍　贯	出　身	曾任官职	任职时间
郝大伦	顺天		上海县县丞	雍正十年任
高凤翰	胶县	增生	歙县县丞	雍正十二年任
孔传橿	曲阜县	廪生	广德州州判	乾隆二年任
史应旸	沭阳县	副榜	试用大使	乾隆五年任
杨瑞禧	诸城县	举人	试用大使	乾隆八年任
李　棠	宛平县	举人	试用大使	乾隆十一年任
张世骏	汉军镶黄旗	监生	候补运判	乾隆二十四年任、乾隆三十四年、乾隆三十七年再任
张景宗	不祥		候补运判	乾隆二十四年任
程　堂	歙县		盐运同知	乾隆二十九年任
陈　炯	顺昌县	贡生	候补运判	乾隆三十一年任 乾隆三十五年再任
姚思康	钱塘县	贡生	候补运判	乾隆三十二年任 乾隆三十五年再任
陈克绳	海盐县	监生	候补运判	乾隆三十五年任
张　辅	汉阳县	贡生	候补运判	乾隆三十六年任 乾隆三十七年再任
杨廷俊	永丰县		候补运判	乾隆三十七年任
陈洪绪	奉天承德县	监生	候补运判	乾隆三十九年任
杨　煿	固安县	举人	批验所大使	乾隆四十年任
汪宝善	休宁县	举人	官未详	乾隆四十一年任
袁宗勋	钱塘县	监生	候补运判	乾隆四十二年任
郝敏安	汉军镶黄旗	监生	候补运判	乾隆四十三年任
何廷琳	大兴县	举人	候补运判	乾隆四十四年任
汤惟镜	长州县	贡生	场大使	乾降四十五年任

续表

姓　名	籍　贯	出　身	曾任官职	任职时间
苗肇岩	宝应县	贡生	场大使	乾隆四十七年任
牛兆鼎	天津县	贡生	候补运判	乾隆四十九年任
高维翰	庐陵县	举人	场大使	乾隆四十九年任
程廷镜	肖县	监生	盐运知事	乾隆五十五年任
倪汝炜	萧山县	监生	场大使	乾隆五十四年任 乾隆五十五年再任
蒋　棠	汉军镶白旗	举人	场大使	乾隆五十五年任
苏龄阿	汉军正白旗	廪监生	场大使	乾隆五十六年任；嘉庆元年、四年再任改名苏昌阿
清　和	汉军正黄旗	监生	批验所大使	乾隆五十五年任是年再任
范　斌	仁和县人	监生	盐运知事	乾隆五十八年任 嘉庆元年、四年再任
色克精额	满洲镶黄旗	中书	候补运判	乾隆六十年任
汪元培	昌平州	监生	场大使	嘉庆元年任
周成耀	汉军镶红旗	举人	场大使	嘉庆五年任
陈仁表	山阴县	监生	场大使	嘉庆六年任
范　准	大兴县	附监生	库大使	嘉庆六年任
程世樽	桐乡县	监生	县丞	嘉庆七年任
王保澄	钱塘县		府知事	嘉庆七年任
郑志濂	南宫县		府经历	嘉庆八年任
程　官	灵璧县	监生	县丞	嘉庆九年任
李和通	祥符县	举人	候补场大使	嘉庆十年任
吕燕昭	新安县	举人	候补直隶州知州	嘉庆十年任
宋　浤	芜湖县	举人	泰州知州兼管	嘉庆十一年任

续表

姓名	籍贯	出身	曾任官职	任职时间
武念祖	顺天人陕西籍		候补知县	嘉庆十二年任
傅修	海阳县	举人	山西按察使降知州	嘉庆十二年任
僖山	内务府镶黄旗	贡生	候补同知	嘉庆十三年任
裴挺	曲沃县	监生	盐运经历	嘉庆十四年任
富明	满洲正盐旗	廪生	江宁督粮、同知	嘉庆十六年任
傅祖绪			县丞	嘉庆十六年任
胡开墅	会稽县	监生	泰州吏目	嘉庆十七年任捐运判道光五年再任
陈青照	山阴县		府检楼	嘉庆十九年任
王礼中	汉军镶黄旗		通判	嘉庆二十年任
福端	满洲正红旗		候补同知	嘉庆二十一年任
谢宗显	山阴县	监生	候补运判	嘉庆二十二年任 嘉庆二十三年连任
樊叙揆	陕西		候补同知	嘉庆二十四年任
蔡泉	德清县	监生	江宁府通判	嘉庆二十五年任
石产瑚	黄梅县	进士	候补运判	道光元年任、五年再任
赵云汉	山西		江宁府照磨	道光二年任
候铸	无为州	监生	候补运判	道光三年任
胡允梅	汉阳县	监生	县丞	道光四年任
黄在厚	单县	贡生	扬州府知府兼管	道光六年任
伍家榕	全州	举人	候补运判	道光十三年任
陈照	大兴	监生	候补运判	道光二十二年任

续表

姓名	籍贯	出身	曾任官职	任职时间
龚润森	监利	拔贡生	候补直隶州	道光二十三年任
陈兆龄	上虞		候补运判	道光二十四年任
宝诒	正红旗		候补同知	道光二十五年任
单诚	萧山		候补运判	道光二十六年任
严士熙	善化		候补知县	道光二十六年任
范维浚	会稽		候补运判	道光三十年任
陆武曾	归安	举人	候补知县	咸丰元年任
吴云	钱塘	附生	候补运判	咸丰二年任
黄纯源	钱塘	监生	候补运判	咸丰四年任
严其宽	四会	监生	候补运判	咸丰五年任
许道身	仁和	监生	知州	咸丰七年任
王廷宾	太兴	监生	候补运判	咸丰七年任
杜文澜	秀水		候补运判	同治元年任
沈炳	清苑	监生	候补运判	同治元年任
陈荫培	钱塘	副贡	候补知县	同治二年任
武祖德	钱塘		候补同知	同治三年任
于宝之	荣城	附贡	候补运判	同治五年任
荣恩	正黄旗	举人	候补运判	同治五年任
陶守怡	会稽	监生	候补同知	同治六年任
许大鼎	钱塘	附贡	候补运判	同治七年任、光绪五年再任
崇寿	镶黄旗	监生	候补盐大使	同治八年任
白壁	山西		候补运判	同治八年任
张骏	乌程	监生	候补运判	同治十年任

续表

姓　名	籍　贯	出　身	曾任官职	任职时间
徐瀛锡	平湖	举人	候补运判	同治十一年任
项晋蕃	钱塘	附贡	候补运判	同治十二年任
魏大均	秀水	附贡	候补同知	同治十三年任
龚家驯	仁和	监生	候补同知	光绪元年任
凌树模	定远	监生	候补运判	光绪二年任
金兆盘	嘉兴	监生	候补运判	光绪三年任
鲁光圻	合肥	监生	候补运判	光绪四年任
缪延恩	芜湖	监生	候补同知	光绪六年任
万叶松	凤阳	举人	候补运判	光绪七年任
陈遐璧	泾县	监生	候补运判	光绪八年任
郭福沅	闽县	副贡	候补运判	光绪九年任
龙泽钧	湘乡	监生	候补运判	光绪十年任
李以牧	钱塘	监生	候补运判	光绪十一年任 光绪十五年再任
洪　钜	歙县	监生	候补运判	光绪十二年任
钱敬曾	钱塘	附监生	候补运判	光绪十三年任
扎拉芬阿	正黄旗	监生	候补运判	光绪十四年任
金耀忠	钱塘	荫生		光绪十五年任
郑　琦	仁和	附贡	候补运判	光绪十六年任 光绪三十一年再任
杨永锡	清江	监生	候补运判	光绪十七年任
任　杰	乌程	附贡	候补运判	光绪十八年任
田恩厚	阳曲		候补运判	光绪二十年任
林钟峽	鄞县	举人	候补运判	光绪二十年任

续表

姓　名	籍　贯	出　身	曾任官职	任职时间
郑德璇	鄞县	举人	候补运判	光绪二十一年任
鲍孝裕	和州	附贡	候补运判	光绪二十二年任
杨葆钧	怀宁	监生	候补运判	光绪二十三年任
王鹏豫	山阴		候补运判	光绪二十四年任
方　期				光绪二十五年任
恽毓昌	大兴	监生	候补运判	光绪二十六年任
黎　琨	湘潭	监生		光绪二十七年任
胡光国	涿州	文童	候补运判	光绪二十八年任
杜际辰	太平	附贡	候补运判	光绪二十九年任
夏敏功	蕲州		候补运判	光绪三十年任
毛昌骏	长沙	监生	候补运判	光绪三十一年任
丁士年	大兴	监生	候补运判	光绪三十二年任
褚德蔽	馀杭	附生	候补运判	光绪三十三年任，宣统二年再任
戴文隽	嘉善	附贡生	候补运判	光绪三十四年任
白曾然	大兴	附贡生	候补运判	宣统三年任

四、知名官员

最知名者，主要有陈厚耀、任大椿和刘熙载等。

（一）陈厚耀

陈厚耀（1648—1722），字泗源，号曙峰，泰州海陵人，是康熙年间全国最优秀的历算学家、史学家之一。

陈厚耀是康熙四十五年（1706）进士，时年59岁。年轻时曾师从梅文鼎学习天文历算，由于勤奋好学，他成就斐然。陈中进士后被李光地看中，李光地是康熙年间重臣，深得康熙赏识，官至大学士。他对天文历算也很有研究，被一代文宗阮元（1764—1849）列入科技史著作——《畴人传》。

图 8-2 陈厚耀故居，引自《陈厚耀：康熙身边的历算家》，《泰州晚报》2012 年 11 月 11 日

康熙召见陈厚耀时，现场面试，题目是三角形方面的内容，陈厚耀答题快捷，康熙非常满意。康熙还问他能不能测北极出地的高下、地周等，他都一一作答，包括目测要做一些增减。我国古代数学关于粮食堆体积的近似计算中，曾有尖堆与倚壁堆的计算方法与公式，对这些公式，陈厚耀都能予以数学证明。

康熙四十九年，陈厚耀又被康熙召到身边，并让他阅读宫中的珍本秘籍。康熙将陈厚耀召入南书房，让他和梅文鼎的孙子梅瑴成共同编定《律历渊源》。康熙还送给陈厚耀很多数学类著作，如《算法原本》、《算法纂要》、《几何原本》，还送给他字典、西洋仪器、松花石砚、瓜果等很多东西，待遇十分优厚。康熙是深通自然科学的皇帝，他的评价及厚爱是对陈厚耀的最大褒奖。

陈厚耀于康熙五十二年被授为翰林院编修（焦循编《扬州足征录》将陈厚耀的传记名为《陈太史传》）。次年，陈厚耀的母亲去世，康熙给他一笔费用，并让江宁织造曹寅帮他料理丧事，可见规格之高。丧事完毕，康熙又催他尽量早点回北京。

康熙五十七年，陈厚耀任同考官，协助主考选拔人才。过了一年他就因病回乡，三年后去世。

——史学成就影响深远

阮元在为陈氏作的传记中称他“所著书有《孔子家语注》、《左传分类》、《礼记分类》、《战国异辞》、《十七史正讹》及天文术算诸书”。前面五部代表作以史学为主，兼及经学。即以陈厚耀的历算而论，也属于历史学中年代学的范畴。

我们今天读历史书，会碰到很多阴历阳历方面的问题，闰年闰月也是一件麻烦事，如果不细加审读，就会将历史事件发生的时间弄错。今人读书，遇到这方面的问题可以查阅陈垣的《二十史朔闰表》，古代就麻烦多了。举例说，我国在秦代以前历法无考，要研究春秋的历法就更不容易了。改朝换代时，新政权往往要改元；万历四十四年满人即冠以清元；汉朝没有改历前，按秦代的纪年，以十月为岁首，不是我们现在讲的正月；再加上明末以来西历的传入，还有回历，读史要做到不出错，绝非易事。

闰按现在的公历每四年要加一天，即二月份有 29 天，这是闰日，有闰日的这一年称为闰年。而农历每二年或三年，要加一个月，所增加的这个月称为闰月，平均十九年有七个闰月。陈厚耀在《春秋长历集证》中对怎样推算月大月小，怎样推算闰年闰月，都给出了详尽的说明。

陈厚耀对《大衍历》以及杜（预）历，都有详细考订，并补充前人历法的依据，也纠正了前人的一些错误。韩国钧将该书编入《海陵丛刻》，并称海陵“代有通人”，而陈厚耀“于杜氏之学有大功，不可谓非邦人幸”。

陈厚耀的《春秋氏族谱》也对后人有重要启发作用。汉晋以降，极重门第，而氏族的起始，只有追溯到春秋时期，才能弄清各姓氏的来龙去脉。陈厚耀的撰述，对后世编写家族谱具有深远影响。

——为家族长辈写传

陈氏家族是明代中叶从江西吉水迁到泰州的，泰州陈氏一支的修谱时间是在明代万历年间。嘉庆年间续修家谱的陈安策曾回忆“在昔叔曾祖曙峰公（指陈厚耀）史馆修撰余暇删订家乘”，很多内容出自陈厚耀的手笔。

陈氏家族的名人中，为人们所熟悉的有陈应芳，他因修建日涉园（今称乔园）和治水而载入泰州史册。在家谱中，陈应芳为第七世。陈氏第十世出了两个有影响的历史人物，即陈忠靖和陈志纪。

陈忠靖是陈厚耀的伯父，陈志纪是陈厚耀的堂叔，二人都是清初泰州的名士，在政治、学术和诗文上都有成就。

陈厚耀写陈忠靖，主要描述他在顺治年间查办贪官的情况，以及敢于犯颜直谏的精神。陈忠靖的正直办事得罪了很多人，38 岁时就离开朝廷，回到家乡泰州。陈志纪也是敢于直谏之人，为此得罪了年轻的康熙皇帝，后来被贬到宁古塔。

陈志纪被贬宁古塔时，柳敬亭专门为他送行并带信给他住在泰州的岳父朱淑熹。在《陈氏家乘》中还发现与柳敬亭友善的吴伟业（字梅村）曾为陈志纪的妻子撰文，题为《太史陈公雁群（雁群为陈志纪字号）元配朱孺人墓志铭》，这篇文章为《吴梅村全集》所失收，是一篇很有价值的轶文。

陈忠靖安贫乐道，在政治上，更是敢于坚持自己的见解。《清通鉴》顺治十一年载“诏降刑科右给事中陈忠靖四级，调外用，以其奏请宽生员隐匿逃人之罪故也”。这之前，王公大臣曾合议要将陈氏革职，这是很严厉的处分，还好顺治皇帝有点头脑，他认为陈氏是言官，谏言是他的本职工作，意见提得严厉些降级就行了，不至于革职。

30 年后，著名清官施世纶到泰州做官，刚来泰州就拜访陈忠靖，他说：“陈公由名进士擢言官，犯言敢谏，直声动天下，未几以谪去，天下咸惜之……予生长京师，久稔公名而未之识，今上二十四年（1685）冬承乏海陵，亟趋公宅一见颜色，更加敬慕焉。”孔尚任到泰州也是首先想拜访陈忠靖，可惜陈氏刚去世，孔氏惆怅不已。这说明清官总是受到人们爱戴的，陈志纪、陈忠靖这样的清官正是泰州乡贤的优秀代表。

——应制诗作颇有可观

陈厚耀的文学水准也很高，他以历算和史学著称，写诗是偶尔为之。他现存的诗全部是应制诗，即奉康熙皇帝之命而作。一般来说，应制诗大都是歌功颂德之作，不容易抒发自己的真实感情，后世直接将这类诗文称为应制体。这类诗，属于戴着锁链跳舞，但陈厚耀写得还颇有可观。

例如，他的《咏热河瀑布进呈》诗云："地气升阴倒海流，庐山移向北兴州。只今那得星槎使，溯入仙源问玉虬。"以热河瀑布比庐山瀑布，自有可观。

又《热河趵突泉》云："由来凿饮颂康衢，谁道甜泉汇胜区。万派寒潮飞匹练，半天花雨洒明珠。膏流海外寻源处，清在人间发轫初。此地风云开北极，灵根玉窟拥皇图。"

《北苑新秋应制》诗云："云天清暑色，木叶送秋声。水浅鱼龙起，山空鹤鹿鸣。南凭金阙近，北眺翠屏清。一路沙痕白，拈花亦有情。"这首诗，以写实景为主，结句"拈花亦有情"可算点睛之笔，情景交融。

除五言、七言外，陈厚耀还创作过六言诗。这种形式，相对少见，更是其作品中唯一的一首，题目是《镜水云岑应制》，诗云："何处湖山佳境，天然碧宇澄潭。宝鉴一泓止水，庆云万状浮岚。坐啸风薰日暖，闲寻径曲泉甘。冀北阳春有脚，会心何必江南。"这首诗，较为明快，其中"闲寻径曲"反映出一种难得的雅趣，"会心何必江南"反映出他对北国风光的由衷喜爱，也说明当时南方的园林艺术深深影响了北方。

——与进士杜光先交厚

陈厚耀不善交友，最好的朋友应数康熙年间的泰州进士杜光先。杜光先所写的《祭曙翁陈年长兄先生文》，使我们对陈厚耀早年和晚年的情况更多了一层了解。

杜光先深情回忆了和陈厚耀从小同学的情景，并说"公长余一岁，余兄事之"。这说明陈厚耀出生于1649年，从1666年起，他们一起受业于鲁韦王夫子之门。少年陈厚耀就显出过人的才华——"公每一课艺出，辄倾倒同人。"但后来杜光先在陈厚耀前面考中举人和进士。1705年，杜光先在京城得悉陈厚耀考中举人时"不胜狂喜"，当时杜的好友魏氏精于天象，谈到杜氏不能解释的事时，杜告诉魏，我们家乡的新科举人陈君长期研究天象，他马上就要到京城应试了。陈厚耀到京后，还没有来得及休息，友人就聚到一起谈论天文历法，魏氏连称相见恨晚。

据杜光先叙述，陈厚耀"和而介"，这里的"介"指操守，同时有不合群的意思。他虽然身居京城，但对权贵从不拜访，有人劝他，他仍然我行我素。《家乘》上说他"不事雕饰"、"落落寡交"，看来他的大部分时间都是在默默地研究学问，而不是用于交际。回故乡泰州时，他已经年逾古稀，与人打交道也少，"居则惟静养会心楼"，颐养天年。

陈厚耀有两个儿子、四个女儿。长子传颖为妻子朱氏所生，次子传华为侧室刘氏所生，传华善文辞，为父亲写过一篇《行述》，情真意切，颇为感人。

另外，泰州望族之间通婚的较多，如陈忠靖的次女嫁给俞梅，俞梅即渔壮园主人俞锦泉的次子，曾参加编写《康熙字典》等。陈厚耀的四女为宫焕光所聘，宫焕光是名士宫伟镠的曾孙，他们本是门当户对的才子佳人，可惜未及迎娶陈女便去世。古代家谱中对女子的记载很少，尽管未娶陈女，乾隆版《宫氏族谱》中还是重重地记了一笔。

（二）任大椿

任大椿（1738—1789），字幼植，一字子田，泰州兴化人。少工文词，家贫。乾隆三十四年（1769）二甲第一名进士，授礼部主事，乾隆三十八年授《四库全书》纂修官，旋迁任员外郎、郎中，乾隆五十四年（1789）升陕西道监察御史，未莅任而卒。

任大椿一生，"惟键户读书，不肯谒权贵"，因而政治上并不得意。从乾隆二十五年 23 岁中举起，32 岁中进士授礼部主事，36 岁以主事修四库全书，49 岁迁员外郎，51 岁迁郎中，直至 52 岁去世那一年方以郎中授陕西道监察御史。《兴化县志》记载他"天性淳朴，事亲能尽色养；非其道义，铢黍不苟取"。正因为如此，死时竟无钱下葬，弟弟把他的藏书卖了，才得以归葬。

作为徽派朴学的知名学者，任大椿长于治《礼》经，尤其长于名物，而且精通小学诸类。

任大椿比戴震年少十五岁，曾与戴震同举于乡，又师从戴震，因而习闻其论说，遂从此专心治于经学，究心汉儒。之后又跟从朱筠游学，学识日进。《全书》、《礼经类提要》虽不出一手，但皆为任大椿所详定，时人佩服其清简之风格。

任大椿的学术，有着深厚的家学渊博。祖父任陈晋，就是一位经学家。曾担任徽州府教授，“徽士多通经者，晋至，老师宿莫不心服”。著有《易象大意存解》，被收入《四库全书》经部易类。《四库全书总目提要》评价说：“是编不载经文，惟折衷诸家之说，明易象之大意。故以为名，卷首标凡例七例，多申尚象之皆，书中首论太极五行，兼谈河洛先天储图，然发挥明简，惟标举其理所可通，凡一切支离推衍布算经而绘弈谱者，剪除殆尽。其凡例有曰：后之言象数者流入艺术之科，其术至精而其理亦更奥涩，然偏于一隅，似反涉形下之器。可云笃论。”

任大椿治学作风严谨，注重小中见大。其治《礼》初欲荟萃全经，深入研究之后方知《礼》浩博难尽，于是变通方法，“思即类以求，一类既毕，乃更求他类”。后之学者，如能推广其意，循序渐进，分而治之，最后通解全经的愿望当不难实现。所著述的《弁服释例》、《深衣释例》二书，皆就《礼》经中最小的问题进行研究，剖析入微，也是徽派朴学家主张作“窄而深”研究的典型例子。

值得一提的是，除经学研究外，任大椿的诗也写得很好。《兴化县志》称：“所撰乐府古诗为钱尚书陈群、沈文恪德潜称赏。”王鸣盛在《叙任子田诗初集》中赞扬说：“其乐府幽深杳冥，五古曲折微至，而一种淡风远响，又入韦柳之室，是真卓然名家者矣。”著名诗句“无言便是别时泪，小坐强于去后书”、“放船归思减，久客别人难”为袁枚激赏[①]。

（三）刘熙载

刘熙载（1813—1881），字伯简，号融斋，晚号寤崖子，泰州兴化人。出生于一个“世以耕读传家”的清寒知识分子家庭。父松

---

① 《随园诗话》。

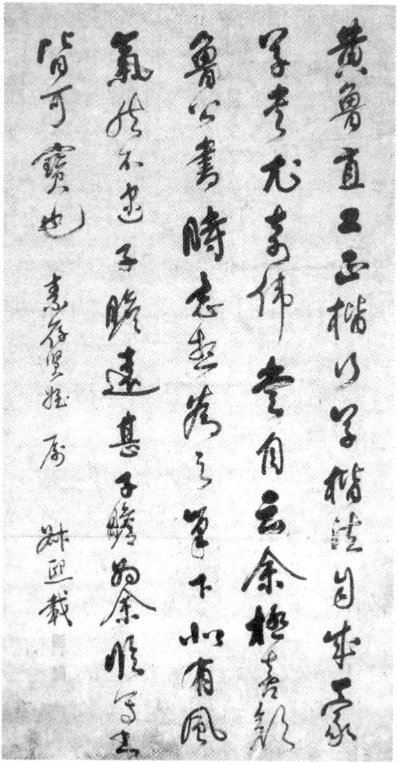

图 8－3　刘熙载《行书轴》，引自《泰州馆藏珍宝》

龄，字鹤与，监生，是个闲居乡里的“隐君子”。“少孤贫，力学笃行，读书睹指识微，约言孱守”①。道光十九年(1839)，熙载二十七岁，乡试中举。道光二十四年，熙载三十二岁，中进士，以文章与书法均优，改翰林院庶吉士，授编修。咸丰三年(1853)，皇帝召对称旨，旋奉命入值上书房，为诸王师。“久之，上见其气体充盈，蚤暮无倦容，问所养，对以闭户读书，上嘉焉，书‘性静情逸’四大字赐之。② 咸丰六年(1856)，年终考绩，二乐察，公名在一等，记名以道府用”③，“不乐为吏，请假客山东，授徒自给”。咸丰十年(1860)，英法联军侵犯北京，“部中有惊，官吏多迁避，熙载独留。和议成，鄂抚胡文忠(林翼)以‘贞介绝俗，学冠时人’疏荐”④。明年，应胡林翼之聘，离京赴武昌任江汉书院主讲，嗣因太平军二次西征，生员逃散而未果，于是进入山西，在汾河一带浪迹漫游。其汾河柳诗

① 《清代七百名人传》，中国书店 1984 年。

② 《俞樾左春坊左中允刘君墓碑》。

③ 《萧穆刘融斋中允别传》。

④ 《兴化县志》卷一三。

云:“节近清明柳未新,汾河寒色感羁人。十年浪迹浑闲事,知负淮南几树春。”“同治元年(1862),诏起旧臣,而君与焉。其明年,两奉寄谕,趣入都。”[①]同治三年,补国子监司业,其秋,命为广东学政,补左春坊左中允,掌管广东全省各府、州、县学生员考课黜陟之事。三年任期未满,即请长假归里,从此脱离官场生活。

刘熙载晚年一直主讲于上海龙门书院。“与诸生讲习,终日不倦。每五日必一问其所读何书,所学何事,讲去其非而趋于是。丙夜或周视斋舍,察诸生在否。”因而,时人誉之为“以正学教弟子,有胡安定风”[②]。与熙载主持上海龙门书院的同时,著名学者俞樾主持杭州诂经精舍,两人时相过从,谈谐甚乐,切磋学问,胜名当世。

光绪七年二月乙未,刘熙载卒于故居古桐书屋,享年69岁。“诸生千里赴吊,诵其遗言不衰。光绪壬午,奉旨入《国史·儒林传》,有‘品学纯粹,以身为教’之褒。龙门诸弟子公建祠于松江郡城。郡守陈遹声就祠旁建融斋书院,以志不忘。”(民国《续修兴化县志·人物志》)

在晚年所撰的《寤崖子传》中,刘熙载自述生平说:“仕皆师儒之位,自其为诸王师,为太学师,与夫在乡塾为童子师,客游为远方士子师,出处不同,而视之未尝不一也。”又说:“于古人志趣,尤契陶渊明。其为学与教人,以迁善改过为归,而不斤斤为先儒争门户。”《清史稿·儒林传》品评他的一生说:“平居尝以‘志士不忘在沟壑’、‘遁世不见知而不愠’二语自励。自少至老,未尝作一妄语。表里浑然,夷险一节。”可以说,终其一生,表现了书生本色,儒者气象。《清史稿》、《民国续修兴化县志》、《清代七百名人传》、《清代朴学大师列传》等均有刘熙载传。

---

① 俞樾左春坊左中允刘君墓碑。

② 《清史稿》卷四八〇《儒林·刘熙载传》,中华书局1977年版,第13159页。

五、靖江抗英斗争

靖江抗英斗争作为中国人民抵御外敌入侵过程中的华彩篇章，闻名于中国近代史，战斗中缴获的英军军服、武器也被国家博物馆珍藏，在抗英斗争中所有知名与无名的英雄们，也必将被后人世代传颂。

道光二十年(1840)，英国侵略军对中国发动鸦片战争。6月份，英军先向广州和厦门发动进攻，在林则徐、邓廷桢的英勇抗击下，英军没有取得军事上的进展。可是昏庸无能的道光皇帝对英国政府采取投降政策，听信谗言，将林则徐、邓廷桢撤职。这样，英军就有了可乘之机。道光二十二年6月13日，英军进入长江口，16日攻陷吴淞，19日进占上海，此后溯江而上，攻陷无锡、江阴、镇江，8月19日到达南京城下，逼迫清政府签订《南京条约》。

1842年8月13日，就在清政府与英军签订《南京条约)期间，驻在江阴的英军后援部队为向前方提供食品，从黄田港北渡来靖。英军将船停在东双港(即现在的膨蜞港西扒灰桥)，对居民大肆掳掠。居民见状纷纷逃避。英军掳掠之后，即乘船离去。8月14日又有10多名英军士兵在一名英军头目的带领下，乘舢板船到靖江抢掠。英军上岸后，直奔一位姓倪的秀才家里。这位秀才刚刚去世，客厅里还停放着他的棺木。英军用军刀劈开大门，闯进室内抢劫食品财物，而后见到棺木，以为里面藏的是金银财宝，便将棺木劈开。谁知劈开一看，却是秀才的尸体。英军大为恼怒，一气之下，将秀才的尸体戳烂。接着英军又窜至南门外将一位坐轿出诊的老中医鲍星照拖出轿外，用刺刀割去他的耳朵，致使他流血而死。

英军作恶的消息传开，百姓怒不可遏，纷纷拿着木棍、锄头向英军冲杀过去。这时英军正背着抢来的东西，得意洋洋地往回走，一见来了这么多手拿器械的百姓，十分恐慌，立即四散逃命。谁知带队的英军头目慌乱中找不到归途，反而沿着城墙向城里走。恰巧这时有个叫"恍恍儿"的少年在城头上观察敌情，看见英军头目走来，随即搬起一块城砖往下砸去，英军头目"哎唷"一声惨叫，当即脑袋开花。这时百姓们也纷纷赶事到，你一锄头，他一棍棒，将英军头目打死。这次战斗，英军死一人，伤数人。百姓缴获军刀一把，没有伤亡。

老百姓打败了英军，个个欢欣鼓舞，可知县杨凤融却犯了愁。他知道，斗争虽然取得了小小的胜利，但凶恶的英军是不肯就此罢休的。靖江城很小，只有一名武官，几十名兵丁，武器也只有长矛、大刀和百姓使用的农具。而英军却有当时最先进的舰船和大炮，一旦英军前来报复，是难以抵御的。况且朝廷已发布命令，在签订和谈条约期间，不准对入侵英军使用武力，谁违抗命令，就要以破坏议和论处。杨凤融既慑于朝廷不准抵抗之命令，又激于民众抗敌之热情，感到左右为难。于是，他决定当晚召集县署官员与绅士开会，商讨对策。会上，投降派与主战派针对白天发生的事展开了激烈的争论。最后杨凤融说："现在英军的炮口已经对准了我们，我们不能坐以待毙。作为县官，我应该身先士卒，带领百姓和兵丁同英军决一死战！"他的话，赢得了与会者的一片掌声。散会后，杨凤融立即动员百姓和兵丁准备武器，迎接战斗。天亮前，千余人的队伍整顿就绪，在杨凤融、陈凤和一位武官的带领下，悄悄地埋伏在东门外的江堤下面。

8 月 15 日清晨，晨雾笼罩着江面。8 时左右，晨雾渐渐消散，从江阴黄山脚下，驶来三艘悬挂"米"字旗的英国舰船，英军果然前来报复了！十几分钟后，英舰驶近北岸，成"一"字形地停靠在城外的江滩前面，随即对城内进行炮击。几声巨响，城内瓦石横飞，不少人家的房屋被炮弹击毁。百姓和兵丁见状，难免有些紧张。但他们的心中燃烧着仇恨的怒火，没有一个胆怯，更不考虑自家的损失，而是静静地等待英军下一步的行动。

英军开了一阵炮，见没有什么动静，以为城里的人不是被炸死，就是吓跑了，便放心大胆地下了舰船，向靖江城发起进攻。当英军接近江堤时，埋伏在堤下的鸟枪队员突然探出身子，向英军猛烈射击。由于双方距离很近，英军又毫无防备，被打死打伤的很多，剩下的连滚带爬地溜到了船上。不一会，英军又要发动第二次进攻，这时千余百姓和兵丁一齐登上江堤，挥舞着手中的器械，发出雷鸣般的呐喊。英军被这巨大声势吓呆了，只好龟缩在船头，用毛瑟枪远远地射击。

战斗持续了一个多小时后，只听见“轰”的一声，一艘英舰爆炸起火。原来这艘舰上的火药舱被鸟枪击中，英军有的被炸死，有的被烧伤，有的跳进长江被淹死。这时又突然刮起了西风，潮水骤落，英军知道攻不下靖江城，又怕断了后路，不得不开动剩下的两艘舰船，逃回江阴去了。

靖江人民取得了抗英斗争的全胜！纵观鸦片战争的历史，单靠群众的力量打败英军的，这是第一次，也是唯一的一次。这反映了泰州人民不畏强敌、英勇抗争的民族精神，因而著名历史学家范文澜在他所著的《中国通史》中，对靖江人民的抗英斗争专门作了记述，并给予高度评价。靖江人民英勇抗击英国侵略者的事迹，永远值得后人感怀与纪念。

第二节 经济状况

明清五六百年间，泰州成为真正的“太平之州”，战乱稀少，社会安定，资本积聚，粮食贸易活跃，盐业和城市工商业十分繁荣。社会的安定吸引了大量外来人口，各地客商与客商的不断涌入，刺激了泰州商业的发展。盐船如梭，商贾云集，徽腔楚调杂陈，当时诗人有“繁华应号小扬州”之叹。

一、人口

经过明末各地的农民起义、社会动荡以及清军入关以来的军事行为，无论是北方的中原地区，还是南方的州镇，又一次遭受到了破坏。尤其是扬州地区，经过“扬州十日”，几不成市。

而此时的泰州地区却较为幸运，避开了不少兵燹之灾，清初及太平天国战争期间，江南、皖南及六合、江都一带居民纷纷迁来避难，而经过了所谓的“康雍乾”盛世，其人口增长更快。据《道光泰州志》的记载乾隆三十三年，泰州全境有编户 120858 户、丁 428347；嘉庆元年，泰州全境有编户 128386 户、丁 794788；道光元年，泰州全境有编户 137965 户、丁 1139251。而光绪元年（1875），则有户 171010、丁口 1213856。截至民国元年，泰县全境为 1050985 人。

由以上数据可以看出，在清朝两百多年间，泰州地区的人口以稳定的速度实现了大规模的增长。

除了固定人口以外，伴随着经济发展、商业的繁荣，泰州地区还有不少流动人口，如商贩、佣工、乞丐等等。在这里，我们不妨以清代扬州的刑科题本档案为切入点，以扬州府所属江都县和甘泉县个案为观察对象，从局部和某一侧面认识清代中期扬州的城镇经济发展水平，进而对当时城镇居民的生存方式有所了解。需要说明的是，在清朝扬州、泰州两地相隔不远，发展程度类似，在文化、方言等方面亦属于同一区域，故常以“扬泰”相称。因此，这里虽然利用的是扬州地区的材料，但同样可以反映出一些泰州地区的状况[①]。

根据档案，当地的流动人口可分为三类：

(1) 经商流动人口

例如崔百仓，山东聊城人。嘉庆十七年十月，小时同姑夫姚文泰贩梨、枣来到扬州。因货未卖完，尚未回籍。该案背景资料显示，嘉庆十八年三月当事人仍在扬州。这意味着，他们在当地停留时间已超过五个月。该案例中所涉及的贩卖水果的山东人有五、六个，可见山东水果客商在当地成为一个群体。

再如刘二供，湖广武昌府江夏县人，三十一岁。乾隆二十四年冬帮表兄周士贵撑船驾杉木来扬州，投程公来行里发卖。杜六长，江西南昌府新建县人，三十五岁。乾隆七年三月，与亲戚邓子文、邓配五三人各出六两银子合伙贩卖木篙到邵伯来卖，将木篙运到邵伯镇周东如行里发卖。六月十九日卖完，二十日结算账目。

此外，外地人在扬州经营小生意者也有不少。

例如周五，丹徒县人，前往扬州钞关门外做小生意度日。李胡子，徐州府铜山县人。在钞关门外城河南岸租房居住，开杂货店生理，叫素识的范宗山在店帮伙。范宗山，河南固始县人，三十岁，小时到扬州遇见素识的李胡子，留在李胡子店里帮伙。

再如孙六，河南考城人，四十四岁，在邵伯河东开张饼店，并卖粉条生理。黄礼，安徽砀山县人，四十四岁，在邵伯河西开张烧饼粉条店，雇一山东曹县人做帮工。孙六时常挪借货物，即当自己店中某种商品脱销时从邻居店中借来销售，以后将所借货物归还。

---

① 本目所引用的清朝刑科档案皆转引自王跃生《清代中期扬州市镇经济水平和民众生活初探——以刑科题本档案资料为基础》，《清史研究》2011年第2期。

(2) 各种流动性佣工

扬州的船运业所需雇工多数为外来人员。例如王世林，山东东平州人，四十三岁。在江都拉纤度日。

例如郜子良，盐城县人，年三十五岁，向在扬州一带帮人拉船为生，没有船拉就在沈朝观饭店里吃饭住。蔡玉供，安徽凤阳人，二十七岁。帮人撑船度日。

其他行业的佣工也有不少外乡人。相对来说，流动择业群体中扬州附近州县人更多。例如吕美，宝应县人，向在扬州挑水度日。房有仁，泰州人，四十岁，并无兄弟妻子，常在江都县地方帮做短工度日。乾隆五十一年七月到陈金书家借住寻工。薛成锦，丹徒县人，三十岁，在案下佣工度日。

可见，扬州本地船运业、服务业和各种工商行业对雇佣劳动力的需求相对旺盛，因而它吸引大量周边地区成年劳动力前来谋生。其中尤其值得注意的是房有仁，泰州人，这说明当时扬泰两地的经济交流、人口来往颇为频繁。

(3) 农村无业和生存困难者的流入

一般来说，在农业与非农业、农村与城镇并存的时代，城镇常常会成为农村贫穷无业者寻求新的谋生方式的去处。扬州在清代中期对周围农村人口具有这样的吸引力。

总的来说找寻工作、挣钱糊口是多数农村无业者来扬州的主要目的。

例如丁张氏，盱眙县人。丈夫丁名因家里穷苦，没有生计，从前曾在扬州帮工。于是六月二十九日，带了小妇人并前夫生的两个儿子并小妇人生的周岁一个幼女，同到扬州来寻人家帮工度活。七月初九日到了扬州。嵇太沅供，他的小侄胡顺原籍泰州。因父母俱故，别无亲属，到江都找寻工作，借住他家内。

当然，也有来此地投亲或逃荒之人。

例如王林氏，丈夫王奇是海州人，本来有病，因穷苦难过来到扬州、投亲不遇，就租乔老汉房子暂住的。彭大供：山东郯城人，二十岁。家里年荒，逃出来讨饭度日。

一般来说，城市的维持和稳定发展需要有一定数量的常住人口作为支撑，常住人口又多从流动人口转化而来。清代中期的扬泰地区保持了百年的繁盛期，它必然使一部分流动人口沉淀为常住人口。

通过以上档案资料，我们对清代中期扬泰地区市镇经济发展水平和普通民众生活的一些方面加深了认识：扬泰地区是一个商品经济发达、商业服务体系相对完善的地区，表现为物流环节比较健全，商业活动形成规模，管理比较规范，商业经营的专业化程度较高。因此，清代中期的扬泰地区既是农村无业贫困人口寻求新生活的场所，也是对外地客商具有吸引力的经商和生活之地。外来人口有了落脚之地，本地的经济也得以活跃发展，形成了一定的良性循环。

二、农业

清承明末战乱，农业衰敝，因此清初的皇帝必然采取措施发展经济稳定秩序。而农业仍是清主要主产部门，因此，经济的发展首先就表现在农业生产的恢复与提高上。清代，我国土壤耕作理论与技术之发展的重要特点，就在于它的系统化与条理化。就具体技术来说，南方稻区冬闲田的耕作技术有了新发展，稻麦两熟田的耕作技术更加完善：而北方旱地则在因地因时因物耕作方面有了新发展，对区田和代田进行了新的探索。

在当时的江苏地区，随着农业生产技术的提高，在稻麦等作物实行一年两熟制，取得良好的效果。《江南通志》卷八六记载，徐州府水稻种植，并认为水稻“乃他郡之常产，惟徐地止种黍稷麦菽，近间有种稻者，止水旱二种，故稻还为特产。萧县白米，山泉湔溉者尤佳。可见人工足以兴地利，正不必使有矿土也”。这条说明在清前期，伴随着技术的进步，连以往不产水稻的徐州地区都开始种植水稻了。而在徐州南方的淮安府、海州等地，水稻种植的普及程度要深得多，更南边的扬州、泰州等地，就更不用说了。这一点，从《道光泰州志》所记载的清代泰州所出产的谷物品种中就可见一斑。

根据记载，当地出产的谷物有泰州红、马尾赤、鹤脚乌、雀不知、随犁归、救公饥、六十日白、观音秈、驼儿白、小香、早香、黑早、白早、早秈、斑秈、焦芒、赤芒、黄芒、紫红芒、乌壳、深水红、了田青、下马看、鲫鱼秈、香粢、鳝鱼黄等等。这说明，当时泰州地区的农业种植技术非常发达，物产丰富。

不仅仅是农业技术发达，在水利方面，清代泰州地区也取得了较为长足的发展，康熙、乾隆年间，泰州地区都开展过兴修水利的工程，其主要内容是修筑、加固堤坝。如乾隆十八年，在泰州分司王又朴的主持下，当地盐商捐筑了堤坝。乾隆二十三年，盐政高恒重又重修增筑了南堤六十余里，且“开涵洞以光宣泄”。此外，嘉庆、道光年间，亦不断对于堤坝进行改修、加固。

清代泰州地区水灾频繁。水灾连续3年发生的有康熙三十五年(1696)、三十六年、三十七年，道光十九年(1839)、二十年、二十一年。此外，还有不少年份水、旱灾害交替发生。如康熙五十二年(1713)旱，五十四年水，五十五年旱，五十八年水；乾隆五十年(1785)旱，五十一年水，五十二年水，五十五年夏旱、秋水。

水灾的不断发生，破坏了泰州当地的水利设施。也正因为如此，如前文所提及的，泰州地区兴修水利的活动贯穿于整个清代。值得注意的是，尽管自然灾害不断，然而饥荒的年份却为数不多(文献记载的仅有乾隆五十年、嘉庆十一年、道光十二年、光绪三十三年“春大饥四次”)，并且很快就度过了难关，这不得不归功于水利设施的完善。

在赋役方面，清朝在承袭明朝一条鞭法的基础上，又有所变化。《清史稿》中的一段材料将这种情况表述得非常清楚：

> 清初入关，首除明季加派三饷。时赋税图籍多为流寇所毁。顺治三年，谕户部稽藏钱粮原额，汇为赋役全书，悉复明万历间之旧。计天下财赋，惟江南、浙江、江西为重，三省中尤以苏、松、嘉、湖诸府为摄……十一年，命右侍郎王宏

祚订正赋役全书，先列地丁原额，次荒亡，次实征，次起运存留。起运分别部寺仓口，存留详列款项细数。其新垦地亩，招徕人丁，续入册尾。每州县发二本，一存有司，一存学官。赋税册籍，有丈量册，又称鱼鳞册，详载上中下田则。有黄册，岁记户口登耗，与赋役全书相表里。有赤历.令百姓自登纳数，上之布政司，岁终磨对。有会计册，备载州县正项本折钱粮，腚明解部年月。复采用明万历一条鞭法。一条鞭者，以府、州、县一岁中夏税秋粮存留起运之额，均徭里甲土贡雇募加银之额，通为一条，总征而均支之。至运输给募，皆官为支拨，而民不与焉。颁易知由单于各花户。由单之式，每州县开列上中下则，正杂本折钱粮，末缀总数，于开征一月前颁之。又佐以截票、印簿、循环簿及粮册、奏销册。截票者，列地丁钱粮实数，分为十限，月完一分，完则截之，钤印于票面，就印字中分，官民各执其半，即所谓串票也。印簿者，由布政司颁发，令州县纳户亲填入簿，季冬缴司报部。循环簿者。照赋役全书款项，以缓急判其先后，按月循环徵收。粮册者，造各区纳户花名细数，与一甲总额相符。奏销册者，合通省钱粮完欠支解存留之款，汇造清册，岁终报部核销。定制可谓周且悉矣。①

除了以上措施，清代赋役中，还有一点不得不提，这就是“摊丁入亩”。所谓“摊丁入亩”，即将丁银摊入田赋征收，废除了以前的“人头税”，所以无地的农民和其他劳动者摆脱了千百年来的丁役负担；地主的赋税负担加重。同时，政府也放松了对户籍的控制，农民和手工业者从而可以自由迁徙，出卖劳动力。明代行一条鞭法，清代继续施行，部分丁银摊入田亩征收，部分丁银按人丁征收。到乾隆时通行全国，摊丁入亩后，地丁合一，丁银和田赋统一以田亩为征税对象，简化了税收和稽征手续。

① 《清史稿》卷一二一《食货二·赋役》，第3527—3529页。

同样，在泰州地区也实行了“摊丁入亩”的赋税政策。《道光泰州志》记载，康熙四十五年，奉清廷诏书，以康熙五十年人丁数为常额，盛世滋丁，永不加赋。雍正六年，又订政策，将丁银摊入田亩中，即所谓“摊丁入亩”。乾隆三十七年开始对泰州地区的人丁数加以审核，至四十年，将泰州地区丁银的征收数量正式确定为626290丁。此后，嘉庆年间又有过一些调整，但变化不大。可以想见，“摊丁入亩”的实施与赋税的相对稳定，大大加速了泰州地区农业经济的发展，解开了农民人身依附的枷锁，因而也促进了人口的迁徙、流动，商品经济也由此活跃起来。

三、商业

由于运河的发达与盐业的带动，泰州地区的商业自宋元以来就颇为繁荣，明清时期也是如此。上一章中主要介绍了泰州地区的坝上、税务桥等地方的商业状况，而本章则主要介绍泰州地区的粮行与街市。

图8-4　泰州税务街

（一）数量众多的粮行

从坝口向北过板桥到通仓桥，稻河两岸都是盐栈和数十家过载行，再向北就是一家挨着一家的粮行了。赵瑜的竹枝词“粉字书墙认陆陈，清化桥边多米客”，下有注曰：“清化桥东为孙家桥，西为通仓桥，皆沿河米市也，其米由下河七邑装载而来。”七邑之粮一水买卖，稻河“两岸终日量升斛斗生涯极盛，劳工邪许声不绝于耳，露天之粟一望如云”①。及至民国后期，稻河两岸粮行达六百多家，占泰城商号四分之一，粮食最高到货量日达万担以上，江南江北粮食行情，均以泰州粮价为准，视其涨落而涨落。

粮行有上行、下行之分。稻河边有名之上行主要有大隆、大德、大丰、大明、震丰、吴同泰、周钜泰、沈燮记、徐甘记等。上行多有雄厚的资本，除自营买卖外，主要业务是代外地厂、商收购大批粮食，也代囤积待价而沽的商人收存粮食。其客户多为上海、无锡、苏州、南通等地的面粉厂（如阜丰、华丰、复新、茂新、和丰等厂）以及油厂、米商、粮商。一些上行附设碾米厂，自己碾米出售之余，亦代外地粮商将购买的稻谷碾成大米运出。大的上行还另有堆栈，经营堆存粮食业务。信誉素著、有资本的上行还与银行订约，为其特约堆栈。客户凭“栈单”可向银行抵押贷款。有的厂商和上行本身，为了周转“头寸”，购买粮食，每每向银行押贷。也有老客户实际并无粮食堆存，请上行开出“空头”栈单向银行贷款。押贷时，银行例行公事，也派员前来检查实物，而堆栈的各客户储粮甚多，难以核实，每每张冠李戴。

下行专代农户和贩户卖粮，历史较上行更为悠久，孙家桥口的池源大、申恒泰、乔天盛几家都是清初即开设，此后比较有名的有元盛、管同和、许大顺、孙元春、宋大有、单乾泰、孙于天等。大的下行多为殷实之户，营业作风端正，声誉素著，对客户很少有欺蒙行为，故客户多信任之。他们的客户对象为外地客帮的

① 夏兆麐《吴陵野记》现藏于泰州市图书馆。

大粮贩、本地地主、四乡富农中农，代其出售粮食后收取佣金。小的下行本薄店小，其客户多为中农以下的农民和小粮贩。还有一种“穷斯滥矣”的下行主，并无店房，每天扛一杆秤在稻河边招揽小粮船，以出高价为钓饵，农民贪小利往往上钩，这也叫“沿河戳鳖”，这种行主人称之为“光杆司令”。

“米粮涨落通城事，一碗清茶广胜居。”位于孙家桥西的广胜居是稻河边的“粮食交易所”，屋宇宽广的茶社可容纳数百人，每天早晨稻河边各粮行上市人员和粮贩买办便集中在这里，泡一碗盖碗茶，开始品茗议价。谈买谈卖讲的都是“暗舌子”；一到十在他们口中变成“城关市镇乡街桥井殿州”，外人乍听莫名其妙。

光绪三十四年(1908)，稻河边的粮行成立了陆陈公所。过去泰州迎会，以粮食业的乐队首屈一指，理发业次之。演奏的皆为昆曲牌子，抗日战争期间红豆馆主溥侗曾特来泰州向粮行、理发业的吹打人员和上真殿的道士采录昆曲曲牌乐谱，可见其音乐水平之高。

“北门直北顺街行，七里渔行可计程。”(储树人《海陵竹枝词》)从北门到渔行的七里长街紧依于稻河，盐粮的商业活动主要集中在河西，河东的大街市井繁嚣。出东西二坝间的坡子街向北，依次经彩衣街、篮子行街、清化桥大街、演化桥大街后，过赵公桥后到渔行。

(二) 繁华的街市

彩衣街南起于紫藤花架巷，北至通仓桥口，两头各有一座砖砌跨街圈门，两圈门间百余米长的小街多有估衣店，彩衣街以此得名。泰人买衣不说“买”而叫“查”，因此“彩衣街”又被呼为“查衣街”。估衣业按规模分为衣行、衣店、衣摊。衣行领有牙行执照，经营代客买卖和当铺满当的衣服。衣店是直接向消费者出售衣服的店，早先只卖旧衣，后逐渐出售新衣以及寿衣、神衣、戏衣、苏绣制品等。民初以来较著名的衣店有侯元昌、侯太昌、吕恒昌、王盛泰、徐元泰、葛元成、邱安余等，侯氏一族曾在彩衣街开设过七家衣店，斯地亦有了“侯半街”之称。

除估衣业外，彩衣街上的胡源泰茶庄亦是泰州茶业老字号，素以经营茶叶品种多、质量好、价格公道而深得南来北往顾客的好评。街北头通仓桥口的陈德兴糟房开设于乾隆二年(1737)，特产的枯陈药酒醇厚而带药香，有活络筋骨之特效，有“枯陈美酒酿尊中，留客殷殷款曲通”的美称，其诗后加注“陈酒惟泰州与江阴有之，又名红酒”，因物稀而驰名天下。道光年间李汝珍著《镜花缘》，泰州枯陈已在全国五十种名酒之列。

过彩衣街北圈门即入篮子行街。顾名思义此街最多的当然是篮子店了，绵延近一里之街面两侧多出售竹篾制品店面。魏氏油漆店是此街最出名的手工业，“陆陈大字粉墙书”(王广业《海陵竹枝词》)即其绝活，高阔的沿街临河白粉墙上，不须打影用漆刷直接在墙上勾画字的轮廓，然后用油漆填满，写成五六尺见方的巨大楷书，铁画银钩颇具颜柳风格。涌泰源酱园亦是老店，主人姓顾，专门制作小磨麻油。园中特制香干臭干，批发给小贩数十名，每日下午提篮到街头巷尾出售，口呼“香干、臭干——顾家大茶干!”价廉物美，为佐餐下酒之妙品，颇受群众欢迎。

从清化桥口再向北就是清化桥大街，街东有“泰州十典”之首同泰典当。泰州典当业源于明崇祯六年(1633)始设的“便民典库”，为官办之公典。清咸丰三年(1853)，扬州被太平军攻克后，藩臬道运司等衙署先后移驻泰州，典当、钱庄等金融业应运而生。光绪八年(1882)，士绅魏肇元在清化桥大街开设衡泰典，民国二十二年易名“同泰”，董事会改由支更生、陆小波、张鸿渐等组成，泰县商会会长曹德良兼任经理。抗日战争爆发后，苏北地区大部沦陷，泰州系国民党鲁苏皖边区游击总指挥部驻地，出现偏安一时的局面，沿江以及下河一些巨贾豪绅流亡到泰州定居，当铺生意变相兴隆，极盛时一月超过两万号，店中曾办“万号酒”庆贺。

过同泰典当后不远，有河泊所巷连通稻河与草河，旧时泰州河泊所即设于巷内。明清时期，渔税是政府财政税收重要来源。

洪武十五年(1382)“定天下河泊所凡二百五十二”①,专司掌收渔课。《崇祯泰州志·赋役》有记载云:“河泊所原额渔户人丁共3206丁,每一渔丁每年实纳丁银0.36两,出办丁银共983.5两;闰年又加征3.8两……”仅从数字上看,泰州渔民之负担不可谓不重。清初沿袭明制,康熙二十年(1681)江苏巡抚汤公斌以渔船冒风波之险而觅衣食煞为艰苦,援引古泽梁无禁之意,奏请豁免。颇具仁君之德的康熙帝允奏,当即下旨全予裁撤,泰州河泊所随之划上句号。官署易为民居,只余巷名空留名字,赵瑜与朱余庭《海陵竹枝词》里分别有“绝世风流河泊所,当年毕竟住何人”、“妾艇常依河泊所,郎家旧住水关桥”之句。别有韵味于诗外。

演化桥大街与清化桥大街连接于演化桥口,由此向北已近城郊,粮行渐少,人烟市井也趋萧条。隔着稻河,西面是一片园田名塘湾庄,当地农人多善种芹菜。“雪落塘湾唱采芹,腊冬应市绿纷纭”,亦是稻河一景。

七里长街上亦有不少老浴室茶馆。泰州旧称浴室为“混堂”,稻河两岸较有名气的有通仓桥口温泉、演化桥口苏北、孙家桥口雅沂以及破桥口的六一泉。这一带老茶馆亦多。除了陆陈公所广胜居外,彩衣街南首紫藤花架旁的海陵春以雅致知名,清末民初的绅商常于此设宴,召妓陪酒唱曲,诗云“更有海春宜带局,通宵酒熟又香温”。此外,篮子行街上的乔园、清化桥口的金凤楼、孙家桥的北来轩等,或以鱼汤小面驰名,或以小笼点心享誉,各有特色于稻河街面。

四、盐场、盐课与盐业

泰州盐业在长达两千余年间的封建社会一直是财政税赋的特别负重者,是古城泰州经济、历史、文化的根。古泰州辖地广阔,所属有南通、大丰、东台等地,官家盐场分布广而多,盐税资

① 《明史》卷七五《职官四》,第1852页。

源十分丰富。从唐朝开始泰州就成为当时全国十大盐税征集地之一，被誉为“汉唐古郡，淮海名区”。丰盛的海盐资源，发达的海盐运销，曾使泰州繁华一时，这种情形几乎一直延续到清朝末期。

（一）盐业概况

泰州一直是盐运的咽喉要道。在清代，泰州、通州两个盐业分司所属各盐场产盐都必须取道泰州掣验后，再向各地转运。其间，清光绪二十七年春，江都（即扬州）盐商动议泰属各盐场盐船改由孔家涵直达扬州，不经泰坝转运。归乡泰州的前内阁学士兼礼部侍郎钱桂森立即电告两江总督刘坤一，力陈改道之利害，使改道之事未得实施。一直到清末，泰州都可以称之为一个盐业城市，是两淮盐业生产、转运营销和盐政管理的中心。

清政府为强化泰州域内的盐政管理，特在扬州府设置钞关，专司收缴盐税资金；后由两江总督林则徐在泰州南门城外滕家坝竖立税碑，永禁越坝逃税；又派“扬州八怪”之一的画家高风翰坐镇泰州办理盐税事务。

清代中期，扬州成为漕运枢纽和全国最大的盐业经销中心，泰州是其重要的组成部分之一。“扬州府：冲，繁，疲，难。隶淮扬海道。两淮盐运使驻。顺治初，因明制，州三，县七。康熙十一年，海门圮于海，并通州。雍正三年，通州升直隶州，以如皋、泰兴往属。九年，析江都置甘泉。乾隆三十二年，析泰州置东台。西南距省治二百十里。广三百五十里，袤二百三十里。北极高三十二度二十七分。京师偏东二度五十六分。领州二，县六。”①

盐务机构及盐场

泰州古为以盐粮集散为主的内河港口城市，唐开元元年（713）即设海陵监管理东海各盐场，以后历代均在此设盐务机构负责盐运与盐课。

① 《清史稿·地理五》。

两淮盐务机构及长官简表：

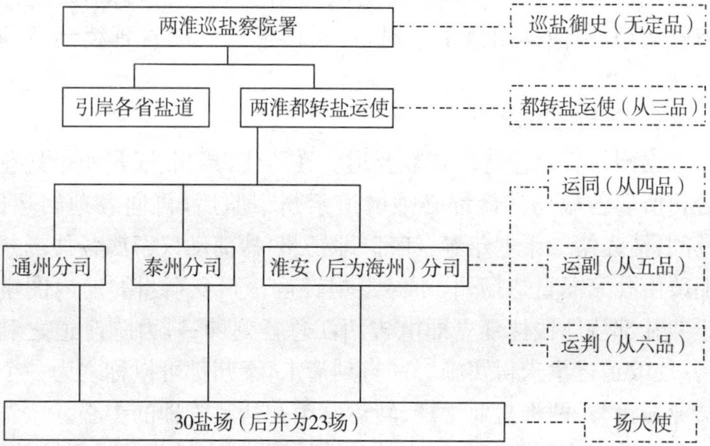

① 两淮巡盐察院署（巡盐御使）

② 两淮都转盐运使（盐运使）；引岸各省盐道（盐道）

③ 通州分司、泰州分司、淮安［后改海州］分司（运同）

④ 30 盐场［后并为 23 场］（场大使）

清代顺治年间，两淮盐运使署泰州分司运判驻东台场，管辖富安、安丰、梁垛、栟茶、角斜、东台、何垛、丁溪、草堰、小海十场。后因裁并，至清嘉庆七年泰州分司所属十一盐场系淮南煎盐，盐产量于乾、嘉年间达到顶峰，盐税亦过两淮盐税之半。

清代两淮盐业时盛时衰，淮南开始衰退，淮北开始兴盛。清康熙十七年（1678），徐渎场并入板浦场。雍正五年（1727），临洪、兴庄并为林兴场。乾隆元年（1736）新设中正场，以完渎并入，有益马塘并入石港，余中并入余西，白驹并入草堰，西亭并入金沙，小海并入丁溪。总计共裁 9 场，新设 2 场。经裁并后，两淮有吕四、余东、余西、金沙、石港、掘港、丰利、栟茶、角斜、富安、安丰、梁垛、东台、何垛、丁溪、草堰、刘庄、伍佑、新兴、庙湾、板浦、临兴和中正等 23 场。

古泰州各地标有“浦”的地方均为官盐收购的场所，查阅两淮盐法志"泰坝过掣图"及其说明,有马浦、仓浦、板浦、棋杆浦、门楼浦、三房浦、大浦、郁浦、南浦、西浦、霞浦、石浦等十多处。

(二) 行盐

清代,两淮行盐的数量有一个不断增长的过程。清初,定为每年行盐 141 万多引(清代盐引改明代大引 800 斤为小引 400 斤)。随后,由于战争频繁,兵饷开支巨大,清政府不断增加盐引的数目,以扩充收入。仅从顺治九年(1652)至顺治十六年(1659),就增盐引至 270 余万引。康熙年间,发生"三藩之乱",清廷又因军需剧增增加两淮盐课,盐引随之又有大幅度增加。按清代改明代 1 大引为 2 小引,那么清初额定行盐 5.64 亿斤,顺治十六年达到 10.8 亿斤。

清代两淮盐区的行盐范围,在明代基础上又稍有增加。以乾隆时期为例,总共行销 6 省 35 府、州,250 余州县。行销盐斤的数量为:食盐,江苏 148605 引(其中淮南 121895 引,淮北 26710 引)、安徽 121493(淮南)。

年　代	全国课银(两)	两淮课银(两)	占全国课银比例(%)
顺治年间	2701124	1339864	50
康熙二十四年	3882633	2039285	52
雍正四年	3866034	1759787	45
乾隆十八年	5560540	2179264	40
嘉庆五年	5652575	2202930	40
光绪十七年	7398799	3112182	40

清军入关后,为征收盐课,于顺治九年(1652)即确定两淮盐引数,计淮南派行 1042390 引,征课 704054 两余;淮北派行 229123 引,征课 154755 余两。

清朝后期,泰州盐产已远不如前,但从有关资料中看,前后延续了一千多年的淮南"泰州中十场"产盐仍占据着主要地位。嘉庆七年至宣统三年,110 年间 4 次统计两淮地区共产盐 84.6

万吨,其中泰州中十场产盐 49.7 万吨,占总产量的 58%[①];光绪十七年两淮盐场课税白银 8.4 万两,其中海州分司、通州分司和泰州分司分别占 14%,24.5%和 61.4%[②]。两淮销盐比较,淮南行盐(主销)鄂、湘、西、皖。鄂岸为武昌等三十一县,湘岸为长沙等五十六县,西岸为南昌等五十七县,皖岸为怀宁等三十一县,加上与其他产盐区并销的县,计有数百个县。淮南盐行销之广,可谓"纵横数千里,户及亿万家"。

(三) 盐税

泰州盐税在国家财政收入中具有举足轻重的地位,得到了历代统治者的重视。明代以来,仅盐税而言,两淮盐税一直占全国总盐税的百分之五十以上,其中泰州又占两淮盐税的半数以上。清代泰州仍以盐课为主,盐课收入逐渐成为朝廷仅次于田赋的第二大财政来源。清人李果说:"两淮盐课甲天下。"[③]黄钧宰说:"扬州繁华以盐盛。"[④]

清代盐税称盐课,除正课、灶课以外,还有盐厘、加价以及随正课附征的杂课。

清顺治初年,泰州盐课岁银超过 27 万两。顺治初,泰州每引(盐的数量单位,一引约相当于二百公斤)盐课银 3 钱 2 分 8 厘;顺治九年每引纲盐课银 6 钱 7 分 5 厘 4 毫,食盐每引课银 5 钱 2 分 5 厘,时泰州盐课岁银超过 27 万两。

清康熙间(1662—1722)纲盐和食盐税负不等,税负低时每引课银 6 钱,最高时每引课银 1 两 1 钱。咸丰三年(1853),雷以诚在泰州、江都一带首创厘金,不久全国推行,成为清后期税收的重要来源。

---

① 相恒伯编《江苏省志·盐业志》,江苏科学技术出版社 1997 年,第 95 页。

② 《江苏省志·盐业志》,江苏科技出版社 1997 年,第 6 页。

③ 李果《在亭丛稿》卷一一。

④ 黄钧宰《金壶浪墨》卷一。

黄俶成据《两淮盐法志》作了量化考证得出:乾隆间两淮每年食盐吞吐量为1525900余引,每引一般为300—400斤。在食盐产地每引值银0.64两,加上课税和费用,共值1.88两,运至内地可卖10余两银。如是,两淮盐商每年可赚银1500万两以上,上交盐税600万两以上,占全国盐课60%左右①。

清嘉庆七年(1802)泰州分司所属11个盐场盐产量达118万引,盐场盐税过两淮盐税之半。

清道光间,淮盐每引以500斤出场,过坝称掣后每引连包索530斤,每引盐纳正课银1两7钱5分,杂课银1两9钱2分,经费银6钱5分8厘。食盐正课相同,杂费减半。道光初年泰兴每引征正课银0.835两。② 咸丰五年(1855)泰县及泰兴没百斤盐征钱150文或银0.075两。光绪二十九年(1903)泰兴县每引正课银改为1.271两,经费银0.1两。

清代嘉庆七年至宣统三年110年间的四次统计,两淮共产盐84.6万吨,其中泰州分司产盐49.7万吨,占同期两淮食盐总产量的56%。光绪十七年两淮盐场课岁白银8.4万两,其中海州分司、通州分司和泰州分司分别占14.1%24.5%和61.4%。

光绪十七年(1891)泰州分司各厂灶课岁额表③

盐 场	岁 额
富安场	共征银4509两7钱4分6厘
安丰场	共征银5738两5钱7分9厘
梁垛场	共征银4936两4钱5分3厘
东台场	共征银5294两8钱2分

① 黄俶成《论两淮盐业经济对清代学术文化的影响》,《江海学刊》,2001年第3期。

② 《江苏省志盐业志》,江苏科学技术出版社1997年版,第199页。

③ 《江苏省志盐业志》,第201页。

续表

盐场	岁额
何垛场	共征银3778两7钱3分4厘
丁溪场小海	共征银8442两9钱8分9厘
草堰场白驹	共征银5363两4钱5分2厘
刘庄场	共征银5749两2钱4分9厘
伍佑场	共征银5091两6钱8分5厘
新兴场	共征银8129两6钱7分6厘
庙湾场天赐	共征银4702两7钱7分1厘
合计	共征银61738两1钱5分4厘

(四)管理机构

清代的税收以盐课与关榷(常关税)为主,杂税有契、牙、屠等税,咸丰年间开征厘金。清顺治年间(1644～1661)设泰坝监掣署,专管淮盐称掣翻运。咸丰三年(1853)运司衙署一度移驻泰州。乾隆元年,泰州城南门古济川坝更名滕家坝。在南门滕坝、东门鲍坝和北门外堂子巷(西滋河口)等三处设税房收货物关睡的。州府课税局设于州治西南税务桥东。宣统二年(1910)成立商巡队,驻城北赵公桥、城南宝带桥、西仓大王庙等地,查缉私盐,次年又成立商团。

1. 扬由关泰城分关

扬关由闸为常关(内关)税的征收机关,清康熙八年(1669)设立。顺治年间在泰州城南门滕坝、东门鲍坝、北门天滋河口设立关卡,征收关税,查禁越漏。晚清至民国初期,扬关泰城分关设在城南滕坝街,由关(由闸)泰城分关设在北门,故又称"北关"。民国20年元月随厘金裁撤。

2. 泰坝

清雍正十一年间,朝廷在泰州设立泰坝监掣署。据《两淮盐法志》记载最早是尹继善提出来的,尹继善称:泰坝为引盐汇集之所，各场夹带私盐皆于此售货，稽查抽称不可无专员经理。奉批准行，设泰坝监掣署。并设有盐务稽核所，专司淮盐翻坝运输和盐课查验事宜。

到了清代，泰坝始作食盐运销查验之所，其内容为，签商认引，划界运销，按引征课。因为泰州所产之盐，主要销往河南、江苏、安徽、江西及湖北、湖南等省，路线如下：

由盐场运至泰州西坝，过坝掣验后，经扬州抵仪征，自仪征入长江，再抵达目的地。初设泰坝监掣署之时，并无署衙，泰坝监掣官只在舟中办事，第一任泰坝监掣官是原上海县县丞郝大伦，年俸银七百两。次年(雍正十二)，扬州八怪之一高凤翰接任，其时仍在舟中"勾当"公事，后高凤翰在州北门外西仓大街(今大浦小学对面原中百仓库)建泰坝监掣署衙，俗呼"泰坝衙署"。从《南阜山人诗集类稿·序》中推知，雍正十二年七月二十四日海陵坝署建成。

历史上泰州共有7个坝(原为9个，其中包括姜埝镇坝和海安镇坝)，即滕家坝、鲍家坝、老虎坝、东坝、西坝、黄龙坝、鱼行坝。

清人赵瑜曾作《海陵竹枝词》曰：

> 泰州坝儿官最优，自称本府忒风流，
> 一年一度真调济，不原[愿]生封万户侯。

3. 泰州厘金总局

清代泰州设有官盐总局。清咸丰三年，刑部侍郎雷以诚采用了幕僚钱江的建议，成立了泰州厘金总局，在全国首创厘金。泰州设正局三处：泰城厘局、姜堰厘局、海安厘局，并于各局附近陆续添设分卡分巡，以杜绝偷漏。咸丰四年泰州设立泰州厘金局泰城分局，驻泰州城南门外滕坝街。泰城厘金局在滕坝、犁山嘴、九里沟、鲍坝、寺巷口设有分卡五处，另外在塘湾设立分巡处，还配有巡船两艘，分驻滕坝和庙湾，庙湾巡船归寺巷口分卡调配。

厘金的范围从大米一项扩大到各类粮食、家禽、牲畜、油、盐、茶、糖、碱、棉、丝、布、衣物、酒、漆、纸、药材、锅碗及各类杂货，可以说，没有一种商品不抽厘。此外，对银号、钱庄亦按其营业额抽厘。

4. 泰州官盐总栈

咸丰五年(1855)，两淮盐运使驻扎泰坝署，严禁开设私厂，选谕熟悉盐务之员在泰坝各浦及东墩开设官栈。四月十八日，“泰州官盐总栈”正式开业，首任总办为泰州盐运分司任文澜，以后历任为杨葆钧、褚德敝、王家栋等，均是分司兼。

泰州官盐总栈的地点在城西小香岩。泰州本城设有三个分栈，曰盐栈，一在北门彩衣街上，一在南门外大街附近，另一“森茂盐栈”设在沈家庄。同时在姜堰、海安、周庄、小纪设立分栈，由知事巡检开办。规定无论大小贩户盐引过坝，查明场束引票和盐斤包数，就栈补税。盐栈除督销补税外，代客买卖，五斤起码，定价银22文一斤，比设栈前的市价高出三倍。

因滕家坝夹带走私严重，屡禁不止，且有碍泰州水利，于咸丰十二年钉椿堵闭，永禁启放。咸丰十一年两淮运司乔松年请撤丁堰分局，通属各场盐引须道至泰州南关，在西嘴停放，由泰坝派设掣盐厅委员过掣后，原船给填票薄，抽验放行。除南关西嘴外，泰坝监掣署还在东门外鲍坝和北门外堂子巷内设房抽税。同治四年(1865)运司委监巡桥，监经历四员，在泰州之马浦、郁浦、西浦监雉掣验，一年一换。光绪三十二年裁撤。

光绪三十二年(1906)泰州开办官盐栈，禁止私人卖盐。

光绪三十四年，泰州官盐栈改归商办。

5. 盐票

清咸丰三年(1853)两淮盐运使司又迁至泰州。咸丰三年三月，洪秀全领导的太平军一举攻占南京、镇江、扬州、瓜州、浦口，斩两江总督陆建瀛。江路受阻，南盐无商收卖，私贩肆行，盐价骤增，泰州市价达二十两一引，口岸有谈食之危，而盐场有积压之患。因此改变场征课，发给三联大票，一联为票根，一联存公司，一联交商贩，盐商凭票引销，立限到岸，盐票同行，并规定一概由泰坝过，或由泰州滕家埂、江都白塔河二口设卡舟掣，截票盖钤，其余支河、港口、概不准行，违者以走私偷越论处。按盐法条例，每夹带私盐一斤，追割设银一分入官，罚则甚严。

五、近代产业的兴起

中国近代工业之路起步慢于西方国家，直到1840年鸦片战争后才开始。当时西方资本主义入侵中国，在中国设立工厂。外国在华创办工业后20余年，清政府开始创建用机器生产的工业。甲午战争后，民族矛盾日趋激化，抵制外货，设厂自救的呼声遍及全国，为了抵御西方的入侵，一些国内资本家相继了民族工业。1895—1913年，中国近代民族工业进入初步发展时期，并且在1896—1898年和1905—1908年出现了两次投资工业的热潮。

（一）面粉业

泰州历史上民间从事粮油加工、织布、酿酒和砖瓦生产的作坊较多。直到清末民初开始兴办工厂。泰州地处长江北岸，邻近沪、锡、苏等近代中国工业基地，渐染时代之风气。清光绪三十二年(1906)，王贻哲与苏州富商汪子恒等达成协议，集资纹银14万两，在九里沟村购地28亩，启动了泰州历史上第一家机制面粉厂首期工程。先建造制粉大楼一座和动力间、麦栈、粉栈等大型设施，又建造数十间简易平房作辅助车间和职工宿舍，工厂于第三年(1908)落成投产，起名“泰来”，取安泰吉祥、生意兴隆、八方招财之意。这是泰州历史上第一个使用机器生产的工厂，标志着泰州近代工业的起飞。

创业之初，泰来面粉厂主要设备有蒸汽引擎1部、美国产爱立斯24吋钢磨6部(288接吋)，职工70余人。固定资产共30万元。生产绿、红、黄“三羊牌面粉”，最初日产面粉量1100袋(每袋44斤)，最初的销售范围主要是苏北地区。工厂开张之初,抵御风险的能力脆弱,生产不久资金消耗殆尽。为了维持生产,厂方分别向上海四明银行、交通银行贷款;为注入足够的流动资金,又以高利息吸收私人存款若干。然而,此举并未使“泰来”摆脱困境。面对生产难以为继的状况,工厂股东进行了第一次改组,民族资本家陈鹤亭先生注入股资 8 万银元并兼任总经理。陈接手后,给“泰来”带来生机。他在前人的基础上总结经验,改善经营策略,扩大生产规模,先后从德国、英国购进 30 寸钢磨 4 部、36 寸钢磨 3 部、二汽缸卧式柴油机引擎 1 部等设备,生产规模迅速扩大,资产很快增至 40 万元,工人增至 180 多人。面粉日产量增加至 3600 袋,生产能力较以前翻了一番多。销售范围也扩大到北京、天津、上海、无锡等地。泰来机制面粉厂与南通的复兴、镇江的合新、无锡的茂新是江苏近代史上最早使用机器生产面粉的厂家。

(二) 蛋粉业

19 世纪中后期,西方列强相继进入中国市场,逐渐把中国卷入世界资本主义市场,自给自足的自然经济在中国占主导地位时期结束,中国自然经济开始解体,开始进入半封建社会。这在客观上促进了中国商品经济的发展,有利于新经济的衍生与发展。蛋粉业就是在此期间兴起的一种新兴行业,手工生产主要以土法炕制蛋黄、蛋白,制成蛋粉,产品基本上通过上海出口到欧洲。

当时中国的农副产品价格低廉,因此外商洋行、公司都纷纷在我国盛产鸡蛋的县城、集镇设立“鸡蛋公司”,大量采购鸡蛋。泰州是里下河地区农副产品集散地,每年的鲜蛋上市量为 72000 石左右。上海的茂昌蛋庄、英商的南京和记蛋庄和美商的班达蛋庄、衡泰蛋庄、培林蛋庄等均在泰设庄收购鲜蛋。早期的蛋庄大多为德国、英国和日本等外商开设,后来本地商人看到有利可图随即纷纷设立蛋庄,他们受上海、苏州、常州、无锡、南京等的的菜市蛋行委托代购鸡鸭蛋,收取代办费。

清光绪二十四年(1898),兴化人王长庚在东门外文峰塔东河边独资创办同茂协蛋厂，产品均销外商，获利甚厚。至宣统二年(1910)由李厚斋等合资接办，厂名改为"同茂丰"。蛋商见有利可图，随后又相继开设了汉兴祥、恒和、兴利源、萃祥、华兴等几家蛋厂。泰州在1901年也出现了"元吉泰"打蛋土作坊。至1908年，发展为"德和"、"泰丰"两个打蛋厂①。共有打蛋女工108人，平均每人打蛋120担，生产"蜜黄"、"淡黄"、"盐黄"等蛋粉产品。除此之外，樊汉镇也有一家蛋厂②。当时运蛋的有泰州殷义和，口岸邱同泰，泰州都由口岸龙窝口(现为高港)上大轮船运至上海。

当时泰州的蛋业主要分为：蛋贩、蛋行、蛋庄、蛋厂、蛋公司③。

蛋贩：挑竹篓或划小船到农村收买鸡鸭蛋，或以日用品如火柴、煤油灯交换，积有成数，售与蛋行。

蛋行：货源来自小贩或外地蛋商，然后销售与蛋庄、蛋厂、蛋公司，向买卖双方收取佣金。

蛋庄：一般均为外埠蛋商或本地大蛋行开设，他们受上海、苏州、常州、无锡、南京等地的菜市蛋行委托代购鸡、鸭蛋，收取代办费。有的蛋庄还在春秋二季将鸭蛋加工成皮蛋、咸蛋，在本地或运往外地销售。

蛋厂：俗称打蛋坊(专制鸡蛋产品)，须有厂房、工人和制蛋设备。由工人打破鸡蛋，分开蛋黄和蛋清制成"飞黄"、"蜜蛋"、"盐蛋"、"烤清"等，然后出口。清末民初，在泰州孙家桥河西有一打蛋厂。

---

① 实业部国际贸易局编纂《中国实业志·江苏省》第8编，1933年，第540—541页。

② 徐印田《小小樊川赛扬州》，《江都文史资料选编》第4辑，1987，第43页。

③ 周志陶《谈旧时的泰州蛋业》，《海陵文史》第九辑，1997年，第235页。

蛋公司：也有的称“洋行”，多为外商。在泰州设立办事处的有：美商班达公司、英商培林公司、美商海宁公司、英商和记洋行、华商茂易公司、华商协和公司。这些公司的总公司大多设在上海，并有蛋厂、冷库，在长江流域的大小城镇设有采办处。

（三）交通运输业

泰州位于长江以北，境内湖泊水众多，水网密布，水运交通非常发达。近代之前，木船是人们日常生活的主要交通工具之一。鸦片战争之后，随着港口城市的通商开埠，外轮相继侵入中国沿海和内河，轮船业也开始兴起开来。泰州最早的轮船航运可以追溯到1883年以前，那时候，中外轮船已经停泊在靖江的八圩港。1884年9月，张謇乘坐“北京”号轮船由芦泾港前往八圩港①。“北京”号轮船属英商太古轮船公司，该公司开辟了沪汉线。

1895年，中日签订了《马关条约》，外商小轮相继侵入江苏内港。外商小轮首先进入上海、苏州、杭州三角水网地区，并循着江南运河想西扩展，再由镇江向北延伸至淮阴的运河沿线以及里下河地区。1898年，清政府被迫颁布《修改长江通商章程》，规定通州的芦泾港、泰兴天星桥等处“惟搭客暨随带之行李，准于往常搭船之处上下”②。条约颁布之后，外商及华商轮船公司纷纷在苏中地区开辟航线，例如英商怡和、太古轮船公司和日本大阪商船会社等公司的客轮定期在天星桥码头停泊载客③。1902年，英商祥茂轮船公司在泰兴口岸东南面的封家庄设站，招揽客商。以后，该公司从封家庄起，航行至上海，沿线停靠天星桥、七圩、八圩、南通等码头。此外，外国轮船公司还在泰

---

① 《张謇全集》第6卷，江苏古籍出版社1995年版，第235页。

② 王铁崖《中外旧约章汇编》第1册，三联书店1957年版，第866页。

③ 扬州市交通史志编纂委员会编：《扬州交通志》，人民交通出版社1992年版，第77页。

兴高港设立站点，搭载客商。

在外国轮船公司的刺激之下，本地的轮船公司也开始兴起。1898 年，立生洋行、和丰小轮船公司、顺昌和记洋行等开始经营扬州至镇江、清江浦至镇江的航线，和丰小轮船公司同时还行驶仙女庙、三垛、樊汊、十二圩等地。1900 年，张謇、朱葆三等人成立大生轮船公司，资本公 3.2 万元，租用"济安"小轮，后改名为"大生"。1903 年，张謇与如皋绅士沙元炳等创办了通州大达小轮船公司，后改名为大达内河轮船公司，资本近 12 万两。公司最初有"达海"小轮一艘，主要以运输大生纱厂所需原料和产品为主，兼搭乘旅客。次年，新增添"达淮"、"达湖"两轮，开通南通至扬州的航线，沿途经过如皋、泰县等地，全长 212.5 公里。1907 年，大达内河轮船公司又新增添"达江"等轮船，开航盐城至泰州的航线，沿途经过刘庄、白驹、东台、溱潼等地①。这三条航运线客货兼营，货物以棉、盐、米粮及土特产品为主。该公司还在航线的起讫港口和主要站点设立分公司，泰州分公司就是其中之一。在轮船沿途停靠点均仿照长江大轮设置"洋棚"的办法，招商代办，收取押金，由"洋棚"代为出售客票。

大达内河轮船公司客远航线表②

航　线	经过的站点
唐闸—仙女庙	三十里镇、林梓、东陈、如皋、海安、曲塘、姜堰、塘湾、泰州、宜陵、仙女庙
盐城—泰州	伍佑、便仓、刘庄、白驹、草堰、东台、时堰、溱潼、泰州

① 翰墨林编译印书局编《通州兴办实业之历史》（下册），"大达小轮公司"第 23 页。

② 江苏省交通史志编纂委员会《江苏航运史》（近代部分），人民交通出版社 1990 年版，第 55 页。

清末民初在泰州经营轮船航运业的轮船公司一览表

名称	设立时间	地点	创办人	航线	经过地点
怡和洋行	1843	上海			天星桥、高港
太古轮船公司	1872	英国			天星桥、高港
大阪商船会社	1884	日本			天星桥、高港
泰昌轮船公司	1903			镇江—泰州	
大达内河轮船公司	1903	南通	张謇	南通—扬州 盐城—泰州	海安、姜堰、泰州、溱潼

轮船运输业兴起之后，传统的港口、码头已经不能适应形势发展的需要，因此必须对旧的码头进行改造或者建立新码头。1898年前，泰州天星桥是泰州地区最早停泊轮船的口岸，有很多外商轮船公司在此停靠，这些轮船公司在口岸搭建“洋棚”，“洋棚”即外砌砖墙，上面用白铁皮制成瓦楞形屋顶的房子，它是中外轮船公司的代理行。随着港口的打断发展需要，天星港腹地狭小，限制了轮船运输的扩大，英商祥茂轮船公司在泰兴夹江边、天星桥北面的封家庄设立“洋棚”，载客运输。几年后，封家庄逐渐淤积，轮船停靠日益不便，祥茂轮船公司又在泰兴口岸镇南面的龙窝口建成码头，并修建“洋棚”。龙窝口南临长江，又扼守南官河的入江口，地理条件优越，码头建立后发展迅速，每天进出的旅客达3000—4000人，货物吞吐量为2000—3000吨。与封家庄建立码头的同时，外国轮船公司又在泰兴的高港建设“洋棚”，初期经营并不佳，后渐渐发展起来，太古轮船公司、日清公司的多艘轮船也在该港口停靠[①]。在海安，1904年，大达轮步公司海安代办处先设码头于许家坝，后移至百子楼、苏家巷口两

① 《扬州交通志》，第77—78页。

地，设东、西两个码头[①]。1909年，商人高升甫在泰州朱家港为太古、怡和轮船公司建立洋棚[②]。

轮船运输业的产生和发展改变了泰州市镇的面貌，刺激了市镇工商业的发展，姜堰、溱潼的粮食市场，姜堰的酒市，黄桥、姜堰的猪市的兴起，都离不开近代航运业的发展。

（四）邮政业和电报业

中国邮驿制度的历史渊远流长，史书有明确记载的中国最早邮驿制度是在周代。周代的邮驿，分步传和马传两种。一直到清代，邮驿都是国家管理中一种重要的制度。鸦片战争后，中国邮驿制度发生了深刻的变化，近代邮政在中国大地上萌芽并曲折地成长起来。邮政的近代化是从海关兼办邮政开始的，有其特殊的历史背景。清乾隆以后，来华贸易的西人日益增多，他们与本国的联系主要是依靠中国领水内的趸船或贸易监督所悬挂的信箱，以备通信之用。1834年，中国出现了第一家由英国人开办的客邮[③]，后来各国纷纷在中国建立邮局。光绪二十二年（1896），光绪帝宣布创办邮政局，总税务司赫德专司其事。随后，各地相继创办邮局。泰州邮政的创办要晚于电报业，光绪二十三年，泰州设电报局于城南门外，“凡有紧要之鑫，无论远隔何地，顷刻可达，视邮政尤为便捷”。虽然电报传递信息较快，“顷刻可达”，但是费用也是非常昂贵的。据记载“惟费以字计，一省之内，字费一角，每越一省，加三分，需费颇巨”[④]。这自然是普通百姓所负担不起的。光绪二十九年（1903），泰州设邮政局于城北门的坡子街，姜堰、海安等处各设分局。“自是公丈私信，及书籍报纸货物等，只需购票，粘于封面，投之于局，即转运于所欲

① 《海安镇志》，上海人民出版社1989年版，第249页。

② 《泰兴县志》，江苏人民出版社1993年版，第407页。

③ 楼祖诒《中国邮驿发达史》，中华书局1948年版，第85页。

④ 马锡纯《泰州乡土志》，《电报》，上海锦章书局，光绪三十四年，第16页。

寄之地。”[①]相对于电报来说，邮寄的价格则没有那么昂贵，寄一封信只需购邮票一张，每票二分。

（五）金融业（钱庄、典当）

清末民初，泰州的钱庄业逐渐兴盛起来。最初的业务是办理不同种类的货币兑换，后来经营范围有所扩大，主要分为存款、放款、票据贴现、汇兑四种，附带经营兑换，代看银洋业务等。汇兑以国内为限，分汇票和信汇两种。自古以来，泰州一直被誉为“苏中粮仓”，往来的粮商较多，当时携带货币多为银元，数量多且不安全，汇兑业务也就顺之而起。票据贴现指以未到期的票据，向钱庄预支现银，钱庄则减去其未到日期的利息，主要有普通贴现和抵押品担保贴现两种。钱庄业的发展对调节市场货币流通，繁荣商品经济起到了一定的积极作用，在这里我们主要介绍姜堰、兴化与海安地区的银钱业。

1. 姜堰银钱业

姜堰粮食市场兴旺，现洋流通交换量颇大，其携带很不方便，钱庄就应运而生了，及时解决了货币汇兑的文通。买客只要开出一张收购粮食的兑款单向钱庄贴现，凭所具汇票偏能在姜堰取到现款；卖客在此地出售后的货款，向钱庄买汇票就能到家乡钱庄兑到应得款数。钱庄还可以为客户代办存付，从而消除了客主搬送现洋之苦。钱庄的这些业务活动，不仅给商人以很大的方便，同时钱庄业本身也得到了发展。从清光绪二十六年(1900)到民国三十八年(1949)年间统计，泰县先后共开设过钱庄133家。当时钱庄的资本来源，独资经营较少，合资居多。

明清时期，姜堰镇就出现了钱庄和典质业，但规模都不大，主要服务于人们的日常生活。清光绪年间，姜堰的银钱业随着粮食市场的繁荣而兴盛起来。清末民初，姜堰粮食市场非常繁荣，成为泰州东路重要的粮食贸易中心。据县志记载：“姜堰是著名陆陈码头，是全县陆陈贸易之枢纽。”当时姜堰以北的盐城、

① 马锡纯《泰州乡土志》，第16—17页。

阜宁、兴化一带的粮食都运到镇上出售，上海、南通的一些面粉厂都来姜堰收购小麦，此外还有大量的稻米运销到泰兴、靖江、启东、如皋等地。据调查，姜堰最高年分各家粮行成交稻麦高达二百二十万石之多。

在传统交易中，外地客商来姜堰购粮或粮贩销售粮食，需随身携带巨款，这对于长途交易极不方便，也不安全。钱庄也就顺之而起，为客商办理汇兑存付业务，深受欢迎。从光绪年间始到民国初年，姜堰就开办了裕隆元、严振康、乾益、升大、振新、慎裕、元太、成纪、春生等九家钱庄，人称“九牛”[①]。这些钱庄主要集中在东大街上。从东往西数：第一家“振康”，老板严位之，兴化人，同时开有严振大油坊。第二家“宝兴”，后在民国十年关闭。后来又增设了“鑫泰恒”，有三个老板，一为郭冬生，二为丁慰亲，三为张宾甫，各有一万块钱的股份，经理李俊双。第四家“振新”，经理为郭新之，因为有振康钱庄的股份，所以取名为振新。第五家“春生”，老板宋守卿，运粮河人，经理王溥泉。第六家是“裕隆元”，老板王郁哉。第七家“乾益”，老板姓汤，泰兴人，营业地点设在九如斋帽店内，专与木材商人打交道。第八家“慎裕”，后来的交通银行就设于此处。

其中创立时间最早，经营时间最长的钱庄要数裕隆元。光绪二十六年(1900)，王郁哉在姜堰镇创办裕隆元钱庄，最初资本为两万元，其后为王慎夫、王楷熙合伙开设。与其他钱庄不同，裕隆元钱庄设立的最初目是为王氏企业服务。钱庄资金融通只限在狭小的十家企业范围内进行，既不能介入社会流通领域，也没有同行业间的横向联系。例如当时裕储栈房收购粮食就是统由裕隆元代押款。后来钱庄职员胡笔江(后为交通银行董事长)指出了其中弊病，主张钱庄对外开放，既能充分发挥资金流通效益，又可以大量吸收社会游资，加快企业的发展。王郁哉听从胡

---

① 政协泰县文史资料委员会等《姜堰古镇风情录》，1990 年，第 31 页。

的建议,钱庄对外开放。由于裕隆元钱庄经营规模大,信誉好,当时镇上大家小户都愿意把余资存入其中,不仅如此,就连外县的殷实富户也慕名前来存款。据估计裕隆元钱庄存款最高时达五六十万元。此外,裕隆元还通过裕隆堆栈开展押栈业务,每年盈利万余元,最高可达四五万元。

2. 兴化银钱业

兴化建县于五代,建土城于南宋,建砖城于明初。自唐至明代中期,城中除有少量固定店铺外,基本上处于有城无市的状况。直至明万历年间,以江南句容籍杨氏家族为代表的客帮商人陆续来兴化创业,兴化城的工商金融业逐渐兴盛起来,至明末清初便形成了"金东门"、"银北门"及一条条具有产业特色的众多手工作坊的街巷,从而使兴化成为当时里下河地区最为繁华的县城之一。

随着工商业的发展,一批典当、钱庄等金融机构应运而生。明万历二十三年(1595),江南句容县戴家边(今属句容市郭村镇)商人杨达斯、杨宜卿率其家族来兴化创办"和太"、"和丰"两爿当铺。清代,族人杨春华(名启葆,字春华,又字舜华,号蔼堂,国学生)在"金东门"城外,创建"乾源"、"恒隆"、"庆衡"三爿大典。此外,清咸丰元年(1851),祖籍高邮的扬州盐商李半园在兴化四牌楼东侧创办"德本大典",在城内西大街设"德谦当典"(后改"祥泰"、"汇泰"、"茂兴公典")。至其孙李小波,于民国初年歇业。北城外有王万兴公典,民初闭歇。东城外大街有杨乾源公典,民初改为乾元典,扬州人李乾三独资开设,职员三十人,资金二十万元,民国二十年(1931)闭歇。曾任兴化知县的魏源族人湖南邵阳籍扬州盐商魏兆源在东城湾(今少年宫)创办"衡兴大典",至民国三十年(1941)闭歇。他不仅在兴化开设典当,附近好几个县都有他的典当,如泰州有"衡泰",兴化县安丰镇"魏衡泰",盐城、扬州等县也有。每一家的资金在十万左右,大的有三十万元。兴化衡兴大典资金三十万元,职工五十多人。

在此期间,遍布兴化东、西、南、北四门及城中地段几十爿钱庄(店)相继开业,仅东城外大码头到城内四牌楼半条街即有钱庄23家。其中,以“谦豫丰”、“聚成丰”、“聚盛祥”、“庆德丰”、“恒丰豫”、“豫康和”、“洽兴”、“怡泰”、“永孚”、“道隆”、“汇余”、“吉泰祥”、“同祥”、“晋丰恒”等最为有名。除了当典、钱庄外,兴化金融界尚有银楼、小押当(多为晋商经营)从事金银交易。因此,当典、钱庄、银楼、小押当共同为兴化工商业发展作出了贡献。

在兴化众多的钱庄和典当中,历史最久、规模最大、经营最广泛、资金最雄厚的要数位于北城外大街上的创建于清乾隆年间的“万兴大典”。

3. 海安银钱业

海安钱庄起源于清道光中叶(1840年前后),是西街巨商刘策天(后人所称的“五路财神”之一)开创的,牌号同圣,业务以银和钱兑换为大宗,次及存放借款。后其子慕陶接管,经营管理无方,资金周转不灵,险呈搁浅之态势。其孙文光接管后,改变管理方法,内着八房股东各先增加资金,外聘内行江州人管事,局面逐渐好转。以后相隔多年,到光绪中期,才有盛泰昌在中大街产生,光绪二十二年(1898),由夏竹安改组为复盛。又过七八年,这时三里闸还未通行,上下河物资须由海安过坝,买卖双方为避免麻烦,多数在此交易,市面因而繁荣。上河的买客,带来的大都是十五天例假申票,需向钱庄贴现,两家不敷应付,遂有陆子才在东大街开设宏吉祥。江州人戴、周等姓于中坝口合资开设咸亨利。宣统元年(1909),又有夏舜琴开设立盛在旗杆巷口[①]。这时海安钱庄的资金和经营范围,都驾于南通之上。直到张謇成立通海实业公司,兴起了各行实业二十余家,多处商人到通开设钱庄,官商银行也来通设立分支机构,至此南通的金融业才转变为海安的上级。

① 张达儒《海安钱典行业史》,《海安文史资料》第2辑,第66—67页。

海安典当起源于何时，现已无从查考。据闻在清初，东大街开设一家当铺，位于卢家巷西，后于乾隆年间关闭。道光末年，镇江大油麻商人李然章来海安，在西大街开创源源典，这才有“东当铺、西当铺”之说。李氏系江南巨商，来海安前已在苏北沿江各镇开有当铺六七家，规模最大的为黄桥和季家市两处，规模大，设备全，为全省之冠。源源典经营了三代，到光绪中叶，李氏后人因无暇顾及，虽将源源典当过于上海资本家许姓和扬州盐商萧姓合资经营，直至民国二十一年(1932)关闭[①]。

---

① 张达儒《海安钱典行业史》，第81页。

第三节 文化教育

泰州民风崇文重教，历史上一直是文化昌盛之地。清代泰州社会安定，教育发达，思想、文学、训诂、戏曲、评话、绘画等各个领域呈现出空前繁荣的景像，出现了一批著名的学者和文人，他们都为清代泰州留下了珍贵的印迹，产生了重要的影响。

一、思想文化

清代泰州地区在哲学、绘画、诗歌、棋艺等方面出现了许多杰出人物，影响深远。

（一）哲学

在清代泰州的思想界，出现了一个影响深远、至今未绝的儒学派别——太谷学派。太谷学派产生于清代嘉庆、道光年间，广泛传布于江苏扬州、泰州、苏州一带，盛行百余年，全盛时徒众达万余人。这一学派以儒家学说为主，吸收了道、佛两家的一些思想，对儒家学说作了很多新的解释。

“太谷学派”创始人周穀（约1771—1832），字星垣，号太谷，别号空同子，安徽池州石埭人。周太谷求学早期，师韩子俞（字仰愈）、陈少华（字一泉）。韩子俞主老子，陈少华主释学，周太谷因而兼释、道之学。嘉庆元年（1796），周太谷赴庐山问道，两年后悟道有成，设坛开讲。十余年间，周太谷的传道吸引了大批信徒，引起了两江总督百龄的警惕，被百龄拘捕，后越狱。道光元年（1821）周太谷来到扬州，再次讲学传道。

周太谷的第二代传人是张积中、李光炘。

张积中（1805—1866），字石琴，号雨溪，道号子中，江苏仪征人。簪缨世族，家庭富实。少好神仙，无书不读。道光十一年（1831），张积中与表弟李光炘一起往扬州拜谒周太谷，与太谷

"辩难三昼夜，皆闻所未闻，因共受业于门焉"①。二人天资聪颖，诚实好学，深得太谷器重，并决定传授衣钵。次年春，太谷病故，向二人授心法，并遗嘱将来张要"还道于北"，李要"传道于南"。

咸丰七年(1857)，张积中在山东黄崖公开授徒，创立了学派北宗，又名"黄崖教"。当时捻军兵兴，深为清廷所患，百姓归附张氏者既众，自然引起官府敌视。同治五年(1866)，地方官称张氏部众为"教匪"，并引军围剿。张氏全家自焚，弟子死者万余。北宗遭此大难，道统几绝。

李光炘(1808—1885)，字晴峰，号平山，又号群玉山人，晚号龙川老人，扬州仪征人。光炘原为商贾之家，为了实践师说，曾多次倾家赈济灾民。同治元年(1862)，光炘"传道于南"，在江都龙川建龙川草堂，公开讲学，标志着太谷学派南宗的形成。南宗亦称"新泰州学派"。北宗遭遇黄崖之难后，为了避祸，光炘迁徙不定，徒众亦四散。直至同治十二年，光炘定居泰州，讲学复兴。在黄崖大难之后，李光炘通过讲学等活动，使太谷学派命脉得以延续，并发展壮大。

在李光炘的众多弟子中，处于核心地位的有黄葆年、蒋文田等人。黄葆年(1845—1924)，字锡朋，号希平，泰州姜堰人，最受李光炘器重。太谷传人都有著述传世，但以黄氏为最多。黄葆年于光绪十二年中进士，官授山东县令。黄遂利用自己身在官场的有利地位，致力于南、北两宗的联络工作。光绪二十八年(1902)，为实现南北合宗的大业，黄葆年在泗水知县任上毅然致仕，南归泰州。是年，太谷学派的南北学者会聚上海，决定南北合宗，在苏州开讲舍，授徒讲学。同年九月，黄葆年移家苏州，讲舍开学。太谷学者取"牧马归群"之意，将讲舍命名为"归群草堂"。太谷学派的发展又达到一个鼎盛时期。

民国十三年(1924)，黄葆年去世，李光炘长孙李泰阶承继道

① 《龙川父子年谱》。

统，是为太谷学派的第四代传人。李泰阶主讲归群草堂后不久去世，归群草堂失去了法定的继承人。此时，原来给予草堂经济支持的几个人也先后去世，草堂日渐走向没落。虽然草堂的讲学活动难以为继，但对太谷之学的研究仍后继有人，归群弟子刘大绅就是其中最杰出者。刘大绅（1887—1954），归群弟子刘鹗之子，早年从黄葆年受学，后到日本留学，回国后，数十年潜心研究《易》学，成为太谷《易》学研究的集大成者。

1. 周太谷及其弟子的思想

周太谷的著述主要有《周氏遗书》，多为语录体论述。太谷学说的思想核心是《周易》之学。周太谷继承并发展了“太虚即气”的唯物自然观，以《易》学解释宇宙万物的生成。他认为代表天地的乾、坤是赤、黑二气，二气相互作用而化育万物。乾“乃大赤之气，外包孕日星而不坠曰天”，坤“乃深黑之气，内孕载山海而不泄曰地”。

周太谷阐发儒家的“内圣外王”之学，认为这是儒家的根本学问和最高理想。太谷之学又称“圣功”之学。“圣功”之意，出自于《周易·蒙卦》：“蒙以养正，圣功也。”意思是说，宇宙与人都是秉赋自然界的生机而产生、发展和作用的。一般的人则是随此生机而生、没、转化。能够养得其正者，则可以与“天地合德”，与“日月共明”，这就是所谓“圣功”。在周太谷看来，儒家学说主要包括两个方面：一是“外王”之道，即治国平天下之术；二是“内圣”之学，即身心性命之学。外王之道显，内圣之学晦。太谷立志要上承伏羲、文王、周公、孔子之道统，阐明群经内圣之旨。因此，学派门人多称太谷的著作《周氏遗书》为“圣经”。

关于身心性命的修养，周太谷有一个著名的命题：“天之赋我曰命，父母赋我曰身，合德曰性。性也者，诚身之大本也。”[①]其意是说，人的生命由两部分构成，一是大自然赋予的生机，谓

① 周太谷《周氏遗书》卷三，方宝川编《太谷学派遗书》，第1辑，江苏广陵古籍刻印社，1997年。

之命；一是父母给予的血肉之躯，谓之身。这两者的结合谓之性，养性是立身行事的根本所在。而“仁”正是修身养性、立身行事的核心所在。如何实践“仁”呢？有权者要“以不忍人之心，行不忍人之政”，无权者要“以不忍人之心，行不忍人之事”。

人生短暂，天命难永，“祈天永命”是许多宗教的终极目标。儒家则提倡入世，“修身，齐家，治国，平天下”，建功立业，以达到“祈天永命”的目的。周太谷认为，儒家提倡的道德修养既是维持人与人之间关系的纽带，又是解决生死大事的途径。圣功弟子要以“希贤、希圣、希天”为宗旨，以“立功、立言、立德”为目标，在有生之年为民众作出有益的贡献，在命尽归天之后，就会受到曾经受益的人们的怀念和敬仰，而这种怀念和敬仰，就是自身寿命的延长。

太谷学派的著作很多，重要的有记录周太谷思想的《周氏遗书》，张积中的《张氏遗书》，李光炘的《李氏遗书》，李光炘传人蒋文田的《龙溪先生文钞》，黄葆年的《黄氏遗书》、《归群草堂语录》、《归群草堂文集》，张积中弟子朱玉川的《养蒙堂遗集》，黄葆年弟子张德广的《归群宝笈目录》等。

2. 李详及其学术

李详(1859—1931)，字慎言，一字审言，泰州兴化人，是清末民初著名的子部杂家、选学家、骈文家，也是著名的目录学家、藏书家。

李详生于农家，幼时家贫，无力购书。年十七始受《春秋左氏传》。后寄住藏书颇丰的盐城姨母许家，见到《十三经注疏》、《十七史》、《文选》诸书，李详如饥似渴，日夜披览，尤其对《文选》更是嗜之不厌。年三十，完成《选学拾沛》一书，对《文选》李善注做了校勘和训诂方面的补正。书成后送国子祭酒王先谦阅，得到王氏的高度评价：“阅生所撰各条，并皆佳妙，无可訾议，只恨少耳。……生所注兼能蒐讨古人文字从出之原，与鄙意符合，不专从征典用意，目光尤为远大。如能一意探讨，俾成巨帙，允为不朽事业。”①

李详在目录学、版本学、方志学方面同样成就不小。李详极立提倡章学诚“辨章学术，考镜源流”的思想，主张“考订经史，语必溯源，辨章学术，穷极流变”。民国期间，李详定居上海时搜辑、校刻《章氏遗书》，成为完本。

李详还在方志编纂方面有深刻的见解和重要的成就。他坚持直书的原则，即“拾遗补缺，考定必有所据，议论必归于正，不以文字为酬应，不以爱憎为取舍”②。李详还认为方志为一地之史，故在分类上应将方志归入历史类而不是原来的地理类。直书的原则和划归史类的思想对以后的地方志纂修和分类产生了重大的影响。李详本人也担任《新修兴化县志》的主稿，以及《阜宁县志》、《盐城县志》的主修。

李详还是江淮地区近代著名的私人藏书家，晚年移居故里，藏书万卷。后来于先世文定公祠内设“审言图书馆”。

（二）宗教

满洲入主中原后，将崇儒重道定为基本国策。对伊斯兰教，清廷采取安抚与镇压相结合的政策，伊斯兰教在清代进一步儒化。基督教在清代得到了进一步发展，清廷将其视作异端邪教，予以打压，直到清代后半期，在西方列强的扶持下才取得合法地位。清代泰州宗教的发展以佛教和道教为主，但清代传入的基督教等外来宗教亦有一席之地。

1. 佛教

清代是泰州佛教继续复兴时期。这一时期的泰州，名刹林立，高僧辈出，在全国佛教界都有广泛的影响和重要的地位。

清代泰州寺庙遍布，在泰州城区有九座大寺。有始建于东晋义熙年间的报恩光孝寺，建于唐宝历元年（825）的北山开化

---

① 李详《李审言文集·选学拾沈》，江苏古籍出版社 1989 年版，第 3 页。

② 《新修兴化县志·序》。

寺；建于唐乾符三年(876)的南山教寺；建于南宋年间的西山白云寺；建于明万历三十二年(1604)的觉正寺；有建于后周显德年间的永宁寺；清雍正皇帝书赐“净因”二字并有佛塑名家吴广裕所塑“十八罗汉塑像”的净因寺；建于唐大中年间的东山寺；建于唐贞观六年(632)的雨声寺。另外，在如皋也有千年古刹定慧寺等。

泰州城区的九大丛林，佛教宗派并不繁杂。其中，光孝寺、北山寺、雨声寺、觉正寺、永宁寺、净因寺为十方丛林。光孝寺、东山寺、南山寺及永宁寺属律宗，其余属禅净双修。九大丛林中除光孝寺、北山寺、雨声寺、觉正寺与永宁寺实行传贤制外，其他寺均为子孙庙性质。

泰州佛教还以名僧多出而闻名。近代《江苏名山方丈录》云，名山方丈“泰籍者十之七八，僧徒之发达，盖于斯为盛”。有清一代，泰州名僧辈出，如性慧、德厚、玉成等，都是其中的高僧大德。

性慧，字炳一，号幻云，乾隆九年(1744)由金陵宝华山慧居寺(后改为隆昌寺)出任泰州光孝寺住持。至泰州后，开示戒法，光孝从禅宗改为律宗，故性慧乃光孝律寺开山之祖。善诗画，诗宗三唐(初唐、盛唐、晚唐)，画在香光(明代董香光)北苑(五代南唐董北苑)间。著有《幻云诗钞》。因性慧于经咒之余，雅好翰墨，其师文海和尚将在皇坛传戒时庄亲王所赐的“汝帖”由性慧分灯带来泰州，亦随衣钵为历代相传，永为泰州光孝寺的镇山之宝。

德厚，字释月，有戒行，通经典，为光孝律寺第十一世祖。光绪二十年(1894)，联合镇江、扬州十大寺庙负责人偕同北上京师请回龙藏一部，为七一六七卷，藏于香雨楼上，改楼名为“藏经”。

玉成，清末民初担任泰州僧正司之职，其最大功绩就是尊重知识，以培养小和尚而著称。他在寺中聘请饱学之士为教师，教僧学习四书五经、外文、数学，并习琴棋书画。择优送泰州、扬州、南京、上海、武昌、厦门等佛学院校及一般学校学习。学成后再分往各丛林、巨刹，并由各住持（多为泰州人）收为法子、贤徒，衣钵相承。百年间，泰州故有“当家和尚泰州多”之谚。

2. 道教

因统治者对道教的崇奉不及明代，故清代泰州道教渐趋衰落。多所宫观并入或改为佛寺，如祐圣观并入永宁寺，雷祖殿、三光殿、东斗宫、列仙祠、龙王庙改为僧庙，泰山行宫、东真观改为尼庙，天后宫改为“念佛堂”，仙源万寿宫圮废，仅余遗址。明清两代设道正司管理道教事务，清代泰州道正司设于城隍庙，清末道正先后为王真乙、刘天禄。

清代道士的教内活动主要有以下项目：

诵持。道士对常用经忏、符箓，必须讽诵佩持。讽诵时须按规定音韵行腔，声若诗词吟咏，但又不尽相同。泰州道士经常诵念的经文有《太上老君开天经》、《高上玉皇本行集经》、《太上老君说五斗金章受生经》、《太上洞玄灵宝无量度人上品妙经》、《玉皇宥罪赐福宝忏》等。

做早、晚功课。清代，泰州各道观道士每天都做早、晚功课。早、晚功课唱赞讽经时，均用法器伴奏。

摆设道场。道场是道教规模较大的诵经礼拜仪式。泰州道教每逢重要神的诞辰，都摆设道场讽经礼拜，每年农历二月十五日老子诞辰，全城道士集中摆设道场，诵老子《道德经》。农历正月初九日玉皇诞辰、农历四月十四日吕祖诞辰、九月初一日斗姥诞辰、各奉祀道观也分别做斋醮礼拜。

画符箓、念咒语与送灶书。每年端午节前，道士挨家挨户送符箓，称帖上符可以辟邪驱鬼。

应居民之请做经忏。经忏分斋醮、焰口两大类。斋醮有罗天大醮、灵宝大醮、百拜朝天、千拜朝天、跪诵天经、坐诵天经、玉皇忏、东岳忏、阎王忏、太乙忏、五斗经忏（喜醮）等多种，其中罗天大醮规摸最大。一般历时三天或九天，最隆重的历时四十九天。放焰口采用“蓬壶炼度”规格。讽经、礼拜时也有乐器伴奏。过去稍富裕的人家，都延请道士打斋醮、放焰口超度亡人。泰州一带地方曾流传过“一醮抵三斋”的俗语。

应居民之请讽诵《受生经》、或《血河经》。泰州人习俗，替男亡人还《受生经》；替女亡人还《血河经》。前者讽诵《太上老君说五斗金章受生经》全部，后者讽诵《太乙救苦说祓罪酆都血河上品妙经》全部。道士先在观内把经诵完，然后到延请的人家做缴经仪式。

3. 天主教

天主教，也称“公教”、“罗马公教”、“加特力教”。清代是泰州天主教传入并初步发展的时期。

天主教于同治四年(1865)传入泰州。当时，扬州天主教会在泰州北门外稻河西塘湾庄建草房五间，设公所，作为泰州境内下河地区周家庄(今属兴化)、嵇家庄(今属江都)一带的教徒就近参加宗教活动的场所。属上海教区管辖，由扬州主堂神父不定期巡堂。当时，泰州城区的教徒极少。

光绪十四年(1888)，神父徐洪(中国人)前来泰州，购买城内南门大街(今海陵南路)东侧孙启兴棉线店房屋八九间(原址即今天主堂大门)作为传教场所，为泰州天主教城区主堂打下了基础。光绪十七年明道远神父(法国人)负责教务，在光绪二十一年(1895)兴建教堂(故址在今新圣堂)。由于群众性的反教会斗争，天主教堂刚建成，即被附近居民焚毁。明道远神父预先得知，避往扬州得免。事后，明道远神父复回泰州，要求知州赵受璋严惩“凶犯”并派兵保护堂宇。经过几个月的协商，未获解决，遂向清政府提出交涉。清廷屈于压力，将赵受璋撤职；次年，责成继任知州翁延年惩“凶”赔款，了结此案。泰州天主教堂重建后(即今老圣堂)，教务活动渐趋正常，教徒不断增加。

宣统三年(1911)后，彭神父(德国人)和金品三神父(中国人)相继负责教务。金品三神父在泰州十五年，将主堂院落向东扩至北乌巷，向南扩至南乌巷；增建堂宇多间，划分男、女堂。还在下河地区的周家庄、嵇家庄和上河地区的军铺南之龙王庙等地增设公所。这时教务发展速度转快，教徒从一百余人骤增至四百余人。

光绪十七年(1891),泰州天主教创办义学,堂长由神父兼任,校务由修女负责,教师选信徒担任。学员有六七十人,多为信徒子女。学生一律寄宿,费用全免,经费由上海教区下拨。

4. 基督教

基督教于光绪十三年(1887)开始传入泰州,先后有3个教派,即内地会、长老会和圣公会。

内地会于光绪十三年由传教士索行仁(SamiderS,A.R.,英国人)传入,初设传教场所于税务桥大街,后在韩家倒桥附近建堂。

长老会又名中华泰县基督教、泰州中华基督教会,光绪二十八年传入。初由牧师赛兆祥(Sydenstricher,A. D. D.,美国人)、高怀德(Caldwell,C. N. Rev.,美国人)游行布道,民国元年在八字桥某处购布道所。

圣公会于宣统元年(1909)由沈克(SinclaihC.C.,英国人)与杨宝慈传入,但不到三年即停止了活动。

5. 伊斯兰教

咸丰三年(1853),太平军攻占南京,江北六合一带有穆斯林多人为躲避战事来到泰州,伊斯兰教随之传入。同治元年(1862),穆斯林伍承平、金嘉臻、陶学明等购买城内明瓦巷附近黄开基住宅,设清真义学公所,作为避处泰州穆斯林的居所;又购城外西仓西面荒地一块(约三亩)作为穆斯林义冢。

光绪年间,清真义学公所改为清真寺,寺中设阿訇主持教务。当时居住在泰州的穆斯林有数十家,多数以经营珠宝古董店、鸡鸭店、香粉店为业。

(三) 文学

明末清初泰州文学史上有一支影响深远的力量,即东淘移民诗人群体。明清之际,地处东海一隅的泰州东淘位置偏僻,远离政治重镇和烽火前沿,但与周围的乡村相比,又相对繁华,所以清军南下以后,成了遗民隐居避难的绝好去处。以吴嘉纪、邓汉仪为代表的遗民诗人野处于此,相互影响,渐渐形成了一个独特的移民诗人群体。

吴嘉纪(1616—1684),字宾贤,号野人,出身于泰州东淘盐民之家。祖父吴凤仪是王艮的学生,吴凤仪的弟子刘国柱即吴嘉纪少时的业师。吴嘉纪天资聪慧,喜欢为文作诗,曾参加府试,高中第一。清军南下,汉民涂炭,遂绝意仕进,隐居于家乡安丰盐场。

吴嘉纪在盐场度日艰难,但仍吟咏不辍。终于,其诗作流播于当时的诗坛,并深得两淮盐运使周亮工与扬州推官王士祯推崇。后由泰州分司汪兆璋辑四百首刊刻行世,名《陋轩诗集》。吴嘉纪以“盐场今乐府”闻名于世,其诗风格劲健,语言朴素,以反映盐民的生活为主。如《绝句》:“白头灶户低草房,六月煎熬烈火旁。走出门前炎日里,偷闲一刻是乘凉。小舍煎盐火焰举,卤火沸腾烟莽莽。斯人身体亦犹人,何异鸡鹜釜中煮!况复今年春夏雨弗息,沙柔泥淡绝卤汁。坐思烈火与烈日,求受此苦不可得。”再如《赠张蔚生先生》:“早夜煎盐卤井中,形容黎黑发蓬蓬。百年绝少生人乐,万族无如灶户穷。海色昏昏啼怪鸟,榛声猎猎起悲风。此中疾苦谁会问?今日张君昔范公。”[①]他的诗从灶民的劳作环境、作息时间、生活现状等方面真实具体地描绘出了灶民的艰辛。

吴嘉纪的诗歌,继承和发展了汉魏以来的新乐府精髓,并用自己的语言和风格来表现特殊的题材,在近古诗人中自成一家。

邓汉仪(1617—1689),字孝威,号旧山,原籍吴县洞庭绮里。入清之后,举家迁居泰州,是著名的遗民诗人。他的诗作多亡国之痛和故国之思,钱谦益《题燕市酒人篇》评其诗曰:“孝威以席帽书生,负河山陵谷之感。金甲御沟,铜驼故里。与裕之、长源,与欷歔于五百年内。盈于志、荡于情,若声气之入铜角,无往而

---

① 《嘉庆东台县志》卷三八,中国地方志集成·江苏府县志辑(60),江苏古籍出版社 1991 年版,第 705 页。

不一也。”[①]更重要的是，邓汉仪在诗学理论上倡言诗史观，其代表作41卷的《诗观》充分体现了他的“诗史观”。

邓汉仪认为，诗歌应该“追国雅而绍诗史”，记载时代变迁，反映一代兴亡，关注民生民瘼，进而发挥史的作用，以为治鉴。这既是对传统诗学“诗史”观的继承，又是对国雅本质的回归。在这种清晰明确的历史意识的指导下，邓汉仪编纂诗歌总集《诗观》，品评了清初1800余人的近15000首诗歌，历时20年，终“成一代之伟观”。

在清代众多的诗歌选本中，邓汉仪的《诗观》以其鲜明诗史意识独树一帜。这种诗学理念和实践不仅建构了诗歌选本的一个新标准，而且为后世选本确立了一个范型，这个范型既包括继承元遗山、钱牧斋而来的“以诗系人，以人系传”传统，也包括后来袁枚受其启发所说的：“选诗之道，与作史同。”[②]更包括选本要有历史的定位，以及包容的精神，不能将一己之好恶作为惟一的标准。这就是邓汉仪将诗史观发展为对诗歌选本进行历史价值判断的诗学意义所在。

清代泰州还有一个著名的诗人组织，即芸香诗社。芸香诗社创办于清乾隆五十七年(1792)，由邑人宫国苞与叶兆兰等发起。诗社地址在当时泰州北门外稻河路板桥西边的兴隆庵。成员均是本地名流，如邹熊、叶兆兰、仲云涧等，亦有外地雅士，如仪征阮亭、扬州江藩、东台袁承福等，最盛时社邑成员有近二百人。

嘉庆十三年(1808年)，继任社长叶兆兰、邹熊将诗社成立十六年来的诗作编选辑成《芸香诗钞》十二卷付梓，内分：《停云集》2卷，收外籍诗友36人的作品；《先露集》2卷，录已故诗友

---

① [清]钱谦益《钱牧斋全集》，上海古籍出版社2003年版，第1551页。

② [清]袁枚《小仓山房诗文集》，上海古籍出版社1988年版，第1504页。

58 人作品;《今雨集》4 卷辑本邑同仁 69 人的作品,其余则为叶、邹二人的作品,共 165 人的诗作入编。这部《诗钞》的出版,对诗坛的影响很大。光绪元年(1875 年),邑人王广业又将《芸香诗钞》重刻问世。

芸香诗社自乾隆五十七年至光绪元年,前后 84 年,先后由宫国苞、夏震、黄履坚、朱景泗、叶兆兰、罗克俊、夏兰、王辅等任社长,诗文酒会常年不衰。其影响之深远,人才之济济,足可与扬州"冶春诗社"相媲美,是泰州人文荟萃的佐证。

(四) 围棋

围棋起源很早,至康熙前期,其名手辈出,各领风骚。而黄龙士就是最著名的一位国手,与范西屏、施襄夏并称清代三大棋圣。

(1) 黄龙士生平

黄龙士(1651 —?),名虬,又名霞,字月天,号龙士,以号行,泰州姜堰人。其天资过人,年方十一便号称第二手[①]。杜浚在《送黄童子序》一文中,称赞少年黄龙士"下奕秋一等"。从康熙三年(1664)起,十三岁的黄龙士随父旅居京师钻研棋艺,十六七岁时弈遍京师,所向披靡,被誉为"常胜将军"。十八岁在京与驰骋棋坛 50 余年、久负盛名的国手盛大有对弈,七战七捷,大获全胜,也奠定了黄龙士"棋圣"的地位。清末民初吕书舲为邓元鏸编辑的《黄龙士先生棋谱》所作的序中说:"先生十八即成国奕,同时如盛大有、凌元焕等辈,当之无不披靡,惟周东侯、徐星友,差可颉颃。"[②]

黄龙士最负盛名的对局是授弟子徐星友三子十局。为了指导徐星友棋艺,黄龙士采取了种种育人新法。最初黄龙士让徐星友四子,继而三子。当徐星友具备让二子抗衡的能力时,反过来叫徐星友让他三子下十局,迫使徐星友发挥全部潜能和棋艺

---

① [清]夏荃《退庵笔记》卷四,清钞本。

② [清]邓元鏸《黄龙士先生棋谱》,中国书店 1987 年版。

技巧，终于把徐星友"逼"为国手。这就是著名的"血泪篇"。也正是这十局棋之后，徐星友棋艺猛进，成为与黄龙士齐名的围棋高手①。黄龙士与徐星友同享盛名，康熙皇帝将他俩奉为内廷供奉、五品职衔。

黄龙士失踪之谜是为中国围棋史上的五大谜案之一。黄龙士四十多岁正值棋艺巅峰状态，年龄亦属壮年，却杳无音讯，史料中没有留下任何记载。《清代轶闻》载："相传徐（星友）家甚富，即成国奕后，忌黄名出己上，乃延之于家，饮食供奉，备极丰腆。乘间蛊之以声色。三年，黄精力耗竭遂死。"该书另载一说曰："谓黄故负气，徐一日遍延高手，于厅事置奕局三，谓黄能同时敌三人乎。奋然曰：何不可之有。东西顾而奕。奕竟黄胜，然是夜遂呕血死。"上述传说都是小说家言，可能性不大。《清代轶闻》在论徐、黄时就说："弈家积习，类好抑人扬己……今观徐所著《兼山堂弈谱》，于黄推挹备至，不类忌刻者之所为。或黄死后，徐以国手名者四十年，忌之者又造为是语以诬之邪。"②这种说法不无道理，但黄龙士四十多岁后的去向却已成谜。

（2）黄龙士与围棋的发展

黄龙士对局实践对围棋发展的最大贡献，在于他变革了元明以后的围棋阵法。在他之前，棋风狭窄凝重，黄龙士使棋风大变为局面开阔，轻灵多变，思路深远。

黄龙士的棋著有《弈括》、《黄龙士全图》、《自拟谱十局》、《四大盘奕谱》等。此外，邓元鏸还将黄龙士的七十盘对局集成《黄

---

① 《清代轶闻》载："（徐星友）初遇黄月天（黄龙士）时，黄授徐四子，渐进乃受三子，徐殚思悉力，以求胜黄。今世传黄授徐三子十局终。徐遂成国奕。自三子进为国手，前此盖未有也。"（裘玉麟《清代轶闻》，上海书店出版社1989年版，第569—570页）对此，清人李汝珍《受子谱·凡例》则称："黄龙士与徐星友十局，名'血泪篇'，是时徐已成二手，黄故抑之以三子，其间各竭心思，新奇突兀乃前古所未有，十局终后，徐遂成国奕。"（《黄龙士先生棋谱》，中国书店1987年版，第73页）

② 《清代轶闻》，第570页。

龙士先生棋谱》一本，黄龙士对局的精华大都收入其中。

特别值得提及的是黄龙士为《黄龙士全图》写的《自序》。这是黄龙士自己丰富经验的宝贵总结，较全面地论证了围棋的战略战术，见解独到精辟，发人深省。如在布局和战略方面，他提出："辟疆启宇，廓焉无外，傍险作都，扼要作塞，十九道之纵横，是即二十八宿之分野也。——此起手之概。"谈到攻守和战术原则时说："壤址交错，锋刃连接。周宅中土为四战之地，秦号金城得百二十之险，战则单师独前，无坚不拔；守则一夫当关，七雄自废。——此边腹攻守之大势。"谈到图先和形势判断时说："地均则得势者强，力竞则用智者胜，着鞭羡祖生之先，入关耻沛公之后。——此图失之要。"谈到虚实、正奇策略时说："至于虚实之间，正奇之妙，曹公以荆为饵而渔中原，亚夫以梁为委而罢吴楚，项羽以正兵救赵而先破秦，孙膑以奇兵救韩而直走魏。——此审于弃取之宜，明于彼此缓急之情。"[①]这些都是黄龙士从对局实战中总结出来的真知灼见，也显示出黄龙士自己的棋风。日本棋界也钦佩他的高超棋艺。一代围棋大师吴清源认为黄龙士的棋艺已达到日本的"名人"等级[②]。

至今，在黄龙士的故乡姜堰市，还流传着许多有关他的脍炙人口的故事。人们没有忘记这位围棋国手，在姜堰市中心的步行街，黄龙士在竹林旁落子下棋的铜雕耸立街头，表达了人们对黄龙士锲而不舍、矢志进取精神的赞许和褒扬。黄龙士其人其事，值得所有泰州人为之骄傲、自豪。

（五）绘画

清代泰州画坛的杰出人物有李鱓、高凤翰、郑板桥等，都是扬州画派中的重要人物。

---

① 转引自经顺祥《清代棋圣——黄龙士》，《江苏地方志》2005年第1期。

② 田峰、徐传洲《"一代棋圣"黄龙士对后世围棋发展的影响》，《兰台世界》2013年第30期。

1. 李鱓

李鱓(1686—1762),字宗杨,号复堂、又号懊道人、木头老人等,印鉴有兴化人、怜道人、臣鱓之印、行云流水等。康熙二十五年出生于兴化。曾在清宫任内廷供奉,因“才雄颇为世所忌”,不久被排挤。后任山东滕县知县,“为政清简,士民怀之,以忤大吏罢归”。寓居扬州,卖画为生,成为“扬州八怪”主要成员,以画花卉、竹石闻名。

李鱓于康熙五十年中举,五十二年献画于康熙,得到恩宠,遂受业于宫廷画师蒋廷锡习五代花鸟,后又师高其佩。数年后,李开始厌倦宫廷画风的工整与呆板,于是独自研习,取法林良、徐渭、朱耷,趋向粗笔写意。这与当时的宫廷画风格格不入,遂受到排挤离开宫廷。

李鱓到扬州后,又见到石涛作品,深受启发,风格为之一变。转以硬笔泼墨作画,用笔劲健,不拘绳墨。有时使用重色和彩墨结合,大笔挥洒,气势磅礴。在画风的成熟时期,受徐渭的影响很大,笔墨淋漓,无拘无束。乾隆二年仲春所作《芍药图》手法老练娴熟,意境极佳,可以说是李鱓的巅峰之作。

2. 高凤翰

高凤翰(1683—1748),字仲威,亦字西园,号南村,晚号南阜山人,因病废右臂,又称“后尚左生”、“丁巳残人”、“老痹”等,山东胶县人。“扬州八怪”之一。其父高曰恭是康熙年间举人,是当时有名的学者和书画家,叔父高曰聪、堂兄高凤举等都是能诗或善书画、篆刻的高手。高凤翰生长在这样一个家庭中,从小便受到艺术的熏陶。

高凤翰多次参加科考,直到雍正六年(1728)46 岁时才应举“贤良方正科”,考取一等。后来出任仪征县丞,兼管泰州坝盐务监掣。后因两淮转运使卢见曾之案牵连,一度入监,虽无罪释放,但风痹症恶化,导致右臂残废。此后绝意仕进,卖画为生。

高凤翰一生多才多艺,精诗、书、画、印及制砚。他自称“第一功名只赏诗,精力之消耗此中者,十之八九”。一生作诗 3000

余首。但高凤翰最为世人所重者，还是书画。他右手废弃之后，用左手创作，以“西园左笔”名噪扬州，当地的名流无不以拥有他的左笔书画为荣。其书画作品传世很多，今天仅京、沪两地就藏有 90 余幅。其篆刻亦为后人所珍，一生制印数千方，精品编入《南阜山人印草》。又藏砚制砚成癖，收集砚铭拓片 165 方，编成《砚史》四册。

3. 郑燮

郑燮，字克柔，号板桥、板桥居士、板桥道人、板桥老人等，泰州兴化人。出身于一个贫寒的世代书香家庭，曾祖父和祖父都是读书人。父亲郑之本，字立庵，号梦阳，廪生，靠在家授生徒为生。

康熙五十五年(1716)，板桥年十七岁，中秀才；雍正十年(1732)，中举人；直到乾隆元年(1736)，时年四十四岁，方中进士，因而戏刻一印：“康熙秀才、雍正举人、乾隆进士。”中举之前，卖画扬州，穷困落魄，常常生计堪虞。后来得老友资助，得以读书赶考。中进士以后，踏入仕途，五十一岁至六十岁任山东范县、潍县知事。范县地瘠民贫，板桥在任期间，忧民疾苦，尽心竭力，努力实现自己“泽加于民”的理想。经过几年的治理，范县民众的生活有了改善，板桥的生活也安适悠闲，但他对官场的生活却渐渐厌倦。此后又知潍县，连年遇到饥荒。板桥努力赈灾，又因体恤民情，不遵上意，断然开仓，忤逆上级，落得个擅粜官粮的罪名，被免去官职。罢官回到扬州，以书画为生，渐渐名重当世。

板桥善诗、词、曲及书札散文，以诗、书、画“三绝”著称于世。书法以篆隶参入行楷，自称“六分半书”，人称“乱石铺街”体，纵横错落，瘦硬奇峭，不落窠臼，自成体貌。在绘画方面，板桥的成就更是罕有其匹。徐悲鸿题其《兰竹石图》(无锡市博物馆藏)，称他是“中国近三百年来最卓绝的人物之一。其思想奇，文奇，书画尤奇。观其诗文书画，不但想见高致，而其寓仁慈于奇妙，为古今天才之难得也”。郑板桥作画题材专而不博，数十年所画，皆石竹兰也。他在《题画・靳秋田索画》中说：“石涛善画盖有万种，兰竹其余事也；板桥专画兰竹五十年，不画他物。彼务博，我务专，安见专之不如博乎？”①

传世作品有《竹石图》轴及《芝兰全性图》、《兰石图》、《丛竹图》、《兰竹图》、《悬崖兰竹图》等。著有《板桥全集》。

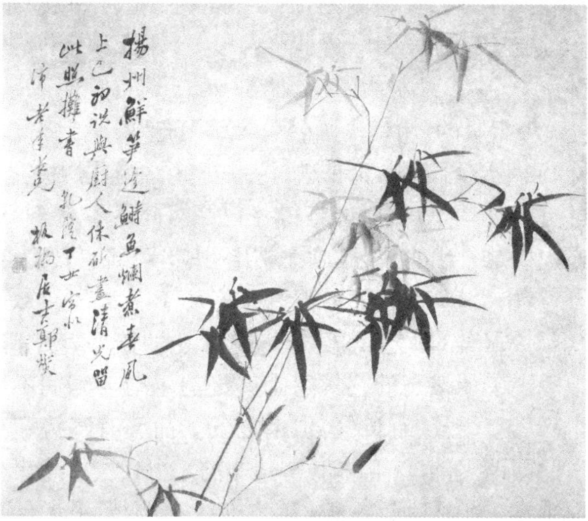

图 8－5　郑燮《墨竹图轴》

4. 唐志契

唐志契(1579—1651)，字敷五，又字玄生，泰州姜堰人，著名的山水画家。其弟唐志尹、侄唐日昌也以画闻名，时人称“三唐”，以唐志契成就最高。

唐志契生于一个商贾之家，孩提时代即爱好绘画并显露出过人的秉赋。青年时未曾拜师，广游天下名山大川，师法自然，自学成才。传世作品《乱山茆屋图》轴，现藏泰州市博物馆。《乱山茆屋图》是唐的代表作品，所画崇山峻岭，用高远法构图，画幅虽在数尺之间，却有山重水复、空蒙深邃的气势；人物活动于山

① 《郑板桥集》，岳麓书社 2002 年版，第 347 页。

水之间，有超凡出世的感觉。

唐志契除精于山水之外，还在绘画理论上有重大建树。他48岁时写成《绘事微言》4卷，是明代山水画创作的总结，在中国美术史上具有重要的地位，清代被编入《四库全书》。《绘事微言》第一卷是作者自撰的画论，后三卷辑录、整理谢赫、张僧繇、屠隆等人画论26种，《四库全书总目提要》评价其"删除芜冗，汰取精华"。

1982年出版的《历代论画名著录编》，选录了《绘事微言》中卷之一的四个绘画论题，论枯树、论点苔、论用笔用墨、论气韵生动。其论枯树曰，"写枯树最难得苍古。然画最不可少，即茂林盛夏，亦须用之。山水诀云，画无枯出，则不疏通。"其论点苔曰，"画不点苔，山无生气，昔人谓苔痕为美人替花，信不可缺者。又谓画山容易，点苔难。"唐志契对气韵生动的诠释，颇有独到之处，集中表现了他最高的艺术追求，"气韵生动与烟润不同。盖气者有笔气、有墨气、有色气，俱谓之气。而又有气势、有气度、有气机，此即谓之韵。而生动处，又非韵之可代矣。生者生生不穷，深远难尽，动者动而不板，活泼迎人。要皆可默会而不可名言。"

（六）戏曲

泰州自元末以来七百年间，鲜遭兵乱，经济发达，人文兴盛，为戏曲艺术的发荣滋长，提供了肥沃的土壤。据《崇祯泰州志·风俗》载："燕会：觥筹无算，罗列盈前，且多用优伶，卜夜为乐，而相沿成习矣。"可见戏曲已广泛进入民间婚娶寿诞的庆贺活动当中。清代泰州的戏曲活动，更是繁花似锦，百卉争艳。据不完全统计，泰州剧作家至少有6人，剧作30部。家庭乐部有6家，尤其是俞锦泉家女昆部，规模庞大，演出频繁，堪称全国之冠。

1. 清代泰州剧作家及作品

泰州戏曲作者辈出，佳作如林。据泰州地方文献及清人留下的笔记、诗文记载，泰州剧作家至少有6人，剧著30部。这六位剧作家中，四人集中在乾嘉时期。

仲振奎是泰州剧作家中的翘楚，一人创作15部作品，不仅在创作数量上居众人之首，也在同时期的四人中有着领导者的地位，其他三人或是他的兄弟，或是他的文友。仲振奎，字春龙，号云涧，别号红豆村樵、花史氏，出身官宦之家，但科场失意，仅以监生终。且中年亡女，老岁丧妻，膝下无子，晚景凄凉。坎坷的一生却在一定程度上催生了大量的文学作品，《道光泰州志》说他“平生著作无体不有”①。

仲氏最主要的作品是戏曲。剧作有《红楼梦传奇》、《火齐环传奇》、《红襦温酒传奇》、《看花缘传奇》、《雪香楼传奇》、《卍字阑传奇》、《霏香梦传奇》、《香囊恨传奇》、《画三青传奇》、《风月断肠吟传奇》、《怜春阁传奇》、《后桃花扇传奇》、《懊情依传奇》、《牟尼恨传奇》、《水底鸳鸯传奇》。其中《红楼梦传奇》是我国第一部由小说《红楼梦》改编而成的戏曲作品，更是仲振奎最重要的戏曲作品。

《红楼梦传奇》作于嘉庆二年，成于嘉庆三年。上卷三十二出，以描写宝玉与黛玉、晴雯爱情为重点，采用了与三人有关的主要情节，原著中一些在贾宝玉身边的较为次要的人物宝琴、岫烟、香菱、平儿、鸳鸯等皆删去，宝钗出场亦不多。下卷二十四出，情节采用《后红楼梦》等续书的情节，并且加以增色，与曹、高原著关系不大。《红楼梦传奇》问世后，很快为优伶所采，名噪一时，影响甚广。据现有材料看，自嘉庆四年(1799)至光绪三年(1877)的近八十年中，至少出版过三次。而仲氏的其他作品，则均已散佚。

仲振履是仲振奎弟，字临候，号云江，别号群玉山农、木石老人，嘉庆十三年(1808)进士，官广东恩平、兴宁、东莞等地知县、南澳同知。戏曲作品有《双鸳祠传奇》、《冰绡帕传奇》等。《双鸳

① 《道光泰州志》卷二四，《中国地方志集成·江苏府县志辑(50)》，江苏古籍出版社1991年，第270页。

祠传奇》有嘉庆庚辰咬得菜根堂刻本，巴黎图书馆有藏。国内有抄本，存于泰州市图书馆。《冰绡帕传奇》二卷，二十四出，始未刊行，直至 1934 年，才刊入《珊瑚月刊》。

除二仲之外，乾嘉时期的剧作家及作品还有纪桂芳的《星河梦传奇》，李宸的《香囊记》，皆世无传本。

咸同时期的剧作家有汪宗沂和黄泾祥。汪宗沂，字仲伊，歙县人，因太平天国战乱流寓泰州，著有《后缇萦》南曲一卷，剧演蔡蕙上书救父之事，光绪十一年(1885)泰州夏氏刻本(泰州图书馆有藏)。汪氏精通音律，填谱遣词，深得南曲之妙。黄泾祥，字琴川，江西乐安人，亦太平天国战乱客居泰州，与赵瑜、吴廷扬、姚正镛等交游，时相唱和。著有《珍珠曲》，世无传本。

2. 清代泰州家班

泰州历史上有不少家庭乐部，清代有记载的即有王孙骖、俞锦泉、陈端、朱光岩四家。王孙骖，清初人，字参马，号受轩，康熙己酉(1669)举人，官宜黄知县。所著《蕊亭随笔》二卷，未经刊行，仅有稿本、传抄本传世。王孙骖家班是清代最早的家庭乐部。

俞锦泉家女昆部是清代泰州家班中规模较大、影响深远者。俞家世代为官，曾受皇室宠幸。俞锦泉，号音隐，康熙时人。交游甚广，与当时的社会名流、骚人墨客过往频繁，华筵享客，演剧待宾，舫亭留连，一时称盛。冒辟疆、孔尚任、邓孝威、黄仙裳、宗定九等都是俞家座上宾。尤其是孔尚任南下治水，驻泰州两年，创作《桃花扇》。孔尚任称“俞君声伎甲江南”[①]，可见俞家乐部之盛。

继俞氏家班之后，泰州尚有陈氏家班朱氏家班。陈端字方行，号琢余，附贡生，官山东平度知州。《民国泰县志》载陈氏“家极声伎之盛”，以至于所住之处因而得名“歌舞巷”。朱光岩，字鲁瞻，号药圃，附贡生，官中书，著有《古香亭诗草》。清嘉道以

① [清]孔尚任《湖海集》卷二，古典文学出版社 1957 年版，第 34 页。

后，朱氏家班没落，伶人生活凄惨。

3. 孔尚任之《桃花扇》与泰州

清初大戏曲家孔尚任与泰州很有渊源。康熙二十五至二十八年(1686—1689)孔尚任随孙在丰来苏北治理下河淮安、高邮、宝应、兴化、盐城、泰州、如皋等淮南七邑之水患。不久修河大臣们对治水意见分歧，河工为之停顿，孔尚任以此滞留泰州一带达三年之久。孔尚任自称："出使三年，居海陵者强半。"[①]在泰州期间，他与当地名流文士交游过从，诗酒往还。冒襄、邓孝威、杜浚、宗元鼎、黄云、许承钦、俞锦泉等，都与孔尚任有密切的交往。冒襄与侯方域同为明季四公子，孔尚任常常从冒襄处取得南明兴亡的丰富史料，而侯方域则是《桃花扇》中的主要人物。特别还要提及孔与俞锦泉的交往，孔尚任对俞锦泉家女昆部的艺术修养十分推崇，宗定九在孔氏《舞灯行赠流香阁》诗后注云："俞中翰得公此作，又广征同人，欲制为屏障，而见此作者多搁笔，真调高和寡也。"孔氏在泰州期间，经常驻于"渔壮园"，频频观剧，耳濡目染，且常与昆曲大家为伴，私交甚密，这些经历给了孔尚

图 8-6　孔尚任故居

① [清]孔尚任《湖海集》卷九，第 215 页。

任极大的启发，在《桃花扇》的艺术处理方面，得到了借鉴。柳敬亭也是《桃花扇》剧中的重要人物，柳为泰州人，是兴盛一时的评话宗师，孔氏将这一人物写进剧本足以说明泰州之行的重要性。在泰州两年，孔尚任经历了从显赫尊崇到冷遇拮据的变化，尝尽人间冷暖，对他创作《桃花扇》产生了很大影响。

4. 评话

古代的说书艺术演变到元、明、清时期，成为一种新的艺术形式——评话，题材多是长篇历史故事，广泛存在于市井瓦肆之中，为各阶层民众所喜闻乐见。明末清初的泰州诞生了一位享有“评话宗师”之誉的大说书家——柳敬亭。

(1) 柳敬亭生平

柳敬亭生于明神宗万历十五年(1587)，根据雍正十一年(1733)重修的扬州府志说：“柳逢春，字敬亭，泰州人，本姓曹。”[①]嘉庆十五年(1810)重修扬州府志上说：“柳敬亭者，名逢春，本姓曹，泰州曹家庄人。”[②]然而，阎尔梅和顾开雍都说他原“名遇春”。吴伟业和黄宗羲的《柳敬亭传》都称“(柳敬亭)年十五，犷悍无赖”[③]。在他十五岁那年，巡抚缉捕地方恶人，地方官将其名列入。逢春遂逃亡他乡，先后流浪于如皋、泰兴、盱眙等地。途中因喜欢听人说书，于是从而习之，以为生计。一日至江南宁国境内的敬亭山，感慨命途之坎坷，遂指柳为姓，改名敬亭。

柳敬亭在松江遇到儒生莫后光，成为他一生的重要转折点。莫后光说书造诣很深，擅说《西游记》、《水浒》。遇到柳敬亭之后认为他颇有才气，有培养前途，就将说书技艺一一传授。莫后光

① [清]尹会一、程梦星等纂修《江苏省扬州府志(清雍正十一年刊本)》卷三三《人物志》，成文出版社 1975 年版，第 606 页。

② [清]阿克当阿等修，姚文田等纂《江苏省扬州府志(清嘉庆十五年刊本)》卷五四《人物志》，成文出版社 1974 年版，第 4199 页。

③ [清]吴伟业撰，李学颖集评标注《吴梅村全集》，上海古籍出版社 1990 年版，第 1055 页。沈善洪主编：《黄宗羲全集》第十册《南雷诗文集(上)》，浙江古籍出版社 1985 年版，第 572 页。

授敬亭:"口技虽小道,在坐忘。忘己事,忘己貌,忘座有贵要,忘身在今日,并忘己何姓名,于是我即成古,笑啼皆一。"[①]"坐忘"是道家的修炼方式:"堕肢体,黜聪明,离形去知,同于大道,此谓坐忘。"(《庄子·大宗师》)莫后光要求说书要完全忘我,才能"我即成古,笑啼皆一"。柳敬亭从莫后光学习"养气"、"定词"、"审音"、"辨物",朝夕揣摩。几月后,敬亭说书,莫后光见之大惊:"子得之矣!"

此后柳敬亭技艺大进,遂在苏、杭、淮、扬等地献艺,广受欢迎,且常为权贵引为座上宾[②]。因他"面多麻,人皆以柳麻子呼之",遂以"柳麻子"的外号名播遐迩。柳敬亭对待听众,不论富贵贫贱,一视同仁。但"豪情侠气"的柳敬亭绝非是非不分、清浊不辨之人。当时,阮大铖以阉党被废斥避居南京,筑"石巢园",训练女乐、编演戏剧。柳敬亭亦为"石巢园"中客。柳敬亭先前并不知阮大铖底细,待他看到复社人士撰写的《留都防乱公揭》之后,才知道阮乃魏阉余孽,随即拂袖离去。

柳敬亭与明末强藩左良玉的遇合,应该是柳敬亭人生中一段极为特殊且重要的阶段。柳敬亭极得宁南侯左良玉信任,黄宗羲《柳敬亭传》载:"宁南以为相见之晚,使参机密。"宁南侯帐下的柳敬亭"尝奉命至金陵,是时朝中皆畏宁南,闻其使人来,莫不倾动加礼,宰执以下,俱使之南面上坐,称柳将军。"[③]面对清军南下的形势,柳敬亭尽力消除杜宏域和左良玉的嫌隙,还想消

---

① [清]周荣《春酒堂文存·杂忆七传·柳敬亭》,《丛书集成续编》,上海书店1994年版,第954页。

② 黄宗羲《柳敬亭传》载:"由是之扬,之杭,之金陵,名达于缙绅间。华堂旅会,闲亭独坐,争延之使奏其技,无不当于心称善也。"《黄宗羲全集》第十册《南雷诗文集(上)》,第572—573页。

③ 《黄宗羲全集》第十册《南雷诗文集(上)》,第573页。

除左良玉和阮大铖的嫌隙，都是出于他的满腔爱国热情[①]。

左良玉病死之后，柳敬亭的生活也发生了巨大变化。根据吴伟业《柳敬亭传》记载“宁南没于九江舟中……柳(敬亭)已先期东下”，梁启超分析认为“此当为甲申冬或乙酉春事”[②]，即1644年冬或1645年春。这时的柳敬亭已经五十八九岁了。不久南明朝廷倾覆，柳敬亭为生活所迫只好重操旧业，以说书为生。至顺治十三年春，已六十九岁高龄，到驻在松江的苏松常镇提督马逢知处任军幕。但郁郁不得志，三年以后，离开军中。晚年寓居南京，生活穷困，极为凄凉。死后葬于苏州。柳敬亭的同乡夏荃曾评价柳敬亭“热肠侠骨，求之士大夫中，不可多得”[③]，这样的评价是公允的，反映了柳敬亭的个人品质。

(2) 柳敬亭说书艺术成就

柳敬亭能说《西汉》、《三国演义》、《隋唐演义》、《精忠传》，《水浒》，其中又以《隋唐演义》和《水浒》最为擅长。

晚明著名散文家张岱写过一篇《柳敬亭说书》，描述了柳敬亭的高超技艺，叙说了柳敬亭演说武松打虎的几个特点：第一，“《景阳冈武松打虎》白文，与本传大异”。柳敬亭之前的说书人，不过是将演义小说中的故事说清楚，而柳敬亭则以自己的想象力对原故事进行创造性的丰富，使所讲故事刻画入微，描述生动。第二，善于细节描写。“其描写刻画，微入毫发；然又找截干净，并不唠叨。”第三，在高潮处、关键处“叱咤叫喊，汹汹崩屋”，极富表现力。第四，演说时表情丰富，全身入戏，“柳麻貌奇丑，然其口角波俏，眼目流利，衣服恬静，直与王月生同其婉娈，故其

---

① [清]吴伟业《柳敬亭传》载：“阮司马大铖，生旧识也，与左郄而新用事。生还南中，请左曰：‘见阮云何？’左无文书，即令口报阮以捐弃故嫌，图国事于司马也。”《吴梅村全集》，第1057页。

② [清]孔尚任著，[清]梁启超注，城宁校点《梁启超批注本〈桃花扇〉》第三一出《草檄》，凤凰出版社2011年版，第153页。

③ 《退庵笔记》卷八。

行情正等。"[①]柳敬亭说书极具艺术感染力，周荣《春酒堂集·柳敬亭传》就说："见关壮缪，见唐李、郭，见宋鄂、蕲二王，剑棘刀槊，钲鼓起伏，髑髅模糊，跳掷绕座，四壁阴风旋不已。予发肃然指，几欲下拜，不见敬亭。"[②]黄宗羲在《柳敬亭传》中也说道："每发一声，使人闻之，或如刀剑铁骑，飒然浮空。或如风号雨泣，鸟悲兽骇。亡国之恨顿生，檀板之声无色。"

柳敬亭说书艺术高绝一方面靠的是自己的钻研，另一方面也离不开他高尚的品德。《桃花扇》中，孔尚任借侯方域之口，说"敬亭人品高绝，胸襟洒脱，是我辈中人，说书乃其余技耳"[③]。

二、教育事业

清代是中国古代教育史上的一个大发展时期，由于其历史时期的特殊，教育制度也可划分为两个显著的阶段。第一阶段始自顺治迄于咸丰，教育制度基本沿袭明代。第二阶段是同治至清末，清政府大力推广新式学校教育。

清代泰州地区的学校教育与全国情况基本一致，道光之前，初级教育机构主要为社学。道光以后，义学日渐兴起，既而取代社学占主导地位。除了社学、义学，书院、私学也广泛存在，但总体数量不多，共有社学 5 所，义学 6 所，书院 2 所。新式学校教育推广以来，1901 至 1911 年，新办学堂猛增 26 所，尤以 1906 年后居多。其中蒙小学堂 1 所，初等小学堂 14 所，两等小学堂 6 所，中学堂 1 所，女学堂 2 所。除此之外，公立凤山两等小学堂还设师范简易科，各学堂所教科目门类也越来越齐备。

（一）教育与科举

清代在建立之初，为了拉拢汉族知识分子，消除其反抗外族

---

① ［清］张岱《陶庵梦忆》，上海书店出版社 1982 年版，第 39 页。参见陈辽《评话奇才柳敬亭》，《文史知识》2003 年第 8 期。

② 《春酒堂文存·杂忆七传·柳敬亭》，《丛书集成续编》，第 954 页。

③ 《梁启超批注本〈桃花扇〉》第一出《听稗》，第 10 页。

的敌对情绪,于顺治二年(1645)大开科举,成为清代科举考试的开端。此后历经九朝 260 年,方被废除。清代的科举制度,在沿袭明朝科举制度的基础上有所变化,科举制得到进一步的发展。

清代的科举考试沿用了明代的考试方式,分为童试、乡试、会试、殿试四级。

童试是清代科举的最低一级考试,考中者称为"生员",也就是俗称的"秀才"。要想通过童试,需要经过三次考试,分别是县试、府试、院试。县试由各县的知县主持,报考者不论年龄大小,都称儒童或者童生。考生需要由五人联保,写明保结,证明身家清白。考试内容主要是《四书》文、试帖诗、《性理》论或《孝经》论,并要默写《圣谕广训》百余字。只有经过童试,方可进行府试。府试一般由各府的知府主持,报名方式、考试内容大体与县试相同。经过府试,还需经过由各省学政主持的院试,方能成为生员。成为生员,是清代科举考试的第一步,能够享有一定的特权。例如免服劳役、不受里胥侵害,"无笞、捶之辱"。

清代的乡试也是沿用明代的制度,各省的生员、贡生、监生都可以参加本省的乡试,考中者称为举人,第一名为解元。乡试每三年举行一次,逢子、卯、午、酉年八月在省城举行,称为"秋闱"。但清代的科举考试除却正科之外,还有不少加科。每逢皇帝登基、太后大寿之年也都会加开恩科。清代实行科举考试 260 年,共开科 112 科,平均每 2.3 年开科一次,这在一定程度上增加了士子录取的机会,对于选拔人才有一定的积极作用。乡试的主考官一般由京帝拣选翰林院庶吉士、或者六部副职担任,规格较童试要高很多。士子在成为举人后,就可以直接做官,这是生员所不能的。乡试的录取名额根据各省人口多寡和文风高下来决定,"顺治初定额从宽,顺天、江南皆百六十余名,浙江、江西、湖广、福建皆逾百名,河南、山东、广东、四川、山西、陕西、广西、云南自九十余名递杀,至贵州四十名为最少"。后来又在此基础上进行了调整,"定顺天南、北皿各三十六,中皿改二十取一,贝字二,夹、旦各四,江南上江四十五,下江六十九,浙江、江西皆六十，云南五十四，湖北四十八，湖南、广西皆四十五，贵州三十六。自是率行罔越”。其后虽然仍有调整，但变化不大。从录取人数来看，清代江浙地区文化教育十分兴盛。

会试是在乡试的次年举行，清初为次年二月，雍正时改为三月，乾隆后固定为三月。会试考试大体与乡试同，会试一般由礼部主持，通过会试者称为贡士，第一名称为会元。落选者也可以通过大挑、拣选等方式步入仕途。

殿试是清代科举考试的最后一关，会试结束后举行。清初在四月份，雍正、乾隆之后定为五月举行，通过者即金榜题名，成为进士。殿试通过者分三等，“天子亲策于廷，曰殿试，名第分一、二、三甲。一甲三人，曰状元、榜眼、探花，赐进士及第。二甲若干人，赐进士出身。三甲若干人，赐同进士出身”。特别是一甲三人，可谓“一朝成名天下知”，既为士林表率，且仕途要比普通进士显赫得多。清制规定：一甲一名授翰林院修撰，第二名和第三名授翰林院编修。翰林院虽从事文书工作，但为机要部门，为皇帝秘书，有更多的机会接触到权力核心，极易升迁，这也是清代的士人所向往的地方。

图 8－7　兴化拔贡李培源《行书轴》

纵观整个清代的扬泰地区，特别是清代前期和中期，其文化之繁荣，学者之众多，均为一时之盛。在繁荣文化的支持下，清代扬州府的科举也得到大力发展，产生了一大批的举人和进士，这在《嘉庆扬州府志》、《同治续纂扬州府志》、《明清进士题名碑果索引》等地方文献中多有记载。

就进士数量而言，整个清代共录取 26849 人，扬州府有进士 361 人，占总数的 1.3%，这就意味着每 100 名进士中会有 1.3 个扬州人。以清代大约 300 个和扬州府平级的府、厅、州来算，平均每个府也只有进士 89 人，扬州府超出平均数三倍，单纯在数量上就处在全国前列。

而在整个扬州府的科举中，由泰州地区出身者数量众多，在其中占有重要地位。查阅《嘉庆扬州府志》、《同治续纂扬州府志》及民国间各县续修诸方志，统计所登载的 361 位进士、1469 举人和 1643 位贡生，就能清楚地看到这一点。其中泰州、兴化两地共出进士 78 人，占整个扬州府总数的 21.6%，举人 363 人，占总数的 24.7%，贡生 422，占总数的 28.7%。

泰州地区科举成绩出众，有赖于当地教育的发达。风气所及，泰州地区出现了不少颇有名气的书院，胡公书院、文正书院、昭阳书院、明性书院，等等。其实不光是泰州，通观整个扬泰地区，其书院数量之多，在整个东南地区十分有名。《嘉庆扬州府志》以为："东南书院之盛，扬州得其三焉。……曰安定，曰梅花，其在仪征者曰乐仪。"柳诒徵在《江苏书院志初稿》也指出："江宁布政使所属各府之文化，以扬州称首。"

如前所述，入清以来，扬州就是东南的盐运和漕运中心，地理位置重要，统治者十分重视，经历顺、康数十年，发展颇为迅速，并在乾嘉时期发展到了顶峰，成为东南地区的经济文化中心。经济上，每年为清政府输送大量的盐税，成为清政府的经济支柱之一；文化上养育"扬州八怪"和"扬州学派"，一时学者名流云集。当时，在盐商的大力资助下，扬州书院不但实力雄厚，而且大量延聘名师，大批的文人名士主讲于扬州书院，如王峻、沈起元、杭世骏、蒋士铨、赵翼、姚鼐等等。其直接影响，就是对扬州科举起到了重大的推动作用。

从以上论述不难看出，经济的发达、文化的繁荣，大大促进了泰州地区教育事业的发展，也是泰州在清朝扬州地区的科举与教育中占有重要地位的关键因素。

(二) 兴盛的武举

清代扬泰地区的科举与明代相比最为显著的特点，就是不但在文举中名列前茅，在武举上也有不俗的表现。

清代武举始于顺治二年(1645)，终于光绪二十四年(1898)，共经历九朝253年，109科，比文科少三科。而在人数方面，据考证，清代武进士录取人数在13000人左右。统计《嘉庆扬州府志》和《同治续纂扬州府志》等相关资料记载，清代扬州府共有128名武进士和719名武举人。从进士人数来看，扬州府录取人数约占武进士总数的1%。举人的比例还要高。许友根《武举制度史略》以为清代武举共录取9000余人，如果以此为据，扬州府的武进士就可占到全国的1.4%，基本和文举持平。作为文化发达之地，扬州府能够出现如此多的武进士、武举人，确实是一件非常了不起的事情。

在整个扬泰地区的武举中，泰州亦占有重要地位。据统计，清代扬泰地区共出武进士128人，其中泰州地区27人，占21%，武举人709人，泰州地区169人，占23.8%。

除了数量，泰州地区的武进士、武举人还有一个特点，那就是集中当地的高门大姓，即刘氏、缪氏和宫氏家族之中。刘氏家族出现了刘应祚、刘卜师、刘梦金、刘荣庆、刘惟馨、刘国庆六位，其中刘荣庆和刘国庆兄弟二人先后为武状元，这在清代是仅有的一例。刘荣庆，乾隆四十九年(1784)武状元，官至贵州提督，从一品；刘国庆，乾隆五十四年武状元，官至山西大同镇总兵，正二品。一门之内，数年之间产生两名武状元，在当时显赫至极。缪氏家族则有缪作、缪肇祺、缪珏三位武进士。宫氏家族有康熙四十二年(1703)进士宫梦熊，康熙四十八年进士宫梦元，康熙五十一年进士宫梦树。

在这些当地大族出身的武进士、武举人中，有一家尤为著名，这就是号称“一门五都督，三科两状元”，由明而清走出了数十位举人、进士的姜堰刘氏。该家族长久以来，武艺代代传承，擅长弓马，故又称弓马名家一枝刘。

刘荣庆(1762－1842)，字崇碧，乾隆四十九年(1784)武进士，殿试一甲一名；刘国庆(1769－1833)，字沐园，乾隆五十四年(1789)会试中得第一，殿试中一甲一名，状元及第。清钱泳《履园丛话》说：“泰州刘荣庆、刘国庆同胞兄弟为武状元，古今未闻，亦为熙朝盛事。”《道光泰州志》、清《海陵丛刻·退庵笔记》等史书，都记载了这对武状元的事迹。兄弟二人先后高中武状元，其间只隔一科，这在中国科举史上确属罕见，在当时更是传为美谈。

《耐庵丛刻》记载，刘荣庆在殿试时，将一块重300斤的大石放在膝盖上，用毛笔写下了“天子万年”四个大字，脸不改色气不喘。乾隆皇帝称赞说，刘荣庆“文武天资，宜其大魁天下也”。刘荣庆夺得武状元后被授予一等侍卫，官至从一品。

相传当年刘荣庆考中武状元时，京城捷报传到家乡，邻居百姓争相传颂。其中一位白发老人看到刘荣庆的弟弟刘国庆，信口说道：“年轻人身强力壮，一表人材，将来跟你哥哥一样，也中个武状元。”刘国庆不假思索，脱口而言：“男子汉大丈夫顶天立地，敢说敢做，要中就中个武状元。”并从此发愤攻读兵书，练功习武。乾隆五十四年己酉科，在殿试中登上榜首，获钦点武科举一甲第一名进士及第，封为御前头等侍卫。任大同挂印总兵期间，曾组织指挥了著名的围剿东南海寇之役和喀什噶尔之役，平息了历时14年的海患，平定了新疆张格尔叛乱。朝廷委以重任，嘉奖三级，官至山西大同镇总兵，正二品。

不过，作为朝廷大臣，两位状元的结局并不圆满，刘荣庆年近七十时获罪发配边疆伊犁，刘国庆也因此忧郁而死(一说吞金自杀)。

但无论怎样，刘荣庆、刘国庆兄弟先后成为武状元，为国效力的佳话，是泰州传统文化遗产的一部分，值得人们为之骄傲和自豪。泰州市政府已于 2002 年将刘状元府遗址列为市级文物保护单位，除对刘状元府遗迹进行保护外，同时调查、搜集、整理了状元遗存 30 多件；姜堰市政协组织编写了《刘氏兄弟——状元世家》、《刘状元捉拿扫帚星》等文献资料；泰州市博物馆藏有刘荣庆用过的青龙偃月大刀和一套打仗时穿的盔甲；姜堰市博物馆保存着清乾隆、嘉庆、道光诰封刘状元配偶的圣旨；桥头镇收藏着刘状元当年用过的红木架子床，150 公斤重的练功石等。我们也期待着“弓马名家一枝刘”的文化遗产得到进一步的保护与利用，为泰州的发展增光添彩。

第四节　社会生活

社会生活与习俗是人类在不同的生态、文化环境和心理背景下创造出来的，并在独特的历史发展过程中积累、传递、演变成的不同类型和模式的文化。它反映一个地区的精神风貌，也是传统文化的一部分。民俗文化内容很多，表现在饮食起居、四时八节等诸多方面，渗透在日常生活的每一个细节当中，其中包括这普通百姓的情感和智慧、爱好和情趣。是远去历史的反映和文化的记忆。泰州的社会生活习俗源远流长，丰富多彩，特色鲜明，影响深远，是中国传统文化的瑰宝。

一、衣食住行

清代泰州地区的衣食住行除了在服饰上有些变化以外，其余基本继承了明代的传统。

（一）服饰

清王朝建立后，按照满族习俗统一男子服饰。顺治九年(1652)，钦定《服色肩舆条例》颁行，从此废除了浓厚汉民族色彩的冠冕衣裳。明代男子一律蓄发挽髻，着宽松衣，穿长统袜、浅面鞋；清时则剃发留辫，辫垂脑后，穿瘦削的马蹄袖箭衣、紧袜、深统靴。但官民服饰依律泾渭分明。

清代男装主要是长袍和马褂，袖端呈马蹄形是历代不曾见过的。长袍造型简练，立领直身，偏大襟，前后衣身有接缝，下摆有两开衩(古时称“缺裤”)，四开衩和无开衩几种类型。皇室贵族为便于骑射，着四面开衩长袍，即衣前后中缝和左右两侧均有开衩的式样，平民则着左右两侧开衩或称“一裹圆”的不开衩长袍。在我国文学名著《红楼梦》第九十四回“宴海棠贾母赏花妖”一节中，记述了一段内容——“那日宝玉本来穿着”一裹圆的皮袄在家休息，忽听贾母要来，便去换了一件狐腋箭袖，罩了一件玄狐腿外褂。这里说明“一裹圆”，是休闲衣服，不可登大雅之堂，所以贾母的到来，必须换掉便装，改着正式穿戴。满清时期长袍外面的马褂身长不过膝，袖宽且短。衣服上的佩饰比较琐繁，一个金银牌上垂挂着数十件小东西，如耳挖子、镊子、牙签，还有一些古代兵器的小模型，如戟、枪之类，佩挂饰物在清代已经形成风尚。

男装中以褂最为盛行，马褂是满清男子四种制服之一。四种制服为礼服、常服、雨服和行服，马褂即行服。马褂自康熙年间进入富家后，军服也用此制。《陔余丛考·马褂》记“凡扈从及出使，皆服短褂，缺襟袍及战裾，短褂亦曰马褂，马上所服也”。马褂做为外用，有单、夹、棉几种不同做法，一般采用石青、绀色、黑色等较素的颜色，习惯上不用亮纱原料。在乾隆年间，有翻毛皮马褂，为贵族服用，官职人员着褂在胸前背后缀有补子叫“补褂”。马褂又名“德胜褂”。清初马褂采用天蓝色。乾隆时以玫瑰紫为佳，清末深绛（赤、大红）最流行，民国时期流行浅灰和浅驼颜色。

从记载顺治时期朝廷对民间着装下达的诏令中，可以了解到服饰变化的一些具体情节。顺治元年十月有令命文官衣冠按明代服制，民装无规定。顺治二年六月规定薙发之制，限旬日（十天之内）内一律遵行，违者杀无赦。不薙发，只好改扮女子装束（由于古时男女之别在着裙和头髻上较为明显，故较为容易改扮女装）。由于拒绝薙发而死的不计其数，而被逼无奈改扮女装的也为数不少。顺治四年十一月确定官民服饰之制，但只限服色和使用材料，所服之式样仍无明确规定。直至乾隆时期，规定了居住城市和人员稠密的区域普遍服用旗装外，闭塞地方的平民仍然不服用马褂，不戴红缨帽。即使一些留有发辫的男人，也将辫盘绕在头顶，再加戴一顶毡帽，外观上很难辩认出来。特别是清初时留辫很短小，就更不好分辨。当时女子改装阻力很大，明装难以更改，反而大大吸引了满人，不少旗人还特意模仿汉装，尽管乾隆时期宫中一再降旨，禁止满人缠足，但异族女装的吸引力，使得不少满人违抗旨令的现象时有发生。

清代女装，汉族、满族发展情况不一。汉族妇女在康熙、雍正时期还保留明代款式，时兴小袖衣和长裙；乾隆以后，衣服渐肥渐短，袖口日宽，再加云肩，花样翻新无可底止；到晚清时都市妇女已去裙着裤，衣上镶花边、滚牙子，一衣之贵大都花在这上面。满族妇女着“旗装”，梳旗髻（俗称两把头），穿“花盆底”旗鞋。至于后世流传的所谓旗袍，长期主要用于宫廷和王室。清代后期，旗袍也为汉族中的贵妇所仿用。

旗袍或短装有琵琶襟、大襟和对襟等几种不同形式。与其相配的裙或裤，以满地印花、绣花和裥等工艺手段作装饰。襟边、领边和袖边均以镶、滚、绣等为饰，史书记载，镶滚之费更甚，有所谓白旗边，金白鬼子栏干、牡丹带、盘金满绣等各色，一衫一裙镶滚之费加倍，衣身居十之六，镶条居十之四，衣只有六分绫绸，新时离奇，变色以后很难拆改。又有将羊皮做袄反穿，皮上亦加镶滚，更有排须云肩，冬夏各衣，均可加工。清初满族妇女与男人的装扮相差不多，不同之处只是穿耳梳髻，未嫁女垂辫。满女不缠足不着裙，衣外坎肩与衫齐平，长衫之内有小衣，相当于汉女的肚兜，衣外之衣又称“乌龙”。旗装在清代，除具有上述共同特点外，不同时期的组合特征仍比较鲜明。

总体来说，清代泰州地区的服饰符合清代服饰的一般特点，在继承明朝汉族服饰的同时，又随着清王朝的建立加入了满族元素，随着时代的变化，尤其是鸦片战争后国门打开，西洋文化的介入，呈现了品种、风格多样，满、汉融合的特点。

（二）饮食

泰州小吃的种类繁多，花样丰富，下面选取几个广受人们喜爱的地方小吃和与之相关的民间轶闻。

红烧大乌。大乌，即鳢，亦称乌鳢、黑鱼。红烧大乌是泰州传统名菜，距今已有100多年的历史。传说在同治年间，有一位姓查的老厨师，在州治衙门旁开了一个名叫“荣春”的小饭店，当地人习惯叫它“春子”。在科举制盛行时，泰州是府考之地，各地的童生都来泰州参加童试，童生相聚喜欢互相宴请，借以品尝一下地方风味的菜点。为了适应这种需要，这位查姓厨师便运用本地原料，创制了“烧大乌”一菜。店家把鱼养在木桶内，凭客点鱼，现宰现烹。由于操作严谨考究，调料一次投足，中途不揭锅尝口，不加汤加料，所以成菜气不散、味不走，食时肉质鲜嫩形美，色艳红亮，味醇爽口，故此菜名声大振。当时民众中流传着这样一种说法：“高贵的鱼翅席，抵不上春子的烧大乌。”

泰州“三麻”，指麻油、麻糕、麻饼。泰州小磨麻油颇有名气，不仅质纯、香浓、味醇，而且对延缓皮肤衰老和烫（烧）伤后的皮肤再生有奇效。《吴陵野纪》中就有关于泰州小磨麻油的记载：

> 泰邑小磨麻油颇著名。业是者于芝麻之拣选必精，炒之微黄，不过其度，味乃香美。但水 亦与香味有关，同是小磨，同是芝麻，城南产品而恒不逮城北所产者香，水不同也。故储碧山《竹枝词》云：“拣匀掏尽炒微黄，小磨麻油特擅长。同在一城分水土，南门不及北门香。”①

泰州生产麻糕历史悠久，尤其是“嵌桃麻糕”，素享盛誉。其中以双色麻饼尤为出名，双色麻饼始创于清同治年间，兼甜、咸两味，色泽金黄，质地酥脆，回味无穷。

猪头肉。泰州地区的猪头肉尤为出名，是泰州的特产之一，早在晚清时就享有盛名。主料选用地方土猪，经手工去毛、沥尽血水、老卤腌制、旺火煮沸、文火焖烂等工序制成，具有香、透、洁的特色。食客“闻到开胃，进口即化，一抿下肚”，视感清畅利爽，口感肥而不腻。

泰州的风味小吃，不一而足。与泰州饮食相关的民间佳话也是比比皆是。作为“扬州八怪”的代表人物的郑板桥，曾在品尝过泰州菜后，留下了许多美妙的诗句。像“白菜腌菹，红盐煮

---

① 夏兆麐《吴陵野纪》卷七。

豆,儒家风味孤清”;“三冬荠菜偏饶味,九熟樱桃最有名”;“湖上买鱼鱼最美,煮鱼便是湖中水”;“家酿亦已熟、呼僮倾益盆,小妇便为客,红袖对金樽”等佳句。此外还有大炉烧饼——

> 用炉烘饼,名为烧饼。小炉用炭烧,不若大炉用草烧者其味较香,馅用酥与豆糖及葱油之类。城市烧饼,大炉以湾子街最为著名。①

光是看着上面的文字,就已经让人垂涎欲滴了。

泰州早茶。泰州人用早餐,早茶是必不可少的。吃早茶其实主要吃茶食。茶一般是一杯酽酽的花茶,讲究的用省舌、龙井、碧螺春不等。泰州的茶俗让泰州城内的大街小巷茶肆林立。这些茶馆为茶客们提供“饮”、“食”并重的双重服务,另主营四时茶食。其食品有:肴蹄、点心、鱼汤面。肴蹄学自镇江,色泽鲜红。点心讲究用醉,清鲜香醉,其中又以三丁大包、千层油糕、翡草烧卖称为“三绝”。还有烫干丝或煮干丝,烫干丝一人一份,堆在一只小碟子里;煮干丝,则盛在蓝花汤盆里。泰州茶食选料讲究,造型小巧,口味独特。茶馆内常年供应酒酿饼、杏仁酥、桃酥、潮糕、水糕饼、绿豆糕、麻果、

图 8-8 清代彩紫砂壶,泰州市博物馆藏

① 《吴陵野纪》卷七。

巧果、月饼、浇切糖、花生糖、寸金糖等丰富多彩的品种。

（三）居住

泰州的清代民居，主要是当时一些大家望族的住宅，有进士府第，有地方豪富宅院。分布主要集中在城内原东、西门大街以北，鼓楼路以西，青年路以东，人民路以南及城北坡子街、彩衣街、东大街、西仓路两侧。如明末清初昌辟疆水绘园，康熙时的陈厚跃故居，雍正时的程盛修公馆，乾、嘉年间田氏建后归夏姓的夏家花园，道光时的钱氏住宅，同治时的武举尤氏笔颖楼，晚清时的李氏建筑群和吴氏九十九间半等建筑，它们集中体现了清代泰州地区建筑的某些特点。

泰州位于江淮之间，南北文化在此交汇。从建筑式样和结构来说，清代民居既有南方的清秀、典雅，又有北方的雄浑、简朴，颇有一些较为鲜明的地方特色。如将泰州古民居进行归纳，大致可以看出有以下特点：

首先是外观简单朴素。泰州明清民居与粉墙、黛瓦的苏式民居不同，盖灰色的蝴蝶瓦，硬山屋面“囊金叠步翘瓦头”，有条柔和的曲线。屋脊用磨砖垒成清水脊，外墙用青砖三顺一丁包皮砌，看不见用石灰粉刷，黛瓦灰墙，青砖地面，朴实无华，美观大方

图 8-9　半角墙

其次是结构科学合理。泰州明清民居采用穿斗或抬梁式框架木结构，檩、梁、柱节点紧密配合，坚实牢固。柱头有卷杀，柱下垫木础。墙体只起挡风避雨和

分隔空间的作用，如果拆去砖墙，能把整个屋架抬走，具有很强的抗震性能，虽历经数百年之久，多数木结构完好，如无重大天灾人祸，再过二三百年大概是没有什么问题的。

再次是建筑材料考究。泰州明清民居所用砖瓦，大多是由里下河粗细适当的粘土在小土窑里烧制而成，强度高，耐腐蚀，色调一致；木结构是选用从湖南、江西运来的杉木、楠木、柏木等优良木料，至今仍有不少楠木厅、柏木厅，在税东街还有一座柏木楼。这些梁架都是只油不漆，保持本色。

图 8-10(1) 炉钧釉灯笼尊

图 8-10(2) 鳝鱼黄釉双耳葫芦瓶，两者皆藏于泰州市博物馆

又次是装饰实用精巧。泰州明清民居看不到雕梁画栋，也没有特别精雕细刻的部件。但大门外大多装刻有花纹的石质圆形或长方形石鼓，石鼓之上安大门，防潮又防盗；门前的屋檐下，

用青砖磨成仿木椽的砖砌体，左右两边建有八字形墙，以增壮观，门对面照壁上有较为精美的砖雕。两侧山墙的垛头、博缝及后檐出跳，也都用砖磨成道道内、外弧的曲线，精致而又素雅；厅屋前檐下是把望砖磨成与弯椽配合得极为精确的轩廊，抬头望去令人赞叹不已，其制作所耗费的人工和材料可想而知；还有那梁架上的短柱与蜀柱部位，不是简单地用几根短木，而是安装高浮雕和透雕雕刻成荷叶墩、栌斗、山雾云、抱梁云构件，不仅能满足结构上的要求，又恰到好处进行了装饰，真可谓两全其美，别具匠心。

最后是遵守封建定制。明洪武二十六年定制 规定“凡庶民庐舍，不过三间五架，不许有斗拱，饰彩色”。这明初的规定一直影响到清代中晚期，在清代泰州建一栋住房还是五架梁、三间房’即 便建五间的也是在三间房的两边各接上一间套房，上面的屋脊也是当中三间与旁边的一间各有不同，表明泰州明清民居在建房上长期遵守规矩与定制。这对研究我国封建社会后期建筑史具有较高的参考价值。

此外，还有一点值得注意，那就是适合自然环境。泰州冬冷夏热，所有民居的主体建筑一律朝南而建，冬暖夏凉，民间有“有钱要买朝南住”的俗语。三间一进，少则三进，多则五进、六进，最多的达七进，从前往后建在一条中轴线上。这里不像北方四合院民居，不在前后两进之间的东、西两侧建厢屋，而是在前后两进之间用两道围墙相连成小天井，构成一个又一个小院落。天井小，占地少，但能够满足采光、通风、排水的各方需要。每进之间可分可合，前后相连而又各自独立，封闭中更显得分外宁静。

目前泰州地区保留的清代民居，几多变迁，几多兴废。作为泰州先民留给子孙的一份珍贵文化遗产，作为这座城市历史的象征，它们值得令人加以珍惜，加以保护和研究。

（四）交通

清朝是我国最后一个封建王朝，奠定了近代中国的基本疆域。虽然,就交通工具、交通设施、交通动力、交通管理来说,比起以前没有什么质的突破,但是经过清朝政府的多次整顿,全国道路布局比以往任何时候都更加合理而有效。清朝把驿路分为三等:一是“官马大路”,由北京向各方辐射,主要通往各省城;二是“大路”,自省城通往地方重要城市;三是“小路”,自大路或各地重要城市通往各市镇的支线。官马大路,是国家级官道,在京城东华门外设皇华驿,作为全国交通的总枢纽,管理北路、西路、南路、东路等官马大路干线系统。

清代泰州地区,道路较为发达。《道光泰州志》记载,当时泰州向东至栟茶场二百一十里。向西到江都县的斗门三十里,到江都一百二十里。往南三十里可以到泰兴的庙湾,到泰兴则有九十里的路程。向北到兴化县的凌亭有八十里的路程,到兴化有一百二十里。往东南方向行二百九十五里能到达通州。这说明泰州与这些地区之间,都修筑有完善、可靠的官路。

发达的漕运系统,使得泰州除了陆路,水路也较为发达。明代泰州境内有8条重要的河流,分别为东河、新河、南运河、西运河、北运河、济川河、浦汀河和角斜河,这些运河在清朝继续发挥着作用。

由泰州向西,经州西二十五里斗门镇,至江都湾头镇,此段为联系扬州和泰州的重要渠道。由泰州向东,经如皋县,抵通州及各盐场,最后流入于大海,则为南运河。泰州除了有西、南两条重要的运盐河外,还有一条运盐河,此河位于泰州东北,又称为北运河。它自泰州出,经溱潼镇、西溪镇,抵东台。

济川河和浦汀河分别位于城南、城北,两河沟通了长江水系和淮河水系,是里下河地区重要的入江通道。泰州原本属于内陆城市,出江口在80公里外的江都,自济川河开通之后,原先80公里的行程缩减为13.5公里。更为重要的是,泰州因此而南接长江水系,北连淮河水系,成了上、下河的门户,成为里下河地区主要的商粮集结地和盐运枢纽。济川河为泰州南接长江水系的通道,则北连淮河水系的主要通道是浦汀河。浦汀河,又称海陵溪，自泰州北门外的鱼行坝，经港口镇入兴化、高邮、宝应。

以上运河，在泰州地区形成了以泰州为中心，形成了南北纵向、东西横向的水运网络系统，对当地的居民、商人来说，出行皆十分便利。

二、方言

元末明初，泰州地区接受了大量的外来移民，其来源有安徽、苏南等地区，从而也带来了各地区的方言，它们与泰州本地的方言加以融合，逐步形成了今天的泰州方言。

明清以来，泰州地区的居住人口逐渐稳定，方言也一脉相承。限于篇幅，上一章主要围绕着明代以来泰州方言与移民之间的关系加以介绍，本章则重点泰州方言本身的一些特点，主要是音韵方面。

根据研究，泰州，尤其是泰兴方言最大特征之一就是古全浊声母今逢塞音、塞擦音，不论平仄，一律读送气清音。这是全市统一的特征，与通泰方言一致，也与客赣方言相同，而与西、北边的扬肥方言（江淮方言洪巢片）以及南面的吴语迥然不同。扬肥方言和整个北方话一致，平声送气，仄声不送气，吴语仍然保留了浊声母系统。

陈庆延指出不论平仄声一律变为送气清音的方言分布情况是："客家话、赣方言、山西西南部的河东方言，以及下江宫话里的泰州话、上江官话里的大冶话、西北官话里的天水话、商县话。"[2]严修鸿考察了连城方言的全浊声母的读音类型，"除了客赣方言外，古全浊声母读送气清音的还有中原官话的汾河片，江淮官话的通泰方言，徽语区的太平、休宁、绩溪、黔县"[3]。庄初升指出粤北土话的部分点，如曲江县南部和东北部、韶关市老城区及郊区、仁化县西南部以及南雄市乌迁话和仁化县长江话古全浊声母今读塞音塞擦音一般都读送气清音。陕西关中韩城、合阳、华阴、潼关方言的这部分全浊声母也一般读送气。

关于全浊声母读送气现象的来源，不少学者针对不同方言的此类现象作了研究，如鲁国尧、赵日新、严修鸿等等。总结上述观点，大都认为全浊读送气现象的源头在北方，更具体地说是山西、陕西、河南交接的地区。江淮区域是北方移民最重要的移居地之一，也是北方移民进一步南移的必经通道，泰兴亦然。泰兴与客赣及徽语区居民可能曾经操同一时间层次的共同语，泰兴地区、徽语区的全浊型的存在与赣语是同源关系。

而在复元音方面，泰州方言的复元音出现单音化趋势，如古哈、皆、灰、豪等都读单元音韵母，这与吴方言的苏州话、徽语的徽州话基本一致，而有别于其他方言。

在声调方面，泰州方言基本为 6 个声调，主要是保留了入声调，并分阴阳。普通话只有 4 个声调，江淮方言中的扬州、南京为 5 个声调，有入声调，但不分阴阳。苏州话为 7 个声调，入声分阴阳。

泰州方言在音韵上与其他各地方言颇有联系，这也反映了宋元明清以来，各地人口不断移入泰州地区的事实。比如它跟梅县客家话有三大语音特点相同：古全浊声母今逢塞音、塞擦音读送气清音；有六个声调，入声分阴阳；古全浊上声字今读阴平，可以说明与客家话同源。泰兴方言与吴方言苏州话又有明显的相同点：入声收塞音韵尾；两个入声调；复元音单音化；加之泰兴方言中有大量的吴方言特征词，足可以说明泰兴方言具有吴语的底层。泰兴依江环水，阻止了北方话南移，这一特点与徽南崇山峻岭的阻隔北方话一样，而徽南现有居民大部分是永嘉之乱后北方移民的后代，因此泰兴方言与徽语的相同点也很多。

总体来说，如果把古全浊声母的演变作为划分江淮方言与吴语的标准，以及泰兴所处的地理位置，泰州方言应属于江淮官话，古全浊声母在本地区全部清化，不论平仄与否，一律送气，这与吴语保留浊声母系统迥然不同。

然而值得注意的是，泰州地区本具有吴语底层，永嘉之乱之前，这里本属吴语区，后北方流民避难充实其间，改变了吴语的性质。由于泰州地处江淮方言的最南端，紧靠吴方言区，加之历史上大批苏州移民、徽南移民，泰州方言与吴方言的关系比与北方话的关系密切得多。

语音是不断变化的，由于普通话的推广，各地方言都在向普通话靠拢，泰州方言逐步向全国通用的普通话靠拢，这是汉语方言发展的必然趋势。正因如此，我们仍有必要加强对泰兴方言的研究，拓展研究领域，如词汇研究、语法研究、方言文化研究等，进一步“抢救方言”，对于保存非物质文化遗产和语言学研究有着十分重要的意义。

三、社会风俗

在前一章，我们重点介绍了明代泰州地区的岁时、节日、家班、折子戏等民间风俗、民间艺术。清朝的民间传统基本沿袭了明代，例如岁时节庆，除个别有所差别外，基本相同，在此不再重复。本目的重点，在于介绍泰州地区的一些发轫于清朝，至今都颇有影响的民间风俗、民间艺术。

（一）敬惜字纸

《千字文》中有“敬惜字纸”四字，它昭示了中国自古以来的的崇文思想：文字是仓颉所创，有了它知识才得以传播，因此，对载字之纸应心怀敬意，即便是废纸碎片也不得亵渎。同样，明代泰州也有不少习俗秉承了“敬惜字纸”这一传统。其中最为人所熟知者，当算字纸窟笼。

字纸窟笼附砌于临街墙壁，外形为约30立方厘米的空洞，一般高矮位置约齐人肩。外用白石板凿成“凹”字形，上刻“敬惜字纸”四字为面盖板，嵌于窟笼上，与墙面相平。每一街巷，均建有数处，供行人在路上捡到字纸，随时投入笼内。在明代泰州地区，此类窟笼比比皆是，大部分房主修建墙壁时自愿附建，显示了泰州注重文教的传统。解放后，由于“敬惜字纸”思想的淡化，走路捡字纸者越来越少，窟笼也就失去了其相应的作用，修墙砌墙之户不再重置。近几年来，随着旧城改造的加速，很多古旧建筑被重新改造，这种字纸窟笼也就所剩无几了。目前在海陵城北涵西街12号门南墙角，尚有一窟。面盖26厘米×27厘米，深28厘米，上口凿有11厘米×11厘米的口门，下半从右而左刻“敬惜字纸”四字，可以算是硕果仅存的孤品。

当时，由于没有重新泡浆做再生纸的技术，字纸收集后均作焚化处理。全城建焚化字纸炉者有：丛林光孝寺、坛宇五大净业（东、南、西、北斗宫和斗姥宫）及民间慈善机构同仁堂。有化纸炉的寺庙，均安排道人定期挑担上街串巷沿门收取字纸，统一焚毁。另尚有字纸篓、字纸夹、字纸袋等工具，亦是方便各户各人捡拾，集存字纸。这种风气完全是个人自觉行为，既没有官府命令，也没有专人的管理和监督，能够在泰州延续数百年之久，当时民风之淳朴，也可见一斑。

（二）靖江讲经

靖江讲经主要流传于靖江讲吴语方言的老岸地区。靖江讲经的渊源可上溯到魏晋南北朝时期传扬佛经的梵呗和唱导。当时以歌咏形式传扬佛经教义，至唐代发展为俗讲（即唐代“变文”）和僧讲，其中俗讲面向普通大众，九世纪上半叶已极兴盛，“愚夫冶妇乐闻其说，听者填咽寺舍”。在出土的敦煌文献中，至今还能看到许多当时的变文①。至宋代，俗讲已成为瓦肆勾栏会伎之一，市井百姓争相围观倾听，堪称盛况。

据说，这种讲唱技艺传入泰州一带与岳飞有关。南宋初年，大量中原地区的百姓随王朝南迁，因此也就将北宋汴梁瓦舍中的种种表演技艺带到了江淮一带。其中有不少百姓是跟随岳飞的队伍南迁到靖江一带，且不乏民间艺人，讲唱技艺自此便在泰州、靖江流行起来。而靖江地区的说唱艺术尤其具有特色，故重点予以介绍。

讲经能够在靖江一带活跃，不仅有历史的原因，也有地理、人文等诸多因素。在中国古代，百姓常常把天灾人祸、生病作难归结为天降神附，讲经活动迎合了他们敬供神佛寄托愿望的需

① 详见项楚编著《敦煌变文选注》，中华书局2006年版。

求;再则,靖江一带在讲经流行以前,并没有太多戏曲、鼓词进入此地,讲经是唯一有唱有说的活动,满足了百姓娱乐的需求。因此,哪个埭上讲经,前圩后埭的都要赶去,热闹得像赶集市,用讲经的语言形容,就是"挤如也,抑如也,推不走,轧不开",摩肩继踵,场面壮观。当然,以上这些因素都与靖江独特的地理位置密不可分。靖江本为长江中涌出的一块沙洲,三国至西晋时代,一直是江中孤岛。长期四面环江的孤岛地理形势,加之长江以北吴方言孤岛的语言文化背景,形成了靖江相对封闭的民间文化环境,因而能够保留许多具有传统特色的历史遗产。

靖江讲经的基本形式为说唱结合,一唱众和,唱腔有平调、单调、含十字、滚龙调、挂金锁、打莲花等,与唐宋变文曲牌相近。讲经道具有佛尺、木鱼、铃具。佛尺相当于说评书用的醒木,木鱼和铃具作乐器使用。

讲经往往由一名"佛头"、多名客师主讲,通过说唱形式宣讲宝卷(即讲经经文),寓教于乐,劝人行善。它与众多地方曲艺一样,多使用方言俚语,本色表演,方式简单。在靖江一带,中年人只要听说有讲经,大都很乐意去参加。借助讲经活动,放松身心,增加生活情趣,当然也接受教育,因为几乎所有的经文都宣传乐善好施、行善积德、扶困济贫等传统。讲经是一种小规模的群众聚会,故民间又把它称之为"做会"。

在农家堂屋、院落里,八仙桌的一面,"佛头"独坐,其余三面,"和佛"的人围坐。听经的人或坐或站,挤满屋子。老"佛头"先抽两袋水烟,然后清清嗓子,惊堂木一拍,便"言归正传"地开讲了。"佛头"每讲一段,末了一句均以高腔长调哼唱,"和佛"的人则接着佛头的最后一个字拖着长调齐声相和。不仅"和佛"的人和,一屋子听经的人均可跟着和唱。寂静的乡村夜晚,和佛的声音越过村庄,响彻旷野,邻埭人睡在床上都能听到。

一个国家、一个民族离不开历史和文化,一个区域、一个地方也同样需要文化积淀和历史的存照。靖江讲经——作为我国目前仅存的仍在活动的"活化石",我们有义务将它保存下来并发扬。守护这块“活化石”，就是守护民族文化的血脉，为千年历史存照，也为民族未来积福。

（三）姜堰民间荷花灯会

溱潼四周河、湖、港、汊密布。相传明代这里以种荷采藕为生，并在农历七月十四举行“荷花灯会”，庆贺荷花仙子生日。荷花灯以蚌壳制成，内燃浸透豆油的棉条，并粘以鲜荷花瓣作罩（后改用蜡纸制成荷花状），置入水中，借以照明采莲。某年溱潼遭水灾，村毁人亡。人们便改七月十四日祭荷与十五祭鬼一并进行。再后，祭荷逐渐演变为祭鬼。据《嘉庆东台县志》载：

> 七月十五谓之中元节，焚锡箔、毛昌纸与路上。谓之利孤。各家用新稻做的米饭祭祖先，夜晚放荷灯与河中。[①]

又说七月十五日是鬼的大赦日。特别是“河落鬼”，一夜要摸七十二条河沟，才能上岸脱离苦海。因此，人们放荷灯给鬼照明。和尚挂“盂兰盆”称“盂兰盛会”；而道士挂“七星灯”，说“七月十五太上老君同元始天尊集会”。双方争执不休，经地方绅士调停，决定挂“荷灯”上三下四共七盏，称“七星莲台灯”。此后，道士在观前设“法船”，船周放荷灯；和尚除放荷灯外，又放“露天焰口”，供奉阵亡将士灵位。据说，明初，不少百姓帮张士诚守苏州城时牺牲。城破后，朱元璋下令将阊门一带百姓押送至张士诚家乡当盐丁，部分人即在溱潼落户。故放荷灯，以祭张士诚及牺牲的祖先。

又传，乾隆三十六年十二月十九日，瓜洲盐纲江心遭火灾。“坏船百有三，焚及溺死千有四百。”牵涉之广“东至泰州，西极于汉阳，转运半天下焉”。清政府追认遭难者为烈士。次年两淮盐场于中元节举行“江祭”，指名要溱潼组织“荷灯”参加。于是，溱潼家家连夜赶制荷灯，用大船载运至瓜洲水上道场。民国时期，

---

① 《嘉庆东台县志·风俗》，江苏古籍出版社 1991 年。

"联军"过境,禁止集会和大型娱乐活动,溱潼居民即在家中以饭碗制作"荷灯",于中元节在天井中点燃,称"百岁灯"。抗战前夕,溱潼恢复中元节"荷灯会"。荷花灯会,一直延续至解放前夕。

(五)姜堰民间青苗会

姜堰旧时每年麦子登场、黄秧落地的农历五月,农民就请香火设坛做会,祈求土地神保佑禾苗茂盛、五谷丰登、六畜平安,并借敬神以娱乐,称为青苗会,亦称香火或棒棒会。

青苗会一般以村庄为单位举办,由几个会手联系香火、搭台和筹划经费,由农户按田亩分摊会费。会台是用毛竹芦苇搭成的两间敞棚,上有苫盖,旁有围栏,供奉"福德正坤"。台前竖起高杆,扯上青苗和二丈多长的黄色幡儿。

会程分开坛和末坛两个阶段,一伏时或两伏时,都是通宵达旦。开坛时,香火唱书内容为请诸神下界,并去土地庙请土地神全家来会台就座,一路敲锣打鼓。全村人纷纷赶来看会。土地神就座后,由会头敬香、磕头、放爆竹上供。考究的是猪头、雄鸡、鲤鱼"六只眼",更有用整猪的;简单的就是肉、豆腐、蛋、茶、米、酒之类。此时,香火敲锣、响鼓,唱"一刀留下千年福,二刀带走万年灾"共68灾,从猪头数到内脏,意思是猪子全身都是宝,称为"交猪"。也是青苗会的序幕。正式开坛后,一香火打鼓,一香火敲锣,说几句祝词,而唱"小九儿"、"数三十六行"、"扛秤",内容大致为神仙显示灵,驱邪消灾,祝福人畜平安、五谷登之类。其中以"数三十六行"为最热闹,从家业说到各行各业,农是国之本,种田是上行。最多时听众逾千人。香火吃过夜酒,唱"请巫官"、"献大酒",前者为民间流传神话故事,后者为三国演义故事,直至天亮。第二天上午,又表演若干祭礼仪式。午后则由会首点唱反映民间生活的小书,如"刘文龙求官"、"张四姐"、"李三娘推磨"、"赵五娘蔡伯喈上京"、"刘全进瓜"、"朱买臣马前泼水"等。末坛的主要内容是送神、祭祀庄稼和牲畜。有"砍刀"、"迎门"等程序仪式,最后由会手敲锣打鼓送土地神上山(回庙)。一伏时的青苗会就算结束。如果两伏时会程,就在末坛前,白天唱小书，晚上唱大书，第三天上午再唱小书。所谓大书，如“刘金定下南唐”、“珍珠塔”、“双花记”、“瓦车篷”、“乾隆下关东”等民间故事传说。

青苗会由古代傩舞演变而来，宋始向娱乐方面发展。民国时期，青苗会在农村盛行，只是各地习俗略有差异。姜堰大鱼池青苗会在末坛的夜里有两个关目：一为斩五岳，即扎一只纸船，上附五岳神，送至村外，由香火杀雄鸡以血涂船，以去恶气，而后把纸船化于三岔路口；一为祭鸡。有些青苗会在末坛时，还有若干习俗：“盖戳子”，即由香火在大人小孩子背后盖上“神门法师”的戳子，可保平安；“抢黄元”，在倒旗杆时，把杆顶的黄元抢来塞进小孩耳朵，耳不聋；“牛过绳”，香火用石灰画圆圈，把牛拉到圈内换上新绳，旧绳送至土地庙；“插小旗”，在香火“迎门”后，各家下田插三枚三角小旗，代表稻穗、粟子、红高梁，预示五谷丰登；“贴大字”，香火给会手剪贴双喜、寿字、五福喜旗，以示吉祥。

与青苗会近似的还有“秋贡会”、“跳跳会”、“飞蝗会”以及溱潼湖西庄窑民举办的“春工会”等等，只是时间不一，规模不等。

（六）姜堰民间香火庙会

姜堰民间香火庙会以三月二十八日的东岳迎神赛会最为盛大。各商业、同业会馆事先筹备迎会事宜。日会和夜会连续进行。迎会队伍依次是：双面大锣鸣锣开道，“肃静”“回避”虎头牌、五色彩幡随后，宛如圣驾出巡的仪仗队；接着是各式各样玻璃或琉璃彩灯，如圆形、六角、八角花篮灯，十二月花神、八仙过海、唐僧取经、虾兵蟹将、夜叉龟精灯，金瓜、钺斧、刀、剑、钩、矛、盾灯，等等。还有各式旗罗伞扇，茶花担、香亭。吹奏、演唱各种民族乐曲的锣鼓棚子穿插其间。在迎会队列中，更有一支庞大的烧香队伍，引人注目。红衣香，约 200 人，身着红衣，背插“敕犯×××”标，多为大病愈后还愿谢神的农民；“白无常”，约百余人，身着白衣，头顶纸扎高帽，手执纸伞的“无常”，亦为谢神还愿者所扮；烧拜香，约 40 多人，人手一矮凳，凳上安香炉，每行三步，即回首对菩萨叩头一次，极其虔诚；烧肉香，上身赤膊，下着短裤，两臂及前胸后背插上花针，或身罩置放盘香的木框架，或两臂悬挂小香炉，以示谢神赎罪；许站肩，十岁以下儿童扮成古人物形象站大人肩上游行，向痘神还愿；捧方檀，多为商户子弟，以手帕包裹点燃的檀香；捧香炉，捧盘下围彩绸，盘中屯香炉。最后是坐着菩萨神像的八抬大轿，轿前有赤膊穿红裤、手执钢鞭的马弁开道，手执板、棍、索、枷的"皂班"，头插雉尾、腰悬或肩扛大刀的"刽子手"及"锦衣卫"列队相随。此时，沿街商店住户纷纷燃香候"驾"；大街小巷围观人群挤得水泄不通，可谓盛况空前。

此外，溱潼镇九月十六举行都天会，以及分布于各地的张王会、玄真会等等，仪式大同小异，规模不等。甸头二月初八的张王会，相传为东汉时张勃为官清廉，且致力于水利农耕。后人特为建祠纪念，连狗亦为之感动，绝食冻毙于张勃像前，以肉体供其享用。张甸一带至今仍有二月初八吃冻狗肉之说。由于明初义民领袖张士诚在当地影响颇大，人们又移花接木，在胜因寺供奉张（士诚）王像。随着时代变迁和观念变化，有些庙宇毁于战乱，有些庙宇因年久失修而废圮，还有些则已改建学校。但庙不存而会在，香火衰而集市兴。姜堰、蒋垛、甸头、土山等地庙会，都成了规模盛大的商品交易会。姜堰东岳庙，虽成校园，集市则盛于往昔。从五金百货、农用物资、日用家电、棉布服装到干鲜果品、各色小吃，应有尽有，琳琅满目，赶集的人群不下 10 余万众。

主要参考文献(中)

本书目按引用书名首字汉字排序

A

《安定言行录》,[清]许正绶辑,丛书集成续编本,上海书店出版社 1994 版

B

《本草纲目》,[明]李时珍撰,人民卫生出版社 1975－1982 年版

《宾退录》,[宋]赵与时撰,上海古籍出版社 1983 年版

C

《草木子》,[明]叶子奇撰,中华书局 1959 年版

《陈基集》,[元]陈基撰,邱居里、李黎校点,吉林文史出版社 2009 年版

《崇祯泰州志》,中国人民大学图书馆编,《中国人民大学图书馆藏希见方志丛刊》第 15、16 册,国家图书馆出版社 2011 年版

《崇祯泰州志》,泰州市图书馆藏

《春明梦余录》,[清]孙承泽撰,文渊阁四库全书本

《从泰州出土服饰管窥明代冠服制》,潘耀,《东方收藏》2011 年第 9 期

D

《大清一统志》,[清]穆彰阿,潘锡恩等撰,上海古籍出版社 2007 年版

《道光泰州志》,《中国地方志集成·江苏府县志辑》(50),江苏古籍出版社 1991 年版

《叠山集》,[宋]谢枋得撰,台北商务印书馆 1966 年版

《东皋先生诗集》,[宋]马玉麟撰,江苏古籍出版社 1988 年影印版

《东京梦华录注》,[宋]孟元老撰,邓之诚注,中华书局 1982 年版

《敦煌变文选注》,项楚编著,中华书局 2006 年版

E

《鄂多立克东游录》,[亚美尼亚]刚扎克塞撰,何高济译,商务印书馆 1982 版

《鄂国金佗稡编续编》,[宋]岳珂著,王曾瑜注解,中华书局 1989 年版

F

《范文正公集》,[宋]范仲淹撰,四部丛刊初编本,上海书店 1989 年版

《方舆胜览》,[宋]祝穆撰,祝洙增订,施和金点校,中华书局 2003 年版

G

《庚申外史》,[明]权衡撰,中华书局 1985 年版

《古代淮南盐区的盐官制度》,张荣生,《盐业史研究》,2001 年第 3 期

《古代淮南盐区的盐务管理》,张荣生,《盐业史研究》2002

年第1期

《古今治平略》，[明]朱健著，日本早稻田大学藏本

《古往今来话食盐》，刘伯午，《盐业史研究》1996年第2期

《光绪朝大清会典事例》，光绪二十五年(1899)刻本

《光绪朝东华录》，[清]朱寿朋编，张静庐等校点，中华书局1958年版

H

《海安钱典行业史》，张达儒，《海安文史资料》第2辑，1986年

《海安镇志》，《海安镇志》编写办公室，上海人民出版社1989年版

《海陵文征》，[清]清夏荃，道光刻光绪九年补刻本，泰州市图书馆藏

《"洪武赶散"与泰州方言》，俞扬，《泰州日报》2006年1月6日

《湖海集》，[清]孔尚任著，古典文学出版社1957年版

《晦庵先生朱文公文集》，[宋]朱熹著，四部丛刊初编本

J

《家礼》，[宋]朱熹撰，上海古籍出版社2002年版

《嘉庆东台县志》，《中国地方志集成·江苏府县志辑》(60)，江苏古籍出版社1991年版

《建炎以来朝野杂记》，[宋]李心传撰，徐规校注，中华书局2000年版

《建炎以来系年要录》，[宋]李心传撰，中华书局1985年版

《剑南诗稿校注》，[宋]陆游著，钱仲联校注，上海古籍出版社1985年版

《江淮名刹泰州光孝寺》，范观澜著，江苏古籍出版社2001年版

《江邻几杂志》，[宋]江休复撰，中华书局1985年版
《江苏航运史》，江苏省交通史志编纂委员会编，人民交通出版社1990年版
《江苏历史政区地理研究——从战国到清初》，姚乐，南京大学博士学位论文，2012年
《江苏省志盐业志》，相恒伯主编，江苏科学技术出版社1997年版
《江苏泰州宋代墓葬群清理简报》，《东南文化》2008年第4期
《江苏戏曲志·扬州卷》，《江苏戏曲志》编辑委员会编，江苏文艺出版社1997年版
《姜堰古镇风情录》，政协泰县文史资料委员会等编，1990年
《揭傒斯全集》，[元]揭傒斯撰，上海古籍出版社1985年版
《金明馆丛稿二编》，陈寅恪著，上海古籍出版社1980年版
《金元俗趣》，苟人民著，北京师范大学出版社2009年版
《居家必用事类全集》，[元]佚名撰，中国书目文献出版社1988年影印本

L

《李审言文集》，李详撰，江苏古籍出版社1989年版
《两宋财政史》，汪圣铎著，中华书局1995年版
《辽金元宫词》，[元]柯久思撰，北京古籍出版社1988年版
《辽宋西夏金社会生活史》，朱瑞熙等著，中国社会科学出版社1998年版
《临川文集》，[宋]王安石撰，中华书局1959年版
《陆放翁全集》，[宋]陆游撰，中国书店1986年版
《陆游集》，[宋]陆游撰，中华书局1976年版
《论两淮盐业经济对清代学术文化的影响》，黄俶成，《江海学刊》，2001年第3期

M

《马可波罗行纪》,[意]马可波罗著,[法]沙海昂注,冯承钧译,中华书局 1954 年版

《梦粱录》,[宋]吴自牧撰,中国商业出版社 1982 年版

《梦溪笔谈》,[宋]沈括著,收入《全宋笔记》第 2 编,大象出版社 2006 年版

《秘书监志》,[元]王士点、商企翁编次,高荣盛点校,浙江古籍出版社 1992 年版

《庙学典礼》,[元]佚名撰,浙江古籍出版社 1992 年版

《民国续纂泰州志》,中国地方志集成·江苏府县志辑(50),江苏古籍出版社 1991 年版

《明代初年长江流域的人口迁移》,曹树基,《中华文史论丛》第四十七辑,上海古籍出版社,1991 年

《明代扬州府作家研究》,郁步生,上海师范大学硕士学位论文,2009 年

《明代州县官吏设置与州县政治体制》,柏烨,《史学集刊》2002 年第 3 期

《明会要》,[清]龙文彬撰,中华书局 1956 年版

《明经世文编》,[明]陈子龙辑,中华书局 1962 年版

《明清时期通泰地区的家班研究》,赵小石,苏州大学硕士学位论文,2007 年

《明史》,[清]张廷玉等撰,中华书局 1974 年版

N

《南词叙录注释》,[明]徐渭撰,李复波、熊澄宇注释,中国戏剧出版社 1989 年版

《南村辍耕录》,[元]陶宗仪撰,中华书局 1959 年版

《南涧甲乙稿》,[宋]韩元吉撰,中华书局 1985 年版

《南宋稻作の地域性》,[日]周藤吉之,收入氏著《宋代经济

史研究》,东京大学出版社 1964 年版

《农书》,[元]王祯撰,中华书局 1991 年版

O

《欧阳修全集》,[宋]欧阳修撰,中华书局 2001 年版

P

《潘之恒曲话》,[明]潘之恒撰,中国戏剧出版社 1988 年版

《平安悔稿》,项安世撰,宛委别藏本,江苏古籍出版社 1988 年

Q

《钱牧斋全集》,[清]钱谦益撰,上海古籍出版社 2003 年版

《青阳集》,[元]余阙撰,四库全书第 1214 册,上海古籍出版社 1987 年影印版

《清波杂志校注》,[宋]周辉撰,刘永翔校注,中华书局 1994 年版

《清国史》,嘉业堂钞本,中华书局 1993 年版

《清江诗集》,[明]贝琼撰,文渊阁四库全书本

《庆湖遗老诗集校注》,[宋]贺铸著,王梦隐、张家顺校注,河南大学出版社 2008 年版

《庆元条法事类》,[宋]谢深甫撰,戴建国点校,黑龙江人民出版社 2002 年版

《却扫编》,[宋]徐度撰,中华书局 1985 年版

R

《容斋随笔》,[宋]洪迈撰,上海古籍出版社 1978 年版

《如皋县志》,如皋市地方志编纂委员会编,香港新亚洲出版社有限公司 1995 年版

S

《十驾斋养新录》,[清]钱大昕撰,陈文和、孙显军校点,江苏古籍出版社 2000 年版

《事林广记》(至顺本),[宋]陈元靓撰,中华书局 1963 年影印本

《松雪斋集》,[元]赵孟頫撰,中国书店 1991 年版

《宋大诏令集》,司义祖整理,中华书局 1962 年版

《宋代东南诸路盐产考析》,郭正忠,《中华文史论丛》1983 年第 2 辑

《宋代经济史》,漆侠著,上海人民出版社 1987 年版

《宋代物价研究》,程民生著,人民出版社 2008 年版

《宋代县主簿初探》,李立,《城市研究》1995 年第 4 期

《宋代盐业经济史》,郭正忠著,人民出版社 1990 年版

《宋会要辑稿》,[清]徐松辑录,中华书局 1957 年影印版

《宋史》,[元]脱脱等撰,中华书局 1977 年版

《宋史》,陈振著,上海人民出版社 2003 年版

《宋元学案》,[清]黄宗羲原著、[清]全祖望补修,陈金生、梁运华点校,中华书局 1986 年版

T

《太谷学派遗书》(第 1 辑),方宝川撰,江苏广陵古籍刻印社 1997 年版

《太平寰宇记》,[宋]乐史撰,王文楚点校,中华书局 2007 年版

《泰兴县志》,《泰兴县志》编纂委员会编,江苏人民出版社 1993 年版

《泰州旧事摭拾》,俞扬辑注,江苏古籍出版社 1999 年版

《泰州市北宋墓群清理》,泰州市博物馆,《东南文化》2006 年第 5 期

《泰州乡土志》,马锡纯撰,泰州教育会劝学所发行,上海锦章书局印刷1908年版

《泰州学派研究》,吴震著,中国人民大学出版社2009年版

《谈旧时的泰州蛋业》,周志陶,《海陵文史资料》第九辑,1997年

《庭闻州世说》,[清]宫伟镠撰,文渊阁四库全书本

《通州兴办实业之历史》,翰墨林编译印书局1912年版

《同人集》,[明]冒襄辑,四库全书存目丛书本

《退庵笔记校注》,[清]夏荃撰,徐进、周宏华、李华校注,凤凰出版社2011年版

W

《宛署杂记》,[明]沈榜撰,北京古籍出版社1983年版

《万历会稽县志》,天一阁藏明代方志选刊续编28,上海书店1990年版

《万历泰州志》,泰州市博物馆藏

《万历野获编》,[明]沈德符著中华书局1989年版

《王艮百姓日用即道思想之研究》,缪再强,贵州大学硕士学位论文,2009年

《王荆公诗注补笺》,[宋]王安石著,[宋]李壁注,巴蜀书社2002年版

《王冕集》,[元]王冕撰,寿勤泽点校,浙江古籍出版社1999年版

《王心斋全集》,[明]王艮撰,陈祝生等点校,江苏教育出版社2001年版

《王阳明全集》,[明]王守仁撰,吴光、钱明、董平、姚延福编校,上海古籍出版社1992年版

《江湖小集》,旧题[宋]陈起编,文渊阁四库全书本

《吴郡志》,[宋]范成大撰,卢振岳点校,江苏古籍出版社1999年版

《吴陵野纪》,[民国]夏兆麐　1948年在《泰县日报》发表,稿本现藏于泰州图书馆

X

《希董堂集》,[明]茅大方著,《四库未收辑刊》影印本

《析津志辑佚》,[元]熊梦祥著,北京图书馆善本组辑,北京古籍出版社1983年版

《小仓山房诗文集》,[清]袁枚撰,上海古籍出版社1988年版

《小小樊川赛扬州》,徐印田,《江都文史资料选编》1987年第4辑

《新编颐光先生集》,[明]陆颙撰,北京图书馆古籍珍本丛刊97集部,书目文献出版社1999年版

《新镌东厓先生遗集》,[明]王襞撰,《四库全书存目丛书》影印崇祯至嘉庆递修本

Y

《盐商与扬州》,王瑜、朱正海主编,江苏古籍出版社2001年版

《扬州交通志》,扬州市交通史志编纂委员会编,人民交通出版社,1992年

《扬州特色文化》,曹永森编,苏州大学出版社2006年版

《杨维桢诗集》,[元]杨维桢撰,杭州:浙江古籍出版社1994年版

《尧山堂外纪》,[明]蒋一葵撰,《四库全书存目丛书》影印明万历间刻本

《也谈海陵的更名——与常永明先生商榷》,程起瑞、黄炳煜等,《江苏地方志》2002年第5期

《叶适集》,[宋]叶适撰,中华书局1961年版

《依归草遗文》,[清]张符骧撰,韩国钧辑,海陵丛刻本

《夷坚志》,[宋]洪迈撰,中华书局 1981 年

《夷门广牍》,[明]周履靖撰,书目文献出版社 1991 年版

《雍正泰州志》,泰州图书馆藏

《舆地纪胜》,[宋]王象之撰,台湾文海出版社 1971 年版

《元代江浙双语文学家族研究》,杨镰,《江苏大学学报》2009 年第 3 期

《元代两淮盐业与扬州城市的繁荣》,谢永平,《扬州大学学报》2002 年第 1 期

《元代食盐产地研究》,吉成名,《四川理工学院学报(社会科学报)》2008 年第 3 期

《元典章》,中国书店 1990 年版

《元丰九域志》,[宋]王存等撰,王文楚点校,中华书局 1984 年版

《元史》,[明]宋濂等撰,中华书局 1976 年版

《元史论丛》(第 10 辑),李治安主编,中国广播电视出版社 2005 年版

Z

《张侯祠堂记》,[宋]范仲淹撰,台湾成文出版社 1970 年版

《张謇全集》,张謇研究中心、南通市图书馆、江苏古籍出版社编,江苏古籍出版社 1994 年版

《张士诚自称吴王时间考》,刘孔伏,《学术论坛》1983 年第 6 期

《郑板桥集》,[清]郑板桥撰,吴泽顺编注,岳麓书社 2002 年版

《至顺镇江志》,[元]俞希鲁编,杨积庆、贾秀英等校点,江苏古籍出版社 1999 年

《至正直记》,[元]孔齐撰,上海古籍出版社 1987 年版

《中国地方志集成(江苏府县志辑)》,江苏古籍出版社 1991 年影印版

《中国风俗通史(元代卷)》,陈高华、史卫民著,上海文艺出版社 2001 年版

《中国古代书院发展史记》,白新良著,天津大学出版社 1995 年版

《中国行政区划通史·宋西夏卷》,李昌宪著,复旦大学出版社 2007 年版

《中国历史地图集》第 6 册,谭其骧主编,中国地图出版社 1982 年版

《中国实业志·江苏省》,实业部国际贸易局编纂,1933 年

《中国通史纲要》,白寿彝主编,上海人民出版社 1980 年版

《中国盐业史(古代编)》,郭正忠主编,人民出版社 1997 年版

《中国邮驿发达史》,楼祖诒著,中华书局 1948 年版

《中国元代宗教史》,苏鲁格、宋长红著,人民出版社 1994 年版

《中华全国风俗志》下编,胡朴安,上海科学技术文献出版社 2011 年版

《中外旧约章汇编》,王铁崖著,三联书店 1957 年版

泰州历史文化丛书

主　编　李晏墅　郭宁生

名誉主编　卢佩民　潘百齐

［下卷］

泰州通史

凤凰出版社

泰州革命先驱沈毅

人民海军诞生地

抗战时在兴化的江苏省政府临时办公处

兴化老字号药店

姜堰曲江楼

溱潼会船

第九章　民国政治风云变幻中的泰州(1911—1937)

1911 年的辛亥革命，使中国在 20 世纪之初发生了历史性巨变。泰州在辛亥革命历史大潮席卷之下，各方面也悄然发生着变化，逐渐向现代社会过渡。

辛亥革命之前的泰州，在封建专制桎梏下近乎停滞。辛亥革命后吹来了民主共和的新风，泰州的政治也渐渐开始转型。泰州在社会经济方面出现的变化较为明显，过去泰州的工业主要是简单的手工业，近代工业为数极少，进入民国后，以泰来面粉厂、兴化蛋厂等为代表的轻工业有了较大发展，逐渐改变着泰州以往的社会经济结构。在文化教育、社会生活等各个方面，民国初期的泰州都出现了大量新的社会因素，这些近代化因素虽然微弱，却实实在在地为近代泰州社会的发展创造了条件，开辟了道路。

辛亥革命后的民国社会旧体制的残余依然存在。在泰州，政治的开放程度亦有限，任职于县一级政权机构的大多是清末的旧时代官吏和乡绅。泰州经济的发展基础仍是农业社会与自然经济，设厂开店的工商业者很多在清末就已具有了一定的经济实力，在泰州社会底层，特别是广大农村，一切都还照旧运行，农民深受封建势力政治压迫和经济剥削的状况未有改变。

20 世纪三十年代中国共产党开展的土地革命在苏中这片土地上生根发芽，有其必然的社会经济与政治原因，如(皋)泰(兴)红军的革命暴动在一定程度上动摇了国民党在苏中的统治根基，中国共产党在泰州地区开展的革命斗争为抗战时期新四军东进和泰州人民革命力量的蓬勃发展打下了基础。

第一节　国内政治斗争浪潮席卷下的泰州

泰州是在辛亥革命影响下江苏较早光复的地区之一。民国初期的泰州社会较为安定，但是社会内部已开始有了变动，新的社会因素得以发展，民众对社会政治的反应和意愿表达也逐渐强烈起来，在五四运动、五卅反帝爱国运动和九一八抗日救亡运动中，泰州也都发生了学生运动和商人运动，民众希图通过政治活动对改变泰州社会环境施加影响。1920 年代国民革命失败以后，中国共产党在泰州一带的农村也发动土地革命，播下了革命火种。

一、辛亥革命泰州光复与民初泰州政治

(一) 辛亥革命前的泰州

泰州地处长江以北，大运河东岸，里下河边缘，地理环境优越，地方社会较为安定，一直未发生大的社会动荡，即使太平天国运动时期也几乎未受战火波及，然而近代以来泰州地方的社会经济结构已发生变动。泰州自明清以来成为里下河地区的商业中心和苏北的重要米粮集散地，泰州城乡的绅商阶层也有了一定的发展。1906 年，王贻哲等泰州城内的商贾业主组建了隶属江宁商务总会的泰州商务分会。1907 年海安镇商会建立。1908 年，“以姜堰商务繁盛甲于江北各县”，经多次申请姜堰也建立了商会。“中国内地一邑有三商会自泰州始也”。①

清朝末年，苏北泰州一带连年遭灾，尤以 1906 年大灾为甚，“江北受灾之处，计长八百里，阔五百里，彼处民人约四百万，如

① 《民国续纂泰州志》，中国地方志集成 · 江苏府县志集 50，江苏古籍出版社 1991 年版，第 626 页。

此巨灾，为近四十年中所未有”，“江苏省之江北被害尤烈，草根树皮铲除都尽”。[1] 1906 年秋泰州“大雨，湖水涨溢，车逻、五里等坝俱开，下河田庐半为淹没，冬麦不下种”，水灾又造成泰州 1907 年“春大饥，谷价奇贵，石米十余千”。[2] 辛亥革命前夕，泰州一带大灾频发，泰兴县 1908 年大水，沿江地区农田失收；1910 年秋江水暴溢，1911 年再度大水成灾。[3] 靖江县 1909 年夏遭受特大雨雹风潮，沿江居民被漂没无数；1910 年春再遭大雪灾；1911 年夏连续大雨两旬，以致豆禾无收。[4] 泰州 1908 年秋遭遇瘟疫，1910 年秋又遭灾歉收。[5]

泰州地方官厅在灾荒之年反而不断加重百姓负担，各级官员借“新政”乱增税种，乱提税率，贪污勒索肆无忌惮，人民开始自发地反抗。1906 年苏北严重受灾，地主商人囤积居奇，米价暴涨，农民忍无可忍，靖江、山阳、扬州、泰州等处先后聚众数千人，拦抢米船，捣毁米行、钱庄、当铺、衙署。1906 年夏泰州民众群起反对地方官府设官盐栈，“满街张贴匿名揭贴，欲与官盐栈为难”，群情激奋的泰州百姓“借口米贵，于日前将官盐栈拆毁，五月二十七日忽又暴动，阖城米行抢劫殆尽”。1908 年 10 月，泰兴南乡农民反抗县令乱派苛捐杂税，有五十余庄两千多农民涌进县城请求减免，但遭到了巡警弹压。1910 年 5 月，“泰兴县季家市，亦有饥民数千人，将镇中米铺一律捣毁”。[6]

---

① 李文治编《中国近代农业史资料》第一辑（1840—1911），三联书店 1957 年版，第 725 页。

② 《民国续纂泰州志》，第 536 页。

③ 泰兴县志编纂委员会编《泰兴县志》，江苏人民出版社 1993 年版，第 138 页。

④ 靖江县志编纂委员会编《靖江县志》，江苏人民出版社 1992 年版，第 103 页。

⑤ 《民国续纂泰州志》，第 536 页。

⑥ 《中国近代农业史资料》第一辑，第 962、975、976 页。

清末泰州民变迭起，社会动荡，酝酿着"革命"的风暴。清廷地方官署则竭力维护旧秩序，1908 年泰州建立巡警局，由知州李岳衡直接掌管，泰州城划分为 5 个警察区。江南巡警总局于 1909 年 11 月派员来组建了姜堰镇巡警局，于 1910 年又批准海安镇把保甲局改设成巡警局。[①] 巡警局成为维持泰州社会治安的重要机构。而以商会为代表的泰州商界和地方士绅从自身利益考虑，其政治倾向则表达了对社会变革的理解，商会对泰州社会的影响已是举足轻重。

(二) 辛亥革命泰州光复

武昌起义爆发后，辛亥革命的浪潮很快就波及到了泰州。1911 年 11 月 5 日，江苏巡抚程德全在苏州宣布独立并任都督。11 月 7 日，孙天生在扬州宣布光复，自称都督，10 日徐宝山[②]在扬州第二次宣布光复，自任军政长。"扬州既光复，泰人心益惶惶"，8 日黎明，泰州监狱囚禁的人犯越狱出逃，"知州李岳衡督警吏四出追捕"[③]，这天是立冬，又值农民完税日，一时造成泰州城大乱，加剧了社会动荡。

还在武昌起义消息传来之时，因知州李岳衡不知所措，为了安定社会，泰州商会即行改组，各界力推沈秉乾任商会总理，沈秉乾为光绪三十年(1904 年)进士，曾任邮传部主事，后回乡与人开设保泰钱庄，被誉为泰州第一阔绅，深受泰州商界敬仰。泰州越狱事件发生当日，商会经集议决定，将原来维持商界治安的保商营扩充成立为商团，以沈秉乾兼任督办，原保商营管带张淦清仍为管带，再加强警务，以石秀鹏为管带。泰州的商会和商团

---

① 《民国续纂泰州志》，第 625 页。

② 徐宝山(1862—1913)，江苏镇江人，绰号"徐老虎"，早年运贩私盐，1900 年受两江总督刘坤一招抚，授游击。辛亥革命时参与镇江光复，后任扬州军政分府都督。

③ 单毓元总纂《民国泰县志稿》，中国地方志集成·江苏府县志辑第 68 辑，江苏古籍出版社 1991 年版，第 6 页。

成为稳定泰州社会秩序、促进政治变革的重要力量。

11 月 14 日，扬州缉私营定字营副营刘凤巢率变兵自东台窜至泰州，泊赵公桥下。刘凤巢在扬州光复前夜抢了运署，然后劫掠了东台，他率变兵抵达泰州后，以借盘川为名，向商会提出要“借”坡子街几家大商店、富户和城内三家当典一用，作为军饷。[①] 泰州商会等地方团体共谋应付，推张淦清、石秀鹏前往交涉。刘凤巢称：此来为保卫地方，如地方不愿我等在此，但商富借银三千元可即去。张、石返回报告后，大家决定采用商会前会长王贻哲、沈秉乾的提议，由商会致电扬州军政分府徐宝山请兵求援，沈秉乾则反复与刘凤巢协商款项数目以拖延时间。16 日中午，扬军炮船一队冒微雨从泰州南门登岸，直趋赵公桥，另一队从鱼行包围变兵，刘凤巢军悉数缴械。徐宝山于是日下午到泰州，当晚与沈秉乾等商定了泰州光复事。17 日，徐宝山以扬州军政分府名义宣布泰州光复，悬挂白旗，张贴出泰州光复告示，上标黄帝纪元四千六百九年，盖三四寸见方大印。扬州军政分府委李岳衡为泰州民政长，张淦清为司令，设司令部于察院，委石秀鹏为警务长。[②] 泰州在扬州光复的影响下和徐宝山的援助下，顺利实现光复。

泰州光复后，徐宝山即率部于 11 月 18 日晚到达兴化，兴化绅、农、商、学各界，亲至码头欢迎。[③] 辛亥革命前，兴化已有留日学生返回家乡，“讨论革命事宜”。兴化知县陈廷英在武昌起义后不久因畏惧革命已经弃职逃走。19 日清晨，兴化全城悬挂白旗，徐宝山在明伦堂召集地方人士开大会，登台演讲，主持了

---

① 陈苍石、万东冠“东台光复”，《江苏文史资料》第四十辑《辛亥江苏光复》，第 167 页。

② 《民国泰具志稿》，第 6 页。

③ 任洽丞“兴化县光复纪略”，《兴化文史资料》第六辑。

兴化县光复,[1]会后的安民告示上书“大汉纪元元年”。接着,城中各界在明伦堂开会商量本地政治问题,后推选曾署理云南盐丰县知事的兴化本邑人余宜官担任兴化第一任民政长[2]。其时,泰兴已在 11 月 16 日光复。泰州、兴化、泰兴等地辛亥光复有赖于徐宝山,虽然他有扩大势力以图“淮扬都督”的目的,但扬、泰地区数州县基本实现和平光复,徐宝山的作用与功绩应予肯定。[3]

靖江的光复早于泰州。1911 年夏,在革命风潮影响下,靖江地方士绅姚序镛(东圃)就召集范简甫等人组织醒世团,编演文明戏。从武昌起义爆发到扬州等地光复,靖江谣言四起,知县冯璋惴惴不安。姚序镛和范简甫、陈得三等积极争取靖江和平光复,对冯璋晓以利害,促其弃暗投明。当江阴要塞司令王振反正的消息传到靖江时,姚序镛、范简甫、陈得三等即偕同十圩港炮台台官赶赴江阴,请王振来靖江商讨光复大计。11 月 9 日上午,以姚序镛为首的地方绅士及市民、学生等,臂缠白布,手执白旗,整队迎接江阴要塞民军队伍,张贴出江苏都督程德全的告示,靖江宣布光复,知县冯璋离开靖江。11 日姚序镛被公推为民政长,朱若采(筱湖)为财政长。[4] 姚序镛担任民政长后,不顾年事已高,日夜为政务操劳,鼎力革新,城乡呈现一派官清民乐景象。[5]

---

① 顾怀庆“辛亥巨浪与兴化涟漪”,《江苏文史资料》第四十辑《辛亥江苏光复》,第 170 页。

② 李恭简总修《民国续修兴化县志》,中国地方志集成・江苏府县志辑第 48 辑,江苏古籍出版社,1991 年版,第 587 页。

③ 吴讱《辛亥江苏和平光复中的武装斗争》,《辛亥革命论文集》,南京师范大学出版社 2000 年版。

④ 朱笠夫、姚纯之、范浦泉“辛亥革命靖江光复记略”,中国人民政治协商会议江苏省扬州市委员会文史资料委员会编《扬州郊区文史第 11 辑》。

⑤ 陈洪江等《靖江之最》,江苏人民出版社 2001 年版,第 4 页。

(三) 民国初期泰州政治建设

泰州及周边地区在辛亥革命中相继光复后,革除了清朝封建职官衙署旧制,各州、县改知州、知县为民政长,设民政长公署。各地均撤销旧时房科,分立总务、主计、警务、学务、实业、司法等六课,课内分设数股。名称改变了,但州县政权中仍是旧人员。泰州知州李岳衡改做了民政长;兴化光复后,“一班旧差役也接着照旧当起了差事,管理全县的行政”。[①] 和平光复让泰州等地的政权从前清延续了下来,辛亥革命后的地方政权具有的某种延续性,使地方政治在政局激剧变动时期保持了稳定。此时,泰州也出现了一些社会团体,参与地方政治建设。其中有侯镇平、单毓斌等人在光复后共同组织的共和进行会,他们以研究时政和地方兴革事宜为宗旨,制止苛派重捐,主持正义。原县教育会进行了改组,推举单毓元、夏惟默为正副会长。[②] 教育会在民国泰州社会起着重要作用。

泰州政治建设在 1927 年前基本延续民国初期的制度模式,1927 年后则遵循南京国民政府的政治制度。1912 年 1 月,民国南京临时政府颁行阳历,统一地方名称,江苏都督府颁布《江苏暂行地方条例》,各地废府、州,并县、厅,泰州奉令改称泰县。第二年,改民政长公署为县知事公署,改民政长为县知事,改六课为科。此后,泰县县知事兼理司法,兼任警察所长,这一行政制度历数年不变。民国初期历任泰县县知事中以桐城人郑辅东政声为佳,他

图 9-1　在江苏省长公署任职的单毓斌

① 顾怀庆“辛亥巨浪与兴化涟漪”,第 171 页。

② 《民国泰县志稿》,第 6、7 页。

是光绪壬辰科(1892)进士,1915年5月至1918年1月,1921年至1924年,两次被委任为泰县县知事,任内勤于政事,并长于诗文,乐与泰县文人交往,堪称循吏。民国初期,在省县之间还有道这一级行政机构,设道尹公署,泰兴、靖江等县属苏常道,泰县、兴化等县属淮扬道。南京国民政府成立后即裁废了道制。

1927年南京国民政府成立,在行政制度上改县公署为县政府,改县知事为县长,县政府下设民治、财政、建设、总务四科。不久,遵照江苏省政府制定的县政府条例,裁撤建设科,设财政局、建设局,加上教育局、公安局,成为县政府所属四局,以后县政府增设会计主任,组织了县政务会议,1929年7月县政务会议改组为全县行政会议,[①]泰县、泰兴、靖江等县的政治建设逐渐规范化。1931年后,靖江县(丙等县)也设有印花税局、营业税局、邮局、电报局等机构,泰兴县增设了田赋征收处、地方捐税征收所等机构。[②] 1932年,江苏省采行行政区监督制,各区设置行政监督1人,并兼领区内首县县长,泰县为首县之一。1933年裁撤行政区监督制,实行行政督察专员制,专员不再兼任县长,泰县、泰兴属江都行政督察区,靖江属南通区,兴化属盐城区。[③] 行政督察区的职能主要是督察所属各县的行政工作,以增进工作效率,行政督察专员兼任保安司令,加强了对地方的统治。

民国元年泰县实行地方自治,划全县境域为八市四十乡,设市乡公所处理地方行政事务,并进行县议员初选,1912年3月成立临时县议会,推举王运谋、王培芸为正副议长,议员25人,宋尹东、沈沅等5议员为参事。泰县筹备实行地方自治划分的48区有半数以上在年内成立了议事会。1913年1月,泰县举行

---

① 《民国泰县志稿》,第172页。

② 《泰兴县志》,第632页。《靖江县志》,第514页。

③ 曹余濂编著《民国江苏权力机关史略》,《江苏文史资料》第67辑,第145—148页。

第一届省议会、国会选举，初选有数十人当选，主要依据资产多寡来选，而资格则次之，再经复选，朱甲昌、周纮顺当选省议员，罗毓桐后递补为省议员；凌文渊当选国会众议院议员；王运谋当选众议院候补议员，王运谋后来参加了非常国会，病殁于广州。1917年6月泰县举行第二届省议会议员选举，凌木生、罗毓桐、于殖、谢庆荣等4人当选。4年后，国会和省议会又开选举，各县登记选民、初选复选，徒具形式，对泰县自治并无推进作用，民国元年泰县临时县议会早已销声匿迹。直至1923年4月，经省长韩国钧电请北京政府核准恢复县自治，又恢复了民国元年泰县议会。1927年3月底泰县国民党临时县党部成立，4月初接收了县议会。[1] 泰兴县1912年也成立了县议会，参选为议员的条件是资产在500元以上者，县议会组成同时公推议员6人组成参事会，两年后县议会奉命解散，1923年曾一度恢复，1927年南京国民政府成立后又复解散。[2] 民国时期的县地方自治虽然只是流于形式，但仍可作为历史的借鉴。

图9-2 两任江苏省长的韩国钧

① 《民国泰县志稿》，第157、7、8、10、11、13、18页。

② 《泰兴县志》，第624页。

二、国内政治斗争浪潮中的泰州

（一）五四运动、五卅运动中的泰州

1919年五四运动爆发，反帝爱国的斗争风潮很快席卷了中华大地，泰州的学生爱国运动也迅速开展，并影响到一些农村市镇。5月9日国耻日这天，泰县的学生集会向民众进行爱国宣传，明德中学发布的宣传单称："同胞们！今天是五月九日。这天不是民国四年日本强逼中国承认廿一条的一天吗！诸位！晓得那廿一条的厉害吗？那廿一条若是完全实行了，我们大好的中国岂不是断送了吗！诸位！承认那廿一条何曾有国会的认可呢，我们四万万同胞那个晓得呢！那不是袁世凯一人私见吗！"[①]5月17日，泰县各界2万人通电全国，声援北京的学生，电文称："青岛危，国将亡，非起死争不足挽救，非矢志不渝不能贯彻"，赞扬"北京学生彻倡义举，民国之魂也"。6月下旬，泰州城公开焚烧查缴到的日货。靖江的学校师生也于5月举行了示威游行，到商店查禁日货。兴化的学生、商民也举行了罢课、罢市。这是民国时期泰州发生的第一次以学生、商民为主的爱国运动。

1925年5月，英、日帝国主义在上海屠杀中国工人、学生，制造了"五卅惨案"，全国掀起了声势浩大的反帝爱国运动浪潮，泰州各界特别是学界作出了更为积极的响应。首先上街游行的有淮东中学的学生，"他们除了集会、游行、散发传单、演讲、发通电声援上海'五卅'运动外，还向各处募捐，救济上海罢工工人"，泰州的省第一代用中学学生在夜里上街张贴了一批"打倒列强！""打倒帝国主义！""打倒土豪劣绅！"的革命标语。[②] 6月下旬，因基督教会压制教会学校的学生，不准上街游行，泰州的明

---

① 泰州市博物馆藏宣传单。

② 中共泰州市委党史办公室编《泰州党史资料—战二战时期革命文献》第一辑，1984年7月，第143、121页。

德、美德等教会学校学生成立了学生会投入斗争，有数百名学生坚持罢课，甚至直到1926年初都没有复课，他们还开展了反对学校当局开除学生领袖的斗争。学生们还与淮东中学校长袁祖成、社会著名爱国人士王思源联系，请他们出面组织收回教育主权的斗争，结果明德、美德两校校方被迫让步，两校决定停办，明德中学校长美国人金士林离开了中国。[①]

五卅运动中，王思源发起并联络泰州各校组织了外交后援会，7月19日，外交后援会在泰州组织万人示威大游行，王思源在集会上发表的演说“最为热烈，声泪俱下”，号召罢课、罢工、罢市，[②]声讨制造上海五卅惨案的英国巡捕。他还卖去田地130亩创办了翠华国货社，自己经营国货，抵制日货。更为可贵的是，方援、朱淳等人组织了护国学生军，发表通告称：“‘五卅’惨案，国事日危，强权竟灭公理，民众何可生存，同人等蒿目时艰，确认为有武装爱护国家之必要，爰有护国学生军组织之建议”，暂作五卅外交的后盾。[③]

6月7日，靖江城市民在文庙明伦堂召开援助“五卅惨案”讨论会，组织了靖江国民外交后援会，通电全国暂作五卅惨案外交交涉后盾，学生进行了游行示威，市议会募捐了500元支援遇难的工人家属。在外地求学而返回靖江的学生还发动市民、店员进行罢市。6月底靖江外交后援会发起了抵制日货的斗争，表达了民众对帝国主义暴行抗争的决心。

（二）国民革命军北伐与泰州丁卯兵灾

1926年7月广州国民政府北伐，国民革命军在江西打垮了孙传芳浙闽苏皖赣五省联军的主力，于1927年3月先后占领南京、上海等地，孙传芳联军退到江北。从3月1日至28日约十多万联军从泰州过境，“给养、夫役、舟车、米麦、服装、煤炭，城市

---

① 《泰州党史资料一战二战时期革命文献》第一辑，第121页。

② 《民国泰县志稿》，第14页。

③ 《泰州党史资料一战二战时期革命文献》第一辑，第121页。

(指泰州城)、姜堰、海安(属泰县)等处所费不下银四五十万元”,[①]增加了泰州百姓负担。

3月28日午后,国民革命军一部抵仙女庙,原驻泰州的省防军张中立部在仙女庙树起青天白日旗,改编为国民革命军独立第十二师。29日晚张中立部进入泰州城,国民党人和中共党组织都发动了学生和群众欢迎,赠送馒头慰劳,市民喜形于色。31日,国民党泰县临时县党部在泰州城隍庙召开民众大会欢迎北伐军,到会各界人士有2000余人,盛况空前。泰州社会著名人士王思源、袁祖成皆登台演说,向民众宣传三民主义,痛斥军阀孙传芳倒行逆施,呼吁民众支持北伐,但他们被联军的侦探拍下了照片。[②]

4月6日凌晨,在海安、姜堰一带滞留的五省联军周荫人、郑俊彦部分三路进攻泰州城,独立师与联军战于泰州城郊,下午,张中立部向西南退却,联军由泰州南门入城,“沿门大肆劫掠,焚丰裕典,城中居民殆无一家幸免者,其被劫至五六次者甚多,七日犹纵劫未已,被难而死者十人,妇孺尽弃家室入收容所,致各收容所、红十字会亦无一不被搜劫者”,“九日,城中兵益众,居民携妇孺老弱避居下河各庄舍者盖十室而七八”。[③]

五省联军进城后即于4月7日抓捕了王思源,8日晨将其枪杀于泰州西门外,王思源就义前高呼:“我为民而死,死而无憾!”王思源的殉难使袁祖成极度悲愤,他不顾个人安危,前去探视,在返回途中被联军哨兵抓捕,9日晚被杀害于泰州文庙附近泰山下。[④] 王思源、袁祖成是泰州在国民革命中牺牲于反动军阀枪口下的烈士。当时《大公报》社评抨击军阀滥杀:“又如泰

① 《民国泰县志稿》,第17页。
② 《民国泰县志稿》,第18页。
③ 《民国泰县志稿》,第19页。
④ 《民国泰县志稿》,第19页。

州，周荫人兵到，捕杀教员学生等百人。今后有几个泰州，孰敢保乎？”①

在泰县姜堰，“自军队过境，用款巨万，房有房捐，田有亩捐，商店有营业捐，栈房有囤积捐，罗掘俱尽”。即便国民革命军来姜堰，也是“封船、雇夫、备办铺具、招待犒劳等”，概由地方承担。姜堰商民称：“计先后半载，用款至银十数万，姜镇幸得瓦全而商农之泪深矣”。4月18日，泰州成立了兵灾调查会，“逐户调查统计兵灾损失，除招待费用不计外，总数约银一百万元”。②1927年“丁卯兵灾”成为自元末战乱以后泰州地方和百姓五百年未见的巨大灾难。

1927年5月26日，国民革命军第十四军赖士璜部进入泰州，委任许庆忠为泰县县长，并成立了泰县县政府临时行政委员会。7月，国民党江苏省党部派员到泰州组织了国民党泰县特别委员会，国民党的一整套党政制度开始在泰州建立。8月，五省联军又控制了江北，联军刘士林部进占泰州，委派黄华为泰县县知事。9月1日，孙传芳在龙潭战败，率残部从长江北岸全线后撤，9月7日国民革命军再度进入泰州城，城市各处都悬挂起青天白日旗，王纲之被委为泰县县长，许庆忠为泰兴县长。此后军方又委派过两个泰县县长，直至12月由江苏省政府委派董汉槎为泰县县长，1927年十个月中泰县县长更易达13人。③经此战乱，泰州社会与政治一度趋于稳定。1928年4月，泰县县政府召开全县行政会议，会后成立了十五区市乡行政局，泰县商会、姜堰商会也相继改组。南京国民政府还通令豁免了1927年12月21日前农民所欠田赋。据1928年的人口统计，泰县1100701人，泰兴县867256人，人口密度居于苏北各县前三位。

---

① 张季鸾《党祸》，《大公报》1927年4月29日。

② 《民国泰县志稿》，第25、19页。

③ 《民国泰县志稿》，第22、26页。

(三)九一八事变对泰州的影响

五四运动和五卅运动后,泰州人民的反帝斗争进一步汇入全国反帝爱国运动浪潮。1928年"新大明惨案"引发了泰兴等地抗议日人暴行的斗争。2月18日晚,上海大通公司的新大明轮在泰兴口岸江面被日本厚田丸拦腰冲撞沉没,中国乘客、船员360多人死亡,货物全部损失。惨案发生后,外交部江苏交涉署和大通公司向日本驻沪领事交涉并提出抗议,泰县、泰兴等地被难家属也函请交涉署严重交涉,但日方拒不对遇难者作生命赔偿,国民党各地方党部和社会团体纷纷发表通电,谴责日人暴行。接着,日本又出兵济南阻挠国民政府二次北伐,5月3日残忍杀害了战地政务委员会外交处主任蔡公时,大肆屠杀中国军民,制造了"五三惨案",激起全国人民更大规模的抗议斗争,6月3日,江苏各地机关下半旗为五三惨案志哀,泰县等地学生联合会也发出通电,抗议日军暴行。[①] 这些抗议斗争进一步激发了泰州民众的反帝爱国觉悟。

1931年日军制造九一八事变,悍然发动了侵华战争。中国民众奋起开展抗日救亡运动,古城泰州和泰兴、兴化等地都发生了有各界民众参加的大规模游行示威。泰县各界民众于9月24日在城隍庙举行反日救国会成立大会和市民反日大会,会后3000多人参加了抗议示威游行;10月7日,泰州市民召开反日救国宣传会议,宣布组织泰县民众反日救国义勇军,并制定了人民反日誓守公约,约定:1. 绝不贩卖日本货;2. 绝不为日本雇用;3. 绝不卖货于日本;4. 绝不接待日本人;5. 不娱乐、不宴会,节衣缩食,储金救国;6. 组织义勇军,实施军事训练;7. 誓死打倒日本帝国主义。

1932年一二八淞沪抗战爆发,3月上旬,泰来面粉厂职工在报上刊登启事,呼吁全县爱国同胞慷慨解囊,资助前方抗敌将士。福音医院组织了反日救国救护队,并与上海红十字会联系,

---

① 《民国泰县志稿》,第26、27页。

要求赴沪声援并参加救护。泰县报界连续在报纸上刊登宣传抗日救亡的报道和文章，民众教育馆举行了泰县各界国难演说竞赛，以唤起民众，共赴国难。泰州时敏中学开展了抗日救亡系列活动，师生举行救亡义演，并作揭露日军侵略暴行的演讲，观众纷纷解囊捐助前方将士抗敌。时敏中学反日救国会全体学生还出动宣传抵制日货，上街洗刷日本仁丹广告。

在泰兴，最先得知九一八事变消息的是泰兴初级中学的学生。9 月 19 日中午，上海《申报》和《新闻报》递送到了学校，同学们看到报上的新闻后，群情激愤，痛斥日军的侵略行径。11 月后，泰兴的学生又纷纷自发地组织起来，走上街头宣传抗日救亡，捐募钱物，用募捐的寒衣直接支援东北抗日义勇军。泰兴民众还在公园里建立了“陆军少校赵烈士金声淞沪殉难纪念碑”，纪念在一二八淞沪抗战中牺牲的泰兴籍抗日烈士。

靖江的抗日救亡运动在 1931 年 11 月中旬开展起来，中共江苏省委派刘述周到靖江活动，组织读书会、时事座谈会和文艺研究会，广泛接触群众，宣传九一八事变后的形势，发动靖江的职工和农民积极参加反帝大同盟。[①] 兴化在九一八事变和一二八抗战后一度“仍是死气沉沉”。因 1931 年长江大水灾影响而停学在家的万昨非、王云开，联络了高子扬、易爻孙等青年，在兴化办了《安声报》，以醒目标题刊载抗日“战讯”，并转载平、津、沪报刊的救亡言论和各地声援慰问抗日将士的消息，启迪了民气，提高了民众抗日情绪。[②]《安声报》在兴化教育界的抗日救亡宣传工作中起了很大作用。

1935 年 8、9 月间，黄云祥、谢克西等进步青年以群众抗日救国组织的名义在泰兴县城印发传单，宣传反对内战、一致抗

① 单杰华著《风雨激荡三十年：扬州、泰州人民革命斗争记事》，第 58 页。

② 万昨非“昔日安丰文教界的二三事”，《兴化文史资料》第 13 辑，第 12 页。

日;1937年春,进步青年张曼君、赵易亚等在泰兴刁家铺出版了刊物《五月》,宣传抗日救亡。泰州地区要求抗日的进步青年和学生在九一八事变后很普遍地投身到抗日救亡运动中,代表着国内政治局势向抗日战争转变时期泰州进步力量的觉悟和壮大。

三、泰州革命薪火与苏中如泰红军

(一)沈毅与泰州农民运动

泰州地区中共领导的农民运动,是1925年秋沈毅在泰兴刁家网开展起来的。刁家网位于泰兴、泰县、如皋交界偏僻处,反动统治力量相对薄弱。1925年春,刁家网发生了"火烧震东市"农民暴动。因为震东市黄姓八大家地主在苛捐杂税之外又添征"猪子捐",农民无力承受,自发抗捐。余蔡庄抗捐农民烧了黄姓地主子弟小学,农民余学善串联震东市108庄农民反抗"猪子捐",围攻地主"八大家",遭军警镇压,数十人牺牲,余学善被捕后也被杀害,但"猪子捐"被迫取消,这次斗争奠定了开展农民运动的群众基础。

1925年8月,共产党员沈毅来到泰兴刁家网。沈毅(1900—1928)出生于泰州一个贫寒家庭,14岁就被迫辍学到上海做童工。因工厂倒闭沈毅返回泰兴,做过福音医院护士、分界警察局文书、黄桥警察所巡士,还做过黄桥耶稣教堂传教士。1923年,沈毅只身来到国民革命中心广州,不久加入了中国共产党,参加了彭湃领导的海陆丰农民运动,并到广州"农民运动讲习所"学习。1925年初,中共江浙区委派沈毅返回苏北,任江海特区特派员,他在黄桥王家巷办了一所私立学校作职业掩护,开辟党的工作。

沈毅在"泰兴的农村工作是做得比较深入的",他在刁家网一带进行的建党工作"本身就是同发动群众结合在一起的"。他以卖笔墨为掩护,走村串巷,团结了一批贫苦的乡村塾师。沈毅和他们谈教学和生活状况,谈社会和当局的黑暗腐败,宣传革命道理。他以王庆生、刁善九、戴奎等接受了革命思想的塾师为核心,组织了泰兴塾师联合会,成员有古溪、分界、黄桥、蒋垛等地的90多名塾师。塾师联合会在刁家网及周围乡村开办民众夜校,向农民传播革命思想,向手工业者和店员讲授革命道理。从1925年秋到1926年春,沈毅陆续发展了进步塾师王庆生、孟致祥、戴奎、刁九善等人为党员,同时又发展了农民积极分子刁春如、袁修良等入党,建立了党支部,接着,沈毅又在泰县东南乡的营溪、蒋垛一带也建立了党支部。[①] 党组织成为开展农民运动的坚强核心。

图9-3 泰州革命先驱沈毅

1926年4月农村春荒严重,沈毅根据党的指示,以"春荒借粮不交息"为号召,发动农民进行"春荒借粮"斗争,农民纷纷涌进地主庄园,和地主进行说理斗争,泰兴的地主害怕农民这股革命势头,不得不将近500石粮食借给了农民,并保证不收利息。沈毅发动的泰兴农民运动取得了第一次胜利。春荒借粮斗争使农民看到了团结起来的力量,沈毅抓住时机在刁家网成立了"农民协会",他把刁家网改为"醒农村",编写了《醒农歌》,大声呼吁:"种田的兄弟们,快快起来!封建压迫剥削,实在难挨!要命的空白据,不问死活逼租债。大家要救命,团结起来干!"有几位塾师也编写通俗的诗歌,揭露统治者的腐败,申诉农民的疾苦:

① 刘瑞龙《回忆红十四军》,江苏人民出版社1983年1月版,第18、20页。

"而今世道甚败坏,卖官鬻爵竞公开!三千银元买县长,三百银元区长卖。""官府衙门大敞开,不讲公理只讲财。……豺狼当道逞凶恶,穷苦良民受冤灾。"[1]这些歌谣到处传唱,起到了唤醒农民群众阶级觉悟的"醒农"作用。

农民协会成立后,维护农民利益,对一些开明识时务的地主采取说理政策,对恶霸地主不按要求退出租子粮的,农民协会坚决打击。大地主刁智甫、钱文斋拒不执行农民协会的规定,想把大批粮食偷偷转运到苏南贩卖,农民协会发现以后,扣缴船只,没收粮食分给了农民。刁家网农民协会举办的"醒农合作社",销售日用品,允许贫苦农民赊账,还兼卖廉价的油条烧饼,农民群众称赞说:"大饼油条,两个铜板一条。味道好,价钱小,真公道,真公道。"刁家网附近的农民纷纷要求成立农民协会,他们还专程跑到刁家网找沈毅寻求帮助。不久,周围几十里的村庄都相继成立了农民协会,80%的贫苦农民加入了农会。面对蓬勃开展的农民运动,沈毅在他创办的《晓星》杂志上题写了这样的诗句:"漫漫长夜晓星上,黎明之前见曙光,旭日东升从地起,睡狮觉醒在东方。"

(二)泰州早期中共党组织的革命活动

1926年2月,中共江浙区委在罗亦农的主持下,听取了泰州沈毅、如皋陆景槐的工作汇报,决定派遣得力干部开辟通海如泰地区的工作,成立强有力的独立支部。由于沈毅在泰兴刁家网一带已经为党的力量的发展奠定了坚实基础,刁家网、溪河岸、蒋垛、营溪等处已发展了一批党员,分别建立了党支部、党小组,成立泰兴县的独立支部已呈水到渠成之势。

沈毅根据江浙区委的指示从上海回到刁家网后,召开党员会议,传达区委指示,布置工作任务,1926年8月24日,在刁家网刁家祠堂召开党员大会,建立了苏中地区第一个党的县级独立支部"中共江浙区泰兴独立支部",沈毅任书记,刁九善、孟运

---

① 《回忆红十四军》,第20、21页。

怀为副书记。[①] 泰兴独立支部是苏中中共党组织发展的重要基地,在 1926 年秋党员已发展到 120 人,当时人们说:"要找共产党,就到刁家网",刁家网成为党在通海如泰地区进行革命斗争的坚强战斗堡垒。

图 9-4 中共泰兴独立支部旧址

在泰兴独立支部建立的带动下,刁家网周边党的县级基层组织相继建立。1926 年底,中共泰县第一个党支部在泰州城里昭昭汪的邹冰家中诞生,支部书记为黄钟,邹冰为组织干事,戴璧城为宣传干事。黄钟曾在泰县县立高中、省立第五师范和省第一代用中学读书,1926 年春,他在如皋由陆景槐介绍参加了共产党,11 月,陆景槐又介绍黄钟到上海参加农民运动训练班,学习结束后即由中共江浙区委派到泰州开展工作。[②] 在 1927 年下半年,靖江县的中共党组织与江苏省委取得了联系,也建立

① 《泰州党史资料一战二战时期革命文献》第一辑,第 147 页。

② 《泰州党史资料一战二战时期革命文献》第一辑,第 122、123、141、144 页。

了党的独立支部，主要负责人是陆尔康。

在南方国民革命形势发展的影响下，泰州的共青团县委和一些乡的农民协会也相继成立并开展了斗争，1926 年 10 月中共《向导》周报上发表了毛泽东以“润之”笔名撰写的《江浙农民的痛苦及其反抗运动》，这篇文章中提到“泰兴东乡王家庄地方，今年因旱少收，农民要求减租，与地主起了激烈的争斗。地主不但不肯减租，反压迫农民”和“泰县森森庄地方之农民，今夏因旱请求减租，起了一个运动。地主压迫，捕去为首数人”①等农民运动的斗争状况。

1927 年 3 月，北伐战争形势迅速发展，北伐军先后占领南京、上海，败退江北的孙传芳五省联军荼毒地方，残害百姓。为了配合北伐战争，保护地方人民，泰州地区的中共党组织发动群众开展反联军斗争，在泰兴钱家荡庙上召开泰兴、泰县反联军誓师大会，会后成立了由沈毅任总指挥的破拆队、宣传队和自卫队等农民组织，他们割断联军的电话线，拆毁联军要通过的路桥，用石灰书写宣传标语，各庄组织了自卫队，使得少数联军不敢下乡，农民向导还从水陆两路积极迎接北伐军，②反联军斗争起到了动员和发动广大民众的作用。

1927 年蒋介石发动“四一二”反革命清党，苏北沿江各县的国民党反动派勾结土豪劣绅开始向共产党和工农群众进攻。在泰兴，沈毅遵照中共江苏省委的指示，号召党员向敌人反击。他以国民党县党部执行委员的公开身分，利用国民党江苏省党部特派员李亚飞与泰兴县党部右派的矛盾，孤立国民党右派，使敌人在泰兴等地无法达到“清党”目的。

6 月，沈毅发动泰兴城郊和四乡的农民协会会员到城里开庆祝北伐胜利的民众大会，到会有五六千人，农民群众对沈毅上台宣讲的二五减租、打倒土豪劣绅报以热烈的掌声，会后还进行

① 《向导》周报，第 197 期，1926 年 10 月 25 日。

② 《泰州党史资料—战二战时期革命文献》第一辑，第 148 页。

了游行示威。国民党右派竭力攻击沈毅，阴谋清掉沈毅等“跨党分子”，他们带领流氓、警察，袭击并捣毁了县党部，还抓了国民党特派员李亚飞等十多人。沈毅在黄桥闻讯之后，当即组织农民群众反击，以救援李亚飞为口号，反击国民党右派。6月30日，大批民众陆续向泰兴城进发请愿，反动派紧闭城门，拒绝请愿民众进城。到7月2日，围城的民众人数这一天已达万余。反动派假意邀请沈毅去面谈，诱捕了沈毅，反动军警还开枪镇压农民群众，造成30多人伤亡。这是中共在泰兴领导开展的反“清党”合法斗争中有名的“六卅暴动”和国民党右派镇压民众造成的“七二惨案”。[①] 沈毅被捕后被解往南京特种刑事法庭，他经过各种合法斗争，终于在10月胜利出狱，重返刁家网开展革命斗争。

(三) 泰兴五一暴动和红十四军的斗争

大革命失败后，中共江苏省委为了加强苏北沿江通海如泰地区的斗争，成立了江北特区委员会，制定了“江北农民暴动计划”，准备起义。1928年初春，中共南通特委书记黄逸峰来到如皋、泰兴、泰县布置起义工作，发展党员，还在刁家网秘密训练暴动骨干。泰兴县委书记沈毅专门汇报了农民暴动的准备，并要求泰县、如皋、东台一起暴动，壮大革命力量。[②] 3、4月间，中共江苏省委农委书记王若飞从上海来到南通、如皋，为推动武装斗争的发动作了具体指示。4月中旬，中共泰兴、如皋两县县委在刁家网召开联席会议，决定一致行动，将于5月1日举行武装起义。

“五一”前夕，沈毅派人先在八字桥伏击了国民党巡警，国民党泰兴县长丁作则得讯后马上准备镇压，中共泰兴县委决定提前暴动。4月30日下午，在泰兴刁家网刁氏宗祠广场上，数百

---

① 《回忆红十四军》，第28、29页。

② 中共泰州市委党史办公室编《泰州党史资料革命回忆录》第三辑，1984年8月，第7页。

名共产党员骨干和4000多名群众举行了暴动誓师大会，总指挥沈毅宣布了起义命令和党的指示，暴动队员们胸挂红布条，手执大刀，推着土炮，扛着土枪，振臂高呼口号，誓师出征，他们袭击古溪公安分局，攻打周围地主庄园，暴动队伍所到之处红旗招展，“打倒土豪劣绅”口号不绝，农民平分了86户土豪劣绅100万斤以上粮食，参加斗争的群众扩大到4万人，声势浩大，威震黄桥。

震惊于农民暴动浪潮的国民党当局，用省保安队、县警察大队以及其他反动武装向暴动农民反扑。5月3日，沈毅率领的暴动队伍在与国民党军警激战中失利。为了保存有生力量，沈毅在耿家园召开县委委员和党员骨干紧急会议，决定分散突围。泰兴五一起义暂告失败。国民党军警在暴动地区大肆报复，反攻倒算，泰兴东乡有200多共产党员和暴动农民被枪杀，近百人被捕。6月25日沈毅在泰县下河花家舍的一条小船上被捕，他面对敌人严刑拷打和高官引诱，始终坚贞不屈，6月28日，沈毅在泰州大校场英勇就义。

五一暴动失败后，根据中共江苏省委指示，通海如泰地区在1928年秋天成立了党的南通特区委员会，统一领导南通、海门、启东、如皋、泰兴、泰县、靖江、东台等八县斗争，重新整顿和建立战斗组织，发展革命力量，反击白色恐怖。沈毅牺牲后，王玉文接任泰兴县委书记。王玉文和戴奎、刁九善等进行了艰苦的恢复工作，把参加过起义的农民重新组织起来，建立了红色游击队，1929年初，游击队一举处死了钱家荡“保卫团”头子、恶霸地主钱文斋，贴出了游击队的布告，刁家网的红旗又飘扬起来。

1929年春，中共南通特委成立了南通、如泰两个中心县委，王玉文任如泰中心县委书记。为了发展武装斗争，南通特委决定把如泰地区游击队集中编队。8月28日，如泰中心县委在如皋西乡宝庆寺召开大会，王玉文代表中共南通特委正式宣布：成立如泰工农红军。如泰红军成立后首战石桥头，全歼国民党江安区公安分局警察队。9月，红军三路围攻申家埭获胜，随后召开了上千人的群众大会，惩办了镇压五一暴动的刽子手周松平，把他家的三四万斤粮食都分给了贫苦农民。为了加强如泰红军力量，中共江苏省委派来薛衡竞，将红军整编为一个大队，整编后红军突袭马家坪，全歼敌自卫团，缴长枪60多支，此后连战皆捷，控制了泰县、如皋、泰兴交界的大片地区。到1929年底，如泰红军已开辟了南到江边，东到镇涛区，西至季家市、黄桥以西，北到通扬运河的大块游击区，红军游击队和农民自卫武装发展到2000多人。①

1929年秋，中共江苏省委成立了通海特委，李超时为书记，王玉文、张辛、刘瑞龙等为委员。特委成立不久即面对国民党南通、海门、如皋、泰兴、泰县，靖江反动武装对红军游击区的“包剿”。为了粉碎敌人的进攻，中共中央决定在苏北建立中国工农红军第十四军，任命何昆为红十四军军长，李超时兼军政委，薛衡竞为参谋长，江苏省委也先后派出了一批懂军事的干部来加强如泰红军。1930年初，中共江苏省委鉴于“目前通海区各县在积极发展游击战争、深入土地革命”，提出“通海区目前的游击队，即是最近将来拥护苏维埃政权的红军基础”。在通海各县县委书记联席会议上，大家一致认为通海如泰斗争形势的发展，“必然走向游击战争，地方起义，建立苏维埃，形成割据的前途”。② 红十四军统一了通海全区红军游击队编制，通海方面的红军第一大队编为第一支队，后改称第二师；如泰方面的红军大队编为第二支队，后改称第一师，何昆兼师长。

1930年4月3日，通海特委和红十四军军部在如皋西南乡贲家巷隆重召开建军大会。红军指战员，如皋江安、卢港、磨头和泰兴古溪、黄桥等地方圆七八十里内的赤卫队员、农会会员等数万群众，带着钢枪、土枪、大刀、梭标等各种武器纷纷赶来，贲家巷到处人山人海，红旗招展，大会宣告了中国工农红军第十四

---

① 《回忆红十四军》，第66、67、71页。

② 《回忆红十四军》，第74页。

军正式成立，宣布了《告工农及一切劳苦群众书》，通海如泰地区的革命形势发展到了新阶段。

4月中旬，红十四军进攻老虎庄、顾高庄战斗失利，军长何坤、参谋长薛衡竞先后牺牲；5月20日，红十四军一支队发起汤家苴战斗获胜，红十四军声威再振。于是，国民党当局调集了大量兵力进驻通海如泰地区，在黄桥设"剿共总指挥部"，对红十四军实行"八路围剿"，形势严峻。

由于通海特委对红十四军提出了"准备会攻南通，截断长江，进攻上海、南京"的不切实际的目标，7月底的如泰红军联席会议又决定在黄桥实行"总暴动"，进行"江北革命政权与反革命政权最后决战"，[①]"左"的错误导致了红十四军的失败。8月3日，红军进攻黄桥，配合红军作战的农民武装达四五万人，由于内奸叛变，黄桥敌军乘机反扑，红军因腹背受敌而撤出战斗。国民党江苏省政府于8月20日召开了通海如靖泰泰六县县长联席会议部署"协剿"，决定"先从泰兴入手，次及各县"，省保安处长也亲赴黄桥"督剿"。在敌重兵的围攻下，红十四军各部在古溪、黄桥，港西、镇涛等地经艰苦转战后被打散。轰轰烈烈的如泰红军和红十四军的斗争虽然失败了，但是产生了深远的政治影响。

---

① 《回忆红十四军》，第92页。

第二节　民国时期泰州的社会经济

辛亥革命以后中国社会跨进了民国的门槛。民国初期万象更新,古老的泰州也吹入了清新的风气,较为安定的社会给了泰州经济逐渐起步和发展的机会。民国时期地方政府比较扶持本地工商经济的发展,泰州一带不论是传统的农业,还是在农业经济基础上发展起来的各种近代工商业、传统手工业,都有了一定的进步。从晚清至民国,泰州一带的米市在苏北粮食市场上据有重要地位,机制面粉业和酒业、蛋业等轻工业更是在泰州地方经济发展中起了重要作用。

一、泰州的农业经济与水利建设

(一)泰州地区的农业经济状况

泰州地区在历史上就以农业经济为主,民国时期泰州虽然出现了一些资本主义工商业,但并未完全改变自给自足农业经济的现状。泰州地区气候温和,地处苏中平原,里下河边缘,河道纵横,适合种植的主要农作物包括稻麦、油菜、棉花和桑蚕等。里下河圩区在民国时大都为沤田,一年只种一熟旱稻,也有些两熟田。所产籼稻、大麦,为泰州城里的居民的主要口粮,小麦则大多运销于无锡、上海等地,素有“卖不尽的西北”之称。

另有近两万亩油菜田,集中于泰州的港口、马庄、淤溪等乡。通扬沿线地区,为上下河之间的过渡地带,种植有少量棉花。通南平原地区,田少人多,土沙地薄,以麦、豆、高粱、花生为主要农产物,高粱多用于酿酒,黄豆、花生用以榨油,饼渣及胡萝卜多用于喂猪。农户赖以糊口(亦称庄粮)的是玉米、粟、蚕豆、豌豆、山芋、萝卜、荞麦等杂粮,但远不足以自给,需大量购进粮食,故又有“买不尽的东南”之说。

迨至灾年，所有田地的粮食产量都减少半数，有时甚至颗粒无收，粮食产值也因年成的丰歉而不断浮动。在所有的农产物中，以粮食为大宗，据 1935 年调查统计，仅泰县就产粮食 7,009,504石，其中水稻产量 3,732,480 石，大小麦产量为 2,211,840石，杂粮产量 1,065,184 石。①

进入民国以后，特别是南京国民政府时期，农民所承担的各种捐税成了沉重负担。泰州一带的农民除了要缴田赋外，还有保卫亩捐、防务捐、典捐、石灰捐等杂税。保卫亩捐是用来支付各县保卫队的开支的，自 1932 年开始征收，每亩带征六分五厘，仅靖江县全年就征收三万余元。② 各种赋税交杂在一起，不仅是令农民难以背负的重担，而且各县县政府也倍感征税压力太大，常常完不成征税数额，实征额和应征数的差别很大。1922 年兴化县应纳田赋为 663,239 元，泰县为746,018元，靖江为 361,128 元，泰兴为 380,019 元。③ 到 1929 年，兴化县全县额田为 19900 顷 95 亩 9 分，应征大洋64,616,000元，而实征数只有 13,914,152 元，差额巨大。④ 同年，泰县全县额田为 58 万 4 千 320 亩 4 厘 4 毫，额征数为 102,350,000 元，实征额则为 86,208,607元。⑤ 江苏省政府于 1934 年将泰州地区各县历年田赋积欠数作了统计：

---

① 《民国泰县志稿》，第 578 页。

② 江苏省档案馆馆藏档案 5－25－184，《据靖江县请示二十三年度保卫亩捐，是否仍旧带征等情，转请核示由》。

③ 江苏省地方志编纂委员会《江苏省志・粮食志》，江苏人民出版社 1994 年，第 26 页。

④ 《兴化田赋收支契税盈亏状况》，《江苏省政府公报》第 476 期，1930 年 6 月 28 日。

⑤ 《泰县田赋收支契税盈亏状况》，《江苏省政府公报》第 476 期，1930 年 6 月 28 日。

1934 年泰州地区各县各年田赋欠数统计[1]　　(单位:元)

县别/年份	兴化县	泰县	靖江县	泰兴县	全省合计	全省总计
1927	8970	17141	5390	13362	956195	11662048(除 1933 年外计欠 8103578 元)
1928	15679	25210	清完	14846	891448	
1929	8928	19090	1243	11573	630665	
1930	28110	66538	11007	13565	1282870	
1931	因灾豁免	38502	18919	7969	1480916	
1931	39873	51989	43635	22107	2771484	
1933	36733	75748	64494	48386	3648470	
备注	截至 1934 年 6 月	截至 1934 年 1 月	截至 1934 年 5 月	截至 1934 年 1 月		

为此,江苏省政府专门订立了《江苏省清理田赋旧欠办法》及《修正江苏省清理田赋旧欠办法》,规定"田赋旧欠以十六年起至二十一年为止,由财政厅先从本年丰收及旧欠巨额县份,特派清理旧赋委员会同县长切实催收……清理旧赋期间,以四个月为限,自二十三年十月十日起至二十四年二月十日止;清理历年旧赋应以最近年份开始,逐渐追溯以往各年,先将每年份业户欠完银米数按图查造清册,责成各处催征吏开报业户真实姓名及住址,注明清册分图严行催追,如实欠在民者,大户由县政府出传票提追,小户由县酌派员警督同催征吏挨户追收,如已经掣串实欠在柜书吏或实欠在催征者,由县政府将该书吏管押勒追,逾期不缴,从严法办,并封家产备抵。"[2]省政府采取了严厉措施,但成效不大,泰州地方预算均入不敷支,农业经济并没有得以振兴,大部分农民因税负沉重一直在贫困线上挣扎。

---

① 根据江苏省档案馆馆藏档案编制,5—25—184。

② 江苏省档案馆馆藏档案,5—25—184。

（二）民国泰州地区的河工水利

民国时期，泰州地区纵横交错的河道水网形成了农业经济发展的有利条件，但是江、淮、运河经常造成严重的水患灾害，百姓流离失所，无以为生。

1921年夏，江苏遭受数十年未遇的洪水，三百里运河堤身危急万状。江北运河工程局为分泄洪水先开各处归江坝，但水势猛涨未缓，又准备开启各处归海坝以防止运堤溃决。但里下河数县秋收在即，如开归海坝必损失惨重。运河工程局参赞徐鼎康前往高邮“督率在工人员昼夜修守运堤以防溃决”。直至10月，水势才趋于安稳，运河东堤堤防“幸抢护得力，尚未漫溃”，[①]避免了百姓生命财产的更大损失。大水过后的1922年冬春，泰县、东台、兴化三县仍积水不退，运河工程局一面办理运河善后工程，一面“决计先治救急之标”，[②]筹划并实施开浚王家港，为兴、东、泰三县“筹出水之道”。但因运河大量毁坏的河堤、坝、闸修复需款甚巨，王家港开浚工程在建闸建堤上所需经费经常是难以为继。

1931年夏江淮流域再度发生严重水灾。大水过后，国民政府导淮委员会和江北运河工程局开始着手实施导淮工程以及整治里下河工程。导淮工程主要采取江海分疏的办法，对于改善泰州和里下河地区的水利状况有重要作用，为此江苏省政府征用了大量人力，投入了大量财力，积极协助导淮会的工作。

1934年，导淮委员会测量土方，征集民工，在淮阴成立了工程处，10月工程开工。导淮工程最初分为江泰段、高宝段、兴东阜东段、兴东阜西段、海口切滩段、淮阴、泗阳、涟水、东台、盐城共十段工程。1936年6月，因主要工程已可随时放水通流，剩

---

① 中国第二历史档案馆馆藏档案。一〇三八·1357，《江苏省长王瑚陈报运河水涨办理防护各情有关文电》。

② 张謇“致华洋义赈会函”，1921年12月20日，《张謇存稿》上海人民出版社1987年版，第341页。

余的主要为河道工程整理工作，为了节省经费，十段工程整合为六段，其中淮阴泗阳两段及江泰段内之泗阳补方段合并为淮泗段；江泰段高宝段合并为江泰高宝段；兴东阜东段及西段归并海口切滩段。工程预算总额原为 680,3415 元，后调整为708,1600元。泰县原案应解数为 327948.98 元，后变更为 317722.72 元；兴化 535188.54 元，后变更为 557958.32 元。[①] 兴化县出夫工2000 人，泰县出夫工 5000 人。泰州地区的大量农民也都在农闲季节被征工导淮，河工艰辛，栉风沐雨，截至 1936 年农忙停工为止，江泰高宝段中江泰掘工 812582 公方；兴东盐阜段中，兴化施工 755459 公方，都完成了工程任务。

在导淮的同时，江苏省政府对里运河东西堤进行的整治也是改善泰州里下河地区水利的重要工程。里运河东西堤在河道弯曲处或紧对港口处，过去都是修筑的柴埽，但柴埽极易塌陷腐朽，遭遇大水即有溃坝危险。里运河东西堤进行了改埽建石工程，以保障河堤能抵御灾害。江苏省主席陈果夫还专门派人到沿运一带测量埽工实地情形，根据具体情况，又把改埽建石工程修订为土坡与石工两种工程计划。自 1934 年 4 月起，里运河东西堤整治工程各段陆续开工，至 7 月下旬陆续完工。[②]

此外，江苏省政府在泰州地区还建筑了王竹两港潮水闸。里下河通海各港，为淮、运之尾闾，如果遇到旱年，就会发生浊潮倒灌的灾患，因此需要建闸用以防御。1931 年大水之后，全国经济委员会以赈麦五千吨，约值银 37 万元，交给里下河工程局用来建筑门龙港及何垛河二闸，以储蓄淡水及防御卤水。王竹两港介于门龙、何垛之间，同样迫切需要建闸。陈果夫于 1934年 2 月派出人员查勘了王竹两港潮水闸址，随后成立了建闸工程处，于 5 月下旬开工建设，至 1935 年 4 月工程完竣，建成后的王竹两港潮水闸起到了储蓄淡水防御咸卤倒灌的明显作用，泰

① 陈果夫主编《江苏省政述要》，文海出版社 1983 年版，第 205 页。
② 《江苏省政述要》，第 230 页。

州及里下河千数百万亩农田受益。

民国以来，泰州地区各县都十分重视民生水利，历年来各县县政府经常征工浚河，进行一些小型水利工程建设。1914年，泰州地区的三所商会协同通属盐场，会同大达小轮公司，分段疏浚了通扬运河，1925年又疏浚了泰县曲塘至海安段。1933年，靖江县疏通水洞港、上六圩、岳前港、大清港、永济港北段、西来镇市河，挖掘土方838255公方；泰县疏浚官济、老龙河、田家港、陈家港，挖掘土方195512公方；兴化县疏浚伯兴河，挖掘土方50563公方。1934年，靖江县疏通河港十一道，除了靖界河与如皋分工合作疏浚并给予土方津贴外，其余十道，都是采用征工的方式完成的，挖掘土方2464918公方。水利工程建设是关系民生的事情，尤其对于以农业经济为主的泰州地区来说，水利可以说是关乎人民生计的头等大事，到抗战爆发之前，地处里下河边缘地带，历史上水灾频仍的泰州地区，水患灾害已大为减轻。

二、泰州米粮市场的兴旺繁荣

（一）米粮市场的集散与运销

泰州地区河道纵横，湖泊众多，是苏中稻麦产区，因此而成为苏中著名的米粮市场，泰县的泰城、姜堰、海安三镇与兴化县在其中的地位最为重要。米粮市场的繁荣和大宗粮食农副产品的集散运销，带动了民国时期泰州地区集镇和农村经济的发展。

兴化为米粮产地，“稻田面积大约一百四十七万多顷”，但农田大多地势低洼，水稻收获前后常遭水淹，即使丰收年景稻谷收获亦“不到十分之三四”，据1930年的调查，兴化该年稻谷丰收，产量“骤然增至二百七十一多万石”①。兴化最大的米粮集散市场是兴化县城，同时在刘庄、安丰、戴窑等处还有许多米粮初级

---

① 《兴化县米产调查》，上海国民政府工商部工商访问局《工商半月刊》，第3卷第3号，1931年2月1日。

市场。每年新谷登场,兴化境内的大部分米粮都由各地的乡间农民自行运输,卖到当地米粮市场,米行或稻行收购米粮后或直接卖给粮贩运至境外销售,或自行运销至泰县、江都等地的大型米粮集散市场。

泰县全县稻田面积约1633030多亩。据民国时期的社会调查资料显示,1930年全县米产量约“二百三十三万四千余石,全县消费约一百五十三万石,尚可剩余八十万余石”。[1] 泰县盛产米粮,因而境内许多乡镇、集市成为米粮聚集地,泰县县城、海安镇、姜堰镇是江北沿江一带和苏中地区最重要的米粮集散市场。泰县城区是盐城、东台、阜宁、兴化、高邮、如皋、南通等地小型运米船驶往江都、镇江等地米粮市场的必经之路,同时也是重要的米粮集散市场,其米粮主要来自泰县西部地区,大多由乡间农户直接运输销售,也有一小部分米粮从盐城、兴化、高邮等地运输销售而来。

姜堰镇米粮集散市场位于泰县中南部地区,姜堰南部远至泰兴为旱谷农产区(称南市),土沙地薄,产量较低,且人多地少,但牲畜饲养较为发达,民国时期要供给这一地区民食和猪饲所需的稻米、油、饼、杂粮等数量很大。姜堰东部远至南通、海门、启东、金沙、吕四、二甲一带为棉垦经济作物区(称东市),居民又喜欢涝钵子酒,因此供民食的籼米和制酒原料的糯米市场需求量极大。姜堰北部为里下河稻麦产区,有大量余粮需要投放市场销售。

姜堰水运交通便利。盐运河紧邻姜堰东部,东面仅60里便是海安镇,有沟通米粮市场的运米水网通道,且往江南仅百里之遥,能直达龙窝口(高港)转大轮运出;西面也仅60多里就是泰县城区米粮运输的水运网络。苏中米粮缺乏地区如皋、南通等地前往泰县、江都等市场上采购米粮的民船和小型轮船的必经

---

① 《泰县之米产与米码头调查》,《工商半月刊》第3卷第10期,1931年。

通道就是姜堰镇；而且盐城、东台、阜宁、兴化等苏北各县米粮市场还通过众多内河水网与姜堰镇相连。因此，姜堰镇既是泰县地区著名的米粮中转站，又是苏北地区主要的米粮集散市场。苏北米粮产区的部分米粮，大多是通过水路由民船集中运销到姜堰镇米粮市场。从境外运销到姜堰的大部分米粮是从宝应、兴化、盐城等地来的，很少一部分米粮是从高邮、阜宁运销来的，最少的是来自东台。苏北各地运销到姜堰市场上的米粮中，稻谷约占 80%左右，是大多数，白米只占 15%左右，糙米约占 5%[①]。

(二) 米粮市场的结构与交易

(1) 兴化县的米粮市场及交易

兴化县城区是整个兴化米粮市场的中枢，市场由粮行、米号、米铺等构成。城区东南部是粮行的主要经销地点。这些粮行既经营米粮业务，又兼营麦、豆、高粱等杂粮生意，当地称之为"陆陈粮行"。1930 年代初，兴化城区集散市场上"约有三四十家陆陈粮行"[②]，90%的陆陈粮行是自己单独经销米粮业务，只有很少的粮行是以合资或合伙形式经营。兴化的陆陈粮行大多数以经营米粮为主。粮行往往也代顾客营销米粮。在米粮经营的淡季，粮行就自己运输储存以待销售。兴化县的乡下大农户在新谷收获后，直接运到粮行销售，而乡下小稻贩和小农户为了微薄的加工费用，大多将稻谷糙成熟米后销售。

抗战前，兴化县城的陆陈粮行既收大米，又收稻谷，而盐城、东台，泰县的海安、姜堰等地市场上，稻行只收稻谷，米行只收大米。兴化县城周围有比较便利的米粮水路运销河道。乡下农户要将米粮运销到城区市场，都喜从水路用民船装运米粮，运销到

① 《泰县之米产与米码头调查》,《工商半月刊》,第 3 卷第 10 期 1931 年。

② 《兴化县米产调查》,《工商半月刊》,第 3 卷第 3 号,1931 年 2 月 1 日。

城区的粮行。粮行的业务是先察验米粮货样,检验质量,双方商谈粮价并达成一致意见后,就由粮行员工报告买方(粮行代顾客营销米粮时)或者报告行主(粮行自行经销米粮时),征得买方或行主的同意后,粮行派人对米粮过秤或见斛,并囤积储存,待米粮过斛完毕,粮行就向农户支付粮款。20 世纪 30 年代,兴化县城区约有"十家左右的米铺,八九家米号","米铺的年营业额一般是三百石至五百石,米号大的年营业额可达两千石,小的约是六七百石,年营业额共约一万五千石"①,米铺与米号也与城区的消费者作零星的米粮交易。

(2) 泰县城区的米粮市场及交易

泰县城区米粮集散市场由稻行、米铺等构成,据民国时期的社会调查,泰县城区有"稻行二十多家"②,如裕泰、丁源兴、刘同茂、泰记、孙源泰等,皆为"陆陈稻行"。城区陆陈稻行的稻谷由当地乡间农户直接运输销售而来,偶尔也有盐城、兴化、高邮等地的少量稻谷集散运销而来,经销稻谷只是陆陈稻行米粮交易中的部分业务,城区米粮市场上几乎没有稻行是单一经销稻谷的。

泰县城区的陆陈稻行与姜堰有非常相似的稻谷经营手续,略有不同的是在粮款支付方面,粮行一律不予赊欠粮款。另外,稻行抽取的佣金费用是每担六分至七分,比姜堰的佣金费用稍少些。泰县城区的米铺如果资本比较充足,常常代顾客经销米粮,但顾客必须要向米铺支付佣金,费用是每担一角二分;米铺如资本不足,则以零星交易作为米粮主要经销方式,米铺先到城区市场上的稻行购进稻谷,再派雇工用砻具除去糓壳初步制成糙米,糙米再经碾米厂加工成熟米,最后进行交易。泰县的碾米

① 《兴化县米产调查》,《工商半月刊》,第 3 卷第 3 号,1931 年 2 月 1 日。

② 《泰县之米产与米码头调查》,《工商半月刊》,第 3 卷第 10 期,1931 年。

厂不太多,比较有名的是九里沟的益新公司。据《江苏省政治年鉴》统计,该公司兼营碾米、磨面和榨油,是泰县较早的股份公司,成立于光绪三十二年1906年5月,注册于光绪三十四年3月,股份定额为250000两。[①]

(3)泰县姜堰镇的米粮市场及交易

姜堰镇米粮市场由稻行、米行、米铺、碾米厂、堆栈、米业团体等组成。20世纪30年代,姜堰镇有20多家稻行,即万和、立大、瑞记、德泰祥、裕泰和等,[②]姜堰镇的东街河岸边和下壩即北街地区是米粮的主要经销地点。从盐城、阜宁、兴化、宝应、高邮等县米粮市场运销到姜堰市场上的米粮以稻谷为主,米粮在运送姜堰镇市场后,便派人通报当地市场上的稻行,委托稻行推销米粮,遇到合适的买方,稻行就通知并同时邀请买卖双方上船察看检验米粮质量优劣,就粮价双方协商一致后,就算达成交易成功,稻行在船上直接将米粮过斛给买方,买卖双方交接米粮,过秤完毕后,稻行雇用挑夫挑运米粮,由买方支付挑运费用。米粮事务交接完毕,进行粮款核算,一天后,卖方从粮行收清粮款。买方和稻行有两种缴款方式:即现款缴清和约期付款,但一个月是最长的约期付款期限。姜堰镇还有10家左右米行,即东森记、万昌、蔡祥和、王福记等。[③]米行大多单独经销米粮,也代顾客进行买卖。

在主要的米粮集散地,堆栈业也得到发展。姜堰米行大都设有堆栈。独立经营堆栈业务的有成立于民国初年的南翕成、北翕成、刘恒益、通储、泰丰、萃丰等12家,以后又开了茂恒、恒

---

① 江苏省长公署统计处编《江苏省政治年鉴》(影印版),文海出版社,1989年。

② 《泰县之米产与米码头调查》,《工商半月刊》,第3卷第10期,1931年。

③ 《泰县之米产与米码头调查》,《工商半月刊》,第3卷第10期,1931年。

达公、刘元丰等几家,[1]均备有仓库、晒场、露天储藏设备等。1917年8月成立的萃丰股份有限公司,创始人为当时任江苏省财政厅长的李耆卿,股份定额为100,000元,经理沙元炳[2]。该公司占地面积60亩,仓库128间,晒场18面,可容量80万至100万担。公司还第一个开展了押栈业务,即任何客户或个人,只要粮食进入该栈,办理押栈手续后,按每担粮食成本交30%的押金,后来改为每担交一元,在粮囤上挂上押货牌,随要随赎,赎时还本,并付给押款利息。这样买户资金为难时,可以上押栈,钱少可以多买货。卖客见市场价格不好,也可上押栈,押款回去再贩粮来卖。此种押汇堆栈便利了姜堰的米粮资金流通。

姜堰镇米粮市场上的米铺在1930年代初即有120多家,[3]其营销资本多的有的七八千元,少的仅二三百元。姜堰米铺主要销售经当地碾米厂加工的稻米。清末民初,姜堰有11家碾米厂,[4]1931年时有7家碾米厂。为了经营方便,姜堰米铺也通常自设碾米厂,或代顾客加工米粮,或自己加工存储米粮以待销售。早期的碾米厂用骡拖石碾,1922年后开始用机器生产。通储米厂用60匹马力的机器,每日可加工稻600担。

姜堰镇米粮市场形成了两个米业团体,一是设在姜堰镇东街中岳庙旁的原姜堰米业公所,1929年10月改组为米业公会,它是由姜堰的米行、米铺、碾米厂等组成的;一是设在姜堰镇上壩由稻行组织而成的粮业公会,它主要是就米粮的运输、中转、

① 熊小芳"姜堰粮食市场",政协姜堰市委员会编印,《姜堰老字号》,2005年12月,第45页。

② 沙元炳(1864—1927),江苏如皋人。1894年中进士。后返归故里兴办教育事业和地方实业。辛亥革命如皋光复,出任如皋县民政长。1913年当选江苏省议会议长。以后任过如皋县水利会会长。

③ 《泰县之米产与米码头调查》,《工商半月刊》第3卷第10期,1931年。

④ 熊小芳"姜堰粮食市场",《姜堰老字号》,第47页。

销售、挑运等一系列相关事宜进行议定和协商。米粮行业团体对当地米粮贸易和米粮市场的规范与发展起了很大的促进作用。

（三）泰州城镇集市经济的发展

农业的发展、农产品种类的丰富及粮食市场的发达，造就了泰州城镇集市经济的发展。民国时期泰州农村既有带永久性的集市，还有临时集市，集市贸易有固定的日子，有各自的特色。集市上的货物除了满足本地人民日常生产生活的需要，还销往苏锡常及南通如皋一带。货物的来源不仅有本地自产的，更有来自大江南北的。交易的物品除了稻麦、南北货等，还有专门的牛羊猪仔集场。

当时在泰县市场上就有来自安徽、浙江、上海的茶，江西的瓷，浙杭、江宁、苏州、镇江、丹阳的绸缎，上海、江阴、南通、常州、如皋的布，通如、上海的纱，闽浙、上海、镇江的糖、锡箔、南北海味、洋广货、油、酒、漆、麻等类，销入县内各地每年不下银数十万元。产自里下河一带的稻麦粮油酒猪仔鸡鸭之类，运销于苏沪各地，每年都在数百万元以上。

泰县农村还有临时墟集，交易物品大都为农家日用品。墟集都有定日，百货具备，货物有的来自江南，也有本地的猪牛羊等。泰县的临时集场以城东李家堡、城西南顾塔庄两大集场最为著名。临时集场交易次数不多，一年只有一两次，但它活跃了乡村经济，丰富了人们的日常生活。

泰县集场表①

集场地	集场时间	集场地	集场时间	集场地	集场时间
李家堡	二十、十五日	也家庄	十月初一	季家堡	二月十五
顾塔庄	九月二十六日	罗　庄	二月十九	港口镇	三月十八

① 《民国泰县志稿》，第593页。

续表

集场地	集场时间	集场地	集场时间	集场地	集场时间
夏朱庄	三月初三	樊汊镇	三月二十七和四月初六	业　甸	三月二十八
沈家渡	正月十五	野张庄	三月十六	吴家堡	三月初三
曹于庄	二月初八	白米镇	十月十三	玉　玺	三月二十四
大王庄	二月十九	陈家岱	二月十九	车　堡	七月三十日
甸　头	二月初八	姜埝镇	三月二十六	小纪镇	四月初一
土　山	正月十一	大羊庄	九月十六	沈家堍	三月初十

牛羊猪仔集在泰州地区较有特色，虽然规模不大，集市较少，但开集次数多，每月基本要开集三天，如大泗庄每月二、五、八开集；张甸逢十开集；寺巷口一、四、七开集，牛集则无定期；殷家庄二、五、八开集；泰县城东街三、六、九开集。海安镇每年六七月间的牛羊集规模很大，集市上还买卖驴马等大牲畜。

泰州集市经济的发展使得交通便利的市镇逐渐成为商埠和商贸中心，抗战前，泰县境内各市镇就有 80 多家商店。泰县市镇以姜堰、曲塘、海安、樊汊、溱潼最为有名，市镇商家集聚，贸易兴盛，增加了地方税收，因而有“金姜堰，银曲塘”之说。姜堰镇是泰县陆陈贸易的枢纽，一般都从上海进货，以舶来品为大宗，民国以来还添设了洋货业。由于苏中广大农村缺乏资金流通，江苏省农民银行的农村金融业务才刚刚有些进展，泰州城乡的银钱业也不甚发达，因而民国时期泰州的城镇集市商贸经济会出现货源不畅等弊端，其发展也受到局限。

三、农业经济基础上的近代泰州工商业

清末民初泰州经济开始有了变化，领风气之先的是泰来机制面粉厂，它是泰州最早开办的近代工厂，在民国时期有长足发展。进入民国后，于海珊和江都人任佑之在 1917 年共同投资创

办振泰电灯股份有限公司，开始规模很小，每天仅发电 4 至 6 小时。不久，在坡子街商贸兴盛地段亮起了 41 盏路灯，电改变了泰州面貌。1922 年、1933 年，振泰分别增购了煤气发电机组、德国造柴油发电机组，打下了泰州电力工业基础。民国初期，泰县、泰兴、靖江、兴化有了十几家工厂，除了泰来、振泰，还有兴化的蓖麻厂、光华毛巾厂，泰县的姜堰泰编布厂，泰兴的恒兴泰稠纱厂、震泰布厂，靖江的益成布厂等。[①] 到抗战爆发前，泰州有了更多的工业，但大多是建立在农业经济基础之上的农产品加工业，特别是机制面粉业、蛋业和酒业，农产品加工工业的发展促进了泰州工商业经济的繁荣，它还与上海、南京及苏南城市的社会生活产生了经济联系。

（一）泰来面粉厂

泰来面粉厂又称泰来机器磨面股份有限公司，是泰州最早的近代工厂。1905 年中国持续发生了抵制美货运动，美国对华面粉输入减少，从而激发了中国人的设厂浪潮，泰州的机制面粉厂也应运而生。1906 年，泰州士绅王贻哲与官员王禹尧、徐坤久、丁文朝，以及宁绍帮商人汪子恒等决定合作举办一家股份制企业，并起名“泰来”。王贻哲与汪子恒等集资 12 万两纹银，在泰州城西南的九里沟购地 28 亩作为厂址，这里有老通扬运河横穿泰州城南郊，流经九里沟村，沟通上河与里下河各地，南达长江，北通淮水，原粮与面粉进出便捷。

泰来面粉厂首先建起了制粉大楼一座和动力间、卖栈、粉栈，又建造了数十间简易平房作辅助车间和职工宿舍，1908 年工厂投产。起初招收职工 70 多人，生产能力为日产 22 公斤装面粉 1100 袋。[②] 面粉厂开工不久即因资金与管理问题陷于困境。1916 年工厂股东进行改组，民族资本家陈鹤亭注入股资 8

---

① 《江苏省政治年鉴》（影印版），第 419、420 页。

② 纪增强“泰州最早的工厂——泰来机制面粉厂”，《泰州老字号》，政协泰州市学习文史委员会编，2006 年版，第 16 页。

万银元并兼任总经理，他改善经营策略，扩大生产规模，先后从德国、英国购进30吋钢磨4部，36吋钢磨3部，二汽缸卧式柴油机引擎1部，生产能力翻了一番多。陈鹤亭广泛吸引技术人才，1921年到1926年间分别招来镇海人谢戴礼、梁青谷、周有荣，鄞县人屠佐卿等。[①] 厂方还将工厂的空闲地出租给当地百姓经营副业，1926年，当地人朱琴山、徐盛志等租赁了泰来名下门前场西余地一块，“搭棚开设饼摊”[②]，使厂方与当地群众的关系非常融洽。1927年，工厂注册了绿、红、黄“三羊”牌商标，至1929年日产22公斤装面粉达3600袋，产品销售从苏北扩展到北京、天津、上海、无锡等地，绿“三羊”牌面粉还远销东南亚，“泰来”在同行业中已享有很高的声誉。

1931年江淮大水，苏北里下河地区遭受严重洪灾，加之外国洋面粉大量向中国倾销，泰来面粉厂难以维持，再次改组，由上海四明银行董事长孙衡甫以每股1元独资承盘接办，并改名为“泰来元记机制面粉厂”，孙衡甫再次加注资本增至40万元，又从德国购进了350匹马力柴油机1部。1933年，“泰来”新购土地20余亩，扩建容粉25000包的粉栈1座、容麦1700万斤的麦仓2座，还建了西式办公楼，职工也增至180余人，[③]工厂又呈发展趋势。

泰来面粉厂自创办以来直至抗战前，历经坎坷而能摆脱困境，立足市场，主要得益于其机械化的生产流程和规范化的操作管理，面粉质量稳定，产生了品牌效应。在抗战前的苏北农村，农民购买力极低，吃“洋面”是很奢侈的，“泰来”的经营者把企业

---

① 泰州市档案馆馆藏档案：155—111、130、150、161，《本公司职工保证书》。

② 泰州市档案馆馆藏档案：155—161，《1926年朱琴山租本厂门前场地搭棚租约》。

③ 俞信芳《孙衡甫与新式金融、工商业》，宁波市政协文史资料委员会编《宁波文史系列丛书》，1998年，第117页。

的发展依托于城市市场乃至国际市场，抓住机遇创出了品牌。

泰来面粉厂制订了严格的管理制度。例如，装运面粉麦麸的船户须与厂方订立连环互保承揽书，揽约规定：承揽到泰来公司名下的船户"常年装载麦麸由九里沟厂运至各分庄，或由各分庄运至他埠，原袋装运交卸，如有潮湿均系船户认赔，如有斤重短少愿照数赔偿外，听凭开除"，"装麦、装煤亦听指派，不敢推诿。如少升合斤磅，均系船户认赔。如有掺水作潮和泥等情，愿照数赔偿外，听凭公司罚办开除。装麦装麸装煤以及装数多寡，悉听厂配，不得争较。沿途倘须起驳均归船户自理，与公司无涉。承装之后，沿途不得另搭客货，回空时亦不揽载客货"等。① 揽约对承揽泰来公司运输业务的船户的行为作了严格规定，保证了产品质量和企业利益不受损失。当时泰来面粉厂的销路主要在上海、镇江、扬州、如皋等处，为了便于统一管理，厂方对公司船户的运费也作了规定。

船户如贪图私利违反了管理制度，厂方依照所签协议处理，有过失船户须立改过书。1911 年，船户潘有亮因装麦舞弊与厂方订立改过书，保证下次不再犯错。1912 年，船户谈学奎、杨玉山、曹鉴海等"承装面粉往镇交卸"，过磅时发现数量不符，"当时曾向镇庄公司如数赔讫"，并保证"嗣后该船承装各埠粉面倘有再犯前项情事，自愿开除"。1921 年，船户朱宝金因改装煤油订立了改过书，船户李有才因"装载泰来公司麦麸至镇江交卸后，另装别载"，②也订立了改过书。

泰来面粉厂股东为了企业经营安全，还更新经营理念，积极为工厂投保，防御经营风险。在 1930 年代中期，"泰来"先后在

---

① 泰州市档案馆馆藏档案：155—87，《1918 年本公司关于船户揽约》。

② 泰州市档案馆馆藏档案：155—37，《船户潘有亮改过书》；155—38，《船户谈学奎、杨玉山、曹鉴海改过书》；155—111，《船户朱宝金改过书》、《船户李有才改过书》。

太平保险股份有限公司和四明保险股份有限公司投保，以 400 元或 450 元左右的保费为其工厂房屋和存有小麦面粉的堆栈投保，保额为 40000 元至 50000 元不等，保险期限通常为一年[①]。

泰来面粉厂基本采取了近代企业经营管理制度，这是企业成功的重要因素，它不仅促进了泰州地区社会经济的发展，而且成为泰州近代工业经济的支柱。

（二）泰州地区的蛋业

泰州地区河渠水面、芦苇草荡众多，农民的副业以放养鸡鸭为主，因此泰县、兴化农村的禽蛋产量很大，形成了繁盛的家禽蛋品交易市场，促成了民国以来直至抗战之前泰州特别是兴化等地蛋品加工工业的成长。

民国时期，泰县每年出产大量鸡蛋，运销境外的鸡蛋有 2.4 万多担。抗战前还有外商驻华洋行来泰县设庄采办鸡蛋。1935 年，泰县成立了农村副业推进委员会，购买来克航种鸡繁殖，还推广组织产销合作社，增设特级饲养户。[②] 兴化河道湖泊占全县总面积 40%，农户大多养鸭，有的农户专以养鸭为生，也有农民由种田转行养鸭，租用民田为放鸭场，养鸭生蛋。乡民把鸭蛋向兴化蛋行出售，翌年养了新鸭，停蛋的老鸭就发卖鸭行，销售到上海。但是养鸭也会亏本，1934 年因“田中活食既少，喂料又复奇贵，加以申市价落，毛鸭与蛋两无销路”，形成“鸭荒”。[③]

兴化县既有鸭行也有蛋行，其中鸭行数十家，规模不大，但生意还算兴旺，1930 年兴化县鸭行营业共计 181000 余只，所值约 63000 元之多。兴化各市镇共有蛋行十几家，每年至少输出

---

① 泰州市档案馆馆藏档案：155—277，《太平洋保险公司批单》、《四明保险公司批条》。

② 泰县县志编辑委员会《泰县志》，江苏古籍出版社 1993 年版，第 181 页。

③ 阮性传《兴化县小通志》，《华东稀见方志文献》第十一卷，北京图书馆出版社，2005 年版，第 583 页。

鸭蛋9万担，其中以兴化北门之朱锦记、徐公和蛋行营业额最大。兴化全县鸭蛋产量约为50万担，兴化城区的华兴蛋厂每年收蛋约19万担，汉兴祥蛋厂每年收蛋约17万担，兴化鸭蛋70%多的产量直接为两家蛋厂提供了生产原料。泰县有蛋行15处，为培林洋行采办处、茂昌洋行采办处、班达洋行采办处、海宁蛋公司、黄隆泰陆陈蛋行、严永记稻蛋行、同大稻蛋行等，集中于泰县北门青化桥、坡桥和孙家桥一带[①]。泰县蛋行的鸡蛋营业兴旺，仅1930年营业数就达4154件多，每件约百磅，计415400余磅，值85460余元。

兴化陆路少而水道多，农户要把蛋售给蛋行，都用小船运送，蛋行收货多了再向外兜销，其销路为兴化的蛋厂，或镇江、苏州、上海等处。兴化鸭蛋运至上海向上海蛋行出售，运费均由蛋主负担。上海蛋厂大多设有门市部收蛋，兴化蛋运至上海，可直接向蛋厂出售，蛋厂过磅计重，看货开价。当上海蛋厂要货紧迫时节，常与兴化蛋行订立合同，托其代收，价格、运费、佣金、缴价方式等都在合同里写明。泰县蛋行兼有代客买卖和自做性质。如蛋行代上海洋行收货，则先与洋行订立合同，蛋行鸡蛋装运上海，途中均用篾篓稻草包装，一篓装鸡蛋720枚，每篓重量一般都在90磅到100磅之间，先由城区出发，运至口岸，再由口岸用轮船运至上海，在上海码头还需雇小工挑运，抗战前蛋品运销当中捐税、工费都较重。

民国以来，兴化一县数量巨大的鲜蛋出产，直接促成了兴化蛋品加工企业的创办。1928年，兴化县开办了两家蛋厂，华兴制蛋厂在兴化文峰镇，汉兴祥制蛋厂在兴化城小东门外。这两家蛋厂的机器设备都比较完备，厂房也很开阔，工厂内部主要分为营业部与工程部，营业部只负责鲜蛋的采购买卖，工程部负责管理蛋品的制造。工程部内又分设了分蛋间、打黄间、炕房间、凉货间、装置间、制盐间等。兴化的鲜蛋大部分都直接售给了蛋

---

① 《兴化县蛋业调查》，《工商半月刊》，第3卷第1期，1931年。

厂,蛋厂的主要产品干蛋白和干蛋黄既是食品工业的重要原料,也是医药、皮革等行业需用的材料,因此产品的主要销售地是食品工业等最为发达的上海。华兴、汉兴祥两家蛋厂的营业部都设有门市收货处收买农户、贩户的鲜蛋,同时又委托兴化各蛋行代为采办收购,营业部与蛋行接洽后,由厂行双方订约定价。营业部还派了庄客常驻上海,负责蛋厂产品在上海的销售。蛋厂驻上海庄客还向英商、德商、美商驻华洋行联系兜销产品,如果议定了数量、价格、成色及缴价日期,订立了合同,就立即通知厂方,专门收蛋制造,并按期把干蛋制成品运至上海交易。①

泰州地区蛋业的发展,把农业经济、农户副业生产与商业贸易联系了起来,加强了泰州自然经济与外界及市场的联系,蛋品加工工业的发展又刺激了泰州地区农业经济和农村副业生产的进一步发展,对于缓解 1930 年代中国农村经济破产危机下泰州地区农村经济的困境也起到了一定的作用。

(三) 泰州地区的酒业

泰州是苏北粮食产区,闻名的米码头,制酒成为重要的粮食消费源。酒业是泰州地方经济的一大行业,民国时期泰州酿酒槽坊数量众多,尤以 1920 年代为盛,泰州又成了江北的酒码头。

泰县的农业种植以水稻为主,但其它粮食产量也较大,1920 年泰县大麦产量有 77554 担,高粱产量为 39200 余担。兴化县每年大麦产量约 115000 余担,高粱每年约 8000 担。大麦、高粱适宜制酒,泰县、兴化等地的乡村街市中开设制酒槽坊很多。据泰县酒公卖局的统计,1921 年泰县的槽坊多至 700 余家。因灾荒歉收和社会动荡,到 1931 年时泰县槽坊减至 400 余家,兴化的槽坊也由 49 家减少到 20 余家。当时泰县比较有名的槽坊有姜堰一带的巫源昌、亿永兴、秦恒泰、永盛源、顺兴恒等数十家。

泰县所产之酒质纯色佳,系采用传统工艺酿制,将高粱、大麦等原料经浸泡、蒸煮、拌入酒药、堆积发酵后蒸煮制酒。蒸酒

① 《兴化县蛋业调查》,《工商半月刊》,第 3 卷第 1 期,1931 年。

器每次须贮原料 2 担，每蒸 2 次称为一作。制酒原料不同，每作出酒量也不一样，成本也有差异。

泰县制酒成本及出酒数量表①

原料名	每作原料数量			每作得酒重量		酒秤每斤酒成本(元)
	担数(担)	合漕秤重量(斤)	价格(元)	酒秤重量(斤)	漕秤重量(两)	
高　粱	4.0	432	17.6	150	330	0.12
大　麦	3.0	324	12.6	120	2640	0.11
元　麦	2.5	270	12.7	120	2640	0.11
玉蜀黍	2.5	270	12.3	21	2640	0.11

泰县比较大的槽坊，每年出酒至少为 120 作，合 360 担，最小的槽坊也每年蒸酒 60 作，合 72 担。泰县每年出酒约 78400 担，仅卖酒公税就有 4 万余元。② 兴化的 20 多家槽坊每年出酒也有 3920 担。1930 年代，泰县酒的销售只限于江北，一般向北销往高邮、宝应、淮安，向南则主要由海安运销南通一带。1930 年前后社会动荡，酒的销路减少了三成。20 世纪 30 年代泰州酒业的贩卖商主要有姚恒大、裕盛栈、同泰昌、东庆记、升泰恒等十几家酒栈。酒栈的业务主要是代客买卖。业务畅旺时酒栈只是居间介绍成交，平时酒栈则自行收买，囤积出售。大麦、高粱上市后是槽坊产酒旺季，槽坊通常直接把酒送到酒栈。酒栈或收酒存栈，或仍停泊船中，待买客临门就介绍去看样尝酒，如买卖双方定价合适，酒栈就介绍双方正式商洽，成交后酒栈当面取酒过瓶，海安卖酒以海瓶作为量酒的标准器具，每瓶酒重 5 斤，过瓶后装酒入坛。酒栈最后在结账时向买卖双方收取佣金，账

① 《泰县海安酒之产销调查》，《工商半月刊》，第 2 卷第 24 期，1930 年。

② 《泰县海安酒之产销调查》，《工商半月刊》，第 2 卷第 24 期，1930 年。

款结完，买客装酒运回。

泰县海安镇酒栈的运销，是先雇用民船装酒，再从运盐河、里河运至通、如、海、启、崇五县市镇。运输途中遇有关卡，船户要代为报关纳税，船户水脚由海安酒业同业公议而定。酒由海安起运，经扬由关立发桥分关要纳扬税，行经扬由关柴湾分关要纳由税，再行进至南通、海门、启东以至崇明，虽不再缴纳关卡税，但需纳公卖产销税。南京国民政府时期对酒栈和槽坊都开征牌照税，1931 年泰县仅酒公卖费及牌照费即有 45200 元，这项征税一直延续至抗战爆发。[①] 酒业贸易给泰县地方财政带来了收益。

泰州一带酒业过去一度没有行业组织，遇事通常由同业中有能力有声望的商家临时召集酒业各商家讨论后办理。泰兴县在 1920 年成立了酒业公会，泰县则在 1930 年 5 月成立了海安酒业同业公会。酒业公会对酒的产销进行协商，对酒栈、槽坊间的交易进行协调，有利于泰州酒业的发展。

① 《江苏省政府公报》，1935 年第 2099 期，第 19 页。

第三节 民国前期泰州的教育与文化

辛亥革命以后民国建立，泰州的近代新式学校教育在清末新政推行教育革新的基础上获得了更大的发展空间。泰州社会一直继承着奖掖民间办学的文化传统，热心教育人士以及地方士绅乡贤历来非常重视教育，因此泰州在民国初期出现了一个举办学校、发展教育的热潮，一些中等学校和大批的初等学校相继创办起来，由此奠定了民国以来泰州中、小学校发展的扎实基础，造成了泰州基础教育水平近百年来在苏北地区的领先地位。

教育的进步使得泰州的文化建设也出现了新的气象。泰州的文化教育界同仁结成了一些专门的社会团体，泰州的文化设施和机构也相继创立，各种报刊逐渐成为普及文化、传播知识的大众媒介，一些泰州文化建设成果也开始显现出来。

一、民国前期泰州中小学校的发展

（一）民国前期泰州的教育行政

民国政府提倡进行普遍的西式近代学校教育，反对顶礼膜拜儒家经典的封建专制教育，通过国民教育为培养建设人才打基础。泰州地方历来有崇尚文化、尊师重教、实行平民教育的社会风尚，民国初期泰州新的教育行政机构很快就建立起来，并倡导举办各类新式学校。

泰州在前清有教育界同仁组织的教育会，民国时期泰州教育会仍是联络教师和学校的重要社会组织，历任正副会长皆为本地区有声望的学界名流。1912 年 9 月，泰州教育会改定章程，并公举单毓元为会长，夏惟默为副会长，会所在原学正署，有评议员 20 人，干事 6 人，下设学校教育、社会教育、调查等 3 个部门。1915 年，单毓元辞会长后创办了小学教育研究会。教育会改选袁祖成为会长，戈正平为副会长，以两年为一任期，会员每年缴纳会费1元。其时泰县每月补助教育会30元，戈正平以此转助自东小学20元。1927年春，泰县教育会改设为教育协会，县以下有区教育协会等。① 教育会不是教育行政机构，但具有一些半官方色彩，1927年以后不久即奉令停止了活动。

1912年，泰县的教育行政事务由县公署的学务课办理，不久学务课改为县公署第三科，设科长1人，下有若干学务，每人分管一学区，学区则设教育委员1人。1917年，泰县6个学区的教育委员改属劝学所，县教育行政部门仍为县公署第三科。设置劝学所是为了推广学校教育。劝学所所长由省教育厅委派，并负有荐用各校校长之权。② 泰县劝学所有县视学1人，学务委员6人，其中4人兼劝学员，负督促指导办学的责任。

1923年8月，泰县教育行政部门改设为教育局，省教育厅委任徐藻为教育局长。泰县教育局设5名事务员，1名县视学，6名教育委员，还组成了7人董事会，董事由教育局推荐，再经县公署聘任，董事会的工作是司核预决算、保管教产、交议事项等。其时教育附税由县支配，县知事徐商龙把它划归了教育局，又增加盐厘近万元为教育经费。1926年单毓元继任教育局长，他在1927年春政局波动之时坚持教育独立，教育经费未被挪移军用。③ 1927年秋，南京的第四中山大学委张铸任教育局长，9月又改委王万钟为局长，教育局设3课，另有县督学一二人，教育委员6人，此外还组织了行政委员会，由教育局推荐9人为委员，主要讨论改进教育行政交议事项。

民国以来泰州的教育经费来源主要是政府拨款、社会捐助、学杂费和其它收入，起初泰县教育经费总数仅2.9万余元，到1925年增至5.5万余元，1927年为7.3万余元，1928年则增至20万元。此时江苏开始普及初小义务教育，亩捐岁入骤增经费

① 《民国泰县志稿》，第432、433页。

② 《民国泰县志稿》，第433页。

③ 《民国泰县志稿》，第434页。

10余万元，泰县得以增设初级小学30所、完全小学9所。1929年，泰县呈准动用普通义务教育亩捐30%，于是小学的每一学级亦增经费30%。1931年泰县教育经费全年总计为26.3049万元。[①] 教育经费逐年增长保障了泰州基础教育的发展。

（二）泰州小学教育的进步

1912年，民国政府公布实行壬子学制，学堂一律改称为学校，泰州计有29所小学，学生1443人，其中第一高等小学堂创办于1903年，1906年与泰州学堂的初等小学堂合并为高初两等官立小学堂，民国初年又改为泰县县立第一高等小学，这是泰州的一所公立小学。其余的小学都是由泰州的社会贤达、文化精英、士绅名流在清末新政时先后举办的私立学校。1913年，泰县的小学增加到42所，其中有3所女子小学，如1912年8月创办的私立启秀女子初级小学，“办理较有成绩，改为泰县县立国民女子小学，后又增加两级，改为高等小学，学级数为六级，几经变乱，直至抗日战争爆发，更名为洧水桥小学”。[②] 1916年，泰县分设6个学区，全县已有88所小学，其中县立高等小学有12所。至1929年，泰县全县的小学已发展到141所，其中有30所是完全小学。[③] 泰兴县在民国初年有高小5所，学生281人，初小68所，学生2389人。1915年已有7所高小、105所初小，小学数量增加很快。到1934年，泰兴全县小学发展到167所，在校学生已达到16869人。[④]

泰州的大浦小学自建校以来直至抗战爆发的20多年办学历史，成为民国前期泰州小学发展历史的缩影。大浦小学最早是创

---

① 《民国泰县志稿》，第434、436页；泰州市地方志编纂委员会《泰州志》，江苏古籍出版社1998年版，第648页。

② 《泰州市洧水桥小学创始与发展情况报告》，1952年7月，档案资料原件藏南京师范大学泰州学院。

③ 《民国泰县志稿》，第438页。

④ 《泰兴县志》，第749页。

办于1911年的自西初等小学堂，创办人有徐钟岳、夏彭甲、陈康、叶武、葛寿椿5人，1912年2月学校改名为私立伍成小学，意为五人为伍，团结协作，共同成就教育兴国之大志。最初学校只有两个年级，50余名学生，1913年学校收归公有，改为县立第二高等小学，有了四个年级，90多名学生。1922年后实行四二分段的小学新学制，学校也发展成为六年制完全小学，称县立第二小学。此后，学校校舍不断增建，学生数也不断增加，1928年学生已达300多人。1931年，学校“新添老廒二部”，即设立了农村初级部作为分校，“本部更名第一模范小学”，学校的学级也增加到12级。1935年学校更名为泰县县立大浦小学校。①

民国以来泰州的小学教育已改变了过去蒙学、私塾较少涉及西学的状态，使用由教育部审定、商务印书馆印行的教科书。初小课程有修身、国文、算术、游戏、体操，还有图画、手工、唱歌以及对女生的裁缝课；高小增设中华历史、地理、博物、理化，还有外国语和农、工、商等科的课程。1923年新学制实施，小学课程设国语、算术、卫生、公民、历史、地理、自然、园艺、实用艺术、形象艺术、体育等11科。初小阶段的卫生、公民、历史、地理合为社会科，自然、园艺合为自然科。② 1928年后，国民党推行“训政”，泰州的小学也设三民主义(后称党义)课程，高小增设童子军课程。

泰州城乡在民国初期仍有3000多处旧式私塾，许多塾师并不具备合格的教师资质，有的塾师在使用初级小学教科书，更多的只是教读唐诗三百首、千字文或《四书》，因此泰县教育局对私塾进行改造：规定在小学周围3里地内不得设私塾；在1927年和1928年进行塾师检定，中学毕业生或前清廪附生可免试，先后有200多名塾师经考试获得了证书；泰州城市还组织了私塾

① 《泰州市大浦小学创始与发展情况》，1952年7月，档案资料原件藏南京师范大学泰州学院。

② 《泰州志》，第629页。

改良研究会，姜堰也成立了改良私塾研究会，[①]使私塾对泰州的初小义务教育起到了补充作用。

（三）泰州初步发展的中等学校

南宋时，知州陈垓在泰州城西泰山左侧的北宋教育家胡瑗讲学旧址创建安定书院，并立祠奉祀胡瑗。安定书院是江苏历史悠久、最为著名的书院之一，泰州人敬称为胡公书院。在泰州诸多文化遗产中，安定书院有着最为厚重的文化积淀，并始终作为泰州的教育文化学术中心而存在。历史上安定书院屡有兴废。清末推行新政，1902 年书院改建为泰州学堂。1906 年科举废止，泰州知州张浍改泰州学堂为泰州中学堂，校址仍设于胡公书院。民国建立后泰州中学堂 1912 年停办，但在安定书院旧址上先后有多所中学设立，泰州的主要学府江苏省泰州中学其源头即追溯到安定书院。民国时泰兴的教育文化中心是泰兴中学，其源头为创办于清咸丰年间的"规制齐备"的襟江书院，1909 年书院改办为泰兴县立中学堂，进入民国后，1925 年在襟江书院旧址上建立了泰兴县立初级中学，此后学校一直是泰兴的主要学府。

图 9-5　安定书院旧址，民国时有多所中学在此创办

① 《民国泰县志稿》，第 441 页。

1917年，由马锡纯、袁祖成等人发起开办泰县私立淮东中学校，校址在胡公书院，杭斌任校长，县每年补助学校1000元。1923年泰县县议会致函县公署停止了经费补助，杭斌辞去校长职，由袁祖成继任校长，学校更名为江苏省代用第一中学校。[①]袁祖成擅诗文书法，辛亥革命时曾出任扬州军政分府参谋长，还担任过东海县知事。为了筹措经费，袁祖成以私人名义借贷，甚至出售田产以维持办学，后来争取到省里每年4000元经费补助，学校发展成完全中学。1927年4月五省联军进占泰州，袁祖成死难，学校校舍、仪器、书籍遭到破坏，被迫停办。代用第一中学的校务维持会推荐教务主任陈兆琛担任主席，陈兆琛等仍在代用第一中学所在的安定书院旧址筹办私立时敏中学，经中央大学核准，1928年春泰县私立时敏中学正式成立，学校组成了董事会，陈兆琛任校长。时敏中学也是设有高中、初中两部的完全中学。

民国建立后，1913年在泰州中学堂旧址设立了泰县县立师范讲习所，但只办了四年，在此校址上又创办淮东中学。1914年泰县县立乙种农业学校在泰州小香岩开办，一年后学校迁至泰县小纪，改办为第五高等小学；继有师范学校女子职业部在小香岩设立，1928年改为泰县县立女子初级职业中学校。1918年泰州设立了县立乙种商业学校，1924年7月后改办为泰县公立第二小学。1925年，在泰州学宫设立了县立师范学校附初级中学校，泰县教育局聘单毓华为校长，1926年冬袁祖成一度兼任校长，1929年1月学校改称为泰县县立中学校。此外，有美侨在泰州购地数十亩，建起房屋校舍，创办了2所教会中学，黎觉生、金士林牧师先后任明德中学校长，米丽华任美德女学校校长，五卅运动后这两所教会学校停办。

民国初期中学学制是四年，课程有修身、国文、外国语、历史、地理、数学、博物、物化、法制、经济、图画、手工、乐歌、体操

① 《民国泰县志稿》，第437页。

等，女子加裁缝、家政。1923年后泰州地区的中学也实行新学制，分初中三年、高中三年，课程有社会科（公民、历史、地理）、言文科（国语、国文、外国语）、算术科、自然科、艺术科（图画、音乐、手工）、体育科（体育、生理卫生）等六科，中学一度采用学分制与选科制，到1933年取消。1936年初中设置公民、国文、体育及童子军、英语、算学、生理卫生、植物、动物、化学、历史、地理、劳作、物理、图画、音乐等课程，高中除常设课程外，算学分为三角、高等代数、立体几何、解析几何，童子军课改为军训。

二、民国时期泰州的文化事业

（一）泰州文化建设的起步

民国初期，泰州的文化事业建设开始起步，尤其是郑辅东两任泰县知事的十年间，泰县的图书馆及古物保存所和国学研究社等主要文化机构得以建立起来。在泰县、泰兴、兴化等地城镇，民国时期也都建立了地方图书馆、通俗教育馆、巡回文库阅报所、通俗演讲所、通俗夜校等，还开办了许多报馆，设立了公共体育场，这些文化教育设施对于开启民智、普及文化起到了一定的作用。

1921年，陈启彤提出设立图书馆的倡议，得到泰州文化界人士的普遍赞同。陈启彤国学功底深厚，学贯群经诸子，与章士钊、马叙伦等知名学者多有交往。他的提议付诸实施是为泰州近代文化建设奠定的第一块基石。1922年，时为江苏政要并热心地方文化建设的韩国钧等设泰县图书馆于前志书局，由县聘陈启彤为首任经理。[①]《泰县图书馆简章》的总则规定“本馆为保存国粹、研究国学而设，与普通图书馆略别”，但它不仅收藏了一批以清代精刊本典籍为主的泰州地方文献，而且逐渐发展成为面向社会的现代图书馆和泰州的文化中心。1927年南京国民政府建立后，泰县图书馆易名为县立公共图书馆，1930年又

---

① 《民国泰县志稿》，第441页。

改名为泰县公立图书馆。在当时5万余册馆藏图书中，除了一批古籍善本，其它都是新文化书籍，并以科学方法编目。图书馆设编目、流通、管理部门，有普通、特别和儿童3个阅览室。但抗战时期馆藏图书因战乱散失了三分之一以上。

韩国钧还提出了保护历史文物的建议，于是泰县古物保存所也在1922年建立起来，附设于泰县图书馆，成为泰州市博物馆前身。古物保存所接收了泰州文庙的百余件青铜祭器，征集了出土的宋代海陵县衙戒石，发掘了明代墓葬文物，还收购了一批金石、书画、碑拓、古籍等，举办了馆藏文物陈列。据1920年代末的统计，全国类似的博物馆、所仅30多个，[①]泰县古物保存所的设立和文物保护工作的开展，打下了泰州文博事业的发展基础。抗战期间日寇侵占泰州时，古物所把文庙祭器、唐代经幢及宣德炉等一批文物埋藏在光孝寺内，避免了损失。

泰县图书馆建立时还附设了集学术性研究和书院式教育于一体的泰县国学研究社，其宗旨是保存国粹、造就通材。国学研究社的5位社长韩国钧、吴同甲、刘显曾、王贻牟、袁镳皆由县知事郑辅东函聘，另以泰州文化菁英刘法曾、沈秉乾、陈恩洽、单毓元、徐藻、徐炳华、马锡纯、韩烺、吴宝森、袁祖成等约20人为评议员。国学研究社仿书院制，学员自愿报名入社，但须经县知事甄录。入社的学员平日研习国学，以经史词章为主要内容，每月一课，每课四题，课毕要开评议会，每月要缴课艺札记。社长、评议员指导学员读书方法，评阅学员作业，分出甲乙等第，由县知事出榜公布成绩，优秀习作汇印成册发给学员互相观摩，优秀学员可住社研习，并提升作研究员。[②] 学员的部分文章诗词后由夏兆麐汇辑成《国学研究社诗文选》，诗文多以泰州的人物著述、风土人情、访古游历等为题，较少联系民国泰州社会现实，但国

① 黄炳煜“博物馆的几十年历程”，泰州市海陵区政协学习文史资料研究委员会编《海陵文史》第11辑。

② 《民国泰县志稿》，第432页。

学研究社对整理地方历史文献作出了一定的贡献。1927 年春因时局动荡泰县国学研究社停办。

民国初年，泰州各地出现了很多报馆，报刊成为泰州文教界、工商界和市民阶层了解、关注社会不可或缺的大众传媒。泰县的《淮南报》，泰兴的《襟江新闻》，兴化的《兴化市乡公报》等是较早的报刊，内容主要是普及文化知识，提倡社会教育。这一时期的报刊存在时间不长。在五四运动影响下，泰州地区新文化运动有了发展，报馆报刊也多了起来，报刊文体逐渐成为通俗的白话文，报刊已开始较多报道和评论社会政治、经济问题。这一时期泰州各地相继创办的主要报刊有泰县的《泰报》、《江淮日报》，兴化的《兴化公报》和泰兴的《民星报》等多种。《泰报》在 1920 年冬创办，初由陈启彤任总主笔，[①]报头为韩国钧题署，间日出报，在泰州一直很有影响。

1928 年至 1937 年间，泰州地区先后办了很多报刊，民间私人办报之外，文教工商界和党派团体办报的也多起来。一般私营报馆设备简陋，报纸版面单调，商业广告和启事占大量版面，时政要闻多是转载照搬，没有新闻照片，发行量只在二三百份左右。这期间的报刊中泰县先后办有《江泰日报》、《泰县晚报》等达 36 种，兴化有《兴化民报》等 9 种，泰兴有《民声》等 3 种。1932 年靖江办了《民锋日报》，由国民党靖江县党部书记长任报社社长，实际上报纸被中共党组织所掌握，进行反帝反封建和抗日救国宣传，但仅发行 5 个月就被停刊了。1934 年创办的《泰县日报》是泰州最早的日报之一，报社设在大林桥西，是国民党泰县县党部书记长办的，但这份报纸在抗战初期因有俞铭璜、戴为然、盛坚夫、李进等革命青年利用报纸副刊进行抗日文化宣传而深受泰州民众欢迎。

（二）民国泰州的文化菁英与学术成果

历史上泰州人文荟萃，文化积淀深厚。自民国初期直至抗

---

① 《民国泰县志稿》，第 671 页。

战之前，泰州社会较少动荡，文化事业建设进步明显，这得益于泰州文化机构和文化社团中集聚了当时出类拔萃的地方文化菁英。

陈启彤是第一任泰县图书馆馆长，同时为泰县国学研究社评议员，研究许学与名理学，学贯中西，民国时曾任《宣统泰州志》分校，后又担任中国大学哲学教授，有《中国哲学史》、《易通例》、《易通释》、《名理微》、《经说间言》、《墨经间言》等十几种著述存世。国学研究社的几位社长，为泰州德高望重的文化名宿。韩国钧为前清举人，民国时任江苏民政长、安徽巡按使，1922 年极力促成泰县图书馆和国学研究社、古物保存所的成立，同年 5 月再任江苏省长，但他始终热心泰州文化建设。吴同甲是清末进士，曾为清翰林院编修、安徽提学使，入民国后回泰州闭户课徒，但坚拒袁世凯之聘。

国学研究社评议员中亦有一批新派学者。马锡纯，曾担任《宣统泰州志》分校，1917 年创办私立淮东中学，为泰州教育发展懋著勋劳。韩烺，毕业于东京明治大学经纬学堂师范科，通晓日德文字，并长于诗文，回国后在泰州学堂、自东小学堂任教，还同时兼任泰县古物保存所所长。还有单毓元，毕业于江苏私立法政专门学校，民国初任泰县教育会会长，后创办小学教育研究会，继又任泰县教育局长；袁祖成 1913 年时任《神州时报》主笔，诗文书法俱佳，参加创办淮东中学，担任江苏代用第一中学校长，他们都是泰州文化界有影响的人物。

民国时期，泰州有马锡纯、韩烺、仲中、程习朋、姚彝伯等一批南社[①]成员。他们中的大多数任教于泰州等地各个学校，提高了泰州中小学校的教学水平，推动了泰州教育的进步，他们的诗作文章也一度影响着泰州文坛风气。仲中，1913 年经柳亚子介绍入南社，开始在《南社丛刻》发表诗作，1923 年又经柳亚子

① 南社是辛亥革命前后的著名文学团体，1923 年解体，之后成立了新南社，泰州有南社的分支机构泰社。

介绍参加新南社，任泰社副社长。他通过南社书刊认识了提倡民众文学的新南社精神，九一八事变后他写了《抗日有感》："莫愁世路两茫茫，报国男儿当自强。自古英雄造时势，刀磨霍霍向扶桑。"表达了激昂的爱国斗志。仲中还介绍韩焜、韩棠、马锡纯参加南社，介绍程习朋参加了新南社。

韩焜于1911年和妻子创办温知女子小学，开泰州女子小学教育之先河，1928年参加在苏州虎丘召开的南社20周年纪念会，在到会的陈去病、包天笑、黄宾虹等40人中韩焜名列37。南社社员兴化人姚彝伯，深受1920年代新文学运动影响，长期在兴化中学教授国文。他在《壬戌(1922年)腊月初七日大风雪》中痛诉社会的黑暗与不公："……因念街头乞食儿，尚闻庚癸声凄咽。又念朱楼绮阁中，终宵歌舞资忻悦。居境宁能同日论，富贵贫穷各殊辙。甑中有米灶有薪，算至初春不愁缺。我运虽厄犹可生，痛绝人间惟泪血。"九一八事变后，他在讲坛上借国文教学激发学生的抗日爱国热情，抗战中兴化沦陷，他携家避居乡间仍以诗词揭露日寇罪行。

民国时期，泰州在地方文献整理编辑方面成绩突出，形成了一批值得称道的学术文化成果。王贻牟总纂的《光绪续修泰州志》、《民国续纂泰州志》和单毓元总纂的《民国泰县志稿》，接续清道光泰州志，编撰完成了近代以来直至民国前期的泰州地方志，史料翔实，文笔质朴，是反映近代泰州历史与社会的重要文献。马锡纯在清末编写了《泰州乡土志课本》(上册为历史，下册为地理)，他在课本中写道："构造社会，学人之责也。学问有进步，风俗乃可以改良，泰之俗迷信最多，必教育明而后可去。"他提倡的学校乡土史教育是当时之先进，现在仍可为中小学历史教学所借鉴。夏兆麐，毕业于两淮师范，担任过中小学教师，长期在泰县图书馆工作，他编写了《梓里旧闻》、《吴陵野记》、《吴陵艺苑》、《泰县氏族考略》、《春红晚白轩杂缀》等30余种地方史著作，提供了研究泰州文化的生动史料。

江苏名绅韩国钧编辑的《海陵丛刻》，是集泰州历史文化之大成的文献丛书。《永忆录》称:“余发起《海陵丛刻》,即感于夏退庵先生而作。”[1]清代夏荃收集整理地方文献,编撰《退庵笔记》、《海陵文征》、《海陵诗征》等,保存了泰州文化遗产,功在桑梓。韩国钧为地方政要,也是史学家,著有《随轺日记》、《东三省交涉要览》以及《止叟年谱》《永忆录》等,他从1919年起历时十多年编辑《海陵丛刻》,收录文献有23种67册,皆为泰州先贤著述,内容包括史证考据、笔记杂录、诗词文集以及名医处方等,许多著作稿本因收入丛书才得以流传。抗战爆发海安沦陷之时,丛书的编撰被打断,耗时数年即将寄沪付印的“丛刻”第24种也都散失,韩国钧对此始终引以为憾。《海陵丛刻》是了解和研究泰州地方历史文化的宝贵资料。

① 韩国钧著《止叟年谱·永忆录》,近代中国史料丛刊第一辑,沈云龙主编,文海出版社印行,第128页。

第四节　民国时期泰州的社会生活

当中国传统社会进入民国以后，古老的泰州也开始发生变化。百姓的传统生活方式和城乡社会面貌逐渐有了改变，一些消闲场所伴随着兴盛的社会经济活动出现了，饭店、茶馆先后在大街小巷开张，但泰州城乡百姓的生活还远远称不上小康，大多数人只能在温饱线上挣扎、沉浮。从民国建立直至抗战之前，泰州的社会经济环境没有发生大的动荡，人民的日常生活也算比较安定，但百姓抗御自然灾害的能力依旧很低，频繁的水旱灾荒造成了人民生命财产的巨大损失。民国泰州地方政府财力、物力都很有限，只能尽量做些社会救济工作，以减轻灾害带来的危害和损失。民国时期泰州社会的发展虽然没有停滞，但是极为缓慢。

一、民国泰州城乡百姓的生活方式

泰州在进入民国之后经济虽得到一定的发展，社会也得到改良，但是民众生活仍然比较清苦。民国时期泰州的百姓在住房建筑、衣着打扮、饮食习惯上都不免烙有时代的印记，呈现出浓厚的民国气息，从中可以反映整个社会在缓慢前行的一般概况。

（一）民国时期泰州的城乡住宅

泰州地区因各个地方的地理环境不同，住房亦各具特色。以泰县而言，分为里下河地区和上河地区。里下河地区，低洼易涝，农民需筑庄台而居，其住房矮小拥挤，一个墩子建有三五户，一个垛子建有二三十户。较大的村庄，也有几百户以至上千户人家的，但仅有狭窄小巷通行，居民多为农户。民国时期泰县里下河地区较大村庄的民居已是瓦房居多，房屋结构有五架梁、七架梁不等。为了种田务农的方便，多数农户在田头搭有“顶头户”舍儿，农忙暂住，农闲回村，遇有大水则随时拆迁。少数贫困的农户也长年住“顶头户”，这种房屋前高后低，形似老虎伏地，故又称“丁头虎”、“趴地虎”，屋架以杂树棍、毛竹尾搭成，以土坯垒墙，稻草盖顶，屋顶低矮，屋内用障笆隔开，前置锅灶，后作卧室。“丁头虎”多搭在圩堤拐角的高垛上，基本上能够挡风防雨，草舍四周空隙地还可以种瓜、菜、豆、杂粮，养些鸡鸭。

泰县的上河地区地势平坦高爽，住宅较为散落宽松。许多民居的门前都有开阔场地，有的屋后还有竹园麻田。贫困农户的房屋一般分散于庄前庄后，沟塘边或偏僻地带，房屋的墙壁多以泥土夯成腰墙，上夹障笆，屋顶盖麦草，屋内也以障笆分隔，庭院用薪棵草或芦苇夹成围墙，住房矮小，而且需经常修缮，还容易发生火灾，如遇大风暴雨即有倒塌的危险。一般的农户房屋很多是前后两进，前排三间草房，后进为五架梁瓦房或“砖包草”房，墙基以砖砌，上部“里墼(土坯)外砖”，房间朝阳面安木栅窗户。屋里烧饭的灶是两眼或三眼，灶上设汤罐，利用烟道火焐水。普通民房里简陋的家具多为柏、柞、榉木打制，不用桑树，因与“丧”同音，也用藤、竹制做藤椅、竹椅、竹凳、竹塌等。百姓家中的家具一般有家神柜、八仙桌、椅子、长条凳、床、梳妆台、橱柜、箱柜、杌子，日常用具有木盆、木桶、木量子等。

泰州城乡的富户和士绅的住房都十分讲究，而且豪华舒适。民国早期，富有士绅的住房高大敞亮，大门楼制作考究，有水磨砖刻吉祥图案，大门两侧放置石鼓，对门有照壁，进门有影壁。通常正屋为三进(堂屋、厅屋、照厅)或四进(有穿堂)，并列三间、五间或另加暖房，进深七檩或九檩。各进房屋之间有天井。照厅与厅屋之间有仪门(二门)，厅屋与堂屋之间有腰门。堂屋、厅屋、穿堂均为南向，厅屋进深最大，照厅位于最南边，北向，进深一般是三檩。正屋以外，还有花厅、厢屋、群房、火巷、花园、门堂等。房屋地面用方地砖架空铺设，但堂屋不架空。各种家具用料考究，多为红木之类，并镶嵌大理石。堂屋、厅屋内通常摆设搁几、长条桌、圆桌、八仙桌、茶几、太师椅、圆凳以及花瓶、自鸣钟等物件。卧房内有雕花床、梳妆台、公事桌、箱柜、四仙桌、圆凳、马杌、杌子等。1930年代，世事变迁，不少深宅大院除士绅自住外，也租赁给他人住家。

图9-6 泰州的民国住宅老建筑

民国时期，泰州一带的百姓把自建房屋一直看作是社会生活中至关重要的大事。建房时，要先看风水选择好屋基地，上梁或做脊闭龙口时，要选择吉日吉时，并要鸣放鞭炮，瓦匠木工还要讲吉利话，并将事先由屋主准备好的钱币、馒头、糕等抛向屋下，让人争抢，上梁或闭龙口后，屋主要置办酒席款待瓦木工匠及前来贺喜的亲友。如新屋大门正对大路、长巷或其他"有妨碍"的事物，大门上方往往放置小镜子、八卦图等用以"辟邪"，也有人家在正对路、巷的墙壁嵌上刻有"泰山石敢当"的条石。

(二) 泰州百姓的生活和饮食

泰州为江苏重要产米区之一，民国时期泰州一带普通百姓的日常主食是大米，但是还要辅以麦粯、糁儿(即大元麦)等才够维持生活，贫困人家更是如此。泰州普通人家一日三餐的习惯是早晚烫饭(剩饭加水烧开而成)或粥，中午米饭，城镇居民和一些体力劳动者早上有时会吃点烧饼、油条或红白汤面。百姓小康之家除了常以咸菜、萝卜干、酱腌豆等下饭外，中午或有一菜一汤。富裕人家的中午饭常有荤菜，但民国初期荤菜以蛋品为主，其次为鱼虾、螺蛳，很少有鸡鸭，后来的荤菜主要就是指猪肉了。入冬时，泰州人也有制作风鸡、风鱼和咸鱼、咸肉的习惯，还腌制咸菜、萝卜干。

民国时期泰州的农民深受封建剥削而不得温饱。泰县沈高乡夹河村农民“半年种田，半年鱼草”，靠取鱼、割荒草糊口；顾高乡的民谣说：“横家庄、殷家野，屋上没有一片瓦；卢庄西北荡，讨饭花子一浪趟”；蒋垛乡张家野的农民哀叹：“张野不中用，排队打帮工，三餐无着落，讨饭去吴淞。”娄庄乡周家墩农民全年人均口粮仅 200 多斤，平时不是菜酸饭就是粯儿饭、糁儿粥。四下河渔民生活是“半年打鱼半年闲，半年上岸去讨饭，冬无棉被困稻草，夏无蚊帐任蚊咬”。溱潼产砖瓦，但是窑工“又挖泥，又装窑，裤子没有第二条”、“开火红，息火穷，没得住，蹲窑棚”。这些民谣和情状都是泰州穷苦农民的生活写照。

泰县农村妇女的生活一般都是在家洗衣浆裳，烧饭煮粥，喂儿哺女，扫地抹桌，要会做许多种家务活，还得去帮富裕人家缝衣缝裳。在夏秋之交，许多妇女就以结鱼网为副业。结鱼网要先理麻，编成麻线再结成网，手艺娴熟的“一天可结一丈，一元资本可得三元货价”，[①]但是她们需要披星戴月地做，才能挣到一点点辛苦钱补贴家用。

工商业者和城镇殷实人家，日常饮食相对要丰富得多，他们早上时常到茶馆吃“早茶”，即干丝、点心、浇头面。尤其是粮行招待客商，吃早茶也是洽谈生意的时候。姜堰、溱潼等市镇除了少数粮行、堆栈、厂坊、钱庄及商户老板生活比较富裕外，一般店伙、工匠、肩挑小贩都是升斗小民，家无隔宿粮，年关岁底，免不了以借贷为生。姜堰镇每年在腊月二十过后，每天来粥厂吃粥的穷苦人就有 2000 人，其中大约 600 人是居民。

商业经济的繁荣使城镇的饭店多了。姜堰在民国初年数得上的饭店有一二十家，1930 年代仍保有此数，主要有亦乐元、双

① 乔耘殇《泰县的妇女生活》，《申报》，1936 年 9 月 19 日。

盛元、复兴楼、曲江、海天春、民国春、品香、姜堰饭店等。[1] 饭店在早市供应干丝、面点,中晚供应饭菜,并代办酒席。有的饭店做锅儿面,可供三五人同吃,有的饭店零售大小杂烩,售价约一斤半猪肉钱,姜堰还有一种荒饭摊,供应米饭、小鱼、小虾和咸菜豆腐汤,花钱很少,这些都是普通劳动者喜欢的。姜堰还有大、小炉烧饼店近 50 家,钱同本烧饼店的烧饼个头大、酥多、价廉出众。

民国时期泰州一带的茶馆业生意兴隆,是经济社会生活中的一个特色。姜堰在 1930 年代有天兴、朝阳楼、也乐、宏富园、咏亭、二宜等较大的茶馆。兴化城中也是茶馆林立,除南门、小东门无茶馆外,各处开了 20 多家茶馆,著名的有又一村、松涛、新兴等茶楼,这些茶馆茶楼都有茶有点,还有干丝,来茶馆的则士农工商各色人等都有,若“以茶计客,在前早午两市,数近万人”。在抗战前,因“工艰生活,农乏借贷,讼事亦趋简便”,[2]较少进茶馆说事论理,兴化饮茶之风大不如前,一些大茶楼的客人都由千余人减少了一半多。

(三) 泰州一带百姓的穿着打扮

辛亥革命后的民国社会,风气习俗也在发生着变化,这一变化也反映到了泰州一带百姓的穿着打扮上。民国时,泰州城镇中以长袍马褂为日常穿着的人逐渐减少,男子平时喜穿竹布长衫,冬季穿棉袍。家境富裕的人穿着的长衫质地多为绸缎、毛呢等,冬季则穿皮袄皮袍。女子服装一般还是大袄头上衣和布裙,但城里的妇女穿着各式旗袍的也显得越来越多了。民国初年人们仍流行戴过去的皮瓜帽,以后,中青年人逐渐时兴戴礼帽了;人们平时常穿圆口或方口布鞋,冬季穿蚌壳式棉鞋,雨天穿油布钉鞋或元宝口套鞋。市镇的体力劳动者与乡村的农民大多是一年四季上身穿粗布对襟短装,下着中式裤,夏天戴草帽、斗笠,冬

---

① 熊小芳“姜堰粮食市场”,《姜堰老字号》,第 53 页。

② [民国]阮性传稿《兴化县小通志》茶市篇,五十七。

天戴毡帽，平时赤足或穿草鞋，冬天经常是穿苏北特有的蒲鞋，难得穿双布鞋。农妇的一般穿着也是上穿大袂头，下束围裙，但常用青布包头。有的妇女秋、冬天头上要戴勒子，裹小脚的妇女则常穿绣花尖口布鞋。

清末与民国早期，泰州城乡的男孩子在头发样式上没有什么变化，男孩多在囟门处或脑后留一撮桃形头发，也有在脑侧各留一撮桃形头发的，还有的把囟门处剃成直径二寸的正圆形而四周留发，俗称为马子盖，或在头顶梳一朝天小辫，被称作顶塔。进入民国后，成年男子已不再剃发留长辫，但有的人还在脑后留少许头发成了"鸭屁股"。男子大多把头发理成光头或平顶头，后来又流行分头和飞机头。民国时期泰州一带小女孩的发型大多还和过去一样，后梳独辫，前有刘海，天热时可以把辫子盘在脑后，有的女孩在脑侧挽了双髻，俗称爬爬角。以后女子留双辫的多了起来。南京国民政府建立以后，泰州中小学校的女学生大多剪童花头，即前有刘海的齐耳短发。结了婚的女子一般是在脑后梳鬏，样式很多，有称作蝉翼、元宝、馒头等等的，发鬏上或罩以丝网，插以簪、钗、耳挖子。

民国时期苏中地区的女子无论老少都喜欢戴花，泰州一带的风气也是如此，她们夏季戴栀子花、白兰花、茉莉花，秋季戴桂花，冬季戴腊梅花。有的人戴天然花朵，有的人把花朵串成插儿插戴。遇到逢年过节和喜庆日子，女子通常会戴绒花、绢花或通草花，有钱人家的女子还戴珠花。绒花、绢花、通草花戴在双髻和辫子上，也有把鲜花与珠花别在衣襟上的。生活稍好的人家的女子通常也佩戴首饰，有簪儿、钗子、戒指、耳环、手镯、项圈，后来又有戴"文明索锁"的，也就是项链。城市人家首饰的质料大都为金或包金，也有银的，农村人家首饰多为银的或铜的。泰州农村和苏北农村其他地方一样，也有给男孩戴项圈、独耳环或鼻锥的。

民国时期在泰州的农村与城镇，虽然仍然保持着男主外女主内的传统，但百姓的基本生活方式已经在发生着变化，体现在生活上的贫富差距亦很明显，虽然日常生活中的许多新事物在进入上流社会的同时，已然开阔了人们的视野，但普通百姓人家依然谨守着传统古训，年复一年，日复一日，在缓慢的社会变迁中过着简单朴素的生活。

二、民国时期泰州的社会习俗

辛亥革命后泰州一带的社会习俗并没有大的改变。民国历书中多了一些新的节日，公历 1 月 1 日为元旦，3 月 12 日是纪念孙中山设的植树节，10 月 10 日是国庆，这一天所有的机关、学校都悬挂国旗。1930 年，南京国民政府“中央宣布废除阴历”[①]，但对乡村社会却没影响，泰州民间仍然非常重视每一个传统节庆，如“元宵张灯、七夕之瓜果乞巧、中元之设醮放河灯、重阳之登高持螯作糕祀神、十月朔之煮赤豆饭祀先祖、腊月二十四之送灶”[②]等，也非常重视民间社会相沿成习的盛大庙会等庆典。

（一）泰州的传统节庆习俗

泰州沿习着传统的过年习俗。农历正月初一清晨，普通人家全家要在家神与祖先牌位或象轴前焚香叩拜，然后晚辈向长辈拜年，边叩首边称“恭喜”。到亲戚家拜年也要向其祖先像轴叩头。抗战以前，晚辈向长辈拜年已逐渐把叩头改作了鞠躬，平辈拜年只需拱手行礼。正月初五日为“财神菩萨”生日，是商家特别重视的日子。商家要在初四夜间就携带香烛纸马，前往和合财神庙借纸箔糊成的“元宝”，借回来后要挂在家神柜上，焚香点烛，并燃放鞭炮，跪拜行礼，举家互道恭喜。在初五交子时后，震耳欲聋的爆竹声响成一片，天明以后各家商肆开门营业。

传统灯节在正月十三称上灯，十五是元宵节，十八称落灯，这时过年才结束。从正月初二起，泰州城里沿街已有鱼灯、兔子

---

① 《止叟年·永忆录》，第 78 页。

② 《兴化县小通志》，《华东稀见方志文献》第十一卷，第 572 页。

灯、荷花灯、花篮灯出售，民国以来花灯还有了飞机灯等新样式。在泰州坡子街、天禄街一带的灯市，“飞禽走兽是给孩子玩的；‘冠’、‘带’、‘船’是取吉利的；一顶明代宰相帽子，一条玉带，一只画舫，一枝石榴，凑成的一色灯，充满了封建的气味；文人雅士购两色壁灯，又称走马灯，有孔明‘空城计’、赵子龙‘战长板坡’，都取材于三国演义”。① 民间的俗例早已成了传统。正月十五晚要燃放烟火，满城孩童提着各式花灯上街游玩，城隍庙、财神庙、乡贤祠等处都有屏灯，观者熙熙攘攘。

农历五月俗称毒月。民国时泰州普通人家过端午节仍遵传统习俗，自五月初一起，堂前或房门口要张贴符箓，屋中挂判官像，在瓶中插菖蒲、艾草；蚊帐内挂盛有雄黄、香粉的香袋，用布绸制做的老虎脸儿、粽子等；五月初五端午节要吃粽子，喝雄黄酒，儿童还会在额头上用雄黄酒涂个“王”字，菜为五红，虾、咸蛋、红苋菜、红萝卜等都属此类。午后家家要烧百草汤洗澡。民国初年端午这天有龙舟在泰州城河竞赛，龙舟中舱架彩蓬，插彩旗，数十名桨手边划边唱，龙舟的龙首站着抢标夫，他要下水捞标，捞的一般是活鸭、银元等。

在九月初九重阳节，泰州的茶食店及饭摊开始迎来一年中的生意旺季。各店都用米粉蒸制重阳糕出售，大家小户都会购买重阳糕应节。泰州的文人墨客重阳这天要登岳墩饮酒赋诗。商店、作坊要宴请伙计、工人吃重阳酒，表示要开夜工了，泰州有俗谚称“吃了重阳酒，夜作不离手”。老农则以重阳这天的天气来预卜冬季雨雪，泰州历来有“重阳无雨望十三，十三无雨一冬干”的农谚。

泰州也有腊月二十三“送灶”的习俗，因灶王爷上天向玉皇大帝汇报这一人家的善举或恶行，对这一人家新年一年中的吉凶祸福关系重大。送灶仪式是在灶神牌位前供一碗嵌了七粒红豆的糯米饭、一碟灶糖与豆腐、一碟剪短的稻草与酒漕，并在灶

① 乔耘殖《泰县的灯市》，《申报》1935 年 2 月 21 日。

柜两旁贴“上天言好事，下界保平安”的对联，还要供奉纸马和从道观请来的灶疏，灶疏上填写家长姓名、籍贯与家中人口，家长点燃香烛叩拜后，把纸马、灶疏送进灶膛烧掉。送灶日晚吃糯米饭、芹菜、肉条豆腐汤，到除夕再办接灶仪式。

（二）泰州的民间庙会和青苗会

1. 民国时期泰州地区的庙会仍然是民间传统的节庆盛会，是百姓以敬神仪式和赶集活动并举的盛大聚会。在泰州一带的许多村镇每年都会举行多次庙会，各处举办的庙会会期不一。据统计，民国时期仅泰县就有18处集市村镇定期举行庙会①。

泰县各地定期举行的庙会

地名	会期	地名	会期	地名	会期
土山	正月十一	陈家岱	二月十九	淤溪	三月二十四
沈家渡	正月十五	卢庄	二月十九	姜堰镇	三月二十八
甸头	二月初八	夏朱庄	三月初三	叶甸	三月二十八
曹于庄	二月初八	蒋垛	三月十五	大杨庄	九月十八
李堡	二月十五	野张庄	三月十八	野庄	十月初一
大王庄	二十十九	港口镇	三月十八	白米镇	十月十三

民间庙会的内容、仪式和活动大同小异，但规模不等。溱潼镇在九月十六举行的庙会为都天会，泰县各地还有玄真会、张王会等。甸头二月初八的张王会，相传是东汉时的张勃为官清廉，致力于水利农耕，因此后人特为建祠纪念他，以后就形成了庙会。泰县的庙会中又以姜堰在农历三月二十八举行的东岳迎神赛会最为盛大。

东岳迎神赛会有日会和夜会，全天连续进行，姜堰各商行和同业会馆事先对迎神赛会要作精心筹备。三月二十八这天的迎

① 《泰县志》，第793页。

会游行仪式非常隆重，有双面大锣鸣锣开道，“肃静”“回避”虎头牌和五色彩幡跟随其后，接着是各种玻璃或琉璃彩灯，有圆形、六角和八角的花灯，有表现八仙过海、唐僧取经、虾兵蟹将的彩灯，还有金瓜、钺斧、刀剑、钩矛类的彩灯仪仗，还有各式旗罗伞扇，茶花担、香亭、锡犽等，以及专司吹奏演唱的锣鼓棚子。在迎会队列中有庞大的烧香队伍。约200人的红衣香者大多是农民病愈后还愿谢神；装扮白无常的约百余人也是谢神还愿的；烧拜香的约40多人，每走三步就要对菩萨叩一次头，极为虔诚；烧肉香的上身赤膊，两臂及前胸后背都要插花针，表示谢神赎罪；还有儿童扮成古人站在大人肩上游行向痘神还愿的；捧方檀的则多为商家子弟。迎会队伍的最后是用八抬大轿抬着的菩萨神像，轿前和轿后都有仪仗。迎会游行队伍经过时，沿街商家住户都纷纷燃香迎候，大街小巷满是围观的人群。

2. 民国时期，青苗会在泰州一带农村很盛行，只是各地青苗会习俗略有差异。每年农历五月麦子登场、黄秧落地，农民就请香火设坛做会，祈求土地神保佑禾苗茂盛、五谷丰登、六畜平安，并借敬神进行娱乐活动，俗称青苗会，也有叫香火会或棒棒会的。青苗会是由古代的傩舞演变而来，它向娱乐方面发展则是从宋朝开始的。与青苗会近似的还有“秋贡会”、“跳跳会”、“飞蝗会”以及溱潼湖西庄窑民举办的“春工会”等等，只是举办的时间不一，规模不等。

青苗会一般是村庄举办，村里先安排几个会手去请民间艺人、搭台、筹划，会费是农户按田亩分摊。会台用毛竹、芦苇搭建，供奉“福德正神”，会台前竖高杆，上挂青苗和黄幡。青苗会会程分为开坛和末坛。开坛时有民间艺人唱书请诸神下界，土地庙里的土地神全家神像也要抬到会台就座，然后会头敬香、磕头、放爆竹、上供。正式开坛后，民间艺人一边打鼓敲锣，一边说祝词，而后就唱“小九儿”、“数三十六行”等，内容都是请神仙显灵，驱邪消灾，祝福人畜平安，五谷丰登。“数三十六行”唱词以种田为上行，然后再唱到各行各业。

青苗会期间，全村人几乎都赶来看会，最多时有上千人。民间艺人吃过夜酒后要通宵说唱民间流传的神话故事。第二天上午，青苗会又有一些祭祀的仪式举行，午后主要是由会首点唱的反映民间生活的小书，如“刘文龙求官”、“李三娘推磨”、“刘全进瓜”等。青苗会末坛是送神、祭祀庄稼和牲畜，最后由会手敲锣打鼓送土地神上山回庙，青苗会结束。这是“一伏时”的青苗会。如果会程是“两伏时”，在末坛前除了白天唱小书，还要继续唱一晚大书，唱“刘金定下南唐”、“珍珠塔”等。第三天上午再唱小书，然后才是末坛，青苗会结束。

民国时期泰州一带的百姓对节庆仪式很重视，甚至对一些繁文缛节也不马虎，这是民间传统文化对人们思想意识的深刻影响，在天灾人祸频发的岁月，人们惟有寄希望于神灵来庇护民生，保佑好的年成。这种希冀代代相传，具有独特的风韵，形成民国时深深烙印着传统文化特征的泰州社会习俗。

三、民国时期泰州的自然灾害与社会赈济

民国时期的泰州依旧是农业社会，社会生产力水平低下，人们依赖传统的耕作方式生活，看天吃饭。遇到丰年，人民生活稍微安定，遇到灾年则民不聊生，甚至卖儿鬻女。水灾是泰州一带农村社会的大患，此外还有旱灾，旱灾经常又伴生蝗灾，更为加重了灾情。民国以来政治局势屡有动荡，泰州也受到影响，农村经济不振，社会弊病丛生，各县地方政府囿于财政资金困难，对于社会救助、灾荒赈济也往往心有余而力不足。

（一）泰州地区猖獗的水、旱、蝗灾

历史上泰县和兴化都是水灾易发地区。泰县一部分地区处于里下河，一旦江潮涌涨，运河水发，大水顺势而下，泰县即刻受灾。兴化的地势形如锅底，一旦洪水汹涌而下，全县沦为泽国。民国以来至抗战之前，以1921年和1931年两次大水灾最为骇人听闻。

1921年，从7月开始，泰县、泰兴、靖江等地迭次大雨，水势

浩大,各地许多桥梁都被水冲垮塌毁,靖江因连日大雨倾盆,风潮暴作,以至沿江圩岸都遭溃决,"水势趁势而下,冲及田庐,漂溺人畜"①。到9月,泰州城北成了一片汪洋,稻禾尽被淹没,不仅秋粮损失重大,还因水灾耽误了种麦时节,导致次年麦熟告歉。同时,泰兴水灾灾情奇重,"该县南区天星桥器圩港两处共塌去一百二十余圩,又对岸之毛鱼沙及永安洲等处,所在江堤,亦皆倒破无遗。灾民咸就高岸搭盖草蓬,躲避风雨,然无力得食,号哭之声,不绝于耳。其尤惨者,多有溺毙尸身,一时无处收殓,家属以绳系之于树,藉免漂流"②。

1931年夏大水灾,江、淮、运、湖并涨,泰县里下河地区又成一片汪洋,人畜漂溺无数,农田被淹,房屋倒塌,受灾民众数十万。兴化地势低洼,灾情最重,8月25日运河圩堤溃决20多处,运水陡跌五六尺,大水直向里下河锅底兴化冲泻,兴化周围数百里内村庄全部沉灭,"尚见树梢及微露水面之屋顶,亦冲没殆尽。少壮攀树待救援,妇孺大半溺毙,城内全部浸水,最高之县署,亦水深三尺。塌屋之事,日有所闻。城垣被水冲毁数十处,与城外水天相接,炊烟已断绝","北乡如中堡一带,地尤卑洼,预计水深二丈,该处数万余户,或早葬身鱼腹"③,9月初,兴化已"全境无一片干土,灾民群集,米粮缺乏",④"有少数灾民或巢树上,或居小舟,时见浮棺荡漾",兴化"南门外一片旷野,东至东台西至高邮南至泰县,皆白浪滔天",⑤"(高泰)堤已完全沉没于水,只见银色水线一条"⑥。大水之后,灾区百姓生活极为困苦,城乡社会一片破败景象。

---

① 《镇江扬州泰兴靖江地区水灾严重》,《申报》1921年8月26日。
② 《泰兴水灾之惨状》,《申报》1921年9月8日。
③ 《兴化灾民述被祸惨状》,《申报》1931年9月3日。
④ 《兴化最近灾况》,《申报》1931年9月5日。
⑤ 《张督办所派委员报告兴化灾况》,《申报》1931年9月10日。
⑥ 《郭秉权调查兴化一带灾情报告》,《申报》1931年9月12日。

泰州一带的旱灾与蝗灾虽不如水灾那么危害严重，但因频繁发生，对农业生产和农村社会的破坏性仍然很大。泰县在1917年春天曾遭大旱；1925年夏初的大旱使上盐运河河水枯涸，河底竟然可以行人。1928年和1929年，泰县连续两年因旱灾而造成蝗灾，农田受灾面积近5万亩，曲塘、谢王河、塘湾、寺巷口等地灾情更为厉害，飞蝗过境后，早稻、中稻皆枯萎不收，即使补种也难以见效，晚稻稻穗结实稀疏，豆秫等杂粮也皆为蝗虫啃食，因此全年粮食收成平均减少了九成，许多农民在这两年蝗灾过后“粒食维艰”，[①]难以度日。1930年夏，泰县大旱，河底可行人。1931年夏泰县又遇江淮大水。洪水刚刚退尽，1932年再逢大旱，这年夏至以后，泰县雨水稀少，天气亢旱异常，霍乱病也开始流行。泰县东乡旱得土地干裂，农民在车水抗旱时甚至有多人中暑倒毙。泰州纵横交错的河道是主要交通线路，大旱之中，下河周家庄一带河道浅塞，小火轮以及大小民船都难以通行，许多主要河道干流已几乎断流，大部分支流也全都干涸，河底皆可步行。[②] 即便如水乡泽国的兴化县，自民国以来也是“年尝苦旱”，“民十八之大旱及民十七、二十一、二十二、二十三数年秋成不足，皆苦于夏季少雨”。[③]

（二）泰州的社会救助与灾荒赈济

历史上中国的官厅衙署和民间社会一般都把济贫救困、灾荒赈济作为应该担当之责任和义务。民国时期泰州地方政府及一些士绅商贾也延续着这样的做法。

据江苏省长公署的不完全统计，民国初期泰县、泰兴、靖江、兴化等县或多或少都设置了一些社会慈善机构：[④]

---

① 《泰州志》，第109页。

② 《泰州志》，第109、110页。

③ ［民国］阮性传稿《兴化县小通志》忧旱篇，十三；雨量篇，五十三。

④ 资料来源：江苏省长公署统计处编纂《江苏省政治年鉴》（内务·全省各项慈善事业），中华民国十三年六月印行。

	泰县	泰兴	靖江	兴化	小计
敬老院	1	1	1		3
栖流所	1	3			4
救生局			1	1	2
借贷局	5		2	1	8
义社仓	6	5	1	1	13
粥　厂	3	2		3	8
义　塚			34	5	39
其　他	2	4		3	9

1928年泰县创办救济院，负责管理泰县的各慈善机关。泰县救济院直属机构所做的社会救济主要有：育婴所，原名育婴堂，平均每年收养婴孩约220人；养老所和第一残废所，原名普济堂，平均每年救济约200人；第二残废所，原名残妇收容所，平均每年收容救助约66人；妇女教养所，原名清节堂，平均每年收容救助约90余人；孤儿所，原名贫儿院，平均每年收养救济约70人；贷款所，原名因利局，平均每年贷款救济约1300余户；施医所，原名同仁堂，平均每年救治约1400余人。[①] 虽然泰州城慈善机构救济人数不多，但它体现了民国社会在传统道德文化影响下对弱势人群救济帮扶的重视。

泰州过去的重要救荒机构是建于清末的义仓。1912年泰县"县议会议决改积谷为积款，存典生息，为备救荒之用，所有粮米带征积谷经费，其数历经增益"，至1929年，泰县义仓积谷款收入为银元67381元余，支出数为57157元余，结存10223元余。动用义仓积谷或积谷款救济灾荒，必须是年岁荒歉，谷价昂贵至不得已时，经地方议决，县政府核定，或贷典、或平粜、或散

① 《民国泰县志稿》，第252、296页。

放等。长期以来大量仓款被“因事挪拨”,① 义仓的救灾功效很受影响。遇有灾荒,泰州城乡还设粥厂救济灾民,泰州城的救济院养老所、第一残废所附设有粥厂,一些寺庙、善堂以及姜堰、曲塘等地都开设粥厂。但 1930 年代“市面萧条,募捐不易”,兴化县城以岁暮放粥为主的至善堂在 1934 年的粥赈也只支持十日。②

泰县有专事民间借贷的因利局,主要是提供小额借贷施行救助,一些小本营生者苦于没有资金,可以从因利局得到贷款,乡镇的因利局也贷款给因灾害收成不足,没有资金购买粮种农具的农民。因利局的借贷不取利息,定期百日收回原本,它为灾后百姓重建家园,恢复生产,发展商贸提供了一定的资金保障。1916 年,县知事郑辅东倡办泰县因利局,由泰州各绅商富户捐款集资计 4300 余千文充作周转基金。1918 年以后,泰县政府还数次从泰州小宝带桥船捐项下拨付钱款充作因利局基金。③ 1929 年泰县因利局改为泰县救济院贷款所。抗战前,由地方士绅发起,泰县的海安、白米、曲塘、姜堰等地也设了因利局,有的每年贷款救济能达六、七百户。④ 兴化县因利局设于东寺,由私人筹集基本金“生利作本借贷穷民,与救济院之借贷大同小异”。⑤

民国时期泰州的重要市镇大多设有水龙局。泰县旧有的水龙局原来名称各异,有的称太平水仓,较多的称永安堂或平安堂、公安堂等。泰县姜堰设有义水会,会员 200 余人,主要“协助各段水龙灌救火灾”;姜堰东官庄的水龙局由“阖庄公置”;泰州

---

① 《民国泰县志稿》,第 302、301、300 页。

② [民国]阮性传稿《兴化县小通志》慈善篇(二),七十三。

③ 《民国泰县志稿》,第 266、267 页。

④ 《民国泰县志稿》,第 267、268 页。

⑤ [民国]阮性传稿《兴化县小通志》慈善篇(二),七十二。

的东安水龙局设在北门外东安巷夏宅。[1] 溱潼镇因民居户户相连，且巷道狭窄，如一户不慎失火，则殃及四邻，因此水龙局一直受到居民关注，并从英国进口了铁制机械水龙。兴化县城的时恩寺设有济急局，"办理消防事宜，有时并週恤被灾之户，略得公款补助，多恃月捐维持"，兴化各镇也都组织有水龙会。[2] 水龙局、水龙会以救灭火灾为职责，又兼顾了保障社会治安，在民国时对维持社会安定起了作用。

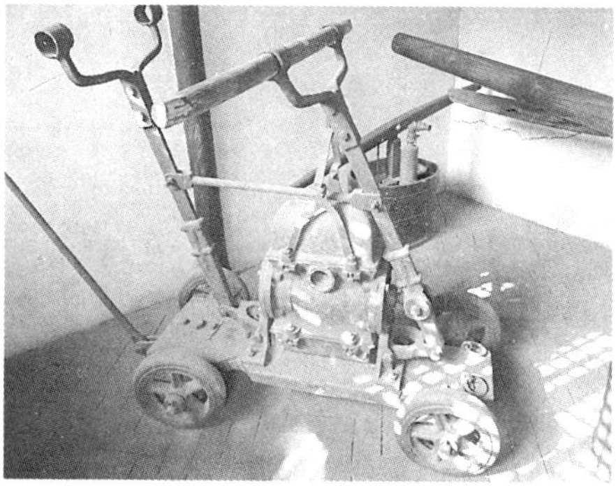

图 9－7　溱潼水龙局的铁水龙

民国时期进行灾荒救济的还有红十字会及泰州各地分会、华洋义赈会等慈善团体。1931 年江淮大水，泰州一带灾情严重。泰县政府和公私慈善团体在泰州城设 10 个收容所，姜堰镇设 4 个收容所，收容灾民达 1 万人。江苏省政府拨发的急赈款仅 1.1 万元，江北水灾临时义赈会、华洋义赈会、曲塘红万字会等均带赈粮、药品来泰州查灾放赈。兴化县急赈期间，《兴化公报》登载了各大慈善团体募捐消息：华洋义赈会发拨赈款 5 万元、番薯 5 百筐、寒衣若干件，因不敷支配，又续请拨发 10 万元。[3] 常州红十字会、上海青年协会、基督教水灾救济会都派人到兴化查灾赈济。民国时期，灾荒救济主要是靠地方慈善机构和社会慈善团体进行民间义赈，热心义赈人士发动社会各界名流组织的临时救灾团体也发挥了积极作用。

① 《民国泰县志稿》，第 273、274 页。

② [民国]阮性传稿《兴化县小通志》慈善篇(二)，七十二、七十三。

③ 兴化县临时救济灾荒会赈务分会·赈务纪要·大事记，1933 年。

第十章　苏中抗战的胜利基础自卫战争的前哨阵地(1937—1949)

1937年抗日战争爆发,在这场中华民族的解放战争中,泰州人民进行了不屈不挠的抗争奋斗,也从事了艰难竭蹶的建设创业,泰州的社会、经济和文化教育在战火的锤炼中获得了新的成长。

抗战初期,泰州面临复杂的政治形势,国共日伪等各种力量或针锋相对,或相互倾轧,或暗通款曲,斗争激烈。中国共产党和新四军基于民族大义,东进抗日,执行抗日民族统一战线政策,和泰州国民党地方实力派中愿意抗日的部队进行合作,共同对敌,开创了苏中抗战新局面,发展壮大了人民抗战力量,成为苏中抗战的中流砥柱。抗战胜利以后,国民党发动内战,首先进攻苏中解放区,苏中泰州一带成为解放区自卫战争的前哨阵地。泰州人民在党的领导下坚持斗争,迎来了兵临长江,摧枯拉朽的胜利新形势,为推翻国民党南京政权作出了贡献。1949年泰州解放,泰州历史揭开了新的一页。

抗战时期,苏中解放区的经济建设成为巩固抗日根据地的重要工作,解放区减租减息和土地改革的进行,促进了社会生产力的发展,新民主主义经济制度也在苏中解放区萌发、展现。文化教育事业与1937年之前相比,有了崭新的面貌,普通学校教育被赋予了抗战教育新内容,社会教育延伸到农民群众当中,冬学运动如火如荼,抗战文化的发展丰富多彩,鼓舞了人民的胜利信心,泰州社会在1937年至1949年的民族解放和人民革命的宏大战争环境中发生着剧烈的变化,奠定了解放以后泰州经济社会发展的文化基础。

第一节　从抗日战争到自卫战争

泰州一带地处江淮之间东部，自古以来社会较为安定，很少有战事发生。抗战爆发后，泰州成为苏中门户，是沟通江南与苏北的要冲，战略地位重要。在这一地区有国、共、日伪三方的对峙，斗争十分尖锐。黄桥决战后建立了中共领导下的统一战线武装“联抗”，写下了苏中抗战史的光辉一页。抗战胜利以后，国民党军进攻苏中解放区，华中野战军在泰兴宣家堡打响了自卫战争的第一枪。历史潮流不可阻挡，泰州在人民解放战争的凯歌中迎来了解放。

一、新四军东进与黄桥决战

（一）抗战爆发后泰州的抗战形势

1937 年抗日战争全面展开。侵华日军攻占上海、南京等地后，又在苏北占了扬州、南通，侵入靖江、泰兴等地，犯下的战争罪行罄竹难书。12 月 25 日，日军飞机对靖江城轰炸扫射，全城房屋三分之一被炸塌、烧毁。随后日军由江阴过江占领靖江城，屠杀平民 300 多人。1938 年 2 月 17 日，日机轰炸靖江新港，日军从军舰登陆大肆烧杀。3 月 4 日，大队日军将靖江炳盛圩等 5 个圩包围，冲进村庄对无辜平民枪击刀刺，杀害 48 人，烧毁数百家房屋。1939 年 6 月 14 日，日军飞机轰炸泰州城区，造成数十人死伤、一百多间房屋毁坏。7 月 23 日日机再次对泰州城扫射轰炸，造成 24 人伤亡，72 间房屋被毁。12 月 14 日夜，一部日军进攻口岸，在沿途及口岸屠杀中国军民三四十人，第二天还烧毁了金寿公所的清代建筑一百多间房屋。①

① 中共江苏省委党史工作办公室编《侵华日军在江苏的暴行》中共党史出版社 2000 年版，第 192—269 页。

抗战初期，江北的中国军队及地方武装纷纷起来抗击日军，中共影响下的民众抗日武装也积极开展抗日活动。1939年，泰州一带已形成了日敌、省韩（德勤）、二李（李明扬、李长江）等几方面军事力量相持对峙的局面。代理江苏省主席韩德勤在1938年初组建了第89军，并率部参加了徐州会战和在高邮、宝应一带对日军的阻击战，以后第89军留驻苏北。1939年初韩德勤任鲁苏战区副总司令，主要指挥苏北地区，第89军军长由李守维接任。日军攻陷盐城、淮阴、淮安等地后，韩德勤把江苏省政府迁到了较为安全的水乡兴化。"省韩"在苏北拥兵数万，但抗战日趋消极。

抗战初期泰州驻有以李明扬、李长江分任正副总指挥的鲁苏皖边区游击总指挥部，下辖11个纵队。李明扬早年参加同盟会，二次革命中参与领导了"湖口起义"，大革命中与周恩来等人建立了友谊，北伐时为国民革命军第三军师长，1930年任江苏省保安处长。抗战爆发后，李明扬在李宗仁帮助下担任第五战区游击总指挥，建立了一支部队，徐州会战后他率部南移泰州，号称有3万人枪。泰州城以东的曲塘还驻有陈泰运的税警总团。陈泰运毕业于黄埔军校，与何应钦有贵州同乡关系，参加过东征北伐，抗战初期在兰封战役中身负重伤。税警总团属于宋子文财政部系统，是由两淮盐场税警改编的，陈泰运在1938年底接管了这支部队，但他"也有一定的抗战意识"。①

1938年初日军侵占泰兴季家市，2月11日，在泰兴龙王殿的一个大院里，陈玉生成立了靖泰抗日游击队，自任大队长。陈玉生1930年代初到上海做工，后来参加了上海抗日救国会，1937春因共产党嫌疑在上海被捕并转押泰兴监狱。抗战爆发后陈玉生获释，他在家乡组织了靖泰抗日救亡协会，联络当年参加红十四军斗争的积极分子建立了抗日武装，开展抗日游击战。

---

① 中共泰州市委党史办公室编《泰州党史资料革命回忆录》第三辑，1984年8月，第144页。

1938 年 7 月间，陈玉生还率部袭击季家市日军，趁虚打下了日军盘踞的靖江城。[①] 此后陈玉生暂时依附李明扬，但他一直在寻找共产党，受到中共苏北特委的关注。1939 年 2 月，陈玉生加入中国共产党，他的部队实际已经是在中共领导下的抗日武装。

（二）新四军东进与陈毅泰州谈判

1937 年 10 月，南方 8 省的红军游击队整编为新四军，开赴抗日前线。1938 年 5 月 4 日，中共中央及毛泽东明确指示新四军东进，“在茅山根据地大体建立起来之后，还应准备分兵一部进入苏州、镇江、吴淞三角地区去，再分一部渡江进入江北地区”。[②] 新四军一支队司令员陈毅坚决执行中共中央指示，向苏北发展。叶飞、管文蔚新四军挺进纵队在 1939 年初控制了扬中及江北大桥、嘶马、吴家桥地区，建立了江北桥头阵地。[③] 同时，惠浴宇、俞铭璜等建立了苏北的地方党组织，并发展了戴为然、盛坚夫等一批进步青年入党。面对苏北的复杂政治情势，陈毅提出了“灭敌、反顽、联李”的斗争策略[④]。陈毅、粟裕认为：李明扬、陈泰运等地方实力派与韩德勤之间的矛盾包含有坚持抗战和破坏抗战的矛盾。在苏北顽、我之间，李、陈等地方实力派如果能中立，就便于我们同韩德勤作最后的较量。[⑤] 由于日军占据扬州、南通，泰州是苏北的大门，因此陈毅把争取泰州李明扬作为建立苏北抗日统一战线的首要工作。

1939 年 8 月，陈毅在苏北工委书记惠浴宇陪同下，第一次

---

① 中共泰州市委党史办公室编《泰州党史资料专题辑要》第四辑，1984 年 8 月，第 29 页。

② 《毛泽东关于新四军应进行敌后游击战争致项英电》，《新四军文献 1》，解放军出版社 1988 年版。

③ 《管文蔚回忆录续编》，人民出版社 1988 年版，第 1 页。

④ 《泰州党史资料革命回忆录》第三辑，第 146 页。

⑤ 《泰州党史资料革命回忆录》第三辑，第 144 页。

进泰州城去做“二李”的工作。由于李明扬还在观望形势，避而不出，陈毅只见到了李长江。陈毅分析了苏北抗战形势，表达了与二李加强团结、合作抗日的愿望，并尊李明扬为革命前辈，留下一封以朱德、毛泽东名义致李明扬的问候信，信中说玉阶（朱德字）与师广（李明扬字）兄皆属同盟会反袁起义军伟人，措词恳切，以致李明扬后来常对友人说：“我打拼了，到延安玉阶会招待我。”①同年秋，李明扬请陈毅派部队协助，从江南顾祝同第三战区运回了10万发子弹，新四军与李明扬的关系有了进一步发展。

图10－1　泰州西山白云寺，陈毅泰州谈判旧址。

1939年12月初，陈毅在惠浴宇、管文蔚陪同下第二次去泰州与二李会谈，同时还带上了30枝三八式步枪、一匹配上了新鞍鞯的战马及指挥刀等战利品作为礼物。② 在泰州，二李对陈毅等待以上宾之礼，大街上满是“欢迎四将军”的醒目标语，李明扬还把军官教导队的学员集中在光孝寺，请陈毅、管文蔚训话。陈毅在会谈中认真解释了中共的抗日主张和统一战线方针，李明扬把蒋介石、韩德勤的反共密件告诉了陈毅，并表示如果新四军要东进（南）通、如（皋）地区，一定大力协助。陈毅二进泰州之后，李明扬与新四军的关系愈加融洽，管文蔚、惠浴宇还在1940年春节专程到泰州向二李拜年。③

---

① 中共泰州市委党史办公室编《泰州党史资料抗日战争时期革命文献》第二辑，1984年7月，第7页。

② 《泰州党史资料革命回忆录》第三辑，第145页。

③ 《管文蔚回忆录续编》，第24－28页。

1939 年冬，陶勇率苏皖支队渡江北上，叶飞率“江抗”主力进抵扬中，与新四军挺进纵队合编，形成了向苏北发展的坚强力量。1940 年 1 月，中共东南局和新四军军分会要求苏北应加强对泰州二李的团结抗战工作，集中对付顽固派韩德勤，为发展苏北创造条件，中共中央也明确指示“江南陈毅同志处应努力向苏北发展”。陈毅率江南新四军主力于 6 月中旬开始向江北移动。① 由于华中已成为国民党顽固派的反共摩擦重点，韩德勤在苏北向新四军步步进逼，在省韩以“捐弃前嫌，重修旧好，共同反共”②的要求、拉拢下，泰州二李立场摇摆不定。1940 年春，陈毅不顾个人安危，仍由惠浴宇陪同，第三次进泰州与李明扬会谈。当晚，二李在陈家花园李明扬公馆宴请陈毅。陈毅在席间仍嘱二李当以团结抗战为重。李明扬表示继续信守中立，决不反共。由于韩德勤的参谋长已闻讯带人从兴化乘汽艇赶到泰州，情势紧急，陈毅、惠浴宇当夜直接步行返回了吴家桥驻地。

1940 年 5 月，日伪不断进行扫荡，占领了大桥、吴家桥地区，新四军挺进纵队在反扫荡中不得已越过通扬运河，移驻郭村休整。郭村属二李防区，李明扬同意将郭村借给新四军暂时驻扎，但在韩德勤蓄意挑唆下，二李态度变化，竟向挺纵下最后通牒，限三天退出郭村，同时调动部队进逼郭村。新四军挺纵一面紧急备战，一面派政治部副主任陈同生为代表前往泰州向二李倡言和平。但李明扬违心地让李长江全权指挥部队，自己离开了泰州。李长江扣留了新四军代表陈同生，自恃兵力优势，企图歼灭新四军挺纵于郭村、大桥地区。6 月 28 日，李长江兵分十路大举围攻郭村。新四军坚守郭村，奋起反击。因二李方面陈玉生、王澄各率所部阵前起义，战场形势急转，李长江部被歼 3 个团，全线溃退，新四军一直追击到泰州城郊。

7 月 3 日，陈毅渡江赶到郭村，指示必须坚持击敌、联李、孤

---

① 《泰州党史资料抗日战争时期革命文献》第二辑，第 2、3 页。

② 《管文蔚回忆录续编》，第 30 页。

韩的策略，决定不攻泰州，释放俘虏，归还部分枪械，还答应让出郭村，以求团结抗日。并要求二李助新四军东进，如果韩德勤将来不顾民族利益进攻新四军，希望二李保持中立。① 从兴化赶回泰州收拾残局的李明扬悔愧交集，全部答应了新四军的要求。郭村保卫战是新四军同顽固派韩德勤争夺泰州二李中间力量的关键一仗，是新四军东进敌后发展苏北首先取得的政治军事双重胜利。

（三）黄桥决战与苏中抗战新局面

郭村保卫战之后，新四军苏北指挥部成立，陈毅、粟裕分任正副指挥，下辖3个纵队共7000人。为了东进抗日，新四军的下一步战略目标，是先以黄桥为中心建立根据地。黄桥位于靖江、如皋、海安、泰县、泰兴的中心地带，是向南通、海门、启东发展的要冲，是红十四军当年的活动地区，有坚实的群众基础。但占据黄桥的保安第四旅何克谦部消极抗战，欺压百姓，成为新四军东进抗日的障碍。1940年7月下旬，苏北新四军长途奔袭黄桥，李明扬部如约让路，新四军解放了黄桥。陈毅随即转兵连克孤山、西来镇等日伪据点，并两次粉碎了日伪军扫荡，民众奔走相告："新四军是真来打日本鬼子的！"8月间，通如靖泰临时行政委员会在黄桥成立，委派了各县县长，颁布了抗日民主政府施政纲领和群众抗日团体组织法，实行二五减租，这是苏中地区第一个中共领导的"小省制雏形"②的抗日民主政权。

图10-2　首任泰县抗日民主政府县长惠浴宇

陈毅在黄桥数次登门拜访了辛亥革命爱国将领朱履先。朱

① 《泰州党史资料革命回忆录》第三辑，第145—148页。

② 《泰州党史资料专题辑要》第四辑，第9页。

履先是孙中山亲自委任的中将师长，九一八事变后他辞职回到黄桥老家，抗战初期屡次拒绝汪伪的拉拢。陈毅高度称赞朱履先的抗日态度和民族气节，揭露了韩德勤阻拦新四军东进抗日的行为，恳切希望他主持公道。朱履先表达了对新四军抗日杀敌的仰慕，又在通如靖泰临时行政委员会会议上称赞新四军是“抗日的军队”和“王者之师”，他还首先表示响应征收抗日救国公粮的号召，促成会议顺利通过了开征救国公粮议案，解决了新四军的缺粮困难。

图 10-3　泰兴黄桥朱履先故居

9 月初，盘踞兴化的韩德勤命驻姜堰的张少华保安第九旅对新四军实施严密的经济封锁，不准粮食、食盐等进入黄桥地区，[①]企图消灭苏北新四军。9 月中旬，苏北新四军兵分两路钳击姜堰，全歼张少华部千余人，省韩的封锁政策破产，黄桥粮道畅通，民众欢欣雀跃。新四军解放姜堰后，陈毅和管文蔚数次从姜堰专程去海安镇晋谒苏北耆宿韩国钧。韩国钧在苏北中上层士绅中很有影响，1925 年辞职归里后热心兴办地方事业。他极力主张抗日，还写信敦促韩德勤、李明扬、陈泰运等积极抗战。

① 《泰州党史资料专题辑要》第四辑，1984 年 8 月，第 10 页。

陈毅深切希望韩国钧主持正义，出面召开一次苏北各方代表会议，呼吁团结抗战，韩国钧表示愿意担此责任。[①]

1940年9月中旬，经韩国钧、朱履先、黄逸峰出面邀请，苏北8县各界知名人士应邀在海安东大街韩国钧寓所召开了以“停止苏北内战，一致团结抗日”为中心议题的协商会议。黄逸峰是中共早期党员，抗战初期以国民政府军委会战地党政委员会设计委员、鲁苏战区党政分会中将委员的身份来苏北开展工作，成为协调苏北国共关系的重要人物。但韩德勤不仅拒派代表出席，还发电强行要求新四军“退出姜堰，再言其他”。陈毅以团结抗日大计为重，同意考虑撤出姜堰、海安，争取了苏北中上层人士对新四军的同情。[②] 会议通过了韩国钧领衔致苏北各方军事长官的联合呼吁函，“希望停战息争，一致抗敌”，“所有纠纷，请由政治方法解决”。陈毅在致韩国钧、黄逸峰的复函中表示：“愿随诸公之后，以最大忍耐力争对内和平”，倡议“立即召集苏北军事会议，共同分配抗敌任务”，并呼吁“召集苏北军民代表会议，容纳民意，改造苏北，增加抗战实力”。[③] 苏北绅商学界此时已把和平希望完全寄托于新四军。

9月27日，由黄逸峰出面召集的苏北军民代表会议在姜堰曲江楼举行。陈毅在会上慷慨陈辞，表明团结抗日初衷不变，只求抗日有份、抗日有地。对于韩德勤要求新四军让出姜堰的条件，陈毅认为不成问题，只要与抗日有益，“我们还可以作出更大的让步”，但如果省韩“仍旧进攻，我们就要采取必要的自卫”。[④] 与会的苏北8县代表“闻之感动，大喜过望”。陈毅为团结抗日而作的让步争得了苏北新四军政治上的主动。

---

① 《管文蔚回忆录续编》，第96页。

② 《泰州党史资料专题辑要》第四辑，第134页。

③ 《泰州党史资料抗日战争时期革命文献》第二辑，第166—168页。

④ 《泰州党史资料抗日战争时期革命文献》第二辑，第171页。

9月30日，新四军信守承诺，退出姜堰，撤回黄桥，把姜堰移交给了李明扬，并赠送陈泰运部100多条枪，二李和陈泰运再次表示愿守中立。但韩德勤为了寻找借口进攻新四军，又强令新四军限期撤出黄桥，退回江南。同时，韩德勤指挥李守维第89军和翁达独立第6旅共1.5万人分三路进攻黄桥，又以二李、陈泰运所部及5个保安旅置于两翼配合，妄图聚歼新四军。新四军则坚决地进行自卫，陈毅在严徐庄坐镇把握全局，粟裕在黄桥负责战场指挥，朱履先和管文蔚一起在黄桥镇上动员老百姓为新四军做干粮，黄桥的老百姓有做烧饼的习俗，有烧饼炉的人家和店铺纷纷开门、开业做烧饼，送上前线。

图10-4　管文蔚、朱履先、陈丕显、惠浴宇在黄桥

10月4日，省韩军大举进攻黄桥。李明扬和陈泰运按兵不动，保持中立。新四军主力首先分割歼灭了独立第六旅，随即转移兵力全力反击进攻黄桥镇的89军，激战至5日晚，89军主力被歼，军长李守维仓促逃窜时在挖尺沟落水毙命，10月6日，苏北新四军取得了黄桥决战全胜，韩德勤率残部逃回了兴化，新四军乘胜追击，连下海安、东台，11日，与南下的黄克诚八路军第五纵队在东台白驹镇会师。苏北新四军由泰州地区东进至通、如、海、启，北上达东台一线，达成了发展苏北的战略任务，打开了华中抗战新局面。

黄桥战役后，新四军已成为苏中抗战的主要力量，盘踞于沿江扬州到南通一线的日伪军也改变战略，把新四军当作其主要的对手。皖南事变后，陈毅任新四军代军长，苏中新四军主力编为第一师，泰县、泰兴、如皋、南通成为新四军一师赖以发展壮大的巩固抗日根据地。

二、苏中抗日战场上的新四军联抗部队

(一) 中共外围军“联抗”的建立

1940 年 10 月的黄桥决战刚刚结束，在泰州大地上出现了一支特殊的抗日武装，战士们的臂章图案是鲜红的火炬衬托出“联抗”两字，部队领导人黄逸峰是有战地党政委员会委员公开身份的中共秘密党员，联抗实际上是接受中共领导和新四军指挥的中共“外围军”，是在苏北新四军支持下，为争取、团结友军共同抗日而建立的。在 1940 年到 1944 年期间，联抗主要活动在泰县、兴化、东台三县的各一部分地区，在泰州抗战历史上，联抗有重要地位。

图 10－5　新四军联抗部队臂章

1940 年 6 月郭村保卫战中，泰州二李部的中共党员陈玉生、王澄率部阵前起义，加入了新四军。事后，毛泽东等致电陈毅、刘少奇：“我们对于这些大批反正过来的军队，应该把他看作一种八路军与新四军的外围军方式去处理”，“只要他不反对我们，服从我们的指挥调动”，就可以采取特殊的政策，“甚至可以不用八路军、新四军的番号，仍用他原来的番号”，由此提出，“我们的方针是要能争取更多的军队团结在我党周围”，“是要表示

我党能伟大包容一切抗日武装力量”。[1] 这一电报对此后联抗的建立作了方向性指导。

1939 年黄逸峰来苏北布置敌后抗战，他在泰州劝说李明扬、陈泰运与新四军保持友好关系，防备韩德勤排除异己。1940 年，黄逸峰以战地党政委员身份“坐镇”泰州，直接在陈毅领导下对苏北国民党军政各界和地方士绅开展统战工作。大革命时期的中共党员李俊民这时在李明扬处任主任秘书，和黄逸峰一起来苏北的战地党政委员季方在李明扬部任参谋长，季方是第三党重要负责人，他到苏北后即接受了中共领导。新四军还派了朱克靖到苏北，他在大革命中任第三军党代表，李明扬是副军长兼师长，同为三军袍泽。黄逸峰、李俊民、季方、朱克靖的密切配合，对争取李明扬、陈泰运中立起了重要作用。

1940 年秋，李明扬、陈泰运看到，新四军必将成为苏北抗战的中坚，新四军如果击败韩德勤，对他们保住实力当然有利，但此后要直接与新四军相处，他们心存诸多顾虑，尤其是害怕被“吞并”。于是，他们向黄逸峰提出了一个特殊方案：请黄逸峰委员出面组织一支中间部队，建立一个与苏北新四军的联络桥梁和缓冲地带。黄逸峰向陈毅汇报后，陈毅认为此举有利于团结苏北中间派力量共同抗日，于是欣然接受这一建议，同意由黄逸峰出面组织一支受共产党领导、得到新四军赞同、担负统战任务的“外围军”，部队就用李明扬、陈泰运的番号，成立一个联合抗日司令部。黄桥决战时，李明扬等对战后苏北局势更为关切，迫切希望黄逸峰能从速组建“联抗”。

1940 年 10 月 10 日，“鲁苏皖边区游击总指挥部直属纵队、鲁苏战区苏北游击指挥部第三纵队”司令部在泰县曲塘镇正式成立，联抗领导人和各部门干部近百人出席了成立大会。黄逸

---

① “毛泽东、朱德、王稼祥关于建立外围军致陈毅、刘少奇电(1940 年 7 月 16 日)”中共江苏省党史工委《新四军联抗部队》，江苏人民出版社 1995 年 10 月版，第 13 页。

峰在大会上讲话指出:联抗的宗旨是团结各党各派、各抗日部队、各阶层人士共同抗日,要把联抗建成一个坚持抗日、坚持团结、坚持进步、坚持民主的部队。他号召全体指战员要为此英勇奋斗。[①] 联抗由黄逸峰任司令,李俊民任副司令,周至堃(卢志英)任副司令兼参谋长。新四军苏北指挥部派了张孤梅为政治部主任,并成立了干部训练班、战地服务团,创办了《联抗报》,陈毅也派了一些政治工作骨干来联抗,联抗成立之初驻防曲塘、白米两镇,这两区地方成为新四军与李明扬、陈泰运之间的缓冲地区。

联抗成立不到一个月,部队就发展到一千余人,编成四个大队。新四军苏北指挥部派来的一个加强连,成为联抗的核心部队。联抗的其他成份是从李明扬部调来的一个连,陈泰运部借来的一个连(不久归还),保安一旅薛承宗部的一个连,以及曲塘、白米两个区的常备中队等。还有从上海、南通、泰县、泰兴、东台等地动员来的一批抗日青年和工农群众,许多知识青年都慕黄逸峰、李俊民之名而来投奔联抗。后来,联抗还先后建立了东南支队、独立支队。

联抗形式上是抗日统一战线的武装,实际是中共领导的抗战部队。联抗作为新四军与国民党地方实力派军队合作抗日的桥梁,影响和吸引了有抗日要求的国民党军和各阶层民众与新四军团结抗战,它的成立适应了当时苏北抗战形势发展的需要。

(二) 苏北第二次和平会议与苏北临时参议会

黄桥决战后,陈毅、粟裕从全局出发,采取对韩德勤"暂时休战",派代表与其商定彼此停战言和的方针,中共中央也明确指示苏北新四军"应继续与各方代表谈判","如能召集韩、李、陈、我四方和平会议是很好的"[②]。因此,联抗建立后即以其特殊地

---

① "联抗部队及兴东泰地区大事记",《新四军联抗部队》,第 458 页。

② "中共中央关于对韩德勤的方针给中原局的指示",《新四军联抗部队》,第 15 页。

位联络各方代表，协助新四军筹备召开苏北抗敌和平会议，以澄清苏北摩擦真相，加强对苏北国民党地方实力派和地方上层抗日爱国士绅的统一战线工作。

1940年10月下旬，陈毅、管文蔚、朱克靖去海安拜访韩国钧，解释了黄桥之役新四军不得已进行自卫还击的苦衷，表示了与省韩团结抗日的愿望，希望再请韩国钧出面召集各方和平会议。李明扬也由泰州来海安拜访了韩国钧。经过协商，决定由韩国钧、李明扬发起召集苏北抗敌和平会议，由联抗进行联系和组织，确定以联抗司令部所在地曲塘为开会地点。韩国钧、李明扬如约发出了召集苏北军民抗敌合作会议的通知，邀请苏北各军政领导及地方耆绅，至曲塘共商今后大局，促进苏北军民团结抗敌，改善政治，挽救时局，解除民困。联抗司令黄逸峰迅速做好了会议的各项准备。

但是，李明扬、陈泰运提出把会议地点改在泰州，并暗中联合韩德勤，企图逼新四军让出东台，故李、陈、韩都没有依约到曲塘。新四军领导人于10月30日按期到达曲塘，陈毅劝说韩国钧不要受他人利用、指责李明扬的无信义、指责韩德勤的没有诚意。来曲塘参加会议的30余人有新四军代表陈毅、管文蔚、朱克靖和八路军南下部队代表，有陈泰运和一部分保安旅、团的代表，还有泰县、泰兴、兴化、靖江、东台、如皋、南通、海门、启东、江都、如西等12县代表，联抗的黄逸峰、周至堃、李俊民，以及韩国钧、朱履先、季方等。在各方代表的一致斥责下，李明扬迫不得已赶来曲塘，但韩德勤的代表仍拒不到会，苏北和平会议因此在10月31日改为谈话会形式召开。

会议上，各方代表均慷慨陈词，自由发表意见。韩国钧称：在苏北"新四军一再退让，韩德勤一再进攻，确属事实"，"目前政府及国民党不与中共合作，绝不能抗战救国。论政策及人才，国不如共，乃是事实"。李明扬则表明自己"一贯同情中共，主张调停"，而韩德勤进攻新四军"处置是错误的"，主张休战言和。陈毅明确表示"为了顾全大局，不采取报复手段"，但希望"各方能承认新四军、八路军在苏北的政治地位，则八路军、新四军愿与各方合作"，各军应"立即计划出动抗敌"。如果韩德勤有和平诚意，新四军"准备直接与之谈判"。[①] 会议东道主联抗司令黄逸峰发言阐明了联抗坚持团结各方共同抗日的宗旨。会议代表共同呼吁停止冲突，团结抗战，分区抗敌，改善民生，保障抗战民权，以民选为原则，召集省参议会。会议还通过了苏北各部队要求联合抗日的通电。苏北和平会议的成功，提高了新四军威信，确立了新四军在苏北的领导地位，稳定了国民党地方实力派，使联抗辖区成为苏北军民心目中公认的中立区。

苏北和平会议后，新四军苏北指挥部积极筹备召开苏北临时参议会，准备正式成立苏北行政委员会。1940 年 11 月 15 日，苏北临时参议会在泰县海安召开，泰县、泰兴、靖江、兴化、东台、盐城、如皋、南通、海门、扬中、江都、丹阳、高邮、崇明等 14 县都派了代表参加会议，实到代表人数有 388 人，代表中包括苏北各阶层人士，但中共党员只有 72 人。管文蔚主持会议，宣布了会议的宗旨、任务和开法。会议上经过争论，明确了地主减租减息、农民交租交息的政策，明确了目前县区长的产生办法还是由行政委员会委派。[②] 会议通过了施政纲领和成立苏北临时行政委员会的决议，还通过了实施民主政治、改善人民生活等议案。大会选举韩国钧为苏北临时参议会名誉议长，选举黄逸峰为议长，朱克靖、朱履先为副议长。选举管文蔚为苏北临时行政委员会主任，季强成为副主任。苏北临时参议会圆满完成了既定任务。

联抗成立以后，对苏北和平会议、苏北临时参议会的召开起到了联络和保障的重要作用。联抗在其驻地曲塘、白米两区组织了"民众抗日动员委员会"，在发动群众参加抗日方面发挥了

---

① "陈毅关于曲塘和会经过致毛泽东、朱德等电(1940 年 11 月 1 日)"，《新四军联抗部队》，第 17－19 页。

② 《管文蔚回忆录续编》，第 146、147 页。

比区乡政权更大的作用。1941年8月间，泰县海曲白河北办事处（简称泰北办事处）成立，统一领导海北、曲北、白米三个区的工作，并整顿各乡政权，开征税收，已实际具备了县级政权的规模。

（三）坚持兴、东、泰抗战的苏中联抗

1941年初，日军调集兵力准备“扫荡”苏北，国民党顽固派在皖南事变后还叫嚣收复苏北失地，面对严峻的苏北抗战局势，联抗司令黄逸峰在曲塘镇都天庙召开全体指战员大会，重申了坚持抗战、反对分裂的立场。2月13日，泰州李长江在日军诱降下率部投敌，就任汪伪反共救国军第一集团军司令官。李明扬仅带千余人离开泰州转移到姜堰北部。[①] 新四军立即发起讨李（长江）战役，联抗也参加了战斗。18日，新四军代军长陈毅、政委刘少奇发布《讨伐李长江命令》，以一师师长粟裕为讨逆总指挥，联抗的任务是攻击马沟据点伪军。联抗部队在黄逸峰等率领下冒雨攻击马沟，伪军纷纷向姜堰、泰州逃窜，联抗攻克马沟后乘胜追击。新四军一师连克姜堰、泰州，围歼了李长江主力，联抗进驻姜堰。因扬州、如皋日军大举出动救援李长江，联抗奉命在曲塘、胡家集一线阻击经海安西进的日军，胜利完成了任务。讨李战役是联抗初次参战，部队得到了锻炼，产生了良好的政治影响。

李长江投敌后，日军侵入里下河一带，泰州、兴化、东台和海安等城镇沦陷，曲塘、白米也成了伪军据点，联抗转入农村开展游击战。为了加强部队建设，联抗于1941年7月赴新四军军部整训。经过在阜宁洲门镇的整训，联抗奉命打回原地区坚持斗争。新四军首长专门来作了指示，明确联抗是党绝对领导下的外围军，是新四军的一个组成部分。刘少奇说：北方有“牺盟”，南方有“联抗”，联抗在统一战线中所担负的特殊使命，并不比八

---

① 李明扬在1945年1月被日军俘获，他坚持民族气节，拒绝出任伪职，被日军囚禁于南京，抗战胜利后出狱。

路军、新四军为轻。陈毅要求联抗回去后团结一切抗日力量，坚持统一战线，实行减租减息，建立巩固的根据地，有力地打击日本侵略者。[1]

10 月，联抗打回海安、曲塘、白米地区，成立了以黄逸峰为书记的联抗党委，“所有联抗根据地的党政军民工作，均归联抗党的委员会指挥之”，苏中军区“划姜、曲、海以北，东台、兴化、海安、泰县四角地区为联抗工作地区，作为联抗根据地”，[2]这一带分属兴化、东台和泰县，是联接苏中一、二、三分区的战略要冲。联抗活动区西有李明扬和陈泰运，北有张星炳的保安三旅，四周还有敌伪据点。面对这一形势，联抗确定了西联友军、北拒张顽、打击敌伪的方针。

年底，联抗在新四军部队援助下，出兵严惩了占据了联抗驻地、残害人民的保三旅。联抗还表示继续与李明扬、陈泰运合作，同意在经济上给他们适当支援，并与他们相互交换敌伪情报，同意他们在敌伪“扫荡”时转移到联抗地区。联抗坚持团结抗战得到了各方拥护，使联抗活动地区保持了相对安定的环境。1941 年 11 月，兴东泰特区委建立，兴东泰地区范围内党的根据地工作和秘密工作统一由兴东泰特区委领导进行。1942 年，兴东泰地区开展减租减息运动，激发了农民的抗日积极性。联抗地区还废除保甲制，实行新乡制，按照“三三制”原则进行乡政权建设，巩固了抗日统一战线。

因实行一元化领导，1943 年初兴东泰特区委撤销，成立兴东泰地委，黄逸峰兼任书记，副书记为戴为然，组织部长彭冰山，宣传部长李俊民，统一领导联抗地区党政军民各方面工作。同时，苏中行署撤销泰北办事处，在联抗地区成立县级政权，为纪

---

① “一支执行统一战线任务的武装·李俊民”，《新四军联抗部队》，第 238 页。

② “陈毅、刘少奇、饶漱石、赖传珠关于积极开展外围军工作致苏中军政党委员会电（1941 年 9 月 6 日）”《新四军联抗部队》，第 30 页。

念已故爱国士绅韩国钧,[①]命名为紫石县抗日民主政府,李俊民兼县长,魏翘南为副县长,加强了联抗地区的抗日民主政权建设,至1944年,兴东泰地区在紫石县政府领导下,设有8个区级政权,将近100个乡,人口约40万,成为一个具有相当规模的县。

图10-6　墩头新四军联抗烈士纪念碑

1943年,华中日军对苏中及联抗地区进行“扫荡”、清乡”。联抗实行精兵简政,部队整编为数个兵员充实的连队,由司令部直接指挥,时分时合,机动灵活地打击日伪。7月初,由东台出动的日伪军在墩头、曹家庄一带与联抗部队进行了激烈战斗,联抗指战员英勇进行了白刃战,此役日伪军伤亡三四百人,是其自“扫荡”韩德勤部和兴东泰地区国民党军以来遭到的最严重打击,显示了联抗的坚强战力,扩大了联抗的抗战声威。

在1943年日伪的连续“扫荡”中,联抗两次对面临险境的税警团施以援手,掩护其转移到联抗地区,事后又护送他们返回原防。但是陈泰运却勾结日伪,暗中投敌,封锁新四军南北交通,骚扰联抗边境,成为苏中抗战的严重隐患。1944年9月,应各

① 韩国钧,号紫石,海安镇沦陷后他拒绝出任伪江苏省长,表现了崇高的民族气节,1942年1月23日在忧愤中溘然辞世。

界人民请求，新四军集中兵力配合联抗发起了讨伐税警团的战斗，经多日激战，税警团大部被歼，残部在如皋、泰州的日军接应下逃走。此役收复顽伪据点十余处，使苏中各分区连成了一片。至此，联抗周围的国民党军，除了李明扬部少数人外，其余的都已不复存在，联抗作为缓冲力量和外围军的历史任务已经完成。

1944 年 10 月，新四军苏中军区决定撤销联抗番号。11 月 10 日，紫石县政府在塔墩庙召开了参政会，出席参政员一百多人，县长魏翘南做了施政报告，联抗司令黄逸峰作了告别讲话，与会代表对联抗在兴化、东台、泰县、海安地区的四年艰苦抗战给予了高度评价。[①] 此后，黄逸峰调任苏中一分区司令，联抗两个团正式编入新四军战斗序列，随即投入了迎接抗战胜利的新战斗。

三、抗战胜利与自卫战争中的泰州

（一）抗战反攻胜利　内战阴云密布

1944 年，盘踞苏中的日军士气与战力每况愈下，但仍企图对泰州一带的抗日根据地进行“扩展清乡”。中共苏中区党委针对这一形势，提出了“更顽强的坚持原地斗争和更有效的准备反攻力量”[②]的方针，苏中军民广泛开展了对日伪的局部反攻。

1944 年 3 月，新四军苏中部队发起车桥战役。泰县独立团在战役中担负了打援任务。车桥战役的胜利使苏中、苏北、淮南、淮北抗日根据地连成了一片。苏中军民继续主动进击，解放了大片地区，泰州一带的大量日伪据点被攻克、收复。9 月，苏中新四军沉重打击了勾结日伪的陈泰运税警团，控制了兴化、泰县、东台、紫石四县之间的三角地带，在这一地区建立了区、乡抗

---

① “联抗(兴东泰)地区的政权建设”《新四军联抗部队》，第 234 页。

② 《粟师长论目前苏中形势与任务》，《苏中报》1944 年 2 月 18 日。

日民主政权。陈泰运率残部公开投敌，编为伪第25军，盘踞在泰州城和溱潼等地。1944年底至1945年初，日军调遣华北的伪第二方面军孙良诚部进驻苏中，孙良诚进入泰州城后在外围增筑据点，四出骚扰，并扬言要以重兵扫荡苏中地区。由于新四军一师主力已渡江南进，苏中抗战局面又呈紧张形势。

苏中区党委坚决执行一面坚持、一面发展的方针，大力加强抗日武装建设，积极准备抗战的战略反攻。1944年底，苏中调整行政区划，其中三分区辖如西、泰县、泰兴、靖江，紫石五县，地委书记叶飞（兼），专员朱克靖，军分区司令员陈玉生；一分区辖江都、高邮、宝应、兴化四县，地委书记陈时夫，专员韦永义，军分区司令员黄逸峰。为了扩大根据地，1945年2月苏中全面展开扩军运动，三分区在青年和民兵中广泛动员，形成了参军热潮，一个月就有4000人参加新四军。一分区也在各县深入动员，兴化5天内就有500人来到部队。根据地青年和民兵一批批加入新四军，地方区队上升为县团，县团上升为主力，各县又组建新的独立团或警卫团，苏中仍保持27000余兵力。1945年2月，苏中新四军一举攻克了被日伪吹嘘为“水上坚城”的兴化沙沟，崔垛，把兴高宝水网地带联成了一片。4月下旬，新四军兴化独立团等部及地方区队在三垛、河口设伏，全歼日伪军1800余名。苏中新四军的反攻攻势不断增强。

1945年8月，中国军民奋起对日寇进行最后一战，苏中解放区广泛动员群众争取抗战的最后胜利，8月中旬，苏中新四军在3天内雷厉风行地编组了17个团，组成3个旅，展开了对日伪的大反攻，各县民兵也积极配合作战。三分区集中部队连克黄（桥）、姜（堰）、泰（州）、如（皋）公路沿线敌伪据点，苏中各地拔除敌伪据点30余处，取得了反攻初步胜利。8月29日黄桥光复，中共黄桥市委、市政府成立，周伯藩任市委书记，栾长明任市长。8月下旬，苏中新四军于攻克宝应县城后，兵锋直指兴化县城。兴化的伪军第22师等部凭藉水网地形固守顽抗。苏中新四军集中1个旅和5个团兵力围攻，兴化独立团在团长柴荣生、政委戴为然指挥下一举攻下北门，9 月 1 日，“固若金汤”的兴化城被攻克，全歼伪第 22 师师长刘湘图以下 5000 余人。

日本宣布投降后，驻靖江的日军撤往苏南，盘踞在靖江各地据点的伪军一部分龟缩泰兴城，大部分撤回靖江城，企图凭借城池负隅顽抗。苏中三分区成立了围城指挥部，决定“围住陶明德的伪军伪警，收复靖江城”，于 8 月 20 日开始围城，26 日，三分区主力和地方武装及民兵万余人攻克靖江，守城伪军全部缴械。接着，三分区部队继续攻击泰兴城，于 9 月 12 日凌晨突破城门，经激烈巷战后生俘伪 19 师师长蔡鑫元以下 4000 余人，缴获大量武器弹药，苏中军区传令嘉奖，并授予参战部队“泰兴部队”光荣称号。在攻克泰兴城的同一天，新四军解放了苏中水陆交通枢纽海安镇。

在抗战胜利声中，新四军几乎光复了苏中全部城镇。但国民党为了抢夺胜利果实，不仅不给苏中新四军受降的权利，反而责令南通、泰州、扬州的日伪继续保持武装，原地“维持治安”，以利用日伪据点作为进攻苏中解放区的据点。因此日伪军又侵占了扬泰地区多处村镇，还按照国民党政府命令攻占了早经新四军光复的海门等城镇以及泰兴城和靖江城。① 所以，抗战胜利之时，苏中新四军对日军的作战任务尚未完成。1945 年底，苏中新四军解放了日军盘踞 7 年之久的高邮城，并攻克了扬泰路上宜陵、塘头、郭村等市镇 16 处。

1946 年初，新四军遵照停战令停止了军事行动，但国民党军在占据南通、泰州、扬州等城市后，又攻占了苏中多处城镇，不断向苏中解放区挑衅、进攻。在姜堰，占据泰州的国民党第 100 军进攻新四军苏中独立旅，新四军顽强进行姜堰保卫战，并遵守

---

① “粟裕号召苏中军民保卫抗战胜利果实”1946 年 6 月 24 日，《苏中七战七捷》编写组《苏中七战七捷》，中共党史出版社，2006 年 8 月版，第 67、68 页。

停战令,派惠浴宇为代表与国民党军进行火线谈判,[①]挫败了敌人的企图。此时,国民党军在沿江一带调集了六七个军,单苏中地区就集中了10个师约八九万兵力,后继部队还不在内。[②] 国民党军即将全面大举进攻苏中解放区已无疑义,苏中及泰州上空内战阴云密布。

(二) 苏中自卫战争的前哨阵地

抗战胜利后,长江以北已形成了广阔的苏皖解放区。1945年11月,中共华中分局、华中军区和苏皖边区政府建立,全区划为8个行政区,其一分区辖泰县、泰兴、靖江、海安、如皋、东台、台北(今大丰)、南通、启东、海门、如东等县(兴化、溱潼、江都、高邮、宝应等地属二分区),与国民党统治的南京、上海中心地带隔江对峙。在1946年6、7月间的国共谈判中,国民党认为苏北解放区威胁京沪,无理要求中共退出苏北。因此,苏北军民没有放松武装自卫的准备。一分区的党政军领导"一道对人民群众进行宣传发动,致力克服抗战胜利后的和平麻痹思想,从思想上、组织上、物质上作好充分准备,以迎接大战的到来",[③]重点抓三项工作:

一是按照中共"五四"指示普遍进行土改。1946年6、7月间,泰兴、兴化等地土改全面开展,形成斗地主、分田地的热潮。一地委在靖江季家市召开干部会议,要求把土改作为动员群众参军参战的首要环节。自卫战争打响以后,苏中解放区提出"一手拿枪,一手拿算盘","白天打仗,夜晚分田","前方打仗,后方分田"的口号,迅速完成了土改。[④] 到7月底,仅泰兴、泰州、靖

① 惠浴宇口述,俞黑子记录整理《朋友人》,江苏人民出版社1996年1月版,第176页。

② "粟裕号召苏中军民保卫抗战胜利果实"1946年6月24日,《苏中七战七捷》,第68页。

③ 段焕竞"陷敌于汪洋大海—忆苏中战役中的一分区地方武装",《苏中七战七捷》,第350页。

④ 粟裕"回忆苏中战役",《苏中七战七捷》,第251页。

江、如皋、东台、台北6县，就有8000土改翻身农民青年参加了新四军。二是发展壮大地方武装。抗战胜利后，华中第一军分区成立，原苏中三分区特务团上升为主力新四军一师一旅，战斗力较强的泰兴县独立团即上升为华中一分区特务团。1946年6月10日，地委发出立即进行自卫战争准备的通知，要求分区各级武装要发展到2万到2.5万人。于是，各县基础较好的区中队、游击连上升为县独立团，民兵基干队上升为区中队、游击连，一分区地方武装很快又达到18400余人。① 三是加紧自卫防御的准备。国民党军如进犯苏中，必然首先进攻苏中解放区前部，特别是如泰地区。为了在自卫战争中迟滞敌人进攻，一分区广泛发动民兵、游击队、区中队和各县独立团，运用抗战中改造地形、河道、广筑暗坝等办法，破坏公路和航道，在必须组织防御的地方构筑战壕、交通壕，苏中根据地筑起了铜墙铁壁。

1946年7月，国民党12万军队向苏中解放区发动了全面进攻。粟裕指挥华中野战军3万余人毅然进行自卫，乘国民党军正在实施战略展开之际，先打其进攻出发地之一的宣家堡、泰兴。驻守宣、泰之敌是整编83师的两个团，为美械部队。宣家堡是停战令生效后敌人违反停战协议侵占的，泰兴城是停战协议即将生效时被敌人强占的，首战宣、泰在政治上更为有理。打掉这一路，就扩大了泰州之敌和南通之敌的间隔，华中野战军可以转用兵力，连续作战，打开局面。② 7月13日，华中野战军集中主力攻击宣、泰，一分区部队阻击可能由白蒲北犯和由泰州东犯之敌，至15日晨，宣、泰战役全胜，共歼敌整编第83师第19旅两个团和旅属山炮营及第63旅一个营共3000余人。

首战告捷之后，华中野战军主力迅速转移兵力，出其不意地在如皋东南地区歼灭了敌整编49师一个半旅10000余人，新四

---

① 段焕竞"陷敌于汪洋大海-忆苏中战役中的一分区地方武装"，《苏中七战七捷》，第350页。

② 粟裕"回忆苏中战役"，《苏中七战七捷》，第256页。

军在长途奔袭中"一路上受到人民群众的热情支援,夜过黄桥,群众以烧饼和西瓜争相慰劳"。[①] 如南战斗后,华中野战军胜利进行了海安运动防御战,接着奇袭李堡歼敌9000余人,又在丁堰、林梓战斗中歼敌3000余人。8月下旬,国民党军进攻江都邵伯,华中野战军实施"攻黄(桥)救邵(伯)"计划,十纵和二分区部队进行了4昼夜邵伯防御战,华中野战军主力则出击如(皋)黄(桥)路,共歼敌两个半旅17000余人,并乘胜攻克黄桥。中共延安总部发言人就国民党军进攻苏中的惨败对新华社记者发表了谈话,称苏中战役为"七战七捷",并对今后战局发展具有重大影响。

为了粉碎国民党军的全面进攻,华中野战军在苏中战役后北撤实施战略转移。1947年初,苏中主要城镇、交通干道基本上被国民党军占领,地主还乡团大搞反攻倒算。苏中地方武装紫石县团在高家垛遭到国民党军扫荡合击,损失过半,姜北区女民兵英雄高凤英牺牲;[②]靖江团在泰州也被敌人扫荡合击,遭到损失,而泰县只有雅周区还控制在地方武装手中;泰兴县委和县独立团在姚家庄遭敌军合击,损失重大,县委书记兼团长叶梯青和县长张正举牺牲。坚持在苏中根据地的军民处于最艰苦的斗争环境。

1947年春,管文蔚率华东野战军11纵打回苏中,担负坚持苏中敌后斗争的任务,华中各分区部队都打回了原地区。1947年上半年是国民党军加紧对一分区南线地区(泰县、泰兴、靖江、如皋等县)扫荡清剿和南线坚持之斗争最为尖锐的时期,敌人在主要村庄、路口建筑碉堡、据点,单在泰兴、城黄、山北地区就修有纵横十余条封锁线。

---

① 粟裕"回忆苏中战役",《苏中七战七捷》,第258页。

② 1947年1月,姜北区女民兵英雄高凤英在高家垛战斗中负伤后英勇就义。延安《解放日报》在纪念"三八"国际劳动妇女节的社论中,号召解放区妇女向高凤英和刘胡兰学习。

苏中一分区为了坚持南线武装斗争，成立南线支队，以柴荣生为支队长，许淦为政委。南线支队主动出击，支援紫石县，创造了一天转战160余里，三战三捷的战绩；在打破国民党军七路会剿合击营溪的战斗中，两泰团在金家庄半小时全歼敌泰兴县机动大队，创造了会剿圈内歼敌的范例。这两次战斗得到了苏中军区表扬。1947年8月，南线支队、靖江团、两泰团进军姜黄河西泰兴地区，一举攻克宣家堡等一批敌军据点，恢复了姜黄河以西200多平方里的地区，两泰地区出现了新的局面。①

1948年到来后，苏北军区成立，下辖两泰、兴化、南通、扬州等8个分区，以管文蔚为司令员，陈丕显为政委，统一指挥苏北地方武装，并积极准备布置将来渡江作战的一切具体工作。一分区南线支队(改为分区1团、2团)、泰州团、泰兴团、靖江团等地方武装也进行反攻，粉碎了国民党"扬州泰县靖江泰兴清剿指挥所"以16个团兵力及地主还乡团向一分区南线施行的总体战和对泰兴县的重点"清剿"，收复了大片地区。1948年秋，战略决战已揭开序幕，苏北军区主动在南线发起攻势，对沿江地区的国民党军防线进行了连续打击。

(三)泰州地区解放　支援大军渡江

1948年11月，伟大的淮海战役打响了。中共华中工委成立了华中支前司令部，号召"人人动手，个个支前"，人民群众纷纷保证"解放军打到哪里，我们就支前到哪里，前方需什么，我们就送什么"。在11月泰兴县委部署的大参军运动中，全县就有青年1748人参加了解放军主力和地方部队。为了拖住苏北国民党军不使北援，苏北军区各独立旅、各县团及区乡游击队奋勇出击，华中南线部队再次发动对长江沿线国民党军的攻势，以6个主力团组成的长江纵队，在反攻作战中胜利收复了姜堰、口岸、龙窝口、刁家铺等要点。②

---

① 《泰州党史资料专题辑要》第四辑，第220—225页。

② 《管文蔚回忆录续编》，第370、371、372页。

自淮海战役开始，兴化之敌就惊惶失措，陆续南逃。到1948年12月中旬，苏北军区二分区部队相继解放了大垛、戴南、周庄、竹泓、尖沟、沙沟、崔垛等主要乡镇和敌占据点。兴化城里国民党县政府及警察局、法院等纷纷撤退，13日晨驻兴化城的国民党军4000余人弃城南逃，在陈家舍遭到溱潼县独立团歼击。当日兴化县城解放。在姜堰，国民党守军在原萃丰公司构筑了据点、碉堡群，自诩为"万全楼"。12月初，长江纵队抓住战机攻打姜堰，迅速拿下了明堡工事，摧毁"万全楼"，解放了姜堰镇。16日，溱潼国民党守军南逃，溱潼县独立团胜利开进溱潼镇。姜堰战斗后，长江纵队一部进至九里桥，直逼泰州城。1948年末，苏北军区长江纵队发起了（泰兴）城黄（桥）线攻势，1949年1月1日，城黄线战斗歼灭国民党军3200余人，在自卫战争中几经争夺的黄桥又回到人民手中。1月10日，泰兴县城国民党守军逃往江南，泰兴县城解放。25日，中共泰兴县委、县政府由黄桥进入泰兴城。

淮海战役结束后，苏北已无国民党军主力。泰州城内的国民党县政府和军警仍在作垂死挣扎。泰州城内的中共地下党积极行动，他们设法测量了护城河的宽度深度，绘制了泰州地形图，还编写了《进城手册》，印好了《约法八章》，准备迎接解放，1949年1月21日拂晓前，泰县县长丁作彬仓皇率部出泰州西门沿扬泰公路逃走。当天下午，苏北军区一分区泰兴县团先头部队从泰州城北的觉正寺方向进入泰州，在西仓桥口商会门前受到群众热烈欢迎，泰州城解放，秩序安谧，商家店铺照常开门营业。22日上午10时，解放军由觉正寺和东门分两路入城，正式进驻泰州。中共泰州市委、泰州市人民政府、泰州市军事管制委员会、泰州警备司令部及所属6个镇的镇政府同时成立，主要领导人为市委书记莫珊，市长顾维汉，军管会主任陈直斋，警备司令部司令游玉山。

随着淮海战役胜利和长江以北苏皖广大地区陆续解放，解放军积极准备"打过长江去，解放全中国"。国民党军以江北、江中、江南作长江三线防御，泰兴、靖江沿江地区还有国民党军的江北桥头阵地和江中江心洲据点。要打过长江，必须拔除国民党军江北桥头堡。1949 年 1 月 28 日凌晨，靖江城内守敌国民党军残部两个团惊慌弃城南窜，一分区靖、泰独立团当即赶到靖江南门，沿靖（江城）八（圩港）公路追击，击溃敌军，解放了靖江城。4 月中旬，苏北军区部队先后攻占泰兴龙窝口、长江中的平安洲、永安洲、北沙岛，控制了江北沿江重要港口，开辟了渡江出发基地。渡江战役开始之时，靖、泰独立团配合其他部队，攻占靖江八圩港，国民党守军 1 个师投降。

第三野战军在淮海战役结束后，立即部署渡江作战。1949 年 4 月 1 日，三野代司令员兼代政委粟裕、参谋长张震率三野指挥机关东进，5 日凌晨进驻泰州以南白马庙，在一所青砖构建的王氏小楼内设立了三野渡江战役指挥部。4 月 21 日，毛泽东、朱德发布了向全国进军的命令。21 日凌晨，粟裕、张震在泰州白马庙指挥东、中两路突击集团的第七、八、九、十兵团发起渡江作战，23 日，解放了国民党反动统治的中心南京。

图 10－7　泰州白马庙三野渡江战役指挥部旧址

为了支援解放大军渡江作战，苏北扬州、泰州，南通沿江地区人民在“一切为了前线”、“一切为了胜利”的号召下踊跃支前。泰州人民群众把里下河地区的船只全部开了出来,秘密移至沿江湖河港汊隐蔽起来。在泰州以南的口岸沿江向东,几条河汊里挤满了渡江用的船只。[①] 为了建造适合榴弹炮兵渡江需要的辎重船,泰州的船工们冒着敌机轰炸的危险抢时间赶造船只,提前完成了任务。在整个渡江支前过程中,泰州人民群众贡献了全部力量,筹集粮食24000多万斤及大量物资,出动船舶11万艘,动员民力59万人,其中常备民船船工近4万人,泰县、泰兴、靖江带队干部1048名,另有在支前机构、支前粮站工作的干部数千名。支前民工筑公路,修桥梁,运粮草,救伤员,船工还随军渡江,有力保障了渡江战役的胜利。苏北渡江支前指挥部对泰州人民为渡江作战所作的巨大牺牲和贡献给予了高度评价。

在渡江战役胜利的炮声中,人民海军在泰州诞生。1949年初,中共中央及中央军委就作出了组建海军的战略决策,并把这一任务交给了第三野战军。3月25日,陈毅向华中军区副司令员、“三野”前敌委员会委员张爱萍传达了中央军委关于由张爱萍负责组建海军的决定。4月23日,担任江阴至安庆段江防任务的国民党海防第二舰队司令林遵,率第二舰队和第五巡防舰队在南京笆斗山江面举行起义。同时,中央军委向三野司令部发来急电:立即组建海军,定名为中国人民解放军华东军区海军。下午2时,组建海军的第一次会议在白马庙三野渡江指挥部召开,张爱萍宣读了中央军委的电令,正式组建华东军区海军司令部,张爱萍任司令员兼政委,这是人民海军诞生的标志。[②]

解放初期的泰州一度是苏北政治、军事重心。1949年4月15日,中共苏北区委员会在泰州成立,区党委书记为萧望东。21日,苏北行政公署在泰州成立,行署主任为贺希明,下辖泰

---

① 《管文蔚回忆录续编》,第380、381页。

② 1989年2月17日,中央军委批复海军党委,以1949年4月23日成立华东军区海军日期为中国人民解放军海军成立日期。

州、扬州、盐城、淮阴、南通5个行政区；苏北军区也在泰州成立，司令员为张震东，下辖一、二、五、六、九军分区和华东警备第七旅。5月1日，原中共华中一地委改称中共泰州区地方委员会，泰州地委书记为谢克西，原苏皖边区一专署改称泰州行政区专员公署，泰州专署专员为黄云祥，泰州区辖泰州、泰县、泰兴、靖江、东台、台北、海安、如皋等1市7县。

第二节 泰州地区中共根据地和解放区的经济建设

长江以北黄海之滨的苏中地富人稠、物产繁多、交通便利，是华中经济较发达的区域之一，也是日本侵华以来势在必夺的目标。民国初年，泰州地方经济曾一度有较稳定的发展。1937年日本大举侵华，抗日战争爆发，由此打断了泰州地区经济的发展路径。原有的少数面粉、纺织等规模不大的工厂和大量的手工业工场、作坊都受到了战火的摧残，陷于生存困境。但是在1940年之后，新四军抗日铁流东进，泰州地区成为苏中抗日根据地和解放区的重要部分，中共推行的经济发展政策和农村土地政策使农业经济得到了恢复和发展，也促进了商贸经济的发展，新民主主义经济因素和经济模式开始生长起来。

一、苏省政府的战时经济措施　日军在苏中的经济掠夺

（一）江苏省政府战时经济措施在苏中的推行

抗战爆发以后，日军陆续占领了苏中的扬州、南通及沿江一带的许多城镇，泰州及苏中的广大农村暂时还没有被日军侵占。在抗战初期已退居兴化的江苏省政府，为了维持其苏北敌后政权，主要采取对粮食作物生产统制的经济政策，并配合以调整工商业、兴修水利等措施，对恢复苏北农业生产，为抗战提供物质保障起了一定的作用，但这些施政措施是战前政策的沿袭及迫于时局之举。

抗战前江苏省政府已着手进行粮食储备，令各县将所存谷款悉数购谷储存，规定每区、乡、镇至少成立积谷仓一所，“历年

合升斗之力，使县区乡镇各仓，储成巨量之谷款，以备长期抗战之需”。[①] 抗战爆发后，经食粮管理委员会督促，“各县力加充实，存谷颇多”，其中泰兴积谷数为 7000 石(以高梁为主)。[②] 但是苏北“惟自京沪沦陷后，外出农工，皆蜂拥返乡，人多事少，不无分歧，加以战事影响，金融紧缩，产品停滞，大局至此，人心浮动，以致农村社会，失其正常”，[③]而苏北各县粮食还要接济大量难民，负担大量的军粮供应，农业生产深受影响，因此省政府继续强化食粮仓储，“于新谷登场之时，饬县继续积储，俾荒政军事，持久兼顾”。[④]

为了增加粮食和农产品生产，1938 年江苏省政府“特通饬各县，劝导农民，本年秋季广种小麦，明年春季，水田一概种稻，旱田则广种玉蜀黍，务以耕地百分之八十，充生产食粮之用”，[⑤]又“恢复省立高邮稻作试验场，以改良高、宝、兴、泰等县之稻作，恢复省立泰兴猪种保育试验区，以期复活农村副业，并恢复各县农产场所”。[⑥] 省政府在抗战初期还对粮食等进行战时管制。1938 年苏北沿江地区小麦丰收，“致新陈屯积，数达千万担以上”。因江南各县农产全被日军低价强购、搜刮殆尽，各杂粮业面粉业等厂商改向苏北采办。日伪则通过设立卡局、加重苛捐，甚而直接没收等方式，希图将苏北麦产全部攫取。对此，江苏省政府特禁止米麦粮食出境，同时，在苏北安全地区设立仓库收储，并奖励商民投资筹设粉厂，到 1938 年底，有 18 家工厂已开工。[⑦] 减少粮麦出口是解决战时苏北粮食农产品不足的措施之一。

---

①④ 韩德勤《一年来之江苏民政》，《战报周年纪念特刊》，1939 年。

② 张道藩《江苏各县抗战初期工作实况辑要》，中央政治学校 1941 年，第 8 页。

③⑥ 《苏北农村经济现状》，《申报》1938 年 11 月 9 日。

⑤ 《苏省府积极推行农业行政加强抗战实力》，《申报》1938 年 11 月 27 日。

⑦ 《苏省府禁麦出口》，《申报》1938 年 12 月 7 日。

由于苏北农村中自耕农与佃农是大多数，泰州地区也是如此，沉重的地租已使农民不堪重荷。战事的发展和省农民银行的西迁导致农村金融停顿，“致陷本省农村经济于周转不灵之状态”，[1]又使广大农民遭受高利贷盘剥。因此，在抗战中只有实行减租减息才能缓解民困，解决农村问题。抗战初期江苏省政府实施的农村经济政策不可能解决农村迫切需要解决的问题。

（二）抗战时期泰州地区的工业状况

抗战前，现代工业在泰州地区经济中不占主要地位，其主要部分还是手工业工场和作坊。泰兴具有代表性。泰兴城内创办于1919年的震泰纺织厂是泰兴主要的现代工业，虽然一直保持着职工近200人的规模，但十几年来发展缓慢；泰兴城内还有缫丝业机户数十家，织机百余架。在泰兴黄桥镇，使用机器生产的油坊有10多家，全镇油坊日耗大豆200余石，榨油销往广东、香港等地，而小油坊则遍布泰兴各乡镇。泰兴城和黄桥镇办有肥皂厂，日产肥皂200多条，办有几家印刷所，原为石印，后以铅印为主。泰兴手工业中，战前酿酒业最高年产烧酒约30万担，泰兴火腿年产达20.8万只，远销广东、香港及东南亚。其他手工业有铁木、银铜锡制品等70多个行业。抗战爆发后，迁至江北的江苏省政府并无积极保护和发展江北工业的积极政策。1940年泰兴沦陷，工厂、作坊多数歇业，难以维持。泰兴的工业、手工业在抗战胜利后恢复得也很缓慢。

泰州最早创办的泰来面粉厂自1931年由孙衡甫独资承盘，改为“泰来元记机制面粉厂”后，发展顺利。抗战爆发后，厂方担心日寇空袭轰炸厂房，向上海德商AEG洋行投保，将“泰来”挂名为德国产业，并在厂房屋顶及空旷场地涂画了德国纳粹标志，以求苟安。抗战时期，泰来面粉厂始终在各方力量间挣扎生存。日本投降后，国民政府江苏田赋粮食管理处却以接收敌产名义接管了工厂，改名为泰州面粉厂，另派了厂长。由于孙衡甫之子

① 《一年来之江苏农村》，《战报周年纪念特刊》，1939年。

孙祥盈向国民政府粮食部提出申诉，要求偿还产权。经江苏省高等法院检察处及苏浙皖敌伪产业清理处调查审理后，于 1947 年 11 月将产权发还。孙祥盈接手办厂后，厂名改为泰来元记面粉厂。1948 年 3 月工厂又改组为“泰来面粉厂股份有限公司”，上海交通银行董事长钱新之兼任董事长，孙联璋任总经理，经盘点确认当时“泰来”厂房建筑作价 40 亿元法币，机器设备、五金物料价值 160 亿元法币，有职工 202 人。但“泰来”无论生产还是经营，都因时局影响而每况愈下，“泰来”的生产资金要靠贷款勉强维持，还得变卖仓库，坐吃老本。

抗战胜利之际，泰州新开办了一家华泰纱厂。早在 1943 年秋，在上海大同大学读书的王石琴，经努力促成了上海开明书店董事傅耕莘等决定在泰州开办纱厂。王石琴为筹办纱厂休学一年，参加建厂具体事务，并协助将机器设备从上海运到泰州。1945 年初，华泰纺织股份有限公司已筹集资金 3000 万元(伪中储券)，每股 100 元。其中有上海荣丰纱厂老板章荣初、总经理韩志明以机器折旧出资 1000 万元，上海其昌钱庄经理丁山桂与上海开明书店傅耕莘共同出资 1000 万元，泰州同福、天福、天成泰三大绸布店及大德粮行等店铺商行老板储子安、吴惠春、胡季梅、栾心斋、戈秉直、邓寅生等共同出资 1000 万元。王石琴、高尧各出资大米 100 担。1945 年 8 月，华泰纺织股份有限公司董事会成立，丁山桂任董事长，傅耕莘任总经理，高尧任厂长，王石琴任华泰纱厂总务主任。纱厂于日本投降、八一五光复的第二天正式投产。初期工厂的生产设备有 3 台细纱机(1176 锭)、1 台清花机、4 台梳棉机、2 台粗纱机、1 台小色机、三台柴油发电机。厂址设在泰州南门外高桥附近，有职工 119 名，生产“花塔”牌棉纱，月产量为 50 到 60 件左右。1948 年，华泰的上海股东力主将纱厂南迁镇江，王石琴等人代表全体员工上书董事会，经不懈努力，终于说服董事会将华泰纱厂留在了泰州。

泰州地区有限的现代工业在艰苦的抗战时期和纷乱的内战局势中，生存艰难曲折，最后都陷于苟延残喘的境地。

(三)日军对泰州地区经济的统制、掠夺、封锁

日本在侵华战争初期,苏北日军就依仗军事上的优势,攻占了苏中扬州至南通一带的主要城镇和水陆要道。及至太平洋战争爆发后,日军更加加紧对苏中地区的控制和掠夺,以遂其“以战养战”的策略。日军在经济上对整个苏北采取统制政策,进行敲骨吸髓式的经济掠夺和血腥搜刮,泰州一带的农村经济和工商业经济遭到极大破坏。日军在占领区设立了各种统制委员会,其苏北物资统制委员会即由苏中日酋南浦任会长,以物资统制来封锁苏中抗日根据地,吸收根据地资源。日军到处设立公司、洋行,垄断市场,搜括各种物资,强购农产品,在伪化区则强征暴敛苛捐杂税,有些地方税目竟达百种之多,连农民买肥料也要纳税,在泰州地区(苏中三分区)留长发者每人每次被榨 5 元,狗牌费每头 6 元。[①] 苏中地区的主要物产粮食、棉花、盐,已成为日伪物资掠夺的中心。

日伪在其控制区内征收所谓“建国公粮”、“米贴”等,名目繁多,每亩征收少则 5 斤以上,多至 20 斤以下。由于抗日根据地控制粮食出口,日伪占领区粮荒加剧,1942 年 11 月中旬,泰州地区日伪实行粮食限价,剥夺粮商,米每担 60 元,而暗市 280 元,到年底更涨至每担 500 元。[②] 同时,日伪又通过不法奸商到根据地抢购粮食。日伪还借清乡为名,侵入抗日根据地实行强盗式的劫掠,主要是抢掠粮食,并且破坏抗日根据地的公粮,强迫乡保长交出公粮,在泰兴,日伪还制订了截留根据地救国公粮

---

① “夏收运动总结(1942 年 9 月 1 日)”,中共江苏省委党史工作办公室、江苏省档案馆编《陈丕显文选》第一卷,中共党史出版社,2000 年版,第 69 页。

② 刘永耀、李昌龄《汪伪苏北行营梗概》,泰州市政协文史资料研究委员会、地方志编纂委员会办公室《泰州文史资料》(第三辑)1987 年 6 月,第 39 页。

的专门办法。[①] 1942年8月，泰兴黄谢公路沿线日寇多次向两侧地区抢劫。十区周庄、五区车马在一天就被抢去粮食40多车。在小元垛被抢粮食50多车。在1945年5月日寇投降前夕，驻泰兴日军在毕家庄还劫去粮食1.4万斤，牲畜51头及生油、咸肉等1000多斤。[②]

日伪组织了所谓"清乡委员会"，用"清剿"、"扫荡"和"清乡"等残酷手段，将苏中抗日根据地分割成零星小块，又在公路、据点或要筑据点的地方、或宿营地附近，将人民田园内的玉米、黄豆、花生等逞性铲除。在进行经济掠夺同时还进行严厉的经济封锁。日伪确定的禁运物资包括矿产及金属材料制品、机械、棉、麻、蛋品、猪鬃、羽毛、肠衣等。1943年3月汪伪制订《战时物资移动取缔暂行条例》，规定苏浙皖3省及宁沪2市，一切物品禁止运往"匪区"，尤其是严格禁止各种汽车及其零件、汽油、各种机械、通讯器材及电池、金属原材料及其制品、医药品、染料、橡胶及其制品、棉纱及其制品、还有蜡烛、火柴及糖等物品的移动，主要是防止这些物品进入江北苏中解放区。日伪对苏中清乡准备了1000万元伪币，不仅在其占领地和据点内强迫人民通用，[③]还把伪币投入苏中的抗日根据地，破坏根据地金融。经济封锁使苏中及泰州地区的农业和工商业经济遭受了极大破坏，造成了经济的严重困难。

① "夏收运动总结(1942年9月1日)"，《陈丕显文选》第一卷，第68页。

② 单杰华《风雨激荡三十年：扬州、泰州人民革命斗争记事》，第83页。

③ "夏收运动总结(1942年9月1日)"，《陈丕显文选》第一卷，第69页。

二、泰州地区中共根据地和解放区的商贸经济

（一）“对外管理、对内自由”的商贸政策

1930 年代苏中泰州地区商贸繁荣。姜堰、海安、溱潼等粮食市场兴起，仅粮行，泰县有 633 家，兴化有 498 家，泰兴有 166 家，靖江有 84 家；[①]经营各类商品的市镇增多，泰兴黄桥有商店 300 余家，泰兴口岸有商店约 200 家，泰县姜堰也有店铺 400 到 500 家，[②]面粉、棉纱、机布、卷烟、火柴、纸张、蜡烛、肥皂等成为大宗商品。在泰县销售的商品中，“茶来自安徽、浙江、上海，瓷来自江西，绸缎来自浙杭、江宁、苏州、镇江、丹阳，布来自上海、江阴、南通、常州、如皋，棉纱来自上海、通州、如皋，糖果、锡箔、南北海味、洋广杂货、油、酒、漆、麻、烟草等类，来自闽、浙、上海、镇江，销入县内各地每年不下银数十万元。稻麦油酒猪仔鸡鸭之类，产自里下河一带，运销苏沪各地者每年当亦在数百万金以上”。[③] 抗战前泰州地区商业贸易状况可见一斑。

抗战爆发后，江北苏中的商业贸易以日用必需品及军需品的输入和粮、盐、猪、棉花等的输出为主。1940 年后日军经济掠夺和经济封锁的加强，使苏中的经济面临困难的境地。日伪占领区中工业和手工业集中的城镇多，但在原料和粮食的供给上依赖于农村，而根据地所需日用品和军需物资主要是通过市场从日伪占领区的城镇获得，因此苏中对日伪的经济商贸斗争十分重要。粟裕 1942 年 11 月指出了苏中根据地未积极开展生产贸易事业的缺点，提出财经工作的重心要放在大力发展生产和

---

① 实业部国际贸易局编纂《中国实业志·江苏省》第 5 编，1933 年，第 33、34 页。

② 转引之梁磊《近代苏中市镇经济研究》，社会科学文献出版社 2007 年版，第 135、136、137 页。

③ 单毓元总纂《民国泰县志稿》，中国地方志集成·江苏府县志辑第 68 辑，江苏古籍出版社 1991 年版，第 25 页。

贸易的方面。[①] 1943年苏中行署提出了"发展自给自足之农业为主"、"发展军需民用工业"和"开辟贸易路线,疏通运销,调节根据地内外供需关系"的经济建设方案[②],因此贯彻"发展经济,保障供给"的财经工作总方针,发展商业贸易,成为苏中根据地财政经济建设的重要任务。

1943年苏中根据地《苏中区战时进出口税暂行管理办法》规定:(一) 凡属军用品、日用必需品、电器器材、医药用品、粮食、牲畜、农具、工业原料、五金用品、文化用具、一律保护奖励进口。(二) 凡属消费品、奢侈品、迷信与赌具、毒品等,一律限制与禁止进口。(三) 凡根据地确系过剩货物,不属资敌性质,一律奖励保护出口;粮食、耕牛、五金制品、工业原料,一律禁止出口。并且最好以剩余土产品运出去,换回必需品回来,争取贸易的主动权。[③] 这一"对外管理、对内自由"的商贸政策促进了苏中根据地商业贸易的发展。

(二) 积极发展中的公营商业

公营商业是新民主主义商业经济的领导成分,是开展物资交流,解决根据地和解放区部分军需民用,和对敌伪作贸易斗争,打破经济封锁的重要力量。1943年,苏中一分区设立公营利民公司,由分区财经处贸易局领导。兴化利民公司在1944年春成立,主要经营棉布、五洋(香烟、肥皂、蜡烛、火柴、煤油)、日用品、纸张、文具、食油、食盐等日用消费品等商品。公司木船以船为店,载运商品随军流动供应,群众也来购买布、盐、糖等物

---

① 粟裕"半年来工作总结及目前工作意见"(1942年11月),中共江苏省委党史工作委员会、江苏省档案馆《苏中抗日根据地》,中共党史资料出版社1990年版,第202—203页。

② 苏中行政公署《苏中经济建设方案》(1943年7月7日),《苏中抗日根据地》,第228,230页。

③ 《苏中区战时进出口税暂行管理办法》(1943年12月5日),财政部税务总局编《中国革命根据地工商税收史长编—华中革命根据地部分》,中国财政经济出版社1989年9月版,第28页。

品。公司的批发贸易主要是代机关、部队发放日用品。1944年冬公司设于安丰镇，随后又在穆家堡、大顾庄设立两个分公司，业务兴隆，1945年夏三个公司合在一起，有近百人、数十条船，可以载运上千吨货物。利民公司经常冲破敌人封锁线，从敌占区购回急需的工业品，供应军需民用，支援了抗战，调剂了根据地物资需求，1945年9月，新四军一举攻克兴化县城，利民公司商船队开进兴化，为全城供应日用商品，群众称赞说："利民、利民，当真是有利于民啊！"。①

苏中三分区于1943年在泰县海安镇开设公营申记商行，在黄桥开设益民商店，直属贸易局领导，益民商店还在分区各县开设了分店。1944年春，三分区在泰县云溪设立了裕民粮行，主要经营粮食，很快它就改名为泰县公营裕民公司，公司设在蒋垛西北的尤马岭。裕民公司通过内线关系，冲破了敌人的长江封锁线，将25吨花生油，经江阴运到敌占区苏州销售，并从苏州购回了根据地紧缺的五洋杂货、金属、器材和桐油等大批物资。②由于公营商业掌握有一定的物资力量，可以有效调节市场。1945年5月姜堰、海安敌占区的粮食涨价风蔓延到根据地，对群众生活造成了很大影响，泰县公营商店裕民粮行即以较低的价格出售大麦7万多斤，比敌占区每石便宜2000元左右，粮价得到抑制，群众得到了实惠。③ 抗战胜利时，裕民公司随泰县县政府迁到了姜堰，经营项目也相应增加，除粮食、油饼等物品以外，增加了棉纱、布匹纸张、五洋百货等等。④

1944年，兴东泰地区的联抗部队为了打破敌人的封锁，以

---

① 安迪光"兴化利民公司经营活动纪实"，商业部商业经济研究所编《革命根据地商业回忆录》，中国商业出版社1984年版，第263，264页。

② 参见张学恕《中国长江下游经济发展史》，东南大学出版社1990年版，第569页。

③ 参见陈浩然主编，中共扬州市委党史办公室，中共扬州市财经史编审组编，《扬泰解放区财经简史》，方志出版社，2006年版，第97页。

④ 《泰州党史资料专题辑要》第四辑，第256—260页。

灰色面目在已成为敌占区的海安镇开设了远大友记粮行，运销粮食，换回必要的西药、布匹及军用物资。联抗还尽最大可能地支援苏中其他兄弟地区，几年中上调了相当数量的粮食、现金及西药等物资。[①] 1944年秋，泰县筹建惠民公司，部分资金是向群众集资，每股5万元，其余资金由抗日民主政府投资，12月1日惠民公司正式开业，主要经营粮食、油饼、西药、布匹、纸张、日用杂货等。粮食大部分是由政府财经部门调入，以大麦，红粮为主。公司组织的商品购销还把日用杂货调剂到东台以北的地方，再从北边购回大麦、豆饼等，以满足群众日常生产、生活需要。公营商业在发展的同时，管理制度也在完善。泰县惠民公司设立有股东大会，股东大会作为惠民公司的最高权力机关，规定每年召开一次股东会议，制定经营方针，选举股东委员会、监理等，由股东委员会来选举主任委员和委任经理，由股东委员会讨论经营计划，落实购销措施等业务事项。

抗战胜利后的1946年1月，驻泰州的国民党第100军违反停战协议进犯姜堰，姜堰群众和工商业户眼睛都看着裕民公司，公司一面调运物资充实库存、货架，一面大开商店排门自由买卖，不受限制。私营工商户见裕民公司镇定自若，都安下心来照常营业。裕民公司为稳定局势，安定人心，支援新四军自卫反击发挥了一定作用。1946年3月，苏中三分区为加强公营经济成立江海总公司，各县公营公司也改称县江海公司。泰县裕民公司改为泰县江海公司后，根据泰县通扬运河南北的差异大力经营粮食、食油和豆饼，调剂余缺，打破了敌人封锁，活跃了市场。里下河地区余粮源源上市，减少了投机商中间盘剥，旱谷地区群众也免受粮食抬价之苦。土纺土织是泰县传统副业，江海公司有计划地向专事土布生产的手工业户收购土布，并负责介绍他

---

① “联抗（兴东泰）地区的政权建设”，中共江苏省委党史工作委员会江苏省档案馆编（总第27辑）《江苏党史资料》1988年第二辑，第128—132页。

们向大中纱厂购买棉纱,既繁荣了工业和手工业,又解决了部分军需民用。泰县江海公司还利用公营商业掌握的重要物资,平抑物价、稳定市场、打击投机倒把。当发现有少数私商囤积食油企图抬价时,江海公司大量出售黄豆,价格不变,满足市场需要,少数囤积户抬价不成而抛售食油时,江海公司再大批收进,稳定了食油价格,并充实了库存。姜堰元纶布厂的资本家囤积大批布匹,企图抬高价格,逃避税收,被工人揭发,政府责令补税罚款,囤积布匹全部由江海公司作价收购。江海公司职工说:"元纶的老板不老实,敬酒不吃吃罚酒,把我们布匹仓库塞满了。"①

1946年夏,国民党军对苏中解放区发动全面进攻,新四军主动放弃姜堰。泰县江海公司也组织了撤退,大批粮食、布匹转移至兴化的南安丰,工业品和战备物资转移到东台,还有部分粮食、豆饼,食盐转移到官河南,为解放区保存了大量物资。江海公司员工还深入到长江北岸的新港、季家市、张黄港等地,紧急收购了大量的布匹、染料、医药以及军工材料。之后,泰县江海公司储购的各种物资转移到东台北部,全部交给了华中总仓库,②有力支援了自卫战争。

(三) 政府扶持、保护和鼓励下的合作商业、私营商业

苏中根据地和解放区在发展生产中积极推进合作经济,遵照"自愿互利、等价交换"原则兴办的合作社商业得到了很大发展。合作社商业具有新民主主义商业经济的成分,是公营商业联系农村消费者,沟通城乡物资交流的重要纽带。合作社主要是运销合作社和消费合作社,由合作社组织农民、小商贩等共同贩卖自己所生产的物品,或共同集资采购农村的必需品,减少了中间商的剥削。

苏中一分区兴化县在1943年5月成立了大顾庄消费合作社,每股大麦2斤,最多时达2万余股。兴化县沙沟镇组织110

---

① 《泰州党史资料专题辑要》第四辑,第256 260页。

② 《泰州党史资料专题辑要》第四辑,第256—260页。

家割草工场和100多家青货小贩成立了柴草、青货两个合作社，避免了行商剥削，解决了群众的需要。1944年春，苏中三分区泰县雅周区正式成立了区联合合作社；靖江县侯河区有两乡合办的太阳堂合作社，三乡合办的新成合作社；集福乡商家祠堂合作社和迎祥乡使命社，除经营小农具外，有时还替政府发放一些贷款；泰兴县安武乡成立的民兵合作社，以民兵武装保护合作社运销食盐、油饼，解决了群众急需。苏中根据地对本地区粮食的收购主要是组织基点合作社，建立粮食收购网。利民公司70%以上的粮食都是通过合作社收购，起到了禁止棉粮物资流入敌伪地区的作用。合作社还在民主政府组织下运销出口根据地多余的粮食及农产品。

私营商业是新民主主义商业经济的一部分。私商和小商贩只要遵守法规，领取执照，合法经营，不破坏抗日，不贩卖毒品，在根据地内即可畅通无阻，自由经商。他们开办各种类型的商店，主要经营日用百货、各种食品和农具、种子等。私营商家和小商贩大都经商多年，熟悉贸易路线，社会关系广泛，与敌占区或敌伪内部也有千丝万缕的联系，经营方式灵活，因此民主政府“使用各种方法包括免税、贷款、调派武装掩护等”，“扩大与商人的交朋友工作，来鼓励和协助商人到敌占区去贩运这些物品”，[①]采购根据地所需物资。

苏中三分区泰县公营裕民公司通过税收部门委托私商采购一些纸张及医药用品等战备物资。例如规定私商贩卖一头肥猪出去，必须带回若干纸张，对有些能量较大的私商，则要他们采购部分医药用品。[②] 生猪是苏中根据地的大宗物资。为了保障群众利益，苏中三分区1943年制定了《鲜猪出口统制办法》，在

① 《华中抗日根据地财政经济政策草案》(1942年2月)，江苏省财政厅、江苏省档案馆财政经济史编写组《华中抗日根据地财政经济史料选编》(江苏部分)第1卷，档案出版社1984年版，第56页。

② 《泰州党史资料专题辑要》第四辑，第256—260页。

营业许可、出口许可、现款交易、照章纳税方面对根据地内各猪行和生猪商贩的经营作了规定。靖江还成立了县区猪商协会，统一进行生猪的收购、出口、加工等业务。这些措施也保障了生猪圈户的经济利益。

靖江的立生公司根据日军新港开放口岸靠近根据地的条件，不仅利用江南和江北的行商，还广泛利用猪商和小商贩，用蚂蚁搬泰山的方法肩挑、船运，一天来回几趟购买运送军需物资，立生公司一度成了私营商贩的往来之家。① 苏中根据地还派吴虎（化名周时夫）到泰县海安镇，通过韩国钧之女韩柳娴以开“申记商行”为掩护，为根据地采购西药、军火、布匹等物资。② 义丰隆布店老板王耿光受联抗委托采购一批布匹，准备给新四军做冬装。老板在上海采购了1000匹白布和蓝布，在运输途中被日伪扣留没收。后来商人在黄桥、新港、张黄港找店家购买，凑足了1000匹布（敌伪实行纱布收买后，市场各种棉布货源枯竭，没有供应，一般只有南通机户手织的土纱阔幅平布和狭幅小土布可买），克服重重困难，送到了联抗驻地。③

苏中一分区政府还组织了商抗会，基本原则是组织商贩的大多数，扶助中小商人，削弱封建把持，禁止投机操纵，使大多数商人都有利可图。④ 商抗会会员无论大商号或小贩，其股票权均是一票，以达到营业均等，防止操控。外地商人如有行庄分号设于根据地，也可参加商抗会。兴化大邹镇的商抗会把150多家店商、行商，20多家作坊，60多户摊贩组织起来，对敌进行经

① 参见《扬泰解放区财经简史》，第102页。

② 嵇林《江苏省抗日根据地、解放区商业大事记》，江苏商业史志通讯、江苏省商业厅史志编辑办公室《江苏商业史志通讯》，1992年第1期，第3页。

③ 陈志俊“帮助‘联抗’购买军需布匹的回忆”，海安县政协文史资料研究委员会编《海安文史资料》（第二辑），1986年6月，第21页。

④ 《苏中一专署为组织商贩给各级政府的几个意见》，《华中抗日根据地财政经济史料选编》（江苏部分）第4卷，第256页。

济斗争，利用多种渠道向敌占区采购根据地所需的大量物资，如布匹、油料、五金、药品等，以满足根据地人民和部队的需求，大邹镇成了根据地物资输入的重"镇"之一。由于大邹镇位于根据地边缘，易遭敌伪扫荡威胁，商抗会还巧妙地掩藏掌握的物资，敌人一走便能恢复营业。[①]

为了鼓励私商贸易，泰兴江海公司采取措施保护商人利益。首先，替江海公司带货的商人，可以降低税率，如是紧俏商品，可予以免税；其次，如属特殊商品，公司给与高价优惠；再次，如因为替公司携带军用物资而不幸遭到敌伪逮捕监禁的商人，公司则千方百计加以营救，如果商人遭杀害，则追认其为烈士，家人享受烈属待遇；最后，对于暂时缺粮或缺钱的商人，公司则先借钱粮给他们换猪、酒，以后在带回的工业产品或其它日用品中抵算。[②] 由此体现了苏中根据地对商人的统一战线政策。

（四）泰州地区中共根据地和解放区的财税、货币政策

苏中根据地和解放区在发展商业贸易时重视财税管理，运用税率经济杠杆对粮食、棉花等重要物资的输出和某些非必需品和奢侈品的输入进行控制调节。管文蔚在苏中财经会议上认为"税收政策基本上是正确的"。[③]《华中抗日根据地财政经济政策草案》规定了免税入口与禁止出口的原则，制定了货物税税率标准：奢侈品最高按价值抽税 30%，最低抽 15%；消费品最高按价值抽税 15%，最低 10%；日用品和农产品最高抽 10%，最低抽 5%；必需品最高 5%，最低 2%；特种品，为根据地生产而

---

① 沈承培、方志超"兴化革命根据地的商抗会、商联会"，政协江苏省兴化县文史资料研究委员会《兴化文史资料》(第 7 辑)，1983 年 6 月，第 49 页。

② 唐国瑞、刘亚平"泰兴江海公司始末"，政协江苏省泰兴县文史资料研究委员会《泰兴文史资料》第 5 辑，1988 年 10 月，第 116 页。

③ 管文蔚"苏中财经工作(摘要)"，中共江苏党史资料征集研究委员会编《苏中抗日斗争》，江苏人民出版社 1987 年版，第 402 页。

又不能利用之军用原料,最高可抽 200%,最低抽 50%。[①] 由于商业贸易的发展,根据地的货物税收很快成为苏中根据地的第一大税种,1944 年,苏中区税款收入中货物产销税最多,占苏皖边区税款总数的 53.5%,[②]财税的增加有力保障了军用民需的财政供给。

苏中根据地废除苛捐杂税,实行只收一道税、不重征的政策,调动了商人的积极性。由于税收政策合理,促进了根据地商品流通,活跃了里下河商贸市场,正如苏中解放区民歌所唱:"千条船呀万条船,千条万条来往如梭穿。布朝北呀米朝南,朝南往北只报一道捐。除了解放区,别处哪儿有!"在联抗地区,其财政收入主要来源是田赋公粮和税收。1941 年秋泰北办事处设立财政科,统一了海北区、曲北区财政税收。联抗在曲塘、白米等地设的税务所主要是征收货物过境税。由于税不重征,虽然过境船只货物不断增多,客商只报一次税就全境通行,与国民党游击区税卡林立完全不同,因此联抗地区商贸繁荣。联抗的另一财政收入是田赋和公粮,1942 年起实行粮赋并征,根据土地和收成的不同情况,分级征收,实行累进税率,地主土地越多负担越多,群众减轻了负担。[③] 抗战胜利后,苏中解放区继续实行"保护一切私人商业,不受任何非法侵害"的政策,规定"凡在我解放区范围内部保证商业贸易的自由。撤销商业上的一切消费特税,全解放区除缴纳一次进出口税外,任何商品在解放区内不再征税,严禁商业贸易上沿途非法零整杂捐之存在,中小商人贫

---

① 《华中抗日根据地财政经济政策草案》(1942 年 2 月),《华中抗日根据地财政经济史料选编》(江苏部分)第 1 卷,第 43 页。

② 《苏皖边区 1944 年收入表》,《中国革命根据地工商税收史长编——华中革命根据地部分》,第 29 页。

③ "联抗(兴东泰)地区的政权建设",《江苏党史资料》1988 年第二辑,第 128—132 页。

民小贩将获得必需的贷款”。[1] 进一步加强了与中小商人的团结合作,巩固了统一战线。

苏中根据地和解放区在发展商业经济时还进行了抵制伪币的斗争。由于法币输入和伪币侵入带来了通货膨胀和货币贬值,造成苏中根据地的财经困难。为了平抑物价、稳定金融、活跃市场,1942 年 10 月,苏中根据地以粮食、棉花等重要物资为基金,独立自主发行江淮银行(后改为华中银行)的钞票“江淮币”,人们称为“抗币”,把抗币与根据地重要物资结合起来,以抗币标价,禁止伪币流通,保持了市场物价的稳定。

在逐步排斥、取缔伪币和法币的斗争中,泰县江海公司等公营商业公司以雄厚的物质基础、稳定的价格政策和良好的经营作风保证了抗币的信誉。人民群众用抗币随时可以在江海公司买到生活必需品和生产资料,而且商品质量有保证,价钱公道。敌伪曾威胁群众“查到抗币要杀头”,群众仍无所畏惧。在江海公司带动下,乡村的消费合作社、集镇的私营商贩也都通用抗币。抗币信誉日益提高,流通范围不断扩大。联抗地区也坚决查禁、没收伪钞,在联抗中心区基本上肃清了伪币,边区随着反伪化斗争的发展,也不断取得抵制伪币的胜利。[2] 过去饱受伪币和法币贬值之苦的人民群众称赞说:抗币是抗日的货币,使用抗币表示拥护抗日,抗币能藏,储蓄起来不会贬值。[3]

1945 年,兴化县 12 个乡镇组织了商抗会,坚持以抗币标价,大大提高了抗币信誉。泰县和泰兴解放区的合作社还发行了“流通券”、“代米券”等,使伪币在根据地无立足之地。随后针对日伪伪造抗币来吸纳根据地物资的现象,根据地开展了反假

---

① 徐雪寒“新解放城市的工商业政策”(1945 年 9 月 4 日),《华中抗日根据地财政经济史料选编》(江苏部分)第 4 卷,第 34 页。

② “联抗(兴东泰)地区的政权建设”,《江苏党史资料》1988 年第二辑,第 128—132 页。

③ 《泰州党史资料专题辑要》,第四辑,第 256—260 页。

票斗争，维护抗币信誉，此外还设置伪币兑换处，有计划有组织地利用公营商业、合作社和私营商人到敌占区用伪币来购买根据地所需要的物资，[①]促进了货币与贸易斗争的开展。

三、抗战以来中共土地政策在泰州地区的施行

（一）泰州地区抗日根据地的减租减息

抗战时期，中共停止了“没收地主土地”政策，宣布以“减租减息”为实行全民族抗战的土地政策，得到了各抗日根据地千百万农民的拥护，团结了各阶层人民共同抗日。1940 年 7 月，新四军进抵泰兴黄桥，立即以二五减租的口号动员农民参加抗日。黄桥之战后，苏北临时参议会 11 月在泰县海安召开，与会代表一致明确了实行地主减租减息和保证农民交租交息的政策，以此作为抗战中实施民主政治、改善人民生活的主要任务。减租减息写进了苏北临时行政委员会的《施政纲领》，这是运用民主政权形式第一次公布减租减息的法令。刘少奇在苏北临时参议会上说：抗日民主根据地的农民运动在特定历史条件下的中心任务，就是发动群众开展减租减息运动。[②] 1940 年秋冬的几个月，新四军在黄桥推行秋收减租减息，得到了贫苦农民的拥护，有 13 万群众组织起来为抗战出力，[③]证明了二五减租政策顺应民心。

1941 年 4 月，苏中区党委在泰东县[④]浒零镇召开第一次军政党扩大会议，重点讨论夏收减租和开展群众运动，决定从中心区打开局面，发动群众开展减租减息和赎田。5 月，苏中区党委扩大会议在泰东县李堡区召开，进一步部署开展减租。各县抗日政府

---

① 参见《扬泰解放区财经简史》，第 115 页。

② 陈丕显《陈丕显回忆录——苏中解放区十年》，上海人民出版社 2002 年版，第 103 页。

③ 《管文蔚回忆录续编》，第 180 页。

④ 泰东县，苏中抗日根据地的行政区划。1941 年 2 月，泰县通榆河以东地区建立泰东行署，称泰东办事处，3 月改建为泰东县，1942 年 12 月并入东台县，隶属苏中第二行政区。

也颁布了二五减租条令和分半减息规定，并举办二五减租骨干训练班，组织民运工作队，串联贫苦农民团结起来向地主要求减租减息，开始形成苏中百万农民投入减租减息运动的热潮。

1941 年春荒严重，贫苦农民向地主借粮借款，各县民主政府和民运工作队即时加以领导，并组织农民上门说理，帮助农民度过了春荒，在斗争中涌现的积极分子成为开展减租减息运动的骨干。[①] 减租减息在 1941 年夏收进入实施阶段。经过民运工作队的宣传发动，贫苦农民已经敢于跟地主面对面说理，要求按民主政府的法令减租减息。"双减"运动也是一场政治斗争，苏中区党委提出：要广泛开展减租减息运动，必须把农抗会普遍建立起来。11 月，苏中区党委颁布了《农民抗敌协会暂时组织章程》，并决定在广泛建立农抗会的同时，进行农村基层党组织建设和基层政权改造，吸收农民积极分子入党。

1941 年夏，泰东县出现了减租减息的群众运动高潮。2000 农民代表参加了农抗代表大会，"提醒了总数在 20 万以上的农民，传到了 40 万人民的耳朵里"，"一般农民都在整天相互谈论着农抗会、减租、赎田、共产党等等"，农民加强了实现二五减租的信心，许多地主也自愿实行减租。成立有农抗会的中心区、乡已普遍实行了二五减租，组织起来的农民处处成群结队地一致向地主要求减租和换新租约，"已实行二五减租者的田，总在 5 万亩以上，赎田事件数百件已解决"，[②]鼓舞了农民的斗志。农抗会在泰东县中心区、乡已经拥有 5 万以上会员，农民纷纷要求组织农抗会，要求农抗会帮助他们减租。

兴化的减租减息也在 1941 年夏如火如荼地开展起来，民运工作队帮助各区、乡建立了农抗会，发动农民进行减租减息、增加工资和赎田的斗争。永丰区的一个女地主抗拒运动，佃户因

---

① 《陈丕显回忆录——苏中解放区十年》，第 112 页。

② "复陈扬同志来信并给各地农抗工作同志的信（1941 年 6 月 30 日）"，《陈丕显文选》第一卷，第 14 页。

还不起债被其押去田地，债户还过本钱仍拿不回借据，于是有100多借债户去闹减息，迫使地主把扣押的田契、借据退还了贫雇农。[1] 到1942年，兴化减租的范围已遍及7个区40个乡。

1942年夏，联抗地区开始发动减租。泰北办事处发布了减租法令，联抗司令部和泰北办事处还召开了地主士绅座谈会，动员有钱出钱，有力出力，团结抗战，宣传减租减息的意义。减租中遇到租佃或减租纠纷，先由农抗会作调解，疑难问题则由泰北办事处（后为紫石县政府）司法科在团结抗日的原则下调解或裁决。[2]减租激发了群众的生产积极性，联抗地区粮食产量也增加了。

经过1941、1942年两个夏收、两个秋收的"双减"运动，基本群众的阶级觉悟提高了，抗日民主政府有了更广泛的群众基础，推动了党的建设工作。苏中区最初只有3000名中共党员，分布在泰兴、靖江、泰州间黄桥地区。经过1942年夏秋减租的群众运动，党员发展到8916人，仅三地委（泰州地区）就有党员3837人[3]

泰县普遍实行"双减"是在1943年夏季。雅周区大地主孙明甫，政治上反动，历史上有血债，区委通过农抗会推选佃农代表与孙展开面对面说理斗争，迫使他公开答应实行"双减"立功赎罪。其他中小地主见势纷纷表示遵守民主政府法令减租减息，同时，泰县民主政府还说服佃农要按规定量交租交息。据1943年秋末对泰县7个区的概略统计，佃农19883户，夏秋两季因"双减"得利的有15167户，减租田地达145470亩，减粮食998904斤。中心区、乡有几万亩土地换了租约，确定了永佃权。[4] 泰兴县从1941年至1944年秋，全县减租田亩达92.5546

---

① 戴为然："抗战年代在兴化"，政协泰州市学习文史委员会编《泰州文史资料》（1956.9—1965.5）（下册）2011年，第483页。

② "联抗（兴东泰）地区的政权建设"，《江苏党史资料》1988年第二辑，第128—132页。

③ 《管文蔚回忆录续编》第190、191页。

④ 曾如清"主力地方化的道路"，《苏中抗日斗争》，第567页。

万亩，减免粮食11.3876万石，减租受益农户有15万多户。广大农民在减租减息中得到了实惠，更加拥护共产党、新四军和抗日民主政府。

（二）自卫战争时“五四指示”土改的实施

抗战胜利后不久，蒋介石就磨刀霍霍发动内战，国内阶级矛盾又成为主要矛盾。在华中解放区，广大农民已不再满足于减租减息，迫切希望实现“耕者有其田”。1946年春，兴化县永丰区联胜乡等地的农民自发进行斗争，分了汉奸、恶霸地主的田，还有些地方，农民开始按人口平分（包括地主）土地。[①] 因此，中共中央在1946年5月4日发出《关于清算减租及土地问题的指示》（五四指示），把抗战时的减租减息转变为没收地主土地分配给农民，并坚决依靠广大农民，准备进行自卫战争。华中解放区传达了“五四”指示后，各地都组织土改工作队深入农村，调查研究，进行试点，发动群众。中共华中分局特别强调，封建土地制度是否基本消灭，广大贫苦农民是否获得足够的土地，是衡量各地贯彻“五四”指示，充分发动群众的主要标志。

抗战胜利之际，苏中泰州地区土地关系仍然紧张，有关靖江、泰县、如皋三县各阶层农户占总户数百分比、及占有土地百分比的抽样调查统计资料对此有清楚的反映：[②]

	贫雇农	土地	中农	土地	富农	土地	地主	土地
实行减租以前	59.3%	10.45%	29.49%	18.3%	4.8%	9.94%	4.48%	61.02%
1945年止	57.18%	11.66%	32.18%	23.55%	4.89%	10.72%	4.02%	53.69%

苏中农村经过抗战时期减租减息，贫雇农占有的土地略有增加，中农的户数和土地在数量上都有一定上升，富农的土地占

① 《陈丕显回忆录——苏中解放区十年》，第380页。

② 资料来源《陈丕显回忆录——苏中解放区十年》，第381页。

有量也略有提高，而少数地主占有的土地还是超过田亩总数的一半。这说明，佃中农和部分贫农从减租中得益较多，底子薄、租种土地少的贫雇农则得益较少。由于抗战时减租减息目的是削弱封建剥削，改善农民生活，不是从根本上改变封建剥削土地制度，因此中共五四指示土地政策得到贫雇农的拥护。“五四指示”发布后，华中解放区发动群众开展斗争，通过清算地主的剥削账，把地主的全部土地和富农多余的土地拿了出来，满足了贫苦农民要求分得土地的愿望。

1946年5月中旬，一地委在季家市召开了泰兴、靖江的区委书记以上干部会议，部署五四土改。泰兴县在“一手拿枪，一手拿算盘”、“前方打仗，后方分田”的口号鼓舞下，土改开展得轰轰烈烈，到9月底，泰兴206个乡中有131个乡进行了土改，土改的胜利有力保卫了根据地，支援了自卫战争。当时，身为苏皖边区临时参议会副议长的朱履先，毫不犹豫地把家中280亩良田全部献给政府分配给农民，他的义举对泰兴黄桥一带的地主、士绅是一个震撼，推动了五四土改的顺利进行。泰兴的一个区有5000户贫雇农，土改刚结束就有940人报名参军。苏中子弟兵部队里涌现了许多以翻身农民为主建立的“翻身连”、“翻身营”，其他翻身农民在家乡也参加了“保田队”、“支前队”配合自卫战争。

6月，靖江县委土改工作队在孤山区井裕乡、团结乡开展了土改试点。接着，广陵乡开始进行土改，农民群众分了地主张泳仙的土地和浮财，10天功夫就完成了全乡土改工作。土改中，季家市开明士绅周馨一、侯河区开明地主孙叔贤，当众烧毁田单和债务契据，主动把土地交给政府处理，农民群众就没有对他们进行说理、清算斗争。[①] 7月，靖江孤山的反动地主制造了反抗土改、破坏支前的暴乱，靖江县独立团和公安警卫队迅速平息了

① 靖江市史志档案办公室编《靖江革命斗争史·靖中片资料选》，1998年，第355页。

暴乱，保证了土改顺利进行。

兴化县草冯区存德乡刘桶村是“五四土改”试点村，全村133户人家，542人，1387.5亩耕地，其中地主、富农占有800多亩。土改工作队进村后发动贫雇农“倒苦水”、“挖苦根”，组织了清算委员会，贫雇农与中农团结起来同地主刘同德等作斗争，40多人在说理控诉大会上控诉了地主罪行，然后，农会根据清算地主剥削的土地财产账目制订分配方案，经过群众评议按户分配胜利果实，地主的711亩地、20多间房，以及家具、农具、耕牛、农船等分给了贫雇农。1946年夏仅一个多月时间，刘桶村贫雇农就实现了“耕者有其田”。[①] 兴化刘桶村的五四土改经验很快就被推广到苏中根据地各处，泰县解放区有将近80个乡也在短期内实现了“耕者有其田”。

为了使广大贫苦农民尽早获得土地，从而发动群众支持解放区自卫战争，中共华中分局对土改及时发出“力求其快”的指示，从调查、串连、算账、斗争到分配土地，一般十天半月就能完成一个乡的土改。到1946年秋，泰州地区归属的华中一分区的7个县60个区1005个乡4056个村中，开展土改的有56个区743个乡3006个村，达到70%多。整个华中解放区有70%的乡、约720万农民分得了从地主、富农手里转移来的990万亩耕地。[②]

“五四土改”开展于内战爆发前夕，土地政策受到历史条件的影响，还有侵犯中农利益的现象，因此华中解放区在1946年秋部署进行土改复查。由于自卫战争形势紧迫，反动地主在华中野战军北撤后疯狂地复辟倒租，将土改分给农民的土地和粮食全部复辟倒走，靖江的范郎生等老贫农土改时都是大翻身户，地主复辟倒租后几乎倾家荡产，[③]斗争十分尖锐，因此大规模的

① 《陈丕显回忆录——苏中解放区十年》，第382、383页。

② 《陈丕显回忆录——苏中解放区十年》，第383页。

③ 《靖江革命斗争史·靖中片资料选》，第228页。

复查到1947年夏秋才逐步展开。土改复查对土地分配力求做到“中间不动两头平”，填平补齐，抽肥补瘦、抽多补少，复查工作由中心区推向边缘区、恢复区。在泰州一带内线坚持地区，农民群众也一面进行反复辟反倒算斗争，一面开展复查。华中一分区的49个区518个乡3625个村，开展土改复查的有47个区483个乡3042个村，[①]达到83%以上。

(三)解放战争中泰州地区的解放区土地改革

1947年7至9月，全国解放战争转入战略进攻，中共中央在河北平山县西柏坡召开了全国土地工作会议，总结各解放区“五四土改”经验，制定了《中国土地法大纲》。中共华中工委随即发出指示，贯彻土地法大纲，彻底消灭封建土地所有制，并在土改中结合三查整党，达到平分土地的目标。到1948年初，泰州地区归属的华中一分区有8个县、68个区、647个乡、4657个村，二分区有3个县、22个区、132个乡、768个村普遍深入进行了土改，[②]解放区土地改革掀起了平分土地的新高潮。

在贯彻“土地法大纲”平分土地的运动中，泰州一带的解放区，特别是恢复区，继续对进行过五四土改的地区进行土改复查和追浮财。土改复查主要是“查公平、查隐瞒、查老契、查债务、查青苗”，重点是“查老契”，以打破地主的复辟梦想，因为贫苦农民在“五四土改”和土改复查中深切体会到“田契抓不到手不能算翻身”，同时还在复查中纠正“左”的错误，对中农实行“补偿”。在华中，包括了泰州地区的十几个县的土改复查，就追查出大量耕牛、农具、水车、风车、农船、房屋、林木和金银浮财等土改果实，贫雇农不仅分得了土地，还分得了必需的其它生产和生活资料，查到的田契也都付之一炬，数以万计的农户从土改和复查中

① “华中土改工作总结(1948年4月29日)”,《陈丕显文选》第一卷，第210页。

② “华中土改工作总结(1948年4月29日)”,《陈丕显文选》第一卷，第211页。

得益。

靖江县孤山区在1947年秋后进行平分土地，并开展土改复查，土改中一度采取“雇农贫农坐天下”一切由贫农小组作主的做法，实行了“铲墩儿、填塘儿”等“左”的绝对拉平政策，地主富农的土地、浮财被平分，必需的生活资料也拿出来分了；有的地主富农逃进了城市，留下的要遭批斗并扫地出门，还要穿写有“地主”字样的背心；一些富裕中农被错定为富农地主，侵犯了中农利益。“左”的行为影响了土改和贫下中农情绪。针对这些问题，孤山区经过两三个月的工作，基本上纠正了“左”的错误。广陵乡三宫殿埭在土改中“出田户三分之一，不进不出户三分之一，得田户三分之一”，要从得田户抽出田来归还给中农难度极大，[①]由于坚决执行纠“左”政策，真正地团结了广大中农。经过土改，1948年靖江孤山区有200多人参军，还在渡江战役时圆满完成了支前任务。

华中解放区在土改平分土地阶段广泛地开展了“三查”（查阶级、查思想、查作风）整党运动，主要是克服地主富农思想，肃清阶级异己分子，保证中共基层党组织的纯洁性，为土地改革和解放战争奠定胜利基础。土改翻身农民阶级队伍的整顿和整党，已成为纠正土改中“左”的错误、改造农村干部的旧思想、加强农村基层政权建设的迫切任务。泰州一带解放区的土改整党充分发动农民群众参与，二分区兴化县刘庄区创造了通过农民代表大会“审干”的经验，[②]大致采用了两种办法进行“审干”，一种是对现任的区、乡、村干部，公开拿出来让大家讨论，什么人可以做干部，什么人应清洗，之后区长结合大家的意见总结示范。一种是作普遍的筛查，大家查出了很多在土改运动中表现突出的好的贫雇农，然后从每个乡里把他们选出为区农联委员，再从

---

① 《靖江革命斗争史·靖中片资料选》，第217页。

② “华中土改工作总结（1948年4月29日）”，《陈丕显文选》第一卷，第256页。

中选拔一些条件具备的人参加到基层各级领导班子。这种“审干”的好处是选拔的农村干部和群众意见一致，比一些上级委派的干部有威信。但是，刘庄区农代会虽然有600多农民代表，酝酿准备仍不够充分，农民群众对“审干”“选干”还没有足够的认识。

1948年春节刚过，中共华中工委在射阳藕耕召开了华中土改会议，总结两年来的土改经验，制定贯彻执行《中国土地法大纲》的具体措施。除了华中解放区各地、县的代表出席外，土改搞得较好的区、乡也派代表到会作了典型介绍。这次会议对推动华中土地改革深入、加速解放战争的胜利起了重要作用。农民分得了土地，在反蒋保田斗争中十分坚决，华中解放区从自卫战争开始到1948年3月，就有20多万土改翻身农民参军。[1] 1948年底1949年初，华中土改基本结束，千百万农民在政治上、经济上翻了身，在保田、保家、保卫土改胜利果实的斗争中为解放战争的胜利提供了取之不尽的人力、物力。

① 《管文蔚回忆录续编》，第350页。

第三节　抗战以来泰州的教育与文化

抗战以来泰州的社会政治环境十分复杂，动荡频繁，正常的学校教学秩序被打乱，文化设施遭到破坏，教育文化事业的发展受到严重影响。然而在全民族抗战当中和在人民解放战争期间，泰州地区的学校教育并未弦歌中辍，社会文化活动也并非寂灭无闻。泰州的学校和教师以多种途径和模式坚持开展教学，在新的形势下发展了根据地和解放区的中小学教育。抗战以来泰州地区的社会文化活动也注入了新民主主义内涵，民族的、大众的新文化得到较好的普及，促进了泰州社会的进步。

一、泰州的抗战教育和解放区教育

（一）抗战以来泰州的中小学校

抗战爆发后，江苏省政府为了不使学校教育中断，采取措施“辅导各县推行战地教育”，“辅导各县增设敌后小学，督策各县用义塾或补习学社名义广设国民学校”，并且“鼓励地方人士创办私立小学”。[①] 同时，把省立学校转移到了环境较安定的地区继续教学，在泰州，省立第一临时中学设于溱潼罗村，省立第四临时中学设于姜堰官庄，省立第一临时师范设于泰兴樊家堡，省立扬州中学设于泰县塘头，省立高级职业学校设于姜堰。[②]

抗战初期因日军逼近泰州，泰州的中小学校大多早早停课或停办，但是一些私塾仍维持教学。泰州城隍庙东北角炎帝宫的“精勤学社”，是戴为然父子创办的改良私塾，戴为然请父亲教授古书，自己教授国文、历史、地理、音乐、体育等课程，他在教学

---

① 王懋功主编《江苏省政府政情述要》（民国三十四、五年）教育部分，文海出版社 1983 年版，第 8 页。

② 《江苏省政府政情述要》（民国三十四、五年）教育部分，第 6 页。

中宣传抗日思想，还发动学生组织了“孩子壁报队”报道抗战。[①]1942年，李煦春在刁铺创办了私立环溪初中补习学社。李煦春早年就读于南京两江师范学堂等校，抗战前就在刁铺、口岸办学教书。为了使战时失学辍学的小学毕业生能继续学习，他自筹资金，聘用失学大学生，借用赵公祠房屋，开办初中补习学社，招收了周边乡镇的许多学生，[②]一直坚持敌后教学。

1938年，泰州等地的中小学校逐渐复课，也有新的学校在解散或停办的学校旧址上开办。靖江广陵小学校长杨钦绪因学校被日伪破坏，被迫弃教返乡，他在停办的缪家殿小学旧址上办起了一所高级小学。1939年春，缪家殿小学扩充为3个班的完全小学，1943年被靖江县抗日民主政府命名为孤山区中心小学。缪家殿小学除了日常教学，还在学生中组织了儿童团，教师在晚上深入到村庄办冬学民校，[③]配合民主政府做了许多工作。

黄桥决战之后，新四军开辟了苏中根据地，泰州一带的中等学校在解放区民主政府和中共的领导下得到了新的发展。解放区的中学教育具有学科教学与政治教育并重的特色。苏中三分区约有37所中学，分布在泰兴、泰县、如西、靖江等地，其中就有部分学校是中共直接领导的，如泰兴的南乡师、北乡师、西乡师、泰县的泰州中学等等。[④]

1941年秋，泰县抗日民主政府筹划创办学校，培养青年。陈毅在苏中参议会上多次同朱履先商量办学的事，并请他担任学校董事长。1942年春天，泰县私立育英中学在姜堰顾高镇的千佛寺成立，香烟缭绕、钟磬不绝的古刹，一下子成了热气腾腾、

① 《泰州党史资料专题辑要》第四辑，第61、62、65页。

② 萧云鹏、李天宏“与共产党同舟共济、肝胆相照的李煦春”，《泰州文史资料》(1953—1956)第240－242页。

③ 《靖江革命斗争史·靖中片资料选》，第258页。

④ 韩玲主编《白帆集》，南京出版社1991年版，第130－149页。

书声琅琅的革命摇篮。[①] 1943年春,学校改名为泰县第二中学,建立了校务委员会,县长栾长明、汪海粟、张岳侯先后任主任,仍以泰县参议长徐观伯为校长。1945年,泰县二中已有4个科10个班级,学生500多人。学校主要采取游击方式坚持教学,到1947年新四军北撤后奉命停办。泰县二中在抗战和自卫战争时期,向军政和生产战线输送了数千名热血青年。

抗战后期在中共领导下还开办了靖江中学。当时办学环境艰苦,教室是借用大户人家的厅屋,学生自备一张小凳子和一只讲义夹,课本全部是油印讲义,也是进行游击教学。但学校开设了语文、数学、化学、地理、历史、音乐等课程,吸引了许多青年学生来求学,任课教师都是爱国知识分子,《新民主主义论》、《新人生观》等作为教材也走进了课堂,学校成为靖江培养革命干部的摇篮。1946年国民党发动内战,学校迁移到三义庵、石家埭,称靖江中学二院,依然办得红红火火,为革命输送了一批批人才。[②]

在自卫战争期间建立的苏皖边区第二行政区联合中学,是1946年8月根据形势需要,由界首乡村师范与高邮中学、江都中学合并而成的,简称"二联中",校址在运东地区临泽镇,学生大部分是干部和烈军属的子弟,也有一些在职干部。9月下旬,"二联中"撤到兴化县唐港区,师生分住在群众家里,借用空屋做教室上课。11月,苏皖边区第二行政区将全区各中学撤并为新的"二联中",分设教干班、中教研究班、初师班、简师班,扩大了学校规模。在战争环境中,"二联中"北撤东移,1947年初又分为两部在兴化、溱潼和高邮、宝应进行游击教学,1947年底"二

---

① 蒋苏林《游击办学、战地教学——抗日战争、解放战争中的泰县二中》,《江苏教育》1990年第12期。

② 《靖江革命斗争史·靖中片资料选》,第186页。

联中"在兴化并入了工农兵学校。[1] 解放区中共领导下的中学在游击教学的环境下培养和锻炼了一大批知识青年、进步教师，为革命事业输送了大批干部，发展了泰州的新民主主义教育。

（二）泰州的解放区干部教育和群众教育

抗日战争和解放战争时期，中国共产党十分重视对干部的教育培训，开办短期党员培训班、在党校整训整风、在干部学校集中学习，都是干部教育的重要方式。1939 年夏，中共苏北特委为了尽快打开苏北抗日局面，在江都吴家桥办了党员培训班，抽调了泰州一带的党员参加学习。党训班负责人惠浴宇、俞铭璜和陈扬都是抗战爆发后最早在泰州开辟工作的，他们认真地为党训班上课、讲话，及时总结党训班各小组的思想和学习情况，提高了党员干部的政治水平，使他们通过学习取得了进步，为苏中根据地开辟及时培训了所需干部。1940 年 6 月，中共苏北特委又在郭村开办了党训班，参加学习的都是苏中各县地下党员。由于泰州地区的党员骨干普遍都在党训班受过培训，[2] 因此泰州地区的党组织发展和根据地开辟都得以顺利开展。

1942 年，苏中新四军和地方党组织按党中央部署陆续开展整风。1943 年秋冬，苏中区党委在兴化的林泽村成立了苏中党校，江南江北各路人马中的大小干部，一批批都集中到林泽这个小村庄，在那里陶冶锤炼，进行整风。[3] 1944 年抗战形势急剧发展，林泽苏中党校也加快了培训速度，经整风后结业的干部和学员立即奔赴各条战线，去迎接抗战的胜利。

1944 年 2 月，苏中区党委和苏中军区决定在原抗大九分校的基础上建立苏中公学，粟裕兼任校长。5 月，从苏中各地来的

---

① "苏皖边区第二行政区联合中学简史"，江苏省教育志编委会，《江苏九所革命干部学校简史》，第 86－91 页。

② 《泰州党史资料革命回忆录》第三辑，第 42、51、261 页。

③ 沈西蒙"《甲申记》小记"，陈均、朱星、李诚主编《〈甲申记〉演出纪念集》，学林出版社 1998 年版，第 200 页。

学员先后到达宝应曹甸，其中有各分区、县选送的党政干部，有面向社会招收的学生，有沦陷区党组织送来的进步知识青年、地下党员和小学教师等。苏公设有政治、文化、军事、财政等专业，学制半年，主要培养军队和地方的干部。1945 年 8 月苏中公学迁驻兴化沙沟，学校各个分队成立了宣传组，迅速开展工作，宣传发动群众，使党和新四军的政策主张深入人心，促进了根据地的巩固扩大，沙沟也因苏中公学的存在而被人们称为苏北的"乌克兰"。苏中公学历时两年，驻兴化只有 70 天，但给兴化的历史增添了光辉的一页。

抗战以来，中共非常重视开展群众教育活动，把它作为动员群众参加抗战和加强根据地建设的一项重要内容。抗战初期，泰州的进步青年戴为然等人就组织了一个冬防讲习会，还到曲塘壮丁训练班去举办过抗日宣讲活动。冬防讲习会的口号是"抗日保家乡"，群众听了宣讲之后懂得了抗日的道理，就连地主士绅也很关注抗日宣讲，"抗日保家乡"的口号得到了大家的普遍拥护。①

抗战中后期，苏中解放区抗日民主政府开展了大规模的冬学运动，利用农民冬季农闲时间，进行识字、文化学习和政治学习。冬学贴近农民的生活，教学方法灵活多样，把教学与宣传结合了起来。仅 1942 年冬，苏中根据地参加学习的人数就达 12 万以上，出现了全民学文化的热潮。泰州地区冬学运动的成绩更是显著，不仅提高了群众的文化水平，更提高了群众的抗战热忱和思想觉悟。冬学的开展是一村或数村联合办夜校，教识字，扫除文盲，同时进行形势教育，以明理为第一。夜校自然形成为群众聚会、了解形势和文化娱乐的场所。在中心根据地，夜校活动比较热烈，到处是一片朗朗的读书声和悠扬的歌声，使人感到

---

① 《泰州党史资料革命回忆录》第三辑，第 49 页。

“解放区的天是明朗的天！”[1]1942年冬至1943年夏，解放区农村的冬学及民兵教育还注重阶级教育，以具体的事例使农民懂得自己贫穷的原因，懂得地主是剥削阶级的道理，使群众认识了共产党并自觉地永远跟着共产党走。[2] 冬学在解放区农村始终是群众教育的好形式。

二、抗战以来泰州新文化的发展

（一）泰州的抗日救亡宣传活动

抗战爆发后，泰州文化界普遍开展抗战文化宣传活动，报刊成为重要的舆论文化阵地，许多以抗日宣传为主旨的文化团体和文艺组织建立起来，在鼓舞民众、动员民众参加抗战方面起了重要作用。

抗战初期的泰州，涌现了许多宣传抗日的报刊。1937年以来，进步青年张曼君、赵易亚等在刁家铺办了刊物《五月》，“苏北抗日同盟总会泰泰扬分会”的成员黄云祥、蒋若鲁等人创办了《民力报》，这些报刊积极地进行抗日救亡宣传。泰州除了《泰县日报》、《江泰日报》、《海陵日报》、《泰报》、《国民新闻》外，还新增了《新江苏报》、《苏北日报》等报刊，其它的油印报纸就更多了，这些报刊也都大量报道或转载全民族抗战的消息。1939年，中共党组织还在泰州创办了“苏北书报社”，秘密出售从外地运来的进步书籍和报刊。[3] 1940年初，由中共皖东北特委派来泰州开展工作的孙毅、徐国定等人在泰州创办了《苏北日报》，还出刊了《苏北青年》、《苏北妇女》，但两份刊物各出了一期就停办了。《苏北日报》重点宣传团结抗日，在当地影响很大。郭村战斗前，《苏北日报》刊登了中共领导的江都县民众抗敌自卫委员会宣言，韩德勤认为

① 中共江苏省委宣传部《戴为然文集》，中共党史出版社2006年版，第111页。

② 《苏中抗日根据地》，第240页。

③ 《泰州党史资料革命回忆录》第三辑，第59页。

是泰州李明扬替共产党作宣传，责令彻查，导致苏北日报被查封，此时距离报纸出刊才3个月左右。[①]

1938年到1940年间，在扬州和南通早已沦陷的情况下，泰州成为苏北地区抗日救亡文化工作十分活跃的地方。1938年上半年，在泰州的中共地下党和进步人士的积极活动下，许多抗日救亡团体如“泰县文化界抗战工作团”、“泰县青年抗日宣传团”、“泰州少年抗战宣传队”、“青年剧团”、“一九三七剧社”、“泰州抗战剧社”等相继成立，开展了各种形式的抗战文化宣传活动。1938年4、5月间，泰县文化界抗战工作团在泰州的县党部礼堂成立，参加者有近200人，它以戴为然、李进、盛坚夫等进步青年为骨干，在中共党组织的领导下进行抗日宣传。抗战工作团成立后，泰州的炎帝宫和城隍庙都成了开展抗日救亡活动的主要场所，抗战公演、歌咏活动、编写壁报、联系工作等都在那里，新四军还通过地下党在炎帝宫印刷《论持久战》、《论新阶段》等中共抗战文献，部分带到根据地，部分就在泰州出售、散发。1939年，抗战工作团在中山公园举办了“抗战画展”，在抗日将领画像中还特别展出了毛泽东、朱德的画像。[②]

1938年春夏之际，李进、石林等受中共影响的进步青年成立了“泰州抗战剧社”，在泰州更为普遍地开展了抗战演剧活动。1939年，泰州的中共党组织在下河宁乡、周庄拉起了抗日游击武装，“文化界抗战工作团”与“抗战剧社”联名组成了政工队，也编进游击部队进行战地服务。“抗战剧社”的活动不仅仅局限在泰州城，它因地制宜，不拘形式，还到姜堰塘湾、樊川、小纪、溱潼等地以及新四军驻地浦头、嘶马演出。街头、学校、谷场、庙宇等处都可被用作演出场所，演出的剧目主要有《三江好》、《张家店》、《放下你的鞭子》、《汉奸的头》等等，深受群众欢迎。“抗战剧社”并不单纯地演出，也通过出墙报、写标语进行抗日宣传，剧

---

① 《泰州党史资料革命回忆录》第三辑，第141页。

② 《泰州党史资料专题辑要》第四辑，第62—69页。

社成员还利用报纸宣传阵地，撰文编稿，发表抗日宣传文章。[1]在俞铭璜担任《泰县日报》副刊编辑时，还利用副刊版面，专门开辟了文化工作团的专刊《抗战文化》、抗战剧社的专刊《抗战戏剧》、孩子大队的专刊《小拳头》和《抗战青年》等专刊，[2]集中刊出抗战文化团体的文章和作品。

（二）解放区民族的大众的新文化

图 10－8　在泰州从事抗战活动的俞铭璜

抗战以来，在泰州的新四军根据地和解放区，歌曲发挥了鼓舞民众、动员民众的直接作用。1940 年，时任中共苏北特委青年干事的周伯藩创作了《家在晚霞里》，表达了人民群众对家乡的热爱，对牺牲了的亲人的怀念和对日敌的仇恨，激发起人们无尽的爱国情思。此时，新四军东进抗日，江苏省主席韩德勤则拥兵自重，消极抗战。为了揭露韩德勤，周伯藩根据民谣创作了《天上有个扫帚星》："天上有个扫帚星，地下有个韩德勤。手下白养几万兵，只会欺侮老百姓。看见鬼子不敢打，专门反共反人民。受苦的人民盼天亮，日夜想念新四军。"这支民歌在苏北军民中流传很广，脍炙人口，唱出了人民群众拥护新四军的心声。1941 年初，周伯藩创作了《募寒衣》，号召群众为新四军战士做棉衣，歌词通俗，反映了人民支援新四军的真情实意。1942 年，泰兴、泰州、靖江等地都成立了青年解放团，周伯藩又创作了《青年解放团团歌》，这首歌对发动青年参加抗战，"争取中华民族青年自由解放"[3]起了很大作用。

出身泰州书香门第的石林，是新四军中的音乐家。1939

① 《泰州党史资料革命回忆录》第三辑，第 95—97 页。

② 《泰州党史资料专题辑要》第四辑，第 69 页。

③ 《白帆集》，第 186、188、265、190、191 页。

年，石林参加了新四军挺进纵队，此后他长期做文化宣传工作，用歌曲音乐作武器，用歌声唤起民众。1939 年底，他创作的《保卫美丽的山河》，唱出了爱国主义的火热真情和新四军铁流东进的磅礴气势。在《长江颂》歌曲中，石林表达了苏中军民抗战到底的誓言。1940 年 7 月新四军解放黄桥，石林立即创作了《勇敢战斗曲》，歌颂新四军的英勇抗战精神。1943 年 9 月，石林创作了歌曲《我们高声歌颂中国共产党》，“你指导着斗争，背负着民族的希望，你领导着革命，争取着人类的解放”，“你像浓雾里的朝阳，放射着辉煌的光芒；你像大海里的灯塔，指引着航行的方向”，[①]这首歌一经传唱，立刻响彻大江南北，苏中新四军和根据地的中共新党员宣誓时，也唱这首歌，它成了苏北抗日民众心灵的深情颂歌。

还有一首从抗战时期一直流传至今的著名歌曲《黄桥烧饼歌》，它形成于新四军黄桥决战中。当战斗最紧张之时，黄桥镇的群众纷纷组成担架队、运输队，运送伤员、弹药。镇上 10 多家磨坊，60 多家烧饼炉全部开工，磨面、烤烧饼送上前线。新四军苏北指挥部战地服务团的李增援、章枚、林琳、王于耕看到黄桥群众如火如荼的拥军支前热潮，十分感动，你一句我一句地串联出歌词，由章枚谱曲，产生了《黄桥烧饼歌》。“黄桥烧饼黄又黄，黄黄烧饼慰劳忙。烧饼要用热火烤，军队要靠老百姓帮。同志们呀吃个饱，多打胜仗多缴枪……”，这首歌表达了人民群

图 10－9　黄桥群众赶做烧饼慰劳新四军

① 石林著，吴尧编注《石林音乐 · 文学作品选集》，大众文艺出版社 2007 年版，第 3、5、8、29 页。

众对子弟兵的深情厚爱，伴随着黄桥战役胜利的喜讯传向四面八方。

抗战以来，泰州一带解放区的戏曲创作和演出广泛开展。1939年，中共党员周华生、陈庆堂在黄桥创办了“抗日剧团”，他们的演出促进了当地群众抗日救亡活动的开展。1940年，新四军苏北指挥部战地服务团在黄桥演出了《八·一三》、《兄弟参军》等小话剧，起了带动作用，泰兴各地也组织了业余剧团，其中毛家庄农民剧团在1942年成立，成员有20多人，[①]演出节目主要是自编小调，受到群众欢迎。

1941年后兴化解放区成立了许多不脱产的“文工队”，他们以新事新闻，真人真事，编演活报剧，群众演给群众看，就在打谷场上说说唱唱，有快板、道情、四季小调等民间流行曲调，内容新鲜感人。兴化县剧团则演出重要的节目，如战斗前演出“白毛女”，激发新四军指战员的阶级仇恨，增强胜利信心。[②] 1945年抗战胜利前夕，新四军苏中公学迁驻兴化沙沟，苏中公学前线剧团积极开展宣传演出活动，8月底新四军攻下兴化城，活捉伪师长刘湘图，前线剧团迅速进城，化妆宣传，扮演活捉刘湘图的情景剧，[③]民众看了宣传演出无不兴高采烈。

1940年后，靖江解放区兴起了群众文艺宣传活动热潮，文艺骨干编写了大量演唱材料，创作了《麻雀战》、《送郎去当兵》等20多个小型戏曲，[④]配合民主政府的中心工作。1947年9月，新四军打回靖江，为了宣传和发动群众，党组织成立了高何农民业余剧团，在一年半时间里，编排了小型表演唱、对口词、快板书等许多节目。为了配合土改运动，剧团编演了《王友生翻身记》，

---

① 《泰兴县志》，第804、805页。

② 《戴为然文集》，第110、111页。

③ “前线剧团和《甲申记》”《〈甲申记〉演出纪念集》，第275、276页。

④ 靖江县志编纂委员会编《靖江县志》，江苏人民出版社1992年版，第661页。

接着又赶排了《狼心地主》、《蒋介石过年》、《丁芙英诉苦》、《送子参军》、《评成分》、《幸福在眼前》等小剧目，以解放区真人真事为题材，政治性强，短小精悍，群众观看后称赞是“翻身又翻心，演戏换脑筋”。① 高何剧团活跃在靖江和泰兴城黄公路以南，成为解放区的一支文艺轻骑兵。

歌曲、戏曲等群众性文化活动的普及，成为解放区民族的、大众的新民主主义文化的重要内容，在抗战和人民革命事业中发挥着重要作用。

① 《靖江革命斗争史·靖中片资料选》，第292—295页。

第四节 抗战以来的泰州社会

一、长期战争环境中的泰州社会

(一)日伪顽对泰州城乡社会的蹂躏

抗战以来,泰州社会陷于长期战乱,城乡民众备受痛苦煎熬。1940年秋末,韩德勤省军集中在海安胡家集一带,名为防备日伪,实则防范新四军,省军下令在海安修建7座碉堡,每座限3天或5天就要竣工,催逼胁迫百姓刻不容缓,没有砖瓦木料,省军即下令拆掉古庙修筑碉堡,"海安龙王庙、火星庙、眼光庙与蚕桑模范厂皆因建筑碉堡,被夷为平地,砖料不足,责令觅购",又从地方上和老百姓头上搜刮了2万余元,然而"迨有警耗,各碉堡无一守兵",根本没有起抗日的作用,只是劳民伤财。1941年春初,新四军进驻海安,"限将碉堡一日拆尽",以防被日伪利用,但决定"以料抵偿工资",弥补群众所出劳力。[①] 但原来的区长、乡保长却把砖瓦木料全拿去折抵建碉堡时的地方"积欠"了,百姓利益还是受到损害。1941年春,日军又占海安,为了进攻新四军根据地,在海安一带强迫民众修路,"不修则焚其居庐"。但民众在新四军带领下夜晚就把道路毁掉,日军则疯狂地进行报复,烧毁沿路无辜百姓的房屋,致使大批民众流离失所。而日军为了修建据点,"又拆平民工厂、东岳庙、眼光庙、玉皇阁",肆行破坏。泰州名绅韩国钧对于家乡百姓在抗战中所受苦难尤为关切,悲叹:"国未亡而民之受惨虐一至于此。"[②]

抗战中日寇还在苏北推行其毒化政策。江苏沦陷后,日伪

---

① 韩国钧《止叟年谱·永忆录》,沈云龙主编:近代中国史料丛刊第一辑,文海出版社印行,第109页。

② 《止叟年谱·永忆录》,第110、133页。

不但彻底破坏了江苏原有禁政机构，摧毁了禁毒成果，“抑且于各县广设宏济善堂、禁烟局（美其名曰禁烟局，实则为毒化场所）、土膏店、售吸所、推销处，强迫种烟，公开贩运，发照售吸，大量供应，毒氛弥浸全省，六十三县市几无净土。”[①]抗战前泰州对鸦片实际上是禁而不止，日伪占领泰州城后，取消烟禁，一下就冒出来数十家烟馆，毒氛弥漫全城。

抗战胜利后，江苏省政府又颁布了各种禁烟法令规章，并在各县市进行烟民登记，同时统计戒绝毒品的人数。泰州战后建立了江苏省禁烟协会泰县分会，下设施戒所、烟毒调验所，实行自戒与勒戒。但泰州在敌伪厉行毒化之余，禁毒措施推行困难很大。靖江登记烟民数仅为131人，戒绝毒品人数是41人；泰县登记烟民数仅为767人，戒绝毒品人数是228人[②]。而1946年泰县全县的贩毒、吸毒者即达2万人以上，被检举勒戒者则不足1000人，1946年受理贩毒、吸毒案有452起，占刑事案件总数的80.6％。[③] 至1949年初，泰州全城尚有286户从事贩毒，吸毒人员约1800人。但泰州在解放后短时间内就彻底消灭了毒品。

1945年8月靖江城被新四军收复，随即实行严禁毒品的政策，对毒贩，由公安部门专案处理，对吸毒人员，分批实行为期一个半月的强迫戒毒。靖江的戒毒所设在城隍庙的大院里，工作人员每天给戒毒人员上课，讲国内外形势，讲共产党的政策，讲吸毒的害处。为了提高他们戒毒的信心，还动员了亲友家属前来探望，劝告戒毒人员下决心戒毒。[④] 虽然战后中共在靖江城

① 《江苏省政府政情述要》（民国三十四、五年）《民政部分·五·禁政》第15页。

② 《江苏省政府政情述要》（民国三十四、五年）《民政部分·五·禁政》第15、27、28页。

③ 《泰州志》，第586、587页。

④ 《靖江革命斗争史·靖中片资料选》，第178页。

只有近半年时间，但禁毒效果明显，受到群众的赞扬。

(二) 难民救济、兴修水利和战后重建

1937至1949年间，泰州地区长时期的处于战争环境之中，但难民救济、兴修水利、战后重建等等社会事业和社会建设，仍然是地方政府的重要工作，特别是解放区民主政府，在这些工作上做出了显著的成绩。

抗战初期，大批苏南难民通过南通天生港涌向苏北，难民救济已成为苏北严重的社会问题。1938年初苏北各县士绅官员在海安召开了救济委员会，讨论进行难民救济。但日军登陆天生港，旋至如皋，逼近泰兴、泰县。一方面"留养"在泰县各地的苏南难民就有6000多人，另一方面泰县海安镇古贲附近各乡贫民，也"因仲春无食，蠢蠢欲动"，由此引发社会动荡的可能极大。泰县地方热心人士于是先在海安镇古贲"力筹赈济"，"海安市中亦办赈粥，以赡贫民"，并把难民赈济活动"以次推及各县"，[①]泰州社会才得以安定。

抗战期间苏北解放区实施的重大水利建设是范公堤的大修。北宋范仲淹在泰州任西溪盐官时有感于百姓的疾苦，建议修复唐代捍海堰，他在兴化县令任上历时4年兴办了这一浩大工程。海堰计高1丈，阔2丈，长约150里，跨越通、泰、楚三州，一直起着"束内水，隔外潮"、"截海水于外，护良田于内"的作用，后人纪念范仲淹的功绩，称海堰为"范公堤"。范公堤经历代修筑，已成为南起吕四，北经泰县、盐城，直至阜宁，长500余里的东南屏藩。但抗战期间范公堤已经破败不堪。新四军在苏北解放区发动各县民众一面同日伪作战，一面加紧修筑范公堤，短短几个月时间就按工程要求修好了大堤，保障了苏北解放区人民生产和生活的安定。

抗日战争和自卫战争时期，泰县、兴化解放区人民群众还修筑特殊的水利工程，对里下河水网地带进行地形改造，处处架

① 《止叟年谱・永忆录》，第9、97页。

桥、圩圩相通、村村相连、变死套为活套，在河里打起封锁坝、暗坝，阻挡敌人的汽艇。仅在校林一个乡村，就造了大大小小八九十座桥，用封锁桩（河中打桩）、封锁坝、封锁雷层层封锁，限制敌人的活动范围，保卫了解放区，正如解放区歌谣所唱："万条沟、千条河，千条万条，划得象棋盘；三条船，五条船，三条五条，来往象穿梭。"①同时，纵横交错的水网还便利了解放区商业贸易的发展。

抗战胜利后，大量因战乱流徙、外迁的人民返回家乡，但生活十分艰难。于是江苏省政府在 1945 年冬开始举行了冬赈活动，苏中是以扬州为重心设救济站，1946 年 1 月首次放赈，被救济者有苏北 18 个县难民 8357 人，共发放了面粉 2511 袋、赈款近 420 万元。救济站还举办了施粥厂和难民食堂供应难民。苏北难民救济会议也对各地难民赈济活动补发了辅助费。泰州地区各县也分别动员地方热心人士组织了冬令救济委员会，在扬州救济站的指导下进行难民赈济。②

苏北解放区在抗战胜利后努力进行和平民主各项建设，治理战争留下的创伤，并对日寇的战争罪行和群众所受生命财产损失进行了统计。以兴化为例，在兴化被日寇侵占期间，遭日伪杀害的民众达 2000 多人，因伤致残 1100 多人，因日敌暴行造成的孤老孤儿 5700 多人，房屋被毁 5200 多间，被抓壮丁 7800 多人，被抢耕牛 700 多条、农船 800 多只、猪 15000 多头，加之自然灾害频发，人民生活极度困难。因此，解放区积极开展了战后恢复、重建家园的艰巨工作。兴化县委、县政府根据上级部署，发放农业贷款、以工代赈、兴修水利、大搞农田基本建设、平抑物价，对受灾民众发放救济粮等，迅速恢复和发展了生产，人民生活也逐步得到改善，还增加了民主政府的财政收入。③

---

① 《泰州党史资料专题辑要》第四辑，第 214—216 页。

② 《江苏省政府政情述要》社会部分，第 18 页。

③ 《戴为然文集》，第 29 页。

二、组织起来的泰州社会

抗战爆发后,泰州民众从学生到工人、农民,从青年到妇女、儿童,社会各阶层群众都被广泛动员起来和组织起来,汇入了抗日洪流。韩国钧、朱履先等社会知名人士、泰兴黄辟尘、吴云山、胡显伯等开明士绅、泰州的商会同仁以及工商业者,他们在"三三制"民主政权建设和解放区经济建设中,也为全民族抗战做了大量工作。抗战胜利后,泰州解放区的群众组织在土地改革等政治运动中继续发挥作用,推动了战后泰州社会的重建。

(一) 抗战以来泰州的青年运动

抗战以来,泰州地区的抗日青年组织发展很快。1940 年春,"抗日青年工作队"在泰州成立,它名义上属于鲁苏皖边区游击总指挥部,实际是在中共党组织领导之下,以抗日宣传为主要任务的群众性组织。青工队人数众多,主要是中学生和社会青年,他们上街刷写抗日大标语,张贴抗日宣传布告,把《江淮日报》等进步报纸塞进居民家门缝里,[①]工作十分活跃。许多成员工作热情高,机智勇敢,只要是上级组织交代的任务,都毫不犹豫地积极去干,中共党组织在斗争实践中对其中的积极分子进行考察和培养,为党输送了一批新成员。

中共党组织在泰州还组织了"读书会"、"联谊会"等进步青年群众组织。泰州城内至少有十个读书会,参加的人有学生、工人和士兵等。读书会主要是起教育群众、团结群众、扩大新四军和共产党影响的作用。很多表现激进,敢讲敢干的青年在政治方向上都得到了读书会的正确引导。[②] 1940 年 5 月泰州成立的一个秘密读书会,是由中共泰州城区区委书记负责的,每星期都在城中小学后面开会,参加的有六七人,通常由负责人分析抗战

① 《泰州党史资料革命回忆录》第三辑,第 230—232 页。

② 《泰州党史资料革命回忆录》第三辑,第 99 页。

形势，介绍八路军、新四军抗战情况，然后各人自由发言。① 参加了秘密读书会活动的青年对共产党和新四军有了更为深刻和正确的认识，更加坚定地拥护共产党的抗日主张。

抗战中泰州地区由中共领导开展的青年工作以青年解放团为重点。抗战爆发后，苏北的一些省属中学校迁设泰县、泰兴的安全地带，这些地方是新四军苏中三分区（包括如西、泰兴、泰县、靖江）根据地，在溱潼、姜堰、塘头等处有省立第一临时师范、省立第一、第四临时中学、省立高级职业中学等，学校里的国民党顽固势力较强，有的校长也较反动，"形成了所谓红色根据地里的白色堡垒，他们在我们根据地里办学，而骂的却是共产党，散布的是对国民党的幻想"。②

为了改变这些学校师生的政治倾向和思想状态，苏中三地委于 1943 年 2 月作出了《地委关于开展青运工作的决定》，提出在党的统一领导下，运用多样化的斗争方式，团结广大知识青年，不管是根据地的学生还是沦陷区的学生，还要团结学校教师和校长。于是，苏中三地委青年工作委员会根据"白色堡垒"学校的特殊情况，建立了一个在党组织直接领导下的青年解放团，吸收进步青年参加，主要在学校青年中开展工作，与学校里的国民党顽固派作斗争。

为了开展工作，青年解放团以教师身份把工作同志派到被称为白色堡垒的学校中去，有的同志在学校一人承担好几门主课，教学水平很高，深受学生敬佩，因此团结争取了青年学生。青解团最初处于秘密状态，对发展入团对象要求他一定要拥护共产党，在学校中要起到党员的作用。1943 年 9 月，青年解放团总团在靖江弯腰沟公开成立，周伯藩任总团长，通过了团章、成立宣言，选举了总团委员会。青解团总团建立后，在青年学生中普遍进行了革命思想教育和抗日民主教育，发动了政治大辩

---

① 《泰州党史资料革命回忆录》第三辑，第 228－229 页。

② 周伯藩"苏中三分区青年工作的回忆"，《白帆集》，第 131、132 页。

论，让群众自己教育自己，清除了学校中的国民党特务组织和反动刊物，促进了青年学生思想的转变，使他们从迷信国民党转变到跟定共产党。青解团还组织学生参加抗战工作，办冬学，组织民兵，作抗日宣传，开展减租减息。青年解放团采取积极慎重的发展方针，保证了质量，纪律比较严明，这是其他群众团体做不到的。①

因中共党组织日益扩大，学校学生会在党的领导下已能起到团结教育青年学生的作用，青年解放团已完成历史使命，于1944年冬宣布解散。青解团成员加上后来在农村发展的，总数在万人以上，为解放区建设增添了生力军，在泰州解放区青年工作史上书写了光彩的一页。

（二）泰州一带解放区的民众组织

抗战中新四军东进开辟苏中根据地，成立各级政权，同时广泛发动农民组织起来参加抗战。苏中遗留着红十四军时期农会组织的影响，随着抗日民主政府实行减租减息政策，苏中的农抗会(农会)纷纷建立。1941年夏，新四军民运工作队在泰县的雅周、蒋垛等中心区发动群众组织农会，推行减租减息。6月中旬，兴化的减租减息也开始进行，中共兴化县委在六区刘庄镇召开了全县农民代表大会，经2000多名农民代表的民主选举，产生了兴化县农抗会。年底，中共兴东泰特区委在联抗活动地区成立，并部署在农村中普遍组织农会等各种群众组织，推动减租减息开展。②

农抗会代表农民群众的利益，体现了农民政治地位的提高。双减运动中，农抗会在同地主进行减租谈判时具有强大的政治优势，在组织农民对反抗减租的地主进行说理斗争时是农民的坚强后盾。1942年夏秋两季，苏中解放区卓有成效地普遍开展了减租减息，成立了苏中临时农抗总会，而且自上而下建立了

---

① 周伯藩“苏中三分区青年工作的回忆”，第130—149页。

② 《戴为然文集》，第19、20、40、41页。

13 个县农抗会、91 个区农抗会和 422 个乡农抗会，会员达到 50 万人。① 泰州一带解放区也都建立了县、区、乡各级农抗会，1943 年泰县 3 个区、57 个乡、401 个村的农抗会共有 3988 个农会小组，约 2.6 万名农会会员，②靖江孤山区广陵乡在 1943 年双减运动中健全了乡、村两级农会。农抗会有力保障了解放区减租减息的胜利进行。

抗战胜利后，1946 年中共发布五四指示，推动了解放区土改的开展，苏中老区的农会发动农民投入到火热的五四土改中，农民还成立了农联会、翻身委员会或分田委员会等各种组织。靖江孤山区在五四土改中发动群众组建农会，选举翻身委员和农会会长，由农会出面领导对恶霸地主、不法富农进行清算斗争，由农会主持会议进行民主分田并张榜公布。③ 农民不仅经济上翻了身，他们参加了农会在政治上也翻了身。④ 五四土改后，农会发动群众参军支前，积极投身于解放区自卫战争。

1946 年底新四军北撤，国民党军和地主还乡团乘机复辟，残酷镇压翻身农民，仅泰县姜南区就有 3 个乡农会会长惨遭杀害。⑤ 1947 年秋冬，在党组织领导和地方武装掩护下，泰州地区各乡、村的农会重新恢复或建立，发动农民开展反复辟、反倒算斗争，进行土改复查，把被复辟去的土地重新夺回来。《土地法大纲》颁布后，农民在土改中又组织了贫农团，许多地方还以农会代行基层政权职能，提出“一切权力归农会”的口号，靖江孤山区的乡农会主任既是乡政权的领导，也是党组织的领导，⑥农会或贫农团在解放区土改和农村基层政权建设中发挥了很大的作用。

---

① 江苏省地方志编纂委员会编《江苏省志·社团志·农民团体志》，方志出版社 2000 年版，第 38 页。

② 《泰县志》，第 491 页。

③ 《靖江革命斗争史·靖中片资料选》，第 267 页。

④ 《靖江革命斗争史·靖中片资料选》，第 273 页。

⑤ 《泰县志》，第 492 页。

⑥ 《靖江革命斗争史·靖中片资料选》，第 228 页。

抗战以来,泰州解放区的妇女、儿童也普遍组织了起来。1940年新四军东进,泰县雅周、蒋垛、营溪等区成立了妇抗会。1944年,泰县各乡都有了妇抗会。抗战艰难时期,妇抗会成立纺纱小组、伴工队、短工队,把妇女组织起来参加生产。在根据地建设中,各乡妇抗会参加减租减息,动员亲人参军,为烈军属代耕代种,还做军鞋、慰劳子弟兵,①妇女积极分子有的还被选进了基层政权机构。1949年春,泰州组织起来的妇女参加担架、运输、修路、架桥、架电线、磨面、做军鞋等支前工作,有力支援了渡江战役。② 1940年后,泰州一带解放区普遍组织成立了抗日儿童团,儿童团散发抗日宣传品、张贴标语、排演抗日节目,开展拥军优抗、为军烈属和抗属服务,在反"扫荡"中还站岗放哨、传递情报、参加支前,③经受了抗日烽火的锤炼。

抗战胜利后,靖江从1945年8月收复到1946年初中共撤出的近半年时间里,职工运动的开展很有成效,中共县、区委派出工作组通过谈心、开会讲组织起来的重要性,启发工人觉悟,靖江城各工厂工人工会、店员工会、三轮车工人工会、搬运工会等不到一个月就建立起来。④ 泰县民主政府于1945年9月进驻姜堰,开始组建工会。县长张岳侯召集1000多码头工人开大会,动员工人组织起来,要求增加脚钱,改善生活。10月中旬,姜堰职工总会成立,由码头工会王修荣任总会长。酱业、店员、纺织、理发、浴室、粮行等27个基层工会也相继成立,1946年7月国民党军队占据姜堰后工会不再活动。1948年底,已经解放了的姜堰、溱潼再次筹建基层工会。⑤

---

① 《泰县志》,第492、493页。

② 江苏省地方志编纂委员会编《江苏省志·社团志·妇女团体志》方志出版社2000年版,第60、61、63页。

③ 《靖江革命斗争史·靖中片资料选》,第325—330页。

④ 《靖江革命斗争史·靖中片资料选》,第144页。

⑤ 《泰县志》,第489页。

第十一章　新中国三十年泰州的曲折发展历程(1949—1978)

1949 年 1 月,泰州地区解放,泰州历史翻开了新篇章。

解放初期,泰州面临稳定社会秩序、重建教育文化和恢复城乡经济的艰巨任务。泰州人民在党的领导下开展了抗美援朝、镇压反革命、土地改革和“三反”“五反”等运动,巩固了人民政权,恢复了国民经济。从 1953 年开始,泰州贯彻党的过渡时期总路线,顺利完成了对本地区农业、手工业和私营工商业的社会主义改造,确立了社会主义的基本制度。

在社会主义建设时期泰州也历经了曲折。国家“一五计划”实施期间,泰州经济有了很大发展,但是在进行“大跃进”和实现人民公社化的浪潮中也走了弯路,遭遇了严重经济困难。泰州地区党、政府和人民群众在国民经济调整时期团结一致,艰苦奋斗,战胜了困难,国民经济的恢复发展取得了明显成效。

1966 年至 1976 年的“文革”内乱,使泰州的政治、经济和文化建设遭受了严重损失,但泰州的干部、群众用各种不同方式抵制“文革”的错误路线和政策,排除种种干扰,坚持许多正确的做法,在泰州经济社会诸多领域中仍然取得了一定的发展和进步,为而后泰州融入改革开放的历史大潮准备了必要条件。

与 1949 年以前中国传统社会的缓慢变迁相比,新中国建立后的泰州发生了翻天覆地的变化。虽然泰州地区在建国 30 年中历经了政治、经济、文化和社会发展过程中的大起大落,但是贯穿其中的历史主线仍然是发展和进步,到 20 世纪 70 年代末,泰州拥有了颇具特色的基础工业和农业,建立了质量较高的中小学基础教育体系,初步改变了城乡社会过去的落后面貌。

第一节　社会主义制度确立与泰州政治建设曲折发展

泰州地区在解放以后开始步入了历史新阶段，政治秩序迅速稳定，人民政权得到巩固，并在泰州确立了社会主义基本制度。此后，泰州地区在政治建设的前进道路上遭遇了历次"左"的错误的干扰，严重影响了民主与法治建设正常进行。改革开放政治路线的确立，泰州的政治建设才重新走上稳步发展的道路。

一、全国解放初期泰州的政治建设

(一) 全国解放初期的泰州政权建设

1949 年 1 月 21 日，泰州的国民党军政机关弃城逃往江南，泰州市军管会和市委、市政府工作队立即从华中一地委驻地姜堰出发，22 日晨从泰州东门入城，受到青年学生和商会代表的热烈欢迎。同一天，中共泰州市委、泰州市人民政府、泰州市军事管制委员会、泰州警备司令部及泰州所属 6 个镇的镇人民政府同时成立，泰州市成为苏北解放后的第一个建制市。① 23 日，泰州市人民政府各部门正式对外办公。

泰州市人民政府重点接收和接管了原国民党政府机关以及银行、仓库、交通、邮电等部门，解散了原泰县商会组织的商团，并在保留原建制不变的情况下接管了公立医院、救济院、电影院、图书馆和 5 家银行、4 家工厂、44 所学校等。在军管会召集的各界人士座谈会上，泰州各学校、私营企业及公用事业单位的代表都表示立即复课、复业。泰州市军管会还对接管单位的员

① 莫珊"奉命接管泰州城，苏北建市第一家"，政协泰州市学习文史委员会编《泰州文史资料》(1949—1952)，2008 年，第 39 页。

工详细解释了人民政府的各项政策，安定了人心，邮局、公立医院、图书馆、救济院等单位在接管当中人员基本未走，各类物资完整无缺，泰州城市社会秩序迅速得到稳定。

1949年4月，中共苏北区委员会、苏北行政公署、苏北军区在泰州成立，5月，中共泰州区地方委员会、泰州行政区专员公署也设于泰州，泰州行政区辖泰州、泰县、泰兴、靖江、海安等1市7县。泰州一度成为解放初期苏北政治重心。1950年1月，中共苏北区党委合并扬州区地委与泰州区地委为泰州地委，陈扬任书记，戴为然任副书记，周泽为组织部长，泰州市委书记周伯藩兼宣传部长。苏北行署也合并扬州、泰州两区为泰州行政区专员公署，黄云祥、蔡美江分任正副专员。此时，泰州行政区下辖泰州、扬州两市和泰县、泰兴、靖江、兴化、高邮、宝应、仪征、六合、江都9县。泰州地委和专署机关驻泰州市，苏北行署机关则全部移至扬州市。至1953年1月，泰州专区改称为扬州专区，地委和专署迁驻扬州市。

1950年5月初，中共中央指示在全党全军开展整风运动，克服党员领导干部中存在的居功自傲、命令主义和官僚主义作风，并惩治贪污腐化和违法乱纪。7月中旬，泰州地委和专署机关开始整风，陈扬、戴为然带头解剖思想，检查工作中的不足，引导大家开展批评与自我批评。泰州区所属各县的整风在8、9月普遍展开。泰县县委在5个月里举办了6期整风学习班，培训了700多名区、乡、镇、村支部书记、支委和党小组骨干。① 靖江县委坚决纠正少数领导干部工作不深入的官僚主义和命令主义作风，全县的整风由“冷”到“热”。建国初期的整风普遍提高了党员干部的认识水平和政策水平。

1950年，中央内务部部署在基层政权彻底废除旧的保甲制，实行村组制，在有条件的地方试行乡选，民主建政。年底，泰

① 戴为然口述、周光明记录整理“建国初期我在泰州地委”，《泰州文史资料》(1949—1952)，第28—31页。

州专署组建了2个民主建政工作小组，在泰县的塘湾区朱塘乡和泰西区鲍徐乡进行乡选试点，黄云祥专员亲自在朱塘乡蹲点。民主建政过程中首先公开支部，乡村干部集中学习，进行评议，开展党内小整风。村长唐德义在夏粮征收中动手打了农户，评审时受到严厉批评，经过小整风他认识了维护党和政府形象的重要性。个别乡指导员和村长有生活作风问题，主动检查后得到谅解。① 乡村干部经民主评议后即实施乡选。经过清查全乡人数、划分选区、登记选民等程序，由农民选出乡人民代表。再经民主提名候选人，选出乡长、副乡长和乡政府委员。朱塘乡人民代表会议试行乡选之后，苏北行署民政处将其经验作了推广。泰兴县城区在基层政权建设中重新划分建制为四乡五镇，建立各个行业工会，在城区各镇建立青年团、妇联等群众组织，所需干部有的从地下党组织中转出，有的从县委工作队留下，还有的从劳苦大众中选拔，②有效完成了基层政权建设任务。

(二) 解放初期泰州历经的政治运动

解放初期的泰州，革故鼎新任务繁重。泰州区各市、县人民政府在党的统一领导下，开展了抗美援朝、肃清匪特、镇压反革命、“三反”“五反”等政治运动，巩固了新生政权，稳定了社会秩序。

1. 抗美援朝运动

1950年底，新中国掀起了轰轰烈烈的抗美援朝运动。苏北行署副主任朱履先兼任了苏北抗美援朝分会主席，泰州地区各市、县人民政府和广大群众积极参加抗美援朝，开展宣传教育、参军动员、后勤支援等活动。中共泰州地委两次发出指示，要求深入开展抗美援朝宣传活动，泰州区参加各种宣传教育活动的

① 陆希奎“建国初泰州民主建政工作回忆”，《泰州文史资料》(1949—1952)，第48—50页。

② 马志德“解放初泰兴城区两大中心工作回忆”，《泰州文史资料》(1949—1952)，第51—52页。

群众达320多万。在1951年1月19日泰州市首届一次各界人民代表会议上，地委书记陈扬号召全泰州市人民继续扩大与深入开展抗美援朝、保家卫国运动，努力建设新泰州。[①] 泰州市政府还组织了有5万人参加的“五一爱国大游行”。

1951年初参军和报考军校形成了社会热潮。泰州专区当年就为部队输送了14705名新兵，为军事干校选送了410名青年，[②]重现当年苏中民众踊跃参加新四军的热烈景象。1944年从泰兴参加新四军的杨根思，在朝鲜前线第二次战役中壮烈牺牲，被授予志愿军特级英雄称号，成为泰州人民的骄傲。泰州人民积极响应抗美援朝总会“推行爱国公约、捐献飞机大炮”的号召，到1951年底共捐款25,327,584,805元(旧币)，泰县姜堰小学学生还发起了捐献“中国儿童号”飞机的活动。[③] 抗美援朝运动促进了泰州政治和经济建设各项工作。

2. 肃清匪特和镇压反革命运动

泰州解放后，顺利完成了军管期肃清匪特的任务，稳定了社会秩序。朝鲜战争爆发后，残存的国民党敌特和反革命分子蠢蠢欲动，中共中央1950年10月发出了《关于镇压反革命活动的指示》，泰州市立即通过各界人民代表会议进行动员，大张旗鼓地开展镇压反革命运动。1951年2月《中华人民共和国惩治反革命条例》颁布，镇压反革命运动向纵深发展。泰州发动群众，集中力量控诉日寇日特、国民党匪特和恶霸反动会道门的罪行，把反对美帝武装日本与镇压反革命结合起来。经过大小352个控诉会，群众纷纷检举反革命分子，泰州市公安局收到的检举纸

---

① 《大会快报》第二期1951年1月20日，泰州市首届一次各界人民代表会议秘书处编印。

② 戴为然口述、周光明记录整理“建国初期我在泰州地委”《泰州文史资料》(1949—1952)，第21—23页。

③ “姜堰小学收到各地小朋友来信 保证完成捐献‘中国儿童号’飞机”，《新泰州报》1951年8月6日第一版。

有2000多件。[1]

1951年2月21日夜，泰州市党政群干部、公安队及驻军统一行动，铁拳出击，两小时内逮捕了101名反革命分子。5月份泰州市召开首届二次各界人民代表会议，成立了反革命案件审察委员会和肃反委员会，通过了继续大张旗鼓地镇压反革命计划。泰州市在坡子街、彩衣街、东大街等各个户籍区，铜磁煤窑、茶漆等行业工会，普遍成立了治保委员会。智堡镇召开600多人的居民大会斗争现行特务，建立了治保委员会。[2] 11月16日，泰州市召开了3万人参加的宣判大会，对部分反革命分子分别作了杀、缓、关、管、放的不同处理。泰州地区镇压反革命运动至1952年上半年基本结束，社会出现了前所未有的安定局面。

3．"三反""五反"运动

解放初期，在一些党政机关人员中暴露出贪污腐败现象，一些单位和干部的铺张浪费和官僚主义也助长了腐败行为。1951年12月1日，中共中央作出《关于实行精兵简政、增产节约、反对贪污、反对浪费和反对官僚主义的决定》，泰州地区各市县都成立了"增产节约委员会"，指导"三反"运动。1952年1月6日泰州市召开了各界反贪污、反行贿检举大会；1月10日泰兴县委号召群众揭发贪污问题，当天群众检举的案件就达到2137件。[3] 4月18日，《中华人民共和国惩治贪污条例》颁布，运动转入追赃定案阶段。5月份"三反"基本结束。泰州市查出373人有贪污行为，其中党员135人，贪污总金额32亿多元（旧币）。泰兴县直机关查出贪污分子16人，有5人被逮捕法办。

---

① 泰州市档案馆馆藏档案：301－2－7，《泰州市春节以来抗美援朝运动报告》。

② 《新泰州报》第四一期，1951年6月11日，公营人民印刷厂印刷泰州区邮政局发行。

③ 干圣林、刘峰青"泰兴'三反'运动综述"，《泰州文史资料》（1949—1952），第148页。

国民经济恢复时期，一些不法资本家贿赂国家干部、偷税漏税、盗骗国家财产、偷工减料、盗窃国家经济情报，以牟取暴利。为此，中共中央于1952年1月指示展开坚决彻底的“五反”斗争。2月初，泰州市总工会召开职工代表大会进行了“五反”动员。5月19日，泰州市各基层工会代表及职工、店员2000多人举行了“五反”誓师大会。泰州市还组织了18个行业的互查互评。“五反”工作检查队彻底清查了7个行业的14个重点户，查出“每户盗窃国家财富都在几千万到几亿数字，并且违法情节非常恶劣”。①但是泰州市的“五反”有些未能以实事求是的精神核实定案，“或乐于追求数字”，“产生了偏高的现象”，“追算较远，计算范围较广，折价较高”。7月11日“五反”告一段落，许多工商业户即“书面申请重新复议”，泰州市委因此制订了结束“五反”工作计划，从9月1日起抽调干部组成结束“五反”工作组，在“五反”主要行业中分别组织2000职工和工商业户250人进行学习，然后工商业户提出申请“并进行了自报互评，再经过劳资见面会议，由工人提出初步意见，最后增产节约委员会复核公布”，即“三审定案”。

泰州市整个“五反”运动于11月4日结束，初步统计经复议核实的工商业户262户，占全部参加“五反”工商业户总数的5.6％，其中二类户20户，三类户197户，四类户42户，五类户3户，共核减人民币743千万余元，占全市原退补数的58％。②“五反”运动打击了一批违法资本家，对私营工商业者进行了守法教育，推进了私营企业的民主改革。

（三）人民代表大会制度在泰州的建立

人民代表大会制度是新中国确立的根本政治制度。由于建

---

① 《泰州报》城市版第二一一期，1952年5月26日，江苏邮电管理局执照第二十五号。

② 泰州市档案馆馆藏档案：301－1－7，《泰州市结束“五反”工作总结》(1952年)。

国之初不具备经普选产生地方各级人民代表大会的条件，因此，根据《中国人民政治协商会议共同纲领》和中央人民政府委员会及政务院颁布的省、市、县、区各界人民代表会议组织通则和乡（行政村）人民代表会议组织通则的规定，苏北区决定在1952年底前先后召开县以上地方各级的各界人民代表会议和乡人民代表会议，作为普选前代行地方各级人民代表大会职权的一种政治建设过渡形式。

1951年1月18日，泰州市召开首届一次各界人民代表会议，会议代行人民代表大会职权。参加会议的各界正式代表241名，列席代表19名。泰州市首届政治协商委员会秘书长在会议上报告了大会筹备情况，苏北行署民政处长章维仁、泰州专署专员黄云祥等到会祝贺，泰州地委书记陈扬到会讲话，泰州市委书记兼市长周伯藩作了一年来市政府工作报告，与会代表们认真讨论和审查了报告，审议表决了市政府工作计划，选举产生了市协商委员会。还有多位代表在大会上作了发言。[1] 代表们提出的各种提案都由秘书处汇总后交给了有关部门办理，会议充满了民主气氛。这次会议历时5天，会议选举周伯藩（中共，原市长）为市长，黄达（中共、原副市长）、王石琴（民盟、华泰纱厂事务所主任）为副市长，选举于化欧、李克和、李连庆、李晓波、李生桂、阮海东、吴惠春、何晓波、姚干、陈本肖、陈浩然、周光仪、徐廉生、高寿征、高古风、章定甫、赵元生、赵醒吾、钱学仁（女）、韩晓如等20人为政府委员，吸收了各界代表人物和民主人士参加政府工作。大会结束后，新一届泰州市人民政府当选名单经呈报泰卅专署、苏北行署，由中央政务院批准并颁发了任命书。

被选为副市长的王石琴，解放前在上海参加学生运动和民盟地下活动，到泰州华泰纱厂任职后，他热情迎接解放军进城接管，自觉参加党领导的政治活动，被各界人民代表推荐为副市长

① 陆希奎"建国初泰州民主建政工作回忆"，《泰州文史资料》（1949—1952），第48—50页。

候选人。市长周伯藩对王石琴说:“我们没有把你当外人。”[①]鼓励他如果当选就放手去干。泰州市委对王石琴的工作热情支持,他的建议也大多被采纳,成为中共和民主党派肝胆相照,真诚合作的一个典范。

自1951年1月到1954年6月,泰州市各界人民代表会议召开了两届共7次会议。泰州地区各市县也先后召开了各界人民代表会议。各界人民代表会议圆满代行了地方人民代表大会职权,能广泛听取各界群众对人民政府的意见,并通过代表把各级政府的主张贯彻到群众中去,密切了政府与人民群众的联系,是泰州人民民主政权建设向人民代表大会制度过渡的重要阶段。

1953年,中央人民政府委员会决定召开由人民用普选方法产生的乡、县、省(市)各级人民代表大会,并在此基础上接着召开全国人民代表大会,同时颁布了《中华人民共和国全国人民代表大会及地方各级人民代表大会选举法》。自1954年起,泰州实行普选,人民代表由选民按选区民主投票选举产生,这是解放以后第一次由选民直接选举人民代表,人民群众当家作主的积极性空前高涨。泰州市、泰县(姜堰)、靖江、泰兴共选出人民代表1339名。通过这次空前规模的普选,加强了基层政权的政治民主化建设。

泰州市人民代表大会一届一次会议于1954年6月26日至30日举行,出席大会的133位代表均由基层民主选举产生,会议上代表们充分讨论了中华人民共和国第一部社会主义性质的宪法草案,听取和审查了市政府7个月来的工作报告和今后工作意见的报告,以及关于1954年地方财政预算和地方自筹经费意见的报告,并且选举了出席江苏省人民代表大会的代表7名,完成了大会的主要任务。泰县(姜堰)在6月28日至7月3日、

---

① 王石琴“深切缅怀我们的老市长——周伯藩”,《泰州文史资料》(1949—1952),第240、241页。

泰兴县在7月2日至8日、靖江县在7月3日至11日，也先后召开了人民代表大会。人民代表大会制度在泰州地区的建立并有效发挥职能，标志泰州的政治建设进入了一个历史新阶段。

二、席卷泰州的社会主义改造大潮

1953年9月，中共中央正式宣布了党在过渡时期的总路线：在一个相当长的时间内，逐步实现国家的社会主义工业化，并逐步实现国家对农业、手工业和资本主义工商业的社会主义改造。它成为团结和动员人民共同奋斗的纲领。11月4日，中共泰州市委召开扩大会议，市委书记王向明作了关于国家在过渡时期总路线和总任务的传达报告。12月初，泰州市第二届各界人民代表会议召开第二次临时会议，听取并讨论了关于总路线的传达报告。此后由点到面展开了广泛宣传与讨论总路线的活动，社会主义改造也在泰州展开。

（一）泰州地区的农业合作化运动

解放初期，泰州地区广大农民经过土地改革实现了“耕者有其田”的愿望，生产热情高涨。但一些个体小农因缺乏耕畜、农具、劳力，或遭天灾，陷于困境，只得出卖和典出土地。1952年泰县有3083户出卖土地46011亩，6798户典出土地9725亩。泰县坡岭村500多户中卖田的有30多户。[①] 1951年冬，中共中央发布《关于农业生产互助合作的决议（草案）》，泰州地区的农业互助组开始发展起来。互助组由群众几户到十几户不等自由组合，有常年的和临时的，组里在劳力、农具、物资上互帮互助，伴工换工，各家田地收获仍归各户，年终结算时各家互相找补，互不吃亏。到1952年，泰州地区已有约1/3的农户参加了互助组。

---

① 泰县县志编纂委员会编《泰县志》，江苏人民出版社1992年版，第151页。郑应松“坡岭农业社见闻”《泰州文史资料》(1953—1956)，第31页。

随着互助组的兴办，泰州专署开始着手组织农业生产合作社。泰兴县珊瑚区西洋乡何韩庄的何永乐互助组是专署选择的试办点。1952 年 7 月夏忙前，泰州区第一个初级农业生产合作社何韩庄何永乐初级社成立，入社农户 15 户，102 人，劳力 51 个，土地 181.56 亩，大农具及牲畜也入了社。① 何韩初级社的劳力、农具统一调配，生产安排合理，购买良种有政府贷款扶持，年终分配时入社土地分红约占 4 成，劳力约占 6 成，牲畜、农具也参加分配，合作社收成和社员收入都超过了单干户。1954 年何韩初级社扩大到 50 多户。1953 年春，靖江县在东兴区惠涉乡吉子荣互助组基础上试办了靖江第一个初级社惠兴农业生产合作社；泰县张甸区经过宣传发动成立了芦家垛芦野初级社，并带动了各乡初级社的建立。兴化县海河区朱步松互助组在 1954 年秋后发展成初级社，第二年亩产就超过单干户 100 多斤。

1953 年 12 月，中共中央通过了《关于发展农业生产合作社的决议》，从 1954 年开始各地普遍办起了初级社。1955 年下半年，中央批判农业合作化问题上的所谓右倾，泰州、泰县也相继召开会议批判"右倾保守主义"，迅速掀起了一个农业合作化运动高潮。1955 年底，泰州市建立了 106 个初级农业生产合作社，入社农户 2275 户，占农户总数的 53.3%；泰县兴办初级社达 3199 个，入社农户 83150 户，占农户总数的 59.6%；泰兴的初级社发展到 3049 个，入社农户 75952 户，占农户总数的 36%。

1956 年初，初级社普遍举办而尚未巩固，在泰州又出现了兴办高级农业生产合作社的热潮。高级社的土地、牲畜、农具等生产资料全归集体所有，取消土地分红，完全按劳分配，被认为具有社会主义性质。泰州先在先锋、鲍坝、花园、新城 4 个初级社试办高级社，1 月底，泰州市的 3 个农村乡建成 17 个高级社，入社 4510 户，占农户总数的 99%以上；泰兴的高级社发展到

---

① 金梧"我参与创办了何韩初级社"，《泰州文史资料》（1953—1956），第 45—47 页。

582个，入社99631户，占农户总数的45.23%。1956年春，泰县的高级社入社农户也达到农户总数的95.2%。靖江1956年秋办了396个高级社，入社93455户，占农户总数的98%。泰州基本完成了对农业的社会主义改造。

高级社在泰州发展得过急过快。泰县"杂谷地区原来合作社的基础很差，由入社农户占百分之三一下子跳到90%以上"，①显然受政治运动的推动，不是自愿互利的，加之合作社干部普遍缺乏管理集体经济的能力，许多干部工作作风粗暴，初级社升格为高级社后社员收入普遍下降，由此造成1956年冬至1957年春泰县以及泰兴、靖江等地大批社员闹退社的群体事件。有2000多人到泰县县政府请愿，②还有的农民扒分集体仓库种粮，不少妇女还用马桶刷子驱打干部，在县、区领导调解下事态平息。针对闹退社暴露的问题，扬州地委决定提前分批进行民主整社，重点放在清理财务账目和改善干群关系两个方面。到1957年7月，"泰县第一批约60个社的民主整社工已经作结束，效果相当显著"。③ 还有一批办得好的农业社成为典型，兴化朱步松高级社制订了各项合理的章程制度，泰县坡岭高级社开办制绳厂、槽坊，经济效益明显，泰兴何韩高级社社长何永乐办社有方，1956年出席了全国劳模大会。④ 泰州地区的高级社经过整顿和调整管理体制，基本上得到稳定和巩固。

---

① 姜堰市档案馆馆藏档案：301－1－47，《中共扬州地委关于泰县、江都农民闹社事件的经验教训及今后措施意见的报告》（1957年7月16日）。

② 《七十年征程——江渭清回忆录》，江苏人民出版社1996年版，第398页。

③ 姜堰市档案馆馆藏档案：301－1－47，《中共扬州地委关于泰县、江都农民闹社事件的经验教训及今后措施意见的报告》（1957年7月16日）。

④ 《泰州文史资料》（1953—1956），第23、28、36、37、61、64、73页。

（二）对泰州手工业的社会主义改造

1953年，泰州地区对城镇私营工商业和个体手工业的社会主义改造也开始逐步进行。泰州的个体手工业和小商业在解放以后虽然也有所发展，但有些行业产品技术质量较差，不少行业因原料供应困难而影响正常生产，手工业行业内部还存在相互排挤盲目竞争的现象，在社会主义改造的大趋势下，泰州的普通手工业户一般都欢迎改造，要求走合作化道路。

从1953年3月到年底，泰州市生产委员会以铁铺、棉织、渔网等行业为重点，开展了对全市手工业的调查摸底：全市手工业有45个行业，其中的34个主要行业（不含渔网）1474户，有从业人员2567人，其中独立生产者占79%，雇佣关系和师徒关系占12%，劳资关系占9%。绝大多数手工业产品与老百姓生产生活密切相关，但产品销售不稳定，受季节影响较大。因此，独立经营的个体手工业者，以经营商品性手工业为主的兼业主，雇工不足4人而本人参加劳动又是手工业者出身的作坊主，是手工业社会主义改造的主要对象。

据此，泰州市制定了推进手工业社会主义改造的工作计划，在1954年按季度分步实施。对铁铺、农具行业，主要是提高质量，帮助解决资金不足和原料紧缺的困难，并选择十几家条件较好的手工业户为基础，逐步组织铁木农具合作社。对渔网行业，是改进产品规格，扩大销路，整顿原有的手工业生产小组，帮助建立必要的制度，组织渔网供销合作社。对冶坊行业，帮助联系原料，解决盲目竞争的矛盾；对棉织行业，加强棉纱管理和产品加工收购、规格质量检验环节，打下建立手工业生产合作社的基础。对竹器、洋袜、毛巾、酿造、制伞等行业，根据不同情况帮助解决困难，逐步引导他们组织生产合作社。

泰州地区几个县市基本上在1955年底前结束了对手工业和私营工商业的普查摸底。兴化对全县各行各业调查后，审核登记了各私营业主（包括手工业个体户）的人员、资产情况，然后按各行业性质归口，再进一步划分合作和公私合营的改造方式，[1]把手工业与私营工商业区别开来。靖江结束了对手工业和私营工商业的普查后，通过宣传教育，稳定了私营业主的思想情绪，1956年1月1日，靖江县成立了对私改造工作领导小组，县长孙普兼任组长，靖江各区也成立了对私改造工作小组，[2]订出了具体规划步骤。

1956年初泰州地区的社会主义改造掀起高潮，个体手工业者也走上了组织起来的道路。泰州全市88个自然行业6855个手工业者参加了各种形式的合作组织，分别建立了29个手工业生产合作社（组）。1956年上半年，泰县的手工业者8844人有85.5%参加了手工业生产合作社（组）。靖江的手工业生产合作社在1956年一季度发展到47个社（组）1786人，还成立了3个手工业产品供销社611人，靖江城镇基本上实现了手工业合作化。

由于泰州地区对手工业的社会主义改造来势猛，时间短，领导干部对手工业生产经营的特点认识不足，贪高贪大，在手工业生产合作社建社和扩社中，有盲目集中和不适当的统一计算盈亏等偏向，认为有些合作社虽然搞大了一些，但联社好领导，因此对手工业生产造成许多不良影响。1956年下半年，泰州市结合具体情况对手工业生产合作社进行经济改组，将原有29个社（组）划分为51个社（组），并适当增设服务点。对大中型合作社充实领导骨干，派出40人到各社做领导工作，还建立了手工业党委会，大社都有党支部与专职支书。经过经济改组，泰州市手工业生产有了发展，1956年产值达398万元，自有资金287130元，手工业生产合作社得到了巩固。但泰州市政府经过认真总结，认为“目前有些合作社的规模还是大了些，统一计划盈亏，综

① 李宝炎“兴化竹业的社会主义改造”，《泰州文史资料》（1953—1956），第109页。

② 刘仲贤讲述，徐存华、陆雪梅整理“靖江手工业和资本主义工商业的社会主义改造运动”，《泰州文史资料》（1953—1956），第117页。

合建设的还是多了些，这种不合理的现象，须逐步加以改变”。[①]

（三）对泰州私营工商业的社会主义改造

泰州市政府在建国初期就有计划、有步骤地推进对私营工商业的改组、改造，并在私营企业困难时进行委托加工、统购包销，逐步引导其走低、中级国家资本主义形式的发展道路，实行了国家与私营企业主在企业外部的合作。

据1954年的统计，泰州市16人以上、使用动力设备的私营工厂计26家，其中已经公私合营和正准备合营的有华泰纱厂、电力公司、泰来面粉厂、新泰布厂等4家。还有22家私营工厂，共有职工554人，分别为铁厂3家，工人45人；牙刷厂1家，工人41人；油米厂17家，工人405人；猪鬃厂1家，工人63人。这些私营工厂中铁厂的动力设备较好，油米厂设备都已陈旧或不堪再用；泰来面粉厂和新泰布厂两家大厂尚有流动资金，个别油米厂还有少量资金，大部分私营厂资金倒挂或两平，甚至严重亏损。牙刷厂因全年为国家加工订货能够正常生产，铁厂无固定生产任务，油米厂、猪鬃厂生产极不正常。由此可见，泰州市私营工厂的特点（除已合营和正在合营的外）一般的是规模小，设备简陋，无正常生产任务，资金短绌，人员臃肿，管理混乱，产品成本高、质量低。[②]

为了逐步实现对私营工商业的社会主义改造，泰州市委选择了规模较大、效益相对较好的新泰布厂、泰来面粉厂以及利农铁厂先行公私合营改造。泰来面粉厂1953年有职工173人，净资产248677万元，总产值达4736220万元，在泰州私营工商业中占有重要地位。1953年泰来面粉厂接受的国家加工任务占其总产值的99.90％，实际已成为中级形式的国家资本主义企

---

① 泰州市档案馆馆藏档案《泰州市手工业生产合作社的经济改组方案》（1957）。

② 泰州市档案馆馆藏档案：301－1－13，《中共泰州市委关于1955年—1957年对资本主义工商业社会主义改造的大体意见》（1954年）。

业，具备了公私合营的条件。对于利农铁厂，泰州市先使其与地方国营泰州铁厂建立起加工关系，并带动其余私营铁厂先作私私合营，计划到1955年夏季前搞好公私合营。[①]

为了加快对资改造步伐，泰州市对泰来面粉厂等几家私营厂作了详细摸底，并召开股东会议，由政府派代表参加进行资产清理，确定公私股权和公私股比例，然后拟定合营条例和筹备成立董事会；其次，成立增产节约委员会，加强对生产和技术的领导，完成国家加工任务，进行必要的内部改革。1954年内，新泰布厂、泰来面粉厂以及利农铁厂分别向职工宣布，工厂已经顺利实现公私合营。

1955年12月，泰州市对资本主义工商业改造办公室成立，领导全市对资改造工作。12月21日，泰州市棉布业实行全行业公私合营，起带头作用的商号是泰州坡子街老字号天福和记绸布店。1956年1月17日，泰州又有8个行业实行全行业公私合营，19日，其他工商行业、交通运输业全部实现公私合营。泰州私营工商业实现公私合营的有私营工业18个行业71户，私营商业70个行业5439户，私营交通运输业3个行业367户。[②] 21日，泰州市各界3万人举行集会，庆祝全市社会主义改造胜利完成。此后，泰州市着手对完成公私合营的企业开展清产核资、企业改组、安排生产、落实定息等工作，原私营企业主也得到了较妥善的安排，一些分散弱小的工厂经公私合营后的整顿合并，也有了发展。

1955年12月1日，泰兴各行各业的私营企业主敲锣打鼓，集体到县委、县政府申请公私合营，县委当即作了口头批准，之后再由县政府补办手续，批准泰兴城棉布、百货、新药、中药、照

---

① 泰州市档案馆馆藏档案：301—1—13，《中共泰州市委关于1955年—1957年对资本主义工商业社会主义改造的大体意见》(1954年)。

② 泰州市档案馆藏《一九五六年泰州大事记》(初稿)。

相、大南货等行业和万庆棉布厂等实行公私合营。[①] 同时，靖江也很快完成了对私营工商业的社会主义改造。1956 年上半年，泰县 6096 户私营商业参加公私合营，占私营商业的 83.8%，35 家私营工业全部实现公私合营。

由于泰州市在社会主义改造工作中对公私合营的形式仅着重于定值定息和固定工资的宣传，又因泰州市实际上小商小贩占绝大多数，很多是难以维持生活或只能维持生活的，他们对公私合营拿固定工资称之为"铁饭碗"，是做了公家人或准公家人，但对实行公私合营后他们仍然继续维持经销代销这种形式表示不满意，特别是一些夫妻店、较困难的商店和小商小贩，情绪波动很大。[②] 这也是泰州在对私改造工作中存在的问题。

泰州地区同全国许多地方一样，提前完成了对农业、手工业和资本主义工商业的社会主义改造，虽然工作中存在过急过快等毛病，但以公有制为主的社会主义经济基础和基本制度在泰州得到了确立。

三、历次政治运动影响下的泰州

(一) 反"右派"斗争在泰州的开展

1956 年，全国范围内社会主义改造完成，我国社会发生了深刻变化，但国内政治和经济生活也出现了一些紧张情况。泰县等地 1957 年春就出现了农民大批退社事件，而合作化运动中部分党员干部的官僚主义是造成农民闹退社的原因之一。1957 年 4 月，全党开始整风，反对官僚主义、宗派主义和主观主义。5 月，泰州市委在群众中广泛宣传毛泽东《关于正确处理人民内部

---

① 许俊南"我参加了对资本主义工商业的社会主义改造"，《泰州文史资料》(1953—1956)，第 114 页。

② 泰州市档案馆馆藏档案：301－2－36，(1956 年 1—12 月)，《中共泰州市委关于召开市工商联执监委扩大会议，针对深入改造中的思想问题进行教育工作小结》(1956 年 2 月 10 日)。

矛盾的问题》讲话，广大干部群众响应号召帮助党进行整风，对党和政府的工作以及干部的作风提出批评建议，绝大多数意见都是诚恳的。由于极少数人借"大鸣大放"攻击党和社会主义制度，整风开始转向反击资产阶级右派进攻。

在反右运动中，泰州市委的做法一是基本上以政协为阵地，促动各民主党派内部开展斗争和推动党外人士开展斗争；二是发动工人、青年、妇女进行声讨，造成斗争声势；三是利用各种宣传工具，报导斗争情况，启发和教育群众，造成社会舆论。[①] 7月初，泰州市各界青年上千人集会声讨所谓"反党反社会主义"右派分子。在泰州市二届二次人民代表大会上，还批判了市工商联副主任、公私合营泰州布厂副厂长和农工党员、康复八院副院长的所谓"右派"言论，大会号召全市人民积极投入反右斗争。泰县的整风和反右运动则是从1957年11月开始的。

虽然整风与反右使广大群众坚定了坚持党的领导和社会主义制度的信心，但反右发生了扩大化的错误，把一批知识分子、爱国民主人士和党内干部错划为右派分子，给民主法制建设造成了不应有的损失。从1959年到1964年，泰州市和泰县根据中央有关指示，为部分"右派分子"摘了帽，但在当时的政治环境下，不可能全面进行实事求是的改正。

（二）泰州的城乡社会主义教育运动

1962年9月中共八届十中全会召开，特别强调"千万不要忘记阶级斗争"。1963年2月，中央决定在全国范围开展社会主义教育运动。5月7日，泰州市委在电话会议上对社教运动等工作进行了布置，社教运动以贯彻中共八届十中全会决议和《农村人民公社条例（草案）》为中心在泰州展开。

7月下旬，泰州市委先在泰东公社开展农村社教试点，然后分两批进行社教，到1964年10月，有6个公社开展了社教，占

---

① 泰州市档案馆馆藏档案：301—1—28，《中共泰州市委关于反右派斗争情况和今后意见》(1957)。

泰州市13个农村人民公社的46%。农村社教的主要内容和工作步骤是:扎根串连,了解情况、宣讲“双十条”、进行阶级教育、开展“四清”,重点查账核帐、启发干部“洗手洗澡”、组织对敌斗争,对地富反坏四类分子评审监督、进行两条道路斗争、进行组织建设等。1963年11月底,泰州市委召开了有652人参加的三级干部会议,深入学习了中央关于社教工作的文件,研究了今冬明春的工作,并要求农村各项工作以社会主义教育为纲。1964年,泰州市农村社教在经济上清出干部“四不清”金额220866元、粮食512596斤,根据政策核定退赔总金额154866元,占“四不清”总数的70%,核定退赔粮食242347斤,占“四不清”总数的47%,运动中已退赔兑现总金额99419元,占核定退赔总数的64%,已退赔兑换粮食166250斤,占核定退赔总数的69%。[①] 此外,广大干群阶级觉悟和社会主义觉悟是否提高,地富反坏等势力是否受到打击,也是考察农村社教成绩的重要方面。经过社教,农村中还普遍建立了贫下中农协会。

1965年1月,中央发布了《农村社会主义教育运动中目前提出的一些问题》(《二十三条》),提出社教运动的重点是“整党内那些走资本主义道路的当权派”,并明确把社教改为“四清”,即清政治、清经济、清组织、清思想。《二十三条》下达后,泰州市委迅即召开扩大会议,对全市的四清运动调整部署,转向面上的社会主义教育。泰州市先后召开两次三级干部大会,贯彻《二十三条》,并在2月份组织了一支200多人的面上社教工作队,对市直机关和基层企事业单位中有突出问题的17个单位分别派去工作队开展运动。面上的社教分三步进行,首先组织学习《二十三条》,其次是干部“洗手洗澡”、“放下包袱”,查对账目,对地富反坏右五类分子进行评审等,然后是落实生产规划,评比先进生产集体。在面上社教阶段,纠正了前一阶段运动中的部分错

---

① 泰州市档案馆馆藏档案:301—1—80,《关于农村社会主义教育运动初步检查》(1964)。

误做法，解脱了大部分基层干部。到5月中旬，17个单位的面上社教工作基本告一段落。

接着，泰州市委规划全市社会主义教育运动，决定在全市固定一支350至400人的社教队伍，用三四年时间，分期分批搞完全市所有单位的社教。并从1965年6月开始，组织力量在泰州百货公司和泰州麻纺厂按照《二十三条》精神进行社教试点。[①]这两个单位的社教试点工作分为准备阶段、四清阶段、对敌斗争阶段、建设阶段。其中四清阶段以清思想、清经济为重点，而且号召群众揭发单位里的问题和干部的问题。领导干部和问题严重、群众意见很大的干部要在三级干部会议上作检查，四清基本告一段落后还要组织干部五谈，即谈四清的意义和收获；谈对阶级斗争新形势、新特点的认识；谈犯错误的原因；谈自我革命的体会；谈今后的努力方向。[②]

泰州市的城乡社会主义教育运动从1963年至1965年历时两年告一段落。社教和四清对于解决干部作风、农村经济管理、企业经济管理等方面存在的某些问题起到了一定的作用。由于社教是在以阶级斗争为纲错误理论的指导下进行的，采取了大规模群众运动的不恰当方式，因此运动中对基层干部、群众也造成了不必要的伤害。社教运动不能从根本上解决社会主义建设中出现的问题，反而使政治上"左"的错误更加发展。

（三）泰州的"文革"十年内乱

1966年5月，"文化大革命"在全国范围内发动。进入8月，泰州也受到了冲击，1967—1969年，泰州市各主要部门均受到不同程度的冲击，严重影响了正常的社会秩序。1967年3月21日，经江苏省军管会批准，成立了泰州市军事管制委员会，下

① 泰州市档案馆馆藏档案：301－1－85，《中共泰州市委员会关于前一时期面上社教工作的情况和分期分批开展社教运动的初步规划》(1965)。

② 泰州市档案馆馆藏档案：301－1－85，《关于在泰州白货公司和泰州麻纺织厂进行社会主义教育运动试点工作计划》(1965)。

设革命委员会、生产委员会、办公室等机构。[1] 1968 年 3 月 20 日，泰州市革命委员会成立，下设办公室、政治部、生产指挥部。[2] 革委会是“文革”中党政合一的地方临时权力机构。

“文革”中城市大量初高中毕业生不能升学、就业。泰州市从 1968 年 9 月开始动员城市中学毕业生下乡插队落户，3 个多月共有 3742 人下农村插队。1969 年底，泰州市又动员了一批机关干部、“五·七”干校学员和医务人员下放农村。市革委会在 1970 年初的第二次上山下乡工作会议上，把上山下乡工作重点转到了集体所有制单位临时工、合作商贩、个体手工业户和城市居民方面。[3] “文革”中绝大多数初高中毕业生下放农村，失去了学习科学文化的机会。

1971 年 5 月 5 日，中共泰州市第四届代表大会召开，出席代表 584 名，讨论通过了市革委会党的核心小组的工作报告，选举产生了中共泰州市第四届委员会，王铎为市委书记，陈超、卢健为副书记，市委委员、候补委员 29 人。泰州地方党委的工作正常化。从 10 月中旬起，泰州市委分别向党员干部和群众传达中央文件，组织对林彪“反革命集团”的批判，并按中央部署纠正一些“左”的错误。部分受到批判和冲击的干部被重新任用；1973 年底成立政法领导小组，恢复了市公安局和人民法院；清理发还了“文革”中被查抄的一些个人财产；落实知识分子政策；政策性照顾安排了部分下乡知青回城工作。

1975 年邓小平主持中央工作，进行了各条战线的整顿，泰州市狠抓了经济建设工作。1976 年 10 月党中央一举粉碎“四人帮”，十年内乱终于结束。“文革”严重打乱了国家的正常发展步伐，给泰州广大干部群众留下了深刻的历史教训。

---

① 泰州市档案馆藏《一九六七年泰州大事记》(初稿)。

② 泰州市档案馆藏《一九六八年泰州大事记》(初稿)。

③ 泰州市档案馆藏档案：301－1－99，《关于上山下乡工作情况总结》(1970)。

第二节　艰难发展中的泰州社会主义经济建设

泰州地区在解放以后通过恢复经济、土地改革、实施“一五”计划和贯彻过渡时期总路线，社会经济出现了良好的发展趋势。由于全国上下急于求成的情绪和“大跃进”、人民公社化运动的发动，违背了客观经济规律，导致社会主义经济建设受到挫折，泰州也遭遇了严重经济困难。在党的领导下，泰州的干部群众落实国民经济调整的各项政策，战胜了困难，并且在“文革”中努力抵御干扰，泰州经济社会发展仍呈现曲折前进的轨迹。

一、泰州的经济恢复、土地改革与“一五”计划实施

（一）泰州国民经济的恢复

解放初期，泰州以恢复和发展农业生产为经济工作重心。1949 年夏秋，泰州遭遇了 30 多年不遇的水灾和台风，仅泰西、叶甸、港口、苏陈 4 区被淹农田就有 152742 亩。泰州地委专署立即组织抗灾救济，泰州军分区发起了每个战士每天节约一两米救灾的活动，泰州市委把“抢救水灾确定为压倒一切的中心任务”，提出“救灾如救火，干部带头揪！”“要得庄稼有，只有齐心揪！”[①]的口号，发动群众抢修被冲毁的江堤与圩塘，并加固堤岸，修造闸坝，政府发放了农贷粮，群众开展生产自救，灾区农业生产迅速恢复。1950 年夏，苏北区特务团、兴化 3000 余青壮民工和高邮干群 1 万多人参加高邮中坝抢险，奋战半月保住了中

① 泰州市档案馆馆藏档案：302—2—15，《泰州市委关于抢救水灾工作的报告》(1949)。

坝和运河河堤。[①] 为了根除水患，泰州地区人民群众参加了苏北灌溉总渠等重大水利工程建设，苏北农业生产发展有了切实保障。

统一财经管理和调整工商业，是解放初期财经工作重点。1950 年 3 月 3 日，政务院作了《关于统一国家财政工作的决定》，泰州地委坚决贯彻执行政务院决定，首先加强财经部门力量，决定"调配优秀干部、好党员加强财经工作"，并明确提出"第一批一定要调集 200 人"。[②] 泰州专署召开各县县长和财政局长联席会议，专门研究财政统一管理及粮食工作，地委书记陈扬出席会议，代表地委对统一财政管理和税收等问题做了明确指示。其次加强对现金的管理，1950 年 5 月银行增设现金管理科，同时采取控制信贷投放、努力吸收存款、改进结算制度、集中信用于银行等措施，遏制了物价上涨。1950 年，泰州地区还加强了征收工商税和农业税的工作，因此当年完成的各种税收比原计划增加了 26%。

泰州是里下河粮食集散地和江南工业品运销中转地，仅有泰来面粉厂、华泰纱厂等少数现代工业，多数是作坊式油米厂，还有许多机船修理工场，[③]这是下河农田排灌机船大都集中泰州的缘故。1950 年春财政经济统一后，泰州地区物价回落，但市场上又出现了粮食、纱布等重要消费品滞销、生产过剩、交易清淡、供过于求的现象，大部分私营工厂生产困难，难以为继。当时泰州"全区倒闭工商业 1167 家，准备关门的有 600 家"，[④]

---

① 戴为然口述，周光明记录整理"建国初期我在泰州地委"，《泰州文史资料》(1949—1952)，第 17 页。

② "建国初期我在泰州地委"，《泰州文史资料》(1949—1952)，第 4 页。

③ 莫珊"奉命接管泰州城，苏北建市第一家"，《泰州文史资料》(1949—1952)，第 41 页。

④ "建国初期我在泰州地委"，《泰州文史资料》(1949—1952)，第 5 页。

私营业主都惶恐不安。

1950年夏,泰州地委和专署根据党的七届三中全会提出的任务,开始布置调整工商业:调整公私关系、劳资关系和产销关系。国营经济和私营经济间的关系调整,主要是加强对私营工商业的领导,给私营商业让出一部分阵地,调整和规定合理的价格,组织银行给私营工商业发放贷款,并适当降低利率以减轻私营工商业的税收负担。随着调整措施的落实,1950年下半年泰州全地区私营工商业的生产经营逐步好转,一些与国计民生及农村生产关系密切的工厂、行业得到了一定的发展,一些私营企业通过改善经营管理,提高了经济效益。泰来面粉厂4月份仅生产面粉1164袋,到6月份已提高到9057袋,增长678.1%。[①]商业的营业额也不断增加。

由于采取的措施有力,泰州地区国民经济情况很快好转,人民群众赞扬说:共产党既会打仗,又会建设;既能治理好农村,又能治理好城市。党和政府在人民心目中的威信大大提高。

(二)解放初期泰州的土地改革

1949年泰州地区虽已解放,但是农村不合理的土地制度还没有全部改变。泰州市有地主257户,占总户数的5.9%,占有土地4441亩,为耕地总面积的24.9%;贫农1701户,占总户数39%,拥有耕地2409亩,为耕地总面积的13.5%。[②]农村地租要占土地收获量的50%至80%,农民说"田到手,苦临头!为了交租日夜愁"。[③]泰州区11县1487个乡,经过五四土改的老区占总数的25%,分布在泰兴、靖江、兴化,但获得土地的农民需

① "建国初期我在泰州地委",《泰州文史资料》(1949—1952),第7页。

② 资料来源:泰州市地方志编纂委员会编《泰州志》,江苏古籍出版社,1998年版,第196页。

③ 华东军政委员会土地改革委员会《江苏省农村调查》,1952年版,第346页。

要确立产权；解放战争中经敌我争夺的恢复区占总数的37%，分布在兴化、高邮、宝应，恢复区也搞过五四土改，但土地关系较乱；必须搞土改的新解放区和只经过减租而未搞土改的新恢复区为新区，占总数的38%，分布在江都、泰县、仪征、六合等地。[①]

1950年春，苏北区党委提出《结束老区土地改革与准备进行新区土地改革的初步意见》，要求泰州地区"在1951年春种前，基本完成新区、恢复区土地改革工作；老区确定地权，要在结合生产中有步骤地分期完成，少部分不能完成的地方，可在1951年秋后完成"。[②] 为保证土改顺利进行，泰州地委选择鲍徐乡作土改典型试验，1950年6月开始试点。泰州区每县都选择了一两个乡作土改试点。地委以稳步前进为原则，强调保护中农利益不受侵犯、保存富农经济和保护工商业不受侵犯，明确规定了土改主要政策。

1950年6月《土地改革法》颁布，泰州地委作了《新区实行土改与结束恢复区老区土改方案》，把土改工作分为三个阶段，第一阶段在1950年9月、10月，主要是完成土改的典型试验，同时开展土改宣传教育、培训土改工作干部、建立健全农会、改造基层政权；第二阶段在1950年11月至12月中旬，主要是完成新区土改，开始进行恢复区土改；第三阶段在1951年初至3月底，全面结束老区土改，并确定产权，发放土地证。

泰州地区的土改工作有五个实施步骤，一是发动群众、培训干部。1950年4月底，华东局已经准备了为着土改目的而使用的72000干部。[③] 泰州地委组织了416人的土改工作团全部到

---

① "建国初期我在泰州地委"，《泰州文史资料》(1949—1952)，第10页。

② "建国初期我在泰州地委"，《泰州文史资料》(1949—1952)，第9页。

③ 《建国以来毛泽东文稿》(第一册)，中央文献出版社1987年版，第314页。

泰州市工作，戴为然兼任地委土改工作团团长。泰州市委分期培训了村干部72人，在城乡进行了土改动员与政策宣传。1951年3月，泰州市委派出干部50多人组成土改工作队，分赴城西镇大校场、下坝镇塘湾庄、智堡镇后智堡村进行典型试验。泰州全区的土改工作队和抽调搞土改的乡区干部达到4745人。①

二是划分阶级。华东军政委员会提出了“做到是地主不能遗漏，非地主不能错划”②的要求，但还是出了一些偏差。泰县龙庄乡桃园村许长珠家9口人13亩田，从未剥削过人，但因祖父曾有50多亩田，父亲兄弟4人都被划为地主。泰县邵张乡一漆匠，家里4口人9亩田，完全自耕自种，因多了1亩田，被当作地主扫地出门。③ 泰县钱庄村72户中就评了5户地主、36户富农，贫雇农16户，中农15户，后查明都为中农错评了富农。④因此泰州地委进行全面整顿，确定了评定成份的时间段：以新土改的一年为起点，向上推进到五四土改的1946年，并取消了没落富农、新富农、恶霸中农等杂乱的成份。

三是没收、征收土地财产。由各村贫雇农小组具体落实，以乡调剂平衡。强调对富农是征收不是没收，中农原来耕种的土地基本不动，不得以任何形式侵犯中农利益。泰州市1951年5月底完成了7镇21村土改，没收地主土地4430亩，没收庙宇祠堂土地1112.7亩，征收其它土地2192.8亩，全部平均分配给了无地少地的农民；没收的地主、富农多余的耕畜、房屋、农具、粮食等其它财产，都按人均占有量平均分配。

四是分配土地。“以行政村为单位较适宜。如此，突破一点

---

① “建国初期我在泰州地委”，《泰州文史资料》(1949—1952)，第11页。

② 饶漱石“华东第二次土改典型实验会议的经验总结”，《解放日报》，1950年12月15日第1版。

③ 姜堰市档案馆馆藏档案：301—1—55，《关于划分农村阶级问题》。

④ 姜堰市档案馆馆藏档案：301—1—57，《关于划分农村阶级问题》。

后，即可迅速推广全乡。倘使一个行政村土地太少，可于一乡范围内就其附近田多的行政村加以调剂调度”。[①] 各村贫雇农分成三组，一组造册子，一组清人口，评产量，一组调查和看田。各村算出平均数，再召开全乡代表大会进行土地调剂，以保证每村的人口平均土地占有量相等。泰州区土地分配中对中农是先留田后酌情调整。在兴化等县，土改前中农的土地占总耕地数的34.4%，人均1.99亩，土改后中农的土地占总数的42.86%，人均2.47亩，中农在土改中也得到了实惠。

五是土改复查、发放土地证和转入生产。主要查分田是否合理、阶级划分是否适当，然后发放土地证，确定土改果实合法权。经过土改，泰州地区摧毁了封建土地制度，扫除了束缚生产发展的障碍，农村兴修农田水利，大搞增产运动，促进了农业生产发展。

(三)“一五”计划在泰州的实施

1953年，新中国开始进入第一个五年计划经济建设时期。11、12月，泰州市委连续召开市委扩大会议、全市党员大会和郊区党员大会，市委书记王向明作了关于国家在过渡时期的总路线和总任务的传达报告。泰州市根据过渡时期总路线精神，参照江苏省主要经济发展目标，编制了本市“一五”计划。这一计划的编制从本地区供、产、销积极平衡的原则出发，充分考虑了利用本地区资源、发挥地域优势、贯彻厉行节约和统筹兼顾、全面安排的要求，并结合了泰州社会主义改造的进展情况。其目标是到1957年，泰州市地方工业总产值达到14549.1千元，农业总产量达到17.3万担，商业计划指标为19850千元。

泰州市是中等偏小城市。工业生产以轻工业为主，最主要的是食品、纺织工业，占全部工业总产值的64%。但工业设备简陋，原料供应绝大部分依赖农村，农业歉收往往就给工业生产

---

① 姜堰市档案馆馆藏档案：301－1－5，《关于土地改革工作的补充指示》。

造成很大影响。泰州市农村土地少而人口稠密,农村劳动力过剩,农民生活水平较低。泰州全市工业和农业总产值的比例约为9比1,但在工商业中工业的比重远低于商业。[①] 在"一五"计划实施中,泰州顺利实现了对农业、手工业和私营工商业的社会主义改造,建立了以公有制为主的公私合营的工商业经济和集体所有制为主的农村合作经济,因而能够广泛动员泰州市的人力和物力资源,使泰州市"一五"计划的各项具体指标绝大部分于1956年得以提前完成或基本完成。

图11-1 泰州面粉厂

泰州市工业:1956年地方工业总产值(包括原大米面粉工业)为15154.8千元,超过1957年应达到水平14549.1千元的4.81%。按第一个五年计划由江苏省下达泰州市的7种主要产品产量来检查衡量,其中已经超过和达到1957年水平的有电力、棉纱、植物油、棉布、面粉等。泰州市商业:1956年19500千元,是1957年应达到水平19850千元的98%。泰州市农业:按江苏省下达的1957年应达到指标在1956年还不能提前完成,主要原因是复种指数面积较大,要种3熟才能达到,另一原因是1954年的特大洪水对地处里下河边缘地区的泰州农业造成了很大损失。此外,泰州市"一五"计划的实施还有不足,如"统筹兼顾,全面安排"不够,没有根据郊区农业劳动力过剩的特点,扶

---

① 泰州市博物馆藏档案:301-1-23,《泰州市第一个五年计划的预计情况及第二个五年计划的初步意见》。

植和开展农副业生产；地方工业与农业经济结合、为农村经济服务做的不够；国民经济各部门之间，特别是工商业部门之间的相互协作和联系衔接还不够。[①]

1957年底，泰州市胜利完成了第一个五年计划，经济建设发展成绩显著。1957年底的经济指标与1952年相比，工农业总产值为153%，其中工业总产值为144%，手工业总产值为183%，农业总产值为110%，社会商品零售总额为112%，另有在校学生数为208%，医院病床数为164%。[②] 1957年泰州市工业企业规模已由小变大，生产能力与管理水平均有提高，当年工业总产值1929万元，比1952年上升60.48%，全民所有制职工10245人，集体所有制职工11663人，总计比1952年增加12.86%。农业方面：农村基本实现合作化，由于推行旱改水与沤改旱，发展机电排灌，改良品种，提高了粮食产量。1957年夏、秋粮种植面积5.16万亩，总产501万公斤，比1953年增长17.6%。[③] 泰州市社会发展迅速，1957年社会商品零售额1912.9万元，比1952年增长9.3%，市场购买力增加，人民生活水平提高。

二、泰州的“大跃进”与国民经济调整

（一）“大跃进”浪潮和人民公社化运动

“一五”计划完成后，人民群众进行社会主义建设的热情高涨。1957年10月，中共八届三中全会通过了“农业发展纲要四十条”，《人民日报》发表社论，号召要在生产战线上来一个大的跃进。泰州地区在1957、1958年冬春掀起了农田水利建设和积肥高潮。1958年元旦，泰州市8000群众举行了提前实现全国

---

① 泰州市档案馆馆藏档案301－1－23，《泰州市第一个五年计划的预计情况及第二个五年计划的初步意见》。

② 泰州市档案馆藏《一九五七年泰州大事记》（初稿）。

③ 《泰州志》，第171页。

农业发展纲要的社会主义竞赛誓师大会。为了保证粮食增产，泰州市成立了除四害总指挥部，2月2日，3万多人在街头巷尾和四郊农村除四害、大扫除。泰兴县也开展了一次大规模灭鼠灭雀突击活动，共捕鼠260多万只，打麻雀175万只。[①] 2月21日，中共泰州市首届二次代表大会召开，市委第一书记龚松柏作了《全党全民总动员，力争全面大跃进》的报告，泰州农业生产大跃进发动起来。

1958年上半年，泰州各行各业都开展了社会主义竞赛。在“鼓足干劲，力争上游，多快好省地建设社会主义”总路线发布后，泰州地区掀起了学习宣传总路线的热潮。6月，泰州市团市委在工商联大会堂召开了“关于贯彻总路线人人争取做一个社会主义建设积极分子的誓师大会”，《泰州市报》报道：华泰纱厂在人人学习总路线，个个宣传总路线的热潮中，职工树立了敢想、敢说、敢作、敢为风格。[②]

农业生产上，泰州市1958年春耕也实行“大兵团作战”，大搞“深翻”、“密植”，推广双轮双铧犁，夏收时开始放高产“卫星”。8月，正值省委检查团来泰州市，叶甸乡仓南社196.4亩棉花放卫星，一类田和卫星田预计亩产籽棉1000斤和1200斤；检查团在塘湾乡塘南社发现的一块山芋田据估算可实现亩产60000斤；在鲍徐乡现场会上，钱庄社宣布黄豆亩产可达千斤，靳桥社宣布42.7亩水稻预计亩产5107斤。[③] 农业生产“大跃进”导致高指标、浮夸风盛行。

大跃进带动了全民大办工业，泰州大办工业虽然带有很大的盲目性，但也探索了举办现代工业的路子。泰州地区以农业机械厂为主的机械工业有了一定发展；轻工产品钉丝、刀剪、地

① 朱尧谟“除四害，麻雀遭厄运”，政协泰兴市委员会编《泰兴文史资料》第十四辑，第71页。

② 《泰州市报》1958年6月12日，第五十八号·第 版 。

③ 《泰州市报》1958年8月9日，第八十三号。

毯等进入了上海市场;泰州的钢铁厂、拉丝元钉厂、滚珠轴承厂等为工业发展打下了一定的基础;化工、电子、医药、建材等新兴工业门类也在泰州起步。[①]

大跃进的高潮是全民大炼钢铁。1958 年下半年,泰州地区共办起各式小高炉上千座,一个多月出铁 20 吨。7 月 11 日,泰州市委召开大会,动员全市人民立即行动起来,掀起一个高速发展钢铁工业的高潮,会上宣布成立泰州市炼钢炼铁总指挥部。[②]为了交流大炼钢铁经验,省委检查团于 8 月 8 日在泰州第二炼铁厂召开冶炼现场会,交流炼铁情况及土高炉操作方法,大家一致表示有决心完成炼铁任务。[③] 泰兴县委 8 月下旬提出了苦战一个月,炼铁 650 吨的要求,掀起了泰兴全民炼铁高潮。9 月 29 日中午,泰兴 96 座大小高炉生火,5 万多人上阵,30 日中午放出日产生铁 31.49 吨的大卫星。但炼出的"四不象"铁不象铁,石不象石,不能派用场。到 1959 年,泰兴、口岸、黄桥三镇大小高炉全部熄火。[④] 大炼钢铁违背客观经济规律,造成资源的极大浪费和生产力的严重破坏。

在大跃进推动下,1958 年全国农村又大办人民公社。9 月 15 日,泰州市第一个人民公社洋桥人民公社成立。它由原洋桥、九龙、郑冯三个乡的 53 个农业社和国营泰州农场合并组成,包括 54 个自然村,有土地 75000 亩,11200 户,44800 人。仅三天后,泰州市农村全部实现人民公社化。全市 15 个乡,1 个镇,269 个农业社,2 个农场,1 个农庄,1 个渔业社,69500 余农户,275187 人,耕地面积 40 余万亩,合并建立了叶甸、港口、塘湾、

---

① 泰州市史志档案办公室《泰州五十年》,1999 年版,第 50、51 页。

② 泰州市档案馆藏《一九五八年泰州大事记》(初稿)。

③ 《泰州市报》1958 年 8 月 9 日,第八十三号。

④ 泰兴市经贸委"泰兴全民大炼钢铁始末",《泰州文史资料》(1956—1965)(上册),第 103－106 页。

寺巷、洋桥、东墩等7个人民公社。[1] 10月16日泰州城区成立了泰州人民公社，城区8万人推选166名代表举行了首次社员代表大会。泰州市周边的泰兴、靖江、兴化等县也都全部实现人民公社化。农村人民公社是政社合一体制，不符合中国国情，不适应生产力发展水平，由此造成了农村经济社会发展的长期停滞。

（二）泰州国民经济遭遇的严重困难

1958年的大跃进由于忽视客观经济规律，结果严重破坏了国民经济发展的综合平衡。大炼钢铁耗费了大量物质财富，严重破坏了生态环境；粮食产量放卫星和人民公社化脱离了生产力水平实际，严重损害了农民利益。1959年夏季以后全国又进行反右倾和持续跃进，加剧了国民经济衰退。

泰州地区在大跃进中不切实际地大办万头猪场、万亩鱼塘、万亩果园，到处"大办水利"，生产上搞军事化"大兵团"作战，既浪费劳力，又没有效益；1958年秋播，各地推广泰兴的"绞关化"，用双轮双铧犁深翻土地，结果造成来年农作物减产；农村人民公社分配上以公社统付盈亏、大队核算、取消评工记分，大办公共食堂时收缴农民粮食，平调农民猪羊，拆灶砸锅，严禁各家自炊，连一家一户的基本生活资料也被公有化，导致泰州遭遇到前所未有的严重经济困难。

1959年春，泰州县溱潼公社周陈大队、武卞大队社员普遍患了浮肿病和寄生虫病，4个月来有325人死亡。到5月份，泰州县各公社都发现青紫病，8天里就有688人得病，大多是小孩，死亡率较高。浮肿病和青紫病大量发生的原因就是缺粮。1959年以来泰州县粮食连年减产，1960年比1959年总产下降22%。人口大量生病、外流、死亡，1959年至1961年上半年共死亡61799人，患浮肿、青紫、消瘦、子宫脱垂等病者15万多人。

---

① 泰州市档案馆藏《一九五八年泰州大事记》（初稿）；泰州市档案馆馆藏档案《中共泰州市委关于人民公社化运动的情况报告（第一期）》。

生猪死亡现象严重，1960 年底存栏数 156729 头，比 1957 年下降 354.28%，[1]耕牛、农具损毁严重。1961 年春泰州县面临极为严峻的经济形势，“农村生产力遭到破坏，农民生产、生活发生严重困难，人口外流，体质衰弱，病人增多，部分地区还有非正常死亡现象发生，群众生产情绪不高”。[2]

1959 年底，泰兴农村已严重缺粮，全县 886 个大队，989333 人，仅存粮 2985.5 万公斤，其中平均每月每人不足 5 公斤的有 335 个大队，333917 人。农民中浮肿病、青紫病大量发生，农村劳动力由 1957 年的 42.4 万人减少到 1960 年的 38 万人。粮食总产从 1957 年的 23336 万公斤降到 1962 年的 18467 万公斤。1961 年生猪上市只有 31210 头，仅及 1957 年的 1/12。[3]

战争年代担任过兴化县委书记的戴为然受省委指派到兴化调研，了解到兴化县由于 1958 年实行“人民公社化”，大办公共食堂，“放开肚皮吃饭”，将粮食都吃光了，各户不是自家煮饭，也没有泔水，连猪都没法养。“共产风”、“浮夸风”过后又出现了“高征购”，即“征过头粮”现象。1960 年代初期农村经济严重困难，老百姓已家无“隔夜粮”，许多人都得了浮肿病、青紫病。即使是县里干部和职工，也是吃那种粗加工的大麦粒，戴为然感叹：“老百姓生活的惨状就可想而知了，这种生活状况还能不得病？”[4]

大跃进以后，靖江的农业生产连年下降，1959、1960、1961、

---

① 泰州市档案馆藏《一九五九年泰州大事记》(初稿)；《一九六一年泰州大事记》(初稿)。

② 泰州市档案馆馆藏档案 301—1—58，周兴《中共泰州县委上半年来工作检查报告》(1961 年 9 月 10 日)。

③ 泰兴市民政局“泰兴三年困难时期的社会救济工作”，《泰州文史资料》(1956—1965)(上册)，第 64、65 页。

④ 戴为然“亲切的交往，深情的怀念”，《胡宏纪念文集》，中共福建省委办公厅《胡宏纪念文集》编写组，中共党史出版社 2012 年 6 月版，第 71 页。

1962年的集体粮食总产与1958年相比,分别减产17.5%、16.5%、18.9%和9%。加之大跃进中农业产量上浮夸、放卫星,又造成国家粮食征购过头,农民口粮标准下降,非正常死亡率不断上升,整个农村出现了困难户多、外流的多、生病的多、死亡的多等"四多"现象。[①]

泰州地区国民经济的严重困难突出表现在农村生产力遭到严重破坏,粮食产量连年下滑,农民生活难以为继。但是,泰州人民并没有在困难面前屈服。

(三)泰州的国民经济调整措施与效果

面对严峻的经济形势,中央部署进行国民经济调整,贯彻"调整、巩固、充实、提高"八字方针。泰州也采取一系列措施,克服困难。1960年底1961年初,泰州县召开了1个月的农村四级干部大会,会后全面开展整风整社,总结经验教训。1961年3月,中央发出了《农村人民公社工作条例(草案)》(农业六十条),重点解决农村人民公社在所有制、分配等方面存在的严重问题。泰州县从3—6月、8—10月分阶段、分批地化小公社和大队规模,原来的一个大队分为两三个大队,原来的一个大社分为两三个公社,到年底泰州县的农村公社数已有36个。3月中旬,泰州县召开了改造三类队(问题较多的大队)工作会议,针对全县78个三类队派出了316名干部坐镇进行改造。[②] 这些措施对于降低公社"公有化程度",扭转农村困难局势,开始起到作用。

整风整社同时,泰州县坚决纠正公社化运动中一平二调的错误,清理平调账目,狠抓破产退赔。县委成立了专门机构加强领导,发动群众由下而上地报账、核账,并层层保证退赔兑现。到1961年春,全县已退赔974万多元,占第一批初步结算认定的平调总额1145万2千元的85%。其中退赔实物265万8千

① 夏新"靖江县人民公社运动始末"、朱铁耕"靖江的大跃进运动"《泰州文史资料》(1956—1965)(上册),第132、121页。

② 泰州市档案馆藏《一九六一年泰州大事记》(初稿)。

8百元，占已退赔总额的20％，在退赔实物中土地5720亩，耕畜130头，机器70台，各种农具13万多件，生猪12965头，家禽14829只，房屋14100多间，家具58827件。[①] 而10月份框估全泰州县需退赔的平调总额已经达到2736万3千元，泰州县的算账退赔初步达到了“取信于民”的要求。泰兴县在经济调整中纠正“共产风”，解散食堂，整理平调账目，落实整改兑现。据计算，泰兴在公社化运动中平调总额为1659.45万元，其中平调社员的有1019.85万元，占61.46％。泰兴县本着“原物在的退原物，原物不在的折价退赔”和“破产退赔”的精神，至1962年基本退清。[②] 对于部分退赔不足的遗留问题，后来陆续作了妥善处理。

1961年，泰州地区对农村生产队实行了“四固定”，即固定土地、劳力、耕畜和大中型农具，并按照生产队总田亩数的5—7％和3—5％的比例，重新分给社员自留地、饲料地，恢复家庭副业。1962年2月，中央进一步明确农村人民公社以生产队为基本核算单位，泰州也“以队核算、自负盈亏”，但按田亩数或劳力数向大队上缴管理费，确立了“三级所有，队为基础”的核算体制，提高了社员的生产积极性。1964年，扬州地委在农村建立样板点，取得经验以指导面上工作，如兴化戴南公社的全面工作、靖江大兴公社的棉花等经济作物、泰兴横巷公社何韩大队养猪等副业生产、泰县沈高公社河横大队农田水利建设等，[③]带动了泰州地区农业经济的恢复发展。

1960年代初国家开始对工业进行调整，削减一些重复建设的工厂企业，大幅调整产品结构。1961年7月，泰州县决定调整现有工业布局：原则上保留为生产和生活服务的传统名牌产

---

① 泰州市档案馆馆藏档案301—1—58，周兴《中共泰州县委上半年来工作检查报告》(1961年9月10日)。

② 《泰兴县志》，第171页。

③ 中共扬州市委党史办公室“欲知松高洁　待到雪化时—胡宏同志在扬州的十三年”，《胡宏纪念文集》，第231页。

品。原是商业部门后作的企业仍改为后作生产；凡产品质量未过关、原材料有困难的企业，分别撤销、合并或改变生产方向；县属农村粮食加工厂按区保留一个重点厂和必要的公私合营厂，其余下放为社办厂；凡属卫星厂性质的企业一律撤销厂名合并到主厂为生产车间，[①]泰州县原有 128 个企业，经调整后保留 72 个。工业上退够，夯实了将来发展的基础。

1962 年泰州林业机械厂开始生产汽油发动机组，1963 年批量生产板框式压力滤油机。黄桥油脂化工厂的榨油机被列为全国推广产品。1965 年，兴化通用机械厂的三分离脱粒机和脚踏滚筒机，泰州通用机械厂的高速柴油机，泰县柴油机厂的中速柴油机都先后投入批量生产。各地还新建了一批农业机械厂和小型塑料制品厂，公社也建立了一批农机修配厂。泰兴还投资建设了大型地方国营泰兴化肥厂和磷肥厂。1965 年泰州市、泰县、泰兴、靖江、兴化的工业总产值上升到 2.7 亿元。[②] 八字方针的贯彻取得了明显成效。

三、“文革”中泰州经济的艰难发展

1966 年，国家开始执行第三个五年计划，全国人民意气风发地在社会主义建设大道上前进。5 月，“文化大革命”运动在全国展开。十年内乱中，泰州的工农业生产受到严重影响，经济发展又历经了艰难曲折。

（一）“文革”中泰州的农业经济

“文革”开展后，政治风浪很快波及到泰州农村。但是泰州的农村基层干部仍然理直气壮地站在指挥生产的第一线。1967 年春，姜堰泰东的干部群众掀起了春耕生产热情，没有耽误当年的农业生产。

在“文革”中，农业学大寨运动成了狠抓阶级斗争和批判农

① 泰州市档案馆藏《一九六一年泰州大事记》(初稿)。

② 《泰州五十年》，第 52 页。

村资本主义的重要形式，泰州的农村人民公社也生搬硬套地学“大寨式”记工，搞平均主义，引起社员群众的反感情绪和消极态度。1968年，“左”的一套在农村愈益盛行，泰州再度刮起了拆队并队和“一平二调”的歪风，并把社员自留地、家庭养殖等副业也当作“资本主义尾巴”割掉，严重影响了泰州的农村经济生活。

1970年，泰州的广大干部群众借助“学大寨”的口号，在实际工作中排除干扰，狠抓农业生产。地处里下河的泰县沈高公社河横大队被扬州专区树立为学大寨红旗，全区掀起了“学大寨，赶河横”的群众运动，泰县提出了“把全县101万亩可耕地逐步建设成为稳产高产农田”①的奋斗目标，促进了农业生产的发展。从1970年冬开始，泰县组织了1500多人的学大寨工作队，先后进驻311个大队，深入开展“农业学大寨”运动。兴化县张郭公社刘东大队党支部书记顾桂喜，带领群众大搞农业生产，使刘东大队成为扬州地区和江苏省的典型，一时间，里下河到处响起“学大寨、赶刘东”的口号。中央新闻纪录电影制片厂在刘东专门拍摄了纪录片《水乡大寨花》，在全国产生了很大影响。兴化戴南公社陈北大队在1977年12月也被国务院命名为全国农业先进单位。

由于泰州广大干部群众能够自觉抵制“文革”中许多“左”的错误做法，自力更生、艰苦奋斗、苦干实干，因此泰州的农业生产仍然得到了一定的发展，农田水利建设仍然取得了较大成绩。泰州市郊区农村的农民群众狠抓粮食和蔬菜生产，大力发展多种经营，1973年粮食和蔬菜生产取得了好收成，当时预计粮食总产能达1856万斤，平均单产能达到1336斤，森南大队和任庄生产队借助学大寨运动，发展生产，也取得了显著成绩，泰州市

---

① 姜堰市档案馆馆藏档案：501—1—41，《江苏省扬州专区革命委员会文件(70)扬专革字第50号》(1970)；《江苏省泰县革命委员会文件(70)泰革76号》。

郊区广大社员的劳动条件和生活水平都有了改善。[①]

1974年之后,泰州继续开展"农业学大寨"运动,但运动又发生了偏差,强调学大寨要"以阶级斗争为纲,路线至上",把那些依靠自力更生、艰苦奋斗而取得的农业丰产成绩,曲解成了"大批促大干"的必然结果。由于照搬大寨大队的一套不切实际的做法,片面追求粮食产量,抛弃按劳分配原则,还先后开展了批判产品自由分配、劳力自由支配、作物自由种植的三大批资"战役",结果造成泰州的农业经济单一化倾向加重,农业生产结构不合理的方面加大了,挫伤了广大社员的积极性,农业生产又发生下滑,泰州的粮食产量1973年为1870万斤,到"文革"结束时下降到了1540万斤。由于大搞农田基本建设造成过多的生产积累,也影响了群众生活水平的提高。"文革"时期泰州农业经济发展的曲折,其原因不仅仅是"以阶级斗争为纲"的政治运动,人民公社体制对生产力发展的束缚也是主要原因之一。

(二)"文革"中泰州的工业经济

"文革"初期急剧动荡的政治形势也严重影响了泰州的工业生产,许多工厂经常停工停产"闹革命",企业的经济管理机构瘫痪,生产秩序被打乱,经济活动的正常运行受到严重干扰,工业产值一度下降严重。1967年泰州市的工业总产值9029万元,比1966年下降了15.2%,1968年又比1967年下降7.6%,严重影响了经济社会的发展。1967年,泰州市两大派群众组织间的武斗不断升级,泰州林机厂、泰州拉丝厂等单位发生大规模武斗,使工厂生产设备遭到严重破坏,国家财产受到重大损失。[②]

1968年泰州市革委会成立,社会逐渐趋于稳定,经济秩序逐步有所好转,工业生产也开始回升,1969年泰州市的工业产值已上升至12404万元。从1970年到1977年,泰州的党员干

---

① 泰州市档案馆馆藏档案:301—1—99,《一九七三年工作情况和一九七四年一季度工作意见》。

② 泰州市档案馆藏《一九六七年泰州大事记》(初稿)。

部和工人群众顶住政治压力，排除干扰，坚持发展生产，使泰州工业在“文革”政治运动不断的状态下进入了一个特殊的发展期。泰州的柴油机、汽油机、空气压缩机、电焊条、绝缘材料、建筑机械等产品在此期间分别成为国家部、委、局12个部门的定点产品，还有19个军工产品，泰州工业产品的出口品种也有了增加。

泰州的基础工业之中，纺织业在1970年以来发展很快，产品大量增加，由此促进了泰州的轻工业及其他行业的加速发展，这一时期泰州新增了化纤、制药、印染等17个企业。1975年，邓小平主持中央工作，厉行整顿，泰州的工业也获得了较好的发展环境，1975年当年工业产值31419万元，比1969年上升1.53倍。1971至1975年“四五”计划期间，泰州的工业年平均增速达12.06%。到1977年，泰州的工业企业有156个，工业总产值37404万元，职工26549人，①初步形成了现代化的工业规模。

“文革”期间，由于广大党员干部、工人群众的努力，泰州的工业生产得到了一定程度的发展，其特点一是以工业支援农业，一批用于农业的小机械、小钢铁、小化肥、小化工、小水泥等“五小”工业兴起，原有的柴油机、脱粒机、手扶拖拉机，农用水泵，农用薄膜、水泥农船、农药等产品逐步形成批量；二是重视基础工业，1970年开始重建了靖江钢铁厂，扩建了泰州钢厂，还为苏北油田配套兴建了年产15万吨的炼油厂；三是积极发展机械、电子、化工、纺织等行业；四是发展社队工业，泰州社队工业产值在全部工业总产值中的比重由1966年的4.2%上升到了1976年的28.9%。②

在20世纪70年代的“工业学大庆”运动中，泰州市委根据泰州工业实际状况，选择有发展前途的产品，以重点工厂为骨干，打破企业、行业界限，建立固定协作关系，共同发展重点产

---

① 《泰州五十年》，第52、53页。

② 《泰州五十年》，第53页。

品，取得了成效。泰州绝缘材料总厂 1973 年建成当时全国唯一的生产线，主产品有绝缘成型件、变压器绝缘纸板、电器绝缘复合制品等 3 大类，使我国成为当时世界上能生产绝缘成型件产品的少数国家之一。兴化电厂在 1970 年 8 月试制成功了我国第一台水内冷变压器。泰州的轻工业有了铜板纸、自行车零配件、缝纫机电动生产线等，靖江的摩托车配件工业也开始起步。泰州地区传统的纺织工业基本形成了县、社多层次的工业布局，有了姜堰胜利布厂、黄桥布厂、靖江裕纶纺织厂、泰州华泰纱厂、兴化棉纺织厂、泰州第二织布厂等一批骨干企业，在里下河与沿江粮棉产区形成了有优势的原料基地和生产基地，1977 年泰州地区纺织工业总产值达 2 亿多元，是 1966 年的 3.8 倍。[①] 如果没有“文革”动乱的干扰，泰州的工业经济会发展得更快。

① 《泰州五十年》，第 54 页。

第三节　新中国三十年的泰州教育文化事业

1949年12月，中央人民政府在北京召开第一次全国教育工作会议，确定教育工作的总方针是改革旧教育，实施新民主主义教育，发展为人民服务的教育。泰州地区各级人民政府对旧社会留下的各类学校和文化设施进行了接管、改造，为发展人民教育文化事业创造了条件。在建国后的前三十年中，泰州的教育文化建设虽然历经曲折，并在"文革"内乱中饱受摧残，但发展仍是主流。

一、解放初期泰州教育文化事业的新气象

（一）解放初期对泰州旧教育的改造

1949年初，中共泰州市委在接管泰州后即着手对旧教育进行改造。泰州原有的中小学教育有一定基础，但是旧的教育体制、旧的教学内容和旧的教育观念已不符合新社会的要求，亟需加以改造，以发展人民教育事业。

泰州市城乡在刚解放的时候计有公私立中学11所，公私立小学33所，还有私塾156个（塾师159名，学生2029人）。[①] 这些学校的背景也较复杂，有的创办人是国民党特务，有的是由寺庙、教会、迷信社团和居士道友所办，有的是由商人、厂主、资本家资助的。[②] 泰州市政府为了组织中小学及时复校复课，最初以"不打乱原机构"和取消反动制度、反动课程为原则，保证学校

---

① 泰州市档案馆馆藏档案：301－1－1，《泰州市委对泰州入城来三个月工作总结报告》。

② 泰州市档案馆馆藏档案：477－1－1，《泰州市教育工作总结报告》。

恢复正常教学秩序。

图 11-2　解放初期的大浦小学

1949 年 2 月 8 日，泰州市政府订定了市各公私立中小学暨师范学校开学复课办法，并发训令予以公布，规定各校一律向人民政府登记，组织复课委员会，取消一切非法的校董会组织，在学校中废除训导制、童子军、保甲制等，解散国民党三青团等非法组织，"过去国民党学校课程中公民一科，纯以宣传及训练封建法西斯思想为目的，应即取消，另设新民主主义政治常识科（高小与史地合为社会科），过去国文（小学为国语）历史两科，其含有显著反民主宣传的教材，应用人民政府颁布之新教材或选用适当的教材代替之实施教学，教师应组织各种研究会从事研习，各科教学时数、课目、编制及教材内容基本上应以华中中小学教育实施方案之规定为标准。"①2 月中旬，泰州市各公私立中小学校和师范学校先后复课开学。

3 月下旬，泰州市政府明令停办明远中学，解散盐中工院与草师分院，②其所有校具均由泰州中学接管。泰州市政府"为统

① 江苏省泰州中学档案室藏 4605－1，"泰州市政府训令"1949 年 2 月 8 日，《1949 年校委会、教导主任等人事调配、工资标准、调查统计表及接管合并兄弟学校等方面的训令、通知》。

② 泰州市档案馆馆藏档案：301－1－1，《泰州市委对泰州入城来三个月工作总结报告五月三十一日》。

一机构加强领导起见”，决定泰州师范学校与泰州中学合并，成为泰州中学师范部，8 月，“师范部奉命迁移统一于如皋师范办理”。同时，泰州初级中学奉令与泰州中学合并办理，成为泰州中学分部。① 1949 年泰州市完整接收了全部中小学，建立了新的教育制度，小学以学校民主化与教导合一为内容，改进了学校行政与领导工作，小学教育新型正规化的实施取得了成绩，许多中学教师和全部小学教师都经过了暑期学习和业余进修，提高了政治认识，初步建立了新的教育观点，②中小学师生还成为社会宣传活动的重要力量。

解放初期泰州的旧式私塾数量较大，私塾对国民教育有补充作用，但需要加强改造和管理。泰州市对城乡 814 所私塾都作了登记，进行了精减、整顿，动员部分不合格的塾师自行转行，规定私塾使用政府指定的教材，私塾学生入学以自愿报名为原则。为了使塾师树立为人民服务的观念，兴化等地以做时事报告、开座谈会、个别走访等方法对他们进行教育，使他们都能安心工作。③

泰州市政府于 1950 年遵照政务院《接受外国津贴及外资经营之文化教育救济机关及宗教团体登记条例》对明德小学、美德小学、正风小学等教会学校进行登记，以“积极维持、逐步改造、重点补助”的方针，对泰州私立中学进行接收改造。泰州市委认为，把私立学校改造为公立学校，目的是加强领导，提高质量，培养更多的合格人才。④ 解放后党和政府对私立学校进行统一管

---

① 江苏省泰州中学档案室藏 4605－2，《1949 年接管、合并、移交兄弟学校方面的报告、指令、公函、移交清册》。

② 泰州市档案馆馆藏档案：301－1－2，泰州市委 1949 年工作总结报告，1950 年 3 月 6 日，周伯藩同志在党代会上的报告。

③ 高岩“解放初兴化城区的教育情况”，《泰州文史资料》(1949—1952)》第 170 页。

④ 泰州市档案馆馆藏档案：477－2－12，《关于接收私立中学的报告》。

理，实行统一的学制、课程与教材，向这些学校调派了干部，在经费上也予以补助，充实教学设备。在接办委员会主持下，两所私立初中分别改办为泰州市第二初级中学和泰州市第三初级中学，[①]实现了对泰州私立中学的改造。1949 年 2 月，苏皖二分区专署派员接管私立溱潼初级中学，更名"苏皖边区第二行政区区立溱潼初级中学"后开学。1951 年秋，泰县县政府以溱潼初级中学为基础，与姜堰私立荣汉初级中学合并，组建了泰县姜堰初级中学。[②]

泰州在解放初期的短时间内完成了对各类学校的接管和改造，为泰州进一步发展社会主义新型教育打下了基础。

（二）泰州学校教育和群众教育的新气象

泰州的学校以中小学为主，尤其小学数量较大。解放初期，苏北及泰州的多数小学已经重视小学生的思想品行教育，"一般完小和部分初小都能把五爱教育适当贯串在各科教学与课外活动中去"。[③] 小学还废除了体罚，实行民主管理，使学校教学秩序走向了正常化，学生开始能自觉遵守纪律，师生间能亲切融洽。在学校行政领导方面，苏北及泰州的小学主要是通过实行民主集中制的领导方法，做到学校能进行集体领导、科学分工，改变了某些学校的家长式领导和组织繁复，会议太多的状况，对经济也做到了公开，一些校长摆脱了忙于行政事务的怪圈，把主要精力放到了组织教师学习和教导工作上。

为了对在职教师进行培训，1951 年泰县教育科委托县初等师资"短训班"代办在职小学教师的业余进修，并于 1952 年秋正

---

① 泰州市档案馆馆藏档案：477－2－12，《关于接收私立中学的报告》。

② 朱孝让"泰县溱潼中学简介"，中国人民政治协商会议江苏省泰县委员会文史资料委员会《泰县文史资料》第六辑，1992 年 1 月。

③ 李俊民："一九五〇年上半年苏北小学教育工作的检查"，一九五〇年十月在苏北小学教育会议上的总结报告第一部分，《苏北教育》创刊号第一卷第一期，苏北教育社编。

式建立了“泰县教师函授学校”，从泰县各区的中心小学聘了兼职辅导教师，招收了中师语文函授学员400多人，实行定期集中辅导、批阅作业的教学方式，函授学校后来发展为泰县的教师进修学校，提高了一大批小学教师的文化素质与业务水平。①

1950年下半年，苏北及泰州地区的大部分城市小学和农村完小，以及部分初小，开始建立少年儿童队。“因为学校与青年团同在培养优秀少年儿童的目标下，紧密结合，协同工作，发挥了少年儿童队的积极作用，推动了学生的学习和活动；学生在学业上、思想品德上都有了显著的进步，学校呈现了新的气象”。②同时，中小学积极吸收工农子弟入学，泰州市在校学生人数迅速增加，至1955年底，在校人数15947人，其中初中生4294人，高中生814人，小学生11489人，教职员工404人，其中小学教师331人。③

解放初期泰州的群众教育主要是通过“冬学”开展的。冬学是利用冬闲的时间组织农民识字学文化的群众教育方式。1950年11月下旬，泰州区各县先后集中了3000名左右的冬学教师进行学习培训，12月下旬各地冬学陆续开办。办得好的地方村村有冬学，甚至一村办两班，冬学以基层干部、积极分子及青壮年男女农民为教育对象，学习文化和时政。他们经过文化学习一般能识字100左右，多的能识二三百字；经过时政学习，提高了参加抗美援朝等政治运动的热情。至1951年6月，泰州地区共办了3667个冬学正规班，277个学习小组，据不完全统计，学

① 刘华庆、黄锡榴“泰县教师进修学校简史”，《泰县文史资料》第五辑1990年10月。

② 李俊民：“一九五〇年上半年苏北小学教育工作的检查”《苏北教育》创刊号第一卷第一期。

③ 泰州市档案馆馆藏档案：301—1—23，《泰州市第一个五年计划的预计情况及第二个五年计划的初步意见》。

员有161926人,如加上运河民工,共教育了203887人。①

泰州地区群众性的冬学办得好有其原因。各级领导重视冬学工作和工农教育,兴化老圩区领导在分工联系的乡村要指导冬学工作,泰县蒋垛区要求下乡工作干部要检查冬学工作;许多乡村干部认识了学文化的重要性,泰县梁徐乡村级干部都上了冬学,泰兴有5000多干部上冬学,兴化有25%的干部上冬学,带动了群众踊跃上冬学;以学文化识字为主的冬学受到群众欢迎,泰县在冬学结束时要考试,白米区冬学检阅主要比识字多少,城东区马厂冬学学员会写信,蒋垛区高曹乡冬学学员会算二位乘法;泰州区冬学不论是时政课还是文化课,都能尽量结合中心工作,泰县梁徐乡冬学通过抗美援朝时政学习,农民纷纷缴出陈粮,献出救济粮,组织民兵,推动了中心工作开展。②

1950至1952年间,泰县的姜堰、溱潼、苏陈三镇先后开办职工学校,招收了1000多学员。1952年冬,泰县工会、职工业余学校在理发、织布、制笔、络(摇)丝等手工业工人中动员了一批学员,组成"姜堰首期速成识字业余实验班",进行为期两个月的学习,学员们白天坚持生产,晚上到职工学校上课。1953年1月实验班结束后,近40人分别插入了职工学校高年级继续学习文化。③

(三)解放后泰州文化事业的初步建设

1949年初泰州解放以后,中共苏北区泰州地委宣传部就十分注重开展群众性的文艺工作,积极以丰富多彩的文艺活动配合当时党和政府的中心任务。为了尽快恢复与发展农业生产,

---

① 郑蔼如整理:"泰州区冬学工作第一阶段综合报告",《苏北教育》第一卷第三期,苏北教育社编,1951年6月20日。

② 郑蔼如整理:"泰州区冬学工作第一阶段综合报告",《苏北教育》第一卷第三期,1951年6月20日。

③ 李奇龄"忆姜堰首期速成识字业余实验班",《泰县文史资料》第六辑。

泰州地委提出了“实现明年增产一成，打下两三年内恢复战前的生产水平，并创造今后发展苏北工业的坚实基础”的任务，泰州地委宣传部广泛收集了农民群众在生产劳动中创作的歌曲、小调快板、鼓词、新诗、小活报剧等加以推广，号召“让我们的歌声，成为劳动的号子，让我们的歌声，成为生产动员的旗帜”。为了配合新区工作和当时的中心任务，文艺工作者编写了小活报剧“肃清匪特保翻身”和小话剧“增产一成”开展宣传工作，农民群众采用民间的流行小调，填上新词，在生产中传唱，他们用“花船调”唱“保证生产增一成”，用“自由调”唱“伴工好”，用“十劝郎调”唱“治水”，还用“东方红调”唱“防水灾”，其中的一段唱词是：“共产党，领导好，日夜抢险多辛劳，开河挖沟来排水，呼呀咳哟，救出庄稼真不少。”①

在泰州市解放一周年时，泰州农村已有农村剧团 16 个，文娱小组 56 个，参加者约达千人。泰州市民还组织了演剧、歌咏、美术、乐奏、文艺、写作等文艺团体 24 个，参加者 1100 余人，在历次政治活动中发挥了很大作用，如美术研究会，历次所作宣传画总计约 500 幅。② 泰州的群众性文艺运动有了初步开展。

泰州解放以后，文化事业建设受到市政府的高度重视，很快就有重点地新建和扩建了文化馆、文化宫、文化站、图书馆等一批文化事业机构设施，还办了 30 多种报刊，主要有《新泰州报》、《泰州市报》、《泰州时报》等，还有《苏北时报》、《工农画报》、《泰州水利》等，为泰州文化事业发展打下了初步基础。

1949 年 10 月，民国时期建立的泰县县立通俗教育馆改建为“泰州市人民教育馆”，下设教育、宣传、科普、文艺康乐、图书、体育、事务 7 个股，主要开展群众性的教育宣传活动和业余文化活动。1951 年 6 月 2 日、5 日两天，人民教育馆先后在新新舞

---

① 中共苏北区泰州地委宣传部编印《农村唱》，1949 年 12 月。

② 泰州市档案馆馆藏档案：301－1－2，《泰州市委 1949 年工作总结报告，1950 年 3 月 6 日，(周伯藩同志在党代会上的报告)》。

台、五巷小学放映了“鸭绿江上的血泪仇”、“七位小英雄”、“陈永康捉特务”等配合抗美援朝运动的幻灯片，泰州市的小学生及校外儿童约1000多人前往观看，同学们说这是一堂活的政治课。[①] 6月底人民教育馆改由泰州专署领导，更名为“苏北泰州文化馆”，1953年改为泰州市文化馆。

泰州市图书馆是民国时期江苏省创建最早的市县级公共图书馆之一。解放以后，泰州市图书馆的工作人员多方搜集古籍、购置新书，藏书量不断增加，藏书质量明显提高。1952年9月，泰州又建立了泰州市工人图书馆并对外开放。1949年苏北新华书店总店曾一度设于泰州，1950年总店迁扬州，扬州分店迁泰州，更名为新华书店泰州中心支店，负责市区图书发行，并辅导所属各县新华书店的发行工作。1953年新华书店归泰州市领导，改称新华书店泰州支店。泰州市图书馆和新华书店在服务社会和文化建设方面起着重要作用。

1950年1月24日，泰州市文艺工作者协会筹委会召开了市区文艺界代表会议，以贯彻文艺工作为政治服务的方针。3月31日，泰州市文学艺术工作者第一届代表大会举行，出席代表148人，市委书记周伯藩作了关于目前形势和文艺工作者的任务的报告，大会正式选举成立了泰州市文学艺术工作者协会。1951年底，泰州市召开第二次文代会，成立了“泰州市文学艺术工作者联合会”（文联），泰州市文联有戏剧、音乐、美术3个协会，主要开展各种专业性、群众性文化活动，在提高文艺工作者思想觉悟、专业水平、艺术修养方面做了大量工作，并且促进了群众性文化活动的开展，提高了群众的文化艺术欣赏水平。

---

① 《新泰州报》第四一期，1951年6月11日，“市人民教育馆在南门五巷放映幻灯 千余学生受到教育”。

二、泰州教育文化事业的稳步发展

（一）泰州基础教育的稳步发展

在十年社会主义建设时期，泰州的中小学教育得到了较为均衡的发展，打下了非常扎实的基础。

解放以后，泰州市人民政府接管了全市小学，并把近一半小学改为市立。但私立小学存在不少问题，有的已无人负责，学校经费无着落，私立小学学费相当于公立学校的两倍，因而招生困难。根据江苏省人委关于接办私立小学和关于1956年下半年小学发展和现有民、社办小学办理问题的通知，泰州市拟定了在1956年10月将私立、社办小学全都接办为公办小学的方案。在市委统一领导下，由副市长王石琴和市委文教部、市教育科、市教育工会等有关人员组成了接办委员会。[①] 经过接办和调整，1956年泰州市有31所小学，学生12245人，分为城东区、城西区、东街区等6个中心校辅导区。泰州市在第二个五年计划

图11-3　江苏省泰州中学校园

---

① 泰州市档案馆馆藏档案：477—2—12，《泰州市人民委员会教育科关于接办私立、民办、社办小学的初步方案》(1956)。

内初步规划了小学教育的发展,1956 年小学在校学生人数到 1962 年应发展到 24126 人,上升 97%,并达到 1959 年泰州市适龄儿童全部入学的目标。

解放后泰州市人民政府对全市中学进行了整顿。泰州中学 1951 年 1 月改为苏北泰州中学,9 月私立明德中学并入,1952 年 2 月私立泰州中学高中部并入,1953 年江苏建省,泰州中学为省属中学,称江苏省泰州中学。1950 年代,省泰中已是苏中地区的著名重点中学,省泰中面向泰州、泰县、泰兴、海安、东台等地招生,在办学上注重教学科研,坚持勤工俭学,为国家高等教育和各条建设战线输送了大量优质人才。

1951 年 9 月姜堰初级中学建立,建校筹委会成员有县委宣传部长宋春霞、县文教科长及校长和工商界人士,泰县县委书记李维和县长刘沄也非常关心。[①] 姜堰中学成立后扩建了校舍,充实了师资,增添了图书与仪器,历年初中毕业生质量均高居上游,被誉为“小泰中”。1956 年,姜堰中学增招 2 个高中班,在校学生达千人,教职员工 70 多人,[②]并逐渐成为高质量的完全中学。1960 年代,姜堰中学着力提高师资水平,进行教学改革,1965 年高考升学率达到 75%。

1958 年,泰兴中学校长叶复初为了改变泰兴中学高中不如扬州中学、泰州中学,初中不如黄桥中学的状况,脚踏实地抓教学质量,减少了大跃进冲击学校教学造成的损失,在全省中等教育工作会议上,省委书记陈光称赞泰兴中学为“后起之秀”,泰兴中学也成为省重点中学。1960 年 6 月,叶复初代表学校出席了全国文教群英会。1964 年秋,省教育厅在对泰兴中学考察后将

① 姜堰市档案馆馆藏档案:715—1—1,《泰县姜堰中学(1951 年 9 月—1966 年 8 月)史料拾遗(草稿)》。

② 姜堰市档案馆馆藏档案:715—1—48,《泰县姜堰中学校史简介》。

其学校管理办法及办学经验向全省加以推广,[1]产生了很大影响。

解放以后,泰州的中小学课程有一些变化。小学课程最初开设国语、常识、文娱、算术等四科;1953 年后小学高年级增设政治,国语改称语文,语文课教学内容分为讲读与作文;常识则分设为自然、历史、地理;1960 年代小学高年级算术改为数学。泰州各小学基本使用人民教育出版社的统编教材,1960 年代部分小学改革学制,开始采用江苏的省编教材。建国初期,中学增设了政治课以加强思想政治教育;国语、国文统一课程名称为中学语文,1950 年代中期语文课曾一度分为汉语和文学,后仍合称为语文;外语课最初分初中英语和高中英文,后合称为英语。1950 年,泰州中学首先在初一设俄语班,以后各中学普遍开俄语课,以致 1950 年代中学的俄语班多,1960 年代中学俄语班减少,外语课仍主要教英语,1966 年后中学不再开俄语课。

1960 年代初,国家在教育上施行"两条腿走路"的办法,公办和民办教育并举,全日制、半日制、业余制并举,民办中、小学有了一定的发展。泰州重视扶持民办学校,重视民办教师队伍的建设,尤其是民办中学解决了大量高小毕业生的升学问题,还锻炼了一批教育干部。

(二) 泰州的中等专科教育及农业中学

1952 年 9 月苏北泰州师范学校建立,1953 年学校改为江苏省小学教师轮训班,承担徐州、淮阴、盐城、南通与扬州 5 个专区的教师轮训任务,学制 1 年,为苏北 47 个县市培训了小学教师 1800 人。1956 年 9 月轮训班改为泰州市师范学校,主要为扬州专区培养小学师资。1958 年泰州市教育科建议:泰州地理位置适中,交通便利,从扬州专区教育布局看,泰州有设立师专和工

---

① 李留群"叶复初出席了全国文教群英会",《泰兴文史资料》第十四辑,第 174、179 页。

专的必要，泰州市工厂、学校较集中，教学参观和教育实习都较方便。[1] 因此，泰州市委批准成立了江苏省泰州师范专科学校和江苏省泰州工业专科学校。泰州师范学制三年，当年就招了8个普师班，学生400人。1964年，泰州师范学校改为泰州耕读师范学校，使用自编教材，开设政治、语文、数学、劳动等课程，开辟了130亩耕读基地，全年7个月教学，4个月劳动，1个月假期。1965年1月，教育部长何伟到校视察，此后陆续有17个省前来参观"取经"。

图11-4　白马庙泰州畜牧兽医学校老校区的校舍

1958年夏，泰县响应"县县办农校"的号召，建立了泰县农业中等技术学校，秋季招收了农作物、畜牧兽医专业学生各50名。1959年初，因泰州县成立，泰县农校合并入泰州市农业专科学校，随即农业专科学校又与泰县农业中等技术学校合并，成立了江苏省泰州农业学校，1960年经调整改称江苏省泰州畜牧兽医学校，1962停办。自1958年建校以来，泰州畜牧兽医学校培养了一批有专长的中专毕业生，还培训了一大批兽医、农作和农机技术人

① 泰州市档案馆馆藏档案，编号580195，《中国共产党泰州市委员会工作报告》(1958年)。

员，为将来泰州发展高等畜牧兽医教育打下了办学的基础。

1958年春，中央宣传部长陆定一向江苏省委提议，鼓励群众自办半耕半读的农业中学，以解决高小毕业生升学难问题，教育部在第四次全国教育行政会议上对办农业中学也作了部署。农中为集体所有制，乡政府（人民公社）是主办单位，农中的用地、校舍、设备、试验田等都因地制宜、调拨解决。县文教局对农中教学进行指导，并适当补助办学经费和教师工资。农中教师大多抽调回乡的高中毕业生担任，学生半耕半读，教师半耕半教，学制3年，[①]主要培养有文化、有技能的新型农民。农中的课程主要是语文、算数、农业知识和政治常识，农业知识课内容包括动植物基础、作物栽培、动物饲养、农业机械化、电气化初步知识及人民公社经营管理，1963年还加强了劳动教育和珠算、应用文的教学。

农中创办之初，有人认为不正规，学了还是从事农业劳动，不如不学；有些农中设备、经费问题不少，教学质量不高。泰州市教育局积极采取措施，提高学生和家长对农中的认识；切实贯彻半耕半读、边耕边读的方针；调整和充实班级；提高教师教学水平，1958年泰州市“16个乡镇都举办了农业中学”，并且“全部坚持下来，没有垮掉”，[②]得以正常发展。国民经济调整中，全省上千所农中只保留120多所，其中泰兴保留了12所，[③]1961年，泰州县的“张家坝、大泗、洪林三所农业中学仍保留半日制外，[④]其余农村社办中学和农业中学都改为业余初级中学，实行五七制或四八制，即全年学习五个月或四个月（从立冬到清明），劳动

---

① 印淑萍“农中漫记”、吴宝礼“我是新中国第一代有文化的农民”，《泰兴文史资料》第十四辑，第200、36页。

② 泰州市档案馆馆藏档案：477—2—15，《泰州市文教局视导组关于视导本市农业中学的报告（初稿）》（1958年6月26日）。

③ 印淑萍：“农中漫记”《泰兴文史资料》第十四辑，第202页。

④ 1959年1月泰州市和泰县合并为泰州县，1962年5月泰州市，泰县再度分设。

六个半月或七个半月(从清明到立冬)”。[①]

1963年经济形势好转,全省农业中学也有了新发展。泰州文教局组织了农中创办五周年庆祝活动,总结了办学经验;在全省农业中学经验交流暨表彰大会上,泰兴曲霞农中印淑萍老师作了“我是怎样做好班主任工作的”经验介绍。[②] 经1962年调整后江苏保留有19所农业高中,1964年又恢复到43所,[③]泰兴也在西郊农场办了泰兴县农业职业高级中学。泰兴文教局还在各区明确一所中心农中,负责指导全区农中的教育教学,曲霞农中成为曲霞区中心农业中学。农业中学在1966年“文革”开始即名存实亡,存在时间不长,但它扩大了农村基础教育的实施范围,为一大批农民子弟接受初中教育提供了机会,是发展农村职业教育的有益尝试。

(三)泰州文化事业的初步繁荣

社会主义建设时期,泰州的文化事业在戏剧表演、文学作品、艺术创作等方面取得了丰硕成果,这主要得益于一批从泰州走出去的泰州籍文学家、艺术家,也正是在他们的带动下,泰州文化事业才出现了欣欣向荣的景象。

泰州市博物馆和泰州市档案馆于1958、1959年相继建立。筹建泰州市博物馆时,泰州市政府号召社会各界人士把自己收藏的文物、图书资料捐献给国家,泰州中学教师景昌极[④]收藏有友人赠送的750多件明清大内档案,经副市长王石琴上门动员,景昌极把这批明清档案捐赠给了泰州市博物馆。后来,泰州人

① 泰州市档案馆馆藏档案:477—2—31,《泰州县文教局关于当前教育工作几个问题的汇报和请示》。

② 印淑萍:“农中漫记”《泰兴文史资料》第十四辑,第203页。

③ 江苏省档案馆馆藏档案:3023—32—879,《关于农业中学座谈会的报告》。

④ 景昌极(1903—1982),字幼南,泰州人。曾任教于成都大学、中央大学、浙江大学和江苏省立泰州中学,著有《哲学新论》、《道德哲学新论》、《名理新探》等。

王藻如将家传的清嘉庆至同治年间扬州卫第三帮漕运档案960多件也捐赠给了泰州市博物馆。这两批明清历史档案成为泰州市博物馆的重要典藏。

解放后,泰州市先后成立了淮剧团、京剧团和扬剧团,改建兴建了苏北戏院等3家影剧院,泰州市京剧团的成立还得到了梅兰芳、周信芳等京剧艺术大师的关心和支持。泰州是梅兰芳的故乡,1956年春,梅兰芳率梅剧团在南京演出结束后,即应泰州市各界人士之邀专程返乡访问演出。3月7日,梅兰芳携夫人福芝芳、幼子梅葆玖和梅剧团主要演员来到泰州,受到泰州市政府和父老乡亲的热烈欢迎。梅兰芳在泰州特意表演了最能代表"梅派"艺术的《醉酒》、《别姬》、《宇宙锋》、《凤还巢》和《奇双会》,虽然他年逾花甲,但那悠扬婉转的梅派唱腔,仍使每一位观众为之倾倒。泰州附近扬州、海安、东台、盐城等地群众也纷纷赶来泰州看戏。为了答谢故乡人民的盛情,梅兰芳放弃自己的收入,降低票价,在最后还破例加演一场,他深情地表示今后一定还要重访故乡。①

图11-5　梅兰芳返乡期间参观鲍家坝农业生产合作社

① 王石琴"回忆梅兰芳回乡访问演出",李进"梅兰芳在泰州",泰州市政协文史资料委员会编《梅兰芳与故乡》,《江苏文史资料》第76辑,《泰州文史资料》第7辑,1994年。

在文学创作方面,夏阳(李进)的长篇小说《在斗争的路上》最为著名。李进是泰州海陵人,早年就读于大浦小学、泰州中学,1939 年参加革命,长期在苏中及泰州地区坚持斗争。解放后曾任泰州地委宣传部长、泰州县县委第二书记、县长。小说的初稿是李进 1947 年把他在斗争生活中所积累、酝酿的材料利用晚上的空闲写成的。1950 年,《在斗争的路上》初稿经李进修订后由新华书店华东总分店出版发行,这是新中国成立后江苏出版的第一部长篇小说,主要描写了苏中人民在革命战争年代艰苦的斗争生活。1959 年 2 月,《在斗争的路上》再由江苏人民出版社出版发行。

1957 年,李进创作了电影文学剧本《红色的种子》,讲述解放战争中女共产党员华小凤到敌占区开展斗争,进行锄奸,建立群众武装的故事。第二年《红色的种子》拍摄成电影,放映后在全国产生了很大影响,1959 年被评为最佳国产影片。李进还与顾尔镡等合作,把《红色的种子》改编成锡剧,搬上了舞台。1958 年,李进与鲍明路、顾尔镡合作创作了电影文学剧本《雨花台》,1961 年,以电影文学剧本为基础改编的话剧《雨花台下》公演,一时好评如潮。建国以后,泰州的文艺工作者也创作了 30 多个戏曲剧本,参加省级会演或在刊物上发表的就有 20 多个。

泰州在艺术创作方面也是成绩斐然。革命音乐家石林战争年代创作了大量革命歌曲,在解放区有很大影响。建国以后,石林 1953 年写于朝鲜战场的《在那山谷的下面》,以朴实的语言歌颂了志愿军战士对祖国无尽的思念及忠诚。以后,石林长期担任江苏省音乐家协会副主席,他与杨学怀合创的歌剧《春江飞燕》被视为“精品”和“力作”。还有,曹善同创作的《太阳底下花儿红》被编入了《小学音乐教材》;储晓梅编著的《梅腔谱》两册,收录和保存了梅兰芳 23 出戏的主要唱段 36 段;1950 年代编成的《泰州国乐曲集》记录整理了泰州民间乐曲 38 首,保存了泰州民间艺术珍品。1954 年,曾纪仁根据里下河地区生活特点创作的《河蚌舞》获得了江苏省职工文艺会演一等奖。在美术绘画方面，泰州的文化工作者均有成功的探索和喜人的成果。

三、十年“文革”中泰州的教育与文化

（一）“文革”中饱受摧残的教育

1966年开始的“文化大革命”严重摧残了泰州的教育，长期的“停课闹革命”破坏了学校教学秩序，“造反”“武斗”使校舍房屋、教学设备普遍毁坏，无休止的“大批判”造成了读书无用、教书有罪的社会环境，“清理阶级队伍”等运动打击了文化业务素质优秀的教师，泰州、泰县、泰兴等市县重点中学都是地方的“文革”重灾区，即便在复课以后，学校师生也要频繁参加各种政治运动，学校教学质量也大大下降。

“文革”中泰州的中等专科教育夭折。江苏省泰州畜牧兽医学校从1962年到“文革”发生，已经处于停办状态，1969年11月学校划归泰县代管，1971年曾更名为江苏省泰县农业学校。泰州耕读师范学校1969年停办，泰州小学教师教育停顿。全省农业中学先后停办、解散或转制。1966年暑期泰州的农中初中仍招录了2816人，1968年这部分录取新生或到农中或回小学“复课闹革命”。中小学基本复课后，农中也成了普通初中，不久，原农中校名和校牌上的“农业”字样也去掉了，[①]原先带有农村职业教育性质的农业中学不复存在。

1968年后中小学复课并开始抓教学，1969年到1972年，泰州各个中学普遍使用了市教研室与省泰中合编的“语文补充教材”、《数学》和《工业基础知识》、《农业基础知识》等教材，学校教学秩序有所恢复。由于“文革”前期师范院校停止招生，教师业务进修已中断，学校不仅把一些小学教师拔高到中学任教，甚至用“文革”中的中学毕业生来教中学，导致教师整体素质与教学质量都远不如“文革”以前。在学校管理上，农村实行“贫下中农管理学校”，泰州、泰县等市县的农村中小学

---

① 印淑萍“农中漫记”，《泰兴文史资料》第十四辑，第204页。

都建立了贫管组织。泰县野徐公社党委配备大队副支书或支委担任贫管组组长，三桥小学在1973年丢掉了学农田，关门搞教学，贫管组就带领师生批判“资产阶级教育路线”，恢复了学农田，实行开门办学。[①]

“开门办学”提倡学校请工人、贫下中农到学校上课或组织师生到工厂、生产队调查访问。泰县野徐中学请了公社负责生产的干部上农知课，请了仲联大队老贫农回忆家史，帮助老师讲好课文《十粒米的故事》，公社农技站为了给野徐中学上好工知课，专门调派一台拖拉机到学校，边讲边操作示范，让学生现场练习。[②]“教育革命”强调教学为三大革命斗争服务，三机一泵、良种培育和病虫害测报等成为中学教学主要内容，严重偏废了基础知识教学。

在1974年的“批林批孔”运动中，中小学校批判修正主义教育路线复辟回潮。姜堰小学师生在批判孔老二（文革中对孔子的蔑称）“克己复礼”时，有的班主任被迫把自己抓教学说成是“走回头路”，违心地批判修正主义在本校的“反攻倒算”。[③]泰县姜堰中学、溱潼中学、张店中学、良徐中学、大冯中学、蒋垛中学等都被迫揭批削弱工宣队、贫管会领导、“分数挂帅”、“师道尊严”、搞关门教学等现象。[④]在“批林批孔”运动冲击下，1974年泰州地区又有数千名中学生到农村“接受贫下中农再教育”。泰州中学、姜堰中学、溱潼中学的应届毕业生在批判“学而优则仕”和“变相劳改”的氛围下，有72人向中学党支部、镇党委、团县委

① 姜堰市档案馆馆藏档案：523—2—50，《我们抓开门办学的几点做法-中共泰县野徐公社委员会》泰县文教局（1974）。

② 姜堰市档案馆馆藏档案：523—2—50，《我们抓开门办学的几点做法-中共泰县野徐公社委员会》泰县文教局（1974）。

③ 姜堰市档案馆馆藏档案：523—2—50，《关于传达、贯彻中共中央（1974）五号文件的情况报告》泰县文教局（1974）。

④ 姜堰市档案馆馆藏档案：523—1—34，《泰县中学负责人批林批孔座谈会小结》泰县文教局（1974）。

送交决心书，表明上山下乡的决心。[①]

针对1974年的中学招生，泰县革委会强调要全面贯彻执行党的阶级路线，保证“工农及其子女有享受教育的优先权”，注意适当招收确实表现好的剥削阶级家庭出生的子女和“可以教育好的子女”。招生采取由学生个人申请，贫下中农和学校推荐，大队党支部审核，公社（镇）批准（高中报县备案）的方式，推荐时强调把政治表现、路线觉悟放在首位，各公社（镇）都成立了招生工作领导小组，由贫下中农、社队干部、学校代表5至7人组成。对1974年的小学招生，泰县革委会专门作了部署，要求动员1967年6月30日以前出生的7至11足岁未入学的儿童入学，使全县各公社（镇）、队的学龄儿童入学率保证达到95%以上，基本普及小学五年教育。[②]

在1976年，泰州中小学校仍在抓意识形态领域的阶级斗争，有的中学通过组织学生学习“理论”，追缴所谓“坏书坏歌”，许多学校努力进行“教育革命”，加强进驻学校的工宣队，要把学校也办成无产阶级专政工具。1976年10月“文革”结束，泰州的教育事业重新走上了发展之路。

（二）“文革”中泰州扭曲贫乏的文化

“文化大革命”对文化事业和文化环境的破坏特别严重。“文革”开始后红卫兵“破四旧”，对所谓“封资修”大张挞伐，“大革文化命”，新中国17年的文化建设成果和中国传统文化精粹一并遭到严重摧残。

泰州也经历了一场文化浩劫。红卫兵“破四旧”抄家时，一大批“太谷”遗书被红卫兵作为“四旧”查抄出来。这些文献典籍是清代“太谷学派”的珍贵文化遗产，正当这批文献要被红卫兵

---

① 泰州市档案馆馆藏档案：477—2—15，《关于传达、贯彻中共中央(1974)五号文件的情况报告》。

② 姜堰市档案馆馆藏档案：523—2—50，《关于1974年中、小学招生工作的通知》泰县文教局(1974)。

焚烧毁灭之际，泰州市图书馆的工作人员把它们抢救了下来，收藏于图书馆。但“文革”中被毁掉的文献典籍、历史文物数不胜数。当年捐赠明清档案的景昌极曾挑出了数份档案保存作为纪念的，“文革”抄家一开始，他就把这些档案烧毁了。泰州在解放以后仍保留的佛教寺庙、道教宫观，其佛像、神像大多被捣毁，寺庙几乎都被单位和居民占用。

靖江的著名印刷专家柳溥庆在“文革”中被诬蔑为“反动学术权威”、“叛徒”、“资本家”，又因他珍藏有与邓小平等的合影，被指为勾结“党内第二号走资派”而受到残酷迫害，被长期隔离审查，劳动改造。[①] 南社诗人仲中是中学教师、泰州市政协委员，并担任泰州工商联历史资料编纂工作，“文革”中仲中被扣上参加黑诗社、书写黑诗文的罪名，逮捕入狱，受到错误处理，1969年含冤去世，其妻陈珮章也为南社诗人，著有《蘅兰室吟草》（未刊行），“文革”中诗稿散失殆尽，她在1968年离世。

“文革”期间，泰州市文联和文艺团体都停止了活动，新华书店里满都是毛主席著作以及样板戏书刊，群众喜欢的图书都成了“毒草”被封存、销毁。1968到1973年间，泰州市文化宫与文化馆、图书馆、博物馆合并，称为毛泽东思想宣传馆，1974年才恢复原建制。泰州城乡放映的电影也主要是“老三战”（南征北战、地雷战、地道战）和新闻简报，后来有了朝鲜、阿尔巴尼亚、越南等国少数译制片，[②]另外就是“样板戏”电影《沙家浜》、《红灯记》、《智取威虎山》等。“文革”当中各种革命文艺宣传队很多，成立宣传队主要是为配合各种政治运动作宣传，起初，文艺宣传队的演出主要是歌颂毛主席、鼓吹大批判，后来宣传队又都排演样板戏的选场、片断，这一特殊时期的文艺形式持续了很长时

---

① 中国人民政治协商会议泰州市委员会编《泰州历代名人·续集》，江苏人民出版社2005年。

② 李奇龄“泰州电影事业的初创和发展”，《泰县文史资料》第六辑第88页。

间。1974年,泰县文教系统为了宣传毛泽东关于教育革命的指示和开门办学的意义,也组织了业余文娱宣传队,自己编排关于开门办学的节目在群众中演出。[①]

泰州的社会生活和文化环境也基本"政治化"。向领袖的早请示晚汇报曾一度成了政治文化的重要仪式。因为大家都要佩戴领袖像章以表忠心,1968年6月泰州市成立了东方红像章厂,12月18日,泰州市在体育场召开了有2万多干部群众参加的大会,举行普及发行毛主席像章仪式。"文革"中还有一个政治文化现象,即各类毛泽东思想学习班和宣传队遍布城乡。1968年8月下旬,泰州市第一批工农兵毛泽东思想宣传队共136人组成22个分队,进驻22个单位。9月,泰州市革委会又组织了10个工人毛泽东思想宣传队共171人,进驻全市9所中学和一个文化事业单位、3个剧团。[②] 1970年初,泰州市革委会为了贯彻落实省和专区革委会指示,开展动员干部职工、城镇居民下放农村的运动,"利用一切宣传工具,采取各种形式,从街头标语、大批判专栏到室内布置、门庭对联,从广播、宣传车、文娱宣传队到商店橱窗布置,全部突出上山下乡",同时,"各系统、各单位普遍举办专题学习班,把学习班办到家庭,办到院落。大搞讲用会、批判会、忆苦思甜会","在全市掀起了一个强烈的上山下乡革命声势",[③]营造出一个震慑的政治文化氛围,文化被严重地扭曲。

十年"文革"浩劫同样造成了泰州的"文化断层",社会文化园地一片荒芜,文化事业遭受了难以估量的损失。

---

① 姜堰市档案馆馆藏档案523—2—50,泰县文教局(1974年),《我们抓开门办学的几点做法-中共泰县野徐公社委员会》。

② 泰州市档案馆藏《一九六八年泰州大事记》(初稿)。

③ 泰州市档案馆馆藏档案《关于上山下乡工作情况总结》,江苏省泰州市革命委员会文件 泰革 字(70)第070号。

第四节 建国三十年的泰州城乡社会

泰州解放以后，进行了卓有成效的社会改革，社会面貌发生了巨变，社会经济发展，社会秩序安定，人民生活安宁，无论是农村还是城镇，社会变革都十分明显，新政权的建立对泰州的社会进步与发展起到了极大推动作用。

一、解放初期泰州的社会改革

泰州地区在 1949 年 1 月已全部解放。但是解放后的泰州还残存着为数不少的反动敌对势力，吸毒、嫖娼等各种旧社会陋习还在毒害着社会，因此新生的泰州市人民政权把工作重点首先放在了强化社会治安、整顿社会秩序方面，开展了肃清残余反动势力和敌特分子、取缔封建道会门、禁毒禁娼等一系列斗争，涤荡了旧社会遗留的污泥浊水，经过一系列社会改革，泰州的社会面貌焕然一新。

(一) 肃清敌特、取缔反动道会门

1 月 25 日，泰州市军管会发出了布告，命令所有国民党的党、特、团人员立即到市公安部门登记，主动交出证件、武器、弹药，立功赎罪。并宣布对在接收、接管中保护了公有财产、物资而有功的原国民党政府人员进行物质(大米)奖励。同时，泰州市公安局还破获了潜伏下来的国民党特务设的秘密电台，肃清了流窜在“老鱼行”以北一带国民党的散兵游勇，[①]社会治安很快稳定了。兴化县城军管会成立以后，也立即采取措施，肃清残匪、散兵游勇和持枪反动分子，指定一切反动党派、团体到指定地点向公安机关自新登记并接受教育，安定了民心，克服了城市

① 莫珊“奉命接管泰州城，苏北建市第一家”，《泰州文史资料》(1949—1952)，第 42 页。

混乱现象,[①]恢复了社会秩序。

1949年1月初,泰县一带的中华圣教金蜀堂、大刀会、西乾道等反动道会门纠合了数百人,在国民党特务策划下武装暴动,从东西两路进攻姜堰,暴徒号称“白衣大军”,前胸后背佩戴神符,手执刀剑木棒,沿途疯狂叫嚣“刀枪不入”,强行裹胁百姓。1月9日,严阵以待的姜堰区队给予反动道会门暴乱武装以迎头痛击,进攻姜堰的暴徒顿作鸟兽散,被俘近百人,这场来势汹汹的暴动被迅速扑灭。[②] 但是,残余反动道会门势力仍在活动。春天,泰州泰西区大王庄发生了大刀会利用香期聚众集合,并企图殴打政府文教股长的事件。为此,中共泰州市委于4月7日发出了《对封建会门活动紧急措施的指示》,要求“各区区委重视取缔封建会门活动的斗争,立即进行一次普遍深入的调查,对封建会门头子集中感训;立即整理和组织民兵,恢复打更放哨,加强防范”。[③] 泰州市委还建立了城防治安工作委员会,组织起有198人的工人纠察队,配合派出所进行治安巡逻工作。反动道会门受到了第一次初步打击。

1950年4月,泰州市政府颁布布告,转发了苏北行政公署的《取缔会门道门办法》,布告责令会门道门最重要分子应立即向泰州市公安局登记,悔过自新。对其余所有被胁迫或被诱骗参加的会员群众,只要他们立即公开宣布脱离会门道门组织,停止一切活动,就一律不予追究。泰州市公安局先后集中感训了60名会门道门的首要分子。

由于道门会门是近代以来长期存在于底层社会的民间组织,具有封建落后性,在民主革命深入发展中,道会门的反动性也增强了,取缔以后又随时会死灰复燃,所以这场斗争持续了较长时间。1953年2月9日,泰州市政府发出布告,宣布取缔一

---

① 朱琏瑞主编《海陵文史·第11辑》,第44页。

② 朱琏瑞主编《海陵文史·第11辑》,第30页。

③ 泰州市档案馆藏《一九四九年泰州大事记》(初稿)。

贯道、龙华道、西乾道等反动道会门；1954年7月17日，泰州市政府又发出布告，继续取缔中华理教会、先天道、天德道、菩提善途等反动道会门，共查封堂口7处，没收道产道具8829件，逮捕法办道首11人，管制道首13人。[①] 至此，泰州人民政府基本解决了封建反动的道门会门这一严重社会问题。

（二）肃毒禁娼，净化社会环境

泰州市在解放初期接管工作基本完成后，便开始有步骤地进行社会改革，特别是肃毒、禁娼，清除旧社会遗留下来的毒品泛滥、娼妓盛行的丑恶社会现象。

泰州市人民政府对吸毒者和娼妓分别采取了劝戒和收容改造的做法，对毒贩则进行重点打击。先是在社会上普遍开展宣传教育，使群众认清吸食毒品的危害和沦落为娼的可耻，启发人们自觉远离毒品，做自食其力的劳动者。接着对那些吸毒成瘾难以戒断的人和那些好逸恶劳甘心出卖肉体的娼妓，特别是屡教不改的，进行收容改造。为此，泰州市专门开辟了两个生产园地，先后把妓女暗娼、吸毒者以及散兵游勇、乞丐、扒手等共641人集中收容教养。

1949年5月，泰州市政府正式接管了原泰县救济院，改称泰州市救济院，将救济院原有的安老、残废教养、妇女教养、育婴、育幼五所合并为老残、保育、妇女教养三所，又另设了习艺所，主要是让收容教养的妓女暗娼学会一些劳动的本领技艺，能够到社会上凭自己的劳动生活。10月，泰州市政府成立了游民改造委员会，设立了游民改造所和残废丐民收容所，到年底共收容改造了无业游民108人，收容了残废丐民117人。

新中国成立以后，从1950年夏季开始，在全国范围内进行了一场声势浩大的肃毒运动，整个运动历时约四个月，重点打击

---

① 泰州市档案馆藏《一九五三年泰州大事记》（初稿）、《一九五四年泰州大事记》（初稿）、阎必发“1954年至1956年的泰州治安情况”《泰州文史资料》（1953—1956），第220页。

了那些贩卖毒品牟取暴利的犯罪分子。泰州市在经过肃毒宣传教育和劝戒收容后，泰州全城还有贩毒户10余户，多是屡教不改的流氓无赖，其贩毒方式也较隐蔽，借着做旧货生意流动贩卖毒品，或向兴化、东台及其它地方出售毒品，或者专门在几家较大商店出售毒品。泰州一带的毒品主要是“白粉”，又叫“白面”，毒品货源多来自上海，其次是江都的姜小庄和龙窝口。泰州市公安部门摸清毒品来源后，先在泰州市抓获毒贩5名，同时又派员协助江都县公安局在姜小庄破获贩毒案5起，对抓获的毒贩分别判处了徒刑或进行社会管制。

在泰兴县，公安部门事先掌握了泰兴城、黄桥、口岸等处约三四十户毒贩，肃毒运动一开始，就把毒贩集中起来交待问题，搞清了上线毒品的来源、姓名、住址，下线吸毒者的姓名、住址。对不肯交待问题的毒贩，就召开群众大会，造成强大的社会舆论，促使他们彻底交待问题。泰兴县对五六个毒贩作了判刑处理，其余的贩毒者就放在社会上监督改造。①

对一般吸毒人员，政府主要通过户籍管理，划编小组，建立起管教制度，定期检查学习改造情况。肃毒运动期间，泰州还举办了戒毒所，把那些吸毒成瘾的人集中到戒毒所强制戒毒一个月，期满后交保释放，并强制其从事生产劳动。② 经打击毒贩、斩断毒品来源和对吸食毒品者进行教育改造，多数吸毒者能够改过自新，重新做人，有人还在生产劳动中被评为积极分子。

禁毒肃毒是一项十分艰巨的任务，在解放初期虽然对贩毒吸毒进行了屡次打击，但仍有顽固分子不肯悔改，以身试法。1952年，泰州市政府专门成立了肃毒指挥部和办公室，再一次在泰州全市范围内大规模开展肃毒宣传，对贩毒和吸毒分子进

---

① 张同福“1950年泰兴肃毒工作管窥”，《泰州文史资料》(1949—1952)，第146、147页。

② 朱琏瑞主编《海陵文史·第11辑》，第7、8页。

行打击，先后逮捕法办了24人，集训改造53人，公审枪决了进行武装贩毒而又拒不坦白交待的贩毒罪犯郭恒山，查获毒品鸦片4695两，有效地净化了社会环境。

二、泰州的社会救济与人口发展

（一）泰州城乡社会的灾荒救济

泰州地区面临长江，又处里下河边缘，极易遭受水旱灾害。在建国后前30年社会发展水平较低的时期，抗灾救灾和社会救济成为泰州地区各市、县人民政府的一项重要工作。

1950年泰兴普遍发生春荒，尤以沿江的永安、蒋华、七圩、城西等区最为严重，有的群众甚至以“观音粉”度命。泰兴县生产办公室一面发动群众搞副业生产自救，一面连续拨发救济粮救灾，到5月份，3次拨粮12.89万公斤，救济了7505户43178人度过春荒。[1]

1951年整个泰州地区春荒形势严峻，泰州地委、专署及时部署开展生产自救，并适时开展社会互助互借与政府急救，度过了春荒。但夏荒接踵而至，泰州地区仍有灾民110万人，灾民缺粮断炊，不少人因饥饿死亡。政府贯彻以生产自救为主的救灾方针，以社会互助互借与政府必要的支援为辅。兴化等县组织了灾民到非灾区做杂工，以劳力换取食粮，水荡地区组织取鱼、摸虾、拾螺及寻找副食品。兴化、高邮、宝应、泰县、泰兴五县把副业生产成品通过政府帮助推销出去换取粮食，并组织了20万人进行副业生产。泰州专署为救灾发放了300万斤面粉和30万斤豆饼，其中分配给重灾区兴化100万斤面粉。泰州专署派了医疗小组深入重灾区，各县市也组织医务人员深入灾区治病救灾。[2] 泰州的广大干部群众最终战胜了1951年严重灾荒。

---

① 《泰兴县志》，第663—665页。

② 泰州分区夏季救灾工作计划（中国共产党苏北区泰州地方委员会苏北泰州行政区专员公署1951年6月15日）。

泰州市政府对救灾工作抓得很紧，1955 年初适逢大雪，泰州市政府发放了寒衣 1625 件，棉絮 124 条，解决了 1297 人过冬缺少衣被的困难。1956 年秋冬泰州市城乡因暴雨成灾，受灾 4759.9 亩、1448 户，倒房倒墙 955 户，泰州市政府拿出救济款 22679.6 元，救济了 751 户 2828 人，修理房屋 252 户，还发放了 1084 件棉衣，45 条棉絮。①

泰兴县在经济严重困难时期，1959 年 12 月全县存粮严重不足，平均每月每人口粮不足 5 公斤的有 335 个大队 333917 人，群众中浮肿病、青紫病大量发生，农村劳动力锐减。泰兴县人委 1960 年发放了救济款 713473 元，主要用于安排生活、治病、修房，以及进行其它困难救济。② 救济款发放办法是"国家扶助集体，集体保证个人"，由小队提名，大队评议，公社审批，大队张榜公布。但是，安排生活的钱发到食堂，治病经费拨给医院，修房费用交给大队统一购买建材，安排人工帮助修建。

为了帮助群众度过困难，泰兴县人委 1961 年拨出了治疗浮肿病和其他重杂病的医疗费 16160 元，各大队将危重病人集中到临时医院，每人每天补助一点粮食、黄豆，使他们得到救助。1962 年，泰兴县委、县人委发出《关于进一步做好治病工作的联合指示》，拨出粮食 60 万公斤、生仁饼 80865 公斤，用于挽救浮肿病人，③还拨发了 64.91 万元救灾救济款。④ 泰兴还向更困难的兴化等地群众伸出援助之手，每年给他们调拨 1 万公斤胡萝卜。

泰州人民战胜了严重经济困难，生产和生活逐步恢复、发

---

① 《泰州志》，第 655 页。

② 泰兴市民政局："泰兴三年困难时期的社会救济工作"，《泰州文史资料》(1956.9—1965.5)(上册)，第 64、65 页。

③ 泰兴市民政局："泰兴三年困难时期的社会救济工作"，《泰州文史资料》(1956.9—1965.5)(上册)，第 66 页。

④ 《泰兴县志》，第 663－665 页。

展，各市县政府后来几乎再也没有遇到过如此严峻的困难形势和救灾任务。

（二）泰州的人口发展与节制生育

建国后的30年间，泰州地区的人口增长迅速。解放初期，随着经济社会发展，泰州市的人口规模也不断扩大。泰州市人口增长大致历经了1954至1958年、1962至1970年的两个生育高峰期，1970年代计划生育政策逐步推行，人口增长得到了控制。“文革”结束时泰州市缺乏人口统计数据，但据1987年统计，泰州市人口有218694人，其中城区163123人，占74.59%，人口密度2377，是江苏人口最稠密的地区之一，而且泰州市的人口质量有了显著提高，主要表现为受教育程度的提升。

泰兴县1949年底全县人口为925821人，1953年第一次全国人口普查统计，全县为219748户，990901人。1964年第二次全国人口普查统计，全县为255204户，1033128人。泰兴县人口增长同样在1954至1958年、1962至1970年出现了两个生育高峰。[①] 靖江县1954至1957年的人口年平均自然增长率达2.136%，1958至1961年降至0.324%，但1962至1970年又增高到2.733%。1970年后推行计划生育政策，人口自然增长率逐年有所下降。[②]

泰州地区各市县在人口发展过程中都有时段基本相同的两次生育高峰期，一次是由于国家“一五”计划推动了经济社会发展，当时又有“人多好办事”的偏颇说法，但主要是人民生活水平提高，城乡医疗卫生条件有了改善；另一次是因严重困难时期的经济调整政策开始奏效，经济得到恢复并又有了发展的缘故。两次人口增长高峰期中出现生育低谷，原因是大跃进造成了严重经济困难，人口出生率下降，人口总量减少。

---

① 《泰兴县志》，第143、144页。

② 靖江县志编纂委员会编《靖江县志》，江苏人民出版社1992年版，第109页。

泰州地区到1960年代后期人口增长再度趋高，社会物质经济基础所受压力也越来越大，因而国家节制生育、计划生育的政策得到了高度重视。早在解放初期，政府实际上已经开始提倡节制生育。泰县1953年面向社会宣传《避孕及人工流产法》，1957年后又提倡和推行节制生育措施，由群众自费购买避孕药具。1960年代初，泰县县医院实行电吸引式人工流产，并开始少量地施行绝育手术。到1965年，泰县全县已有10021人采取放环、结扎、人工流产等避孕和节育措施，自觉节制生育。1970年，泰县全县育龄人群中做了绝育手术的就有7000多人，其中以港口公社的人数最多。① 泰州市1972年面向社会上广泛宣传国家提出的"晚、稀、少、好"生育政策，1973年再次进行了每对夫妇只生育两个孩子，一孩与二孩生育间隔4—5年的计划生育宣传。② 1970年代泰州人口增长逐渐趋缓，经济社会发展逐渐加快。

三、泰州的医疗卫生、公共事业和劳保福利

（一）泰州医疗卫生事业的显著进步

1949年解放初期，泰州城乡社会疾病丛生、缺医少药。泰州地区只有在县城才有一所公立医院，而且医疗条件简陋，药品和医疗器械极其匮乏。泰州各市县人民政府很快就建立了各级医疗卫生行政机构，接收和改造了泰县、泰兴、靖江、兴化的县医院以及泰州福音医院，并鼓励中、西医个体医师开诊或成立联合诊所，使市县人民医院、区卫生所、联合诊所以及一些工厂、学校医务室成为解放后的基本社会医疗卫生单位。1958年以后，泰州的大部分联合诊所又合并成为人民公社卫生院。

为了集中力量防治严重危害人民健康的流行性疾病和严重威胁母婴生命安全的疾病，泰州各市县至1952年11月都建立

① 《泰县志》，第130页。

② 《泰州志》，第128页。

了防疫委员会，乡镇建立了卫生站或卫生防疫组，村设了保健员，初步奠定了县、乡、村三级卫生工作基础。在1950年代，泰州地区广大群众积极响应政府号召，开展爱国卫生运动，初步改善了城乡卫生面貌，基本控制了疾病的扩大流行。妇幼保健所、保健站是促进妇女保健、推广新法接生的主要卫生机构，1954年，新法接生已普及到泰州所有市县乡镇以及农村，1958年底，泰州较大规模的接生站（农村产院）和经过培训的接生员已能基本满足群众需要，公社卫生院相继设立了妇产科，更加方便指导农村新法接生。

泰兴、靖江沿江地区是血吸虫病重流行区，泰州地区的血吸虫病防治工作于1952年夏季展开，以"全民预防，重点治疗，控制发展，逐块根绝"为方针。1952年底，泰兴县先后成立了"血吸虫病防治指挥部"和"血吸虫病防治站"，1955年，泰兴县血防站组织专业人员对全县10条主要河港作了钉螺调查，然后，经专区培训的社会医生和知识青年160余人分赴流行区开展治疗。① 靖江县1953年对血吸虫病患者大规模集中收治，每年坚持在江滩、沟渠、河汊灭螺。1958年冬靖江县成立了江滩灭螺指挥部，成功进行了一场群众性的血防大会战。② 1960年代，泰州地区把除害灭病的突击活动与经常性的卫生防疫工作结合起来，基本消灭或有效控制了历史上残酷肆虐人民健康的天花、霍乱、血吸虫病乃至性病、麻风病，初步改善了泰州城乡卫生面貌。

"文革"时期，泰州农村的卫生工作在困境中没有停顿。管水、管粪、改水、改厕、改畜圈、改炉灶、改造环境等"两管五改"的农村公共卫生活动在各地普遍推行。兴化县南柯村建了各种类型的蓄粪池，还铺修道路，兴建饮水码头，改造排水沟，改善了农

---

① 刘福堂"百万人民齐参战，送走瘟神保健康"，《泰兴文史资料》第十四辑，第240—243页。

② 杨瑞东"我参加血防工作的片断回忆"，《泰州文史资料》（1956.9—1965.5）（上册），第254—259页。

村环境，成为江苏农村爱国卫生运动先进典型。泰州农村卫生院的医疗设施和技术条件也有了进步，下放农村的城市医疗骨干开展中西医结合活动，培训农村卫生技术人员和赤脚医生，提高了他们的诊疗水平。

泰州农村的合作医疗也开始建立。1967 年底，靖江长里公社举办了农村合作医疗试点。1968 年，泰州市、泰县、靖江、泰兴等地都进行了试点，并着手培训基层合作医疗站的“赤脚医生”。泰州市 1969 年 4 月在 3 个公社 21 个大队建立了合作医疗站，有近 3 万人参加合作医疗，农民只要缴纳很低的合作医疗基金就可以看上病，这一新生事物受到了群众欢迎。到 1973 年底，泰州农村实行合作医疗的大队已有 96%以上，靖江团结公社、泰县大冯公社等都是合作医疗办得好的典型。泰县合作医疗筹集的资金达 117 万元，配备了 1723 名赤脚医生，其中女赤脚医生有 754 名。1974 年 6 月 27 日《新华日报》以长篇通讯《努力当新生事物促进派——泰县巩固合作医疗的调查》专门作了报道。合作医疗也为改革开放后逐步建立新型农村合作医疗打下了基础。

泰州的卫生事业在建国后 30 年间初步建立了基本覆盖城乡的三级医疗预防保健网，拥有了一支得力的医疗卫生队伍，泰州人民群众的健康状况也有了可喜变化，人口平均期望寿命由 1949 年的 35 岁提高到了 1978 年的 69 岁。

（二）泰州的社会公共事业与劳保福利

泰州市、泰县、泰兴等市县城区在解放以后都逐步进行了基础设施和公用事业建设。1950 年 11 月，泰州市成立了市政建设委员会，由市长周伯藩任主任，到年底，修复了洧水桥、抗战桥、沈家小桥，建了一所上真殿摊贩市场，以后又拓宽街道，新辟了天禄路、青年路。[1] 泰兴城 1958 年进行城区道路建设，拓宽

---

① 泰州市档案馆藏《一九五〇年泰州大事记》（初稿）、《一九五一年泰州大事记》（初稿）。

了以鼓楼为中心的主干道,在1970年代又填平部分城区内河道修筑成道路。

1965年7月,泰州市自来水厂建设工程开工,历时一年半竣工,日产水5000吨,1967年2月水厂开始试送水,3月1日正式向泰州全市供水,[①]泰州市城区居民大部分开始用上自来水。1960年代,泰县县政府先后拨款在姜堰镇打井近50口,改善居民用水。1975年5月,泰县在姜堰镇西、通扬运河北岸筹建日产5000吨的自来水厂,至1979年8月建成投产。市政建设提高了人民生活质量,改变了城市面貌。

解放初期泰州城基本都还是过去简陋的公房、民居,极易发生火灾。1953年,泰州市政府成立了消防委员会,下设28个分会,并把650名义务消防员转由市公安局领导管理,市公安局专设了消防民警中队。泰州的消防工作"以防为主,以消为辅",加强消防宣传教育,提高群众自防自救能力,消防所需的灭火器材、设备、救火车辆等也不断增加,[②]有效保护了人民生命财产安全。

建国30年间,人民政府实施的社会福利政策和劳动保障政策在泰州也逐步落实,体现了新社会的优越性。靖江县在解放之初妥善安置了原来在安老所内的老人,县人民政府给他们分配了土地和住房,并让他们依靠群众互助和国家救济维持基本生活。1958年,靖江由公社和大队给农村无依无靠的老人"五保",并在全县大部分社队办了敬老院或幸福院。1960年代初困难时期,靖江全县敬老院仅剩2所,大部分老人回生产队享受"五保"。但是靖江县民政科还是筹资2万元在孤山建了烈属敬老院,专门收养了61位烈属老人。[③]

---

① 泰州市档案馆藏《一九六七年泰州大事记》(初稿)。

② 阎必发"1954年至1956年的泰州治安情况",《泰州文史资料》(1953—1956),第223页。

③ 《靖江县志》,第551页。

泰兴县在解放后贯彻落实政府的职工劳动保护和职工福利待遇政策法规，企事业单位职工在生、老、病、死、伤、残等方面的待遇都有了明确的规定。1951年8月，泰兴县在国营工厂、邮电事业单位中贯彻实行国家的《劳动保险条例》，随后，劳动保险逐步扩大到粮食、商业、供销合作社、金融、国营农场、100人以上的纺织厂等单位。1970年代，泰兴县的全民所有制企业和县属大集体企业的职工能同样享受病假、婚假、丧假、探亲、死亡抚恤、集体福利等待遇，[1]大部分职工劳动群众的工作和生活解除了后顾之忧。由于经济社会发展水平的限制，这些劳保福利政策还没有普及到城镇职工以外的社会群体。

---

① 《泰兴县志》，第693页。

第十二章　在改革开放历史大潮中奋进的泰州(1978—2011)

中共十一届三中全会之后，神州大地掀起了改革开放历史大潮。泰州在农村和城市的经济体制改革中大胆创新实践，推动经济社会发展迈上了新台阶。为了促进区域经济发展，在中央和省委关怀下，泰州抓住战略发展机遇，组建为地级泰州市，揭开了泰州发展的历史新篇章。改革开放以来，泰州经济全面快速发展，建立了特色农业经济和雄厚工业基础，涌现出一批新的经济增长点，基本完成了向社会主义市场经济的转型，实现了泰州经济科学和谐的发展。

改革开放以来，泰州推进区域教育现代化，促进义务教育均衡发展，使高中教育的质量和水平在全省名列前茅；走出了高等教育发展新路子，改写了泰州没有大学本科院校的历史。同时，泰州的文化事业蓬勃发展，众多的文化艺术场馆极大地满足了人民日益增长的精神文化需要，群众性的文化活动普遍开展，历史文化遗产得到充分保护，泰州在国家历史文化名城建设道路上不断前行。

泰州的社会面貌在改革开放以来变化巨大，城镇企业职工基本养老保险、医疗保险、失业保险和新型农村社会养老保险、新型农村合作医疗事业等构成了一张社会保障安全网，有效促进了平安泰州、法治泰州的建设。泰州市区居民人均可支配收入、城镇职工平均工资和农民人均纯收入都不断增长，城乡人民居住条件有了极大改善，人民的生活幸福指数持续提升，基本建成了小康社会。

第一节　改革开放中泰州的崛起

一、改革开放在泰州的起步与推进

“文革”结束，党的十一届三中全会召开，我国进入了改革开放的新时期。1978 年，泰州市和泰县、泰兴等地均陆续召开人民代表大会，恢复市、县人民政府，各单位相继撤销革委会名义，恢复到“文革”前的行政体制。市、县党委健全了机构，政府部门建立起党组。泰州市在 1979 年建立了党的纪律检查委员会和街道工作委员会，在 1983 年取消了人民公社，仍改为乡建制，在 1984 年开始进行体制改革试点，泰州广大干部群众积极投身到改革开放的实践之中。

（一）拨乱反正和落实各项政策

进入改革开放新时期之际，泰州市首先进行拨乱反正，落实各项政策，全面调整社会关系，解决历史遗留问题。对于社会影响面极大的下乡知识青年问题，泰州市从 1978 年以来按照省和地区指示精神，通盘规划，统筹安排，分期分批，通过招工、病退、困退等方式，[①]逐步解决了知识青年的回城就业问题，促进了社会安定。

为了处理好“文革”遗留问题和历史遗留问题，泰州市委成立了落实政策指导小组。1978 年至 1984 年，泰州市为被错划的右派分子摘帽、改正，并平反历史上的冤假错案。282 名错划的右派分子全部改正，有的恢复公职，有的安排就业，受到株连的家属、子女也得到妥善安排，对受“右派”问题影响级别明显偏

---

① 泰州市档案馆馆藏档案，泰州市革命委员会知青办公室、劳动局《关于统筹解决下乡知识青年问题的请示报告（讨论稿）》1979 年 4 月 1 日。

低的还调升了工资，对因被错划为右派分子而停发工资的人员，补发了停职期间的工资。同时，为历史上被错划成分的人员也进行了平反，对于被错误定性而受处分的人员重新复查，更正了结论；还根据中央组织部指示，解除了对有所谓政治历史问题的干部使用上的限制。1984 年，泰州市委成立了落实知识分子政策小组，把这项工作摆在了重要的地位。

“文革”结束后，泰州市、泰县等市县党委就按照中央精神陆续在基层党组织进行整风，清除“文革”以来“左”的错误的影响。1982 年，贯彻中央组织部《整顿党的基层组织工作座谈会》精神，泰州继续开展加强基层党组织建设的工作，1984 年至 1987 年，又根据中央“统一思想、整顿作风、加强纪律、纯洁组织”的要求，分两批进行全面整党，弄清了“文革”中的主要造反派组织以及发生的重大事件与主要责任者，从党内清除了“文革”中的“三种人”。整风整党使泰州的党员、干部以饱满的精神投入到改革开放之中。

从 1978 年到 1985 年间，泰州市委统战部为原工商业者落实各项政策，有些人恢复了干部身份，有些人补发了被扣减的工资，退还了近千户原工商业者被停付的定息和“文革”中被查抄的存款，清退发还了“文革”中被挤占的私房和查抄的各种财物。自 1981 年开始，泰州市经 3 年多努力，对 1956 年参加公私合营的工商业者调查核实，将在对私改造高潮中带入公私合营的小商、小贩、小手工业者全部从原工商业者中区别开来，明确为劳动者。改革开放以来泰州认真落实台属政策，1983 年后还安排有影响的台属担任了市政协委员，有的台属还被选举为人民代表。泰州还对建国初期审理的原国民党起义投诚人员的案件，不论本人或家属有无申诉，都全面复查。泰县查阅了数万件历史档案调查核实，对起义投诚人员中因追究历史问题而被判刑的撤销原判，妥善处理善后，或发放一次性补助费，或安置工作和办理退休，对原无公职现已年老体弱生活确有困难的起义投诚人员或其遗孀则给予定期生活补助。[①]

泰县县委统战部对统战方面的冤假错案坚持“实事求是、有错必纠”的原则，到1986年共解决各类涉及统战政策案件1647件，甚至历年来“三案”平反后遗留的“老大难”问题，也都合理地落实处理了。[②] 泰县还认真开展了落实宗教政策的工作，从1983年开始，陆续退还佛教寺庙、基督教堂等宗教团体的房屋产权，“文革”中被查抄财物折价退还，并补发一些僧尼被扣减的生活费，对有关宗教人士安排了住房，至1986年，“文革”期间被挤占的宗教活动场所已经恢复，从而调动了各个宗教团体的积极性。

（二）农村改革与联产承包责任制

泰州在农村经济体制改革上首先打开局面，取得突破，逐步建立了家庭联产承包责任制。在地级市建立以前，泰州农村推行联产承包责任制历经了四种形式的选择过程。

最早是推广联产到组。1979年，泰县、兴化等地部分生产队曾自发实行“分组作业、联产计酬”责任制，效果较好。1980年9月，中央下发了《关于进一步加强和完善农业生产责任制的几个问题》的文件，各地都派了工作组到部分公社进行农业生产责任制试点。兴化县在下圩公社四合大队、严家公社侯家大队分别试行了划小核算单位、联产到组、小段包工等形式的责任制。泰兴县在河失公社三洋大队进行了包产到户、联产到组、划小核算单位的责任制试点。1981年，泰兴县部分大队、生产队“联产到组”、“部分作物承包到劳联产计酬”的做法得到总结和推广，泰州市也先后在鲍坝大队二、三、四队，森南大队二、八队开展试点工作，推行联产到组的生产责任制。

在各地生产责任制试点实践中，联产到劳的责任制形式成

---

① 《泰县落实统战政策工作总结》，1986年12月31日。

② 《中国共产党泰县委员会统一战线工作部（总结）泰委统（1987）2号》。

为多数生产队的选择。1981 年,泰兴县在城西、张桥等 5 个公社进行试点,之后全县基本推广了“统一经营、专业(主要是工副业)承包、联产到劳”的责任制,到 1982 年底,泰兴县实行这种责任制的生产队已有 7570 个,占生产队总数的 91.23%。这种责任制在坚持集体所有制不变、基本核算单位不变、生产队统一分配不变的原则下,实行新的定劳、定田、定产、定工、定本和超产奖励、减产赔偿的方式,解决了联产到组过程中的劳动“小呼隆”,但它存在“包产任务有数,分配多少没底”、管理复杂等问题,农民积极性受到影响。

实行联产到劳责任制的同时,部分社队试行包产到户。生产队在“统一种植计划,统一调配生产资料,统一经营工副业,包产以内统一分配”前提下,把农作物包给社员,生产过程全由个人承担,超产减产,实行全奖全赔。但农民认为这种责任制“统”的太多,责任过硬,分配没数。因此只有少数生产队实行。

1982 年初,《全国农村工作会议纪要》指出目前农村实行的各种责任制都是社会主义集体经济的生产责任制。1983 年春,扬州地委行署批转了《进一步完善农业生产责任制座谈会纪要》。中央和地方有关文件精神的传达,促进了农村改革的进程。1982 年,泰州逐步推广大包干责任制,实行生产资料所有权分离,把土地长期承包到户。1983 年冬,泰兴县分别在汪群、七圩、焦荡进行大包干试点,全县基本确立了“统分结合,户为基础”的双层经营体制,于 1984 年秋向承包农户发放了土地承包使用证。1984 年,泰州市良田队全部实行大包干,建立了集体统一经营(工业、副业)与个人分散经营相结合的责任制,除了规定承包户承包土地、完成各项上缴任务外,还规定土地承包 15 年不变,多种经营的承包地时间还可放得更长。

家庭联产承包责任制 1980 年代在泰州农村普及,它克服了农村集体经济长期存在的生产和分配上的平均主义弊端,激发了农民的生产积极性,促进了农业迅速发展,农民收入持续增长。1978 年,泰州农民年人均纯收入只有 106 元,1984 年达到

391元，扣除物价因素，实际增长2.1倍。1984年，泰州农村的承包农户全都拿到了“土地承包使用证”。1991年11月，中共中央作了《关于进一步加强农业和农村工作的决定》，把家庭联产承包责任制和统分结合的双层经营体制作为我国农村集体经济组织的基本制度，突破了“一大二公”的旧模式，创造了农村经济体制改革的新局面。泰州在改革开放中不断完善家庭联产承包责任制，1992年至1996年泰州农民收入连上两个台阶，达到2951元，扣除物价因素，年均增长16.8%，泰州农村逐步迈进小康社会。

（三）体制改革在泰州市的推进

改革开放在泰州的推进是伴随着体制改革的不断完善逐步进行的。当时泰州只是扬州地区下辖的一个县级市，但从历史上看，泰州是苏北沿江“三州”（通州、扬州、泰州）之一，解放初一度是苏北的政治中心，为苏北行署和泰州地专机关驻地。泰州过去是苏北米粮集散地，商品经济活跃，但解放后诸多原因限制了泰州经济特色的发挥。泰州原来比较好的工业基础在长期发展中已具有一定的规模和特色，拥有一些骨干企业和比较先进的设备，掌握一些拳头产品和部、省优产品，国有和集体企业的经济规模与比重在扬州下辖10个县、市里一直居于首位，对国家经济建设的贡献比较大。因此泰州所处的县级市地位，限制了泰州经济社会的长远发展。

1982年下半年，江苏省开始酝酿市管县新思路，其基本设想是苏北暂时保留扬州、淮阴、盐城三个地区，在扬州地区将邗江县与扬州市合并，同时适当扩大泰州市的郊区。这一设想有助于提高泰州在苏中的整体地位，部分缓解小泰州在经济社会发展中受到的城乡分割、条块分割、流通堵塞、运输浪费、领导多头、互相牵制等困扰。1983年1月初扬州地委召开体制改革动员会议，泰州随即召开了市委常委会，传达地委体制改革动员会精神，形成了贯彻会议精神的意见，提出了从长远考虑适当扩大泰州市郊区的建议，1月20日，泰州市委正式发文件向扬州地委报告，请求将1960年代划归泰县的寺巷公社的城南大队和泰东、泰西、朱庄三个公社一并划归泰州市。

1983年2月，扬州地区行署正式撤销，成立省辖扬州市，原扬州地区下辖的10县（市）和2区划归扬州市，实行市管县体制，泰州市属扬州市领导。1984年10月，全国政协副主席、著名社会学家费孝通来泰州考察。他把泰州辖区范围之小形象地比喻为"有核无肉"，认为"在市管县的体制下，当前行政区划与经济区域之间还存在着不相适应的地方"，"泰州市不仅不能充分发挥它在区域发展上的中心作用，而且它本身的经济发展也就陷于没有后方、没有余地的局促状态"。① 因而，泰州市鉴于经济社会发展的需要，再次提出扩大郊区的要求，1985年，泰西、朱庄划入泰州市，1987年起，泰东也划归泰州市。

鉴于"市管县"体制将会给泰州经济社会发展带来较大的限制，1984年10月18日，泰州市政府呈送了要求将泰州市国民经济计划由省列户管理的报告，请扬州市转呈省政府，10月29日，江苏省政府以苏政复[1984]160号文件批复："原则同意泰州市从一九八五年起实行国民经济计划单列。"省计经委在12月发出通知：泰州市从1985年1月1日起实行计划由省单独列户管理，省各部门在安排计划时，分别计算扬州、泰州两市的指标。下达计划时，在扬州市的总额中，列出其中泰州市的计划指标数。计划单列内容包括经济、科技、社会事业等国民经济和社会发展各项计划。计划单列为泰州市营造了有利的政策环境，在一定程度上增加了泰州经济社会发展的活力。

泰州成为江苏省计划单列市后，着力在经济发展的新模式上下功夫。经过十几年改革开放的泰州，已经不满足于现有的企业发展状况，为了使泰州名副其实地成为扬州东部经济区的中心，发挥带动周围几个县市发展的辐射作用，泰州改变小规模

---

① 费孝通《小城镇　新开拓》，连载于《瞭望周刊》1984年第51、52期，1985年第1、2、3期。

的企业发展模式，从1990年开始成立了大企业集团，如林海集团、锋陵集团、梅兰集团，特别引人瞩目的是春兰集团。春兰集团的发展业绩使其成了当时泰州市甚至扬州市的名片。在邓小平南方谈话和党的十四大精神的推动下，泰州经济与社会的发展又迈上了一个新台阶，建立以泰州为中心的经济区和以此经济区为基础的行政区已是势在必行。

二、泰州高起点发展的里程碑

（一）泰州地级市的建立

泰州的行政区划经历了复杂的演变过程。1949年泰州建市后的前15年中，行政区划变动频仍，到1964年后才逐步稳定。此后的20年里，泰州市的辖区范围局限于西起九里沟、东至斜桥、北至林家河、西南至老通扬运河、东南到灌溉总渠，总面积约38平方公里的范围内，是全国10个最小城市之一，市区人口密度每平方公里4250人，建成区密度高达12312人，又是全国10个人口密度最大的小城市之一。泰州市的主要经济活动都局限在这一小范围内。随着改革开放后经济社会的发展和企业规模的扩大，泰州市的发展空间愈显狭窄。1984年实行的“市管县”体制反而造成泰州城市地位相对下降，妨碍了泰州城市作用的发挥，也制约了周边地区的经济发展。

为了尽快解决经济发展与行政区划之间的矛盾，理顺经济社会发展与行政区划之间的关系，一些高等院校的教授和国家机关、省市政府研究部门的专家自1982年和1984年以来多次派出调查组进行调研、论证，他们得出了几乎一致的结论，要发挥泰州市在苏中地区的经济中心作用和辐射作用，泰州的行政区划必须作合理调整。1996年，江苏省委为了完善市管县领导体制，优化城市布局，培育新的经济增长点，促进区域经济共同发展，作出重大决策，向国务院申请调整扬州地区的行政区划，组建地级泰州市，并进一步扩大泰州的市域范围。

国务院关于同意江苏省调整扬州市行政区划和设立地级泰州市的批复

国函(1996)57号

江苏省人民政府：

你省《关于调整扬州市行政区划新组建地级泰州市的请示》(苏政发(1996)31号)收悉。现批复如下：

一、同意调整扬州市行政区划。撤销县级泰州市，设立地级泰州市，将扬州市代管的泰兴、姜堰、靖江、兴化4个县级市划归泰州市代管。

二、泰州市设立海陵区，以原县级泰州市的行政区域为海陵区的行政区域，区人民政府驻人民路1号。

三、泰州市人民政府驻海陵区府前街26号。

四、调整后的扬州市；辖广陵、郊区2个区和邗江、宝应2个县，代管仪征、江都、高邮3个县级市。

上述行政区划调整和机构设置均应本着“小政府、大社会”和“精简、效能”的原则，在不增加编制规模的情况下进行，所需经费由你省自行解决。

国务院

一九九六年七月十九日

1996年8月2日，江苏省委、省政府召开行政区划调整会议，正式宣布国务院的批复，决定立即贯彻实施，并对建立地级泰州市的有关工作进行部署：成立由陈宝田、丁解民、翁振进、邵军、朱爱群、陈克勤、陆余文、黄龙生等48人组成的泰州市筹建领导小组，陈宝田任组长，丁解民任副组长，下设9个办公室，于8月12日进驻乔园正式对外办公。不久，陈宝田正式出任中共泰州市委书记。9月24日，新的地级泰州市第一届人民代表大会第一次会议在梅兰芳影剧院隆重开幕，26日，大会选举了陈宝田为泰州市第一届人大常委会主任，丁解民为泰州市人民政府市长。[①] 11月1日，泰州市委、市政府举行隆重仪式，正式宣告地级泰州市成立。

新组建的地级泰州市包括靖江、泰兴、姜堰、兴化4市和海陵、高港2区，面积5793平方公里，人口504万，泰州作为一个区域中心城市的功能日趋完善，其推动区域工业化进程的作用也日益明显。泰州市积极贯彻国家的宏观调控政策，以"富民强市、翻番小康"为目标，抢抓机遇、加快发展，并紧紧围绕建设现代化的区域中心城市这一目标，落实提升工业化、加快城市化的举措，使原来的土地、能源、通讯、交通、资金、人才等制约发展的瓶颈问题得到缓解，释放了经济活力，泰州的区位优势日益凸现，社会民生大大改善。

泰州建立地级市以后经过十年跨越式发展，综合实力显著增强，到2006年，人均地区生产总值由1996年的5925元增加到2006年的21514元，全市生产总值突破了千亿元大关，是1996年的3.5倍，平均每年增长12.7%，为支持经济建设和推进各项社会事业发展创造了条件，对农业、科技、教育、卫生、社会保障和社会福利的资金投入加大，促进了经济社会和谐发展。泰州市的产业结构也作了战略性调整，第三产业发展加快，经济增长模式从主要靠第二产业推动逐步转变为二产、三产共同推动。三大产业内部结构也发生变化，农业更注重品种优化和发展效益；工业则实施产业改造，发展高新技术产业，扶持优势产业；第三产业在城市化进程中稳步发展，新型商贸旅游、金融保险、邮电通讯等成为经济增长的重要动力。泰州还抓住产权制度改革这个龙头，以国有企业改革为重点，壮大以民营经济为主体的区域经济，全面推进各项改革措施。

（二）泰州加快发展的科学规划

泰州以崭新的面貌跨进了21世纪，为了实现又好又快的发

---

① 《泰州日报》，1996年9月25日，第00002号；1996年9月27日，第00004号。

展，营造良好的经济环境、社会环境和生态环境，泰州市编制经济社会发展规划纲要，明确阶段性发展目标，为泰州加快发展，深化改革提供了科学依据。

2000年，泰州的国民经济由工业化初级阶段进入中期初始阶段，人民生活水平的提升在由温饱型向小康型跨越，为了进一步落实党的十六大提出的全面建设小康社会的宏伟目标，泰州市人民政府依据《中共泰州市委关于制定泰州市国民经济和社会发展第十个五年计划的建议》，组织编制了《泰州市国民经济和社会发展第十个五年计划纲要》，在11月的中共泰州市委一届十一次全体（扩大）会议上审议通过，随后经泰州市人民代表大会批准。这是泰州在社会主义市场经济体制初步建立后制定的第一个五年计划，着重于解决重大的关键性问题，明确了今后五年泰州经济社会发展的目标、战略和任务，是一个宏观性、战略性和政策性很强的规划。《纲要》指出了泰州在“十五”期间的总体发展规划：以富民强市、加快基本实现现代化总揽全局，着眼于提高综合竞争能力、提高人民生活水平和增强经济发展的体制原动力、科技推动力、外向带动力，大力实施科教兴市、扩大开放、城市化和可持续发展战略，加快推进所有制结构、产业结构和城乡结构调整，力争国民经济以高于全省平均增长速度增长，全面建设宽裕型小康社会，为2010年人均国民生产总值接近或达到全省平均水平打下坚实基础[①]。《纲要》为泰州加快建设小康社会提供了方向引领和政策指导。

2007年1月16日，《泰州市国民经济和社会发展第十一个五年规划纲要》经泰州市第二届人民代表大会第四次会议审议批准，这是泰州市以科学发展观为指导，依据党中央提出的构建社会主义和谐社会的伟大战略，编制的泰州第一个中长期规划，它提出了泰州在又一个五年的经济社会发展各项指标：全市生产总值年均可比增长12%，力争比“十五”期末翻一番，人均生

① 《泰州市国民经济和社会发展第十个五年计划纲要》。

产总值达4000美元左右。二、三产业增加值占地区生产总值比重达93%左右。财政总收入达250亿元。农业增加值年均增长4%，工业增加值年均增长14%，服务业增加值年均增长12.5%。全社会固定资产投资累计3000亿元，工业技改投入累计1700亿元，实际利用外资累计40亿美元。自营出口额达30亿美元。社会消费品零售总额达450亿元。城镇居民人均可支配收入达18000元，农民人均纯收入达8000元。城市化水平达55%。居民文化、教育、娱乐、服务支出占家庭消费支出的比重达18%。恩格尔系数低于40%。①

2011年，泰州市人民政府根据《中共泰州市委关于制定泰州市国民经济和社会发展第十二个五年规划的建议》，编制了《泰州市国民经济和社会发展第十二个五年规划纲要》，为在未来五年里开启泰州的现代化建设新征程提出了更高的要求，指明了发展的方向。泰州《十二五规划》要求进一步提高综合实力，并从构建现代产业体系、实施开放创新双轮驱动战略、加快发展中心城市、促进城乡区域协调发展、加强社会建设与管理、推进文化泰州建设、提高生态文明水平、增强体制机制活力等方面对泰州的发展描绘了美好的蓝图。这一规划已成为全市人民共同奋斗的行动纲领。

(三) 泰州经济社会发展的良好机遇

在新世纪和新时期，泰州要进一步加快发展，就面临着突破自然地理条件对区域经济发展限制的问题。只有跨江发展，才能更加增添活力，促进南北人口、资金和产业的流动，加速城市区域化和区域一体化的发展进程。因此，建设泰州长江大桥，沟通大江南北，必将改变泰州的区位条件，形成经济区域之间的交融和互动，从而降低产品资源和经济要素的流动成本，使市场扩张、产业集聚对区域经济社会的发展产生积极影响，为区域经济提供新的发展契机和动力。

---

① 《泰州市国民经济和社会发展第十一个五年规划纲要》。

此时，江苏省在发展规划中已把泰州长江大桥建设纳入了江苏“五纵九横五联”高速公路网之中，国家《长江三角洲地区现代化公路交通规划纲要》也把泰州长江大桥作为规划中的重要过江通道工程。江苏省为完善国、省干线公路网，加强泰州、镇江、常州的交流，进一步促进长江两岸区域经济的均衡发展和沿江开发开放，以及改善长江航运条件，带动周边地区，特别是建为地级市不久的泰州地区的经济社会发展，规划了泰州长江大桥建设，为泰州的发展提供了难得的机遇。泰州长江大桥工程自2003年起着手筹备，先后完成了项目规划、工程可行性研究和初步设计等一系列前期工作。2007年7月10日，国家发改委正式批准了《泰州长江公路大桥可行性研究报告》，大桥建设工程开始启动。

2007年12月26日上午10时，泰州长江公路大桥工程在长江北岸泰州市高港区永安洲镇举行开工奠基仪式。江苏省委书记、省长梁保华为大桥奠基剪彩，宣布泰州长江公路大桥开工，交通部、江苏省、泰州市有关领导参加开工仪式，为奠基石培土。泰州市委书记朱龙生代表泰州、常州、镇江三市也在开工奠基仪式上作了发言，他说：泰州长江大桥的建设是两岸三市人民期盼已久的共同心愿，是为民造福的一大民心工程，是功在当代、利在千秋的一项重大交通基础设施，泰州长江大桥的开工建设为两岸三市的率先发展、科学发展、和谐发展提供了新的契机。[①] 泰州长江大桥的开工建设，使泰州开始在更大范围内实现中心城市的建设和扩张，高港区将发展成为连接苏南、苏北的重要咽喉，形成长三角现代制造业基地和区域性物流中心，进一步落实了泰州“港口工贸城市”的战略定位。

① 《泰州日报》，2007年12月27日。

图 12-1　泰州长江公路大桥雄姿

2008 年 9 月 7 日，国务院正式发布了《关于进一步推进长江三角洲地区改革开放和经济社会发展的指导意见》，把长三角一体化发展上升到了国家战略的新高度，长三角地区已经整体“扩容”，目标是“加快建设以特大城市和大城市为主体，中心城市和小城镇合理发展的网络化城镇体系”和“具有较强国际竞争力的世界级城市群”。长三角扩容使泰州成为长三角核心区域的 16 个城市之一，并从长三角的北翼边缘成为核心腹地，泰州的发展进入了新的机遇期。

长三角一体化发展战略要求“积极推进重大基础设施一体化建设”，随着这一区域高速公路、大桥、铁路、机场等重大基础设施的规划建设，泰州已在新的基础上积极谋划推进重大项目①。此后，泰州将以建设城际快速通道，形成同城效应为目标，加快完善综合交通运输体系构建，加快推进苏中的扬州、泰

① 江苏省发展和改革委员会《〈国务院关于进一步推进长江三角洲地区改革开放和经济社会发展的指导意见〉对泰州市的影响分析》，2008 年 12 月。

州机场建设,并开始筹备新长铁路泰州过江通道、新长-宁启铁路泰州联络线及泰常过江通道等重大工程的前期工作。长三角的发展还要求"构建区域能源安全体系","优化电力基础设施建设与布局,重点在沿海、沿江地带布置电源点",泰州据此战略性指导,加快了推进泰州电厂二期工程建设以及国信靖江电厂建设的步伐。泰州牢牢抓住了新世纪发展的良好机遇。

三、泰州现代化政治建设的开展

(一) 泰州基层民主政治建设

在社会主义民主政治建设实践中,泰州着力于拓宽基层民主渠道,依法实行民主选举、民主决策、民主管理、民主监督,通过村民自治、基层执法评议、民主恳谈、阳光工程建设等措施,加强基层民主政治建设,促进了社会公平正义。

1997年,泰州市政府出台了《关于认真做好农村村务公开工作中的意见》、《关于推行农村村务公开、民主管理的实施细则》和《关于开展村民自治示范活动的意见》等文件,把村民自治和村务公开作为推进农村基层民主、提高村民自治水平的重要措施。1998年8月,泰州建立了农村基层民主建设协调会议制度,9月,所有行政村全部实行了村务公开,11月,泰州又部署了全市乡镇的政务公开工作。到年底,泰州有98%的村建立了村民代表会议制度,76%的村制定了《村民自治章程》,99%的村制定了村规民约。[①]

2000年,泰州99个乡镇中的66个乡镇达到村民自治模范乡镇的标准,占乡镇总数的66.7%;3个市(区)被命名为省级村民自治模范市(区)。[②] 12月,泰州市召开全市农村基层民主建

① 泰州年鉴编纂委员会《'99泰州年鉴》,新华出版社1999年12月版,第51页。

② 泰州市史志档案办公室《泰州实事工程剪影》(1997—2001),方志出版社2002年版,第146页。

设工作会议，对以政务公开为重点的农村基层民主建设提出了新要求。泰州通过深入贯彻执行《村民委员会组织法》，在农村全面展开村民自治，拉近了农民群众与农村基层干部的距离，减少了干群隔阂，产生了良好效果。

“十五”期间，泰州市完成了第六届、第七届村民委员会换届选举，全市 1583 个行政村选举完成率分别达到 95.6%和 99.3%，村委会成员政治素质、文化程度明显提高，年龄结构也显著改善。在继续开展的村民自治模范创建活动中，姜堰市被命名为全国村民自治模范市，靖江市、海陵区再度被命名为省级村民自治模范市(区)。全市 80%的乡镇已建成村民自治模范乡镇。各行政村普遍建立了村民会议制度、村民代表会议议事规则等村民自治的规章制度，尤其是规范了以财务公开为重点的村务公开。泰州还开展了民主法治示范村创建活动，泰兴市黄桥老区溪桥镇南殷村、姚王镇石桥村建成为全国民主法治示范村，南殷村推行村民自治后改变了原来“乱子村”的面貌，它的做法得到省委书记李源潮的赞赏，海陵区九龙镇界沟村等 6 个村被命名为省级民主法治示范村。

泰州在基层民主政治建设中创新工作模式，优化制度建设，取得了突出成绩。泰州在全国率先建立了各级党政干部下访制度，在基层化解了许多矛盾。省委书记李源潮批示：“泰州做好新时期群众工作的探索很好。变‘上访’为‘下访’，用心贴近群众，不拘工作形式，这是很好的经验。”1999 年，泰州率先建立了律师参与政府信访接待的制度，至 2007 年，全市 48 家律师事务所 320 名律师参与接访值班、义务提供法律咨询和法律服务 8100 次，接待上访群众 1500 人次，参与调处信访矛盾纠纷 3000 起，避免了 150 起群体性事件的发生。[①] 2007 年 10 月，温家宝总理批示肯定了泰州这一工作经验。

---

① 张海鹏、杜爱军、田璐“江苏省泰州市关于推进律师参与政府信访接待的思考与实践”，《中国司法》2008 年第 09 期。

泰兴市在2009年6月率先开展的村民直评村官活动，是基层民主建设的新举措。泰兴先在9个行政村进行试点，有4000多村民参加，先后有16名村干部因群众满意度较低被调整了工作。直评村官使“村官直面村民，述职直通民意，评议直奔主题，质询直抒己见，结果直接见面，程序直达目的”，[①]是保障村民知情权、参与权、决策权和监督权的重要体现。泰州还推行“民主恳谈会”，提倡“有话敞开说，有事摊开办”；兴化市614个建制村从2008年以来坚持开展“基层民主议事日”活动；姜堰市推出“村情发言人”、泰兴市开办“社区论坛”、高港区干部记“民情日记”，这些做法把矛盾化解在基层，进一步完善了民意表达机制。

（二）稳步推进的泰州社区建设

改革开放以来，泰州社区建设稳步推进。2004年下半年，泰州市进行了第六届社区居委会换届选举，全市城市社区居委会由180个调整为168个，建立健全了社区党支部和民主议事制度。12月9日，全市社区建设工作会议在泰州市召开，会议回顾总结了泰州市社区建设取得的成绩和经验，研究分析了社区建设面临的新情况，安排部署了今后一个时期的社区工作任务。市长毛伟明、副市长丁士宏出席会议并发言，毛伟明强调了社区作为城市工作重要平台的作用，分析了泰州市社区普遍存在的场地和经费不足的问题，要求有计划地整合街道办事处，改建“城中村”、“城边村”为社区居委会。丁士宏作了社区建设工作报告，海陵区、姜堰市、靖江市及泰州市民政局作了会议发言。会议下发了《加强城市社区建设的意见》等文件。

泰州第六届社区居委会工作期间，全市建立了社区服务中心、服务站342个，市民求助中心53个，社区老年服务设施678个，便民设施3640个。2003年以来，社区安置下岗失业人员11884人，介绍就业人员28822人。全市4个社区创建为省级

① 严华明“村民直评村官，基层民主建设的新尝试”，《泰州日报》2009年10月26日。

社区建设示范社区,91个社区居委会被命名为市级社区建设示范居委会。泰州市还开展了创建星级社区的活动,促进社区管理水平的提高。海陵区采取结对子的办法推进社区建设,60个社区居委会与泰州市级机关83个部门挂钩共建,并面向社会公开选聘社区居委会干部60名,改善了社区干部文化、年龄结构,社区居委会的办公、活动用房等问题也得到妥善解决,海陵区工人社区还被国家授予"学习型社区"和"万家社区读书活动先进单位"称号。

"十一五"期间,泰州市进一步明确了社区建设发展任务,把社区基础设施建设纳入到城市发展规划之中,增加了对社区建设工作的经费投入,提出了提高城市基层治理水平,完善社区居民自治功能,依法自治达标率达到98%等目标。泰州还通过培训,提升社区工作者队伍的职业化和专业化程度,并逐步推行社区工作者持证上岗。面对社区建设新形势,泰州开始建立社区服务网络,打造"数字化社区",在高起点上加快发展社区服务业。泰州坚持城乡社区共同发展,扎实推进和谐社区创建,到2011年,全市社区普遍实现治安警务、劳动保障、民政服务、卫生计生、文体教育全覆盖,已创建省级和谐社区9个、市级和谐社区14个,社区建设取得了实效。

泰州市着力完善社区党组织领导下的居民自治制度,扎实推进社区民主自治制度化、规范化建设,建立健全社区居民利益诉求表达机制,扩大社区居民民主自治参与度,积极推进社区建设体制机制创新,建立城乡社区建设保障机制,使泰州市社区建设和社区工作得到了人民群众的充分肯定。

(三)泰州的现代化政治建设目标

改革开放以来,特别是"十一五"规划实施以来,泰州市的现代化政治建设稳步发展。泰州市委始终坚持党要管党、从严治党的方针,致力于加强地方各级党委的执政能力建设和先进性建设,锻造奋发有为、群众信任的党员干部队伍。并以"践行科学发展观,我为泰州作贡献"为主题,开展了富有特色的学习实践科学发展观和创先争优活动，大力推进新一轮思想解放，使泰州市各级干部对地方经济社会发展的规律有了新的认识，驾驭复杂局面的社会管理能力有了新的提升，泰州地区各级党组织的战斗力显著增强。

泰州市在现代化政治建设上推行了一系列创新举措，学习型党组织建设、基层党组织联建、基层执法评议、干部勤廉评价、村（社区）社会事业工作站、村民直评村官、选派机关干部到村任职等，许多做法都得到了中央和省委的高度肯定，创造了一批在全国有影响的新鲜经验，泰州市各级党政部门的民主集中制得到了有效贯彻，民主决策、科学决策的机制更加完善，同时，各级领导干部在工作中深入基层，深入群众，“大下访、大接访”，大力弘扬党的密切联系群众的优良作风。泰州市委、市政府在现代化政治建设上尤其注重从源头上预防和治理腐败，各级领导都从自身抓起，带头推进党风廉政建设和反腐败斗争，严肃查处党员干部的违纪违法案件，基本建立起了具有泰州特点的惩治和预防腐败体系。

改革开放以来，泰州市委注重发挥各民主党派在现代化民主政治建设中的作用，切实加强泰州各民主党派组织的参政能力建设，坚决贯彻《中共中央关于进一步加强中国共产党领导的多党合作和政治协商制度建设的意见》、《中共中央关于加强人民政协工作的意见》等规定，使泰州的各民主党派组织都能认真履行参政议政和民主监督的职能，特别是在涉及泰州经济社会发展的重大事项上，民主党派的积极参与促进了民主决策、科学决策机制的进一步完善。

2011 年 9 月 15 日，中共泰州市第四次代表大会在泰州大剧院开幕。大会认真总结了过去的工作，研究确定了今后五年的目标任务，动员全市广大党员和干部群众，在新的起点上推进富民强市、建设美好泰州，向基本实现现代化目标阔步前进。有 482 名市党代会代表参加了大会。市委书记张雷代表中共泰州市第三届委员会向大会作了题为《推进富民强市、建设美好泰州，向基本实现现代化目标阔步前进》的工作报告。张雷在回顾过去五年工作时说，五年来，在省委的正确领导下，围绕“全面达小康、建设新泰州”总体要求，泰州市委团结带领全市人民解放思想，锐意进取，并适时提出了“三年再来一个大变化”目标，不断明确科学发展的思路举措，实现了经济社会发展的历史性突破，全面完成了市第三次党代会确定的各项目标任务。

泰州坚持又好又快发展，致力提升综合竞争实力，致力促进社会进步和民生改善，巩固和发展了民主团结、安定和谐的政治局面，打下了有利于泰州长远科学发展的坚实基础。泰州市第四次党代会提出了振奋人心的今后五年的奋斗目标：推进富民强市、建设美好泰州，向基本实现现代化迈进，有条件的地区在苏中率先基本实现现代化。泰州要在全面完成“十二五”规划目标的基础上，努力把泰州建成产城一体的医药名城、形神兼备的文化名城和富有魅力的生态名城。泰州市第四次党代会开启了泰州现代化民主政治建设的新阶段。

第二节　泰州社会主义经济建设的腾飞

泰州在改革开放中逐渐向社会主义市场经济体制转型，建立了较为完备的工业经济体系。地级泰州市建立以来，泰州市积极调节产业结构，集聚力量发展新兴产业，全力打造泰州的特色产业体系，在坚持实施开放、创新“双轮驱动”的发展战略中，初步构建产业发展新格局，即巩固已达到千亿规模的装备制造这一传统产业，重点使生物医药、电子信息、新能源等三大新兴产业达到千亿级规模，并实现新材料、新型环保设备、智能电网等一批新兴产业的集群式发展。2010 年泰州地区生产总值达到了 2002.58 亿元，三大产业结构调整为：7.4：56.2：36.4，全市人均地区生产总值 42872 元，已突破 6000 美元。[①]

一、泰州的新型社会主义农业经济

1990 年代初的泰州，农村的家庭联产承包责任制得到完善和发展，农村改革不断深化。地级泰州市组建以后，泰州坚持把发展农业作为农村经济工作的要务，以“农业增效、农民增收、农村稳定”为目标，加快农业产业结构和产品结构的调整，农业产业化开始不断向规模化、专业化和外向化的方向发展，泰州的农业和农村经济一直呈良好的发展态势。

（一）特色高效的农业经济

泰州从实际出发，因地制宜发展以特色产品为主导的农业产业化经济，从而使各区市地方农业经济不仅是“一地一特色”，还有一大批农产品专业村是“一村一品牌”，形成了集鱼米之乡、银杏之乡、水产之乡为一体的特色高效的农业产业发展格局。

水稻是泰州一带的主要农产品，常年种植面积 280 万亩，年

① 《2010 年泰州市国民经济和社会发展统计报告》，2010 年。

产量达150万吨以上。改革开放以来，泰州利用本地区水、土、气等优越的自然环境条件，制定和实施了绿色稻米标准化生产技术和加工生产规程，建立了里下河地区标准化绿色稻米生产基地。2007年，泰州市政府启动了100万亩绿色稻米产业发展规划，主要种植"河横"、"马洲"、"楚天"和蟹田绿色稻米。其中的无公害农产品"河横"牌大米远近闻名。2009年9月，亚太国际环保组织授予姜堰市河横村"低碳农业先进村"的称号。泰州优质稻米市场产生了良好效应，年大米加工流通量达200万吨左右，泰州戴窑成了全国最大的粮食交易市场。

姜堰河横村在1980年代大搞农业基本建设，平整出3000多亩良田，粮食产量当年翻番。此后，河横逐步推广稻、麦、棉大面积套种和瓜、豆、叶菜、绿肥小规模套种，形成了多品种、高产出的农业经济。河横成了"全球环境500佳"和全国生态农业发展示范区。河横广泛采用新兴技术，先后与12家农业科研院所建立了合作关系，共同进行技术开发和农业生态技术培训。同时，河横大力开发生态旅游，到2007年，三四年间就实现旅游收入2.3亿元。2008年，河横村农民纯收入已达到人均8000元。

泰兴是名闻遐迩的"银杏之乡"，古银杏树、银杏产量、银杏品质均居全国之冠。泰兴拥有百年以上银杏树6186棵，200年以上银杏树1600棵，500年以上古银杏121棵，千年以上的古银杏12棵，常年银杏产量约占全国的1/3。"泰兴白果"是"江苏无公害产品"，受国家原产地产品保护，是中国绿色发展中心认定的绿色食品和有机食品，1999年被昆明世博会指定为唯一"无公害白果"，享有永久冠名权，"泰兴白果"还是全国唯一的银杏注册商标。

2000年以来，泰州市大力发展特色农业经济产业，建设国内国际一流的农业高科技生态园区。泰兴市把发展银杏产业作为调整农业结构、推进富民强市的重要支柱产业，拥有连片成林银杏13万亩，形成了从银杏种植到加工交易、观赏旅游的特色产业链，仅十几家银杏果、叶加工企业年产值就达2.5亿元左右。泰兴还在宣堡、张河建立了古银杏森林公园，对6186株古银杏树挂牌保护，开辟了银杏之乡生态休闲旅游专线。

1990年代中期以后，泰州调整优化渔业产业结构，转变渔业增长方式，推进高效渔业规模化，逐步形成了里下河虾蟹经济圈、沿江江鲜产业带、城郊观赏休闲渔业板块构成的高效渔业区域化布局。2007年泰州水产品产量达到25万吨，实现渔业产值32亿元，分别比1996年建市之初增长了86.4%和119.2%。

泰州是苏蟹重要产区。1980年代初泰州开始发展河蟹人工养殖，到2005年已建成优质大闸蟹养殖基地2多万公顷，当年河蟹产量1.85万吨，实现产值10.2亿元，约占全市农业总产值的6%，获得了15个国家认证的无公害大闸蟹品牌，河蟹养殖已成为里下河不少乡镇的支柱产业和农民增收致富的黄金产业。2009年11月，中国渔业协会、江苏省海洋与渔业局和泰州市政府联合主办了第二届中国名蟹评比大赛，兴化的江苏红膏大闸蟹有限公司“泓膏”牌大闸蟹获得大赛第一名，泰州河蟹产业的经营机制也走向了企业化和股份制。

（二）生态农业园区的发展

改革开放以来，泰州为提高农业经济的发展水平，致力于发展生态农业园区，先后建立了姜堰溱湖湿地生态农业园和中艺农业生态园、兴化国家级生态示范区、海陵区生态农业科技示范园等高新技术生态农业区。

溱湖湿地生态农业园是江苏农业科技创新、创业和培训的重要基地，它是泰州市中艺置业有限公司于2007年投资1.2亿元打造的，2009年园区就实现了年产值9200万元。园区占地共480余亩，有连栋温室27000平方米，各类钢架大棚约6万平方米，达2万平方米的展厅分为农技与农艺两大主题布展，农技厅分蔬菜栽培区、水生栽培区、无土基质栽培区、菌种殖植培育区等，展示了江苏省农科院、南京农业大学和南京蔬菜研究所的高产高效农业科技成果300多项；农艺厅是运用各种栽培手段和科技手段营造的各种景点。中艺公司还吸纳136户农民成立了姜堰市水乡蔬菜种植专业合作社，合作社种植面积3260余亩。以生态园区为基地，以合作社为示范种植户，通过园区的创业培训和技能培训，推广了先进的高效设施农业种植技术。

兴化位于苏中里下河腹部，是全国重要的商品粮与优质棉基地，淡水养殖年产总量长期名列江苏各市县之冠。1996年以来，兴化立足水环境优势，创建国家级生态示范区和生态示范市，到2000年，营造了绿色食品基地、人工生态林、湖荡轮休生态养殖工程等30多个重点生态工程项目，初步取得了直接经济效益25亿元，显示了国家生态示范区的作用。

兴化垛田镇有22个行政村，5.4万人口，境内河渠纵横交错，垛田在水面星罗棋布，构成了“千岛垛田”的生态环境。垛田镇水面养殖面积有3万多亩，1997年建成了江苏省万亩青虾养殖基地，蔬菜种植面积占了耕地总面积的90%，年产蔬菜26万吨，建立了80多家蔬菜加工企业，“垛田香葱”等脱水蔬菜已销往美、日、韩、香港等20多个国家和地区。1999年，兴化市在垛田镇建立农业科技示范园，占地面积1万多亩，分为生产、加工、销售和科教四大基地，蔬菜年总产量10万多吨，实现产值1亿多元，园区已列为泰州市级农业开发科技示范园区和省级优质蔬菜生产基地。

人工生态林工程是兴化对外展示的又一张名片，它位于兴化李中镇，林地面积1050亩。1980年代初，李中的干部群众开发湿地荒滩资源，采用林垛沟鱼的立体模式，栽种了15万株适应水中生长的水杉、池杉等树木，林中间种芋头、油菜，河沟中放养鱼蟹，3年后就见了效益。如今，10万余株水杉、池杉已成为生机盎然的水上森林，而且是江苏最大的人工生态林。李中水上森林已建成防洪排涝、多种经营、观光旅游融为一体，社会、生态、经济三大效益协调发展的观光农业和生态林景区。[①]

---

① 《精印一张绿色名片——来自兴化市生态示范区的报告》，《中国环境报》，2001年12月11日。

泰州海陵区耕地面积仅6.5万亩，2006年启动泰州生态农业科技示范园建设，按照生产生活、示范推广、生态休闲、农业观光、培训教育“五位一体”的目标打造新型农业生产载体，发展区域经济。2000亩的示范园区有效增强了海陵区农产品的科技含量和综合竞争力，每年为海陵区的蔬菜生产提供150多万株秧苗、3000亩蔬菜的良种，带动了周边地区5万亩农田的种植结构调整。2007年，生态农业科技示范园区亩平均产值超过3000元，园区农民人均纯收入达到7760元，[①]已经产生了显著的经济效益、社会效益和生态效益。

（三）泰州地区的水利建设

泰州农业经济的发展与水利建设关系密切。改革开放以来，泰州在水利建设方面以加强管理，综合治理，水土保持为主导，同时巩固农田基本建设成果，地级泰州市建立后，水利建设在更广阔的空间进行了科学规划。1996年泰州市水利建设主要是实施“1211工程”，即以“一河”（引江河工程）、“二堤”（江堤、圩堤建设）、“一面”（农田水利基本建设）、“一线”（骨干公路沿线的水利建设）的水利工程为目标。

泰州范围内的长江岸线长96.3公里，江港堤防167.7公里，其中主江堤100.6公里，港堤67.1公里；共建有各类通江涵闸253座（含高港枢纽），其中通江节制闸66座（中型闸9座、船套闸4座、抽水站1座），涵洞187座，构成了泰州的长江防洪屏障。此外，还有里下河的圩口526个，圩堤总长4462公里，建有圩口闸4150座，固定排涝站1335座，里下河水利设施建设也是泰州防洪防涝的保障。因此，泰州经济要持续发展，水利建设任务非常艰巨。

1995年11月，引江河工程在泰州刁铺举行开工典礼。它是国家南水北调的水源工程，也是江苏“海上苏东”开发的战略

① 《海陵区财政局积极支持发展城郊高效特色农业》，《新华日报》，2007年4月27日。

工程，还有为沿海滩涂开发提供淡水资源、为江水北调提供灌区补充用水、为里下河地区增加排涝入江的通道、为引江河两岸地区改善灌溉、排水和航运等重要作用。① 引江河工程位于泰州与扬州交界处，南起长江，北接新通扬运河，全长 24 公里，这是一项以引水为主，灌溉、排涝、航运、生态、旅游综合利用的大型水利工程设施。

图 12-2　泰州引江河工程

1999 年 9 月，引江河主体工程（河道、桥梁、泵站枢纽）投入运行，2002 年 10 月工程竣工，2004 年 6 月通过了竣工验收。自主体工程运行以来，引江河累计向里下河地区供水 80 多亿立方米，受益耕地达 300 万公顷，里下河地区的水环境和生产生活供水状况也得到了改善。面对淮河流域 2003 年汛期发生的特大洪水，引江河工程排涝抽水 7 亿多立方米，减轻了里下河地区灾情，产生了极大的经济效益和社会效益。

泰州引江河工程增加了南水北调东线的供水能力，提高

① 陈克天《江苏治水回忆录》，江苏人民出版社 2000 年版，第 329 页。

了里下河地区和通南地区的灌溉排涝标准，促进了苏北地区航运的发展，为苏北地区改善水质、沿海冲淤保港和滩涂开发提供了充足水源，有利于泰州及苏中区域经济的发展。泰州引江河已成为现代生态文化型河道，被称为“中国莱茵河”，形成了生态环境优美、经济效益明显的综合性大型水利园林示范区。

1991年泰州市区遭受了洪涝灾害，1997年长江洪峰冲毁了高港2/3左右江堤，造成重大经济损失。之后，泰州进行了长江高标准堤防建设，江堤达标工程完成后1999年又遇长江6次洪峰，高港一线江堤和泰州市区都安然无恙。1999年，泰州城市防洪规划通过了专家论证和省水利厅、建委审核。2000年3月以后，泰州陆续建成和完善了以堤防、水闸和沿江工程为主体的防洪工程，以圩堤、泵站和标准河道、管网为主体的排涝工程。2001至2008年，泰州市重点实施农村河道疏浚、农村饮水安全等生态工程和民生工程，投入的资金占农村水利总投资的73.3%，农村水利在推动经济发展和服务新农村建设中起了重要作用。泰州的一系列重要水利工程建成和发挥效益，成为泰州又好又快发展的重要保障。

二、泰州民营工业经济的发展

(一)“不锈钢之乡”兴化戴南

兴化的戴南是有千年历史的水乡古镇。改革开放以后，戴南把不锈钢产品加工作为主导产业，大力发展区域经济，“富民强镇”。戴南已成为中国四大民营不锈钢线材生产基地之一，享有“不锈钢之乡”、“不锈钢名镇”的美誉。

戴南不锈钢产业在改革开放后历经了从回收废旧不锈钢到熔炼钢锭、改制半成品、成品等发展阶段，2000年以后，又以制造更尖端、更精密优质的不锈钢产品为目标，提高了地区经济发展的核心竞争力。

2005年，由上海同济大学规划设计院、江苏省城乡规划设计院的专家设计、经省政府正式批准的8平方公里科技工业园区、4平方公里新区崛起于戴南大地，园区当年就形成了近80亿元工业产值，戴南的领军企业江苏兴达钢帘线股份有限公司的钢帘线生产技术2005年也荣获国家科技进步二等奖。在令人欣喜的形势下，10月22日，以戴南镇为核心，兴化的张郭、茅山，姜堰的溱潼、兴泰，东台的溱东、时堰，苏中三市七镇的领导和省发改委等部门的专家齐聚戴南，共同研讨以“中国·戴南”为统一品牌的不锈钢制品产业集群“十一五”规划，提出了把“中国·戴南”打造成千亿级不锈钢“航空母舰”的发展目标。兴化市委书记称这是一次具有里程碑意义的会议。戴南最具活力的不锈钢科技型企业开始走向内联外合、强强联合之路。

三市七镇会议以后，戴南正式制定了《“中国·戴南”不锈钢产业集群十一五规划及2020年远景目标》，提出了进行体制机制创新、塑造“中国·戴南”不锈钢产业区域品牌、形成中小企业自主技术创新机制等发展目标。2006年4月中旬，省有关部门领导和各方专家在南京进行评审，通过了这一规划，省委书记李源潮在规划意见书上专门作了批示。

2007初，戴南镇6个年产销5亿元以上的不锈钢制品项目同时开工，拉开了打造千亿吨级不锈钢产业集群的序幕。2008年，由于受原材料价格上涨及国际宏观经济影响，不锈钢产业面临危机和挑战。在各级政府政策调控和积极扶持下，2009年5月，戴南提出了不锈钢产业“组建集团、争创品牌、完善网络、健全机制”的发展策略，7月2日，“江苏戴南不锈钢集团”正式挂牌成立，集团一次性申报了41个防御性商标，并向江苏省工商局成功申报了“不锈钢产业集群品牌培育基地”。

至2010年底，戴南镇已有不锈钢企业1300多家，从业人员5万余人，形成了不锈钢制品、汽车用子午轮胎钢帘线、汽车配件等主导产业，其产量在全国同行业中名列前茅，产品国内市场占有率在60%以上，戴南还建有3个大型原材料市场，组织了覆盖全国的销售网络，形成了从采购、冶炼、轧制到销售的不锈钢制造加工专业化产业链。

在戴南的诸多科技型不锈钢企业中，兴达钢帘线是突出典型。江苏兴达钢帘线公司是1998年江苏省政府批准组建的股份制企业，也是国家唯一的高性能钢帘线研究生产基地，2002年，其高强度镀青铜钢丝帘线被国家经贸委列入“第九批国债专项”项目，在兴达钢帘线已通过鉴定的19种结构帘线中，11种结构帘线填补了国内空白，4种结构为国内首创，已拥有近百项技术专利。2004年，兴达完成产值18亿元，2005年产值超过25亿元，“十一五”期间已拥有固定资产近百亿元，年生产总值达30多亿元，荣获“国家重点高新技术企业”等称号，“兴达”牌子午钢帘线获得“中国高新技术、新产品博览会金奖”和“国家级新产品”称号。兴达钢帘线还是汽车轮胎用钢帘线新国家标准的制定单位，已成为世界第四、亚洲最大的汽车轮胎用钢帘线生产基地。

(二) 泰州民营企业的创新发展

泰州的民营工业最初从乡镇企业起步，逐渐发展，地级泰州市的建立，使民营企业有了更大的发展空间。泰州各级政府把民营经济作为推动经济社会发展的主要动力，进行政策引导、资金扶持、环境营造，促进了民营经济的总量扩张和质量提升。

2004年，泰州市出台了《关于鼓励民营经济加快发展的若干意见》，在政策规定上放宽企业准入、降低企业负担、体现公平待遇、优化发展环境。4月间，由泰州市政府和市人民银行联合主办了民营经济银企融资“超市”，有262家民营企业与各商业银行初步对接成功，当场签订贷款协议总额11.27亿元。[①] 泰州市有关部门还成立了联合督查组，全面清理限制非公有制经济发展的政策规定，调动和发挥了民营企业的积极性。

至2008年，泰州民营企业在改革开放中已取得长足发展。民营企业创新能力增强，新兴产业持续扩张，集群经济开始形成

① 《扬子晚报》，2004年4月16日。

特色。2008年,泰州各类民营企业有174865户,民营经济实现增加值738.8亿元,占泰州全市GDP的53%,营业收入百强的民营工业企业户均营业收入都突破了10亿元;[①]民营机电(船舶)、医药、化工产业实现产值占"三大"支柱产业的比重超过了70%;东方造船、亚星锚链两公司列入了"2008中国民营企业国际竞争力50强"榜单。泰州民营企业已支撑起地方经济发展的半壁江山。

为促进泰州经济社会可持续发展,针对泰州民营经济总量、结构和核心竞争力与周边地区仍存在差距的状况,泰州市委于2008年7月召开了市委三届五次全会,提出了制定和组织实施民营经济三年倍增计划的建议,并采取了一系列政策措施推动民营经济的科学、持续发展。

泰州民营工业群星灿烂,涌现了一大批科技型、创新型企业,出现了许多民营企业发展的独特经济现象。江苏海阳化纤有限公司是2006年由南化集团泰州化纤公司改制独立的海陵区最大的民营企业,经济总量已跻身行业前四名,主产品"飞驰"牌浸胶帘子布年产能3万余吨;江苏宏大特种钢机械厂在2010年初以其自主研发的"节能环保型球团链箅机关键制造技术及应用"项目获得了2009年度国家科学技术进步奖二等奖,宏大特钢为泰兴本土民营企业发展的典型;泰州市腾达建筑工程机械有限公司自1995年创建以来,在专业设计制造系列塔式起重机、施工升降机行业里排名江苏省第一,全国前十,已成为中国建筑工程机械行业的领跑者;2010年7月,由泰州金牛电信器材有限公司主持制定的《通信钢管铁塔制造技术条件》国家标准正式通过评审,这是泰州民营企业第一次主持制定行业国家标准;姜堰娄庄的民营企业形成了一道奇特景象,娄庄的换热器制造企业生产出了全国80%的列车空调换热器,泰怡热工电器公司研制的新型列车空调用换热器,填补了国内空白;靖江民营工

① 《泰州日报》,2009年8月10日。

业经济在改革开放30年中发展迅速，靖江是国家火炬计划微特电机及控制产业基地，洗衣机和空调用电机产量占全国总产量的30%以上。

2011年6月，江苏有关部门联合公布了2010年度全省营业收入百强民营企业，泰州的扬子江药业集团有限公司、江苏新时代造船有限公司、江苏第一建筑安装有限公司、泰州口岸船舶有限公司、泰州三福船舶工程有限公司位列第13、27、61、79和88位，2010年5家企业共实现营业收入613.54亿元。[①] 泰州民营工业企业在创新发展之路上脚踏实地，前行奋进。

（三）走向世界的泰兴溪桥乐器

泰兴溪桥镇，改革开放以来创造了以提琴为主的西洋乐器制作的经济奇迹。溪桥在2011年前后已有56家小提琴制造企业，110多家乐器配件制造厂，有2.5万人从事乐器制造，创造出占国内70%、全球35%的提琴产量，溪桥被称为中国"提琴之乡"，甚至被国际演艺界誉为"提琴王国"。2010年1月，溪桥被中国轻工业联合会和中国乐器协会联合命名为"中国提琴产业之都"。溪桥乐器的核心企业是泰兴凤灵乐器有限公司。

凤灵乐器最早是1968年由两位上海提琴厂的下放职工在溪桥办起的小型乐器配件厂，专为上海乐器厂加工琴头和弓杆等零部件。1984年，工厂改名为泰兴县乐器厂，1985年初工厂实现了与上海提琴厂的联营，挂牌"上海提琴厂泰兴分厂"，独立生产整套提琴产品，还开始制作高档提琴，1987年，上海提琴厂泰兴分厂被评为江苏省首批明星企业。此后，上海提琴厂泰兴分厂与上海蓝生外贸公司成功实行了为期10年的工贸联营，溪桥的提琴产品开始走出国门。

1996年9月，上海提琴厂泰兴分厂实现了与美国著名乐器销售公司的合资，组建了泰兴市"中美合资凤灵乐器有限公司"，引进国际资本，做强做大中国的西洋乐器制作业。世纪之交，凤

① 《泰州日报》，2011年6月23日。

灵乐器进行了企业改制,1999 年 3 月,凤灵乐器第一次参加国际展销会,产品引起了国际同行关注,企业开始步入国际乐器市场。

2001 年 10 月,中国提琴协会专业委员会在溪桥镇成立;2004 年,轻工行业特有工种职业技能鉴定站在凤灵挂牌成立;2007 年 5 月,"凤灵"获得全国乐器行业唯一的"质量效益型企业特别奖"。2007 年,凤灵公司完成了国家文化部《木材生物改性与提琴音质改良》科研项目,并先后取得了多项合作研究成果和数十项技术专利。凤灵公司还主持编制了国家 9 项提琴行业标准、3 项吉他行业标准和国家《提琴制作工》职业技能等级标准,建立了"乐器声学品质检测室",成立了"江苏省乐器材料与技术应用工程研究中心",使溪桥出品中国制作的提琴质量达到了世界先进的水平。在凤灵扶持下,一批以提琴为主导的企业纷纷涌现,形成了溪桥的提琴产业集群江苏凤灵乐器集团,这是以乐器制造、工业旅游、艺术教育、文化产业为主题的大型企业集团,提琴的生产规模、技术力量、出口创汇均位居世界前列。

三、泰州经济的腾飞

(一) 春兰集团与扬子江药业

改革开放以来,泰州出现了两个著名的大型企业集团,创造了突出的经济业绩。

① 泰州的春兰集团,是在改革开放的市场经济大潮中脱颖而出的国有大型企业集团,设有春兰研究院、博士后工作站和国家级技术开发中心,是全国轻工企业当中多元化、高科技、国际化的大型现代企业公司。

春兰的前身是 1980 年代初泰州一家不起眼的小型农机工厂。1986 年春兰进行了大规模技术改造,在 1987 年后形成了家用空调的批量生产能力。1990 年开始了春兰发展史上的一个重要时期,春兰以收购、合资控股等方式兼并 4 家企业,并及时根据市场需求,攻下变频技术难关,形成了空调规模生产能力。春兰由此跻身于全国大型企业序列。

1994年，春兰确定了“立足空调产业，进行产业扩张，形成多元经营框架”的战略规划，1996年向家电、自动车、电子、海外产业等诸多领域出击，走出了企业多元化的第一步。春兰把资本运作与产业发展相结合，在2001年确定了春兰集团21世纪事业发展目标，即用10到20年时间形成世界著名的多元化企业。

到2008年，春兰集团产业结构中家用电器、机械动力、新能源三足鼎立，主导产品有空调器、洗衣机、除湿机、中重型卡车、摩托车、电动自行车、高能动力镍氢电池、摩托车发动机、空调压缩机等。到2011年，春兰开发的高能动力电池、大规模集成电路、人体基因修复生物制品等高科技产品已开始推广应用。在多元化之路上，春兰集团已发展为掌握了核心技术的现代化高科技企业。

② 泰州的扬子江药业，是一家跨地区、产学研相结合、科工贸一体化的创新型医药企业集团。它最早是1971年办的生产板蓝根冲剂的社办小厂。改革开放中，乡镇工业蓬勃发展，扬子江药业在1980年前后开始了突飞猛进的增长，创造了产值、利税连续8年翻番的业绩。

地级泰州市建立以后，扬子江药业在1997年跻身全国医药行业前十名，主要产品“胃苏冲剂”、“银杏叶片”和“黄芪精口服液”连续获得1997、1998等年份江苏省名牌产品称号。1997年11月，江苏扬子江药业集团暨江苏扬子江药业集团有限公司成立，1999年6月江苏扬子江制药股份有限公司成立。从1996年起，扬子江药业的综合经济效益连续十多年排名于全国医药行业前列，在2009年、2010年、2011年，扬子江药业集团公司的主营业务收入连续名列全国医药工业企业百强榜前三甲。

扬子江药业坚持以创新引领发展，实施了化学药、中成药、生物药“三药并举”研发创新战略，1998年成立了江苏医药行业首家博士后科研工作站；产品依苏（马来酸依拉普利）在2004年成为进入香港的首个内地化学制剂药品；2007年，“新型药物制剂技术实验室”成为首批企业国家重点实验室。2009年3月5日，国家主席胡锦涛在参加全国人大江苏代表团讨论时，殷切期望扬子江药业引进高端人才，创新研发，尽快步入国际市场，做大做强。奋进中的扬子江药业集团加快了由“扬子江制造”向“扬子江创造”的转变。

（二）沿江港口经济和造船业

长江岸线是泰州地区经济发展最宝贵的自然资源。1996年，地级泰州市建立，决定港城结合，发展泰州，确立了“以港兴市、以城促港”的发展战略。到2002年，泰州沿江经济带形成了泰州经济开发区、泰兴沿江化工开发区、靖江经济开发区的格局，初步奠定了良好的发展基础。泰州拥有长江岸线97km，以工业占用为主，化工、造船、拆船是沿江工业布局主要类型，其次是港口码头占用，拥有生产性泊位（货物装卸）69个，万吨级泊位7个，2002年货物吞吐量达703万吨。[①]

为了加快泰州沿江港口经济发展，泰州先后建成泰高公路一期、二期工程，解决了杨湾港区疏港通道问题，改善了泰州港高港港区的集疏运条件。2009年，泰州港加快港口基础设施建设和核心港区建设，形成了20万标箱的通过能力。[②] 泰州港逐步发展成为长江25个干线港口之一、苏中及苏北地区的重要物流门户、长江下游北岸理想的海、江、河换装良港。[③]

泰州港口下辖杨湾、高港、永安、过船、八圩、新港六大作业区，具备各形态货物的装卸能力，承担泰州及周边地区与长江中上游地区、国内沿海及国外的物资中转，与世界上40多个国家

① 陈永东、包志林“加强沿江港口开发管理 促进泰州经济腾飞”，《江苏交通》2003年第7期。

② “江苏省物流企业五十强——泰州港务集团”，《泰州科技》2010年第5期。

③ 《泰州市统计年鉴》，2009年。

的港口有运输往来。2011 年上半年，泰州沿江港口累计实现货物吞吐量就达到 6608.02 万吨，[①]已跻身于“亿吨大港”之列。

泰州沿江经济带的特色产业是造船。泰州船舶产业历经了从修船到造船、从做小木船到建远洋巨轮的发展过程，并形成了整条产业链。1996 年后，泰州充分利用沿江岸线的发展优势，把船舶制造作为优先发展的战略产业，在“十一五”之初，泰州以 10 万吨级散装和集装箱货船为主的船舶制造业的造船总量已占全国的 1/10。

图 12-3　泰州沿江经济带的造船企业

泰州船舶企业在“十一五”期间不断向产业链高端攀升，各大船厂均加大研发力度，三福船舶与英国诺丁汉大学合作成立首家省级外资研发机构、新世纪造船与国外设计公司合作开发 LNG 液化气船、新扬子造船与上海 708 所共同研发万标箱集装箱船，使泰州船舶产业加快了转型升级，提升了核心竞争力。泰州船舶业还着眼于国内外资本市场，2007 年扬子江造船在新加坡上市，2010 年又打入台湾资本市场；2007 年底，东方重工也在

① 江苏省发展和改革委员会《泰州迈向亿吨大港时代》，2011 年 8 月 31 日。

新加坡上市;2010 年,亚星锚链在上海证券交易所上市,成为首家锚链上市公司。

2009 年,在中国造船完工量前 10 名企业中,新时代造船和新扬子造船分别排名第 3、第 4 位;在世界造船企业完工交付量前 40 强排名中,新时代造船名列第 11 位,新扬子造船名列第 15 位。泰州已形成了以新时代造船、新扬子造船、东方重工、口岸船舶、三福船舶等重点船厂为骨干,以亚星锚链、安泰动力、格菱锅炉等一批重点船舶配套企业为辅助,并聚合了众多大小船厂和各类配套企业的船舶产业集群。2011 年 9 月,国家商务部、工信部把泰州确定为国家船舶出口基地,[①]泰州已成为全国第二大造船基地和最大的民营船舶产业基地。

(三) 打造泰州的中国医药城

改革开放以来,泰州的医药产业逐渐成长发展,成为全国最大的医药生产科研基地。2005 年春,江苏省委、省政府为了加快产业结构调整,促进产业升级,优先重点扶持江苏的生物医药产业。李源潮同志考察了泰州扬子江药业,他提出:泰州拥有全国最大的医药生产企业,要在泰州设立医药产业园,引进医药企业群,建设中国医药城。江苏省作出了在泰州"加快建设医药产业园,打造中国医药城"的决策。

2005 年,商务部、科技部相继把泰州确定为江苏省唯一的国家医药出口基地和国家火炬计划医药产业基地。2005 年泰州的医药企业其医药经济总量和经济效益连续数年稳居江苏第一。泰州从 2005 年开始,举全市之力,坚持高起点规划、高水平建设、高定位发展的原则,走一条集聚发展生物医药产业的新路,建设中国医药城。

2006 年 6 月,李源潮同志在泰州考察了中国医药城建设进展情况。他要求泰州在医药产业发展及医药城建设方面加快支持现有企业现代化步伐,加快自主研发,做大、做强、做优、做精

---

① "泰州市成国家船舶出口基地",《泰州日报》2011 年 9 月 8 日。

医药产业，加快医药国际化步伐，扩大泰州药品在世界市场的占有率。[①] 9月，泰州医药高新技术产业开发区正式破土动工，10月，占地面积20平方公里的“中国医药城”——泰州医药高新技术产业园区正式挂牌成立，一批世界领先的高科技医药技术项目随之相继在园区立足落户。11月，泰州医药高新技术产业园在美国旧金山与美国QB3正式签订协议，合作共建“美国加州-中国医药城纳米生命医学研究院”。[②]

2007年1月19日，李源潮同志再次来泰州调研中国医药城建设情况。他强调：加快发展医药产业，建设中国医药名城，是加快泰州发展的战略性决策。泰州医药产业决定着将来泰州的经济结构、城市形象，决定着泰州在全省发展中的地位。高起点、高水平发展医药产业，是泰州科学发展的正确选择。李源潮还要求泰州在科学规划的基础上，加快集聚国际研发机构和一

图12-4　泰州中国医药城

① “省委书记李源潮考察中国（泰州）医药城”，《泰州科技》2006年第7期。

② “泰州‘中国医药城’”，《江苏科技信息》2007年10月。

流创新人才，面向国际市场加快发展医药产业，推进中国医药城建设，使泰州经济走上又好又快的发展道路，为“全面达小康、建设新泰州”提供有力的产业支撑。[①]

2009 年 3 月，泰州医药高新区升格为全国唯一的国家级医药高新区，标志着泰州医药开发区正式被纳入国家科技创新体系。同时，南京工业大学、南京医科大学、南京中医药大学的科研与教学机构也进驻了泰州医药城。2010 年 2 月，国家科技部、卫生部、食品药品监督管理局、中医药管理局与江苏省政府正式启动了共建泰州中国医药城机制，在更高平台和更高水平上加快推进中国医药城的建设和发展。2010 年 5 月 31 日，中央组织部部长李源潮第 6 次到中国医药城考察，要求进一步加大人才支持力度，积极抢占产业化和资本化发展的先机，力争早日实现“中国第一、世界有名”的目标。[②] 泰州中国医药城已初步形成在疫苗、生物制药、化学药新型制剂、高端医疗器械、中成药提取等方面具有国际竞争力的特色产业基地。

---

① 《新华日报》，2007 年 1 月 21 日。

② “抢占产业化资本优化发展先机 早日实现‘中国第一世界有名’目标”，《泰州日报》2006 年 6 月 2 日。

第三节　泰州教育文化事业的大发展

十年"文革"噩梦结束之后，泰州的教育文化事业在改革开放的春风中再度蓬勃发展。邓小平关于"教育要面向现代化，面向世界，面向未来"的指示，成为泰州教育事业改革发展的方向。1996 年地级泰州市组建以后，坚持走科教兴市、人才强市之路，义务教育不断巩固提高，高中阶段教育稳步发展，本科高等教育实现了零的突破，教育管理体制改革进一步深化，教育科研成效显著。[①] 2010 年 12 月，《泰州市中长期教育改革和发展规划纲要（2010—2020 年）》提出了全面实现教育现代化的目标，教育事业的发展为泰州经济社会发展提供了人才支撑、知识贡献和智力支持。

地级泰州市建立以后，泰州人民在更高的起点上谋划泰州文化发展的蓝图，文化泰州建设的各项目标任务列入到了各级政府和相关部门的业绩考核之中，泰州市政府还实施了十大先进文化工程建设，促进了文化产业的发展，构建了覆盖泰州全市的公共文化服务体系。同时，在历史文化名城建设中开展了泰州文化遗产保护工作，形成了和谐、良好的文化环境。

一、成就斐然的泰州基础教育

（一）群众满意的义务教育

在改革开放新时期，泰州中小学基础教育的教育教学质量不断提高，1983 年，泰州的小学教学通过了江苏省教育厅组织的检查验收，泰州、姜堰、泰兴、靖江、兴化等市县都已基本实现初等教育的普及，每个市县都设立了实验小学，有力推进了小学

① 《中共泰州市委泰州市人民政府关于建设教育强市加快推进教育现代化的决定》（泰发〔2005〕17 号）。

教学改革和课程改革。

扎实的基础教育是泰州文化教育的传统优势。地级泰州市成立之后，泰州狠抓九年义务教育，着力培育和推广洋思初中的经验。① 洋思初中是泰兴天星镇的普通农村学校，学校面向全体学生，推进素质教育，创造了一流的教育教学质量，1990 年代连续 8 年学生巩固率、合格率达 100%，升学率、体育达标率在 97%以上。洋思初中总结出“先学后教、以教导学、以学促教”的素质教育方法，创造了一条“洋思之路”，《中国教育报》、《江苏教育报》以长篇通讯介绍了洋思初中的经验。

泰州市大浦中心小学是践行素质教育的又一典型。大浦小学少先队 1984 年就被命名为江苏省红领巾为“六五”作贡献活动功勋集体。在 1985 年“创造杯”活动中，五(3)班中队的活动主题是“老校友回来了”。大浦小学老校友，团中央书记胡锦涛热情地给五(3)班中队写了信，信中说：

你们开展的‘创造杯’活动也很有特色，很有意思。希望你们不仅仅做到学习成绩好，还要把知识学活，运用到实际中去。另外，老是学习好还不够，还应该树立远大的理想，从小热爱家乡，热爱祖国，为将来建设家乡，建设祖国打下良好的基础。当然，还应该认真锻炼身体，没有一副强壮的筋骨，也是不能很好地为祖国的建设出力的。②

1996 年，大浦小学少先队以素质教育成绩突出被团中央、全国少工委表彰为“全国红旗大队”。1990 年代，学校完成了以“九五”规划国家级德育重点课题“艺术美育与德育途径方法”为主的多项教改实验课题研究。2011 年是大浦小学建校 100 周年，10 月 21 日，国家主席胡锦涛给母校发来贺信，盛赞大浦小

---

① 戴荣“科教兴市谱新篇——泰州教育一年回眸”，《家教周刊》1997 年 10 月 10 日。

② 《把最美好的世界献给孩子——泰州市大浦中心小学建校 100 周年纪念册(上册)》。

学"始终致力于塑造学生美好品德,开启学生智慧人生,促进学生健康成长,取得了教书育人的可喜成绩"。

自2001年起国家开始实施新一轮基础教育课程改革。泰州走在九年义务教育课程改革的前列,市和市(区)教育局都成立了课程改革实验领导小组和专家工作组,指导小学和初中的课程改革实验,利用假期组织开展教师新课程全员培训和教研员、中小学校长及教育行政管理人员培训,保证了课改顺利进行。

2009年,泰州市政府提出《关于进一步推进义务教育均衡发展的意见》,重点加强农村学校和薄弱学校的硬件建设,使城乡之间、学校之间在场地、教学用房、设施设备、校园环境等方面基本达到了均衡,并配齐、配强了义务教育阶段的专任教师。到2010年底,泰州市151所小学、163所初中的专任教师学历达标率分别达到了99.5%和98.84%。[①] 姜堰、泰兴、靖江在义务教育优质均衡改革发展上都作出了突出成绩。泰州各市(区)还把义务教育经费单列,学校年度公用经费预算总额中安排的教师培训费也都保持在5%以上。[②] 2011年12月,泰州市义务教育优质均衡发展推进会在靖江召开,[③]泰州成果丰硕的义务教育得到了群众普遍的满意。

(二) 全省领先的高中教育

泰州的高中教学质量建国以来在江苏一直处于领先水平。1980年代初,姜堰中学首先在苏北声名鹊起,因其连续三年高考成绩在扬州地区都较突出,体育"达标"人数达到60%以上,

---

① 《泰州年鉴(2011)》,方志出版社2011年9月,第295页。

② "泰州强势推进义务教育均衡发展",《江苏教育报》2009年2月16日。

③ 《靖江日报》,2011年12月22日。

在全地区也是比较好的。[1] 姜堰中学经省政府批准为重点中学后，发展很快，1999 年通过了国家级示范性高中验收，并创新了“智慧加有效”的高中立体化教学模式。

2007 年，泰州市政府出台《关于推进普通高中教育可持续发展的意见》，提出了推进高中教育更好更快发展的政策措施。2009 年 6 月，泰州市教育局召开了四星级普通高中可持续发展规划编制工作会议，泰州所有普通高中校都制订了 3 年可持续发展规划和实施方案，明确了在打造学校特色、提升办学水平、促进学生全面发展等方面的具体措施。

泰州市经过对普通高中校的布局调整和优化整合，到 2010 年，形成了以江苏省泰州中学为核心，以姜堰中学、泰兴中学等四星高中为骨干，拥有 37 所星级普通高中的优质高中教育团队，95%以上的高中生都能在三星级以上高中就读；通过教师学历提升工程和师资阶梯行动计划的实施，高中教师学历达标率达到了 99.7%。2010 年，泰州的高中教师有市级教坛新秀 82 人、教学能手 71 人、学科带头人 67 人、名师 6 人，还评定了特级教师 43 人、教授级教师 15 人。

在新世纪初开始推进的课程改革中，泰州着力加强高中的学科教学研究，完善了市、市(区)和学校三级教科研网络，在 14 个高中校建立了学科基地，把教学科研重心下移到了学校，积极开展与高中教育教学实践紧密结合的课题研究。2008 年，泰州在全市范围内组织开展了校本教材、研究性学习成果、综合实践活动课程案例和学生研究性学习小论文评比等活动，并申报立项了一批相关的实践性研究课题。2009 年，泰州市成立了综合实践活动课程中心组，并建成了 6 个示范基地，提升了高中教学科研工作的针对性和实效性。泰州还在高中阶段率先引进国际优质高中课程，开辟了对外合作办学的新途径。

---

① 姜堰市档案馆馆藏档案：523－2－76，泰县文教局(1980)，《如何办好学校的几点体会，姜堰中学，连万能》。

2004 年泰州的高中进入课程改革，各校按国家规定的课程计划，开齐开足了各类课程，发挥了高中课程体系的整体教育功能，逐步建立了学生综合素质评价体系，普遍实施了多样化、开放式、重过程、促发展的评价措施，在一定程度上改变了高中阶段严重的应试教学，落实了“以人为本”和关注学生全面发展的教育理念。2010 年，泰州市高中招生首次实施网上报名、网上填报志愿和网上录取，采取了“录取、公示、建学籍”三同步的办法，高中招生工作达到了历年来最为规范化的程度。

改革开放以来，泰州的高中教育教学质量不断提高，“十一五”期间为全国高校输送了 8 万名以上的大学本科新生，泰州中学、姜堰中学先后获得了北京大学“中学校长实名推荐制”遴选推荐生的资格，泰州的高中校以聚焦课堂、研究课堂和实施有效教学为抓手，创新了“自主学习，互助解惑，合作探究”教学模式，高中教育呈现协调、和谐发展的良好态势。

（三）基础教育的丰硕成果

改革开放 30 多年来，泰州坚定地走“科教兴市”发展道路，泰州的中小学基础教育成为人民满意的教育，在教育教学科研方面也取得了丰硕成果。

泰州市大浦小学坚持把教育教学研究和实践的重点放在情境教学方面，1990 年代初，着重进行了“语文情境教学”、“古诗文辅读”、“小学语文课外阅读最优化”等课题研究，学校被评为江苏省情境教学先进集体，扬州地区两次在大浦小学召开了“情境教学”、“古诗文辅读”教改实验研讨会，同时开展了“语文课文阅读最优化”实验观摩活动。大浦小学在素质教育上以艺术美育为重点研究方向，在“加强学校艺术美育，全面提高学生素质”教改课题和“艺术美育与德育途径方法”国家德育重点课题的研究方面取得了成果，艺术美育的实验实践得到了社会认同和群众满意。2006 年，大浦小学的申报项目“把最美好的世界献给孩子——建构智慧课堂的实践研究”作为江苏省教育科学“十一五”重点课题得到立项，学校还在这一重点课题的实验研究中承办了省级小学教学研讨会。

基础教育课程改革开展以来，泰州对义务教育小学阶段的教科研工作非常重视，各校都进行了新课程教学的实践性研究。2004 年，泰州市城东小学《新课程背景下教师发展实践研究》被列为江苏省中小学教学研究重点课题，《新课程理念下小学生数学学习方式的研究》也被列为省级教科研课题。2005 年，由泰州市海陵区教研室牵头的教科研集体项目《区域性学校特色建设与办学模式研究》被确定为中国教育学会"十一五"规划重点课题。泰州市各个小学的创新实践性教育教学科研活动丰富多彩，2007 年，泰州市城东小学成功举办了全国"六地六校"（深圳市南山育才小学、长春市西五小学、太原市实验小学、福州市实验小学、成都市四川大学附属实验小学和泰州市城东小学）第四届"教育发展学术联盟论坛"活动，影响很大。

江苏省泰州中学始终以教科研引领教学，成果卓著。由特级教师洪宗礼主持的"江苏母语课程教材研究所"，是江苏省教育厅特批的专业研究所。洪宗礼在中学语文教学实践方面提倡"双引"（引读和引写），即引导学生在实践中培养与提高看书、作文的能力，养成独立学习习惯，达到"自能读书，不待老师讲；自能作文，不待老师改"的目的。在中学语文教材编写方面，江苏省初中语文教学从 1986 年起就使用洪宗礼主编的教材。1992 年，洪宗礼以"单元合成，整体训练"范式主编了初中语文教科书，在全国范围使用了 10 年。2001 年，洪宗礼又主编了中学语文课程标准实验教科书，有 27 个国家级、省级教改实验区、数百万学生使用这套教材。自 1990 年代后期始，洪宗礼相继主持了国家"九五"、"十五"教育科研重点课题《中外母语教材比较研究》和《中外母语课程比较与我国母语教育改革》，出版了《中外母语教材比较研究》系列丛书，在我国母语教材的理论建设研究和编写实践研究领域填补了空白。

2011 年，江苏省立项建设首批 38 个普通高中课程基地。泰州中学的数学课程基地建立了"数学学习体验中心"，并以"省级基地，国家水平"为课程基地建设目标。数学学习体验中心将数学生活化，体现生活处处有数学，转变了学生学习方式和教师教学方式，加强了学生对数学课程的体验和感知，激发了学生学习兴趣，调动了学生研究、探讨、创造的潜能，提升了学生数学素养与思维品质。由校长、数学组长、骨干教师组成的数学教学团队在课程基地建设中提高了数学专业水平，加强了数学学科优势，开拓了学校特色建设新的空间。

二、快速发展中的泰州大学城

（一）专科院校的起步与发展

泰州长期以来高等教育一直近乎空白，只在1978年后成立了多所职工大学和电大班，1985年5月又经合并成立了泰州市职工大学，主要培训职工。泰州经济社会的发展和"科教兴市"战略的实施，迫切需要科技文化的支撑。1996年，发展泰州高等教育的条件已经成熟。8月，泰州市委邀请省内高校知名专家参加，组成了高教规划小组，于当年制定了《泰州市高等教育发展规划》，提出应重点发展高等职业技术教育，培养面向基层、面向生产与服务的实用型人才。经过规划论证，泰州市高校筹建领导小组于11月成立，负责筹建泰州职业技术学院和泰州师范高等专科学校。

1997年1月，经江苏省政府批准，泰州在对职工大学进行改、扩建的基础上筹建泰州高等职业技术学院，同时成立泰州市广播电视大学，当年开始招生。1998年3月，经国家教委批准，泰州高等职业技术学院正式设立。2000年8月，泰州卫校整体并入高职院。学校设有机电工程、电子工程、环境与化学工程、管理工程、建筑工程、医学、艺术等系，建有各类专业实验室、实训室，拥有40多个专业，各专业普遍实行"2＋1"或"2.5＋0.5"培养模式，学生要用一学年或半学年时间在就业基地、挂钩单位进行专业实习，提高专业实践技能，因此毕业生一直受到用人单位好评。泰州高等职业技术学院还与芬兰、澳大利亚、加拿大等国的高校建立了合作交流关系。

2000 年 1 月，江苏省政府批准泰州师范学校和泰兴师范学校合并筹建泰州师范高等专科学校，2002 年 3 月，泰州师专经教育部批准正式建校，5 月，泰州市广播电视大学并入泰州师专。师专以培养合格的初中、小学和幼儿园师资为主要任务，以师范专业为主体。经过 10 年办学，学校已成为泰州地区义务教育师资的培养基地。学校设有人文科学系、数理科学系、信息科学系、外语系、音乐系、美术系、实验教育系等。教师队伍中“双师”型专任教师（具有教师和技师的职业素质与能力）的比例超过 70%，体现了课程建设和专业教学的应用性、实践型特色。

文革结束后，江苏省扬州地区畜牧兽医学校恢复招生，学校到 1995 年 4 月再次改名为江苏省畜牧兽医学校，但一直是中专学校。2001 年 6 月，江苏牧医学校升格为江苏畜牧兽医职业技术学院，经 10 年办学，江苏牧院形成了以动物科技学院、动物医学院、动物药学院、食品科技学院四院为中心，以宠物科技系、园林科技系、水产科技系、经济贸易系、信息工程系、机电工程系等六系为辅的格局。同时，江苏牧院以现代畜牧科技园和江苏倍康药业有限公司为学院发展战略的两翼，还建立了国家水禽基因库和姜曲海猪保种场等 2 个国家级保种与研发机构，以及高技术研究重点实验室和研究开发中心，逐渐形成了“紧扣畜牧产业链、产学研结合育人才”的办学特色，成为我国东南沿海乃至南方唯一的以培养动物科技类高技能人才为主的高等专科院校。江苏牧院在 2008 年被确定为江苏省示范性高等职业院校，2010 年又被确定为国家示范性（骨干）高等职业院校。

在国家“十五”规划发展期间，泰州的高等教育从无到有，主要建立了专科培养层次的高等院校，不仅为泰州经济社会发展输送了大批应用型人才，而且奠定了泰州高等教育事业发展的基础。

（二）本科高等院校的创办新路

泰州市政府为适应经济社会快速发展的需要，在2003年作出了利用南京高等教育优质资源，发展泰州本科高等教育的决策，南京理工大学、南京师范大学作出了积极响应，双方的合作水到渠成。4月，泰州市政府成立了加快泰州高校发展领导小组，2004年2月，正式成立了泰州市本科院校建设领导小组。泰州市委、市政府对本科高校发展采取市场化运作方式，成立了高教园区管委会，注册了高教园区建设发展有限公司，通过这一发展平台整体规划泰州的高等教育基础设施建设。

2004年6月14日，国家教育部正式行文江苏省教育厅，同意南京理工大学、南京师范大学与泰州市政府合作，由高教园区建设发展有限公司具体运作，试办两所本科独立学院。7月20日，南京理工大学泰州科技学院、南京师范大学泰州学院分别正式挂牌成立，当年招生，9月首届新生入校，顺利开学，两校办学地点暂设于泰州高职院和泰州师专校区内。2005年1月，两校都顺利通过了教育部专家组办学考核验收专项检查。2006年9月，高教园区一期工程建成，两所本科独立学院搬迁入驻新校区。

南京理工大学泰州科技学院和南京师范大学泰州学院是以民办机制运作、实施本科学历教育的全日制普通高等院校（独立学院），独立学院是我国发展民办高等教育的新生事物，是国家和地方高等教育发展规划的组成部分。南京理工大学、南京师范大学主要利用学校名称、知识产权、管理资源、教育教学资源等参与办学；泰州市政府主要通过高教园区管委会和高教园区发展有限公司，利用资金、实物、土地使用权等参与办学。两所独立学院的设立，结束了泰州地区长期没有本科高等院校的历史，泰州高等教育事业由此进入了发展新阶段。

南京理工大学泰州科技学院以工科为主，理、工、文、经、管等多学科协调发展，办学主要依托南京理工大学优质教育资源，南京理工大学派出资深专家教授担任学科带头人和专业负责人，负责泰州科技学院的教学管理，派出教学经验丰富的教授、副教授承担各专业核心课程讲授。学院专业体系与苏中产业结构紧密对接，并瞄准长三角“全球先进制造业和现代服务业中心”的发展定位，设立了机械工程系、化学工程系、信息工程系、土木工程系、经济管理系等七系，教学上重视学生综合实践能力的提升，强调人文精神、科技素养与创新精神的结合，经过“十一五”期间的发展，在校学生已近万人。

南京师范大学泰州学院以文科艺术专业和教师教育为特色，各专业门类齐全，至 2011 年，在校生已过万人，2008 年以来的几届毕业生都得到了社会好评。学院办学紧密依托南京师范大学，学校负责人、学科专业带头人均为南师大选派的优秀管理干部和专家教授，担任各专业主干课教学的也以南师大的教授副教授为主，同时，学院自身的教师队伍也在教学科研实践中成长起来。2008 年全国人大会议上，国家主席胡锦涛在听取江苏教育厅长关于南师大泰州学院的发展情况汇报时指出：“依托老校、名校发展教育是一条捷径。”充分肯定了学院的办学路子。2010 年南师大泰州学院被评为“全国先进独立学院”，它在创建全国一流特色鲜明的综合性应用型独立学院的道路上努力探索。

图 12－5　发展中的南京师范大学泰州学院。

自地级泰州市成立以来十多年，泰州高等教育事业已形成南师大泰州学院、南理工泰州科技学院、江苏牧院、泰州高职院、泰州师专等本科、专科高校共同发展，公办、民办教育互为补充的良好格局。

（三）泰州大学的规划与筹建

改革开放以来，泰州人民一直希望能建立一所本地区的综合性大学，为社会发展提供可靠的人才保证，进一步提升区域文化品质，实现泰州高等教育事业的新飞跃。因此，泰州市委、市政府积极规划论证，在 2008 年 2 月成立了“泰州大学筹备领导小组”，初步考虑把南理工泰州科技学院、南师大泰州学院和泰州师专合并，建立一所多学科协调发展，培养应用型人才的普通本科高校。

2009 年 3 月，10 位人大代表在江苏省十届人大二次会议上提出了“关于加快推进泰州高等教育发展的建议”，提议加快整合泰州现有高等教育资源，提升发展内涵，组建泰州大学。省人大常委会将此建议列入了 2009 年省人大常委会的 10 件重点督办建议。[①] 3 月 29 日，省政府初步决定在南理工泰州科技学院、南师大泰州学院和泰州师专的基础上筹建泰州大学。6 月 9 日，省政府致函教育部，商请同意筹建泰州大学。7 月，经省教育厅和泰州市政府研究，正式成立了由省教育厅长、泰州市市长、南京理工大学校长、南京师范大学校长、泰州师专校长等组成的泰州大学筹建领导小组，7 月 14 日，泰州大学筹建领导小组在南京召开了第一次全体成员会议，标志泰州大学筹建工作步入了省市共建、全面铺开、实质推进的阶段。

9 月 25 日，省人大常委会副主任朱龙生来泰州市督办“关于加快推进泰州高等教育发展的建议”，泰州部分省人大代表和市长姚建华等参加了督办工作座谈会。朱龙生建议要抓住

① “泰州争取年内获批筹建泰州大学”，《泰州日报》2009 年 9 月 26 日。

2009年教育部受理东部地区高校设置申请的有利机遇，积极做好申报材料准备工作。12月24日，教育部专家组成员来到泰州市，考察泰州大学筹建工作。泰州市委书记张雷、市长姚建华等参加了筹建工作汇报会，会后，专家组分3组对拟合并组建泰州大学的3所高校进行了实地考察。①

2010年，泰州颁布《泰州市中长期教育改革和发展规划纲要(2010—2020年)》，明确提出“加快泰州大学筹建步伐。积极争取上级主管部门的支持，统筹地方高等教育发展，把筹建泰州大学作为全市高等教育发展的重点工程”，为了在“2015年之前，泰州大学筹建工作取得实质性进展”，必须“大力加强师资队伍建设和研究生教育，提高教学科研水平”，“形成一批有较高质量的学术研究成果和科技应用成果”，在“‘十二五’期间，将逐步落实规划所提出的各项目标，积极创造条件，力争早日建成泰州大学”。

由于泰州高等教育发展历史很短，基础薄弱，对照教育部关于“大学”的设置标准，还有很大差距，因此，教育部领导和专家建议泰州大学筹建可分两步走。2011年1月中旬，12位人大代表在泰州市三届人大四次会议上联署提出了“建立省属公办本科学院，务实推进泰州大学筹建工作”的议案。采取这一步骤符合江苏省中长期教育改革和发展规划的要求，能够更好地构筑区域性人才高地。

在泰州已有高校中，泰州师专比较符合升格为本科学院的政策和条件。泰州师专办学历史较长，对泰州基础教育和经济社会发展作出了很大贡献，其师范类专业主要培养幼儿教师和小学教师，符合江苏省高校布局的总体要求。因此，徐郭平市长在泰州市三届人大四次会议上作的政府工作报告，把“继续推进教育现代化，泰州大学筹建取得实质性进展，建成教育强市”列入了“十二五”发展目标任务。泰州大学的筹建步子，踏踏实实

---

① “泰州大学(筹)通过教育部初审”，《泰州晚报》2009年12月25日。

地在向前迈进。

三、泰州的社会主义文化建设

(一)文化泰州的建设蓝图

改革开放以来,泰州注重文化事业发展,地级泰州市建立以后,泰州市委、市政府把先进文化建设摆在了突出位置。在泰州国民经济和社会发展"十五"规划实施期间,泰州的文化建设工作贯彻党的方针政策,坚持文艺为人民服务、为社会主义服务的方向和百花齐放、百家争鸣的方针,泰州文化建设出现了可喜的局面。在艺术创作和群众文艺创作上,泰州创新淮剧艺术,2002年排演的大型无场次淮剧《祥林嫂》,2005年创作排演的淮剧《信访局长》,都成为优秀戏曲剧目并在各地展演。在2002年江苏·中国首届民间艺术节上,《打豆号子》、《溱潼窑工号子》等获得金奖,《打豆号子》还参加了全国第十三届"群星奖"决赛。泰州各市(区)还分别创建为国家级、省级群众文化先进单位,开展了丰富的群众文化活动。2003年12月至2004年5月,泰州承办了中央电视台"心连心"艺术团赴兴化慰问演出、纪念人民海军诞生55周年演出、中央电视台"空中剧院·江苏(泰州)行"等三项大型文化活动,推动了泰州文化事业的发展。

为了使泰州文化建设与发展有一个总体要求和阶段性目标,泰州市政府制定了《泰州市2004—2010年文化建设规划纲要》,提出了《关于加快文化事业建设若干经济政策的意见》,确立了建设区域性文化中心的目标,要求在"十一五"期间稳步推进艺术创作生产、群众文化、文物保护、文化设施建设和文化市场管理等工作。2005年12月,中共泰州市委二届十次全会召开,会议把加快建设文化泰州、塑造文化名城新形象,作为一项重要任务列入泰州市"十一五"发展规划,启动了文化泰州的全面建设。2006年9月召开的中共泰州市第三次代表大会把加强先进文化建设作为"全面达小康、建设新泰州"的战略举措和经济社会发展的重要保障,进行了总体部署。泰州市委认为,泰州文化建设必须在"建设文化泰州、打造文化名城"上求突破，在传承与弘扬具有泰州独特历史品格的城市文化上求突破，在发展文化产业，增强文化发展竞争力上求突破。

2009年2月28日，泰州市委、市政府经过充分准备和深入调研，召开了文化泰州建设工作会议。市委书记张雷在会议上就如何加快推进文化泰州建设提出：加快文化泰州建设，基础在于大力增强文化意识，重点在于大力营造文化环境，活力在于大力推进文化创新。会议制定下发了《关于加快推进文化泰州建设的意见》和《2009—2010年文化泰州建设行动计划》，成立了文化泰州建设领导小组，把文化泰州建设的各项目标任务列入了各级政府和相关部门年度考核的内容。

推进文化泰州建设的主要目标任务一是实施十大先进文化建设工程：提升全民文明素质、创作生产文艺精品、构建公共文化服务体系、促进文化产业发展、实施文化惠民、保护文化遗产、开展文化研究、传承展示优秀文化、推动特色文化"走出去"、培养优秀文化人才。二是发展十大重点门类文化产业：文化旅游业、现代传媒业、品牌节庆业、会展广告业、文化演艺业、乐器制造业、娱乐休闲业、创意设计业、影视内容业、影视培训业。三是建设十大公共文化设施：泰州市博物馆、泰州市图书馆（新馆）、泰州美术馆、泰州市青少年活动中心（含泰州市科技馆）、泰州市规划展示馆、泰州大剧院、泰州市文化馆、五巷等特色文化街区工程、泰州中学旧址保护工程、中国人民解放军海军诞生地博览园（泰州国防园）。泰州的高起点文化建设蓝图，鼓舞了人心。

（二）泰州的文化遗产保护与传承

泰州有丰厚的历史文化遗产，它是泰州经济社会不断发展的基础，也是泰州文化建设的根基。长期以来由于人们对其价值认识不足，对文化环境保护不够，很多历史文化遗迹、旧址、文物在大跃进时期和"文革"初期遭到严重损毁，后来在城市建设中又拆除了很多明清、民国风貌的民居建筑，给泰州保护历史文化遗产的工作造成了很大困难。1984年初，泰州光孝寺被江苏省政府列为省级重点寺庙，开始修缮，1989 年成立了专门机构主持光孝寺修复工作。泰州的文化遗产保护工作一步步得到落实。

2007 年，泰州市规划和开发东城河风景区。这一带最初是东郊鲍坝村的一片农田和民居。历经两年建设，打造了一条充满历史文化气息的仿古街区“泰州老街”，明清风格的牌坊，麻石铺就的街巷，青砖黛瓦的楼阁、院落、店铺，构成了繁华的民俗商业街区，并发展为泰州的历史文化旅游景区。老街是泰州非物质文化遗产的聚集地，近代以来泰州百姓的生活方式和民俗文化在这里有生动的展示，泰州的“老行当”、“老手艺”在此延续、重现，为泰州人开拓了忆古怀旧，品味幸福的空间。

针对泰州市众多遗存的历史文化古迹、遗址的保护工作，泰州市政府自 2009 年以来，以申报国家历史文化名城为抓手，按照“护其貌、增其颜、保其韵、铸其魂”的历史文化遗产保护思路，制订了历史文化建筑和街区保护方案，进行了省泰州中学老校区及安定书院、泰山岳庙、南山寺、北山寺等文物建筑修复重点工程，把它们激活为泰州的历史文化遗产闪光点，同时还启动了稻河、城中、涵东、渔行等四个历史文化街区保护修建工程，使凝聚着泰州历史文化精髓的文化遗产焕发新姿，传承发展。

2006 年 6 月，国务院公布第六批全国重点文物保护单位，泰州城隍庙、姜堰天目山遗址、泰州白马人民海军诞生地入选，结束了泰州没有全国重点文保单位的历史。2009 年，泰州又推出 8 处不可移动文物申报第七批全国重点文物保护单位，其中有泰州市区的明代园林日涉园和保存较为完整的学政试院，泰兴的新四军黄桥战斗革命历史旧址，兴化民间历史最长、名气最盛的上池斋药店，还有泰兴杨根思烈士陵园、兴化垛田和施耐庵墓、郑板桥墓等。

自 2006 年 6 月起，泰州市开始对有文化底蕴、有传承历史的非物质文化遗产进行普查和初步筛选。2007 年 6 月，泰州市政府下发了《关于公布泰州市第一批非物质文化遗产名录的通知》，泰州首批非物质文化遗产名录涉及民俗、传统戏剧、民间文学、传统手工技艺、民间舞蹈、民间音乐、民间美术和传统医学等具有里下河地区文化特色的21项内容，其中“溱潼会船”、“靖江讲经宝卷”、“泰兴杖头木偶戏”等已列入江苏省非物质文化遗产保护名录。至2011年10月，江苏公布的三批省级非物质文化遗产项目中，泰州拥有23项；国务院公布的三批国家级非物质文化遗产名录中，泰州入选有清明节·溱潼会船、靖江讲经、兴化木船制造技艺、泰州（扬派）盆景剪扎技艺、淮剧（泰州）、兴化茅山号子等6项。“溱潼会船”是里下河传统民俗活动，每年清明都有近千篙子船云集溱湖竞技。2009年4月6日，碧波荡漾的泰州姜堰溱湖千百舟船竞发，游人观者如潮，中国姜堰·溱潼会船节隆重举行，生动展示了传统民俗节庆的文化风貌。

（三）和谐的文化环境和文化生活

1990年代以后，泰州经济社会发展突飞猛进，文化建设也开始起步、发展，泰州逐渐重现历史文化底蕴丰厚的江北文化名城风采。“十五”规划期间，泰州的文化建设有了较大发展，“十一五”规划中，文化泰州建设被提升为重要的目标任务。2006年，泰州市委、市政府提出“建设文化泰州、打造文化名城”，并把城市文化主题确定为“祥泰之州”，它成为和谐社会目标反映在泰州的具体城市形象和特色文化品牌。

在2006年至2010年“十一五”规划期间，泰州市相继完成了泰州大剧院、博物馆和图书馆新馆，以及美术馆、规划展示馆等标志性公共文化设施建设。以泰州大剧院为核心的文化中心的建成，为泰州人民群众提供了一个高水准的文化活动场所，这里先后有俄罗斯红旗歌舞团、上海爱乐等一批著名文艺团体和杨丽萍等众多文艺明星现身演出，几年来观众累计已近20万人。泰州市还依托南师大泰州学院建立了泰州市歌舞剧院，南师大泰州学院在泰州大剧院成功演出了经典大型红色歌剧《江姐》，为文化泰州建设增添了一道靓丽色彩。

到2011年，泰州的基层公共文化设施建设也基本达到了既定目标，泰州市财政为此专门筹资2000万元予以补助扶持，使得泰州每个县级市都建立了图书馆、博物馆或文化馆,街道和乡镇都建立了文化站或文化中心,社区和行政村都建立了文化室或"农家书屋",普遍形成了三级公共文化服务网络,泰州城乡广大群众因此都能够就近、方便地利用公共文化资源。

泰州在2009年以来加强推进文化惠民工程,实现了城市文化下乡和农村文化进城的良性互动,并且举办了"百姓大舞台"等"百姓"系列文化活动。在泰州市区,分布着滨河广场、人民公园广场等十大市民文化广场,常年开展各类文化活动,被称为搭建在老百姓身边的舞台,即"百姓大舞台";在泰州地区乡村,村民们也建起了"村头大舞台",姜堰的白米镇、俞垛镇等几乎每村都有这样的大舞台。在"百姓大舞台"和"村头大舞台"上,普通市民、教师学生、退休职工、农民群众,自编自演,自娱自乐,他们说:"百姓大舞台,有我更精彩,我演我唱我最帅,做回明星展风采。"

在文化泰州建设中,历史文化旅游业已成为文化产业发展的重要组成部分。泰州市大力促进文化和旅游的结合,对有潜力的文化旅游项目进行了深度开发和包装宣传,把戏曲文化、民居文化、宗教文化、水城文化、湿地文化、名人文化、红色文化融合于旅游项目,打造出具有历史文化底蕴、红色文化传统、环境生态文明特色的泰州文化旅游业。泰州在加强非物质文化遗产保护的同时,还根据各地特点定期举办了银杏艺术节、梅兰芳艺术节、溱潼会船节、板桥艺术节等,并结合节庆拓展旅游项目,集中展示各类民间文艺形式,促进了文化旅游发展和泰州文化传承。2010年前后,泰州已实现了国内外旅游者接待量1200万人次、旅游总收入120亿元的目标。

泰州这个古老而又年轻的苏中城市,在文化泰州建设的春风吹拂下,发掘了历史积淀厚重的文化资源,构筑了丰富多彩的泰州文化环境和社会文化生活,形成了许多有影响力的泰州文化产业品牌,充分发挥了文化对经济社会发展及美好泰州创建的支撑、引领和促进作用。

第四节　泰州的和谐社会建设

一、小康社会建设中的民生泰州

(一)泰州城乡社会医疗保障体制的改革

泰州城乡社会医疗保障体系的建立经历了一个较长时间的过程。改革开放前泰州和全国一样,实行计划经济体制下低水平、不完备的医疗保障和农村合作医疗。城乡人民群众的"看病"问题,即医疗保障,从1980年代以来已成为关系民生的大问题。因此,泰州在城乡医疗保障改革上迈的步子非常慎重。但是,医疗改革进度较慢,医疗保障覆盖范围的扩大也有限,广大农民无力看病和因病致贫还是难以解决的社会问题,它已影响到泰州经济社会的可持续发展。

地级泰州市成立之后,泰州市政府稳妥推进医疗体制改革,从2000年6月开始实施全市医疗保险改革的"三步走"战略,第一步用5年左右时间,完成国务院决定的覆盖范围,城镇所有用人单位及其职工都参加基本医疗保险;第二步用2年左右的时间,覆盖城镇居民和在校学生及学龄前儿童,实现城镇非职工居民参保全覆盖;第三步用3年左右的时间,实现城镇医疗保险与新型农村合作医疗"管理并轨、政策接轨",建立覆盖城乡的医疗保险体系。2000年以后,泰州城镇职工基本医疗保险参保人数和医保覆盖面以每年超过10%的速率递增。2001年,泰州全市参加医疗保险的职工已达25.1万人,覆盖面55%,基本实现了"个人账户管门诊,统筹基金管住院,大病医疗有救助,困难群众有补助,特殊群体有照顾"。[①]

从2006年7月起,泰州市医疗保险改革在政策上将覆盖范

---

① 《泰州实事工程剪影》(1997—2001),第158页。

围拓展到所有城镇居民。2007年6月，泰州市作为全国城镇居民医疗保险改革试点城市，制订了《泰州市城镇非职工居民基本医疗保险制度实施办法》，不仅把所有城镇户籍非职工居民纳入参保范围，并允许长期居住在城镇、未参加新农合的农村户籍人员参保，同时将大学生视同其他学生儿童一样参保，实现了各类城镇居民参保制度的全覆盖。12月底，泰州市应参加城镇居民基本医疗保险约70.66万人，已参保65.15万人，参保率达92.2%。

泰州在整体经济实力增强的基础上，落实农村医疗保障体制改革措施，从2003年起调整筹资政策，实行农民个人缴纳15元，省、县财政共同补助40元的办法，以加快建立新型农村合作医疗制度。“十一五”期间，泰州的新型农村合作医疗制度不断得到完善，2008年泰州市新农合覆盖率达95.6%，2011年靖江市新农合覆盖率达96%，泰兴市47个参加全面小康“百村示范”的试点村，新农合覆盖率达99%。2011年，泰州的新型农村合作医疗实际投入34690万元，人均筹资水平达100元，覆盖率达98.7%。

随着社会改革的深化，泰州基本建成了基层医疗卫生服务体系。2010年7月起，市区城镇居民大病统筹实现全覆盖，基本医疗住院费结报封顶线从4万元调高到6万元。同时，泰州加强公共卫生服务工作，坚持将农村卫生机构基础设施建设列为民生工程，新建、改建、扩建了416个村卫生室。泰州在医改中还规范基本药物网上集中采购和配送企业招标遴选，在靖江、泰兴、海陵、高港试点，推进了基本药物制度的建立，使基层医疗卫生单位药价平均下降47%。

2009年，泰州选择靖江市组建医疗集团，进行公立医院改革试点，靖江市委、市政府制定了《关于推进卫生事业管办分离改革，组建靖江市医疗集团的实施意见》，作了大胆的改革尝试。到2010年，泰州已在全市基本形成覆盖范围广泛、筹资方式多元化、保障水平适度的多层次的城乡医疗保障体系。

(二) 泰州城乡社会保障网的建立

建立社会保障网是社会主义市场经济体制的必然要求。1996 年 11 月，泰州市劳动局组建，1999 年底，泰州市社会保险事业管理局并入劳动局，成立了全省第一个市级劳动和社会保障局，泰州的社会保障事业有了专司其职的政府机构。2000 年，泰州市在全省率先颁发了以"保老、扶中、推青"为原则的《泰州市企业职工下岗保障向失业保障过度实施办法》，从 4 月 1 日起，全市企业富余人员的分流，一律与企业解除和终止劳动关系，享受失业保险，直接进入劳动力市场，不再进入再就业服务中心。[①]

从 1997 年开始，泰州市政府实施《泰州市城市居民最低生活保障暂行办法》，确定保障标准为 120 元/人月。当年对城市居民 850 户、1120 人发放保障金 60.15 万元。1998 年，泰州城市低保标准提高到 164 元/人月。2001 年底，受保障人数增加到 1.17 万人，基本是应保尽保。在泰州农村，姜堰、海陵 1997 年底开始实施农村居民最低生活保障制度，年人均保障标准在 1000 元上下，当年保障人数分别为 3047 人和 889 人。1998 年靖江、泰兴、高港、兴化也先后实施了农村低保。2001 年，泰州全部 99 个乡镇的农村低保标准基本达到年人均 1000 元，全市保障对象 5819 户 15219 人，全年发放保障金 22.8 万元。[②]

为了完善社会保障体系，保障农村劳动者年老时的基本生活，泰州市政府结合泰州农村实际状况，于 2006 年 12 月制定了《泰州市农村社会基本养老保险试行办法》，规定缴费年限满 15 年以上(如一次性缴费可换算)，男年满 60 周岁，女年满 55 周岁，未享受其他社会养老保险的，可和城镇居民一样按月领取养老金。农民养老也和城镇居民一样有了制度保障。2007 年，泰州市选择 100 个村实施农村社会基本养老保险试点，并逐步推

① 《泰州年鉴》(2001 卷)，第 43 页。
② 《泰州实事工程剪影》(1997—2001)，第 139 页。

广,随后高港、兴化、姜堰和靖江都先后制订了本区、市的实施办法。2007年下半年,泰州全市农村基本形成了农村养老保险、新型农村合作医疗、农村最低生活保障、失地农民保障等制度的配套组合。泰州市还在实践中探索城乡社会保险的可选择、可衔接、可转移问题,并引导工伤保险全面覆盖乡镇,为城乡养老保险制度建立"互通"桥梁。工伤保险关系到广大进城务工人员的切身利益,泰州市积极推进工伤保险的参保,创造了多项扩大工伤保险覆盖面的办法,受到了劳动保障部的肯定。

2004年,泰州市试点进行"金保工程"建设,2007年通过验收并成为全国示范城市。"金保工程"创造了多渠道筹资、与邮政金融合作发卡、全市统一使用应用软件、劳动行政系统一体化等多项泰州特色,推动了社会保障体制和机制的创新,对全国社会保障体制改革产生了很大影响。"十一五"期间,泰州全市城乡居民收入年均分别增长了14.2%和12.6%,扎实推进了就业服务体系的建设,累计新增城镇就业33.7万人,登记失业率始终控制在3.5%以内,这一成绩与泰州在全省率先构建起多层次全覆盖的城乡社会保障体系是分不开的。泰州的一系列社会保障创新模式被国家社保中心总结为"泰州模式(结合式)",2007年7月2日,国务院在成都召开部分省区市社会保障工作座谈会,泰州等4个城市专门作了大会交流发言。

(三) 泰州人民社会生活的小康目标

2006年,泰州市第三次党代会向全市人民作出庄严承诺,确保在2010年以市为单位总体实现全面小康目标。泰州全市上下围绕这一目标,坚持率先发展、科学发展与和谐发展,到2010年底,泰州市与全省同步实现了总体上建成全面小康社会的目标,并继续向基本实现现代化迈进。泰州继2006年全市地区生产总值突破1000亿元大关后,2010年再次突破2000亿元大关,达到2048.72亿元,年均增长达到14.4%;人均地区生产总值达到44118元,比小康目标值高出20118元,财政总收入和地方一般预算收入年均分别增长32%和29.3%。

泰州市委、市政府在推进全面小康建设的进程中始终坚持以人为本的发展理念，努力增加城乡居民收入，保证居民工资性收入平稳增长，使泰州人民共享小康建设成果。泰州为了加快城乡统筹发展步伐，打破城乡“二元”结构，建立面向城乡的普惠化政策体系，制订了城乡统筹就业实施方案，让更多的农民进城进厂务工就业，并对各类就业创业采取扶持政策，行政村全部建成村级创业就业服务平台，实施就业、再就业援助，动态消除“零就业”家庭。

2006年，泰州城市居民人均可支配收入首次突破万元大关。在随后3年间，平均每年以14.5%的速度递增。2008年，城市居民人均可支配收入达到17198元，提前两年达到小康指标。至2009年底，市(区)城市居民人均可支配收入和农村居民人均纯收入分别达到19143元和8180元，分别超过“十一五”目标1143元和180元。特别是在2006年至2009年，泰州农村居民人均纯收入平均以12.5%的速度递增，增幅首次超过全省平均水平。随着城市不断扩容，农业产业化进度加快，房租、土地征用补偿收入、转让承包土地经营权的收入等，已成为农民收入的重要部分。

从2010年反映泰州经济社会发展的一些小康指标数据来看：城市化水平55.7%，比目标值高出0.7个百分点；城镇人均住房建筑面积37.1平方米，高出目标值7.1平方米；农村人均钢筋、砖木结构住房面积49平方米，高出目标值9平方米；高中阶段教育毛入学率99.5%，高出目标值9.5个百分点；卫生服务体系健全率100%，高出目标值10个百分点；城镇劳动保障三大保险各自覆盖面98.1%，高出目标值3.1个百分点；城镇登记失业率2.8%，比目标值低2.2个百分点；环境质量综合指数85.4，高出目标值5.4分。2006年至2011年间，泰州荣获国家卫生城市、中国优秀旅游城市、国家环保模范城市和中国宜居城市等荣誉称号，在中国社科院发布的2011年《城市竞争力蓝皮书》中，泰州在全国294个地级以上城市中排名第55，比上年上升了

12位。

泰州市还在农村实施“十强争先，百村示范，千村小康”工程，取得了明显成效。2008年初，经各市（区）申报，237个村进入“百村示范”创建行列，经年底验收，已有215个达到市级“全面小康建设先行村”标准，还有10个村达到市级“全面小康建设十强村”的标准，而泰州全市达到市级“全面小康建设先行村”标准的总计有420个村，泰州社会主义新农村建设的进程明显加快。

二、城市化进程中的幸福泰州

（一）泰州的现代化城市建设

泰州中心城市建设，是在原县级泰州市22.4平方公里的“袖珍型城市”基础上启动的。地级泰州市的建立直接推动了泰州市城市规划与布局的优化和完善。1997年9月，泰州市委、市政府为了有效推进新区建设和旧城改造，加强基础设施建设和城市功能配套，委托江苏省城乡规划设计研究院根据实际情况编制新泰州首轮城市总体规划，并将泰州城市的建设方向定位为：历史文化名城，现代化工业、港口城市，苏中重要的中心城市。① 2002年，泰州市又委托中国城市规划设计研究院对总体规划进行了修编，于2003年经泰州市人大常委会审议通过，2004年完成了省级报批。

根据城市总体规划，泰州市更加科学、务实、有效地推进中心城市建设，在2004年初提出了“一年添新景，二年出形象，三年大变样”的目标，先后完成了环城河风景区景观设计规划、城市综合交通体系规划、沿江地区规划、海陵工业园控制性详细规划、市西北工业园分区规划、城北污水系统规划，以及坡子街商业中心、文化中心等一批有影响的重点工程规划设计。到2007年，泰州在城市规模扩大、各大功能区建设初步完成的基础上，

① 《泰州实事工程剪影》(1997—2001)，第66页。

分步骤进行了新区行政中心、高港新城区、经济开发区建设，相继启动了海陵工业园区、金融商贸区、东城高教区、高港科技创业园、沿江开发区的建设，泰州的城市空间布局和城市功能日臻完善。

“十五”期间，泰州市的城市园林绿化建设取得了显著成效，对市区凤凰河、玉带河、东城河等和高港蔡圩河、新区河等13条河道作了彻底整治和沿河绿化；凤凰河、引江河等重点景观河道已建成风景名胜区；市区的坡子街滨河广场、泰山公园、环城河风景区等成为泰州特色景观带；城市分布合理的绿地广场、街头公园为市民增添了休闲娱乐的去处。到2004年底，泰州市区绿化覆盖率达38.53%，提升了城市环境质量和文化品位。

2005年以来，泰州持续推进社会事业和公用设施建设，新建和扩建了市区体育馆、市人民医院南院、市区第一污水处理厂等一批重点社会事业项目；泰州市一批大、中、小学校区的扩建，优化了城市教育设施和教学环境；新区污水管网、老城区10公里截污管网的铺设，市区9个乡镇长江水达镇工程的管网铺设都已基本完成。泰州市区的坡子街商业中心、济川路商业街区、税东街文化美食街、五一路商业服务街、江洲路物资街和高港扬子江路、金港路等一批特色街道的改造建设，加强了泰州的城市生活服务功能。泰州市通过城市道路网络建设，初步形成了外通内联的道路交通体系，城市各大功能区之间联系紧密，人们出行更方便快捷。

“十一五”期间，泰州市中心城市建设成效明显，建成区面积达61平方公里，一批城市建设重点工程顺利建成，泰州市还荣获了中国城市管理进步奖。泰州长江公路大桥、宁启铁路复线电气化改造、扬州泰州机场等标志性建筑，正在成为泰州新的城市名片，把泰州现代化城市建设带入了联动周边地区统筹发展的新阶段，泰州作为区域中心城市的政治、经济、文化和交通中心地位得到进一步加强。

(二)泰州历史文化名城建设

泰州有“汉唐古郡、淮海名区”之称。安定书院是江苏最古老的书院之一;明代王艮及“泰州学派”树立了中国哲学思想史上的丰碑;孔尚任、柳敬亭、梅兰芳给泰州留下了丰富的文化遗产。泰州至今仍保存着相对完整的古城文脉和格局,市区现有各级文物保护单位59处。泰州是江淮相会之处,在历史上形成了独特的水文化和盐文化。

泰州市委、市政府重视在历史文化遗产与现代文明的交融发展中建设现代化的泰州。1998年,泰州市文化局、规划局请全国著名专家阮仪三教授主持编制《泰州历史文化名城保护规划》,确定了“具有淮南水乡之风韵、集明清民居之佳构、显吴楚文化之奇丽、展革命史迹之风华”的保护主题,表述了泰州历史文化名城既经典又独具特色的内涵,规划了泰州古城“双水绕城、水城一体”的标志性空间结构。2002年,泰州编制第二轮城市建设总体规划,将泰州城市定位为“长江三角洲中心城市之一;水城一体工贸港口城市;省级历史文化名城”。泰州市委也在这一年提出,“要以水为形、以文为魂,齐心协力建设文化名城”。2006年12月,泰州市委三届二次全体会议通过了《关于建设和谐美好新泰州的意见》,把建设历史文化名城确立为促进泰州经济社会科学发展的战略决策。

此后,泰州的城市建设发展各项工作都以泰州历史文化名城建设为抓手。泰州市政府对规划局《泰州市近期建设规划》的批复指出:“要重视历史文化和风貌特色保护,保护古城格局,妥善处理好古城保护与新区开发建设的关系。加强对历史街区和文保单位保护工作的研究,划定保护范围和建设控制地带。通过凤城河风景区的建设和城市水系的整治,形成水城一体,古今交融的现代化宜居城市”;对建设局《泰州城市水环境治理规划》的批示指出,要“加强水环境的综合治理,打造具有泰州特色的水文化”。

泰州市各有关单位在开发、保护和利用历史文化资源打造泰州历史文化名城方面都做了大量工作，相继出版了《泰州历代名人》、《历代诗词咏泰州》、《泰州老字号》等书，广泛传播泰州历史文化；泰州城隍庙、人民海军诞生地旧址、姜堰天目山遗址成功申报为全国重点文保单位，促进了泰州文物保护工作；税东街明清住宅、海军诞生地旧址、高港雕花楼等一批历史建筑的修缮，加强了泰州古城风貌和历史文化街区的保护；泰州城建部门和地方政府通力合作成功申报黄桥和溱潼为全国历史文化名镇；凤城河管委会高品位地打造了望海楼、文会堂、清风阁、陈庵等多个文化景点，恢复了泰州的历史记忆；泰州市还在凤凰河上营造了“十里凤河十里绿，十里文化十里景”的泰州桥梁建筑独特风格。

2009 年 6 月，泰州市颁布《泰州市历史文化名城保护办法》，把历史文化名城保护与国民经济和社会发展规划相衔接，科学保护和合理利用泰州的历史文化遗产资源。2010 年 5 月，泰州市拟定的《泰州历史文化名城保护规划(2008—2020)》通过了专家论证，6 月 21 日江苏省政府作出批复，同意泰州市历史城区保护范围为城河四周约 4.43 平方公里的区域，划定城中、

图 12-6　风光秀丽的泰州凤城河景区

五巷-涵西、涵东街、渔行水村等四个历史文化街区，要求泰州市重点保护历史城区“水城一体、街河并行”的空间格局，加大对不可移动文物、历史街巷、历史建筑、水系等历史环境要素的保护力度，积极传承各类非物质文化遗产，还要抓紧编制历史文化街区保护详细规划。① 泰州市在历史文化名城建设上不断创造出新的业绩。

（三）泰州美好的人居环境

泰州过去是个小城市，百姓居住条件简陋，居住环境窄逼，长期以来政府在住房问题上对百姓欠账太多。地级泰州市组建以后，城市住宅建设的步伐加快，泰州城乡人民的居住条件和人居环境不断改善，美好泰州的理想目标距离人民群众的实际生活也越来越近。

2000 年以来，泰州市先后建成莲花一至八号小区、鹏欣尚城、西湖翠苑、盛和花园等近 20 个功能齐全的现代化居住小区。还建设了永兴花园、兴业小区等经济适用房工程约 800 万平方米，改造危房简屋和旧民居 300 多万平方米。泰州还采用“共有产权，租售并举”的经济适用房政策，解决了一部分既不符合廉租房保障条件又买不起经济适用房的“夹心层”群众的住房问题。“十五”期间泰州市区已基本建立起廉租房、经济适用房、经济适用房租售并举的“三级”住房保障体系，大多数低收入家庭和居住条件困难的群众实现了住有所居。

“十一五”期间，泰州进一步深化住房制度改革。到 2008 年已累计出售公有住房 28248 套，建筑面积 186 万平方米；向 7320 位老职工发放了一次性住房补贴，向 6232 位新职工发放了逐月住房补贴。同时，先后出台了一系列解决泰州市区低收入家庭住房困难的政策，制订了低收入家庭租住廉租房、租售经济适用房的办法细则。到 2010 年底，泰州市区住房保障范围已

---

① 《江苏省人民政府关于泰州历史文化名城保护规划的批复》（苏政复（2010）34 号），2010 年 6 月 21 日。

扩大到人均住房建筑面积20平方米以下、人均月收入1500元以下的中低收入家庭。2011年5月，泰州市制定了市区“十二五”住房保障规划，以全面建设小康社会、实现全体人民“住有所居”为宗旨，通过扩大廉租住房制度、改进经济适用住房制度、发展共有产权租售并举制度、建立公共租赁住房制度和限价商品住房制度的“五级”住房保障体系，多渠道、多形式地解决城市中低收入住房困难家庭和新就业人员、外来务工人员的住房问题。

地级泰州市组建15年来，泰州的中心城市功能不断完善。城市水陆交通网络基本形成，市区道路规划建设科学合理，进一步优化了泰州百姓的居住环境。大学城、体育中心、商业步行街和文化商业中心区等文化与民生设施使泰州社会环境充满了健康的文化气息，提高了群众的生活质量。2009年以来，泰州市还集中整治了30多万平方米老小区，改造后街背巷600多条、低洼地30多处，整治黑灯区100多处，使新老城区面貌焕然一新。为了使泰州的天更蓝、地更绿、水更清，泰州市先后对城市河道疏通整治，引江河和凤凰河改善了泰州内外环水体，市区环境则由滨河绿化带、城市道路绿化带、城市公园、居住区绿化和街头公园绿地组成了城市绿地系统，美化了居民的生活，还通过普及新建小区太阳能热供水和主城区管道燃气，进一步改善了城市生态环境质量。

泰州市在营造中心城市环保、宜居环境的同时，还以县级市区和重点镇为重点，提高城镇化水平，不断改善农村的人居环境。2008年以来，泰州不断加大社会主义新农村建设的投入，各地创建成市级康居示范村28个、省级康居示范村12个。靖江市徐周村、三太村，泰兴市印达村、乔杨村，姜堰市曹家村、李家庄村，兴化市双石村、管阮村，海陵区森森村，高港区马厂村等一大批“水清、岸绿、庄美”的全面小康先行村，成为泰州农村人与自然和谐统一的生态居住环境的典范。

三、法治社会形成中的和谐泰州

2004年，江苏省委作出了建设法治江苏的决策，泰州市委立即认真部署落实，加大依法治市的工作力度，于2005年初制定实施《建设法治泰州实施纲要》，促进了泰州经济生活、政治生活、社会生活的法治化进程。2011年9月15日，泰州市第四次党代会提出“要加快法治泰州建设，加强法治政府建设，推进依法行政，规范权力运行”，“营造事事有法可依、人人知法守法、各方依法办事的法治环境”。[①] 泰州市把促进和谐社会发展作为法治社会建设的一个重要目标，进一步提升了泰州人民群众对法治建设的满意度。

（一）有法必依、依法行政

改革开放以来，泰州市干部群众深刻总结和汲取“文革”教训，一切政府行政工作都立足于严格执法、依法行政。1996年以后，泰州市委、市政府尤其重视完善法制监督机制，在工作中发挥市人大和市政协的立法、参政、监督职能，对人大代表、政协委员的代表性议案、建议、提案，及时与人大、政协沟通，充分听取代表、委员的意见，认真作出答复。

为了贯彻实施2004年国务院颁发的《全面推进依法行政实施纲要》，泰州市政府于2005年7月制定了《全面推进依法行政、建设法治政府实施方案（2005—2010年）》，把建设法治政府的目标具体落实到各项行政工作中。泰州市政府改进了行政复议工作，通过健全立案制度和告知程序，依法受理群众的行政复议申请，有效畅通了行政复议渠道；通过规范案件审理方式，积极主动地采取公开听证、当面核实等多种方式，增强了行政复议的透明度和公信力。政府部门在遵守法律法规的前提下，灵活

① 张雷《推进富民强市，建设美好泰州，向基本实现现代化目标阔步前进——在中国共产党泰州市第四次代表大会上的报告》，（2011年9月15日）。

运用调解、和解等不同的结案方式，解决了很多社会矛盾和突出问题。

按照泰州市政府2005年《建设法治泰州实施纲要》的部署，泰州市把依法行政和公正司法作为法治泰州建设的重中之重。为此，泰州市率先开展了"法治泰州建设依法行政、规范执法、学法用法示范单位"创建活动、法治泰州为民办实事工程活动。2006年5月，泰州政法系统全面开展了社会主义法治理念教育，姜堰市法院以提高审判质量，让人民满意为目标，规范执法，将民间习俗引入裁判机制，既有利于民间的和谐调解，又对社会主义新农村建设产生很好的促进作用。2007年8月，在泰州举行了全国"民俗习惯司法运用研讨会"，姜堰市法院在司法改革方面，在法官评价制度、规范均衡量刑、民俗习惯司法运用等方面取得的成绩和经验，得到了最高人民法院领导和与会人员的充分肯定。①

泰州市还率先创设了环保信访听证制度，这一制度包括听证申请、决定听证、通知和公告、组织听证会、形成听证处理意见等5个阶段，最终通过合议形成听证处理意见，较好解决了一批重大、疑难的环境信访问题，得到了江苏省纪委和监察厅的肯定。2010年以来，泰州市还举行了行政处罚听证、低保申请听证、规划听证、物价听证等200多场听证活动，政府部门负责人和执法一线干部在现场倾听百姓心声，协同办公，宣讲政策法规，解答咨询投诉，依法、公平、公正、公开地处理矛盾，促进了泰州市的政务公开、阳光执法。②

泰州市积极发挥典型示范引导作用，以提高社会法治化管理水平。2010年10月，市依法治市领导小组决定在全市开展2009—2010度法治泰州建设依法行政、规范执法、学法用法示

---

① "泰州法治建设示范单位创建活动纪实"，《江苏法制报》2007年9月26日。

② "法治泰州建设特色鲜明"，《泰州日报》2012年2月21日。

范(先进)单位、法治乡镇(街道)创建工作先进单位评比表彰工作,并制定了具体的考核实施办法、考核内容及评分标准,对法治社会建设工作进行明确的量化评比,促进和推动了泰州法治社会建设。

(二) 人民信赖的信访干部和基层法官

1983 年,张云泉从海军转业到泰州市信访局工作,1996 年建立地级泰州市,他先后任信访局副局长、局长。2005 年被树立为全国重大典型,2009 年入选"100 位新中国成立以来感动中国人物"。张云泉常说:党员干部只有放得下架子,扑得下身子,受得了委屈,才能赢得群众的理解和感情,才能换来社会基层的政治稳定。2005 年 4 月,张云泉做客人民网强国论坛,以"我在基层信访岗位 22 年"为主题与群众在线交流,他谈到,一个好的信访干部应具备"五心精神",对于群众来访要热心,对于群众确有困难的事要有同情心,为群众解决问题要有诚心,解决问题遇到阻力要有决心,处理疑难信访问题要有长期努力的恒心。

图 12-7　张云泉给大学生作报告

张云泉平均每年接待上访群众 2000 多次,处理人民来信 2000 多封。他把信访对象当亲人,先后义务帮扶过几十户特困家庭和贫困学生,为近百名群众求过医买过药。他先后从工资中挤出近 4 万元捐给困难群众,而自己生活始终清贫。为了做好工作,张云泉很少在家度过一个完整的中秋夜,吃过一顿完整的年夜饭,这些时候他总是在特困群众的家中,在孤寡老人的守岁席上，在生活不能自理的病人床前，在那些最需要党和政府关心的人身边。2005年3月，江苏省委作出《关于开展向张云泉同志学习活动的决定》，泰州市委也召开了座谈会，市委书记朱龙生要求全市深入开展“学习身边人，争做贴心人”主题教育活动。[1] 学习张云泉先进事迹的热潮推动了泰州的和谐社会建设。

图12-8 陈燕萍给大学生作报告

陈燕萍是靖江市人民法院江阴园区人民法庭副庭长。1996年以来，她多次荣立人民法院一、二、三等功，获得“全国人民法庭优秀法官”等称号。2010年1月19日，在北京人民大会堂专门举行了陈燕萍先进事迹报告会。[2] 陈燕萍1988年考进盐城城区法院，1990年到靖江市法院工作，1996年春她主动要求到江阴园区人民法庭，扎根基层十几年，甘当平民法官。

在基层审判工作中，陈燕萍把调解作为办案首选方式，用“暖心的微笑、耐心的倾听、贴心的话语”接待当事人，有效化解纠纷。她办理的案件调解率达70%以上，其中婚姻家庭案件调解率高达90%。[3] 园区法庭所辖地区中小企业较多，陈燕萍以尽职尽责的司法审判，服务于经济大局，多次成功解决了企业间

---

① 顾介铸“学习张云泉:学习身边人，争做贴心人”，《新华日报》2005年3月17日。

② “掌声激荡人民大会堂—陈燕萍同志先进事迹报告会侧记”，《人民法院报》2010年1月21日。

③ “陈燕萍的‘能动司法’”，《人民日报》2010年1月20日。

的经济纠纷问题，而一个企业的兴衰往往直接关系到几十乃至数百人就业，陈燕萍用司法实践主动回应社会需要，促进了社会稳定和经济发展。

社会基层发生的很多纠纷都与当地风俗习惯有关。2007年，泰州法院在全国第一个把“善良习俗”正式引入民事审判，[①]陈燕萍在审案中善用民情风俗，宣传移风易俗，用百姓理解信服的方式化解纠纷，群众心服口服，她还因帮扶救助何小敏被誉为“法官妈妈”，赢得了园区群众的充分信任。陈燕萍践行人民法官为民司法，但她最大的愿望则是“天下无讼”。[②]

信访干部张云泉和基层法官陈燕萍，是在法治泰州建设中涌现出的先进人物的代表，他们全心全意为人民服务的精神化作了500万泰州人凝心聚力建设和谐美好泰州的强大动力。

（三）泰州法治社会建设的显著成效

“十一五”期间，泰州市法治社会建设取得了显著成效，基本形成了更加和谐稳定的社会环境和公正高效的法治环境。平安泰州、法治泰州、和谐泰州已成为泰州市经济社会发展中对外开放的名片。

泰州市从2006年到2010年，圆满完成了法制宣传教育第五个五年规划。到2008年，共举办了各级领导干部法律法规培训班66期，普法骨干培训班53期，参训人员逾万人次。泰州自2008年始连续3年被评为全省社会治安安全市，泰州市政府被表彰为“五五”普法全国法制宣传教育先进单位，以基层法官陈燕萍命名的“陈燕萍工作法”和“千村万户大走访”、城市社区管理创新、社会管理网络等经验和做法对法治泰州建设产生了广泛影响。[③]

---

① “江苏泰州将‘善良民俗’引进民事审判 开全国先河”，《人民日报》2007年10月30日。

② “献给百姓的人爱、公正与和谐”，《光明日报》2010年1月20日。

③ 《江苏法制报》，2011年11月1日。

泰州已初步形成了党委统一领导下的人大、政府、政协和司法机关各司其职、各专业机构积极推进、各级各部门广泛参与的法治建设工作新机制、新格局。泰州的法治社会创建活动还在基层社区、村镇广泛开展，群众关心的教育收费、医疗卫生、环境保护、食品安全、征地拆迁、劳动保障、司法执行等热点难点问题都基本纳入了法制化、规范化的轨道，得到有效化解，泰州已形成了学法用法守法的浓厚社会氛围。

泰州市还把执法评议作为一项重要工作，以“为发展服务、让群众得益”为执法评议活动的主题，把过去上级部门对基层的工作业绩评判权交由群众来行使，使基层执法人员在执法理念上从“重执法轻服务”转变到“在服务中体现执法”，在执法行为上从“凭情绪、看人情”转变到“凭制度，按程序”的规范执法，在绩效评价上从“上级部门说了算”转变到“人民群众说了算”。2008 年 4 月份以来，海陵区公安分局开展了“全警进社区、全力解民忧”活动，密切了警民关系，群众评价满意度也大幅上升。

泰州市立足法治惠民，坚持公正司法，努力维护社会公平正义。泰州市法院认真统一执法尺度，做到均衡量刑；泰州市检察院对行政执法、行政处罚情况进行了专项法律监督；泰州市公安局建立和完善了执法监督机制，泰州各法治部门坚持牢牢把住维护社会公平正义的最后一道防线。2009 年，泰州市启动了行政权力网上公开透明运行建设，到 2011 年 11 月，泰州市市级机关 41 个部门全部实现了行政权力网上公开透明运行，群众满意率也不断提升。

泰州全市范围的基层民主法治建设成效显著，特别是城乡基层自治组织规范化建设方面进步很大。“十一五”期间泰州建成了国家级民主法治示范村 3 个，省级民主法治示范村 59 个，省级民主法治示范社区 21 个，“民主法治村(社区)”创建比例已经达到 70％，500 万泰州人已成为平安法治创建成果受益的主体，公众安全感和基本满意率都保持在 95％以上。2011 年，泰州市又提出在全省率先建成和谐稳定示范区、法治建设示范区和普法宣传示范区。和谐稳定的社会环境和公平有序的法治环境,已成为增进民生幸福的重要保障。

主要参考文献(下)

B

《把最美好的世界献给孩子——泰州市大浦中心小学建校100周年纪念册(上册)》

《白帆集》,韩玲主编,南京出版社1991年版

C

《陈丕显文选》,江苏省档案馆、中共江苏省委党史工作办公室编,中共党史出版社2000年版

《陈丕显回忆录——苏中解放区十年》,上海人民出版社2002年版

D

《戴为然文集》,中共江苏省委宣传部,中共党史出版社2006年版

《大公报》

G

《光明日报》,2010年1月20日

《革命根据地商业回忆录》,商业部商业经济研究所编,中国商业出版社1984年版

《工商半月刊》,上海国民政府工商部工商访问局,1931年

《管文蔚回忆录续编》,人民出版社1988年版

《〈国务院关于进一步推进长江三角洲地区改革开放和经济社会发展的指导意见〉对泰州市的影响分析》,江苏省发展和改革委员会,2008 年 12 月

H

《华中抗日根据地财政经济史料选编》(江苏部分)第 1 卷,档案出版社 1984 年版

《海安文史资料》,海安县政协文史资料研究委员会编,1986 年

《海陵文史》,泰州市海陵区政协学习文史资料研究委员会编

《胡宏纪念文集》中共福建省委办公厅《胡宏纪念文集》编写组,中共党史出版社 2012 年版

《回忆红十四军》,刘瑞龙,江苏人民出版社 1983 年版

J

《〈甲申记〉演出纪念集》,陈均、朱星、李诚主编,学林出版社 1998 年版

《建国以来毛泽东文稿》,中央文献研究室,中央文献出版社 1987 年版

《江苏党史资料》,中共江苏省委党史工作委员会江苏省档案馆编,1988 年

《江苏教育》,1990 年

《江苏各县抗战初期工作实况辑要》,张道藩,中央政治学校,1941 年

《江苏近现代经济史文集》,江苏省现代史学会编,1983 年

《江苏九所革命干部学校简史》,江苏省教育志编委会

江苏省档案馆馆藏档案

《江苏省人民政府关于泰州历史文化名城保护规划的批复》(苏政复(2010)34 号),2010 年 6 月 21 日

《江苏商业史志通讯》,江苏商业史志通讯、江苏省商业厅史志编辑办公室,1992 年第 1 期

《江苏省政府公报》,1930 年、1935 年

《江苏省政府政情述要》(民国三十四、五年),王懋功主编,文海出版社 1983 年版

《江苏省政述要》,陈果夫编,文海出版社 1983 年版

《江苏省政治年鉴》(影印版),江苏省长公署统计处编,文海出版社 1989 年版

《江苏省志・粮食志》,江苏省地方志编纂委员会,江苏人民出版社 1994 年版

《江苏省志・文化艺术志》,江苏省地方志编纂委员会编,江苏古籍出版社 2003 年版

《江苏治水回忆录》,陈克天,江苏人民出版社 2000 年版

姜堰市档案馆馆藏档案

《姜堰老字号》,政协姜堰市委员会编印 2005 年

《解放日报》,1950 年 12 月 15 日第 1 版

《靖江革命斗争史・靖中片资料选》,中共靖江市委党史办公室编,1998 年 35 版

《靖江县志》,靖江县志编纂委员会编,江苏人民出版社 1992 年版

《靖江之最》,陈洪江等,江苏人民出版社 2001 年版

M

《民国泰县志稿》,单毓元总纂,中国地方志集成江苏府县志辑第 68 辑,江苏古籍出版社 1991 年版

《民国续修兴化县志》,李恭简总修,中国地方志集成・江苏府县志辑第 48 辑,江苏古籍出版社 1991 年版

《民国续纂泰州志》,中国地方志集成・江苏府县志集 50,江苏古籍出版社 1991 年版

《民国江苏权力机关史略》,曹余濂编著,江苏文史资料第

67 辑

N

《宁波文史系列丛书》,宁波市政协文史资料文员会编,1998 年版

《农村唱》,中共苏北区泰州地委宣传部编印,1949 年

P

《朋友人》,惠浴宇口述,俞黑子记录整理,江苏人民出版社,1996 年版

Q

《七十年征程—江渭清回忆录》,江苏人民出版社 1996 年版

《侵华日军在江苏的暴行》,中共江苏省委党史工作办公室编,中共党史出版社 2000 年版

《清末民初江苏省教育会研究》,谷秀清,广西师范大学出版社 2009 年版

R

《人民日报》,2007 年 10 月 30 日

S

《申报》

《石林音乐文学作品选集》,石林著,吴尧编注,大众文艺出版社 2006 年版

《苏北教育》,苏北教育社编

《苏中抗日斗争》,中共江苏党史资料征集研究委员会编,江苏人民出版社 1987 年版

《苏中抗日根据地》,中共江苏省委党史工作委员会、江苏省档案馆,中共党史资料出版社 1990 年版

《苏中七战七捷》,《苏中七战七捷》编写组,中共党史出版社2006年版

T

《泰州志》,泰州市地方志编纂委员会,江苏古籍出版社,1998年

《泰县志》,泰县县志编辑委员会,江苏古籍出版社1993年版

《泰兴文史资料》,政协江苏省泰兴县文史资料研究委员会,1988年

《泰兴县志》,泰兴县志编纂委员会编,江苏人民出版社1993年出版

泰州市档案馆馆藏档案

《泰州报》城市版第二一一期,1952年5月26日

《泰州党史资料一战二战时期革命文献》第一辑,1984年7月

《泰州党史资料抗日战争时期革命文献》第二辑,1984年7月

《泰州党史资料革命回忆录》第三辑,1984年8月

《泰州党史资料专题辑要》第四辑,1984年8月

《泰州历代名人·续集》,中国人民政治协商会议泰州市委员会编,江苏人民出版社2005年版

《泰州年鉴》,泰州年鉴编纂委员会,新华出版社1999年版

《泰州年鉴》(2001卷),泰州年鉴编纂委员会,方志出版社2001年版

《泰州日报》2007年12月27日

《泰州市报》1958年6月12日第五十八号第一版

《泰州市大浦小学创始与发展情况》1952年7月

《泰州市国民经济和社会发展第十个五年计划纲要》

《泰州市国民经济和社会发展第十一个五年规划纲要》

《泰州实事工程剪影》(1997—2001),泰州市史志档案办公

室,方志出版社2002年版
《泰州市统计年鉴》2009年
《泰州市洧水桥小学创始与发展情况报告》,1952年7月
《泰州文史资料》,政协泰州市学习文史委员会编
《泰州五十年》,泰州市史志档案办公室,1999年版

X

《辛亥革命论文集》,南京师范大学出版社2000年出版
《辛亥江苏光复》,江苏文史资料第四十辑
《新华日报》,2007年1月21日
《新泰州报》,1951年8月6日
《新四军联抗部队》,中共江苏省党史工委,江苏人民出版社1995年版
《新四军文献》,解放军出版社,1988年版
《兴化文史资料》,政协兴化市文史资料编辑委员会编
《兴化县小通志》[民国]阮性传稿

Y

《扬泰解放区财经简史》,陈浩然主编,中共扬州市委党史办公室,中共扬州市财经史编审组编,方志出版社2006年版
《扬州郊区文史》,中国人民政治协商会议江苏省扬州市委员会文史资料委员会编

Z

《战报周年纪念特刊》
《止叟年谱 永忆录》韩国钧著,近代中国史料丛刊第一辑,沈云龙主编,文海出版社印行
《中共泰州市委泰州市人民政府关于建设教育强市加快推进教育现代化的决定》
《中国长江下游经济发展史》,张学恕,东南大学出版社

1990 年版

中国第二历史档案馆馆藏档案

《中国革命根据地工商税收史长编-华中革命根据地部分》，财政部税务总局，中国财政经济出版社 1989 年版

《中国共产党泰县委员会统一战线工作部（总结）泰委统（1987）2 号》

《中国古史与文物考论》，曾维华著，华东师范大学出版社 2008 年版

《中国近代农业史资料》第一辑（1840—1911）李文治编，三联书店 1957 年

《中国近代农业史资料》第二辑（1912—1927）李文治编，三联书店 1957 年

《中国实业志·江苏省》，实业部国际贸易局编纂，1933 年